WILHELM VON POCHHAMMER

Indiens Weg zur Nation

Die politische Geschichte eines Subkontinents

SCHÜNEMANN UNIVERSITÄTSVERLAG
BREMEN

Satz und Druck: Carl Schünemann, Graphische Betriebe, Bremen
Bindearbeiten: Klemme & Bleimund, Bielefeld
Umschlaggestaltung: Hans Eisermann
Printed in Germany
ISBN 3 7961 3039 9

Inhalt

TEIL V DER ISLAM IN INDIEN

TEIL VI DAS MOGULREICH

TEIL VII KAMPF UM DAS ERBE DES MOGULREICHS

TEIL VIII GRUNDFRAGEN DES BEFREIUNGSKAMPFES

TEIL IX VERLAUF DER BEFREIUNGSBEWEGUNG

Welt-Weisheit ist die Kunst,
die schlecht sich auf Welt-Weise
versteht. Welt-Klugheit ist weit
nützlicher zur Reise.

Rückert, Weisheit der Brahmanen

Wer nicht von dreitausend Jahren
sich mag Rechenschaft zu geben,
bleib im Dunklen, unerfahren,
mag von Tag zu Tage leben.

Goethe

EINLEITUNG

Dieses Buch ist aus einem praktischen Bedürfnis heraus entstanden. Als Beamter des Auswärtigen Dienstes wurde der Verfasser 1924 als Konsul nach Kalkutta versetzt, wodurch er zum ersten Male mit Indien in Berührung kam. Er hatte das große Glück, in dem damaligen Bürgermeister der Stadt, C. R. *Das*, einen wohlwollenden Mentor zu finden, der ihn in die Hintergründe des indischen Befreiungskampfes einführte und sehr bald mit Mahatma Gandhi in engeren Kontakt brachte. Daraus entstanden seine ersten Studien über die Entstehungsgeschichte dieser Befreiungsbewegung, die er 1932 niederschrieb. Die Arbeit wurde indessen auf den guten Rat des Auswärtigen Amtes damals nicht veröffentlicht, da sie mit der Voraussage abschloß, daß Indien binnen 30 Jahren seine volle Unabhängigkeit erringen würde – eine Prognose, die seine weitere amtliche Verwendung im *britischen* Indien möglicherweise gehemmt hätte. Während der 14 Jahre, die der Verfasser in Indien tätig war, ist diese Studie erweitert und vertieft worden aufgrund persönlicher Erlebnisse wie von Gesprächen mit indischen Politikern und ebenso durch das Studium wissenschaftlicher Werke. Die nunmehr vorgelegte Arbeit beschränkt sich auf »Betrachtungen«, wie sie ein politisch denkender Beobachter anstellt, um herauszufinden, wie die Dinge »wirklich gewesen sind« (Ranke) oder wie sie wahrscheinlich verlaufen sein müßten – eine in der politischen Geschichte Indiens sich oft aufdrängende Notlösung. Dieser bewußt einseitige Standpunkt erschien nützlich, weil die Geschichte Indiens dem europäischen und amerikanischen Leser häufig unter starker Betonung seiner religiösen und kulturellen Leistungen dargestellt wird. Während unsere Historiker die europäische Geschichte anfangs gern auf die »Staatsaktionen« abstellten und andere Lebensgebiete erst schrittweise berücksichtigten, gilt für die indische eher das Umgekehrte.

Die erste Frage, die sich bei einer solchen Betrachtungsweise stellt, ist die: Hat es jemals ein »Indien« als eine politische Einheit gegeben? Hat sich die Bevölkerung dieses Subkontinents je als *ein* Volk gefühlt? Heute besteht ein indischer Staat, und heute beginnt seine Bevölkerung sich als *eine Nation* zu fühlen. War das aber auch früher schon der Fall?

Viele Darstellungen der indischen Geschichte gehen von der

Annahme aus, daß es auch früher ein »Indien« im politischen Sinne gegeben habe. Das erklärt sich bei den britischen Historikern – denen übrigens das große Verdienst zukommt, diesen Gegenstand als erste wissenschaftlich untersucht zu haben – daraus, daß sie ein Indien vor Augen hatten, das die britische Eroberung zu einem staatlich geeinten Gebiet gemacht hatte, und daß sie diesen Zustand – bewußt oder unbewußt – in die Vergangenheit projizierten. Das entsprach auch der britischen Politik, die es liebte, sich als die vom Schicksal berufene Macht zu geben, der es gelungen war, das indische Staatensystem zusammenzufassen und damit auch einen Wunsch der Inder, ihren »uralten Traum«, zu verwirklichen.

Historiker des europäischen Kontinents verfuhren ähnlich, namentlich wenn sie von der Indologie herkamen, denn in der auf das Sanskrit begründeten geistigen Kultur Indiens sahen sie eine einheitliche Basis schlechthin und konnten feststellen, daß sich die Grenzen Britisch-Indiens mit dem Verbreitungsgebiet dieser Kultur deckten. Die indischen Historiker schließlich, deren Mehrzahl westlicher, also englischer Schulung entstammt, wuchsen auf im Rahmen dieses indischen Einheitsstaats und wurden bereits von einem gesamtindischen Nationalgefühl getragen, das in ihnen den Wunsch weckte, nun auch die früheren Geschehnisse so aufzufassen, daß sie diesem erreichten Ziele zustrebten. So gibt das große Sammelwerk, das Indiens beste Köpfe in 11 Bänden als Standardwerk der heutigen Geschichtswissenschaft herausgeben, einigen Teilen Überschriften wie »The Imperial Unity« (Band II) oder »The Struggle for Empire« (Band V), die beim Leser die Vorstellung erwecken, daß solche gesamtindischen Reiche bereits früher existiert hätten. Der offensichtliche Widerspruch solcher Vorstellungen zu dem wirklichen Verlauf pflegt dann gern mit der Formel überdeckt zu werden: »Unity in Diversity« = Einheit in Vielfalt, eine Formel, die auch Nehru oft benutzte. Aber sie schafft nicht die Tatsache aus der Welt, daß mit dieser »Einheit« nur die kulturelle gemeint sein kann und daß, politisch gesehen, der Verlauf der indischen Geschichte sich durchaus ähnlich der europäischen Geschichte vollzogen hat, wo – ebenfalls auf dem Boden einer gemeinsamen Kultur – verschiedene Völker getrennte Staaten gebildet haben. Das Verhältnis dieser indischen Einzelstaaten zur gemeinsamen Kultur ist das eigentliche Thema der indischen Geschichte, und damit wird sie zu einer dreitausendjährigen Vorbereitungszeit für die heute erreichte staatliche Einheit.

Dabei hat die kulturelle Einheit Indiens nicht einmal den Grad der europäischen bewahrt. Anfangs war sie in beiden Kontinenten jeweils eine geschlossene. Beide gründen sich auf eine einheitliche Religion, die in Indien sogar den großen Vorteil hat, daß sie im eigenen Lande entstanden, also »bodenständig« und dem eigenen Volkstum aufs engste verhaftet ist. Auch die beiden Religionen, die wir als solche eigener Art ansehen – der Buddhismus und der Jainismus –, sind im Lande erwachsen und werden selbst heute noch überwiegend als Reform-Sekten der ursprünglichen empfunden, die sich aus den Veden zum Hinduismus entwickelt hat. Diese Bodenständigkeit der Religion gibt der indischen Kultur eine Festigkeit gegen äußere Einflüsse wie gegen altersmäßige Erschlaffung, und sie erklärt, weshalb in Indien alle Lebensgebiete wie mit Religion durchtränkt erscheinen. Ihre Gottes-Inkarnationen decken sich mit den Gestalten ihrer Heldensage: Nibelungenlied und Neues Testament sind, bildlich gesprochen, in Indien identisch. Aus dieser Quelle floß die Kraft zu einer geistigen Erneuerung der Kultur, zu einer echten »Wiedergeburt«, die um 1400 einsetzt und im 19. Jahrhundert in Gestalten wie dem Propheten Ramakrishna und dem großen Führer Gandhi ihren Gipfel erreicht.

Diese Einheit wurde nicht berührt durch das Eindringen der beiden ersten Fremdreligionen: des Christentums im 3. Jahrhundert und des altpersischen Glaubens im 7. Jahrhundert, da die Zahl ihrer Bekenner ganz gering blieb und sie sich als solche niemals politisch betätigten. Erst durch das gewaltsame Eindringen des *Islams* (ab 1000 n. Chr.) wurde sie ernstlich erschüttert, zumal diese Religion sich mit Gewalt zu verbreiten suchte und dadurch eines der obersten Ideale der indischen Eigenart verletzte, daß es nur *gewaltlose* Religionen geben könnte. Die damals folgende Unterwerfung der einheimischen Bevölkerung unter ein so fremdartiges Regime hat auf politischem Gebiet das Reifen mancher Völker zu Nationen in unserem Sinne verhindert – also indirekt ihre Zusammenfassung zu einem gesamtindischen Volk erleichtert –, und diese Erschütterung der eigenständigen Kultur hat ihre geistige Erneuerung eingeleitet. Indessen entstand mit der Einfügung der Moslems in diese Einheit ein neues, besonders schwieriges Problem, da sie als Herrenschicht über eine andersartige Bevölkerung regierten und ihre Zahl zu britischer Zeit beinahe ein Drittel des Gesamtvolks erreichte. Selbst nach der Abtrennung Pakistans bilden die indischen Moslems mit 55 Millionen noch 10 Prozent seiner Bevölkerung. Europa hat dergleichen nicht erlebt. Es vermochte die mehrfachen Versuche des Islams, in sein Kulturgebiet einzudringen – von dem Araber-Einfall um 732 bis zur zweiten Belagerung Wiens 1683 –, im wesentlichen abzuwehren und hat die kleine Gruppe gläubiger Juden in der Hauptsache zu assimilieren vermocht. Europas Einheit blieb geschlossener als die Indiens.

Das gleiche zeigt sich auf sprachlichem Gebiet. In beiden Kulturen bildeten sich Völker mit eigenen Sprachen, die in diesen ihr Selbstverständnis fanden und dies unter eigenen Dynastien in einer eigenen Staatsgeschichte ebenso ausprägten wie in ihrem Schrifttum. Aber während die europäischen Sprachen beinahe ausnahmslos der gleichen Sprachfamilie angehören, teilen sich die indischen Literatursprachen in zwei grundverschiedene Gruppen. Nur sieben bis acht der heute als amtliche Volkssprachen anerkannten gehören zur Gruppe der indoeuropäischen, vier dagegen zu der drawidischen Gruppe, die ganz anderen Wurzeln entstammt. Während die Bevölkerung des nördlichen Indiens bei Entstehung der Hochkultur überwiegend Sprachen annahm, die im Sanskrit eine gemeinsame Wurzel besitzen, also untereinander verwandt sind wie etwa die germanischen Sprachen mit den romanischen, behielten vier Völker im Süden auch bei Übernahme der Hochkultur ihre eigenen Sprachen, die im Tamil bereits einen sehr hohen Reifegrad erreicht hatten. Auch sprachlich erscheint also Europa einheitlicher als Indien. Wenn wir uns trotzdem scheuen, die indischen Völker als »Nationen« zu bezeichnen, so findet das seinen Grund darin, daß wir in Europa den anfangs milder aufgefaßten Inhalt dieses Begriffs zu einem so schroff gespannten Trennungsgrad gesteigert haben, wie ihn kaum eine andere Hochkultur kennt – und von dem auch wir selber heute wieder abgehen.

Die Entstehung größerer Völker vollzog sich in Indien in der gleichen Weise wie überall. Auch hier spielten die Dynastien eine entscheidende Rolle, vorausgesetzt, daß sie lange genug am Ruder blieben, um staatsbildend zu wirken. Dabei machte es keinen Unterschied, ob sie dem eigenen Volke entstammten oder als Fremde ins Land gekommen waren (wie etwa die Palas in Bengalen oder die Pallavas in Tamil-Land); ob sie dem kastenmäßig geschlossenen Adel angehörten (also den kshatriyas) oder bescheidener Herkunft waren, wie die Kaiser der Nanda-Dynastie und wahrscheinlich auch Ashoka. Das Problem war auch hier die Einfügung der großen Grundbesitzer. Der indoarische Stammesadel der Wanderungszeit, also die echten, ursprünglichen »kshatriyas«, gründeten die ersten indoarischen Staaten im Gangesgebiet (die 16 janapadas), scheinen aber bald nach dem Tode des Buddha zu verschwinden; denn das erste Reich stützt sich bereits auf Beamte und eine besoldete Armee. Sie dürften spätestens um die Zeitenwende herum biologisch erloschen sein – wie denn auch der germanische Adel der Völkerwanderungszeit spätestens um 1000 n. Chr. erloschen ist –; selbst die ältesten Fürstenhäuser Europas lassen sich über diesen Zeitpunkt nicht zurückverfolgen. Aber auch die neu aufsteigenden Geschlechter, die etwa den »Ministerialen« unseres Mittelalters entsprochen haben mögen, scheinen in Indien um 500 n. Chr. verschwunden zu sein, da damals die Rajputen ihren Anspruch, als die neuen »kshatriyas« anerkannt zu werden, überall durchzusetzen vermochten. Die dauerhafteste Dynastie aus dieser Zeit ist die Herrscherfamilie in Nepal. Die Mogul-Zeit brachte einen neuen Typ, die Statthalter, die sich selbständig machten, wie z. B. der Nizam von Haidarabad, der sogar diese Dienstbezeichnung als fürstlichen Titel beibehielt (statt sich Sultan zu nennen). Die letzten kräftigen Dynastien, die Indien hervorbrachte – im 18. Jahrhundert –, waren die der Marathen, die selbst da haltbare Staaten schufen, wo sie über eine andersartige Bevölkerung herrschten (Baroda, Indore, Gwalior). Die letzten wahrhaft großen Fürsten Indiens waren die Maharajas Sayaji Rao von Baroda und Krishna Raja von Maisur, welch letzterer seinem kanaresisch sprechenden Volk entstammte und seinen Staat zu dem bestverwalteten und modernsten Indiens gemacht hat.

Das politische Bild Indiens ist also das einer Vielheit von Staaten, die nur zeitweise zu größeren Reichen zusammengefaßt wurden. Das erste dieser Reiche entstand im Gangestal, also in der Wiege der neuen Hochkultur. Es entspricht etwa dem Reich Karls des Großen, indem es die Vielheit der frühen Stammesstaaten einigt und dadurch deren ewige Grenz- und Eifersuchts-Streitigkeiten beendet. Insofern entsprach es dem Bedürfnis, das jede junge Kultur empfindet: seine Kräfte auf den Ausbau dieser neuen, höheren Lebensform zu richten und die unnötigen Kriege und Fehden abzustellen. So fand ein Herrscher Zustimmung und Anerkennung, der Frieden und Ordnung sicherte, ein »chakravartin« oder ein Friedenskaiser, der das »dharma«, d. h. die soziale Gerechtigkeit und die religiöse Ordnung, schützte und aufrechterhielt. Mag ein solches Reich auch mit Gewalt zustande kommen, so stützt es sich doch auf den »consensus« seiner Bewohner, die ihr »aryavarta«, die Wiege und das jeweilige Ausdehnungsgebiet der neuen Kultur, geschützt sehen wollten und den Kaiser daher als Vollstrecker einer gottgewollten Ordnung begrüßten. Das Reich konnte sich ausdehnen durch Kolonisierung und Missionierung primitiver Nachbargebiete, wie z. B. Bengalen hinzugewonnen wurde. Aber es stieß auf Widerstand sowohl dort, wo ganz primitive Zustände einer eben beendeten Steinzeit (im Dekkhan) jeden Zwang, kulturellen wie staatlichen, ablehnten, oder wo bereits, wie bei den Tamilen, eigene staatliche und kulturelle Lebensformen entstanden waren.

Die Völker des Dekkhan fanden sich dann in einem frühen Stadium ihrer geschichtlichen Entwicklung in einem eigenen Reich zusammen, das, zwar mit wechselnden Grenzen und Dynastien, doch von 50 v. Chr. bis 1200 n. Chr. bestanden hat. Die drawidischen Völker gründeten einzelne Großstaaten, haben sich aber erst im Abwehrkampf gegen den Islam zu einem Gesamtreich gefügt, dem von Vijayanagar.

Dabei werden die vom Gangestal ausgehenden Reichsgründungen gern als Versuche gedeutet, eine »Einigung Indiens« zu verwirklichen. Einigung aber setzt voraus, daß Völker zueinanderkommen *wollen,* daß irgendein consensus vorhanden ist – wie er etwa bei den Kleinstaaten im alten Gangestal angenommen werden kann. Gewaltsam vollzogene Gebietserweiterungen sind Annexionen oder Eroberungen, also im Grunde nichts anderes, als was die Türken und Briten in Indien getan haben. Solange Indien frei war, hat es stets in der Form staatlicher Vielheit gelebt. Das unterscheidet Indien gerade von China, in dem sich früh imperiale Tendenzen regten, die dann zur Begründung des Reiches unter *einem* Kaiser führten. So erklärt sich auch die verschiedene Machtstellung der Regionalfürsten. Auch in China haben sie gelegentlich gegen den Stachel der kaiserlichen Zentralgewalt gelöckt; aber in Indien hat es zu allen Zeiten große Landesfürsten gegeben, die nicht daran dachten, sich einer Zentralgewalt zu beugen – genauso wenig wie es die deutschen Fürsten im alten Reich getan haben oder wie es die europäischen Nationalstaaten bis in unsere Tage tun.

Die nachstehenden Betrachtungen, die realistisch sein wollen, gehen also – genau wie in der europäischen Geschichtsschreibung – von den Staaten aus, die Großmacht-Politik getrieben haben. Indien ist groß genug, um in dieser Beziehung mit dem europäischen Kontinent verglichen zu werden. Britisch-Indien war (ohne Burma) mit 4 Millionen Quadratkilometern etwa so groß wie das alte Europa ohne Rußland und ist stets dichter bevölkert gewesen als unser Erdteil. Drei solche Zentren echter Großmacht-Politik treten hervor: das Gangestal, die Südostküste (das Land der Tamilen) und das Hochland des Dekkhan. Alle drei haben großen Reichen als Kernland gedient, deren Kämpfe untereinander einen großen Teil der älteren politischen Geschichte Indiens ausmachen. Anschließend seien die Gebiete betrachtet, die nur vorübergehend oder niemals zu wirklicher Machtpolitik gelangt sind. Bengalen stieg zeitweilig zur größten Macht im Norden auf, während das Gangesreich sich auflöste; aber seine Randlage hemmte es, dauerhaften Einfluß auf den übrigen Kontinent auszuüben. Gerade um dieser Lage willen geriet es als erstes unter britische Herrschaft, wurde Zentralsitz des britischen Reiches und dadurch in Stand gesetzt, in der Hauptstadt Kalkutta die Befreiungsbewegung einzuleiten. Orissa, eines der kleinen Länder, tritt in der großen Politik zum erstenmal hervor, als Ashoka es gewaltsam seinem Reiche einverleibt, versteht es aber, dank seiner geschützten Lage zwischen unzugänglichen Waldgebirgen und dem Meer, sich dieser Herrschaft ebenso zu entledigen wie zahlreicher späterer Versuche ähnlicher Art, und bewahrt einen so hohen Grad von Eigenständigkeit, daß es zur Moslem-Zeit als Oase der Hindu-Kultur erscheint. Die südwestlich an das Gangestal angrenzenden Gebiete – Malva, Shaurashtra und Gujarat – haben selten eigene Machtpolitik getrieben. Als Brücke zu den Seehäfen wurden sie zeitweise dem Gangesreich einverleibt, vermochten aber in dem Rivalitätskampf zwischen diesem und dem Dekkhan-Reich eine gewisse Selbständigkeit wiederzuerlangen. Erst mit dem Gujaraten Gandhi haben sie weltpolitische Bedeutung erlangt. Die trockene, wüstenartige Landschaft, in deren Oasen seit 500 die Rajputen ihre Fürstentümer errichteten (daher Rajputana, heute Rajasthan), hat solange politische Wirkungen ausgestrahlt, als dieser kriegerische Stamm im Abwehrkampf gegen die Moslems maßgebend blieb. Aber sein Hang zur Kleinstaaterei hat die Rajputen um eine dauerhafte gesamt-indische Wirkung gebracht.

Unglücklich war das Schicksal des Industals. Als Sitz der ältesten Kultur hatte es zwar den frühesten Staat erlebt, der gleichzeitig mit den alten Stromkulturen am Nil, Euphrat und Hoang-ho blühte. Aber der Einbruch der Aryas warf es kulturell zurück, zumal diese ihre Hochkultur dann nicht am Indus, sondern am Ganges schufen. Dadurch wurde das Industal zum *Randgebiet* und damit zur Einbruchstelle aller beute- und landsuchenden Fremdvölker, die aus dem Iran oder aus Zentralasien in die fruchtbare Ebene eindrangen. Vom Gangesreich nur selten geschützt, hat das Industal oft unter Fremdherrschaft gestanden und selten ruhige Wachstumsperioden erlebt. Nur einmal ist es als politische Einheit hervorgetreten: während der Lebenszeit des großen Staatsmanns Ranjit Singh (im Staat der Sikhs). Auch der Nordzipfel Indiens, das Bergland Kaschmir, ein typisches Paß- und Durchgangsland, hat nur einmal eine kurze Rolle als Großmacht gespielt (unter Lalitaditya) und sieht sich heute gar von drei Seiten her umstritten (von China, Pakistan und Indien).

Die folgenden Betrachtungen zeigen, daß die politische Geschichte in den verschiedenen Machtzentren zu verschiedenen Zeiten beginnt: am frühesten im Gangestal (wenn man von der Indus-Zivilisation absieht) und etwa 400–500 Jahre später – politisch ganz unabhängig vom Norden – an der tamilischen Südostküste. Das Dekkhan-Hochland tritt als eine noch jüngere Großmacht auf, die dann im Marathenreich eine Wiedergeburt erlebt. Die einzelnen Teile Indiens erreichen also ihre »Geschichtsfähigkeit« zu verschiedenen Zeiten, unterscheiden sich daher im Alter voneinander. Das gilt sowohl für ihre kulturelle Entwicklung wie für das biologische Alter der Geschichtsträger. Kulturell ist der Dekkhan über 1000 Jahre jünger als das Gangestal. Die im Gangestal entstandene Hochkultur erreicht zur Zeit der Pratiharas ein Alter von 2000 Jahren. Das erklärt die zahlreichen Symptome der Dekadenz, der späten Überreife, die sich dort bemerkbar machen und den Zusammenbruch dieser staatlichen Schöpfung vor den Moslems; denn bei diesen handelt es sich um ganz junge, nomadenhafte Turkvölker, die durch Annahme des Islams gerade die erste Primitivität überwunden hatten. In der gleichen Periode durchlaufen die jugendlichen Gurjara-Stämme, die späteren Rajputen, ein echtes Mittelalter in unserem Sinne. Ein solches Nebeneinander ganz verschiedenartiger Kulturstufen zeigt sich oft in der indischen Geschichte – bis zum heutigen Tag, da die Inder bei Bombay einen Atomreaktor errichten, während in den Wäldern noch viele Stämme im primitiven Stil der Vorzeit geschichtslos dahindämmern.

Ebenso verschieden ist die biologische Altersstufe der verschiedenen Träger der politischen Geschichte. Die Bevölkerung im Gangestal – dem Kernland der Hochkultur wie des frühesten Reichs – hat nur wenig Zufluß frischen Blutes erhalten, da die zahlreichen Fremdvölker, die einbrachen, in ihrer Masse im Industal hängenblieben. Natürlich erneuerte sich die Schicht der Träger der politischen ebenso wie der kulturellen Entwicklung durch den Aufstieg neuer, bisher am geschichtlichen Prozeß unbeteiligter Schichten – von den Nandas bis zu den Chandellas, um ein Beispiel zu nennen. Der Versuch der jüngeren Rajputen, das späte Reich von Kanauj zu retten (Pratiharas), erinnert etwa an die Bemühungen germanischer Heerführer wie Stilicho, die Lebensdauer des Römischen Reiches zu verlängern. Natürlich gilt auch für Indien die Erfahrung, daß sich in der Geschichte nur die Volksteile verbrauchen, die aktiv in ihr tätig sind, und daß die Massen unberührt weiterleben. Da die Scheidung von geschichtlich aktiven und passiven Schichten in Indien durch die Kastenordnung noch verschärft wird, mögen sich die unteren Volksschichten dort noch jugendlich-kräftiger gehalten haben als im Europa der allgemeinen Wehr- und Schulpflicht und des allgemeinen Wahlrechts. Da breite Teile Indiens während seiner langen Geschichte häufig Zufluß frischen Blutes bekommen haben – dazu rechnen auch unerwünschte Invasoren – und in breiten Teilen Indiens noch geschichtslose Volksgruppen als »Menschenreservoir« vorhanden sind, dürfen wir die Bevölkerung Indiens im ganzen als noch jugendlich ansehen – wenigstens verglichen mit Europa –, was die erstaunliche Leistung des Befreiungskampfes erklärt.

Jede Betrachtung der indischen Geschichte leidet an dem Mangel an überlieferten Unterlagen. Obwohl die Wissenschaften der Archäologie, der Numismatik und vor allem der indologischen Sprachforschung sich in bewundernswerter Weise bemüht haben, gesicherte Angaben zu beschaffen – und mit stattlichem Erfolg –, sind besonders für die Frühzeit fühlbare Lücken geblieben, die an den Ausspruch von Ezra Pound erinnern, wonach er »Zeiten gekannt habe, in denen die Historiker bewußt Lücken in ihren Schriften ließen für die Dinge, die sie nicht oder noch nicht wußten« (Canto XIII). Aber eine *politische* Betrachtung kennt keine leeren Stellen; denn die politische Geschichte geht weiter, auch wenn man nichts über sie weiß. Unsere Betrachtung muß daher notwendigerweise versuchen, durch Analogien und Vergleiche die nicht überlieferten Tatsachen zu rekonstruieren. Das wird erleichtert durch die Erkenntnis, daß die Ziele und Methoden reiner Politik sich zwar elastisch den äußeren Umständen anpassen, sich aber im Grunde bei allen Völkern und zu allen Zeiten ebensowenig ändern wie die Natur des Menschen.

Nicht geringer ist die Schwierigkeit, die vorhandenen Überlieferungen zu bewerten und aus der Fülle des Materials, wie es in der neueren Zeit vorliegt, das auszuwählen, was politisch wirklich bedeutsam ist. Wir haben gelernt zu unterscheiden, inwieweit eine Selbstaussage oder eine zeitgenössische Darstellung *ad personam* oder tendenziös gemeint sind und inwieweit sie reale Fakten bringen. Ebenso wie wir von dem Inhalt der »Germania« des Tacitus abziehen, was als tendenziöse Wirkung auf das zeitgenössische Rom gemeint war, oder wie wir in Publikationen diplomatischer Akten unterscheiden zwischen dem, was nur eine absichtlich gezielte Äußerung des Verfassers darstellt, und dem, was seine wirkliche Meinung war, haben wir auch bei den Überlieferungen aus der indischen Politik vom »arthashastra« und den Edikten Ashokas bis zu den Reden Nehrus zu prüfen, was darin wirkliche Geschichte und was zweckgebundene Tendenz ist. Was ein Politiker sagt oder schreibt, *kann* politisch interessant sein; aber es belegt zunächst nur das Faktum, daß er es zu einem bestimmten Zeitpunkt in dieser Form gesagt hat, dagegen nicht, daß er es wirklich so gemeint habe oder gar, daß die Dinge sich tatsächlich auch so abgespielt hätten.

Solche Erwägungen nötigen zu großer Vorsicht, namentlich gegenüber allen Selbstäußerungen, beginnend mit den ruhmredigen Inschriften altindischer Herrscher und den panegyrischen Lobreden ihrer Bewunderer bis zu den Selbstdokumenten der heutigen Politiker, die sie uns in Reden, Briefen und Tagebüchern hinterlassen haben. Vor allem hat sich der kritische Beobachter stets an die alte Erfahrung zu erinnern, daß das Wesentlichste oft nicht niedergeschrieben wird und daher nicht »in die Akten kommt«. Das gilt z. B. auch für die Reden Nehrus, der dafür bekannt gewesen ist, daß sein lebhafter Geist und seine gewinnende Art im Gespräch jedem Hörer stets das zu sagen bestrebt war, was jener gern von ihm hören wollte. Es gilt ebenso auch für die Veröffentlichungen Gandhis, bei denen es oft schwer ist zu unterscheiden, wo bei ihm der Apostel aufhört und der nüchtern denkende Politiker beginnt.

Auch haben diese Betrachtungen nicht den Ehrgeiz, verwickelte politische Vorgänge in allen Einzelheiten nachzuzeichnen, wie – um ein Beispiel herauszugreifen – *Rothermund* es aufgrund seiner tiefgründigen Quellenstudien für das Reformwerk von 1919 getan hat; vielmehr begnügen sie sich damit, die Ereignisse und Auswirkungen in ihrer politischen Tragweite zu untersuchen. So ist der Anteil der Briten an der neueren Geschichte Indiens bewußt zurückgedrängt worden zugunsten einer Würdigung dieser Epoche aus indischer Sicht. Dagegen werden ausführlicher die Vorgänge behandelt, die der Unabhängigkeitserklärung von 1947 unmittelbar vorangingen, denn sie enthalten die ersten selbständigen Schritte der indischen Politik, die schon vor 1947 mit einer sehr weitgehenden Selbständigkeit und unter eigener Verantwortung unternommen wurden, vor allem die Entscheidungen, die zur Abspaltung Paskistans geführt haben, und damit die Unterlagen zur Beurteilung der Frage, ob diese so hochbedeutsame Wendung vielleicht hätte vermieden werden können.

Diese Betrachtungen wählen die Vorgänge aus, die als wesentlich für die politische Geschichte Indiens gelten dürfen. Dabei treten manche andere in den Hintergrund, auch solche, die uns aus den üblichen Darstellungen liebgeworden sind, wie etwa die kurze Episode Alexanders des Großen, der ja nur das westliche Randgebiet flüchtig berührt hat, oder etwa die oft zitierten Schlachten bei Panipat, die dann als dreimalige Schicksalswendung am gleichen Ort herausgestellt werden – wobei vor allem die letzte vom Jahre 1761 nur ganz geringe politische Auswirkungen gehabt hat.

Andererseits erschien es nützlich, die Rolle stärker zu betonen, die der Subkontinent zu allen Zeiten in der *internationalen* Politik gespielt hat, was sich aus seiner geographischen Lage ebenso wie aus seiner Größe erklärt. Denn dieser Gesichtspunkt ist für unsere Zeit dadurch verdeckt worden, daß Indien während 200 Jahren uns nur als ein politisch unselbständiger Teil des britischen Weltreichs bewußt geworden ist. Daher wird die Außenpolitik des Gangesreichs, der Cholas und später der Moguls ebenso untersucht wie die britische Politik zur Sicherung Indiens – eine Leistung, die ja auch für Indien getan wurde und aus diesem Grunde als ein Teil der fortlaufenden indischen Außenpolitik gelten muß.

Eine große Rolle spielte in der internationalen Stellung Indiens sein überseeischer Handel. Schon der Indus-Staat zog seine Kraft aus ihm, und seine kühnen Kaufleute werden auch nach der Zerstörung der beiden Hauptstädte Mohenjo-daro und Harappa (um 1750 v. Chr.) ihre Erfahrungen und Verbindungen an anderen Plätzen fortgesetzt haben. Nur dadurch könnte es sich erklären, daß bald nach der Einwanderung der Aryas ins Gangestal ein Fernhandel auftaucht (Ujjain!), der sicherlich nicht von den damals primitiven Aryas betrieben wurde; und ebenso, daß die tamilische Welt in einem verhältnismäßig sehr jungen Entwicklungsstadium schon einen Überseehandel hatte, der sie mit Mesopotamien und Ägypten, mit Rom und China verband. Erst viel später drangen die arabischen Kaufleute hier ein und noch später der Westen. Das Vorurteil, daß die »Inder« keine seefahrende Nation wären, entstand, nachdem die Briten die Wurzeln des indischen Exports – das blühende Manufakturgewerbe – vernichtet hatten und begannen, die Schiffahrt um Indien ihrer Flagge vorzubehalten.

Die Überwindung der Vielheit von Staaten und der Gegensätze zwischen den einzelnen Völkern erfolgte durch harte, ja brutale Methoden: durch die Eroberung großer Teile des Subkontinents durch eindringende Moslems und dann durch die Unterwerfung des ganzen Raumes durch die Briten. Daß schließlich die Unabhängigkeit nur durch die Abspaltung großer Randgebiete zugunsten Pakistans wiedergewonnen wurde, war der Preis, den die Geschichte Indien auferlegte: ebenfalls eine Folge seiner Vergangenheit. Aber die Lehren und Erfahrungen dieses geschichtlichen Ablaufs sollten nicht in Vergessenheit geraten.

Technische Vorbemerkungen

Die Datierung der Ereignisse folgt den Ergebnissen, die die Wissenschaft in langjähriger Arbeit als mehr oder weniger feststehend erkannt hat. Bei der Datierung der Kushan-Dynastie wurde die chronologische Abstimmung mit gesicherten Daten der chinesischen Geschichte zugrunde gelegt.

Die Bezeichnung »Indien« wird bis ins 19. Jahrhundert als ein geographischer Begriff verwendet und oft durch »Subkontinent« ersetzt. Entsprechend werden als »Inder« die Bewohner dieses Erdteils verstanden.

Der Begriff »arisch« wird stets auf eine *Sprach*-Gruppe beschränkt. Die Einwanderer werden meist mit ihrem indischen Namen als »Aryas« bezeichnet, die Anhänger des Islams nicht als Mohammedaner, sondern als Moslems. Unter »Hindus« werden Anhänger einer Religion verstanden. Diese Religion hat sich im Laufe ihres dreitausendjährigen Bestehens oft gewandelt, aber der Ausdruck »Neo-Hinduismus« wird vermieden, da er indischen Ohren klingt, als ob man nach Luthers Reformation von einem »Neo-Christentum« spräche.

Indische Eigennamen werden nach der amtlich üblichen Schreibweise des heutigen Indien wiedergegeben (mit wenigen Ausnahmen, wie Benares, die sich in unserer Sprache eingebürgert haben). Seitdem Indien aufgehört hat, eine Kolonie zu sein, und seine amtliche Transkription dem englischen Muster folgt, also dem deutschen Leser keine Schwierigkeiten bereitet, besteht keine Notwendigkeit mehr, deutschtümelnde Schreibweisen zu erfinden, die den Lesern, die Indien kennen, unverständlich oder ungewohnt sind, so als ob man »Bordo« statt Bordeaux schreiben würde.

Längere Personennamen werden beim ersten Auftreten in vollem Wortlaut wiedergegeben, wobei der groß geschriebene Teil für die Einordnung in das Namenregister entscheidet. Titel werden durchweg fortgelassen, auch bei britischen Staatsmännern; denn wie wir in unseren geschichtlichen Werken nur von »Bismarck« und nicht von »Fürst Bismarck« sprechen, benötigen auch britische Adlige nicht laufend ihre Titel. Dafür gibt das Register ihre vollständigen Namen mit sämtlichen Titeln. Personen des englischen Hochadels, deren Bezeichnung später gewechselt hat, werden mit derjenigen benannt, die sie während ihrer Wirkungszeit in Indien führten, also (Baron) *Irwin* und nicht (Earl of) *Halifax*.

TEIL I

Frühe Staatsbildungen auf indischem Boden

Kapitel 1

Der Indusstaat (2500–1750 v. Chr.)

Das staatliche Leben in Nordindien beginnt im Industal, dem Sitz der ältesten Kultur auf dem Boden des Subkontinents. Aber im Gegensatz zu den etwa gleichaltrigen Strom-Kulturen am Nil, Euphrat und Hoang Ho war es der Indus-Kultur nicht beschieden, zu einer *dauerhaften* Hochkultur zu reifen, wie es den anderen vergönnt war. Sie ist untergegangen, sei es durch Naturereignisse, sei es durch Zerstörung durch die eindringenden Aryas, während diese ihre Hochkultur dann nicht am Indus, sondern am Ganges schufen. So beginnt die indische Geschichte mit einem Riß, der ihre erste Geschichtsblüte von der darauf folgenden trennt. Möglich, daß die Aryas, die von dem hohen Eigenwert ihrer Art so tief durchdrungen waren, instinktiv das bereits kulturgedüngte Industal verließen, um die Keime der Kultur, die sie in sich trugen, in einen Raum zu senken, der noch unberührter war. Jedenfalls ist es zu keiner Synthese zwischen beiden Kulturen gekommen, und mühsam versucht man heute zu erforschen, ob und inwieweit die ältere etwa doch die jüngere noch befruchtet habe. Aber ein Blick auf Europa lehrt, daß auch dort echt »germanische« Reiche nur außerhalb des eigentlichen römischen Kulturgebiets oder doch an seinem Rand entstanden sind. Offensichtlich haben die Aryas von der Schicksalsfügung, auf eine reife Kultur zu treffen, keinen Gebrauch gemacht, ob sie sie schon im Niedergang vorfanden oder ihre Reste selbst zerstörten. Ihre Stammesvettern, die in den Iran gelangten, fanden dort nur bäuerliche Kulturen vor, die die Entwicklung ihrer eigenständigen Kultur nicht hemmten. Wohl mögen die im Industal angesammelten Reichtümer einer wohlhabenden Kaufmanns-Oligarchie, deren Ruf damals sicherlich den ärmeren Gebirgsbewohnern bekannt war, die Aryas gelockt haben, hier reiche Beute zu machen, ebenso wie sicherlich schon früher Bergvölker zur Plünderung in das reiche Industal hinabgestiegen sein werden.

Diese Kluft zwischen beiden Kulturen sowie die Tatsache, daß wir bis heute außer den Ergebnissen der Ausgrabung nicht viel vom Wesen der Induskultur wissen – die kargen Inschriften auf den Siegeln dürften selbst nach ihrer Entzifferung nicht allzuviel Aufklärung über sie bringen –, hat viele Historiker dazu geführt, die Industal-Kultur wie einen »prähistorischen« Vorläufer der indischen Geschichte zu behandeln. Ein politischer Betrachter muß zunächst fragen, ob er diesen Abschnitt überhaupt schon in seine Betrachtungen einbeziehen darf; ob die aufgefundenen Denkmäler ausreichen, um auf eine politische Entwicklung zu schließen. Er befindet sich in der Lage des Naturforschers, der aus dem bloßen Vorhandensein stummer Zeugen auf eine Entwicklung schließt, die sich abgespielt haben muß, bevor der aufgefundene Zustand erreicht wurde. Aber ebenso wie dieser sich zu einer solchen Beurteilung berechtigt fühlt, mag auch hier versucht werden zu prüfen, ob die Funde geschichtlich-politisches Leben offenbaren.

Was die Ausgrabungen bisher ergeben haben, besteht in der Hauptsache aus den Ruinen zweier großer Städte (jede von 100 ha Ausdehnung) und einigen Dutzend kleinerer, ihnen verwandter Landstädte, dichtgedrängt im Delta des Indus sowie entlang der ausgetrockneten Flußläufe der Sarasvati und Drishadvati; in lockerer Streuung im heutigen Belutschistan und Iran, deren Ausstrahlungen durch Funde sich weithin nach Mesopotamien, an die indische Westküste und ins Gangestal erstrecken. Was an den beiden Städten besonders auffällt, ist ihre sorgfältig durchdachte Anlage: die wohlüberlegte Trennung zwischen Wohnviertel und Verwaltungszentrum; die klare Anlage der sich rechtwinklig kreuzenden Straßen, deren Breite für einen erstaunlich regen Verkehr gedacht war; die getreue Beachtung der Baufluchtlinien, die keinem der Häuser auch nur ein geringes Übergreifen über den Straßenzug gestatteten; und vor allem die umfangreichen Anlagen zur Wasserversorgung und zur Kanalisation, die jedem Haus Wasser zuführten und es mit einem unterirdischen Abwässersystem verbanden, das die Abwässer unter der Straßendecke hindurch durch Kanalisation und Kloaken zum Fluß führte. Das läßt eine Technik erkennen, die auf eine vielhundertjährige Entwicklung schließen läßt, und setzt eine Planung voraus, die nur von einer zentral regierenden Stelle ausgehen konnte, und eine solche Zentrale nennen wir einen *Staat*. Möglich, daß die Duplizität der beiden Hauptstädte auf zwei Staatsgewalten schließen läßt oder daß es ein Staat mit zwei Hauptstädten war, wie in Ägypten. Aber unzweifelhaft ist, daß ein Staat vorhanden war, der also eine Geschichte gehabt haben muß, die sein Entstehen, seine Blüte und sein Ende bekunden müßte. Diese Annahme wird bestärkt, wenn man erkennt, wie auch die schwierige Aufgabe der Verpflegung einer so bedeutenden städtischen Bevölkerung gelöst wurde. Innerhalb des städtischen Bezirks sind nirgends mehr Viehställe festgestellt worden – ein Zustand, den das moderne Bombay erst nach 1947 erreicht hat. Dafür sehen wir Getreidespeicher, deren Größe und Lüftung unseren heutigen vergleichbar sind, in die die ackerbautreibende Bevölkerung der Umgebung ihre Produkte ablieferte. Der Staat basierte also auf einer Wirtschaft, die Überschüsse an Lebensmitteln erzeugte und damit ihre rein städtische Bevölkerung zu ernähren vermochte – die Voraussetzung jeder höheren Kultur. Endlich lassen die Funde erkennen, daß dieser Industaat über Rohstoffe und Fertigfabrikate verfügte, die einen weitreichenden Warenaustausch voraussetzten. Der Industaat beherrschte also das Stromgebiet dieses Flusses, seine benachbarten landwirtschaftlich genutzten Gebiete und betrieb Handel mit anderen Wirtschaftsgebieten. Demnach beginnt die politische Geschichte Indiens mit dem Faktum eines großen Handelsstaats im Industal, dessen Blüte von den Forschern in die Jahre 2500–1750 v. Chr. gelegt wird.

Nach den bisherigen Forschungsergebnissen der Archäologen lagen die ältesten Siedlungen (Amri, Kalibanga, Kot-Diji) nahe der Indusmündung oder zogen sich längs der Kirthar-Berge im heutigen Belutschistan hin, während die östlich des Stroms gefundenen Stätten einer späteren Periode angehören. Danach müßte Mohenjo-daro als die ältere Stadt gelten. Harappa könnte dann zu dem Zwecke errichtet worden sein, als Ausweich-Hauptstadt für Mohenjo-daro zu dienen oder diese alte Hauptstadt nach ihrer Zerstörung abzulösen. Es ließe sich auch denken, daß es angelegt worden ist, um die Regelung der Wassermassen weiter nördlich, im heutigen Panjab, in den Griff zu bekommen. Jedenfalls war dies – ebenso wie wir es vom Nil wissen – die wichtigste Aufgabe des Indus-Staates; denn der Wasserreichtum des Stroms konnte ein Segen sein, indem er die Ernährung einer wachsenden Bevölkerung erlaubte, aber auch eine Gefahr, die mit beinahe regelmäßigen Überschwemmungen nicht nur Acker- und Weideland bedrohte, sondern auch die städtischen Zentren unterspülte oder fortschwemmte. Solche Naturkatastrophen verursachten einen *Notstand*, der staatliches Eingreifen nötig machte.

Dieser Staat umfaßte nach den Ausgrabungen ein Gebiet, das sich von der Indusmündung bis zum Himalaja erstreckte, ostwärts durch die Enge von Karnal zum Gangesgebiet vordrang (Mirath oder Meerut nördlich von Delhi gehörte dazu) und westwärts mindestens die Ausgrabungsstätten bei Sut Kagen-Dor an der Makran-Küste einschloß. Mit einer nordsüdlichen Ausdehnung von 1500 km und einer west-östlichen von 800 km umfaßte er also mit 1,2 Millionen Quadratkilometern ein Gebiet, das das von Alt-Ägypten oder Sumer/Akkad erheblich übertraf. Wir wissen nichts über seine Verfassung. Es mag ein Priesterstaat oder eine Kaufmanns-Oligarchie gewesen sein; aber wir erkennen, welche lebenswichtigen Aufgaben ihn zusammenhielten: die Wasserwirtschaft, die ihn als eine riesige Strombauverwaltung erscheinen läßt, und der Handel, auf dem er wirtschaftlich beruhte.

Wir wissen nicht, welcher Rasse die Bevölkerung angehörte; wir wissen nicht einmal, ob die Oberschicht und die Masse des Landvolks dem gleichen Volkstum angehörten. Wir wissen auch nicht, ob sie mit der vor-arischen Bevölkerung des Gangestals oder Südindiens verwandt war, ob also ihre Händler, die aus dem Industal in diese Gegenden zogen, dort als Einheimische oder Verwandte oder als Fremdlinge angesehen wurden. Die Beschreibung der »dasyus« in den Veden mag vielleicht nur auf die Landbevölkerung zutreffen, da die Aryas mit der Oberschicht kaum in direkte Berührung gekommen sein werden. Natürlich wäre die einfachste Lösung, sie als drawidisch oder proto-drawidisch anzusehen, aber das ist noch nicht gesichert. Selbst die wenigen aufgefundenen Plastiken geben kein klares Bild. Sicher dagegen ist, daß es sich um eine starke und zähe Rasse handelte, die, von großem Weitblick und eisernem Willen beseelt, diese erstaunliche Kultur mit ihrem weltverzweigten Handel aufgebaut und mindestens ein Jahrtausend in Gang gehalten hat. Mögen ihre Träger auch schlechte Krieger gewesen sein und sich auf Waffenrüstung wenig verlassen haben – wie es bisher den Anschein hat –, so sind sie als Großkaufleute und Staatsbildner sicherlich zu den tüchtigsten der indischen Geschichte zu zählen. Das belegt die geschichtliche

Leistung, die uns die Ausgrabungen offenbaren. Trifft es zu, daß sie von einer nüchternen, rein auf das Praktische gerichteten Art waren, daß sie unter Verzicht auf äußeren Schmuck und manche Annehmlichkeiten in schlichter Selbstzucht nur der Erhaltung ihres Staates gelebt haben, so würden sie etwa dem Geiste der Jainas oder der kalvinistischen Gemeinschaft gleichen, die in ähnlich nüchterner, auf vieles verzichtender Lebensweise nur dem obersten Ziel dienen, den göttlichen Segen schon hier auf Erden in Form geschäftlicher Erfolge zu erringen – also als Träger einer Geisteshaltung erscheinen, die im Abendlande (nach Max Weber) die kapitalistische Wirtschaftsordnung geschaffen hat.

Nichts wissen wir über ihre Religion. Die Tatsache, daß keine Tempel gefunden wurden, besagt nicht viel, denn die Aryas haben beinah ein Jahrtausend ihre religiösen Kulte ohne Tempel durchgeführt. Es wird vermutet, daß das große Bad in Mohenjo-daro kultischen Zwecken diente. Aber daß ein derartiger Staat angesichts solcher schwierigen Aufgaben eine wachsende Bevölkerung über ein Jahrtausend in Zucht zusammengehalten hat, ist ohne eine gewisse religiöse Bindung kaum denkbar, und so dürfen wir in den seltsamen Bildzeichnungen der Siegel mit großer Wahrscheinlichkeit heilige Symbole einer Religion erkennen. Ihre Sprache mag im Sanskrit Spuren hinterlassen haben; denn da die Aryas keinerlei kommerzielle Kenntnisse mitbrachten, sie aber im Gangestal später doch erwarben, ließe sich denken, daß sie ihre kaufmännischen Fachausdrücke ebenso vom Industal übernommen haben wie ihre Maße und Gewichte und vermutlich auch ihr Zahlensystem.

Auch das Ende des Staates und seiner Kultur ist ungewiß. Manche Gelehrte nehmen als Ursache Natur-, d. h. Wasserkatastrophen, an. Da festgestellt ist, daß Mohenjo-daro nach solchen Katastrophen mehrfach auf den Trümmern neu wiedererrichtet wurde, ist es nicht wahrscheinlich, daß eine einzige Katastrophe beide Städte und ihr Zwischenland gleichzeitig vernichtet haben soll. Dafür war das Staatsgebiet zu groß. Immer blieben doch Gebiete verschont, in die sich das Leben zurückziehen konnte. Aber jede Kultur altert und kann am Kräfteverfall der Menschen zugrunde gehen, zumal der überall spürbare starr konservative Geist vermutlich Blutauffrischungen von außen verhindert hat. Endlich dürfen wir die vedischen Preislieder der Aryas nicht ganz übergehen, in denen sie sich rühmen, feste Plätze erobert und zerstört zu haben, und die vor allem so charakteristische Details erwähnen, wie daß sie zunächst die kunstvollen Dämme der Harappa-Wasserwirtschaft zerstörten, um Weideflächen für ihre Herden zu schaffen – wodurch sie die Lebensgrundlage der Stadt untergruben. Auch die mehrfachen Behauptungen, sie hätten mit Indras Hilfe die festen Behälter der darin wohnenden Geizhälse erbrochen, sprechen dafür, daß diese Invasoren mindestens zum Teil für den Untergang verantwortlich sind. Die Annahme, daß dabei die Bewohner massakriert und die ganze Bevölkerung ausgerottet worden wäre, ist höchst unwahrscheinlich. Das Dutzend Leichen, das in Mohenjo-daro gefunden wurde, läßt eher darauf schließen, daß hier ein Häuflein Unentwegter den Tod fand, während die Masse vorher geflohen war. Das bezeugen auch die arischen Quellen*.

Fast sicher ist, daß die Oberschicht sich rechtzeitig in Sicherheit gebracht hat. Kaufmannsfamilien, die mehrere Jahrhunderte lang Überseehandel betrieben haben, erwarten nicht den Eroberer, um sich von ihm abschlachten zu lassen, sondern weichen vorher aus und suchen ihre weiter südlich oder östlich gelegenen Handelsplätze und Agenturen auf, um von dort das Geschäft neu aufzubauen. Von Harappa fliehend, werden sie bald in Rupar oder noch weiter östlich im Gangestal erschienen sein und dort, sowohl mit ihren alten Kunden wie später auch mit den dort eindringenden Aryas, Geschäfte gemacht haben, wozu diesen auf ihrer jugendlichen Kulturstufe noch der Sinn fehlte. Und so mag ihre Abneigung gegen die *Pani*, die völlig der unserer Gutsbesitzer gegen den Getreide- und Pferdehändler gleicht, den früheren Harappa-Kaufleuten gegolten haben.

Beinah sicher erscheint ein Ausweichen in südlicher Richtung; denn daß Lothal noch Jahrhunderte nach dem Zusammenbruch (um 1750) benutzt worden ist, wird von den Archäologen nicht bezweifelt. So dürfte sich auch die sonst überraschende Tatsache erklären, daß von den Häfen der indischen West- und Südwestküste bereits in den Jahrhunderten vor Christi überseeischer Handel betrieben wurde – eine Leistung, die bei jedem Volk eine gewisse Kulturreife voraussetzt. Entweder also waren die Träger der Indus-Kultur Tamilen, die dann über See nach West- und Südindien auswichen, oder sie sind dort zu

* Rig Veda VII 5. 3. oder Taittiriya Brahmana II 4.6.8.

Lehrmeistern der ansässigen Bevölkerung auf dem Gebiete des Handels geworden, d. h. in dem Volk der Tamilen aufgegangen – ähnlich wie es auch für das Gangestal angenommen werden kann.

Beziehungen zur Außenwelt

Mit welchen Ländern stand dieser Staat nun in Verbindung, namentlich im Handelsverkehr? An der Spitze steht Mesopotamien, und zwar die älteste dortige Staatsgründung, *Sumer Akkad.* Hier sind nicht nur die dort aufgefundenen Siegel der Indus-Kaufleute, sondern auch Waren indischer Herkunft sichere Zeugen. Anfangs haben manche Forscher sogar die ganze Industal-Kultur auf Einflüsse aus Sumer zurückführen wollen. Aber der englische Indologe A. L. *Basham,* ein außerhalb des Ausgräberkreises stehender Gelehrter, der alle Argumente für und wider nüchtern geprüft hat, glaubt für eine solche Annahme keine Anhaltspunkte gefunden zu haben, da trotz einiger gemeinsamer Züge beider Kulturen die Verschiedenheiten weit überwiegen. Auch ist der Handelsverkehr dorthin offensichtlich durch die Initiative der Industal-Kaufleute entstanden; denn es sind bisher keinerlei Anzeichen dafür gefunden, daß sumerische Kaufleute in das Industal gelangt wären. Möglich ist, daß zeitweise die Ausfuhr vom Indus her nur bis zu den Bahrein-Inseln gelangt ist (damals *Dilmun* genannt), wo Händler aus Sumer sie in Empfang nahmen. Dies könnte seinen Grund in der Zerstörung von UR haben (um 2019 v. Chr.), die das direkte Geschäft hemmte. Indessen lassen die etwa dreißig in Ur gefundenen Siegel, deren Herkunft aus dem Industal zweifelsfrei feststeht, vermuten, daß mindestens zu Beginn die Indus-Händler das Delta persönlich betreten haben. Daß sie übrigens auch dann die Form des Stempel-Siegels beibehielten, als sie in Sumer das Roll-Siegel kennenlernten, spricht dafür, daß sie strikt an ihren hergebrachten Bräuchen hingen. Die Ausfuhr bestand in bestimmten Holzarten, die im holzarmen Mesopotamien als Baustoff benötigt wurden, hauptsächlich aber aus Rohbaumwolle und Baumwollgeweben, damals die Spezialität der Indus-Kultur; ferner aus Schmuckgegenständen, wie Perlen, Glasperlen, Lapislazuli (aus Badakshan im Pamirgebiet), aus bestimmten Tieren und vielleicht auch aus Sklaven oder Sklavinnen. Ungewiß ist, was als Gegenwert ins Industal eingeführt wurde; bisher ist dort keine Ware festgestellt, die aus Mesopotamien stammen könnte. Der Erlös der Lieferungen wird dann von den Indus-Händlern dazu benutzt worden sein, ihre großen Importe aus dem indischen Kontinent, vor allem an Erzen, zu zahlen. Der Handel mag zum Teil auf dem Landweg gegangen sein, wofür die Lage von Mohenjo-daro am Fuße des Bolan-Passes spräche. Die kleinen zweirädrigen Ochsenkarren, damals wohl das einzige Transportmittel, erscheinen für einen so langen Weg wenig genügend; aber da das Innere des Irans damals noch vielfach aus Binnenseen bestand, mag ein Teil der Wegstrecke zu Wasser bewerkstelligt worden sein. Viel wahrscheinlicher ist der Seeweg. Die Schiffe, deren Abbildung auf den Siegeln zu sehen sind, waren zwar nur klein, doch werden sie für eine Schiffahrt längs der Küste ebenso ausgereicht haben wie die chinesischen Dschunken, die auch auf hohe See gehen. Den besten Beweis für die Seefahrt bieten die Anlagen in Lothal – ob man sie als ein Dock oder als Hafenkais ansehen will. Dieser Handel mit Sumer hat seine Blüte zur Zeit der Sargoniden (um 2350 v. Chr.) gehabt, läßt sich aber, wenn auch in sinkendem Umfang, noch für die Zeit der Larsa-Dynastie (2020–1764 v. Chr.) nachweisen.

Ein Handel in nördlicher Richtung ist für Kaschmir belegt durch die Ausgrabungen bei Burzahom (Bez. Srinagar) sowie durch die Ausbeutung der Vorkommen von Lapislazuli im heutigen Badakshan. Ob die später nördlich von Kaschmir nachgewiesene Goldgewinnung schon in diese Zeit zurückgeht, ist ungewiß; immerhin hätten diese Vorkommen in den Flußtälern für Harappa bequemer gelegen als die Minen im heutigen Maisur, an die manche Forscher denken. Unbekannt ist auch, ob der Aktionsradius von Harappa sich so weit nach Norden erstreckte, daß eine Verbindung zu den gleichaltrigen Kulturen in Sibirien am Oberlauf des Ob hergestellt wurde.

Die Dichte der Harappa-Siedlungen längs des Sarasvati-Stroms weist auf die lebhaften Handelsbeziehungen zum Gangestal, das sich damals noch auf einer primitiven Kulturstufe befand. Rupar liegt noch am Sutlej, also noch diesseits der Enge von Karnal; aber Mirath (Meerut) liegt schon in der Gegend des heutigen Delhi und dürfte noch der Blütezeit Harappas angehören. Dagegen können die Funde im Gangestal in Städten wie Hastinapura, Kausambi u. a. oder in den Grabungsstätten von Ambkheri und Badgaon – beide im Bezirk Saharanpur – oder von Alamgirpur bei Delhi, die eine Verbindung zum Industal belegen, späteren Perioden angehören, etwa der Zeit, in der nach der Evakuierung von Harappa die dort ansässigen Kaufleute ostwärts zogen, um sich neue Märkte zu suchen. Vielleicht erklären sich die seltsamen Funde von bearbeiteten Kupfergegenständen im Gangestal daraus, daß sie Teile der Verkaufslager der Harappa-Kaufleute waren, die damals den Kupfermarkt beherrschten. Sie ließen das Kupfer in den Minen in Rajasthan gewinnen, verarbeiteten es für den eigenen Bedarf und brachten den Überschuß auf den Markt.

Besser belegt ist die Ausdehnung des Indus-Handels in südöstlicher Richtung, sowohl nach der Halbinsel Kutch (Ausgrabungen bei Desalpur) wie der Halbinsel Shaurashtra (Ausgrabungen in Rangpur und Amra) sowie im heutigen Gujarat, wo der Hafen von *Lothal* bestens bezeugt ist.

Weiter südöstlich sind Hafenanlagen bei Megham (an der Mündung der Narbada) und bei Bhagertavar (an der Mündung des Kim, 21 km nördlich von Surat) festgestellt worden und als jüngste Entdeckung eine solche bei Malvan am südlichen Mündungsufer des Tapti-Flusses (240 km nördlich von Bombay). Auch im Hafen von Surat haben Funde die Verbindung zur Industal-Kultur wahrscheinlich gemacht.

Weiter südlich fehlen noch Ergebnisse von Ausgrabungen. Indessen läßt die Tatsache, daß schon in den letzten vorchristlichen Jahrhunderten ein überseeischer Handelsverkehr aus dortigen Häfen zur westlichen Welt – nach Mesopotamien, zum Roten Meer und nach Ägypten – angenommen wird, für dessen Entstehung sich sonst keine plausible Erklärung findet, es als naheliegende Deutung erscheinen, daß die routinierten Überseekaufleute aus dem Industal auch die Häfen der Malabarküste in ihren Handel einbezogen haben, wie denn von manchen Forschern auch angenommen wird, daß sie, um das Kap Kanya Kumari herumsegelnd, auch die Koromandelküste erreicht und dort den später berühmten Hafen von Arikamedu angelegt hätten. Unbestätigt ist noch, ob sie bis Malaya gekommen sind, um dort Zinn zu holen. Ebenso ist ungewiß, ob sie in ihrer klassischen Zeit, also vor 1750, schon bis Ägypten gelangt sind. Daß beide Kulturländer sich gekannt haben, wird aus mancherlei Anzeichen geschlossen; aber diese Bekanntschaft kann von ihrem Zusammentreffen in Sumer herrühren.

Kapitel 2

Die Aryas im Panjab

Die Einwanderung der Aryas* um die Mitte des 2. Jahrtausends v. Chr. hat für Indien eine so weittragende Bedeutung gehabt, daß die Inder sie noch heute als den Beginn ihrer eigentlichen Geschichte ansehen. Sie war nicht die erste ihrer Art, und ihr sollten noch viele andere folgen; aber sie ist fraglos die folgenreichste, die der indische Subkontinent erlebt hat.

Sie bildet ein Glied einer großen Völkerwanderung, in deren Verlauf Völker indoeuropäischer Sprache seit etwa 2000 v. Chr. in den Raum des Mittelmeers, nach Vorderasien und dem Iran sowie nach Mittel- und Ostasien gelangten. Wir wissen nicht, ob alle diese Stämme und Völker indogermanischer Sprachen aus einer gemeinsamen Urheimat kamen, noch welche Ursachen sie zur Wanderschaft trieben, noch auf welchem Weg ein Teil von ihnen nach Indien kam. Erwähnt sei, daß ein Zweig dieser Völkergruppe, die *Mitanni,* in Anatolien um 1500 mit den Hethitern einen Vertrag schloß, in dem als Eidzeugen Götter angerufen wurden, deren Namen mit den vedischen Gottheiten übereinstimmen. Aber eine Verbindung zu den indischen Aryas läßt sich nicht nachweisen.

Politisch wichtig sind zwei Fragen: die eine nach dem Verhältnis der indischen Aryas zu ihren engen Stammesvettern, den Iranern, und die andere nach ihrem Verhältnis zu dem Indus-Staat, in dessen Gebiet sie eindrangen.

Die erste hängt eng mit der Frage zusammen, auf welchem Wege die Aryas nach Indien gelangten; denn es steht fest, daß beide mindestens einen Teil der Wanderungsstrecke gemeinsam zurückgelegt haben. Wer annimmt, daß sie *südlich* des Kaspischen Meeres gezogen sind, läßt auch die indischen Aryas noch bis in den Iran wandern und sich erst dort von den Iranern trennen. Dagegen spräche ein psychologisches Moment, daß nämlich die Aryas keinerlei Erinnerung an einen solchen Auf-

* Da das deutsche Wort für den Namen dieses indischen Volks, »Arier«, vielfach zu Bezeichnung rassischer Gruppen benutzt und auch mißbraucht worden ist, wird in diesen Betrachtungen der indische Name *Aryas* beibehalten, der als Eigenname zu gelten hat.

enthalt im Iran haben, obwohl die Veden eine Urheimat im arktischen Norden nennen, obwohl auch die Iraner gewisse Erinnerungen an eine frühere Heimat haben (Eranvey), obwohl sich also beide noch an eine Zeit gemeinsamer Wanderschaft erinnern. Wer sich dafür entscheidet, daß die Aryas *nördlich* vom Kaspischen Meer gezogen sind, verlegt die Trennung in einen viel früheren Zeitpunkt und kann für die Richtigkeit dieser Vermutung geltend machen, daß sie große Viehherden mitführten, also Weideflächen benötigten und diese wohl in den Ebenen des heutigen West-Turkestan fanden, aber nicht im Iran. Auch hat sich bisher noch kein Beleg dafür ergeben, daß sie Indien, vom Iran kommend, etwa über den Bolan-Paß erreicht hätten, wobei sie dann zuerst auf Mohenjo-daro gestoßen wären. So vermuten die meisten Forscher, daß sie Indien von Norden kommend betreten haben, also entweder über den Khaiber-Paß oder durch das Industal oder – wenigstens in Teilen – durch das heutige Kaschmir. Dafür spräche auch, daß sich am Hindukusch noch heute eine kleine Gruppe findet, deren somatische Eigenart der der Aryas entspricht, die sogenannten »Rot-Kaffiren«. Diese Annahme würde somit bedeuten, daß sie sich von den iranischen Vettern schon vor ihrem Eintritt nach Zentralasien getrennt hätten – was für das Verhältnis beider in späterer Zeit bezeichnend wäre; denn die Faktoren der Gemeinsamkeit, die beiden durchaus bewußt waren, wurden durch gegensätzliche Momente überdeckt und zeigen schon eine längere gegenseitige Entfremdung.

Im Panjab trafen die Aryas auf eine alte Hochkultur. Der Ruf dieses reichen Kaufmannsstaats ist sicherlich damals in die Ferne gedrungen, so daß die Aryas auf ihrer Wanderschaft genügend Nachrichten über sie und über die Wege dorthin erhalten haben. Möglicherweise trieb sie sogar die Aussicht, dort reiche Beute machen zu können, wie dies für manche örtlichen Bergstämme bezeugt ist. Oder es hat sie die Aussicht gereizt, im fruchtbaren Gebiet des Fünfstromlands saftige Weideflächen für ihr Vieh zu finden.

Sie haben die Berührung mit dem Indus-Staat zu ihrer eigenen kulturellen Förderung nicht genutzt; entweder haben sie Harappa schon in Ruinen vorgefunden, oder sie haben es selbst zerstört. Ihre Einwanderung vollzog sich in mehreren Teilen, denn sie kamen mit Weib und Kind und großen Herden. Daß sie den riesigen Marsch durch unwegsame Gebirge und weite

Steppen durchführen konnten, beweist nicht nur ihre körperliche Leistungsfähigkeit (die sie mit allen primitiven Volksgruppen teilen), sondern auch ein gutes Organisationstalent: diese Wanderer mußten verpflegt und in Zucht gehalten werden. Außer ihrer natürlichen Kraft und Zähigkeit hatten sie für den Krieg schon Waffen, die ihnen eine technische Überlegenheit auch über die Grenzschutztruppen des Harappa-Staats sicherten, dessen militärische Rüstung sehr schwach gewesen ist. Für ihre Waffen verwendeten sie bereits Bronze, die härter war als die im Industal – und sie kannten vor allem schon den Gebrauch des Pferdes, zwar nicht zum Reiten, wohl aber als Zugtier für die kleinen Streitwagen (rathas), die allein schon eine gewisse militärische Überlegenheit begründeten. Wenn diese leicht beweglichen Wagen, besetzt mit einem Lenker und ein bis zwei Kriegern, in die Menge der Feinde hineingaloppierten, mag das gewirkt haben wie später die ersten Kriegselefanten oder wie die Tanks im 1. Weltkrieg.

Was sie vor allem auszeichnete, war ein unbesiegbarer Glaube an die eigene Überlegenheit, die sie der übermächtigen Gewalt ihrer Götter verdankten. Sie hatten die Stufe der primitiven Naturreligion bereits überschritten. Ihre Götter erscheinen als Symbole der Kraft, die sich indessen bei ihnen ausschließlich in männlichen Gottheiten verkörpert, während die spätere Form der indischen Religion sie mit Vorliebe in weiblichen Gestalten als »shakti« darstellt. Weibliche Gottheiten waren kaum vorhanden, nicht einmal ein Gegenstück zur germanischen Freia oder griechischen Aphrodite. Ihr oberster Gott war damals *Indra,* der riesige Übermensch, der an wilder Kraft und Leidenschaft alles übertraf; der sowohl im Trinken wie im Kämpfen Übermenschliches leistete und es sogar verstand, befestigte Burgen einzunehmen, wobei wir nichts darüber erfahren, welche technischen Methoden sie für solche Aufgaben zu verwenden wußten. Jedenfalls haben sie, wie ihre Heldenlieder bekunden, sämtliche Hindernisse solcher Art zu überwinden gewußt.

Thor, der mit seinem Hammer den wohlgeordneten Kosmos einer sittlich gefestigten Welt in Ordnung hält, erscheint hier als Mitra und Varuna, die als Hüter der »rita« fungieren; aber in den wirren, wilden Zeiten im Panjab bleiben sie im Hintergrund, um dann erst später wieder zu einer führenden Rolle zu gelangen. Der wichtigste Kult war das Opfer, bei dem die Opfergaben verbrannt wurden, damit die zum Himmel strebende Flamme sie hinauf zur Gottheit trüge. Daher wurde der Gott des Feuers, Agni, zu einem der bedeutendsten, zum *Mittler* zwischen Gott und Mensch. In dem siegreichen Vordringen gegen andersrassige Massen lebten sie sich in den Glauben hinein, daß ein richtig dargebrachtes Opfer Erhörung bringen müsse, daß zwischen Mensch und Gottheit ein bindendes Vertragsverhältnis bestände, ein »do ut des«, dem der Gott sich nicht entziehen dürfe noch würde. Was sie von ihren Göttern erflehten, war Sieg über die Feinde, reiche Beute (vor allem an Rindern) und ein langes Leben. Es war ein lebensfrohes, lebensbejahendes Geschlecht, dem der Pessimismus, der später so bezeichnend für indische Religionen werden sollte, völlig fremd war. Sie wollten hier auf Erden solange wie möglich leben, viel vom Leben haben, sich in ihren Kindern verewigen, und sie glaubten, daß sie nach dem Tode in das »Land der Väter« eintreten würden, in das »pitrloka«, das etwa dem Walhall der Germanen entsprach. Auf sie paßt das Wort Nietzsches: »War das das Leben? Wohlan denn, noch einmal!«

Auch sprachlich besaßen sie schon einen erstaunlichen Reifegrad. Mag auch das Sanskrit, das sie bei der Ankunft im Panjab sprachen, noch eine Vorstufe des klassischen gewesen sein, so zeigte es doch die Anfänge einer Sprache, die wir noch heute zu den höchstentwickelten der Erde rechnen. Jahrtausendelang hielt sie sich zäh als Träger einer hohen Literatur, aus der sich mehr oder weniger alle nordindischen Sprachen entwickelt haben. Das Spanische in Südamerika traf auf nur sehr primitive Sprachen, hatte es also verhältnismäßig leicht, sie zu verdrängen. Das Sanskrit mußte sich mit der doch immerhin entwickelten Sprache der Induskultur messen, die zu jener Zeit einen dieser Zivilisation entsprechenden Grad der Reife erlangt haben dürfte. Das Sanskrit hat noch maßgebend Mittelindien beeinflußt; erst das Tamil vermochte seiner Verbreitung Halt zu gebieten.

Die *Gesellschaft* beruhte auf dem rein vaterrechtlichen Geschlechterverband, ähnlich wie im alten Rom. Die Grundlage war die Sippe, die »gotra«. Wörtlich bedeutet dieser Begriff die »Hürde für das Rindvieh«. Die gotra war also ursprünglich die Gemeinschaft der Familien, die sich als eine Sippe fühlten und ihr Vieh in die gleiche Einzäunung trieben. Starb einer der Ihren ohne Erben, fiel sein Nachlaß an diese Gemeinschaft.

Mehrere untereinander verwandte Sippen bildeten das Dorf und mehrere solcher Dorfgemeinschaften den Stamm »vis«, der schon einen gemeinsamen Führer auf seinen Wanderungen und in seinen Kämpfen hatte, also einen Herzog oder Volkskönig (rajanya). Aber anfangs war die »grama« noch kein seßhaftes, sondern ein wanderndes »Dorf«, ein Treck, der fortlaufend seinen Standplatz wechselte, wenn die Weiden abgegrast waren und er sich neue suchen mußte. Kam er dabei in Konflikt mit einer anderen grama, dann entstand Kampf (Sam Grama).

Untereinander waren die Aryas ebenso uneinig, wie es von den alten Germanen berichtet wird. Nur gegen Fremdvölker standen sie zusammen. Es gab also im Anfang nur zwei Gruppen: die unter sich blutsverwandten Aryas und die Nicht-Aryas, die »dasas« oder »shudras«, wie sie später genannt wurden. Andere »Kasten« im späteren Sinn entwickelten sich erst aus der beginnenden Ständeordnung.

Einige Geschlechter galten als höher geboren; wahrscheinlich fochten sie im Streitwagen, während die übrigen das Fußvolk bildeten. Aus ihnen wurde der Herzog genommen. Diese Schicht wird schon früh als »kshatriyas« bezeichnet, als der ritterliche Adel. Ein Priesterstand bildete sich mit steigender Bedeutung der kultischen Opferriten. Da die Aryas kein Zölibat kannten – wie es die abendländische Kirche einführte und die griechisch-orthodoxe wenigstens für die höheren Kirchenämter beibehalten hat –, vermochten die Priester Familien zu gründen; und wenn die Söhne den priesterlichen Beruf des Vaters fortsetzten, bildete sich ein erblicher Priesterstand, aus dem die Kaste der Brahmanen erwuchs. Der Prälat, der dem Herrscher beigegeben wurde, der »pirohita«, hatte zunächst die Aufgabe, über die Erhaltung der Tradition in Familie und Kult zu wachen – also wie der Censor bei den alten Römern. Wenn er gescheit war und in den Wirren der ewigen Kämpfe kühlen Kopf bewahrte, konnte er zum nützlichen Berater des Herrschers auch in politischen Dingen aufsteigen; und wenn es ihm gar gelang, das gleiche Amt bei mehreren befreundeten Herrschern zu versehen, konnte er zum Kristallisationskern eines erweiterten Staatswesens werden. Dann erwarb er sich eine so hohe allgemeine Achtung, daß seine Absetzung durch die Willkür *eines* Herrschers allgemeine Bestürzung hervorrief. Bezeichnend ist, daß der Kampf, den die Sage die »Zehnkönigsschlacht« nennt, dadurch verursacht worden sein soll, daß König Sudas seinen pirohita absetzte, und daß es dem abgesetzten Priester gelang, zehn andere Herrscher für eine Koalition zu gewinnen, die den »gefährlichen Neuerer« strafen sollte – allerdings mit gegenteiligem Erfolg, da der kühne Neuerer Sieger wurde.

Ebenso wie sich bei den germanischen Völkern aus der Masse der Nicht-Privilegierten die »Gemeinfreien« bildeten, so entstand hier neben diesen beiden Ständen, Adel und Priester, die Masse der »Vaishyas«, die dann zusammen mit den beiden oberen Ständen das Volk bildeten – »vis« –, das sich seinerseits gegen die Fremdrassigen abschloß. Von einem »Staat« wird man während der Wanderzeit noch kaum sprechen dürfen. Erst mit der Seßhaftmachung – und wäre es auch nur für begrenzte Zeiten – entstand das Bedürfnis nach einem solchen. Ursprünglich war die einzige Abgabe, die der freie Arya zu leisten hatte, die »bali«, ein Beitrag zu den gemeinsamen Opfern. Das Volkseinkommen war die Beute, die nach dem Rang verteilt wurde. Für besondere Fälle scheint es eine Art öffentlicher Versorgung gegeben zu haben. Jedenfalls erscheint schon in älteren Schriften der »bhaga dugha«, ein Verteiler von Almosen. Ursprünglich mag er die Mittel vom jeweiligen Herrscher erhalten haben, der bei der Verteilung der Beute bevorzugt wurde. Überstiegen aber die Bedürfnisse, die er zu erfüllen hatte, die verfügbaren Mittel, mußte er sie sich verschaffen, so daß aus ihm der Urtyp des Steuereinnehmers wurde. Daß den Nicht-Aryas nach Gutdünken ihr Besitz genommen wurde, daß man ihnen vor allem das Vieh für die vedischen Opfer ohne Entschädigung »requirierte«, scheint schon früh vorgekommen zu sein und hat später, als die Massenopfer Hekatomben von Vieh erforderten, wesentlich dazu beigetragen, den Widerstand gegen sie zu reizen und damit der Reformbewegung des Buddha den Weg zu ebnen, der dann zur »Heiligsprechung« der Kuh geführt hat.

Der Versuch zu erkennen, was sich nach der Ankunft der Aryas im Panjab abgespielt hat, stößt zunächst auf eine noch nicht geklärte Frage, nämlich die, ob der Staat von Harappa noch bestand oder sich bereits in der Auflösung befand. An sich spricht nichts dafür, daß Harappa, die Hauptstadt am Ravi, bei Ankunft der ersten Aryas schon zerstört gewesen wäre, obgleich sie manche Wasserkatastrophe durchgemacht haben mochte. Die eindeutige Behauptung der Veden, daß sie befestigte Burgen vorgefunden und mit Indras Hilfe erobert hätten, wird nicht einfach aus der Luft gegriffen sein; und die weitere Behauptung, daß sie überall Dämme zerbrochen hätten, spricht dafür, daß mindestens ein Teil der großen Kanalisationsanlagen der alten Indus-Kultur noch intakt war. Natürlich verstanden die primitiven Einwanderer den Sinn dieser Kunstbauten nicht, durchbrachen sie voreilig, um nasse Weiden für ihr Vieh zu bekommen, und werden erst später, während der ersten Trockenperiode, die Weisheit der Erbauer geahnt haben. Ebenso machten sie von den eingenommenen Städten keinen Gebrauch als Wohnsitz, sondern schlugen ihre Zelte und Viehhürden außerhalb der Städte auf – wie es für die germanischen Stämme etwa bei Straßburg bezeugt ist. Städte waren ihnen noch unheimlich.

Daß sie den überwundenen Gegner in ihren Siegesliedern so gehässig malten, ist ein Zug, den sie mit vielen Siegern teilten. Auf wen aber bezog sich die Schilderung? Dunkle Hautfarbe mag allen Bewohnern des Industals gemeinsam gewesen sein. Platte Nasen würden zu der Annahme nicht passen, daß mindestens die Oberschicht der Mittelmeer-Rasse angehört habe; das würde also die Masse der Unterworfenen (»dasyus«) treffen. *Mode* glaubt Anhaltspunkte dafür gefunden zu haben, in ihnen die Träger der Jhukar- und Jhangar-Kultur zu vermuten*.

Wichtiger ist, wie die beiden Völker sich zueinander stellten. Ein Nomadenstamm mit großen Viehherden, der erschöpft von einer Wanderung über den Hindukusch im Industal anlangt, mag nicht gleich das Bedürfnis gehabt haben, zu kämpfen. So ist es durchaus möglich, daß sie – ähnlich wie die Ostgoten an der Grenze von Byzanz – zunächst um gastliche Aufnahme und Zuweisung geeigneter Weiden gebeten haben und daß eine kluge Großkaufmanns-Regierung geneigt war, dem Verlangen zu willfahren. Erst der Ausdehnungsdrang der jugendlichen Einwanderer, die rasche Vermehrung ihrer Herden in dem fruchtbaren Panjab und vor allem der bald einsetzende Prozeß gegenseitiger Verachtung – der Aryas gegen die »dunklen, nasenlosen, gottfremden Geizhälse« und dieser gegen die ungeschlachten, arroganten Barbaren – mögen dann zu Spannungen geführt haben, die sich in einem kriegerischen

* Mode, Das frühe Indien, Stuttgart 1959, Seite 103.

Kampf entluden. Spätere Wellen einwandernder Aryas mögen die Spannungen verschärft haben. Während sie anfangs geneigt waren, die verachteten Dasas auszurotten, mußten sie bei wachsender Bevölkerungszahl erkennen, daß Rindfleisch und Milch zur Nahrung nicht genügten, sondern daß ein gewisser Ackerbau nötig wäre. Bei ihrer Abneigung gegen Feldarbeit werden sie die Dasas dann als Arbeitssklaven benutzt haben, so daß ein gewisses Nebeneinanderleben beider Rassen anzunehmen ist. Entstand dann mit wachsender Vermehrung der Volkszahl eine gewisse Überbevölkerung, so mag darin eins der verständlichen Motive dafür gefunden werden, daß ein Teil der Aryas ostwärts weiterzuwandern beschloß.

Bezeichnend, daß die Veden selten über Kämpfe der Aryas gegen die Einheimischen, dagegen oft über die der Aryas untereinander berichten, z. B. über die sogenannte »Zehnkönigsschlacht« am Ravi, in der König Sudas zehn andere Stämme besiegte. Als Grund des Streits wird *auch* angeführt, daß einige der zehn Stämme einen Quellfluß des Ravi zu ihren Gunsten ableiten wollten. Vielleicht aber war es schon ein Kampf um die Hegemonie, bei dem die Bharatas siegten und Sudas als erster Stammeskönig den Titel »sam rat« (Großkönig) annahm. Vielleicht hat er damals schon den kühnen Plan gefaßt, seinem Volk ein größeres Reich weiter ostwärts zu gewinnen. Jedenfalls haben die Bharatas die Führung im Vormarsch nach Osten übernommen und hierbei im späteren Kurukshetra die *einheimischen* Stämme unter Führung ihres Königs Bheda vernichtend geschlagen. Daher gelten die Bharatas als das Kernvolk des kommenden Indien, und mit Recht nennt sich der heutige indische Staat nach ihnen.

Ebenso lassen sich damals schon Anzeichen der Entfremdung erkennen, die die Aryas im Gangestal später von den im Panjab zurückbleibenden trennte. Während die einen in die Weite riesiger Räume vordrangen und unter Ausnutzung der einheimischen Menschenmassen eine Agrarwirtschaft großen Stils als Basis für ein Großreich schufen und danach auch ihre religiösen und sozialen Vorstellungen modifizierten, bewahrten die zurückgebliebenen Stämme in der Enge des Panjab die ältere Tradition, galten also als konservativ, als »reiner«, aber auch als altmodisch. Das Verhältnis zwischen beiden mag dem zwischen den Angelsachsen geglichen haben, die in Nordwestdeutschland seßhaft blieben, und jenen, die nach England übersetzten und von dort her die Weltherrschaft errangen. Als letzte entscheidende Wendung in dieser Rivalität darf die große Bharata-Schlacht gelten, die durch das Epos unsterblich geworden ist. Jedenfalls spiegelt sie schon ein ganz anderes Verhältnis zwischen Aryas und den Dasas wider. Während im Panjab der Gegensatz zwischen den beiden Rassen noch ungebrochen andauerte, finden wir hier in den Pandavas bereits ein Volk mit starken einheimischen Einflüssen. Die Züge der Polyandrie – die fünf Brüder sind zur gesamten Hand mit *einer* Frau verheiratet –, die listigen Praktiken, die dem altarischen Ehrenkodex gewiß nicht entsprachen, und vor allem das Auftreten eines dunkelhäutigen Gottes – Krishna – lassen erkennen, daß die Aryas im Gangestal einheimische Stämme mindestens als Verbündete angenommen und einen einheimischen Gott als Patron anerkannt haben. Auf jeden Fall offenbaren alle diese Züge eine ganz neue Einstellung zu den »visah ariknih«, den dunkelhäutigen Eingeborenen, wie sie anfangs im Panjab kaum vorstellbar gewesen wäre*.

Die territoriale Ausdehnung der Aryas im Panjab ergibt sich aus den beiden oft zitierten Begriffen des »Fünf-« und des »Sieben-Strom-Landes«, wobei der letztere auch den Indus und den versandeten Sarasvati-Strom mitzählt**. Daß sie vom Ozean Kunde erhielten, ist selbstverständlich, da ja alle ein-

* Natürlich bleibt die Möglichkeit bestehen, daß der Gott Krishna, wie die ganze Bhagavadgita, erst viel später eingefügt worden ist, vielleicht um das Epos den inzwischen eingedrungenen Völkern, etwa den Kushan, schmackhafter zu machen. Das würde aber lediglich den Zeitpunkt verschieben, in dem die neue »Eingeborenen-Politik« wirksam geworden ist. Dagegen klingt die Deutung unwahrscheinlich, als habe das Epos der Mahabharata-Schlacht den Untergang der vedischen »kshatriyas« darstellen wollen. Denn die eigentliche Glanzzeit der vedischen Kriegerkaste waren die Jahrhunderte nach der Landnahme im Gangestal, also etwa die Zeit von 1000 bis 500 v. Chr., die in jedem Falle dieser Schlacht zeitlich gefolgt ist.

** Die fünf Ströme sind mit den vedischen, den heutigen und den griechischen Bezeichnungen von West nach Ost:

Vitasta (Vyath) — *Jhelum* — Hydaspes
Asikui — *Chenab* — Akesines
Parushni — *Ravi* — Hydraotes
Vipas — *Beas* — Hypasis
Shutudri — *Sutlej*

Weiter östlich lag die Sarasvati (Sasutri) oder Hakra. Der Ganges und die Jamna werden erst später erwähnt.

heimischen Bewohner von der Harappa-Zeit her die Schiffahrt dorthin kannten. Daß die Aryas selbst in jenem Stadium zur See gefahren wären, ist wenig wahrscheinlich. Wohl aber haben sie Kenntnis von den Schiffen und dem überseeischen Verkehr der alten Industal-Bewohner erlangt, aber deren Handelsstützpunkte an der Mündung des Indus oder am Golf von Kambay haben sie nicht erreicht.

Das so gewonnene Gebiet umfaßt eine Ausdehnung von 700 km in nord-südlicher Richtung und eine Breite, gemessen vom Khaiberpaß zur Enge von Karnal, von 800 km, also einen Raum, der dem heutigen Frankreich entspricht. Bedenkt man, daß Cäsar für die Eroberung Galliens sieben Jahre benötigt hat, und daß die germanischen Völker in dem kurzen Zeitraum von 375–450 fast das ganze Römische Reich besetzt haben, so braucht man zur Durchführung dieser Leistung nicht mehr als ein Jahrhundert anzusetzen. Die folgenden Jahrhunderte, die wir für den Aufenthalt der Aryas im Panjab anzunehmen pflegen, dienten dann bereits der Durchdringung des Landes und den Kämpfen untereinander. Die natürliche Vermehrung von Mensch und Vieh führte zur Überfüllung des Landes, die den Wunsch aufkommen ließ, sich weiter auszudehnen. Möglich auch, daß die Aryas Kunde davon erhielten, daß sich jenseits der Enge von Karnal ein noch viel größeres Land ausdehnte, mit noch größeren und noch besseren Weiden, und daß es sie reizte, auch diese zu besetzen. Hier liegen die Keime ihres großen geschichtlichen Entschlusses, durch die dschungelbewachsene Enge von Karnal hindurchzustoßen, um im Gangestal ein neues, größeres »aryavarta« zu gewinnen.

Eine solche Wendung läßt schon eine Wandlung ihrer psychologischen Haltung erkennen. Im Gegensatz zu ihren iranischen Vettern, die im Iran in ein dünn bevölkertes, ziemlich primitives Land kamen, fanden sich die Aryas im Panjab einer alten Zivilisation gegenüber und daher in einem schon aufgeschlossenen Land mit einer verhältnismäßig dichten Bevölkerung. Diese Kultur des Industals, hier vertreten durch Harappa, muß den einwandernden Nomaden in wirtschaftlicher, finanzieller und politischer Hinsicht als weit überlegen erschienen sein – ein Eindruck, der sich bei ihnen in dem verächtlichen Schimpfen auf die Träger dieser Kultur Luft machte. Gewiß fühlten sie sich durch Körperkraft, Mut, Entschlossenheit und durch ihre militärische Rüstung überlegen; aber ein gewisses Gefühl der kulturellen Unterlegenheit wird trotzdem nie ganz erloschen sein.

Dazu trat das ungewohnte Klima. Sie hatten auf ihrer langen Wanderung viele Klimata erlebt; im Panjab lernten sie nun zuerst das harte, kontinental-tropische Klima kennen. Die heißen Monate wirken auf jeden, der von Norden her kommt, teils erschlaffend, teils aufreizend zu unausgewogener Leidenschaftlichkeit. Die Aryas, nach einigen Sommern, und erst recht die dort aufgewachsenen Generationen waren nicht mehr die gleichen Typen wie die eingewanderten steppen- und berggewohnten Männer. Hatte die Wanderzeit mit ihren unvermeidlichen Unbilden ihre Reihen gelichtet, so daß nur die robustesten überlebten, so wurde die Tropenhitze zum Prüfstein der seelischen Energie jedes einzelnen, wobei der eine nachgibt und in Stumpfheit dahindämmert, der andere zu ungeahnten Leistungen aufgepeitscht wird.

Das muß auch auf ihr Verhältnis zur Religion gewirkt haben. Aus der naiven Lebensbejahung, die ihrer Natur und ihrer Entwicklungsstufe entsprach, entwickelten sich Keime neuer Vorstellungen. Vor allem wird sich bei weiter denkenden Männern die Einsicht gebildet haben, daß das ewige Hin und Her, das oft planlose Suchen nach neuen Weideplätzen oder neuen Beuteschätzen und der nie endende Kampf der Stämme untereinander die Kraft des Volkes in sinnloser Weise aufrieben. Die besten Köpfe werden sich dessen bewußt geworden sein, daß man eine Zukunft planen müsse, daß also überlegtes politisches Handeln nötig sei. Politischer Wille aber richtet sich zunächst auf Ausübung von Macht. Und da diese – wie Jacob Burckhardt weise erkannt hat – ihrer Natur nach »böse« ist, so traten die Aryas in die Ära des »Kali Yuga« ein. Ihre große Aufgabe wurde die Eroberung des weiten Gangestals. Sie ahnten nicht, daß sie dort das Land finden würden, das zum Wurzelland der ihnen vorbestimmten Hochkultur werden sollte. Sie betraten den neuen Schauplatz naiv, aber mit einem bewußten geschichtlichen Willen. Sie trugen in sich die Keime zu staatsbildenden Schöpfungen, wie sie Indien noch nicht erlebt hatte, und geistige Anlagen für die Schöpfung einer Geisteskultur, wie sie die damalige Erde noch nicht kannte. Was die Dorier in Hellas, die Franken in der Ile de France, die Angelsachsen im südlichen England erleben sollten, stand ihnen im Gangestal bevor. Das war das Walten ihres Schicksals. Das

Stadium der jugendlichen Wanderlust war vorüber, das einer *bewußten* Planung geschichtlicher Vorgänge lag vor ihnen. Dieser Zug einer neuen Hochstimmung glich dem, den Goethe für einen anderen Geschichtsträger im Orient so schön in die Verse gefaßt hat:

»Laßt mich nur in meinem Sattel gelten,
bleibt in euren Hütten, euren Zelten,
und ich reite froh in alle Ferne,
über meiner Mütze nur die Sterne.«

Mit den Bharatas, oder ihnen folgend, mögen noch andere Stämme den Panjab verlassen haben, unter ihnen sicherlich die wagemutigsten. Die Zurückbleibenden, die in den engen Lebensverhältnissen verharrten, verfielen in Kleinstaaterei. Politische Aufgaben fehlten, seitdem der Widerstand der heimischen Bevölkerung gebrochen war. Beschauliche Mittelstaaten, wie der des Königs Poros, der durch Alexander den Großen berühmt wurde, erscheinen als das Höchste, was dieser Teil der Aryas auf staatlichem Gebiet zu schaffen vermochte. Vielfach wandelten sich die Geschlechter-Verbände einfach in republikähnliche Gebilde, bei denen das »Thing« die Staatsgeschäfte leitete.

Die Landaristokratie betrieb überwiegend Viehzucht. Der Wechsel zwischen Jahren verderblicher Trockenheit – wie sie noch heute in Argentinien riesige Herden vernichtet – und der regenreichen Monsunzeit, die die Weiden überschwemmt, macht die Viehzucht zu einem spekulativen Geschäft, das nur der Großbetrieb durchzustehen vermag. Vielleicht ließ diese Lage die Sitte erstehen, bei den vedischen Opfern immer größere Mengen von Vieh zu schlachten, wenn das knapp werdende Viehfutter dazu nötigte. Aber die kleineren Besitzer wehrten sich natürlich gegen solche Massenschlächtereien und neigten früh dazu, jede Tötung der Kuh abzulehnen (sie für »aghnya« zu erklären). Der Ackerbau blieb offensichtlich bei primitiven Methoden; den Griechen fiel später auf, daß nicht einmal das Wasserrad bekannt war und daß man nach der Verteilung der Ernte auf die Sippen etwaige Überschüsse verbrannte, also keine Vorratswirtschaft betrieb – beides Symptome einer rückständigen Betriebstechnik. Städte gab es kaum. *Taxila* wird noch im 4. Jahrhundert v. Chr. als kärgliches Dorf geschildert. Nur für Zeiten drohender Gefahr gab es Einfriedungen, von Palisaden umgeben, in denen dann Frauen, Kinder und das

Vieh geborgen wurden – ähnlich wie die Kelten ihre „oppida" hatten. Indem man die religiösen Überlieferungen mit zäher Pedanterie hütete, erlangten die Lehrer des Veda dort den Ruf, sich treuer an die Tradition zu halten als ihre Kollegen im Gangestal. Es war ein »alt-ständisches Stilleben«, wie Treitschke das Mecklenburg im 19. Jahrhundert bezeichnet – in dem sich allerdings auch Talente regten. Der große Grammatiker *Pannini,* der dem Sanskrit seine endgültige Form gab, wurde hier am Rande der indo-arischen Welt geboren – wie Kant am Rande der deutschsprachigen.

Zwei Faktoren lockerten dieses Stilleben auf: der Handel und die äußeren Gefahren. Wer aus der Welt von Harappa noch lebte, konnte als Lehrmeister im Handel dienen. Verrät doch die Bezeichnung für die ersten Münzen, »Pannas«, daß sie von den »panis« stammten, den Kaufleuten Harappas. Allmählich stiegen die Wendigen unter den Aryas in das Geschäft ein und kamen zu Wohlstand (die sreshthins). Ob sich der Handel in Sanskrit abspielte, ob überhaupt diese Sprache sich damals dafür schon eignete, kann bezweifelt werden. Da später oft vom Gebrauch fremder Sprachen im Handel die Rede ist, ist nicht ausgeschlossen, daß hier die Sprache Harappas fortlebte, namentlich sobald sich der Handel aus der Enge des Panjabs erweiterte und man die günstige Lage als Durchzugsgebiet für den Fernhandel auszunutzen begann. So wird man bald die Wege nach Südindien und über den Hindukusch wiederentdeckt und neue Verbindungen zum Gangestal geschaffen haben.

Für das politische Schicksal dieser Gruppe wurde die Nachbarschaft zum *Iran* entscheidend. Die Iraner waren rascher zu staatlichem Leben gelangt als die Panjabis. Sie richteten ihre Blicke zunächst nach Westen, wo die Hochkultur Mesopotamiens lockte. Als sie merkten, daß die Kraft der dortigen Großreiche erlosch, lenkte *Kyrus* ihren jugendlichen Tatendrang dorthin und begründete das persische Großreich. Der Panjab mit den fast vergessenen »Vettern« blieb für sie ohne Interesse; sie ließen primitive Stämme, wie die Bahlikas oder Gandharas, dorthin abwandern. Als sich ihr Reich genügend gefestigt hatte, warfen sie begehrliche Blicke auch auf dieses Nachbarland, und *Dareius I.* eroberte es (518 v. Chr.).

Nach der Überwältigung des Perserreichs durch Alexander erlebte auch das Industal seinen Einbruch. Damit begann die

Periode, in der es zu einer ständigen Beute einbrechender Fremdvölker wurde. Mit diesem Einströmen fremden Bluts wurden die Bewohner des Panjabs zu einem Mischvolk und nahmen vieles an, was ihren Gegensatz zu den Brüdern im Gangestal steigerte. Ihre kriegerische Kraft und politische Willensbildung verkümmerten. Die alten Erbübel, die schon in den Veden auftauchen, Trunksucht und Spielleidenschaft (Würfel), mögen mitgewirkt haben. Kein politischer Führer ist hier erschienen, kein Versuch wird überliefert, daß sie sich zu gemeinsamer Abwehr zusammengeschlossen hätten. Erst Chandragupta Maurya hat sie aufgerüttelt.

Kapitel 3

Zustände im Gangestal vor Ankunft der Aryas

Sir Mortimer Wheeler, der große Archäologe, dem wir so viele Erkenntnisse über das vorgeschichtliche Indien verdanken, spricht vom Ganges- und Industal wie »von zwei ganz verschiedenen Welten« und warnt davor, Nachrichten über das eine Gebiet ohne weiteres auf das andere zu übertragen. Offensichtlich liegt schon ein Hauptunterschied zwischen beiden darin, daß sich im Industal eine hohe Kultur befand, mit großen Städten und überseeischem Handel, die dem überwiegend ländlichen Gangesgebiet fehlte. Beide Gebiete werden getrennt durch den schmalen Korridor zwischen dem Himalaja und der Wüste Thar (der Enge von Karnal), der in der indischen Geschichte mehrfach eine so bedeutende Rolle gespielt hat – man denke nur an die verschiedenen Schlachten von Panipat. Damals war er, wie die Forscher meinen, mit dichtem, unwegsamem Dschungel bewachsen, durch den ein Eindringling sich mühsam hindurcharbeiten mußte. An seinem westlichen Ausgang am Sutlej, rund 200 km von Harappa entfernt, liegt *Rupar,* der östlichste Platz der Harappa-Kultur, der bisher ausgegraben wurde. Und am östlichen Ende der waldbewachsenen Enge entstand später Kurukshetra, der frühste und als klassisch geltende Staat, den die Aryas gründeten.

Es erhebt sich als erste Frage: *Wie weit nach Osten ist die In-*

dus-Zivilisation vorgedrungen, und wäre es nur durch wandernde Kaufleute oder Händler?

Es ist beinah gewiß, daß eine hohe Kultur auf ihre Nachbargebiete ausgestrahlt hat und daß sich ein bedeutender Kaufmannsstand, wie er dort vorhanden war, das reiche Gebiet der Gangesebene als Absatzmarkt und als Rohstoffquelle nicht hat entgehen lassen. Wie aber waren die Lebensbedingungen in der Gangesebene da, wo sie nicht durch solche Einflüsse befruchtet waren? Was fanden die Aryas vor, als sie das Gangestal betraten?

Auch das Gangestal war überwiegend noch von dichten Wäldern bedeckt; die Hauptarbeit der Aryas hat später in Rodungen bestanden, um das anbaufähige Land zu erweitern. Die Bevölkerung scheint nach allen Anzeichen mehr Ackerbau betrieben zu haben als Viehzucht – im Gegensatz zu den Aryas, die also anfangs Schwierigkeiten gefunden haben werden, sich Weiden für ihre riesigen Herden zu schaffen. Auf dem verhältnismäßig beschränkten Teil des Landes, der schon dem Dschungel oder den Sümpfen abgerungen war, lebten die Bewohner wahrscheinlich in Dörfern. Die viehzüchtenden Aryas dürften das Dorf nicht mitgebracht haben, auch wenn sie es im Panjab schon kennengelernt hatten, so daß das nordindische Dorf auf vorarische Zeit zurückgeht. Es kannte mehrere Getreidesorten und auch schon den Reis, ebenso das Zuckerrohr und vor allem die Baumwolle – wie denn ja ein Hauptgegenstand des Exports der Indus-Zivilisation in Baumwolle und Baumwollgeweben bestanden hat. Jedenfalls war es kein »leeres« Land, das der Eroberer einfach in Besitz zu nehmen hatte, sondern ein besiedeltes, das bei seiner natürlichen Fruchtbarkeit selbst damals schon eine stattliche Bevölkerung zu ernähren vermochte.

Welcher Art und Rasse sie war, ist umstritten. Indessen steht fest, daß sie nicht homogen war. Die Aryas waren nicht die ersten Einwanderer; es hatten schon andere Völker, von Westen wie von Osten her, das Land durchzogen oder sich dort niedergelassen. Daß die Aryas die Mehrzahl mit dem Sammelbegriff der »dasas« bezeichneten, besagt nicht viel: Noch manche Europäer haben von allen Indern, ohne Unterschied der Volkszugehörigkeit oder Kulturreife, gern herabsetzend von »niggern« gesprochen. Vor allem ist nicht gesagt, daß die »dasas« im Gangestal gleichen Typs waren wie die im Panjab, mögen beide auch in ihrer dunklen Hautfarbe und ihrer kleinen Gestalt gemeinsame Züge gehabt haben.

Was den Aryas aber auffiel, war die Verschiedenheit ihrer Reaktion gegen den eindringenden Eroberer. Einige wehrten sich und kämpften, andere unterwarfen sich und nahmen ihr Schicksal hin, andere wieder wichen aus in die bewaldeten Berge südlich der Ebene oder zogen sich in den Himalaja zurück.

Als kriegerisch werden drei Stämme am Ostausgang der Enge von Karnal erwähnt: die Ayas, Sigrus und Yakshas, die unter einem gemeinsamen Führer, namens *Bheda,* an der oberen Jamna dem arischen König Sudas entgegentraten. Dann kämpfte ein einheimischer Fürst, mit Namen Sambara, gegen den arischen Herrscher Divodasa Atithiga, den König der Tritsus. Und endlich werden als Widerstand leistend im Gangestal selbst die Stämme der Kikatas, Chandalas, Parnakas und Simyus angeführt. Diese also waren offensichtlich seßhafte Stämme, die unter Häuptlingen lebten. Andere werden als Nish*a*das bezeichnet (nicht zu verwechseln mit dem arischen Stamm der Nishad*ha*), die entweder in den Vindhya-Bergen lebten oder dorthin auswichen und auf einer primitiveren Kulturstufe standen – offenbar Gond-Völker –, wie denn ja selbst heute in den Wäldern Indiens noch Stämme auf der Stufe primitiver Sammler und Jäger leben.

Die überlieferten Bezeichnungen und Bewertungen schwanken, da die arischen Quellen natürlich dazu neigen, den Zustand zu schildern, der sich allmählich entwickelte, bei dem also die Mehrzahl der einheimischen Stämme in der einen oder anderen Form der neuen Staats- und Sozialordnung eingefügt worden war. Wer sich standhaft weigerte, galt als »noch außenstehend« und wurde entsprechend herabsetzend beurteilt. So entstand der Begriff der »Vratyas« oder »outcasts«, wie etwa die Kikatas, die augenscheinlich mit ungewöhnlicher Hartnäckigkeit die Brahmanen als Priester ablehnten und ihre Priester »arhants« sowie ihre Krieger »yaudhas« nannten. Da sie im Gebiet von Magadha siedelten, ist es denkbar, daß aus ihnen später die ersten nicht-arischen Herrscher hervorgegangen sind.

Alle diese Stämme waren ärmlich, da der Ackerbau ihnen nicht viel abwarf. Aber es gab auch »reiche« Gruppen, wie vor allem die »Panis«, offenbar die Kaufleute jener Welt. (Ist es ein Zufall, daß ihr Name anklingt an »banian«, ihre heutige Bezeichnung?) Natürlich schildern die Aryas sie als »selbstsüchtig, geizig, als Viehdiebe«, d. h. so, wie eine kaufmännische Klasse überall charakterisiert wird, ob man sie »Pfeffersäcke«, »Krämerseelen« nennt, oder, wie selbst noch Nehru, gegen sie ein unüberwindliches Mißtrauen nährte. Da handwerklich erzeugte Gegenstände mehrfach belegt sind, gab es auch diesen Stand, der wohl zur Dorfgemeinschaft gehörte.

Staatlich lebten die höherentwickelten Stämme in der Form des Geschlechterstaats. Der blutsverwandte Klan bildete die Grundlage; aber nicht selten waren schon mehrere unter Häuptlingen oder Fürsten vereinigt. Von einigen Stämmen wird ausdrücklich erwähnt, daß sie kein Oberhaupt hatten, daß also die Gemeinschaft der Freien regierte (das Thing): So vor allem die Vrijjis im nördlichen Bihar. Die Häuptlinge wurden gewählt, oft auf Zeit. Jedenfalls waren sie absetzbar.

In dieser regierenden Oberschicht gab es wohlhabende und höher kultivierte Fürsten, mit denen sich vertraglich einzulassen den eindringenden Aryas durchaus angemessen erschien, und die ihrerseits politische Einsicht genug besaßen, um zu erkennen, daß sie angesichts der militärischen Überlegenheit der Aryas besser tun würden, sich mit ihnen zu arrangieren, als durch ihre Hand zu fallen. So entstanden bündnisähnliche Verträge (wie z. B. mit den Bergstämmen, die in der sagenumwobenen Mahabharata-Schlacht kämpften), aber auch eheliche Verbindungen, durch die junge Aryas die Hand einer Erbtochter erwarben. Als die Juden zur Landnahme in Palästina schritten, gab ihnen Moses die Weisung mit, keinen Bund mit den Einheimischen zu schließen, weder ein politisches Bündnis noch eine Eheverbindung (2. Moses 34, 12). Das haben die Aryas im Gangestal anfangs durchaus nicht befolgt. Erst nachdem ihr neuer Besitzstand gefestigt war, begann die Herrenschicht sich abzuschließen, der nun auch diejenigen einheimischen Geschlechter angehörten, die vorher schon als ebenbürtig aufgenommen waren – genau wie es in Südamerika zwischen den Spaniern und den heimischen Indios geschah.

Am wichtigsten erscheint das Verhältnis zu den *Vrijjis*, zu denen die nachmals berühmten Klans der Licchavis, Mallas und Sakyas gehörten. Sie waren offenbar im Lande bereits seßhaft, als die Aryas eintrafen, also vor-arischer Herkunft. Aber sie müssen schon ein kulturell höheres Niveau erreicht haben als der Durchschnitt der damaligen Häuptlinge, denn aus ihren Reihen sind wenige Jahrhunderte nach der Begegnung mit den Aryas der Buddha und Mahavira hervorgegangen, zwei geniale Denker von Weltformat. Berücksichtigt man, daß beispielsweise Jesus aus einem Volk stammte, das mindestens schon 800 Jahre geistige Kultur besessen hatte, dann kann man ermessen, welcher Zeitraum vergangen sein mußte, ehe ein Geschlecht reif wurde, um solche Männer zu erzeugen. Wenn die Archäologen aussagen, daß von Osten her eine uralte Einwanderung erfolgt sei – man bringt sie in Zusammenhang mit der sogenannten Steinbeil-Kultur –, so mag diese Rasse besonders kulturfähig gewesen sein. Das würde erklären, daß einmal die Aryas in ihren Adelsgeschlechtern eine Vornehmheit anerkannten, deren Wirkungen noch bis in die Gupta-Zeit ein Politikum bildeten. Wir müssen annehmen, daß sich hier am Ostrande des »aryavarta« schon ein Zentrum höherer Kultur befand, das die Aryas als etwas Ebenbürtiges, wenn nicht gar Höheres respektierten, wenn dann auch einer ihrer Könige den Sakya-Klan, dem der Buddha entstammt, aus Eifersucht ausrottete.

Noch wichtiger erscheint ein anderes Kulturzentrum, das die Aryas im Südwesten ihres neuen Siedlungsgebiets vorfanden, im Raum um die Häfen des Golfs von Kambay. Eindeutig ist hier durch Ausgrabungen eine Kultur nachgewiesen worden, die *vor* der Ankunft der Aryas um 500 v. Chr. bestanden haben muß. Aus manchen Einzelheiten geht deutlich hervor, daß sie von der Industal-Zivilisation beeinflußt war. Und nichts liegt auch geographisch näher als eine solche Annahme, da Lothal einer der maritimen Ausgangspunkte gewesen sein kann. Die Kaufleute von Mohenjo-daro oder Harappa hatten natürlich ihre geschäftliche Tätigkeit auf diese Nachbargebiete ausgedehnt und sich an der Küste Niederlassungen geschaffen, die die Zerstörung ihrer Hauptstädte überdauerten. Diese Kultur kannte das Eisen, das z. B. in Ujjain in solchen Mengen gefunden wurde, daß man eine dortige Eisengewinnung vermutet. In Ujjain sind auch die Grundrisse einer Zitadelle ausgegraben, die der in Mohenjo-daro in Form und Maßen gleicht. Am Lauf der Narbada sind zahlreiche Fundstellen freigelegt worden, deren Keramik sich als vor-arisch und z. T. hochentwickelt erweist, so in Maheswar (Mahismati) und Navdatoli, dessen Funde in die Zeit von 1200–700 datiert werden. Dort fand sich der größte Kupfer-Sammelhort, dessen Menge *Mode* auf 829 Pfund errechnet hat*.

Er enthält u. a. anthropomorphe Kupferfiguren, die denen Harappas verwandt sind, während die Aryas an Darstellungen des Menschen in jener Zeit kaum gedacht haben. Ja, ähnliche Funde wurden in der untersten Schicht von *Hastinapura* gemacht, vor allem die mit den Kupferhorten mehrfach verbundene ockergelbe Keramik, so daß diese später arische Stadt schon in früher Zeit eine Handelsfaktorei der Harappa-Kaufleute gewesen sein kann. Diese von Harappa inspirierte Kultur wäre also von den Häfen aus landeinwärts so weit vorgedrungen, wie die Harappa-Kaufleute ihre Handelsgeschäfte selbst vorgetragen haben, d. h. bis sie ihre Agenten, die Panis, mit der Weiterführung betrauten. Wie weit nach Osten dieser Einfluß reichte, wird sich erst herausstellen, wenn die allerorten in Gang befindlichen Ausgrabungen mehr Aufschlüsse geliefert haben. Wenn in Orissa, im heutigen Sisupalgarh, der Grundriß einer Wohnstadt mit rechtwinklig sich kreuzenden Straßen entdeckt ist, die damit ihren Ursprung aus dem Industal kaum verleugnen kann, so mag sie von Harappa-Kaufleuten angelegt worden sein, die auf dem Seewege dorthin gelangten. Ob sie nun mit den heutigen Drawiden identisch gewesen sind, ist nicht geklärt, aber daß enge Beziehungen zwischen dem Süden und dem Industal in ältester Zeit bestanden haben, wird heute von den meisten Forschern bejaht.

Damit in Zusammenhang steht die Frage, wer die *Bhrigus* waren, die an der Küste des heutigen Gujarat saßen. Daß sie Handel trieben und daß aus ihnen der legendäre Parasurama hervorgegangen sein soll, der die arischen »kshatriyas vernichtete«, daß sie Seeleute waren und Schiffe zu bauen vermochten, wird in indo-arischen Schriften bezeugt. Sie erwähnen sogar einen ihrer Herrscher, den König der »Karkotaka Nagas«, also eines einheimischen Volks, das dort an der Küste siedelte. Auch hier liegt es nahe, in diesen Seefahrern Flüchtlinge oder Nachkommen der Industal-Zivilisation zu sehen, die von Lothal aus südwärts mit Handel und Seefahrt vordrangen, den Hafen von Surparaka anlegten und weiter südlich den frühesten Handel der drawidischen Häfen ins Leben riefen. Daß

* Die Kupfergeräte bestehen überwiegend aus Stücken für den friedlichen Gebrauch. Das spricht dafür, daß es sich um Handelsware von Kaufleuten handelt.

sie später als »arischer Stamm« erscheinen und daß ihren Namen ein großer Weiser trägt (Bhrigu), spräche nicht gegen die Annahme, daß dieses Volk vor-arischer Herkunft, und zwar aus Harappa stammend, als Stützpunkt der Hochkultur an der Südwestküste gedient habe, die von hier in das nordindische Binnenland ihre Wirkungen ausstrahlte.

So sehen wir, wie die Aryas, als sie, von Abenteurer- oder Eroberungsdrang getrieben, in das Gangesgebiet und später in das südwestlich anschließende Malva eindrangen, überall auf eine Bevölkerung stießen, deren Kulturstufe der ihrigen nicht wesentlich nachstand, an zwei Stellen aber, im nördlichen Bihar und in der Golfecke von Gujarat, eine ihnen überlegene Kultur antrafen – wobei die nordöstliche wahrscheinlich einer Einwanderung aus dem Raum Burma-Südchina, die südwestliche der alten Industalkultur entstammt. Man darf daher *Mode* recht geben, wenn er sagt, daß »in der Auseinandersetzung mit diesen früheren Kulturen die später erreichte kulturelle Einheit Indiens erwachsen ist«, und daß andererseits »der starke, fest gegründete Einfluß des Industals in Malva, Gujarat und den südlich angrenzenden Gebieten am Godavari eine von der Gangesebene stark verschiedene kulturelle Ausgangsbasis geschaffen« habe. Mode meint, daß die Harappa-Kultur hier einen ähnlichen Einfluß auf die indo-arische gehabt habe wie die kretisch-mykenische auf das klassische Hellas.

Diese kulturelle Vermischung läßt sich auch in der Sprache und der Religion erkennen. Die sprachliche Verschiedenheit zwischen den vorgefundenen Bewohnern und den Aryas haben diese in den Veden unmißverständlich bezeugt. Daß sie ihre eigene, heilige Sprache, das Sanskrit, vor Unbefugten geheimhielten, hat sicher ihre Verbreitung gehemmt; daß sie selbst allmählich vom Sanskrit zu Umgangssprachen übergingen, ist eine von der Wissenschaft belegte Tatsache. Daß die Masse der Bevölkerung diese Sprachen zunächst nicht lernte, sondern ihren alten treu blieb – für eine immerhin ins Gewicht fallende Zeitdauer –, dürfte so gut wie sicher sein.

In einigen Ländern Südamerikas, wie z. B. in Paraguay, wird neben Spanisch, obwohl es als offizielle Sprache gilt, im täglichen Umgang auch unter Gebildeten heute die einheimische Sprache benutzt. Es dauert eben lange, bis eine Bevölkerung eine neue Sprache annimmt, namentlich wenn sie von einem Kreis gesprochen wird, der sich, wie in Nordindien, als die

Herrenschicht darstellt. Daß die dann entstehende gemeinsame Sprache eine Fülle von Wortstämmen und grammatischen Formen der einheimischen Sprache aufnimmt, hat die Sprachkunde nachgewiesen, und Thomas Burrow hat zusammengestellt, wie hoch der Prozentsatz solcher vorarischen Elemente *drawidischen* Ursprungs gewesen sein muß.

Ähnliches vollzog sich auf dem Gebiet der Religion. Ein Blick in die Upanischaden zeigt, daß die alten, echten vedischen Götter hinter neuen Namen und Inkarnationen zurücktreten, die offensichtlich der vorarischen Zeit entstammen, vor allem der große Komplex weiblicher Gottheiten und mutterrechtlicher Formen. Die kriegerische Maid, die den Büffel-Dämon tötet, ist sicherlich nichtarischer Herkunft; denn die Brunhilde, mit der man sie vergleichen könnte, wird bei den Germanen vermenschlicht und ins Ehejoch gespannt. Selbst unter den legendären Schöpfern der heutigen Religion finden sich Weise, deren Herkunft auch in arischen Quellen als nichtarisch erwähnt wird, wie z. B. der erste Kommentator der Veden, der angesehene Badavayana Veda *Vyasa,* der von einem Fischerweib geboren sein soll. Und seine Söhne erscheinen als Helden in dem Mahabharata-Epos (Dhritarashtra und Pandu). Der Berater des Erstgenannten ist Vidula, ein »dasiputra«, also ebenfalls ein »Eingeborener«. Der heutige Hinduismus ist in seiner Gesamtheit eine Religion, die sehr vieles von vorarischen Kulten aufgenommen hat. Es wäre zu prüfen, inwieweit solche Züge es später erleichtert haben, diese Religion den drawidischen Völkern im Süden Indiens nahezubringen. Sicher ist, daß der Buddha seinen außerordentlichen Erfolg auch damit erreicht hat, daß er viele typisch arischen Gebräuche, wie z. B. die Massenopfer, bei denen Tausende von Rindern geschlachtet wurden, durch die Wiederherstellung der vorarischen »puja« ersetzte, bei der Blumen und kleine Mengen Lebensmittel dem Gott symbolisch dargebracht wurden.

Selbstverständlich hatten die Einheimischen anfangs ihre eigenen Priester, Geisterbeschwörer und Medizinmänner – wie alle primitiven Völker. Wenn am Schlusse des großen Amalgamations-Prozesses ein einheitlicher Priesterstand, die Brahmanen, erscheint, ist anzunehmen, daß in ihm auch solche Einheimischen aufgegangen sind, die sich rechtzeitig mit den arischen Priestern verständigt hatten; ebenso, daß diese, um bei den Einheimischen »anzukommen«, deren Kulte und Zauberformeln mitversahen oder gar übernahmen. Die Unterscheidung zwischen »agana«- und »nigama«-Kulten spricht dafür. Das Lingam, das uralte Symbol der Fruchtbarkeit, dürfte gleichfalls vorarischen Ursprungs und dann in den Shiva-Kult aufgenommen sein, für dessen Herkunft aus der Industal-Kultur die shiva-ähnlichen Abbildungen auf deren Siegeln sprechen. Das Atharvaveda enthält eine ganze Reihe von Zauberformeln, die reinstem Aberglauben entstammen und größtenteils auch vorarischer Herkunft sind – so sehr sie auch mitunter an die Merseburger Zaubersprüche erinnern.

Das Schicksal dieser vorarischen Bevölkerung war ihre Unterwerfung unter die arischen Herren. In der Mehrzahl haben sie sich damit abgefunden, keinen ernsten Widerstand zu leisten. Die oben angeführten Ausnahmen haben in den arischen Heldenliedern nicht das Echo gefunden wie etwa die Kämpfe gegen die Hunnen im Nibelungenlied oder die gegen die Oströmer in der Sage von der Schlacht bei »Berne« (Verona). Die echt arischen Sagen künden in der Hauptsache von Kämpfen der Aryas untereinander: »von Fehden und kühner Recken Streiten«, die offenbar mehr Eindruck hinterlassen haben als die Überwältigung der Einheimischen, mit Ausnahme der echten Bergvölker im Himalaja, die sogar als Mitkämpfer in der Mahabharata-Schlacht auftreten. Inwieweit zu diesen kriegerischen Stämmen, die von den Aryas ernster genommen wurden als die verhältnismäßig friedfertigen der Ebene, auch die Licchavi und Mallas gehören, die noch viele Jahrhunderte in Nepal, also in den Bergen des Himalaja, regiert haben, wäre einer Untersuchung wert.

Ergibt sich also, daß die Aryas bei ihrer Ankunft im Gangestal noch nicht als die Träger einer höheren Kultur erscheinen, so zeigt sich bei ihnen ein anderer, politisch weit wichtigerer Unterschied zu allen diesen Stämmen: Sie befanden sich in dem Stadium ihrer geschichtlichen Reife, wo sie aus einem geschichtslosen Wanderdasein zu politischem Handeln erwachten, wo sie bewußt begannen, planmäßig, also politisch, zu handeln, neue Gebiete zu gewinnen, sich Menschen untertan zu machen, kurz *Macht* zu begründen. So sagt die Rigveda (x 19):

»Kräfte erhoben sich,
Natur fiel nach unten,
Macht und Wille stiegen empor.«

Die unterworfene Bevölkerung in diesem Raum verharrte

noch in der passiven, pflanzenhaften Existenz und hat das Joch mehrere Jahrhunderte lang ertragen, das die Aryas ihr auferlegten, ohne sich willensstark dagegen aufzulehnen. Erst nach 500 v. Chr. hat sie sich aufgerafft, ihrerseits nach der Macht zu greifen und, wie die Nandas, die fremden Herren, die kshatriyas, zu vernichten. Die dazwischenliegende Epoche wird von den Aryas mit Recht als ihr »goldenes Zeitalter« empfunden. Damals waren sie in der Tat die unumschränkten Herren einer Menschenmasse, die sie für sich arbeiten lassen konnten. So erhielten sie den Überschuß an Nahrungsmitteln, der ihnen die Zeit verschaffte, sich anderen Dingen zuzuwenden. Daß sie diese Jahrhunderte genutzt haben, um die staatlichen und geistigen Grundlagen der indischen Kultur zu schaffen, vor allem, um ein geistiges Gebäude in Religion und Philosophie aufzubauen, das in der damaligen Menschheit einzig dasteht, macht ihre geschichtliche Größe aus – selbst wenn man ihnen nachweist, daß sie dabei vieles von den unterworfenen Massen entlehnt haben.

TEIL II

Das Gangesreich

Kapitel 4

Die Aryas im Gangestal (1000–322 v. Chr.)

Als die ersten Stämme der Aryas vom Panjab aus in die Gangesebene eindrangen, ahnten sie kaum, daß sie nun das Ende ihrer langen und mühseligen Wanderzeit und das ihnen vom Schicksal bestimmte Land erreicht hatten. Hier sollte die von ihnen getragene Hochkultur und hier ihr erstes großes Reich entstehen. Diese Schicksalsstunde wird den primitiven Viehzüchtern damals ebensowenig bewußt geworden sein, wie etwa den Franken, als sie sich zwischen Aachen und der Ile de France ansiedelten, oder den Angelsachsen, als sie die Britischen Inseln betraten – also in den Raum gelangten, der beiden Völkern zur geschichtlichen Heimat werden sollte. Waren die Aryas damals noch ein echter Nomadenstamm, ein heimatloses Wandervolk, das zunächst nur Weideplätze suchte, so erscheinen sie nun, 500 Jahre später, als planmäßig organisierte Stammesgemeinschaften, die, geführt von Herrschern und einer geburtsadligen Oberschicht, reif genug waren, um etwas Dauerhaftes, einen *Staat* zu schaffen.

Wie schon erwähnt, war die Gangesebene ziemlich dicht besiedelt, und ihre Bevölkerung besaß einen gewissen Grad jugendlicher Kultur. Einflüsse des Indus-Staats waren bis hierher vorgedrungen. Herrenloses Land gab es nur dort, wo dichter Urwald noch den Boden bedeckte. Selten fanden die Aryas bewaffneten Widerstand. Meist genügte ihre Überlegenheit an Körperkraft, kriegerischem Geist und besserer Bewaffnung, um die einheimische Bevölkerung mit unblutigem Druck zu unterwerfen. Daher finden sich in den arischen Heldenliedern so gut wie keine Preisgesänge auf Siege über einheimische Gegner. Die große Schlacht, die nach dem Stamm der Bharata heißt, der als erster eintraf und längs der Jamuna siedelte, war in der Hauptsache ein Kampf mehrerer arischer Stämme, die sich in dem gleichen Raum seßhaft machten: außer den Bharatas die

Kurus (oder Kauravas), die nördlich von Delhi den Stammesstaat »Assandivat« gegründet hatten, und die Purus (oder Pandavas). Da an dieser Schlacht auch einheimische Stämme aktiv teilnahmen – an ihrer Polyandrie als Bergvölker aus dem Himalaja erkennbar –, kann der Anlaß zum Kampf auch gewesen sein, daß diese versuchten, einen arischen Stamm, der sich ihrem Gebiet näherte, zurückzutreiben und dabei mit den Pandavas gemeinsame Sache machten, die ihrerseits eifersüchtig auf die Purus waren. Jedenfalls muß der Sieg der Koalition aus Pandavas und Einheimischen eine Neuverteilung der Macht und der Gebietszugehörigkeiten im westlichen Gangestal bewirkt haben.

Schon das läßt eine veränderte Einstellung der Aryas zu den früheren Bewohnern vermuten. Einst waren ihnen alle Einheimischen ein verächtliches Übel, denen gegenüber sie die Reinheit ihres Bluts stolz zur Schau trugen; jetzt entstand ein mehr pragmatisches Verhältnis zu ihrer Führerschicht. Man schloß Bündnisse. Einige ihrer Häuptlinge beugten sich freiwillig der neuen Herrschaft und nahmen »arische« Lebensformen an. Bezeichnend, daß solche Vorkommnisse selbst im heiligen Veda erwähnt werden durften (Rigveda VIII 4632). Auch Ehen mit Erbtöchtern solcher Häuptlinge wurden geschlossen, die jungen Aryas Aussicht auf friedlichen Erwerb neuer Herrschaften öffneten – eine Methode, die sich in der Frühzeit solcher »Landnahmen« auch anderwärts findet, wie z. B. die spanische Siedlung in Mittelchile auf die Ehe eines jungen, vornehmen Deutschen mit der Erbtochter des »Kaziken von Talaganta« zurückgeht. Solche Mischehen mögen später aufgehört haben. Aber der Respekt vor manchen der Geschlechter, die die Aryas vorfanden, ging so weit, daß sie die Vrijjis im nördlichen Bihar als ebenbürtig anerkannten, und daß noch um 300 nach Chr. ein Emporkömmling seine Heirat mit einer Tochter des Licchavi-Klans als Empfehlung benutzen konnte, um das Kaisertum in der Gupta-Dynastie zu erneuern.

Die Viehzüchter fanden zunächst wenig geeignetes Weideland, denn das dem Dschungel abgerungene Land war bestellt. Aber die rasch wachsende Bevölkerung trieb die neuen Herren bald dazu, auch den Ackerbau zu erweitern, was nur möglich war, wenn genügend billige Arbeitskräfte für Rodung und Feldarbeit zur Verfügung standen. So gewann die Masse der Einheimischen praktischen Wert. Auf dieser Basis begann der

Aufbau der neuen Wirtschaft. Wie in Südamerika die Inhaber eines »encomiendo« oder bei der deutschen Ostkolonisation die adligen Gutsherren, so suchten hier die Häupter der Kshatriya-Geschlechter sich möglichst großer Ländereien zu bemächtigen und sie zu Großbetrieben auszugestalten. Die Sorge für jüngere Söhne oder das Nachdringen späterer arischer Einwanderungswellen trieb dann immer weiter ostwärts.

Ihr Vordringen hielt sich dabei meist am Fuße des Himalaja. Einige Stämme folgten dem Lauf des Ganges, wobei anscheinend auch Boote benutzt wurden. Der Jamuna-Strom bildete zunächst die Südgrenze des kolonisierten Gebiets. Die erste Welle kam bis zum Flusse Gandak (damals Sadamira), da die auf seinem Ostufer lebenden Oligarchien der Vrijjis, Licchavis, Mallas und Sankyas einem weiteren Vordringen vorerst Halt geboten. Erst eine neue Welle ging weiter, bog aber südlich in das heutige Bihar ein, ganz offenkundig angereizt durch die Nachricht, daß sich dort große Erzvorkommen befänden (Eisenerz wie Kupfer), die dem Besitzer die Herstellung eigener Waffen in unbegrenzter Menge erlauben würden.

Folgt man der heute üblichen Datierung, nach welcher der Einmarsch in das Gangestal um 1000 v. Chr. begonnen habe, so hätte er bis zu dem bekannten Stand um 600 v. Chr. etwa 500 Jahre gebraucht, d. h. so lange, wie die Franken von ihrem Übertritt auf das linke Rheinufer bis zur Kaiserkrönung Karls des Großen benötigt haben. Um welche Entfernungen es sich handelte, mögen ein paar Vergleiche zeigen: Vom Ravi bis Delhi ist es so weit wie von Hamburg nach Dresden; bis zum Gandak wie von Hamburg nach Wien und bis Pataliputra in Bihar wie von Hamburg nach Budapest. Das ist der Weg, den die Aryas in ihrer Heldenzeit zurückgelegt haben. Diese Leistung läßt sich mit jeder späteren Kolonisation absolut vergleichen. In diesem Raum entstand auch die arische Stadt, zunächst als Fluchtburg, dann als Sitz der Handwerker und Händler, endlich als Hauptstadt der jungen Stammesstaaten. Einige von ihnen werden heute ausgegraben, wie Indrapashta, Hastinapura, Mathura und Kausambi. Wie rasch sie wuchsen, zeigt am krassesten das Beispiel von Pataliputra, der Hauptstadt des Maurya-Reichs, die um 300 v. Chr. als eine Stadt mit 1 Million Einwohnern beschrieben wird.

Selbst wenn man berücksichtigt, daß die schwerste Arbeit bei der Erschließung dieser Räume von den unterworfenen Einheimischen geleistet worden ist, muß diese Kolonisation auch an die Aryas größte Anforderungen gestellt haben; denn die Umwandlung der Gangesebene aus einem dichtbewaldeten, sumpfreichen Gebiet, dessen Flüsse noch heute oft zerstörend über die Ufer brechen, in ein Kulturland erforderte rein physisch ungeheure Anstrengungen, ganz abgesehen von den drohenden Gefahren, die wilde Tiere, räuberische Banden, rebellische Dienstleute und feindselig-eifersüchtige Standesgenossen dem einzelnen zufügten. Es muß ein aufreibendes Dasein gewesen sein, sich hier tagaus, tagein zu behaupten. Der alte chilenische Satz: »Die erste Generation findet den Tod, die zweite die Not und die dritte das Brot« mag auch hier allzuoft gegolten haben. Die übliche Art, den Dschungel zu roden, war durch Feuer. Man verbrannte den Wald wie heute noch in Südchile: »Rosse« machen nennt man es dort. Und wenn die vedische Hymne schildert, wie der Feuergott Agni über die Waldlandschaft dahingebraust wäre, so würde man das noch heute in den dichten Wäldern Südchiles beobachten können. Dort läßt man die Baumstümpfe während der ersten Jahre stehen und sät zwischen sie. Aber das Ausgraben der Stümpfe, das Saubermachen des Waldbodens ist eine der mühseligsten Arbeiten, die ohne eine breite Schar billiger Arbeitskräfte nicht durchzuführen ist. So gewannen die shudras, die einheimischen Landarbeiter, steigende Bedeutung und werden dessen bald inne geworden sein*. Nur mit Heeren von billigen Arbeitskräften war die Durchführung der Landwirtschaft möglich. Die Viehzucht war noch am ehesten mit geringem Personal durchführbar; aber Weideflächen mußten auch für sie hergerichtet werden. Während am Fuß des Himalaja der Boden der verbrannten Waldoberfläche weich genug war, um sofortige Aussaat zu ermöglichen, bedurfte er nahe der Jamuna des eisernen Pfluges – wohl einer der Gründe, weswegen die Landnahme nördlich begann und den südlichen Streifen erst später angriff. Eisen war also nicht nur für die Kriegführung nötig, sondern auch für die Rodung und Urbarmachung. Eisen scheint den Aryas hier schon vor 600 v. Chr. bekannt gewesen zu sein, aber es

* Die Annahme liegt nahe, daß man damals wohl den Wert eines Vermögens nach dem Vieh, den Wert eines Landgutes aber nicht nach seiner Größe, sondern nach der Zahl der Arbeitskräfte gerechnet haben wird, wie in Rußland die Zahl der »Seelen«, nicht der Desjatinen den Wert eines Gutes bezeichnete.

war stets Mangelware. Bei Mathura sind Fundstellen bekannt geworden; bei Benares (Kasi) haben sie anscheinend nach Eisen geforscht; Atranji-khera in U. P. ist eins der ältesten bekanntgewordenen Vorkommen, das von Aryas ausgebeutet wurde*. Welche Bedeutung mag es gehabt haben, als man zuerst von den großen Eisenerz-Vorkommen in Bihar hörte! Es ist ohne weiteres verständlich, daß man von der am Gandak erreichten Ostgrenze des arischen Kulturlandes abrupt nach Südosten abschwenkte, den Strom überschritt und direkt auf die Gegend der Erzvorkommen bei Singhbum, Manbhum u. a. lossteuerte. Und erst recht verständlich ist es, daß die Herrscher, die Besitzer dieser Eisenerze wurden, die militärische Überlegenheit in Nordindien erlangten und mit ihr die politische Hegemonie.

Entstehung der indo-arischen Sozialordnung

Die wahren Nutznießer der Landnahme im Gangestal war die arische Oberschicht, die bei der Landverteilung für jede Sippe ein beträchtliches Gebiet erhielt – neben dem »rayan«, dem Stammeshäuptling, den manche schon »König« nennen, der aber im Frieden als »primus inter pares« galt. Auch war seine Hausmacht zunächst sicherlich nicht groß. Wenn Wilhelm der Eroberer bei der normannischen Landnahme in England von den 5000 eingeteilten Gütern für sich 1422 nahm, so gab ihm das von vornherein ein kräftiges Übergewicht. Es ist nicht wahrscheinlich, daß die indischen »rayan« ebenso anspruchsvoll zugegriffen haben; aber sie waren später klug genug, ihren Besitz durch Rodungen in größtem Maßstab auszudehnen, die, mit ihrer Hilfe durchgeführt, zum »Königsland« wurden. Die adligen Sippen, die sich auf den neuen Gütern einrichteten, bildeten eine dünne privilegierte Klasse, die sich einer zahlenmäßig weit überlegenen Bevölkerung gegenübersah. Als eine »dominante Minderheit« mußten die neuen Grundherren nun die gewonnene Stellung behaupten; sie mußten zu Herrenmenschen werden, also zu einem Typ, den weder ihr Volk noch die Kultur Harappas bisher gezüchtet hatte. Und indem sie das Pferd besaßen und im Streitwagen ihre Macht und ihren Vorrang fühlen ließen, glichen sie dem Bild, das Alfred Weber von ihnen entwirft:

* D. D. Kosambi, Introduction to the Study of Indian History S. 91

»Stolz und frei standen diese Eindringlinge nach vollzogener Eroberung einer durch Rasse, Farbe, Instinkte, Wesensgestaltung und Impulse abgrundtief verschiedenen Masse gegenüber.«

Aus Herren über große Herden wurden sie nun zu Herren über weite Ländereien und über zahllose Menschen, dadurch zu Unternehmern, die rechneten und planten. Aber obwohl sie in den Unterworfenen, die sie als »shudras« in die neue Sozialordnung einfügten, genügend Arbeitskräfte besaßen, gelangten sie aus technischen Gründen zwar bei der Viehzucht zum Großbetrieb, mußten sich aber beim Ackerbau mit Verpachtungen behelfen – sowie es in Indien bis in unsere Zeit hinein geblieben ist. Auf diese Weise brachten sie Indien den Fluch der Latifundien ohne die Vorteile des wirklichen Großbetriebs.

Dieser Oberschicht drohten naturgemäß Gefahren von innen her. Einmal von den »schlecht weggekommenen« Stammesangehörigen, die nur bescheidene Landlose erhalten hatten oder als Handwerker arbeiteten (später auch als Kaufleute). Sie drängten auf Verbesserung ihrer Lage. Vor allem aber mußte es in den Massen gären, wurden doch die Landarbeiter wie Leibeigene behandelt: d.h. über sie wurde bei Schenkungen oder Besitzwechsel ebenso verfügt wie über Land und Vieh. Um sich zu behaupten, bedurfte es bei den Grundherren eines ungebrochenen Willens zur Macht und eines festen Zusammenschlusses aller Standesgenossen. Dieser gründete sich zunächst auf die Blutsverwandtschaft, auf die »gotra«, die etwa der römischen »gens« entsprach. Schon sie zog eine Trennungslinie zum gemeinen Volk. Denn wie in Rom der Satz galt: »Plebs non habet gentem«, so galten die Unterworfenen als eine amorphe Masse, deren Blutsbande zunächst nicht anerkannt wurden (bis auch sie sich später nach dem Vorbild der Oberschicht in Kasten organisierten).

So entstand die Kaste der »kshatriyas« – anfangs als ein Zusammenschluß der durch Blut und Rasse miteinander verbundenen Sippen. Aber es gab Breschen. Einmal trieb die Gier vieler Herren nach mehr Besitz oder mehr Beute zu Reibungen mit den Nachbarn, zu Fehden und Erbschaftsstreitigkeiten. Dann war die Kaste schon in der Frühzeit durch Aufnahme einheimischer Häuptlinge und durch Ehen mit einheimischen Erbtöchtern vermischt worden. Endlich spalteten sich einzelne Familien, wenn bei großer Nachkommenschaft die jüngeren

Söhne weiterzogen, um sich noch weiter östlich eigene Güter zu suchen. So wandelten sich die Bande des Bluts zu einer Solidarität des Standes, zu einer bewußten Interessengemeinschaft, die den erworbenen Besitz sichern wollte. Und je erfolgreicher das gelang, desto starrer wurde die Abschließung der Kaste nach unten.

Es liegt in der Natur, daß die unteren Schichten mit wachsendem Wohlstand ebenfalls erstarkten, während die Zucht der Oberschicht erschlaffte. Rein biologisch zehrt das tropische Klima an Menschen, die täglich verantwortlich handeln müssen. Die ewigen Fehden und Zweikämpfe dezimierten den Adel. Die religiösen Vorstellungen der Einheimischen drangen auch in seine Kreise. Geistig Aufgeweckte unter ihnen wandten sich dem Studium dieser fremden Welt zu und versuchten sie mit ihrem vedischen Erbe in Einklang zu bringen. Sie wurden zu Philosophen, die sogar Ausgezeichnetes geleistet haben – eine Beschäftigung, die sie aber von ihrer Hauptaufgabe, der Erhaltung ihrer Macht, abzog. Die Vorstellung der Wiedergeburt und des »karma«-Gesetzes mag den schlecht weggekommenen Aryas die Hoffnung auf Wiedergeburt in besseren Lebensverhältnissen eingegeben haben. Dagegen mußte die Oberschicht befürchten, daß das Karma-Gesetz ihnen, die ein gutes Leben, aber auf Kosten anderer genossen hatten, eine Wiedergeburt androhte, in der sie als Glied einer der verachteten Kasten die Schuld ihres Lebens abbüßen müßten. So wurde ihnen dieser Vorstellungskreis unheimlich und ließ den Wunsch aufkeimen, von diesem Kreislauf erlöst zu werden. In dieser Lage traf sie die Botschaft des Buddha. Schon daß dieser sich mit Vorliebe an seine Standesgenossen wandte – die »kula putra« = Söhne aus gutem Hause –, ist bezeichnend; noch mehr der große Erfolg, den der Buddha gerade bei ihnen fand. In Scharen sollen junge Adlige damals in die Klöster geströmt sein, um eine Lehre aufzunehmen, die Anwendung von Gewalt verurteilte. Das schwächte den Willen zur Selbstbehauptung oder ließ erkennen, daß dieser Wille schon im Erlöschen war. Endlich muß angenommen werden, daß die Geschlechter der Wanderungszeit, die eigentlichen kshatriya-Familien, nach einer 500jährigen Wirksamkeit ausstarben. Der germanische Adel der Völkerwanderungszeit ist spätestens um 1000 n. Chr. erloschen; denn selbst die ältesten Adelsgeschlechter des heutigen Europas, wie die Wettiner, gehen kaum auf 900 n. Chr. zurück.

Diese Wandlung kam den Priestern zugute, die anfangs »atharvan« oder »hotir«, erst später Brahmanen genannt wurden. Sie standen damals vor der heiklen Frage, wie sie sich zu der Masse der Einheimischen stellen sollten. Nach Ansicht des Adels hatten die Priester für die Niederhaltung der Unterschichten zu sorgen. Nach der vedischen Lehre war der arische Glaube den echten Aryas vorbehalten. Zunächst also wurden die religiösen Bedürfnisse der Einheimischen durch deren Priester besorgt. Der begreifliche Wunsch der Brahmanen, das Monopol des Priesteramts zu erwerben, zwang sie, sich mit ihren nichtarischen Kollegen irgendwie zu verständigen, sie entweder in ihren Stand aufzunehmen oder selber die kultischen Pflichten bei der Unterschicht zu vollziehen. Jedenfalls entstand ein geschlossener Stand der Priester. Ihr wirtschaftlicher Aufstieg vollzog sich mit den vedischen Opfern, die sie, wenn nicht erfanden, so doch immer komplizierter ausgestalteten, und für die sie bedeutende Honorare in Form von Vieh oder gar Land, mitunter von ganzen Dörfern, erhielten. Auch sie wurden also wohlhabend. Da sie – im Gegensatz zu der Kirche des Abendlandes – heirateten und ihre Söhne das geistliche Amt der Väter oft fortsetzten, bildete sich eine erbliche Priesterkaste, die nach und nach zu einem ähnlich festen Zusammenschluß gelangte wie die kshatriyas. Sie erlitten keine Blutverluste durch Krieg, Fehden und Turniere. Ja, sie vermochten ihr eigenes Leben durch besonders drakonische Strafandrohungen zu schützen. So haben sie die kshatriyas überlebt.

Gleichzeitig gelang es ihnen, durch politische Betätigung Einfluß zu gewinnen. Fraglos entstammten diesen Brahmanengeschlechtern viele kluge Köpfe, die oft klarer und nüchterner die Lage durchschauten als die Grundherren oder Fürsten. Als Ratgeber der Fürsten (als Pirohita) haben sie Politik gemacht. Das markanteste Beispiel ist der alte *Kautilya*, der das Mauryareich gründete. Und als die Schicht der kshatriyas abtrat oder ausstarb, erlebten sie die Erfüllung ihres größten Wunsches, den sie mit der Geistlichkeit aller Kulturen teilten: als oberster Stand zu gelten. Sie waren nun die einzigen Vertreter der vedischen Tradition. In ihnen lebten die letzten Sprossen echtarischer Geschlechter fort, was allein sie mit einem Glorienschein umgab. Von ihnen hing es fortan ab, die neuen, hochkommenden Schichten »anzuerkennen« und ihnen die Weihe als Fürsten oder kshatriyas zu verleihen*.

Diese erbliche Priesterkaste hat aber die *soziale* Entwicklung Indiens gehemmt. Im Abendland nahm schon zu Beginn der kulturellen Entwicklung die gesamte Bevölkerung die gleiche Religion (das Christentum) an. Die Übergangszeit, in der etwa schon Fürsten getauft, die Masse des Volkes aber noch heidnisch war, ist hier so kurz gewesen, daß sie den normalen Wachstumsprozeß der Kultur nicht wesentlich beeinflußt hat. Vom religiösen Standpunkt aus war in Europa die gesamte Bevölkerung schon früh *ein* Volk, und der Grundsatz, daß vor Gott alle Menschen gleich wären, schuf eine nicht hoch genug einzuschätzende Grundlage für eine daraufhin auch sozial anzustrebende Gleichheit. Hinzu kam, daß der Priesterstand dank des Zölibats keine Nachkommen hatte und daß die Kirche – gerade in den frühen Jahrhunderten – ihre Diener wirklich aus allen Teilen der Bevölkerung auswählte und sie durchaus nach Eignung und Verdienst auch zu hohen Ämtern aufsteigen ließ. Es ist im Abendland möglich gewesen, daß ein Geistlicher bescheidenster Herkunft auch Bischof wurde und damit im alten Reich Fürstenrang bekam. Darin lag ein erster Durchbruch durch das Ständesystem. Die Gemeinsamkeit der Religion, die für *alle* galt, und die Möglichkeit, auch aus unteren Volksschichten über die Kirche aufzusteigen, bilden die ersten Stufen des Weges, auf dem Europa zur »Demokratie« gelangt ist. Daß beides in Indien fehlte, erklärt weitgehend, daß man dort zu ähnlichen Auffassungen erst spät gelangt ist.

Dieser antidemokratische Charakter des Kastenwesens hat schon früh Widerspruch hervorgerufen. Die Lehren der beiden großen religiösen Reformer – des Buddha und des Mahavira – wandten sich nicht nur gegen den erstarrten Opferkult, sondern suchten auch die Kastenunterschiede zu lockern, indem sie sich mit ihrer Botschaft an *alle* wandten. Gerade ihre Verkündung, daß vor Gott alle Menschen gleich seien, hat die Gegenreformen der Brahmanen herbeigeführt, während der Staat aus der neuen Lehre Nutzen zog. Denn ihm öffnete sie

* Selbstverständlich finden sich solche Betrachtungen nicht in den Schriften, die ja überwiegend von Brahmanen selbst verfaßt oder bearbeitet wurden. Sie geben den schließlich erreichten Zustand wieder und nennen ihn »gottgewollt«. Auch in europäischen Chroniken wird man die Hintergründe solcher Entwicklungen vergeblich suchen.

die Möglichkeit, *alle* Einwohner zu *einem* Volk, eben einem Staatsvolk, zusammenzufassen – weswegen die großen Reichsgründer, wie Ashoka, sich dieser neuen Lehre mit Eifer bedient haben.

So führte der Wandel, der sich bei den Aryas im Gangestal vollzog, zunächst zu einer Aufweichung überlieferter Vorstellungen, wie sie in dem neuen Verhältnis zur einheimischen Oberschicht oder in Einflüssen der einheimischen Religion auf die vedische sichtbar wurden. Das mag bei vielen Brahmanen und kshatriyas, die am alten hingen, also der »konservativen« Gruppe unter ihnen, dazu geführt haben, den Vettern, die im Panjab zurückgeblieben waren, aber das ererbte Gut reiner bewahrten, wieder mit Sympathie zu begegnen, und mag sie veranlaßt haben, ihre Zöglinge nach Taxila zu schicken, damit sie dort die echte vedische Lehre aufnähmen, die in dem großen Gärungs- und Umbruchsprozeß in der Gangeswelt erschüttert wurde. Noch lange galten die frühsten, also westlichsten Siedlungen im Gangestal – vor allem Kurukshetra – als das echte, wahre »aryavarta«, während man, je weiter östlich die Ausdehnung fortschritt und je dünner dort die arische Herrenschicht wurde, desto stärker zu Zugeständnissen neigte um der Erhaltung der Macht willen. Mögen auch die aufgeklärten Herrenmenschen, die im Gangestal heranwuchsen, auf die Staaten im Panjab als rückständig herabgesehen haben, so durften sie in einer Welt, in der sie selber als winzige Minderheit einer Masse andersfarbiger Untertanen gegenüberstanden, doch nicht vergessen, daß auch diese Randstaaten arisch waren und man sie daher zu den 16 »janapadas« rechnete.

Diese »janapadas« bezeugen gewiß schon die höhere staatliche Begabung der Aryas, verglichen mit der der Einheimischen, haben aber die Stufe früher Stammesstaaten kaum überschritten. Einige behielten ihre »republikanische« Verfassung (also nach Art des Thing), andere wählten »rayans« (Herzöge), anfangs nur für Kriegszeiten, deren Würde aber noch nicht erblich wurde. Die Herrscher der größeren, die man schon »Könige« nennen kann, mußten bei Ausübung ihrer Machtbefugnisse auf die Grundherren und auch auf die Brahmanen Rücksicht nehmen.

Dieser Zustand entsprach der damaligen Entwicklungsstufe sowie auch dem Fehlen ernsthafter Bedrohungen von außen. Der Einbruch der Perser in das »ferne« Industal wirkte nicht bis hierher, und selbst gegen den Vorstoß Alexanders des Großen wird der Nandakaiser kaum eine Mobilmachung angeordnet haben.

Im Gegensatz zu den germanischen Stämmen, die auf der gleichen Entwicklungsstufe in das Römische Reich einbrachen, diese machtvolle Staatsschöpfung ständig vor Augen hatten und sie später zum Vorbild nahmen, gab es im Gesichtskreis der Aryas kein großes Reich – denn China wie Persien lagen ihnen zu fern –, so daß hier kein Same für einen Reichsgedanken gesät wurde. Auch die inneren Aufgaben der jungen Staaten rechtfertigten noch keine große Verwaltung. Die einzige Abgabe, eine Landsteuer (bhaga), wurde in Naturalien eingetrieben, und die oberste Aufgabe des Herrschers, das »dharma« zu schützen, ließ sich meist bei den regelmäßigen Zusammenkünften erledigen, bei denen der Herrscher Recht sprach und allgemeine Anordnungen erließ.

Aber gerade dieses »dharma« legte ihm nicht nur den Schutz des Landes auf, sondern auch die Pflicht, seinen Staat zu erweitern, also »Mehrer des Reichs« zu werden. Schon der Titel »Herr der vier Weltgegenden« (wörtlich, der des Inka-Herrschers in Peru, »Tahnan Tinsuyt«) trieb ehrgeizige oder jugendliche Herrscher zur Expansion auf Kosten der Nachbarn und verursachte zahllose, im Grunde höchst unnötige Kriege, die die Wirtschaft schädigten und das ruhige Wachstum der Kultur hemmten. Dagegen wandte sich der Gedanke, dem bisherigen Ideal des »digvijayin«, der nach allen Himmelsrichtungen ausgreift, ein neues entgegenzusetzen, das eines »chakravartin«, des Friedenskaisers, der die junge Kulturwelt als oberste Autorität vereinigen und ihr Frieden und Ordnung geben sollte.

Ob und inwieweit solche Ziele die Begründer des ersten Großstaats in Magadha angetrieben haben, bleibe dahingestellt. Jedenfalls wandelten sie sofort ihre Aufgabe als Schützer des »dharma«, indem sie die religiösen Reformatoren, wie den Buddha, die – absichtlich oder nicht – den Privilegien der Oberschicht zusetzten, nicht verfolgten, sondern eher begünstigten. Selbst Ashoka sollte sich in der Frage, welche religiöse Richtung er jeweils förderte, recht pragmatisch zeigen.

Die Tradition zählt um 600 n. Chr. in Nordindien 16 solcher Staaten, wobei wohl nur die größeren einbegriffen sind. Drei von ihnen lagen im Panjab (Ghandara, Khamboja und Aswaks) und spielten politisch keine Rolle. Der Grenzstaat im Südosten,

Vanga, war erst dünn besiedelt, läßt aber erkennen, daß der Raum des heutigen Bengalen schon politisch beachtet wurde. Die beiden nordöstlichen Staaten der Vrijjis gelten als zugehörig – wie »assoziierte Mitglieder«. Die restlichen neun bilden das eigentliche Kerngebiet, also etwa die heutige Provinz Uttar Pradesh. Von ihnen galten die drei westlichen (Panchala, Surasena und Matsya) wohl noch unverändert als das ursprüngliche »aryavarta«, obwohl die alten Namen des Heldenzeitalters verschwunden waren. Südlich der Jamuna erscheinen die beiden jüngsten, der Staat der Chedis und westlich von ihm das wichtige Avanti mit der Hauptstadt Ujjain, über die der Handel ging, und Magadha. Den Schwerpunkt bildeten anfangs die drei am oberen Ganges gelegenen, Kosala, Kasi (Benares) und Vatsa. Von ihnen trat zunächst als politisch handelnd *Kosala* hervor.

Kosala

Dieser Staat lebt durch seine sagenumwobene Hauptstadt Ayodhja und durch den Ruhm seiner Dynastie, der Ishwakus, im Heldenlied heute noch fort, spielt also bei den Indern etwa die Rolle wie Worms und die Nibelungen in der deutschen Sage. Er wuchs durch erfolgreiche Annexionen zur Größe des heutigen Frankreich und ist im 18. Jahrhundert in beinah dem gleichen Umfang unter den Sultanen von Awadh (Oudh) mit der Hauptstadt Lakhnau noch einmal entstanden. Er unterwarf den Nachbarstaat Kasi (=Benares), dessen Ruf als heilige Stätte damals begann; er stieß als erster arischer Staat südwärts in und durch die Kette der Vindhyaberge vor, wo seine Siedlungen unter dem Namen Südkosala den Mutterstaat lange überdauert haben. Sein Problem war die Ostgrenze zu den höchst kriegerischen Oligarchien der Vrijjis. Seine unmittelbaren Nachbarn, die Sankyas (der Stamm, aus dem der Buddha geboren wurde), vernichtete er in höchst unritterlicher Weise und gründete auf seinem Gebiet einen Tochterstaat *Videha*, der aber von den Licchavis wieder ausgelöscht wurde. Während Kosala ihn und das angesehene Kasi beherrschte, ließ sein König die drei in der Weise verwalten, daß er ihnen einen gemeinsamen Kanzler (pirohita) gab – eine frühe Form der Personalunion. Bedroht fühlte er sich von seinem südöstlichen Nachbarn, dem rasch zur Großmacht ansteigenden Maghada.

Um einen blutigen Austrag zu vermeiden, ließ sein bedeutender König, Prasenajit, eine seiner Töchter mit dem Herrscher von Maghada verheiraten; aber dieser friedliebende Plan scheiterte an dem törichten Ehrgeiz seines Sohnes, der den Vater vom Thron stieß, mit unzulänglichen Machtmitteln Maghada angriff und in diesem unglücklichen Kriege die Existenz des Staates verspielte (er bestand etwa von 700–400 v. Chr.).

Der kurzlebige Staat *Videha* ist in die Geistesgeschichte Indiens eingegangen durch seinen Philosophenkönig Janaka, einen jener kshatriyas, dessen geistige Regsamkeit die indische Philosophie bereichert hat. Und in seinem Gebiet, dem früheren Sitz der Sankyas, wurden die beiden großen Reformatoren Mahavira und der Buddha geboren.

Avanti

Dann trat politisch der südwestlichste Staat, Avanti, hervor, das heutige Malva. Von Anfang an errang er große Bedeutung dadurch, daß die alte Handelsstraße von den Häfen bei Kambay nach Ujjain führte, wo sie sich in die südliche Straße zum Dekkhan und die nordöstliche zum Gangestal gabelte – beide sicherlich den Kaufleuten von Harappa bereits bekannt. Er war also der Nachbar der erwähnten Bhrigus*, der »reichen Kaufleute mit eigenen Schiffen«, die schon das Eisen kannten, was durch die Ausgrabungen bei Mahismati bezeugt wird. Die Aryas bemühten sich, diese gewinnbringende Küstenstrecke in ihren Besitz zu bringen, und ihr größter Unterstamm, die Haihayas, begannen den Krieg. Sie haben aber offenbar die Häfen der fremden Kaufleute nicht zu erobern vermocht; jedenfalls wird eine Einnahme von Broach, dem damaligen Haupthafen, nirgends erwähnt. Sie begnügten sich also, Ujjain als Hauptstadt und Umschlagplatz des Handels zu besitzen, und suchten den Ruhm dieser Stadt zu steigern, indem sie dorthin ein besonders heiliges Bild brachten, so daß Ujjain später auch zu einer der

* Aus diesen Bhrigus stammt der Überlieferung nach jener Parasurama, der darauf ausging, die »kshatriyas« zu vernichten. Sie galten allgemein als Fremde, und da sie an der ganzen Westküste Faktoreien unterhielten, dürften sie Nachkommen der Kaufmannschaft des Industals gewesen sein, obwohl unter dem gleichen Namen später ein Stamm erscheint, der als arisch galt.

sieben heiligsten Stätten Indiens geworden ist. Inwieweit bzw. wann die Aryas dort in den Handel eingegriffen haben, ist nicht geklärt. Nach ihrer allgemeinen Kulturstufe lag ihnen überseeischer Handel gewiß noch nicht. Das Schicksal dieses wirtschaftlich so kräftigen Staats entschied sich, als er sich auch nach Osten wandte, den Staat Vatsya unterwarf und damit zum Nachbar Maghadas wurde.

Damals soll er durch einen seiner Agenten den damaligen Herrscher von Maghada, Udayin, in Rajaghiri haben ermorden lassen. Aber in den darauffolgenden Kriegen ist Avanti unterworfen worden und im Maghadareich aufgegangen.

Maghada

Es ist kein Zufall, daß die erste *Großmacht* dieser Staatenwelt an ihrer äußersten Südostecke entstand – wie auch im alten Deutschen Reich die politisch führenden Mächte, Österreich und Preußen, an seiner Ostgrenze entstanden. Dort, am Rande der Kulturgrenze, standen die Männer noch in ständiger Kampfberührung mit den nicht unterworfenen Gruppen der Einheimischen. Dort also war man ständig »auf der Wacht« und hielt kriegerischen Geist und straffe Organisation lebendig. Mochten auch die orthodoxen Brahmanen in Kurukshetra diese kshatriya an der Grenze als »Vratyas« oder als »kshatriyabandhu«, als »sogenannte Ritter« verspotten, so erkannten sie doch ihre Überlegenheit an – wie man bei uns im alten Reich von Brandenburg als des »Heiligen Reichs Erzsandstreubüchse« sprach. In solchen Redewendungen spiegelt sich das Kulturgefälle wider, das zwischen spät erschlossenen Grenzgebieten und den ältesten Siedlungen entsteht.

Die äußeren Umstände schienen Maghada nicht zu begünstigen. Auf das wenig fruchtbare Südufer des Ganges im heutigen Bihar abgedrängt, großenteils noch mit dichtem Dschungel bedeckt, besaß es fruchtbare Niederungen nur an seinem westlichen Grenzfluß, dem Son; vom Handel wurde das abgelegene Gebiet nur mühsam erreicht. Aber es barg einen Schatz, der ihm eine politische Überlegenheit über alle anderen versprach: die Eisenerze in den Barabarbergen und die Kupfervorkommen in seinen südlichen Wäldern. Auf sie gründete seine erste Dynastie – die Haryankas – ihre Politik. Zudem hatte es das Glück, hintereinander drei bedeutende Herrscher zu haben: Bimbisara (546–494 v. Chr.), Ajatashastru (493–462) und Udayin (462–446). Sie verstanden es, das starke Potential an kriegerischer Tüchtigkeit und der im Lande hergestellten Waffen zu einer planmäßigen Machtpolitik zu nutzen, wie es Indien noch nicht erlebt hatte. Dabei verrät die Reihenfolge ihrer außenpolitischen Maßnahmen das Geschick einer gewiegten Staatskunst. Man annektierte zunächst den östlichen Nachbarstaat, das schwache Vanga, und sicherte sich damit den Rücken, wobei man allerdings auch die Wacht an der östlichen Kulturgrenze übernehmen mußte. Dann schlossen sie mit den beiden großen Nachbarstaaten Heiratsallianzen – mit den Licchiavis im Norden und den Kosalas im Nordwesten. Der südwestliche Staat, Vatsya, galt trotz seiner stark befestigten Hauptstadt Kausambi nicht als gefährlich, da er von seinem Nachbarn Avanti in Schach gehalten wurde. Der erste echte Krieg brach mit Kosala aus, wobei gerade die Mitgift der angeheirateten Kosalaprinzessin zum Anlaß wurde. Kosala wurde unterworfen und annektiert. Indem damit der damals stärkste Staat Nordindiens ausschied, wuchs die Sorge der Vrijji-Oligarchien, und der Kampf mit ihnen begann um ein neu entdecktes Vorkommen an Edelsteinen – was den nüchternen Geschäftssinn beider Kontrahenten erkennen läßt. Ajatashastru bereitete diesen Krieg so sorgfältig vor, wie vielleicht noch niemand in der indischen Geschichte es getan hatte. Er ließ große Schleudern herstellen (Katapulte), mit denen schwere Steine geworfen werden konnten; er ließ größere Streitwagen bauen mit geschliffenen Sichelrädern und Elefanten für den Einsatz zähmen. Vor allem wurde an der entscheidenden Stelle, an der die drei Flüsse Ganges, Son und Gandak zusammentrafen, ein starker Brückenkopf gebaut – zur Abwehr etwaiger Vorstöße des Gegners oder als Operationsbasis für ein in sein Land eindringendes Heer: eine Gründung, aus der sich die spätere Hauptstadt Pataliputra entwickeln sollte, die während vieler Jahrhunderte die »Kaiserstadt« Indiens geworden ist – in seiner Südostecke gelegen – wie Wien im alten Reich. Vor allem aber wurde die adlige Konföderation durch einen gerissenen Diplomaten, namens Vassakara, von innen her ausgehöhlt, indem er sich in der Maske eines bei seinem Herrscher mißliebig gewordenen Staatsdieners bei den Licchavis einschmeichelte und sie unter dem Anschein, ihnen für den bevorstehenden Krieg gute Ratschläge zu geben, gegeneinander aufhetzte, so daß der Einbruch der Maghada-Armee in einem Augenblick erfolgen konnte, als deren staatliche Organisation nicht mehr reibungslos lief. Auch hier errang Maghada einen Sieg – allerdings nach einem sechzehnjährigen Krieg – und konnte das Land bis zum Fuße des Himalaja besetzen, während die Träger des überwundenen Staates sich teils der neuen Macht beugten, teils nach Nepal verschwanden, wo sie noch bis in das 18. Jahrhundert hinein regiert haben.

Dann folgte nach der Ermordung des dritten Herrschers – angeblich durch Beauftragte aus Avanti – der Krieg mit diesem Staat, der unter den schwächeren Nachfolgern in Maghada aber unentschieden verlief. So entschloß sich der verantwortliche Kanzler, *Shaishunaga*, zum Staatsstreich. Er bestieg selbst den Thron, um die große Politik des Staates fortzusetzen. Auch seine kurzlebige Dynastie wurde gestürzt von einem Abenteurer, dessen robuste Willenskraft und militärisches Können alle übertraf: Mahapadma Nanda.

Er konnte einen Staat übernehmen, der bereits zur Hegemonialmacht im Gangestal aufgestiegen war – dank seines stehenden Heeres (dem »miles perpetuus«, der auch die europäischen Mächte begründet hat). Mit Recht trägt Bimbisara den Beinamen »Senika«, d. h. »Besitzer eines Heeres«, und sein Nachfolger konnte einen »senapati« ernennen, d. h. den ersten Feldmarschall Indiens. Die Deckung der Kosten eines solchen Staates wurde sichergestellt durch eine Staatsverwaltung mit regelmäßigen Steuereinnahmen – jetzt schon in Geld – sowie durch den Ertrag der staatlichen Erzminen und endlich durch die Abgaben der »Königsbauern«, die auf neugerodeten Waldgebieten durch den Staat angesetzt wurden.

Auch fand er auf religiösem Gebiet eine gelockerte Situation schon insofern vor, als die großen Reformatoren, Mahavira und der Buddha, die Monopolstellung der Brahmanen und die Willenskraft des Adels geschwächt hatten. So wurde es dem Nandaherrscher möglich, binnen kurzer Zeit Avanti endgültig zu überwinden und im Westen des Gangestals die letzten und ältesten Staaten der Aryas seinem neuen Reiche einzuverleiben. Unter ihm ist die gesamte arische Staatenwelt zu *einem* Reich vereinigt worden. Das Zeitalter der Kleinstaaterei war zu Ende.

Diese Expansionspolitik läßt sich aus reinem Machtbedürfnis erklären, das eben den Stärksten dazu treibt, die Schwächeren zu unterwerfen. Es wird nicht berichtet, daß die Shaishunagas – und erst recht nicht die Nandas – versucht hätten, ihren Eroberungsdrang mit höheren Zielsetzungen zu verbrämen, wie der »Einigung Nordindiens« oder der »arischen Kulturwelt«. Dabei gab es damals durchaus schon eine »öffentliche Meinung«, die sich deutlich in dem starken Widerhall äußerte, den die Stifter der beiden Reform-Religionen in den bürgerlichen Kreisen fanden. Sie erblickten, ebenso wie die Herrscher selbst, darin eine Bewegung, die sich gegen die immer anspruchsvoller werdende Kaste der Brahmanen wandte und die – in ihren praktischen Auswirkungen – auch den Willen des grundbesitzenden Adels zur Selbstbehauptung schwächte. Denn gerade aus diesen Kreisen seiner engeren Standesgenossen zog der Buddha die meisten Anhänger. Aber geschichtlich gesehen handelt es sich doch um einen Prozeß, den alle jungen Kulturen durchmachen, nämlich um den Gedanken, daß nur eine politische Einigung ihrer zersplitterten Staatenwelt das Wachstum der neuen Kultur sichert – ebenso wie der Gedanke des »christlichen Abendlandes« die Entstehung des Kaisertums begünstigt hat.

Die Nandas

Das Maghadareich war ein Novum in der indischen Politik. Zum ersten Male entstand eine auf Macht gegründete Territorialherrschaft, die sich über ein Gebiet von der Größe des Karolingerreichs erstreckte und Gebiete umfaßte, die den verschiedensten Stämmen und Klans gehörten. Erstmalig trat der umfassende Gedanke eines *Imperiums* in Erscheinung, das von einer Zentralregierung aus Territorien beherrschte, die bisher nicht daran gedacht hatten, sich einer solchen Oberhoheit unterzuordnen. Aber der Staat, den die letzten Glieder der Shaishunaga-Dynastie hinterließen, war erst die Vorstufe eines solchen Reiches: Noch war er ein Bündel eroberter Länder, die unter sehr verschiedenen Systemen verwaltet wurden; noch fehlten ihm klare, feste Grenzen sowohl im Westen wie im Osten und erst recht im Süden. Wenn dieses noch lockere Staatsgebilde sich als dauerhaft bewähren sollte, bedurfte es einer ungleich festeren Hand, als sie die Shaishunagas besaßen. Es war daher politisch richtig, daß ein Mann, der sich stark genug fühlte, die Macht gewaltsam ergriff, obwohl seine Methoden Verbrechen einschlossen. Mahapadma Nanda, der diesen Staatsstreich im Jahre 364 v. Chr. vollzog, kam von der Grenze, wo er sich als »Räuberhauptmann«, d. h. als Führer kühner Abenteurer, betätigt hatte. Er entstammte der untersten Volksschicht und war sicherlich nicht arischer Herkunft. Er verstand es, die Armee für sich zu gewinnen, und gilt daher als der erste »Soldatenkaiser« Indiens.

Mit der Annexion der westlichen Staaten gelangte das Maghadareich an die Enge von Karnal, also an die Landbrücke zum Panjab, hat sie aber nicht durchquert. Im Süden konnte es durch Unterwerfung der letzten Staatsgebilde südlich der Jamuna die Narbada erreichen, ja an einer Stelle überschreiten, so daß die altarische Siedlung von Vidarbha (das heutige Berar) Teil des Reichs wurde. Dagegen spricht kein überzeugender Beweis für die oft aufgestellte Vermutung, daß die Nandas weiter in den eigentlichen Dekkhan vorgedrungen wären. Sie dürften – angesichts ihrer kurzen Regierungsdauer – damit zufrieden gewesen sein, in der Narbada dem Reiche eine feste Südgrenze gegeben zu haben.

Trotz ihrer kurzen Regierungsdauer hat diese Dynastie das Reich auch innerlich gefestigt und seinen Ausbau zu einem vollkommenen Militärstaat vollendet. Armee, und nun auch die Polizei, wurden straff organisiert. Ein großer Staatsschatz wurde angesammelt. Die »pirohitas« wurden durch echte Staatsminister ersetzt, deren Amt hier zum ersten Male als erblich erscheint, da die Herrscher offenbar ihre Minister für verläßlicher hielten, wenn ihnen die Nachfolge der Söhne gesichert war. Im Inneren regierten sie als absolute Autokraten. Sie nahmen es hin, nicht volkstümlich zu werden, ebenso wie sie den Untergang der alten arischen Namen – der Dynastien und Hauptstädte – nicht beklagten, wie die konservativen Elemente es gewiß getan haben. Indem sie ihren Staat auf das Heer und die Beamtenschaft begründeten, zerbrachen sie die Privilegien der alten Oberschicht, die zu schützen das »dharma« erfordert hätte. Sie durchbrachen die alte Regel, nach der ein siegreicher Fürst den Unterlegenen zwar töten, aber seine Dynastie nicht absetzen, sondern ihn nur zum Vasallen degradieren durfte, und schreckten vor brutaler Annexion nicht zurück. Sie bevorzugten bei der Auswahl ihrer Vertrauensleute Angehörige der Reformsekten, namentlich der Jainas – zum Nachteil der Brahmanen, die bisher ein Monopol für die Kanzlerämter besessen oder beansprucht hatten. Sie stützten sich mehr auf das nunmehr stark aufkommende Bürgertum, das ebenfalls den Reformsekten zuneigte und dem Staat als Steuerzahler jetzt wertvoller wurde als die alten Grundherren. Kurz, sie machten aus dem Gangestal einen straff zentralisierten Einheitsstaat, der das »dharma« überall durch die Staatsräson ersetzte. Trotz aller Anfeindungen und einer an Schmähungen reichen Propaganda, die die alten Stände gegen sie richteten, ist die Größe des ersten Nandaherrschers nicht geleugnet worden, während der letzte unter dem Spottnamen »Anbeter des Mammons« (dhana-nanda) in die Geschichte eingegangen ist, was vielleicht für ihn persönlich zutraf, aber dem Grundsatz keinen Abbruch tat, daß ein solcher Staat einen Schatz im »Juliusturm« benötigte – wenngleich er in etwas romantisch anmutender Weise in Kellern unter dem Ganges gelagert worden sein soll – wie der Nibelungenhort.

Als Hauptstadt behielten die Nandas Pataliputra bei, das sie zu einer glänzenden Großstadt ausbauten und das damals den Beinamen »die Stadt der Blumen« erhielt. Daß es auch zu einem Mittelpunkt geistiger und kultureller Bildung wurde, mag man den Nandas selbst nicht als Verdienst anrechnen. Aber es ergab sich aus dem wirtschaftlichen Aufschwung, den dieses von Natur aus so reiche Gebiet nahm, sobald es staatlich unter eine feste Hand kam und nach Aufhebung altertümlicher Binnengrenzen zu einem großen einheitlichen Wirtschaftsgebiet wurde. Vom staatlich-politischen Standpunkt aus gesehen bedeutet das Reich der Nandas den Beginn einer neuen Epoche für den indischen Subkontinent, zumal die Methoden dieser Dynastie von ihren großen Nachfolgern fortgesetzt (wenn auch verfeinert) wurden und später von den Dynastien im tamilischen Süden und im Dekkhan nachgeahmt worden sind. Seit der Zeit der Nandas bildet dieses weite Gangestal, das zu einer Einheit gewaltsam zusammengeschweißt wurde, das Kernland jenes großen Reiches, das von Nordindien her zu einem kontinentalen Machtfaktor wurde.

Fraglos ist die Tatsache, daß eine solche Dynastie das Wiegenland der indoarischen Kultur beherrschen konnte, nicht nur das Ergebnis eines besonders tüchtigen Gewaltmenschen – den man mit Napoleon verglichen hat –, sondern Ausdruck einer Kulturkrise, die tiefer liegende Ursachen gehabt hat. Sie äußerte sich in der scharfen Gegnerschaft gegen den indoarischen Adel, als dessen »Vernichter« der erste Nanda gilt, sowie gegen den priesterlichen Adel, d. h. gegen die Brahmanen arischen Geblüts. Jene hatten den großen Vorsprung, den die Landnahme ihnen um 1000 gegeben hatte, rücksichtslos in eigenem Interesse ausgenutzt und waren zu harten Herren der ihnen als persönliches Eigentum gehörenden Ländereien und ihrer Bauern geworden. Diese hatten den kraftvollen Glauben der vedischen Zeit in einem Wust starrer Opferriten verdorren lassen, mit deren Hilfe die Priester dank ihrer geheimnisvollen Kenntnisse die Götter zwingen konnten, dem jeweils Meistbietenden ihre Hilfe zu gewähren. Auf geistig-religiösem Gebiet hatte mit dem Auftreten der beiden genialen Erneuerer, des Buddha und des Mahavira, eine Gegenbewegung begonnen. Aber auch im Rahmen der traditionellen Religion hatten die Upanischaden eine geistige Vertiefung gebracht. Neue Kultformen tauchten auf, wie die Ansätze zur »bhakti«, die dem natürlichen Glaubensbedürfnis sowohl der Gebildeten wie der breiten Masse des Volkes besser entsprachen als die gekünstelten Opferzeremonien. Unter den führenden Geistern dieser geistigen Bewegung hatten sich gerade zahlreiche Angehörige des Adels (echte kshatriyas) einen großen Namen gemacht, wie denn auch der Buddha ebenso wie Mahavira diesem Stande angehörten. Das Bürgertum, das damals zuerst zu einem kraftvoll entwickelten Faktor der Gesellschaft aufstieg, war selbstverständlich den reformerischen Ideen aufgeschlossen und stellte viele Gönner der neuen Lehren. Die faszinierende Anregung, die die Aryas einst dank ihrer Völkerjugend in das Gangestal gebracht hatten, war offenbar erschöpft, so daß nun ein neuer Impuls aus anderen Quellen erforderlich wurde. Daß solche Kraftquellen vorhanden waren, und daß im fruchtbaren Moment die großen Männer auftraten, um sie zu verwirklichen, läßt erkennen, daß die Kultur, die sich aus der Mischung arischer Impulse mit unverbrauchten Kräften jüngerer Völker entfaltete, im Kern gesund und wandlungs- wie entwicklungsfähig war. So wurde es möglich, daß die auf ihre Gewalt gestützte Staatsmacht der Nandas, die das geistige Element sicherlich vernachlässigt hat, abgelöst werden konnte durch eine neue Dynastie, die zwar auch nicht altarischer Herkunft war, dafür aber geistig allen bisherigen Dynastien dadurch überlegen wurde, daß sie in Ashoka den Herrscher hervorbrachte, dessen politische Fähigkeiten durch große geistige ergänzt wurden, so daß es ihm gelingen konnte, die Kulturkrise durch einen echten Ausgleich zwischen alten und neuen Werten zu lösen. Daß auch er es nicht im Zeichen der arisch-vedischen Tradition, sondern mehr in dem des Buddhismus tat – also einer der neuen Reformsekten –, zeigt, wie schwierig es ist, auf dem Hinduismus einen echten Staat aufzubauen, da ein religiöses System, das die Bevölkerung so trennend in Kasten aufgliedert, niemals zu dem starken Bindemittel werden kann, das ein Staat von der Religion erwartet; daß vielmehr eine Religion, die sich von vornherein an alle Menschen wendet – eine Universal-Religion –, hierzu besser geeignet ist. So mag sich erklären, daß erst mit den Guptakaisern – also dreizehnhundert Jahre nach der Landnahme im Gangestal – wieder ein Versuch gemacht wurde, ein Großreich auf dem Hinduismus zu basieren – und selbst dieser Versuch sollte sich als minder haltbar erweisen als die Versuche mit dem Buddhismus, den Ashoka, Kanishka und die chinesischen Kaiser zur Basis ihres Reiches wählten. Beide Religionen stimmten allerdings darin überein, daß sie als Ideal den »Weltherrscher« ersehnten, der die Grenzen zwischen Staaten und Völkern verwischen und den gesamten Raum der jeweiligen Kultur zu einem großen einheitlichen Schutzgebiet machen würde, um Frieden und Gerechtigkeit zu sichern und den nichtkriegerischen Leidenschaften volle Entfaltung zu geben. Diese Idee, die der abendländischen des »Welt- und Friedenskaisers« entspricht, erschien in Indien als der »chakravartin«.

Alexander scheute sich, mit seinem ausgemergelten und zusammengeschrumpften Heer die große Militärmacht der Nandas anzugreifen, obwohl der junge Chandragupta ihm gesagt haben will, daß sie so verhaßt wären, daß er auch mit diesem mazedonischen Restheer den Staatsstreich wagen würde. Indem dieser dann die Befreiung des Industales von dem Joch der Mazedonier zu seiner Parole machte, verstand er es, den kurzen Einbruch eines fremden Herrschers geschickt auszunutzen, um eine Volksbewegung und mit ihr ein kleines, aber begeistertes Heer zusammenzubringen, das mit dem Rufe nach »Befreiung« erst die Mazedonier verdrängte und dann die Nandas stürzte. Auf diese Weise hat Alexander unbewußt die politischen Verhältnisse Nordindiens beeinflußt. Mit diesem jungen Abenteurer bestiegen die Mauryas den Thron des Maghadareiches oder des »Ganges-Reiches«, wie man es nun mit Recht nennen darf.

Kapitel 5

Das Mauryareich (322–85 v. Chr.)

Die Größe der Maurya-Dynastie beruht darauf, daß sie hintereinander drei bedeutende und fähige Herrscher auf den Thron des Gangesreichs brachte, darunter den größten des älteren Indien. Zusammen regierten sie etwa 90 Jahre, auf die dann 50 Jahre des Abstiegs folgten. Der Begründer war Chandragupta (etwa 322–298 v. Chr.); ihm folgte sein Sohn Bindusara oder Bhadrasara (298–273 v. Chr.); und ihm wiederum sein Sohn Ashoka (273–236 v. Chr.). Alle drei haben die schwere Aufgabe, das Reich in seinem Umfang und seiner inneren Geschlossenheit zu behaupten, erfolgreich durchgeführt und es dabei territorial noch wesentlich erweitert. Vor allem haben sie als erste Herrscher des Subkontinents in die große Politik eingegriffen. Eine indische Großmacht wurde zum erstenmal aktiver Mitspieler der asiatisch-europäischen Politik.

Am Anfang steht die eigenartige Persönlichkeit des Brahmanen Vishnugupta Chanakya, meist *Kautilya* genannt, der als einer der ersten großen Staatsmänner Indiens gelten darf. In Taxila, also im nordwestlichen Randgebiet geboren, war er von früh an Zeuge der politischen Ereignisse, in denen das Persische Reich und dann Alexander ihre machtpolitischen Ziele auch auf das Industal ausdehnten. Als kluger Beobachter erkannte er früh die katastrophalen Auswirkungen jeder Fremdherrschaft für ein unterworfenes Volk, da sie dessen Wohlstand und den Arbeitsertrag der beherrschten Menschen abschöpften und dem ausgebeuteten Lande ständig Werte entzogen, die seinem eigenen Aufbau dienen müßten. Dieser klare Kopf entwarf als erster Politiker seiner Zeit Pläne, um sein Land – also das Industal – von der persisch-mazedonischen Herrschaft zu befreien, und fand in dem jungen Chandragupta, der seine Vaterstadt Pataliputra hatte verlassen müssen, einen Mann der Tat, durch den er seine Pläne zu verwirklichen hoffte. Es war eine schicksalsvolle Begegnung, daß diese beiden Männer sich trafen, daß der ältere den jüngeren zu seinen Zielen hinzuleiten vermochte, daß dieser durch das große Erlebnis des Alexanderzugs innerlich zu neuem Tatwillen aufgewühlt wurde und beide dann die einmalige Gunst der Stunde, die mit der Todesnachricht Alexanders anbrach (323), in glücklicher Zusammenarbeit ausnutzten.

Ihr politisches Ziel war zunächst die Befreiung des Industals von der fremden Herrschaft, aber dann die »Befreiung« des Gangesreichs von der Diktatur der Nandas – ein Ziel, das dem Brahmanen, der seine geheiligten Werte und die soziale Stellung seiner Kaste von dieser Regierung verletzt sah und die allgemeine Erbitterung gegen die Nandas teilte, von gleicher Bedeutung erschien wie die Befreiung seines Heimatbodens von den Mazedoniern.

Der jugendlich begeisterte Chandragupta griff beide Ziele eifrig auf. Es gelang ihm, dem Landfremden im Industal, in Sindh eine erste Volkserhebung zu organisieren, im Benehmen mit einheimischen Fürsten und abenteuerlichen Gruppen aller Art eine Truppenmacht zusammenzubringen, mit der er unter Ausnutzung der uneinigen und schwächlichen Haltung der letzten mazedonischen Kommandanten diese vertrieb. Ja, er ließ sich – was zwar nicht sicher belegt, aber doch wahrscheinlich ist – selber in Teilen des Industals zum Herrscher ausrufen. Jedenfalls gewann er dort ein so großes politisches Ansehen und eine so starke Gefolgschaft, daß er es wagen konnte, gegen die Hauptstadt der Nandas (gegen seine eigene Geburtsstadt), Pataliputra, zu marschieren und nach Überwindung mannigfacher Schwierigkeiten den letzten Nandaherrscher zu stürzen.

Obwohl er als ein beinah Unbekannter in seine Heimat zurückkehrte, gelang der Staatsstreich, da breite Kreise Unzufriedener ihn willkommen hießen, und da die Armee, der Nandas überdrüssig, zu dem jugendlichen, aber so erfolgreichen Führer übertrat.

Seine Thronbesteigung war außenpolitisch von einzigartiger Bedeutung: brachte er doch seinem Reiche als Morgengabe das Industal mit, das nun zum erstenmal mit einer Großmacht auf indischem Boden staatlich verbunden wurde. Aber dadurch wurde diese nun zum Grenznachbarn des Iran und schon wenige Jahre später vor ihre erste Bewährungsprobe gestellt. Der Seleukide Nikator rückte 305 v. Chr. heran, um die verlorengegangenen Gebiete im Industal zurückzugewinnen. Ob es zur Schlacht gekommen ist, oder ob der Mazedonier angesichts der überwältigenden Stärke der Armee, die Chandragupta ihm entgegenstellte, das Aussichtslose eines Kampfes von vornherein erkannte, bleibe dahingestellt. Jedenfalls endete die Konfrontation mit einem Friedensvertrag, der für das Gangesreich erstaunlich günstig war: Seleukos überließ seinem Gegner nicht nur das Industal, sondern auch das gesamte Vorfeld – das heutige Afghanistan und Belutschistan –, zog ab, versprach Frieden, der durch die Heirat seiner Tochter mit dem Maurya besiegelt wurde, und erhielt als Gegenleistung für diese gewaltigen territorialen Zugeständnisse einige hundert Kriegselefanten, mit denen er bald darauf bei Ipsos seinen Rivalen besiegen konnte. Es war der größte außenpolitische Erfolg, den bisher ein indischer Herrscher errungen hatte, und der dem Mauryareich nunmehr eine völlig veränderte internationale Stellung gab. Die Sicherung der Nordwestgrenze, die von da an zu einem Hauptproblem der indischen Außenpolitik werden sollte, ist niemals wieder so erfolgreich gelöst worden wie durch den Vertrag von 305 v. Chr. Mit Recht wurde Chandragupta als großer Held gefeiert. Daß er wenige Jahre darauf freiwillig abdankte und sich als Jainamönch in den äußersten Süden des Dekkhans zurückzog – nach Sravana Belgola – und dort angeblich durch ein Fasten bis zum Tode gestorben ist, belegt sowohl die seelische Tiefe dieses Mannes wie den Zug der Zeit, in der religiöse Probleme den einzelnen Menschen packten und zu solchen Entschlüssen zu treiben vermochten.

Der 23jährigen Regierung des ersten Mauryas folgte die 25jährige seines Sohnes *Bindusara,* dessen Beiname »Sieger über viele Feinde« zwar andeutet, daß seine Regierungszeit von Kämpfen aller Art erfüllt war, von dessen Taten aber leider nichts bekanntgeworden ist außer der Tatsache, daß er das Reich ungemindert seinem Nachfolger überließ. Sein Sohn *Ashoka,* der statt des eigentlich berufenen Erstgeborenen gewaltsam den Thron bestieg, begann eine 37jährige Regierungszeit, von der er seinem Volk dreißig Friedensjahre schenkte.

Anfangs von einem Minister beraten, der den verstorbenen Kautilya ersetzte, übernahm er bald die Regierung in eigene Hand, organisierte mit großem Verständnis für administrative Fragen seinen Regierungsapparat, den er zu dem modernsten der damaligen Zeit ausgestaltete, und führte – wie es Pflicht jedes neuen Souveräns in Indien ist – seinen ersten, allerdings einzigen Krieg, indem er Orissa eroberte. Die Notwendigkeit dieses Annexionskrieges ergab sich aus zwei Gründen: Der Aufschwung der Wirtschaft im Gangesreich hatte zu einer Ausdehnung des überseeischen Handels geführt, der nun von Pataliputra auf Flußschiffen den Ganges hinab lief und an seiner Mündung den Hafen von Tamralipti erreichte. Die Bedeutung dieses Hafens wuchs um so mehr, als damals die kühnen Kaufleute bereits den Wert der südostasiatischen Gebiete erkannt hatten und der Seeweg zu jenen Ländern daher ein wesentliches Bedürfnis des Reiches wurde. Auf ihm sollten dann auch Ashokas geistliche Missionen nach Ceylon, Burma und anderen Ländern ausreisen. Ferner war die Kolonisation des südlich der Narbada gelegenen Raumes lebhafter in Gang gekommen, sowohl vom heutigen Vidharba (Berar) aus wie weiter ostwärts in den Walddickichten »Süd-Kosalas«, und hier wie dort drangen Kolonisten und Abenteurer vor, um neue Siedlungen anzulegen. Der Hafen von Tamralipti war ebenso wie diese Kolonisten bedroht, wenn in Orissa eine feindliche Macht störend vorbrechen sollte. Die Eroberung von Orissa war also ein Akt vorausschauender Vorsorge, um den Handel wie die Keime der im Dekkhan vordringenden Kolonisation zu schützen. Die furchtbaren Opfer, die dieser Kampf gegen das sich hartnäckig wehrende Volk von Orissa auf beiden Seiten kostete, haben den Kaiser derart erschüttert, daß er fortan von weiteren kriegerischen Operationen absah und zu dem Friedenskaiser wurde, als welcher er im Andenken der Menschheit fortlebt.

Das Gangesreich erstreckte sich also nach diesen Erfolgen vom Westrand Afghanistans bis zur Gangesmündung und kam mit dieser Strecke von über 3000 km dem Alexanderreich nahe – war diesem aber an Größe der Bevölkerung wie an Wirtschaftskraft überlegen. Es umfaßte im Osten außer dem schon eingegliederten Land Vanga nun auch Anga, das mittlere Bengalen, so daß auch hier die Reichsgrenze weiter vorgeschoben wurde. Ostbengalen und Assam blieben noch außerhalb des Reiches. Im Westen kam die Halbinsel Shaurashtra hinzu sowie wahrscheinlich das Gebiet der Häfen um den Golf von Kambay – allerdings nicht sicher belegt. Südlich der Narbada scheint der Hafen von Sopara, den die Kaufleute über Pathan auf der alten Handelsstraße zu erreichen pflegten, mindestens zur Interessensphäre des Reichs gehört zu haben, denn Ashoka hat dort eins seiner Edikte aufstellen lassen. Strittig ist die Frage, wie weit nach Süden das Reich der Mauryas sich erstreckt hat. Viele Historiker pflegen ihm den größten Teil des Dekkhans zuzuschreiben, wofür sie folgende Argumente anführen: Ashokas Vater trägt den Beinamen »Sieger über viele

Feinde«, ohne daß man weiß, wer diese gewesen seien. Man *vermutet*, daß es sich um das Gebiet des Dekkhan handeln könnte. Ein Tamil-Dichter späterer Zeit singt von Einbrüchen der »Männer aus dem Norden« (vadujas) und bringt den Namen »Moryas« damit in Zusammenhang – ein Name, der aber in Indien und auch in Ceylon oft vorkommt. Schließlich finden sich im heutigen Maisur ein großes und sechs kleinere Felsenedikte, wie sie Ashoka oft auch in Grenzgebieten einmeißeln ließ, so daß man diese Felsenedikte gern als Bezeichnung der Reichsgrenze ansieht.

Andererseits ist nicht das geringste von einer Herrschaft der Mauryas im Dekkhan bekannt. Die Eroberung Orissas ist ebenso überliefert wie die Ereignisse im Panjab; aber es fehlt jede Andeutung darüber, wann und durch wen der Dekkhan zum Mauryareich gekommen sein soll. Das Gebiet war zu jener Zeit eine Wildnis. Die Ausgrabungen des Archäologen Wheeler haben ergeben, daß sich der Raum um Brahmagiri um 500 v. Chr. noch im Zustand der Steinzeit befand, und daß zu Zeiten Ashokas hier die sogenannten »Megalith-Erbauer« lebten. Ashoka selber, der die Namen aller weiter südlich befindlichen Völker und Staaten kannte, hat niemals den Namen eines Volkes erwähnt, das er im Dekkhan überwunden oder beherrscht hätte. Auch die Felsenedikte dürfen nicht als Grenzmarkierung bewertet werden. Einmal finden sich solche auch im Inneren des Reichs, und dann gibt es andere Möglichkeiten, die ihre Aufstellung dort erklären können. Am wahrscheinlichsten wäre folgende Annahme: Der fromme Kaiser, ein Freund von Pilgerfahrten, hat sicherlich eine nach Sravana Belgola unternommen, an die Stätte, wo sein Großvater, der Begründer der Dynastie, sein Leben beschlossen hatte. Als er dabei der riesigen Megalithbauten ansichtig wurde, hat er seine Edikte neben sie gestellt, um auch in dieser Gegend seine neuen Ideale zu verkünden und dadurch seinen Großvater zu ehren*.

Auch die Überlieferung, daß der Kaiser einen Vizekönig mit Sitz in Suvarnapura für den Dekkhan bestellt habe, schwebt so lange in der Luft, wie man diesen Ort nicht lokalisieren kann. Daß er einen Statthalter in eine Einöde gesetzt habe, ist unwahrscheinlich, zumal die Residenzen der übrigen bekannte Städte waren. Ebenso ist unwahrscheinlich, daß die arische Ko-

* Das große Felsenedikt bei Yerragudi, sechs kleinere in der Gegend von Maski, sämtlich im Raum des heutigen Brahmagiri.

lonisation damals schon so weit nach Süden vorgedrungen wäre. Als Aufgabe dieses Vizekönigs erscheint eher die Förderung der Kolonisation, wozu er im Raume zwischen Narbada und dem Tapti residiert haben wird.

Man sollte daher Suvarnagiri dort suchen und den Tapti als die wirkliche Südgrenze des Reiches annehmen*. Das würde uns auch der heiklen Frage entheben, wie denn diese Teile des Dekkhan bei Auflösung des Mauryareichs unabhängig geworden seien, und wer dort die Staatsgewalt ergriffen habe. Die erste nachweisbare Staatsgründung in diesem Raum erfolgte hart südlich des Tapti durch die Satavahanas – aber um 50 v. Chr., also fast 300 Jahre nach Ashoka**.

Kapitel 6

Außenpolitik und Zerfall des Mauryareichs

Durch die Mauryas war das Gangesreich zum Träger internationaler Politik geworden, hauptsächlich zur westlichen Welt hingewandt. Der Schutz seiner stets gefährdeten Grenze hatte durch Chandragupta Maurya eine ideale Lösung gefunden, indem er das gesamte Vorfeld – Belutschistan und Afghanistan – als Glacis für seine Sicherheit dem Reich einverleibte. Er wirkt für den geschichtlichen Betrachter wie ein Vorläufer der britischen Politik, die Indiens Nordwestgrenze in ähnlicher Weise zu schützen suchte. Nur hatte er es insofern leichter, als sein westlicher Gegner, die Seleukiden, kein bodenständig iranischer Staat war, sondern ein hellenistischer, dessen Interessen am Mittelmeer lagen. So konnten sich die Beziehungen beider Mächte freundschaftlich gestalten, was in der langjährigen Akkreditierung hellenistischer Gesandter in Pataliputra seinen

* Nur nördlich des Tapti sind Münzen der Mauryas gefunden worden.

** Als Kaiser Barbarossa auf seinem Wege zum 3. Kreuzzug das heutige Serbien durchschritt, wurde ihm begeistert gehuldigt und angeboten, zum König gewählt zu werden – was er ablehnte. Hätte er dort eine steinerne Tafel zur Erinnerung an diese Begebenheit aufgestellt, würden wir vielleicht versucht sein, daraus zu schließen, daß Serbien damals zum alten Deutschen Reich gekommen wäre.

Ausdruck fand. Allerdings wird von einer Erwiderung dieser Gesandtschaften durch die Mauryas nichts berichtet. Die buddhistischen Missionen, die Ashoka aussandte*, waren kein Ersatz, zumal auch ihre geistliche Wirkung erstaunlich gering blieb. Die hellenistische Welt hat von dem großen Kaiser wenig Notiz genommen, und sein Name findet sich in keiner antiken Schrift erwähnt**, ebensowenig wie Alexander in einer indischen!

Der Schutz der Westgrenze wurde einem Vizekönig anvertraut, der in Taxila residierte. Indessen scheint die Ausstattung mit Grenzschutztruppen unzulänglich gewesen zu sein und, was bedenklicher, hat offensichtlich ein guter Nachrichtendienst gefehlt. Die Ereignisse des Jahres 250 v. Chr. am Hindukusch, als die baktrischen Griechen und gleichzeitig die ihnen benachbarten Parther sich der seleukidischen Oberhoheit entledigten, hätten im Reich beachtet werden müssen. Denn so konnte es geschehen, daß die Baktrier in das afghanische Reichsgebiet einsickerten, sich dort festsetzten und schließlich sogar in das Industal vordrangen. Ashoka hat dort zwar seine Edikte in griechischer und aramäischer Sprache einmeißeln lassen, aber er hat die politische Entwicklung in diesem Raum offensichtlich nicht genug verfolgt. Der indische Historiker Ray *Choudhury* bemerkt nicht zu Unrecht, daß der Kaiser weniger für buddhistische Propaganda und mehr für die Sicherung der Nordwestgrenze hätte tun sollen. Das gilt um so mehr, als sich nach dem Abtreten der Mauryas hier neue Gefahren zusammenballten. Die Kushan zerstörten um 140 v. Chr. das griechische Baktrien und drängten diese Siedler nunmehr mit Gewalt auf Indien zu. Dann wurde das Partherreich zu einer Bedrohung. Sein Krieg gegen Rom wäre vielleicht eine willkommene Gelegenheit gewesen, mit Rom ein Bündnis gegen sie zu schließen; aber damals bestand im Gangestal keine Reichsregierung mehr.

Die Nordgrenze des Reichs blieb ruhig, da China erst 138 v. Chr. seine erste Erkundungsexpedition unter Chang kien und seine ersten militärischen Vorstöße in das heutige Sinkiang

* Diese Missionen gingen zu Antiochos III. Theos von Syrien (261—246), Ptolemaios II. Philadelphos von Ägypten (285—247), Antigonos Gonatas von Mazedonien (276—239), Magas von Kyrene (300—250) und Alexander von Epirus.

** Petech, Indien bis zur Mitte des 6. Jahrhunderts, Prophyläen-Weltgeschichte S. 405

erst 120 v. Chr. unternahm. Das berührte die Beziehungen des Reichs zu den indischen Oasenstädten an der Seidenstraße, die im Kaiser ihren Schutzherrn erblickten. Ashoka soll Khotan persönlich besucht haben. Zu einem Eingreifen ist es damals noch nicht gekommen. Dagegen förderte die Reichsregierung die Bestrebungen der indischen Kaufleute, den Handel mit Südostasien zu entwickeln und dort Niederlasssungen anzulegen. Ashoka entsandte buddhistische Missionen nach Burma, Malaya und vor allem nach Ceylon. Die Beziehungen zwischen dem Gangesreich und dieser Insel wurden besonders eng, da der Führer der Mission, Mahendra, ein naher Verwandter des Kaisers war.

Im Nordosten beschränkte das Reich seine Grenze auf Mittelbengalen (Anga); aber es tat viel für den Hafen von Tamralipti (Tamluk) an der Mündung des Ganges, der damals zu einem der wichtigsten Stützpunkte des Handels und der Kolonisation in Südostasien wurde. Der gute Flankenschutz, den Ashoka mit der Eroberung von Orissa geschaffen hatte, ging nach seinem Tode wieder verloren; das Land gewann seine Unabhängigkeit zurück und hat im 1. Jahrhundert v. Chr. sogar einen Vergeltungskrieg gegen Maghada geführt.

Im Südwesten des Reichs wurden die Gebiete von Malva (einst Avanti) und das neugewonnene Shaurashtra einem Vizekönig unterstellt, der in Vidisa (also nicht in Ujjain) residierte. Zu seinen Aufgaben gehörte die Beobachtung des überseeischen Handelsverkehrs, der sich mit dem wirtschaftlichen Wachstum des Reichs rasch steigerte. Aber es ist auch in dieser Periode nicht geklärt, ob die Haupthafenplätze, wie Broach, effektiv zum Reich gehörten. Ashoka hat zwar in einem der weiter südlichen Hafenplätze in Sopara (Suparaka) eins seiner Edikte aufstellen lassen, nicht aber in dem ungleich bedeutenderen Broach. So ist es möglich, daß die ehemaligen Bhrigus sich immer noch eine gewisse Autonomie bewahrt hatten – vielleicht nach Art der deutschen Hansestädte. Ujjain gewann auch Bedeutung als Ausgangspunkt für die Kolonisierung des Dekkhans.

Im allgemeinen herrschte Friede im Reich wie an seinen Grenzen. Diese lange Friedenszeit ist wohl das größte Geschenk, das Nordindien den Mauryas dankt. Den Wunschtraum eines Friedenskaisers hat Ashoka während eines Menschenalters verwirklicht.

Auflösung des Reichs

Die Auflösung des Reichs begann im Grunde, als der Kaiser Ashoka auf Anwendung jeder Gewaltmaßnahme verzichtete; denn ohne Gewalt ließ sich ein Imperium nicht halten, das nur durch Gewalt errichtet worden war. So regten sich die zentrifugalen Tendenzen, wie stets unter einer schwachen Zentralregierung. Vizekönige suchten sich selbständig zu machen, als erster Ashokas eigener Sohn, der einen Teil Kaschmirs verwaltete. Die Armee litt unter der 30jährigen Friedenszeit, in der sie sich nicht so geachtet fühlte, wie sie es früher gewohnt war. Die Eigenwilligkeit ihrer Chefs führte zu ständigen Reibungen mit den Zivilbehörden, vor allem zwischen dem Oberkommandierenden Feldmarschall Pushyamitra und den Ministern. Wenn trotzdem das Reich nach Ashokas Tod noch 150 Jahre zusammengehalten hat, ist es der unvergleichlichen Autorität zu danken, die Ashoka ausgestrahlt und die im ganzen Reich eine feste Bindung aller an die Spitze hinterlassen hatte. Die Krise brach aus, als die erste auswärtige Gefahr drohte. Der Einbruch der baktrischen Griechen führte zum Staatsstreich, der Feldmarschall tötete bei einer Parade den letzten Mauryakaiser und usurpierte den Thron (185 v. Chr.). Die von ihm eingeleitete Dynastie der Sungas regierte dann bis 73 v. Chr. und wurde ihrerseits von dem damaligen Premierminister Vasudeva gestürzt, mit dem die kurzlebige Dynastie der Kanvas wenigstens nominell das Reich übernahm.

Pushyamitra nahm den Schutz der Westgrenze energisch in die Hand; zwei seiner Enkel sollten sie gegen die Baktrier verteidigen, der eine im Panjab, der andere in Malva. Aber trotz anfänglicher Erfolge konnten sie nicht verhindern, daß sich die Griechen in beiden Gegenden festsetzten. Vorher hatte auch Antiochos III. der Große noch einmal versucht, das Industal zurückzugewinnen (206 v. Chr.), hatte sich aber, wie sein Vorgänger, mit Elefanten abfinden lassen. Beim Antritt der Kanvas war das ganze Industal wieder verloren, nachdem es ein Jahrhundert zum Reich gehört hatte. Die südwestlichen Provinzen gingen endgültig verloren, als die Sakas (Skythen) das beinah herrenlos gewordene Land besetzten. Orissa war seit 157 v. Chr. wieder selbständig.

Eine neuartige Gefahr drohte von Süden. In den altarischen Kolonisten in Vidarbha (Berar) erwachte der Trieb zur Unabhängigkeit, und sie lösten sich vom Reich. Die jungen Völker im Dekkhan empfanden ähnlich, und unter den Satavahanas bildete sich das erste Reich im Dekkhan, das sofort in das Gangestal einfiel und der Dynastie der Kanvas den Todesstoß versetzte. Damit war das Schicksal des Mauryareichs besiegelt. Sein Gebiet wurde zu einem politischen Vakuum, das die baktrischen Griechen förmlich reizen mußte hier einzudringen, erst zu Streifzügen, dann zu einem größeren Feldzug unter Menander, der beinah bis Benares gelangte, ohne allerdings dauerhafte staatliche Gebilde zu errichten. Aus der »kaiserlosen« entstand die »herrenlose« Zeit, die erst durch die Kushan beendet wurde. Sie haben hier als erste wieder einen festen Staatsapparat geschaffen, der sich allerdings nur bis Mathura erstreckte und weiter östlich gelegene Gebiete nur kurzfristig einbezog. Immerhin genügte schon diese Machtstellung, um das erstarkende Dekkhanreich vor neuen Einfällen in die Gangesebene abzuhalten.

Unter dem Schutze des Mauryareichs wurde eine friedliche Ausdehnung – wenn auch nicht des Staats, so doch der Kultur – durchgeführt, indem die wüstenreiche Landschaft des heutigen Rajasthan erschlossen wurde. Man nennt sogar einen Namen für den frühesten Kolonisator: *Kuvalasa.* Die Besiedlung erfolgte überwiegend von Stämmen, die aus dem Panjab kamen und den dortigen Invasionen auswichen, um ihre freiheitliche Eigenständigkeit in den Oasen Rajasthans zu bewahren. So siedelten die Sibis im Raum um Madhyamika, die Uttarmadhras bei Ajmer und die Arjunayanas bei Bharatpur südwestlich von Delhi. Möglich, daß wir in diesen freiheitsliebenden kriegerischen Stämmen die Altvorderen der späteren Rajputen erblicken können, oder daß sie sich dort mit den Gurjaras vermischt haben. Indem sie sich der Lebensweise und Kultur des Gangestals anglichen, füllte diese »Arisierung« Rajasthans die räumliche Lücke zwischen Malva und dem Norden aus und schuf einen kräftigen Schutzwall, der sich in der Verteidigung gegen die Araber und Turkvölker bewährte. Jedenfalls hat keiner der späteren Eroberer, selbst nicht die Mogulkaiser, dieses Gebiet wirklich dauerhaft zu unterwerfen vermocht.

Politisch bedeutsam wurde es, daß die Hochkultur im Gangestal unter den Mauryas ihre Reife erreichte und wie ein neues Gebilde weit über die Grenzen hinaus Wirkungen ausstrahlte. Jede Hochkultur wirkt auf die benachbarten Völker, selbst ohne politischen Druck oder gewaltsame Bekehrung. Man denke an die Wirkung der hellenistischen Kultur auf die Völker im Vorderen Orient oder an die Wirkung der abendländischen Kultur, die von Deutschland aus auf die jungen slawischen Völker ausstrahlte. Die Kultur des Gangestals wirkte sowohl auf die Nachbarvölker, die dem Reich politisch nicht angeschlossen waren, wie auf Rajasthan oder das östliche Bengalen, dann auch auf den Dekkhan und den tamilischen Süden und endlich auf ganz Südostasien. Dadurch errang das Gangesreich und mit ihm Indien ein weitumfassendes Ansehen, das als das dauerhafteste Erbe des Mauryareichs gelten darf.

Die Außenwelt wird kaum bemerkt haben, daß diese Kultur gerade jetzt einer schweren Krise zutrieb, die aus dem Gegensatz zwischen vedischen Aryas und aufstrebenden nichtarischen Schichten entstand. Das zeigte sich schon im Wechsel der Staatsführung. Die erste Dynastie des Maghadareichs, die Haryankas, die 546 v. Chr. mit Bimbisara an die Macht kamen, mögen noch arischen Bluts gewesen sein, wenngleich die orthodoxen Brahmanen im Kurulande sich schon abfällig über sie äußerten. Bimbisara selbst konnte noch eine Prinzessin aus Kosala heiraten, also aus einem der vornehmsten Geschlechter des alten Adels, und als zweite Gattin die Tochter eines Licchavifürsten. Der Sohn aus dieser Ehe, Ajatashastru, bezeichnete sich als »kshatriya«, als er die Gebeine des Buddha als die eines Standesgenossen erbat. Aber auch der Buddha selbst entstammte keinem echt arischen Geschlecht (den Sakyas). Die nächste Dynastie in Maghada, die Shaishu-Nagas, lassen schon an ihrem Namen ihren einheimischen Ursprung erkennen, und vollends die Nandas waren bescheidenster Herkunft und gebärdeten sich auch als ausgesprochene Gegner der altarischen Herrscherhäuser. Daß das sittliche Niveau dieser Dynastien mit ihren zahlreichen Vatermorden nicht eben hoch war, wurde von ihren geistigen Gegnern im orthodoxen Lager propagandistisch ausgenutzt; aber ihr Hauptverbrechen, in den Augen der Brahmanen, war ihre ausgesprochene Bevorzugung der Reformsekten, die jenen als antivedisch, also antiarisch galten.

In dem großen geistigen Ringen, das mit dem Auftreten des Buddha und des Mahavira einsetzte, standen die Herrscher des Gangesreichs, namentlich Ashoka selbst, ausgesprochen auf seiten der Reformer. Damit brach eine neue Ära auf religiösem und philosophischem Gebiet an, ebenso wie die Staatsführung von den alten kshatriyas auf neue, rassisch verschiedene Geschlechter überging. Die große Fähigkeit der Assimilierung und der Adaption, die sich in der indischen Geschichte so oft zeigt, hat aber auch diese Krise zu überwinden vermocht, so daß aus ihr wieder eine einheitliche Kultur hervorgegangen ist.

Kapitel 7

Die geistige Entwicklung dieser Periode in politischer Sicht

Zeiten politischen Niedergangs können mitunter auf kulturellem Gebiet besonders fruchtbar sein. Das 13. Jahrhundert, das dem deutschen Volk die Auflösung des Stauferreichs und dann das kaiserlose Interregnum brachte, gab ihm die erste Hochblüte seiner Literatur und den großen religiösen Aufschwung der Mystik. Im Gangestal wurde die Periode der Auflösung des Mauryareichs und der anschließenden kaiserlosen Zeit eine solche umwälzender und fruchtbarer Bewegungen auf religiösem und kulturellem Gebiet.

Es begann mit einer ernsten Kulturkriese. Die Formen von Staat und Gesellschaft, die die Indo-Aryas im Gangestal entwickelt hatten, wurden nach etwa 400/500 Jahren brüchig. Die schroffe Trennung der arischen Oberschicht von den unterworfenen Einheimischen vermochte sich nur so lange zu halten, wie der kräftige Selbstbehauptungswille dieses Standes unvermindert anhielt. Klima, Uneinigkeit und biologisches Absterben der alten Geschlechter minderten diesen Willen zur Macht. Der deutlichste Beleg ist die überraschende Bereitwilligkeit, mit der sich gerade dieser Stand den Lehren seines großen Abkömmlings, des Buddha, öffnete – einer Lehre, die zur Aufrechterhaltung einer so heiklen Machtposition höchst ungeeignet war. Das aufkommende Bürgertum, das vor allem dem Handel seinen Wohlstand dankte und in seinen geschäftlichen Beziehungen auch mit der andersrassischen Unterschicht Kontakt pflegen mußte, wurde ein neuer Faktor im Staatsleben; und die breite Unterschicht selbst, die von der Kultur und dem wirtschaftlichen Aufschwung berührt wurde, drängte naturgemäß nach einer besseren sozialen Stellung. Die Priesterschaft (die Brahmanen) hatte die ursprünglich lebendige Religion zu einem Opferkult verdorren lassen, bei dem sie im Auftrag der Großen des Landes ungeheure Massen von Rindvieh nach einem bis ins einzelne geregelten Ritual zu töten hatte, wodurch die Götter gezwungen werden sollten, dem Opfernden irdische Erfolge zu gewähren. Dieses »Vertragsverhältnis« zwischen der Oberschicht und den Göttern bewirkte, daß man sich von wahrer Religion mehr und mehr entfernte. Während gerade im Adel freimütig denkende Köpfe dieses Problem erkannten und einige in den von ihnen verfaßten Upanishaden neue Wege zu einer echten Gotteserkenntnis suchten, traten um 500 v. Chr. zwei kühne Denker aus ihren eigenen Reihen auf – *Mahavira* und der *Buddha* –, die beide darin übereinstimmten, daß der geistlich-soziale Zustand dringend einer Reform bedürfe. Beide verkündeten neue Lehren, die sowohl bei vielen Angehörigen der adligen Geschlechter wie auch bei den Herrschern des damals entstehenden Maghadastaats wohlwollende Aufnahme fanden. Das führte zu einer geistigen Umwälzung, in der das altvedische Geistesgut sich mit den Religionsinhalten der Einheimischen zu neuen Synthesen vermischte. Indem der Buddha, der sich anfangs überwiegend an die Söhne aus alten Familien gewandt hatte, im Laufe seines langen Lebens soweit ging, sich an *alle* zu wenden und auch die Angehörigen der untersten Kasten wenigstens grundsätzlich als Anhänger zuließ, muß das bei ihnen wie ein Fanal gewirkt haben. Denn nun erschien zum ersten Male im Gangestal der Gedanke, daß eine religiöse Lehre, also »Gott«, für alle gleichmäßig da wäre. Und indem die späteren Machthaber des Reichs, wie die Nandas, aus den unteren Schichten empordrangen, begannen sie einen bewußten Sturm gegen die altprivilegierte Oberschicht, die sie aus ihrer politischen Machtstellung verdrängten. So entstand auf geistigem Gebiet eine neue Kluft. Als erster versuchte Chandragupta, der erste Maurya, das Problem dadurch zu lösen, daß er unter tatkräftiger Anleitung seines Ratgebers Kautilya eine konservative Restauration versuchte, um die alte religiöse Tradition in dem ungeistig gewordenen Staat neu zu beleben und den Brahmanen dazu verhalf, ihren Einfluß neu zu festigen.

An eine Wiedereinsetzung der »kshatriyas« hat damals niemand gedacht, und auch die Brahmanen wandelten ihre Religion. Sie berücksichtigten die dringlich auftretenden Wünsche der Massen ebenso wie manche der neuen Zielsetzungen des Buddha. Zwar hielten sie an dem Grundsatz fest, daß jeder Stand sich durch Abstammung vererbe – nicht nur der Adel, wie dies auch im früheren Europa der Fall war, sondern vor allem die Priesterschaft selbst –, und dehnten dieses Prinzip nun auf alle übrigen Berufe aus, so daß auch der Kaufmann in seiner Gilde, der Handwerker in seiner Zunft und die Masse der Bauern zu erblich werdenden *Kasten* zusammenwuchsen. Wirtschaftlich war es oft von Vorteil, sozial aber bedenklich insofern, als ein neuer Zwang eingeführt wurde, der dem einzelnen nicht viel freie Betätigung ließ. Die Spannungen, die sich daraus ergaben, hemmten die Neuformung der Gesellschaft, und so lag eine tiefe politische Weisheit in dem Entschluß des Kaisers Ashoka, diese Restauration seines Großvaters abermals abzulösen, indem er der Lehre des Buddha eine Vormachtstellung gab; denn sie war von allen Reformversuchen geistig-religiöser Art fraglos die *universale,* da sie sich an *alle* wandte, sich allen öffnete und daher den ersten Keim einer demokratischen Organisation der Gesellschaft in sich trug. Dabei betonte er – wie seine Felsenedikte klar erkennen lassen – nicht die theologisch-philosophische Lehre, die nur von einer geistigen Elite verstanden werden konnte, sondern die allgemein ethische Praxis, die von allen verstanden und befolgt werden konnte – eine allgemein menschliche Pflichtenlehre, die sich aus dem Zusammenleben von Staat, Volk, Stand und Familie ergab. Diese Form des Buddhismus, wie Ashoka sie verkündete, hätte als ein wirksames Band dazu dienen können, um aus der Bevölkerung des Reichs ein *Staatsvolk* zu machen. Jedoch blieb diese Wirkung aus: Bei der weitherzigen Toleranz, mit der der Kaiser alle anderen Formen der Religion duldete, ja, förderte, ergab sich keine religiöse Einheit, vielmehr eine bunte Vielheit, in deren Rahmen die anderen Sekten, jede in ihrer Weise, aufzublühen vermochten. Das gilt sowohl von der Sekte der Jainas, die das asketische Moment besonders herausarbeiteten, wie von den Volkskulten, die in der aufgelockerten geistigen Atmosphäre jener Zeit überall entstanden, von den Keimen des Bhagavatakults wie von der neuen Gottesgestalt Krishnas, der als der dunkelfarbige Gott die dunkelfarbige Rasse von vornherein ansprach, und dessen lebensnahe Umwelt – seine enge Verbindung zum Dorf, zu den Rinderherden, sein Spiel mit den Mädchen, seine Verehrung unter freiem Himmel, an Quellen, heiligen Bäumen und Bergabhängen – gerade bei der noch unverbildeten Mehrheit des Volks leicht Eingang fand, so daß Krishna bald zur volkstümlichsten Gottesgestalt wurde. Seine später in der Bhagavadgita gesammelten Lehren übten eine stärkere Wirkung aus als die dürren ethischen Grundsätze der Edikte. Die Brahmanen, die diesen Wandlungen geschickt Rechnung trugen, nahmen die Lieblingsgötter der Massen in ihr Pantheon auf. Sie übernahmen auch vom Buddhismus mehrere Einzelzüge, die sich als unerläßliche Voraussetzungen des Heiligen eingebürgert hatten: die *Ahimsa,* d. h. sie schafften die blutigen Opfer ab, bei denen Tausende von Rindern getötet worden waren (kein kshatriya scheint dagegen seine Stimme erhoben zu haben); sie verzichteten selbst auf den Lieblingskult des Adels, das Soma-Opfer, indem sie das Verbot berauschender Getränke, das der Buddha gelehrt hatte, in ihrer Religion beibehielten.

So erstarkte die neu geformte Religion der Brahmanen um so mehr, als der Buddhismus, trotz der Versuche Ashokas, aus ihm ein allgemein zugängliches, menschlich verständliches Ethos zu machen, doch seinen weltflüchtigen Charakter nicht verlor und daher für Menschen, die in den Kämpfen und Sorgen des irdischen Alltagslebens, vor allem der Politik, standen, wenig brauchbar erschien. Die für Soldaten und Politiker beglückende Kunde, die Krishna im Eingang der Gita in die Mahnung kleidet, »zu kämpfen ist Pflicht für den, der hierzu berufen«, fehlte der ursprünglichen Lehre des Buddha. Sicherlich war es ein weiser Entschluß des großen Kushan-Herrschers Kanishka, wenn er einige Jahrhunderte später den Versuch wiederholte, seinen rassisch und kulturell so heterogen gemischten Staat auf den Mahayana-Buddhismus als die noch immer universalste Religion zu stützen. Aber die neue Form der brahmanischen Religion, die wir Hinduismus nennen, hatte inzwischen so dauerhaften Erfolg bei der Masse der Bevölkerung gehabt, daß gegen ihre wachsende Stellung auf dem ganzen Subkontinent nicht mehr anzukommen war.

Diese Machtstellung wurde auch durch den Staatsstreich befestigt, mit dem ein Brahmane, der zugleich Feldmarschall war, das Mauryaregime beseitigte (181 v. Chr.) und damit die »konservative« Restauration wiederholte, mit der die Brahmanen nun direkt die Regierung übernahmen und sie – nach einem weiteren Staatsstreich der ebenfalls brahmanischen Kanvas –

bis zum Jahre 30 v. Chr. behielten. Aber auch in der dann beginnenden »kaiserlosen« Zeit, in der das Gangestal zweimal von auswärtigen Eroberern heimgesucht wurde – von den baktrischen Griechen kurzfristig, von den Kushan für längere Dauer –, behielten die Brahmanen eine führende Stellung im geistigen wie auch im politischen Leben. Sie festigten sie sogar noch: indem sie das weiblich-erotische Element kräftig betonten und damit sinnenfroh und lebensnah wurden; indem sie das Heil bei einer kommenden Wiedergeburt dem verhießen, der hier auf Erden seine Kastenpflichten erfüllte, also auch seinen weltlichen Beruf tüchtig versah; indem sie die volkstümlichen Sagenstoffe des Ramayana und Mahabharata dichterisch prägen ließen und die beliebten Helden, wie Rama, Krishna, Sita, Radha u. a. durch Sänger dem Volke nahebrachten, gewann ihre Religion eine Popularität, die der Buddhismus in seiner älteren Form nicht hatte erreichen können. Ja, indem dieser sich bewußt universal gab und Ashoka ihn zur Weltreligion machen wollte, indem er sie über die Grenzen seines engeren Reichs hinaus missionierend zu verbreiten suchte, gewannen die Brahmanen den Vorteil, ihre Religion mehr auf das spezifisch Indische abzustellen und mit ihrer Volkstümlichkeit die Ansätze zu einer »nationalen« Religion zu schaffen – wobei dieser typisch westliche Ausdruck mit großem Vorbehalt verstanden werden muß. Aber in einer Gottesgestalt wie Krishna vermochten sich Gefühle solcher Art tatsächlich zu regen. Wie die Priesterschaft aller Völker bevorzugten sie das *Großreich*, das ihnen bessere Ausdehnung ermöglichte, und das eher einen längeren Frieden verhieß als die ewige Zwietracht der Kleinstaaten. Kein Zufall daher, daß sie in den Prozeß der inneren Auflösung des Mauryareichs eingriffen und dessen Existenz noch um beinah 200 Jahre verlängerten. Und erst recht drängten sie später auf die Erneuerung des Reichs – nunmehr auf der Grundlage ihrer eigenen erneuerten Religion –, was im Guptareich seine Erfüllung fand.

Ihre Stellung in der neu formierten Gesellschaft basierte außer auf ihrer sehr geschickten Religionspolitik auch auf der Tatsache, daß sie als einzige Schicht sich noch auf altarische Abstammung berufen konnten. Die Dynastien waren längst keine echten »kshatriyas« mehr. Auch Ashoka war Sproß einer Mischehe mit einheimischem Blut. Dagegen ist es durchaus möglich, in dem Brahmanen Pushyamitra einen späten Abkömmling der Indo-Aryas zu erblicken, da sich ein Stand, der sich keiner Lebensgefahr aussetzt, durchaus länger behaupten kann als eine Kriegerkaste. Es erscheint also absolut denkbar, daß diese späten Abkömmlinge der indoarischen Einwanderer, indem sie das politische Erbe ihrer Vorfahren zeitgemäß umgestalteten, ihre neue Kulturpolitik auch auf den Anspruch stützten, daß sie die wahren Vertreter der vedischen Zeit wären, und damit den Übergang vom universalen Buddhismus zum nationalbegrenzten Hinduismus als die wahre Fortsetzung der hochgeachteten legendären Vergangenheit der alten Aryas ausgaben. Auch in diesem Sinne läßt sich in dem Aufkommen des Hinduismus der Ursprung eines »indischen« Nationalgedankens spüren. Das hat den verhältnismäßig raschen Aufstieg der Guptas erleichtert.

Gerade dieser Zug beschränkt die Fähigkeit des Hinduismus zur Mission in anderen Ländern. Auch wo er dort Fuß faßte, hat er sich nicht erhalten – mit wenigen Ausnahmen, wie auf der kleinen Insel Bali. Als Missionsreligion war ihm der Buddhismus überlegen. In diesem Sinne hat ihn Ashoka kräftig benutzt. Dabei fällt auf, daß er anscheinend keine buddhistischen Missionen in den tamilischen Süden gesandt hat. Daß die Staaten dort von seinem Reich unabhängig waren, wäre kein Hinderungsgrund gewesen, denn das waren Ceylon und Burma auch. Und selbst die politische Zugehörigkeit Nepals zum Reich war zweifelhaft. Seine Mission war weltweit gedacht. Dem entspricht auch die Aufstellung seiner Edikte, die sich nicht nur an seine Untertanen wandten, sondern an *alle* Menschen. Daher erscheint der Versuch verfehlt, sie als Grenzmarkierungen anzusehen. Soweit der bisher aufgefundene Bestand überhaupt vollzählig ist, verteilt er sich auf das Innere seines Reichs ebenso wie in die Grenz- und Randgebiete, wie ins Ausland (Burma), und ihre auffallende Massierung an einigen Stellen mag vielleicht auf ein besonders eifriges Interesse des Kaisers für solche Plätze hindeuten, z. B. in Orissa, wo er seine innere Wandlung erlebte, in Nepal an der Geburtsstätte des Buddha, in Maisur nahe dem Sterbeplatz seines Großvaters, oder an der Straße zur hellenischen Welt, von der er wohl besonders große Erfolge für seine Mission erhoffte. Jedenfalls ist dieses der einzige Platz, an dem er auch die griechische und aramäische Sprache verwandt hat, sich also der dortigen Bevölkerung direkt verständlich zu machen suchte.

Aber gerade dort hat er keinen Widerhall gefunden, und in den meisten Gebieten Indiens ist der Buddhismus wieder erloschen. Daß er zu einer »Weltreligion« im wahrsten Sinne geworden ist, geht nicht auf Ashoka zurück: Er konnte nicht ahnen, daß gerade Ostasien seine wichtigste Heimat werden würde. Als ein »Weltkaiser« – wie man ihn wohl genannt hat – dürfte er sich nicht empfunden haben, dazu war er zu sehr praktischer Politiker. Aber in der Vorstellung seiner Zeitgenossen und in der Erinnerung an die einzigartige Friedenszeit seiner Herrschaft hat er mit Recht die Gestalt eines »Friedenskaisers« angenommen, eines »chakravartin« im echten Sinne, und die Humanität, die er ausstrahlte, hat ihm einen übernationalen Rang verliehen, der ein Stück seiner Größe bildet.

Kapitel 8

Erneuerung des Reichs durch die Guptas (320–500 nach Chr.)

Das Reich, das im Gangestal seine Basis gehabt und als erstes den indischen Subkontinent politisch zu internationaler Bedeutung geführt hatte, war seit dem letzten vorchristlichen Jahrhundert zerfallen und hatte wieder einer Welt kleiner Staaten Platz gemacht. Einige fremde Invasoren waren eingedrungen, wie die baktrischen Griechen; die Kushankaiser hatten den westlichen Teil der Gangesebene ihrem Reich eingefügt, das außenpolitisch Schutz gewährte und sich kulturpolitisch ehrlich bemühte, der aufblühenden Geisteswelt Entwicklungsmöglichkeiten zu geben. Allerdings bevorzugten die Kushan den Mahayana-Buddhismus – eine Lehre, die zwar auf indischem Boden entstanden und von Indern geprägt worden war, die aber den Anhängern der volkstümlichen Religion des Hinduismus jetzt als fremd erschien, was bei den Brahmanen auf Widerstand stieß. Wie sie im Staatsstreich von 185 v. Chr. die Mauryas gestürzt hatten, so drängten sie jetzt zu einer »Gegenreformation«, um ihre von den vedischen Ahnen ererbte und nun zeitgemäß umgestaltete Religion wieder zur eigentlichen Staatsreligion zu machen. Dazu wollten sie die Zersplitterung des staatlichen Lebens und die Herrschaft Fremder durch eine neue, ihnen genehme Zentralregierung ersetzen.

Zudem erregte die außenpolitische Lage Besorgnis. Im Westen war das starke Sassanidenreich zwar meist durch seine ständigen Konflikte mit dem Römischen Reich gebunden, konnte aber in jeder Kampfpause leicht wieder in Versuchung kommen, die alten persischen Ansprüche auf das Industal zu erneuern. In China kam damals die zweite Han-Dynastie zur Herrschaft, die ebenfalls ein neues Erwachen der expansiven Kräfte dieses großen Reichs einleitete; und über Mittelasien stürmten neue nomadische Völker nach Westen, die von dem neu entstehenden chinesischen Kraftzentrum abgedrängt wurden, Hunnen, Türken, Tungusen u. a. Stämme. Ein großer Teil des alten Mauryareiches – Malva und die Küsten mit ihren Häfen – befand sich unter dem Regiment der letzten Sakas, die Jahr um Jahr den Reichtum abschöpften, der dort aus dem überseeischen Handelsverkehr gewonnen wurde. Vor allem aber zeigte sich im Dekkhan selbständiges politisches Eigenleben, nachdem die Tamilen im Süden bereits früher ein solches begonnen hatten. So wurde die Erneuerung des Gangesreiches zu einer Aufgabe, die damals allen politisch Denkenden als unerläßlich erscheinen mußte, und ein kleiner Fürst an der östlichen Kulturgrenze wurde zum Instrument des Schicksals, um sie durchzuführen. Wie bei der Gründung des Maghadastaates war es abermals ein Markgraf, der die Wacht im Osten hielt – ähnlich wie das Deutsche Reich von der Ostmark und der Mark Brandenburg aus erneuert wurde. Und abermals begann der Aufstieg – wie zu Zeiten des Bimbisara – mit der Eheschließung des aufstrebenden Fürsten mit einer Prinzessin aus dem Hause Licchavi, das zum Inbegriff der »Legitimität« geworden war.

Chandragupta I.

Chandragupta – Träger des gleichen Namens wie der Begründer des Mauryareiches –, Sproß zweier tüchtiger Vorfahren, die an der Grenze zwischen Maghada und Bengalen vorgearbeitet hatten, heiratete um 320 Kumara Licchavi und gewann durch diese Ehe eine territoriale Mitgift, die die alte, halb verlassene Kaiserresidenz Pataliputra einschloß und sein Ansehen in der damaligen Welt so entscheidend hob, daß er bei Prägung seiner Münzen nie versäumte, den vornehmen Namen seiner Frau beizufügen. Indem sowohl sein Sohn wie sein Enkel sich als außerordentlich veranlagte Herrscher erwiesen, gelang es diesen beiden in dem kurzen Zeitraum von knapp achtzig Jahren, das Kerngebiet des Gangesreiches unter ihrem Zepter zu vereinigen – innerhalb der gleichen Frist, in welcher Friedrich Wilhelm I. und Friedrich der Große die Grundlage der Großmacht Preußen geschaffen haben. Das Vakuum war in einen neuen Großstaat umgewandelt.

Samudragupta

Samudragupta (335–375) tat militärisch das Entscheidende: er unterwarf die Kleinstaaten im Gangestal, die meist von einheimischen (Naga-) Dynastien regiert wurden, bekämpfte erfolgreich die räuberischen Banden, die aus den herrenlosen Wäldern hervorbrachen, und brachte diese Waldgebiete selbst (in den Vindhyabergen bis zur Narbada) unter seine Kontrolle. Er sicherte die Ostgrenze, indem er sie in das heutige Ostbengalen (Samatata) vorverlegte und selbst Teile von Assam unter die Reichsgewalt brachte. Er sicherte die Nordgrenze dadurch, daß er Nepal wie Garhwal zur Duldung seiner Autorität nötigte (wobei Nepal damals wohl von seinem Großvater aus dem Haus Licchavi regiert wurde). Er drang in die fremdländisch durchsetzten Gebiete des Panjabs vor, wo er auf Widerstand der dort wieder konsolidierten Kushan stieß und sich mit dem Sutlej als Grenze begnügen mußte. Und endlich schob er seine Macht in Malva so weit vor, daß sein Sohn und Nachfolger *Chandragupta* II. (375–414) dort sein Werk vollenden, die letzten Kshatrapas skythischer Abstammung endgültig verjagen, dieses Gebiet von der fremden Herrschaft befreien und dem neuen Reich einen Zugang zum Meer auch im Westen öffnen konnte (410). Damit fand sich das Guptareich auf dem Zenit seiner Macht*.

Da die Sassaniden keine Gegenaktion unternahmen, blieb als nächste Aufgabe, die Grenze auch nach Süden abzuschirmen, wo die Tamilen kraftvoll begonnen hatten, ihre ersten

* Ob das Land der Licchavis, also des Schwiegervaters des ersten Guptas, dem er seinen Aufstieg verdankte, in das Reichsgebiet eingegliedert wurde und gegebenenfalls, in welcher staatsrechtlichen Form, ist nicht genau festzustellen.

Staaten zu errichten, und wo im Dekkhan die jugendlichen Eigenkräfte zu politischer Eigenständigkeit herangereift waren. Mit ihren frühesten Herrschern aus dem Hause der Satavahanas hatte das Dekkhanreich bereits nach Norden kühn ausgegriffen, als es im Jahre 30 v. Chr. den letzten Rest der alten Gangesmacht auslöschte. Samudragupta versuchte hier, mit einem großen Demonstrationszug (digvijaya) seine neue Macht zu zeigen. Indem er um 360 durch die Urwälder von Südkosala bis vor die damalige Hauptstadt der Pallavas zog – dort allerdings auf so kräftigen Widerstand stieß**, daß er heimkehren mußte –, führte er allen dortigen Machthabern vor Augen, daß im Norden nun wieder eine Großmacht entstanden wäre, die ihren Raum mit kräftiger Hand zu behaupten gewillt war*. Sein Sohn tat den verständigen Schritt, durch eine eheliche Verbindung ein freundschaftliches Verhältnis zu der neuen Dekkhan-Dynastie, den Vakatakas, zu begründen, indem er seine Tochter mit dem damaligen Herrscher verheiratete und dadurch dem jungen Guptareich an der gemeinsamen Grenze der Narbada eine gewisse Sicherheit gab. Dies war um so ratsamer, als die begehrlichen Blicke des Dekkhanstaates naturgemäß stets auf das lockende Ziel der Häfen um Kambay, namentlich auf den blühenden Hafen von Broach gingen.

Wer die Vermutung ablehnt, daß das Ashokareich auch große Teile des Dekkhans wirklich umfaßt habe, kann sagen, daß diese beiden Guptakaiser das Mauryareich in vollem Umfange wiederhergestellt haben, allerdings mit einer bedeutsamen Ausnahme: das strategische Vorfeld, das der erste Maurya durch Einfügung des nördlichen Industals und des heutigen Afghanistan seinem Reich gesichert hatte, blieb draußen; und von dorther meldeten sich dann auch alsbald die Gefahren, die der neuen Großmacht drohten.

Die Sicherung der Grenzen eines so verwundbaren Reichs

** Die Auffassung des französischen Forschers Jouvreau Dubreuil scheint mir durch die Ereignisse bestätigt: daß Samudragupta am Krishna-Fluß auf Widerstand gestoßen und daraufhin heimgekehrt sei.

* G. B. Gokhale nennt den ganzen Feldzug eine »aswamedha-Campagne«, d. h. ein Unternehmen, das nur erfolgte, um dem Kaiser die Berechtigung zu geben, das altarische Pferdeopfer zu erneuern. — Übrigens wäre von Pataliputra aus weder ein wildes noch ein gezähmtes Pferd von selbst die tausend Kilometer bis zur Krishna-Mündung gelaufen.

erforderte eine schlagfertige Armee, die erst zu schaffen war. Ein erster feindlicher Einfall an unbewachter Stelle wurde zur Krise. Dabei ist nicht eindeutig sicher, wo diese »Pushyamitras« eingebrochen sind, ob aus den Dschungeln von Südkosala oder im Nordwesten aus dem Raum, in dem ein später Kushan namens Kidara an den Südhängen von Kaschmir wieder ein Staatsgebilde errichtet hatte – eine stark iranisch geprägte Gründung unter dem Namen »Shahanushahi«. Der tüchtige Kronprinz vermochte die Gefahr abzuwenden, um dann bei seiner Heimkehr seinem sterbenden Vater auf den Thron zu folgen – als Skandagupta (455–467). Bald drohten sehr viel ernstere Gefahren von den Hephtaliten (die oft als Hunnen bezeichnet werden). Sie hatten sich am Hindukusch seßhaft gemacht mit der Hauptstadt Balkh und bedrohten von dort aus sowohl das Sassanidenreich wie die Guptas. Den ersten Einfall vermochte Skandagupta 460 abzuschlagen.

Spätere Einfälle, die sich nach seinem Tode bis in das sechste Jahrhundert hinzogen, führten zu ungleich schlimmeren Verwüstungen. Namentlich traten auf gegnerischer Seite zwei bedeutende Persönlichkeiten hervor: Toramana und sein Sohn Mihirakula, die mit gutem Blick den schwachen Punkt des Reichs erkannten, nämlich an der neuen Grenze des den Sakas entrissenen Gebiets. Hier ist Toramana um 510 n. Chr. eingedrungen (bei Eran im heutigen Madhya Pradesh), und Mihirakula hat diese Gegend so fest unter seine Gewalt gebracht, daß er von dort nordwärts in das Gangestal einbrechen und um 530 Gwalior nehmen konnte. Hier aber erhob sich ein örtlicher Fürst, der Grenzgraf in Malva, Yasodharman, der seinen Bezirk erfolgreich verteidigte, bis die Kaiser Buddha-gupta (471–495) und Narasimha-gupta (495–534) mit Ersatzheeren unter tüchtigen Generalen und mit Hilfe der Maukharis die Lage leidlich wiederherstellten. Aber erst nachdem die Sassaniden, im Bunde mit einigen von Norden heranrückenden Turkstämmen, die Hephtaliten entscheidend geschlagen hatten (um 565), konnte das Guptareich wieder aufatmen.

Allerdings hatte sein Gefüge in diesen Wirren schwer gelitten, was sich namentlich auf wirtschaftlich-finanziellem Gebiet zeigte. Der anfängliche Aufschwung des Wirtschaftslebens, der mit der Erneuerung des Reiches eingesetzt hatte, ließ bedenklich nach. Der überseeische Handel ging zurück; denn in dem Jahr, in dem Chandragupta II. den Hafen von Broach gewann

(410), plünderte Alarich Rom, womit Indien seinen besten Abnehmer von Exportwaren verlor. Die Blüte der Dörfer welkte, seitdem die Städte zwar den Überschuß des Sozialprodukts an sich zogen, aber in ihrer überfeinerten Dekadenz sich nicht mehr vermehrten und daher weniger Landesprodukte abnahmen. Die Staatsfinanzen litten unter den ungewöhnlich hohen Kosten der Abwehrkriege sowie unter den offensichtlich zu niedrigen Steuersätzen, für die die Guptaverwaltung bekannt war, und die andererseits viel zur Blüte der Wirtschaft beigetragen hatten. Jetzt verpaßte man offenbar den Augenblick, die Steuern rechtzeitig zu erhöhen, und das Defizit in der Staatskasse schreckte die Gouverneure der Außengebiete ab, ja selbst manche Beamte im Kerngebiet, die eingehenden Abgaben an die Zentrale abzuführen, um sie angesichts der Finanzkrise für örtliche und eigene Zwecke einzubehalten. Obwohl die rein militärische Lage durchaus erträglich blieb, hemmte diese Finanzmisere den Gang der Reichsverwaltung und ließ den Kredit des Reiches sinken. Der Staat der Guptas ist ein frühes Beispiel dafür, daß ein Reich, das auf einer blühenden, vielseitigen Wirtschaft beruht, von einer Rezession schwerer betroffen wird als ein reines Agrarland; denn die Vertrauenskrise greift rasch um sich und zieht alle staatlichen und privaten Kreise in ihren Bann.

So kam das Ende des Guptareichs weniger als Folge der auswärtigen Angriffe, so sehr sie die Lage auch verschärften, sondern mehr daher, daß es die Geldwirtschaft, auf der es beruhte, nicht aufrechterhalten konnte. Der allgemeine Vertrauensschwund ließ überall in den Außenbezirken den Gedanken aufkommen, sich von diesem sinkenden Schiff rechtzeitig zurückzuziehen. Das erste Beispiel gab der erwähnte Markgraf Yasodharman in Malva, der sich selbständig machte, seinen Amtsbezirk eigenmächtig erweiterte und von 530–540 als unabhängiger Fürst regiert hat. Obwohl er gestürzt wurde, machte sein Beispiel Schule, auch bei den Prinzen des kaiserlichen Hauses, die als Gouverneure bestellt waren. Sie begannen unter dem usurpierten Titel »Maharaja« unabhängig zu regieren, wie Prinz Vainya-gupta in Nordbengalen, und ihm folgten die Gouverneure in Shaurashtra und in den Vindhyabergen. Die letzteren fanden sich sogar in einer besonders heiklen Lage: zwischen dem Kaiser, dem sie durch Eid verpflichtet waren, und dem erstarkten Dekkhanreich, das die Schwäche des Gangesstaats jederzeit zu einem neuen Einfall ausnutzen konnte. Endlich wurden die mächtigsten der Vasallen, die Maukharis bei Kanauj, die mit Yasodharman den Ruhm als »Besieger der Hunnen« teilten, praktisch selbständig. So erlosch das Reich an seiner inneren Kraftlosigkeit. In Maghada wie in Malva haben Seitenlinien der Dynastie noch eine Zeitlang regiert, ohne politisch hervorzutreten. Sie vermehrten die Zahl der Kleinstaaten, die das Reichsgebiet wieder besetzten – ein Zustand, der die Vakatakas im Dekkhan einlud, sich zunächst des Hafens von Broach zu bemächtigen.

Die Guptas haben von ca. 320 bis in das 6. Jahrhundert hinein regiert, also rund 250 Jahre. Das entspricht genau der Lebensdauer, die Ibn Chaldun einer orientalischen Dynastie zumißt. Getragen wurde der Staat von dem Reichsgedanken, der im Gangestal Wurzeln geschlagen hatte; er galt als Erneuerung des Mauryareichs und seiner Tradition und dankte seine Anerkennung sicherlich zum guten Teil diesem Nimbus. Auch die Vorstellung, daß man das alte »aryavarta« noch einmal geeinigt habe, mag mitgewirkt haben, das Reich volkstümlich zu machen, da die arische Tradition noch fortlebte. Als erstes Reich in Nordindien beruhte es auf dem Hinduismus und besaß in dieser Religion eine geistige Basis. Gewiß waren die Guptaherrscher tolerant und haben alle abweichenden Sekten und Bekenntnisse geduldet, mitunter sogar gefördert. Sie wußten, daß auf indischem Boden keine Staatsgewalt ohne eine solche Großzügigkeit auf geistigem Gebiet Dauer verspricht – eine Erkenntnis, die die Moslems nur selten, die Briten sofort begriffen haben. Da die Gupta-Dynastie sich also mit der Mehrheit ihrer Bevölkerung einig wußte, entstand eine Bindung zwischen Herrscher und Volk, die früheren Kaisern oft gefehlt hatte. In diesem Sinne mag man die Behauptung wagen, daß sich damals in breiten Schichten ein Gemeinschaftsbewußtsein gebildet habe: der Keim eines Hindu-Nationalstaats.

Die Guptas sahen als ihre Hauptaufgabe an, den Frieden zu erhalten. Das wurde von der Masse der Bevölkerung unbewußt, von Priestern und der Kaufmannschaft sehr bewußt gewünscht und gebilligt. Die damalige Oberschicht war des kriegerischen Treibens müde, sie sehnte sich nach Ruhe und Sicherheit, um sich ihrer wirtschaftlichen Tätigkeit, ihren kulturellen Bestrebungen und dem Genuß des Erreichten hinzugeben. Was man als goldene Blüte der Kultur bezeichnet, war die späte Reife einer über 1000jährigen Entwicklung, eine altersnahe Ära, die noch viel leistete, aber kaum neue, schöpferische Kräfte verriet.

Daher war es politische Weisheit, wenn die Guptas sich in territorialer Beziehung auf das alte Reichsgebiet beschränkten. Auch Samudragupta hat bei seinem vielgepriesenen Zug nach dem Süden auf Annexionen von vornherein verzichtet und alle Machthaber, die sich ihm ergaben, sofort wieder in Freiheit gesetzt*. Man sollte ihn daher nicht mit Napoleon vergleichen.

Auffallend ist die geringe Betätigung der Guptas auf internationalem Gebiet, obwohl gerade sie – anscheinend als erste – den Posten eines besonderen Außenministers geschaffen haben (mit dem Titel »Sandhivigrahika«, wörtlich: Minister für Frieden und Krieg).

Während im damaligen Indien vielerorts ein enger Verkehr mit dem Ausland herrschte, der allerdings im Norden hauptsächlich von buddhistischen Geistlichen und im Süden von Kaufleuten getragen wurde, hören wir nichts von Gesandtschaften, die das Guptareich ausgeschickt oder empfangen hätte. Die einzige überlieferte Ausnahme bezieht sich auf Ceylon, von wo der König Meghavarman (352–379) zwei buddhistische Mönche nach Bodh-Gaya sandte, die den Kaiser Samudragupta um die Genehmigung baten, dort ein Rasthaus für Pilger zu errichten. Kontakte mit Ceylon bestanden also durchaus, aber man scheint kaum auf den naheliegenden Gedanken gekommen zu sein, durch eine politische Freundschaft mit Ceylon den Feldzug gegen die südindischen Staaten wirksamer vorzubereiten, mit denen Ceylon meist in Streit lag. Was vor allem überrascht, ist das Fehlen jeder Nachricht über die Pflege diplomatischer Beziehungen zu dem großen Nachbarreich im Iran. Seine ständige Belastung durch den Kampf mit Rom hätte vielleicht die Möglichkeit geboten, im Industal einiges von dem zurückzugewinnen, was die Perser besetzt hielten, oder aber mit ihnen eine gemeinsame Bekämpfung der zwischen beiden liegenden Reststaaten der Sakas und Kushan zu verabreden. Später haben die Guptas Nutzen daraus gezogen, daß die Perser die sogenannten »Hunnen« vernichteten; aber eine gemeinsame Aktion beider Mächte hätte dieses Ziel wahrscheinlich früher erreicht und Nordindien manche Not erspart.

* Sehr zutreffend bemerkt die »Advanced History of India«: »He made no attempt to incorporate kingdoms south of the Narbada.«

Der Dekkhanherrscher Pulakesin hat den Weg zum Iran schon vor seiner Thronbesteigung gefunden.

Ein Reich von der politischen Bedeutung der Guptas hätte sich auch um die Vorgänge in Zentralasien kümmern sollen. Gerade in ihrer Zeit erreichte der Austausch von buddhistischen Missionen mit China seinen ersten Höhepunkt. Zahlreich waren die indischen Träger dieser Lehre, die damals nach China gingen: aus den Oasenstädten, aus Kaschmir und aus Nepal. Kumarayana, Buddhayana und Gunavarman sind nur einige der bekanntesten Namen. Noch größer war die Zahl der chinesischen Mönche, die in ganzen Gruppen die heiligen Stätten in Indien besuchten. Der bekannteste von ihnen, Fa Hien, hat drei Jahre in Pataliputra gelebt. Die Guptas hätten sich in dieser Zeit der Oasenstädte annehmen sollen, wie Ashoka es tat, zumal damals (um 383) Kuchi, eines ihrer Zentren, von den Chinesen belagert und eingenommen wurde. Auch wäre es für Indien nützlich gewesen, wenn die damals beginnende Bekehrung der Turkvölker zum Buddhismus von den Guptas unterstützt worden wäre. Man hätte ihrer Bekehrung zum Islam vorbeugen können, was ihre spätere Eroberung Nordindiens vielleicht nicht verhindert, aber doch wesentlich modifiziert hätte. Denn wenn die Turkvölker als Buddhisten nach Indien gekommen wären, also mit einer indischen Religion, hätten sie sich leichter assimiliert als der islamische Fanatismus es erlaubte.

Auch mit Rom, wo die Guptazeit mit der Herrschaft der Kaiser Constantin bis Theodosius zusammenfiel, hat das Guptareich anscheinend keinen Kontakt gehabt – im Gegensatz zu den tamilischen Staaten. Im ganzen trägt also die Politik der Guptas einen binnenländisch beschränkten Charakter. Sie befaßte sich mit politischen Fragen nur, insoweit sie unmittelbar an sie herantraten, ohne ihre Blicke weiter hinaus in die Welt zu richten. Darin unterscheidet sie sich von den weltweiten Kontakten der Mauryas, vor allem Ashokas. Allerdings beruhten diese sehr wesentlich auf der Universalreligion des Buddhismus – woran Ashoka ganz bewußt auch seine diplomatischen Beziehungen anzuknüpfen suchte. Der hinduistische Großstaat am Ganges – der erste seiner Art in der Geschichte des Subkontinents – hat weder zu dem damals christlich werdenden Römischen Reich noch zu dem buddhistisch werdenden Kaiserreich China noch zum Sassanidenreich mit seiner altpersischen Zarathustrareligion wirkliche Kontakte gehabt –

ein bedenkliches Vorzeichen für die beginnende Abschließung Nordindiens von der Außenwelt. Ganz anders dachten und handelten die jungen Staaten im Dekkhan und im Süden.

Kapitel 9

Wirtschaft des Gangesreichs

Eine politische Betrachtung der Wirtschaft des Gangesreichs kann das frühe reine Agrarstadium beiseite lassen. Von Bedeutung ist hautpsächlich, wie sich aus der anfangs kollektiven Dorfgemeinschaft Privateigentum auch der Bauern entwickelte, wie dann die Dorfgemeinde entstand, die sich selbst verwaltete, ja nach außen hin abschloß. Das »Panchayat«, das nach der Legende seit Urzeiten bestanden haben soll, dürfte sich erst mit wirtschaftlicher Reife der Dörfer entwickelt haben, vielleicht zuerst auf den Dörfern, die dem Königtum ihre Entstehung dankten (»sita-Land«). In ähnlicher Weise wie die Könige roden ließen, um neue anbaufähige Flächen zu schaffen, taten es auch Brahmanen und buddhistische Klöster, die dadurch in den Genuß von Landabgaben gelangten. Wenn durch solche Rodungen große Teile der Wälder verschwanden, kam dies auch der allgemeinen Sicherheit zugute, da die räuberischen Elemente ihre Verstecke gerade in den Wäldern fanden. Noch von Samudragupta wird berichtet, daß er schwierige Kämpfe mit solchen »Waldvölkern« gehabt habe. Unter den Guptas dürfte die ganze Gangesebene angebaut gewesen und damit zu einem der größten Gebiete landwirtschaftlicher Produkte auf der Erde geworden sein. Gleichzeitig schnellte die Bevölkerung rasch empor. Wenn die Historiker die Gesamtbevölkerung des Subkontinents unter *Akbar* auf 100 Millionen beziffern, wird sie zur Gupta-Zeit sicherlich schon 50 Millionen betragen haben. Doch wird nie von Hungersnöten berichtet. Selbst in trockenen Jahren scheint man damals die Ernährung bewältigt zu haben, zumal Bewässerung allgemein bekannt war, sowohl auf staatlicher wie genossenschaftlicher Ebene.

Sicher hat das nordindische Dorf in der Gupta-Zeit eine

noch nie erlebte Blüte erreicht. Jedenfalls hat es die Versorgung der Städte durchgeführt. Die Viehzucht trat neben dem wachsenden Ackerbau anscheinend zurück, blieb aber unverändert ein wesentlicher Posten wegen der Milch, die ein Hauptnahrungsmittel bildete, und wegen des gewaltigen Bedarfs an Rindvieh für die großen Opfer. Der Widerstand der kleinen Landwirte dagegen – zumal ihnen die Opfertiere oft ohne Entschädigung fortgenommen wurden – ließ sie zu Anhängern der von Ashoka verkündeten »Ahimsa« werden. Leider hatte der Kaiser gerade Kühe vom Tötungsverbot ausgenommen* – vielleicht eine letzte Konzession an den vedisch empfindenden Adel.

Aber der allgemeine Wunsch, auch die Kühe zu schützen, ließ den Gedanken, die Kuh als »heilig« zu erklären, rasch volkstümlich werden, so daß ihn später die Brahmanen in die neue Form des Hinduismus aufnehmen mußten.

Das Handwerk hat sich in Indien sehr früh über den örtlichen Bedarf hinaus entwickelt, so daß es schon zur Zeit des frühen Magadha-Staates Überschüsse an den Handel abzugeben vermochte. In Zünften organisiert, deren Mitgliedschaft bald erblich wurde – wie im europäischen Mittelalter –, gehörten die Meister und Gesellen zwar niedrigen Kasten an, durften sich aber rühmen, vom Herrscher begünstigt zu werden. Besonders waren es Textil- und Metallwaren, die auf den Markt kamen. Benares dankt seinen Ruf als einem der ersten Gewerbezentren der Erzeugung von Stoffen, die dort mit einer besonderen orangebraunen Farbe gefärbt wurden und als Gewänder der zahlreichen buddhistischen Mönche dienten. Der Staat erkannte bald die wirtschaftliche Bedeutung des Gewerbes und ist früh als Unternehmer aufgetreten, wobei er seine Aufträge offenbar an die häuslichen Betriebe vergab**. In der Gupta-Zeit erreichte diese Manufakturindustrie bereits einen solchen Umfang, daß sie als einer der wichtigsten Faktoren des Binnen- wie Außenhandels galt. Bearbeitung anderer Rohstoffe wie Holz, Elfenbein usw. folgten.

Die politisch wichtigste Sparte war natürlich der Bergbau, der anfangs von Abenteurern, später systematisch vom Staate betrieben wurde. Die ganze Expansion nach Osten zielte zum

* D. D. Kosambi a a O Seite 162
** D. D. Kosambi a a O Seite 152/3 (vgl. S. 54)

großen Teil auf die Erzvorkommen – sowohl die des Kupfers bei Singhum wie des Eisens in den Barabas-Bergen und im Süden Bihars. Die Entstehung des Magadha-Reiches und sein Aufstieg zu einer militärischen Großmacht ist ohne diesen Bergbau, der eigene Herstellung von Waffen ermöglichte, nicht denkbar. Die Erschöpfung der damals bekannten Kupferminen, die – zur Zeit Ashokas – unter Wasser gerieten, war einer der Rückschläge wirtschaftlicher Art, die sich auf den Export empfindlich auswirkten, da die Produktion an Kupfer den Bedarf so weit überstiegen hatte, daß man es in beträchtlichen Mengen, meist über Tamluk, hatte ausführen können. Noch bedenklicher war die Erschöpfung der Eisenerzvorkommen. Es ist durchaus möglich, daß Ashokas Eroberung von Orissa mit der Erwartung zusammenhing, dort neues Eisenerz zu finden. Desgleichen galten die kühnen Züge, die einzelne Abenteurer tief in den Dekkhan hinein unternahmen, sicherlich der Gewinnung von Eisenerz sowie von Gold.

Die Edelmetalle spielten eine Rolle sowohl für den Luxus wie für die Prägung von Münzen. Der reiche Strom von Gold, der aus der aktiven Handelsbilanz mit Rom bis in das zweite Jahrhundert n. Chr. nach Indien floß, dürfte den Bedarf an diesem Metall weitgehend gedeckt haben, wenngleich er überwiegend dem tamilischen Süden zugute kam. Der Rückgang der Ausfuhr nach Rom, der diesen Zufluß erst verminderte und dann beendete, wurde eine der Ursachen, die die Währungspolitik der Guptas so ernstlich beeinträchtigt hat. Silber konnte aus Assam geholt werden, und die territoriale Erweiterung des kaiserlichen Machtbereiches dorthin hängt sicherlich damit zusammen.

Der Handel war schon am Anfang des Magadha-Reiches eine der wichtigsten steuerlichen Einnahmequellen des Staates und wurde von ihm sowohl gefördert wie reglementiert. Begonnen in dem Zeitpunkt, wo der primitive Ackerbau Überschüsse abwarf, fügte er den landwirtschaftlichen Produkten bald andere Waren hinzu, wie Salz, Erze, Metalle, Sandelholz, Bambus; dann eine wachsende Zahl gewerblicher Erzeugnisse, wie Textilien, endlich Edelsteine, Perlen, Elfenbein und dergleichen. Der Binnenhandel war durchaus nicht auf Luxuswaren beschränkt und konnte daher auch Jahre schlechter Konjunktur ertragen. Träger des Handels dürften anfangs die Nachfahren der Harappa-Zeit gewesen sein, die ja das Gangestal gekannt haben. Bis Rupar sind ihre Niederlassungen schon nachgewiesen. Für die Annahme, daß sie die Lehrmeister auf dem Gebiet des Handels gewesen sind, spricht die Tatsache, daß die kommerziellen Gewichte von ihnen übernommen wurden, sowie die sehr glaubhafte Annahme, daß auch die früheste Schrift Nordindiens, das Brahmi, sich aus der Harappa-Schrift entwickelt habe.

Dieser zwar gefährliche, aber doch lohnende Beruf lockte bald andere Schichten, sowohl die bürgerlichen Aryas (die Vaishya-Kaste) wie sicherlich auch die Einheimischen. Schon der Rig-Veda kennt einen frommen Arya, der Gottes Segen für einen bevorstehenden Geschäftsabschluß erfleht (III 18. 3). Reiche Kaufleute (shreshthins) erscheinen in den überlieferten Schriften. Die Kaufleute pflegten sich, ähnlich wie die Handwerker, zu korporativen Gilden zusammenzuschließen, vor allem für die Transporte auf den recht unsicheren Straßen. Allerdings erhielten ihre Karawanen militärische Eskorten, und die örtlichen Behörden wurden für Schäden haftbar gemacht, die dem Kaufmann in ihrem Gebiet zustießen. Aber solange es zwischen den zivilisierten Landesteilen immer noch genug Urwälder mit Räuberbanden gab, blieb das Risiko groß. Ebenso belastend wirkten die Zollschranken örtlicher Machthaber (genau wie bei uns im Mittelalter). Im 5. Jahrhundert v. Chr. hat ein solcher Streit politische Bedeutung erlangt: nahe der Hauptstadt von Magadha, Pataliputra, erhob am Ganges nicht nur der Staat Kosala Zölle, sondern dicht unterhalb auch der der Licchavis, wodurch die Herrscher von Magadha erhebliche Einbußen in »ihrem« Handel erlitten. Sicherlich hat der Krieg, den Magadha gegen diese beiden Nachbarstaaten führte, auch mit diesem Fall von »Doppelverzollung« zu tun gehabt.

Die Handelsstraßen sind uralt. Sie gehen schon auf die Zeit vor Buddha zurück. Die *nördliche* Straße, die Pataliputra mit dem Nordwesten Indiens verband (heute die »Grand Trunk Road« genannt), lief am Abhang des Himalaja entlang. Aber man begann auch den Ganges zu benutzen, was den Vorteil hatte, daß die Warenladungen in Booten über den Binnenhafen von Champa (Bhagalpur) bis zum Seehafen von Tamralipti (Tamluk) verschifft werden konnten. Die *südliche* Straße, die im Kosala-Land bei Srasvati (Savatthi, Saheth-Maheth) abzweigte, ging nach Ujjain, wo sie die von den westlichen Häfen (Broach) heraufkommende traf, überschritt bei Maheshwar die Narbada und gabelte sich bei Maski, dem Zentrum der Megalith-Kultur, in die Wege zu den verschiedenen tamilischen Häfen an der Ost- und Westküste. Ashoka soll als erster planmäßig für die Verbesserung dieser Straßen gesorgt haben. Sie waren so mangelhaft, daß schon die Unebenheit der Fahrbahnen Unfälle genug verursachte. Wo sie einigermaßen im Stande waren, ging der Transport in Karren, die von Ochsen gezogen wurden; bei schwierigeren griff man zu Packtieren, ja selbst zu Trägern, wie es bis in unsere Zeit noch im Warenverkehr mit Nepal üblich war. Die Eroberung des Avanti-Staates durch Magadha hat eindeutig dem Ziel gegolten, direkten Zugang zu den Häfen bei Broach zu gewinnen, obwohl dort anscheinend der örtliche Schiffahrtsverkehr und seine Abfertigung noch sehr lange in der Hand »fremder« Kaufleute gelegen haben, also wahrscheinlich solcher des Harappa-Volkes, die ihre Geheimnisse des überseeischen Handelsverkehrs nicht ohne weiteres preisgaben. Der Staat ist als Eigenhändler nicht aufgetreten; wohl aber hat er die Kaufmannschaft genau kontrolliert, sowohl im Interesse der Käufer wie in dem seiner steuerlichen Einnahmen. Trotz aller dieser Hemmnisse ist aus dem Handel ein wohlhabender Kaufmannsstand erwachsen, der schon zur Zeit des Buddha sehr reiche Mitglieder umfaßte. Als ein Gönner des Buddha diesem den heiligen Hain bei Benares stiftete, erwarb er ihn käuflich, indem er seine Grundfläche mit Geldstücken belegte – ein Zeichen für staatliche Kapitalbildung in seiner Hand wie für die Flüssigkeit seiner Kasse. Ebenso lassen einen solchen Reichtum die großen Stiftungen erkennen, die fromme Kaufleute an Tempel und Klöster gaben, wie dies z. B. in Karlē aus den Inschriften ersichtlich ist. Seit der Maurya-Zeit besaß Nordindien also ein Großbürgertum, das seinen Wohlstand aus Handel und Großmanufaktur gewonnen hatte und das nicht nur ein höheres soziales Ansehen, sondern auch Mitsprache in politischen Dingen beanspruchte. So ist das Ganges-Reich schon zu Zeiten Ashokas in das Stadium des Frühkapitalismus getreten, das Deutschland etwa im fünfzehnten und sechzehnten Jahrhundert (z. B. in den Fuggern) erlebt hat.

Für den Handel mit überseeischen Gebieten vgl. Kapitel 17.

Diese vielfältige wirtschaftliche Betätigung führte zur Geldwirtschaft. Die früheste Verwendung von geprägten Münzen als Zahlungsmittel wird in das fünfte Jahrhundert v. Chr. gelegt, also in die Zeit der machtpolitischen Konsolidierung des Magadha-Reiches. Seitdem haben alle Monarchen Münzen geprägt, sowohl aus Gold und Silber wie Scheidemünzen aus Kupfer und sogar Zinn. Daß die Münzen anerkannter Großreiche, deren Metallgehalt Vertrauen erweckte, überall auch außerhalb ihres Hoheitsgebietes umliefen – wie später das englische Pfund –, ist verständlich und sollte nicht als Beleg dafür genommen werden, daß solche Fundstätten nun zum Hoheitsgebiet des Münzprägers gehört hätten. Es ist sogar vorstellbar, daß römische Goldmünzen als Zahlungsmittel durch das Land gewandert sind. Denn ein Wechselkurs konnte von gescheiten Kaufleuten ohne weiteres vereinbart werden. Ähnliches hat Europa in der Zeit seiner beginnenden Geldwirtschaft später auch erlebt.

Schwierigkeiten entstanden, wenn aus irgendwelchen Ursachen Knappheit an Edelmetallen eintrat. Der alte Kautilya half sich, indem er aus einer Masse Silber achtmal mehr Münzen schlagen ließ als zulässig gewesen wäre (wie Friedrich der Große im Siebenjährigen Krieg). In Kaschmir wurden religiöse Statuen aus Edelmetall von einem sonst sehr frommen Herrscher eingeschmolzen und Anfertigung neuer Statuen aus Gold und Silber verboten. So mögen die Währungsverhältnisse schon damals den Kaufleuten manche Sorge bereitet haben.

Am heikelsten aber stand es mit der *Finanzierung* einer so stark expansiven Wirtschaft. Gewiß hatten die Shroffs – die Wechselhändler – schon seit Buddhas Zeiten ganz Indien mit einem Netz überzogen, das Zahlungen von einem Ort zum anderen ermöglichte. Sie mögen auch als Banken gewirkt haben, aber nur mit sehr beschränkten Mitteln. Vielfach haben auch die buddhistischen Klöster eingegriffen, die sich dem Handel in mannigfacher Weise zur Verfügung stellten. Die Beziehungen zwischen Mönchen und Kaufleuten waren sehr alt. Da die Mönche – außer in der Regenzeit – nicht mehr als drei Nächte an einem Platz bleiben durften, schlossen sie sich auf ihrer Wanderschaft gern den Karawanen der Kaufleute an, so daß zwischen beiden ein enges persönliches Verhältnis entstand. Die Kaufleute benutzten die Klöster als Raststätten, zumal diese meist an den Handelsstraßen lagen – wie heute noch bei den Höhlenklöstern von Maharashtra jedes an einer alten Handelsstraße liegt. Die Klosterzellen, die weder Licht noch Lüftung haben, deutet Kausambi als solche, die als Lagerräume für wertvolle Waren oder für Gold und Münzen gedient haben – so daß die Klöster damals die Aufgabe der »Banksafes« erfüllten. Die Hindu-Tempel, die überhaupt erst in der nachchristlichen Zeit entstanden (der echte »Arya« wollte unter freiem Himmel Kult treiben), mögen ähnliches unternommen haben. Sicherlich sind auch sie durch Spenden reich geworden, sicherlich haben auch sie oft als sicherer Platz für den Umsatz von Waren gedient und mögen daher auch als finanzierende Bankiers mitgewirkt haben. Aber bei ihnen ist es minder gut belegt als bei den Buddhisten; auch haben sie die empfangenen Gaben in Form von Edelmetallen oder daraus verarbeiteten Gegenständen allzuoft nur gehortet, ohne sie der Wirtschaft wieder nutzbar zu machen. Die Plünderung dieser Tempel, wie sie beispielsweise der räuberische Mahmud von Ghazni systematisch durchführte, hat also die Wirtschaft nicht getroffen, da sie von diesen Schätzen ohnehin keinen Nutzen hatte. Als später dann der Buddhismus zurückging, wird der Handel durch den Ausfall dieser Finanzierungsmöglichkeiten empfindlich gelitten haben. Denn der Staat griff nicht ein, und ein wirkliches Bankwesen hat sich in dieser frühen Zeit des Kapitalismus noch nicht entwickelt. Dies mag einer der Gründe für die Rezession der Wirtschaft sein, die gegen Ende der Gupta-Zeit begann.

Sie äußerte sich in der Entwicklung der Städte. Zunächst waren sie dadurch aufgeblüht, daß die Herrscher in ihnen Residenz nahmen. Der Palast in Pataliputra war zwar aus Holz, aber reich mit Gold und Malereien ausgestattet. Dort befanden sich auch Bildungsanstalten, die als Keime von Universitäten gelten können. Die Berichte des Chinesen Fa Hien lassen erkennen, wie tief beeindruckt von dem Glanz, der Weitläufigkeit und der Sauberkeit der indischen Städte er gewesen ist. Nach dem Hof zog das wohlhabende Bürgertum in die Stadt. Von dem Luxus seines Lebens künden höchst anschaulich alte Schriften, wie das Kamasutra. Die Stadt zog einen wachsenden Teil des Sozialprodukts an sich. Wenn nun die Monarchie politisch geschwächt wurde, oder wenn aus wirtschaftlichen Gründen der Reichtum der Händlerschicht zurückging, sank der Konsum und damit die Aufnahmefähigkeit der Stadt für die Überschüsse des Landes. Eine solche

Krise entstand gegen Ende des Gupta-Reichs. Bewohnerzahl und Wohlstand der meisten Städte gingen zurück. Pataliputra soll damals auf die Stufe einer bescheidenen Mittelstadt gesunken sein, um später zu einer verlassenen Ruinenstadt zu werden. Dem entsprach es, daß die *»späten«* Guptas ihre Hauptstadt mehrfach verlegten (nach Ayodhya, Bilsa und Ujjain). Der Glanz der alten Städte erlosch mit dem Gupta-Reich.

Diese Wirtschaftskrise ist nicht allein auf die Einfälle der Hunnen, Kidara-Kushan und anderer Völkerschaften zurückzuführen, die im fünften und sechsten Jahrhundert das Gangestal heimsuchten, wenngleich sie zu ihr beigetragen haben. Denn bei der Größe des Staatsgebietes hätte man selbst solche Aderlässe verkraften können. Sie müssen mit allgemeinen Tendenzen der wirtschaftlichen Entwicklung zusammengetroffen sein. Eine Ursache könnte die Verknappung der Edelmetalle und das dadurch verursachte Sinken der Währung bilden; dann das Fehlen großer Finanzierungsinstitute, die geeignet gewesen wären, den notleidenden Unternehmern über die Krise hinwegzuhelfen; ferner der Wandel im Charakter der Städter. Was sich in den Städten der Gupta-Zeit abspielte, war »Dekadenz«, war eine Überreife sorgloser Menschen, die mit der Wirklichkeit der sie umgebenden Welt die Fühlung verloren; und die bäuerliche Bevölkerung mag mit steigender Verachtung auf diese Menschen geblickt haben, die sich nur einem überfeinerten, genießerischen Leben hingaben. Ihnen mag die Reichshauptstadt so verwerflich erschienen sein wie die jungen Christen im kaiserlichen Rom die große Hure schlechthin sahen.

Vergleicht man diese Zeit mit der entsprechenden in Europa, d. h. mit dem vierzehnten und fünfzehnten Jahrhundert, als ebenfalls ein junger Kapitalismus aufzublühen begann und sich den gleichen Schwierigkeiten gegenübersah, die das Gupta-Reich durchmachte, so fällt der Unterschied deutlich ins Auge: Jene auch für den europäischen Frühkapitalismus kritische Zeit fiel zusammen mit dem Beginn der überseeischen »Entdeckungen« und der Möglichkeit, die angesammelten Schätze Asiens und Amerikas (Mittel- wie Südamerika) zu plündern und mit ihnen die schwache Finanzierungsbasis Europas zu stärken. Zwar hat Indien damals eine ähnliche Möglichkeit gehabt in seiner gewaltigen Expansion nach Südostasien in die Länder, die auch ihm als das »Goldland« erschienen – wie das Dorado den Spaniern. Aber entweder haben sie dort keine Schätze gefunden, die sich bequem zum Abtransport eigneten, wie die der Inkas oder das Silber Boliviens, oder sie haben sich ihrer nicht mit jener Rücksichtslosigkeit bemächtigt wie die Europäer. Auch kamen die einkommenden Gewinne dem Gangestal nur zum Teil, meist aber dem tamilischen Süden zugute. Jedenfalls hat das Gangestal keinen Zustrom von »kolonialen« Mitteln erhalten, der die Geld- und Kapitalkrise hätte beheben können. Das mag wohl der tiefste Grund für die Rezession gewesen sein, die Nordindien ergriff, obwohl wir nicht genug Material besitzen, um eine solche Annahme mit Sicherheit zu belegen.

Kapitel 10

Das Gangesreich von Kanauj (606 – ca. 1000)

Dem Ende des Gupta-Reiches folgte wieder ein Interregnum und diesem eine Erneuerung des Gangesreiches mit der Hauptstadt Kanauj (um 600). Dieses Reich hat dann bis zum Jahre 1000 n. Chr. bestanden. Es unterschied sich von den früheren Reichsbildungen im Gangestal in zweifacher Hinsicht:

Das Maurya-Reich war zu seiner Zeit der *einzige* Großstaat auf dem Subkontinent. Auch das Gupta-Reich hatte neben sich erst die Ansätze des Dekkhan-Reiches gehabt, das zwar unter den Satavahanas und Vakatakas schon eine bedeutende Macht darstellte, aber an politischer Stärke dem Staate der Guptas noch nicht ebenbürtig war. Dagegen hatte das Reich von Kanauj von Anfang an mit dem Bestehen von mindestens zwei Großmächten als ebenbürtigen Nachbarn zu rechnen: nämlich mit dem Dekkhan-Reich, das unter den Chalukyas dem Gangesreich schon überlegen war, und mit dem neu entstandenen Machtfaktor im Osten, dem rasch anwachsenden Bengalen. Auch abgesehen von den in Südindien entstandenen Großstaaten, deren politischer Aktionsradius das Gangestal noch nicht berührte, sah sich also das neue Reich an seiner Ost- wie Südgrenze von gleich mächtigen Staaten umgeben und daher bedroht. Es war ähnlich wie in Mitteleuropa: Anfangs war das alte Deutsche Reich noch der einzige großräumige Staat, neben dem die Nachbarn klein erschienen, und das somit der Kaiserkrone noch einen politisch realen Inhalt gab, während seine Erneuerung nach dem Interregnum mindestens schon mit einem annähernd ebenbürtigen Frankreich rechnen mußte, dessen Existenz allein die Monopolstellung des Kaisers fragwürdig machte. So war das Reich von Kanauj *ein* Großstaat unter mehreren, und dem hatte seine Politik Rechnung zu tragen; es mußte sich von vornherein auf den früheren Raum des Gangesreichs beschränken.

Der andere Unterschied lag darin, daß es von *Westen* her gegründet wurde. Die früheren Reiche im Gangestal waren im Osten entstanden. Diesmal ging der Impuls von einem Fürsten aus, der an der Westgrenze die neuen Bedrohungen erlebte: Einfälle der Hephtaliten und dann der Araber weckten hier den Willen zum Widerstand. Diese Zusammenfassung der Kräfte vollzog sich in einem Gebiet, das von der hochgezüchteten Wirtschaft der Gupta-Zeit weniger berührt worden war und daher auch unter der großen Rezession weniger litt als die östlichen Reichsteile, die nach dem Niederbruch des Frühkapitalismus und seiner Geldwirtschaft wieder zur Naturalwirtschaft zurückkehrten. Die Verödung vieler Großstädte, deren Lebensgrundlage versank, erklärt auch, daß die neue Reichsgründung von einer bis dahin kaum bekannten Stadt, Kanya Kubja, ausging, die unter dem Namen *Kanauj* nun zur neuen Kaiserstadt wurde. Sie lag weiter westlich als das alte Pataliputra – was beim historischen Betrachter den Eindruck erweckt, als ob sich der Schwerpunkt des neuen Reiches nochmals in das ursprüngliche »aryavarta« verschoben hätte, obwohl die Menschen und Taten der »Heldenzeit« einer sehr fernen Vergangenheit angehörten.

So gab es nun drei Zentren indischer Machtpolitik: neben dem neuen Reich den starken Staat im Dekkhan und die aufsteigende Großmacht Bengalen.

Anfangs waren die Maukharis nur kleine Grenzfürsten, die von den Guptas hierher an die Wetterecke der Enge von Karnal verpflanzt worden waren. Aber schon im Abwehrkampf gegen die Hephtaliten entwickelten sie sich zu einem kriegstüchtigen Geschlecht, das ein ihnen ethisch verwandtes, die Pushpabhutis, noch weiter nach Westen vorschob – mit Sitz in Thanesvar –, aus dem dann der erste große Kaiser des neuen Regimes, *Harsha*, hervorgehen sollte.

Der bedeutendste Maukhari, Isana-Varman (550 bis 576), besaß bereits eine solche Macht, daß er als westlichster Brennpunkt einer Ellipse, deren Mitte schon ein politisches Vakuum bildete, von dem Herrscher Bengalens, dem östlichen Brennpunkt, als Rivale empfunden wurde. Ähnlich dachten auch die »späten« Guptas, die im Zwischengebiet von dem Glanz ihrer Vorfahren zehrten. Beide wandten sich gegen die Maukharis, die von einem solchen Sturm überwältigt wurden. Dabei wurde die Gattin ihres Herrschers (eine Tochter der Pushpabhutis) schimpflich behandelt, und als ihr Rächer trat ihr sechzehnjähriger Bruder, Harsha, auf, der mit erstaunlicher Kühnheit den Vergeltungskrieg gegen Bengalen aufnahm und dabei das Gebiet beider Familien vereinigte und erweiterte. Umgeben von Bengalen, dem Dekkhan-Reich und im Norden von dem damals entstehenden Militärstaat in Tibet, kämpfte er sich nach allen Seiten durch, wobei er – anders als die Guptas! – jenseits des feindlichen Ringes Bundesgenossen suchte: in China, wohin er als erster Fürst Nordindiens eine Gesandtschaft schickte, und in Kaschmir, mit dem sein Nachfolger sogar ein Bündnis schloß. Dabei zeigte Harsha als Sieger stets eine kluge Mäßigung. Er beließ dem besiegten Bengalen Sasanka sein Land, ebenso den Valabhis, als diese aus Shaurashtra nach Malva eindrangen und er sie erfolgreich zurücktrieb. Als er dann auf sein wichtigstes Ziel losging, auf die Häfen am Golf von Kambay, trat ihm Pulakesin II. entgegen, der diese als seine Interessensphäre ansah. Man kam indessen zu einer Verständigung, bei der der Dekkhan-Herrscher die südlichen Häfen behielt (das spätere Lata) und Harsha sich mit Broach begnügte. Indem damit beide die Narbada als Grenze ihrer Machtsphären anerkannten, entstand eine friedliche Koexistenz, die während Harshas Regierungszeit (606 bis 647) anhielt.

Damit hatte Harsha das Gupta-Reich im wesentlichen wieder zusammengefügt und wandte sich dem Wiederaufbau seiner Wirtschaft zu. Da er aber weder einen Thronerben hinterließ noch Vorkehrungen für seine Nachfolge traf, entstand nach seinem Tode ein neues Interregnum, das die Nachbarn ausnutzten. Erst nach 690 erschien ein Nachfolger, der General Yaso-varman (690 bis 740), angeblich aus dem Hause der Maukhari, der das Reich wieder zusammenfügte. Gegen einen schweren Einfall von Nordwesten (der Parasikas) schloß er ein Bündnis mit Kaschmir. Aber dieser Bundesgenosse wandte sich plötzlich gegen ihn und brachte ihm eine schwere Niederlage bei, die ihn das Leben kostete. Sein Erbe übernahmen einige Generale aus dem »Bandi-Klan« (wohl Nachfahren eines verdienten Generals dieses Namens aus Harshas Zeit). Sie wurden bedroht von einer abermaligen Invasion aus Bengalen. Als Retter erschien ein Rajput, Nagabhatta, aus dem Hause der Pratiharas, dessen Klan sich rühmte, die Araber 738 bei Navsari zurückgeschlagen zu haben. Mit ihm übernahm zum ersten Male ein Rajput die Aufgabe, das Reich zu erhalten – ob aus Ruhmsucht oder im Bewußtsein einer geschichtlichen Mission wissen wir nicht.

Zunächst geriet er in einen gefährlichen Zweifrontenkrieg gegen Bengalen und gegen das Dekkhan-Reich. Viermal ist im Zeitraum von 740 bis 816 die Reichshauptstadt Kanauj in Feindeshand gefallen; viermal sind die legitimen Herrscher dort gewaltsam entthront oder vertrieben worden. Daß sie sich trotzdem durchsetzten, dankten sie der seltenen Schicksalsfügung, daß die Dynastie hintereinander vier bedeutende und tatkräftige Herrscher hervorbrachte: Vatsaraja (etwa 778 bis 800) – Nagabhatta II. (805 bis 833) – Mihira Bhoja, den größten unter ihnen (836 bis 885), und Mahendrapala I. (885 bis 908). Trotz schwerster Rückschläge haben sie immer wieder das Reich zusammengefügt und eine Zentralgewalt erneuert, die bis in das zehnte Jahrhundert bestanden hat.

Außenpolitik des Reichs von Kanauj

Die Hauptaufgabe jedes Reichs, sein Schutz nach außen, wurde den Machthabern von Kanauj nach Westen hin durch die Weltlage erleichtert. Das Römische Reich erlosch unter den Einfällen der germanischen Wandervölker, die ihrerseits keine Gefahr für Nordindien waren. Mohamed, der damals die Araber zu ihrer großen Expansion begeisterte, lenkte sie zunächst westwärts in den Vorderen Orient und nach Nordafrika, so daß die Küsten Indiens erst im achten Jahrhundert mit einer Nebenexpedition berührt wurden. Der Zusammenbruch des Sassanidenreichs unter dem arabischen Ansturm mußte dann allerdings allen politisch Denkenden zeigen, daß nunmehr auch Indien gefährdet wurde. Zunächst half der mutige und taktisch geschickte Widerstand, den das Byzantinische Reich gegen die Araber leistete, indem er die Hauptkräfte der Kalifen auf sich zog – ein Zusammenhang, der den Herrschern in Kanauj vielleicht nicht einmal bewußt geworden ist. Wohl aber mußte ihnen bekannt werden, daß China damals unter der Sui- und Tang-Dynastie erstarkte und, seinen imperialistischen Neigungen folgend, wieder nach Westen vordrang. Während der Regierung von Yaso-varman erschienen sie in Turkestan und trafen 751 zum erstenmal auf die von Westen her vordringenden Araber (in der Schlacht am Talas). Aber die chinesische Expansion wurde gehemmt durch das Erstarken Tibets, das seine ersten erfolgreichen Stöße gegen China richtete. Und die Turkvölker, die damals in Zentralasien erschienen, haben Indien erst bedroht, als das Reich von Kanauj ohnehin in seinen letzten Zügen lag. So blieb das Reich von Einfällen im Norden und Nordwesten verschont – immerhin für eine Zeitdauer wie vom ersten Erscheinen der Türken vor Wien bis in unsere Zeit. So brüchig das Gefüge des Reichs auch war, ist schon das nominelle Bestehen einer Reichsregierung für die Sicherheit des ganzen Subkontinents damals von großem Wert gewesen; und wie hoch das Prestige der Kaiser in Kanauj bewertet wurde, belegen arabische Urteile, die in ihnen ihren größten Gegner und in ihrer Militärmacht die stärkste in Mittelasien erblickten.

Das junge Dekkhanreich blickte naturgemäß voll Mißtrauen auf den nördlichen Nachbarn, von dem es sich mit Recht oder Unrecht bedroht fühlte und den es als Rivalen ansah im Streit um die Häfen am Golf von Kambay, deren Erträgnisse beide als Finanzquelle bitter benötigten. Die Guptas hatten mit weiser Zurückhaltung die Eigenständigkeit des jungen südlichen Nachbars respektiert und sich mit freundschaftlichen und ehelichen Verbindungen begnügt. Harsha hatte sich mit Pulakesin II. friedlich verständigt. Solange beide Staaten die Narbada als Grenze ihrer Macht anerkannnten, war ein friedliches Nebeneinanderleben möglich. Die Chalukyas haben diese Politik eingehalten – obwohl die Pratiharas ihre Militärmacht bedrohlich ausbauten. Die Rashtrakutas, die 753 das Dekkhan-Reich übernahmen, und deren kriegerischer Geist sie als Vorläufer der Marathen erscheinen läßt, waren minder bedächtig. Sie sahen im Norden zwei starke Mächte – das Reich von Kanauj und Bengalen – und mögen befürchtet haben, daß eins von ihnen, wenn nicht gar beide verbündet, einmal nach Süden vorbrechen könnten, zumal die Bengalen mit der Eroberung von Orissa dazu einen ersten Schritt taten. Umgekehrt konnte es die Dekkhan-Herrscher locken, im Bunde mit Bengalen dem Reich von Kanauj einen vernichtenden Stoß zu versetzen und damit die Existenz dieser Hegemonialmacht im Gangestal zu beseitigen. So entschlossen sie sich zu einer Kette von Präventivkriegen – seltsamerweise immer gegen die starken Kaiser*.

Trotz aller Verwüstungen, die sie anrichteten, enthielten sie sich doch territorialer Annexionen und strebten auch nicht nach der Kaiserkrone. So vermochte sich das oft schwer angeschlagene Reich immer wieder aufzuraffen, bis ihm der Dekkhan-Herrscher Krishna III. einen Todesstoß versetzte (963). Die Politik der Pratiharas hat merkwürdigerweise versäumt, den Zweifrontenkrieg, in dem sich das Dekkhan-Reich ständig befand, auszunutzen, indem es sich mit den tamilischen Großmächten, den Pallavas oder Cholas, verband; denn ein gleichzeitig von Nord und Süd gegen das Dekkhan-Reich vorgetragener Angriff hätte es vernichten können. Eine solche Bündnispolitik müßte ihnen vom alten Kautilya her bekannt gewesen sein, und Harsha hat seine Gesandten sogar nach China geschickt. Aber die Rajputen in Kanauj hatten anscheinend keinerlei politische Kontakte zu dem Süden des Subkontinents.

Bengalen

Unter seinem großen Herrscher Sasanka (610 bis 638) war Bengalen zum erstenmal eine Großmacht geworden, obwohl es damals nur den nördlichen Teil seines heutigen Umfangs umfaßte (*Gauda* genannt). Für das Reich von Kanauj lag hier insofern der bedrohlichste Gegner, als dieser Nachbar des alten Magadha auf den Gedanken kommen konnte, die kaiserliche Würde im Gangestal anzustreben. Aber ebenso wie sich Sasanka, nachdem er den letzten Maukhari umgebracht hatte, scheute, als sein Nachfolger aufzutreten, handelte später auch

* Govinda III. (um 800) gegen Vatsaraya — Krishna III. gegen Bhoja — Krishna III. gegen Mahapali (um 916).

Bengalens mächtigster Herrscher, Dharmapala. Ließ er sich auch in Kanauj auf einem großen Fürstentag wie ein »Herr der Welt« feiern – ähnlich wie Napoleon in Erfurt – unterließ er es doch, nach der Krone zu greifen und seine Residenz in die Kaiserstadt zu verlegen, da der Schutz seines eigenen Landes ihn nach Hause rief. Er begnügte sich damit, einen ihm genehmen Pratihara-Prinzen einzusetzen, den dann der kräftige Nagabhatta II. beseitigte und anschließend durch einen entscheidenden Sieg über Bengalen bei Moghyr diese Gefahr aus dem Wege räumte.

Kaschmir

Hatte sich das Reich also als stark genug erwiesen, seine Ostgrenze wirksam zu schützen, wirkt es um so überraschender, daß ihm vorher von einem bis dahin kaum beachteten Mittelstaat ein Schlag zugefügt werden konnte, der seine Entstehung beinah verhindert hätte. Der tatkräftige und ruhmsüchtige Herrscher von Kaschmir, Lalitaditya, der sein robustes Bergvolk militärisch erzogen hatte, griff das Ganges-Reich noch im Stadium seiner Entstehung um 740 an, schlug und tötete seinen damaligen Herrscher und begann dann eine »digvijaya« im alten, fast schon romantisch gewordenen Stil, indem er triumphierend durch den Dekkhan und das westliche Indien zog. Natürlich brachte der Zug ihm außer klingender Münze keinen politischen Gewinn: weder vernichtete er das Reich von Kanauj, noch fand er im Dekkhan dauerhafte Freundschaft, noch gewann er für seinen eigenen Staat eine Gebietsvergrößerung außer einigen Grenzbezirken. Er erinnert an Karl XII. von Schweden, der gleichfalls, aus dem hohen Norden hervorbrechend, russische, deutsche und skandinavische Gebiete besetzte, aber seinem Lande nicht einmal die Erstattung von Kriegskosten heimzubringen vermochte. Bezeichnend, daß der Kashmiri seinen triumphalen Zug abbrechen mußte, weil die Tibeter in sein Land einfielen und das heute wieder hart umstrittene Ladakh besetzten. Im Abwehrkampf gegen sie hat er den Tod gefunden (747), womit Kaschmirs kurze Großmachtrolle endete.

Tibet

Der Aufstieg Tibets zu einer Militärmacht bildet ein Gegenstück zu dem Kaschmirs. Dieses jugendliche Volk, dessen bedeutender Herrscher Srong-tsan Gampo (etwa 629 bis 650) die überschäumende Kraft seiner in hartem Klima zur Härte erzogenen Nomaden zum Dienst am Staat bändigte, begann über die natürlichen Grenzen seines abgeschlossenen Landes nach allen Seiten auszugreifen, wobei er sich hauptsächlich gegen China wandte, in dessen Größe er mit richtigem Instinkt die Hauptgefahr für die Unabhängigkeit seines Landes ahnte. Er drang aber auch westlich gegen Ladakh vor, wo er mit Kaschmir zusammenstieß. Von Indien durch Nepal getrennt, griff er auf die reichen, lockenden Ebenen des Gangestals über, als dort nach dem Tode des Kaisers Harsha (646) ein kurzes Interregnum entstand, wobei die angebliche Mißhandlung eines chinesischen Botschafters ihm den willkommenen Vorwand lieferte. Indem der Chinese sich an Tibet und Nepal als an zwei »befreundete Monarchen« um Hilfe wandte, ließ der Tibet-Herrscher den Diplomaten in Tirhut (Mithila) befreien, den schuldigen Minister Harshas festnehmen und benutzte den Zwischenfall, um sich in diesem gesegneten Gebiet für etwa fünfzig Jahre festzusetzen (bis 703).

Tibet hörte auf, eine Bedrohung für Indien zu sein, seitdem es sich aus einer Militärmacht in einen geistlichen Mönchsstaat verwandelte, wodurch seine Grenze mit dem indischen Raum zu einer friedlichen wurde. Während seiner Kämpfe mit Kaschmir soll dieser Staat von China Waffenhilfe und technische Unterstützung erhalten haben – was nicht unwahrscheinlich ist, da China in Kaschmir einen willkommenen Partner im Rücken von Tibet erblicken durfte. Heute sucht China, nachdem es Tibet annektiert hat, von dort aus in Kaschmir einzudringen.

Nepal

Nepal wurde von den Chinesen schon damals als ein prospektiver Alliierter oder Trabant betrachtet. Aber die dort regierenden Klans der Licchavi und Malla unterhielten seit jeher freundschaftliche Beziehungen zum Gangesreich. Nur sicherten sie sich durch Anlehnung an China gegen die Gefahr, daß dieses indische Reich eines Tages politische Absichten auf ihr Gebiet zeigen könnte. Nach längerer Abhängigkeit von Tibet erreichte Nepal um 879 mit Hilfe der Machthaber im Gangestal wieder seine Unabhängigkeit, worauf es seinen Handel mit Indien und China wiederaufnahm.

Auch diese Ereignisse erscheinen wie frühe Vorläufer der heutigen politischen Lage.

China

China selbst drang in diesem Zeitabschnitt westwärts vor, eroberte die einst indisch-zivilisierten Oasenstädte im Tarimbecken entlang der Seidenstraße und besetzte zeitweilig sogar das westliche Turkestan (Transoxanien), wich aber nach seinem ersten Zusammenstoß mit den Arabern zurück, ebenso wie diese es nicht wagten, über den Oxus weiter vorzudringen. Beide Mächte waren allzuweit von ihren Ausgangsbasen entfernt. Und so vermied China auch, dem Beispiel der Kushan zu folgen und sich südwärts gegen Indien zu wenden. Nordindien ist damals von China nicht bedroht worden.

Gesamturteil

Der Gebietsumfang des Reiches von Kanauj entsprach ungefähr dem Maurya-Reich (wenn man von der legendären Herrschaft Ashokas über den Dekkhan absieht). Es hat noch einmal das alte »aryavarta« geeinigt. Ashoka hatte seinem Reich eine geistige Prägung gegeben, die Guptas hatten es auf den Hinduismus abgestellt. Verglichen mit beiden, erscheint das Reich von Kanauj wie eine späte Nachblüte, als ein etwas verkrampfter Versuch, eine alternde Kulturwelt noch einmal mit jüngeren Kräften zusammenzufassen. Die religiöse Toleranz, auf die es begründet war, und die verhältnismäßig jugendlichen Kräfte an der Spitze, vor allem die Rajputen, haben dem Reich die Kraft gegeben, so viele schwere Rückschläge und Schicksalsschläge zu überdauern.

Die Maukharis haben es vorbereitet, Harsha hat es begründet, und die Pratiharas haben ihm die kontinuierliche Folge einer Dynastie gegeben. Sie vor allem haben aus der Stadt Kanauj, die die Maukharis halb zufällig zur Residenz wählten, das Machtzentrum und die »Kaiserstadt« gemacht, die zum Symbol für das Reich wurde und diese Rolle fast 500 Jahre gespielt hat – genauso lange, wie Wien als Sitz der Habsburger Kaiserstadt war. Keine andere indische Stadt kann sich rühmen, so lange politisches Zentrum eines großen Reichs gewesen zu sein. Das Reich selbst hat, wenn man seinen Beginn auf 550 ansetzt und sein Ende auf das Jahr 1000, trotz aller Wechselfälle immerhin 450 Jahre bestanden – so lange wie die Habsburger von Friedrich III. bis 1918 regiert haben. Es hat also, so oft es am Boden zu liegen schien, eine sehr beachtliche Dauer erreicht.

Seine Stütze war das Heer. Die Mehrzahl seiner Herrscher kann »Soldatenkaiser« genannt werden. Von Nagabhatta II (805 bis 833) wurde es zu einer der schlagkräftigsten Armeen der damaligen Zeit gedrillt, muß aber schon im zehnten Jahrhundert Symptome sinkender Tüchtigkeit gezeigt haben; sonst hätte es vor einem Kriegshaufen wie dem des Mahmud von Ghazni nicht so kümmerlich versagt. Die Autorität der wechselnden Herrscher beruhte nicht auf traditionellem Ansehen, auf Geburt oder Kaste. Wie in vielen anderen orientalischen Ländern suchten sie diesen Mangel durch göttliche Weihe der Kaiser auszugleichen. Schon die Kushan hatten in ähnlicher Lage begonnen, sich Titel nach chinesischem Muster zuzulegen. In Kanauj blieb man zwar zurückhaltender, aber Kaiser Bhoja ist doch als Inkarnation des Gottes Vishnu verehrt worden. Gehemmt wurden solche »Vergottungen« dadurch, daß manche Herrscher den Hinduismus zwar wohlwollend duldeten, aber, wie Harsha, viel Sympathie für den Buddhismus zeigten. Daß zwischen beiden Religionsformen auch Spannungen entstanden, zeigt sich in dem Vorwurf, die Buddhisten hätten bei der Eroberung von Sindh durch die Araber als deren »Fünfte Kolonne« gewirkt.

Das geschichtliche Urteil über dieses Reich hängt von seiner Politik und ihrem Erfolg ab. Auffallend ist, daß kaum ein wirklich bedeutender Staatsmann oder Minister erwähnt wird. Das Fehlen solcher Berater mag den Mangel einer Bündnispolitik erklären, die damals durchaus möglich gewesen wäre. Ein Zusammengehen mit den Tamilstaaten (Pallavas, Cholas) gegen das Dekkhan-Reich ist nicht erwogen worden; ebensowenig ein ernsthafter Versuch, auf diplomatischem Wege dem Dekkhan-Reich die Gewißheit zu geben, daß es von Kanauj nicht bedroht würde, etwa durch einen Nichteinmischungspakt mit Anerkennung der Narbada als Einflußgrenze. Die Herrscher des Dekkhan hätten das vielleicht gern angenommen, um ihre ganze Kraft nach Süden wenden zu können. Eine Annäherung an China ist von Harsha versucht worden, dann aber eingeschlafen. Ebenso fehlten jegliche Beziehungen zum Sassanidenreich, und es ist zu vermuten, daß die Vernichtung dieses Nachbarstaats durch die Araber in Kanauj nicht den Eindruck hinterlassen hat, den sie verdiente.

Jedenfalls hätte die Regierung von Kanauj erkennen müssen, woher ihrem Reich damals die größte Gefahr drohte, spätestens seit dem Zusammenbruch des Nachbarreichs im Iran. Wie hat sie die arabische Gefahr beurteilt, und was hat sie gegen sie unternommen? Von Harsha wird berichtet, daß er beabsichtigt habe, die Araber, als sie 637/9 ihre ersten Einbrüche an der Mündung des Indus machten, wieder zu vertreiben. Hat er es wirklich versucht, dann jedenfalls ohne Erfolg. Gegen den zweiten, größeren Einbruch, der auf dem Landweg zur Eroberung des Sindh führte (660 bis 711), unternahm Kanauj nichts – offensichtlich weil ihm selbst damals eine ausreichende staatliche Organisation fehlte. Als die Araber darauf die Häfen bei Kambay angriffen (733), wo die wichtigsten Einnahmequellen sowohl für Kanauj wie für das Dekkhan-Reich lagen, griffen die Pratiharas energisch zu, fanden anscheinend sogar auch die Unterstützung der Chalukyas, so daß die Araber 738 bei Navsari zurückgeschlagen wurden. Sie blieben aber im Besitz des Industals bis hinauf nach Multan.

Nagabhatta I. versuchte, ihnen diesen Schlüsselpunkt zu entreißen, aber vergeblich. Kaiser Bhoja hat den Kampf fortgeführt und soll die Reichsgrenze bis zum Flußbett des Saraswati vorgeschoben haben. Dann erlahmte seine Kraft. Das eigentliche Industal, selbst der Panjab, blieben außerhalb der Aktionssphäre von Kanauj. Weder der mutige Kampf, den die beiden Hindu-Shahi-Fürstentümer dort 100 Jahre gegen die Araber führten (etwa 695 bis 775), noch der tapfere Widerstand des Raja Jaipal, der 870 vernichtet wurde, haben das Reich zum Eingreifen veranlaßt, obwohl Jaipal von benachbarten Rajputen (z. B. den Chauhans) Hilfe erhielt. Eine rechtzeitige Unterstützung dieser kleinen, unerschrockenen Grenzfürsten durch die starke Militärmacht der Pratiharas hätte den Ansturm des Islams mindestens aufhalten, wenn nicht ersticken können. Das islamische Lager war unter sich keineswegs einig. Das Verhältnis des Kalifen zu diesen weit nach Osten vorgeschobenen Unterführern, vor allem zu den neuen Herrschern im Iran, war oft so schlecht, daß eine geschickte Diplomatie daraus hätte Nutzen ziehen können. Auch wären Kontakte mit Byzanz, das sich gleichfalls der arabischen Angriffe zu erwehren hatte, nützlich gewesen.

Selbst rein militärisch wurde nicht alles getan, was möglich war. Man hätte die Enge von Karnal – schon in Erinnerung an die Pushyabhutis – stärker befestigen und besetzen sollen, um dort eine Wacht im Westen zu errichten, wenn man schon außerstande war, Multan zurückzugewinnen, das nun zum Ausgangspunkt der Operationen des Gegners wurde.

Die lange Periode zwischen den ersten arabischen Vorstößen und den direkten Angriffen auf das Reichsgebiet um 1000 ist ungenügend ausgenutzt worden. Hat man bedacht, daß es sich hier nicht um einen örtlichen Einfall halb zivilisierter Nomadenstämme handelte, sondern um eine tiefgehende Bedrohung der indischen Kultur durch eine landfremde Religion, deren intoleranter Fanatismus sich spätestens im Iran enthüllte? Die »Schonzeit« vom ersten arabischen Einbruch bis zu dem des Mahmud von Ghazni – also von 639 bis 1019 – entspricht etwa der Zeit von der ersten Landung der Araber in Südspanien (711) bis zum ersten Kreuzzug. Das zeigt, wie das Abendland die Frist genutzt hat und was im Gangesreich versäumt wurde. Ein Aufruf an alle indischen Fürsten, sich zum Schutz von Glauben und Kultur gegen eine solche Bedrohung zusammenzuschließen, um das Schicksal des Sassanidenreichs von Indien abzuwenden, hätte mindestens versucht werden müssen. Nichts dergleichen geschah, und so mußte das stolze Reich die tiefe Beschämung erleben, daß es nicht etwa von der gewaltigen Macht des Kalifen besiegt wurde, sondern von einem kleinen abenteuernden Grenzfürsten, wie dem Mahmud von Ghazni, der Nordindien lediglich zum Tummelplatz seiner räuberischen Instinkte ausnutzte.

Hier liegt das geschichtliche Versagen des Reiches von Kanauj. Selbst kleinere Staaten haben weiter gedacht, wie z. B. Kaschmir sich um die Hilfe Chinas bemühte. Jaipal hat einen Ruf an alle Nachbarn ergehen lassen, und gerade die Rajputen haben geholfen, zu denen ja die Pratiharas ebenfalls gehörten. Wieder offenbart sich hier als letzte Ursache solchen

Versagens die Tatsache, daß bei aller Gemeinsamkeit von Religion und Kultur ein politisches Gemeinschaftsgefühl im Subkontinent noch völlig fehlte. Der Gedanke Europas, die Ritterschaft aller Nationen und Sprachen gegen den Islam im Namen des Christentums zusammenzubringen, war im damaligen Indien nicht vorstellbar.

Kapitel 11

Der Reichsgedanke in Indien

Der Begriff »Reich« deckt politisch sehr verschiedene Tatbestände. Im engsten Sinne meint er die Zusammenfassung innerlich verwandter Stämme oder Einzelstaaten unter gemeinsamer Oberleitung, wobei die Verwandtschaft rassisch, kulturell, sprachlich oder religiös sein kann. Die Vereinigung kann durch freie Zustimmung oder auch durch Gewalt erfolgen – in beiden Fällen sollte ein gewisser Konsensus der Mitglieder vorausgesetzt werden. Ein Reich, das heterogene Völker gewaltsam vereinigt, nähert sich dem Begriff des »Weltreichs«, den wir für das Persische Reich der Achämeniden, das Römische Reich oder das Britische verwenden. Die Politik, die solche Gebilde schafft, nennen wir heute »imperialistisch«, was andeutet, daß die »imperiale« Tendenz übersteigert wurde – ebenso wie die Begriffe »national« und »nationalistisch« sich zueinander verhalten.

Im höheren Sinne gilt der Reichsbegriff dann für einen weit gespannten Raum, dem eine Reichsgewalt Ordnung und Frieden gewährt. So verstanden die christlichen Kirchenväter das spätrömische Reich als eine Vorstufe für ein »Imperium Christianum«, und so verstanden es Karl der Große wie Otto der Große, als sie nach den wilden Erschütterungen Europas das römisch-christliche Reich wieder errichteten. Der zugrunde liegende gemeinsame Zug war die christliche Religion als Grundlage der neuen abendländischen Kultur; und aus dieser Vorstellung erwuchs der Begriff der »Christenheit« oder des Abendlandes, wofür wir heute meist »Europa« sagen.

In Indien entspricht dem erstgenannten etwa der Begriff des

»aryavarta«, dem zweiten etwa das Mogulreich und dem Begriff des Abendlandes die Vorstellung eines einheitlichen »Indiens« – eine Vorstellung, die ursprünglich vielleicht rein geographisch gemeint war, dann aber kulturell aufgefaßt wurde und sich jedenfalls erst entwickelte, seitdem die nordindische Kultur aus dem Gangestal schrittweise auf die übrigen Teile des Subkontinents übergriff und dort allmählich von einer dünnen Oberschicht aus die Masse der Bevölkerung zu der neuen Lebens- und Glaubensweise erzog.

Während die Aryas ihr ursprüngliches Siedlungsgebiet »aryavarta« oder »bharata varsa« nannten, geht die Bezeichnung »Indien« auf den ersten Einfall der Perser im Industal zurück. Sie nannten diese Provinz nach dem Strom »Hidu« (so auf der Inschrift von Persepolis), später korrekter »Hindu« oder »Sindhu«, und die Mazedonier dehnten diese Bezeichnung auf die Bewohner aller weiter östlich gelegenen Teile (»Indoi«) aus, ähnlich wie die Franzosen alle Deutschen nach ihrem unmittelbaren Nachbarstamm, den Alemannen, benennen. Die Moslems machten daraus »Hindostan«, was aber nur für den Norden und nicht für den Dekkhan oder gar Tamilnad galt.

Die Inder selbst prägten schon früh den Begriff »Jambudvipa«, das ist das »Land des Rosenapfelbaums«, worunter sie die Gebiete verstanden, in denen ihre Kultur bereits Fuß gefaßt hatte. Schon die Bezeichnung verrät ihren unpolitischen Ursprung; sie wirkt wie eine romantische Sehnsucht, die alle Gebiete des bekanntwerdenden Raums unter diesem Wunschtraum zusammenfaßt. Die späteren »puranas« preisen dieses Land als besonders geeignet, um rechtschaffene Menschen zu erzeugen, die ihre Pflicht auf Erden gut erfüllen – gaben ihm also ebenfalls einen geistig-ethischen Sinn*.

Einen politischen Beigeschmack erhielt »jambudvipa« nur einmal: im Arthashastra, das dem klugen Kautilya zuschreibt, er habe seinen Kaiser aufgefordert, das ganze »jambudvipa« zu erobern** – ein Gedanke, der den Verfasser, wer es auch immer gewesen sein mag, als einen weit vorausschauenden politischen Kopf erweist, wie ihn Europa etwa in dem kühnen

* Das nachchristliche Brahma-Purana spricht zum ersten Mal von dem Gebiet »vom Himalaja bis zum Kanya Kumari (Cap Comorin)«.
** Die knappe Formel »himayat samudra bar amudi chinan« gibt den Sinn allerdings nicht eindeutig wieder.

Denker Comenius besitzt, der im 16. Jahrhundert die Einigung Europas ankündigte. Beide waren Seher kommender Zukunftsentwicklungen; sie wären von den Staatsgewalten ihrer Zeit sicherlich als Träumer oder als »böse Imperialisten« verworfen worden.

Wirklichkeitsnäher vom politischen Standpunkt aus war der Begriff des »aryavarta«. Unter den Staaten im Gangestal, die von den echten Aryas gegründet waren, bestand ein natürliches Gefühl der Gemeinsamkeit, was Rasse, Sprache und Religion anlangt, und es wurde gefestigt durch den Zwang, ihre prekäre Machtstellung im eroberten Gebiet zu behaupten. Da die wirtschaftliche Erschließung des Landes und die Entwicklung der neuen Kultur, namentlich auf geistigem Gebiet, viele Energien beanspruchten, ist es durchaus vorstellbar, daß einsichtigen, weitblickenden Köpfen die Fülle der Fehden und Kleinkriege, die unter diesen Staaten herrschte, sinnlos erschien, und daß sie die Einigung der jungen Kulturwelt unter *einem* friedenstiftenden Oberherrn herbeisehnten. Schon der Zwang für jeden jungen Herrscher, nach Antritt der Regierung seinen Wert als »digviyajin« dadurch zu erweisen, daß er nach allen vier Himmelsrichtungen erobernd ausgriff, erschien allen ernsthaft Tätigen als Quelle der Verwirrung und unnötiger Kraftverschwendung. Bestrebungen, wie sie im Abendland zu einer »treuga Dei« führten, zu einer geheiligten Waffenruhe für gewisse Zeiten, werden auch in der indoarischen Welt wirksam gewesen sein, und Fälle wie die Großmachtpolitik des Staates Kosala, der mehrere der alten Stammesstaaten unterwarf, mögen dazu beigetragen haben, solche Wünsche zu steigern.

Aus dieser Sehnsucht nach Ordnung und Frieden erwuchs der Gedanke des »chakravartin«, des Friedenskaisers, der alle Gebiete der gleichen Kultur ordnend zusammenfassen und in Frieden erhalten sollte*.

* In gewisser Weise ist diese Vorstellung übergegangen in die 10. Inkarnation des Gottes Vishnu, den »Kalki«, der als Friedensbringer dereinst erwartet wird, eine Vorstellung, die also die Verwirklichung des Traums in die *Zukunft* verlagert. Der »chakravartin« wurde erst dann erwartet, wenn die Fremden, die »mlechchas«, zur Macht gelangt wären, damit er sie wieder vertreiben sollte. Bezeichnend ist, daß der »chakravartin« als sein Symbol das gleiche Rad führt, das der Buddhismus zum Rad des Gesetzes gemacht, und dem Gandhi in seinem Spinnrad die volkstümlichste Form gegeben hat. Dieses Rad dient heute als Staatswappen Indiens.

Ähnlich wie der Gedanke des »imperium christianum« von den Kirchenvätern stammte, wird auch dieser Begriff geistlichen Ursprungs sein, und er findet sich in der Tat meistens in brahmanischen Schriften und nicht in Heldensagen. Sicherlich wurde er auch eifrig von dem werdenden Großbürgertum vertreten, das spätestens zur Zeit des Buddha durch seine wirtschaftliche Tüchtigkeit eine beachtliche Stellung errungen hatte. Kaufleute und Handwerker sind meistens für Frieden, da die Rüstungsindustrie damals noch vom Staat selbst betrieben wurde. In China wurde um 221 v. Chr. ein Kaufmann Premierminister (Chin Hsi Hwang-ti), offensichtlich um die niedergehende Wirtschaft wieder zu ordnen und anzukurbeln. Aber in Nordindien blieben die Kaufleute trotz der hohen Achtung, deren sie sich erfreuten, von der Politik ausgeschlossen. So lag es bei den Brahmanen, den Reichsgedanken zu fördern. Ihre politischen Möglichkeiten waren jedoch begrenzt, da ihnen eine gemeinsame Organisation fehlte. Sie hatten weder eine Kirche noch ein Oberhaupt wie den Papst oder den Kalifen. Nur der einzelne konnte tätig werden, wenn er etwa einem Fürsten als Ratgeber, als »pirohita« diente.

Die Widerstände waren groß. Schon die schroffe rassische Trennung in den arischen Staaten (Kaste bedeutete varna = Farbe) wirkte hemmend. Vor allem aber waren die Fürsten so besessen auf Erhaltung ihrer Souveränität bedacht, daß sie sich freiwillig keinem Oberherrn fügten. Auch war die kulturelle Einheit längst nicht so geschlossen, wie man oft vermutet. Die Duldsamkeit, eine der schönsten Tugenden Indiens, ließ im Rahmen einer angeblich gemeinsamen Religion viele Richtungen aufkommen: selbst die Reformreligionen eines Buddha oder Mahavira, die wesentliche vedische Überlieferungen ablehnten, wurden als Sekten geduldet. Es fehlte also dem altindischen Staat die religiöse Uniformität, wie sie lange das Ideal europäischer Machtstaaten gewesen ist. Bezeichnend ist, daß die indische Kulturwelt nicht einmal zu einer gemeinsamen Zeitrechnung gelangte wie Europa, sondern daß jeder große Herrscher nach Belieben eine eigene Ära einführen konnte.

So ist die Begründung des ersten Reichs im Gangestal anders verlaufen, als es sich die Träume vom »jambudvipa« oder die Sehnsucht nach einem Friedenskaiser gedacht hatten. Sie begann im äußersten Osten – dort, wo der Einfluß der indoarischen Kultur am schwächsten war. Sie wurde getragen von Dynastien, die den orthodoxen Brahmanen als sehr wenig »arisch« galten. Sie wurde mit reiner Gewalt durchgeführt, und auch der Zusammenhalt des Reiches beruhte in der Hauptsache auf der Armee; seine Ausdehnung nach Westen wurde als die »Vernichtung der alten kshatriyas« empfunden.

Diese alten Fürstenhäuser, die abgesetzt oder vertrieben wurden, werden das Reich mit bitteren Augen angesehen haben. Trotzdem sei gewagt, doch von einem gewissen »consensus« zu sprechen. Denn sicherlich haben Priesterschaft und alle wirtschaftlich tätigen Schichten die Wohltat des nunmehr erreichten inneren Friedens dankbar empfunden; und höchstwahrscheinlich hat die breite Masse der unterdrückten Urbevölkerung im Kaiser sogar etwas wie einen Retter erblickt, der sie gegen Ausnutzung der Grundherren schützen würde. Als der große Brahmane Kautilya dann das Reich erneuerte und den ersten Maurya auf den Kaiserthron brachte, hat er nicht daran gedacht, arische Fürsten wiedereinzusetzen; ebenso wie der Brahmane Pushyamitra später als Feldmarschall zwar die unsympathisch gewordene Maurya-Dynastie absetzte, aber alles tat, um das Reich in seiner damaligen Gestalt zu erhalten.

Inzwischen hatte nun ein überragender Herrscher den reinen Militärstaat der Nandas in einen geistig-ethischen Organismus umgewandelt. Indem Ashoka seinen Staat ernstlich auf Vermeidung jeder Gewalt, auf Humanität, auf Achtung aller Bewohner als seiner Schutzbefohlenen umstellte, wurde er der erste Kaiser, der dem Ideal eines »chakravartin« nahe kam. Aber er tat es unter ausgesprochener Bevorzugung der nichtorthodoxen Religionsformen, namentlich der Lehren des Buddha, wodurch er in einen natürlichen Gegensatz zu den Brahmanen geriet. Gerade in diesem Zwiespalt zeigt sich, wie schwer es in der Praxis war, ein indisches Reich auf die Gemeinsamkeit der Religion zu begründen. Erst nach mannigfachen Wirren ist das den Guptas gelungen, indem sie das Gangesreich auf den inzwischen zur Hauptreligion gewordenen Hinduismus basierten, also ein Reich schufen, in dem Staatsgewalt und Priesterschaft zusammenwirkten.

Der Kern dieses Reichs, das in diesen Betrachtungen als Gangesreich bezeichnet wird, war stets das eigentliche Siedlungsgebiet der Aryas, also die Wiege der nordindischen Kultur, das »aryavarta«. Gewiß mag der Umfang dieses Begriffs gewechselt haben; er folgte der Ausdehnung des Siedlungs- und Eroberungsgebiets der Aryas. So mag schon früh das Gebiet zwischen den Vindhyabergen und der Narbada, namentlich das heutige Malva, eingeschlossen worden sein. Zweifelhaft ist, wann man Bengalen darunter einbegriffen hat, das ja erst langsam kolonisiert wurde. Dagegen ist der Panjab nicht darunter verstanden worden, da er während der ganzen Geschichte des Gangesreichs nur sehr vorübergehend politisch zu ihm gehört hat und die kulturellen Unterschiede zwischen beiden Teilen – wie eindeutig überliefert – recht stark als Trennung empfunden wurden. Als später dann auch der Dekkhan und der drawidische Süden in den Bereich der im Gangestal entstandenen Hochkultur einbezogen wurden, sprach man, da hier der Ausdruck »aryavarta« offensichtlich nicht mehr paßte, von dem ganzen Subkontinent als der »bharata mata«, als dem Mutterland oder der gemeinsamen »Mutter«, von der alle Bewohner dieses kulturellen Raums abstammen sollten. Die Bevölkerung des Kerngebietes, die heute sprachlich Hindi spricht, wurde zu keinem eigenen Sprachvolk, das sich die »Hindis« genannt hätte, sondern fühlte sich eher als »Reichsvolk«. Allerdings führte diese passive Haltung dazu, daß sie sich verhältnismäßig leicht auch fremden Herrschern unterwarf, die die kaiserliche Macht in diesem Raum usurpierten. Daß sie als Kern des Reichs galt, zeigt sich noch heute darin, daß der neue indische Staat seine drei ersten Ministerpräsidenten aus dieser Volksgruppe genommen hat. Auch hat nur in diesem Raum eine wirkliche Reichsverwaltung bestanden. Die übrigen Gebiete, die das Reich sich angliederte, wurden in der Regel durch Statthalter oder Vizekönige regiert, konnten also ihre Eigenständigkeit weitgehend bewahren, ja sich sehr bewußt zu eigenen Völkern entwickeln, wie die Bengalis oder die Kashmiris; und selbst die Gujaratis, die politisch nie sehr aktiv hervorgetreten sind, wurden – unter einem verständigen Moslemsultan – ein eigenes, selbstbewußtes Volk.

Zeitlich hat das Gangesreich eine stattliche Dauer erreicht. Von den Nandas bis zum Ende der Mauryas hat es 175 Jahre bestanden, denen man die Verlängerung durch die Sungas und Kanvas mit weiteren 150 Jahren noch zuzählen mag. Die Guptas haben fast 200 Jahre regiert, und das Reich von Kanauj, beginnend mit Harsha, kann man mit mindestens

400 Jahren einsetzen. Das ergibt zusammen eine Dauer von über 900 Jahren – die allerdings durch das lange Interregnum von 350 Jahren gespalten wird*.

Die so bezeichnete Zwischenzeit in der deutschen Kaisergeschichte vom Ende der Staufer bis zur Wahl Rudolfs I. wird von uns hingenommen, da sie nur 23 Jahre betrug. Dagegen wirkt die Erneuerung eines Reichs nach einer Pause von über 300 Jahren auf unser Geschichtsgefühl wie eine *neue* Schöpfung – selbst wenn die Zwischenzeit durch das Kushanreich in gewisser Weise überbrückt wurde. Bequemt man sich, dem indischen Empfinden entsprechend, die beiden großen Zeitabschnitte Nanda-Maurya und Gupta-Kanauj als *eine* Reihe anzusehen, dann würde das Gangesreich einen Zeitraum von über 1100 Jahren umspannt, also eine längere Dauer erreicht haben als das »Heilige Römische Reich«, das von Karl dem Großen bis 1806, genau ein Jahrtausend, umfaßt hat.

Der Charakter des Gangesreichs mag durch einen Vergleich mit dem Deutschen Reich veranschaulicht werden. Das Heilige Römische Reich wurde im wesentlichen von der Zustimmung aller Reichsstände getragen, und seine Erneuerung im Jahre 1871 wurde durch die freiwillige Zustimmung aller Bundesfürsten verwirklicht. Aber für das Kerngebiet des Gangesreichs fehlt eine solche freiwillige Einfügung der vorher unabhängigen Fürsten, die damals die einzigen Träger einer politischen Willensbildung waren. Hier lag kein »consensus« vor – so wertvoll auch die Zustimmung der Priester- und Kaufmannschaft gewesen sein mag. Ebensowenig kann man sagen, daß die Nandas oder selbst die Mauryas bewußt die Absicht gehabt hätten, Nordindien zu »einigen«. Der Begriff der Einigung setzt voraus, daß zwischen dem kommenden Oberherrn und den abzulösenden Regionalfürsten mindestens in irgendeiner Form über den Zusammenschluß verhandelt worden wäre. Der Begriff eines einigen »Nordindien« dürfte den Machthabern von Pataliputra kaum bewußt gewesen sein.

Das Gangesreich dankt seine Entstehung der überlegenen Macht des Magadha-Staats und ist mit Gewalt zusammengefügt worden. Wie das in den betroffenen Ländern wirkte, zeigt am deutlichsten das Beispiel Orissas, das, von Ashoka in einem

* Der indische Ausdruck für Interregnum ist »Zeitalter der Fische«, die sich untereinander auffressen.

blutigen Feldzug annektiert, sich sofort wieder zu befreien suchte und nach wenigen Jahrzehnten wieder ein unabhängiger Staat geworden ist. Der Dekkhan und der tamilische Süden gingen von Anfang an ihre eigenen Wege und haben ihre eigenen Reiche errichtet, die zeitweise zum Gangesreich in schärfsten politischen Gegensatz traten. Die Einheit des nordindischen Reichs hielt solange, wie seine militärische Macht ungebrochen war. Sobald sie nachließ, fiel alles wieder in die Kleinstaaterei zurück.

Auch die Grenzen des Reichs waren fließend. Daß der junge Mauryaherrscher Chandragupta erst den Panjab und dann weite Teile des heutigen Afghanistan sozusagen als »Morgengabe« in das erneuerte Reich einbrachte, war ein großer außenpolitischer Gewinn. Aber nichts deutet darauf hin, daß selbst politisch denkende Kreise im Gangestal dies schon als »nationalen Erfolg« empfunden hätten. Das läßt sich auch daraus schließen, daß das Interesse an diesem unschätzbaren Vorfeld in Pataliputra bald nachließ, und daß man das Einsickern der baktrischen Griechen in diesen Außenbezirk des Reichs kaum bemerkt hat. Es wäre interessant gewesen, die Reaktion zu verfolgen, wenn Chandragupta-Maurya nach dem Vorbild Chinas damals begonnen hätte, die erreichte Grenze durch eine Mauer abzusichern und dadurch eine allgemein sichtbare Reichsgrenze zu schaffen. Technisch wäre das durchführbar gewesen, da er praktisch nur Flußtäler und Pässe hätte abzusperren brauchen. Eine solche Mauer hätte, ebensowenig wie die chinesische, gewiß nicht jeden Einbruch verhindert, aber den plünderungsgierigen Eindringlingen, wie etwa dem Mahmud von Ghazni, die Rückschaffung ihrer Beute ganz erheblich erschwert. Vor allem hätte die Mauer alle östlich von ihr lebenden Bewohner dazu erziehen können, sich als Glieder des Reichsvolks zu fühlen. Hingegen fehlte angesichts einer Grenze, die de facto ungewiß und nicht markiert war, ein kräftiges, anschauliches Symbol, das allen ins Bewußtsein bringen konnte, zu diesem einen großen Reich zu gehören – wobei zu bemerken ist, daß die damalige Sprache kaum ein adäquates Wort für »Staatsangehöriger« oder gar für »Staatsbürger« besessen hat.

An der Ostgrenze wirkte die starke Ausstrahlung der indischen Hochkultur auf eine noch primitive Welt und erleichterte es, die Kulturgrenze gemeinsam mit der politischen vorzuschieben, wie es gegenüber den Staaten Osteuropas (Polen, Böhmen,

Ungarn) erfolgte. Dort wurde die Oberhoheit des Kaisers leichter anerkannt als in den westlichen Gebieten. Und im Süden dürfte sich das Gebiet zwischen den Vindhyabergen und der Narbada bzw. dem Meer eher willig eingefügt haben, da man hier vom Transithandel lebte.

Der Reichsgedanke hat in Nordindien also niemals die Ausprägung erreicht wie im europäischen Mittelalter, wo sowohl der Kaiser wie der Papst höchst bewußt den Anspruch erhoben, für die ganze Christenheit zu sprechen. Eine Verwirklichung des Traums einer »jambudvipa« hat er nicht gebracht. Nur zeitweise ist der Charakter der nordindischen Großmacht zu einer universalen Auffassung seiner Aufgaben hinausgewachsen, nämlich unter Ashoka. Dieser aber suchte seinen geistigen Einfluß weit mehr auf außerindische Länder auszudehnen, wie am Mittelmeer und in Südoastasien, als daß er beispielsweise Missionare in den tamilischen Süden gesandt hätte, und der Dekkhan befand sich damals noch auf dem Niveau steinzeitlicher Megalithkultur. So findet sich hier wohl der erste Versuch, indische Geistigkeit missionierend in andere Kulturgebiete zu bringen und dadurch das Reich zur Basis einer großangelegten universalen Ausstrahlung zu machen. Aber die geistige Basis war der *Buddhismus,* also nicht die Religion, der bestimmt war, zur Grundlage der gemeinsamen allindischen Kultur zu werden. So haben Ashokas Bemühungen dem Gedanken eines einheitlichen »Indien« wenig genützt und sind mit dem Absinken des Buddhismus und dem Aufkommen des Hinduismus wieder erloschen.

Diese schwache Betonung eines universalen Charakters des Reiches hatte eine andere Folge. Im Abendland, wo Papst und Kaiser diese universalen Ansprüche sehr stark betonten, erwuchs ihnen in den einzelnen Völkern ein entsprechend starker Widerstand, der zur Bildung der europäischen Nationen führte (am wenigsten bei den Völkern, die den universalen Gedanken trugen, den Deutschen und den Italienern). In Indien, wo solche Tendenzen schwach blieben, war auch die Tendenz zur Bildung ausgeprägter Nationen entsprechend schwächer.

So ist die Bedeutung des Gangesreichs für die Entwicklung eines allindischen Gedankens nicht so umfassend gewesen, wie es indische Historiker mitunter darstellen. Das Schwergewicht der Politik lag überwiegend bei den Regionalstaaten, die – unter anderen Umständen – sich leicht zu Nationalstaaten hätten entwickeln können. Jedenfalls wird die Lage treffend gekennzeichnet durch Urteile europäischer Historiker: Der Italiener *Petech* bemerkt, daß »während der ganzen hier betrachteten Periode (vor Einbruch des Islams) das *regionale* Element für die politische Geschichte Indiens bei weitem wichtiger und entscheidender gewesen ist als die Einheit des Subkontinents«*; und *Härtel* sagt: »Tatsächlich kann nichts darüber hinwegtäuschen, daß es im indischen Volk bis zur Zeit der britischen Herrschaft weder ein Nationalbewußtsein noch ein Geschichtsbewußtsein in unserem Sinne gegeben hat«*.

Der Reichsgedanke stand also seit der Auflösung des Mauryarcichs in Konflikt mit dem natürlichen Drang der einzelnen Völker und Dynastien, ihre Unabhängigkeit zu wahren. Gewiß sind diese Keime nationaler Eigenständigkeit durch die Unterwerfung großer Teile des Subkontinents unter die Moslems und dann unter die Briten abgedrosselt worden. Was ohne sie gekommen wäre, läßt sich nicht sagen – vielleicht ein politisches Bild, das dem reifen Europa des 19. Jahrunderts entsprochen hätte. Am wenigsten fühlten sich die Völker südlich der Narbada in irgendeiner Weise dem Reichsgedanken verpflichtet, der im Gangestal entstanden und zur Bildung des dortigen Reichs geführt hatte. Sie gingen politisch eigene Wege, und so ist es berechtigt, sie auch getrennt zu betrachten. Ihre Beziehungen zum Gangestal tragen absolut außenpolitischen Charakter; dabei unterhielten sie nicht einmal Gesandtschaften untereinander. Wohl aber mag der Reichsgedanke im stillen fortgewirkt und sich in der Periode der moslemischen und britischen Fremdherrschaft mit der geistigen Erneuerung vereinigt haben, woraus das allindische Gemeinschaftsbewußtsein entstanden ist, das im heutigen indischen Staat zum gesamtindischen Nationalgefühl heranwächst.

* Petech, Indien bis Mitte des 6. Jahrhunderts, Seite 354.
** Härtel, Indien, Seite 213.
Beide Propyläen Weltgeschichte, Ullstein-Verlag.

Kapitel 12

Indien im Rahmen der gleichzeitigen Weltgeschichte

Ein Rückblick an dieser Zeitwende, bevor die Katastrophe der Unterwerfung weiter Teile des Subkontinents unter den Islam alles bisher Geschaffene gefährdete, läßt in Nordindien einen klaren, kontinuierlichen Verlauf der politischen Entwicklung erkennen, der mit der Landnahme der Aryas im Gangestal begann und mit dem Reich von Kanauj endete, also einen Zeitraum von gut 2000 Jahren umspannte – doppelt so lange, wie die Geschichte Roms (von 510 v. Chr. bis 476 n. Chr.) gedauert hat. Daß sich nach einer so langen Geschichtsepoche Alters- und Ermüdungserscheinungen zeigten, entspricht der Natur jedes organischen Werdens, zumal neues Blut durch Zuwanderung dem Gangestal in diesem Zeitraum kaum zugeflossen ist; denn die wenigen fremdstämmigen Eroberer, die sich hier zeitweilig festgesetzt hatten, kamen mit zahlenmäßig geringen Gruppen. Die biologische Erneuerung beschränkte sich auf den natürlichen Aufstieg der unteren Schichten zur Geschichtsfähigkeit, also darauf, daß sich neue Gruppen der vorarischen Bevölkerung politischen Aufgaben zuwandten. Trotzdem war nach 2000 Jahren Geschichte das Gangestal alt geworden, und schon diese Tatsache erklärt, daß es zu einer Beute jugendlicher, »barbarischer« Eroberer werden konnte.

Das Gangestal war während dieses Zeitraums das politische Zentrum des Subkontinents, hinter dem der drawidische Süden und erst recht der Dekkhan zunächst zurücktraten, weil sie erst 700 bzw. 1000 Jahre später aktive Politik begannen. Andererseits genossen sie dann den Vorteil, geschichtsjünger, also kräftiger zu sein, was den Süden zu der gewaltigen überseeischen Expansion befähigte, während der Dekkhan bald sogar zu einer Gefahr für das Gangesreich wurde. Dieses wurde nicht nur durch das Aufkommen des Dekkhan berührt, sondern auch in die politischen Entwicklungen im Iran und in Zentralasien hineingezogen; auch kam es in Kontakt mit China und den größeren Mächten am Mittelmeer. Um anschaulich zu machen, wie sich das politische Leben in Indien im Rahmen der Weltlage abgespielt hat, seien die Ereignisse der benachbarten Weltteile den jeweiligen indischen gegenübergestellt.

Als die Aryas um 1000 mit der Landnahme im Gangestal sich die Wiege ihrer Kultur schufen, gründeten in Ostasien Hirtennomaden ähnlicher Struktur im heutigen China das Reich der *Chou*-Dynastie, das für seinen landwirtschaftlichen Großbetrieb ein ähnliches Feudalsystem entwickelte wie die arische Staatenwelt im Gangestal. Nur zeigte sich hier der Wille der Machthaber zur imperialen Vereinigung, also der Reichsgedanke, weit stärker als im Gangestal, so daß hier schon früh ein Großreich entstand, das bis in die Zeit Ashokas dauerte, während im Gangestal die Reichsbildung später einsetzte und kurzfristiger verlief. Im Westen stand damals das Großreich der Assyrier auf dem Gipfel seiner Macht; die Dorier wanderten in Hellas ein, und die Phönizier begründeten ihren Reichtum durch den Handel mit Zinn, während in Indien bald darauf die Ausbeutung der Kupferminen und Eisenerzvorkommen in Bihar einsetzte.

Im Gegensatz zu den frühen indoarischen Staaten im Gebiet des Ganges, deren militärische Überlegenheit auf ihrem Streitwagen beruhte, erkannten die kriegsgeübten Assyrer, daß deren Kampfwert hinter der zahlenmäßig größeren und beweglicheren Reiterei zurücktreten würde und wandten sich – etwa um 860 v. Chr. – dieser neuen Waffe zu, allerdings zu spät für sie selbst; denn schon um 650 gelang es den Medern – dem ersten indogermanisch sprechenden Volk, das hier zur Reichsbildung gelangte –, die Assyrer zu überwältigen; bald darauf wurden sie von ihren sprachlichen Vettern, den *Persern,* überwunden, die nun, mit der Basis im Iran, das erste Großreich von Dauer errichteten, machtvoll nach Westen ausgriffen, Mesopotamien und Kleinasien unterwarfen und schließlich auch ostwärts vordrangen und das Industal ihrem Reich einverleibten. Dieser ersten Eroberung eines alten indoarischen Siedlungsgebiets haben die Machthaber im Gangestal nicht die Beachtung geschenkt, die sie verdient hätte. Erst Chandragupta Maurya hat hier politisch eingegriffen.

Als im Gangestal der Buddha und Mahavira als religiöse Reformer eine neue geistige Ära einleiteten, traten in China Lao Tse und Kung futse mit ähnlicher Zielsetzung auf, während im Iran Zarathustra die dortige Religion reformierte. Die Zeit um 600 nennt Jaspers, vom geistigen Standpunkt aus, die »Achsenzeit«, die also Nordindien zeitlich mit China und dem Iran teilt. Damals kam die erste chinesische Seide im Handel nach

Indien, die Phönizier umfuhren Afrika (um 595), und Rom begann seinen staatlichen Aufstieg mit der Bestellung der ersten Konsuln (510). Im Gangestal wurde die Grundlage des ersten Reichs auf indischem Boden gelegt.

Der Zeitgenosse Ashokas in China, der große Herrscher Shi huang-ti (um 256), war ihm in vielem verwandt. Er begann, mit dem Bau der Mauer eine sichtbare Reichsgrenze zu schaffen, worin die Römer mit dem Bau des Limes folgten, was aber die Mauryas versäumten. Die Entstehung des ersten Hunnenreichs in Nordostasien löste seit 200 v. Chr. einen Abfluß vieler Wandervölker nach Westen aus, der auch Nordindien berührte. Gleichzeitig schuf sich China für seine Staatsverwaltung das erste besoldete Beamtentum – etwa gleichzeitig mit den Mauryas –, was Athen schon um 460 v. Chr. unternommen hatte. Im Iran ging das hellenistische Reich der Seleukiden in den Besitz der Parther über, die nun für 400 Jahre (250 v. Chr. bis 226 n. Chr.) Nachbarn Nordindiens wurden. Seit 64 v. Chr. begannen die Römer Vorderasien zu erobern, so daß auch Rom politisch näher an Indien heranrückte. Nordindien befand sich damals auf einem Tiefstand politischer Macht, wogegen China unter dem Kaiser Wu ti (141–86) seinen ersten Höhepunkt erreichte und seine Expansion nach Mittelasien aufnahm.

Während der Kushanherrschaft näherten sich chinesische Truppen dem Kaspischen Meer, vermieden aber einen Zusammenstoß mit Rom. Wohl aber erschien der erste römische Gesandte in China (165 n. Chr.), und Trajan (98–117) stieß bis zum Persischen Golf vor, vermochte jedoch die von dort geplante Landung in Indien nicht durchzuführen, da die ersten Germanen an der Donau erschienen.

Während der Guptazeit herrschten im Iran die Sassaniden (226–641) – beide insofern miteinander verwandt, als sie Keime eines »Nationalstaats« in sich trugen. Zu politischen Spannungen oder Bündnissen zwischen beiden ist es nicht gekommen. Rom erkannte damals, daß ein Reich von Dauer auf ein Staatsvolk begründet werden müßte, und gab 212 allen seinen freien Untertanen das Bürgerrecht – ein Schritt, der für Rom zu spät erfolgte, den aber die Guptas damals noch mit Vorteil hätten unternehmen können. Beide Reiche gerieten in eine schwere Wirtschafts- und Finanzkrise: Rom im 3., das Gupta-Reich im 5. Jahrhundert. Beide erlebten, daß ihr frühkapitalistisches Wirtschaftssystem an dem Mangel an Edelmetallen (also an gängigen Zahlungsmitteln) zusammenbrach, so daß sich in beiden die Wirtschaft zu früheren, primitiveren Formen zurückbildete. In China, wo die große Han-Dynastie um 220 von unwilligen Bauern gestürzt wurde, suchte man Abhilfe in einer Agrarreform – die im Gangestal ausblieb – sowie in dem Bestreben, die Staatseinheit durch die Bindung an eine Universalreligion (den Buddhismus) zu festigen, wie es Ashoka und Kanishka gleichfalls versucht hatten. In einer ähnlichen geistigen Krise suchte sich das alternde Rom gegen das aufkommende Christentum zu wehren. Die Verlegung seiner Hauptstadt in das jüngere Byzanz (um 350 n. Chr.) sollte dem sinkenden Reich einen neuen, kräftigeren Mittelpunkt geben, wie es das erneuerte Gangesreich mit der Verlegung seiner Hauptstadt nach Kanauj anstrebte. Beide erlebten schwere Einbrüche jugendlicher Wandervölker: das Guptareich durch die Hephtaliten und die sogenannten »späteren Kushan« (Kidara-Kushan); aber Rom wurde ungleich schwerer getroffen. Schon 270 hatte es eine ganze Provinz (Dakien) den Westgoten »abtreten« müssen; und als dann die echten Hunnen um 375 das Reich der Ostgoten, das sich damals von Danzig bis zur Krim erstreckte, überrannten und die Goten westwärts abdrängten, entstand in Europa eine neue Völkerwanderung, die nun das römische Reichsgebiet an allen Grenzen überflutete. Als die Guptas noch auf dem Gipfel ihrer Macht standen, wurde Rom von Alarich geplündert (410) und büßte um 476 seine staatliche Existenz vollends ein.

Zur Zeit der Erneuerung des Gangesreichs in Kanauj wurde *Tibet* zu einer starken Militärmacht, wuchs China unter der Tang-Dynastie abermals zur expansiven Großmacht und erreichte der Iran unter Chosrau I. seine höchste Machtstellung. So sah sich das Gangesreich von Kanauj an drei Seiten von aufstrebenden, starken Mächten umgeben. Zu ihnen gesellten sich andere Gefahren: In Mittelasien entstand um 582 der erste Staat der Turkvölker, dem bald ein zweiter folgte (679), sowie der Aufstieg der Araber, die Mohamed durch eine neue, faszinierende Religion zu großer politischer Tätigkeit emporriß. Während sich das Reich von Kanauj unter den Pratiharas noch hielt, fielen Vorderasien und Nordafrika in die Hand der Araber. Sie landeten 711 in Spanien, wurden allerdings 732 durch die Franken zurückgeschlagen, drangen aber um so stürmischer nunmehr nach Osten vor. Sie unterwarfen den Iran

(641 während der Regierungszeit Harshas), erschienen im westlichen Turkestan, landeten an der Mündung des Indus und wurden somit zu einer direkten Gefahr für Nordindien. Byzanz verteidigte sich mutig und geschickt und entlastete dadurch die Bedrohung Indiens – ohne daß Bündnisverhandlungen zwischen Kanauj und Byzanz stattgefunden hätten. China vollendete seine Reichsbildung unter der Sung-Dynastie, während als erstes europäisches Volk die Russen ostwärts vordrangen und um 900 das Reich der Chasaren vernichteten und deren Hauptstadt Sarkel am Don eroberten. Zwar wurde dieser erste Anlauf eines europäischen Vordringens nach Asien sofort abgebrochen, da Rußland von den Mongolen unterworfen wurde, die später auch in Indien und endlich auch in China zur Macht gelangten. Aber das westliche Europa raffte sich nun um 1096 zu seinem ersten energischen Gegenstoß auf, zu dem 1. Kreuzzug, wobei die Verteidigung des Glaubens als Bindemittel diente, um die verschiedenen Völker zu gemeinsamem Vorgehen gegen die Expansion des Islams zu einigen.

Es erscheint nützlich, sich zu vergegenwärtigen, was die von den Aryas im Gangestal eingeleitete geschichtliche Gründung bis zum Erlöschen ihres letzten Reichs erlebt hat, welchen Gefahren sie entgangen ist, wie die Fortdauer ihres politischen Daseins ermöglicht und wie verhältnismäßig spät sie von ihrem Schicksal getroffen wurde. Kein anderes Großreich hat eine so lange Lebensdauer erreicht wie das Gangesreich, trotz seiner langen »Interregnen«. Aber gerade diese lange Dauer hat mit dazu beigetragen, staatliche und soziale Reformen zu hemmen, so daß Nordindien am Ende seiner älteren Geschichte noch viele Züge seiner Gründungszeit bewahrte. Dem Industal, das erheblich stärker in den Strudel weltgeschichtlicher Verschiebungen hineingerissen wurde, blieb jedoch politische Unabhängigkeit versagt. Die großen Staatsbildungen im drawidischen Süden, die sich unter wesentlich glücklicheren Umständen bildeten, erreichten ihre volle Reife später; sie hatten den Vorteil, daß angesichts der hauchdünnen Einwanderung aus dem Norden ihr Volksgefüge homogen blieb, wie sie ja auch ihre ursprüngliche Sprache bewahrten. Die Völker des Dekkhan, deren Geschichte erst kurz vor der Zeitwende mit der Dynastie der Satavahanas beginnt, erscheinen in jeder Hinsicht als das jüngste Glied im Subkontinent und begannen die Entwicklungsstadien des Nordens erst 1000 Jahre später.

Diese Staatenwelt im Dekkhan und Süden wird den Machthabern im Gangestal politisch als »Ausland« erschienen sein – ungeachtet aller Gemeinsamkeiten auf kulturellem und religiösem Gebiet, ebenso wie es auch in Europa zu beobachten ist, obwohl dessen religiöse Einheit sogar viel konsequenter durchgeführt wurde als in Indien. In Europa griff man selbst auf geistig-religiösem Gebiet frühzeitig zu Zwangsmaßnahmen, wie der Bekehrung der Sachsen durch Karl den Großen oder zu Kreuzzügen wider die »Ketzer« wie gegen die Albigenser in Südfrankreich. Mit der geringfügigen Ausnahme der Juden gab es dort also keine nichtchristliche Minderheit mehr, nachdem Spanien die letzten Reste des Islams vertilgt hatte. Und diese einheitliche Religion besaß eine straff zentralisierte Kirche und im Papst ein machtvolles Oberhaupt. Schon dieser Zug hat in Europa eine stärkere Einheit auf kulturellem Gebiet geschaffen, als sie Indien je gekannt hat, wo als »Sekten« selbst Gruppen geduldet wurden, die wesentlichste Grundlagen der herrschenden Religion leugneten, wie die Buddhisten, die Jainas oder die Lingayats; und wo selbst die herrschende Religion – der werdende Hinduismus – jedem geistigen Lehrer eine Freiheit des Denkens einräumte, von der sich das Christentum keine Vorstellung hätte machen können; wo jede Organisation fehlte, die den Geistlichen die Möglichkeit gegeben hätte, sich zu gemeinsamen politischen Zielsetzungen zusammenzuschließen. Das war vom geistlichen Standpunkt sicherlich ein Vorzug, der das religiöse Leben befruchtete und es stets in lebendiger Wandlung erhielt; aber politisch fraglos ein Nachteil, da es den Hang zur Zersplitterung in Völker, Kasten und Staaten noch steigerte. So hat auch das abendländische Kaisertum die Reichsidee – die ganze als Einheit gesehene »Christenheit« unter *einem* Oberherrn – viel klarer herausgearbeitet, als es Indien mit Begriffen wie der »jambudvipa« oder dem »chakravartin« tat. Gewiß ist auch das Abendland niemals unter *einer* kaiserlichen Herrschaft politisch vereinigt worden, doch sind die Kaiser einem solchen Ziel immerhin erheblich näher gekommen als die indischen Herrscher. Stellen wir uns vor, daß ein indischer Historiker im Jahre 2000 die Geschichte Europas schriebe aufgrund eines so dürftigen Materials, wie es uns für die ältere Geschichte Indiens vorliegt: dann könnte er durchaus zu dem Schlusse gelangen, daß beinahe alle europäischen Gebiete, wenigstens zeitweilig, dem Kaiser als ihrem Oberherrn gehuldigt hätten: Deutschland und Frankreich waren von Anfang an vereinigt, und Spanien ist später mit dem Reich verbunden worden; die Schweiz und Holland waren alte Reichsgebiete; Italien hat unter wechselnden Formen lange zum Reich gehört, einschließlich Sizilien, das zum Stauferreich trat. Die Lombardei und Venedig sind bis in das 19. Jahrhundert hinein Lehnsgebiete des Reichs gewesen. Die slawischen Völker im Osten haben lange die Lehnshoheit der Kaiser anerkannt, namentlich die Könige von Böhmen und Polen. Selbst Richard Löwenherz von England hat dem Kaiser Heinrich VI. erzwungenermaßen huldigen müssen, während König Johann von England sein Reich sogar vom Papste zum Lehen nahm. Würde man diese Liste mit den Lehnsabhängigkeiten vergleichen, die für die Mauryas oder Guptas nachweisbar sind, so würde ein Außenstehender leicht zu dem Schlusse kommen, daß Europa nicht nur seine kulturelle, sondern darüber hinaus seine politische Einheit in stärkerem Maße verwirklicht hätte, als es Indien in alter Zeit gelungen ist. Vor allem hat das alte Europa eins erreicht: gegenüber dem Islam einen ungleich höheren Grad vereinigter Abwehr und Gegenaktion – wie die Kreuzzüge zeigen. Und in Indien hat nicht nur der Karl Martell gefehlt, der als erster den Ansturm des Islam bremste, sondern auch der Peter von Amiens, der als Wanderprediger durch die Lande zog, um zum Glaubenskampf gegen die Ungläubigen aufzurufen.

Noch auffallender ist der Unterschied, wenn man Indien mit China vergleicht. Dort ist eine Bevölkerung, die an Zahl der des Subkontinents entsprach, so fest zusammengefaßt worden, daß jeder Bewohner – unabhängig von der Sprache – sich schon früh als »Chinese« fühlte, was in Indien eigentlich erst im Laufe des 19. Jahrhunderts möglich geworden ist. So war China besser prädestiniert als Indien, ein »Imperium« zu bilden; und in der Tat hat das große Chinesische Reich sich durch viele Wechselfälle als solches zu behaupten gewußt. Als dann in Indien sogar die geistig-religiöse Grundlage der Kultureinheit durch das Eindringen des Islams zerbrach, hat erst der schwere Druck der Fremdherrschaft (von 1200–1947) ein neues Gemeinschaftsbewußtsein als Vorstufe eines Nationalgefühls entstehen lassen.

Diese zentrifugalen Tendenzen wurden durch die mangelnde Heranziehung des Volks zum staatlichen Leben noch verschärft. Zwar haben alle Kulturen mit einer schroffen Trennung nach gesellschaftlichen Schichten begonnen: Athen und Rom ebenso wie das junge Abendland und China. Das indische Kastenwesen ist nur eine besonders ausgeprägte Form dieser weitverbreiteten Erscheinung. Doch im Abendlande nahm die germanische Herrenschicht die Religion der unterworfenen Bevölkerung (das Christentum) an, so daß sich also auf religiösem Gebiet die herrschende Klasse der unteren anbequemte, während im Gangestal die Religion der Oberschicht zur Herrschaft kam. So konnte die christliche Kirche die ständisch getrennte Gesellschaft auflockern, indem sie den Grundsatz, daß vor Gott alle Menschen gleich wären, praktisch durchführte und – namentlich in älterer Zeit – auch Angehörige bescheidenster Klassen zu Bischöfen oder gar zu Päpsten machte. Im Gangestal vollzog sich der Aufstieg der unterworfenen Schichten in gewaltsamem Durchbruch, wie z. B. in den Kaisern der Nanda-Dynastie; aber diese indischen Kaiser haben wenig getan, um die Schichten, denen sie entstammten, in das staatliche Leben hineinzuziehen. Ashoka hat wohl versucht, den Zusammenhalt seiner Untertanen auf einer sittlich-geistigen Basis zu begründen, hat aber nicht versucht, die angesehenen Gilden der Großkaufleute oder gar die Korporationen der Handwerker zu Trägern staatlicher Mitverantwortung zu machen. Dabei hätte er gut an die altarischen Organisationsformen anknüpfen können, die in den Veden Einstimmigkeit und gemeinschaftliches Wirken aller Dorfbewohner vorsahen*.

Indessen ging selbst dieser weitsichtige Herrscher nicht soweit. Sein Regierungssystem blieb stehen bei der Devise unseres aufgeklärten Despotismus: »Alles für das Volk, aber nichts durch das Volk.« Gewiß wurde die Machtstellung der Fürsten durch die Religion begrenzt, durch allgemein sittliche Anschauungen, wie sie durch schriftkundige Brahmanen vertreten wurden, vielleicht sogar durch einen Kreis solcher Vertreter, der manchmal einer Ständeversammlung nahegekommen sein mag. Aber all das blieb in Anläufen stecken. Das Kastenwesen hat somit zwar soziale Umwälzungen verhindert – ein Vorteil für die Stabilität von Staat und Wirtschaft –, hat jedoch auch vereitelt, daß die Masse der Bevölkerung zum bewußten Gesamtvolk, zur Nation werden konnte.

* Hymne 60, Buch III und Hymne 12, Buch VII.

Dagegen ist das Gangesreich erstaunlich früh zu einem stehenden Heer und einem Berufsbeamtentum gelangt. Innerhalb von 300 Jahren nach dem Beginn der Reichsbildung in Magadha (um 600) ist beides erreicht worden, während in Europa erst Friedrich II. in Sizilien den ersten modernen Staat schuf und der »miles perpetuus« erst in dem Frankreich seiner großen Könige entstand. Auch in Indien hat man bei Besetzung von Beamten- und Offiziersstellen Angehörige aus bürgerlichen Schichten berücksichtigt (ähnlich wie die Stauferkaiser »Ministerialen« ernannten). Wie behutsam man dabei verfahren mußte, zeigen die Zeremonien, mit denen solche neuen Staatsdiener den »kshatriyas« gleichgestellt wurden: Der Herrscher mußte ein Opfer mit Edelsteinen vollziehen, wonach die Begünstigten »ratnins« (Juwelenträger) genannt wurden (Munshi I, 432). Später, in der Zeit der Mogulkaiser, schlossen sich die Staatsangestellten zu einer besonderen Kaste zusammen, den Kayasthas. Immerhin haben diese typisch indischen Aushilfsmethoden verhindert, daß die Brahmanenkaste, die ursprünglich das Monopol für Staatsämter forderte, in ihrem Einfluß so stieg wie in Tibet, wo die Mönche die Staatsgewalt ergriffen. Es entstand weder ein »Kirchenstaat der Brahmanen« noch wurden sie Territorialherren nach Art der deutschen Reichsbischöfe. Andererseits wird dadurch verständlich, daß die Brahmanen, um ihren Einfluß zu behaupten, sich in steigendem Maße an die ewige Geltung alter Schriften und oft abergläubischer oder rein formaler Regeln klammerten, die sie für ebenso heilig hielten wie den eigentlichen Inhalt der Religion.

TEIL III

Süden, Dekkhan und Übersee (ca. 100 v. Chr. bis 1100 n. Chr.)

Kapitel 13

Die Reiche der Tamilen

Bisher gingen diese Betrachtungen vom Gangestal aus, der Wiege der indischen Hochkultur wie dem Schauplatz des ersten Großreichs. Unabhängig von ihm erwuchs im äußersten Süden des Subkontinents eine politische Welt ganz anderer Herkunft und Sprache: die drawidische. Sie tritt mit dem Volk der *Tamilen* in die Geschichte ein. Megasthenes und Ashoka kennen bereits drei von ihnen gegründete Staaten, deren Ursprung also mindestens auf die Zeit um 500 v. Chr. anzusetzen ist. Und da für die letzten Jahrhunderte v. Chr. in den südindischen Häfen bereits überseeischer Handel bezeugt wird; da um 100 v. Chr. dort ein Herrscher schon kilometerlange Kaianlagen am Kauweri-Fluß errichtet, und da um die Zeitwende die erste Blüte der Literatur in Tamil nachweisbar ist, muß auch der Beginn dieser tamilischen Kultur auf 500 v. Chr. geschätzt werden. Da die ersten Sendboten des Nordens erst nach dieser Zeit in den südlichen Raum gekommen sind, ist diese tamilische Kultur unabhängig vom Norden entstanden*.

Die beiden Welten wurden anfangs getrennt durch einen breiten Gürtel, das Dekkhan-Hochland, das zunächst noch

* Die heutige Oberschicht der Tamilen, also ihre Brahmanen, neigen zu einer anderen Auffassung, wie denn ihr größter Historiker, Nilakanta *Shastri*, die eigentliche Geschichte seines Volks mit der Ankunft der Aryas beginnen läßt. Diese sind aber nur vereinzelt hier eingewandert, können also nur das Kulturgut des Nordens vermittelt haben — das den südindischen Brahmanen den gleichen Vorrang sichert, den sie heute einnehmen. In nicht-brahmanischen Kreisen wird stärker das autochthone Element hervorgehoben, das auch in der heutigen Politik wirksam ist (in der Justice-Partei, die die erste demokratische Regierung bildete, oder in der Drawida Muneta Kashagam, deren oft turbulente Aktionen bekannt geworden sind. Einig sind sich beide Seiten in der Forderung, die heimische Sprache, das Tamil, gegen jede Beeinträchtigung zu schützen.

außerhalb von Kultur und Geschichte blieb. Nur Kaufleute drangen mit ihren Waren aus dem Süden durch dieses unerschlossene Gebiet nach Norden vor – auf einer alten Handelsstraße, die an den Megalithbauten bei Brahmagiri vorbei nach Paithan ging.

Die *Tamilen* sind das älteste Volk der drawidischen Sprachgruppe. Ihre Sprache hat die drei anderen befruchtet, das Telugu, das Kannada und das Malalayam. Wann und woher sie in ihre heutigen Sitze gelangt sind, ist noch umstritten. Jedenfalls finden wir sie schon mehrere Jahrhunderte v. Chr. an den beiden Küsten der Halbinsel, der Koromandel- und der Malabarküste. Es ist bezeichnend für sie, daß sie die Nähe des Meeres bevorzugen. Wohl kennen sie Ackerbau und Viehzucht; aber was sie von den Völkern im Gangestal unterscheidet, ist ihr Hang zum Meer, als Fischer, Händler und später als Kolonisatoren. Sie sind das seemännische Volk des indischen Kontinents. Wenn manche Forscher einen überseeischen Handel in ihren Häfen bereits für den Beginn des 1. Jahrtausends v. Chr. annehmen, so drängt sich die Vermutung auf, daß sie derartige Erfahrungen entweder aus ihren früheren Sitzen mitgebracht oder später Lehrmeister erhalten haben, die sie ihnen vermittelten. Die erste Möglichkeit würde dafür sprechen, daß sie mit der Bevölkerung der Induskultur identisch oder doch verwandt gewesen sind; die andere, daß die Kaufleute aus Mohenjo Daro nach ihrer Vertreibung südwärts in dieses Gebiet auswichen, wo sie wahrscheinlich schon vorher Handelsniederlassungen gehabt hatten. Groß braucht ihre Zahl nicht gewesen zu sein; denn wie so oft in der Geschichte, mag auch hier eine »mikroskopische Minderheit« genügt haben, um solche Umwandlungen herbeizuführen. Wer die Tamilen im ganzen als Nachkommen der Industalbewohner ansieht – an sich eine bestrickende Lösung vieler Probleme – müßte allerdings erklären, weshalb die tamilische Literatur der sogenannten »Sangam-Zeit« nicht die geringste Erinnerung an eine frühere Heimat im Industal erkennen läßt.

Die Sozialordnung der Tamilen beruhte auf dem totemistischen Klanverband – wie bei vielen jungen Völkern. Und wie anderwärts wurden als Totem-Bezeichnungen auch Tiernamen gebraucht – was später den Hochmut der Aryas veranlaßte, diese dunkelhäutige Bevölkerung in ihren Epen als Tiere darzustellen, wie die Affen im Ramayana. Staatlich lebten sie unter Monarchen, die allerdings gewählt wurden und unter gewissen Umständen abdanken mußten, um sich dann als Eremiten in die Einsamkeit zurückzuziehen. Anfangs mögen viele Stammeskönige regiert haben; zu Ashokas Zeit werden drei Staaten genannt: die Cholas an der Koromandelküste, die Pandhyas beiderseits der Südspitze und die Cheras im heutigen Malabar. Diese Trennung beruhte also nicht auf ethnischen Unterschieden, sondern auf machtpolitischen Auseinandersetzungen, die ein »alltamilisches Gemeinschaftsgefühl« wohl verhindert haben. Erst spät unter den großen Cholas wurden alle Teile des Tamilenvolks für einige Zeit unter *einer* Herrschaft vereinigt.

An der Ostküste ist es den Cholas schon um 300 n. Chr. gelungen, eine Art Hegemonie über andere Stammesstaaten zu erringen. Den Traumgedanken eines »gerechten Friedenskaisers« aber, der ihnen inzwischen durch die Sendboten des Nordens vermittelt wurde, haben sie zu einem Herrscher umgestaltet, der »im geflügelten Wagen *über den Wolken* thront«, dessen Verwirklichung auf Erden also nicht zu erwarten ist. Wohl haben auch sie in der Zeit ihrer Reife Großstaaten geschaffen, wie das hochbedeutsame, seebeherrschende Reich der späten Cholas; aber eine Vereinigung aller drawidisch sprechenden Völker hat erst die Not der Moslemeroberer zustande gebracht: im Reich von Vijayanagar.

Die idyllisch-friedliche Welt, die sich in den Liedern der Sangam-Zeit wiederspiegelt, wurde rauh unterbrochen durch den Einfall eines »wilden«, also noch primitiven Bergvolks, der Kalabhras*. Sie mögen aus dem mittleren Dekkhan stammen, wo in der Gegend von Maski-Brahmagiri die Megalithkultur bekannt geworden ist. Daß diese kulturell und wirtschaftlich zurückgebliebenen Bergstämme voll Neid auf den blühenden

* Sollten die Kalabhras aus der Megalith-Welt stammen, würde das die sonst überraschende Tatsache erklären, daß sich solche Bauten auch in den Niederungen finden, wo es keine Granitblöcke gibt. Die Greueltaten, die den Kalabhras zugeschrieben werden, scheinen überwiegend nur Sakrilege gewesen zu sein: daß sie Kühe nicht nur raubten (was als standesgemäß galt), sondern auch schlachteten; und daß sie sogar Dörfer plünderten, die von frommen Fürsten an Brahmanen verschenkt waren. Buddhistische Quellen äußern sich wohlwollend über die Kalabhras, offenbar weil einer ihrer Häuptlinge (Accutavi Kanta) die Anlage eines buddhistischen Klosters gefördert hat.

Reichtum blickten, der in den Niederungen durch bessere Landwirtschaft und Überseehandel entstand, ist verständlich; und dieser Neid mag sie zum plündernden Einbruch in die junge Kulturwelt getrieben haben, wie dies bis in unsere Zeit noch die Bergvölker des Himalaja, des Hindukusch oder der Naga-Hills tun. Dieser Einfall der Kalabhras um etwa 300 n. Chr. hat das Gebiet der Cholas ganz und das der benachbarten Küstenstaaten teilweise getroffen und sie durch Unterwerfung unter diese primitiven Häuptlinge kulturell wie politisch zurückgebracht. Dieser Rückschlag hat ihr geschichtliches Leben für einige Jahrhunderte verdunkelt.

Die Befreiung von diesen Eindringlingen aus dem unwirtlichen Dekkhanhochland ist eine der frühsten geschichtlichen Taten der Tamilen. Um 600 n. Chr. rafften sich südlich des Einbruchsgebiets die minder betroffenen Pandhyas auf, während nördlich davon ein neuer Faktor eingriff: die Pallavas. Beiden gelang es, die Kalabhras unschädlich zu machen, wobei viele von ihnen im Lande blieben und in der Bevölkerung aufgingen. Aber die Küstenbewohner lernten aus dieser bitteren Erfahrung. Sie begannen mit Feldzügen in das Hochland mit dem Ziel, die »wilden« Bergstämme zu zivilisieren oder sie gar unter die Schutzherrschaft der Küstenstaaten zu bringen. Dadurch wird sich das Geltungsgebiet der Tamilsprache ausgedehnt haben. Allerdings wuchsen inzwischen auch die Sprachen der Völker im heutigen Andhra und in Maisur (Telugu und Kannada), so daß zunächst drei drawidische Sprachen mit drei Völkern entstanden. Erst viel später entwickelte sich die Mundart an der Malabarküste zu der Tochtersprache des Tamil, dem Malayalam. Das eigentliche Tamil reicht ziemlich konstant an der Westküste bis zur Mündung des Chandragiriflusses bzw. dem Platze Kasaragod und an der Ostküste bis zu den Tripathibergen bei Nellore. So viele Begriffe diese Sprache später aus dem Sanskrit auch entlehnt hat, ist sie doch nach Grammatik und Wortstämmen eine vollkommen eigene Sprache, so daß sich die drawidisch sprechende Bevölkerung noch heute deutlich von dem Teil der Inder abhebt, die Sanskrit-Tochtersprachen gebrauchen.

Das langsame Eindringen der nordindischen Hochkultur in den drawidischen Süden beginnt in der zweiten Hälfte des 1. Jahrtausends v. Chr. Es vollzog sich überwiegend friedlich. Als Ausnahme kann man die Usurpation der Pallavas ansehen, die den Tamilen wegen ihrer Herkunft aus dem Norden als volksfremd galten, oder den triumphalen Zug des Kaisers Samudragupta (um 360 n. Chr.), der indessen keine politischen Veränderungen brachte. Sonst hat sich die kulturelle Infiltration gewaltlos, ganz im Sinne Gandhis vollzogen. Sie hat die Sprachen der Drawiden nicht berührt, ihnen aber die geistig-religiöse Gedankenwelt des Nordens vermittelt und sie dadurch auf eine höhere Kulturstufe gehoben. Außer ihrer starren Behauptung der Sprache – das Sanskrit wurde nur für religiöse und literarische Zwecke angenommen – haben sie auch das verwickelte Kastensystem des Nordens nur insoweit übernommen, als sich die Brahmanen, die eigentlichen Stifter und Bewahrer der neuen Kultur, wie im Norden, zu einer besonderen Kaste zusammenschlossen, während alle übrigen die »Nichtbrahmanen« blieben, allerdings nach und nach ebenfalls Unterkasten bildeten. Eine echte Kriegerkaste kam nicht zustande, da sich die kriegerischen Gruppen (Bedas, Kurisher, Makal, Nairs) nicht zusammenschlossen. Es gibt daher keine »tamilischen kshatriyas«. Selbstverständlich nahmen sie auch nicht die Lehre an, daß Reisen über das Meer die Kaste beeinträchtige, da sie ein seefahrendes Volk waren und blieben.

Die Träger dieser kulturellen Mission waren anfangs nur Einzelpersonen, die teils aus missionarischem Enthusiasmus auszogen, teils aus persönlichen Gründen ihre Heimat im Norden verließen, um in Gegenden zu wandern, die Hermann Goetz so treffend den »wilden Westen« des Gangestals nennt, obwohl das nur für das bergige Binnenland zutrifft. »Es waren brahmanische Missionare, religiöse Dissidenten, ausgestoßene kshatriyas oder fahrende Ritter«, wie er schreibt*.

Die Legende hat die Summe dieser Einzelaktionen in zwei Figuren gestaltet: Agasthya und Parasumara. Wenn die Überlieferung zutrifft, daß Agasthya seinen Eremitensitz – heute würde man sagen »Ashram« – bei Vatapi genommen hat, also

* H. Goetz, Geschichte Indiens, Kohlhammer-Verlag 1962, S. 51.

beim heutigen Badami im kanaresischen Sprachgebiet, dann hätte er in einem Zentrum der Megalithkultur gewirkt, also in einer Gegend, die – verglichen mit der Küste – damals noch auf primitiver Stufe stand. Dann hätte er, wie die Sage will, unter »Barbaren« gearbeitet. Parasumara, der wegen eines Muttermordes (wie Orest) flüchten mußte und auszog, um aus Rache »alle kshatriyas zu vernichten«, soll nach Kerala gelangt sein, wo er zwar keine arischen kshatriyas vorfand, wohl aber bereits deren Religion. Denn Agasthya hat nach tamilischer Überlieferung auch Kerala besucht und soll dort sogar die erste Grammatik der dortigen Sprache verfaßt, also ein so schwieriges Werk geschaffen haben, daß sich hinter dieser Gestalt wohl eine Vielzahl von Missionaren verbergen dürfte.

Der erste große Staat, der im Land der Tamilen entstand, war der der *Pallavas,* die wahrscheinlich aus der Gegend weiter nördlich stammen; denn sie erscheinen um 300 v. Chr. als Grenzfürsten in der Südostecke des heutigen Andhralandes; sie waren demnach keine Tamilen.

Sie eroberten eine Landschaft, die ursprünglich die Heimat der Cholas war, die aber die »wilden« Kalabhras besetzt hatten. Hier trafen sie um 360 auf den Kaiser Samudragupta. Im Kampf mit diesen beiden Gegnern haben sie ihren Staat gegründet und dem Lande damit einen doppelten Dienst erwiesen, indem sie den Kaiser zum Rückzug nötigten und die Kalabhras zurückdrängten. Ihr erster großer Herrscher, Sinha-Vishnu, hat die Kalabhras dann um 580 endgültig aus dem Küstenland vertrieben.

So konnten sie ihre Hauptstadt in die heilige Stadt Kanchipuram (Conjeevaram oder kurz *Kanchi)* verlegen und dehnten ihre Herrschaft südwärts bis zu dem Flusse Kauveri (Cauwery) aus, der traditionellen Nordgrenze der Pandhyas. Sie kamen als Sendboten der nordindischen Kultur. Das bezeugen ihre Inschriften, die sie anfangs in Prakrit, später in Sanskrit verfaßten, sowie ihre Bauten und Plastiken nahe ihrer Hafenstadt Mamallapuram (»Sieben Pagoden«), die ältesten Steinbauten der Gegend, die heute zu den größten Sehenswürdigkeiten Indiens zählen.

Schon früh lockte sie das Meer sowohl für den Handel wie für die Kolonisation ferner Gebiete. Sie bauten den damals modernsten Hafen und förderten ihre Untertanen, die in den südostasiatischen Raum drängten, wo Sanskritinschriften in ihrer frühen Schrift (dem Pallava-Grantha) gefunden worden sind: in Java, Borneo und Indochina. Gegen Ceylon, die älteste arische Siedlung im Ozean, unternahmen sie eine Expedition zur See, um dort ihre Macht zu zeigen. Aber ihre überseeische Betätigung wurde erschwert durch die Gefahren, die ihnen zu Lande drohten.

Das galt kaum noch von den Kalabhras. Aber um Wiederholungen solcher kulturfeindlichen Invasionen vorzubeugen, unternahmen sie – als erste südindische Dynastie – planmäßige Züge in das unerschlossene Bergland, um die dort lebenden Stämme zu kultivieren und um die dann entstehenden Stammesstaaten – der Banas, Gangas u. a. – von Beutezügen in die fruchtbaren Küstengebiete abzuschrecken. Zur Hauptgefahr wurde das Dekkhanreich. Je mehr beide Staaten erstarkten, desto gespannter wurde ihre Rivalität. Als schließlich im Dekkhan nach dem Ende der beiden ersten Dynastien – der Satavahanas und der Vakatakas – mit denen noch friedliche Beziehungen bestanden haben, die *Chalukyas* die Macht ergriffen, brach offener Kampf aus; denn diese richteten ihre begehrlichen Blicke auf das Delta der beiden Ströme Godavari und Krishna (Kistna), damals *Vengi* genannt, um an dem gewinnbringenden Handel seiner Häfen teilzunehmen. Der große Chalukyaherrscher Pulakesin II. (609–642) eroberte das Delta und setzte dort unter seinem Sohn eine eigene Verwaltung ein – ein schwerer Schlag für die Pallavas. Dann drang die Dekkhanarmee bis zur Hauptstadt Kanchi vor, wo es dem Pallavaherrscher Mahendra-varman (600–639) gelang, den Ansturm zum Stehen zu bringen. Das war der Auftakt zu einer Kette von Kriegen, in denen beide Staaten um die Vorherrschaft in diesem Raum und um den Besitz des Deltas miteinander rangen. Zeitweise verbündeten sich die Chalukyas mit den Pandhyas und erweiterten ihn zu einem Zweifrontenkrieg gegen die Pallavas*. Diese traten um 620 zum Gegenangriff an, drangen tief in das Dekkhanreich ein und hielten seine dama-

* Die Einzelheiten seien kurz skizziert: Der Pallava Narasinhavarman (630–663) und sein Nachfolger Parmesvara-varman I. (670–680) blieben erfolgreich; der letztere gewann sogar bei Udaiyur einen bedeutenden Sieg über die verbündeten Chalukyas und Pandhyas. Paramesvara II. (720–731) mußte einen Frieden mit Gebietsabtretungen und Kriegsentschädigungen erkaufen und Nandivarman II. (731–795) sogar eine Plünderung seiner Hauptstadt hinnehmen (740).

lige Hauptstadt Badami (Vatapi) von 624–654 besetzt. Sie dehnten den Krieg auch auf die Staaten südlich der Tungabadhra aus, die das Dekkhanreich ebenfalls zu unterwerfen suchte, wobei die Banas ihre Selbständigkeit einbüßten, während die Gangas ihre Existenz durch eine geschickte Schaukelpolitik zwischen den beiden Großmächten behaupten konnten. Der Dynastiewechsel im Dekkhanreich von den Chalukyas zu den Rashtrakutas änderte die Lage nur insoweit, als diese sich stärker gegen das Gangesreich wandten, was die Pallavas entlastete. Dafür drängten die Pandhyas stärker vor. Obwohl die Pallavas sie mehrfach schlugen (775 und 850), zehrte der Krieg an ihrer Kraft, und ein neuer großer Ansturm von Norden unter dem Rashtrakuta Govinda III. (792–819) traf auf einen schon geschwächten Staat. Das gab den Cholas die Gelegenheit, aus ihrer Ohnmacht aufzustehen und der Herrschaft der Pallavas ein Ende zu bereiten (897). Der Staat der Pallavas, der über 600 Jahre bestanden hatte, war über 300 Jahre die unumstrittene Hegemonialmacht des tamilischen Südens gewesen. Als Fremde ins Land gekommen, hatten sie ihm große Dienste geleistet.

Wenn sie, wie manche Forscher sagen, früher enge Kontakte mit den Satavahanas gehabt haben, besaßen sie ein wesentliches Moment gemeinsam: Beide waren in ihrem Raum die erste Großmacht; beide haben in entscheidender Weise die Kultur des Nordens gefördert und dadurch beigetragen, ihre Gebiete dem gesamtindischen Kulturkreis einzufügen. Beide haben damit etwa die historische Sendung durchgeführt, die in England den Normannen zufallen sollte. Alle drei waren in ihren Gebieten »landfremd«, aber als solche vielleicht gerade geeignet, eine neue Kultur von auswärts einzuführen; und alle drei sind dann von inzwischen herangereiften einheimischen Dynastien abgelöst worden: die Normannen durch die Plantagenets, die Satavahanas durch die Vakatakas und sie selbst durch die Cholas, auf welche nun die Rolle der Vormacht im Süden überging.

Die Cholas

Diese größte der südindischen Dynastien hat zwei politische Ziele verwirklicht: Sie hat zum erstenmal alle Tamilen staatlich vereinigt und die Seeherrschaft über den Indischen Ozean erlangt. Ihre Tragik liegt darin, daß sie nicht – wie die Briten – auf einer Insel lebte, von der aus sie sich ihren überseeischen Aufgaben ausschließlich widmen konnte, sondern verwundbare Landgrenzen zu verteidigen hatte. Diese Aufgabe trieb sie schließlich dazu, in ständigem Kampf mit den Nachbarstaaten das kontinentale Großreich – halb wider Willen – zu errichten, von dem sie Rückendeckung für ihre überseeische Politik erhoffte. Diese Festlandpolitik war die Hypothek, die auf ihr lastete. Aber selbst mit ihr hat sie in den siebzig Jahren der Regierung ihrer drei großen Herrscher (983–1054) die beiden obengenannten Aufgaben gelöst und diese Jahre zu einer der glänzendsten Epochen der ganzen indischen Geschichte gemacht*.

Ihre Heimat war die Landschaft Tonda-mandalam mit der Stadt Kanchi. Der Einbruch der Kalabhras traf sie härter als alle anderen; ihre Oberschicht zog ins Exil, in ein Gebiet nördlich des Deltas, wo sie um 300 unter der Bezeichnung »Telugu Cholas« nachweisbar ist. Sie nahmen es hin, daß die Pallavas, die ihre Heimat befreiten, sich in ihr niederließen, und warteten ihre Zeit ab, die sie allerdings erst nach über 250 Jahren gekommen sahen. Dann stürzten sie die altersmüden Pallavas (846), und ihr Herrscher Aditya I. (871–907) befestigte ihr früheres Gebiet, behauptete sich gegen die Restaurationsversuche der Pallavas und brachte durch zwei Siege über die Pandhyas diesen unruhigen Nachbarn im Süden unter Lehnshoheit. Die junge Kriegsflotte der Cholas errang ihren ersten Erfolg durch eine Demonstration vor dem Kriegshafen der Cheras (in Kerala an der Malabarküste). So waren sie zum ersten Male die Führungsmacht aller Tamilen, der Pandhyas wie der Cheras. In kluger Einschätzung der Gefahren, die von den Völkern im Bergland drohten, unterwarfen sie dann die Banas (bei Kolar), die Landschaft Kongudesa (bei Coimbatore) und sogar die Gangas südlich der Tungabhadra. Bis 920 brachten sie das gesamte Hochland südlich dieses Stroms unter ihre Kontrolle.

Dadurch gerieten sie – ebenso wie früher die Pallavas – in scharfe Spannung zum Dekkhanreich, das in ihnen die Erneuerung der früheren Nebenbuhlerschaft in verschärfter Form

* Rajaraja I. 985–1004, Rajendra I. 1004–1044, Rajadiraj I. 1044–1054.

erblickte. Aufs neue begann der Kampf um die Hegemonie auf der Halbinsel. Der erste Waffengang mit den Rashtrakutas endete mit einem Kompromiß, indem der Chola eine Prinzessin der Dekkhan-Dynastie heiratete. Der eigentliche Zankapfel jedoch wurde nun der Streit um das Delta mit seinen Häfen, deren handelspolitische Bedeutung mit der wachsenden Durchdringung Südostasiens ständig stieg. Da in Vengi aber noch ein Zweig der Chalukyas regierte, deren Haus im Dekkhanreich abgesetzt war, neigten diese eher zu den tamilischen Cholas als zu den Rashtrakutas, die ihnen als Usurpatoren galten. Als der Dekkhanherrscher Krishna II. versuchte, seinen Enkel in Vengi auf den Thron zu bringen, erlitt er zwar eine schwere Niederlage (bei Tiruvallam 914), bereitete dann aber einen Revanchekrieg sorgfältig vor, namentlich durch Bündnisse mit den Staaten südlich der Tungabhadra, und brachte den Cholas die vernichtende Niederlage bei Takkolam bei (949). Die Rashtrakutas konnten (bis 970) Kanchi besetzen, auch einen Gegenschlag der Cholas erfolgreich abwehren, so daß diese Zeit für die Cholas einen politischen Tiefstand bedeutete. Mit dem Regierungsantritt ihres größten Herrschers, *Rajaraja* I., kam die Wende. Die siebzig Jahre bis 1054, die seine Regierung und die seiner beiden ebenbürtigen Nachfolger, Rajendra I. und Rajadiraj I. umfaßten, führten die Cholas auf den Gipfel ihrer Macht. Die Kraft der Rashtrakutas erlosch; ihre Nachfolger, die späteren Chalukyas, wandten sich mehr dem Norden zu, wo das Gangesreich wieder erstarkte. So konnten die Cholas zunächst mit ihren südlichen Nachbarn abrechnen. Die Pandhyas wurden aufs neue unterworfen. Die Kriegsflotte der Cheras wurde in ihrem Hafen von Kandalur überfallen und vernichtet – ähnlich wie es England mit der dänischen Flotte 1814 in Kopenhagen gemacht hat (997). Eine weitere Flottenunternehmung schüchterte den Herrscher von Ceylon ein. Dann wurden die Gangas, die als Pufferstaat zum Dekkhanreich damals zu beachtlicher Bedeutung gelangt waren, wieder in das Cholalager zurückgeführt; und endlich nahm man diplomatische Fühlung zu den nördlichen Nachbarn des Dekkhanreiches auf, zu den rajputischen Paramaras in Malwa und zu den Kalachuris in Kosala. Aber selbst dieser Dreibund vermochte die starke Dekkhanarmee nicht zu bezwingen; sie überschritt die Tungabhadra und drang tief in das heutige Maisur ein (bis Halebid – 1019). Im neuen Angriff gelangten die

Cholas ihrerseits bis Maski (in das alte Megalithgebiet) – doch die Schlacht blieb unentschieden. Inzwischen mußten sie es erleben, daß ihre Teluguvettern die Dynastie in Vengi verdrängten und das wichtige Delta besetzten (973–999), ja sogar von dort Kanchi bedrohten. Mit einer klugen politischen Wendung fingen die Cholas diese neue Gefahr dadurch ab, daß sie die Souveränität des Deltastaates anerkannten und ein Bündnis mit seinem legitimen Herrscher in Form einer Erbheirat abschlossen. Der ersten Heirat einer Cholatochter mit einem Chalukyaerbprinzen folgte in der nächsten Generation eine zweite gleicher Art, so daß der Sproß dieser beiden Ehen – *Kulottunga* – zu Dreiviertel Cholablut hatte; und indem er selbst dann die Erbtochter des Cholareichs heiratete, konnte er beide Staaten in Personalunion vereinigen. Diese Politik befähigte die Cholas, nunmehr das Dekkhanreich bei Pundi (1047) entscheidend zu schlagen, seine Hauptstadt Kalyan für mehrere Jahre zu besetzen und 1054 bei Koppam einen entscheidenden Sieg zu erringen, bei dem zwar ihr eigener König fiel, aber die militärische Kraft des Erbfeindes gebrochen wurde. Zwar vermochte der Dekkhanstaat sich noch einmal erfolgreich zu einem Vorstoß aufzuraffen, dabei sogar die neue, etwas weiter südlich errichtete Hauptstadt der Cholas – Gangakondai – zu plündern, aber der inzwischen zur Regierung gelangte *Kulottunga* (1070–1118) trieb sie zurück, bestieg den Thron, der nunmehr beide Reiche vereinigte, und behauptete seinen neuen Besitzstand auch gegen den letzten Einfall des Dekkhans – womit das Delta dem Dekkhanreich endgültig verloren ging.

Nebenher fanden ständige Kämpfe gegen die Pandhyas statt, die immer wieder gegen die Cholaherrschaft rebellierten und dabei häufig von Ceylon unterstützt wurden. Dabei hatten die Cholas insofern Glück, als diese südlichen Gegner ihre Aktionen nicht mit denen des Dekkhanreiches abstimmten, so daß niemals gleichzeitig ein Kampf an beiden Fronten zustande kam. Aber diese ständige Bedrohung durch ihre stammverwandten tamilischen Nachbarn zwang die Cholas dazu, die vedische Völkerrechtsregel zu brechen, nach der ein besiegter Fürst zwar unter Lehnspflicht gestellt, aber seines Landes nicht beraubt werden durfte. Das Pandhyaland wurde regelrecht annektiert und 1012 einem Vizekönig unterstellt. Die fürstliche Familie floh nach Ceylon, von wo aus sie neue Aufstände gegen die Cholas betrieb. In diesen Kämpfen landete Rajendra I. in Ceylon, nahm die Hauptstadt Anuradhapura ein, verlegte den Sitz seiner Okkupationsverwaltung nach Polonnaruva und wurde in schwere neue Kämpfe verwickelt, da Ceylons Herrscher einen kräftigen Widerstand gegen die Eindringlinge organisierte. *Kulottunga* gab diesen prekären Außenbesitz auf und erkannte im Frieden von 1088 die Unabhängigkeit Ceylons an. Dagegen suchte er seine Herrschaft über das Land der Pandhyas durch ein neuartiges System von Militärkolonien zu sichern. Indessen vermochten die Pandhyas nach seinem Tod in einem sehr verwickelten Erbfolgekrieg, in den auch Ceylon wieder eingriff, Anfang des 13. Jahrhunderts ihre Unabhängigkeit zurückzugewinnen, um dann – nach dem Erlöschen der Cholas – noch zur letzten Vormacht des tamilischen Südens aufzusteigen.

Auch *Kerala* blieb lange unter der Kontrolle des Cholareichs. In kluger Einschätzung ihrer geringen Machtmittel gaben die Cheras stets rechtzeitig nach, wenn sie nur in ihrem Eigenleben unbehelligt blieben. Nördlich der Tungabhadra, also im Kerngebiet des Dekkhanreichs, erwarben die Cholas vorübergehend Lehnshoheit über Telengana, das Kerngebiet der Telugu sprechenden Andhras. Diese Machtposition gewährte ihnen einen guten Flankenschutz, als sie später ihre große Aktion gegen Bengalen durchführten.

Aber alle diese festländischen Unternehmungen blieben, obwohl sie einen großen Teil ihrer Kraft verzehrten, doch ein Nebenkriegsschauplatz im Vergleich mit ihrer Betätigung über See.

Seit ihren frühen Anfängen waren die Cholas auf den überseeischen Handel eingestellt, den sie als eine ihrer wichtigsten Einnahmequellen betrachteten. Ihr erster Herrscher, Karikal, ließ schon um 200 n. Chr. in Puhar einen Hafen bauen. Je kostspieliger ihre Kriegspolitik auf dem Festland wurde, desto stärker wuchs ihr Interesse am Seehandel, desto mehr lockte sie die weit ausgreifende kolonisatorische Betätigung in Südostasien. Unter den wagemutigen Kaufleuten, die sich an diesem oft abenteuerlichen, aber gewinnreichen Geschäft beteiligten, spielten die Tamilen von jeher eine führende Rolle, fanden aber mehr und mehr starke Konkurrenz von seiten der Angehörigen anderer indischer Staaten. Sie wird ebenso heftig gewesen sein, wie es später die zwischen den Europäern werden sollte. Vor allem galt es, die Seehandelsstraßen zu sichern; denn die Macht, die als erste mit einer schlagkräftigen Flotte auf dem Ozean erschien, konnte hoffen, den größten Anteil am Gesamtgewinn einzubringen. So haben die Cholas mit großem Erfolg versucht, ihre anderen Mitbewerber möglichst herauszudrängen und die in Südostasien entstehenden Handelsniederlassungen und die sich dort bildenden neuen Staaten unter ihre Kontrolle zu bringen.

Diesem Zwecke diente schon ihre Politik gegenüber den Pandhyas, ebenso gegenüber Ceylon, da beide einen beachtlichen Anteil am Überseehandel hatten und Ceylon schon damals die wichtigste Zwischenstation für den Handel mit China war. Seine Annexion, die diesen Transithandel in die Kontrolle der Cholas brachte, erwies sich allerdings als eine zu kostspielige Methode, so daß die Cholas sie wieder aufgaben und sich auch in Malaya, Sumatra und Indochina mit sehr lockeren Formen der Einflußnahme begnügten; infolgedessen sind sie zu einer »echten« Kolonialmacht im heutigen Sinne nicht geworden.

Zu den ertragreichsten Häfen gehörten die des Deltas. Ihr Besitz ist den Cholas stets als eins der obersten Ziele ihrer Politik erschienen und hätte allein schon die Kriege mit dem Dekkhanreich gerechtfertigt. Kräftige Mitbewerber am Südostasienhandel wurden die Anrainerstaaten des Golfs von Bengalen, *Orissa* und *Bengalen* mit seinem vorzüglichen, altbekannten Hafen Tamluk an der Gangesmündung. Daher entschloß sich Rajendra I. um 1023, auch in diesem Raum seine Machtstellung zu zeigen. Er entsandte ein starkes Heer dorthin, das, gestützt von einer begleitenden Flotte, längs der Küste erst Orissa durchzog und dann in das südliche Bengalen einbrach – eine damals unerhört neue Verbindung von Land- und Seestreitkräften. Viele mögen sie derzeit als eine späte Antwort des drawidischen Südens auf die »digvijaya« des Kaisers Samudragupta empfunden haben. Aber im Gegensatz zu ihm verfolgten die Cholas einen höchst realistischen Zweck: die Handelskreise des durchquerten Küstengebietes von einer allzu eifrigen Teilnahme am Überseehandel abzuschrecken. Der Traum der Cholas, aus dem Bengalischen Meerbusen – der Purva Samudra – ein Cholameer – »mare nostro« – zu machen, ist durch diese kühne Unternehmung der Verwirklichung zeitweise nahegekommen. Auch schufen sie sich maritime Stützpunkte, deren strategischen Wert sie früh erkannt haben. Sie besetzten die verschiedenen Inselgruppen, wie die Malediven, die Nikobaren, Andamanen und Minikoy (um 1012), was ihren Kriegs- und Handelsschiffen freie Bewegung auf dem Ozean sicherte. So vorbereitet, gingen sie an ihr größtes Unternehmen zur See, das ihren politischen Einfluß auf die Gebiete von Malaya, Sumatra und Java sichern sollte. In zwei großen Flottendemonstrationen zeigten Rajaraja um 1025 und Rajendra um 1069 an jenen fernen Küsten die Macht des Cholareiches. Wir wissen nicht, ob unmittelbare Anlässe vorlagen; ob sich das dort entstandene Reich von *Srivijaya* mit seinen beiden Mittelpunkten auf Sumatra und Malaya irgendwie unfreundlich gegen die Cholas und ihre Kaufleute gezeigt hatte, oder ob bei Rajaraja vielleicht Erbansprüche mitgewirkt haben insofern, als seine Mutter der Dynastie entstammte, die in Kadram auf Malaya regierte. Für ihre Handelspolitik bedurfte es solcher Vorwände nicht, denn das Ziel war durchsichtig: Sie wollten den dortigen Handel, der zu den gewinnreichsten der damaligen Welt gehörte, unter Kontrolle bringen und stärker an ihm beteiligt werden. Darüber hinaus galt es, den freien Durchgangsverkehr durch die Meerenge von Malakka für die eigenen Schiffe, die nach China fuhren, sicherzustellen. Gerade an China waren die Cholas sehr interessiert; mindestens dreimal haben sie eine Gesandtschaft dorthin geschickt (1016, 1033, 1077). Jedenfalls sind die Flotten der Cholas im Raum Malaya-Sumatra mit großem kriegerischen Aufwand erschienen, haben Truppen gelandet, die beiden Hauptstädte zeitweilig besetzt und den dortigen Herrschern Verträge aufgenötigt, wie sie einer siegreichen Seemacht entsprachen. Die Cholas waren eben damals die einzige Großmacht in jenem Teil der Erde, die eine starke Kriegsflotte besaß und den Willen hatte, sie einzusetzen. So haben sie die Seeherrschaft über den Ozean ausgeübt, den wir noch heute den »Indischen« nennen.

Das Ende des großen Cholareiches kam schrittweise. Nachdem der Dynastiewechsel mit der Thronbesteigung von Kulottunga (im Jahre 1070) überraschend glatt vollzogen war, hat das Reich noch beinah einhundertfünfzig Jahre bestanden. Zwar war sein Gefüge schweren Erschütterungen ausgesetzt, aber die lange Friedenszeit von 1126 bis 1250 hat dem Lande aufgrund seiner wirtschaftlichen Leistungsfähigkeit und kolonialen Gewinne einen blühenden Wohlstand gebracht. Wohl hatten die Herrscher an den Grenzen ständig zu tun, haben aber – abgesehen von dem erwähnten Verzicht auf den Besitz von Ceylon – den territorialen Bestand des Reiches im wesentlichen erhalten können. Das Dekkhanreich ging mittlerweile zu Ende, so daß diese Gefahr erlosch. An seine Stelle traten allerdings die ehrgeizigen Nachfolgestaaten, die versuchten, das Erbe der späten Chalukyas für sich zu ergattern. Schon Kulottunga III. mußte 1205 einen Feldzug in das Andhragebiet führen. Dann waren Einfälle abzuwehren, wie 1073 einen der Kalachuris, die in dem reichen Gebiet zu plündern hofften, oder 1250 ein solcher der Kakatiyas, den neuen Herren in Telengana. Auch Orissa, das damals politisch erstarkte, versuchte sich in den Besitz des Deltas zu setzen – in mehreren Feldzügen (1096 und 1110). Zudem scheinen die Beziehungen zu dem Reich in Sumatra und Malaya zu dem Plan geführt zu haben, eine dritte Flottenexpedition dorthin zu entsenden. Vielleicht ist sie durch die Gesandtschaft abgewendet worden, die der dortige Herrscher an den Hof der Cholas schickte (1090).

Eine größere Bedrohung entstand im Bergland, wo eine besonders tatkräftige junge Dynastie, die Hoysalas, aus den dortigen Kleinstaaten ein größeres Reich schuf, wodurch den Cholas die Kontrolle dieser Gebiete entglitt. Aber ihre kluge Politik gestaltete die Beziehungen zu diesem neuen Nachbarn so freundschaftlich, daß die Hoysalas ihnen in ihrer schwersten Stunde sogar aktive Hilfe gewährt haben, und zwar gegen die Pandhyas, die unter Führung ihres willensstarken Herrschers Jatarvarman Sundaram nun zur Vormacht der tamilischen Welt wurden. Sie vermochten nicht nur einen der letzten Cholaherrscher gefangen zu nehmen, sondern den letzten sogar zur Anerkennung ihrer Oberhoheit zu zwingen (1258), wodurch die ruhmreichen Cholas als unabhängiger politischer Faktor ausschieden.

Die Pandhyas

Die Pandhyas gründeten im äußersten Süden einen rein tamilischen Staat, in dem Volk und Dynastie ungewöhnlich fest miteinander verbunden waren. Ihre erste geschichtliche Leistung war die Vertreibung der Kalabhras durch ihren Herrscher Kadungon (590–626). Dann versuchten sie, sich nach Norden gegen die Pallavas und Cholas, ebenso wie nach

Westen gegen Kerala und auch nach Norden in das Bergland auszudehnen und haben früh freundschaftliche oder kriegerische Beziehungen zur Nachbarinsel Ceylon gepflegt. Das Aufkommen des Cholareichs bedrängte sie und führte zeitweise zu ihrer Unterwerfung. Ihre aus dem Exil zurückkehrende Dynastie verzettelte ihre Kraft in einem sinnlosen Erbfolgestreit (1169–1177); aber mit dem Erlöschen der Übermacht der Cholas gelang es ihrem bedeutenden Herrscher Jata-Varman Sundaram um 1250, seinen Staat zum kräftigsten der Tamilenwelt zu machen – eine Stellung, die sein ebenbürtiger Nachfolger, Maravarman Kulasekara (1268–1310) behauptete. Gerade als Marco Polo seinen Staat besuchte (1293), ließ er sich allerdings verleiten, in einem neuen Erbstreit die Moslems ins Land zu rufen – ein Volksverrat, der dem Staat ein unheilvolles Ende brachte.

Kerala

Das heutige Kerala, das drei Superlative vereinigt – das landschaftlich schönste, das dichtest bevölkerte Gebiet Indiens zu sein und die wenigsten Analphabeten zu haben –, hat sich trotz seiner starr konservativen Haltung im Innern seit jeher gegenüber der Außenwelt sehr aufgeschlossen gezeigt. Sein Überseehandel geht bis in die Zeit der Induskultur zurück. Noch vor der Zeitrechnung hat es über Arabien mit dem Mittelmehr Handel getrieben und daher früh Ausländer als ständige Residenten im Lande gekannt. Davon zeugen ein römischer Tempel und die Nachkommen arabischer Kaufleute, die sich hier zum Handel niederließen und auch indische Frauen heirateten. Davon zeugt die Tatsache, daß viele Juden nach der Zerstörung Jerusalems hierher flüchteten, und daß ihnen wenig später die ersten christlichen Missionare aus Antiochia folgten. Der Weg von Syrien zur Malabarküste war in beiden Richtungen wohlbekannt.

Als der schwächste unter den tamilischen Staaten vermochte es seine Eigenständigkeit dadurch zu wahren, daß es sich dem jeweils stärkeren fügte, erreichte aber mit dem Erlöschen des Cholareichs ebenfalls seine volle Unabhängigkeit wieder.

Da wurde es von einer neuen Gefahr bedroht: Der Reitergeneral der Moslemeroberer, Malik Kafur, erschien 1310, um seine Plünderungszüge auch hierher auszudehnen. Erfolgreich wehrte sich das Land gegen ihn, teils durch einen geschickten Guerillakampf, teils dadurch, daß der Moslemgeneral von den viel reicheren Schätzen im benachbarten Gebiet der Pandhyas hörte und sich dorthin wandte. Aber der wieder befreite Staat hielt sich nicht; er zerfiel in kleine Gebilde, deren größtes dem Zamorin von Kalikut unterstand. Auf ihn traf dann die neue Zeit mit der Ankunft der Portugiesen.

Diese beiden Staaten haben die staatliche Einigung der Tamilen, die die Macht des Cholareichs vorübergehend verwirklicht hatte, nicht wiederherstellen können. Erst der wachsende Druck der islamischen Eroberung hat eine solche Großmacht wieder hervorgebracht: das Reich von *Vijayanagar*.

Schlußbetrachtung

Die politische Geschichte Indiens beginnt also auf zwei getrennten Schauplätzen: im Gangestal und im Lande der Tamilen. Sie erscheinen wie die zwei Brennpunkte einer Ellipse, die dann das Schicksal der zwischen ihnen liegenden Gebiete zu bestimmen suchen.

Die Tamilen bilden das älteste Volk der großen drawidischen Sprachgruppe, die die Kultur des Nordens auf religiösem Gebiet voll aufnahm, auf sozialem nur teilweise und auf sprachlichem gar nicht. Die Grenze dieses drawidischen Sprachgebiets, die heute im Westen von der Gegend südlich Goa ostwärts zum Hafen von Vizagapatnam verläuft, schneidet vom Subkontinent ein Gebiet ab von 470 000 qkm mit 110 Millionen Einwohnern. Zeitlich beginnt das geschichtliche Leben der Tamilen etwa 500 Jahre nach dem Eindringen der Aryas in das Gangestal.

Die frühsten Staaten bestanden bereits zur Zeit Ashokas und kamen dem Norden näher durch die Pallavas, die eine geschichtliche Brücke zwischen beiden Welten bilden. Das Reich der Cholas wuchs dann zu einer Großmacht und gleichzeitig zur ersten Seemacht des indischen Kontinents, deren Flotten den Indischen Ozean beherrschten. Die Rivalität zu dem später entstehenden Dekkhanreich, das naturgemäß zur Küste drängte, sowie der Streit um das Delta der Godawari- und Krishnaströme führte zu langen kriegerischen Auseinandersetzungen, in die das Reich am Ganges aber nicht eingriff, obwohl es ebenfalls von der neuen Macht im Dekkhan angegriffen wurde. Zwischen den beiden Großreichen der Cholas und dem im Gangestal scheinen kaum irgendwelche Beziehungen bestanden zu haben; nicht einmal Gesandtschaften haben sie untereinander getauscht. Erst Kullotunga I. (1070–1122) hat eine solche nach Kanauj geschickt, die aber keinen Kaiser mehr antraf, sondern nur noch örtliche Kleinfürsten. Das ist bei den Cholas um so erstaunlicher, als sie mit Rom und China mehrfach Missionen getauscht haben. Das Cholareich befand sich noch in der Fülle seiner Macht, als die ersten Moslems in Nordindien einfielen, hat aber nicht daran gedacht, den glaubens- und kulturverwandten Staaten dort zu Hilfe zu kommen.

Im national zersplitterten Europa haben sich gegen die Türkengefahr mehrfach verschiedene Staaten zusammengeschlossen. Selbst Cromwell fühlte sich verpflichtet, dem bedrohten Wien beizuspringen, obwohl nichts daraus wurde. Aber nicht einmal solche Regungen sind von den tamilischen Fürsten überliefert. Sie waren wohl »Hindus«, jedoch keine »Inder«. Wohl bestanden geistige Beziehungen, und den südlichen Geistern gelang es sogar, wesentlich zur Entwicklung der gemeinsamen Religion beizutragen – man denke nur an die Namen Shankaracharia und Ramanuja. Aber das politische Gebiet wurde davon nicht berührt.

Der weite Blick, der die Tamilen auszeichnete, richtete sich ausschließlich auf die hohe See. Im Handel, in der kulturellen Mission und vor allem in der Errichtung einer Seeherrschaft, die das ganze indische Expansionsgebiet in Südostasien sicherte, fanden sie ihre Hauptaufgabe und haben für Indien einmalig Großes geleistet. Der überseeische Handel lag in jener Zeit fest in der Hand »indischer« Kaufleute (denn zu den Tamilen gesellten sich auch solche aus nördlichen Gebieten) und ist ihnen erst durch die zunehmende Macht der Araber entwunden worden, die die Seeherrschaft errangen, und dann durch die Europäer. Es ist erstaunlich, wie wenig von dieser großen Zeit indischer Seegeltung im Bewußtsein der heutigen Inder lebendig geblieben ist.

Kapitel 14

Das Dekkhanreich (50 v. Chr. bis 1100 n. Chr.)

Unter der Bezeichnung »Dekkhan« verstehen diese Betrachtungen das große Mittelstück Indiens, das als letztes in die Geschichte eintrat, nachdem im Gangestal und im tamilischen Süden bereits hohe Kulturen entstanden und geschichtsreife Völker ihre politische Wirksamkeit begonnen hatten. Der Kern dieser Landschaft ist das granitreiche Hochland, das wie ein riesiges Schreibpult steil zur Westküste, sanfter gen Osten abfällt, so daß es an der Westküste nur den schmalen, fruchtbaren Streifen des »Konkan« läßt, während nach Osten eine breite Ebene sich zum Bengalischen Meerbusen öffnet. Die beiden Gebirgsränder (Ghats) vereinigen sich weit im Süden in den Anamalaibergen. Im Norden geht das Hochland bis zur Niederung des Taptiflusses, der zusammen mit dem ostwärts fließenden Strom des Godawari eine breite Niederung bildet. Allerdings verlegt die Geschichte die Nordgrenze des Dekkhans meist an die Narbada, die gleich der Tapti nach Westen fließt und für Indien als Trennungslinie zwischen Nord und Süd etwa die Rolle spielt wie der Main in Deutschland. Die Mündung des Godavari bildet zusammen mit der des Krishnastroms ein gewaltiges Delta, eins der fruchtbarsten Gebiete Indiens, das durch gute Häfen seit ältester Zeit dem Außenhandel dient und daher an der Ostküste zum wichtigsten politischen Streitobjekt wurde, wie an der Westküste der Golf von Kambay mit seinen Häfen. Die politische Südgrenze des Dekkhan war lange der Tungabhadrastrom, der in den Krishna mündet; später der Oberlauf dieses Stromes, also eine weiter nördliche Grenze.

Dieser Raum, der sich nach den Ausgrabungen Wheeler's um 500 v. Chr. noch auf der Stufe der Steinzeit befand und dann die Einwanderung der Erbauer der Megalithgräber erlebte, war kulturell gesehen noch »unterentwickeltes Kolonialland«, als im Gangestal eine Hochkultur blühte, und als die Tamilen schon ihre jugendliche Reife erlebten. Sein Boden, an sich fruchtbar, bedarf wegen seiner Härte des eisernen Pflugs, so daß eine Besiedlung hier erst erfolgen konnte, nachdem das Eisen bekannt geworden war (angeblich durch die Megalitherbauer eingeführt). Die primitiven Stämme dieses Raums – nach

Wheeler »isoliert archaische Stämme« – werden, wie überall, den Drang verspürt haben, durch gelegentliche Einfälle in die schon höher entwickelten Küstengebiete ihre Lebenshaltung zu verbessern. Das bekannteste Beispiel sind die im vorigen Kapitel erwähnten Kalabhras. Um solchen Gefahren vorzubeugen, suchten die höher zivilisierten Nachbarn durch kulturelle Mission oder mit Waffengewalt die unruhigen »Barbaren« zu zähmen. Da solche Versuche sowohl von Norden wie von Süden erfolgten, haben das arische wie auch das drawidische Kulturgebiet Anteil daran gehabt. Auf diese Weise ist der Dekkhan zu einer gemischten Kultur gelangt, was gleichermaßen in seinen Sprachen und im Stil seiner ältesten Bauten zum Ausdruck kommt. Der nordindische Einfluß verkörpert sich in der schon erwähnten Gestalt des Eremiten Agastya, dessen Sitz im südlichen Dekkhan bei Maski lag, und in dem buddhistischen Mönch Bavari, der am oberen Godavari wirkte. Zu ihnen gesellten sich Abenteuer suchende Ritter des Nordens. Beide trafen allerdings bereits auf den Kaufmann, der dieses Land als Durchgangsgebiet längst kannte und den Warenverkehr zwischen dem Süden und dem Gangestal auf alteingefahrenen, wenn auch mühseligen Straßen bewältigte. Es ist kein Zufall, daß Bavari seine Schüler auf eben dieser Hauptstraße zurückschickte, die von Süden quer durch das Megalithgebiet über Paithan zur Narbada (Brückenkopf Mahavesvar) nach Ujjain verlief.

Die frühste seßhafte Niederlassung erfolgte vom Norden her, so daß in Vidarbha (dem heutigen Berar) die erste arische Siedlung südlich der Narbada entstand, der dann spätere Gruppen folgten. Hier jedenfalls entstand die erste eigene Staatsbildung unter dem Geschlecht der *Satavahanas*, die zwar, wie ihr Name »Andhras« besagt, irgendwie mit dem Delta an der Ostküste verbunden, aber schon »arisiert« waren; denn sie benutzten Sanskrit für ihre Inschriften und einen Prakrit-Dialekt als Sprache. Aus dieser Staatsbildung entstand ein Reich, das beinah 1000 Jahre als Führungsmacht des ganzen Dekkhan gewirkt hat und, wenn auch mit wechselnden Grenzen und zeitlichen Unterbrechungen, doch stets der stärkste Machtfaktor im Dekkhan geblieben ist, so daß man es als das »Dekkhanreich« bezeichnen darf. Die jungen Völker, die es vereinigte, und die um die Zeitwende herum ihre Geschichtsreife erlangten, fühlten sich von den beiden Nachbargebieten im Norden und Süden umklammert, die beide nach ihrem geschichtlichen Alter wie nach ihrer staatlichen Organisation reifer und daher stärker waren als sie selbst.

Sehr verständlich, daß es ihr oberstes Bestreben wurde, unabhängig von beiden zu bleiben und bei Entwicklung ihrer eigenständigen Art von den beiden älteren nicht gestört zu werden. Daher wird ihre Politik von dem Gedanken beherrscht, stets nach beiden Seiten auf der Wacht zu bleiben und wirkliche oder vermeintliche Interventionsabsichten rechtzeitig abzuwehren. Das gilt sowohl für ihre Haltung gegenüber dem Gangesreich wie gegenüber den tamilischen Staaten.

Von den vier Dynastien, die dieses Reich beherrscht haben, gehörten die beiden ersten, die Satavahanas und die Vakatakas, mehr zum nördlichen Kulturkreis, während die beiden späteren, die Chalukyas und die Rashtrakutas, dem drawidischen Teil entstammten; jedenfalls sollen beide die Sprache des heutigen Maisur, Kannada oder kanaresisch, gesprochen haben.

Die erste geschichtliche Tat der Satavahanas war, daß sie um 30 v. Chr. in das altersschwache Mauryareich einbrachen, den letzten Kanvasherrscher umbrachten und damit diesem Reich den Todestoß versetzten. Das gab ihnen die erwünschte Sicherheit an ihrer Nordgrenze, zumal die später im Gangestal erscheinenden *Kushan* nicht so weit nach Süden gekommen sind. Der große Eindruck, den diese Tat bei allen Stämmen und Völkern im Dekkhan hervorgerufen haben muß, hat es dieser Dynastie wesentlich erleichtert, zahlreiche von ihnen zur Anerkennung ihrer Oberhoheit zu bringen. Nach ihrem Erlöschen um 225 n. Chr. faßte der kluge Brahmane Vindhya-Sakti (also aus den Vindhyabergen stammend) den Entschluß, das junge Reich zu erneuern – nun mit der Hauptstadt Purika, im altarischen Vidarbha – und begründete damit die Dynastie der *Vakatakas,* die von 270–550 regiert hat. Ihre Beziehungen zum Gangesreich, das damals unter den Guptas stand, gestalteten sich freundschaftlich. Denn mit kluger politischer Einsicht erkannten die Guptas, daß der Dekkhan nunmehr eine eigenständige politische Einheit geworden war und sie ihn als gleichberechtigten Nachbarn behandeln müßten. Sie erhoben keinen Widerspruch dagegen, daß sich sein Herrscher den gleichen kaiserlichen Titel beilegte, den sie selbst trugen (samrat). Selbst der Soldaten-Kaiser Samudragupta nahm auf die Vakatakas Rücksicht, indem er für seinen Paradezug nach Süden nicht den üblichen Weg über Paithan, sondern den höchst beschwerlichen Umweg durch die Dschungel von Süd-Kosala nahm. Beide Dynastien suchten sogar eine Zusammenarbeit gegen die Bedrohung durch die Skythen. Indem Kaiser Chandragupta II. seine Tochter mit dem Thronerben der Vakatakas, Rudrasena II. (390–395) vermählte, schuf er die Grundlage eines Bündnisses gegen diesen gemeinsamen Gegner, das insofern Früchte trug, als die früh verwitwete Kaisertochter gerade in der Zeit die Regentschaft führte, in der ihr Vater den Krieg begann, der zur endgültigen Vertreibung der Skythen führen sollte (410). Ihr eigenes Reich konnten die Vakatakas im Westteil des Dekkhans so erweitern, daß es sich vom 23. bis zum 14. Breitengrad, also über eine Ausdehnung erstreckte, die der Entfernung von Kiel bis Mailand entspricht. Die nächste Dynastie, die *Chalukyas,* die ihre Hauptstadt nach Süden verlegte – nach Vatapi (Badami), nahe den Megalithbauten – erwies sich trotz ihrer drawidischen Herkunft als eifriger Förderer der nordindischen Kultur. Von ihrer künstlerischen Betätigung zeugen noch heute die Tempel von Aihole, Pattadakal und Badami, die insofern bedeutsam sind, als diese südlichen Herrscher damit von der altarischen Sitte abwichen, nach der die Kulthandlungen unter freiem Himmel stattfanden. Sie vermochten ihre Oberhoheit über die zahlreichen Gliedstaaten rasch wiederherzustellen, die während des längeren Interregnums wieder selbständig geworden waren. Das gelang ihnen längs der Westküste bei Bombay (über die Konkan-Moriyas), im nördlichen Kanara (über die Kadambas), im südlichen Kannada (über die Alupas), und sie gewannen durch eine Heirat sogar Einfluß auf den Staat der Gangas im heutigen Maisur, also südlich der Tungabhadra. Als sie aber an ihrer Nordgrenze im Kampf gegen einen nomadenartigen Stamm – die Kalachuris – weiter vordringen wollten, trafen sie auf Widerstand des Kaisers Harsha, der inzwischen das Gangesreich erneuert hatte. Ihr kriegstüchtiger Herrscher, Pulakesin II. (609–642) besiegte den Kaiser an der Narbada, worauf beide Mächte durch eine Heirat zwischen beiden Dynastien ein friedliches Verhältnis herstellten.

Unerwartet kam ihr Ende durch einen Stoß aus dem Norden, nämlich von Kaschmir. Dort hatte der tatkräftige Herrscher Lalitaditya sich eine schlagkräftige Armee geschaffen und sie mit chinesischer Hilfe ausgerüstet. Nun unternahm er – der uralten Gewohnheit der armen Bergvölker folgend – einen

Beutezug in die reichen nordindischen Ebenen, wobei er in einem Familienzwist in den Dekkhan gerufen wurde. Dort hatte ein Mitglied des mächtigen Vasallengeschlechts der Rashtrakutas – Karrka – seinem jungen Enkel und dessen Mutter nach dem Leben getrachtet, um deren Erbansprüche an sich zu bringen, und die bedrohte Fürstin hatte sich an den Kaschmirkönig um Hilfe gewandt, der mit ihr verwandt war. Gestützt auf seine Heeresmacht, griff der König von Kaschmir hier als Retter ein, wobei seine Truppen weite Strecken des Dekkhanreichs ausgiebig plünderten. Dieser Vorgang schwächte die alternde Chalukya-Dynastie; es gelang den Rashtrakutas, ihren letzten Herrscher zu stürzen und die Herrschaft im Reich an sich zu reißen (752).

Die Rashtrakutas herrschten über eine Bevölkerung, aus der später die Marathen hervorgehen sollten. Hieraus erklären sich viele gemeinsame Züge der beiden. Der Begründer der Dynastie, *Dantidurga,* der schon als Vasall Kriegsruhm gegen die Araber und die Pallavas erworben hatte, fand wenig Widerstand bei der Mehrzahl seiner Lehnsfürsten und konnte das Reich fester zusammenschließen als je zuvor. So begann diese Dynastie eine weit ausgreifende Expansionspolitik nach allen Richtungen. Sie fühlte sich stark genug, um dem Gangesreich, das damals von den Pratiharas regiert wurde, nun als Angreifer entgegenzutreten. Dreimal haben sie das große Spiel gewagt, das Kaiserreich anzugreifen: unter Dhruva (780–793), Govinda III. (793–814) und Indra III. (915–927). Im ersten Krieg trafen sie nach einem Sieg bei Kanauj auch auf den Herrscher von Bengalen, Dharmapala, der gleich ihnen die Hand nach der Kaiserstadt ausstreckte. Sie besiegten auch ihn und konnten heimkehren in dem stolzen Bewußtsein, im Norden keinen ebenbürtigen Rivalen mehr zu haben. Ein zweiter Krieg gegen den Kaiser Nagabhatta II. führte zu einem Sieg ohne Folgen. Der dritte brachte die Einnahme und Plünderung der Kaiserstadt und wird den beutesüchtigen Nachbarn, wie sie z. B. in Ghazni auf solche Gelegenheiten lauerten, als ein nachahmenswertes Beispiel erschienen sein. Aber obwohl die Rashtrakutas sich mit der Sicherung der Grenze in den Vindhyabergen begnügten und eigentliches Reichsgebiet nicht annektierten, auch nicht nach der Kaiserkrone strebten, gab ihnen dieser Feldzug die Stellung als Vormacht auf dem ganzen indischen Subkontinent. Wie es damals ein ausländischer Beobachter, der arabische Kaufmann Suleiman, ausgesprochen hat: daß der Rashtrakutaherrscher als der »Balhara«, d. h. als der mächtigste Herrscher im indischen Raum angesehen würde. An Umfang hat ihr Reich jedenfalls alle indischen Staatsgründungen außer dem Gangesreich übertroffen. Sie haben zu jener Zeit vom Dekkhan aus eine Rolle gespielt wie im 17. und 18. Jahrhundert die Marathen. Auch ihr Ende kam von Norden: durch einen erfolgreichen Einbruch des kleinen Rajputenherrschers von Malva aus dem Hause der Paramaras, der die Reichshauptstadt Mayakheta plündern konnte und dadurch den Vasallen dieses Reiches zeigte, daß die Uhr auch dieser Ära abgelaufen wäre. Ein kühner Sproß der Chalukyas, der früheren Dynastie, ergriff die Macht und begründete die Dynastie der »späten Chalukyas«, die nach ihrer Hauptstadt auch die »Chalukyas von Kalyan« genannt werden. Sie haben die Lebensdauer des Reichs noch um weitere 200 Jahre verlängert, allerdings in mühseliger Flickarbeit. Das Gangesreich war kein Nebenbuhler mehr; eher drohten äußere Feinde, wie die Moslems – was diese Herrscher aber nicht erkannt haben. Gegen die Paramaras führten sie einen Vergeltungskrieg, bei dem sie deren bedeutenden Herrscher Munga hinrichten ließen. Die Westküste vermochten sie zu halten, sowohl den Hafen von Thana bei Bombay wie ihre Oberhoheit über die alte Brahmanendynastie der Kadambas bei Goa. Aber höchst unrühmlich war ihr Ende. Das Wandervolk der Kalachuris – wohl einheimische Gonds, wenngleich sie sich eine Herkunft von dem altarischen Stamm der Haihayas konstruierten – begann im Dekkhanreich plündernd einzufallen. Als der letzte Chalukyaherrscher im Krieg gegen einen seiner mächtigsten Vasallen, die Yadavas, in deren Gefangenschaft geriet, benutzte der Kalachuri die Gelegenheit, sich selber auf den Thron zu setzen. Der rechtmäßige Herrscher, Somesvara IV., konnte ihn zwar wieder einnehmen, das Ansehen seines Hauses hatte aber so gelitten, daß der Fürst der Yadavas ihn 1189 absetzte. Damit war das Ende des Reiches gekommen, da keiner der verbleibenden Teilstaaten sich stark genug fühlte, um nach der Krone zu greifen.

Ihre oberste Aufgabe, die Unabhängigkeit des Dekkhans und seiner jungen Völker gegen das Gangesreich zu behaupten, haben die Dynastien des Dekkhans vollauf gelöst. Das zweite Hochziel ihres binnenländischen Reichs war sein Drang zum

Meer, wobei sie an der östlichen (Koromandel-)Küste in Streit mit den tamilischen Staaten im Süden gerieten.

Vengi

Das Deltagebiet mit seinen Häfen, anfangs »Andhra«, später »Vengi« genannt, war mit den Satavahanas eng verbunden gewesen – wie denn diese Dynastie ihren Staat »Andhra« nannnte. Es gelang ihrem bedeutenden Herrscher Vasishtaputra *Pulumavi* (130–159), das Delta zu erobern. Mit dieser wertvollen Erwerbung herrschten die Satavahanas »von Meer zu Meer«. Den Vakatakas entglitt es, aber die Chalukyas setzten alle Kraft daran, es zurückzugewinnen, zumal es in der Zwischenzeit auch die Pallavas besetzt hatten. Der große Chalukya *Pulakesin* II. entriß das Delta den Vishnukundis, die sich dort festgesetzt hatten (631) und bestellte seinen Bruder als Vizekönig, der es als einen autonomen Teil des Reichs regieren sollte.

Dieser Deltastaat mit der Hauptstadt Pishtapura gleicht den Niederlanden sowohl in ihrer handelspolitischen Rolle wie darin, daß es sich alsbald der Unterstellung unter die Reichsgewalt zu entziehen suchte. Solange die Vettern das Reich regierten, erschien dieser Schwebezustand erträglich. Als aber die Rashtrakutas im Reich die Macht ergriffen (752), brach der Gegensatz zwischen den neuen Herren und dem Zweig der früheren Dynastie aus. Krishna I. (758–773) vermochte seine Oberhoheit wiederherzustellen. Seine Nachfolger kämpften vergeblich gegen die Selbständigkeitsgelüste des reich gewordenen Delta-Staats, der unter Vijayaditya II. (808–847) sogar zum Gegenangriff gegen das Reich überging. Dabei richtete er seinen Feldzug nicht gegen die Hauptstadt, sondern – bezeichnend für den kaufmännischen Geist, der dort herrschte – auf die großen Häfen der Westküste, in denen er offenbar bessere Möglichkeiten sah, seine Kriegskosten zu decken. Die Rashtrakutas setzten diesen unbotmäßigen Vasallen ab. Sie bemühten sich, andere Mitglieder der Chalukyafamilie zu gewinnen, um sie zu Statthaltern im Namen des Reiches zu machen. Diese Versuche wurden aber von der Bevölkerung, die mit ihrem Herrscherhaus eng verbunden war, als Staatsstreiche empfunden.

Inzwischen näherten sich die abgesetzten Chalukyas nun den

Cholas, die damals auf dem Gipfel ihrer Macht standen. Ungeachtet der Tatsache, daß 973 ihre Vettern im Reich wieder an die Macht gelangten, von denen sie sich offenbar keinen wirksamen Schutz gegen die Cholas versprachen, schlossen sie mit diesen Erbverträge, die durch mehrere Heiraten befestigt wurden, so daß 1076 der gemeinsame Abkomme Kulottunga beide Staaten vereinigen konnte. Dem Dekkhanreich ging das Delta jedenfalls verloren.

Südgrenze

Diese Ereignisse bilden einen Teil der kriegerischen Auseinandersetzungen, die das Dekkhanreich mit seinen tamilischen Nachbarn hatte. Ihr Ausbruch wurde nicht direkt durch die Deltafrage verursacht; denn 631 gehörte es den Pallavas nicht. Weswegen Pulakesin II. die Pallavas angriff, ist nicht klar. War es die Besorgnis, daß jene ihm in ihrem Ausdehnungsdrang zu einer Gefahr werden könnten, war es also ein Präventivkrieg? Oder war es nur der Machtdünkel dieses sieggewohnten Herrschers, der seinen zahlreichen Erfolgen auch die Demütigung dieses Nebenbuhlers hinzufügen wollte? Er drang zwar bis zur gegnerischen Hauptstadt Kanchi vor, aber der Pallava Narasinha-varman ging zum Gegenstoß über, schlug die Dekkhanarmee in mehreren Schlachten und besetzte Badami, die damalige Hauptstadt des Reichs. Erst Pulakesins Sohn Vikramaditya I. (654–681) stellte die Lage wieder her; er befreite sein Land und begann im Bunde mit den Gangas einen Vergeltungskrieg, in dem der gegnerische Herrscher den Tod fand, der aber seitens des Siegers ohne Annexionen beendet wurde, so daß die Tungabhadra die Grenze blieb. Der Rashtrakuta Krishna III. (939–966), der den Kampf gegen die Cholas fortführte, errang gegen sie bei Takkolam (949) einen so entscheidenden Sieg, daß er im Anschluß daran eine regelrechte »digvijaya« durch das ganze Gebiet der Cholas bis herunter nach Ramesvaram (also fast an die Südspitze Indiens) vollziehen und überall seine Macht zeigen konnte. Auch die späten Chalukyas konnten noch militärisch solche Erfolge erzielen und die Hauptstadt der Cholas noch einmal besetzen; aber dann rafften diese sich wieder auf, drangen siegreich in den Dekkhan vor, besetzten die Hauptstadt Kalyan (1044) und siegten in der letzten großen Schlacht bei Koppam (1054), während 20

Jahre später das Delta mit ihrem Reich vereinigt wurde (1076).

Ein politischer Sinn ist in diesen Kriegen kaum zu finden. Beide Reiche erwiesen sich als gleich stark. Keins war fähig, die Großmachtstellung des anderen zu erschüttern. Der einzige wertvolle Streitgegenstand, das Delta, wurde keinem von ihnen gesicherter Besitz. Dabei bedeutete dieser Gegensatz weder für den einen noch für den anderen das oberste Ziel ihrer Politik. Das Dekkhanreich fand es lange Zeit in der Konfrontation zu den Kaisern im Gangestal; auch lag sein Interesse mindestens in gleichem Maße handelspolitisch bei den Häfen am Golf von Kambay wie bei denen im Delta. Endlich – wenn man von einem gesamt-indischen Standpunkt aus die Dinge betrachtet – hätte der damals stärkste Staat auf dem Subkontinent seinen Platz eigentlich im Norden finden sollen, wo sich Gefahren zusammenballten, denen gegenüber die Rivalitätskämpfe, wie die gegen die Tamilen, hätten zurücktreten müssen. Ein rechtzeitiges Eingreifen des starken Dekkhanreichs bei den ersten Einbrüchen der Moslems hätte dem Lauf der indischen Geschichte eine andere Wendung gegeben. Die *Cholas* aber hatten im Grunde an ihrer Landgrenze nur *ein* Interesse: sie ruhig zu halten. Ihre politischen Ziele lagen auf See. Die 15 Kriege, die beide Mächte miteinander geführt haben, waren eine Hypothek auf ihrer Leistungsfähigkeit und verzehrten Kräfte, die anderwärts weit zweckdienlicher hätten eingesetzt werden können. Es drängt sich die Frage auf, weshalb niemals ein staatsmännischer Kopf den Versuch gemacht hat, zwischen beiden eine Verständigung herbeizuführen, wie es etwa die Satavahanas und Harsha vermocht haben. Sie wäre den Cholas sicherlich willkommen gewesen, und ernste territoriale Konflikte bestanden im Grunde nicht, zumal auch das Dekkhanreich dauernde Erwerbungen südlich der Tungabhadra niemals angestrebt hat. Selbst über die handelspolitische Ausnutzung des Deltas hätte man sich einigen können. Solche Erwägungen sind jedoch damals von keiner Seite angestellt oder durch die künstlich geschaffene »Erbfeindschaft« verdrängt worden. Der einzige Gewinner war der Vengistaat, der – allerdings mit zahlreichen Wechselfällen – doch von 631–1076 bestanden hat.

Der Drang des Dekkhanreichs zum Meer richtete sich von Anfang an mit gleicher Stärke auch auf die Westküste, wo er im ganzen dauerhaftere Erfolge erzielte. Der Satavahana Gautami-putra *Satakarni* (106–130), der in Malva mit den dort eindringenden Sakas in Kampf geriet, benutzte seinen Sieg, um sich der Häfen am Golf von Kambay zu bemächtigen. Allerdings kehrten die Sakas schon 125 n. Chr. zurück und nahmen sie in ihren Besitz. Erst den Guptas gelang es, unterstützt von den befreundeten Satavahanas, die Sakas 410 endgültig zu vertreiben und ihrem Reich die westlichen Häfen zu sichern. Ob sie sie mit ihren Verbündeten teilten, oder ob diese nur südlich des Golfs einige Häfen besetzen konnten, steht nicht fest. Jedenfalls hatte das Dekkhanreich seitdem ungehinderten Zugang zu ihnen. In dem Krieg, den Pulakesin II. (609–642) gegen Harsha führte, und der mit der Anerkennung der Narbada als Grenze schloß, gelang es diesem siegreichen Herrscher, die örtlichen Machthaber bei Kambay und im südlichen Gujarat zur Anerkennung seiner Oberhoheit zu bringen. Die Chalukyas errichteten dort zwei Tochterstaaten, den einen unter dem Namen *Lata* (Hauptstadt Nandipur), der die Häfen am Golf von Kambay umfaßte, den anderen in Gujarat (Hauptstadt Anhilvada), mit dem sie eine Familie belehnten, die Chaulukyas oder Solanki genannt wird*. Sie dehnten sich damit weiter nach Norden aus und schnitten dem Gangesreich seinen Zugang zum Meer ab. Damals begannen sie eine eigene Flotte zu bauen, die sich bald an den Küsten betätigte.

Eine neue Bedrohung erschien 738 mit den Arabern, die zuerst versucht hatten, die Indusmündung zu erobern, dann aber auf dem Landweg gegen Kambay vorstießen. Pulakesin II. hatte – vielleicht auf erste Gerüchte hin – einen Gesandten an den Hof des Sassaniden-Shahs Khuzru II. Parvez geschickt, um sich über diese beide bedrohende Gefahr abzustimmen. Aber dem Chalukya Vikramaditya II. (733–742) gelang es ohne fremde Hilfe, die Araber zurückzuschlagen. Er setzte die Rashtrakutas, seine kriegstüchtigsten Vasallen, hier ein, und diese begannen sehr geschickt, sich in den angrenzenden Ge-

* Die meisten Historiker halten dieses Geschlecht für Rajputen. Die Namensähnlichkeit kann daher keine Blutsverwandtschaft bedeuten, denn die Chalukyas im Dekkhan stammten aus Südindien.

bieten von Malva und Gujarat, deren Zugehörigkeit zum Dekkhanreich zweifelhaft oder erloschen war, eine eigene Hausmacht aufzubauen, deren Schwerpunkt der Staat Lata mit der Hauptstadt Nandipur bildete, den sie von den Chalukyas übernahmen. Die späteren Chalukyas ließen sie daher als Statthalter wieder absetzen und das Land durch den General Barappa verwalten. Trotz dieser Wechselfälle sind diese Häfen während der größten Zeit des Dekkhanreichs unter seiner Kontrolle geblieben und haben sicher wesentlich dazu beigetragen, daß das arme Hochland die Staatsausgaben decken konnte.

Noch erfolgreicher war das Dekkhanreich in seinem Bestreben, den südlichen Teil der Westküste unter seine Kontrolle zu bringen. Es errang die Oberhoheit über die alte Brahmanen-Dynastie der Kadambas, die das heutige Goa (damals Revati-Dvipa) gründeten, sowie noch weiter südlich über die Landschaft von Kuntala, in der die Chalukyas nach ihrem Sturz eine Bleibe fanden. Wer sie nach ihrem Wiederaufstieg zum Thron verspotten wollte, nannte sie »die Fürsten von Kuntala« – ähnlich wie Maria Theresia von Friedrich dem Großen als vom »Marquis de Brandenbourg« sprach, um ihn nicht König von Preußen zu nennen.

Auch in die waldreichen Gebiete an seiner Nordostgrenze drang das Dekkhanreich vor, indem die Chalukyas Südkosala unterwarfen; indessen konnten später ihre Vettern es nicht verhindern, daß sich die marodierenden Kalachuris dort festsetzten, die später zum Untergang ihres Hauses so entscheidend beitragen sollten.

Der innere Zusammenhalt des Dekkhanreichs beruhte auf dem System des Lehnswesens; denn an eine echte Verwaltung oder gar an eine besoldete Armee – wie sie schon die Nandas hatten – war auf dieser Entwicklungsstufe im Dekkhan noch nicht zu denken. Die örtlichen Machthaber hielten dem Herrn des Reiches die Treue, weil sie alle die Gefahr fühlten, die ihnen vom Gangesreich bzw. den tamilischen Großstaaten drohte, und weil sie die Oberhoheit der bekannten, im Lande ansässigen Dynastie vorzogen – wenigstens solange diese stark genug war, sie gegen solche Gefahren zu schützen. Mit der zunehmenden Schwäche des Pratiharareichs lockerte sich diese Einstellung und erlosch mit dem Sturz des letzten Chalukya. Dennoch wirkte die Angleichung an die nordindische Kultur auch dann als ein verbindendes Moment weiter.

Das Dekkhanreich vereinigte Völker und Stämme, die teils zur arischen Sprachgruppe, teils zur drawidischen gehörten. Ihr kanaresisch sprechender Teil konnte in den Herrschern der Chalukya- und Rashtrakuta-Dynastien Vertreter ihrer eigenen Art erblicken. Der Telugu sprechende Teil regte sich politisch noch nicht; seine geschichtliche Leistung sollte das Reich von Vijayanagar werden. Wie weit aber auch dieses Volk bereits entwickelt war, zeigten die Chalukyas in Vengi, indem sie sich weitgehend ihren Telugu-Untertanen anglichen und schon begannen, das Schrifttum in dieser Sprache zu fördern.

Insgesamt hat das Dekkhanreich von der Zeitwende an bis 1190 bestanden Die Unterbrechungen haben niemals so lange gedauert wie etwa die zwischen dem Ende des Mauryareichs und dem Beginn der Guptas. Die vier Dynastien, die sich ablösten – mit geringen Zwischenräumen – haben jede 200 bis 275 Jahre regiert, also die Zeit vollendet, die Ibn Chaldun als die Norm einer orientalischen Dynastie bezeichnet hat. Alle haben ausgezeichnete Herrschergestalten hervorgebracht, obwohl das Alter bei jeder abnehmende Kraft verursachte. Von landfremden Invasionen blieb das Reich verschont, wenngleich die Nachbarstaaten nicht selten einfielen und ebenso die Armeen des Dekkhans dies ihnen gegenüber taten. Der Zugang zum Meer blieb an der Westküste beinah ununterbrochen gesichert, an der Ostküste zeitweise mit großem wirtschaftlichen Erfolg.

Die Wahrung ihrer Unabhängigkeit vom Norden wie vom Süden erfüllte die Bevölkerung dieses jüngsten geschichtlichen Faktors in Indien mit einem hohen Selbstbewußtsein und ermöglichte ihr die Ausbildung ihrer kulturellen Eigenart. Selbst in den Randgebieten des Reichs herrschen noch heute die gleichen Sprachen vor, die dort zu Beginn entstanden sind. Die drawidische Sprachgrenze hat sich kaum geändert.

In der internationalen Politik erscheint das Dekkhanreich beinah häufiger als die Guptakaiser. Ein Austausch von Gesandtschaften mit dem Sassanidenreich wird von dem Reich am Ganges nicht berichtet. Dagegen kämpften beide gegen die Sakas, und einmal hat das Dekkhanreich einen Ansturm der Araber erfolgreich abgewehrt. Den überseeischen Handel, aus dem auch dieses Reich einen wesentlichen Teil seiner Einkünfte zog, hat es anscheinend den in den Häfen ansässigen Kaufleuten überlassen; jedenfalls werden keine Maßnahmen überliefert, mit denen es dabei eingegriffen hätte, ebenso wie es sich um die kolonisatorische Tätigkeit über See nicht direkt gekümmert hat. Die von den Moslems drohende Gefahr hat es nicht erkannt, obwohl es durch die Einfälle der Araber gewarnt war, und der Gedanke, dem bedrohten Gangestal gegen die Moslems zu Hilfe zu kommen, ist bei diesen Herrschern nicht aufgetaucht.

Im Rahmen dieses Reichsverbandes entstanden unter tüchtigen Dynastien neue örtliche Staatsgebilde, die nach Erlöschen des Reichs sein Erbe antraten. Die beiden wichtigsten waren im Norden die Yadavas, im Osten die Kakatiyas und südlich der Tungabhadra die Hoysalas. Die Yadavas – seßhaft in der Gegend um Nasik-Aurangabad, waren es, die dem Reich den Todesstoß versetzten; als erste schufen sie eine bedeutende Armee. Als sie die Häfen der Westküste plünderten, wurde mit ihnen 1231 einer der ersten echten Friedensverträge geschlossen, in denen sich beide Parteien verpflichteten, »ihr Gebiet gegenseitig zu respektieren« – ein Satz, der an die Panch Shila Nehrus erinnert. Ihr Bestreben, zur neuen Vormacht des Dekkhans zu werden, stieß auf den Widerstand der beiden anderen etwa gleich großen Staaten. In solchen Kämpfen vergeudeten sie viel Kraft, die ihnen dann fehlte, als ihre Schicksalsstunde nahte: die Moslems. Statt sich spätestens jetzt mit den Kakatiyas und den Hoysalas zu einigen, traten sie diesem stärkeren Gegner allein entgegen und fanden ein wenig rühmliches Ende (1317). Allerdings entstammten ihrer Armee die Offiziere, die auf dem südlich vorgeschobenen Posten in Kampili zu den Begründern des Reichs von Vijayanagar werden sollten. Die *Kakatiyas,* die ihren Staat im heutigen Telengana aufbauten, waren es, die den letzten Herrscher des Reichs gefangen nahmen und damit sein Ende herbeiführten. Sie drangen ostwärts zum Meer, bauten in Motupalli einen eigenen Hafen, wo Marco Polo sie 1293 besuchte. Auch sie verzettelten sich in Grenzkriegen mit ihren Nachbarn, traten ungenügend gerüstet den Moslems entgegen und wurden von ihnen unterworfen (1321). Die *Hoysalas* schufen ihren Staat südlich der Tungabhadra im heutigen Maisur und unterhielten lange freundschaftliche Beziehungen zum Dekkhanreich, da sie die Cholas als ihre Hauptgegner ansahen. Ihre Selbständigkeit wurde sowohl von den Yadavas wie im Süden von den Pandhyas bedroht, am stärksten aber von dem Moslem-Reitergeneral Malik

Kafur, dem sie kaum Widerstand zu leisten vermochten. Erst als ihr letzter Herrscher, Ballala III. (1291–1342) erkannte, daß die Yadava-Offiziere in Kampili am Tungabhadrastrom insgeheim eine nationale Bewegung gegen die Moslems vorbereiteten, schloß er sich ihnen an, wurde von den Moslems gefangen und nach Auslieferung aller seiner Schätze bei lebendigem Leibe geschunden und seine ausgestopfte Haut an der Stadtmauer von Madurai aufgehängt.

Hätten alle drei sich rechtzeitig vereinigt, wäre dem Dekkhan und dem Süden vieles erspart geblieben, aber die Reichsidee, die das Dekkhanreich geschaffen und durch die Cholakaiser zur ersten Vereinigung aller Tamilen geführt hatte, war damals erloschen und sollte erst im Reich von Vijayanagar wiederaufleben.

Kapitel 15

Das Reich von Vijayanagar (1336–1585)

Dekkhan und Süden erlebten um 1300 den Tiefpunkt ihrer politischen Entwicklung, den das Gangesreich mit dem Sturz der Kanvas durchgemacht hatte. Die staatsbildenden Energien, die zur Bildung der tamilischen Großmächte und des Dekkhanreiches geführt hatten, hatten sich erschöpft; das politische Leben zog sich wieder in die örtlichen Kleinstaaten zurück, und der Weg war frei für Einfälle von außen, wie sie nun von den Moslems – zunächst von dem Sultanat von Delhi – erfolgten. Selbst die bedeutenderen der Nachfolgestaaten des Dekkhanreichs brachen erstaunlich rasch zusammen, wie der Staat der Yadava um Devagiri, der Kakatiyas um Warangel und, wenn auch langsamer, der der Hoysalas im nördlichen Maisur. Mitunter genügte ein einziger Reitergeneral, um diese militärisch durchaus nicht schlecht gerüsteten Staaten in die Knie zu zwingen. Allerdings begnügte er sich damit, die Gebiete und ihre Herrscher auszuplündern – was vielleicht sein eigentlicher Auftrag war. Eine dauerhafte Befestigung der Moslemherrschaft kam nicht zustande, ausgenommen in Devagiri, das die Moslems zu ihrer Operationsbasis machten, und wohin der

Sultan Mohamed Tughluq 1326 seine Hauptstadt verlegte. Er tat damit den gleichen Schritt wie dreihundertfünfzig Jahre später der Kaiser Aurangzeb. Aber während der Sultan die uneinnehmbare Bergfestung bezog, um von dort aus die »Ungläubigen« zu unterwerfen, wollte Aurangzeb von dort nur rivalisierende Moslemstaaten erobern. Außer diesem festungsartigen Stützpunkt Devagiri, den der Sultan in Daulatabad umtaufte, verfügte er damals im Dekkhan und Süden nur über einige mehr oder weniger verläßliche Tributär-Vasallen – teils von ihm eingesetzte Moslems, wie in Madurai, teils lehnspflichtige Hindufürsten, wie die Hoysalas. Ständige Unruhen und Erhebungen lieferten ihm und seinen Generalen tägliche Arbeit. Als er, durch dringliche Aufgaben nach Norden gerufen, 1329 diesen Raum verließ, wich der Druck, unter dem das Land geseufzt hatte; überall regten sich Kräfte gegen seine Herrschaft, deren Grausamkeit und Kurzsichtigkeit (Verlegung der gesamten Bevölkerung von Delhi im Fußmarsch nach Devagiri!) ihn bei Moslems wie Hindus verhaßt gemacht hatten. Sein Gouverneur in Madurai erklärte sich als erster selbständig; ein in Kampili eingesetzter erbat seine Abberufung. Und 1347 sagte sich der oberste Statthalter im Dekkhan, der in Devagiri residierte, vom Sultan los.

Diese Welle ergriff auch die Hindus. Sie erblickten hier eine neue Chance, von der demütigenden Unterwerfung wieder loszukommen. Die »Befreiungsbewegung« brach an verschiedenen Stellen aus. Ein Vorgang in Kampili mag den zündenden Anlaß gegeben haben. Dieser Südteil des Staates der Yadavas hatte sich von der Unterwerfung ihres Fürsten ausgeschlossen und sich unter wagemutigen Unterführern selbständig gemacht. Das Gebiet umfaßte die Bezirke Bellary, Raichur und Dharwar sowie die guten Festungen in Hosadrug (Anegondi) und Kummata, beide an der Tungabhadra gelegen. Der Leiter des Staates Kampiladevi hatte dort einem Moslemrebellen Asyl gewährt und dadurch den Haß des Sultans zur Wut gesteigert. Vor einer Strafexpedition mußte er Kummata aufgeben und sich nach Anegonda zurückziehen, wo er eine Belagerung tapfer aushielt und, als seine Vorräte erschöpft waren, nach altritterlicher Art den »Jauhar« beging: Er forderte alle Frauen auf, sich verbrennen zu lassen, um nicht in die Hände »unreiner Barbaren« zu fallen, und suchte dann mit seiner Mannschaft im letzten Ausfall den Tod (1327). Dieser Vorgang, der sich so aufwühlend unterschied von den kläglichen Kapitulationen der Fürsten (der Yadavas wie der Kakatiyas), muß im ganzen Land wie ein Fanal gewirkt haben. In Telengana, dem Kernland der Telugus, brachen Unruhen aus, ebenso im Deltagebiet, wo zwei mutige Brüder die Führung übernahmen, Prolaya und Kapaya Nayaka. Zahlreiche Unzufriedene strömten ihnen zu, darunter die Reddis von Kondavidu; aber auch die Telugu-Cholas erhoben sich. Die ganze Ostküste von der Mündung des Mahanadi bis Nellore wurde von Moslems gesäubert. In der Gegend von Raichur erhob sich ein Nachkomme der Chalukyas, namens Somadeva, und sammelte Rebellen in der Landschaft seiner Vorfahren. Der Sultan in Delhi entsandte Truppen, um alle diese Erhebungen niederzuschlagen. Der für das Gebiet Kampili eingesetzte General gab es auf, diesem Sturm zu trotzen, und der Sultan, gewitzt durch Erfahrungen, meinte, daß er hier konvertierte Hindus mit besserem Erfolg verwenden könnte, da sie Volk und Sprache besser kannten als seine landfremden Stammesgenossen. Er entsandte ein Brüderpaar Harihara I. und Bukka I. (Söhne des Sangama), die früher im Dienst der Kakatiyas gestanden, dann Dienste in Kampili genommen hatten, aber bei dem Jauhar von 1327 nicht getötet, sondern gefangen nach Delhi gebracht worden waren. Dort hatten sie den Islam angenommen und das Vertrauen des Sultans erworben. Ihre Aufgabe, die Rebellion im Gebiet von Kampili zu ersticken, lösten sie mit viel Geschick unter Vermeidung unnötiger Gewalt, müssen dabei aber erfahren haben, wie das Volk empfand, und was sich in den benachbarten Gebieten abspielte. Ob es dann der Hinduheilige Vidhyaranya war, der sie zum Hinduismus zurückbekehrte – wie die Überlieferung sagt –*, oder ob sich ihn ihnen einfach ihr nationales und religiöses Gewissen regte: jedenfalls entschlossen sie sich, dem Sultan aufzusagen und ihr Schicksal wieder mit dem ihres Volkes und ihrer Religion zu verbinden. Am Südufer der Tungabhadra, dem Schicksalsfluß, der Dekhan und Süden so lange getrennt hatte, gegenüber von Anegondi, der Stätte des furchtbaren Jauhars, an einem ideal zur Verteidigung geeigneten Platz, der hoch über dem Fluß gelegen

* Dafür spricht, daß das Kloster Sringeri, dem der Swami angehörte, damals wie später eine geheime, einflußreiche Rolle gespielt, und daß dort im Jahre 1364 die erste feierliche Weihehandlung der neuen Dynastie stattgefunden hat.

und mit seinen riesigen Granitblöcken an die vorzeitlichen Megalithbauten der Nachbarschaft erinnerte, gründeten sie 1336 ihre neue Hauptstadt – Vijayanagar, die »Stadt des Sieges«. Sie lag also weit südlicher als die Hauptstädte des Dekkhanreiches, aber nördlicher und zentraler als die Tamilreiche – mitten in dem bedrohten Raum, der in ihrer Vision schon als Einheit erschienen sein mag. Sie schufen von dort aus einen neuen Hindustaat, der den Moslems Trotz bieten, die südlichen Landschaften schützen und die nördlichen zurückgewinnen sollte. Selten in der indischen Geschichte ist ein großartigerer politischer Plan erdacht worden. Die neuen Machthaber fanden Anerkennung in vielen benachbarten Gebieten; sie vermochten den zögernden Herrscher von Hoysala, den letzten größeren Hindufürsten der Gegend, erst heranzuziehen und dann, als er eine sehr törichte Politik trieb, sein Land an sich zu bringen (1342). Badami, die alte Hauptstadt der Chalukyas, fiel ihnen zu (1347), und endlich gelang es ihnen sogar, den letzten Fremdkörper im Süden, den Moslemgouverneur in Madurai, zu vertreiben (1370). So konnten sie, bald nachdem sich der ältere Bruder Harihara I. im April 1336 feierlich hatte krönen lassen, das ganze Gebiet südlich der Linie Tungabhadra-Krishna als von den Moslems befreit proklamieren.

Inzwischen hatte sich der Moslemgouverneur in Devagiri – wie erwähnt – 1347 ebenfalls vom Sultan losgesagt; er ließ sich in seiner neuen Hauptstadt Gulbarga als unabhängiger Herrscher ausrufen unter dem Namen des altpersischen Nationalhelden *Bahman*, von dem er abstammen wollte – ob mit Recht oder nicht: immerhin ein Symptom dafür, daß er von besserer Herkunft zu sein wünschte als die Nomadenhäuptlinge und entlassenen Sklaven, die das Sultanat Delhi besetzten. So erhielt der neue Hindustaat als politischen Gegenspieler anstelle des mächtigen Oberherrn von ganz Nordindien einen jungen Mittelstaat, dessen Potential dem seinen etwa glich – eine wesentliche Erleichterung für seine politische Entwicklung.

Dieser neue Hindustaat sah sich vor zwei große politische Aufgaben gestellt: Einmal sollte er als Schutzwall dienen gegen ein weiteres Vordringen der Moslems und damit die einheimische Kultur des drawidischen Raumes schützen; und dann mußte er – eben zur Erfüllung dieser Aufgabe – alle Kräfte der Hindus in diesem Raum zusammenfassen, also den tamilischen Süden wie den kanaresisch sprechenden Südwesten und nach Möglichkeit die östlichen Telugugebiete in einem Großstaat vereinigen. Er mußte also das »Imperium des drawidischen Indien« schaffen.

Die Lösung dieser Aufgabe lief zunächst überraschend glatt an. Das allgemeine Bedürfnis nach Sicherheit drängte die zentrifugalen, eigensüchtigen Tendenzen zurück, die sich sonst jeder Reichsgründung entgegenstellen. Indem das Reich von Vijayanagar Frieden und Sicherheit in Aussicht stellte, bot es etwas, wonach alle nach den grausigen Bedrückungen der Moslems begierig verlangten. Vorbedingung war nun eine große militärische Rüstung. Das neue Reich hat über 50 Prozent seines Staatshaushalts für Rüstungszwecke ausgegeben und dürfte zu einer der stärksten Militärmonarchien der indischen Geschichte geworden sein. Es hat ständig mit Auflehnungen regionaler Machtfaktoren zu kämpfen gehabt; allerdings haben diese selten den gemeinsamen Landesfeind in ihre Streitigkeiten hineingezogen. Aber eine ernste Bedrohung aus dem eigenen Lager der Hindus kam von deren expansionsfreudigem Nachbarstaat Orissa, der mehrfach versuchte, sein Gebiet südwärts auf Kosten des Reiches auszudehnen. Man fragt sich, ob sich hier nicht ein staatsmännischer Ausgleich hätte finden lassen, zumal Orissa ja selber durch seine westlichen Moslemnachbarn bedroht war. Das ist *nicht* versucht worden. Die Tamilen verhielten sich ziemlich ruhig und fügten sich. Kerala behielt seine frühere Politik vorsichtiger Nachgiebigkeit bei. Madurai war glücklich, dem blutgierigen Scheusal entronnen zu sein, das die Moslemgewalt dort zuletzt vertreten hatte. Und die nun bald einsetzenden Greuel des Bahmanireiches trugen das ihrige dazu bei, den Zusammenhalt der Hindus zu festigen. Trotz aller Widerstände und Auflehnungen haben die großen Kaiser von Vijayanagar die Einheit des Reiches immer wieder herstellen können – so Devaraja II. (1406–1422), Krishna Deva (1509 bis 1529) oder der Minister Rama (ca. 1535–1565). Selbst Ramadeva (1618–1630) und Venkata II. (1586–1614) haben noch überraschend große Teile des alten Reichsgebiets besessen.

Dieses Ergebnis überrascht insofern, als die Dynastien des Vijayanagarreiches sämtlich dem Teluguvolke entstammten – an sich historisch verständlich, da dieses Volk bisher noch keine Gelegenheit zu großen politischen Leistungen gehabt hatte. Da sie über eine Bevölkerung herrschten, die überwiegend tamilisch oder kanaresisch sprach, fanden sie sich in der Rolle, als

»Fremde« über Anderssprachige zu regieren, und da sie viel für »kulturelle Zwecke« taten, gerade auf literarischem Gebiet, dabei aber ihre Teluguspache durchaus in den Vordergrund rückten, müssen die gebildeten Schichten der anderen Sprachgruppen diesen Gegensatz empfunden haben.

Weit ernster waren die Wirren in der Führungsspitze des Reiches, besonders die Thron- und Erbfolgestreitigkeiten, um so mehr, als sie mit Methoden geführt wurden, die an Shakespeares Königsdramen erinnern. Eine der Ursachen war der Umstand, daß die staatsbegründende Familie sehr bescheidener Herkunft war und dadurch andere Ehrgeizige lockte, sie zu stürzen und sich an ihre Stelle zu setzen. Solche Staatsstreiche waren politisch gerechtfertigt, wenn die legitimen Thronerben oder Prätendenten ausgesprochen ungeeignet erschienen, wenn also ein verantwortlicher Minister es für seine Pflicht hielt, die Herrschaft zu übernehmen. So wurde beispielsweise eine Reihe ausgesprochen schwächlicher Herrscher, wie sie von 1447 bis 1486 regierte, durch den Staatsstreich des Saluva Narasimha beendet, der sich als Führer regionaler Opposition eine Hausmacht schuf und dann 1485 selber die höchste Macht übernahm. Da er keine mündigen Söhne hinterließ, wurde auch sein Geschlecht durch den fähigen Regenten Narasa Nayak verdrängt, der damit 1503 die dritte und bedeutendste Dynastie begründete – die der *Tuluvas*. Aber auch sie wurde durch ihren allmächtigen Minister Rama beseitigt, der 1535 vergeblich versuchte, die Kaiserwürde selbst zu übernehmen, die tatsächliche Macht jedoch so vollständig in der Hand behielt, daß im Zeitpunkt der großen Katastrophe (1565) neben ihm nur ein bedeutungsloser Schattenkaiser vorhanden war. Nach seiner Ermordung durch die Moslems begründete sein Bruder Tirumala die vierte Dynastie, die der Aravidus.

Gewiß haben diese Staatsstreiche einige der wirklich großen Herrscher an die Spitze gebracht, wie vor allem den größten von allen, Krishna Deva (1509–1529), welcher erfolgreicher als die anderen Tatkraft und weises Maßhalten verband. Selbst die beiden Aravidus, die auf Tirumala folgten – Sriranga I. (1512–1585) und Venkata II. (1586–1614) –, dürfen, obwohl sie mit dem großen Kaiser nicht verglichen werden können, noch die Anerkennung beanspruchen, aus den Trümmern des Reiches gerettet zu haben, was zu retten war. Aber die Kontinuität und eine weitblickende Politik mußten unter solchen Wirren ernsthaft leiden, zumal die streitenden Prätendenten den Landesfeind in ihre Interessenkämpfe hineinzogen.

Die Nachteile wären noch krasser ausgefallen, wenn nicht im Lager der Moslems ähnliche Thronwirren üblich gewesen wären. Ja, dort führten sie sogar so weit, daß das Bahmanireich sich 1512 in fünf Teilstaaten auflöste, deren jeder an Potential dem Reich von Vijayanagar weit unterlegen war. Das gab dem Reich ein politisches Übergewicht im ganzen Raum der Halbinsel und eröffnete seinen geschulten Diplomaten ungeahnte Möglichkeiten zu intrigieren. Ein echter Machiavelli wie der Minister Rama nutzte das so gründlich aus, daß er schließlich das Gegenteil seiner Absicht erreichte: er schweißte die uneinigen Teilstaaten zu einer Allianz zusammen, die zur Katastrophe führte. Bedenklich war auch das Ausmaß, in dem er Moslems im Dienst seines Staates verwandte; hatten sie anfangs als Techniker (Kanoniere, Pferdepfleger, Armbrustschützen) noch als unentbehrlich gegolten, ließ Rama sie in verantwortliche Staatsstellungen aufsteigen, im Zivildienst wie in der Armee, was sich in der Schlacht von Talikota als unheilvoll erwies.

Nachdem das Bahmanireich zum Nachbarn und zum politischen Gegenspieler der Kaiser von Vijayanagar geworden war, verfiel das Sultanat von Delhi durch den Tod des Mohamed Tughluq in eine Schwäche, die es ihm nicht einmal erlaubte, seinen abgesprungenen Glaubensgenossen notfalls Hilfe zu gewähren. Das Hindureich stand also dem Bahmanireich allein gegenüber. Dieser Moslemstaat ging, sobald er sich genügend gefestigt fühlte, zum Angriff auf die »Ungläubigen« über und eröffnete damit eine Kette von Kriegen, die sich von 1367 bis in das 17. Jahrhundert hinzogen. Die Moslems begannen mit einer fanatischen Verfolgung der Hindus, die zu Massenabschlachtungen führte, wie z. B. der Sultan Muhamed I. (1358 bis 1377) sich rühmte, 400 000 Hindus getötet und nach je zwanzigtausend Leichen einen Dankgottesdienst gehalten zu haben. Die an sich schon dünne Bevölkerung des Dekkhanhochlands muß auf das Schwerste dezimiert worden sein. Zwar riefen auch die Nachfolger dieses Machthabers noch alljährlich zum »jihad« gegen die Ungläubigen auf, doch trat als Kriegsziel mehr die Lust am Plündern hervor, aufgestachelt durch den Ruf der Hauptstadt, die in jener Zeit als eine der märchenhaft reichsten der Erde galt. Dieses Kriegsziel haben sie 1565 erreicht; dagegen traten territoriale Eroberungen zurück. Ein ständiges Streitobjekt bildete lediglich der Raum zwischen der oberen Tungabhadra und dem Krishnastrom – mit Raichur, Badami und der Festung Mugdal –, ein Zwischenstromland, das nach dem Beispiel des Landstreifens zwischen Ganges und Yamuna oft als »Doab« bezeichnet wird. Diesen Raum hatte das Hindureich anfangs besetzt, und er diente ihm als willkommenes Glacis gegen plötzliche Einfälle. Daher versuchten die Moslems, ihn an sich zu bringen, was ihnen oft gelang, so daß er sich meistens in ihrer Hand befunden hat. Hartnäckig kämpften sie um den Besitz des östlich gelegenen Telengana, ein Gebiet, durch das sie ostwärts an das Meer vorzustoßen hofften. Da diese Landschaft ein Kerngebiet der Telugus ist, denen die Kaiser entstammten, fühlten sie sich verpflichtet, hier einzugreifen, was ihnen durch die unzeitgemäßen Angriffe des Orissastaates erschwert wurde.

Endlich spielten die Seeverbindungen eine große Rolle. Die Moslems erreichten den Golf von Bengalen zuerst unter Muhamed III. (1463–1482) in Masulipatam. Ständig umkämpft wurden die Häfen an der Westküste. Um 1380 waren die Hindus im Besitz der Häfen von Dabhol, Chaul und Goa; aber sie gingen ihnen um 1467 wieder verloren. Die kriegswichtige Einfuhr von Pferden mußte über die südlichen Häfen von Honavar, Bhatkal und Mangalore umgeleitet werden, was den Weitertransport auf der Landstraße um einhundertfünfzig Kilometer verlängerte. Erst als Goa in die Hände der Portugiesen fiel – sie eroberten es vom Sultan von Bijapur –, atmete man in Vijayanagar auf; denn ein Vertrag, der den portugiesischen Kaufleuten das Monopol des Pferdehandels (unter Ausschaltung ihrer arabischen Konkurrenten) übertrug, gab dem Reich die Sicherheit einer regelmäßigen Belieferung.

Die nördlichen Nachbarn des Bahmanistaates – die Moslemstaaten von Malva und Gujarat – lagen mit ihm oft in Streit, wodurch das Hindureich begünstigt wurde. Je mehr die Kriege der Staatsräson unterworfen wurden – unter Zurückdrängung der ideologisch-religiösen Gegensätze –, desto häufiger wurde eine diplomatische Zusammenarbeit zwischen Vijayanagar und den erwähnten Moslemstaaten. Politisch verständig war das Bündnis, das Narasa Nayak (1491–1503) mit den Teilstaaten von Bidar und Ahmadnagar gegen den unmittelbaren Nachbarn, Bijapur, schloß. Dagegen dürfte ein

Bündnis mit diesem gefährlichen Nachbarn, das sich gegen die entfernteren richtete (1558 von Rama geplant), gegen die Grundsätze einer guten Politik verstoßen haben. Es hätte sich selbst dann nachteilig ausgewirkt, wenn dieser Feldzug nicht außerdem jenen Taumel von Arroganz und Verwüstungsmanie bei den Hindus entfesselt hätte, der den unheilvollen Vergeltungsangriff heraufbeschwor. Als unzeitgemäß erwies sich auch der Versuch des Kaisers Krishna Deva (1509–1529), sich in die Thronfolgewirren seiner Gegner einzumischen, indem er Nachkommen der gestürzten Bahmani-Dynastie wieder einsetzen wollte. Politisch völlig verwerflich aber war es, daß in den Thronfolgewirren von 1542 beide Hinduprätendenten Moslems hineinzogen; und fast unbegreiflich ist, daß Tirumala, der Bruder Ramas, nach dessen Ermordung und nach der katastrophalen Niederlage bei Talikota von dem Sieger (Bijapur) Hilfe für seine Thronfolge erbat. Wenn dann der letzte Sproß dieser Dynastie, Sriranga III. (1642–1649), der selbst noch 1638 eine solche Unterstützung erbeten hatte, nach seiner Thronbesteigung alle aufrief, »nunmehr« jeden persönlichen Eigennutz hintanzusetzen und sich ganz dem »national-religiösen Ziel« hinzugeben, so kam das reichlich spät; es konnte die Auflösung des letzten Restreiches in Einzelstaaten nicht mehr verhindern.

Die Geschichte der Kriege zwischen Vijayanagar und seinen Moslemnachbarn ist, rein militärisch gesehen, kein Ruhmesblatt für die Hindus. Ihre technische Unterlegenheit in den damals aufkommenden Waffengattungen (Bogenschützen, Kavallerie, Artillerie) wurde zwar durch mehrere Reformen ausgeglichen, und an Truppenzahl konnten sie unschwer stets die größte Überlegenheit erreichen – sie sollen für die Schlacht bei Talikota fast eine Million Mann mobilisiert haben. Da damals beide Armeen sich einen vollen Monat lang gegenübergestanden haben, bevor sie zur Entscheidung angriffen, ist es schwer vorstellbar, wie die Verpflegung solcher Truppenmassen durchgeführt worden sein soll. Echte Siege blieben selten, wie der von 1419 und der größte von allen, der von 1520, unter Krishna Deva. Dagegen haben sie nicht selten Frieden oder Waffenstillstand mit recht demütigenden Zugeständnissen erkauft – mit enormen Zahlungen oder 1406 unter Devaraja I. gar mit Hingabe einer Kaisertochter in den Harem des feindlichen Sultans!

Dagegen hat das Reich *politisch* seine geschichtliche Aufgabe weitgehend erfüllt, denn die Moslems sind in dieser Zeit nicht weiter nach Süden vorgedrungen. Die Linie Tungabhadra-Krishna blieb die Grenze, und südlich von ihr konnten Millionen drawidischer Hindus ungestört ihrem Glauben leben. So hat das Reich seine »nationale« Mission erfolgreich durchgeführt, ob sich seine Leiter dessen immer bewußt gewesen sind oder nicht.

Die Kriege lassen sich in drei Abschnitte gliedern: im ersten, von etwa 1422 bis 1490, erweisen sich die Hindus als die Schwächeren; im zweiten, bis 1530, gewinnen sie eindeutig die Oberhand und vermögen zu Gegenstößen tief hinein in das feindliche Gebiet auszuholen; der dritte führt zur militärischen Katastrophe.

Anlaß dieses Krieges war weniger der allgemeine Gegensatz zwischen den Mächten als der ungewöhnliche Haß, den der Staatsminister Rama durch seine Intrigen im Lager der Moslems erzeugt hatte, verstärkt durch die Anmaßung, die damals am Hofe von Vijayanagar herrschte. Vier der Nachfolgestaaten – Bijapur, Golconda, Bidar und Ahmadnagar – schlossen ein Bündnis zum gemeinsamen Angriff, wobei der Haß gegen den Staatsmann beinahe den gegen das Reich überwog. Unter Bruch des letzten Friedensvertrages von 1558 begannen sie den neuen Krieg. Nach dem gemeinsamen Hauptquartier, in dem sich die vier Monarchen trafen, sprechen die Moslems von der Schlacht bei Talikota, während die Hindus sie nach dem wirklichen Schlachtort Rakshasi-Tangadi nennen. Dieser Ort liegt auf dem *südlichen* Ufer der Krishna, aber nördlich der historischen Grenzlinie. Die gewaltige Übermacht der Hindus schien anfangs den Sieg zu bringen, aber der Verrat von zwei Truppenteilen unter Führung von Moslems sowie die Gefangennahme des Ministers Rama, den der gegnerische Sultan eigenhändig sofort enthauptete, wandten das Schicksal. Schlimmer als die Niederlage wurde die planlose Verwirrung, die dann einsetzte; Ramas Bruder floh mit dem Schattenkaiser und brachte den Kronschatz auf 500 Elefanten nach dem Süden in Sicherheit. Die Truppenführer versagten; in wilder Unordnung flüchtete das Heer in Richtung auf die 140 km entfernte Hauptstadt zurück. Aber nicht einmal dort wurde eine ordnungsmäßige Verteidigung der intakten und fast uneinnehmbaren Hauptstadt durchgeführt. Der Feind konnte kampflos eindringen, und nach gründlicher Plünderung, die jeden Soldaten zu einem reichen Manne machte, begann man mit ihrer sinnlosen Zerstörung. Ein Friedensschluß blieb aus, aber ebenso Annexionen. Tirumala ergriff die Regierung und stellte den Staat in annähernd den alten Grenzen wieder her, allerdings von weiter südlich gelegenen Hauptquartieren. Schon 1567 greift er Bijapur wieder an, sogar verbündet mit den benachbarten Moslemstaaten Golconda und Ahmadnagar, deren Vergeltungsbedürfnis offenbar befriedigt war. Mit dem neuen Titel eines »Wiederherstellers des dekadenten Karnatakreiches« reorganisiert er den Staat und teilt ihn – zum ersten Male – in Verwaltungsbezirke ein, die sich mit den Sprachgrenzen decken; er schafft also die ersten »linguistischen Staaten«, wie man sie im heutigen Indien nennen würde! Er setzt seine drei Söhne zu Gouverneuren ein: einen in Penugonda für das Telugugebiet, einen in Srirangapatnam für das kanaresische und den dritten in Chandragiri für das tamilische Gebiet. Die Mehrzahl der örtlichen Fürsten bleibt ihm trotz der Katastrophe treu, aus Angst vor einem neuen Vordringen der Moslems. So bestand das Reich weiter. Erst 1619 hat Bijapur den Bezirk von Kurnool annektiert; und wenig später hat Golconda Teile des Deltas besetzt. Die Nachkommen Tirumalas haben noch beinahe bis zur Mitte des siebzehnten Jahrhunderts weiterregiert, wenn auch auf einem ständig einschrumpfenden Gebiet. So haben sie noch miterlebt, wie im Norden das junge Volk der Marathen aufstand und Shivaji eine neue Befreiungsbewegung auslöste. Der Tod des letzten Herrschers der Aravidudynastie (1672) fällt zeitlich zusammen mit der Krönung Shivajis, der sich zum Befreier des Dekkhans ausrufen ließ. Erst nach seinem Tode (1680) beseitigt der Kaiser Aurangzeb die Moslemstaaten im Dekkhan, wodurch er den Marathen größere Bewegungsfreiheit verschafft. Aurangzeb vermag zwar in den bisher niemals unterworfenen Süden einzudringen, aber ohne ihn dem Mogulreich effektiv einzufügen.

Neuartig auf dem Gebiet der Außenpolitik war für das Reich von Vijayanagar das Problem der *Europäer*, die damals an den indischen Küsten landeten. Man wußte nichts von den Ländern, aus denen sie kamen. Während Vijayanagar mit China Beziehungen unterhielt – mindestens für 1374 ist eine Gesandtschaft dorthin festgestellt –, hatte es zum damaligen Europa so gut wie keinen Kontakt. Es vermochte sich daher auch keine Vorstellungen darüber zu machen, was hinter dieser Handvoll Kaufleuten und den sie begleitenden Kriegsschiffen stände. Die ersten Begegnungen mit den Portugiesen spielten an der Malabarküste im Bereich des Herrschers von Kalikut, der formell unabhängig vom Reich geblieben war, wenngleich er – wie höchst anschaulich berichtet wird – vor dem Kaiser in Vijayanagar den größten Respekt zeigte. Seine Zerwürfnisse mit den Portugiesen und deren Grausamkeiten, wie sie auch Vasco da Gama selbst zugeschrieben werden, haben die kaiserliche Politik damals kaum berührt. Daß die Portugiesen in dem Ringen um Goa als lachende Dritte diesen wichtigen Hafen besetzten, ist in Vijayanagar als eine politisch vorteilhafte Wendung empfunden worden, da sie die dringend benötigte Einfuhr von Kavalleriepferden sicherstellte. Daß die Portugiesen dann den zum Reich gehörenden Hafen von Bhatkal plünderten und die Einfuhr von Pferden als Monopol forderten (und erhielten), wird zwar als unverschämtes Auftreten der Fremden registriert worden sein; aber da die Portugiesen – politisch gesehen – Gegner der Moslems, also im Grunde Verbündete des Reiches waren, hat man über solche Zwischenfälle hinweggesehen. So konnten sie sich, jedenfalls von seiten Vijayanagars, ungestört an der Küste ausbreiten; und dem Sultan von Bijapur gebührt – vom allindischen Standpunkt aus gesehen – der Ruhm, wenigstens ernstlich versucht zu haben, diesen Hafen zurückzuerobern – was ihm allerdings trotz der Übermacht gegen die kleine Garnison von 700 Europäern und trotz des Einsatzes von Artillerie mißlang. Die Holländer, Briten und Dänen, die im siebzehnten Jahrhundert erschienen, haben ihre ersten Niederlassungen, vornehmlich an der Koromandelküste, schon von den Moslemstaaten erworben; z. B. die Holländer in Masulipatam und Pulicat von dem Golconda-Staat, während die Dänen, die im Reichsgebiet in Tranqebar landeten, mit Recht als politisch harmlos angesehen wurden. Die Briten haben sich anfangs in Masulipatam niedergelassen, haben dann aber von dem Raja von Chandragiri, einem Nachfolger der kaiserlichen Dynastie, den Küstenstreifen gepachtet, auf dem sie Madras errichteten. Diese Nachgiebigkeit erklärt sich auch aus dem Mangel einer Seemacht. Sie besaßen Kriegsschiffe; aber die alte Tradition, die – von den Satavahanas bis zu den Cholas – alle südlichen Mächte Indiens auf die Bedeutung der Seeherrschaft gewiesen hatte, war im Reich von Vijayanagar nicht mehr genügend lebendig geblieben, so daß es auf See weder viel ausrichten noch die Bedeutung der Tatsache genügend bewerten konnte, daß diese Europäer eben die Herrschaft zur See besaßen.

Trotz dieser Einschränkungen ist die politische Bedeutung des Vijayanagarreiches für Indien kaum hoch genug zu schätzen. Das zeigt schon ein Vergleich mit dem Norden: Wäre dort um 1000 n. Chr. ein Reich von der Stärke Vijayanagars geschlossen den einbrechenden Moslems entgegengetreten, wäre die Geschichte anders verlaufen. Indem das südliche Reich sich diesem Ansturm entgegenstellte und – wenn auch mit häufigen Mißerfolgen – doch seine Politik des »containments« hartnäckig fortsetzte, hat es dem Süden der indischen Halbinsel wirksamen Schutz für seine alte Kultur gewährt mit Folgen, die noch heute fühlbar sind: dort hat sich die Hindu-Kultur wesentlich ungestörter erhalten als im Norden, dort ist die Mehrzahl der Tempel und anderer Kunststätten erhalten geblieben, während sie im Norden zum großen Teil durch die Moslems vernichtet wurden; und dort ist kein »Hindu-Moslem-Problem« in der Art entstanden, wie es im Norden zur Abspaltung Pakistans geführt hat. Auch hat Vijayanagar aus eigener Initiative viel für hinduistische Kultur getan; es hat durch den Frieden, den es einem großen Teil des hinduistischen Raumes gab, entscheidend dazu beigetragen, daß die religiöse Erneuerungsbewegung, die damals in der Nachfolge von Sankara und Ramanuja begann, sich so kräftig entwickeln konnte, daß sie ihrerseits den Norden befruchtete und schließlich in die »Hindu-Renaissance« mündete, die dem Befreiungskampf gegen die Briten die sittliche Kraft verliehen hat. Dabei hat das Reich den Gegensatz zum Islam nicht einmal übermäßig betont. Trotz mancher Ausbrüche an Arroganz und Zerstörungswut hat man im allgemeinen Toleranz geübt. Die Vertrauensseligkeit, mit der man Moslems im eigenen Staat anstellte, hat sich bitter gerächt und gezeigt, wie verschieden die politischen Folgen ausfallen können, wenn zwei das gleiche tun: denn die weitgehende Beschäftigung von Hindus in den Moslem-Staaten des Dekkhans hat dort wenig Schaden angerichtet; ja, zwei zum Islam bekehrte Brahmanen sind dort sogar zur Stellung als Staatsoberhaupt gelangt, der Sultan Fathullah Imad von Berar und Malik Ahmad von Ahmadnagar.

Man könnte fragen, ob das Reich von Vijayanagar seine

politische Betätigung nicht weiter nach Norden hätte ausdehnen können, um die dort bestehenden Kleinstaaten zu einer Hindu-Einheitsfront zusammenzufügen. Die militärische Basis dazu war fraglos vorhanden. Der Zeitpunkt im sechzehnten Jahrhundert wäre nicht ungünstig gewesen; denn das Lodireich im Gangestal war in Auflösung begriffen, und Baber und Humayun haben es schwer genug gehabt sich durchzusetzen. In dem jungen Rajputen-Staat hätte Vijayanagar gute Bundesgenossen gefunden. Solche Pläne haben aber den Machthabern in Vijayanagar völlig fern gelegen; damals war nicht der leiseste Ansatz eines »gesamtindischen Gemeinschaftsgefühls« vorhanden. Politisch bildeten die Drawiden eine Welt für sich, und der Norden nahm von ihr kaum Notiz. So erklärt sich auch, daß die Erinnerung an dieses große Reich im heutigen Indien erlosch; daß die imposanten Ruinen dieser glänzendsten Stadt des Subkontinents, die zu ihrer Zeit auf Europäer einen ebenso tiefen Eindruck gemacht hat wie später die Höfe der Mogulkaiser, lange Zeit unbeachtet geblieben sind, bis der Engländer *Sewell* dieses »forgotten Empire« wieder entdeckte.

Kapitel 16

Indiens Überseehandel in seiner politischen Bedeutung

Indiens Außenhandel, der mit der Indus-Kultur beginnt, tritt zwar weniger hervor als die kriegerischen Ereignisse, hat aber dauerhaftere politische Wirkungen ausgelöst als jene und hat nicht selten auch den Anlaß zu Kriegen und Spannungen abgegeben. Auch begleitet er oft die Ausbreitung der indischen Kultur. Kaufmann und Sendbote der Religionen wirken zusammen, namentlich in Südostasien.

Der Außenhandel des Industals, der in das 3. Jahrtausend v. Chr. zurückgeht, ist in Kapitel 1 behandelt worden. Die identischen Siegel, die in Mohenjo-daro und in Ur gefunden wurden, das fraglos indische Holz des Mondtempels von Mugheir (6. Jahrhundert v. Chr.) in Ur oder das Elfenbein im Palast des Assurbanipal (715 v. Chr.) sind Zeugen dieses Handels, der nach Ansicht der Forscher vom Industal zum

Euphrat gegangen ist – nicht umgekehrt, und für den neuerdings als Umschlagplatz Dilmun (die Bahrein-Inseln) vermutet wird.

Wie schon ausgeführt, wird sich dieser Handel sowohl auf dem Landweg durch das Hochland von Iran wie auf dem Seeweg durch den Golf abgespielt haben. Ein Nachklang findet sich in der Jataka-Erzählung von der Geschäftsreise des indischen Kaufmanns, der nach »Baveru« zog, worunter Babylon verstanden wird. Da der Indus seine Mündung mehrfach gewechselt hat, läßt sich nicht sagen, von welchen Häfen die Schiffe der Industal-Kaufherren abfuhren. Für spätere Zeit wird als Hafen *Patala* erwähnt (die Griechen nannten ihn Barbarikon), dem dann *Sindan* folgte (erwähnt bei Cosmas) und vor allem *Dhebal* am äußersten Westarm des Deltas, der lebhaft benutzt wurde, bis ihn die Araber 712 zerstörten.

Ein Handelsverkehr mit Ägypten wird ebenfalls von manchen Forschern angenommen. Wenn schon der Pharao *Necho* (616–594) plante, die Landenge von Suez für einen Kanal zu durchstechen, muß der Handel schon recht lebhaft gewesen sein, obwohl ein Teil sicherlich über Petra oder Gaza gegangen ist. Als dann aber die Ptolemäer Syrien verloren und ihre Einfuhr durch den fremden Staat der Seleukiden gehen mußte, suchten sie die indischen Schiffe ins Rote Meer zu lenken, von wo die Transporte über eine kurze Strecke Land zum Nil und in Booten abwärts gefahren wurden. Diesem Verkehr diente der Hafen von Berenike, den eine Straße mit Koptos am Nil verband, die jedoch oft von Beduinenstämmen überfallen wurde. Günstiger lag der Hafen von Adulis bei Massaua im Staate *Axum*, dem heutigen Äthiopien. Der Herrscher dieses Landes, namens Philadelphos (274–180), baute weiter nördlich den Hafen von Myos Hormos, von dem aus man Koptos in einer knappen Woche erreichen konnte. Hier war es, wo der indische Kaufmann Sophon, Gott für die glückliche Ankunft in Koptos dankend, die Votivtafel stiftete, die in Rededdiya bei Edfu gefunden ist. Ihrerseits bemühten sich auch die Ptolemäer mit eigenen Schiffen, in die indischen Häfen zu gelangen. Sie ernannten einen »Admiral für den Indischen Ozean« (78 v. Chr.), und die Zahl der dorthin auslaufenden Schiffe soll sich nach Strabo seitdem rasch vermehrt haben.

Inzwischen war ein reger Handel mit den Ländern am Mittelmeer entstanden, der zum großen Teil, mit zahlreichen Zwischenstationen, über den Landweg ging. Bis zur Mündung des Zweistromlands benutzte man den vertrauten Wasserweg an der Küste des Persischen Golfs entlang; von dort gingen die Waren den Tigris aufwärts bis zum späteren Seleukia, dann westwärts an die Häfen von Biblos, Tyrus und Sidon; oder nach Jeizireh (= Libba) und von dort über Nisibin nach Edessa; oder sie verließen den Euphrat bei Zeugma in Richtung auf Antiochia. Endlich bauten die Seleukiden eine Straße, die vom Euphrat die alte Handelsroute über Tarsus erreichte und dann durch Phrygien nach Ephesos führte. Wie weit die Inder selbst ihre Waren brachten, war verschieden. Beim Verkehr über Arabien wurde es üblich, daß sie ihre Waren in Sokotra übergaben, wo eine indische Kolonie bestanden haben soll, oder in Adana (= Aden), Muza oder Jiddah. Dann brachten die Araber sie an das Nordende des Golfs von Akaba oder über Land durch das Gebiet der Nabatäer nach dem Umschlagplatz Petra, der bis zu seiner Eroberung durch die Römer den dortigen Handel beherrschte.

Wer waren nun auf indischer Seite die Seefahrer, die diesen weitverzweigten Handelsverkehr durchführten? Anfangs jedenfalls die Kaufleute der Industal-Kultur. Um 1800 v. Chr. sollen ihre beiden Hauptstädte, Harappa und Mohenjo-daro, untergegangen sein. Ihre weiter südlich gelegenen Niederlassungen blieben intakt, was für *Lothal* nachgewiesen ist. Ebenso sind weiter südlich an der indischen Westküste schon mehrere Plätze ausgegraben worden, die erkennen lassen, daß sie von Angehörigen der Induskultur benutzt wurden. Es läge nahe anzunehmen, daß erfahrene Großkaufleute nicht einfach mit ihrer Stadt untergehen, sondern rechtzeitig ausweichen und sich auf ihre anderen Zweigniederlassungen zurückziehen. Sehr bald erschienen dann in den südlichen Häfen Indiens als Seefahrer die Tamilen – lange vor den Arabern. Wie das Verhältnis zwischen ihnen und den Industal-Kaufleuten gewesen ist, haben die Forscher noch nicht eindeutig geklärt: ob die Industal-Kaufleute selber Tamilen oder Proto-Tamilen waren, oder ob sie in kleinen Gruppen nach Mittel- und Südindien auswichen und dort zu Lehrmeistern der Tamilen wurden, oder ob diese bereits als seefahrendes Volk in Südindien eingewandert sind. Jedenfalls ging die Tradition des Überseehandels, soweit erkennbar, ungebrochen fort. Als die Aryas um 600 v. Chr. Avanti eroberten, war Ujjain bereits ein alter Handelsplatz sowohl für den Verkehr mit den Häfen um Kambay wie für den von und nach Süden auf der alten Handelsstraße über Paithan. Die Aryas selbst dürften sich damals weder zum Überseekaufmann noch zum Seefahrer geeignet haben, da sie als viehzüchtende Nomaden erst allmählich seßhaft wurden. Auch spricht keine vedische Überlieferung davon, daß sie damals die *Häfen* an der Westküste erobert hätten. Immer nur wird Ujjain erwähnt. Also müssen an der Küste andere Menschen gelebt haben, die den eigentlichen Überseehandel besorgten und die Waren dann über Ujjain an den Binnenhandel lieferten. Die kühne Fahrt der Aryas um 500 v. Chr. nach Ceylon setzte ebenfalls Fähigkeiten voraus, denen sie selbst noch nicht gerecht werden konnten, da sie weder den Seeweg noch die nautische Schiffsführung kannten. Auch hier muß die Hilfe erprobter Seefahrer vermutet werden. Ob damals schon von Westen Schiffe nach Indien gelangten, ist fraglich. Am ehesten wäre an phönizische zu denken. Wenn König Salomo von einem Handel mit dem Hafen von »ophir« spricht, den die Gelehrten mit dem indischen *Sopar* identifizieren, würde das beweisen, daß der Hafen um 1000 v. Chr. schon in Betrieb war, und möglich erscheinen lassen, daß die Phönizier ihn kannten*.

Zu den wichtigsten Häfen im Verkehr mit dem Mittelmeer entwickelten sich die am Golf von Kambay. Von dort gingen Waren in die Reiche der Diadochen, nach Griechenland und nach Rom. Daher wurden sie zu lockenden Objekten für beutegierige Völker, wie die baktrischen Kolonialgriechen, die Indo-Skythen, Parther und Araber. Das mächtige Gangesreich, das sicherlich an ihnen schon früh großes kommerzielles Interesse gehabt hat, zeigte überraschend spät Neigung, sie unter politische Kontrolle zu bringen. Erst Chandragupta II. hat sie um 410 n. Chr. erobert – als die Blütezeit des Handels schon vorbei war. Im gleichen Jahr plünderte Alarich Rom. Er verlangte seinen Tribut in *Pfeffer*, der aber wohl noch aus Lagerbeständen beschafft wurde, ohne das indische Geschäft neu zu beleben.

* J. Kennedy schließt aus Nachrichten über Nabonidos von Babylon, daß um 1700 v. Chr. ein regelmäßiger Schiffahrtsverkehr zwischen Indien und dem Roten Meer bestanden habe (J. Kennedy, Commerce with Babylon 1898, S. 250). Megasthenes kennt diesen Hafen, also im 4. Jhdt. Chinesische Quellen berichten von Handel mit ihm im 2. Jhdt. v. Chr. *Arabische Schiffe* in indischen Häfen werden erst ab 350 v. Chr. bezeugt.

Der arabische Zwischenhandel verteuerte den Preis der Waren so stark, daß die Käufer im Mittelmeer, Griechen und Römer, mit allen Mitteln versuchten, ihn zu umgehen, also mit eigenen Schiffen indische Häfen zu erreichen. Das trieb schon Augustus zu dem Versuch, Aden gewaltsam zu besetzen (um 25 *vor* Chr.), was allerdings mißlang. Glücklicher war Hippalus, der um 45 *nach* Chr. den Gebrauch des Monsuns kennenlernte (seine Quelle nennt er nicht). Jedenfalls wußte er schon mehr über die Lage als Hekatäus, der um 500 v. Chr. in seiner Weltkarte zwar den Indus, aber noch nicht den Persischen Golf einzeichnete. Dareios I. von Persien beauftragte um 517 v. Chr. den Griechen Scylax, zu klären, ob der Indus, dessen Gebiet er erobert hatte, schiffbar sei, und ob man die Fahrt durch den Persischen Golf wagen könnte. Ihnen war also die uralte Schiffahrt der Inder auf dieser Strecke unbekannt. Skylax wird unschwer sachverständige Ratgeber und Lotsen gefunden haben, die ihm halfen, seinen Auftrag durchzuführen und für die Perser den Seeweg zu »entdecken«, den 200 Jahre später Alexander für den Rücktransport eines Teils seines Heeres benutzte. Sein Admiral Nearchos hat einen vortrefflichen Bericht erstattet, der zur Grundlage des Indienbuches wurde, das der Grieche Arrian (95–175) verfaßte. Seit jener Zeit also begannen die *Griechen* etwas über die Möglichkeiten eines Seeverkehrs nach Indien zu erfahren. Inzwischen waren sie in ihrer Heimat außer mit indischen Kaufleuten auch mit indischen Truppen bekannt geworden, die im Heere von Xerxes nach Hellas kamen, so daß der Besuch eines indischen Philosophen bei Sokrates kaum aufgefallen sein wird. Als den ersten Griechen, der tatsächlich Indien erreichte, nennt man Eudoxus von Kyzikos, der um 117 *vor* Chr. die Reise sogar zweimal gemacht haben will. Auf ihn mag die alte Seemannsgeschichte zutreffen, daß ein schiffbrüchiger indischer Matrose, der nach Alexandrien verschlagen wurde, ihn zu diesem Vorhaben ermuntert und ihn beraten habe.

Die Benutzung des Monsuns kannten die Inder von Anfang an, dann dürften die Araber sie gelernt haben, dann die Griechen und Römer.

Hatte es spätestens im 1. Jahrhundert v. Chr. in Alexandrien schon eine indische Kaufmannskolonie gegeben, so entstanden nun griechische Kolonien in Südindien. Obwohl sie als »mlechhas« (als Unreine) galten, waren sie dort wohlgelitten. In den nördlichen Häfen hießen sie »Yavanas« und bei den Tamilen »Chonakar«. Ihre Schiffe galten als größer als die bisher von Indern benutzten, waren also wohl auf Werften in westlichen Häfen gebaut, während die Araber meist Schiffe benutzten, die aus indischen Werften stammten. Die älteste Nachricht über eine Niederlassung griechischer Kaufleute in Indien bezieht sich auf den Hafen von Kaweripatnam an der Ostküste; aber sie dürften vorher schon in Muziris an der Malabarküste gewesen sein.

Nach der Zeitwende wurde der Schiffsverkehr in beiden Richtungen lebhafter, und ebenso die Nachrichten, die von ihm überliefert wurden (Strabo, der ältere Plinius und erst recht Ptolemäos). Als erster Reisender, der über seine Fahrt nach Indien berichtete, gilt der Byzantiner Cosmas, der sich »Indikopleustes« nennt (einer der nach Indien gereist ist).

Rom

Vom Standpunkt des Handelsgewinns für Indien ist Rom für beinah 200 Jahre Indiens bester Kunde gewesen; denn dank seiner völlig passiven Handelsbilanz hat es laufend große Mengen an Gold – meist in geprägten Münzen – nach Indien senden müssen, so daß Plinius darin eine der Ursachen für den finanziellen Niedergang des Weltreichs erblickte. Roms Einfuhr begann durch Zwischenhändler, sowohl auf dem Wege über den Persischen Golf wie durch Arabien und das Rote Meer. Augustus, der um 20 v. Chr. eine indische Gesandtschaft empfing und sich von ihr über die Gestaltung des Handels, insbesondere über die Verteuerung durch den arabischen Zwischenhandel informieren ließ, faßte den Entschluß – da er seit 30 v. Chr. Herr von Ägypten war –, die direkte Schiffahrt von Myos Hormos nach Indien anzukurbeln, nachdem sein Versuch, Aden zu besetzen, mißlungen war. Damit begann die *römische Orientpolitik,* die Trajan fortsetzte (98–117). Eins der Motive war zweifellos, den Indienhandel, wenn er nun einmal auf Kosten der römischen Zahlungsmittel florierte, wenigstens unter Kontrolle zu bekommen und zu verbilligen. Dem diente Trajans Krieg gegen die Nabatäer, deren Staat den Zugang zum Golf von Akaba beherrschte – wovon sie ebenso Gebrauch gemacht haben werden wie Nasser in unserer Zeit. Trajan ließ ihre Hauptstadt Petra besetzen (105 v. Chr.), worauf sich der Handel teilweise wieder auf den Weg durch Mesopotamien umstellte und die Mittelmeerhäfen über Palmyra zu erreichen suchte. Im Kampf mit den Parthern sah sich Trajan gezwungen, ganz Mesopotamien zu besetzen und bis zur Mündung der beiden Ströme vorzudringen (116). Damals rückte die Grenze des Römischen Reichs bis auf etwa 1000 Meilen an die des Kushanreichs heran. Aber Rom konnte diese weit vorgeschobene Linie nicht halten. Dabei wurde sein ständiger Kriegszustand mit den Parthern zu einem schweren Hemmnis für den Handel, wodurch auch der Transport chinesischer Waren (Seide) über die Seidenstraße gesperrt wurde. Da Palmyra in stillem Einvernehmen mit den Parthern stand, wurde es 273 v. Chr. zerstört – wie die Römer kommerzielle Konkurrenten gern erledigten (Karthago, Korinth u. a.). Danach suchten die indischen Waren, die in Mesopotamien landeten, über Batne am Euphrat nach Edessa zu kommen, um von dort Byzanz zu erreichen, das neben Rom als Kunde aufkam. Auch der Handel mit Ägypten wurde ernstlich gestört durch das Blutbad, das Caracalla dort gegen unerwünschte Fremde anrichten ließ (217 v. Chr.).

Inzwischen hatte Rom seine erste Gesandtschaft nach China geschickt (165 v. Chr.) und nahm nun auch direkten Handel mit Ostasien auf.

Daß die Römer mit eigenen Schiffen nach Indien gekommen sind, wird mehrfach belegt, und der Augustus-Tempel bei Muziris (Crangamore) legt dafür Zeugnis ab. Mit dem 3. Jahrhundert läßt die Wirtschaftskrise im Römischen Reich die Nachfrage nach Luxusgütern erlöschen. Ravenna, die neue Hauptstadt, benötigte keine Luxuswaren; und Byzanz kaufte weniger als die verwöhnte Gesellschaft im kaiserlichen Rom. Als die Cholas den Gipfel ihrer Seegeltung erreichten, hatte der Handel mit dem *Westen* seine Blüte längst hinter sich und der mit Südostasien und China trat in den Vordergrund. Aber während der eigentlichen Blütezeit, also in den beiden ersten Jahrhunderten unserer Zeitrechnung, haben alle an diesem Geschäft Beteiligten reichen Gewinn gehabt – die Inder wie die Araber und wahrscheinlich auch die Griechen, die auch zu römischer Zeit einen guten Teil der seemännischen Kräfte gestellt haben werden.

Nach der Überlieferung ist das südliche Arabien, die »Arabia Felix«, durch den Handel mit Indien sowie den mit Afrika schon um 1000 v. Chr. reich geworden. Radio-Carbon-Messungen haben an den mit diesem Handel zusammenhängenden Bauten in Hadschar-bin Humeid das Jahr 1000 v. Chr. ergeben – was auch mit den Nachrichten über Salomo übereinstimmt. Ihr erster politischer Rückschlag kam von den Assyrern, die unter Tiglatpilesar (734 v. Chr.) nicht nur Gaza eroberten – einen wichtigen Umschlagplatz –, sondern tief nach Arabien eindrangen und sich sogar die Sabäer tributpflichtig machten. Denn gerade sie spielten im Zwischenhandel eine große Rolle (vergl. die Königin von *Saba).* Der vorletzte Herrscher von Babylon, Nabonid (555–539), hat fast 10 Jahre in der arabischen Oase Taima residiert, sicherlich um diese Handelsbeziehungen besser kontrollieren zu können. Mit der Eroberung Mesopotamiens durch Kyros (539 v. Chr.) trat eine neue Macht in diesem Raum auf. Indessen scheinen die Perser sich am Handel direkt nicht allzu eifrig beteiligt zu haben. Die Eifersucht auf die Araber hat auch Alexander beschäftigt. Indem er auf seinem Rückzug aus Indien auf der Insel Failaka im Golf (gegenüber Kuweit) eine Festung anlegen ließ, plante er offenbar einen militärischen Angriff auf Arabien, ist allerdings darüber gestorben. Der arabische Stamm der Nabatäer riß die Kontrolle des Handels an sich, machte aus seiner Hauptstadt Petra den damals wichtigsten Umschlagplatz und drang nordwärts bis Damaskus vor (170 v. Chr.), bis er dort von Rom zum ersten Male zurückgeworfen wurden. Aber mit dem Partherreich und Palmyra setzte er sein Geschäft fort. Erst die Errichtung des jungen Sassanidenstaats (224 v. Chr.) und die Zerstörung Palmyras unterbrachen den Verkehr. Dieser allgemeine Rückgang des Handels, der wichtigsten Einnahmequelle für die Araber, und die dadurch bewirkte Wirtschaftskrise mögen eine der wichtigsten Ursachen für den überraschenden Erfolg gewesen sein, den Mohammed fand, als er sein Volk zu neuer Betätigung aufrief, nämlich zu politisch-militärischer Expansion im Zeichen des Islams. Das bewirkte einen völligen Umschwung im Leben der Araber. Aus der Bevölkerung eines wenig ergiebigen Landes (Rohöl war noch nicht entdeckt), die sich als Nomaden und Händler betätigte, wurde sie nun zu einem militanten Eroberervolk. Natürlich war überall eins ihrer ersten Ziele, ihre Konkurrenten auszuschalten. Daher suchten sie zunächst die Häfen des Indusdeltas zu erobern, die immer noch einen großen Teil des indischen Geschäfts kontrollierten. Ihr erster Versuch wurde noch abgewehrt (634); beim zweiten stürzten sie die letzte Hindudynastie und massakrierten die gesamte Bevölkerung der Hafenstadt Dhebal, diesen Wettbewerber vernichtend. Um 712 hatten sie ganz Sindh und weite Teile des Industals erobert. Indem sie der Bevölkerung den Islam aufzwangen, machten sie dieses altindische Gebiet zu einem Teil des islamischen Kalifenreichs. Ein Versuch, in ähnlicher Weise auch Kambay gewaltsam zu nehmen, mißlang. Sie gaben dann weitere Eroberungen auf und begnügten sich damit, sich in den indischen Häfen festzusetzen. Die Hindumachthaber nahmen sie meist freundlich auf. Da sie gewöhnlich ohne Frauen kamen, heirateten sie Töchter des Landes, besonders häufig an der Malabarküste, woraus die Gruppe der Mapilas (Moplas) entstand, die als fanatische Moslems noch 1921 durch einen blutigen Aufstand von sich reden machten. Mit ihnen kamen vom Roten Meer auch Händler aus Axum, dem heutigen Äthiopien – die ersten Afrikaner, die später zu fürstlichen Machthabern mehrerer Moslemstaaten aufsteigen sollten. Je mehr seit 1200 n. Chr. die Herrschaft der Moslems in Nordindien an Boden gewann, desto mehr festigten diese arabischen Händler ihre Stellung, bis sie die Hindus verdrängt und das Monopol des Indienhandels errungen hatten. Auch weiter nach Osten drängten sie vor. Im 3. Jahrhundert erschienen sie in Malaya und Sumatra und fuhren bis nach China: Man kann sagen, daß sie als erste einen direkten Handel vom Mittelmeer bis Kanton hergestellt haben. Dieses arabische Monopol, das etwa von 1200 bis 1500 bestanden hat, wurde erst durch die Portugiesen durchbrochen, die daher von den Hindus als willkommene Befreier begrüßt wurden. Die Besetzung von Goa, das zum führenden Hafen der Westküste aufstieg, wurde zu einem Symbol der Befreiung des indischen Handels von diesem arabischen Monopol. Allerdings vermochten die Hindus daraus keinen großen Nutzen zu ziehen; denn nun fehlten ihnen die Verbindungen, oft auch die Mittel, und zudem war ihre Religion zu der Lehre erstarrt, daß, wer Indien verließe, Schaden an seiner Kaste nähme. Sie waren mittlerweile – wie Basham es ausdrückt – zu »Landratten« geworden. So wird verständlich, daß sie den Europäern den Außenhandel überließen, deren verschiedene Gruppen nun um ihn kämpften: die Portugiesen, die Holländer, die Franzosen, die Dänen und endlich die Briten.

Hier sei ein Seitenblick auf Europa eingefügt: Indem der Islam die Araber, die bisher nur als Zwischenhändler aufgetreten waren, zu machtpolitischer Expansion trieb, und indem sie den Nahen Orient unterwarfen, blockierten sie die bisher freie Verbindung Indiens zu Europa und schädigten dadurch sowohl die indischen Kaufleute, die stets Zutritt zu den Mittelmeerhäfen gehabt hatten, wie auch die europäischen Häfen, die ihnen als Umschlagplätze gedient hatten, also Venedig und Genua. Rom, einst die große Goldquelle Indiens, wurde nun (846 n. Chr.) von den Arabern geplündert. Ihr Versuch, auch Byzanz zu nehmen, mißlang. Erst die türkischen Osmanen haben dem Islam dieses letzte Bollwerk des Abendlandes erobert. Auch die Portugiesen brachten diesen Mittelmeerhäfen keine Hilfe, da sie den Indienhandel über Lissabon leiteten. Erst die Briten haben – nach einer Periode monopolartiger Schließung des indischen Marktes – letzten Endes die Freiheit des Handels zwischen Indien und Europa wiederhergestellt.

Südostasien und China

Schon vor der eigentlichen Blütezeit des Westhandels galt der südost-asiatische Raum den Indern als ein wirtschaftliches Betätigungsgebiet von mindestens der gleichen Bedeutung wie die westliche Welt. Trotz der großen Goldzuflüsse aus Rom war ihnen Südostasien das eigentliche »Goldland«, das »suvarna-bhumi«, das ihre Phantasie und Profitgier in ähnlicher Weise beflügelte wie Südamerika die Spanier als ihr »El-Dorado«. Aber hier trat neben den Handel die Kulturmission – ein ganz neuartiger Prozeß, der in Kapitel 17 betrachtet werden soll. Das Fernziel dieses ostwärts gerichteten Handels war natürlich China – seit jeher ein lockender Markt, sowohl durch seine Größe wie durch die Reife seiner wirtschaftlichen Entwicklung. Schon im 7. Jahrhundert v. Chr. will man dort Waren indischer Herkunft – bestimmte Glassorten – festgestellt haben*. Umgekehrt ist die chinesische Seide, Chinas

* Nilak. Sastri, History of South India, S. 80.

wichtigster Exportartikel, schon im 6. Jahrhundert v. Chr. auf europäischen wie indischen Märkten erschienen, wenngleich die Seidenstraße, die zu ihrem üblichen Transportweg wurde, erst nach der Zeitwende unter die politische Herrschaft Chinas kam. Um spätestens 200 v. Chr., unter der Handynastie, kannten die Chinesen auch ihrerseits den Seeweg nach Indien, und schon vorher sind indische Schiffe bis *Kattigara* gelangt, das die meisten Forscher mit Kanton identifizieren (einige mit Hanoi). Chinesische Dschunken landeten in Häfen der indischen Westküste – in Quilon, Kalikut, Hili. Sie werden als kleiner bezeichnet als die indischen Schiffe, aber als seetüchtiger, weil sie ihre Planken mit eisernen Nägeln festmachten, während die Inder aus abergläubischer Vorsicht nur hölzerne verwandten (sie fürchteten magnetische Wirkungen). Die Blüte des indischen Handels mit China wurde in der Cholazeit erreicht, deren Herrscher auch mehrfach Gesandtschaften nach China schickten. Als Kublai Khan von sich aus eine solche nach Südindien sandte, in das Land der Pandhyas, erregte das Unruhe, da man Gewaltmaßnahmen befürchtete. Auch in den Jahren 1403–1425 erschienen dort zweimal chinesische Flotten, unter Führung der Admirale Yung To-ming und Cheng Ho-an. Da aber damals sowohl die Moslemstaaten des Dekkhans wie das Reich von Vijayanagar militärisch sehr stark waren, scheinen sie ohne Gewaltstreich wieder heimgekehrt zu sein.

Diese kurze Übersicht zeigt die mannigfache Verflechtung Indiens mit der übrigen Welt als Folge seines großen Exports und läßt auch einige der politischen Folgen erkennen, die dieser Handel auslöste.

Kapitel 17

Indien und Südost-Asien

Der Handelsverkehr Indiens mit Südost-Asien unterscheidet sich wesentlich von dem mit der westlichen Welt. Im Westen traf Indien auf eine hohe Kultur, die wohl jünger war als die indische, aber unabhängig von ihr erwachsen, und im Mittelmeerraum schon den Rang einer Hochkultur erreicht hatte.

Hier also begegneten sich zwei gleichrangige Welten. Die Länder Südost-Asiens standen bei der Berührung mit Indien auf einer primitiven, teilweise noch neolithischen Stufe. Für sie war die Begegnung mit Indien die erste mit einer Hochkultur. Hier fanden die Inder – und das wurde ihnen früh bewußt – eine kulturelle Missionsaufgabe, die sich mit ihren ursprünglich rein kommerziellen Interessen verband. Die Übernahme der indischen Kultur drängte die heimischen Sitten und Bräuche zurück, ohne daß sie erloschen; denn später, mit dem sinkenden indischen Einfluß, lebten sie wieder auf, und es entstand eine Symbiose mit der indischen Hochkultur, die dann noch durch Einflüsse des Islams und Europas gewandelt wurde.

Die Expansion der Inder nach Südost-Asien begann mit dem Handel, genau wie ihr Verkehr mit dem Westen, nur daß sie ostwärts keine arabischen Zwischenhändler antrafen, sondern direkt bis zu ihren Kunden vordringen mußten. Es waren wagemutige Abenteurer, die in diese unbekannten Länder zogen und neuartige Schwierigkeiten des Geländes und fremde Sitten vorfanden. Durch den Ertrag des Handels und bald auch durch Ausbeutung der Zinn- und Goldminen erzielten sie Gewinne, so daß Malaya und bald darauf ganz Südost-Asien für sie zum »Goldland« wurde. Ein tamilisches Sprichwort sagt: »Suche Reichtum durch Überquerung des Ozeans.« Das war der ursprüngliche Antrieb, der sich mitunter mit der Lust am Abenteuer verband, wie sie einem kräftigen jungen Volk eignet. Das Seeräuberunwesen, das die Anfänge jedes Handels begleitet, nötigte bald dazu, die Schiffahrt zu schützen. Mehrere Kaufleute taten sich zu Gilden zusammen, die das Risiko gemeinsam trugen, und auch die heimischen Machthaber, die an einer reich werdenden Kaufmannschaft in ihren Häfen Interesse hatten, förderten diesen gefahrenreichen Handel durch staatliche Maßnahmen. Für die Wirtschaft war dieser Handel nötig, da Indien gewisse Mineralien brauchte und sich in Südost-Asien viele Waren beschaffen mußte (Gewürze, Edelsteine usw.), die im Westen begehrt und dorthin weiterverkauft wurden.

Dieser Handel verband sich nun mit dem Streben, indische Kultur in jene Länder zu bringen. Die Spanier trieb die von der christlichen Kirche eingeimpfte Pflicht, das Evangelium allen Völkern zu bringen. Ähnlich mag der indische Buddhismus empfunden haben. Jedenfalls sind die frühsten nachweisbaren Träger geistlicher Mission buddhistische Mönche, wie sie schon

Ashoka nach Ceylon und Burma gesandt hatte. Auch der Hinduismus war damals für eine missionarische Betätigung noch bereit. Noch galt, was der Kommentator des Manu, *Medhatithi*, gesagt hatte, daß »jedes Land, wo der Herrscher die heiligen Gesetze einführt und achten läßt und die nicht bekehrten ›mlechchas‹ in die ihnen zustehende Lage weist, für echte vedische Opfer geeignet wäre«, also zum »aryavarta« werden könnte*.

Der Raum, innerhalb dessen sich die hinduistische Religion ausdehnen konnte, war somit theoretisch unbegrenzt, und wenn die Hindus draußen in Übersee die Möglichkeit fanden, eine Ordnung ihrer Art zu errichten, durften sie dort ein »überseeisches Indien« aufbauen. Der lockende Reiz, der von jeder Hochkultur ausgeht, verfehlte auch in den südost-asiatischen Ländern seine Wirkung nicht und ermöglichte es, daß in beinah allen diesen Gebieten neben die buddhistische Mission auch eine hinduistische treten konnte – bald vor, bald nach der anderen. Mitunter haben beide Systeme nebeneinander bestanden. Auch das wurde toleriert, zumal der Buddhismus damals vielen nur als eine Sekte der Gesamtreligion galt.

Die psychologische Wirkung dieses Prozesses auf die einheimische Bevölkerung wird vorstellbar durch einen Vergleich mit der besser bekannten Mission des Islams und des Christentums unter den Völkern Mittelafrikas: Dort läßt sich erkennen, wie solche neuen Einflüsse die verschiedenen sozialen Schichten wandeln, und wie weit der ursprüngliche Volksglaube auch unter einem solchen Firnis erhalten bleibt. Eine der Hauptursachen für den ungewöhnlich großen Erfolg der indischen Kulturmission in Südost-Asien ist sicherlich ihre politische Weisheit, sich von jeder gewaltartigen Tendenz zurückzuhalten. Sie suchte weder die Herrschaft indischer Großmächte zu begründen noch ihre Religionen den dortigen Menschen aufzunötigen.

So entstand aus kaufmännischen Unternehmungen, aus Gewinnsucht und Abenteuerlust, aus religiösem Eifer und dem verständlichen Hochgefühl, das jeden Träger einer höheren Kultur beseelt, die ungeheure Leistung, in deren Verlauf in einem Jahrtausend der riesige Raum von Ceylon bis Borneo, von Thailand bis Bali mit indischer Kultur durchtränkt worden ist.

* Munshi III Vorwort S. X

Inwieweit dabei rein politische Zwecke mitgespielt haben, ist schwer zu sagen. Man könnte sich vorstellen, daß der kluge Kaiser Ashoka mit der Entsendung Mahendras nach Ceylon diese Insel nicht nur zum Buddhismus bekehren, sondern sie enger an das Gangesreich anschließen wollte, um damit ein Gegengewicht gegen die Tamilen zu schaffen, denen er mißtraute. Aber vielleicht sollte man gerade diesem Herrscher solche Erwägungen nicht unterstellen. Wohl aber hat dieser kulturelle Unterschied dazu beigetragen, zwischen Tamilen und Ceylonesen Spannungen zu erzeugen, die heute noch fühlbar sind.

Träger dieser Expansion waren die indischen Überseekaufleute sowie Geistliche der beiden Religionen. Ihnen schlossen sich auch Mitglieder der »kshatriya«-Kaste an, die aus irgendwelchen Gründen ihre Heimat verließen oder aus ihr vertrieben wurden: verarmte Adlige, Prinzen aus abgesetzten Dynastien, abenteuersuchende Ritter – kurz solche, die sich in jenen »Märchenländern« ein »neues Königreich« suchen wollten. Auch tatkräftige Brahmanen haben das getan, wie etwa Kaudinya, der im heutigen Süd-Vietnam die Regierung ergriff. Andere heirateten Erbtöchter, so daß blutsmäßig gemischte Dynastien entstanden, wie die Sailandras, die in Malaya und Sumatra ein großes Reich begründeten – also Dynastien, die kulturell mehr der indischen, blutsmäßig mehr der einheimischen Seite zuneigten, wie etwa die schlesischen Piasten. Die Namen vieler solcher Dynastien und ihrer Herrscher sind überliefert, dagegen nur selten solche von den einzelnen Indern, die als Pioniere hinausgingen, u. a. die beiden buddhistischen Missionare *Sona* und *Uttara* oder der Schiffskapitän *Buddha Gupta*, ein Bengale, der anscheinend die Fahrt nach Malaya mehrfach gemacht und – wie eine aufgefundene Plakette belegt – andere Auswanderer treulich beraten hat. Einige Inschriften bekunden, daß die Gilden der Kaufleute für gewisse Geschäfte gesamtschuldnerische Haftung übernahmen. So wurden sie Vorläufer der Ostindien-Kompanie, nur daß sie nicht in die Versuchung gerieten, sich machtpolitisch zu betätigen.

Häufig kam es vor, daß Siedler von einem Land wieder aufbrachen, um ein neues zu erschließen, wie z. B. Kambodscha von Indern kolonisiert wurde, die bereits auf Malaya seßhaft geworden waren.

Zeitlich erfolgte das Ganze in mehreren Wellen. Die ersten

vereinzelten Fahrten fanden schon im 2. Jahrhundert v. Chr. statt; eine starke Welle muß in den beiden ersten Jahrhunderten nach unserer Zeitrechung erfolgt sein, als der Handel mit Rom blühte, und ein neuer Anstieg folgte mit den Reichen der Tamilen (Pallavas und Cholas).

Die Inder trafen auf sehr verschiedenartige Bevölkerungsgruppen: Malaien, tibeto-burmanische, melanesische Stämme u. a. Unter dem Einfluß der indischen Staatsgründungen bildeten sich Völker wie die Burmanen und die Thais. Der Prozeß der gegenseitigen Durchdringung erfolgte, ohne daß das Mutterland eingriff, also ohne »koloniale« Beherrschung. Die beiden Ausnahmen, beide von der Choladynastie, bestätigen diese Regel. Ihr Versuch, Ceylon mit Gewalt zu unterwerfen, mißlang, und die seekriegsmäßigen Aktionen gegen das Sri-Vijaya-Reich haben wohl zu einer längeren Besetzung des unterworfenen Gebiets, aber zu keiner Annexion geführt. Ein in Takua Pa entdecktes Militärlager kann örtlichen Fürsten gehört haben.

Zwischen den Tochterstaaten und ihrem Mutterland hat nicht einmal ein enger politischer Kontakt bestanden. Sie tauschten Gesandtschaften mit China aus, aber von entsprechenden nach Indien wird so gut wie niemals berichtet; dabei müssen schon der Handel wie ein gelegentlich auftretendes Bedürfnis nach Nachschub – auch an Menschen – für einen regelmäßigen Verkehr gesorgt haben. Wenn fürstliche Personen oder ihre Beauftragten nach Indien reisten, waren es meist Pilgerfahrten zu heiligen Stätten; daß ein König von Champa abdankte, um seinen Lebensabend als Eremit an den Ufern des Ganges zu verbringen, scheint ebenso eine Ausnahme gewesen zu sein, wie daß ein aus Malaya verbannter Prinz in Indien Asyl suchte. Die ausgewanderten Inder haben bald ihre neuen Sitze als ihre endgültige Heimat empfunden.

Vielleicht liegt hier auch eine der Ursachen dafür, daß zwischen den jungen Staaten untereinander kein rechtes Zusammengehörigkeitsgefühl entstand. Selbst wenn Gefahr drohte, haben sie sich nicht zusammengeschlossen, wie etwa gegen den Ansturm von Kublai Khan. Neben wenigen Zweckbündnissen von begrenzter Reichweite liest man mehr von Kriegen, die sie unter sich ausfochten. Sie glichen auch darin dem Mutterland, daß sie den großen Wert von Küsten und Häfen zwar kannten und nutzten, aber wenig taten, sie zu schützen. Nur vereinzelt besaßen sie Kriegsschiffe, und nur das Sri-Vijaya-Reich schuf sich eine Flotte, nachdem es deren Verwendung durch die Cholas am eigenen Leibe erfahren hatte.

China

Außenpolitisch entscheidend war für sie alle die Existenz des chinesischen Kaiserreichs. Diese gewaltige Großmacht, die größte Schöpfung des asiatischen Imperialismus, war für alle Mittel- und Kleinstaaten Südost-Asiens der große Nachbar, der als gefährlich empfunden und daher umworben wurde. Dies um so mehr, als China die indische Kolonisation in diesem Raum sicherlich mit scheelen Augen betrachtet hat. Das Kaiserreich, das sonst so eifrig allen erreichbaren Nachbarn nah und fern die Güter seiner Kultur zu überliefern pflegte, um sie dafür unter die Oberhoheit des »Sohns des Himmels« zu stellen, war hier nicht rechtzeitig erschienen. So hat die indische Kultur der chinesischen ein riesiges Gebiet weggeschnappt, das nach seiner geographischen Lage ebensogut zum chinesischen Kulturkreis hätte kommen können. China hat sich damit auch durchaus nicht abgefunden. Soweit diese neuen Staaten seine Grenze berührten – im heutigen Vietnam und Laos –, hat es militärische Gegenmaßnahmen ergriffen, teils direkt, teils durch die ihnen hörigen Annamiten, und dadurch die Nordgrenze der indischen Kultur wieder nach Süden eingedrückt, z. B. den Staat Champa unter seine Kontrolle gebracht. Dies war der erste Rückschlag der indischen Kolonisation – ein Gegenstück zu der Vernichtung der indischen Fürstentümer im *Turfan*-Gebiet an der Seidenstraße. Zur See hat China zunächst eingegriffen, obwohl seine Handelsschiffe das Meer wie die Seestraßen nach den indisierten Ländern wohl kannten. Vielleicht ist die Flotte des chinesischen Generals Cheng Ho (um 1420), die, durch die Straße von Singapur fahrend, an der indischen Küste erschien (vor Quilon), als Gegenzug gegen Indiens Expansion gedacht gewesen. Jedenfalls begannen die jungen Staaten bald, regelmäßige Gesandtschaften an den Kaiser von China zu schicken, nebst den üblichen Geschenken, obwohl sie wußten oder nach kurzer Zeit merkten, daß solche Geschenke als Tribute angesehen wurden. Ebenso lernten sie bald, daß Gesuche um Hilfe wenig Aussicht auf Erfolg hatten; denn die chinesische Politik sah keinen Grund, sich in die Zwistigkeiten dieser Staaten einzumischen. Sie ließ auch diejenigen, die jenseits des Meeres lagen, meist in Ruhe, da sie den Seekrieg scheuten. Erst der Mongolen-Kaiser Kublai Khan führte im 13. Jahrhundert seinen großen Eroberungszug durch, bei dem er Nord-Vietnam, Malaya, Java und Burma eroberte und zeitweilig unterwarf. Die grausige Erinnerung an diese Katastrophe lebt noch heute fort.

Innerhalb dieser Staatenwelt suchten die Starken – wie überall – die Schwächeren zu unterwerfen. Das Reich der Sailendras brach an innerer Schwäche zusammen. Die Inselwelt des heutigen Indonesiens kam unter die Herrschaft von Java als der stärksten Macht; Funan wurde von Kambodscha übergeschluckt, und Champa geriet in ein Vasallenverhältnis zu Annam, also in den Einflußbereich Chinas. Auf dem Festland behaupteten Burma und Thailand nach ihrer Befreiung von dem Joch Kublai Khans ihre Unabhängigkeit; Burma wurde später britisch, während Thailand als einziges Land bis heute beinah ununterbrochen unabhängig geblieben ist, also seinen Namen »Land der Freien« mit Recht trägt.

Vom indischen Standpunkt aus kann man sagen, daß sich sein Erbe – mit Ausnahme in Nord-Vietnam – gegen die chinesische Kultur behauptet hat. Der südost-asiatische Raum ist *nicht* chinesisch geworden. Fragt man allerdings, was sich von dem indischen Erbe bis heute im Bewußtsein der Menschen erhalten hat, so fällt die Antwort sehr verschieden aus. Die indische Mythologie, besonders die Sagenwelt des Ramayana, lebt in Thailand und Indonesien heute in den volkstümlichen Schattenspielen ebenso wie in pantomimischen Tänzen noch lebendig fort. Der Hinduismus hat sich nur in Bali behauptet; aber der Buddhismus in seiner älteren Form des Hinayana beherrscht heute noch Burma, Thailand, Kambodscha und Teile von Vietnam. Die jüngsten Bemühungen Indiens, die indische Herkunft des Buddha und seiner Religion wieder in das Bewußtsein der Welt zurückzurufen, können eine Grundlage für kulturelle Zusammenarbeit mit diesen Ländern bilden. Daß diese Völker ihre ersten Staatsgründungen Indern verdanken, ist vergessen oder wird verschwiegen. Daß sie auch dort, wo der Hinduismus anfangs angenommen wurde, das Kastenwesen nicht oder nur beschränkt übernahmen, belegt die Erfahrung, daß die indische Sozialordnung keine Exportware ist. Trotzdem kann die Wirkung dieser Kulturexpansion kaum überschätzt werden. Wenn Thailand und Malaysia heute zum

Westen gehören, wenn um Burma und Süd-Vietnam mit China gerungen wird, wenn Indonesien als ein unabhängiges Reich gelten kann, so ist das eine Folge der indischen Kolonisation, die weltpolitisch ins Gewicht fällt. Und so erscheint der Krieg in Vietnam als die letzte Fortsetzung der mannigfachen Kämpfe um das alte Champa, in denen sein »indisierter« Süden sich gegen den »sinierten« Norden zu behaupten hatte.

Die »Magna India«, die die Handvoll Kaufleute, Brahmanen und fahrender Ritter vor 1000 Jahren errichtet haben, hat nicht nur ihrem Mutterkontinent damals einen gewaltigen Zuwachs an Wohlstand und überseeischen Stützpunkten eingetragen, ist nicht nur für die Inder ein Betätigungsfeld von unerhörter Weite gewesen, sondern hat auch die politische Zukunft Asiens bis auf den heutigen Tag entscheidend beeinflußt. So hat der bedeutende italienische Indologe L. Petech recht, wenn er sagt, daß es eine »der imponierendsten Leistungen der Menschheitsgeschichte« gewesen ist*.

Die Entwicklung in den einzelnen Gebieten sei kurz skizziert.

Ceylon

Ceylon ist die frühste überseeische Kolonisation, bei der nordindischer Einfluß ein primitives Volk auf eine höhere Kulturstufe führte. Die um 500 v. Chr. zu Schiff gekommene Gruppe von Aryas brachte den vedischen Glauben mit. Eine Gesandtschaft, die sie um 250 v. Chr. an Kaiser Ashoka schickten, wurde von ihm mit der Entsendung seines Sohnes Mahendra erwidert, der den Buddhismus einführen sollte, den der Kaiser als eine fortgeschrittene Stufe der Geistigkeit erkannt hatte. Mit dieser im Gangestal entstandenen Religion und dem Sanskrit bzw. Pali als religiösen Sprachen wuchs die Insel zu einer Tochterkultur Indiens, wie sie reiner nirgendwo zustande gekommen ist. Der Prozeß ihrer Loslösung vom kulturellen Mutterlande vollzog sich rasch. Schon um die Zeitwende fühlt sich Ceylon als völlig unabhängiges Land und beteiligt sich mit großem Eifer an den Möglichkeiten, die ihm der Außenhandel bietet. Es wird zu einem der wichtigsten Stapel- und Umschlagplätze im damaligen Welthandel zwischen dem Mittelmeer und China.

* Propyläen-Weltgeschichte, Petech, S. 466

Als Glied der nordindischen Kulturwelt ist es älter als der tamilische Süden, der erst später die ersten Anregungen aus dem Norden empfing. Durch seine Insellage weitgehend geschützt, hatte es gute Voraussetzungen zur Entwicklung eines kräftigen staatlichen Eigenlebens; aber die Nachteile seiner örtlich begrenzten Inzucht äußerten sich in fortwährenden Wirren, die ausländische Invasionen herbeilocken mußten, und zwar um so mehr, als die Bevölkerung sehr unkriegerisch blieb und sich früh auf auswärtige Söldner verließ. Nach der Sage sollen zwei tamilische Pferdehändler (um 170 v. Chr.) sich als erste Fremde der Staatsgewalt bemächtigt haben, und ihnen sei ein Prinz aus einer drawidischen Dynastie gefolgt, der von 145–101 v. Chr. regiert habe. Jedenfalls erfolgte um 45 v. Chr. die erste regelrechte Invasion der Tamilen. Die Ursache der Einfälle mag Beutegier gewesen sein, sicherlich die Eifersucht auf den wachsenden Erfolg, den Ceylon im Überseehandel errang. Mit gutem Instinkt wandten sich die Singhalesen um Hilfe an das Gangesreich und schickten eine Gesandtschaft, die von Kaiser Samudragupta empfangen wurde. Vielleicht hat sie dazu beigetragen, seinen Zug nach Süden herbeizuführen. Aber für die Singhalesen ist er zu früh umgekehrt.

Ernster wurde es mit dem Antritt der Cholas. Schon Karikala ließ den nördlichen Teil der Insel unterwerfen (um 130 n. Chr.), offensichtlich aus handelspolitischen Gründen, wie er denn die Kriegsgefangenen aus Ceylon sofort anstellte, um an der Mündung des Kaweristroms einen neuen Hafen zu bauen (Puhar). Und klar erkannte Rajaraja der Große den Wert der vorgelagerten Insel als Flottenstützpunkt. Er eroberte zum ersten Male die ganze Insel und errichtete eine eigene Okkupationsverwaltung in Polonnaruva, womit Ceylon von 959–1070 unter die Herrschaft der Cholas geriet. Es wurde zum »Irland« dieser ersten Seemacht Asiens. Eine kräftige Befreiungsbewegung führte zum Erfolg, und die Cholas fanden sich mit diesem Verlust ab, aus dem sie lernten, daß ein kulturell und national bereits gefestigtes Volk nur mit unverhältnismäßig starkem militärischem Aufwand in Unterwerfung gehalten werden kann, und daß dauerhafte Beziehungen zu Nachbarvölkern nur bei Anerkennung ihrer Eigenständigkeit möglich sind. Politisch konnten sie den Verlust Ceylons verschmerzen, da sie sich inzwischen in Malaya und Sumatra genügend Stützpunkte für ihre Seeherrschaft geschaffen hatten.

Auch die Pandhyas nahmen die Eroberungspläne gegen Ceylon auf. Der Mord an einem Ceylonherrscher, der bei ihnen Asyl gefunden hatte, bot Anlaß zu einer Intervention, und die Singhalesen erbaten nun Hilfe von den Cholas, so daß sich ein Kampf zu dreien von langwieriger Dauer entspann. Der letzte große Chola-Kaiser, Kulottunga III. (1178–1218), machte noch einen Invasionsversuch, traf aber auf Ceylons größten Herrscher, Parakrama Bahu (1153 bis 1186), der die Freiheit der Insel rettete – zum Teil dank ihrer Insellage, die auch den Moslemgeneral Malik Kafur abhielt, den Sprung über die Adamsbrücke zu wagen. Nach dem Erlöschen aller Tamilreiche fand die Insel Ruhe, bis die Portugiesen als neue Eindringlinge erschienen.

Ceylon hatte das Glück, weder von den Moslems noch von dem Mongolen Kublai Khan verheert zu werden; es mußte nur hinnehmen, daß die großen Verluste an Schätzen, die sie von den Tamilen erlitten – zeitweise sogar ihre heiligste Reliquie, der Zahn des Buddha –, nun zum Bau der herrlichen Tempel im drawidischen Süden verwandt wurden. Auch blieb aus dieser Zeit eine ständige Bevölkerung von Tamilen im Lande, die noch heute die Regierung vor problematische Aufgaben stellt.

Burma

Burma ist den Indern zuerst bekannt geworden, als sie mit ihren kleinen Schiffen vorsichtig entlang der Küste von der Gangesmündung aus in die weite Welt Südostasiens vordrangen. Da die Chinesen behaupten, daß sie mit ihren Dschunken dort schon im 2. Jahrhundert v. Chr. gewesen seien, dürften diese indischen Versuche noch früher zu datieren sein. Jedenfalls hat schon Kaiser Ashoka buddhistische Missionare dorthin gesandt, und Burma ist bis heute eines der treusten Länder des Hinayana-Buddhismus geblieben. Nach der Überlieferung soll ein Prinz aus dem Geschlecht des Buddha sogar den ersten Staat gegründet haben (mit der Hauptstadt Sankissa), der 31 Generationen lang bestanden habe. Später sollen indische »kshatriyas« einen zweiten Staat mit der Hauptstadt Prome errichtet haben, während ein angeblich aus Benares stammender Herrscher die Küste des heutigen Arakan staatlich organisiert habe. Ruinen von Bauten in den genannten Gegenden zeigen ausgesprochene Gupta-Architektur. Um 1044 n. Chr. hat ein einheimischer Herrscher, namens Aniruddha (oder Annrathe), die letzten Reste des »heidnischen Schlangenkults« abgeschafft und so das ganze Land buddhistisch und damit wohl auch politisch unabhängig gemacht.

Am Handel nahm Burma bald regen Anteil – bester Beweis, daß die Cholas auch hierher eine Kriegsflotte entsandten! China begann Burmas Unabhängigkeit zu gefährden. Zwischen 799–1050 registrierten die chinesischen Quellen regelmäßige Gesandtschaften aus Burma, deren Absender sie den »Herrscher der *Pyus*« nannten. Kublai-Khan, der 1253 Yünnan unterwarf, eroberte auch Burma, wobei die damalige Hauptstadt Paganj (Arimadha-napura) zerstört und die mühsam erreichte staatliche Einheit zerbrochen wurde. Burma wurde zwar keine chinesische Provinz, lebte aber nun in Kleinstaaten weiter, die immerhin stark genug waren, Angriffe der Mogulkaiser 1664 bis 66 abzuweisen. Eingedrungene Moslems wurden im Guerillakrieg wieder vertrieben. Dann errichteten die Portugiesen im Delta des Irrawady eine Faktorei, mußten aber den Briten weichen. Burmas inzwischen wieder erstarkter Einheitsstaat wurde nun selbst expansiv und eroberte Assam. Dadurch entstand der Konflikt mit den Briten, die in drei Kriegen Burma stückweise annektierten: 1824 die Küsten, 1852 Rangun und Pegu und 1886 die nördlichen Gebiete. Bis 1937 wurde es mit Indien gemeinsam verwaltet und blieb dann noch 10 Jahre britische Kolonie, bis es 1947 seine Unabhängigkeit wiedergewann. Alsbald erneuerte sich die Spannung zu China, so daß Kublai-Khans Eroberungszüge nicht in Vergessenheit gerieten.

Die erwähnten Überlieferungen zeigen, wie lebendig hier die Erinnerung an die Rolle geblieben ist, die Indien bei der kulturellen Erschließung des Landes gespielt hat. Die freundschaftlichen Beziehungen zu Indien dauern fort, obwohl der Buddhismus, der unverändert die Grundlage der burmanischen Kultur geblieben ist, in Indien selbst erlosch.

Malaya und Sumatra

Die indische Küstenschiffahrt führte von Burma nach *Malaya.* Weiter nach Osten wurde der Handel meist so betrieben, daß die Schiffe an der Westküste des heutigen Isthmus von Krah (damals Lankasuka), in dem heutigen Takua Pa (damals

Takkola) umgeladen, über den kurzen Landweg an die östliche Küste geschafft und in Ligor (Sri Tharamant oder Dhammarant) neu verladen wurden. Diese Landbrücke hat in der Geschichte des indischen Handels während vieler Jahrhunderte eine führende Rolle gespielt. Sie muß, wenn die chinesischen Quellen recht haben, schon vor der Zeitwende benutzt worden sein. Nach der Zeitwende wurde die Fahrt durch die heutige Straße von Singapur eröffnet. Der Handel mit dem Osten sowie die Ausbeutung der Zinn- und Goldgruben haben diesen Raum zum frühsten, allbegehrten »Goldland« der indischen Seefahrer gemacht. Hier spielen die meisten Seefahrer- und Abenteurererzählungen, in denen sich die indische Kolonisation literarisch niedergeschlagen hat. Die ältesten erhaltenen Sanskritinschriften (allerdings erst aus dem 4. Jahrhundert v. Chr.)* sind in der Granthaschrift abgefaßt, die typisch für die Tamilen ist.

Der Schiffahrtsweg durch die Straße von Singapur ließ neue Häfen und Niederlassungen entstehen. Die wichtigste in Malaya wurde *Kadaram* (oder Keddan, auch Kedah) beim heutigen Penang und auf Sumatra das heutige Palembang. Diese beiden Stützpunkte, die beide die Durchfahrt durch die Meerenge kontrollierten, standen unter örtlichen Befehlshabern. Der Machthaber in Kadaram mit seiner sehr engen Landbasis und einer Handvoll indischer Residenten suchte stets Anlehnung an die Cholas; der in Palembang aber vermochte sich ganz Sumatra, dann Teile von Java zu unterwerfen und mit dieser erweiterten Machtbasis zu einem starken politischen Faktor zu werden. Diese Dynastie, deren Ursprung sich in das 4. Jahrhundert n. Chr. verfolgen läßt, errang um 800 auch die Oberherrschaft über *Kadaram* (also Malaya), schuf sich eine Kriegs- und eine Handelsflotte und begann politisch wie kommerziell selbständig auszugreifen. So wurde dieses Reich von *Sri Vijaya* (chinesisch »San fo-tsin«, arabisch »Zabab«) zu einem gefährlichen Konkurrenten der Festlandinder, zumal es »fremde« Schiffe bei der Durchfahrt durch die Enge von Singapur oder bei Benutzung des Isthmus mit Abgaben belegte oder ihnen sogar beide sperrte. Zudem begann es auch gegen die älteren

* Solche Inschriften bezeugen stets schon einen späteren Zeitpunkt als die Ankunft der ersten Kaufleute. Denn ein Kaufmann wird sich erst dann damit befassen, Sanskritinschriften einmeißeln zu lassen, wenn er eine Reihe guter Jahre hinter sich hat.

indischen Niederlassungen in Hinterindien vorzugehen; es sandte eine Kriegsflotte gegen die Khmers in Kambodscha, operierte an den Küsten des Mekong-Deltas und stiftete dadurch Unruhe in diesen indischen Gründungen. Das Reich, seit 648 buddhistisch, unterhielt zu den glaubensgleichen Palas (750 bis 1150) in Bengalen freundschaftliche Beziehungen, geriet aber zu den tamilischen Reichen in wachsenden Gegensatz, da diese ihre Handelsinteressen aufs schwerste gefährdet sahen. Und als mit den Cholas eine Großmacht entstand, die über eine starke Kriegsflotte verfügte, kam es zum Bruch, zumal die Khmers in Kambodscha die Cholas um Hilfe gerufen hatten. Diese begannen eine großangelegte Aktion gegen die Sailendras in Sri Vijaya. Rajendra I. ließ seine Flotte in Kadaram landen, besetzte Takkola und den Isthmus, vernichtete die Flotte des Gegners und besetzte seine Hauptstadt Palembang (1017–1025). Diese Aktion hatte insofern eine weltpolitische Seite, als Sri Vijaya Rückendeckung beim Kaiser von China suchte, dem es seit dem 10. Jahrhundert regelmäßig Gesandtschaften geschickt hatte (belegt für 904, 961, 962, 971, 974, 975, 980, 983, 1003) – eine auffällig enge Verbindung, die vermuten läßt, daß die Regierung in Palembang die Gefahr eines Zusammenstoßes mit dem Cholareich vorausgesehen hat.

Ihre Niederlage wurde dadurch noch verschärft, daß sich West-Java um 990 gegen sie erhob und die Hauptstadt Palembang angriff. Trotzdem hat Sri Vijaya diese Rückschläge überstanden. Anscheinend haben die beiden Großmächte eine »politische Lösung« gefunden; denn schon im Jahre 1005 ließ der damalige Herrscher von Sri Vijaya im Einvernehmen mit dem Cholakaiser in Negapatam eine buddhistische Vihara errichten. Sehr wahrscheinlich haben die Cholas hier große kommerzielle und maritime Erfolge erzielt; jedenfalls konnten sie ihren direkten Handel nun bis nach China ausdehnen (bis Kanton, wenn es als das indische Kattagiri gelten darf). So ist hier ein echter Seekrieg im Indischen Ozean um kommerzieller Ziele willen geführt worden. Die Cholas haben diese Expedition unter Virajendra (1062 bis 1070) wiederholt, mit dem Erfolg, daß die Sailendras, die sich an allen Seiten bedroht sahen, sogar die Oberhoheit der Cholas anerkannten. Mit dem Sinken der Cholamacht erlosch dieses Abhängigkeitsverhältnis und dieser See- und Handelsstaat hat noch bis in das 15. Jahrhundert bestanden (letzte Gesandtschaft nach China 1499), ja sogar seinerseits eine aggressive Aktion gegen Ceylon unternommen (1230). Ihr zweiter Versuch dieser Art im Jahre 1264 führte im Kampf gegen die Pandhyas zu einer schweren Niederlage. Dieser Rückschlag, zusammen mit einem großen Aufstand in Java wie der Bedrohung von seiten der neuen Macht der Thais und einer demonstrativen Erhebung der im Staate Sri Vijaya ansässigen Chinesen (sie wählten sich einen eigenen Häuptling!), leitete dann das Sinken der Macht dieses Staates ein. Unberührt davon hielten sich in Kadaram die örtlichen Hindufürsten, die Marco Polo besucht hat. Indem sie um 1450 den Islam annahmen, paßten sie sich der neuen Weltmacht an und konnten ihren Handel, namentlich mit China, fortsetzen. Dabei trat mehr und mehr der Hafen von Malakka in den Vordergrund, den dann die Portugiesen (1509) zu ihrem ersten Stützpunkt machten.

Ebenso wie Ceylon sind auch Malaya und Sumatra von dem Mongolensturm des Kublai Khan verschont geblieben. Wohl aber ging die eigentliche Macht in diesem Raum mehr und mehr auf das erstarkende *Java* über, bis die Araber mit der Expansionsgewalt des Islams Java wie Sumatra unter ihre Gewalt brachten. Sie behielten die Macht bis zur Ankunft der Europäer, in deren Rivalitätskämpfen die Holländer siegten. *Malaya* selbst blieb unter der Herrschaft verschiedener Regionalfürsten (jetzt Sultane genannt) und wurde erst spät von den Briten, die sich anfangs mit den Hafenplätzen Singapur und Penang begnügt hatten, in ihren Herrschaftsbereich eingegliedert. Die mehrhundertjährige Umstellung der Kultur auf den Islam, die stets enge Verbindung zu den Chinesen, die einst in Malakka und heute in Singapur die Mehrheit der Bevölkerung bilden, und die verdienstvolle Arbeit der Briten, die dem ganzen Lande eine nie geahnte wirtschaftliche Blüte verschafften und es noch unlängst gegen revolutionäre Unruhen geschützt haben, wirkten zusammen, um den indischen Kern der dortigen Kultur so gut wie verschwinden zu lassen. Das Verhältnis zu Indien ist auch dadurch nicht enger geworden, daß die britische Verwaltung hier Inder als Soldaten und Polizisten zu verwenden pflegte. Von einer geistigen Basis kann also kaum gesprochen werden, so daß das heutige Indien hier ganz von neuem beginnen muß.

Die erste Staatsgründung auf Java soll von einem indischen Fürsten erfolgt sein, der mit 20 000 Gefolgsleuten aus Orissa gekommen sei. Dafür spricht die Tatsache, daß der Staat lange den Namen »Kalinga« getragen hat, was an die Bezeichnung »Neuengland« für Nordamerika erinnert. Die Chinesen wollen die frühste Gesandtschaft seiner Herrscher um 123 v. Chr. empfangen haben. Mitte des 8. Jahrhunderts wird der westliche Teil Javas von den Sailendras überwältigt, worauf einheimische Herrscher im östlichen Teil der Insel einen neuen Staat unter dem Namen Mataram oder Majapahit gründeten, der in der Zeit von 1297–1308 durch Gesandtschaften nach China belegt wird. Der Versuch Kublai Khans, sich Javas zu bemächtigen (1293) wurde dadurch abgefangen, daß ein Hindu-Schützling der Chinesen aus den Kämpfen als Sieger hervorging und die Herrschaft unter ihrem Patronat fortsetzte. Das Reich in Ost-Java, das unter seinem größten Herrscher *Sindol,* im 10. Jahrhundert eine Blüte erlebt (992 Gesandtschaft nach China), mußte später unter dem Druck des Islams abermals ostwärts ausweichen und hat dann in Bali die heute noch bestehende Hindu-Niederlassung begründet (1520). Der Buddhismus hat sich dort durch weltberühmte Bauwerke, wie den Borobodur, eine bleibende Gedenkstätte geschaffen.

Über die Beziehungen der Staaten von Sumatra und Java zum indischen Mutterland ist wenig bekannt. Indische Historiker neigen dazu, Indonesien als einen »Verlust für die indische Kultur« anzusehen, da die Mehrheit der Bevölkerung sich heute zum Islam bekennt. Aber unter dem Firnis des Islams halten sich hier noch erstaunlich lebendige Reste der Hindu-Vergangenheit, wie sie namentlich in der Beliebtheit des Ramayana noch heute sichtbar sind. Ein guter Kenner Indonesiens hat sogar gewagt zu sagen, daß der Islam dieses Landes noch immer ein verdeckter Vishnu-Kult wäre. Jedenfalls ist es eine Tatsache, daß sich Indonesien von der Solidarität der übrigen islamischen Welt distanziert, daß z. B. selbst in den Jahren seiner heftigsten Gegnerschaft gegen das heutige Indien kaum je Stimmen laut geworden sind, die sich im Streit um Kaschmir auf die Seite Pakistans stellten.

Auf der Insel *Borneo* ist der älteste Staat von Indern errichtet worden, und zwar an der *Ost*küste mit der Hauptstadt

Muara Kaman an der Mündung des Mahakama-Flusses. Der Name des ersten Herrschers wird mit Kudunga, mitunter – wie in Funan – mit Kaudinya angegeben. Die ältesten Sanskritinschriften stammen aus dem 4. Jahrhundert. Haupthafen der Inder wurde *Koti* (Kulai).

Bali

Auch in Bali berichtet die Überlieferung von einem Inder namens Kaudinya, der um 600 n. Chr. die Herrschaft übernommen habe. Es scheint, als ob dieser Name damals zum Inbegriff herrscherlicher Würde geworden ist – ähnlich wie Cäsars Name zum Begriff »Kaiser« geworden ist. Die früheste Gesandtschaft nach China wird in Bali für 518 bezeugt. Um 980 wurde die kleine Insel von Ost-Java erobert, und wurde, da ihre Fürsten sich weigerten, den Islam anzunehmen, zur Zufluchtsstätte aller, die dem Hinduismus treu bleiben wollten. So ist Bali die letzte Verkörperung der ursprünglichen indischen Kolonisation geblieben, die sich bis auf den heutigen Tag erhalten hat.

Funan

Chinesische Quellen berichten von einem indischen Staat im Mekong-Delta, den sie *Funan* nennen. Nach örtlicher Überlieferung soll im Laufe reger Handelsbeziehungen zu Indien ein Brahmane namens *Kaudinya* dorthin gekommen, den Hinduismus gepredigt, die einheimische Königstochter geheiratet (eine »Nagaprinzessin«) und König des von ihm organisierten Staatswesens geworden sein. Wenn die chinesische Datierung zutrifft, hätte sich das im 1. Jahrhundert n. Chr. abgespielt; dann wäre es das *älteste* Datum, das wir für eine solche indische Staatsgründung besitzen. Es ist indessen unwahrscheinlich, daß die indische Kolonisation hier am östlichen Ende des riesigen Raums begonnen hat. Auch wird gesagt, daß Kaudinya nicht aus Indien, sondern »von Süden« her gekommen wäre, also aus einer anderen bereits bestehenden Kolonie, etwa von Isthmus, wo die Anwesenheit vieler Brahmanen überliefert wird. Die ältesten Sanskritinschriften stammen hier schon aus dem 3. Jahrhundert n. Chr. und zeigen tamilische Schrift. Ungewöhnlich ist es, daß hier ausdrücklich von einem Gesandtentausch mit dem indischen Mutterland berichtet wird. Es soll sogar ein Prinz dieser Dynastie an der Mündung des Ganges gelandet und den Kaiser begrüßt haben, der dann seinerseits eine Gegengesandtschaft nach Funan entsandt habe. Das Datum dieses diplomatischen Austausches, das nach chinesischen Quellen auf das Jahr 242 n. Chr. angesetzt wird, erscheint etwas zu früh, da damals im Gangestal kein solcher Herrscher regierte. Vielleicht hat einer der Guptakaiser diese Huldigungsmission empfangen, mit der der junge Staat seine innere Verbundenheit mit Indien bekräftigen wollte. Viel näher lag ihm natürlich China; und mit diesem Reich sind denn häufig Gesandtschaften ausgetauscht worden, die von China als Beweise der politischen Abhängigkeit gedeutet wurden. Der Herrscher von Funan habe dabei vom Kaiser von China den Titel eines »Generals des befriedeten Südens« empfangen. Es liegt nahe, daß der junge Staat das Bedürfnis nach Anlehnung verspürte; als er mit Hilfe einer kleinen Kriegsflotte versuchte, sein eng begrenztes Territorium zu erweitern, geriet er in Kämpfe mit seinen Nachbarn, vor allem mit Kambuja (Kambodscha), so daß durchaus denkbar ist, daß er mit seiner Mission vom Kaiser von China Unterstützung gegen die heftigen Gegenangriffe dieses stärkeren Nachbarn hat erbitten wollen. Indessen blieben sie fruchtlos; die Kambodschaner haben den Staat mehrfach überwältigt und um 650 n. Chr. annektiert.

Kambuja (Kambodscha/Chen Le)

Die einheimische Überlieferung nennt den indischen Prinzen Kambu Svayambhuva als den Begründer dieses Staats, nach dem er seinen Namen trage. Der Prinz sei aus »Indraprashta« gekommen – eine etwas romantische Herkunftsbezeichnung, die wohl nur besagen will, daß er ein echt indischer »kshatriya« gewesen sei. Möglich ist, daß er einer fürstlichen Familie angehörte, die, durch die Nandas entthront, seitdem wurzellos umherwanderte, um sich »ein neues Königreich« zu suchen.

Der Stamm der *Khmers,* der den Grundstock der Bevölkerung von Kambodscha bildet, gehörte nicht nur zu den kriegstüchtigsten der Halbinsel, sondern auch zu den kulturell begabtesten. Die zahlreichen Sanskritinschriften, die hier gefunden sind, zeugen im Stil wie in literarischen Anspielungen von einer Bildungsstufe, die sich in einem jungen Kolonialland selten findet, und es erscheint glaubhaft, wenn berichtet wird, daß es mehrfach Zuzug von Brahmanen erhalten hat, und daß die Herrscher sich sogar gelegentlich Frauen aus Indien geholt haben. Jedenfalls hat das Khmerreich die höchste Kulturblüte in dieser Gegend erreicht, die noch heute in den Bauten von Angkor bewundert wird. Seine Religion war anfangs der Shiva-Kult, neben den später der Buddhismus trat, ohne daß es zu sichtbaren Reibungen gekommen wäre. Symbolisch dafür ist noch heute das Nebeneinander des riesigen Hindu-Tempels von Angkor *Vat* neben dem künstlerisch nicht minder bedeutenden Buddha-Tempel von Angkor *Tom*.

Politisch wurde dieser Staat sehr bald die Hegemonialmacht der ganzen Halbinsel. Der Einverleibung des kleinen Funan-Staats im Mekong-Delta (um 630) folgte eine Expansion nach Norden, die Gebiete umfaßte, die teils zum heutigen Laos, teils zu China gehören. Er reizte damit sowohl seine indischen Nachbarn im Süden wie den mächtigen im Norden. Die Sailendras (auf Sumatra) und auch verschiedene Herrscher in Java haben ihn angegriffen und zeitweilig Teile seines Gebiets annektiert. Aber unter seinem großen Herrscher Jayavarman II. (802–854) ist er wieder unabhängig und geht auf neue Eroberungen aus. Sie richten sich einmal gegen die östliche Küste, und zwar gegen das junge Volk der Annamiten wie auch gegen den indischen Staat Champa und namentlich gegen das noch jugendliche Volk der *Thais*, die nordwärts saßen. In langwierigen, wechselvollen Kämpfen steigt seine Macht, geht dann aber mit zunehmendem Alter zurück, so daß die Thais ihn schließlich überwältigen und seine herrliche Hauptstadt Angkor zerstören.

Von ihnen auch weiterhin bedroht, hat sich Kambodscha schließlich im 19. Jahrhundert – sehr zum Verdruß der Thais – Frankreich in die Arme geworfen und ist französische Kolonie geworden, nachem es 1½ Jahrtausende bestanden hatte; es hat erst 1955 seine Selbständigkeit wiedererlangt.

Außenpolitisch war auch seine wichtigste Beziehung natürlich die zum chinesischen Kaiserreich. Die erste Gesandtschaft stammt nach chinesischen Quellen aus dem Jahre 717; im Jahre 771 reiste der Herrscher persönlich zum Kaiser. Dann folgen zahlreiche andere, die letzte von 1121. China hat die Unabhängigkeit dieses Nachbarn anscheinend nicht gestört, bis Kublai Khan es angriff (1296); aber der Angriff ist abgewehrt worden. Andererseits hat China nichts unternommen, um ihm in seinem Schicksalskampf gegen die Thais zu helfen.

Champa (Vietnam)

Champa, der mittlere Teil des heutigen Vietnam, nördlich etwa bis Huë, führt seine Gründung auf Inder zurück, die aus Malaya gekommen sein sollen, also aus den älteren Siedlungen am Isthmus von Kra. Als erster Herrscher wird Sri Mara genannt, etwa im 2. Jahrhundert n. Chr. Die Gründer werden nicht als friedliche Kaufleute geschildert, sondern eher als Seeräuber, die mehr auf Beute als auf Handel erpicht waren. Dazu würde passen, daß die chinesischen Quellen bereits für 336 einen gewaltsamen Thronwechsel und für 347 den ersten Angriff auf chinesisches Gebiet berichten, ebenso ein späterer Vorfall, bei dem sie dem Kaiser von China Geschenke anboten, die sie vorher arabischen Händlern geraubt hatten, so daß der Kaiser, der von dem Ursprung der Gaben hörte, ihre Annahme verweigerte. Rein geographisch bot die lange Küste einem »Piratenvolk« gute Möglichkeiten. Der Gegensatz zu China blieb allerdings die Schicksalsfrage; denn die frühen Versuche der Champas, sich nordwärts auszudehnen, stießen in Zonen hinein, die entweder zu China gehörten oder wegen ihrer Hafenplätze den chinesischen Handel interessierten. Ihre Lage wurde noch dadurch kompliziert, daß im Zwischengebiet, im heutigen Nordvietnam, das junge, primitive Volk der Annamiten lebte, das nun zwischen zwei fortgeschritteneren Staaten erwachte und höchst energisch seinen Siedlungsraum zu behaupten und zu erweitern suchte. Die Champas bemühten sich, zu China in ein gutes Verhältnis zu kommen und haben zahlreiche Gesandtschaften dorthin geschickt – anfangs nur mit Geschenken, später mit der ausdrücklichen Bereitwilligkeit, die Oberhoheit des Kaisers anzuerkennen (534). Ihr Herrscher Rudravarman hat sich feierlich durch den Kaiser von China inthronisieren lassen, und seitdem haben ihre Gesandtschaften ausgesprochen den Charakter von Tributmissionen gehabt. Doch lag es für China näher, die benachbarten Annamiten zu unterstützen, die sich kulturell der chinesischen Art fügten. In ständigen Kämpfen hat das Reich der Champas, so kriegstüchtig es war, schrittweise zurückweichen müssen, was äußerlich schon in der Verlegung der Hauptstadt weiter nach Süden zum

Ausdruck kam. Das Verhältnis zu den Annamiten blieb unverändert schlecht, zumal die Champaherrscher, stolz auf ihre höhere Kultur, auf jene geringschätzig herabblickten, ja sogar einen ihrer Gesandten in unwürdiger Weise behandelten. Allerdings dankte Champa diesem Volk, daß es von der Invasion des Kublai Khan verschont blieb, da die Annamiten den Angriff abfingen. Champa gewann auch bei den anderen Staaten indischer Kultur keinen Freund – was sein Schicksal wurde. Nach einer vernichtenden Niederlage gegen die Annamiten mußten sie deren Oberhoheit anerkennen (1312). Zwar ließ man ihren Herrschern nominell die Titel, so daß sie noch ein Schattendasein fortführen konnten, bis ihr letzter Träger 1822 in das bereits französische Kambodscha flüchtete.

Und doch wirkt dieser »Seeräuberstaat« fort; denn indem er den südlichen Teil des heutigen Vietnam mit seiner indischen (buddhistischen) Kultur erhielt, zog er zu den sinisierten Annamiten den Trennungsstrich, der heute Südvietnam von Nordvietnam scheidet. Der heutige Kampf zwischen diesen beiden Gebieten geht letzten Endes auf die indische Beeinflussung des Champa-Staats zurück, während der nördliche Teil, zum chinesischen Kulturkreis gehörig, sich sehr viel leichter auch dem heutigen China, also dem kommunistischen System, eingefügt hat als der südliche. Zwar haben die alten Inder auch in Nordvietnam Handel getrieben, haben auch dort buddhistische Missionen angesetzt, aber doch mit sehr viel geringerem und minder dauerhaftem Erfolg als im Süden.

Thailand

Die Thais sind die jüngste Nation, die in den Kreis indisch beeinflußter Völker eintrat. Ihre ursprünglichen Sitze lagen im heutigen China, wo sie, vermischt mit rassisch verwandten Stämmen, wie den Ahoms und Chans, zuerst auf dem Landweg Sendboten indischer Kultur empfingen, die ihr Land anfangs Gandhara tauften. Ihr Staat, den die Chinesen *Nan Chao* nannten, hatte als Hauptstadt Mithila; dieser rein indische Name läßt darauf schließen, daß die Sendboten aus dem Gangestal kamen. Während ihre Vettern, die Annamiten, der chinesischen Kultur zuneigten und durch ihre Lage an der Küste auch stärker unter dem Druck der kaiserlichen Großmacht standen, gelang es den Thais um 850, von China unabhängig zu werden, obwohl ihr Herrscher mit einer Tochter des Kaisers von China verheiratet war. Als Kublai Khan die Provinz Yünnan unterwarf, verließen die Ahoms ihre Sitze, um nach Assam zu wandern (dem sie ihren Namen gaben). Die Chans siedelten sich im Norden des heutigen Thailand an, während die Thais weiter südlich einen neuen Staat errichteten (Shayam, woraus Siam wurde) und später unter dem fortgesetzten Druck der nördlichen Nachbarn noch weiter südlich in ihr heutiges Gebiet auswichen, so zuerst Ayuthia (Ayodhhya, nach der Geburtsstadt Ramas!) und schließlich Bangkok ihre Hauptstadt wurde. Frei von jeder weiteren Fremdherrschaft haben sie dort bis heute gelebt, nach dem Bekenntnis Buddhisten, aber nach ihrer Mythologie unverändert Anhänger Ramas, des großen Hindu-Helden, dessen Namen noch viele Herrscher tragen, und der die Phantasie dieses Volks unvermindert erfüllt. Ihre Verbindung zum Mutterland des Rama ist allerdings nur dürftig gewesen; seit sie zu nationalem Selbstbewußtsein gekommen sind, also seit dem 16./17. Jahrhundert, hat sich in Indien keine Regierung mehr gefunden, die fähig und willens gewesen wäre, sich dieses Spätlings ihrer Kultur wirksam anzunehmen. Das wäre eine Aufgabe, die die heutige indische Regierung nicht von sich schieben sollte, weil die Regierungsform Thailands weit entfernt von einer Demokratie ist, und weil seine Politik auf westlichen Bündnissen beruht.

TEIL IV

Grenzen und Zonen

Kapitel 18

Die Nordwestgrenze

Die Nordwestgrenze gilt seit alter Zeit als die gefährliche »Wetterecke« für Indien, und die Geschichte nennt eine Vielzahl von Einbrüchen, die über diese Grenze erfolgt sind – als einen der frühsten den der Aryas. Politisch gesehen trafen indessen nur wenige auf einen wirklichen »indischen Staat«; die Mehrzahl erreichte nur das Industal, das sich schon früh dem »eigentlichen Indien« im Gangestal entfremdet hatte und zu einem Zwischengebiet eigener Art geworden war. Daß es in machtloser Kleinstaaterei verharrte, hat diese fremden Einbrüche erleichtert, wenn nicht gar angelockt.

Perser

Die Perser haben diese Lage als erste ausgenutzt, wobei ihre alte sprachliche und rassische Verwandtschaft mit den Aryas politisch keine Rolle gespielt hat. Der Begründer des persischen Großreichs, *Kyros* (559–529 v. Chr.), begann seine Expansion nach Osten zwar mit dem fruchtbaren Baktrien, dem Nordabhang des Hindukusch; aber Dareios I. (522–486) drang in das Industal ein, das ihm vielleicht als ein »Niemandsland« erschienen ist. Er errichtete dort in den Jahren 518–513 die nördliche Satrapie mit der Hauptstadt *Charsada* (= Pushkalaviti = Peshawar), die südliche in Richtung zur Indusmündung. Sie galten als die beiden volkreichsten des Reiches, die die höchsten Steuertribute abführten. Der Jahresbetrag der südlichen (also Sindh) soll den Gegenwert von 1 Million Pfund Sterling betragen haben – ein Drittel der Gesamteinnahmen des Persischen Reichs! Das Interesse des Irans an dieser Eroberung ist also verständlich. Er verkündete als neue Doktrin, daß der Indus die »natürliche« Ostgrenze des Reiches bilde – wie die Franzosen den Rhein genannt haben.

Die persische Herrschaft war für die betroffene Bevölkerung, von den Steuern abgesehen, nicht sonderlich drückend. Die persische Verwaltung übte religiöse Toleranz und scheint das kulturelle Eigenleben nicht gestört zu haben – vielleicht ein Grund, weswegen von Aufständen nichts berichtet wird. Nominell währte ihre Herrschaft bis zum Todesjahr von Dareios III. (336–330), der von seinem Satrapen in Baktrien ermordet wurde. Petech hält es für möglich, daß sie schon früher zu Ende gegangen ist. Jedenfalls haben die dortigen Kleinstaaten unter persischer Oberhoheit weiterbestanden.

Diese Fremdherrschaft brachte dem Industal eine echte Verwaltung mit der aramäischen Sprache und der Karoshtischrift und führte indische Söldner in den Feldzügen ihrer Oberherren nach Hellas und Kleinasien. Möglich, daß solche Einflüsse die Kluft zum Gangestal noch vertieft haben. Ein Fürst von Gandhara soll mit einer Gesandtschaft den Kaiser Bimbisara um Hilfe gegen Persien gebeten haben, aber erfolglos. Denn für das Maghadareich lag das Industal außerhalb seiner politischen Betätigungssphäre, und der Gedanke, daß beide zu einem »Indien« gehörten, existierte damals nicht.

Alexander der Große

Als Überwinder und Erbe des Persischen Reichs war Alexander verständlicherweise bestrebt, sich dessen Außenbesitzungen anzueignen. Auf seinem Siegeszug im heutigen Afghanistan angekommen, wandte auch er sich erst nach *Baktrien*, indem er 327 v. Chr. den Hindukusch von Süden her überschritt, und hat in diesem fruchtbaren Lande die dauerhafteste Schöpfung seines Feldzuges hinterlassen, indem er dort griechische Farmer ansiedelte. Dann wandte er sich den persischen Provinzen im Industal zu, von denen er schon einladende Botschaften erhalten hatte.

Die Staatenwelt im Industal umfaßte damals einen einheimischen Fürsten in Peshawar (Pushkalavati), der sich am Sitz des persischen Satrapen unabhängig gemacht hatte; östlich bis zum Indus den Staat von Taxila (um Rawalpindi); südlich anschließend den größten, dessen Herrscher den ehrwürdigen Namen der alt-arischen Purus trug (griechisch Poros); weiter südlich bei Mohenjo-daro regierte ein Herrscher, den die Mazedonier Musikanos nannten, und im Delta lag der für Überseehandel wichtige Staat mit der Haupt- und Hafenstadt *Pattala*. Nun hatte der Sohn des Regenten von Taxila, der sich von Poros bedroht fühlte, Alexander zur Hilfe gerufen. Danach richtete Alexander seinen Vormarsch ein. Die leichtere Aufgabe (gegen Taxila) übertrug er seinem Generalstabschef, der durch das Tal des Kabulflusses vorrückte (der Khaiber-Paß war noch nicht erschlossen). Für sich wählte Alexander die schwierigere Aufgabe, mit der nördlichen Armeegruppe über den Khawak-Paß in das Gebiet der kriegerischen Stämme einzudringen (dort, wo heute die Pathans sitzen). Der harte Gebirgskrieg erreichte seinen Höhepunkt mit der Erstürmung der befestigten Stadt Aornas (Varana) auf dem steilen Unaberg (heute Pir Sar), und diese Waffentat öffnete ihm das obere Industal. Erst auf dem östlichen Ufer des Stromes trat ihm Poros mit einem größeren Heer entgegen. Die mazedonische Reiterei vermochte die Elefantenkorps zu umgehen und von hinten her zu vernichten. Der verwundete König fiel in Gefangenschaft. Alexander, froh, diese schwierigste Aufgabe gelöst zu haben, verband mit ritterlicher Gesinnung die weise Beschränkung des Staatsmanns, der weitab von seinen Hilfsquellen focht, und begnügte sich mit einer Loyalitätserklärung des Poros (326 v. Chr.). Er setzte darauf seinen Marsch gen Osten fort. Wo die äußerste Grenze des Perserreichs damals lag, ist ungewiß. Als Alexander den letzten der fünf Flüsse des Panjab, den Beas (Sutlej) erreichte, stand er an der Linie, über die hinaus die Herrschaft der Perser sich keinesfalls erstreckt hatte. Damit war sein Ziel, das ehemals persische Reich in Besitz zu nehmen, erreicht. Als er dann noch hörte, daß sich jenseits dieser Linie der starke Militärstaat der Nandas befände, mußte er aus rein militärischen Gründen, angesichts der kaum zu bewältigenden Etappenverbindungen, umkehren – auch wenn keine Meuterei seiner Soldaten es verlangt hätte. Chandragupta will ihm damals gesagt haben, daß das Nandareich sich in so kritischer Lage befände, daß man seinen Widerstand leicht würde brechen können. Wie dem auch sei, Alexander faßte den einzig vernünftigen Entschluß, seinen abenteuerlich werdenden Zug abzubrechen und heimzukehren – eine Wendung, die bei den Indern natürlich als Schwäche gedeutet wurde und ihren Widerstand verstärkte. Am unteren Ravi setzte der Stamm der Mallas den Mazedoniern so zu, daß Alexander ihren Widerstand mit einer bis dahin ungewohnten Brutalität zerschlug.

Selbst um Pattala mußte er noch kämpfen, vermochte aber mit Hilfe der dortigen seegewohnten Bevölkerung Vorkehrungen zu treffen, um einen Teil seines Restheeres einzuschiffen, während er selbst den beschwerlichen Weg längs der wüstenartigen Küste von Makran wählte*.

Die Okkupationsverwaltung, die er hinterließ – mit wenigen mazedonischen Militärs und unter Belassung der meisten indischen Herrscher –, ließ erkennen, daß er die Absicht hatte wiederzukommen – was dann sein Tod vereitelte (323). Sein Befehlshaber im Norden, Philippos, wurde bald von seinen eigenen Soldaten ermordet. Im Sindh brach ein regulärer Aufstand aus, vor dem der dortige Befehlshaber, Peithon, floh. Im Norden führte eine Spannung zwischen den einheimischen Zivil- und den mazedonischen Militärstellen dazu, daß der General Eudamos den König Poros ermordete und mit dessen Elefanten heimwärts zog. Peithon, der letzte General, folgte bald,

* Graf York von Wartenburg, einer der gescheitesten Generalstabsoffiziere der alten Armee, der wie kaum ein anderer Alexanders militärische Leistungen gewürdigt und bewundert hat, gibt folgendes Urteil ab: »Im Juli stieß Alexander auf die Armee des mächtigsten der dortigen Rajas, des *Poros.* Alexander soll gesiegt haben, doch muß es damit nicht viel mehr gewesen sein wie mit Napoleons Sieg bei Preußisch-Eylau, denn er fühlte sich bewogen, sofort mit Poros Freundschaft und Bündnis zu schließen –, und als er den letzten der Panjab-Ströme, den Sutlej, erreicht hatte, erlahmte seine Offensivkraft. Die übliche Darstellung sagt, daß Erschöpfung und Widerstand seiner Armee ihn zwangen, den weiteren Vormarsch aufzugeben. Das aber allein wird es wohl nicht gewesen sein ... es macht vielmehr den Eindruck, als seien das alles nicht mehr unbedingte Siege und Unterwerfungen des Landes gewesen, sondern als habe die Eroberungskraft ebenso wie die Napoleons 1807 in Ostpreußen ihre Grenze erreicht; als habe Alexander gefühlt, noch könne er *Indien,* dessen eigentliche Größe ihm erst jetzt klar wurde, nicht erobern – dazu müsse er erst noch einmal nach Hause zurückgehen und neue Vorbereitungen treffen, ebenso wie das gleiche Gefühl Napoleon zum Friedensschluß von Tilsit bewog.

Er starb inmitten großartiger Vorbereitungen zu einem gewaltigen Unternehmen, das sicherlich der Eroberung Indiens gegolten hätte. Hätte sein Weltreich dadurch eine enorme Kraftsteigerung erhalten, und wäre es von Bestand gewesen, dann hätte das Nebeneinander zweier solcher Weltreiche zu einem Austrag mit Rom geführt, der so oder so zu einer Vereinigung von Orient und Okzident hätte führen müssen. Es kam anders, und zwischen Indien und das Römische Reich schob sich eine Welt von Mittelstaaten – die Diadochenreihe, die Parther, Baktrien –, die einen direkten Austrag verhinderten.« (Weltgeschichte in Umrissen, Berlin 1908, S. 117) da er einsah, daß seine Stellung unhaltbar wurde. Die kurze Besetzung des Industals fand 317 ihr Ende. Dagegen hielten sich im heutigen Afghanistan mazedonische Besatzungstruppen noch so lange, bis Seleukos, einer der Diadochen, sie übernahm.

Sofort nach Alexanders Abzug und erst recht nach Eintreffen der Nachricht von seinem Tode regten sich Kräfte, die die Befreiung des Landes von der fremden Besatzung anstrebten. Sie wurden geleitet von einem aus Taxila gebürtigen Brahmanen, Chanakya-Kautilya, einem der gescheitesten Staatsmänner, die Indien besessen hat, und er fand in dem Maurya Chandragupta, der in Taxila studierte, einen ernergischen jungen Mann, der zur Führung geeignet war. Beide organisierten die allgemeine Unzufriedenheit, wobei ihnen die Streitigkeiten zwischen den Militär- und Zivilstellen zugute kamen. Auch drängten die Mazedonier, das Nutzlose des indischen Abenteuers erkennend, heimwärts, um an den viel aussichtsreicheren Kämpfen der Erbfolgekriege teilzunehmen. Es heißt, daß die Erhebung im Süden begann; möglich also, daß Chandragupta bereits bei dem Aufstand in Sindh beteiligt war. Jedenfalls sammelte er eine Truppenmacht, die durch Zuzug aller möglichen Gruppen bald zu einer ansehnlichen Armee anschwoll. Als 18 Jahre nach Alexanders Tod sein östlicher Nachfolger Seleukos Nikator erschien (305 v. Chr.), um die afghanischen Besitzungen zu übernehmen und die indischen zurückzugewinnen, traf er also auf einen ebenbürtigen Gegner. Ob mit oder ohne Feldschlacht, einigten sich beide dahin, daß der Seleukide dem Maurya das gesamte Industal überließ und dazu noch die Gebiete Paropamisada (Kabul), Aria (Herat), Arachosia (Kandahar) und Teile von Gedrosia (Belutschistan), während Baktrien unter seiner Oberhoheit verblieb. Der Mazedonier erhielt dafür 500 Elefanten, die, auf dem Landwege befördert, seinen Sieg über einen Rivalen entscheiden halfen. Und der Friede wurde mit einer Heirat sowie mit der Errichtung einer diplomatischen Vertretung der Seleukiden in Pataliputra befestigt. Megasthenes kam als erster Gesandter.

Ob und wie das Mauryareich diese neugewonnenen Gebiete besetzt und verwaltet hat, namentlich, wieweit es gelang, die Hoheit des Reichs bei den Stämmen im heutigen Afghanistan durchzusetzen, ist nicht bekannt. In Taxila wurde der Posten eines Vizekönigs für dieses Gebiet eingerichtet, den später Ashoka als Prinz eingenommen hat.

Nach seinem Tode muß das Interesse des Reiches rasch erloschen sein; denn als um 206 v. Chr. ein Nachfolger von Seleukos, Antiochos III., wieder in das Industal eindringen wollte, traf er nicht mehr auf das Mauryareich, sondern auf einen örtlichen Herrscher, namens Subhaghasena, dessen tapferer Widerstand allerdings genügte, um den Mazedonier abzuweisen. Um 190 v. Chr. ist dann das afghanische Gebiet von den baktrischen Kolonisten griechischer Abstammung besetzt worden, so daß der Schutzwall nur knapp 100 Jahre gedient hat.

Die Folgen dieses mazedonischen Intermezzos für Indien dürfen nicht überschätzt werden. Von einer Beeinflussung durch die griechische Kultur kann keine Rede sein; denn Alexander war nur knapp drei Jahre in Indien und hatte nur Soldaten, aber keinen Kulturapparat bei sich; auch die mazedonische Besatzung hat nur noch fünf weitere Jahre gedauert. Groß allerdings war die außenpolitische Bedeutung des Friedensvertrags mit Antiochos, da er dem Gangesreich ein Vorfeld gab, wie niemand es sich hatte erträumen dürfen. Das »Glacis«, an dem die Briten später Jahrzehnte gearbeitet haben, wurde dem jungen Reich als Morgengabe geschenkt. Was die Chinesen mit dem Bau ihrer Mauer anstrebten, war hier durch das breite, leicht zu sperrende Vorfeld erreicht: eine unerhörte Sicherung gegen Angriffe von Nordwesten. Leider hat die Politik des Mauryareichs dieser Chance nicht die Sorgfalt geschenkt, die sie verdient hätte. Im Industal selbst dürfte der Schock, den Alexander auf die dortigen Kleinstaaten ausübte, ihre spätere Unterwerfung unter das Mauryareich erleichtert haben.

Eher aber könnte man die Frage stellen: Welche weltpolitischen *Möglichkeiten* der Alexanderzug hätte haben können? Zum erstenmal in ihrer beiderseitigen Geschichte waren die politische Welt des Mittelmeers und die des indischen Subkontinents miteinander in Berührung getreten. Bei kluger Staatskunst hätte die Möglichkeit bestanden, das mazedonisch-persische Reich mit dem Gangesreich zum gemeinsamen politischen Handeln zu verbinden. Ein solcher Bund wäre damals die stärkste Weltmacht gewesen; denn sowohl das Römische wie das Chinesische Reich befanden sich noch im Aufbau, und das Gangesreich, ein Binnenstaat, wäre weit bedeutungsvoller in die internationale Politik eingetreten, als es selbst der weitblickende Ashoka später mit seinen unzulänglichen Mitteln vermochte. Auf indischer Seite war der geeignete Staatsmann vorhanden. Alexander, der zu einer solchen Konzeption fähig gewesen wäre, hat jedenfalls eins sofort erkannt: daß er eine Seemacht benötigen würde. Er hat den Hafen von Pattala ausbauen lassen, hat seinen Admiral Nearchos beauftragt, den Persischen Golf zu erkunden, und hat den Bau einer Flotte eingeleitet. Ob eine solche Wendung zum Segen oder zum Fluch für Indien geworden wäre, kann die Geschichte nicht melden, denn diese Pläne blieben ein Traum, ebenso wie später die ausgesprochen offensiven Pläne der Kaiser Trajan und Caracalla, die beide daran dachten, teils durch das Partherreich, teils durch den Persischen Golf Indien zu erreichen.

Baktrische Griechen

Nachhaltiger als der Alexanderzug haben die baktrischen Kolonialgriechen Indien berührt. Als dünne Herrenschicht siedelten sie als Großfarmer in dem dichtbevölkerten, sehr fruchtbaren Baktrien. Sie mögen in hohen Reitstiefeln und breitkrempigen Hüten ihre Plantagen kontrolliert, also wenig Ähnlichkeit mit ihren Landsleuten gehabt haben, die in wallenden Gewändern an der Akropolis philosophierten. Ihre ständige Sorge war die Nachbarschaft der offenen Steppe, durch die damals wieder Nomadenvölker zogen; und eins von ihnen hat ihnen das gewaltsame Ende bereitet. Zunächst unter der Oberhoheit der Seleukiden verbleibend, waren sie sich der Tatsache bewußt, daß sie von diesen Oberherren keinen wirksamen Schutz gegen einen Angriff aus der Steppe erwarten konnten. Sie folgten daher dem Beispiel ihres Vorgängers, des persischen Satrapen Bessos, der Dareios III. ermordete, und erklärten um 250 v. Chr. unter Diodotos ihre Unabhängigkeit – im Einvernehmen mit den benachbarten Parthern, die zur gleichen Zeit dasselbe taten. Antiochos III. der Große (223–187 v. Chr.) überwand die aufsässigen Parther und belagerte die abtrünnigen Baktrier in ihrer Hauptstadt Balkh. Ihr Herrscher hatte den Leichtsinn, damit zu drohen, er würde die Sakas aus der Steppe herbeiholen – das Schicksal seines Landes ahnungsvoll vorwegnehmend. Zunächst erreichte er damit, daß der Seleukide abzog und die Unabhängigkeit Baktriens hinnahm. Sein Rückzug verlockte die Baktrier, südwärts über den Hindukusch nachzufolgen, in die Gebiete, die seit dem Vertrag von

303 den Mauryakaisern überlassen worden waren. Da das Gangesreich auf diesen feindseligen Akt nicht reagierte, wurden die baktrischen Griechen kühner, zumal inzwischen ihr Staatsgebilde *nördlich* des Hindukusch von den Sakas vernichtet wurde und auch die dort vertriebenen Landsleute sich nun in das heutige Afghanistan drängten. Der Staat *südlich* des Hindukusch, wo damals für ihren unmündigen Sohn die energische Mutter Agathokleia regierte, geriet in Krieg mit dem Gangesreich, wo durch den Staatsstreich von 187 v. Chr. die Sungadynastie an die Macht gelangt war; ihr erster Herrscher, Pushyamitra – ein erprobter General – nahm den Kampf gegen die Griechen auf, die mittlerweile schon Gandhara besetzt hatten, aber nach seinem Tod erlosch diese Initiative. Der kriegstüchtige Grieche *Menander* (regierte 155–120 v. Chr.) drang ins obere Industal ein, verlegte seine Hauptstadt nach Sialkot und unternahm von dort zwei große Feldzüge: einen südwärts zu den Häfen an der Indusmündung und am Golf von Kambay und einen zweiten ostwärts in das Gangestal, der angeblich bis Pataliputra geführt haben soll. Heimische Wirren nötigten ihn, den Feldzug abzubrechen, so daß seine »digvijaya« ohne politische Folgen blieb. Aber die Griechen behielten die wertvollen Teile des Panjab sowie die Häfen, bis sie von den Sakas vertrieben wurden*.

Diese Kolonialgriechen hatten weder die Mittel noch die Absicht, hellenische Kultur in Indien zu verbreiten; sie haben nichts mit der später auftretenden Gandharakunst zu tun. Im Gegenteil: Als dünne Minderheit, die über eine Masse anderen Volkstums herrschen wollte, suchten sie sich eher zu assimilieren. Sie gebrauchten die eingeführte Kharoshtrischrift (nicht etwa die griechische), prägten zweisprachige Münzen und nahmen indische Religionen an. Menander wurde Buddhist und ist als »Milinda« gefeiert worden. Er soll sich bei seinem Feldzug ins Gangestal sogar als »Befreier von der reaktionären brahmanischen Tyrannei« empfohlen haben. Ein griechischer Botschafter, Heliodor, stiftete auf seinem Diplomatenbesuch in Bhilsa eine Säule zu Ehren Vishnus. Sie alle suchten zu »Indern« zu werden und wurden von der Orthodoxie als »nicht vollwertige kshatriyas« anerkannt.

* Die Darstellung stützt sich auf die jüngsten Forschungen der Gelehrten Narain und Simonetta, wie Petech sie a. a. O. wiedergibt (Propyläen-Weltgeschichte, S. 422 ff.)

Daß gegen diese Eindringlinge und ihre Ausbeutung des Landes von Pataliputra aus nichts unternommen wurde, lag an der Agonie, in der sich das Reich der Sungas und Kanvas bereits befand. Eine handlungsfähige Regierung hätte sonst mindestens den Versuch machen können, mit den Parthern in Verbindung zu treten, um gemeinsam die für beide Staaten lästigen Griechen und erst recht die darauf folgenden Skythen (Sakas) zu vertreiben.

Sakas (Skythen)

Nachdem um 50 v. Chr. mit den letzten Kanvaherrschern auch der letzte Schatten des Gangesreiches erlosch, fiel der ganze Norden Indiens in den Zustand politischer Apathie. Das Industal, das seit dem ersten Einbruch der Perser (um 518) von fremden Oberschichten regiert und mit fremden Einflüssen durchsetzt worden war, sank von der Stufe einer ohnmächtigen Kleinstaaterei auf die einer völligen Wehrlosigkeit. Die dort bestehenden örtlichen Staaten wie die Stammesrepubliken der Arjanayana, der Audumbara oder der Yavadheyas haben, obwohl sie treulich die Namen der alten vedischen Arierstämme bewahrten, von ihrem Geist nicht mehr viel besessen, und nicht einmal ein zweiter König Poros ist mehr aufgetreten, als nunmehr neue Einbrüche nahten.

Während die bisherigen drei Invasoren im Industal – die Perser, Mazedonier und die Hindukusch-Griechen – zivilisierten Völkern angehörten, waren die nächsten drei Wellen robuste, primitive Naturvölker, die dem reiterlichen Nomadenleben in Zentralasien noch sehr nahestanden: die Sakas (Skythen), Parther (Palahwas) und Kushan (Yueh-chih). Alle drei gehörten der indogermanischen Sprachfamilie an; alle drei dürften einst von Westen her die asiatischen Steppen ostwärts durchzogen haben, um in den fruchtbaren Niederungen der chinesischen Ströme neue, bessere Sitze zu suchen. Alle drei sind dort von kräftigeren Völkern – teils den Chinesen, teils mongoloiden Stämmen – wieder zurückgeworfen worden, und alle drei haben in der fruchtbaren Ebene des Oxus vorübergehend Ruhe gefunden. Alle drei wurden auch dort wieder vertrieben, der jeweils frühere dieser drei durch den nächsten und die Kushan als letzte durch die Hunnen. Und alle drei sind, den Hindukusch überschreitend, in die Gebiete des östlichen Iran und des heutigen Afghanistan ausgewichen, um dann aus diesen wenig gesegneten Berg- und Wüstengebieten das lockende Paradies des Industals zu erreichen. Alle drei also haben eine Wanderung durchgemacht ähnlich wie zweitausend Jahre vorher die Indo-Aryas selber.

Zivilisierte Völker haben es schwer, sich zu assimilieren. Daß es den baktrischen Griechen gelang, läßt erkennen, wie lose ihnen die hellenistische Kultur am Leibe gesessen hat. Primitive Völker beginnen zwar oft mit rauhen Methoden der Eroberung, haben es aber dann leichter, sich der höheren Kultur des unterworfenen Volkes, von dessen Arbeitsfleiß sie leben, anzupassen. Das gefährlichste für eine Kulturwelt sind halbzivilisierte Eroberer, wie später die Turkvölker, die zwar mit dem Islam den Keim einer eigenen Kultur mitbrachten, aber noch keine Zeit gefunden hatten, ihn sich innerlich wirklich anzueignen. Denn solche Völker neigen dazu, die Grundelemente, die sie mit einem gewissen Stolz in sich tragen, für das oberste geistige Gut zu halten und sie auch solchen Völkern aufpressen zu wollen, die schon durch eine frühere Hochkultur geprägt wurden.

Als erste kamen die Skythen, deren indische Bezeichnung »Sakas« ein Begriff ist, mit dem die Hindus gern Gruppen bezeichneten, die, aus Zentralasien kommend, ihnen als »Barbaren« erschienen. Diese Skythen sind uns vertraut, da ein Teil von ihnen in das südliche Rußland gelangte, wo sie im Argonautenzug auftreten, und ein anderer in Armenien den Staat von Urartu gegründet hat. Ein dritter Teil kam in den Iran, wo sie ihr Vieh auf den Ebenen des heutigen Seistan, damals »Sakastan«, weiden ließen. Von den Parthern verdrängt, wanderten sie über den Bholan-Paß ins Industal (um 85 v. Chr.) und besetzten die Häfen der Indusmündung und die am Golf von Kambay. Unter Führung ihres Häuptlings Maues I. (oder Moga) zog ein Teil den Indus stromaufwärts bis Peshawar, wo sie – offenbar unter parthischer Oberherrschaft – seßhaft wurden; jedenfalls trug ihr Führer den Titel Satrap (ksatrapa). Später erschienen sie sogar im Gangestal. Offenbar haben sie kaum Widerstand gefunden. Wohl aber trieb sie das Dekkhanreich, damals unter den Satavahanas, bei Kambay zurück (vergl. Kapitel 14). Trotzdem haben sie das Küstengebiet von etwa 100–410 teilweise besetzt gehalten und wahrscheinlich dort große Reichtümer gesammelt. Da sie die einheimische Bevölkerung in ihren Sitten anscheinend nicht störten, hat diese Fremdherrschaft wohl nur wirtschaftlich geschadet. Sie haben ihr Ende selbst herbeigeführt, indem sie im Streit mit den Parthern die *Kushan* zu Hilfe riefen, die diese ganze Kleinstaatenwelt verschwinden ließen und durch einen wirklichen Großstaat ersetzten.

Die Parther

Fast fünfhundert Jahre hat der Staat der Parther den Raum zwischen Indien und dem Römischen Reich beherrscht. Er entstand gleichzeitig mit den Kleinstaaten der baktrischen Griechen, indem sich der Führer dieses damals noch nomadenartigen Reitervolkes, Arsakes, von der Oberhoheit der Seleukiden löste und sich in dem iranischen Chorassan unabhängig machte (250 v. Chr.). Durch ihre Eroberung des ganzen Gebietes des Iran und von Babylon verlagerte sich der Schwerpunkt ihres Reichs nach Mesopotamien, wo ihre eigentliche Hauptstadt entsteht: Ktesiphon – Seleukia. Ihr Expansionsdrang richtet sich vornehmlich nach Westen, und der Kampf mit dem Römischen Reich wird ihr Schicksal. Mit ihrem ersten Sieg über die Römer unter Crassus (53 v. Chr.), den sie ihren berittenen Bogenschützen danken, beginnt eine Kette von Kriegen. Cäsar wird unmittelbar vor Ausbruch eines Partherkrieges ermordet (42–39 v. Chr.); Augustus zieht in Person gegen sie; Trajan besetzt ihre Hauptstadt; Hadrian verzichtet auf Mesopotamien und schließt mit dem Partherherrscher Choroes einen Vertrag. Später fällt Ktesiphon noch einmal in römische Hand (165 n. Chr.), und zwei längere Kriege, die Septimus Severus und Caracalla gegen sie führen, werden, obwohl sie unentschieden enden, zum Anlaß einer national-iranischen Erhebung, mit der die Sassaniden die Herrschaft ergreifen.

Das ist der geschichtliche Hintergrund, vor dem sich die Kämpfe der Parther im Industal abspielen. Als Nachfolger der Achämeniden suchen sie deren Reich auch nach Osten, also gegen Indien, wiederzugewinnen. Der Begründer ihres Großreiches, Mithridates I. (174–136), erscheint am unteren Indus zu der Zeit, als die Sungas am Ganges regierten. Pushyamitra scheint gegen sie gekämpft zu haben. Mithridates II. (123–88) verfolgt das Ziel, die skythischen Kleinstaaten im oberen Industal unter seine Gewalt zu bringen. Der Sakaherrscher *Azez*

(5–30 n. Chr.) erkennt die Oberhoheit der Parther an. Ihr letzter Herrscher, Gondophares (oder Gondophernes), 21–46 n. Chr., anfangs Gouverneur in Arachosien, dehnt von dort seinen Machtbereich in das obere Industal aus*. Im Ganzen bedeutet der Einbruch der Parther eine Unterwerfung der Sakas. Zwistigkeiten zwischen beiden Völkern ermöglichen dann den Einbruch der Kushan.

Kushan

Sie bilden die dritte und letzte Welle der Nomadeneinbrüche. Als ein Stamm des Volkes, das die Chinesen »Yueh-chih« nennen, sieht Spuler in ihnen die echten Tocharer. Jedenfalls sprachen sie indogermanisch (sogdisch). Sie kamen mit Weib und Kind, wahrscheinlich in einer ungleich größeren Zahl als etwa die Handvoll griechischer Pflanzer aus Baktrien oder der abgesplitterte Teil der Skythen (Sakas). Mögen sie den Indern anfangs auch als »Barbaren« gegolten haben, stellten sie ihre hohe Kulturfähigkeit doch bald unter Beweis.

Ihr politisches Schicksal war zunächst der Kampf gegen die Chinesen, die sie aus ihren früheren Sitzen vertrieben hatten und sie auch nach ihrem Abzug hartnäckig weiter verfolgten. Augenscheinlich hatten die Chinesen eine klare Vorstellung von ihren kriegerischen und staatsbildenden Fähigkeiten. Ihre ersten Angriffe gegen die Kushan in Transoxanien werden in das 2. Jahrhundert v. Chr. angesetzt, also in die Zeit der frühen Han-Dynastie. Dann rissen die Kontakte zeitweilig ab. Die späte Han-Dynastie erneuerte sie um 73 n. Chr. Sie betraute um 90 n. Chr. den General Pan Chao mit der Führung dieses Krieges, nachdem sie eine Werbung des Kushanherrschers um die Hand einer chinesischen Prinzessin hochmütig abgelehnt hatte (gegen 86 n. Chr.). Der General bringt den Kushan eine Niederlage bei (um 90 bei Kucha oder Kashgar); dann stirbt er 102 n. Chr., worauf der Krieg erlischt.

Diese Ereignisse bewirken bei den fünf Stämmen des Volkes den Drang zur Einigkeit, um sich gegen die Gefahr zusammen-

* Gondophernes wird in Zusammenhang gebracht mit der Ankunft des ersten christlichen Missionars in Indien, *Thomas,* der nach einigen Quellen über Land eingereist sein soll. Weshalb er nicht die bequemere Reise zu Schiff gewählt hat, ist nicht ersichtlich. Quellen setzen ihn in das 2. Jh. n. Chr.

zuschließen. Der Führer des Stammes der Kushan verwirklicht sie, und als solcher gilt Kadphises I. Kugula, der damals etwa 64 Jahre alt gewesen sein muß (regierte etwa von 73–95). Von den Sakas nach Nordindien zu Hilfe gerufen, bricht das nunmehr vereinigte Volk dorthin auf und bringt den Panjab, die Grenzplätze nach Afghanistan (Taxila, Peshawar) sowie das Kabultal in seine Gewalt – überall die kleinen morschen Staaten der Sakas und einige noch bestehende der Parther auslöschend.

Unter ihrem zweiten gemeinsamen Herrscher, Kadphises II. *Vima* (etwa 95–120), besetzen sie das ganze Industal und nehmen, in der richtigen Erkenntnis, daß sie sich dadurch das Partherreich zum Feinde machen, diplomatische Beziehungen zum Römischen Reich auf, wo Kaiser Trajan ihren Gesandten um 99 empfängt. Darauf gehen sie ihrerseits zum Angriff gegen China vor und besetzen Kashgar (um 117). Allerdings fühlen sie sich noch nicht sicher genug, um es zu annektieren, setzen dort vielmehr den Chinesen Ch'en Pan ein, der bei ihnen Asyl gesucht hat, beim Erstarken Chinas aber wieder die Front wechselt. Die Han-Dynastie ernennt 123 n. Chr. einen neuen »Statthalter für den Westen«, Pan Jung, mit dem Auftrag, die chinesische Grenze wieder westwärts vorzuschieben. Doch sind die Kushan nun stark genug, um dem Gegner erfolgreich entgegenzutreten. Sie erringen einen Sieg über die Chinesen (um 125), der ihr weiteres Vordringen aufhält, allerdings nicht verhindert, daß sie ihre Stellung im östlichen Turkestan (Sinkiang) ausbauen, so daß die Kushan von den dortigen Oasenstädten, die einstmals ihre Heimat waren, ausgeschlossen bleiben.

Diesen Sieg danken sie ihrem größten Herrscher, *Kanishka*, der um 120–155 regiert haben muß. Sein Reich umfaßt große Teile von Transoxanien, Baktrien, Kaschmir und Ladakh, den Raum südlich des Hindukusch und das ganze Industal; und er dringt nun ostwärts ins Gangestal ein, wo er Mathura zu seiner östlichen Hauptstadt macht. Es ist ein Reich, dessen Eigenart darin besteht, daß es den Nord- wie den Südabhang des Himalaja umfaßt, also sowohl nach Indien wie nach Zentralasien blickt. Es ist das erste Großreich, das in Nordindien zwischen dem Ende der Mauryas und dem der Guptas errichtet wird, und das diesem Gebiet nicht nur Frieden und Ordnung, sondern auch Sicherheit nach außen gewährt. Obwohl erst Kanishkas Sohn, Huvishka (etwa 156 –172) den Kaisertitel annimmt, hätte er seinem Vater als dem eigentlichen Schöpfer des Reiches schon gebührt. Huvishka nimmt den Vergeltungskrieg gegen China noch einmal auf und erobert einige der altindischen Oasenplätze in Ost-Turkestan zurück, namentlich Khotan (etwa um 170). Diese vier bedeutenden Herrscher, die das Jahrhundert von etwa 70–172 ausfüllen, verdienen nicht nur den Ruhm, auf indischem Boden wieder einen beständigen Staat geschaffen, sondern ihn in das internationale Geschehen eingeführt zu haben, insofern ihr Aktionsradius von Rom bis Peking reichte. Im Süden fanden sie keinen Gegner. Sie ließen den Sakas die Küste, wobei diese sich wohl ihrer Hoheit gebeugt haben. Mit dem entstehenden Reich der Satavahanas scheinen sie keinen Kontakt gehabt zu haben; da ihr Interesse so stark nach Norden abgezogen wurde, vermieden sie ein allzuweites Vorgehen nach Süden.

Die eigentliche Gefahr für ihr Reich entstand im Westen, wo das brüchige Partherreich durch die kräftigen Sassaniden abgelöst wurde, die nun, gestützt auf breite nationale Kräfte, die Politik der Achämeniden wiederaufnahmen, sowohl nach Westen gegen Rom, wie nach Osten zum Industal. Der damalige Kushanherrscher Vasudeva (etwa 200–231) erkannte diese neue Gefahr und suchte Rückendeckung beim Kaiser von China, dem alten Gegner seiner Dynastie. Die Gesandtschaft, die er um 230 absandte, traf aber nicht mehr den letzten Han-Kaiser, sondern schon die Wei-Dynastie, die sich nicht stark genug fühlte, um derartig weitreichende politische Engagements aufzunehmen. So standen die letzten Kushan allein. Erst verloren sie ihre Außenbesitzungen bei Kabul und in Baktrien. Dann griffen sie zu dem riskanten Mittel, einen Aufstand zu unterstützen, den ein iranischer Prinz gegen seinen regierenden Bruder, Vahram II. (276–293) im Jahre 283 unternahm. Der Anschlag mißlang; der Sassanide trieb die Kushantruppen zurück und erschien zum ersten Male im Industal.

Zwar suchte ein kriegstüchtiger Nachfahre, Kidara, noch einiges zu retten; aber inzwischen entstand im Gangestal das Guptareich, so daß er zwischen zwei Großmächte geriet. Er konnte einen Angriff aus dem Iran noch abwehren und einen Waffenstillstand erreichen (358). Ein neuer Angriff, den Ardeshir II. (379–383) unternahm, ließ dem Kushan jedoch nur einige kümmerliche Reste im Raume um Kaschmir, wo sie sich später anscheinend mit den Hephtaliten vereinigt haben.

Das Kushanreich hat den ersten Krieg gegen China geführt, den Indien erlebt hat. Damals zeigte sich, von welchem Vorteil es war, daß Tibet sich noch nicht in der Hand der Chinesen befand und sich der Krieg weiter nördlich abspielte. Die Verbindung zum Römischen Reich brachte den Vorteil, daß der große Angriff Trajans gegen das Partherreich dessen Kräfte an seiner Westfront band und Indien dadurch entlastete – wie später die starke Abwehr des Byzantinischen Reichs gegen die Araber. Als Rom seine vorgeschobenen Provinzen in Mesopotamien räumte, ging dieser Vorteil verloren. Die Schwäche des Kushanreiches, die im 3. Jahrhundert begann, dürfte, abgesehen von der sinkenden Kraft der Dynastie, durch soziale Unruhen verursacht worden sein. Immerhin haben sie den Nordwesten Indiens während der ersten drei Jahrhunderte unserer Zeitrechnung gegen weitere Einbrüche geschützt und dadurch eine Epoche friedlichen Aufbaus ermöglicht, wobei sie durch kluge Toleranz und eifrige Förderung einheimischer Kultur zur inneren Versöhnung beigetragen haben. Kanishka, der aus dem Tarimbecken stammte und dort schon als junger Mann den Buddhismus kennengelernt hatte, machte den Versuch, mit dieser allen zugänglichen und völkerversöhnenden Religion seinem neuen Staat einen inneren Halt zu geben, und ist von den Buddhisten als zweiter Ashoka gespriesen worden, obwohl er auch alle anderen Bekenntnisse mit größten Wohlwollen förderte. Er war es auch, der aus den iranischen Gebieten jene Künstler hellenistischer Schule heranholte, die im Dienste des von ihm bevorzugten Buddhismus die Bauten und Skulpturen schufen, die heute als »Gandhara-Kunst« bewundert werden. Die Kushanherrscher haben mit ihrer weisen und versöhnlichen Regierungsmethode die Zeit des Friedens genutzt, um ihr Reich für ihre indischen Untertanen wohnlich zu gestalten, und haben es darüber hinaus zu einem Treffpunkt dreier Kulturwelten gemacht: der indischen, der iranisch-hellenistischen und der zentralasiatischen. Selten ist ein Teil Indiens so stark Mittelpunkt verschiedener Kulturen gewesen wie unter dieser aufgeklärten Dynastie.

Hephtaliten

Der Vollständigkeit halber seien hier nochmals die Hephtaliten erwähnt, die sogenannten »Hunnen«, die seit 450 mehrfach in Nordwestindien einbrachen (vgl. Kapitel 8). Gleich den Kushan waren sie von den Chinesen zurückgetrieben und dann nach Transoxanien abgedrängt worden. Daß sie mit den Hunnen identisch seien, die um die gleiche Zeit Europa verheerten, wird heute kaum noch angenommen. Sie waren keine mongoloide Rasse. Sie werden als hochgewachsene, oft blonde Menschen beschrieben, die ihr Nomadenleben als Reitervolk etwa im 1. Jahrhundert v. Chr. aufgegeben und sich in der Gegend um Baktrien seßhaft gemacht haben. Dort scheinen sie die griechische Schrift angenommen zu haben. Der Trieb, aus der Bergwelt heraus die reichen Ebenen zu plündern, lag ihnen genauso im Blute wie allen Bergvölkern bis zum heutigen Tage. Daß sie einer hochzivilisierten Welt, wie der Guptazeit, als »Barbaren« galten, ist verständlich, und so mag der Schimpfname »Hunnen« für sie gebraucht worden sein, wie die Inder jedes Volk unterhalb ihrer Kulturstufe mit solchen Bezeichnungen belegen. Kaiser Wilhelm II. hat auch von den Chinesen als »Hunnen« gesprochen. Sie haben im Panjab, im Gangestal und in Malva fraglos schwerste Verwüstungen angerichtet, aber die künstlerisch wertvollen Bauten und Kunstwerke haben den »Hunneneinfall« überstanden und sind erst der Zerstörungswut der islamischen Turkvölker zum Opfer gefallen.

Nachdem sie von den Guptas besiegt und zurückgetrieben wurden, haben sie sich wahrscheinlich im Raume Kaschmir–Gandhara wieder seßhaft gemacht und sich mit den Resten der Kushan vermischt. Dort gerieten sie in Kampf mit den Sassaniden, deren König Firoz Shah sie in der Schlacht töteten (484). Da sie durch fortgesetzte räuberische Einfälle in die Nachbargebiete überall Unwillen erregten, rafften sich die Sassaniden zu einem entscheidenden Schlag gegen sie auf und brachten ihnen in den Jahren 563–567 so vernichtende Niederlagen bei, daß sie als Volk verschwanden. Einige Gruppen blieben in Nordwestindien und scheinen eine solche soziale Stellung erlangt zu haben, daß ein Prinz der Sisodias, des vornehmsten Rajputenklans, eine Häuptlingstochter der »Hunas« heiratete, sie also rangmäßig über die Prinzessinnen der Mogulkaiser stellte, die man in Udaipur nicht zur Frau wählen durfte.

So ist es begreiflich, daß sich gewissenhafte Forscher die Frage stellen, ob die beiden oft genannten Führer Toramana (um 500 als Herrscher von Zabul = Ghazni nachweisbar) und sein Sohn Mihira Kula (der als »König« von 515–528 in

Kabul regiert haben soll) wirklich »Hunnen« bzw. Hephtaliten gewesen sind. Da indessen feststeht, daß sie dieses Volk im Kriege geführt haben, ist die Frage für die politische Betrachtung nicht von Belang, zumal sie nur am äußersten Rande Indiens kleine Staatsgebilde errichtet haben.

Die *Mongolen*, die als letztes Steppenvolk zu erwähnen wären, werden in Kapitel 19 behandelt.

Betrachtungen zur Westgrenze Indiens

Der unbefriedigende Stand der politischen Westgrenze Indiens beruht auf zwei Tatsachen: der Trennung der Aryas in solche, die in das Gangestal abwanderten, und solche, die im Panjab zurückblieben, und auf dem Mangel an staatsbildender Fähigkeit dieser Panjab-Aryas. Sie verharrten in einer Kleinstaaterei, die – verstärkt durch innere Uneinigkeit – das Industal zu einem politischen Vakuum machte. Das reizte die Nachbarn, sowohl die Großreiche, die sich im Iran bildeten, wie die Steppenvölker, die durch Zentralasien zogen und von diesen fruchtbaren, aber schlecht geschützten Ebenen hörten.

Der *Iran*, dessen Staatsgebiet damals kaum zu einem Viertel anbaufähig war, drängte seit jeher zu fruchtbaren Niederungen und hatte es im Industal insofern leicht, als sich das Magadhareich nicht um dieses abgelegene Gebiet kümmerte. So galt es Alexander als Teil Persiens, und erst dort dachte er daran, »Indien« zu erobern. Die ersten drei Mauryaherrscher haben sich hier politisch betätigt, aber auch sie ungenügend. Daß sie die regelmäßigen Gesandtschaften, die die Seleukiden nach Pataliputra schickten, nicht erwiderten, verstopfte eine wertvolle Informationsquelle, aus der ihre Nachfolger (Harsha) rechtzeitig von der arabischen Gefahr hätten hören können. Aber auch die Guptas und die Herrscher in Kanauj zeigten wenig Interesse für diesen Nachbarstaat. Erst die drei Mogulkaiser (Akbar, Jehangir und Shah Jahan) haben den Wert einer kraftvollen Sicherung dieser Grenze wieder erkannt, was damals zu dem jahrzehntelangen Kampf um Kandahar führte. Sobald im Iran wieder ein mächtiger Herrscher erschien – der Turkmene Nadir Shah –, begann er sofort, die alten iranischen Eroberungsgedanken erneut aufzunehmen, zumindest um das reiche Nordindien zu plündern. Und einer der frühesten Schritte der Briten war ihre diplomatische Demarche in Teheran, um sich der Nichteinmischung Persiens in die indischen Dinge zu versichern.

Das heutige *Afghanistan* war damals selbst noch reines Objekt fremder Eroberer. Erst 1720 ist ein afghanischer Staat entstanden, der dann ebenfalls die ererbte Sucht der Bergvölker aufnahm, in Indien zu plündern. Solche Einbrüche setzten sich bis in die Gegenwart fort, wenn man an den Kleinkrieg der Briten mit den Pathans und anderen Grenzstämmen denkt.

Was in diesen Betrachtungen zum ersten Male hervortritt, ist die Bedeutung des Persischen Golfs für die Sicherheit Indiens. Dieser Schauplatz seines ältesten Überseehandels brachte die Bewohner Indiens zunächst in Berührung mit den Arabern, die das Südufer des Golfs bewohnen (und ihn heute gern in »Arabischen Golf« umtaufen möchten) und sich damals als Zwischenhändler in den indischen Außenhandel einzuschalten wußten. Aber so oft die Mündung des Euphrats in die Hand einer expansiven Großmacht fiel, entstand aufs neue die Möglichkeit, von hier aus Indien zu bedrohen.

Alexander begann zu diesem Zweck seine Flotte zu bauen, Trajan dachte daran, den Golf als Angriffsbasis gegen Indien zu benutzen, und die Kalifen haben von hier aus die Mündung des Indus angegriffen. Der Hafen an der schmalsten Eingangsstelle, den die Griechen Harmozeia nannten (Hormoz), spielt zu allen Zeiten eine Rolle, die nicht nur dem Handel, sondern auch seiner strategischen Bedeutung galt – von den Portugiesen bis zum Vizekönig Curzon und den heutigen Versuchen des Irans, sich der drei Inseln am Eingang des Golfs zu bemächtigen. Dem Deutschen Reich hat man zugetraut, den Bau der Bagdadbahn mit ähnlichen Hintergedanken betrieben zu haben – eine Illusion –; aber durch ihre enge Verbindung zum Irak wird heute die Sowjetunion Zugang zum Golf gewinnen.

Kapitel 19

Probleme der indischen Nordgrenze

Unter der Nordgrenze Indiens sei hier nur der Gebirgszug des Himalaja verstanden; seine westliche Fortsetzung, der Hindukusch, wurde im vorigen Kapitel behandelt. Zur Nordgrenze gehört aber auch der weite Raum *Zentral*-Asiens, der mehrfach entscheidend Indiens Schicksal bestimmt hat.

Zentralasien wird durch das Pamir-Gebirge in zwei Hälften geteilt: die westliche, das Land der beiden großen Ströme Oxus (Amu Darja) und Jaxartes (Syr Darja) – heute Russisch-Turkestan –, ist eine fruchtbare Ebene, die zeitweise zu den blühendsten Kulturlandschaften der Erde gehört hat, und an die sich südwestlich das nicht minder fruchtbare Baktrien (Balkh) anschließt. Östlich vom Pamir liegt das Tarimbecken (heute Chinesisch-Turkestan oder Sinkiang), größtenteils eine Sandwüste, die nur in einem dünnen Oasenkranz dank kleiner Flüsse oder künstlicher Bewässerung menschliche Siedlungen erlaubt. Sie endet im Osten teils in der Wüste Gobi, teils in den Bergen, die den Zugang zum eigentlichen China bilden. Im Süden trennt das Kun-Lun-Gebirge das Hochplateau von *Tibet* ab, das bis zum Himalaja reicht, also der eigentliche Nachbar Indiens im Norden ist.

Seit jeher ist dieser Raum von Völkerwanderungen durchzogen worden; von Westen her seit dem 2. Jahrtausend von Völkern indogermanischer Sprache, die teils südwärts nach dem Iran und Indien abbogen, teils weiter ostwärts wanderten. Dort stießen sie auf mongoloide Nomaden und auf das werdende China, das bald so weit erstarkte, daß es die unerwünschten Zuwanderer zurücktreiben konnte. Sie fluteten wieder nach Westen, oft gefolgt von den Nomadenvölkern, die sie aufgescheucht hatten.

Staatsbildungen hielten sich in Zentralasien immer nur solange, bis andere, nachfolgende Nomaden sie wieder zerstörten. Nur in Tibet, das dank seiner geschützten Lage von solchen Einbrüchen meist frei blieb, entstand ein dauerhafter Staat. Der Handel schuf sich schon früh Wege, um von Ostasien her Waren in den Nahen Osten und die Mittelmeergebiete zu bringen. Der bekannteste, die Seidenstraße, läuft durch die Oasen des Tarimbeckens und gabelt sich in den südlichen Weg über den Hindukusch nach Indien und den nördlichen, der am Kaspischen Meer vorbei nach Südrußland führt. Diese Straßen dienten auch geistigen Bewegungen. Der Buddhismus, in seiner Spätform des Mahayana, hat von Kaschmir aus durch Sinkiang *China* erreicht. Der Islam ist von Persien aus in das westliche Turkestan vorgedrungen, wo er manche primitiven Völker bekehrte. Seine Versuche, hier ein islamisches Reich zu begründen, hatten nur zeitweise Erfolg. In unserer Zeit wurde das politische Schicksal dieses Raums durch die beiden angrenzenden Großmächte gestaltet, durch China und Rußland. Indem beide unaufhaltsam erobernd vordrangen, haben sie den brodelnden Kessel dieses Völkergewirrs zur Grabesruhe gebracht, nachdem er beinah ein Jahrtausend lang die Nachbarn, vor allem auch Indien, beunruhigt hatte.

Die erste Begegnung Indiens mit diesem Gebiet mag schon um 2000 v. Chr. stattgefunden haben. Denn ebenso wie jüngst im Industal eine Kultur aus dieser Zeit ausgegraben wurde, haben die sowjetischen Archäologen eine gleichaltrige entdeckt, nördlich vom Balkash-See am oberen Lauf des Ob um die heutige Stadt *Pazyryk* gelegen, die bei Afanassiewo auf etwa 2000 v. Chr. und bei Karasul auf 1400–1000 datiert wird. Die Entfernung von Harappa beträgt zwar 2000 km; da aber primitive Völker solche Strecken überwunden haben, ist ein Kontakt mit der Industal-Kultur durchaus denkbar, zumal diese ihr Gold in den Flußwäschereien in Ladakh gewann.

Den Aryas, die vielleicht von hier aus nach Indien gekommen sind, folgten andere Nomadenvölker, wie die Skythen (Sakas), die Kushan (Yueh-Chih) und die Hephtaliten (»Hunnen«). Ebenso kamen von hier die Turkvölker, die, durch den Islam fanatisiert, Nordindien eroberten, und endlich die *Mongolen.* Im Jahre 1206 vereinigte einer ihrer Stammeshäuptlinge, *Temuchin,* mehrere dieser Stämme und führte sie westwärts zu einem Eroberungszug, der selbst die chinesischen weit übertraf. Im Gegensatz zu seinen Stammesvettern, die später in China und Indien den Kaiserthron bestiegen und den schaffenden Fleiß der unterworfenen Bevölkerung nutzten, ließ dieser *Chingis Khan,* wie er sich nun nannte, oft blühende Kulturlandschaften vernichten und die Bevölkerung ausmorden. Indien hat das Glück gehabt, daß er nur bei Verfolgung eines Gegners (des Khwarizm-Shahs) sein Gebiet kurz berührte und rasch westwärts weiterzog, um seine Mongolen bis nach Schlesien zu führen (1241). Aber er hinterließ auf den Ruinen von Transoxanien den Teilstaat der *Chagatai,* der nun regelmäßige Einfälle nach Indien unternahm (zwischen 1220–1400). Der schwerste war der des *Timur* (Tamerlan) im Jahre 1398, der Delhi zerstörte und den von den Turkvölkern dort errichteten Militärstaat vernichtete. Timur ließ mongolische Statthalter einsetzen, die sogenannten »Sayyiden«, Nachkommen des großen Khan, denen dann 1525 ein anderer Nachkomme Timurs, *Babur,* folgte, dessen Enkel das Mogulreich schuf. Sie haben über Indien ähnlich wie die verwandte Yüan-Dynastie über China (von 1280–1386) geherrscht. Während aber diese auf die Unterwerfung Chinas nur einen Teil ihrer Energie verwenden mußte und mit dem Überschuß, unter Kublai Khan, halb Südostasien eroberte, mußten sich die indischen Moguln damit begnügen, ihre indischen Eroberungen festzuhalten, und hatten keine Kräfte frei für weite Unternehmungen außerhalb des Subkontinents, wie sie denn nicht einmal ihr eigenes Stammland in Transoxanien ihrem Reich einzufügen vermochten.

Das ist in großen Zügen die Bedeutung, die Zentralasien für Indien gehabt hat.

Reaktion Indiens

Was hat nun Indien getan, um auf diese Herausforderungen – diese »Challenges«, um mit Toynbee zu sprechen – zu antworten? Wie es seinem Charakter entspricht, kam die erste Antwort auf *geistigem* Gebiet: es verbreitete den Buddhismus. Schon Ashoka hatte diese Universalreligion, die sich an *alle* Völker wandte, in den Dienst seiner Politik gestellt. Und fraglos trug sie auch jetzt dazu bei, die Völker Zentralasiens und Chinas näher mit Indien zu verbinden und ein friedfertiges Element in ihre Beziehungen zum Ursprungsland dieser Religion zu tragen. Diese geistige Mission ergriff erst das heutige Afghanistan, dann die beiden Teile Turkestans und endlich China; seltsamerweise das benachbarte Tibet als letztes (im 7. Jahrhundert n. Chr.).

In *Ost-Turkestan,* wo sich indische Kaufleute in den Oasenplätzen längs der Seidenstraße niedergelassen hatten, bewirkte die neue Lehre ein starkes Aufblühen dieser Plätze, die sich nun als kleine Stadtstaaten organisierten – der bekannteste wurde Khotan –, und deren z. T. indische Oberen sich zeitweise sogar zu einem Städtebund mit dem Vorort Korainna (oder Loulan) zusammenschlossen. Von hier aus zogen indische Missionare weiter nach China, das den Buddhismus freudig aufnahm und bald seinerseits Mönche nach Indien sandte, die das Geburtsland des Meisters kennenlernen und seine Lehre am Ort des Ursprungs studieren wollten. Aber diese religiöse Ausbreitung genügte auf die Dauer nicht, um Indien vor den Gefahren zu schützen, die ihm aus Zentralasien drohten, wie der Einfall der Kushan und das Nahen chinesischer Armeen zeigten.

China

Indien und China, die sich heute als die größten Mächte Asiens als Rivalen gegenüberstehen, sind erst sehr allmählich miteinander in Kontakt gekommen. Zwar wird China im Arthashastra erwähnt, sonst aber scheint über dieses Land in Indien wenig bekannt geworden zu sein – im Gegensatz zu China, das die politische Entwicklung in Indien stets aufmerksam verfolgte, darüber genau Buch führte und diplomatische Gesandtschaften in indische Staaten schickte. Handelsverkehr auf dem Land- und Seeweg ist für die ersten Jahrhunderte vor Christi belegt und hat sich mit Schwankungen durch die ganze Folgezeit erhalten. Die chinesische Seide trug in Indien die Bezeichnung »china-msuka«. Dann verband die Ausbreitung des Buddhismus beide Völker, wobei Indien der gebende Teil war und China eine der wenigen Ausnahmen darstellt, wo ein Volk eigener Hochkultur eine indische Religion übernommen hat. So beruhten die Beziehungen zwischen beiden Ländern lange Zeit auf den indischen Mönchen, die die Lehre des Buddha nach China trugen, und den Chinesen, die nach Indien kamen, um dem Geburtsland ihres Religionsstifters ihre Verehrung zu erweisen. Immerhin entstand dadurch seit der Zeitwende ein regelmäßiger Verkehr von Kaufleuten und Mönchen zur See wie zu Land, und die Gesandtschaft des Kaisers Mingti vom Jahre 65 n. Chr. brachte die erste Buddha-Statue nach China.

Politisch wurden beide zunächst nur indirekt miteinander verbunden durch die Belästigungen, die sie durch die wandernden Stämme in Zentralasien erfuhren. Die ersten Gesandtschaften, die aus Nordindien zum Kaiser von China kamen, stammten von kleineren indischen Staaten, wie von Kaschmir, die dort Hilfe gegen solche Nomaden suchten. Ashokas Interesse an den indischen Oasenstädten an der Seidenstraße blieb vereinzelt.

Diese Oasenplätze gliedern sich in zwei Gruppen, die eine dem nördlichen Zweige der Seidenstraße folgend, die andere dem südlichen*.

Sie waren keine »Kolonien« im heutigen Sinne und wurden von den Chinesen auch nicht als solche angesehen, eher als Fremdkörper in einem Raum, den China zu erobern trachtete. Auch der Militärstaat in Tibet mag sie als Störung empfunden haben; jedenfalls haben sowohl China wie Tibet versucht, sie unter ihre Herrschaft zu bringen. Bis in die Zeit der Tang-Dynastie haben sie eine gewisse Autonomie bewahrt; niemals sind sie Gegenstand von Verhandlungen zwischen China und einer indischen Großmacht gewesen.

Eine Ausnahme machten die Kushanherrscher, die dorther stammten, und deren Reich große Teile Zentralasiens umfaßte. Sie sind es auch, die zuerst politische und kriegerische Beziehungen zu China gehabt haben. Zum besseren Verständnis sei ein kurzer Blick auf die chinesische Politik in Zentralasien geworfen. Ihr erster Schritt war eine Gesandtschaft, die der Kaiser *Wu-ti* (141–86 v. Chr.) nach Transoxanien sandte – offensichtlich mit dem Auftrag, die dort seßhaft gewordenen Kushan zu einem gemeinsamen Vorgehen gegen die Hunnen aufzufordern. Dem folgte bald der erste Versuch Chinas, sich des Tarimbeckens gewaltsam zu bemächtigen, den der General *Chang Kien* erfolgreich durchführte (77–71 v. Chr.). Ein Chinese, der sich gegen seinen kaiserlichen Herrn auflehnte (namens Wang Mang) und die Herrschaft in dem erworbenen Gebiet usurpierte, trug schuld daran, daß sie wieder verlorenging. Erst 50 Jahre später unternahm Kaiser *Ming-ti* (58–75) n. Chr.) einen neuen Anlauf: Sein General *Pan Chao* besetzte

* An der nördlichen lagen Bhanika (Uch), Kuchi (Kutcha), Yenki, Agnidesa (Qara Shar) und Turfan; an der südlichen Yarkand, Khotan, Domoko Niya, Dandan-Oilik, Endere, Loulan, Rawak und Miran. Beide endeten östlich an der sogenannten »Nefrit-Pforte«, dem traditionellen Eingangstor in das eigentliche China, und im Westen in Kashgar. Zahlreiche Felsenklöster mit Fresken sind auf uns gekommen als Zeugen einer großen Kolonialkultur indischer Prägung in Sinkiang.

erneut das ganze Tarimbecken und drang viel weiter westwärts vor, durch Transoxanien hindurch bis an die Grenzen des damaligen Partherreichs und bis zum Kaspischen Meer.

Die Kushan erhoben sich zur Gegenwehr. Ihr Herrscher wollte zunächst sein Selbstgefühl dadurch steigern, daß er, seine Ranggleichheit mit dem chinesischen Kaiser betonend, um die Hand einer seiner Töchter bat. Dem Chinesen aber erschien der Kushanherrscher damals – ebenso wie heutigen Betrachtern vor dem Standbild des Kaisers Kanishka im Mathura-Museum – noch als ein »Kosaken-Hetman«. Er hielt das Ansinnen für eine beleidigende Zumutung und ließ den Kushangesandten in unwürdiger Form zurücksenden. Nun griff der Kushan zu den Waffen: Er entsandte ein großes Reiterheer über den Tashkurgan-Paß, das aber bei seinem Zug über das Gebirge stark mitgenommen und bei Kashgar von den Chinesen vernichtet wurde. Der verständige Kaiser *Ho-ti* (89–105), der nicht übersah, daß das junge Volk der Kushan in diesem Raum trotz seiner Auflehnung doch den einzigen brauchbaren Machtfaktor darstellte, gewährte Verhandlungen, aus denen die Kushan mit einer Verpflichtung herauskamen, einen symbolischen »Tribut« an China zu entrichten. Auf den Gedanken, sich nach Bundesgenossen umzusehen, ist der Kushanfürst nicht gekommen: Weder hat er versucht, in Indien Hilfe zu suchen, noch hat er wahrgenommen, daß um die gleiche Zeit der römische Kaiser Trajan seine weitreichende Orientpolitik gegen die Parther begann, in deren Verlauf er so weit nach Osten vordrang, daß Rom und China damals um ein Haar hätten aufeinandertreffen können. Ein solcher Zusammenstoß kam damals allerdings nicht zustande – ebenso wie 500 Jahre später eine wirkliche Schlacht zwischen dem Kalifen von Bagdad und China ohne dauerhafte politische Folgen geblieben ist. In beiden Fällen lagen die Machtbereiche beider Staaten verkehrsmäßig noch zu weit voneinander entfernt.

China geriet darauf in eine Zeit innerer Wirren, die der nunmehr regierende große Herrscher der Kushan, Kaiser Kanishka, zu einem Vergeltungsschlag benutzte. Das Ergebnis ist aus der Bemerkung der chinesischen Annalen zu ersehen, daß damals »die Berichterstattung aus jener Gegend aufgehört habe«. Jedenfalls haben die Kushan im 2. Jahrhundert sowohl Transoxanien wie das Tarimbecken mit Kashgar, Yarkand, Khotan usw., wieder unter ihre Herrschaft gebracht und es mit ihrem nordindischen Reich vereinigt. Als der letzte Kushanherrscher, Yasudeva, angesichts der neuen Gefahr, die ihm von dem Reich der Sassaniden drohte, seinerseits eine Gesandtschaft nach China schickte, um eine gemeinsame Abwehr anzuregen, traf sie dort auf eine aktionsunfähige Regierung, so daß er seine Beziehungen zu China als nutzlos aufgab.

Es folgte eine längere Pause. Zwar sollen die Guptaherrscher nach Ansicht mancher indischer Historiker einen diplomatischen Kontakt mit China gehabt haben, aber die chinesischen Annalen geben dafür keinen Beleg. Auf alle Fälle haben sich die Guptas weder für die indischen Oasenstädte noch für die Entwicklung in Zentralasien interessiert, so daß sie durch den Einbruch der Hephtaliten völlig überrascht wurden. Ebensowenig nahmen sie Kenntnis davon, daß damals chinesische Truppen das Tarimbecken aufs neue wieder besetzten und um 380 Kutcha einnahmen, das sie allerdings um 530 an die *Tu Kue* wieder verloren (ein Turkvolk, das den Hephtaliten gefolgt war). Wohl aber schickten in jenen gefährlichen Zeiten kleinere Staaten Nordindiens wieder Gesandtschaften nach China in der Hoffnung, dort Hilfe zu erhalten. Während das Guptareich mit einem letzten Kraftaufwand die Hephtaliten zurückdrängte, raffte sich China nach Wiederherstellung seiner politischen Einheit durch die Tang-Dynastie wieder auf, seine »westlichen Provinzen«, wie sie das Tarimbecken nun nannten, wiederzugewinnen, und zeigte in Verbindung damit ein aktuelles Interesse, mit der im Gangestal entstandenen neuen Großmacht, dem Reich von Kanauj, in Kontakt zu kommen. Zwischen 640 und 664 erschienen vier chinesiche Gesandtschaften in Kanauj, meist unter Führung eines Diplomaten Wang hiuen-tse, der offenbar als Indienkenner im chinesischen Außenministerium galt. Harsha, der die erste sofort erwiderte, ist damit der erste indische Kaiser, der eine Gesandtschaft nach China schickte.

Die folgende Mission des erwähnten Botschafters im Jahre 646 traf den Kaiser Harsha nicht mehr am Leben an. Einer seiner Minister, namens Arjuna, scheint versucht zu haben, sich in seinem Lehnsgebiet Tirhut (Mithila) selbständig zu machen. Jedenfalls hat er das Erscheinen des chinesischen Diplomaten dort als störende Intervention empfunden und ihn irgendwie schlecht behandelt. Der Zwischenfall erbitterte den Diplomaten in höchstem Grade. Er flüchtete in das nahe Nepal, das damals unter der Oberhoheit Tibets stand, und fand bei beiden Staaten willige Unterstützung.

Der Einbruch Tibets in das Gangestal hat das Interesse Chinas an einem Kontakt mit dem Reich von Kanauj gesteigert, weil es annehmen mußte, daß Kanauj nun erst recht zu einem Bündnis *gegen* Tibet bereit sein würde. Jedenfalls ist der chinesische Botschafter noch 657 und 664 in Kanauj erschienen. Erst der Dynastiewechsel in Kanauj scheint China von der Aussichtslosigkeit überzeugt zu haben, mit Nordindien politisch zusammengehen zu können.

Einen neuen Versuch, das Tarimbecken abermals zurückzugewinnen, unternahm dann Kaiser Hiuen tsung (713–750). Dabei stieß er auf einen ganz neuen Gegner, die *Araber*, die nach Niederwerfung des Sassanidenreichs in Baktrien und Transoxanien erschienen (710). Im Jahre 719 erhielt der Kaiser von China den ersten Hilferuf aus Samarkand und dürfte dabei erfahren haben, daß die Araber auch in die kleinen Staaten zwischen Hindukusch und Himalaja (Swat, Khottal, Chitral, Bolor) eindrangen, um sich bessere Anmarschwege in das Oxustal zu schaffen. Um dieselbe Zeit häuften sich die Gesandtschaften indischer Mittel- und Kleinstaaten, vor allem aus Kaschmir, Kapisi, Gandhara, die um chinesische Hilfe baten. In ihrer Bedrängnis empfanden sie es beinah als Ehre, wenn sie von dem großmächtigen »Sohn des Himmels« schöne Ehrentitel oder Anerkennung ihrer Würden erhielten. Chinas Hilfe beschränkte sich auf Lieferung von Waffen und von chinesischen Instrukteuren. So jedenfalls war es in Kaschmir; aber König Lalitaditya hat sie mehr gegen Kanauj als gegen die Araber benutzt – ähnlich wie Pakistan die amerikanischen Waffen nicht gegen den Bolschewismus, sondern gegen Indien verwandte. Daraus erklärt sich die Entsendung einer Gesandtschaft von Kanauj nach China durch Yasovarman (700–740), die wohl eine gemeinsame Abwehr gegen die Araber anstrebte. Sie blieb ohne Ergebnis, und beide erlitten Rückschläge: Yasovarman erlitt eine Niederlage im Kampfe gegen den kriegstüchtigen Herrscher von Kaschmir und der Kaiser von China von seiten der Araber am Talafluß (751), die ihn nötigte, einen großen Teil seiner zentralasiatischen Eroberungen wieder zu räumen. Das Tarimbecken aber vermochte er zu behaupten, so daß nun »Sinkiang« zu einem Teil Chinas wurde. Der Kaiser wie der Kalif waren damit am äußersten Ende ihrer Expansion angelangt; eine weitere Ausdehnung ließ sich schon nach dem damaligen Stand der Verkehrsmittel kaum durchführen. So blieb die Schlacht bei Tala ein Zweikampf zweier imperialistischer Weltmächte, nach dem jeder sich auf seinen Machtraum zurückzog. Das wird dadurch bestätigt, daß China bald darauf sogar ein Bündnis mit dem Kalifen von Bagdad erwogen haben soll, das sich gegen Tibet gerichtet haben müßte, offenbar aber nicht zustande gekommen ist (787 n. Chr.)

Damit endet die erste Phase der politischen Beziehungen zwischen Indien und China. Chinas Interesse an Indien verlagerte sich auf die große Seemacht der Cholas sowie auf Sri-Vijaya, den Großstaat indischer Prägung, der auf Sumatra und Malaya entstand, der die Meerenge beim heutigen Singapur und damit den Handel mit Indien und dem Westen zu sperren vermochte. China hat mehrfach größere Konvoys dorthin wie auch in die indischen Häfen gesandt – die gelegentlich auch von Kriegsschiffen begleitet waren –, hat sich aber einer bewaffneten Intervention in diesem Raum enthalten.

Im 13. Jahrhundert schied China politisch aus Zentralasien aus, da in diesem Zeitraum die Mongolen sein Land eroberten; und auch als dieser Prozeß abgeschlossen war, mieden die Yüankaiser ein Engagement im Westen, wo die Staaten ihrer Stammesvettern lagen. Erst als wieder eine chinesische Dynastie den Thron bestiegen hatte – die Ming im Jahre 1386 –, drangen diese aufs neue im Tarimbecken vor. Aber die Machthaber in Delhi waren nun Abkömmlinge der Turkvölker, die keinerlei Interesse an diesem Raum hatten. Und als in Indien dann die Mogul-Dynastie an die Macht kam, war die Mongolen-Dynastie in China wieder verschwunden, so daß sich die Frage nicht erhebt, wie sich diese beiden verwandten Herrscherhäuser zueinander gestellt hätten.

Vergleicht man die Dauer der Mongolenherrschaft in den verschiedenen Ländern, so haben sie sich in Indien am längsten behauptet. China hat sich 1386 aus eigener Kraft von ihnen befreit und wenige Jahre später sogar ihre Hauptstadt Karakorum erobert (1388). In Deutschland wurde der Mongoleneinfall abgewehrt (1241), Rußland hat sich im 15. Jahrhundert zu befreien vermocht und ist bald darauf zu einem kräftigen Gegenstoß angetreten (etwa ab 1584), mit dem es erst Sibirien, dann West-Turkestan, ja Teile der Mongolei erobert hat. Die Osmanen haben nach ihrer Niederlage bei Ankara (1402) die

Mongolen bald wieder vertrieben. Der Iran ist 1500 wieder unter die Herrschaft einer einheimischen Dynastie gelangt. Japan hat alle Angriffe abzuwehren vermocht, allerdings unterstützt durch die Natur, die mit gewaltigen Sturmfluten die mongolische Flotte vernichtete. Die südostasiatischen Länder sind – mit Ausnahme von Annam – nur kurz unter mongolischer Herrschaft geblieben. Indien hat sich am längsten mit der Herrschaft der Timuriden abgefunden; hier sind sie erst durch die Briten abgesetzt worden.

Tibet

An diesem Spiel der großen Mächte nahm Tibet zuerst wenig Anteil. Zwar hatte es seine erste Kultur von Indien empfangen, und seine ersten Herrscher rühmten sich sogar, von den Sakyas – dem Klan des Buddha – abzustammen, aber von politischen Beziehungen seines von Gnam-ri Sron-btsan (581–610) geschaffenen Staates zu Indien wird nichts berichtet. Im Jahre 647 geriet er mit dem Reich von Kanauj in bewaffneten Konflikt durch den diplomatischen Zwischenfall, bei dem ein chinesischer Gesandter sich mißhandelt fühlte und Tibet um Hilfe anging. Die Tibeter besetzten Tirhut (Mithila) im Gangestal. Nachdem sie schon vorher die Oberhoheit über die Kleinstaaten im heutigen Nepal errungen hatten, drangen sie zu ähnlichem Zweck in Assam ein, angeblich sogar in Bengalen. Jedenfalls hieß die Bucht von Bengal zeitweise das »tibetische Meer«. Als sie dann auch die südliche Seidenstraße und Kashgar erfolgreich besetzten, also den Handel Chinas störten, begannen die Regierungen Chinas und des Reiches von Kanauj sowie auch Kaschmirs, das sich gleichfalls bedroht fühlte, sich einander zu nähern. Doch scheint nur ein Bündnis zwischen China und Kaschmir, keins mit dem Reich von Kanauj zustande gekommen zu sein. Immerhin räumte Tibet im Jahre 703 das besetzte indische Gebiet. Mit dem Tode seines großen Herrschers Srong-btsan Gampo (629–650) und den nachfolgenden Wirren erlosch seine Expansionskraft, und es blieb von seinen Nachbarn unbelästigt. Erst der Abenteurer Bakhtyar, der als erster Moslem Bengalen eroberte, hat um 1200 versucht, in Tibet einzubrechen, wenn auch mit völligem Mißerfolg. Das gleiche Schicksal erlitt der Sultan Mohamed Tughluq im Jahre 1337 am Qarachalberg.

Inzwischen hatte sich Tibet aus einer Militärmonarchie in einen geistlichen Staat verwandelt. Die indischen Buddhisten, die nach der Zerstörung ihrer Klöster in Bihar durch die Moslems nach Tibet auswichen und dort den 650 eingeführten Buddhismus durch seine tantrische Spätform ersetzten, schafften das Königtum ab und errichteten einen Mönchsstaat mit dem Dalai-Lama als Oberhaupt. Sie unterdrückten die kriegeschen Instinkte dieses jungen Volkes, und Indien sah sich von einer Bedrohung von dieser Seite her fortan befreit – ein Fall, wo ihm der Buddhismus wirklich Sicherheit an seiner Grenze verschafft hat.

Hatte der erste Herrscher in Tibet den Januskopf seines Landes noch dadurch demonstriert, daß er zwei Frauen heiratete – eine aus Indien und eine aus China –, wandte Tibet sich nun, zumal der Buddhismus in Indien erlosch, mehr einer östlich orientierten Politik zu und wählte zum Schutzpatron seines rein geistlichen Staates erst einen Mongolenkhan und dann den Kaiser von China. Hätte es um 1300 in Nordindien einen starken buddhistischen Kaiser gegeben, wäre vielleicht er zum Protektor von Tibet gewählt worden; so aber glitt das Land politisch mehr und mehr in das chinesische Lager hinüber. Seine Rolle als ein schützendes Glacis für Indien, die ihm gerade als einem unkriegerischen »Kirchenstaat« zufiel, wurde erst vom Vizekönig Curzon wieder belebt, während Nehru die mageren Reste der britischen Politik 1954 aus der Hand gab.

Ein anderer Faktor für die indische Politik an seiner Nordgrenze waren stets die Staaten im Himalaja: Kaschmir, Nepal, Sikkim, Bhutan sowie die Gebirgslandschaft der praktisch unabhängigen Stämme in dem Bezirk, den die Briten »North Eastern Frontier Agency (NEFA)« nannten und der heute Arunachal-Pradesh heißt.

Kaschmir

Kaschmir, politisch der wichtigste Eckpfeiler der indischen Nordgrenze, da es an Rußland wie an Tibet bzw. China grenzt, bietet mit seinen Pässen, wie dem Zoji-La, zwar Handelskarawanen gute Durchreisemöglichkeiten, aber nicht Wandervölkern mit Viehherden oder feindlichen Armeen. Alexander der Große berührte es und machte seinen Herrscher Abhisara zum Vasallen. Die Mauryas übten eine gewisse Kontrolle aus;

Ashokas Sohn war hier Statthalter. Als es sich aber von wandernden Nomadenvölkern, wie den Skythen, bedroht fühlte, suchte es eher Schutz bei China als bei dem Gangesreich. Um die Zeitwende soll es einen Skytheneinfall mit chinesischer Hilfe abgeschlagen haben. Unter den Kushankaisern gehörte es zu ihrem Reich, das beide Abhänge des Himalaja umfaßte. Die Hephtaliten suchten nach ihrer Niederlage durch die Guptas hier Zuflucht und scheinen sich mit Resten der Kushan vereinigt zu haben. Jedenfalls wird Mihirakula als »König von Kaschmir« bezeichnet. Unter der einheimischen Dynastie der Karkotas (ab 627) wurden die Beziehungen zu China enger – wohl angesichts der Bedrohung durch die Araber. So besaß das Land bereits mannigfache internationale Verbindungen, als Lalitaditya (724–760) seine kurzlebige Rolle als Großmacht begann, die durch einen Einfall der Tibeter beendet wurde. Darauffolgende innere Wirren machten es zur Beute von Abenteurern, des Tibeters Richana (1320–23) und des Moslems Mirza, der den letzten Hindukönig ermorden ließ, seine Witwe heiratete, den Thron usurpierte und dem Lande den Islam gewaltsam aufzwang. Es war ein Glück für das gequälte Land, daß die Moguls es an sich brachten, und daß Kaiser Akbar es 1586 annektierte.

Hätte Lalitaditya auf der Höhe seiner Macht sie gegen Tibet gewandt, statt sie in dem nutzlosen Zug durch Nordindien zu verschwenden, wäre er vielleicht Protektor des Dalai Lama geworden; denn Chinas Protektorat kam 1728, also tausend Jahre später. Sein Nachfolger, Zair-ud-din, gewann immerhin die Herrschaft über Ladakh, das kleine lama-buddhistische Land, das zäh an seiner Eigenständigkeit festhielt und sich nicht an Tibet anschloß, obwohl es den Dalai Lama als *geistliches* Oberhaupt verehrte. Seltsam wirkt es, daß im 19. Jahrhundert die Dogras sich erst des abgelegenen Ladakh bemächtigten, um dann erst das eigentliche Kaschmir von den Briten zu kaufen – wodurch das Land nach der aufeinanderfolgenden Herrschaft der Moguln, Afghanen und endlich der Sikhs zum ersten Male wieder eine eigene Dynastie erhielt.

Ein solcher Rückblick läßt es verständlich erscheinen, daß die Volksrepublik China, kaum zur Großmacht geworden, nicht nur Tibet zurückeroberte, sondern auch in Ladakh einbrach. Dadurch ist Kaschmir heute in drei Zonen aufgeteilt: zwischen Indien, China und Pakistan, und hat den begreiflichen Wunsch nach Wiedervereinigung und Wiederherstellung seiner Eigenständigkeit. Die Ruhe an diesem Teil der indischen Nordgrenze ist heute durch latenten Kriegszustand ersetzt.

Im Gegensatz zu Kaschmir, das noch eine schwache indoarische Einwanderung gehabt hat, gehört die Bevölkerung der übrigen Himalajastaaten überwiegend zur mongoloiden Rasse. Die beiden östlich an Kaschmir anschließenden Kleinstaaten, Garwhal und Kumaon (früher Kartripura), haben als kleine Fürstenstaaten bis in die britische Zeit hinein bestanden und ihre Grenze gegen Tibet durch haltbare Kupferplatten stets genau markiert. Durch ihr Gebiet ging ein lebhafter Verkehr von Kaufleuten und Hindupilgern, die auf tibetischem Boden den heiligen Kailasa-Berg mit dem Manasarowa-See zu besuchen pflegten.

Nepal

Nepal, das sich heute in einer Länge von 800 km zwischen Indien und Tibet schiebt, ist mit 10 Millionen Einwohnern der volkreichste Himalajastaat. Da dem Hauptkamm des Himalaja, der hier seine höchsten Gipfel erreicht, nördlich ein weiterer Kamm vorgelagert ist, der die Grenze gegen Tibet bildet, entfällt hier die Regel, daß der höchste Kamm als Wasserscheide und daher als natürliche Grenze gilt – zumal auch mehrere Flüsse auf tibetischem Gebiet entspringen, aber nach Süden, durch das Gebirge durchbrechend, nach Indien abfließen. Als kleines Grenzland war es seit jeher sein Schicksal, nicht nur dem Handelsverkehr zu dienen, sondern von den größeren Mächten im Norden wie im Süden umworben oder bedroht zu werden.

Seit ältester Zeit war es durch die beiden Geschlechter der *Licchavis* und *Mallas* mit *Indien* verbunden, die beide schon vor der indoarischen Landnahme im Gangestal wie im Gebirge ansässig waren. Ihr enger Zusammenhang mit der indischen Hochkultur hat auch politisch stets ein nahes Verhältnis zu den Mächten im Gangestal begründet. Die Tatsache, daß der Buddha auf nepalischem Gebiet geboren wurde, bewog den frommen Kaiser Ashoka zu einer Pilgerfahrt dorthin, die sicherlich eine Huldigung dieser Kleinfürsten vor dem großmächtigen Kaiser einschloß. Zum Guptareich bestand insofern ein besonderes Verhältnis, als der erste Gupta mit einer Tochter aus dem Hause der Licchavi verheiratet war und sein bescheidenes Prestige durch diese vornehme Schwägerschaft aufzubessern suchte. Dann wurden die Licchavis durch ein wildes Bergvolk gestürzt, und der General, der das Land wieder befreite, drückte den legitimen Herrscher in die Stellung eines nur noch geistlichen Oberhaupts herab, während er selbst (Asurvarman, gestorben 642) unter dem Titel eines »Maha Samanta« (Reichsverwesers) die Regierung an sich riß – ein Vorspiel, das sich später in der Rolle der Ranas wiederholen sollte. Allerdings war der Staat nicht stark genug, um sich gegenüber dem Expansionsdrang des großen Soldatenkaisers von Tibet, Gnamri Sronbtsan, zu behaupten, so daß Nepal die Oberhoheit Tibets anerkennen mußte. So wurde Nepal verpflichtet, für den Einbruch der Tibeter ins Gangestal (647) ein Hilfskorps zu stellen. Erst 879 ist es wieder unabhängig geworden.

Die Hinduherrscher von Tirhut (Mithila), eine kanaresisch sprechende, also südindische Dynastie, verlegten, als sie dem Druck der Moslems weichen mußten, ihren Sitz nach Nepal und scheinen eine Art von Schirmherrschaft über die Fürsten in Katmandu und Pathan ausgeübt zu haben. Erst um 1376 hat ein Herrscher aus dem alten Hause der Mallas wieder mehrere dieser Kleinstaaten vereinigt und seiner Dynastie, wenn auch mit Unterbrechungen, eine Stellung verschafft, die an die des heutigen Königs von Nepal heranreichte. Innere Wirren aus Erbteilungen schwächten den Staat, bis ein Rajputengeschlecht, das von den Moslems aus Rajasthan verdrängt wurde, hier im Hochgebirge »ein neues Königreich« suchte. Nach Eroberung der alten Burg Gurkha (1769), nach der sie sich Gurkhas nannten, unterwarfen sie die kleinen Staaten im ganzen Nepaltal, schufen ein vortreffliches Heer und erreichten es, überall als Herrscher eines unabhängigen Staats anerkannt zu werden. Sie griffen nun ihrerseits den geistlichen Staat in Tibet an, wo sie ihren Kaufleuten exterritoriale Vorrechte verschafften, belästigten die britische Ostindien-Kompanie mit ständigen Plünderungszügen, vermochten aber nach zwei Kriegen mit den Briten einen Vertrag zu schließen, der ihnen bei geringen Abtretungen an ihrer Ost- und Westgrenze volle Unabhängigkeit beließ, so daß der König von England den Herrscher von Nepal »Majestät« und »Vetter« titulierte.

So trat Nepal in die heutige Zeit ein und blieb frei von Sorgen, solange in Tibet der geistliche Dalai Lama herrschte und sie mit den Briten freundschaftliche Beziehungen pflegten. Der gefährliche Wandel in seiner Lage trat ein, als das kommunistische China Tibet eroberte und die Briten Indien aufgaben, so daß es nun zwischen China und Indien seinen Weg suchen muß.

Ähnlich ist das Schicksal des östlich angrenzenden Landes *Sikkhim.* Es entstand dadurch, daß nach 1640 drei abgesetzte Lamas aus Tibet bei dem glaubensverwandten Häuptling Asyl suchten und dort einen Mönchsstaat nach tibetischem Muster einrichten wollten. Der heimische Adel wehrte das ab; aber nach einem Einfall der Gurkhas aus Nepal (1788) rief er die Briten ins Land. Gegen Einmischungen dieser beiden Nachbarn und obsolete Ansprüche des Dalai-Lama auf Oberhoheit behauptete sich der kleine Staat, suchte jedoch Schutz gegen Tibet bzw. China bei Britisch-Indien.

Das unzugängliche Berggebiet von *Bhutan* lebte unter Stammesfürsten, die auf hochgelegenen Burgen jeder das ihm erreichbare Tal regierten, aber alle den Dalai Lama als geistliches Oberhaupt anerkannten. Erst seit 1885 hat einer von ihnen oberste Gewalt errungen und einen Staat begründet, der in seiner Schwäche schon 1890 den Schutz nach außen auf die Briten übertrug. Das heutige Indien hat die Pflichten der Briten hier ebenso übernommen wie in Sikkhim.

Die weiter östlich lebenden Stämme haben niemals irgendeine staatliche Autorität anerkannt, weder die von Tibet noch die eines indischen Staates. Größtenteils noch auf animistisch primitiver Kulturstufe lebend, aber in ihrer robusten Kriegstüchtigkeit ständig versuchend, ihre Armut durch Plünderungseinfälle in die reichen Ebenen von Assam aufzubessern, wurden sie im Laufe des 19. Jahrhunderts von den Briten unter eine gewisse Kontrolle gebracht. Ihr Gebiet wurde als die North Eastern Frontier Agency insoweit von den Briten kontrolliert, als sie die Einbrüche seiner Bewohner nach Assam abstellten. Die Grenzziehung zu Tibet erfolgte in dem Vertrag von Simla von 1914, den Tibet – damals unabhängig – ratifiziert hat, China indessen nicht.

Kapitel 20

Probleme der Nordostgrenze

Bengalen

Das Mauryareich hat politisch wie kulturell nur wenig über seine Hauptstadt Pataliputra nach Osten hinausgereicht. Damals galten das östliche Bihar wie ganz Bengalen noch als »koloniales« Land, das von der vedischen Kultur nur oberflächlich berührt war. Der Schutz der Hauptstadt erforderte ständige Expeditionen gegen die noch nicht unterworfenen Stämme jenseits der Kulturgrenze, die dann schrittweise zur staatlichen Eingliederung führten. Die neuen Grenzmarken hießen nach den einheimischen Stämmen Anga, Vanga usw. Die Guptakaiser haben Begalen wirklich besiedelt. Ihr Interesse – ebenso wie schon das der Mauryas – war ein doppeltes: die Erzvorkommen in Südbihar und der Zugang zum Meer, namentlich die Sicherung des lebenswichtigen Hafens von Tamluk (Tamralipti). Denn von ihrem Binnenhafen Champa am Ganges aus unterhielt das Reich Schiffahrtsverbindungen mit der Außenwelt, vor allem mit Südostasien. Der Kaiser Samudragupta scheint die militärische Angliederung der Gebiete längs des unteren Ganges sowie des Deltas systematisch durchgeführt zu haben und trägt wohl danach seinen Namen als Herr des *Meeres*. Die von ihm eingesetzten Statthalter haben sich um 500 n. Chr. mehr oder weniger selbständig gemacht und dürfen als die ersten Herrscher Bengalens gelten. Einer von ihnen, Sasanka, ein echter Bengali, schuf hier den ersten Staat, der allerdings nur den nordwestlichen Teil von Bengalen umfaßte, damals »Gauda« genannt. Sasanka erkannte die beiden wichtigsten politischen Voraussetzungen für die Existenz seiner Schöpfung: Er brauchte einen Zugang zum Meer, und er mußte sich gegen jede Macht wehren, die im Gangestal das Reich erneuern wollte. So eroberte er Küstenprovinzen, wie Midnapur, und drang sogar in Orissa ein, dessen Häfen ihn reizten. Und so bereitete er sich zum Kampf mit den Maukharis vor, in denen er die Gründer einer neuen Reichsgewalt ahnte. Dazu verbündete er sich mit den »späten« Guptas in Malva, den Nachbarn der Maukharis. Er eroberte Kanauj, besiegte die Maukharis wie ihren Vasallen, den Fürsten von Thanesvar, und hat dadurch die Entstehung des Reichs von Kanauj erheblich gehemmt. Nach seinem Tode erlosch die Kraft seines Staates, und als in Kanauj der tatkräftige, kriegsgeübte Harsha zur Macht kam (606–647), wandte sich das Glück. Harsha besetzte das nördliche Bihar und Westbengalen*.

Trotzdem lösten sich sowohl Gauda wie der südlich gelegene Staat Vanga in kleine örtliche Herrschaften auf. Das Chaos, das daraus entstand, wurde von der politisch aufgeweckten Schicht der Bevölkerung als so unerträglich empfunden, daß sie – in der indischen Geschichte ein beinahe einmaliger Vorgang – den Entschluß faßten, einen neuen König zu *wählen*. Daß die Wahl auf den Häuptling Gopala fiel, der Buddhist war, zeigt, wie wenig die hinduistische Sozialordnung dort bisher Wurzeln geschlagen hatte. In einem Gebiet, in dem es zwar Stammeshäuptlinge, aber keine »kshatriyas« gab, in dem wirkliche Brahmanen noch selten waren, wo also das ganze Gebäude des Kastenwesens noch nicht fest gefügt sein konnte, besaß der Buddhismus, der keine Kasten kannte, eine große Anziehungskraft. Diese Dynastie – die *Palas* – übernahm die Macht zunächst in Gauda, bald aber auch im übrigen Bengalen (750) und behielt die Hauptstadt Karnasuvarana der Vorgänger bei. Da der Buddhismus im eigentlichen Indien schon im Erlöschen begriffen war, empfand diese Dynastie die Neigung zu näheren Kontakten mit buddhistischen Ländern, wie Nepal, Burma und solchen in Südostasien, namentlich Sri Vijaya. Verbunden mit der regen Handelsbetätigung, die den Bengalis seit jeher liegt, wurde Bengalen schon damals eines der weltoffenen und aufgeschlossenen Gebiete Indiens. Seine wachsende Stellung im Handel weckte den Neid der Chola, und Rajendra Chola ließ 1023 durch seinen großen Demonstrationszug den Übermut der Bengalis dämpfen.

Politisch hatten die Palas eine glückliche Hand. Zwar werden meist Niederlagen berichtet, sowohl solche gegen die Kaiser in Kanauj wie gegen das Dekkhanreich – aber politisch war die Lage günstig. Denn das große Ringen zwischen den beiden Reichen kam den Bengalis zugute, besonders ihrem bedeutenden Herrscher *Dharmapala* (etwa 770–812),

* Daß Harsha den Staat Gauda *vernichtet* habe, ist unwahrscheinlich. Das Preislied mit dem Titel »Gauda vaho«, der es vermuten läßt, erwähnt im Text Gauda kaum.

der dabei als König von »Gauda« wirklich zum »tertius gaudens« wurde. Er konnte in Kanauj einziehen, seinen Pratiharagegner absetzen und auf einem feierlichen »Durbar«, das ihn als Schiedsrichter Nordindiens zeigte, seinen Kandidaten auf den Kaiserthron bringen – wobei er klugerweise von Annexionen absah. Seine Nachfolger verloren gegen Kaiser *Bhoja* (836–883) nach der Schlacht von Monghyr den westlichen Teil ihres Territoriums und hätten noch mehr eingebüßt, wenn ihnen die Rashtrakutas nicht durch einen kühnen Handstreich auf Kanauj – beabsichtigt oder nicht – zu Hilfe gekommen wären. Das gleiche wiederholte sich im Jahre 906, aber diesmal entsandten die Rashtrakutas eine Reihe tüchtiger Offiziere und Beamte nach Bengalen, um den Staat zu kontrollieren. Deren Einfluß wuchs – auch nach einer Rebellion der Einheimischen – so stark, daß sie gegen Ende des 11. Jahrhunderts selber die Herrschaft übernahmen – als die Dynastie der *Senas*. Ihre Politik verfolgte zwei Ziele: Wiederbelebung des Hinduismus und Zugang zum Meer. Von ihrer Hauptstadt aus (Vijayapura, heute Nadia) schlossen sie das Delta des Ganges fester an ihren Staat an, konnten allerdings über die Mündung des Brahmaputra noch nicht vordringen. Für die religiöse Aufgabe beriefen sie Brahmanenfamilien ins Land, die hinduistisches Leben und den Kult der Hindugottheiten wiedereinführten, so daß Bengalen wieder engeren Anschluß an die »große Mutter Indien« gewann. Militärisch aber haben sie versagt, sie ließen sich von dem ersten Stoß der Moslems, einem Abenteurer, überwältigen. Allerdings steckte der Unabhängigkeitsdrang der Bengalen auch den neuen Machthaber an. Er geriet bald in Konflikt mit dem Sultan Iltutmish und auch mit seinem Nachbarn, dem Gouverneur von Awadh (Oudh). Als dann der Sultan Balban einen neuen Gouverneur nach Bengalen entsandte, sagte sich auch dieser von Delhi los (1280). Balban konnte zwar in die Hauptstadt einziehen (damals Lakhnavati), aber, wie Napoleon in Moskau, in eine völlig evakuierte, verlassene Stadt. Mit seinem Tode (1287) endete der wechselvolle Krieg. Bengalen blieb praktisch selbständig. Doch mußten sich die späteren Moslemherrscher viel mehr der Eigenart und der Eigenwilligkeit der Bengalis anpassen. Sie mußten selber Bengali lernen (was die pakistanischen Herren in unserer Zeit übersahen). Einige von ihnen haben sogar eifrig das Schrifttum in Bengali gefördert: *Nusrat* Shah hat das Mahabharata und *Hussein* Shah das Bhagavata Purana ins Bengali übersetzen lassen, und ein anderer Herrscher wurde zum großen Gönner des ersten Bengalidichters *Krittivas.*

Assam

Assam, der nordöstliche Zipfel des heutigen Indien, ist das Tal des Brahmaputra, nördlich wie südlich von schwer zugänglichen Hochgebirgen umgeben, in denen seit jeher unruhige »primitive« Stämme leben. Die arische Besiedlung hat dieses Gebiet nicht erreicht; wohl aber haben einheimische Häuptlinge allmählich hinduistische Lebensformen angenommen und sind dadurch zu Gliedern der indischen Kulturgemeinschaft geworden. Staatliches Leben ist für die Guptazeit nachweisbar. Da um 350 eine dortige Dynastie die Guptaära benutzte, kann man auf engere Beziehungen zu diesem Kaiserhaus schließen. Ein Herrscher, namens Bhaskara-varman (etwa 593–655), hat dann verschiedene Stämme zusammengeschlossen und sein Machtgebiet westwärts bis zum Karatoyafluß und östlich bis zu den Hochgebirgen ausgedehnt. Dieser Staat fürchtete die Expansionslust Bengalens unter seinem Herrscher Sasanka und schloß sich bündnisartig an den Kaiser von Kanauj an. So gestützt, soll er Sasankas Hauptstadt erobert haben. Diese Dynastie erlosch, und nach mancherlei Wirren errang um 1100 eine andere die Macht, die Gauhati zu ihrer Hauptstadt machte. Dann soll ein neuer Herrscher durch *Wahl* auf den Thron gekommen sein. Sein Name Brahmapala sowie die Wahlprozedur erinnern so lebhaft an den ähnlichen Vorgang in Bengalen, der die Palas zur Regierung brachte, daß eine Beeinflussung anzunehmen ist.

Seit 1200 änderte sich Assams Lage. Einmal geriet Bengalen unter die Herrschaft der Moslems, und dann drangen aus Burma Shanstämme ein, die sich Ahoms nannten und dem Land den Namen Assam gegeben haben. So wurde der Rumpfstaat Assam zwischen zwei Fronten gepreßt. Eroberungsversuche der Moslems aus Bengalen endeten ohne Erfolg, z. T. sogar mit vernichtenden Niederlagen (1205, 1227, 1257 und 1357). Mit dem Vordringen der Ahoms erlosch seine Widerstandskraft. Um 1639 konnten die Mogulkaiser das ganze Gebiet besetzen. Um Gauhati entstand ein neuer Hindustaat, gegen den Shah Jahan einen anfangs erfolgreichen Angriff richtete, der aber durch den natürlichen Schutz dieser Gegend – die regelmäßigen Monsunüberschwemmungen wie die unzugänglichen Berge – aufgegeben wurde. Schließlich haben 1816 die Burmanen das Land erobert, denen es die Briten wieder abnahmen.

Alle Regierungen in dieser Gegend haben in der Ebene residiert und auf die Bergvölker nur einen geringen Einfluß auszuüben vermocht. Diese Stämme sind zu allen Zeiten praktisch unabhängig geblieben; manche neigten wegen rassischer Verwandtschaft oder gleicher Religion zu Tibet, manche zu den Shanstämmen in Nordburma, keiner hat sich indessen je einem Staat eingefügt. Politisch sind sie erst in unserer Zeit hervorgetreten. Gewisse Untergrundverbindungen zu China mögen bestanden haben. Aber die chinesischen Quellen berichten darüber nichts, nicht einmal eine Gesandtschaft aus Assam wird erwähnt.

Burma, außerhalb des indischen Subkontinents gelegen, ist durch eine britische administrative Maßnahme vorübergehend mit Indien vereint worden – bis 1935 (vgl. Kapitel 18). Als Grenzland ist es hier zu erwähnen, weil Assam von dort zweimal erobert wurde: im 13. Jahrhundert von den Ahoms und 1816 von den Burmanen. In der Zwischenzeit war Burma für Indien oft eine Belästigung, da seine Küsten zu Stützpunkten einer ausgedehnten Piraterie wurden, die den indischen Handel schädigte. Daher haben mehrere indische Herrscher versucht, diesem Unwesen zu steuern. Politisch bedeutsam wurde die Aktion des Mogulkaisers Shah Jahan, der mit den Piraten auch die mit ihnen verbundenen Portugiesen traf. Er besetzte 1661 Chittagong sowie die Insel Sondip (Sandwip), die dadurch indisch wurden. Mit Bengalen fielen beide an die Briten, die dann energische Anstrengungen machten, diese Störungen endgültig zu beseitigen, und dabei ganz Burma eroberten.

Kapitel 21

Rajasthan, das Land der Rajputen

Rajasthan, das wüstenartige Gebiet im Nordwesten Indiens – heute Grenzland zu Pakistan –, besaß seit jeher die Züge eines Grenzlandes, da es im Westen durch die Wüste Thar vom Industal getrennt wurde. Seine politische Bedeutung gewinnt es durch die *Rajputen*, nach denen es früher Rajputana hieß. Unter dieser Bezeichnung (wörtlich »Königssöhne«) werden zahlreiche kriegerische Klans zusammengefaßt, die sich durch eine gemeinsame Standesethik eng miteinander verbunden fühlen. Seit dem 6. Jahrhundert füllen sie die Lücke, die durch das Erlöschen der alten »kshatriyas« entstanden war, und geben Indien die Mehrzahl seiner fürstlichen Dynastien. Manche Forscher meinen, daß sie als Begleitvolk der Hephtaliten nach Indien gekommen wären; andere, daß sie aus dem Panjab stammen, wo die Landschaft »Gurjara-desa« ihren ursprünglichen Namen »Gurjaras« bewahrt. In jedem Fall waren sie eine Gruppe jugendlich unverbrauchter Stämme, die in blutsverwandten Klans lebten, aber auch andere Geschlechter in ihren Kreis aufnahmen, die sich in Lebensführung, Ehrbegriff und Kriegszucht ihnen anglichen. Zu den ältesten dieser Klans zählen die Pratiharas, die das Reich von Kanauj regierten, die Sisodias oder Guhilots in Udaipur, die als besonders vornehm gelten, die Paramaras und endlich die Chauhans (einschließlich der Rathors), deren Zweig, die Solankis oder Chaulukyas, mit den Rashtrakutas im Dekkhan in Verbindung gestanden hat. Sie wuchsen zu einer engen Gemeinschaft zusammen und bewahrten selbst dann dieses Gefühl der Zusammengehörigkeit, wenn eine Familie zum Islam übertrat, wie die Herrscher von Palampur. Sonst aber wird der Kampf gegen die Moslems zu ihrer Lebensaufgabe.

Mit ihrer staatlichen Konzeption, die sich auf Blutsverwandtschaft oder »Bruderschaft« (bhayyad) stützte, waren sie auf den Kleinstaat angewiesen und sind über diesen nur in Ausnahmefällen hinausgewachsen, wie die kaiserlichen Pratiharas in Kanauj. Sie regieren noch heute als Könige von Nepal. Ihr Schwerpunkt blieb Rajasthan, das sie mit Staaten füllten, von Jodhpur bis Ujjain (Sitz der Paramaras), von

Jaipur nahe Delhi bis zum Hafen von Broach. Ihr geistiger Mittelpunkt blieb der heilige Berg Mount Abu.

Mit dem Zerfall des Guptareichs brach ihre geschichtliche Stunde an. Sie hätten vielleicht als eine Art »Reichsritterschaft« in die Dienste des Kaisers in Kanauj treten können, zumal diese ihrem eigenen Klan der Pratiharas angehörten. Aber sie zogen es vor, jeder in seinem engeren Staat zu bleiben, und gaben sich ihrem angeborenen Hang zu ewigen Fehden hin. Der Gegensatz zwischen den beiden führenden Klans – den Sisodias im Mewar (Udaipur) und den Chauhans in Marwar (Rathambor) – hat ihre Schlagkraft lange gelähmt. Erst die akute Bedrohung durch die Turkvölker führte sie zu gemeinsamer Tat zusammen (z. B. zur Entsendung eines Hilfskorps an die Hindu-Shahis am Khaiber-Paß oder zur Bildung einer Konföderation unter Prithviraj).

Die Chauhans, die im Norden saßen, kamen als erste mit den eindringenden Moslems in Konflikt. Bereits um 830 wehrten sie einen Angriff der Araber ab. Sie dehnten ihr Gebiet westwärts aus und gründeten die Stadt Ajmer (um 1105). Im Kampf gegen Mohamed von Ghor, der vom Panjab her angriff, faßt ihr weitsichtiger Führer Prithviraj III. (regierte 1177 bis 1192) den großen Entschluß, einen Bund der Rajputen zu bilden. Mit einem Heer von angeblich 200 000 Reitern und 3000 Kriegselefanten erringt er bei Tarain einen großen Sieg, den größten, der je den Hindus gelingt, versäumt aber – wie bei den damaligen Indern üblich – eine systematische Verfolgung, so daß der Gegner im folgenden Jahre (1192) neugestärkt zurückkehrt und in der zweiten Schlacht bei Tarain die Rajputenarmee völlig besiegt. Der Fürst selbst wird gefangen und hingerichtet; er lebt in Liedern und Sagen fort wie kaum ein anderer Nationalheld. Ajmer wird um 1195 von den Moslems besetzt.

Ein Sohn des gefallenen Helden gründet in Ranthambhor (Ranastambhapura) einen neuen Staat. Sofort greift der Sultan Iltutmish an und nimmt die neue befestigte Hauptstadt ein (1226). Nach seinem Tode gewinnen die Chauhans sie zurück, werden dann von Balban angegriffen (1248 und 1258) und unterliegen seinem Nachfolger. Ihr Fürst Hamira rettet den Staat noch einmal, vermag ihn gegen den Sultan Jalal ud din Khalji zu halten, fällt aber im Kampf gegen den Sultan Ala-ud-din (1301). Bei dieser Eroberung von Rathambor ereignet sich einer der frühesten Fälle von »Jauhar«, d. h., alle Frauen suchen den Tod auf dem Scheiterhaufen und die Männer im letzten Ausfall – um die Ehre zu retten –, so wie es Körner in seinem Drama »Zriny« von den Ungarn geschildert hat.

Ein anderer Zweig dieses Klans, die Rathors, gründet außerhalb des von Moslems besetzten Gebiets in Jodhpur einen neuen Staat, den der kriegstüchtige Raja Chunda zum damals größten Rajputenstaat macht. Er hat genug politischen Instinkt, um ein Bündnis mit Mewar zu suchen – eine Politik, die von seinem Sohn Rajamalla fortgesetzt wird, eins der seltenen Beispiele einer Bündnispolitik im Kreise der Rajputen. Rajamalla, der Typ des verschlagenen Diplomaten, der seine jugendliche Schwester mit dem hochbetagten Rana von Udaipur verheiratet, läßt sich in Udaipur nieder und wird zu einer Art Kronberater seines Verbündeten; andererseits behält er seine Ansprüche auf den Thron von Marwar, so daß er zeitweilig praktisch beide Staaten regiert. Damit erregt er in Udaipur eine solche Unzufriedenheit, daß er 1438 ermordet wird. Und die Tat trennt die beiden Staaten so unheilbar, daß sie sich einander völlig entfremden. Die gleichzeitige Krise im Sultanat von Delhi erlaubt es den Chauhans trotzdem, ihren Besitz weiter auszudehnen, was zur Gründung neuer Tochterstaaten führt, wie in Bikaner. Doch die Spannung zu Udaipur sowie eine Rivalität zu dem Staate der Gahadavalas in Kanauj mindern seinen Einfluß.

Mewar (Udaipur)

Der Klan der Guhilaputras (Guhilots) beginnt sein staatliches Leben nach dem Zerfall des Guptareiches an zwei Ausgangspunkten: in Nagahrada (bei dem heutigen Udaipur) und in Dhod bei Chitor. Ihr erster großer Herrscher, Bappa Rawal, scheint im 8. Jahrhundert schon einmal beide vereinigt zu haben. Mit Hilfe der Pratiharakaiser, deren Lehnshoheit sie anerkennen, wehren sie Angriffe der Araber ab. Ihre größte Stadt, Aghata (das heutige Ahar bei Udaipur), wird ein bedeutendes Binnenhandelszentrum, und die Entdeckung von Mineralien (Zinn und Gold) gibt ihnen eine wirtschaftliche Unabhängigkeit, die den meisten Rajputenstaaten fehlt. Der erste Großangriff der Moslems, den im 13. Jahrhundert Sultan Iltutmish gegen sie führt, wird erfolgreich abgewehrt, wenngleich die Stadt Agatha geplündert wird. Als sie ihren Nachbarn in Gujarat gegen einen Moslemangriff helfen, ziehen sie einen neuen Angriff durch Balban auf sich (1285), den sie in geschickt geführten Verhandlungen mit Geld abfinden. Aber Ala-ud-din erscheint 1303 vor Chitor, dessen strategische Bedeutung er erkennt. Der kleinmütige Rana verläßt heimlich die Burg, um zu kapitulieren; doch der Gegner erstürmt die Burg und verschleppt den Fürsten nach Delhi. Durch Intrigen gewinnen sie die Burg zurück. Während Sultan Mohamed Tughluq anrückt, gerät der Rana in einen weiteren Konflikt mit seinem Moslemnachbarn in Malva. In dieser Lage erweist sich ihm das Bündnis mit den Rathors als nützlich. Rana *Kumbha* findet den einen Gegner mit Geld ab und treibt den anderen aus dem Lande, wird aber ermordet. Sein Nachfolger, Rana *Sanga,* besiegt den Sultan Ibrahim (aus dem Geschlecht der afghanischen Lodis) und wagt es, im Vollgefühl seiner Macht, dem 1526 in Indien erscheinenden Babur aus dem Hause der Timuriden einen gemeinsamen Kampf gegen die Lodis anzubieten. Babur jedoch erringt den Sieg allein und wendet sich gegen den Hindufürsten. In der Schlacht bei *Khanua* erleiden die Rajputen ihre schlimmste Niederlage; der Rana selbst wird nur dadurch gerettet, daß sich Babur einem wichtigeren Feinde zuwendet. Er stirbt 1529, Babur 1530, beide in jugendlichem Alter, ohne daß es zu einem entscheidenden Austrag zwischen ihnen gekommen wäre.

Müßig zu fragen, was dem weit planenden Rajputen vorschwebte, als er sich dem Landesfeind anbot. Wollte er mit dessen Hilfe die Lodis stürzen, um selbst die Herrschaft in Delhi zu ergreifen? Hielt er den jungen Mogul für einen jener plünderungssüchtigen Steppenhäuptlinge, die mit Beute beladen wieder abziehen, so daß er als lachender Dritter dagestanden hätte? Jedenfalls umstrahlt seine Dynastie seitdem trotz der Niederlage eine solche Glorie, daß man sie als »die Sonne der Hindus« feierte.

Kapitel 22

Die Pufferzone zwischen dem Ganges- und dem Dekkhanreich

Die wechselnde Ausdehnung der beiden Reiche am Ganges und im Dekkhan ließ in dem zwischen ihnen liegenden Raum eine ganze Reihe kleiner Staaten entstehen, die zeitweise die Oberhoheit eines der beiden großen anerkennen mußten, aber unter geschickter Ausnutzung ihres Antagonismus vorübergehend eine gewisse Selbständigkeit erreichten. Nach dem Erlöschen der beiden Reiche um 1000 wurden die meisten völlig unabhängig und politisch deshalb wichtig, weil auf sie der erste Stoß der großen Angriffe traf, die die Moslems gegen Indien führten.

Sie bilden einen Gürtel, der an der Westküste mit der Halbinsel Shaurashtra beginnt, sich mit dem Hinterland der großen Handelshäfen im heutigen Gujarat fortsetzt, die fruchtbare Niederung von Malva einschließt und in den Vindhya-Bergen über die Landschaften Bundelkhand und Bagelkhand in Orissa endet. Da sie in den Kämpfen der beiden Großstaaten oft die Rolle des Puffers gespielt haben, sei der Ausdruck »Pufferzone« für sie gestattet.

Die Halbinsel *Shaurashtra* (früher Kathiawar), die, arisch besiedelt, zum Mauryareich gehörte, wurde durch die Guptakaiser von der Besetzung durch die Skythen befreit und machte sich nach dem Ende dieser kaiserlichen Dynastie unter dem einheimischen Geschlecht der *Maitrakas* selbständig. Sie hatten sich der Araber zu erwehren, die anfangs über See kamen und 770 die Hauptstadt Valabhi verheerten, gegen die sich der Staat aber durch den Bau einer eigenen Flotte zu behaupten vermochte. Dagegen versagte ihre Abwehr zu Land gegen den räuberischen Mahmud von Ghazni, der 1025 den reich dotierten Tempel von Somnath plünderte und dabei unter der Zivilbevölkerung ein schauerliches Blutbad anrichtete. Unter der nominellen Oberhoheit verschiedener Sultane konnten sich hier zahlreiche winzige Rajputenfürstentümer bis in die britische Zeit halten, als letzter bekannter Sproß der »Jam Sahib« von Nawanagar, eine der volkstümlichsten Fürstengestalten der jüngsten Zeit.

Das heutige *Gujarat*, das Alsdorf wegen seiner Häfen mit

Recht das »natürliche Seetor Indiens« nennt, lockte um dieses Reichtums willen stets beutehungrige Völker herbei. Seinen ersten eigenen Staat errichtete die Dynastie der *Chapas* (Chapatkatas) mit der Hauptstadt Anahila Patak, dem heutigen Patan. Sie hielten sich zum Reich von Kanauj, mit dem gemeinsam sie die frühen Arabereinfälle abwiesen. Dann drang das Dekkhanreich hier vor. Ein Rajput aus dem Klan der Solankis (auch Cha*u*lukyas genannt) ermordete den letzten Chapa und brachte das Land unter die Hoheit des Dekkhanreichs. Seine Nachfolger haben 350 Jahre mehr oder weniger abhängig hier geherrscht. Vor Mahmud von Ghazni floh der damals regierende Fürst; gegen Mohamed von Ghor wehrten sie sich erfolgreich, erlitten schwere Niederlagen gegen Qutb-ud-din *Aibak* (1197) und *Iltutmish,* obwohl ein tüchtiger Minister aus dem Rajputenklan der Vaghelas eingriff, wurden aber durch den Sultan *Ala-ud-din* überwältigt, der den Staat annektierte (1299), nachdem er vorher die Fürstin und ihre Tochter für seinen Harem geraubt hatte.

Weiter südlich, um den Hafen von Broach, setzten die Rashtrakutas Rajputen als Statthalter ein (um 600), die gemeinsam mit ihrem Oberherrn den großen Sieg über die Araber bei *Navsari* (738) errangen – ein Erfolg, den sie benutzen konnten, um ihr Lehen in einen Staat zu verwandeln, der *Lata* genannt wird, mit der Hauptstadt Nandipur bei Broach. Da bei dem Sturz der Rashtrakutas der General Barappa rasch zugriff, sicherte er die Häfen auch für die späte Chalukyadynastie. Hier entstand das erste Bündnis gegen die Moslems aus Lata, den Solankis und Shaurashtra mit dem Erfolg, daß die drei das 13. Jahrhundert überstanden. Erst Alu-ud-din hat Lata unterworfen (1297). Da sich sein Gouverneur 1403 selbständig erklärte, entstand wieder ein eigener Staat Gujarat, wenngleich unter einer landfremden Dynastie.

Die fruchtbare Ebene von *Malva,* das uralte Durchgangsland des Handels, der von den Häfen um Broach nach Ujjain ging, wurde unter dem Namen Avanti von den Aryas besiedelt und gehörte zeitweilig zum Maurya- wie zum Guptareich; dazwischen wurde es von den baktrischen Griechen wie von den Skythen besetzt. Die Vakatakas brachten es zum Dekkhanreich. Der rajputische Klan der *Paramaras,* der von den Rashtrakutas hier als Statthalter eingesetzt wurde (Sitz in Dhar), geriet durch seine Gefolgstreue in Gegensatz zum Reich von

Kanauj, wodurch sie vorübergehend abgesetzt wurden. Seit 946 wieder im Besitz der Macht, begannen sie eine Expansionspolitik, die ihre Kräfte weit überstieg, reizten vor allem ihren ursprünglichen Lehnsherrn im Dekkhanreich und büßten dabei ihre Existenz ein, obwohl sie in *Bhoja* einen der besten Herrscher jener Zeit hervorbrachten. Gegenüber der Moslemgefahr haben sie das Verdienst, mit ungewöhnlicher Weitsicht schon 1008 den Hindu-Shahis am Khaiber-Paß ein Hilfskorps gesandt zu haben sowie 1043 dem rajputischen Fürstenbund beizutreten, der Lahore zurückerobern wollte. Doch den direkten Angriffen der Sultane aus Delhi sind sie erlegen; nach wechselnden Erfolgen gegen Iltutmish und Balban fiel ihre stark befestigte Hauptstadt Mandor durch Verrat an Ala-ud-din (1305).

Die Berglandschaft *Bundelkhand* – berühmt durch die Tempel in Khajuraho – kam um 800 unter die Chandellas, einheimische Stammeshäuptlinge, die aber als Rajputen galten. Im Besitze der stärksten Festung dieser Gegend, *Kalinjar,* leisteten sie den Kaisern in Kanauj wertvolle Dienste und gewannen dadurch eine Stellung, die sie beinahe als erbliche Minister erscheinen ließ. Auch sie beteiligten sich 990 an dem Bund, den die Chauhans gegen den räuberischen Häuptling von Ghazni zustande brachten. Mahmud selber erscheint hier 1020, läßt sich mit Tribut abfinden und belagert Kandahar im folgenden Jahr vergeblich. Erst Qutb-ud-din Aibak hat es eingenommen, und mit einem erneuten Sieg von Ala-du-din endet die Dynastie (1309).

Die benachbarte Berglandschaft, Bagelkhand, der Sitz des altarischen Stammes der Haihayas (damals Südkosala), wurde von den Kalachuris besetzt, die hier seßhaft wurden, aber ihre Gewohnheit beibehielten, Plünderungszüge in die Nachbargebiete zu unternehmen. Durch Beziehungen zu den Herrschern im Dekkhanreich spielen sie eine Rolle bei dem unrühmlichen Ende der späten Chalukya-Dynastie (vgl. Kapitel 14). Nach einer kriegerischen Begegnung mit dem Ghoristatthalter von Lahore sind sie unbemerkt aus der Geschichte verschwunden, haben aber auf sozialem Gebiet eine bleibende Erbschaft hinterlassen: Einer ihrer Minister, *Basava,* gründete in jener Zeit allgemeiner Zerrüttung die Sekte der *Lingayats,* die den Vorrang der oberen Kasten leugnete und dem Volk größeren Anteil an den öffentlichen Dingen geben wollte – ein Versuch, der damals wohl nur bewirkt hat, die allgemeine Zersetzung noch zu steigern.

Orissa, der schmale Streifen zwischen Gebirge und Meer, genießt dadurch einen starken natürlichen Schutz, unter dem sich ein sehr kräftiger Sinn für Unabhängigkeit entwickelte. Ashoka unterwarf es aber unter sehr blutigen Opfern. Nach seinem Tode erhob sich das Volk und führte unter seinem Herrscher *Kharavela* (50–10 v. Chr.) einen Vergeltungskrieg gegen das Gangesreich, bei dem es die alte Hauptstadt Rajagriha eroberte. Samudragupta hat das Land auf seinem Zug nach dem Süden sorgfältig umgangen. Die neue Großmacht Bengalen unter *Sasanka* suchte es zu unterwerfen (619); seit 650 regiert jedoch wieder eine eigene Dynastie, die *Karas* (bis 950), in der hintereinander vier Frauen den Thron bestiegen. Gegen die Moslems, die inzwischen Bengalen erobert hatten, also Nachbarn Orissas geworden waren, faßte Narasinha I. (1238) den in Indien einmaligen Entschluß, das Prävenire zu spielen. Er greift von sich aus den Sultan an und verschanzt sich nach einem ersten Sieg in der Grenzfestung Lakanor. Selbst als er sie aufgeben muß, hält er sich noch bis 1255 bei Rudha. Erst sein schwacher Nachfolger unterliegt dem Gegenstoß des Ulugh Khan. Dann dringt Sultan Firuz Shah plündernd und verwüstend ins Land, schändet den heiligen Jaganathtempel in Puri und veranstaltet vor seinem Abzug noch ein Massenmorden, das den Chilca-See mit Tausenden von Leichen füllt, einschließlich Frauen und Kindern.

Im südlichen Teil von Orissa, dem eigentlichen *Kalinga*, gründen die »östlichen Gangas« einen Staat (um 1038). Anfangs in engem Kontakt mit den Cholas, nehmen sie an deren überseeischen Unternehmungen regen Anteil, müssen allerdings hinnehmen, daß Kulottunga (1070–1122) ihnen den wertvollen Hafen von Visakhapatnam entreißt. Um 1359 wird auch Kalinga durch die Moslems unterworfen, behält aber genug Eigenständigkeit, um dem größten Hindu-Mystiker, Chaitanya, Asyl geben zu können.

In Grenzkonflikten mit ihren südlichen Nachbarn, den Reddis in Kondavidu, verletzen sie die Gebietshoheit des Reiches von Vijayanagar. Der empörte Kaiser läßt den letzten Ganga durch einen Mann seines Vertrauens, Kapilendra, als König ersetzen. Er ist ein guter Soldat, aber ein schlechter Politiker, denn in unzeitgemäßem Ehrgeiz sucht er sein Land nach allen Seiten zu erweitern, statt als Hindufürst in dem großen Ringen zwischen Vijayanagar und den Moslemreichen im Dekkhan seinen natürlichen Platz einzunehmen. So zwingt er den Kaiser Devaraja, der für seinen Entscheidungskampf gegen die Moslems seine östliche Flanke sichern muß, zu einem fünfjährigen Krieg gegen Orissa, der beide Hindu-Staaten schwächt und Orissa wieder auf den Stand eines Kleinstaats zurückwirft.

Alle diese Staatsgebilde sind einzeln von den Moslems überwältigt worden. Der Gedanke einer gemeinsamen Kraftanstrengung zur Abwehr dieser Gefahr ist zwar gelegentlich aufgetaucht, aber völlig unzulänglich durchgeführt, und selbst mitten in der Gefahr haben diese Staaten ihre kleinlichen Lokalstreitigkeiten fortgesetzt.

Kapitel 23

Schlußbetrachtung zum Teil IV

Der politische Beobachter, der vor der Unterwerfung Indiens unter die Herrschaft der Moslems auf die vorangegangene Periode zurückblickt, wird zwei Fragen stellen:
Welche Erkenntnisse ergeben sich daraus für die jeweiligen Grenzen Indiens und welche für ein Gemeinschaftsgefühl zwischen den einzelnen Teilen des Subkontinents, das sich *politisch* auswirkt?

I. Als traditionelle Nordgrenze erscheint das Himalajagebirge, von dem Indien zu erwarten pflegt, daß es als Schutzmauer Indiens diene. Bis zu einem gewissen Grade hat es diese Hoffnung erfüllt – solange die politischen Zustände in Tibet und in Westturkestan dem nicht entgegenstanden. Während Tibet eine starke Militärmacht war, hat das Gebirge kriegerische Einfälle nicht zu hindern vermocht, wie den des Jahres 647 v. Chr., der den Bezirk Tirhut (Mithila) unter zeitweilige Fremdherrschaft Tibets brachte. Andererseits wirkte ein starkes Tibet als schützendes Glacis gegen das expansionsfreudige China. Die Verwandlung Tibets in einen geistlichen, also politisch schutzbedürftigen Staat schuf dann die Möglichkeit, daß diese Schutzmächte dem Gangestal bedrohlich werden konnten, und es ist erstaunlich, daß sich diese Gefahr erst in der Neuzeit praktisch ausgewirkt hat: imaginär von seiten des zaristischen Rußland, weswegen die Briten sich bemühten, Tibet als Glacis Indiens unter ihre Kontrolle zu bringen – und höchst real von seiten des kommunistischen China, das Tibet zu einer stark gerüsteten Aufmarschbasis gegen Indien ausbaut. Der Wert des Himalajagebirges als Schutzwall ist also eine Funktion der jeweiligen politischen Zustände in Tibet – eine Erkenntnis, die manchen indischen Politikern, selbst Nehru, sehr spät aufgegangen ist. Ähnliches gilt von dem westlichen Turkestan, dem alten Transoxanien. Diese fruchtbare Steppe ist zwar oft nur dünn bevölkert, aber niemals menschenleer gewesen. Stets haben sich dort Völker oder Stämme aufgehalten – wenn es nur Lager- oder Zeltgemeinschaften waren, die, wenn sie ausweichen mußten, zu einer Gefahr für Nordindien wurden. Für jede politisch bewußte Regierung in Nordindien war es daher lebenswichtig, die Geschehnisse in diesem Steppenraum zu verfolgen, um nicht überrascht zu werden, wie es dem Guptareich durch den plötzlichen Einfall der Hephtaliten geschah. So gesehen hat das Himalajagebirge auch *mißlich* gewirkt, indem es den politischen Blick (die Nachrichtenbeschaffung) der Machthaber im Gangestal hemmte oder sie in falscher Sicherheit wiegte. Endlich hat das Gebirge den Reichen im Gangestal durchaus nicht immer als Grenze ihrer aktiven Expansionspolitik gegolten. Schon Ashoka hat sich als Schutzherr der indischen Oasenkolonien im Tarimbecken betrachtet. Das Kushanreich hat bewußt sowohl den Süd- wie auch den Nordhang der Berge vereinigt, sich also nordwärts über den Himalaja hinaus erstreckt, und das gleiche haben später die Mogulherrscher von Babur bis Shah Jahan in dem Bestreben wiederholt, ihre ursprüngliche Heimat mit ihrem indischen Reich wieder zu vereinigen. Blickt man allerdings auf die Vielzahl großer Völkerstürme, die durch Zentralasien in östlicher wie westlicher Richtung dahingebraust sind, so erkennt man, daß schon das tibetische Plateau viele dieser bedrohlichen Züge von Indien abgelenkt hat. Chingis Khan berührte Indien nur auf einer kurzfristigen Abweichung seines Eroberungszugs, und ähnlich dürfte zur Guptazeit die Masse der eigentlichen Hunnen nördlich an Tibet vorüber nach Europa gezogen sein, wobei sich nur ein abgedrängter Haufe – die Hephtaliten – in Richtung auf Indien absplitterte.

Daß auch das Gebirge keine unbedingt politische Grenze ist, lehrt die Existenz Nepals, dessen Zugehörigkeit zu einem »indischen« Reich im Grunde niemals als gesichert angenommen werden kann, und das heute ebenso unabhängig von Indien ist, wie es Sikhim und Bhutan ohne die Protektoratsverträge wären. Inwieweit Ladakh jeweils zu Kaschmir gehörte, ist eine Frage, deren Beantwortung in den verschiedenen Zeitabschnitten wechselt.

Flüssig war die politische Grenze Indiens im Nordosten; denn hier dehnte sie sich ostwärts aus mit der fortschreitenden kulturellen Durchdringung. Assam jedenfalls ist erst durch die britische Herrschaft fest an Indien angeschlossen worden. Daß auf den Spuren der Ahoms 1944 eine japanische Armee dort eindringen wollte, um Indien zu befreien, war ein so neuartiger politischer Vorgang, daß er vor der britischen Herrschaft nicht denkbar gewesen wäre.

Noch verwickelter liegt die Frage, wo die politische Grenze Indiens im Westen verlaufen ist. Das Industal hat zwar zeitweise zu Reichen gehört, die im Gangestal ihren Mittelpunkt hatten, zum erstenmal unter Chandragupta Maurya; auch zum Mogulreich hat es mehrfach gehört. Aber ebenso lange hat es unter der Herrschaft nichtindischer Mächte gestanden, wobei die Kushan noch am ehesten als »indisch« gelten können. Das Interesse der Regierungen des Gangesreichs am Industal ist meist gering gewesen. Hätte nicht das Römische Reich die Achämeniden und Parther immer in Schach gehalten, so hätte der Iran das ganze Industal zu einem festen Bestandteil seines Territoriums machen können. Nach dem Tode von Dareios III. (331) war die persische Macht im Industal so ausgehöhlt, daß eine kräftige Militärmacht, wie die Nandas, dieses altarische Gebiet unschwer hätte zurückerobern können. Solche Gedanken lagen ihnen aber völlig fern. Daß ihr Prestige den großen Alexander bewogen hat, am Beas (Sutlej) freiwillig umzukehren, war kaum ihr Verdienst; denn sie haben keinen Mann gegen den Mazedonier marschieren lassen. Daß der geniale Kautilya mit dem jungen Maurya das obere Industal der neuen Dynastie als »Morgengabe« einbrachte, war ein Vorgang, der in den Annalen der indischen Geschichte einzig dasteht. Sind aber die beiden deshalb in Pataliputra als »nationale Helden« gefeiert worden? Dann folgte für das Industal die Zeit der wechselnden Besatzungen durch fremde Oberschichten (Baktrier, Skythen, Parther usw.). Doch gab es damals keine Macht in Indien, die hätte eingreifen können. Die Bevölkerung mußte ihr Schicksal hinnehmen, sowie Schiller es von den Sizilianern sagt:

»Die fremden Eroberer kommen und gehen,
Wir gehorchen, aber wir bleiben stehen.«

Das Kushanreich ist »sui generis«. Es handelt sich um Eroberer, die sich nicht nur der indischen Kultur willig anpaßten, sondern auch einen Staat errichteten, wie ihn diese Gegend lange nicht erlebt hatte. Sie scheuten sich, allzu tief in die Gangesebene einzudringen, wohl weil ihnen ihre Volkszahl zu gering erschien. Aber was sie schufen, war ein echtes Grenzreich, das, solange es bestand, wirksamen Schutz gewährte. Sein Nachteil war seine Lage. Vom Panjab aus läßt sich ein größeres Reich nicht regieren. Das gilt für den Harappastaat wie für die kurzlebige Gründung des Ranjit Singh. Und ob ein Westpakistan, auf sich allein gestellt, sich wird behaupten können, mag die Zukunft lehren.

Kann also das Industal als ein dauerhafter Teil des politischen Indien gelten? Das heutige national empfindende Indien braucht gegenüber solchen Zweifeln nicht allzu empfindlich zu sein. Dem alten Europa ist es nicht besser ergangen. Von der großen Hunnenschlacht in Frankreich (450), dem Mongolensturm, der bis Liegnitz gelangte (1241), und den beiden Belagerungen von Wien durch die Türken (1529 und 1683) gibt es kaum ein Stück europäischen Bodens, das im ersten Jahrtausend der europäischen Geschichte nicht irgendwann einmal von Invasoren heimgesucht worden ist: von Hunnen, Awaren, Normannen, Warägern, Ungarn, Türken, Tataren, Mongolen, Sarazenen und Arabern. Südspanien, Sizilien und der ganze Balkan sind mehrere Jahrhunderte lang unter islamischer Herrschaft gewesen, Rußland ebenso lange unter tatarischer. Wo haben die Grenzen Europas jeweils gelegen? Im ganzen hat es Indien bis zum Jahr 1100 beinah besser gehabt als das alte Europa – so lange, bis dieses sich zu dem energischen Gegenstoß der Kreuzzüge aufraffte.

2. Dieser gesamteuropäische Gemeinschaftsgeist, der alle Nationen zum Kampf gegen den Eroberungsdrang des Islams zusammenfaßte, hat in Indien gefehlt. Im tamilischen Süden hat niemand daran gedacht, dem bedrängten Norden zu Hilfe zu kommen, als sich herausstellte, daß den ersten Raubzügen des

Herrschers von Ghazni große Einfälle folgten, die zu einer Gefahr für die Eigenständigkeit von Volk und Kultur werden würden. Das Dekkhanreich hat einmal, sehr vorübergehend, mit den Pratiharas gemeinschaftlich gegen die Araber gefochten; aber die traurige Übersicht des vorangegangenen Kapitels läßt erkennen, daß nicht einmal die bedrohten Mittel- und Kleinstaaten im Norden genug Gemeinschaftsgeist gehabt haben, um sich zu haltbaren, leistungsfähigen Bündnissen gegen den gemeinsamen Gegner zusammenzuschließen. Mit einer kaum unterbrochenen Regelmäßigkeit haben die Moslems jeden einzelnen Staat getrennt von den anderen bekriegt und unterworfen. Auch hier kann sich Indien mit dem Beispiel Europas trösten. Indien ist viel zu groß und zu mannigfaltig, um mit einer der europäischen Nationalstaaten verglichen zu werden. Geschichtspolitisch ist nur ein Vergleich mit Europa möglich. Und Europa zeigt, wie der Gemeinschaftsgeist, der die Kreuzzüge erfüllte, bald verschwand und erst wiedergekehrt ist, seitdem sich Europa von einer neuen Gefahr im Osten bedroht fühlt, die – mit Recht oder nicht – als eine Bedrohung des Ganzen wie seiner einzelnen Teile angesehen wird. Erst seit dieser Wendung gibt es wieder ernsthafte gesamteuropäische Erwägungen und Taten. Inzwischen ist Indien schon weitergekommen. Gerade die Fremdherrschaft – anfangs der Moslems, die die indische Religion und damit seine Kultur bedrohten, dann der Druck der britischen Herrschaft in Form des Kolonialsystems – hat ein allindisches Gemeinschaftsgefühl entstehen lassen, das wesentlich stärker ist als das heutige europäische und das schon in einem festgefügten Bundesstaat einen gesicherten Ausdruck gefunden hat.

Aber solche Betrachtungen greifen voraus. Zunächst gilt es, den Zusammenbruch des alten Indien zu betrachten.

TEIL V

Der Islam in Indien

Kapitel 24

Der Islam in Nordindien

Mit dem Islam gelangte in Indien zum erstenmal eine Religion *nicht*indischen Ursprungs zu *politischer* Bedeutung. Juden und Christen waren schon früher nach Indien gekommen, und im 8. Jahrhundert hatten Anhänger des altpersischen Glaubens dort Asyl gefunden. Aber diese Gruppen blieben an Zahl so gering, daß sie politisch nicht ins Gewicht fielen. Anders der Islam, der mit Waffengewalt Indien erobern wollte – mit dem ausgesprochenen Ziel, Indiens Religion und Kultur durch eine andere, auf den Islam begründete zu ersetzen. Insofern wurde es ein Kampf ums Dasein, um das Fortbestehen alles dessen, was bisher in Indien als wertvoll und heilig gegolten hatte. Das lange Ringen endete damit, daß der Großteil der Bevölkerung seine traditionelle Art bewahrte, aber die Bekenner des Islams im Lande blieben – anfangs als herrschende Oberschicht, später als eine auch politisch beachtliche Minderheit. Um diese Koexistenz nicht zu stören, pflegen indische Historiker die folgenden Ereignisse so ausgleichend und so versöhnlich wie möglich zu behandeln, das Trennende zu beschwichtigen und das Vereinigende – oft über Gebühr – zu betonen. Die englischen Historiker leisten dabei in der Hinsicht Beistand, als ihre Darstellungen vielfach von einer ehrlichen Sympathie für die Moslems getragen werden. Die übrigen Geschichtsschreiber, wie die deutschen, neigen mindestens dazu, der Zeit von 1000 bis 1700 einen verhältnismäßig breiten Raum zu geben, da wir über diese Periode ungleich bessere Quellen besitzen als über die frühere Zeit. Dies sei vorausgeschickt, um zu erklären, weshalb diese Epoche hier gedrängter behandelt wird, entsprechend ihrem geschichtlichen Wert für Indien, da vom indischen Standpunkt aus den 2000 Jahren vor diesem Einbruch eine größere Bedeutung zukommt.

Auch versuchen diese Betrachtungen zu zeigen, was *wirklich* geschehen ist, ohne auf die innerpolitischen Wirkungen Rücksicht zu nehmen, die möglicherweise in Indien entstehen könnten, zumal seit der Abspaltung Pakistans, mit der Entstehung eines weltlichen indischen Nationalbewußtseins und mit dem natürlichen Zeitablauf viele Dinge heute freimütiger behandelt werden können als noch vor wenigen Jahrzehnten, als die Spannungen zwischen Hindus und Moslems oft eine bedrohliche Schärfe erreichten.

Dabei sei eine bedeutsame Frage nur gestreift: inwieweit nämlich die folgenden Ereignisse zur Geschichte »Indiens« gehören oder nur zur Geschichte einiger Fremdvölker auf indischem Boden. Es ist die gleiche Frage, die sich vielen ernsthaften Betrachtern bei Behandlung der britischen Epoche aufdrängt: War sie ein Stück *britischer* Geschichte auf indischem Boden, oder ist sie – und dann bis zu welchem Grade – zu einem Bestandteil der eigentlichen Geschichte Indiens geworden? Wer die Geschichte Spaniens schreibt, kann davon ausgehen, daß der Islam dort erloschen ist bzw. seine letzten Bekenner vertrieben worden sind. Wäre Südspanien noch heute von einer starken islamischen Bevölkerung bewohnt, fände auch er sich in einer ähnlichen Lage wie die indischen Historiker heute.

Die Unterwerfung Nordindiens, die in mehreren Wellen von verschiedenen Völkern durchgeführt wurde, begann mit einem Angriff der *Araber*. Als das Volk, das den Propheten hervorgebracht hatte, waren sie die zuerst berufenen Träger seiner politisch wichtigsten Idee: die neue Religion, den Islam, mit Feuer und Schwert über die Erde zu verbreiten und sich damit zu Herren eines Weltreichs zu machen. Vom indischen Standpunkt aus war die erste bedeutsame Etappe dieser allseitigen Expansion die Unterwerfung des *Iran*, wo die Araber 640–644 das Reich der Sassaniden vernichteten (also während der Herrschaftszeit des Kaisers Harsha in Kanauj) und dadurch in die Nachbarschaft Indiens gelangten. Allerdings blieb – ähnlich wie früher beim Achämenidenreich – die Grenze zum Industal anfangs noch ruhig; denn das arabische Weltreich unter Führung der Kalifen setzte seine Hauptkräfte zunächst am Mittelmeer ein, wo es in einen harten Kampf mit Byzanz geriet. Der zähe Widerstand des christlichen Ostrom gewährte Indien eine Schonfrist, die es allerdings mangels einer politischen Führung nicht nutzte. Erst um 700 wandten sich die Kalifen auch nach Osten. Wie mit einer gespreizten Zange umklammerten sie Nordwestindien von Norden und von Süden her. Im Norden stießen sie in die fruchtbaren Ebenen Transoxaniens vor – in das heutige Westturkestan –, wo sie u. a. in Kampfberührung mit einer chinesischen Armee gerieten, die zur unentschiedenen Schlacht an der Talas führte (751). Im Süden suchten sie das Indus-Delta zu besetzen. Das dazwischenliegende Afghanistan wurde zunächst ausgespart. Mit dem nördlichen Griff der Zange wurden um 718 Baktrien, Sogdiana, Buchara besetzt – ähnlich wie auch Alexander der Große mit der Inbesitznahme dieser Flankengebiete begonnen hatte, bevor er sich gegen das Industal wandte. Damit entstand für Indien die Gefahr eines Einfalls aus dem gleichen Raume, aus dem einst die Aryas, später die baktrischen Griechen, die Skythen und die Kushan im Panjab eingebrochen waren. Im Süden suchten die Araber zunächst an die Häfen heranzukommen, die ihren Kaufleuten als Sitz großer Reichtümer genugsam bekannt geworden waren. Zur See schlugen diese Versuche fehl, vor allem durch den Sieg des Dekkhanreichs bei Navsari (738); auch Landungsversuche auf der Halbinsel Shaurashtra brachten nur vorübergehende Erfolge. Wohl aber gelang es ihnen, auf dem Landweg, entlang der Makranküste, also auf dem Heimweg Alexanders in umgekehrter Richtung, das Industal zu besetzen. Sie töteten den letzten dortigen Herrscher und eroberten, nordwärts vordringend, das Tal dieses Stroms bis Multan (von 712 an). Auch diese Vorstöße vollzogen sich auf Weisung des Kalifen, bildeten also einen Teil der großen Operation, mit der die Araber das geplante Weltreich des Islams verwirklichten. Spätere Versuche, von dort aus quer durch Rajasthan ostwärts nach Gujarat zu gelangen, scheiterten an dem erfolgreichen Widerstand des Pratihararreichs (830), das allerdings den strategisch so wichtigen Platz Multan nicht zurückzuerobern vermochte.

Inzwischen (750) wurde das Kalifat der Omajjaden gestürzt, und zwar vom Iran aus. Das persische Volk, bis dahin unter den vom Islam unterworfenen das geistig und kulturell höchststehende, das sich auch weiterhin als das eigentlich schöpferische erweisen sollte, hielt trotz seiner Bekehrung zum Islam an seiner Sprache wie an seiner eigenständigen Kultur fest und wagte den Griff zur Macht, indem sein Herrscher *Abbas* die arabischen Omajjaden absetzte und sich selbst zum Kalifen machte. Damit kam Indien in die gleiche Lage, in der es sich gegenüber dem frühen persischen Weltreich befunden hatte – eine Wendung, deren politische Tragweite indessen kaum jemand erkannte. Denn obwohl auch die Abassiden zunächst ihre westliche Front als die wichtigere ansahen, nahmen sie den Kampf an ihrer Ostfront eifriger auf als ihre Vorgänger. Um in das Industal zu gelangen, mußten erst einmal zwei Kleinstaaten im östlichen Afghanistan überwältigt werden, die wie zwei Torwächter die Zugänge zum Industal blockierten. Der südliche Staat, *Zabul,* im Tale des Helmand-Flusses, bewachte den Bolan-Paß und der nördliche, *Kapisa* (Kabul), im Tale des gleichnamigen Flusses, den Khaiber-Paß. Beide erfüllten damals die Aufgabe, dieses Vorfeld Indiens, das einst den Mauryas gehört hatte, zu sichern, wurden dabei aber weder von ihren östlichen Nachbarn noch vom Reich von Kanauj unterstützt.

Gegen *Zabul* hatten noch die Omajjaden um 650 einen ersten Vorstoß unternommen, nachdem sie die Landschaft Seistan erobert hatten. Der Krieg endete nach wechselnden Erfolgen mit einem Vertrag, aufgrund dessen der Hinduherrscher Zahlung eines jährlichen Tributs versprach, den er jedoch 714 wieder einstellte.

Kabul fiel um 670 in die Hände der Araber, vermochte sich aber wieder zu befreien und erstarkte unter einer neuen Dynastie brahmanischer Herkunft, deren erster Herrscher, *Kallar* (oder Lalliya), die sogenannte Hindu-Shahi-Dynastie begründete, die dann über 200 Jahre diesen wichtigen Zugang zum Panjab tapfer verteidigt hat. Die Abassiden erneuerten den Krieg; um 755 fiel Kandahar in ihre Hand; der Kalif Al-Mamun (813–833), der Sohn des bekannten Harun- al Rashid, erschien persönlich in Kabul, um einen höheren Tribut einzutreiben, und schließlich gelang es dem General Ya'qub-ibn-Laith um 870, erst *Zabul* zu überwältigen, darauf die Hindu-Shahis aus *Kabul* zu vertreiben und sie in das Industal hinabzudrängen, wo sie mit einer neuen Hauptstadt am Indus den Kampf fortsetzten. Ihr tüchtiger Herrscher *Jaipal* (oder Jayapala) erweiterte sein Staatsgebiet, so daß es das Swattal, die heutige Nordwestprovinz und das nördliche Industal umfaßte. Er wurde allerdings im Rücken durch einen Nachbarstaat Thakkiya bedroht und erhielt von der ihm verschwägerten Dynastie in Kaschmir nicht die erbetene Hilfe.

So standen die Dinge, als auch die Machtstellung der Abbasiden im 10. Jahrhundert sank. Neue Bewerber um die Macht traten auf: der aus China vertriebene Stamm der Oghuzen, der zu den Turkvölkern gehörte, hatte sich schon im 6. Jahrhundert nördlich von Transoxanien festgesetzt und wurde zu einer Bedrohung sowohl als Machtfaktor wie durch das Einsickern seiner kriegstüchtigen Söldner in die Leibwachen kulturell höherstehender Dynastien, zunächst bei den Samaniden, die in Transoxanien ein blühendes Reich mit der Hauptstadt Samarkand aufgebaut hatten – eine der ersten Staatsschöpfungen des Islams in diesem Teil Asiens, die auch auf kulturellem Gebiet bemerkenswert wurde. Sie wurden 962 durch den Führer ihrer Prätorianergarde, Alptegin, schwer angeschlagen, indem dieser sich mit der Hauptstadt *Ghazni* (zwischen Kanadahar und Kabul) einen eigenen kleinen Staat schuf, von dem aus sein späterer Nachfolger *Mahmud* nach allen Seiten ausgreifen konnte. Zwar nominell noch das Kalifat anerkennend, war er praktisch ebenso unabhängig wie die meisten anderen hier entstehenden islamischen Staatsgebilde; nur war er ohne Geldmittel, da er aus seiner armen Bergbevölkerung nicht viel herauszupressen vermochte. So wurde er zum ersten Moslemführer, der in das eigentliche Indien einbrach.

Es ist seltsam, daß das arabische Weltreich mit seinen riesigen Hilfsmitteln an seiner indischen Grenze nur verhältnismäßig geringfügige Erfolge erzielt und den Raum östlich des Industals kaum bedroht hat, während nun ein kleiner, improvisierter Bergstaat mit einer ganz primitiven Bevölkerung, den man nicht ganz zu Unrecht als »Raubstaat« verspottet hat, durch Mut und Kriegstüchtigkeit seines Häuptlings *Mahmud* (999–1030)* in der Lage war, Nordindien auszuplündern und

Seit Goethe den Despoten von Ghazni in den Bemerkungen zu seinem Westöstlichen Diwan so wohlwollend erwähnt hat, ist ihm nicht nur von islamischer, sondern auch von europäischer Seite viel Anerkennung zuteil geworden, zumal er Dichtern und Gelehrten in seiner neureichen Hauptstadt Asyl gewährte – ein Zug, den er mit vielen Emporkömmlingen teilt. Der größte seiner Gäste, der Dichter FIRDAUSI, hat in einer Satire schon damals angedeutet, wie ein wirklich zivilisierter Moslem über ihn dachte. Für Indien bleibt er der Vernichter unschätzbarer Kulturdenkmäler, vor allem der Gupta-Kunst, von deren Wert er natürlich keine Ahnung gehabt hat, wie er denn in seiner Primitivität auch nicht daran gedacht hat, daß Räubereien und Massenschlächtereien dem Ruf seiner eigenen Religion hätten schaden können.

dadurch darzutun, daß es dort keine Staatsgewalt mehr gab, die solchen räuberischen Einfällen wirksam entgegentreten konnte. Wenn die sogenannten »Raubkriege« Ludwigs XIV. immerhin auch einer politischen Planung dienten, blieben die jährlichen Einfälle, die Mahmud von 1000–1025 unternahm, wirklich reine Raubzüge, auf denen er die angesammelten Schätze indischer Fürsten und Hindutempel nebst allen Edelmetallen zusammenraffte und dazu seit 1013 auch begann, Zehntausende von Hindus als »Gefangene« mitzuführen, um sie von Ghazni aus als Sklaven zu verkaufen, so daß er seine Hauptstadt auch zu einem der damals größten Sklavenmärkte der islamischen Welt machte. Später verlagerte sich der Sklavenhandel nach Chiwa und Buchara, wo er bis ins 19. Jahrhundert hinein bestanden hat. Die Einbrüche erforderten zunächst die Überwindung der tapferen Hindu-Shahi-Dynastie, deren Herrscher *Jaipal* den Krieg gegen Mahmud als das Erbe seiner Väter übernahm, die schon drei Schlachten gegen ihn verloren hatten (zwischen 966 und 995). Nach seiner großen Niederlage von 1000 verbrannte er sich selbst, während sein Sohn 1010 einen Waffenstillstand schloß, der bis zu seinem Tod 1012 Ruhe brachte. Dann wurde sein Land, also der nordwestliche Teil des Panjabs, vom Sieger annektiert.

Was jeden Betrachter dieser Zeit erschüttert, ist die Erkenntnis, daß der tapfere Widerstand dieses kleinen Staats ohne ausreichende Unterstützung anderer indischer Staaten erlosch. Wohl lud der Raja von Delhi zu einer Konföderation ein, um die als heilig geltende Stadt Thaneswar zu retten (von der einst Harsha ausgegangen war). Aber gerade die heiligste Stätte der Hindus, Mathura, wurde kampflos übergeben und ebenso die alte Kaiserstadt Kanauj (1018 bzw. 1019). Erschütternd ist auch der naive Glaube, daß die unermeßlichen Schätze, die sich in den Hindutempeln aus frommen Spenden angesammelt hatten, von Männern wie Mahmud als »heiliges« Eigentum respektiert werden würden, daß man sie beutegierigen Moslems einfach überließ, ohne wenigstens einen Versuch zu machen, ihnen die Beute auf dem stets beschwerlichen Rückmarsch wieder abzujagen. Das gilt vornehmlich für den Tempel von Somanath (in Shaurashtra), der eine der reichsten Schatzsammlungen Indiens bewahrte. Zwar versuchten dort fromme Gläubige, den Zugang zum Tempel zu sperren, und ließen sich abschlachten; aber selbst dort wagte es niemand, dem Räuber auf seinem riskanten Weg durch die Sümpfe von Kutch entgegenzutreten. Ein gutes Beispiel gaben nur die kriegerischen Bauernstämme der *Khokars* und der *Jats*, die sich mannhaft zur Wehr setzten.

Dieser dunkle Abschnitt der indischen Geschichte endete zunächst mit dem Tode Mahmuds (1030). Das von ihm angesammelte, für jene Zeit unermeßliche Vermögen, mit dem er seine dörfliche Hauptstadt Ghazni mit großartigen Bauten schmückte, fiel in die Hand eines seiner Vasallen und, gestützt auf diese Geldmittel, begann er nun die wirkliche Eroberung indischer Gebiete. Es war der Herrscher von Ghor, Mu'izz-ud-din *Mohamed*. War jener Mahmud eine der stärksten soldatischen Gestalten jener Zeit, so zeigte er einen stärkeren politischen Instinkt. *Er* erkannte, daß westlich seines Landes weit größere Kräfte um die Macht spielten, die es ihm verwehren würden, sich dort einen eigenen Staat zu bilden, während die Erfahrungen der Raubzüge ihm zeigten, daß das damals reichste Land der Erde ohnmächtig und politisch zerrissen vor ihm lag und er dort eher ein eigenes Territorium würde gewinnen können. – Inzwischen aber hatte sich die Lage in Indien gewandelt. Vor allem waren es die Rajputenfürsten, die zu der Erkenntnis durchdrangen, daß man sich fester zusammenschließen müsse – vielleicht in der Erinnerung daran, daß der rajputische Kaiser Nagabhata II. mit Hilfe einer solchen Allianz im Jahre 830 einen großen Einbruchsversuch der Araber abgeschlagen hatte. Jetzt bildete sich eine Konföderation unter der Führung des fähigen Chauhan *Prithviraj*. Auf sie stieß der Fürst von Ghor, als er nunmehr durch die Pässe des Hindukusch in das Industal einzudringen versuchte. Es kam zu zwei großen Schlachten; in der ersten (1192) blieben die Inder Sieger, da der feindliche Herrscher verwundet den Kampfplatz verließ. Aber da die Rajputen noch nichts von Verfolgung »bis zum letzten Hauch von Roß und Mann« verstanden, konnte der Gegner im folgenden Jahr stärker gerüstet wiederkehren und schlug das indische Heer auf dem gleichen Schlachtfeld wie im Vorjahr bei Taraori (oder Tarain) am Ostausgang der Enge von Karnal, 120 km von Delhi entfernt. Indien lag schutzlos vor ihm. Unschwer konnte er Delhi besetzen, das nunmehr zu großer politischer Bedeutung aufsteigen sollte.

Die Laufbahn auch dieses Eroberers endete abrupt. Seiner

früheren Einsicht folgend, hätte er in Indien bleiben sollen; so aber ließ er sich durch Ereignisse an seiner Westgrenze nach seinem großen Sieg bei Taraori dorthin ablenken und wurde von seinem mächtigeren Nachbarn, dem Shah von *Khwarizm* (Chiwa), geschlagen, während sich in Indien die kriegstüchtigen Khokars erhoben. Er vermochte den Aufstand noch mit einer blutigen Massenschlächterei niederzuzwingen, wurde aber kurz darauf ermordet (1206), womit sein Staatsgebilde außerhalb des Industals zusammenbrach. Der Gouverneur, den er in Delhi zurückgelassen hatte, der Tscherkesse Qutb ud-din *Aibak,* sein Lieblingssklave, wuchs in diesem Wirrwarr zu neuer Größe. Nicht nur vermochte er ohne Nachschub und Hilfe die bisherigen Eroberungen zu behaupten; er erweiterte sie, indem er das besetzte Gebiet um Delhi ausdehnte und nach Rajasthan eindrang, um dort den Klan der Chauhans zu bekämpfen, deren großer Fürst in den beiden Schlachten bei Taraori die Hindu-Armee geführt hatte und dann von den Moslemsiegern hingerichtet worden war. Von seinem Herrn nach Afghanistan gerufen, um gegen Khwarizim zu helfen, mußte er mit dem größten Teil seiner Mannschaft für sechs Monate Delhi verlassen – eine große Gelegenheit für die Inder, die sie indessen in keiner Weise ausnutzten. Nach Delhi zurückgekehrt, ergriff er nun selbst die Macht und nannte sich »Sultan von Delhi«, wobei der unindische Titel den Charakter der Fremdherrschaft noch unterstrich*. So entstand zum erstenmal auf dem Boden des alten »Aryavarta« ein Staatsgebilde fremder Eroberer, die an ihrer nichtindischen Religion festhielten und es damit strikt ablehnten, sich zu assimilieren.

Inzwischen war ein neu angekommener Glücksritter, namens Ikthiyar-ud-din *Bakhtiyar,* mit einer selbstgeworbenen Reitertruppe ostwärts weitergezogen und hatte, ohne nennenswerten Widerstand zu finden, Bihar und den westlichen Teil von Bengalen besetzt, wobei er die letzte Hochburg des Buddhismus in und bei Nalanda, vor allem das große Kloster Odantapur durch Massenermordung der Mönche und Zerstörung der Bibliotheken vernichtete. Daß ihm seine leichten Erfolge zu Kopf stiegen, mag erklären, daß er nun versuchte, über den Himalaja auch Tibet für sich und den Islam zu erobern. Dabei ist

* Der Nizam von Haidarabad, der berufen gewesen wäre, diesen Titel zu führen, vermied ihn und nannte sich »Nizam«, d. h. Statthalter des Kaisers.

er mit seiner Mannschaft elend zugrunde gegangen – der erste schwere Rückschlag, den die Moslems auf indischem Boden erlitten (1206).

Von dem Stützpunkt Delhi aus wurde nunmehr Nordindien stückweise militärisch erobert. Man befolgte dabei stets die gleiche Methode: erst in ein Gebiet überraschend einzubrechen und die bereits angesammelten Schätze zu erbeuten, um mit ihnen wieder zum Ausgangspunkt zurückzukehren. Nachdem dann das Geld verbraucht war und sich andere bequeme Gelegenheiten zur raschen Plünderung gerade nicht boten, ging man daran, das Land zu besetzen und durch den mühseligeren Prozeß der Steuererhebung neue Geldmittel einzutreiben. Geldbeschaffung und Beutelust waren stets die eigentlichen Motive, die immer neue Feldzüge nahelegten. Um die Ausbreitung des Glaubens haben sich die Machthaber in Delhi wenig gekümmert, wurde der Konvertit doch ein weniger gut auszupressendes Steuerobjekt als der »Ungläubige«.

Nachdem die Moslems das Gangestal von Delhi bis Benares sowie die westlichen Teile des schon damals als reich bekannten Bengalen besetzt hatten, handelte es sich darum, in die übrigen Gebiete nördlich der Narbada einzudringen. Als das wohlhabendste Gebiet galt *Gujarat* mit seinen Häfen. Der erste Versuch Aibaks, dort zu plündern, schlug fehl (1178); 1197 gelang ein neuer, der viel Geld einbrachte. Aber erst 1306 wurde das Gebiet annektiert, wobei unter den Gefangenen der künftige Reiterführer, der Eunuch Malik Kafur, nach Delhi gelangte.

Das beinah ebenso wohlhabende *Malva* mit der reichen Handelsstadt Ujjain wurde 1234 ausgiebig geplündert, aber erst 1305 durch Vertreibung der letzten Hinduherrscher annektiert. *Bengalen,* das so leicht gewonnene Grenzland im Osten, erwies sich als eine bittere Frucht, da es auch unter den Moslemstatthaltern eine nicht auszurottende Neigung bekundete, sich von der Zentrale zu lösen. Zunächst blieb nach der ersten Besetzung die Dynastie der Senas im östlichen Teil bestehen. Auch vermochte Delhi das eroberte Gebiet nur zeitweise unter seiner Oberherrschaft zu halten, nämlich von 1231–1279, 1324 bis 1338 und 1359. Sonst blieb es ein unabhängiger Moslemstaat, den erst Sher-Shah 1537 überwand. Von den 326 Jahren (1211–1537) kann von einer Zugehörigkeit Bengalens zum Delhireich nur während 63 Jahren gesprochen werden.

Noch unbefriedigender verliefen die Versuche, das eigentliche Land der Rajputen (das heutige Rajasthan) unter Kontrolle zu bringen. Der stärkste Stützpunkt der Rajputen (des Chauhan-Klans) im Norden, das befestigte Ranthambor, mußte zu wiederholten Malen eingenommen werden, um immer wieder in die Hände seiner angestammten Besitzer zurückzufallen*.

Und gar das südliche Rajasthan, das Land des Sisodia-Klans um Udaipur, widerstand so kräftig, daß es erst 1303 gelang, die starke Festung Chitor einzunehmen, um sie 1311 einem Rajputenkollaborateur zu überlassen. Noch öfter wechselte die stärkste Festung im Gangestal, *Gwalior,* den Besitzer; sie ist beinah in jedem Jahrzehnt umkämpft worden. Die waldreichen Gebiete der Vindhiya-Berge verhießen nur geringere Beute in Geld und Juwelen; daß man sich ihnen trotzdem schon 1202 zuwandte, geschah sicherlich, weil man an die Schaffung einer einigermaßen verläßlichen Südgrenze des eroberten Gebiets denken mußte. So fanden hier um 1202 harte Kämpfe statt, die sich mehrfach um die Festung Kalinjar drehten.

Inzwischen jedoch begann bereits das Fundament der Besatzungsmacht wieder zu wanken, indem in ihrem ureigenen Gebiet im Gangestal die örtlichen Träger der Besatzungsmacht gleichfalls Neigung zeigten, nicht mehr im Dienste der Zentrale, sondern im eigenen Namen zu regieren. Das alte Gebiet von Kosala – auch Awadh oder Oudh genannt – erreichte um 1390 praktisch völlige Selbständigkeit und brachte einen großen Teil von Bihar (das alte Maghadagebiet) unter seinen Einfluß. Und kaum hatte ein wirtschaftlich denkender Herrscher die Stadt Jaunpur gegründet (nördlich Benares), um in das verödete Land mit seinen Ruinenstädten neues Leben zu bringen, als ein geschickter Eunuch sich dort als selbständiger Herrscher auftat. Die Statthalter in der Pufferzone folgten bald, so daß Ende des 14. Jahrhunderts Kanauj, Benares, Oudh, Bihar, Gujarat, Malva, Kandesh zu selbständigen Kleinstaaten unter Moslemherrschern geworden waren.

Neue Geldquellen suchten die Herrscher in Delhi alsdann im Dekkhan und im tamilischen Süden. Seltsam, daß die Plünderungszüge hier – ähnlich wie seinerzeit bei Bengalen – mit

* Aibak nahm es 1192 ein; es wurde bald wieder frei und 1226 abermals besetzt. Als es den Moslems wieder entglitt, mußte es 1301 zum dritten Male gestürmt werden.

einem eigenmächtigen, höchst persönlichen Unternehmen begannen, das der damalige »Kronprinz«, der spätere Ala-ud-din-Khalji 1294 gegen den noch intakten Staat der Yadavas mit ihrer Hauptstadt Devagiri richtete, um dort enorme Beute zu erpressen, die er offensichtlich für sich behielt. Als Herrscher sandte er dann 1307 den erwähnten Eunuchen Malik Kafur, der zum kühnsten Reiterführer seiner Zeit aufstieg, nochmals dorthin und 1309 gegen den Staat der Kakatiyas (Hauptstadt Warangel) mit gleich befriedigendem finanziellen Erfolg. Dieser führte dann seine berittene Kampftruppe gegen die Hoysalas (1310) und die Pandhyas, wo 1311 Madura in seine Hand fiel. Der natürliche Widerstand, der sich nach den ersten Mißerfolgen bei den Hindufürsten regte, veranlaßte Delhi, die Yadavas abzusetzen und die Verwaltung ihres Gebiets einem Militärgouverneur zu übertragen, während man die Kakatiyas, obwohl sie gegen geschlossene Verträge revoltierten, noch als Vasallen beließ (1322). Der in Madura eingesetzte Statthalter – am weitesten von seiner Zentrale entfernt – machte sich sofort selbständig (1335) und hat bis zu seiner Vernichtung durch das Reich von Vijayanagar (1377) dort einen Außenposten des Islams gebildet, der während 40 Jahren politisch in der Luft hing. Aber das ganze Gebiet des Dekkhan – ob annektiert oder nur besetzt – ging der Zentrale in Delhi ohnehin schon im Jahre 1347 wieder verloren, indem sich ein dortiger Moslem unter dem Namen *Bahman* zum »Sultan« proklamierte, so daß Delhis Machtbereich wieder auf Nordindien beschränkt wurde.

Eine politische Betrachtung dieser verwirrenden Geschehnisse wird stets mit der Frage beginnen müssen, wer diese Eroberer eigentlich waren. Bei den früheren Einbrüchen hatte es sich meist um *Völker* gehandelt. Auch die Araber kamen als ein *Volk,* das sich seiner Einheit bewußt war, und zwar als *zivilisiertes* Volk, das im Auftrag des *Kalifen* handelte. Der religiöse Eifer, der den Moslems so oft nachgesagt wird, dürfte bei ihnen eine wirkliche Rolle gespielt haben. Sie mögen sich mit Recht auf den Vers des Korans berufen haben (7. Sure, Vers 22):

> Jedes Volk hat seinen Termin. Ist er da, kann man ihn weder verschieben noch beschleunigen.

In der arabischen Expansion fühlt noch heute jeder die historische Misson eines Volks, dessen »Stunde gekommen war«.

Allerdings stießen sie auf Nordindien zu einer Zeit, in der das Ganges*reich* von Kanauj noch bestand und daher ein organisierter Widerstand keine leichten Erfolge zuließ. Gemessen an den riesigen Leistungen der Araber im Vorderen Asien und im Mittelmeer, erscheinen daher die Ergebnisse ihrer Feldzüge in Indien und Afghanistan dürftig.

Die Invasoren, die dann folgten, waren kein Volk, am allerwenigsten eins, das auf eine geschichtliche Stunde gehört hätte. Sie waren ein bunt zusammengewürfelter Haufe von mannigfacher Herkunft. Sie stammten z. T. aus dem östlichen Iran, wie die Ghoriden, z. T. aus Afghanistan; zum großen Teil aber waren es Berg- und Steppenvölker, die sich hier zum ersten Male geschichtlich betätigten. Nach ihrem eigenen Wort für Heerlager, »ordu«, lassen sie sich getrost als »Horden« bezeichnen. Indem sie aus ihren kümmerlichen Verhältnissen heraus die begehrlichen Blicke auf die reichen Ebenen des Indus- und Gangestals richteten, trieb sie der natürliche Instinkt dorthin, um zu plündern und zu rauben, so wie es die Bergvölker des Himalaja und Hindukusch seit jeher getan und noch bis ins 19. Jahrhundert hinein fortgesetzt haben. Die Raubzüge eines Mahmud von Ghazni waren ebenso wie die späteren Plünderungen der Turkstämme Wiederholungen des uralten Versuchs ärmerer Nachbarn, durch Plünderung der Reichen einen »Ausgleich« zu schaffen. Sich daran aktiv zu beteiligen, lag jedem nahe, der sich in gleicher Lage befand, namentlich den zahlreichen Sklaven, die damals auf den Märkten Zentralasiens gehandelt wurden. So schlossen sie sich, wie andere Entwurzelte, willig den kühnen Unternehmern an, die Plünderungszüge nach Indien organisierten. Im Grunde haben die Europäer im 18. Jahrhundert nichts anderes getan. Viele Historiker pflegen von diesen Haufen als von »Türken« zu sprechen, da sie sich dieser Sprache unter sich oft bedienten. Wir denken bei diesem Begriff an die große Nation, die in der Weltpolitik eine hochgeachtete Rolle gespielt hat, aber auch an die kluge Deutung, die ein so ernster politischer Kopf wie Carl Burckhardt von den *echten* Türken gegeben hat:

»Der türkische Staat ist nicht durch einen Stamm oder ein eroberndes *Volk*, sondern durch eine Kriegsgenossenschaft entstanden, durch einen der Zentralgewalt stets unbotmäßigen Glaubenskämpferbund ... (also die Gemeinschaft der sogenannten ‚Ghazis').«

Wenn das selbst für die Begründung des großen Osmanischen Reichs gilt, wieviel mehr für den Versuch dieser zusammengewürfelten Haufen, in Nordindien einen Staat zu errichten. Das »türkische« Element wurde zudem durch die Mongolen bald abgeschnitten, sowohl von ihren letzten Sitzen in Transoxanien als auch von dem Großteil ihres Volkes, das in Anatolien und am Bosporus Weltgeschichte großen Stils machte. Statt volksmäßig echten Nachschubs bestand ihr Zuzug aus Entwurzelten, Vertriebenen, Abenteurern, Kriminellen, Lichtscheuen, Perversen – das alles drängte sich in die Scharen der Konquistadoren Indiens, von Mahmud von Ghazi bis auf Tughluq*.

Biologisch waren es robuste, mutige, kriegerische Kerle, die in dem Landsknechtsgeist lebten:

Und setzet ihr nicht das Leben ein,
nie wird euch das Leben gewonnen sein.

Wir kennen den Typ dieser Soldateska aus dem 30jährigen Krieg. Aber eben darin lag ihre Überlegenheit. Sie hatten gegen ein Volk zu kämpfen, das 2000 Jahre alter Zivilisation hinter sich hatte, das des Krieges müde geworden war und das rohe Handwerk des Soldaten gern bestimmten Schichten überließ, während die Mehrheit lieber in wirtschaftlicher Arbeit oder geistiger Versenkung aufging. Die Angreifer aber waren erst kurze Zeit vor ihrem Erscheinen in Indien von einer Kultur berührt worden: erst durch die Lehren der Manichäer, dann der Nestorianer, dann durch den Buddhismus und endlich durch den Islam. Und wenn sie nun gerade im Zeichen des Propheten auftraten, war ihre Bekehrung noch recht oberflächlicher Art. Als primitive Menschen ließen sie sich durch diese Lehre leicht fanatisieren, während sie das tiefere Ethos dieser Religion noch kaum erfaßt hatten. Es waren »islamisierte Barbaren«, das muß man ihnen zugute halten, wenn man sieht, mit welcher barbarischen Wildheit und Grausamkeit sie in Indien gehaust und welche unzähligen Scheußlichkeiten sie verübt haben. Sie hatten keine Ahnung davon, daß sie eine uralte, ehrwürdige Kultur zerstörten – ebensowenig wie die

* Nicht zu vergessen sei der Anteil der Afrikaner, meist Äthiopier. Ein Äthiopier war es, dem das einzige weibliche Staatsoberhaupt in Delhi, die tapfere Königin *Raziyya*, ihr Vertrauen schenkte. Äthiopische Kleinstaaten sind mehrfach hervorgetreten, wie südlich von Bombay und später in Berar. Und Bengalen ist zeitweilig von einer afrikanischen Dynastie regiert worden.

Spanier in Mexiko und Peru. Von Natur sind primitive Völker tolerant. Wer aber bewußt daranging, solche primitiven Menschen zu fanatisieren, hatte es leicht, zumal sie die neu erworbene Religion hauptsächlich nur benutzten, um die Plünderung der Hindu-Tempel und die Massenabschlachtungen der »Ungläubigen« zu rechtfertigen.

Das erste islamische Staatsgebilde auf indischem Boden (1206—1525)

Die Besetzung Delhis durch Qutb-ud-din-*Aibak* war zunächst ein rein militärischer Akt. Delhi wurde das Hauptquartier einer Armee, die weiter ost- und südwärts vordringen wollte. Für die ersten 150 Jahre hat sich dieser Charakter kaum geändert. Es wurde zum Sitz einer rein militärischen Okkupationsverwaltung, zum Sitz der Kriegskasse, zum Waffenplatz, auf dem immer neue Einheiten der Armee ausgebildet und ausgerüstet wurden. Darin bestand sein eigentlicher Lebenszweck. Die Bewohner, soweit sie nicht getötet oder vertrieben wurden, standen zu der Militärregierung im gleichen Verhältnis wie zu allen Zeiten die einheimischen Zivilisten zu einer ausländischen Besatzungsmacht. Was sich als »Sultanat von Delhi« bezeichnete, begann als eine reine Militärverwaltung, und da diese notwendig einem obersten Kommando folgt, mußte sie zu einer Militärdespotie werden. Die Gründung eines Staats im eigentlichen Sinn war auch kaum möglich, da die inneren Wirren und äußeren Kämpfe dazu gar keine Aussicht boten. Als nach dem Tode Aibaks ein Nachfolger zu bestimmen war, wurde Aram gewählt mit dem sehr bezeichnenden Auftrag,

> »Tumulte zu unterdrücken, die Soldaten zufriedenzustellen und der Kampfgemeinschaft eine gewisse Ruhe zu sichern.«

Darin erschöpfte sich die Aufgabe dieser Regierung. Diese »Kampfgemeinschaft« der bewaffneten Macht war zunächst auch die einzige feste Grundlage für die Beherrschung des besetzten Landes. Ihren Kern bildete anfangs der Kreis von 40 entlassenen Sklaven, die sich zu einer Bruderschaft zusammengeschlossen hatten, um sich gegen die wachsende Zahl anderer Mitläufer zu behaupten. Aus ihren Reihen entstammen mehrere der ersten Führer, wie Aibak selbst, sein Schwiegersohn Iltutmish u. a. Der letzte Oberkommandierende aus ihrer Reihe, Balban, überzeugte sich, daß sie für die unerläßliche Weiterentwicklung ein Hemmnis darstellten, und ließ die noch lebenden »Brüder« ermorden. Nach seinem Tode wurden die blutsverwandten Klans der einzige Kern, um den sich jeweils eine Gruppe bildete, die einigermaßen zusammenhielt. Sie haben eine Art Erbfolge ermöglicht – so die Khaljis, stark zum Afghanentum neigend, und dann die Tughluqs; zuletzt die wieder rein afghanischen Lodis –, soweit man bei den häufigen Ermordungen der Herrscher überhaupt von einer Erbfolge sprechen kann*.

Die Versuche, diese militärische Okkupation zu einem »Staat« auszubauen, beginnen mit *Balban* (1266–1286) und enden um 1350 in völliger Auflösung. Balban hat das Verdienst, als erster erkannt zu haben, daß weitere Eroberungen so lange zu widerraten wären, wie die Grundlage der Macht nicht fester begründet würde. Erst der Geldmangel trieb die Eroberer zu dem ungewohnten Versuch administrativer Maßnahmen. Ala-ud-din Khalji (1296–1316) war der erste, den die leeren Kassen zum Nachdenken zwangen. Zunächst griff er zu Verboten, die sich gegen den Luxus seiner eigenen Klasse richteten – ähnlich wie Augustus die Ursache der passiven Zahlungsbilanz Roms im überflüssigen Luxus erblickt hatte. Dann wollte er den Lebensstandard der gesamten Bevölkerung auf ein Existenzminimum reduzieren. Außer dem Herrscher und der Kriegskasse sollte niemand mehr bares Geld besitzen dürfen. Er erhöhte daher die Abgaben der Landwirtschaft auf 50 Prozent des *Brutto*-Ertrags und verbot private Kornspeicher. Die bäuerliche Landwirtschaft, die durch die Schrecken der Plünderungskriege bereits am Ende ihrer Kraft angelangt war, mußte unter diesem System zum Erliegen kommen. Die Versorgung mit Reis und Getreide von einer staatlichen Zentralstelle aus scheiterte, da keinerlei Verwaltungsapparat vorhanden war und die vorhandenen ausgebildeten Hindus nicht zugelassen wurden. So fand sich Mohamed-bin-Tughluq (1325–1350) bei seinem Regierungsantritt vor einer Wirtschaftskatastrophe ohnegleichen. In hundert Jahren gröblichster Mißwirtschaft war es

* Ermordet wurden außer dem ersten Herrscher von Ghor die folgenden Machthaber in Delhi: die einzige weibliche Inhaberin dieses Amts, Raziyya (1240) sowie ihr Bruder Braham (beides Kinder von Iltutmish); Qaiqabar (1290); Firuz Shah Khalji (1296, mit 76 Jahren!); Mubarak (1320); Khusrav Khan, sein Nachfolger (1320); der erste Tughluq (1325); Ghiyas-ud-din-Tughluq (1389); Nusrath Shah (1390).

seinen Vorgängern gelungen, diese ergiebigste Landschaft der Erde zugrunde zu richten. Er mußte den Steuersatz senken und beschloß ein Steuerregister anzulegen, der erste schüchterne Schritt zu einer Staatsverwaltung. Aber katastrophale Fehler machten ihn sofort wieder wett. Die Preissteigerung, eine Folge der rückläufigen Produktion, wollte er durch Höchstpreise bekämpfen, und die Knappheit an Geld (Folge der früheren Verbote) wollte er beheben, indem er Silber durch Kupfer und Scheidemünzen durch Lederstückchen ersetzte – ein Verfahren, bei dem sich schließlich jeder sein cigenes Geld herstellen konnte. Die Kaufherren Harappas, die wir dem »chalkolythischen« Zeitalter zurechnen, würden über diese Währungsmaßnahmen gespottet haben. Das Doab verödete, die Städte verfielen, die Wirtschaft kam zum völligen Stillstand. Die einzige vorhandene verwaltungsähnliche Organisation war die Besatzungshierarchie; das Land war aufgeteilt unter die höheren Militärs, die je nach Größe 100 bis 10 000 Reiter zu stellen hatten und ihre Abgaben gewaltsam beitrieben. Sie bedienten sich dazu solcher Hindus, die zur Kooperatiton mit der Besatzung bereit waren und bei ihren Volksgenossen vermutlich ähnlich angesehen wurden wie die Zöllner im römischen Dienst bei den Juden. Besonders verhaßt war die Kopfsteuer auf Nicht-Moslems, die »Jizya« – eine demütigende Diskriminierung aller Inder, die dem Glauben ihrer Väter treu blieben. Auch ihre Höhe war übertrieben. In einer Zeit, in der eine Hindufamilie pro Monat etwa 5 Tankas zu verzehren hatte, betrug sie 10–40 Tankas im Jahr.

Solchem brüchigen Fundament der Besatzungsherrschaft entsprach ein Mangel an Stetigkeit an der Spitze. Die oberste Gewalt lag bei dem jeweiligen Despoten, der entweder vom Vorgänger bestimmt oder von der Versammlung der obersten Jagidars gewählt wurde oder durch Staatsstreich an die Macht gelangte. Wieweit jeder von ihnen seine Autorität durchsetzen konnte, hing von seiner Willenskraft und Rücksichtslosigkeit ab. Nur selten ist es einzelnen Herrschern gelungen, sich im ganzen eroberten Gebiet wirklich durchzusetzen: unter den Khaljis etwa von 1300–1320, unter den Tughluqs etwa von 1325–1335, also in einem Zeitraum von ca. 35 Jahren gegenüber einem solchen von 150 Jahren, wenn man die Periode des »Sultanats« von 1206–1350 rechnet. Von diesem Zeitpunkt an bis 1526 sank die Macht der Zentrale in Delhi so rasch, daß die letzten Herrscher der Lodidynastie kaum noch die Umgebung von Delhi kontrollierten*.

Als schließlich Buhlul Lodi in seinem Testament (1489) sein Restgebiet noch unter seinen Verwandten aufteilte, war die völlige Auflösung vollzogen.

Selbst wenn man absieht von den Kriegen gegen äußere Feinde und den Aufständen der Hindus, die kriegerische Expeditionen nötig machten und mit einer Grausamkeit ohnegleichen niedergeschlagen wurden, hat Nordindien unter diesem despotischen Soldatenregime niemals inneren Frieden gehabt, weil die Zwistigkeiten innerhalb der herrschenden Schicht ständig störten. Wenn ein Historiker vom Osmanenreich auf europäischem Boden sagt, daß dort die traditionellen »Balkanzwiste in der Friedhofsruhe der osmanischen Herrschaft erstarben«, so gilt nicht einmal das für diese Zeit in Indien. Sie blieb eine kaum unterbrochene Kette von inneren und äußeren Kriegen, die niemanden zur Ruhe kommen ließ.

Als Verwaltungssprache mußten die Machthaber in Delhi zum Persisch greifen, da das Türkisch, das sie als Umgangssprache mitgebracht hatten, nicht einmal den primitiven Anforderungen des damaligen Regimes genügte. Indische Sprachen haben sie offenbar noch nicht studiert. Arabisch blieb geistlichen Zwecken vorbehalten.

Eine Hauptstadt war anfangs vorhanden – Delhi, obwohl sich jede Dynastie dort eine neue erbaute. Mohamed Tughluq zerstörte auch diesen zentralen Mittelpunkt. Er ließ eines Tages die Stadt evakuieren und zwang die gesamte Bevölkerung, im Fußmarsch bei glühender Hitze und ohne jede Hilfsorganisation nach Devagiri auszuwandern (heute Aurangabad). Ein verständlicher Grund wäre der Gedanke gewesen, sich der bedrohlichen Nähe der Mongolen zu entziehen, oder daß er den Dekkhan erobern und seinen Sitz daher mehr zentral haben wollte. In beiden Fällen hätte es genügt, sein Hauptquartier nebst den Zentralbehörden zu verlegen. So gewinnt die Annahme an Wahrscheinlichkeit, daß er die ihm unsympathische Bevölkerung seiner Hauptstadt dezimieren wollte, was ihm auch über Erwarten gelang. Nur ein Bruchteil hat – bei der unvermeidlichen Rückverlegung – die Stadt wieder lebend er-

* Alsdorf (S. 181) zitiert den Spottvers: »Die Herrschaft des Herrn der Welt reicht von Delhi bis Palam« (15 km), zum heutigen Flugplatz.

reicht. Der Ruf der Hauptstadt war gebrochen, und es ist verständlich, daß Sikandar Lodi später, nachdem die Stadt durch Timur endgültig vernichtet war, seinen Sitz nach Agra verlegte und Delhis Rolle beendete. Seinem Beispiel folgten die Mogulkaiser.

Was endlich zur Bildung eines wirklichen Staates fehlte, war ein Staatsvolk. Diese reine Militärregierung traf keinerlei Anstalten, irgendeine Brücke zur einheimischen Bevölkerung zu schlagen. Die Masse der Hindus blieb als entrechtete »Misera contribuens plebs« der Gewalt und Willkür der herrschenden Schicht ausgeliefert und konnte daher kein Verhältnis zu diesem Staatsgebilde finden. Das Regime blieb landfremd, volksfremd, kulturfremd; die gern erwähnten kulturellen Leistungen betrafen nur die Moslems, nicht die wirklichen Einwohner Indiens. Konvertierte Hindus erwiesen sich dabei oft als die schlimmsten Verfolger ihres früheren Volkes oder als Übeltäter.

Da sich somit nur ein rasch sinkender Teil des politischen Lebens im Machtbereich von Delhi abspielte und die unabhängigen Provinzen ständig an Bedeutung gewannen, sei ein kurzer Blick auf sie gerichtet.

Gujarat durfte damals als eins der wenigen Gebiete Nordindiens gelten, das wirtschaftlich auf eigenen Füßen stehen konnte – dank der Fruchtbarkeit seines Bodens und der Häfen mit ihrem Handel. Seit seiner Annexion durch Ala-ud-din wurde zwar der größte Teil des Landes unter die Moslem-Jagidars aufgeteilt, aber es blieb eine ganze Reihe kleiner indischer Fürsten bestehen, namentlich auf der Halbinsel Shaurashtra. Schon 1387 empörte sich der Statthalter, doch setzte der statt seiner entsandte Zafar Muzzafar Khan die gleiche Politik unter dem Schein der Loyalität fort, so daß sich sein Sohn schon als »Sultan« ausrufen lassen konnte (1403). Von seiner neuen Hauptstadt Ahmadabad aus befestigte der Nachfolger (1411 bis 1443) seine Herrschaft sowohl gegen die Zentrale in Delhi wie gegen aufständische Hindufürsten.

Diese Konsolidierung des Staates wurde erfolgreich fortgesetzt von den beiden Nachfolgern, Mahmud Beghara (1459 bis 1511) und Bahadur (1526–1537). Letzterer kämpfte gegen den unabhängigen Rajputenstaat Mewar und eroberte dessen starke Festung Chitor (1534). Auch der Mogul Humayun mußte hier unverrichteter Sache heimkehren. Erst Akbar hat diesen wirtschaftlich blühenden Staat annektieren können.

Dieser Staat verdient Interesse, da er auch zu außenpolitischer Betätigung genötigt wurde, und zwar von den Portugiesen. Er zeigte die Weitsicht, gegen sie ein Bündnis mit dem Kalifen in Kairo zu schließen – übrigens auch mit dem Hindufürsten von Kalikut –, so daß die vereinigten Flotten beider Staaten der portugiesischen bei Chaul eine Niederlage beibringen konnten (1507), die allerdings dann durch den Seesieg Almeidas bei Diu (1537) politisch wieder ausgeglichen wurde. Im Begriff, mit den siegreichen Portugiesen über einen Friedensschluß zu verhandeln, ist der Herrscher Bahadur an Bord des portugiesischen Flaggschiffs umgekommen. Ob es ein politisches Attentat war, oder ob er, bekannt als unmäßiger Trinker, daran verendet ist, ist nicht aufgeklärt.

Jedenfalls hat dieser Staat von 1401–1573, also über 170 Jahre, bestanden. Obwohl seine Herrscher ausnahmslos intolerant waren und sich darin gefielen, Hindu-Tempel zu zerstören (auch den wiederaufgebauten Tempel von Somanath) und die befestigten Plätze der Hindufürsten nacheinander bezwangen (darunter die berühmte Burg bei Champaner), ließen sie ihrem Lande doch soviel wirtschaftliche Freiheit, daß es seine reichen Möglichkeiten entwickeln konnte, und daß dabei trotz der Fremdherrschaft eine bürgerliche Schicht entstand, die, unter sich verbunden durch die gleiche Sprache, ein bewußtes Zusammengehörigkeitsgefühl entwickelte, von dem indische Historiker sagen, daß sich damals eine »Nation der Gujaratis« gebildet habe.

Malva. Der alte Staat Avanti mit seinem berühmten Handelszentrum *Ujjain* – das Hinterland der großen Häfen der Westküste – wurde nach der Vernichtung der Paramaradynastie 1310 unter die Verwaltung eines Moslemstatthalters gestellt, hat aber 1401 die Oberhoheit Delhis aufgekündigt und bis 1531 als selbständiger Moslemstaat bestanden. Die örtliche Dynastie verstand es sogar, sich – trotz ihrer Illoyalität gegen den Oberherrn in Delhi – die Anerkennung durch den Kalifen zu beschaffen. In ziemlich sinnlosen Kämpfen gegen seine Nachbarn glitt der Staat in ein Chaos, so daß Gujarat den letzten Sproß der Familie, einen wüsten Rohling, absetzte und das Land annektierte.

Khandesh, ein schmaler Landstreifen nördlich der Narbada, machte sich 1388 selbständig unter einem Offizier, der von einem Kalifen abzustammen vorgab und das Land nach seinem

Titel »Khan« taufte. Er drang als erster Moslem ostwärts in die undurchdringlichen Wälder von Gondwana vor, wofür er sich den seltsamen Titel »König der Wälder« beilegte. Auch sein Land fiel an Gujarat.

Jaunpur. Auch mitten im Gangestal, im Kern des Reichs von Delhi, riß sich der Statthalter von der Zentralregierung los und begründete einen eigenen Staat, dessen Umfang etwa der Provinz Awadh (Oudh) entsprach (1394). Er nahm den volltönenden Titel »Herrscher des Ostens« an (russisch Wladiwostok), wobei er übersah, daß weiter östlich Bengalen auch zum Machtgebiet der Moslems gehörte. Von den Lodis 1476 abgesetzt, bleibt diese Gründung insofern bedeutsam, als sie zur Keimzelle des Staates werden sollte, den der Afghane *Sher Shah* errichtete, und der als der erste wirkliche Moslemstaat in der Gangesebene gelten darf.

Bengalen. Die große Entfernung Bengalens von Delhi und der hier verwurzelte Unabhängigkeitssinn weckten bei den schlechten Verkehrsverhältnissen das sehr natürliche Streben, sich jeder Kontrolle Delhis zu entziehen, zumal die Moslems hier bald lernten, die Wasserläufe des Landes zur Kriegsführung zu benutzen, was ihren Glaubensgenossen sonst noch nicht vertraut war. Im stillen Einvernehmen mit der einheimischen Bevölkerung wuchs hier ein starker Drang nach Unabhängigkeit heran. Als Balban einen seiner Vertrauten dorthin sandte, ließ auch er sich anstecken und sagte sich von seinem Herrn los, dessen Truppen er besiegte. Balban erschien persönlich und konnte mit Hilfe eines Hindufürsten den Rebellen weit jenseits der Grenze festnehmen und hinrichten. Aber schon der Nachfolger, Bugra Khan, folgte dem Beispiel seiner Vorgänger, ja, unterwarf nun auch den Süden Bengalens, der bisher loyal geblieben war (Hauptstadt Satgaon am Hugli), sowie den Osten (mit der Hauptstadt Sonargaon bei Dakka). Der erste Tughluq vermochte in einem groß angelegten Feldzug die Provinz für 10 Jahre noch einmal botmäßig zu machen, doch sagten sich die beiden Statthalter in Sonargaon wie in Satgaon bald wieder von Delhi los. Dem letzteren, namens *Ilyas,* gelang es, das ganze Bengalen zu vereinigen und in kühnem Anlauf gegen seine Nachbarn zu Felde zu ziehen: gegen Assam, Orissa, Nepal und Tirhut, das noch unter Hinduherrschaft stand. Sein Nachfolger, Sikandar (1359–1390), schlug die beiden letzten Versuche der Delhiregierung ab, so daß Bengalen fortan für

200 Jahre als unabhängiger Staat bestehen konnte (bis 1576).

Die ständige Spannung zwischen dem östlichen Moslemherrscher und der Regierung in Delhi begünstigte hier Erhebungen der Hindus. Ein Raja Geshanesa konnte 1415 den Thron besteigen und ihn über 30 Jahre behaupten, allerdings unter formeller Bekehrung zum Islam. Die Moslems brachten 1437 wieder die Nachkommen des Ilyas zur Macht, die nun, in Gaur residierend, sich vornehmlich auf eine Leibgarde von Äthiopiern stützten. Diese setzten ihren Herrn ab, so daß Bengalen von 1487–1493 von einer afrikanischen Dynastie regiert worden ist. Ihre Grausamkeit empörte selbst die Moslems in einem Maße, daß einer ihrer fähigsten Politiker, *Husain Shah,* sie 1493 absetzte und die Regierung auf neue Prinzipien umstellte. Er erkannte als erster Moslem, daß nur Toleranz die Beherrschung einer Hindubevölkerung ermöglichte. Unter ihm blühte Bengalen wirtschaftlich wie geistig zu neuem Leben auf. Es wurde zur Wiege der geistigen Wiedergeburt des Hinduismus. *Chaitanya* (1486–1537), der Künder der neuen Religon der Liebe (bhakti), trat hier auf, und gleichzeitig begann ein Aufschwung der Literatur in der Bengalisprache, der teilweise auch von den Moslemherrschern gefördert wurde.

Zwar wurde Husain von Sher Shah überwältigt und Bengalen zeitweilig diesem Staat eingefügt, aber die Saat dieser Zeit keimte fort. Bengalen wie Gujarat stehen, was ihre staatlichen Leistungen anlangt, weit über dem, was das »Sultanat von Delhi« erreicht hat.

Außenpolitik der Moslem-Staaten auf indischem Boden

Das Weltreich der Kalifen, das der einzigartigen Kraftanstrengung der Araber seine Entstehung verdankt und sich vom Industal bis nach Spanien erstreckte, beherrscht die weltpolitische Lage in der Zeit von 700–1200 sowohl im Vorderen Orient wie an den Küsten des Mittelmeers. Indem es seiner Welt eine neue, zündende Religion gab und dort, wo staatsmännische Herrscher wirkten, aufgrund der vorgefundenen Kulturen neue schuf, entstand eine Reihe hochentwickelter Staaten vom Reich der Omajjaden in Südspanien bis zu dem des Shah von Khwarizm (Choresmien, dem heutigen Khiwa), die vom Ruhme des Islam kündeten. Neben diesen Leistungen wirkt die Betätigung der Moslems in Nordindien sowohl auf dem Gebiet der Staatsentwicklung wie dem der Kultur bestenfalls provinziell. Man lebte hier am Rande der islamischen Kulturwelt, auf einem weit nach Osten vorgeschobenen Posten; in einem Gebiet, das östlich einem der damals größten Schöpfungen der Menschheit, dem Chinesischen Reich, benachbart war und westlich dem Iran, in dem der Islam schon eine viel höhere Kulturstufe erreichte, und man fand sich einer Bevölkerung gegenüber, die, stolz auf ihre vieltausendjährige Hochkultur, den kaum der Primitivität des Steppenlebens entwöhnten Machthabern weder menschliche Achtung noch Zusammenarbeit entgegenzubringen vermochte. Bezeichnend für den Ruf, den das Regime in Delhi damals genoß, ist der Umstand, daß China zu ihm keinerlei diplomatische Beziehungen aufnahm. Das lag nicht an einer grundsätzlichen Ablehnung des Islams; denn um 787 war der Kaiser bereit gewesen, mit dem Kalifen eine Allianz – damals gegen Tibet – einzugehen.

Kalifat

Auch die Beziehungen Delhis zum Kalifat waren zwiespältig. Während die ersten Schritte zur Eroberung Indiens noch unter der Oberleitung des Kalifats von Bagdad erfolgten, vollzogen sich die späteren außerhalb jeder »Kontrolle« ihres geistlichen Oberhaupts. Auch als die echten Türken das Kalifat in Kairo übernahmen (1517), verfolgten sie die Dinge in Indien nur aus der Ferne; von einem »gesamttürkischen Solidaritätsgefühl« war nicht die Rede. Die Kalifen ließen es sogar durchgehen, wenn Usurpatoren ausgesprochen ihre Rechte verletzten, wie z. B. die Ghazvaniden den vom Kalifen eingesetzten Emir Abu Bakr Lawik stürzten, um ihren eigenen Staat in Ghazni zu begründen, der also auch nach dem Koran illegal war. Sie erbaten nachträglich Absolution und erreichten auch ihre Anerkennung durch den Kalifen Al-Qadr-Billah (998). Ebenso fühlten die Herrscher der sogenannten Sklavendynastie in Delhi den Wunsch, »legal« zu werden, und Iltutmish erhielt die Investitur im Jahre 1229. Noch dringlicher regte sich dieser Wunsch bei Mohamed Tughluq, der vielleicht die Fülle seiner Scheußlichkeiten als zureichenden Grund empfunden haben mag, sein moralisches Ansehen aufzubessern. Mit einer »hündischen Demut« soll er nicht etwa dem Kalifen, sondern nur seinem Gesandten entgegengegangen sein, der ihm im 17. Jahre seiner Regierungszeit das verheißene Gewand überbrachte (1342). Er nannte sich darauf »Vizeregent«, ließ Münzen mit dem Bilde des Kalifen schlagen und das Freitagsgebet (die Khutba) in dessen Namen lesen. Ob der Kalif sich bewußt war, wem er diese Ehrung verlieh, wird nicht überliefert. Der englische Historiker J. B. Harrison hat ihn als »Monster« bezeichnet, und der deutsche Gelehrte Hermann Goetz ihn mit Robespierre, Hitler und Stalin auf eine Stufe gestellt. Auch der Begründer des Bahmanireichs im Dekkhan, der gleichfalls durch Felonie zur Macht gelangte, erhielt die Anerkennung seines geistlichen Oberherrn. Die Moslems in Indien legten also um so größeren Wert auf den Segen des Kalifen, je dunkler ihr Weg zur Macht und je bedenklicher ihre Regierungsmethoden waren. Nur ein wüster Rohling, der Nachfolger des Mohamed Tughluq, ernannte sich selbst zum Kalifen und zum »Stellvertreter Gottes im Himmel und auf Erden«. Aber dieser Akt von Größenwahn blieb vereinzelt.

Politisch hat die Frage keine Bedeutung gewonnen mit *einer* Ausnahme. Der Sultan von Gujarat, der in schwere Konflikte mit den Portugiesen geriet, erbat vom Kalifen in Kairo Unterstützung, worauf eine türkische Flotte aus dem Roten Meer auslief, die auch einen Anfangserfolg hatte, beim nächsten Treffen aber vernichtet wurde – ein einzelner Fall islamischer Verbundenheit in bezug auf Indien.

Die Aufgabe, ihr erobertes Gebiet gegen neue Einbrüche zu schützen, hat das Sultanat von Delhi höchst mangelhaft erfüllt. Zunächst herrschte an der Nordgrenze Ruhe, da sich in Transoxanien, das die Araber Anfang des 8. Jahrhunderts erobert hatten, ein sehr gediegener Staat bildete unter der Herrschaft der Samaniden (903–999), die sich ihrer rebellischen Vasallen in Ghazni sowie des Steppenvolks der Qarluken zu erwehren hatten. Aus ihm entstand das Reich von *Khwarizm* (Khiwa), das in der Zeit von 1141–1220 mit seinen Städten Samarkand und Buchara zu einem der blühendsten des Islams wurde. Sie vertrieben ihren aufsässigen Vasallen Mohamed von Ghor aus Ghazni und drängten ihn in seine Besitzungen im Panjab. Damals lag das Industal offen vor dem Khwarizm-Sultan; hätte er es als erster unternommen, Nordindien zu erobern, wäre es für Indien vermutlich das weit geringere Übel gewesen, da es sich hier um einen schon zivilisierten Herrscher handelte. Aber sein Reich wurde durch den Dschingis-Khan vernichtet (1220), und als sein letzter Erbe auf indischem Boden Asyl suchte, folgte ihm der Mongole, so daß bereits damals dem Land die Gefahr drohte, die dann mit Timur hereinbrach.

Die Abwehr der Mongolen, die in Transoxanien den Staat der Chatagais errichteten, wurde zur eigentlichen Bewährungsprobe des Regimes in Delhi. Es hat sich rein defensiv verhalten; zwar dachte der Sultan Mohamed Tughluq an einen Gegenangriff, gab den Plan mangels militärischer Kräfte jedoch wieder auf. Einen ersten Abwehrerfolg erzielte Iltutmish, indem er den geflüchteten Prinzen von Khwarizm wieder vertrieb. Als die Mongolen auch im Iran zur Herrschaft gelangten (durch Hulagu) und nun beide gegen den Panjab vordrängten, mußte sich Balban auf die Linie vom Beas zum mittleren Sutlej zurückziehen, also Lahore und Amritsar aufgeben. Hier organisierte er den ersten richtigen Grenzschutz. Aber 1265 drangen die Mongolen bis in die Enge von Karnal vor und erschienen nach mehreren Einfällen 1299 vor Delhi mit einem Heer, das auf 200 000 Mann geschätzt wird; mit dem nächsten von 1303 erreichten sie sogar Lakhnau. Die Atmosphäre wurde dadurch vergiftet, daß man nach dem Einfall von 1292 etwa 20 000 Gefangene überredete, zum Islam überzutreten, und sie bei Delhi als »Neu-Moslems« ansiedelte. Indem Ala-ud-din Khilji sie dann aus Furcht vor Verräterei abschlachten ließ (1310), nahm der Kampf, der bisher immer noch den Charakter eines Grenz-, Plünderungs- und Bandenkriegs getragen hatte, eine ungleich schärfere Form an. Der Chagatai Tarmashirin, der Delhi in seine Gewalt bekam, konnte noch durch ein enormes Lösegeld zum Abzug genötigt werden (1328/29). Mit einem ununterbrochenen Guerillakrieg durch organisierte Banden suchten die Mongolen die Grenztruppen zu entnerven. Sie ließen die inneren Verhältnisse in Delhi durch Spione erforschen, so daß Timur mit guten Nachrichten versehen war, als er zum letzten großen Schlag ausholte. Als sich in Delhi zwei Anwärter auf die Thronfolge gegenseitig bekämpften und keine Staatsführung mehr vorhanden war, schlug er los, überwand den kläglichen Widerstand des letzten Tughluq und bereitete der Hauptstadt ein schauerliches Ende. Für mehrere Tage ließ er ein bestialisches Morden durchführen, bei dem weder Frauen, Kinder noch Tiere geschont wurden und die stolze Residenz dieser »Sultane«, die schon durch die wahnwitzige Evakuierung durch Tughluq gelitten hatte, in einen Ruinenhaufen verwandelt wurde. Timurs Einfall im Jahre 1398 war der Todesstoß für das Regime in Delhi. Die Mongolen setzten als Statthalter die sogenannten Sayyiden ein, die 1450 durch die afghanischen Lodis abgelöst wurden, und holten zum endgültigen Schlag aus, indem 1526 Babur, ein Nachkomme Timurs, dem Chaos in Nordindien ein Ende setzte. Verständlich wäre es, wenn nach all den Jahren fürchterlichster Mißwirtschaft selbst Hindus diesen ersten Mogul als Befreier begrüßt hätten. Der Fürst von Mewar hat ihm sogar ein Bündnis angeboten.

Das obere Industal, das schon in früheren Zeiten stets Objekt mannigfacher Einfälle gewesen war, hat seit Begründung der Moslemherrschaft in Delhi schlimmere Leiden durchmachen müssen als je zuvor.

Etwas besser erging es dem südlichen Teil, der Landschaft *Sindh,* die schon um 713 von den Arabern für den Islam erobert war und nach kurzer Zugehörigkeit zum persischen Reich der Seffewiden unter die Herrschaft der Sultane von Delhi gelangt war. Ziemlich vergeblich bemühten sich Iltutmish und Firuz Shah, diese abgelegene Provinz botmäßig zu erhalten. Hier hielten sich einheimische Fürstenfamilien, die sich zum Islam bekehrten, aber sonst ihren Traditionen treu blieben. Obwohl sie 1450 von dem Mongolengeschlecht der Arghuns gestürzt wurden, lebte das Land in einer weitgehenden Eigenständigkeit, als 1542 Humayun hierher flüchtete, um seinem Sohne Akbar eine ruhige Geburt zu ermöglichen, und erst die Mogulkaiser haben es wirklich unterworfen.

In die *Himalaja*-Staaten sind die Herrscher in Delhi nicht eingedrungen, außer bei dem abenteuerlichen Unternehmen des urteilslosen Mohamed Tughluq, das am Bergkogel Quarachal kläglich scheiterte.

Zu *China* hat das Sultanat von Delhi keine Beziehungen aufgenommen. Einige der buddhistischen Mönche, die dem Massenmord in Nalanda entronnen waren, haben wohl darüber berichtet, wie dieses Heiligtum des Buddhismus brutal zerstört wurde. Trotzdem hat ein Kaiser von China aus der mongolischen Yüandynastie dem Mohamed Tughluq vorgeschlagen, im Himalaja einen Ersatztempel für die dort noch lebenden Buddhisten zu bauen, was der Moslemdespot aber brüsk abschlug. Obwohl er dann den großen islamischen Gelehrten *Ibn*

Batutah als eine Art Botschafter zum Kaiser von China sandte und ihm geschmackvollerweise 100 Freudenmädchen als Gastgeschenk mitgab, hat er nichts wieder aus China gehört, und der weise Gelehrte ist auf anderem Wege wieder heimgekehrt.

Nur die aufgeklärten Herrscher von Bengalen haben Beziehungen zu China aufgenommen. Das Verdienst gebührt dem Sultan Ghiyas-ud-din A'zam Shah (etwa 1390–1410). Er erlaubte einem buddhistischen Mönch nach China zu reisen (Maharatna Dharmaraja, um 1410), wodurch die geistig-religiösen Beziehungen zwischen Indien und China wieder erneuert wurden; und darauf erschienen mehrere chinesische Gesandtschaften in Bengalen (1405, 1409, 1432). Auch die Nachfolger setzten den Austausch fort. Sultan Bayazid sandte sogar eine Giraffe, und ein chinesischer Kaufmann, der im Segelschiff gekommen war, hielt sich längere Zeit in Firuzabad/Pandua auf, um auch die Handelsbeziehungen wieder zu beleben. Bezeichnend ist, wie der weltoffene Sinn Bengalens sich hier weitsichtiger gezeigt hat als die Orthodoxie in Delhi.

Ein Blick über die auswärtige Politik des Sultanats von Delhi ergibt also eine sehr negative Bilanz. Gegen die Gefahr der Mongolen haben sie ihr Land nicht schützen können. Weder mit dem Kalifen noch mit China haben sie leidliche Beziehungen unterhalten. Was an Positivem vorliegt, stammt von den Gliedstaaten Bengalen und Gujarat. Ihr internationales Ansehen kann nicht sehr hoch gewesen sein, und ein Marco Polo, der den Großkhan der Mongolen, den Kaiser von China und die Cholas besuchte, wäre wohl nicht auf den Gedanken gekommen, damals nach Delhi zu reisen.

Kapitel 25

Die Moslems im Dekkhan und Süden

Ähnlich wie die Eroberung Nordindiens durch die Raubzüge des Mahmud von Ghazni eingeleitet wurde, begann auch die des Dekkhans mit einer Reihe reiner Plünderungszüge, die in der Hauptsache von dem Delhi-Herrscher Ala-ud-din Khalji (1296–1316) geführt oder angeordnet wurden. Sein hervorragendster Unterführer dabei war der Eunuch Malik Kafur, dessen reiterliche Leistungen denen der Kosaken bei der frühen Eroberung Sibiriens gleichkommen. Sie richteten sich zunächst gegen die Dynastie der Yadavas und ihre festungsähnliche Hauptstadt Devagiri (später Daulatabad genannt) und dann gegen die Dynastie der Kakatiyas mit ihrer Hauptstadt Warangel. An beiden Plätzen wurden zunächst die großen angesammelten Schätze geraubt, die für die Finanzierung der Militärverwaltung in Delhi dringend benötigt wurden, ferner laufende Tributzahlungen verlangt, die nach Auffassung der Moslems niemals in genügendem Umfange eingingen, so daß erst die Dynastie der Yadavas (1313) und später auch die der Kakatiyas ausgelöscht wurden. Diese Vorgänge spielten in den Jahren 1296–1323. Zeitweise wurden Moslemgarnisonen in diese beiden Hauptstädte verlegt, um die niemals endenden Unruhen zu dämpfen; aber von einer eigentlichen Eroberung war noch nicht die Rede. Die Besatzungen konnten sich oft nur mit Mühe halten und über das Weichbild dieser Städte hinaus kaum wirken. Der Umfang der tatsächlichen Herrschaft blieb im Dekkhan noch erheblich geringer, als es in Nordindien der Fall war. Diese Übergangsperiode endete nach wenigen Jahrzehnten; denn im Jahre 1347 sagte sich *Bahman*, der Statthalter in Daulatabad, von Delhi los, und gleichzeitig entstand weiter südlich in Telengana (1336) der Ansatz zu dem neuen Hindureich von Vijayanagar, das zum Bollwerk gegen das weitere Vordringen der Moslems werden sollte. Das einzige noch weiter südlich gelegene Gebiet, das eine Zeitlang unter Moslemherrschaft geriet, war Madurai; auch hier machte sich der Gouverneur schon um 1334 selbständig und behauptete sich in ständigem Kampfe mit den benachbarten Hindustaaten bis etwa 1370, also knapp vierzig Jahre. Eine wirkliche Beherrschung dieses Raumes ist der Delhiregierung nicht gelungen.

Die Lage hier glich der in Bengalen. In beiden Gebieten herrschte seit jeher der Drang, unabhängig von Zentralregierungen zu bleiben. Der Dekkhan, der stets eine »Welt für sich« gewesen war, hatte beinah 1000 Jahre sein eigenes Reich gehabt, und solche Neigungen, die teils aus geographischen, teils aus geschichtlichen Quellen flossen, packten auch bald die Statthalter des Moslemregimes. Der Loslösung des neuen »Dekkhanreichs« von dem Sultan in Delhi und der Entstehung des drawidischen Reichs von Vijayanagar im 14. Jahrhundert folgte im 15ten die Aufsplitterung des Bahmanireichs in fünf Gliedstaaten (1440). Diese Ereignisse vollzogen sich, ohne daß die Regierung in Delhi irgendwie eingriff; sie raffte sich nicht einmal auf, um in ihrer Eigenschaft als Hüterin des »Dar ul-Islam« die neu erscheinenden »Ungläubigen«, die Portugiesen, abzuwehren. Ihr fehlte die Vorstellung, daß der Subkontinent eine politische Einheit wäre, und sie beschränkte ihr Interesse auf das Gangestal bzw. auf Nordindien.

Das Bahmanireich

Der Begründer des moslemischen Dekkhanreichs ist eine höchst eigenartige Persönlichkeit. Auf indischem Boden, also schon als ein »Einheimischer«, wurde er als Moslem geboren, aber von einem Brahmanen erzogen. Aus tiefer Dankbarkeit für ihn änderte er seinen ursprünglichen Namen in Gangu (den seines Erziehers) und nannte sein Geschlecht »Bahmanis« = die Brahmanen, wobei nach seiner Aussprache das »r« fortgelassen wurde*. Er verkörpert also den Mischtypus, der aus dem Zusammenleben von Moslems und Hindus entstand. Als Statthalter für das Staatsgebiet der Yadavas mit Sitz in Daulatabad begann er schon seit 1345 die Bindung an die Zentrale in Delhi zu lösen und proklamierte sich 1347 zum unabhängigen Sultan. Seine Hauptstadt verlegte er sodann in das weiter südlich gelegene Gulburga. Seine Nachfolger dagegen zogen wegen des besseren Klimas nach *Bidar*, nahe der letzten Hauptstadt des Chalukyareichs.

Der Entschluß, sich vom Sultan in Delhi loszusagen, war ein Wagnis, denn er hatte nur ein sehr bescheidenes Kontingent an Besatzungstruppen zur Verfügung, erst geringfügige Ansätze zu einer Verwaltung (durch die sogenannten Tarafdars) und mußte mit neuen Erhebungen der Hindus rechnen. Trotzdem hat sein Reich beinah 150 Jahre gehalten und damit das Maximum an Kontinuität der islamischen Staatsschöpfungen in diesem Teil Indiens erreicht.

Da die Zahl wirklicher Moslems in seinem Staatsgebiet so gering war, bemühte er sich um Zuzug und bevorzugte dabei

* Nach seinem Regierungsantritt ließ er einen Stammbaum verbreiten, der ihn als einen Nachkommen des persischen Helden Bahman darstellte – ähnlich wie die Rajputen sich solche Stammbäume anfertigen ließen.

solche Zuwanderer, die *nicht* aus dem Norden kamen (wo er als Rebell galt), sondern aus anderen islamischen Ländern, wie dem Iran, Arabien oder gar dem Osmanischen Reich. Menschen aus diesen Gebieten standen kulturell bereits auf einer viel höheren Stufe als die damaligen Moslems in Indien; dort hatte der Islam schon Zeit gehabt, feste Wurzeln zu schlagen und reifere, also »zivilisierte« Typen hervorzubringen. Einige seien genannt: der Bedeutendste, Mamud *Gavan*, ein Perser, der als Kaufmann 1453 in Dhabol landete und viele Jahre (1461 bis 1481) als Premierminister des Sultans Mohammad III. mit einer klugen, versöhnlichen Innenpolitik erfolgreich wirkte und außenpolitisch dem jungen Staat viele Gewinne brachte – wie den Erwerb von Goa; oder Khvaja *Jahan* aus der osmanischen Türkei, der unter dem unmündigen Sultan Nizam Shah die Regentschaft führte; oder Khalaf *Hasan Basri* mit dem Titel »Malik-at-Tujjar«, dem »Kaufmannsprinzen« – die alle drei ermordet wurden; oder Yusuf *Adil Khan*, ein Perser, jahrelang rechte Hand Gavans, der später den dauerhaftesten Nachfolgestaat in Bijapur gründete; oder Faizullah *Anju*, ein hochgeachteter Oberster Richter. Sie alle verkörperten einen Typus zivilisierter Staatsmänner und Administratoren, wie ihn das Delhiregime noch nicht kannte, und die aus dem Bahmanireich einen wirklichen Staat schaffen konnten. Sie waren energisch, reich an Initiative und an Welterfahrung, so daß sie in diese provinzielle Umgebung einen weltoffenen Geist hineintrugen. Möglich, daß dieser Umstand dazu beigetragen hat, daß der Kalif diesen neuen Staat sofort feierlich anerkannte, obwohl er durch einen Treubruch entstanden war.

Solche Persönlichkeiten wirkten natürlich in der dortigen Atmosphäre wie Fremdkörper, und so enstand bald ein Gegensatz zwischen den »einheimischen« Moslems, die oft auch Hindufrauen heirateten und sich »Dekkhanis« nannten, und der Gruppe neuer Ankömmlinge, die sie »Pardesis«, die Fremden, nannten*. Da sie weit rascher aufstiegen, griffen ihre Gegner zu lügnerischen Verleumdungen und zum Mord. Das erste Opfer wurde *Gavan* (1481). Yusuf *Adil* entging einem

* Daß die einwandernden Äthiopier ebenso wie die meisten Afghanen und türkisierten Zentralasiaten sich durchweg zu den Dekkhanis hielten, zeigt, daß die Trennung mehr nach der Kulturstufe und der sozialen Stellung erfolgte als nach dem Herkunftsland. Auch die Dekkhanis, die bereits ihre Güter erhalten hatten, waren in diesen 25 Jahren noch keine »Grund-Aristokratie« geworden.

Anschlag nur durch Zufall. In einem lokalen Krieg im Konkan fanden die Dekkhanis Gelegenheit, eine ganze Schar der »Fremden« zu massakrieren. Die Spannung verschärfte sich noch dadurch, daß die aus Persien Zugezogenen dem schiitischen Bekenntnis angehörten, also den Sunniten als Ketzer galten. Trotzdem haben sie auf die Dauer den größeren Einfluß behalten. Der Perser Yusuf Adil hat den Staat von Bijapur gegründet, der zu den reifsten Schöpfungen des Islams auf indischem Boden gehörte. Echt osmanischer Abkunft waren die Gründer der Staaten von Golkonda und Bidar, während die von Berar und Ahmadnagar alten brahmanischen Familien entstammten, die aus Opportunität zum Islam übergetreten waren. Ein echter »Dekkhani« war nicht darunter.

Die Außenpolitik des Bahmanireichs bestand in wachsendem Maße in dem Ringen mit dem Reich von Vijayanagar. Sie richtete sich aber anfangs – genau wie die des Hindu-Dekkhanreichs – auf Erweiterung seiner Grenzen, vor allem in Richtung auf das Meer und die Häfen. Der Moslemstaat Gujarat, der sich ebenfalls von Delhi losgesagt hatte, war in den Besitz der meisten Häfen an der Westküste bei Kambay gelangt und wurde daher zum ersten Eroberungsziel der Bahmanis, ebenso wie die fruchtbare Niederung Malvas. Beides mißlang. Ein Vorstoß in Richtung auf die Insel von Salsette (das heutige Bombay) erreichte nicht das erstrebte Ziel. Selbst Goa ging wieder verloren (1380), und auch der südliche Teil der Konkanküste gelangte in den Besitz des Hindureichs. Erfolgreicher verlief die Expansion an der Ostgrenze, wo es nach langen Kämpfen mit den Hindus gelang, den größeren Teil von Telengana mit der Hauptstadt Warangel zu annektieren. Der Sultan Firoz (1397–1422) drang sogar in die Dschungelwälder des alten Südkosala ein. Im ganzen haben die Bahmanis etwa das Staatsgebiet der Rashtrakutas in ihren Besitz gebracht, mit Ausnahme der westlichen Häfen.

Ihr Lebenskampf blieb die Südgrenze – ähnlich wie das Dekkhanreich mit den Pallavas und Cholas Krieg geführt hatte. Bildete es die oberste Aufgabe des Reichs von Vijayanagar, einen Damm gegen die Expansion der Moslems zu errichten, so mußte es die der Bahmanis werden, im Dienste der Verbreitung des Islams diesen Schutzdamm zu durchbrechen. Von Bekehrungseifer wird aber wenig berichtet; rein machtpolitische Dinge standen stets im Vordergrund. Vor allem bedrohte die wachsende Macht des Hindureichs die Existenz des Moslemstaats, dessen Potential dem der Hindus unterlegen war und durch die Aufspaltung in einzelne Gliedstaaten noch gemindert wurde. Anfangs spielten Plünderungen und Fortnahme von Schätzen eine überragende Rolle, da die Bahmanis natürlich Geld brauchten. Die religiöse Verbrämung, die sich hauptsächlich in den Massenmorden an der Bevölkerung äußerte, nutzte sich bald ab und verschwand endgültig, seitdem alle Regierungen im Dienste der Staatsräson dazu übergingen, auch Bündnisse mit dem anderen religiösen Lager zu schließen.

Die Nachfolgestaaten des Bahmani-Reiches

Bei der Aufspaltung des Bahmanireiches in fünf Teile hielt sich in der Hauptstadt Bidar noch eine Zeitlang eine Schattenregierung der bisherigen Herrscherfamilie, die aus Courtoisie von den übrigen vier nicht angetastet wurde, zumal die dortige sehr starke Leibgarde aus Äthiopiern loyal blieb, so daß man dort von einer »Negerherrschaft« sprach. Erst 1619 zog Bijapur das Gebiet ein. Die beiden nördlichen Staaten, die von konvertierten Brahmanenfamilien regiert wurden, *Ahmadnagar* und *Berar*, bestanden selbständig nebeneinander, bis 1574 der größere das kleinere Berar annektierte. Ahmadnagar selbst, unter den Nizam Shahis, ist politisch sehr tätig gewesen. Nach der Verlegung der Hauptstadt nach Daulatabad beherrschte es das Hauptgebiet des heutigen Maharashtra. Als erster der fünf Moslemstaaten verbündete es sich mit seinem Todfeind Vijayanagar gegen seinen Nachbarn Bijapur, schloß sich aber nach den üblen Erfahrungen, die es mit seinem Alliierten machte, der großen Koalition an, die den Sieg von Talikota über das Hindureich errang (1565).

Später von Kaiser Akbar überwältigt, behauptete es seine Autonomie auch als Vasall des Kaisers und endete erst nach einem hartnäckigen Kampf, den es unter der energischen Königin Chand Bibi und einem umsichtigen Minister, Malik Amber (einem Äthiopier von Geburt), jahrelang durchhielt, bis Kaiser Shah Jahan das Gebiet annektierte (1637).

Größere politische Bedeutung und eine längere Lebensdauer erreichten die beiden südlichen Nachfolgestaaten: *Golkonda*, das im Raum zwischen Godavari und Krishna 1518 unter der Dynastie der Quli-Qutb unabhängig wurde, dehnte sich nach

Osten bis zur Küste aus, so daß es am Seehandel teilnehmen konnte. Es litt unter der ständigen Feindschaft seiner Hindunachbarn, sowohl von Orissa wie von Vijayanagar. Daher verlegte es seine Hauptstadt in das von Felsen geschützte Bhagnagar, das zu der großen Stadt Haidarabad ausgebaut wurde, die seinen Namen heute noch lebendig erhält. Die reiche Stadt wurde von den Moguln bereits 1656 geplündert, aber erst nach zähem Widerstand, und, nachdem sein letzter bedeutender Minister, ein Hindu, ermordet worden war, von Aurangzeb zur Kapitulation gezwungen (1686).

Der politisch bedeutendste Nachfolgestaat war *Bijapur*, ebenso wie Golkonda von einer »Pardesi«-Familie regiert. Yusuf Adil Shah, ein staatsmännisch wie kulturell hochbegabter Herrscher, wurde sofort vom Shah von Persien anerkannt, so daß Bijapur mit diesem Lande diplomatische Beziehungen aufnahm. Mit einer Marathin verheiratet, führte er die Verwaltung im Geist seines großen Chefs, Mahmud Gavan, verwendete Hindus im Staatsdienst und darf als einer der ersten Moslemherrscher im Dekkhan gelten, der den Grundsatz religiöser Toleranz durchführte. Allerdings versuchte er seine Form des Islams, die Shia, die er aus Persien mitgebracht hatte, zur Staatsreligion zu machen; das scheiterte am Widerstand der Sunniten, förderte aber das duldsame Denken auf religiösem Gebiet. Einer seiner Nachfolger – Ibrahim Adil Shah (1534 bis 1557) – ging so weit, dem Kaiser von Vijayanagar einen offiziellen Staatsbesuch zu machen – der erste Fall, daß ein Moslemfürst einen Hinduherrscher à titre égal im Sinne des Protokolls behandelte. Dieses Übermaß an Aufgeschlossenheit trieb seine Moslemnachbarn zu einem Einfall in sein Land, den er aber abwehrte. Der harte Kampf mit Vijayanagar, der lange die Existenz dieses Staates überschattete, endete nach der Schlacht von Talikota und öffnete den Weg, nun auch die Gebiete südlich der Tungabhadra zu durchdringen, in denen die kleinen Nachfolgestaaten des Reiches von Vijayanagar sich untereinander bekämpften. Bijapur erreichte seine höchste Blüte in den Jahren 1580–1656 unter seinen beiden fähigen Herrschern Ibrahim II. und Mohammad; seine wirtschaftliche Blüte weckte den Neid des stets geldbedürftigen Mogulherrschers Aurangzeb, dem es nach harten Kämpfen 1686 gelang, die Hauptstadt zu erstürmen und das Dasein dieses Staates zu beenden.

Außenpolitisch liegt Bijapurs Bedeutung darin, daß es als erster Moslemstaat in entscheidende Verwicklungen mit den *Portugiesen* geriet. Als Herr von Goa (seit 1470) oblag ihm die Verteidigung dieses wichtigen Hafens, die er zäh durchführte, bis es zuerst 1510 und dann endgültig in die Hand der Portugiesen überging, die es bis 1962 behalten haben. Auf den naheliegenden Gedanken, diesen Staat in seinem Kampf gegen die Portugiesen zu unterstützen, sind die Herrscher in Delhi nicht gekommen. Auch zwischen den indischen Moslemstaaten gab es kein Gemeinsamkeitsgefühl. Statt dessen haben die Mogulkaiser diesen ausgezeichneten Staat vernichtet, so daß sich die schlummernden einheimischen Widerstandskräfte wieder stärker regten und mit Shivaji zur Begründung des Marathenreichs gelangten.

Der Süden

Keins der Fremdvölker, die durch die nordwestliche »Wetterecke« eingedrungen sind, hat den tamilischen Süden erreicht. Die geographische Entfernung war zu groß. Auch die Moslems, die in den Dekkhan erst um 1300 eindrangen, haben – unter Umgehung von Kerala – nur in Madurai einen militärischen Stützpunkt errichtet (1323), um den Widerstand der Pandhyas zu brechen. Sein Kommandant ließ sich schon 1334 zum Sultan ausrufen und wurde nach weiteren 30 Jahren von Vijayanagar beseitigt (1363). Seitdem blieb der ganze Süden durch das Reich von Vijayanagar gegen Moslemangriffe geschützt. Erst nach der Niederlage von Talikota (1565) drangen Truppen von Bijapur hier ein und haben Teile bei Tanjore besetzt.

Wohl aber wurde der Süden zum Schauplatz der ersten Begegnung Indiens mit den Europäern: den *Portugiesen*. Portugal hatte im 8. Jahrhundert einen Angriff der arabischen Moslems erlebt und schickte sich an, hier eine Art Vergeltungskrieg gegen den Islam zu beginnen.

Zwar kamen sie als Kaufleute; aber nach Goethes Wort:

Krieg, Handel und Piraterie
Dreieinig sind sie, nicht zu trennen,

ging die kleine wagemutige Schar unter Vasco da Gama bald zum politischen Handeln über. Religiöse Ziele, wie die Spanier in Südamerika, hatten sie nicht. Ein Hauptantrieb war der Konkurrenzneid auf die Italiener, die von Venedig und Genua aus den Handel mit Indien über die arabischen Zwischenhändler an sich gerissen hatten und mit diesen zu einer friedlichen Geschäftspraxis gelangt waren, nach der kein Italiener nach Indien reiste und kein Araber am Rialto seine Gewürze anbot.

Vom indischen Standpunkt aus waren die Portugiesen neue Bewerber in einem gewinnbringenden Geschäft, also im Grunde willkommen. Vasco da Gama hat das Glück gehabt, in einem Hafen zu landen, in dem ein Hindu regierte – der Zamorin von Kalikut. Wäre er etwas weiter nördlich in einem Hafen gelandet, der von Bijapur beherrscht wurde, wäre er vielleicht unsanfter empfangen worden als bei den Hindus, die aus jahrhundertelanger Praxis auf den Verkehr mit auswärtigen Händlern eingestellt waren. Die Kolonialgeschichte Europas hätte leicht eine andere Wendung nehmen können. So wurde er freundlich empfangen, ja, begrüßt als ein neuer Kunde, der helfen würde, das Monopol der Araber zu brechen. Die Portugiesen erschienen als die natürlichen Feinde der Moslems, also als Helfer der Hindus.

Diese klare Verteilung der Rollen wurde dadurch verwirrt, daß sich die ansässigen Moslemkaufleute hinter die Hinduregierungen steckten, um sie gegen die Eindringlinge aufzureizen, sowie daß kleinere Hinduvasallen die Stunde für gekommen sahen, sich gegen ihre Lehnsherren zu erheben, z. B. die Rajas von Quilon und von Cannamore gegen den Zamorin. Indem der portugiesische Admiral Cabral schon beim zweiten Besuch diesen Fürsten Zusagen machte, mischte er sich in die innere Politik ein, was wiederum zur Entfremdung von dem ursprünglichen Gastgeber führte.

So zeigten sich hier schon binnen kurzer Zeit alle die Probleme, die später in verstärktem Grade die koloniale Politik der Europäer kennzeichnen sollten.

Es war befremdend und beinah unverständlich, daß sich die Portugiesen zu Greueltaten hinreißen ließen; sie schnitten gekaperten Schiffsbesatzungen Hände und Ohren ab, schickten einen bevollmächtigten Gesandten des Zamorins verstümmelt zurück u. a. m. Sie schadeten dadurch ihrem Ruf in einer Weise, daß die Erinnerung daran noch bis in die Zeit der Befreiung Goas (1962) nachgewirkt hat. Noch schwerer verstimmte sowohl die Hindus wie die Moslems, daß sie bald dazu übergingen, aus ihren kaufmännischen Stützpunkten befestigte

Plätze zu machen und diesen verteidigungsfähigen Faktoreien einen »exterritorialen« Charakter zu geben – wie es in Europa nicht so ungewöhnlich war, wenn man an den Stahlhof in London oder das Hansenhaus in Nowgorod denkt. Hier aber, wo man diese Sitte noch nicht kannte, wirkte sie aufreizend, zumal die Faktorei in Cochin alsbald zu einer regulären Festung ausgebaut wurde. Als 1505 – also sieben Jahre nach der ersten Landung – ein »Vizekönig für Indien« bestellt wurde, schien der Verdacht bestätigt, daß die Fremden territoriale Eroberungen anstrebten. Wie stark diese Dinge wirkten, zeigte sich darin, daß der Zamorin schon 1506 zu einem Bündnis mit dem Sultan von Bijapur bereit war, während der Sultan von Gujarat ein solches mit dem Kalifen in Kairo schloß, aufgrund dessen dieser eine ägyptische Flotte in die indischen Gewässer sandte. Denn auch die Stellung Ägyptens im Handel zwischen Indien und Europa wurde durch die Portugiesen bedroht. Als die vereinigten Flotten von Ägypten und Gujarat 1508 den ersten Seesieg über die Portugiesen errangen und diese mit neu herbeigeführten Verstärkungen die gegnerische Flotte vor Diu besiegten, entstand in indischen Gewässern ein regelrechter Seekrieg, bei dem die mangelhafte Rüstung der indischen Kriegsschiffe den Portugiesen den Ruf der Unbesiegbarkeit verschaffte; das befähigte diese dann, auch zu Lande militärisch zu operieren. So gab es eine neue Front, auf die alle Machthaber an der indischen Westküste sich politisch einstellen mußten. Da die Mehrzahl der betroffenen Häfen damals unter Moslemherrschaft stand – Goa unter der von Bijapur –, erkannte der Herrscher von Vijayanagar seinen Vorteil: Er bot den neuen Fremdlingen seine Zusammenarbeit an, und die Portugiesen wurden seine Mittler für die Einfuhr von Pferden (zu märchenhaften Preisen), die das Reich für seine Kavallerie dringend benötigte, so daß die Einnahme Goas durch die Portugiesen im Jahre 1510 für Vijayanagar von großem Nutzen wurde. Die hartnäckigen Versuche Bijapurs, Goa zurückzugewinnen, wurden daher von dem Hindureich in keiner Weise unterstützt. Die Spaltung Indiens in zwei konfessionelle Lager hat die portugiesische Besetzung Goas zu einer dauernden gemacht (1512–1962).

Damit aber begnügten sich die Portugiesen nicht. Obwohl sie außer Diu und Daman an indischen Küsten zunächst keine Landerwerbungen vornahmen, gingen sie unter der Führung von Albuquerque, eines der großen staatsmännischen Europäer, die in Mittelasien aufgetreten sind, systematisch daran, die alten Handelsstraßen der Cholas zu übernehmen. Sie besetzten Malakka und gewannen dadurch die Kontrolle des Handels mit China, dann am Persischen Golf auch Ormus, wodurch sie den arabischen Handelsverkehr durch Mesopotamien kontrollieren und nach Belieben sperren konnten. Innerhalb von knapp fünfzehn Jahren hatten sie mit einer erstaunlich kleinen Anzahl von Schiffen die Grundlagen geschaffen, um den Indischen Ozean kommerziell zu beherrschen – waren also Nachfolger des großen Cholareichs geworden. Außer den kleinen Hindustaaten an der Malabarküste und den beiden Sultanen von Bijapur und Gujarat hatte sich in Indien keine Hand gegen diese neuen Eindringlinge geregt. Das ist insoweit verständlich, als sich die ganze portugiesische Aktion nur auf einige Küstenstriche und wenige Häfen beschränkte, und daß auch der religiöse Gegensatz nicht als sehr schroff empfunden wurde, weil die Moslems ein Zusammenleben mit Christen gewohnt waren und die Hindus auch dieser Religion mit ihrer gewohnten Toleranz entgegentraten, um so mehr als sich gerade an der Malabarküste seit über eintausend Jahren syrisch-christliche Gemeinden befanden, die niemanden gestört hatten. Zudem begannen die Portugiesen, die ohne Frauen angekommen waren, sich mit Inderinnen zu verheiraten, so daß sich in der dadurch entstehenden Mischrasse etwaige rassenfeindliche Vorurteile, soweit sie aufkamen, bald wieder verwischten – wie denn in Goa bis in unsere Zeit hinein der Rassengegensatz zwischen Europäern, Mischlingen und reinen Indern keine große Rolle gespielt hat. Der wirtschaftliche Verlust für die Hindus war gering, zumal in Goa die hohen Steuern Bijapurs von den neuen Herren erheblich herabgesetzt wurden. Trotz einiger Akte grausamer Willkür, die begangen wurden, empfand man die Schädigung, die die Portugiesen verursachten, also als erträglich. Jedenfalls hat damals niemand den Weitblick des Römers besessen, der sagte: »Principiis obsta.«

Kapitel 26

Indischer Widerstand und Ursachen seiner Niederlage (1100–1500)

Die Geschichtsschreibung begünstigt den Erfolg und stellt, wenn sie die Unterwerfung und Ausplünderung Nordindiens behandelt, in der Regel die Invasoren in den Mittelpunkt. Aber im Grunde ist die eigentliche Geschichte der »Inder« der Widerstand, den sie geleistet haben; denn er läßt erst erkennen, wer die Träger politischen Willens in jener Periode waren.

Eine Zentralgewalt, die den Widerstand hätte organisieren können, bestand im Gangestal nicht mehr. Der nominelle Träger des kaiserlichen Amts in Kanauj entzog sich seiner Verantwortung in unwürdiger Weise. Das Gangestal besaß damals nur eine Reihe von Kleinstaaten. Das Dekkhanreich zerbarst sehr bald, allerdings in drei mittelgroße Staatsgebilde, von denen ein Widerstand und ein gemeinschaftliches Zusammenwirken hätte ausgehen können (Yadavas, Kakatiyas und Hoysalas). Nur im tamilischen Süden gab es ein Großreich, das der Cholas. Es befand sich beim Einbruch des Mahmud von Ghazni auf der Höhe seiner Macht, blickte aber auf das Meer und seine überseeischen Interessen und nahm von den Vorgängen im Gangestal keine Notiz.

Nordindien war ein Gebiet sehr alter Kultur. Es hatte 2000 Jahre kultureller und politischer Betätigung hinter sich. Doch war seine Lage biologisch nicht so ungünstig, wie sein überreifes Alter es hätte erwarten lassen. Durch die Rajputen waren junge, robuste Kräfte an die Führung gelangt, und auch in abgelegenen Gebieten gab es einheimische Stammeshäuptlinge, die ähnlich kriegstüchtig waren. Die Bevölkerung war zwar der aktiven Teilnahme an der Landesverteidigung entwöhnt, hätte aber schon um ihrer Masse willen mobilisiert werden können, namentlich da die Eindringlinge – im Gegensatz zu früheren Eroberern – in primitivem Fanatismus die heiligsten Güter des Volkes zerstörten und schändeten. Einige alte Stämme bäuerlicher Herkunft haben sich hervorragend geschlagen. Die Rüstung war veraltet. Die bewegliche Reiterei, die Hauptwaffe der Eroberer, zeigte sich den Kriegselefanten überlegen. Schußwaffen tauchten bald auf, und um 1300 erschien Artillerie.

Dem trugen die indischen Fürsten nicht, oder nicht rechtzeitig genug, Rechnung. An Mut und Tapferkeit fehlte es den Hindus nicht. Zur Abwehr von Kriegslisten hätte sich das Volk des alten Kautilya eignen sollen. Zahlenmäßig reichte der Gegner meist nicht an sie heran. Die Chancen standen also durchaus nicht ungünstig. Sowohl die Feldschlacht wie der Aufstand nach einer Niederlage, sowohl der Guerillakrieg wie der passive Widerstand eines Volkes, dem man seine heiligsten Güter rauben wollte, boten militärisch Aussicht auf Erfolg. Dem Gegner, der anfangs nur in begrenzten Haufen erschien, wurde der Zuzug aus seinen Herkunftsländern durch die Mongolen bald gesperrt; allerdings lernten sie, ihre Reihen durch Hindusöldner zu verstärken – wie es die Briten später mit den »seapoys« taten.

Panjab

Das afghanische Vorfeld und das westliche Ufer des Indus wurden von der tapferen Dynastie der Hindu-Shahis fast 200 Jahre verteidigt; sie erhielten zwar gelegentlich Hilfe, aber niemals in genügendem Umfang. *Lahore,* die größte Stadt östlich vom Indus, fiel 1043 zum ersten Male in die Hände der Moslems. Zum Entsatz bildete sich eine Koalition von Hindufürsten, meistens Rajputen; sie scheiterte jedoch nach einer Belagerung von sieben Monaten. Nach der Ermordung des letzten Ghoriden (1206) wurde Lahore Sitz seines Lieblingssklaven Qutb-ud-din Aibak, der sie weniger gegen Hindus als gegen nachdrängende Moslems zu verteidigen hatte. Sie ist fortan unter Moslemherrschaft geblieben bis zur Gründung des Sikh-Staats unter Ranjit Singh.

Die Hindubevölkerung griff zum Kleinkrieg, der hier vor allem von den beiden kriegstüchtigen bäuerlichen Stämmen, den Jats und den Khokars, geführt wurde.

Jats

Die *Jats* saßen im Industal bei Multan und nördlich davon. Schon um 662 kämpften sie gegen die Araber, als diese Multan erobern wollten. Als erste machten sie einen ernsthaften Versuch, dem Mahmud von Ghazni den Rückweg zu verlegen, als er beute- und schmachbeladen vom Tempel Somnath heimkehrte. So hatten sie die Ehre, daß er ohne Aussicht auf Beute zu einer Strafexpedition gegen sie aufbrach, die zu einer der ersten Gefechte auf dem Indus führte, indem beide Seiten Boote benutzten. Es war Mahmuds letzter Zug nach Indien (1027). Später empörten sie sich gegen den von Ghor eingesetzten Statthalter in Lahore, den sie totschlugen, dann gegen den Sultan Mohamed Tughluq, obwohl er ihr Blut in seinen Adern trug, und blieben in zähem Widerstand bis in die Zeit der Moguln hinein, in der sie sich gegen die religiösen Verfolgungen von Aurangzeb auflehnten. Schließlich haben sie die Marathen in ihrem Kampf um die Befreiung vom Joch der Moslems unterstützt. Sie gaben ein Beispiel, wie der harte, zähe Wille einer kriegstüchtigen Volksgruppe den Kampf gegen eine Fremdherrschaft fortzuführen vermag.

Khokars

Ähnlich wehrten sich die *Khokars* (oder Gakkhars), ein fest geschlossener, kriegerischer Stamm, dessen Sitz in den Vorbergen Kaschmirs zwischen Jhelum und Chenab lag. Auch sie hatten schon dem Hindu-Shahi Anandapala gegen Ghazni geholfen, ebenso 1008 den Chauhans. Als sie 1178 gegen ihren nominellen Oberherrn, den Raja von Jammu, rebellierten, rief dieser Hindufürst den Herrscher von Ghor zu Hilfe, der die unbotmäßigen Bauern besiegte. Als der Ghoride dann 1205 von seinem Hauptfeind, dem Shah von Khwarizm, entscheidend geschlagen wurde und dadurch seine Macht im Panjab ins Wanken geriet, waren die Khokars die einzigen, die diese einmalige Gelegenheit ausnutzten. Sie wurden zwar besiegt, aber ihr Gegner wurde ermordet. Auch Iltutmish wollte den aufsässigen Stamm züchtigen, auch er starb im Kampf gegen sie (1236). Eine Gruppe gefangener Khokars nahm Söldnerdienste bei seiner Tochter Raziyya, begleitete sie auf ihrer Flucht, bei der sie ermordet wurde (1240). Erneut erhoben sie sich gegen den Herrscher Nasir-ud-din (im Jahre 1393), wurden zwar abermals besiegt, doch auch dieser Gegner verlor das Leben. Gegen die Sayyiden schlossen sie sich einem Moslemrebellen namens Tughan an; beide wollten diese mongolischen Statthalter stürzen. Die Khokars nahmen Jullunder, stürmten zweimal vergeblich gegen Lahore und wiederholten ihren Aufstand 1428 unter Führung ihres bedeutenden Häuptlings *Jasrath*. Dieser suchte Anschluß bei dem Sultan Zair-ud-din von Kaschmir (1420–1470), der ein tolerantes Regime führte. Beide bekämpften den Raja von Jammu, der sich den Delhiherrschern gefügt hatte. Nach dem Tode des Zair-ud-din erklärten sich die Khokars unabhängig, behaupteten sich gegen seinen Nachfolger in Kaschmir und wurden erst später durch Sher Shah erneut unterworfen (1541). Auch diese Ereignisse geben ein Bild dessen, was ein einzelner Stamm bei fester Geschlossenheit und geschickter Ausnutzung der Zwiste im Moslemlager während fast 500 Jahren leisten konnte.

Kampf um das Gangestal

Jeder Kampf um das Gangestal beginnt mit dem Durchbruch durch die Enge von Karnal. In Erkenntnis ihrer strategischen Bedeutung bildete der Chauhan-Rajput Prithviraj III. (1162 bis 1192) einen Bund von Hindustaaten, der hier dem eindringenden Mohamed von *Ghor* entgegentrat. In der Schlacht bei Tarain (Taraori) von 1191 errangen die Rajputen einen großen Sieg, versäumten aber, den Gegner zu verfolgen. So kehrte er im folgenden Jahr zurück und vernichtete das riesige Heer – das größte, das die Hindus für lange Zeit aufzubringen vermochten. Hier fiel die eigentliche Entscheidung – nahe dem 77. Längengrad, an dem so viele schicksalsschwere Plätze der indischen Geschichte liegen: Kurukshetra, Thaneswar, Panipat, Delhi und Vijayanagar. Der Weg ins Gangestal stand den Moslems offen. *Delhi* war damals die Hauptstadt des kleinen Rajputenstaats der Tomaras, die tapfer in den beiden Schlachten mitgefochten hatten, deren zurückflutende Truppen aber nicht mehr fähig waren, die Stadt zu verteidigen. Der Sieger ließ sie noch als Vasallen bestehen; erst Aibak, der seine Residenz dort nahm, hat sie beseitigt, nachdem sie sich immerhin vierhundert Jahre behauptet hatten (736–1150).

In der Umgebung von Delhi ging der Kleinkrieg weiter, getragen von den *Katheri*-Rajputen. Sie schufen sich in den Wald- und Berggegenden verborgene Stützpunkte, von denen aus sie die Versorgung der neuen Hauptstadt wie die Eintreibung der Abgaben unterbrachen. Balban bekämpfte sie mit schlimmsten Terror-Methoden, und Firuz Shah ließ nach einem Massenmord ihr Gebiet in »verbrannte Erde« verwandeln. Trotzdem ist der Widerstand nie ganz erloschen.

In ähnlicher Weise wirkten südwestlich von Delhi bei Bharatpur die *Yadavamsi*-Rajputen (auch Mewatis genannt). Im Kampf gegen Balban verlegten sie ihren Stützpunkt nach Hansi, an den Ostausgang der Enge von Karnal, von wo aus sie die Lebensader des Moslemregimes noch schlimmer bedrohten. Dort wurden auch die *Meos* zu einem Element ständiger Unruhe. Noch im Jahre 1672 erhob sich die religiös-fanatische Sekte der *Satmanis,* gegen die Kaiser Aurangzeb persönlich zu Felde ziehen mußte.

Im *Doab,* dem Gebiet zwischen Jamuna und Ganges, nach seiner Lage das wichtigste Versorgungsgebiet für Delhi, wirkten die Rajputen von Bhar und Dalmai, die jede Meldung von inneren Zwisten in der Hauptstadt zu Aufständen ausnutzten. Balban bekämpfte sie mit groß angelegten Operationen (1258 bis 1260), und als Mohamed Tughluq die Grundsteuer auf 50 Prozent des Bruttoertrags erhöhte, zog die Bevölkerung ab und ließ ein Ödland zurück. Von einer wirklichen Beherrschung oder gar einer normalen Verwaltung des Gangestals durch die Machthaber in Delhi kann daher kaum gesprochen werden.

Kanauj, die alte Kaiserstadt, die schon von Mahmud von Ghazni geplündert worden war, wurde nach einem kurzen Zwischenspiel der Rashtrakutas von den *Gahadawalas* (oder Gahawars) besetzt, deren erster Führer, Raja *Jaichand,* irgendwie mit den Moslems in Verbindung stand. Trotzdem wurde seine kurzlebige Herrschaft durch einen Sieg des Mohamed von Ghor ausgelöscht (1169). Unter der Herrschaft wechselnder Moslem-Machthaber hat die Stadt noch bis in das 16. Jahrhundert hinein bestanden und ist erst durch Sher Shah zerstört worden.

Benares (Varanasi, Kashi) wurde nicht verteidigt, obwohl es schon damals als geheiligte Stätte galt. Nach dem Moslemgelehrten Al Biruni soll es indessen auch unter der Moslemherrschaft ein »geistiges« Zentrum geblieben sein.

Ein eigenartiges Schicksal hatte der Bezirk von *Tirhut (Mithila),* der durch den Einfall der Tibeter geschichtlich bekanntgeworden ist (Kap. 10 und 19). Seine Lage in dem sumpfigen Waldgebiet am Abhang des Himalaja, dem sogenannten »terai«, schützte es weitgehend gegen fremde Eroberer. Es kam zwar um 1095 unter die Herrschaft der bengalischen Dynastie der Palas; aber mit einer geschickten Politik des Lavierens, geleitet durch seinen gescheiten Minister Chandesvara, hielt sich der kleine Staat ziemlich unabhängig und wurde von den Moslems erst 1324 unter Mohamed Tughluq angegriffen. Nach Norden ausweichend, verlegte die Dynastie ihre Hauptstadt auf nepalisches Gebiet (nach Bhatgaon), von wo aus sie sich trotz nomineller Abhängigkeit von den Moslems in Bengalen eine so weitgehende Autonomie bewahrte, daß der Bezirk eine »Oase« der Hindukultur blieb.

Am härtesten umkämpft wurde *Gwalior*, die stärkste Festung im Gangestal, die den Pratiharas als ihr westlichstes Bollwerk gedient hatte. Seit 977 in der Hand der rajputischen *Kachchapaghatas*, wurde sie 1022 von Mahmud von Ghazni belagert, wobei ihre Herren sich mit Lösegeld freikauften. Vor dem Sultan Iltutmish mußten sie kapitulieren, gewannen die Burg gegen seine Tochter wieder zurück und verloren sie abermals an den Sultan Balban (1258). Die rajputischen *Yajvapalas* übernahmen sie und hielten sie gegen zahlreiche Angriffe, bis nach dem Tode ihres mutigen Raja *Man Singh* der Lodisultan Ibrahim sie für einige Zeit in seinen Besitz brachte. (1517). Erst Akbar hat sie endgültig erobert (1559). Gwalior mag hier als ein Beispiel stehen, wie sich einzelne Hindufürsten hartnäckig zu behaupten wußten und dadurch verhinderten, daß ihr Land unter die Moslem-Jagidars aufgeteilt wurde, so daß die Bauern unter der gewohnten Herrschaft blieben.

Der Raum der *Vindhyaberge*, der militärischen Operationen wenig günstig ist, blieb von den Moslems verhältnismäßig lange verschont. Das gilt für die Landschaft *Bundelkhand*, wo die Chandellas zwar militärisch versagten, aber ihre herrlichen Tempel in Khajuraho vor der Zerstörungswut der Invasoren retten konnten.

Das gilt auch für *Bagelkhand* und die angrenzenden Dschungelgebiete des Godwanalandes, die erst Akbar annektieren konnte (vgl. Kap. 22).

Orissa blieb trotz mancher Niederlagen praktisch unabhängig und ist wie Mithila eine Oase der alten indischen Kultur geblieben – wenn es sich auch während des Ringens zwischen Vijayanagar und dem Bahmanireich politisch nicht richtig verhalten hat.

Die Eroberung *Bengalens* ist eine der betrüblichsten Episoden jener Zeit. Daß sein 80jähriger Hinduherrscher beim Mittagessen von einer Handvoll von Reitern überrascht wurde, die er für

Pferdehändler hielt, und durch seine Flucht weiteren Widerstand hemmte, wirkt wie ein operettenhafter Vorgang. Allerdings siegte der partikularistische Geist dieses Volkes auch unter den neuen Moslem-Machthabern, so daß das Land seine Eigenständigkeit auch unter der fremden Herrschaft weitgehend bewahrt hat (vgl. Kap. 20). Man kann sogar sagen, daß sich unter diesem Regime ein so starkes Zusammengehörigkeitsgefühl der Bengalis entwickelte, daß sie auf dem Wege waren, zu einer Nation zu werden. Jedenfalls haben sie sowohl 1905 wie 1947 gegen die Teilung ihres Landes nach konfessionellen Gesichtspunkten protestiert und dürften die heutige Teilung in ein indisches Westbengalen und unabhängiges Bangladesh (= Land der Bengalen) nicht als eine endgültige Lösung ihres Schicksals ansehen.

Rajasthan, das Land der Rajputen, ist niemals von den Moslems wirklich unterworfen worden (vgl. Kap. 21). Noch Akbar hat um die Burg Ranthambor kämpfen müssen (1569), und Chitor, die Burg der Sisodias (Mewar), ist zum Symbol des heldenhaften indischen Widerstands geworden*. Als Akbar sie zuletzt noch einmal erstürmte, beließ er dem Staat seine Unabhängigkeit (1568) angesichts des Muts, mit dem die Besatzung, einschließlich der Frauen und Kinder, den Tod suchte. Auch hier blieb eine Freistatt des Hinduismus bestehen, die auch von den Briten respektiert wurde.

In *Gujarat* haben die Solankis (Chaulukyas) bis 1306 tapfer gefochten, zuletzt unter ihrem Fürsten *Mularaj* II. Als dort ein konvertierter Hindu mit dem solchen Typen eigenen Fanatismus alle Tempel zu zerstören begann, schlossen sich die einheimischen Fürsten zu einem Kampf gegen den Wüterich zusammen, der mit der Bezwingung ihrer Burg Champaner endete (1484). Ihr gemeinsamer Tod im »jauhar« bewirkte, daß die Moslemherrscher ihre Politik änderten, so daß Gujarat eine gewisse Eigenständigkeit bewahren konnte.

Auch *Malva* wurde erst durch Ala-ud-din (1309) unterworfen (vgl. Kap. 22). Die Beitreibung der Steuern stieß hier auf

* Der Fall von Chitor ist im 19. Jahrhundert als Theaterstück des bengalischen Dichters Dwijendra Nath Roy zum Weckruf gegen die Fremdherrschaft und zur Quelle national-indischer Begeisterung geworden. Ein großer Denker, wie Aurobindo, hat die englische Übersetzung verfaßt. Prithviraj, der Sieger und Besiegte von Taraori, ist zum Helden des ersten rajputischen Epos geworden.

besonders starken Widerstand. Als ein brutaler Statthalter achtzig der unglücklichen Finanzbeamten ermorden ließ, erhoben sich auch die Moslem-Jagidars gemeinsam mit den Hindus, um einen eigenen Sultan auszurufen (1401). Allerdings begann mit ihm eine Mißwirtschaft, die das benachbarte Gujarat veranlaßte, den bankrotten Staat zu übernehmen (1531).

Gegen den *Dekkhan* begannen die Moslems ihre ersten Einfälle, nachdem das Dekkhanreich erloschen war. Bedenkt man, welche kriegerischen und politischen Leistungen der Dekkhan unter seinen verschiedenen Dynastien vollbracht hatte, so ist es beschämend zu sehen, wie sich die drei Nachfolgestaaten des Reichs erst ausplündern und dann unterwerfen ließen. Die *Yadavas* ließen sich in ihrer uneinnehmbaren Burg Devagiri überraschen, kapitulierten nach einer Belagerung von nur *einer* Woche (in der der Belagerer nicht einmal die ersten Annäherungsgräben hatte anlegen können), zahlten märchenhafte Tribute und ließen sich auch noch gegen andere Hindu-Staaten ausnutzen.

Kaum minder rasch endete der Staat der *Kakatiyas* im heutigen Telengana. Seine nationale Ehre wurde gewahrt, indem sie bei der Erstürmung von Sirpur nach dem Vorbild der Rajputen »jauhar« begingen und indem einige ihrer Offiziere unter Leitung des Kapaya Nanyaka die Befreiungsbewegung einleiteten, die zur Gründung des Reiches von Vijayanagar führte.

Das Schicksal des unglücklichen Staates der *Hoysala* ist behandelt worden (Kap. 25). Der 80jährige Fürst, den die Moslems zu Tode folterten (1341), hatte sich jedenfalls noch vor seinem Ende für die Befreiungsbewegung ausgesprochen. Der letzte Herrscher der *Pandyas* floh mit seinem Kronschatz in die Wälder und ließ seine Getreuen einen regelrechten Guerillakrieg beginnen, aber vergeblich. Der kleine Garnisonstaat, den die Moslems in Madurai einrichteten, und den sie einem völlig ungeeigneten Sadisten anvertrauten, wurde bald von der Befreiungsbewegung gestürzt, die hier einen militärischen Erfolg buchen konnte. So war der tamilische Süden nach kurzer Zeit wieder frei.

Die *Befreiungsbewegung*, die nun zur Wirklichkeit wurde, hatte es nicht leicht. Das zeigt die Belagerung von Anagonda (oder Hosadrug), bei der der todesverachtende *Kampiladeva* keinen anderen Ausweg sah als den »jauhar«. Während südlich des Krishnastroms, wo nur dünne Moslemgarnisonen standen, die Befreiung des Landes auf keine allzu großen Hemmungen stieß, mußte man nördlich dieser Linie um ein bereits gut besetztes Gebiet kämpfen. Unerwartet kam ein Umstand zu Hilfe: Der Sultan Mohamed Tughluq verließ den Kriegsschauplatz, um ausgerechnet in diesem Stadium an der fernen Indusmündung Aufstände niederzuwerfen und dort zu sterben. So konnte sich der tapfere Kapaya Nayaka in Warangel halten, mußte sich dann allerdings gegen einen neuen Gegner verteidigen, den bisherigen Gouverneur, der sich zum selbständigen Sultan *Bahman* machte und zunächst in mehreren Kriegen die Eroberung Telenganas versuchte (1350 und 1363). Auch das inzwischen erstarkte Reich von Vijayanagar vermochte nicht zu verhindern, daß dieses Gebiet 1425 vom Bahmanireich annektiert wurde.

Der drawidische Süden hat den Ruhm, als erster den reinen Widerstand in eine echte Befreiungsbewegung umgewandelt zu haben. Ihr Erfolg läßt sich nur dadurch erklären, daß sie hier bei der breiten Masse der Bevölkerung einen ungleich stärkeren Widerhall fand als etwa im Gangestal. Hier tritt auch zum ersten Male die Hindu-Geistlichkeit aktiv in Erscheinung. Während die Brahmanen im Norden den Untergang der Staaten, die das »dharma« hüteten, ohne sichtbare Reaktionen hinnahmen, tritt hier im Süden der Swami *Vidyaranya* auf und nimmt maßgebenden Anteil an der Befreiungsbewegung wie an der Gründung des Reiches von Vijayanagar. Sein Kloster Sringeri wird zu einer Weihestätte der nationalen Erhebung. So verschmolzen hier die geistigen Kräfte des echten Indien mit dem politischen Drang zur Befreiung – ähnlich wie die geistige Erneuerung später den Befreiungskampf gegen die Briten vorbereiten und stärken sollte.

Ursachen der indischen Niederlage

Die Ursachen der indischen Niederlage gegen die Invasion der Moslems liegen auf politischem, militärischem, sozialem und geistigem Gebiet. Die wichtigste *politische* Ursache war das Fehlen einer Zentralgewalt. Wohl bestand anfangs noch der Schatten des Pratihara-Reichs – unter einem unwürdigen Monarchen – aber sein politischer Einfluß war erloschen. Hätte es noch einen Funken des Reichsgedankens gegeben, dann hätte einer der politisch erzogenen Rajputen sich zum Nachfolger der Pratiharas erklären oder, wenn Kanauj schon gefallen wäre, an einem noch freien Platz eine Exilregierung errichten sollen – und wäre es in Nepal. Aber es gab weder eine Zentralgewalt noch den Willen, sie zu erneuern.

Mit Recht weist Alsdorf darauf hin, daß eine noch so schwache Zentralgewalt irgend etwas gegen die alljährlich wiederkehrenden Raubzüge aus Ghazni unternommen hätte – wodurch es diesem Schänder Indiens wenigstens erschwert worden wäre, Hunderte von Kilometern durchs Land zu reiten ohne jede Sicherung seiner rückwärtigen Verbindung.

Ebenso abträglich war es, daß die Kleinstaaten, die sich im Gangestal gebildet hatten, ohne jede Beeinflussung durch eine weiterblickende Stelle naiv fortfuhren, ihre kleinen Sonderinteressen und Sonderfehden zu pflegen, als ob sie in der politischen Welt allein daständen. Allen fehlte der Blick für die Gesamtlage und jede Spur von Gemeinschaftsgeist.

Worauf aber hätte sich ein solcher Gemeinschaftsgeist begründen sollen? Auf die gemeinsame Religion? Natürlich hätten die Hindus sich ebenso solidarisch verhalten sollen, wie es die Moslems gegenüber den »Ungläubigen« taten. Aber die Einsicht, daß es sich hier *auch* um einen Religionskrieg handelte, dämmerte erst sehr allmählich; und die Besorgnisse darüber ließen sich zerstreuen durch die anerzogene Lehre, daß ihre Religion von ewigem Bestand sei und auch diese »Störungen« überstehen werde. So mögen viele die Tempelschändungen als »Untaten unzurechnungsfähiger Barbaren« abgetan haben. Jedenfalls lebte in dem spät-zivilisierten Klima von Kanauj keine religiöse Inbrunst mehr. Mehr Eifer hätte man von den Rajputen erwartet, die den Hinduismus erst vor wenigen Jahrhunderten angenommen hatten. Aber von einem »Indien«, das alle miteinander verband, war noch keine Rede. Der Klanzusammenhang der Rajputen reichte hin, um einige Fürstenbünde zustande zu bringen, war indessen nicht fest genug, um eine Niederlage zu überstehen. Ein großer, fester Bund aller Rajputen als Kern des allindischen Widerstands, auf Jahre hinaus geschlossen, hätte dem Gebot der Stunde entsprochen und hätte dem Reich von Vijayanagar die Hand reichen können: das wäre »indische« Politik gewesen. Dazu aber fehlten alle Vorbedingungen. Es war der Geist der Kleinstaaterei, der den Moslems ihre Siege erleichterte.

Der beschränkte Gesichtskreis dieser Fürsten versperrte ihnen auch den Ausblick in die politische Umwelt. Es gab keine Beziehungen zu anderen Staaten Asiens, wie noch Harsha sie unterhalten, wie sie aber schon die Pratiharas vernachlässigt hatten. Es gab weder Gesandtschaften noch auch nur einen Nachrichtendienst, wie ihn Kautilya gefordert hatte. Daher bemerkte man im Gangestal nicht, daß sich in Transoxanien und Afghanistan die Gefahren zusammenbrauten, die dann plötzlich über Indien hereinbrachen. Man wußte nichts von den weltpolitischen Vorgängen, von der Expansion des Islams und dem Auftreten neuer zentralasiatischer Nomadenhorden, nichts von neuen Großreichen, wie dem vom Khwarizm oder dem der Mongolen. Es fehlte völlig ein Überblick über die politische Lage. Aber nicht einmal innerhalb Nordindiens scheint es einen Nachrichtendienst gegeben zu haben; denn wenn auch die ersten Einbrüche des Mahmud von Ghazni noch als Überraschung gelten durften, hätte man auf die folgenden vorbereitet sein müssen. Auch der alte Sena-König von Bengalen oder der Yadavaherrscher in Devagiri hätten rechtzeitig etwas von dem neuen Krieg vernehmen können, der sich im Gangestal abspielte. So vermochte die damals herrschende Schicht auch nicht, die Vorgänge politisch auszunutzen. Der Moslemblock war niemals einheitlich und geschlossen, sondern stets voller Zwietracht; zum Teil wegen der religiösen Spaltung in Sunniten, Schiiten und andere Sekten, noch mehr aber infolge der Eifersucht und des Ehrgeizes der einzelnen Bewerber um die Macht. Wenige Eroberer haben auch untereinander so grausig mit Mord und Blendung gearbeitet wie diese zentralasiatischen und afghanischen Stämme.

Diese Risse hätten ausgenutzt werden müssen; aber es ist selten versucht worden und dann mit Mißerfolgen, wie sie der tapfere Hindu-Shahi *Jayapala* erlitt, als er gegen seinen Nachbargegner, den illegalen Herrn in Ghazni, ein Zusammengehen mit dem legalen Beauftragten des Kalifen suchte, dieser sich jedoch als der Schwächere erwies; und ähnlich erging es der Regierung in Vijayanagar, als sie gegen ihren Nachbarstaat Bijapur ein Bündnis mit Ahmadnagar schloß. Dagegen wäre um 1000 der Shah von Khwarizm ein geeigneter Bundesgenosse gegen die Eindringlinge aus Ghazni oder Ghor gewesen, da er beide als Rebellen ohnehin bekämpfte. Diese Möglichkeit blieb ungenutzt.

Nach den ersten Überfällen hätten sich wenigstens alle gefährdeten Staaten zusammentun sollen – ein natürliches Gebot der Selbsterhaltung. Ein gescheiter Brahmane hätte, das Lehrbuch des alten Kautilya in der Tasche, von Hof zu Hof reisen sollen, um eine gemeinsame Abwehr zustande zu bringen; aber die Brahmanen haben nicht einmal daran gedacht, die reichen Schätze ihrer Tempel aus den allgemein bekannten Aufbewahrungsplätzen in abgelegenere zu schaffen oder, was noch viel verständlicher gewesen wäre, dieses tote Kapital zu nützlichen Zwecken zu verwenden, vor allem für die Stärkung der Landesverteidigung. Denn so fielen sie fast ausnahmslos dem Feinde in die Hand und stärkten sein Kriegspotential, so daß Indien – ebenso wie später gegen die Briten – die Kosten seiner Unterwerfung auch noch selbst hat tragen müssen. Letzten Endes gingen alle diese Versäumnisse auf das Fehlen einer weitblickenden Führung zurück.

Aber auch die *militärische* Rüstung erwies sich als unzulänglich. Die Armeen der angegriffenen Hindu-Staaten waren an Zahl den Moslems weit überlegen, und die Masse ihrer Bevölkerung bildete ein Reservoir für neue Rekrutierungen, wie es die Gegner auch nicht annähernd besaßen, da ihr Zuzug aus Zentralasien und Afghanistan von Anfang an nicht adäquat war und seit dem Eindringen der Mongolen ganz aufhörte. Auch fehlte es den Hindus nicht an Mut und Tapferkeit. Was sie in dieser Hinsicht geleistet haben, entsprach höchsten Erwartungen, die man an eine so wenig ausgebildete Truppe stellen kann. Rüstung und Taktik waren jedoch veraltet – eine Folge jenes Superioritäts-Komplexes, den die damaligen Moslem-Beobachter als eins der hervorstechenden Merkmale der Hindus bezeichnen, und der sich auch im heutigen Indien mitunter bemerkbar macht. Sie hielten es nicht für der Mühe wert, mit der Entwicklung Schritt zu halten. Während die indischen Bogenschützen einst einen so hohen Ruf besaßen, daß Xerxes sie gern in seinen Kämpfen gegen die Griechen verwandte, waren sie den damaligen Moslems mit ihrem besseren Kompositbogen unterlegen. Auch konnten die Moslems Pfeil und Bogen vom Pferde aus gebrauchen, wogegen die Hindus nur Schützen zu Fuß kannten. Ihre Reiterei bestand, wie die Heere der abendländischen Ritter, aus Edelleuten in schwerer Rüstung, die wenig beweglich waren. Die Kavallerie der Moslems, die von den Hunnen gelernt hatte, bestand aus leicht gepanzerten Reitern, die sowohl Lanze wie Bogen gebrauchten und erstaunlich beweglich waren. Mit ihr konnte ein geschickter Führer wirklich überraschende Bewegungen vornehmen, plötzliche Angriffe gegen die Flanken des Gegners, ja sogar gegen seinen Rücken. Die schwer bewegliche Masse der Ritterheere der Hindus versagte gegenüber dieser neuen Taktik. Man verließ sich allzusehr auf die Kriegselefanten, die damals mit ihrer niedertrampelnden Wucht die Rolle unserer Tanks spielten. Aber bald zeigte es sich, daß sie einer beweglichen Reiterei unterlegen waren, daß sie, einmal verwundet, öfter die eigenen Reihen in Verwirrung brachten als die feindlichen niedertraten. Allerdings haben die Moslems gern Elefanten in Dienst genommen und haben Gefangene durch sie niedertrampeln lassen; aber von einem taktischen Einsatz liegen keine sicheren Berichte vor. Das Fußvolk der Hindus hatte Bogen, Schwert und Speer, wirkte jedoch meist durch seine Masse, selten in aufgelösten Gefechten. Weit überlegen waren die Moslems auf dem Gebiet der Belagerungsmaschinen; auch führten sie als erste Schußwaffen und Artillerie ein. Nach Goetz verwandten sie Pulvergeschütze schon seit 1366. Artillerie ist spätestens in den Kämpfen zwischen Vijayanagar und Bijapur aufgetreten, dort allerdings gleichzeitig auf beiden Seiten, da die Regierung von Vijayanagar erheblich aufgeschlossener für Neuerungen war als die nordindischen Staaten. Das Oberkommando lag bei den Hindus grundsätzlich beim Herrscher, dem oft Erfahrung und Entschlußkraft mangelte. Die Sitte, daß er weithin sichtbar auf einem Elefanten reitend ein gutes Ziel bot, brachte die Gefahr mit sich, daß er leicht zu verwunden oder gar zu töten war, und sein Ausscheiden bedeutete oft das Ende der Schlacht, also eine Niederlage. Auch bei den Moslems war das mitunter der Fall, wie z. B. die erste Schlacht bei *Taraori* durch die Verwundung des Ghoriden zu einem Sieg der Hindus wurde. Bei Koalitionen erwies sich diese Form des Oberkommandos als prekär, da die Eifersucht der Fürsten, die sich einem der Ihren unterstellten, nicht selten die taktische Führung verwirrte.

Für die Rajputen im besonderen galten weitere Nachteile. Sie standen in ihrer geistigen Entwicklung noch im Banne des ritterlichen Feudalwesens – ähnlich wie damals ihre Standesgenossen im Abendland – und durchsetzten den Kampf mit den Regeln eines Ehrenkodex, der auch den besiegten Feind weitgehend schonte. Sie ließen den fliehenden Gegner entweichen, gaben gefangene Führer der anderen Seite ohne geziemende Gegenleistung wieder frei, in der irrigen Annahme, daß jene halb barbarischen Steppenmenschen solche verfeinerten Sitten anerkennen oder gar erwidern würden – eine Torheit, die viel Schaden angerichtet hat. Sie begriffen meist nicht, daß es sich diesem Landesfeind gegenüber nicht um ein Turnier handelte, sondern um einen nackten, harten Kampf ums Dasein, da die ursprünglichen Eindringlinge ja sowohl die hinduistische Kultur zerstören wie deren Träger »zur Hölle senden« wollten. Aus dieser Mentalität heraus steigerten sie ihre Bereitschaft, um der Ehre willen sich selbst zu opfern. Der »jauhar«, die freiwillige Verbrennung aller Frauen und der letzte Ausfall der todgeweihten Kämpfer, ist vom Standpunkt des Heldenmuts gewiß erhaben; politisch aber erfüllte er gerade das Ziel des Gegners, möglichst viele »Ungläubige« zu vernichten, und schwächte das Kampfpotential der Rajputen. Es erscheint zweifelhaft, ob sie damit ihren Gegnern Eindruck gemacht haben, während umgekehrt die schauerlichen Grausamkeiten, mit denen diese gegen die Hindus, auch gegen Gefangene und Zivilpersonen, vorgingen, ihren grauenerregenden Ruf der Unbesiegbarkeit eher noch stärkten.

Biologisch waren die Moslems im großen und ganzen den Hindus überlegen. Sie waren physisch robuste, abgehärtete Männer aus Gebirgen und Steppen, von rauher, oft grausamer Wildheit, die nichts zu verlieren, aber alles zu gewinnen hatten. Ihr einziger Kulturbesitz, der soeben angenommene Islam, wirkte auf sie fanatisierend, aber noch nicht sittlich erzieherisch. Sie glaubten, daß, je mehr Ungläubige sie hinschlachteten, desto gewisser sie in das lockende Paradies eingehen würden. Das Hauptziel dieser anfangs armen, meist versklavten Menschen war, an die Reichtümer zu gelangen, die sie im lockenden Indien vor sich sahen, wobei die Gier nach Beute und Gold ganz gewiß stärker gewirkt hat als religiöser Missionseifer. Sie wußten also klar, wofür sie kämpften. Wofür aber kämpfte der Hindu? Zunächst für seinen fürstlichen Herrn, dem er in Treue ergeben war. Vielleicht auch für den Schutz seiner engeren Heimat. Kämpfte er aber auch für seine Religion? Wo er doch wußte, daß deren »dharma« ewigen Bestand habe, so daß es vom Ausgang des Kampfes unberührt weiterwirkte? Das führt zu der Frage, wie das Volk, die Masse der Hindus, innerlich zu diesen Kriegen stand, die über ihr Schicksal für die kommenden Jahrhunderte entscheiden sollten.

Die Fürsten kämpften nur für sich selbst – das ist der Eindruck, den man aus den dürftigen Unterlagen gewinnt. Ein höheres »nationales« Ziel war ihnen fremd. Wie sollte man auch von den jungen Rajputen, die erst wenige Jahrhunderte geschichtlich tätig waren, schon Ideen verlangen, deren Wachstum eine lange Entwicklung bedingt, wie die Idee einer großen indischen Nation? Wie sollte man von ihnen verlangen, für ein »Indien« zu kämpfen, das es politisch noch nicht gab?

Die indischen Staaten beruhten damals auf dem System der Feudalordnung, wie Europa noch bis in das 18. Jahrhundert hinein. Stände, Klassen oder Kasten waren scharf getrennt, jede bildete eine Welt für sich. Ein »Volk« im heutigen Sinn gab es nicht. Das Kämpfen war Vorrecht und Pflicht einer hierzu bestimmten und hierfür privilegierten Klasse. Die Masse des Volks war hierzu nicht berufen. Noch Friedrich der Große hat gewollt, daß der Bauer vom Kriege nichts spüren sollte. Daher war ein »Volkskrieg« noch nicht vorstellbar – weder in dem Sinne einer »levée en masse« (die auch Europa erst nach 1789 kennenlernte) noch in dem einer spontanen Volkserhebung in der Stunde allgemeiner Not. Wo Volksaufstände ausbrachen, hatten sie ihre Ursache in wirtschaftlicher Not. Sie waren letzter Ausdruck einer Landbevölkerung, die durch Steuerdruck, Mißhandlung, Ausbeutung schlimmster Art zur Verzweiflung getrieben wurde, und erfolgten planlos, ohne Führung, ohne Organisation. So wurden sie meist unterdrückt.

Was aber möglich gewesen wäre und ausblieb, war der Aufschrei eines tiefreligiösen Volks gegen die Zerstörungen und Schändungen seiner heiligsten Tempel. Von Somnath wird berichtet, daß die Menschen mit ihren Leibern den Eindringlingen den Zugang verwehrt haben und sich dann zu Tausenden hinschlachten ließen. Aber das ist eine Ausnahme. Von vielen ähnlichen Sakrilegen wird keine solche Reaktion überliefert. Man hätte erwarten können, daß die Kunde solcher Schändungen, die jeden frommen Hindu zur äußersten Wut aufpeitschen mußte, wie ein Lauffeuer durch alle Lande gegangen wäre, um überall Volksaufläufe, Schutz- und Protestmaßnahmen hervorzurufen. Sie blieben aus. Liegt die Erklärung darin, daß die Hindus, die ihre Religion seit unvordenklicher Zeit bekannten, kein lebendiges Verhältnis mehr zu ihr hatten?

War die Masse der Hindus in Nordindien schon Glied einer überalterten Zivilisation geworden, die solcher Emotionen nicht mehr fähig war? Jedenfalls haben die religiösen Schändungen der Moslems keine Volkserhebungen hervorgerufen. Das geschah nur dort, wo noch echte, auf das Bauerntum gegründete Volksgruppen bestanden, wie bei den Jats und Kokhars oder etwa im Land der Marathen. Dort erhoben sie sich 1327 in Kandhyana und in Khelna (im Konkan) unter Führung des Rao *Shirke,* in dem sich schon der Geist Shivajis abzuzeichnen scheint; gelegentlich sogar unter Führung eines Moslems, wie jenes Taghi, der 1345 in Gujarat rebellierte. Aber das blieben Einzelaktionen, die zwar der Delhiregierung das Leben sauer machten, sie jedoch nicht umstürzen konnten.

Das Erstaunlichste bei der Niederwerfung Nordindiens ist wohl das Ausbleiben einer kräftigen *geistigen* Gegenbewegung, einer Antwort des Hinduismus gegen den Islam, in dessen Namen eine so unerhörte Fülle schauerlichster Missetaten begangen und die heiligsten Güter dieser Religion, einer der ältesten und tiefsten der Menschheit, herabgewürdigt und mit Vernichtung bedroht wurden. Dem Fanatismus dieser primitiven Träger des Islams trat keine Kreuzzugsstimmung entgegen. Gewiß wurde die persönliche Gefährdung für jeden, der sich zur Verteidigung des Hinduismus erhob, bald so groß, daß er sein Leben und das der Seinen riskierte; Tausende von Brahmanen sind hingeschlachtet worden, gerade weil das Delhiregime geistige Gegenaktionen befürchtete. Wohl gab es stets noch freie Gebiete: Bis 1300 z. B. waren der gesamte Dekkhan und der Süden frei, wo man eine solche Bewegung hätte einleiten können, die dann in die besetzten Gebiete gesickert wäre. Aber unter den Priestern fehlte jeder Zusammenhang. Der Hinduismus kennt eben weder Papst noch Kirche; vom geistigen Standpunkt vielleicht ein Vorzug, vom politischen ein Nachteil; denn so blieben die einzelnen Priester eingeschüchtert in ihren engeren Bezirken, ohne daß sich Gruppen zu irgendwelcher Aktion bildeten. Daran mag Europa erkennen, daß es seine Freiheit von der islamischen Expansion zum guten Teil der Papstkirche dankt, die mit den Kreuzzügen die große Gegenaktion gegen den Ansturm des Islams einleitete. Das fehlte in Indien. Der kühne Vidyaranya bildet eine Ausnahme.

So sind die Ursachen der indischen Niederlage mannigfacher Natur. Auf der einen Seite war die Oberschicht zu alt, ihr soziales und religiöses System zu verknöchert; auf der anderen Seite waren die Rajputen noch zu jung, um aus ihren Reihen Männer hervorzubringen wie in Europa etwa Hutten oder Mirabeau. Ihre stärkste religiöse Kraft – die Dichterin Mirabhai – erschien erst im 15. Jahrhundert (eine Prinzessin von Jodhpur).

Nur der drawidische Süden befand sich in dem Kulturalter, das bei genügender Reife und biologischer Frische Volksbewegungen ermöglichte. Hier entstand dann auch die Befreiungsbewegung. Hier entstanden – nicht aus der Oberschicht – die Männer, die das Reich von Vijayanagar und damit den Anbruch einer neuen Zeit vorbereiteten. Hier fanden auch die Moslems das erste Bollwerk, das ihnen Halt gebot, und gegen das noch Aurangzeb anrannte, als er mit sinnwidriger Gewalt noch einmal den Geist der Iltutmish und Tughluq beschwor, ihn aber nun gegen seine eigenen Glaubensgenossen richtete.

Der indische Widerstand in den Jahren von 1000–1500 ist überwiegend vergeblich gewesen. Aber in dieser Zeit der Not, in diesem Meer von Leid ist der alte Glaube wieder erstarkt und zu neuem Leben erwacht. Gewiß wurde zunächst alles gehemmt in der dumpfen Umwelt einer angsterfüllten Abkapselung, in der sich die alten Formen bis zu sinnwidriger Bewahrung des Alten verhärteten. Die Kasten schlossen sich fester ab als je zuvor, die Bräuche und Kulte ritualisierten sich mit wachsender Betonung von Äußerlichkeiten. Doch wuchs in dieser Zwangsjacke, die den Kern der alten Hochkultur erhielt, der neue, lebendige Glaube heran, der von 1400 an so viele große Geisteskünder auftreten ließ, daß man von einer echten Erneuerung des Hinduismus sprechen darf. Und dieser neue Glaube wurde zu einer Volksreligion. In Männern wie Chaitanya erscheinen die Vorboten einer geistigen Erneuerung, deren Nachfolger im 19. Jahrhundert *Ramakrishna, Aurobindo Vivekananda* die Befreiungsbewegung gegen das britische Joch ankündigten. Daß dies möglich werden konnte, ist das bleibende geschichtliche Verdienst des Widerstandes. Jeder einzelne Widerstandskämpfer in diesem Zeitraum hat seinen Anteil daran, in Indiens dunkelster Geschichtsperiode ein neues Indien vorbereitet zu haben.

Kapitel 27

Lage der Hindus unter der Herrschaft des Islams

Die Besetzung Nordindiens durch die Eroberer islamischen Glaubens erzeugte bei den Hindus als erste Reaktion ein tiefes Entsetzen über das Maß an Grausamkeit, wie sie es noch nicht erlebt hatten. Das unübersehbare Blutbad, das sie anrichteten, die Verrohung, mit der sie die Zivilbevölkerung massakrierten und Frauen und Mädchen in »harems« verschleppten, die dem damaligen Hindu als Bordelle erschienen, die Einführung des Sklavenhandels, für den Tausende und Abertausende – auch Kinder – verkauft wurden: das alles erregte einen Haß gegen die Fremden, wie er in Indien bis dahin noch niemals entstanden war. Er wurde verstärkt durch die als schamlos empfundene Art, mit der die Fremden die Heiligtümer zerstörten und vorher oft noch in geschmacklosester Weise besudelten; und endlich trat die wirtschaftliche Not hinzu als Folge der Ausplünderung und Ausbeutung des Volkes.

Gewiß kann man den einzelnen Moslemkrieger nicht tadeln, der auf der Stufe völliger Unbildung keine Ahnung davon hatte, was er an Werten einer alten Hochkultur zerstörte, zumal ihm jede bildliche Darstellung einer Gottheit als verabscheuungswürdiges Götzenbild erschien. Was sich hier abspielte, war ein Kampf ganz primitiver Menschen – deren einziger geistiger Besitz der kürzlich angenommene Islam war, dessen innere Werte auch die Führer kaum verstanden – gegen eine alte Kultur, deren Überlegenheit sie instinktiv empfunden haben mögen und durch eine hochgespielte Verachtung zu kompensieren suchten.

Dem Islam galt es damals noch als selbstverständlich, daß mit einer Eroberung alle unterworfenen Menschen alsbald zu diesem Glauben überträten, da er seine Lehre für die höherstehende hielt. Er kannte zwei Methoden, um mit solchen zu verfahren, die sich weigerten, ihn anzunehmen. Die eine lautete »Islam oder Tod« und ist in Indien weitgehend angewandt worden. Die andere besagte, daß, wer seiner angestammten Religion treu bleiben wollte, dies mit Zahlung einer besonderen Steuer, der »jizya«, erkaufen müßte: dann würde er »geduldet«. Zu Ehren des ersten Eroberers, der noch vom Kalifen entsandt war, Mohamed bin Quasim, sei gesagt, daß er im Sindh gleich die zweite, mildere proklamierte. Im Gangestal, wo die Fülle der Menschen offenbar Massenmorde als Minderung der Aufstandsgefahr opportun erscheinen ließ, griffen die Machthaber erst zu der zweiten, nachdem sie erkannt hatten, daß sie ohne die Einwohner nicht auskommen könnten. Man brauchte sie als Bauern, als Händler, als Soldaten, als Angestellte in den embryonalen Verwaltungsämtern, die selbst eine Besatzungsmacht benötigt, und man brauchte die Frauen sowohl zur Ehe wie als Dirnen und Tänzerinnen. So kam es, daß ein großer Prozentsatz der Bevölkerung Nordindiens diese ersten Jahrhunderte noch überlebte. Aber sie fanden sich nun im eigenen Lande »geduldet«. Mit der »jizya« durften sie sich käuflich das Recht erwerben, sich in ihrer Heimat aufzuhalten. Sie waren weniger als Menschen zweiter Klasse; sie waren völlig rechtlos und wurden wie Sklaven behandelt.

Von der herrschenden Oberschicht trennte sie eine Schranke, die von dem Übermut der siegreichen Eroberer getragen und nicht selten durch rassischen Hochmut noch verstärkt wurde. Den Hindus boten sich *zwei Wege: die Bekehrung zum Islam* oder die *Abkapselung* in einem ghettoartigen Leben, in dem sie jeden Kontakt mit den verhaßten Unterdrückern zu vermeiden suchten. Die Mehrheit wählte den letzteren Weg. Was die Brahmanen als Hüter der alten Kultur damals geleistet haben, wird nirgends überliefert, zumal eine unübersehbare Zahl gerade ihres Standes getötet wurde. Wenn es gelungen ist, die indische Kultur durch die Hölle dieser ersten Jahrhunderte hindurch zu retten, ist es unzweifelhaft ihr Verdienst, da sie dafür sorgten, daß nicht allzu viele den bequemen, aber feigen Weg der Bekehrung beschritten, sondern daß die Masse der geheiligten Überlieferung treu blieb, auf der die indische Kultur beruhte. Allerdings geschah das auf Kosten ihrer inneren Lebendigkeit. Man fand sich gezwungen, auf kleine Züge, die *unauffällig* befolgt werden konnten, gesteigerten Wert zu legen, weil man den echten Kult öffentlich nicht ausüben durfte. Man begann, schon geringe Abweichungen als ersten Schritt zur Desertion zu verdächtigen und die leiseste Annäherung an die »Mlechchas«, als welche die Moslems galten, als Abirrung vom echten Hindutum zu verfolgen. Der Hinduismus drohte zu einem veräußerlichten, konventikelhaften System von einengenden Regeln zu werden, im Gegensatz zu der schöpferischen

Kraft, die er einst gezeigt hatte*. Die *Bekehrung* – offiziell ja auch ein Ziel der Eroberung – wurde selten in der Form geistlicher Mission durchgeführt. Es gab ein paar echte, fromme Moslems, die diese Methode wählten; aber in der Regel verlief der Prozeß unter Zwang oder mit lockenden Angeboten höchst weltlicher Art. Sehr tief dürfte der Glaube an die Botschaft des großen Propheten bei diesen neuen Jüngern nicht gedrungen sein, wie es denn auch bei der Masse der Soldateska, die den Islam in den Stürmen ihrer zentralasiatischen Wanderungen empfangen hatte, kaum mehr als ein äußeres Gewand geblieben war. Schon ihre Roheit schließt seine seelische Befruchtung durch diese Religion aus.

Die Gewaltmethoden, mit denen die Moslems versuchten, aus Nordindien ein »dar-ul-Islam« zu machen, haben es eher verhindert, Bekehrungserfolge zu erzielen, obwohl die Vorbedingungen nicht einmal ungünstig waren: hatte doch schon das »Allah Upanishad« einen ernsten Versuch gemacht, diese neue religiöse Botschaft dem indischen Geist näherzubringen; aber sie wurde nicht einmal von der Handvoll wirklich frommer und gebildeter Moslems benutzt, die den Besatzungstruppen folgten. Was konnte auch eine Religion den religiös veranlagten Indern bieten, die mit derartigen Methoden arbeitete? Mit Mordandrohung wird kein religiöser Mensch bekehrt, namentlich kein Inder; und das Auftreten der fremden Oberschicht wirkte eher wie eine Warnung vor dem Islam. In dieser Schicht war der Islam stark genug, ihre Assimilierung an indische Kultur zu verhindern, aber noch zu schwach, um zu werben. Auch die Briten haben in ihrer Frühzeit versucht, Inder zum Christentum zu bekehren; doch waren sie gescheit genug, bald zu erkennen, daß die Ausübung politischer Gewalt ein schlechtes Mittel ist, um Religionen zu verbreiten.

Die arabische Welt hatte damals einen viel höheren Grad der Zivilisation erreicht, als er der Okkupationsarmee in Nordindien eignete, von der *Panikkar* bemerkt, »daß ihre geistige Armut und Sterilität ohnegleichen gewesen wären«. Dort war der Islam teils auf urtümliche Stammesreligionen, teils auf ein in Formeln erstarrtes Christentum gestoßen und hatte mit seinem klaren Monotheismus und seinen schlichten, jedem ver-

* Ghoshal drückt es mit folgenden lapidaren Worten aus: »The consequence was a systematisation of almost all religious and social laws, a withdrawal into *a shell of Purity* for the time being.«

ständlichen Kultformen willige Aufnahme gefunden und eine Gemeinschaft von echten Gläubigen entstehen lassen.

Kluge, zivilisierte Moslems aus dieser Welt, die Indien damals bereisten, haben das schon damals klar erkannt, z. B. der erste Historiker jener Zeit, Amir *Khusvar* (geboren 1253) oder *Al-Biruni,* der um 1280–1300 schrieb, und vor allem *Ibn Batutah* (geb. 1304 in Tanger). Sie alle äußerten sich entsetzt über die Methoden, die dort angewandt wurden, namentlich Ibn Batutah, der einen der schlimmsten Unholde antraf und froh gewesen sein wird, mit einer diplomatischen Mission wieder ausreisen zu können.

In Indien verkörperte der Hinduismus dem Volk nicht nur die Ideale des Glaubens und die Regeln des sittlichen Verhaltens auf der Erde, sondern auch die fest eingewurzelten Bilder seiner Vergangenheit; Rama und Krishna sind aus Gestalten der Heldensage zu Gottheiten geworden. Für ein solches Volk paßte der Islam nicht. Alsdorf sagt mit Recht, daß er sich nicht dazu eignete, eine Religion abzulösen, die so eminent bodenständig, einmalig war und das indische Wesen so vollkommen wiedergab wie der Hinduismus.

Infolgedessen war der Erfolg denn auch verhältnismäßig gering. Im Panjab, wo die Masse der Einwanderer am stärksten anwuchs und die geistige Unversehrtheit der Hindus schon durch viele fremde Oberschichten gelitten hatte, ist ein Teil der Bevölkerung übergetreten. In Bengalen wurden hauptsächlich die noch unvollkommen hinduisierten Bewohner bekehrt oder die Anhänger eines dort abgestorbenen Buddhismus, und überall die »outcasts« (Parias), die natürlich zu einer Religion drängten, die keine Kasten kannte, wie dies in Südindien für das Christentum bis heute gilt. Kaschmir ist durch den Befehl eines kriminellen Despoten nach dem Grundsatz »cuius regio ejus religio« zwangsweise zum Islam gebracht worden. Die angesehenen Kaufmannssekten in Bombay, die Borahs und Khojas, sind erst später übergetreten. *Charles Eliot* meint, »daß für eine Zeit von 500 Jahren politischer Beherrschung Indiens der Erfolg der Bekehrungsbemühungen mehr als bescheiden geblieben wäre«.

Ein trübes Kapitel sind die *Konvertiten* aus politischer Opportunität. Nicht nur, daß sie meist ihre früheren Volks- und Religionsgenossen noch übler verfolgten als die echten Moslems; sie haben vielfach auch eine ethische Minderwertigkeit gezeigt, die ein häßlicher Makel für den Charakter solcher Mischtypen ist: so Imad-ud-din Raihan, der sich gegen Balban, seinen Herrn empörte; oder Khusrav Khan, der als Kanzler seinen Herrscher ermordete, um selbst den Thron zu besteigen; oder jener Stallmeister der Sultanin *Raziyya,* der ihre Ermordung zuließ, ohne einzugreifen. Das menschlich interessanteste Beispiel für den seelischen Gewissenskonflikt, in den solche Konvertiten gerieten, sind die Brüder Harihara und Bukka, die wieder zum Hinduismus zurückkehrten und den Staat von Vijayanagar gründeten.

Gewiß konnte man nicht jeden Tag Massenmorde verüben und täglich einen Hindutempel zerstören. Dazwischen kamen Zeiten, in denen beide Gruppen kampflos nebeneinander lebten bzw. leben mußten. In diesem Alltagsleben haben sich gewisse Formen entwickelt, die von manchen Geschichtsschreibern euphemistisch als »Angleichung« oder gar als »kulturelle Fusion« angesprochen werden. Sie beschränkten sich auf Äußerlichkeiten des täglichen Lebens in Kleidung, Nahrung, Schutz gegen das gleiche Klima, auf gewisse Zeremonien, die die eine Gruppe von der anderen übernahm; und endlich auf die stille Annäherung der wirklich religiösen Menschen beider Konfessionen, die in den Keimen des damals entstehenden Sufismus und der gewaltig ausbrechenden Bhaktibewegung der Hindus Anknüpfungspunkte fanden. Aber wie gering deren Zahl im Lager der Moslems war, und wie wenig sie die politische Haltung dieser Herrenschicht beeinflussen konnte, lehrt unzweideutig ein Blick auf ihr tatsächliches Verhalten, das von den ersten wüsten Zerstörungen des Mahmud von Ghazni über die Wildheiten eines Ala-ud-din und Tughluq bis zu Aurangzeb stets das gleiche geblieben wäre, wenn nicht *Akbar* ein Jahrhundert der Unterbrechung gebracht und damit den Ruf des Islams auf indischem Boden wiederhergestellt hätte.

Die Wirkung der politischen Ereignisse auf das von den Moslems besetzte Gebiet war und blieb eine doppelte: die Inder innerhalb dieses Raumes verloren ihre politische Unabhängigkeit und damit die Freiheit, ihre eigenständige Kultur fortzuentwickeln; und der Islam zerbrach die kulturelle Einheit, die im Subkontinent bisher trotz aller feindlichen Einbrüche geherrscht hatte, ebenso wie er die alte Kultureinheit des Mittelmeerraums zerbrochen hat. Das sind die harten, nicht wegzuleugnenden Tatsachen, auf denen die indische Geschichte seitdem beruht, und die das politische wie das geistige Leben dieses alten Kulturvolks damals einengten und verkrüppelten.

Was sich außer der politischen Eroberung abspielte, war ein Kulturkampf riesigen Stils. Es war der Versuch einer jungen Religion, vertreten durch eine wenig qualifizierte Armee, eine alte, überreife Hochkultur zu zerbrechen und durch ihre Lebensformen zu ersetzen. Das brachte, wie *R. C. Majumdar* es ausdrückt, »die Hindu-Kultur in Gefahr, vernichtet zu werden, indem man die Quellen zerstörte, die sie bisher ernährt hatte«. Oder, wie *Beutler* in seiner Ausgabe des Westöstlichen Diwan sagt, »Der Islam auf indischem Boden ließ die Kultur erstarren«. Während alle bisherigen Eindringlinge sich in der einen oder anderen Weise mit der indischen Kultur abgefunden oder sich ihr angeglichen hatten, zogen diese neuen Gewaltherren, die keine »degraded kshatriyas« werden wollten, es vor, ein Fremdkörper im Lande zu bleiben, sowohl religiös wie ethisch, sprachlich wie wirtschaftlich. Sie wollten und mußten ein Fremdkörper bleiben, da sie keine Hindus werden wollten und keine »Inder« werden konnten, weil es politisch diesen Begriff damals eben noch nicht gab. Auch die im Lande geborenen, die sich auf indischem Boden »heimisch« fühlten, blieben stets jenseits der Schranke, die alle Moslems von der eigentlichen Bevölkerung trennte, genauso, wie es später mit den Briten der Fall werden sollte. Der einzige Unterschied war, daß sie keine andere Heimat besaßen, also ihr Zwangsregime in Indien fortsetzen mußten, und daß sie das Geld, das sie der Bevölkerung abpreßten, im Lande selbst verbrauchen mußten. Sonst blieb es bei den beiden getrennten Welten, die sich verständnislos anstarrten, bis das Genie Akbars die Entspannung brachte.

Für die Hindu-Kultur bedeutete die Okkupation zunächst eine Unterbrechung ihrer lebendigen Entwicklung. Man versank in ein dumpfes, verzweifeltes Brüten, das nur noch *ein* Ziel ersehnte: wenigstens einen Teil der Substanz über diese Zeit der Not zu retten. Und das führte zunächst zur Erstarrung aller Formen. Dann aber weckte diese Notzeit neues Leben insofern, als der Hinduismus nun ein innigeres Verhältnis zu Gott fand und damit einen neuen Aufschwung echter Frömmigkeit vorbereitete, der sich – etwa seit 1400 – in den großen prophetischen Gestalten der *Ramananda, Chaitanya, Nanak* verkörperte und sogar in der Mischlingsrasse, die durch gegenseitiges Einheiraten entstanden war, einen höchst volkstümlichen Vertreter in *Kabir* hervorbrachte. Ebenso ließ die Dezimierung der alten Oberschicht – der Adels- und Fürstenklasse wie der Brahmanen – in beiden Ständen neue Typen heranwachsen, und endlich konnte der bürgerliche Mittelstand, der in den Kriegswirren stark geschwächt war, wieder zu neuem Selbstbewußtsein gelangen. Es bildeten sich aus neuen biologischen Quellen, die in der großen Volksmasse vorhanden waren, neue Kräfte, neue Menschentypen, die als Vorläufer der geistigen Erneuerung gelten dürfen, die mit voller Kraft ausbrach, als der geistige Zwang der Moslem-Verfolgungen durch das Erscheinen der Briten behoben wurde. Verständlich, daß deren Auftreten von weitsichtigen Indern, wie Ram Mohan Roy, als »Befreiung« begrüßt wurde. Diese Entwicklung regte sich zuerst in den Teilen Indiens, in denen die Bevölkerung biologisch noch jünger war als im Gangestal, z. B. in Bengalen oder im Dekkhan, in dem das damals entstehende Volk der Marathen die Führung übernehmen sollte.

Eine »Annäherung« zwischen den beiden Welten erfolgte auf sprachlichem Gebiet. Das Bedürfnis nach einer Umgangs- und Verwaltungssprache tauchte naturgemäß schon früh auf, da Steuerbeitreibung eine solche voraussetzt. Das primitive Türkisch, das ein Teil der eingedrungenen Moslems sprach, erwies sich als zu unvollkommen, um als Amtssprache zu dienen. Indem sie Persisch wählten, also die Sprache des Volkes, das seit der indo-arischen Einwanderung die Sprache der benachbarten iranischen Vettern war, und das ethymologisch dem Sanskrit immerhin sehr viel näher stand als die turko-tartarischen Sprachen, wurde es den Hindus erleichtert, sie zu lernen, um sich im Verkehr mit den neuen Landesherren oder gar als ihre Angestellten in der rudimentären Verwaltung zu betätigen. Aus der Vermischung zwischen ihr und den heimischen Sprachen erwuchs dann nach 1700 eine Mischsprache, die nach ihrem Hauptverwendungszweck, in dem »Feldlager« der neuen Herrscher gebraucht zu werden, die »Lagersprache« genannt wurde – *Urdu.* Sie blieb zunächst natürlich eine primitive Umgangssprache, etwa wie später das »Pidgin-English« in den chinesischen Häfen, aus der sich dann aber im 18. Jahrhundert eine hohe Literatursprache entwickelte, die noch heute fortlebt und in Westpakistan zur Staatssprache geworden ist*.

Die politische und geistige Not wurde verschärft durch die wirtschaftliche; denn die indische Wirtschaft litt nicht nur unter den Raub- und Beutezügen, sondern auch unter der völligen Ignoranz der Oberschicht, die von Wirtschaft offensichtlich nichts verstand. Die naiven Währungsexperimente des Mohamed Tughluq sind nur ein Beispiel dafür. Die Bauern wurden ausgepreßt bis zum Äußersten. Es erscheint durchaus glaubhaft, daß es ihnen niemals so schlecht ergangen ist wie unter den Dynastien der Khaljis und Tughluqs. Die Verödung des Doab steht für viele ähnliche Fälle. Wenn dieser Herrscher über das allgemeine Steigen der Preise klagte, so konnte er seinen Trost darin finden, daß wenigstens die Preise für Sklaven sanken, dank des großen Angebots, für das die Moslems sorgten. Indiens Außenhandel blühte weiter, ging aber nun in die Hände der Moslems über, so daß der alte Hindu-Kaufmann höchstens noch als Verteiler mitmachen konnte. Die einzige Ausnahme war der Handel mit Ost- und Südost-Asien – in den die Araber sich erst hineindrängen mußten, da das Erbe der Chola-Zeit noch nachwirkte. An Zerstörungen haben die Moslems in diesen 300 Jahren ganz sicher erheblich mehr geleistet als sämtliche Invasoren der Vergangenheit zusammengenommen; denn auch nach dem als schrecklich geschilderten Einfall der sogenannten Hunnen waren die Tempel der älteren wie die Schöpfungen der Gupta-Zeit noch intakt. Man kann R. C. Majumdar glauben, daß es den Hindus nach der 300jährigen Herrschaft der Delhi-Machthaber schlechter ergangen ist als den Indern nach 150 Jahren britischer Herrschaft. Es war unzweifelhaft die dunkelste und traurigste Periode in der gesamten indischen Geschichte.

* Nicht im früheren Ost-Pakistan, das seine inzwischen zum höchsten Rang aufgestiegene Sprache, das Bengali, beibehielt.

Kapitel 28

Schlußbetrachtung zum Teil V (1200–1500)

Die vorstehenden Betrachtungen lassen auf politischem Gebiet eins erkennen: Die zentralasiatischen Moslems haben zwar weite Teile Indiens erobert und sie verschieden lange auch unter ihrer Kontrolle gehalten, aber keinen echten Staat auf indischem Boden geschaffen. Weder haben sie sich fähig gezeigt, ihre Erwerbungen gegen äußere Feinde zu verteidigen, also ihrem okkupierten Territorium feste Grenzen zu geben, noch haben sie im Inneren das Gebiet, das man dem »Sultanat von Delhi« zuzuschreiben pflegt, dauerhaft zu beherrschen vermocht. Ihre außerhalb der engeren Umgebung von Delhi eingesetzten Statthalter haben sich in der Mehrzahl bald unabhängig gemacht. Zusammen mit den fortbestehenden Hindu-Staaten hinterließen sie um 1500 eine Welt von Einzelstaaten, die dann zur Beute der Mongolen (Moguln) wurde.

Im Gegensatz zu den Einbrüchen der *Araber,* die auf Weisung des Kalifen kamen, und deren Eroberungen der Errichtung eines islamischen Weltreichs dienen sollten, wurde diese Eroberung eingeleitet von einem Kleinfürsten, den ausschließlich räuberische Instinkte trieben, und von seinem Nachfolger, der sein Land verlor und sich im Industal ein neues Königreich suchte. Im Gegensatz zu den Aryas und Kushan, die als ein geschlossenes Volk nach Indien kamen, waren diese ein Haufen bunt zusammengewürfelter Abenteurer. Ihre »Bruderschaften«, wie die der 40 ehemaligen Sklaven, oder einige Blutsverbände, wie die Khaljis und Tughluqs, gaben einen gewissen Zusammenhalt, der sich aber als unzureichend erwies, um haltbare staatliche Zustände weiteren Umfangs zu begründen. Das innere Gefüge dieses Regimes zeigt daher eine ununterbrochene Kette von Rebellionen, Tyrannenmorden und Spaltungen, so daß sich nur zeitweise, unter besonders willensstarken Männern, die staatliche Ordnung festigen ließ. Das von ihnen beanspruchte Gebiet hat ihnen jeweils nur kurzfristig wirklich gehört, wie in der Zeit von Balban zu Mohamed Tughluq, zwischen 1260 bis 1350, für etwa 50 Jahre.

Ebenso wie feste Grenzen fehlten, entstand kein wirkliches *Staats*volk; denn die Masse der einheimischen Bevölkerung blieb diesem land- und glaubensfremden Regime gegenüber völlig ablehnend. Sie müssen sich bis zum Schluß ihrer Herrschaftsperiode als Fremde im Land gefühlt haben.

Auch die Briten sind in Indien nicht »heimisch« geworden; aber sie hatten eine Heimat! Die Moslems, die nach Indien kamen, waren heimatlos. Sie mußten notgedrungen dieses eroberte Land als ihre neue Heimat ansehen, obwohl ihnen jeder Tag zeigte, daß sie für die Masse der unterworfenen Bevölkerung Fremde blieben. Sie herrschten als eine »dominante Minderheit«, aber als ob sie im Ausland wären, und verschärften diese Lage noch durch ihre unmenschlichen und unklugen Terror-Methoden. Jedes Okkupations-Regime bedarf der Gewalt; doch überstieg die sinnlose Grausamkeit, zu der sich diese Machthaber hinreißen ließen – sie wird durch Quellen aus ihrem eigenen Lager bezeugt, die Hindus haben nichts aufgezeichnet –, das Maß, das eine halbwegs verständige Militärmacht riskieren kann. Sie erklärt sich zum Teil aus der niedrigen Kulturstufe der Oberschicht. Der Islam, den sie von den erobernden Arabern in Transoxanien vor dem Einbruch nach Indien angenommen hatten, hatte noch nicht Zeit gehabt, ihnen irgendwelche ethischen Begriffe beizubringen. Sie fühlten sich noch, wie Alsdorf richtig bemerkt, »an kein Herkommen, kein Gesetz, kein Recht gebunden, nicht einmal an das kanonische des Islams«, was ihnen von ihren Geistlichen oft zum Vorwurf gemacht worden ist.

Unter dem Gesetz des Korans hätten sie die Pflicht gehabt, »die angestammten Bräuche und Kulte der Einheimischen zu achten, widrigenfalls diese das Recht auf Rebellion erhielten«. Sicherlich haben sie keine Pflicht so vernachlässigt, ja ins Gegenteil verkehrt, wie diese. Daß sie das Verbot der berauschenden Getränke mißachteten, ist bekannt; gerade die Trunksucht ist die Quelle zahlreicher Lustmorde, Massenabschlachtungen und wüstester Exzesse gewesen, die diesem Regime einen so üblen Ruf eingetragen haben. Hinzu trat, daß ein verhältnismäßig hoher Prozentsatz ihrer Oberschicht verbrecherische Instinkte und Neigung zu Perversitäten mitbrachte. Wenn selbst der »fromme« Sultan Firuz Shah in Orissa Zehntausende fliehender Hindus abschlachten läßt, so kann man sich ausmalen, was weniger Fromme auf diesem Gebiet geleistet haben. Wer im *Kampf* einen Ungläubigen töte, käme als »ghazi« ins Paradies, lautete die Verheißung des großen Propheten für seine

Anhänger; aber diese völlig gefahrlosen und politisch sinnlosen Massenmorde hätten sicherlich nicht in seinem Sinne gelegen. Daß solche Regierungsmethoden in der Bevölkerung immer neuen Haß schürten und sie dem Islam entfremdeten, statt sie zu bekehren, liegt auf der Hand.

Eine Weisung des Kalifen hätte wohl dahin gelautet, die Bevölkerung auch dieser Gebiete zum Islam zu bekehren. Man darf sich fragen, ob die Sultane in Delhi diese Aufgabe als Ziel ihrer Politik überhaupt ernsthaft erkannt und verfolgt haben. Sie hatten hier ein Volk vor sich, das zu den ältesten Stiftern großer Menschheitsreligionen gehörte. Es hatte aus sich heraus nicht nur die Religion des Hinduismus, sondern auch eine der größten Weltreligionen, den Buddhismus, geschaffen und ihn mit geistiger Werbung über einen großen Teil Asiens verbreitet. Eine Bekehrung zu einer fremden und jüngeren Religon würde hier nur bei Anwendung tief geistiger Werbemethoden Erfolg versprochen haben.

Auch das Christentum hat bei dem indischen Volk nur sehr bescheidene Fortschritte erzielt, obwohl es friedliche Missionsmethoden anwandte; die plumpen und brutalen Mittel, mit denen die Machthaber von Delhi begannen – mit ihrem stereotypen »Islam oder Tod« oder mit niedrigen Lockungen politischer oder wirtschaftlicher Vorteile – konnten hier nicht verfangen. Ein Bibelleser fühlt sich an die Weisung erinnert, die Moses den Juden beim Eintritt in ihr verheißenes Land mitgab (Buch V, Kap. 7, Vers 5):

> »Du sollst ihre Götter nicht anbeten, sondern ihre Steinmale niederreißen und zerbrechen. Ich will Angst und Schrecken vor Dir hersenden – ich will sie nicht in *einem* Jahre ausstoßen, damit das Land nicht Wüste werde und die wilden Tiere sich mehren. Aber einzeln und nacheinander will ich sie vor dir ausstoßen, bis du zahlreich genug wirst, das Land zu besitzen.«

Nach solchem Rezept haben diese Moslems gehandelt, trafen hier jedoch nicht auf primitive Stämme, auf die Moses sich bezog, sondern auf ein religiös tief veranlagtes Volk, das sich im Besitz zweier hochstehender Religionen befand. Schon weil sie ohne Frauen kamen und ihre Zahl sich zunächst nur durch Zuzug von außen vermehren konnte, fehlte ihnen die Vorbedingung, dieses riesige Land wirklich »besitzen« zu können. Wohl aber haben sie den Teil der Mosesweisung wörtlich befolgt, der Verachtung der Einheimischen und Intoleranz gebot. Ein echter Staat kann jedoch dauerhaft nur bestehen, wenn ein Ausgleich zwischen seinen verschiedenen Volksteilen durchgeführt wird. Das ist eine politische Erkenntnis, die schon die ältesten Völker besessen haben.

Den Moslems in Indien fehlte sie, und Delhi hat – vor Akbar – keinen Vertreter staatsmännischer Weisheit hervorgebracht, der sie das hätte lehren können. Alle führenden Männer dieses Regimes gehörten jenem Mittelmaß an, das sich an gegebene Vorschriften klammert, ohne über die Folgen nachzudenken.

Ohne eine gewisse Duldung Andersdenkender ist die Herrschaft über ein großes Volk erfolgreich nicht auszuüben; ebensowenig ohne ein gewisses Mindestmaß an Achtung vor dem Menschen und den elementarsten Gesetzen der Menschlichkeit. Zahllos sind die Belege, wie diese Gesetze verletzt wurden, wie Frauen mißbraucht, Familien getrennt, womöglich einzeln als Sklaven verkauft wurden. Selbst abgesehen von der Frage, inwieweit man den Hindus die Ausübung ihrer Kulte gestatten sollte, ist das rein menschliche Moment so oft und in so widerwärtiger Weise mißachtet worden, daß man den Haß verstehen kann, der sich in der Hindu-Bevölkerung ansammelte. Vor allem mußte die Einführung der Sklaverei und des Sklavenhandels, aus dem die Oberschicht ein gewinnbringendes Geschäft machte, die Inder abstoßen. Der »fromme« Firuz Shah, der planmäßig die Zahl der Sklaven vervielfachte, gründete sogar ein eigenes Ministerium für Sklavenbewirtschaftung, was einmalig in der Geschichte dasteht. Gewiß sind die Hindus mit ihren »Unberührbaren« auch nicht sehr menschlich umgegangen, aber Handel mit ihnen haben sie doch nicht getrieben.

Eine wesentliche Ursache dieser völlig verfehlten Politik liegt in der irrealen Vorstellungswelt, in der diese Machthaber lebten, nämlich in der *Fiktion,* daß sie ein »dar-ul-Islam« beherrschten, d. h. ein Land, das man wie ein islamisiertes regieren könnte. Das aber war Indien nicht. Und es fehlte ihnen sowohl guter Wille wie die Fähigkeit, Indien zu einem solchen zu machen; denn ihr oberstes Gesetz blieb unverändert, zu plündern und aus der Bevölkerung das Letzte herauszupressen. Beides war miteinander unvereinbar. Das materielle Ziel hat zudem stets über das religiöse gesiegt. Mit ihren oft unsauberen Methoden haben sie eine gewisse Anzahl Hindus zu ihrem

Glauben bekehrt, es dürften allerdings kaum mehr als 10 Prozent der Bevölkerung gewesen sein; die meisten Schätzungen liegen niedriger.

Ein Vergleich drängt sich auf mit den Spaniern, als sie Mittel- und Südamerika eroberten. Auch sie haben zwei alte Kulturen zerstört (die der Inkas und der Azteken). Auch ihnen erschienen die Einheimischen und ihre Bräuche als »Greuel«. Auch sie haben sie versklavt, auch bei ihnen war das Hauptmotiv die Gier nach Reichtum. Aber sie haben einen *Las Casas* gehabt, der sich gleich zu Beginn gegen solche Methoden auflehnte und sich beschwerdeführend an den König in Spanien wandte. Haben die Moslems in Indien wenigstens einen Las Casas hervorgebracht, einen Hüter des menschlichen Gewissens? Man denkt an den heiligen Sidi Maula, der den Mut hatte, sich kritisch über den ersten Khalji zu äußern. Er ließ den unbequemen Mahner unter den Füßen seiner Elefanten zu Tode trampeln (1291). Islamische Geistliche haben ihre Stimme erhoben, aber niemals Gehör gefunden; und der hochzivilisierte Ibn Batutah, der als Reisender die Gegend besuchte und sich über den Mißbrauch des Islams ehrlich entrüstete, konnte nichts unternehmen; denn es gab keinen fernen König, an den er hätte appellieren können. Der Kalif war zu machtlos, um in diese für ihn weit abgelegene »Kolonie« einzugreifen.

Oder vergleichen wir diesen Gewaltstaat, dessen Gründer sich mitunter auch »Türken« nannten, mit dem Osmanischen Reich, das die »echten« Türken errichtet haben, und das ein ungleich größeres Gebiet viel länger umfaßt hat. Karl Burckhardt sei als ein unverdächtiger Zeuge zitiert:

»Nach der Eroberung von Konstantinopel hat der Sultan den gesamten Verwaltungsapparat des untergegangenen byzantinischen Reichs beibehalten. Er schonte nicht nur weitgehend seine Sitten, sondern schützte im Unterschied zu den Kreuzfahrern in großzügiger Weise sein Kunstgut. Er schenkte Christen und Juden völlige Kultusfreiheit. Er hat seinen Staat im Sinne des Islams aufgebaut, blieb aber aufgeschlossen für die Schöpferkräfte der Antike wie der Renaissance.«

Wie wenig gleichen die Machthaber von Delhi diesem Typus eines wirklichen Herrschers (Mehmed II.)! Sie haben den Verwaltungsapparat des alten Indien aufgelöst und ihn durch eine primitive Militärverwaltung ersetzt, in der die Einheimischen nur subalterne Posten bekleiden durften, obwohl es unter ihnen viele gut ausgebildete Beamte gab. Sie haben nach Kräften das Kunstgut der altindischen Kultur zerstört und besudelt, seine Tempel, seine Plastiken, seine Bilder. Sie haben freien Kultus überhaupt verboten und die Nicht-Moslems nur gegen Zahlung der entwürdigenden Sondersteuer geduldet, sie als »zimmi«, als unterentwickelte Kreaturen, betrachtet.

Während die Türken bis heute mit allen zivilisierten Nationen Gemeinschaft unterhalten, hat das Sultanat von Delhi mit den zivilisierten Staaten seiner Zeit keine Gemeinschaft gepflegt. Die Kalifen haben es mit einer unverkennbar kühlen Zurückhaltung behandelt und andere Staaten, wie das Bahmani-Reich, sichtbar bevorzugt. Gujarat haben sie mit Entsendung einer Flotte unterstützt. Von irgendeiner Zusammenarbeit der Kalifen mit den Sultanen in Delhi kann nicht gesprochen werden. Kein Staat hat Gesandtschaften nach Delhi geschickt; es hätte dort wohl auch Unbehagen ausgelöst, da man fremde Beobachter mit Recht zu fürchten hatte. *China,* das zu jener Zeit mit zahlreichen indischen Fürsten Gesandtschaften tauschte, hat Delhi geflissentlich übersehen und den taktlosen Versuch des Sultans Mohamed Tughluq unerwidert gelassen. Die damalige Welt muß den Wert dieses Regimes erkannt oder geahnt haben. Jedenfalls hat erst *Akbar* einem »Moslem-Indien« zur Weltgeltung verholfen.

TEIL VI

Das Mogulreich

Kapitel 29

*Dyarchie im Gangestal** *(1525–1556)*

Die Zeit bis zum Regierungsantritt Akbars wird in Nordindien durch zwei Männer bestimmt: den Afghanen *Sher Shah* und den Timuriden *Babur*. Beide ringen darum, in der Kleinstaatenwelt, die das Regime von Delhi hinterlassen hatte, ein neues Reich aufzubauen, also unter islamischer Führung das Gangesreich zu erneuern. Die letzte Dynastie des Sultanats, die afghanischen Lodis, waren zwar noch stark genug, sich zu beachtlichen militärischen Schlägen aufzuraffen, aber ihre innere Uneinigkeit führte dazu, daß gerade einer der ihrigen den Timuriden herbeirief. Und die Hindus, die damals durch die Rajputen wieder zu einer Macht geworden waren, brachten in dem Herrscher von Mewar, dem Rana *Sangram Singh* (oder Rana Sangha genannt), nach langer Zeit einen Politiker hervor, der sich an kühne Pläne heranwagte und davon träumte, als Haupt einer nordindischen Konföderation das alte Reichsgebiet zu vereinigen. Auch er dachte an ein Zusammenwirken mit dem neuen Ankömmling, der ihn aber in offener Feldschlacht besiegte und diesen Plan zunichte machte. So standen sich nach diesem kurzen Vorspiel Babur und Sher Shah zum Austrag ihrer Rivalität gegenüber.

Der Timuride war ein echter Mongole, Enkel Timurs und von mütterlicher Seite her von dem Chingis-Khan abstammend. Da aber sein Volk – durch die Vernichtungstaten seines Ahnen wie die seines Großvaters – in den Ruf barbarischer Grausamkeit gekommen war, gab sich dieser Nachfahre, der in der

* Der Ausdruck »Dyarchie« bezeichnete in Indien das System der Verfassung von 1919, das neben die britische Verwaltung für eine bestimmte Anzahl der sogenannten »transferred subjects« eine neue Hierarchie in indischer Hand schuf. Dadurch in Indien gebräuchlich geworden, mag er hier die politische Lage im Gangestal kennzeichnen, nämlich die Versuche der beiden ersten Moguln, gegen den Staat des Sher Shah ihren neuen zu setzen.

5. Generation in dem kulturell hochentwickelten Transoxanien eine gute Bildung erworben hatte, lieber als »Turki« aus, während sein Sohn Humayun auch diese Stufe als ungenügend empfand und zum Träger der persischen Kultur wurde, die dann das höfische Milieu der Moguln geprägt hat.

Babur entstammte einem Geschlecht, das zum Herrschen geboren war. Von ihrem Weltreich in Zentral- und Vorderasien führten seine Vorfahren den Kaisertitel »Padshah«, und auch Babur hielt sich für berechtigt, ihn für sein künftiges indisches Reich vorweg anzunehmen, wodurch er den in Indien in Verruf gekommenen Titel »Sultan« vermied. Allerdings hatte sein Geschlecht trotz höherer Kultur das altmongolische Stammesprinzip der Erbteilung noch nicht überwunden. Da nach der Errichtung eines wirklichen Reiches durch Akbar die Staatsräson verlangte, daß es ungeteilt fortbestehen müßte, wurde die ungeregelte Thronfolge oft durch den Kampf aller Prätendenten untereinander ersetzt; oder der Stärkste ließ alle übrigen Bewerber aus dem Wege räumen (durch Mord, Blendung, oder indem der Sohn den Vater einfach gefangen setzte). So brach der alte mongolische Zug zur Grausamkeit innerhalb der kaiserlichen Familie immer wieder durch, was nicht nur den Ruf dieser Dynastie verdunkelt, sondern auch die Haltbarkeit ihres neuen Staates oft in Frage gestellt hat.

Als letzter Sproß des Chagatai-Zweiges der Timuriden fand Babur als halbwüchsiger Bub die Aufgabe vor, sein väterliches Erbe, Ferghana, gegen Nebenbuhler zurückzugewinnen. Sein Lebenstraum blieb, Samarkand, seine eigentliche Hauptstadt, den Özbegen wieder zu entreißen. Für dieses große Ziel wollte er sich aus Indien die Geldmittel holen; an eine territoriale Eroberung indischer Gebiete hat er anfangs nicht gedacht. So erklärt sich, daß er nur mit einer kleinen Truppenmacht aufbrach – etwa 12 000 Reitern –, also der Zahl, mit der Malik Kafur seine Plünderungszüge im Dekkhan durchgeführt hatte. Wohl aber besaß er Artillerie, wobei er die sachverständige Bedienung, Byzantiner und Portugiesen, überredet hatte, für die Dauer ihrer Dienstzeit den Islam formell anzunehmen. Mit dieser Truppe gelang es ihm, die beiden ersten entscheidenden Feldschlachten gegen große Übermacht zu gewinnen: bei Panipat gegen die Lodis (1526) und bei Khanua (in der Nähe von Agra) gegen das riesige Heer der vereinigten Rajputen.

Ob ihm damals noch der Gedanke gekommen ist, mit der

reichen Beute wieder heimzukehren, um Samarkand zu erobern? Jedenfalls ereilte ihn der Tod mitten in den Vorbereitungen zu einem Feldzug, in dem er die Entscheidung gegen Sher Shah suchen wollte (1530).

*Sher Shah** entstammt einer afghanischen Familie, die schon in zweiter Generation in Indien lebte und ihr kleines Lehen in Süd-Bihar zu einem kräftigen Staat ausgebaut hatte. Sein politischer Lebenstraum war ebenfalls, diesen staatlichen Kern zu einem Reich zu erweitern, das dem alten Gangesreich gleichkäme. In Babur erkannte er sofort seinen großen Rivalen, hat aber eine Feldschlacht erst seinem Sohne Humayun geliefert, den er besiegte.

Er eroberte einen großen Teil von Bengalen und dehnte sein Reich westwärts bis zum Industal und nach Rajasthan aus. Er hätte »Kaiser von Hindostan« werden können; denn als er den fliehenden Humayun 1540 vor sich herjagte, bestand in Nordindien kein Machtfaktor mehr, der ihm diesen Siegespreis hätte streitig machen können. Da starb auch er.

Humayun hatte von seinem früh verstorbenen Vater (er starb 47jährig) keine feste staatliche Gründung geerbt, wie Sher Shah sie sich geschaffen hatte. Er mußte sich bemühen, die Ansprüche seines Vaters zu vertreten und seine Hoffnungen zu verwirklichen. Er überwand zwar die Lodis, konnte auch Gujarat besetzen und dort als erster Timuride das Meer erreichen; aber gegen Sher Shah versagte er. Weder konnte er dessen Festung Chunar nehmen noch verhindern, daß jener sich Bengalen aneignete. Als er ihm dorthin folgte, schnitt ihm Sher Shah den Rückweg ab, schlug ihn entscheidend (1539) und zwang ihn zur Flucht außer Landes. Nach ziellosem Umherirren im Industal suchte er Zuflucht beim Shah von Persien, *Tahmasp*, der ihn freundlich aufnahm, aber die erhoffte militärische Hilfe erst nach jahrelangen Bemühungen gewährte und auch dann in der Form, daß Humayun mit einem iranischen Reiterkorps als *Beauftragter* des Shahs Kandahar zurückerobern sollte. Das gelang. Humayun ließ die Festung dem Thronerben des Irans huldigen, behielt aber entgegen der Abrede die Stadt in der Hand und benutzte die Reiter dazu, erneut in »Hindostan« einzubrechen.

Seine Aussichten wuchsen, da gerade in diesem Moment Sher

* Der Name bedeutet »Tiger«, weil er einen solchen mit einem Säbelhieb getötet haben soll.

Shah starb. Ehe er jedoch die Gunst der Stunde ausnutzen konnte, endete er selbst durch Sturz von der Treppe (1556). Er hinterließ Nordindien etwa in dem gleichen Zustand, den Babur vorgefunden hatte. Der Wirrwarr wurde noch dadurch vergrößert, daß auch die Erben des Sher Shah Streit untereinander begannen.

Sher Shah hatte einen für die damalige Zeit mustergültigen Staat errichtet, eine richtige Verwaltung und ein durchdachtes Steuerwesen geschaffen, bei dem die Landabgabe auf sorgfältigen Messungen und Einschätzungen basierte, hatte ein Netz neuer Straßen gebaut und eine Währung eingeführt, die einen ungleich verbesserten Geldumlauf ermöglichte; und das meiste davon in den fünf Jahren von 1540–45, bevor er bei der Belagerung des vielumkämpften Kalinjar mit 72 Jahren fiel. Seine untüchtigen Erben vergeudeten die Kraft des Staates in Erbfolgekämpfen, von denen nur einer Nutzen zog: der kluge Minister *Hemu*, ein Großhändler in Salz, vom Bekenntnis der Jainas, der bei der Unentschlossenheit seiner zerstrittenen Herren den erstaunlichen Entschluß faßte, sich unter dem Titel eines Rajas Vikramaditya zum Herrscher in Delhi zu proklamieren – eine Selbsterhebung, der allerdings nach wenigen Monaten (1556–57) der Tod ein Ende machte. Damit verschwand auch der letzte Rest dieses afghanischen Großstaats.

Das Schicksal dieser drei Herrscher mutet tragisch an. Babur und Sher Shah waren beide ausgesprochen beanlagte Herrschernaturen, und Humayun hätte ihnen gleichwertig werden können, wenn sich dieser vergnügungssüchtige Opiumraucher nicht selbst gelähmt hätte. Keiner von den dreien hat das durchführen können, wozu ihn seine Anlagen befähigten. Alle drei sind durch plötzlichen Tod vorzeitig aus ihrer Bahn gerissen worden; keiner von ihnen hat ein bleibendes Erbe hinterlassen. Trotzdem hat diese Zwischenperiode eine Wirkung von geschichtlicher Tragweite herbeigeführt: Babur und Humayun haben die Timuriden in die indische Politik eingeführt und ihrem Geschlecht den Anspruch auf Macht in Nordindien verschafft; Sher Shah hat in seinem vorzüglich durchgebildeten Staatswesen den ersten echten Moslemstaat auf indischem Boden geschaffen, der dem großen Akbar als willkommenes Muster gedient hat. Allerdings sind alle drei für die einheimische Bevölkerung »Fremde« geblieben. Sher Shah war und blieb Afghane. Die Timuriden waren Neukömmlinge in Indien.

Babur und Humayun sind nur kurz in Indien gewesen: Babur von seinem 43. bis 47. Lebensjahr, Humayun vom 30. bis 47. und dann nochmals 1¼ Jahr vor seinem Tode im Alter von 60 Jahren.

Sie haben keine Zeit gehabt, in Indien heimisch zu werden, und was sie hinterließen, war ein Zustand, bei dem Akbar wieder von vorn anfangen mußte.

Kapitel 30

Das Mogulreich von Akbar bis Shahjahan 1555–1659

Akbar, der Begründer des Mogulreichs, ist nicht nur als Persönlichkeit der größte Herrscher, den die Moslems in Indien hervorgebracht haben, sondern auch der erste, mit dem ein geistig hochstehender Moslem mit echten staatsmännischen Qualitäten auf den Thron gelangte. Von seinen Vorfahren trennt ihn zeitlich ein großer Unterschied der Generation insofern, als er 45 Jahre jünger war als sein Vater. Die drei Rivalen des »Interregnums« entstammten noch dem 15. Jahrhundert: Sher Shah war 1472 geboren, Babur 1483 und Humayun 1497, Akbar aber 1542. Was ein solcher Zeitabstand bedeutet, lehrt ein Vergleich mit Europa. Humayun war ein Zeitgenosse des Kaisers Max I., des »letzten Ritters«; Akbars Zeitgenossen waren Henri IV. von Frankreich und Kaiser Rudolf II., also eine Generation, die sich sehr stark von der vorangegangenen unterschied – auch in Indien.

Akbar war der erste Timuride, der auf indischem Boden geboren wurde (in Sindh). Sein Großvater fand Indien »schrecklich« und sehnte sich nach Samarkand. Sein Vater, in Kabul geboren, hätte vielleicht gelernt, Indien als Heimat zu betrachten, aber sein Schicksal stand dem entgegen. Akbar hatte mehr Aussicht, auf indischem Boden heimisch zu werden; allerdings fühlte er sich in keiner Weise als Nachfolger der früheren Machthaber in Delhi. Er hat Delhi peinlich gemieden und sich höchstens in seinem »Fatehpur Sikri« zu Hause gefühlt, wenn er nicht, wie meist, auf Kriegszügen im Zelt lebte, wie es das Schicksal der Timuriden war.

Was ihn von allen Moslemherrschern auszeichnet, ist der tiefe geistige Grund seiner Persönlichkeit, verbunden mit einer Selbständigkeit des Denkens, die damals unerhört war. Die zwanzig Jahre seines inneren Wachstums (1560–82), d. h. von seinem 20. zum 40. Lebensjahr, beginnen mit seiner ersten Pilgerfahrt zum Grab des Moslemheiligen in Ajmer (bei welcher Gelegenheit er seine Frau, eine rajputische Prinzessin, kennenlernte und, selber Sohn einer Rajputin, diese heiratete); sie bringen die tiefe Erschütterung des ersten Attentats auf ihn (1564), die tief bewegende Begegnung mit dem Heiligen Sikri, der die Geburt seines Erben prophezeite; die religiöse Wandlung, die ihn den Islam überwinden ließ; seine ekstatische Vision (1578); sein Dekret über die »Unfehlbarkeit« (1573) und die Gründung seines neuen Ordens für fortgeschrittene Geister, die »Din Iláhi«, die er mit 40 Jahren vollzog. Dazu traten die beiden Ermordungen ihm Nahestehender: zu Beginn die seines Vormunds Bairam Khan (1560) und zum Schluß die des Abul Fazl (1602). Wenige Herrscher gibt es, deren Innenleben so stark durch eigenes religiöses Streben, durch aufrührende Ereignisse und durch eine solche Selbständigkeit im geistigen Denken und Handeln geprägt wurde, wie bei diesem einmaligen Herrscher, und keinen, in dem sich mystische Verinnerlichung und streng rationale Erforschung der Umwelt, wie sie wirklich ist, so vereinigen, wie in ihm. Welch starke Seele muß ein Mann gehabt haben, der in dieser Zeit schlimmster Religionsverfolgungen wagte, sich selbst zum obersten Richter in Glaubensfragen zu bestellen, also die Rechte in Anspruch zu nehmen, die in der damaligen Christenheit dem Papst zustanden! Er machte sich zum »Kalifen« eines aufgeklärten Islams.

Als er im Mai 1562 als 20jähriger die Fesseln der Vormundschaft abstreifte, mußte er darangehen, das wiederzugewinnen, was seine beiden Vorfahren besessen, aber wieder verloren hatten. So baute er in den ersten 20 Jahren seines politischen Lebens in unaufhörlichen Feldzügen das »Gangesreich« wieder auf, doch nun nicht mehr unter einer einheimischen Dynastie, wie die Mauryas, Guptas und Pratiharas, sondern unter der Dynastie der Timuriden, die ohne ein Volk ins Land gekommen waren und sich zunächst nur auf eine Armee fremdstämmiger Söldner stützten. Akbar begann damit in dem Augenblick, als das große Hindureich im Süden, Vijayanagar, in der Schlacht von Talikota seine schwerste Niederlage erlebte. Seine Gegner waren anfangs Moslems, die einstigen Vasallen, die sich in der Zeit der Reichsschwäche losgelöst hatten, oder widerspenstige Angehörige seines eigenen Klans, die dem Zwanzigjährigen die Oberherrschaft mißgönnten.

Zunächst gelang es ihm bzw. seinem Vormund, dem getreuen Bairam, den Kern des Gangestals zu besetzen, Agra, Delhi, das Doab, Jaunpur, und überall die letzten noch aufflackernden Widerstandsreste der dortigen afghanischen Dynastien – der Lodis und der Surs des Sher Shah – zu beseitigen. Als erste der großen Festungen fiel ihm Gwalior zu (1559). Es folgten die Moslemstaaten Malva und Gujarat, das dank seiner überseeischen Verbindungen damals wohl der reichste und politisch bedeutendste Moslemstaat auf indischem Boden geworden war. Der erste Sieg genügte hier nicht; ein sofort beginnender Aufstand nötigte den jungen Kaiser, in 11 Tagen fast 1000 km zu reiten und, mit einer Kavallerie-Division heranrückend, die Annexion des Staates zu besiegeln (1572/73), der dann bis 1758 zum Mogulreich gehören sollte, bis ihn die Marathen befreiten.

Bengalen folgte in den Jahren 1574–1576. Auch dieses reiche Land blieb seitdem unter Moslemherrschaft bis zur Ankunft der Briten; aber wie stets blieb es ein Vasall, dessen Verläßlichkeit schwankte, und hat sich in dieser Zeit nicht selten praktisch höchst selbständig gezeigt. Mit der kampflosen Unterwerfung der kleinen Grafschaft Khandesh hatte Akbar 1577 diesen Teil seiner Aufgabe vollendet, nämlich sich die Moslemvasallen wieder untertan zu machen. Später hat er noch Kaschmir (1586) und Sindh, sein Geburtsland, hinzugefügt und geplant, auch die Moslemstaaten im Dekkhan seinem Reich einzuverleiben – ein Vorhaben, über dem er gestorben ist.

Hindus

Die hartnäckigsten und schwersten Kämpfe aber hatte er mit den noch selbständigen Hinduherrschern zu bestehen. Bevor die Kardinalfrage Akbars, sein Verhältnis zu den Rajputen, behandelt wird, seien die außerhalb Rajasthans liegenden Feldzüge erwähnt. Als erster Herrscher einer Zentralregierung griff Akbar das Gondwanaland an, in dessen dichten Wäldern recht ursprüngliche Stämme bisher noch niemals wirklich »unterworfen« worden waren. Akbar besiegte die letzte Herrscherin,

Durgavati (1564), eine hochgesinnte Frau, die freiwillig aus einem Leben ohne Freiheit schied, deren Sohn jedoch eine vasallenartige Stellung annahm. In den Vindhyabergen eroberte Akbar die beherrschende Festung der alten Chandellas, Kalinjar (1569), und später (1592), nachdem Orissa seinen Rückhalt am Reich von Vijayanagar verloren hatte, ließ er den nördlichen Teil annektieren, um dadurch, ähnlich wie einst Ashoka, einen Einmarschweg in und eine stärkere Flankenstellung gegen den Dekkhan zu bekommen, dessen Eingliederung in sein Reich er gegen Ende seines Lebens plante.

Akbars Stellung zu den *Rajputen* unterschied sich von Anfang an grundlegend von der Einstellung aller seiner islamischen Vorgänger, einschließlich seiner eigenen Vorfahren. Einmal hatte er Rajputenblut in sich, vor allem aber befähigte ihn seine geistig-ethische Entwicklungsstufe, in ihnen nicht nur die »verabscheuungswürdigen Ungläubigen« zu sehen, wie es die primitiven Machthaber von Delhi noch taten, sondern die sittlichen Qualitäten dieser Rasse, ihren Kampfgeist, ihr hochgespanntes Ehrgefühl als *Werte* anzuerkennen. Akbar war eben nicht nur ein großer Soldat, sondern auch ein reicher Geist, der sittliche Vorzüge auch beim Gegner zu bewerten wußte. Die früheren Versuche der Rajputen, mit den Timuriden, in deren Herrschernatur sie etwas Verwandtes spürten, zu einer politischen Zusammenarbeit zu gelangen, waren gescheitert. Babur hatte den machiavellistischen Plan des alten Rana Sanga durchschaut, der ihn zum Bundesgenossen gegen die Lodis hatte benutzen wollen; und Humayun, obwohl er auf seiner Flucht sogar daran dachte, in Mewar Asyl zu suchen, hatte den Hilferuf aus Mewar gegen den Sultan von Gujarat kurzsichtig abgelehnt (1534). Jetzt fand Akbar bei seiner Heimkehr von der Pilgerfahrt nach Ajmer in Amber (Jaipur) am Hofe des dortigen Rajas Bihari Mall, der von den Moslems hart bedrängt wurde, verständnisvolle Aufnahme und in seiner Tochter die Frau, die er zu seiner ersten Gattin machte, und schlug damit die Brücke menschlichen Verständnisses und ritterlicher Hochachtung, die zwischen beiden Welten bisher fehlte. Er nahm Sohn und Enkel seines Schwiegervaters in seinen Dienst, wodurch der junge Raja Man-Singh zu ihm trat, der zu seinem bedeutendsten Heerführer werden sollte, und der sogar auch gegen Rajputen gekämpft hat. So zog Akbar aus dieser Ehe den Gewinn, daß er diese blutsmäßig bisher so fest zusammenhängende Gruppe spaltete; er lernte, Rajputen durch Rajputen zu bekämpfen. Die Geburt des Thronerben aus dieser Ehe, Salim, später Kaiser Jahangir, wurde in zukunftweisender Deutung begangen, indem das Kind nicht nur von dem islamischen Heiligen Sishtri, sondern auch von der größten religiösen Kapazität der Rajputen, der Mira Bai, eingesegnet wurde. Es war ein symbolischer Akt in der Geschichte des Islams auf indischer Erde, der eine neue Ära einleitete, die, wenn auch oft wieder gebrochen, ja von dem geistig beschränkten Urenkel Akbars zertreten, doch das Tor zu einem neuen Verhältnis zwischen den beiden Religionen öffnete. Damit war allerdings das politische Verhältnis beider noch nicht geklärt. Als unumschränkter Herrscher forderte Akbar von allen Fürsten seines Gebiets mindestens die Huldigung als des Obersten Herrn im Reich; und da das Gros der Rajputen durchaus noch im alten Geist des Widerstandes befangen war, waren noch harte Kämpfe durchzustehen. Die Chauhans in Ranthambor gaben als erste nach (1569), ebenso ihre Vettern in Bundi (1568). Die beiden großen Klans in Marwar und Mewar aber haben sich aufs hartnäckigste gewehrt.

Die Rathors waren nach dem Fall von Chitor im Jahre 1534 zum stärksten Rajputenstaat geworden, wurden aber von Sher Shah auf seinem Feldzug von 1544 überwunden. Die Fürsten von Bikaner und Jasailmer unterwarfen sich 1570. Der stärkste Rathor, der Raja von Jodhpur, verlor seine befestigte Burg (1578) und unterwarf sich nach weiteren Kämpfen in den Jahren 1581–95. Der Berg Abu wurde 1576 erstürmt, so daß Akbar sich nach 1580 als Oberherrn von Rajasthan betrachten konnte – außer in Mewar, das am zähesten aushielt.

Dem großen politischen Plan des Rana Sanga war nach seiner schweren Niederlage von 1527 bei Khanua gegen Babur eine Zeit der Schwäche gefolgt, die Gujarat dazu benutzte, die Burg Chitor zu stürmen (1534); aber der Staat erstarkte wieder, so daß Akbar auch hier neu beginnen mußte. Gegen härtesten Widerstand, der erst nachließ, nachdem die beiden tapfersten Kommandanten, Jai Mal* und Patta gefallen waren, fiel Chitor zum dritten und letzten Male in die Gewalt der Moslems (1567); denn nun wurde es aufgegeben, zumal sein militärischer Wert im Zeitalter der Kanonen erlosch. Aber der neue

* Jai Mal soll sogar durch einen Schuß von Akbar persönlich getroffen worden sein.

Fürst, Rana Pratap (1572–97), führte als würdiger Erbe der nationalen Überlieferung seinen Freiheitskampf weiter, obwohl er in der Schlacht von Haldighat (1576) eine schwere Niederlage hinnehmen mußte, die ihm sein Standesgenosse Man Singh im Dienste des Kaisers beibrachte. Akbar mußte selbst noch einen weiteren Feldzug gegen Mewar unternehmen (1599), dem dann erst 1614 die Unterwerfung unter Akbars Nachfolger Jahangir folgte. Sogar dann behaupteten die Sisodias stolz ihre Eigenständigkeit und haben als unabhängige Herrscher erst den britischen Kaiser von Indien wieder anerkannt.

Wenn man rückblickend den ungeheuren Aufwand betrachtet, den erst die Delhi-Machthaber, vor allem Ala-ud-din, dann Sher Shah und endlich Akbar auf die Überwindung des rajputischen Widerstands haben verwenden müssen, ohne doch ihre staatliche Eigenständigkeit auslöschen zu können, mag man sich vorstellen, welches Ergebnis entstanden wäre, wenn diese kriegstüchtigsten Gruppen des damaligen Indien sich zu einem echten Bund auf Leben und Tod zusammengeschlossen und, statt um der Ehre willen ihre »jauhars« zu begehen, einen systematisch fortgesetzten Widerstand gemeinsam durchgeführt hätten. Jedenfalls wären sie vor Einführung der Artillerie in dem verkehrsmäßig unwegsamen Land praktisch unüberwindlich geblieben. Aber der nicht auszurottende Geist der Individualität, in dessen Zeichen jeder Klan lieber allein focht, als sich anderen anzuschließen oder gar zu unterstellen, zersplitterte ihre Kraft, und dies um so mehr, als sich einer nach dem anderen mit einer Oberherrschaft Akbars abfand, der ihnen als erster Moslem freie Ausübung ihrer angestammten Religion gestattete und sie am Hofe auf dem gleichen Niveau behandelte wie seine Moslems. Religiöse Freiheit und gesellschaftliche Gleichstellung, verbunden mit dem Blutzusammenhang der nächsten Kaiser, von denen Jahangir zu 1/2, Shahjahan zu 3/4 vom Blut der Rajputen war, haben schrittweise diesen Wandel herbeigeführt. Nachdem sie seit 750 n. Chr., also über 800 Jahre, in kampf- und geschichtemachender Politik gestanden hatten, wuchsen auch bei ihnen Generationen heran, die des ewigen kleinstaatlichen Lebens und Treibens müde wurden, die örtlichen Fehden aufgaben, ebenso wie den auf die Dauer zwecklosen Widerstand gegen eine großmächtige Zentralgewalt. Viele von ihnen zogen es vor – wie der europäische Hochadel –, aus der Enge ihrer Kleinfürstentümer heraus

Dienste bei einem Kaiser zu nehmen, durch den sie in größere Verhältnisse gelangten und außerdem ihre Einkünfte beträchtlich vermehren konnten. Das Aufblühen der Kultur an den rajputischen Höfen ist großenteils dieser Verwendung im Reichsdienst zu danken. Als solche sind sie sowohl als Statthalter wie als Generale zu den fähigsten und besten Stützen des Reichs unter den drei ersten Kaisern geworden.

Rein militärisch gehört die Leistung Akbars, mit der er sich ein Gebiet von Bengalen bis Afghanistan in der Ausdehnung des alten Gangesreichs, mit der Narbada als Südgrenze, unterworfen hat, zu den größten Leistungen der Kriegsgeschichte; namentlich wenn man bedenkt, daß ihm nicht, wie etwa Napoleon, das große Menschenreservoir einer Nation zur Verfügung stand, sondern nur eine jeweils gebildete Armee aus Söldnern. Diese Machtzusammenballung wurde ständig von Aufständen bedroht; ein gut Teil seiner Energie mußte auf ihre Unterdrückung verwandt werden. Daß sie oft auch aus den Reihen seines eigenen Geschlechts kamen, ist alte Tradition der mongolischen Dynastien. Seine Vettern, die sogenannten »Mirzas«, waren maßgeblich an der Rebellion beteiligt, die in Gujarat kurz nach seinem ersten Siege ausbrach (1572), und sein Stiefbruder empörte sich als Statthalter in Kabul.

Nach Süden gewährte die Narbada eine gute Grenze, zumal Akbar im Gebiet der Gonds sowie in der kleinen Grafschaft Khandesh schon Brückenköpfe gewonnen hatte. Was trieb ihn weiter nach Süden? Sicherlich nicht der Gedanke, aus dem geographischen Subkontinent einen Gesamtstaat zu machen; denn von einer »Einheit Indiens« konnte er als kürzlich eingewanderter Timuride noch keinen Begriff haben, weder von einer »kulturellen«, die er als Moslem ablehnte, noch weniger von einer »nationalen«, an die damals niemand denken konnte. »Hindostan« war für den Moslem der Norden, also das traditionelle Gebiet des Gangesreichs. Wohl aber mag Akbar gefürchtet haben, daß seinem jungen Staat von Süden her Gefahren drohen könnten; er wird von der Stärke des Hindu-Reichs von Vijayanagar gehört und danach die Macht der Moslem-Staaten im Dekkhan bemessen haben, die es zu überwinden galt. Seine Südgrenze gegen diese zu sichern, wird ihm sein politischer Instinkt geraten haben, und das bedeutete zunächst, sie möglichst weit nach Süden vorzuschieben, um den Kern seines Reiches durch ein breites Vorfeld zu schützen. Vielleicht mag in ihm, den die Geschichte zum Herrn eines Islam-Reichs machte, das als Herrschaft einer Minderheit innerlich wenig gefestigt war, der Gedanke entstanden sein, daß der jeweils Stärkere ein gewisses Interventionsrecht gegenüber den schwächeren Nachbarstaaten gleichen Glaubens besäße – oder gar eine Pflicht solcher Art –, ähnlich wie heute die Sowjetregierung ein solches Recht für das kommunistische Lager beansprucht, solange es sich noch im Daseinskampf mit einer nichtkommunistischen Welt befindet. Und endlich wird seinem scharfen politischen Blick die Gefahr aufgegangen sein, die die Portugiesen, dieser neuartige Fremdkörper auf indischem Boden, bildeten, und der Wunsch, sie wieder zu vertreiben, wozu sich die Staaten des Dekkhan, in deren Gebiet sie sich festgesetzt hatten, als nicht fähig erwiesen.

So entstand Akbars Politik gegenüber dem Dekkhan. Als echter Staatsmann und zivilisierter Monarch begann er mit einem diplomatischen Schritt: Er sandte Botschafter an alle moslemischen Dekkhanstaaten mit der Aufforderung, seine Oberhoheit anzuerkennen. Ein »ja« hätte ihm das Recht auf Intervention gegeben und ihn vermutlich zunächst befriedigt. Da aber nur das kleine Khandesh bejahend antwortete, schöpfte er Verdacht und beschloß, diese Staaten, die nun auf eine Eigengeschichte von über 200 Jahren zurücksahen und mit ihrem Sieg von Talikota über das Hindu-Reich von Vijayanagar einen entscheidenden Beitrag zur Behauptung des Islams im Dekkhan geleistet hatten, seine Macht fühlen zu lassen. Vor allem erschien ihm der Staat von Bijapur verdächtig, der nicht nur eine blühende eigene Kultur entwickelte, sondern dem als ketzerisch angesehenen Bekenntnis der Shia angehörte. So griff er den nächsten Nachbarstaat, *Ahmadnagar*, an, der, ähnlich wie Gondwana, von einer energischen und traditionsbewußten Frau verteidigt wurde. Da er für diesen Feldzug keinen seiner Rajputengenerale wählte, lief der Feldzug unter zwei Moslems schlecht an, so daß die kühne Regentin Chand Bibi mit Abtretung von Berar einen Waffenstillstand erreichte. Aber ihr Landadel brach den Vertrag und erneuerte den Krieg, der dann mit der Erstürmung der befestigten Hauptstadt endete (1600). Seine Annexion erfolgte erst durch Shahjahan. *Khandesh*, das dem Kaiser schon gehuldigt hatte, rebellierte angesichts dieser Ereignisse. Akbar eilte von der Nordwestgrenze herbei (1599). Er vermochte allerdings die stärkste Festung in diesem Raum,

Asigarh, mit militärischen Mitteln nicht zu bezwingen und griff zum Verrat: Er lockte den Fürsten in sein Lager und brach das versprochene Freigeleit, so daß seine letzte Eroberung einen unschönen Flecken auf seinem Charakter hinterläßt. Weitere Pläne vereitelte sein Tod (1605).

Der indische Staat der Timuriden

Das militärische Genie Akbars, mit dem er in einer erstaunlich kurzen Zeit das gewaltige Reich zusammenfügte, das als *Mogulreich* in die Geschichte eingegangen ist, wird noch übertroffen durch sein staatspolitisches Genie, indem er nämlich erkannte, was an den früheren moslemischen Staatsgebilden auf indischem Boden falsch gewesen war: die Fiktion zu regieren, *als ob* das Land ein »dar-ul-Islam« wäre, was sich als unvereinbar mit der Wirklichkeit erwies. Wenn eine fremde Macht ein fremdes Gebiet besetzt, so errichtet sie eine »Okkupationsverwaltung«, deren Hauptaufgabe die Aufrechterhaltung der Macht gegenüber der unterworfenen Bevölkerung ist. Die einheimische Bevölkerung nimmt an ihr keinen aktiven Anteil – es sei denn in subalterner Weise. Wer es tut, gilt als Kollaborateur. Über dieses System war das Delhiregime niemals hinausgelangt und hat dabei weder die Ordnung aufrecht erhalten noch das eroberte Land nach außen verteidigen können.

Diesen Mißerfolg einer 300jährigen Moslemherrschaft hatte Akbar vor Augen, als er begann, sein »Reich« zu einem wirklichen Staat zu gestalten, d. h. also, die Beherrschten als aktive Teilnehmer heranzuziehen. Mag es sich dabei auch nur um eine Oberschicht gehandelt haben, wie es im System des aufgeklärten Despotismus unvermeidlich ist, so wurde seine Monarchie doch immerhin zu einer »aufgeklärten«. Sie beendet das System der zwei getrennten Welten – hier ausbeutende Moslems, dort unterdrückte Hindus. Vorbedingung dafür war allerdings die kaiserliche Anerkennung ihres Rechts auf Bewahrung ihrer angestammten Religion. Und so wurde Akbar zum ersten Moslemherrscher, der den wichtigsten Grundsatz jeder indischen Staatspraxis erkannte und durchführte: daß man einen indischen Staat nur auf eine *alle* Gruppen verbindende *weltliche*, also überkonfessionelle Grundlage stellen könnte, wenn er Beständigkeit versprechen sollte. Das galt besonders, seit es in Indien durch den Einbruch des Islams zwei kulturell getrennte

Geisteswelten gab, die sich auch bei gutem Willen – wie der brave Kabir erhoffte – niemals wieder zu einer einheitlichen Kultur zusammenfügen würden. Der Grundsatz seines ausgezeichneten Lehrers Bairam, »Sulhi-i-Kull« (etwa »Frieden durch Duldung aller«), mußte daher für Akbar zum leitenden Prinzip seiner Staatspolitik werden. Ob man das »Toleranz« nennen will, und mit welchen praktischen Maßnahmen das Prinzip jeweils durchgeführt wurde, erscheint nebensächlich. Wesentlich war, daß Akbar diese Linie nun praktisch einschlug und sie durchhielt – trotz aller Widerstände, die sich in der Menge der beschränkten Köpfe regen mochten.

Er schaffte zunächst die Steuer auf hinduistische Pilgerfahrten ab, dann die entwürdigende Abgabe der »jizya«. Er enthielt sich neuer Zerstörungen von Hindutempeln, ja gestattete gelegentlich sogar den Bau neuer, wie z. B. die Wiedererrichtung des großen Tempels von Mathura. Er verbot, kriegsgefangene Hindus und ihre Angehörigen als Sklaven zu verkaufen. Vor allem aber öffnete er den Staatsdienst auch den Hindus. In leitenden Stellungen der Zentralregierung verwandte er die Rajas Birhal und Raghunat, den Brahmanen Bikramojit und bestellte schließlich sogar zum Ministerpräsidenten einen Hindu, den ausgezeichneten Todar Mall, einen der begabtesten und einsichtigsten Administratoren jener Zeit. Endlich zog er weitgehend die Rajputen heran. So schuf er einen Staat, der nicht mehr ausschließlich *gegen* die Hindus gerichtet war, sondern mit ihnen aufgebaut und verwaltet wurde. Und so entstand zum ersten Male seit 1200 in der einheimischen Bevölkerung das Gefühl, daß der Kaiser und seine Regierung auch für sie da wären und sie, wenn auch noch nicht als gleichberechtigte Partner, so doch nicht mehr als eine rechtlose Masse betrachteten. Es war nach den abgelaufenen 500 Jahren der Moslemherrschaft in Nordindien die Tat eines Genies, wie es die Geschichte nur alle paar Jahrhunderte hervorbringt.

Für Akbar muß die Frage, wieweit er seine eigene Religion dem Staatsinteresse opfern dürfte, ein quälendes Problem gewesen sein; denn er war innerlich ein tief frommer und gläubiger Mensch. Um Klarheit zu gewinnen, veranstaltete er die Religionsgespräche in Fatehpur Sikri, zu denen er Vertreter aller indischen Richtungen, auch solche des Christentums hinzuzog (keine Vertreter der syrischen Christen in Malabar, sondern Jesuiten aus Goa). Aus ihnen gewann er die Erkenntnis, daß er die religiösen Spannungen nur beheben könnte, wenn er sich selbst das Recht zuspräche, oberster Richter in religiösen Fragen zu sein (1573), womit er sich also gleichberechtigt neben den Kalifen stellte. Hierauf gestützt, schuf er eine überkonfessionelle geistige Basis, auf der sich Angehörige aller Religionen, die guten Willens waren, finden konnten. Sein »Din *Ilahi*« ist die Quintessenz aller Religionen, in der sämtliche irdisch bedingten Widersprüche sich auflösen sollten – ähnlich wie es später der Brahmo Samaj zu kulturpolitischen Zwecken versucht hat. Seine Lehre war sicherlich nicht als eine Religion für das Volk gedacht, sondern als eine geistige Basis für alle diejenigen, die einen Staat bejahen und mittragen wollten, der nun einmal mit einer Vielheit religiöser Bekenntnisse rechnen mußte. Sie war ein »Orden« für eine geistige Elite, der nur ihr offenstand, soweit sie sich mit dem Kaiser zu dem neuen Reichsgedanken bekannte, und war insofern die logische Folge seiner Politik; denn sie diente als *Keim* einer Reichsreligion. Wer in diese enge Gemeinschaft eintrat oder zugelassen wurde, konnte – so darf vermutet werden – privat getrost seinen alten Glauben beibehalten. Er hatte nur zu bekennen, daß er sich im Sinne dieser neuen Lehre mit den Andersgläubigen vor Gott, dem Kaiser und dem Staat verbunden fühlte. Ähnlich hat Japan die Religionsfrage gelöst, als es sich zu einem modernen Staat wandelte. Die Shintolehre umfaßt die Pflichten, die jeder Japaner als Staatsbürger zu beachten hat, während er für seine eigene Seele und für das Leben nach dem Tode frei ist, sich irgendeiner Religion anzuschließen, die über transzendente Probleme etwas aussagt. Es muß für Akbar nicht leicht gewesen sein, jeweils zu entscheiden, welche Reform er wagen, und bis zu welchem Punkt er sie durchführen konnte – wie Nehru beim Neubau des indischen Staats vor ähnliche Probleme gestellt wurde: in welchem Tempo und mit welchen Teillösungen er einen weltlichen indischen Staat errichten dürfe, ohne die Rückwärtsblickenden zu empören oder die Vorwärtsdrängenden zu enttäuschen. Jedenfalls ging Akbar weit genug, um die Rajputen, und mit ihnen das aktivste und militärisch tüchtigste Element, zu einem großen Teil auf seine Seite herüberzuziehen. Aber der islamischen Orthodoxie ging er natürlich viel zu weit. Für sie waren alle diese Maßnahmen »ketzerisch«.

Die heikelste Frage für den Moslem war, daß der Islam in einem Lande seiner Herrschaft nur ein rechtgläubiges Staatsoberhaupt kennt, wogegen Akbar schrittweise die Anerkennung als eines solchen einbüßen mußte. Für das Oberhaupt eines Staates, der den Moslems unter der Fiktion erschien, ein »dar-ul-Islam« zu sein, bedeutete die Abkehr vom »rechten Glauben« einen schwerwiegenden Bruch mit der Lehre des Propheten. Selbst heute, nach weiteren 400 Jahren, wäre es einem Pakistani unvorstellbar, als Staatsoberhaupt einen Nichtmoslem zu haben, während im säkularen Indien ein Moslem vom ganzen Volke zum Präsidenten gewählt werden konnte. So mußte Akbar auf einem schmalen Grat balancieren: zwischen der Notwendigkeit, als Oberhaupt eines »islamischen« Staats anerkannt zu bleiben, und dem Ziel, die Masse seiner Untertanen mit einer verständigen Versöhnungsformel zu vereinen. Verständlich, daß seine minder genialen Nachfolger dieses Kunststück eines Seiltänzers nicht mit gleichem Geschick weiterzuführen vermochten. Aber gerade darin zeigt sich die einzigartige Größe dieses Genies auf dem Thron. Indien hat wohl kaum einen zweiten Herrscher gehabt, der tiefe Religiosität, staatsmännisches Geschick und kluge Taktik mit so vollendeter Kunst vereinte, wie Akbar.

Auf eine solche einmalige Höhe mußte ein Absinken folgen; und die ersten beiden Nachfolger Akbars blieben an staatsmännischem Format hinter ihm zurück. Immerhin haben beide, Jahangir wie Shahjahan, die Grundlagen seines Staates beibehalten und versucht, seine Innenpolitik fortzuführen. Vielleicht hätte Akbar in einem politischen Testament seinen Nachfolgern die Gründe seiner Politik darlegen und ihnen ihre Beachtung zur Pflicht machen sollen; denn natürlich regten sich die Widerstände ungleich stärker, nachdem sein überragendes Genie und seine persönliche Autorität fortfielen. Auch hat die Tatsache, daß sein Sohn Jahangir zu 50 Prozent und sein Enkel Shahjahan gar zu 75 Prozent rajputischen Bluts waren, ihnen ihre Aufgabe nicht erleichtert, sondern sie in den Augen der Orthodoxie eher verdächtig gemacht. So mußte Jahangir schon bei seiner Thronbesteigung den orthodoxen Kreisen, die Akbars Regime unwillig ertragen hatten, Zugeständnisse machen, und Shahjahan wurde zu noch stärkerem Abweichen von der Linie seines Großvaters getrieben. Neubauten von Hindu-Tempeln wurden inhibiert, zahlreiche zerstört, die anti-indische Pilgersteuer wiedereingeführt, und 1632 erfolgte ein direktes Verbot, Hindu-Tempel neu zu errichten. Sonst aber wurde der Hinduismus geduldet, und Jahangir heiratete sieben Hindufrauen. Die Christen wurden gleichfalls geduldet und den Jesuiten nach kurzem Widerstreben aufs neue erlaubt zu predigen. Der schwerste politische Fehler Jahangirs war die Hinrichtung des Oberhaupts der Sikhgemeinde, des Guru Arjuna, der lediglich einem rebellischen Prinzen auf seiner Flucht mit Geld ausgeholfen hatte und dafür zu Tode gemartert wurde. Ob der Kaiser wirklich von einem »Hochverrat« überzeugt war oder nicht: Jedenfalls machte er diese bisher unpolitische Sekte, die sogar eine Verständigung mit dem Islam angestrebt hatte, nun zum bitteren Feind seiner Dynastie. Häßlich war auch, daß der Verkauf von Kriegsgefangenen als Sklaven wiedereingeführt wurde. Die Verwaltung lief einigermaßen weiter, obwohl die Regierung einer der schwersten Hungerepidemien der indischen Geschichte teilnahmslos oder unfähig gegenüberstand.

Das Verhältnis zu den Rajputen, die nach wie vor einen der stärksten Pfeiler des Reichs bildeten, wurde aufrechterhalten. Jahangir konnte den Erfolg buchen, von einem kampfmüden Rana in Udaipur die Anerkennung seiner kaiserlichen Oberhoheit zu erreichen (1614).

So kann, wenn auch mit manchen Einschränkungen, gesagt werden, daß beide Herrscher die Politik Akbars noch einigermaßen fortgesetzt haben; jedenfalls haben sie das Reich Akbars Urenkel Aurangzeb noch verhältnismäßig intakt übergeben.

Das gilt allerdings mit einer wichtigen Einschränkung: der Finanzgebarung. Hier hatte zwar Todar Mall unter kluger Ausnutzung der musterhaften Einrichtungen des Sher Shah die Finanz- und Steuerverwaltung reorganisiert; er hatte dabei die Landabgaben aufgrund sachlicher Vermessungen und Schätzungen revidiert und sogar eine gewisse Kontrolle der Jagidars geschaffen, denen die Steuerbeitreibung immer noch oblag. Aber der gewaltige Aufwand, den die Kriege und der rasch zunehmende, oft sinnlose Luxus der herrschenden Schicht verlangten, mußte alle verständigen Voranschläge wieder umwerfen. Da lag es nahe, sich an die bequemen Praktiken früherer Dynastien zu erinnern, die ein Defizit in der Staatskasse durch Ausplünderung benachbarter Gebiete zu decken pflegten. Hierzu boten sich die Länder des Dekkhan in verlockender Form an. Denn während die Mißwirtschaft des Delhi-Regimes die Produktionskraft Nordindiens heruntergedrückt hatte, waren im Dekkhan verständige Moslem-Dynastien erfolgreich bemüht gewesen, das wirtschaftliche Niveau ihrer Gebiete zu heben. Das wird ersichtlich aus der Übersicht der Erträge, die die verschiedenen Provinzen des Mogulreichs später abwarfen, wobei die Dekkhangebiete mit Abstand zu den ertragreichsten rechneten. So erklärt sich der Drang der späteren Mogulherrscher, sich diese Einnahmequellen zu erschließen. So begann Shahjahàn aus Geldbedarf sie zu unterwerfen, und so trieb es vor allem seinen Sohn Aurangzeb, diese Operation zur Hauptaufgabe seiner Politik zu machen, um seine leeren Kassen zu füllen.

Die Masse der Bevölkerung verharrte in dumpfer Passivität. Jedenfalls erwuchs auch unter der aufgeklärten Regierung Akbars kein bewußtes Gemeinschaftsgefühl bei seinen Untertanen; eher begann jene Spaltung, die man später als »Zwei-Nationen-Theorie« ausgegeben hat, indem die Moslems als die dominante Minderheit sich gegen die Masse der unterdrückten Hindus absetzten. Aber selbst die Moslems haben sich nicht als eine »Nation« gefühlt. Schon die Gegensätze innerhalb des Herrscherhauses, die bei jedem Thronwechsel zu blutigen Kriegen ausarteten, sowie die beginnenden Kämpfe gegen die Moslem-Staaten im Dekkhan sprechen dagegen; ähnlich die Gegensätze zwischen den früher und später ins Land Gekommenen, wie sie sich im Dekkhan als »Dekkhanis« und »Pardesis« offen befehdeten. Wohl aber entstanden im Lager der Hindus trotz aller Kastenschranken Keime eines gewissen Solidaritätsgefühls. Die gemeinsame Not schuf eine Schicksalsverbundenheit, die in der religiösen Erneuerung der damaligen Zeit ihren Ausdruck fand und von ihr belebt wurde. Aber auch das blieben Keime. Im Zusammenbruch des Mogulreichs hat sich weder auf seiten des Moslems noch auf der der Hindus ein politischer Gesamtwille geäußert, der auf ein politisches Gemeinschaftsgefühl hätte schließen lassen.

Kapitel 31

Zur Außenpolitik des Mogulreichs

Mit der Errichtung des Mogulreichs durch *Akbar* entstand eine weltpolitische Lage, bei der drei islamische Großmächte eine Vorrangstellung einnahmen, wie es seitdem nie wieder vorgekommen ist. Das Osmanische Reich im Westen, das Persische in der Mitte und das neue Reich der Timuriden auf dem indischen Subkontinent bildeten ein Mächtedreieck, das sich von Wien bis an die Grenzen Chinas erstreckte und keinen ebenbürtigen Rivalen mehr hatte. Denn *China* befand sich damals auf einem Tiefstand seiner Macht; die große Zeit der Ming-Dynastie wurde durch die Eroberung der Mandschus abgelöst, die zunächst ihre Herrschaft konsolidieren mußten: erst 1644 nahmen sie Peking, also zur Zeit des Shahjahan, und erst im 18. Jahrhundert wurden sie fähig, wieder weiter auszugreifen. *Europa* war durch seine Religionskriege gelähmt. Selbst nach dem Westfälischen Frieden vermochten die Osmanen durch ihr Bündnis mit Frankreich die christliche Front zu spalten und erneut bis Wien vorzudringen. Erst sehr tastend begannen Portugiesen und Briten in kleinen Gruppen asiatische Häfen zu betreten. Die kommende eurasische Weltmacht, *Rußland,* befreite sich schrittweise vom Joch der Mongolen, die noch 1571 Moskau niederbrennen konnten. Zu Beginn von Akbars Regierungszeit gelang es den Russen, das Wolga-Ufer zu erreichen (1556), und erst um 1700, also zur Zeit Aurangzebs, faßten sie den Gedanken, als Beschützer der Christenheit im Osten politisch tätig zu werden und damit in anderer Form den Gedanken der Kreuzzüge wider den Islam zu erneuern. Im 16. Jahrhundert streiften ihre Kosaken durch Sibirien, wo sie 1587 Tobolsk gründeten, und gingen gegen Buchara, also gegen den Staat der Özbegen vor.

Dieser kleine Staat der Özbegen sollte zum Spaltpilz zwischen den drei islamischen Großmächten werden. Wieder war es die Nordwestecke, die auch Akbar Sorge bereitete. Als eins der letzten Glieder jener langen Kette von Nomaden- und Steppenvölkern waren die *Özbegen,* den Mongolen folgend, nach Transoxanien gelangt und hatten den jungen Babur um sein väterliches Erbe gebracht. Sie nahmen seine Hauptstadt

Samarkand ein und verfolgten ihn selbst bis nach Kabul. Unter einem Nachkommen des Chingis-Khan errichteten sie einen Staat, nahmen den Islam an (in sunnitischer Form) und erweiterten ihr Gebiet, indem ihre bedeutenden Herrscher *Shybani* und *Abd'Allah* Buchara und Baktrien hinzufügten. Dieser ungestüme Expansionsdrang erregte Sorgen sowohl im Iran wie bei den Moguln, die in den Özbegen die Erbfeinde ihres Hauses erblickten. Die geschichtliche Erfahrung lehrt, daß wer schon am Hindukusch steht, rasch auch in das Industal gelangt. Schon diese Tatsache erklärt, daß Akbar beinah 13 Jahre in Lahore residiert hat. Aber das war nicht der einzige Grund. Die Özbegen waren durch ihr sunnitisches Bekenntnis wie durch die türkische Sprache, die sie angenommen hatten, dem Osmanischen Reich eng verbunden; und so dauerte es nicht lange, bis die Kalifen in ihnen einen willkommenen Prellbock gegen den schiitischen Iran erkannten und sie kräftig unterstützten. So ergab sich die Lage, daß jeder Vorstoß der Özbegen – sei es gegen Kabul oder gegen das Industal – die Beziehungen der drei Großmächte unter sich berührte. Wer nicht bedroht wurde, sah sich vor die Frage gestellt, ob er die Gefährdung des anderen als willkommene Entlastung des eigenen Staates ansehen oder mit ihm solidarisch auftreten sollte gegen einen Angreifer, der allen dreien noch als »halbbarbarisch« galt. Vor allem mußte Akbar prüfen, ob er die bisher befolgte Politik gegenüber dem Kalifen – möglichst jeden Kontakt zu ihm zu vermeiden, um der heiklen Frage auszuweichen, ob man ihn als »geistlichen Oberherrn« anerkennen sollte – nicht ändern müsse angesichts der Tatsache, daß jede energische Maßnahme gegen die Özbegen den Unwillen des Kalifen und damit des Osmanischen Reichs erregen würde. Hinzu kam, daß viele Özbegen als Söldner wie als Beamte im Dienst der Moguln standen, also von Istambul in Spannungszeiten leicht als eine Art »Fünfter Kolonne« gebraucht werden konnten.

Der Konflikt begann für Akbar mit einer Verschwörung, die diese Özbegen in Bengalen gegen ihn anzettelten, und setzte sich in Kabul fort, wo sie die Erhebung seines Stiefbruders unterstützten. Als kurz darauf im Iran der Shah Tahmasp starb – der Gönner von Babur und Humayun –, hielt der Özbegenherrscher *Abd'Allah* die Stunde für gekommen, um das iranische Reich zu vernichten. Er bot Akbar ein Bündnis an, um mit dem Kalifen zusammen, also in einem »sunnitischen Dreibund«, gegen den Iran vorzugehen. Akbar führte sein Heer nach Kabul (August 1581) und überwand seinen rebellischen Bruder. Den Özbegen, die er bei der damaligen Schwäche des Irans zunächst für die größere Gefahr hielt, antwortete er freundlich ausweichend und regte seinerseits ein Abkommen zur Befriedung der beiderseitigen Grenzen an – ein weiser Schritt. Gleichzeitig ließ er die Straße über den Khaiber-Paß für größere Transporte ausbauen und den von Babur gegründeten Pufferstaat Badakshan in erhöhten Verteidigungszustand setzen. Die wagemutigen Özbegen griffen den Iran ohne die Unterstützung Akbars an, trafen aber auf den neuen Shah, *Abbas* den Großen, der sich militärisch wie politisch wirksam verteidigte. Er schaltete die osmanische Gefahr aus, indem er mit dem Kalifen einen Grenzvertrag schloß, und bot nun seinerseits Akbar ein Bündnis gegen die Özbegen an. Der persische Gesandte, der dieses überraschende Anerbieten überbrachte, hielt sich volle vier Jahre im Hauptquartier Akbars auf, erreichte aber nur, daß Akbar sich – in kluger Abwägung der zu erwartenden Reaktion auf den Kalifen – zu einer diplomatischen Annäherung an den Iran bereit erklärte. Darauf rückte Abbas allein vor und besetzte Herat und Meshed, um sich eine bessere Abwehrposition gegen die Özbegen zu verschaffen. Die allseitig gespannte Lage wurde durch den Tod des Özbegenherrschers *Abd'Allah* gelöst (1598), worauf Akbar nach 13jährigem Aufenthalt an der Nordwestgrenze nach Agra heimkehrte. Die inzwischen im Bereich der Pathan ausgebrochenen Aufstände wurden niedergeschlagen. Akbar befestigte die Sicherung der Nordwestgrenze noch dadurch, daß er 1586 das politisch stets unsichere Kaschmir sowie die weiter südlichen Grenzdistrikte annektierte: Sindh 1590, Belutschistan und die Makranküste 1592, so daß er die alte Reichsgrenze der Mauryas dort wiederherstellte. Da sich inzwischen die Spannung zwischen dem Mogulreich und dem Iran im Streit um Kandahar wieder verschärfte, nahmen die Özbegen ihren alten Plan wieder auf, einen sunnitischen Dreibund gegen den Iran zu bilden, worauf die Perser die ihnen befreundeten Moslem-Staaten im Dekkhan zu härterem Widerstand ermunterten (1621). Akbars Nachfolger, Kaiser Jahangir, wandte sich nunmehr direkt an den Kalifen und veranlaßte dadurch das erste amtliche Schreiben des Kalifen an einen Mogulkaiser (um

1621). Den Özbegen schlug Jahangir den Abschluß eines Grenzvertrags vor, der dann von Shahjahan 1635 förmlich abgeschlossen wurde.

Als dieser Kaiser während eines Thronfolgestreits zwischen zwei özbegischen Brüdern von dem einen um Hilfe angegangen wurde, erblickte er hierin einen Fingerzeig des Schicksals, um seinen geheimen Traum auf Rückgewinnung der alten Timuridenbesitzungen am Oxus zu verwirklichen, und brach zu dem abenteuerlichen Unternehmen auf, diese inzwischen özbegisch gewordenen Gebiete unter Verletzung des Grenzvertrags zurückzuerobern. Die Schwäche des Irans nach dem Tode des großen Abbas (1622) mag mitgespielt haben. In zwei Heeresgruppen fiel die Mogularmee in das Land der Özbegen ein (1645), nahm Balkh (Baktrien), stieß aber in Badakshan auf unerwartet hartnäckigen Widerstand. Der Özbegenherrscher floh zu seinem eigentlichen Feinde, dem Persershah, der ihm sogar Hilfe gegen den vertragsbrüchigen Timuriden anbot. Inzwischen brach der Winter ein, auf den die indischen Truppen in keiner Weise vorbereitet waren, und führte zum Zusammenbruch. Shahjahan betraute seinen Sohn Aurangzeb mit der undankbaren Aufgabe, die Trümmer des Heeres über den tiefverschneiten Hindukusch zurückzuführen – was bei dem 30jährigen Prinzen den Entschluß reifen ließ, diese Träume seiner Vorfahren endgültig aufzugeben, und ihm außerdem gegen die ganze Gegend eine solche Abneigung einflößte, daß er sie später als Kaiser ausgesprochen vernachlässigt hat. So nahm er die Haltung Akbars gegenüber den Özbegen wieder auf und hat während seiner Regierung stets, und meist mit Erfolg, versucht, ein nachbarlich erträgliches Verhältnis zu ihnen aufrechtzuerhalten*. Der Umstand, daß die Özbegen tatsächlich Ruhe hielten, ließ ihn dann allerdings eine neu auftauchende Gefahr übersehen: den drohenden Ansturm der Turkmenen, die unter Nadir Quli nicht nur den Iran eroberten, sondern auch dem Mogulreich den Fangstoß versetzen sollten.

Die Sicherung der Nordwest- und Nordgrenze, die Akbar so erfolgreich begonnen hatte, wurde weiter ausgebaut, indem Jahangir die Festung Kangra, die stärkste am Fuße des Himalaja, einnahm (1620) und Kashtvar dem Reich einfügte (1622),

* Ihr Gebiet hat sich später in die drei Khanate von Khiwa, Buchara und Kokand gespaltet, die im 19. Jahrhundert von dem russischen Zaren erobert wurden.

das die südliche Route nach Kaschmir beherrschte. Die Pathanstämme erhoben sich noch mehrfach, vor allem im Jahre 1672 unter dem Häuptling der Afridis, der sich zum »Herrscher aller Pathans« proklamierte; ebenfalls die Afghanen im Jahre 1674, was Aurangzeb nötigte, persönlich an die ihm unsympathische Nordwestgrenze zu eilen, wo es ihm gelang, mit jener Mischung von Härte und reichen Geschenken, die später den Major Sandemann auszeichnete, die Ruhe wiederherzustellen. Nur mußte er eine mißliche Folge hinnehmen: auf diese kriegstüchtigen Stämme als Rekruten zu verzichten – ein Umstand, der das Hochkommen des Marathenführers Shivaji begünstigt hat.

Die Nordwestgrenze ist von den Moguln gehalten worden – wobei selbst der phantastische Feldzug des Shahjahan nach Transoxanien, die »folie de grandeur«, noch die Wirkung gehabt hat, die jeden präventiven Angriff zur kräftigen Geste der Verteidigung macht. Das Sicherungssystem wurde geschickt ergänzt durch die diplomatischen Beziehungen, die die Timuriden schon unter Humayun zu Kashgar aufgenommen hatten. Seine dorthin geschickte Gesandtschaft vom Jahre 1554 schuf einen freundschaftlichen Kontakt, den Akbar zu einem Bündnis erweiterte (praktisch gegen die Özbegen gerichtet), das Aurangzeb erneuerte, so daß das Mogulreich in Sinkiang (Ostturkestan) über einen Stützpunkt verfügte, der sich für den Fall als wertvoll erweisen würde, daß ein wieder erstarktes China seine Expansion in diese Gegend wiederaufnehmen und dann das lamaistische, also zu Tibet neigende Ladakh, bedrohen würde, das durch die Annexion Kaschmirs (1586) zum Nachbarland des Reiches wurde*.

So segensreich für den Schutz Indiens die Erfolge dieser Politik waren, erforderte eine *wirkliche* Sicherung seiner Westgrenzen auch die Einbeziehung des Gebiets südlich vom Hindukusch, also die volle Wiederherstellung des Glacis, das die Mauryas einst besessen hatten. Da aber dieser Raum – das heutige Afghanistan – damals vom Iran beansprucht wurde, ergab sich hieraus ein ständiger Konflikt mit diesem Nachbarreich.

* Ein indisches Konsulat in Kashgar, das Nehru bei seinen ersten Verhandlungen mit China 1954 nicht durchzusetzen vermochte – trotz Drängens seiner Berater –, hätte zu Beginn der chinesischen Einfälle in Ladakh die völlige Überraschung verhindern können, die er damals erlitt (Mitteilung des damaligen Staatssekretärs *Bajpai* an den Verfasser).

Verhältnis zum Iran

Das damalige Persische Reich erscheint im Vergleich zu dem indischen Mogulreich zwar als das kleinere, war aber staatlich ungleich straffer organisiert. Im Gegensatz zu Indien hatte im Iran nach dem Einbruch der Araber die gesamte Bevölkerung den Islam angenommen, war also religiös wieder einheitlich geworden, ohne in diesem kulturellen Umbruch ihr altpersisches Erbe und ihren hochgespannten Drang nach Eigenständigkeit einzubüßen, und hatte beides auch in den stürmischen Wirren bewahrt, die bei Eroberung durch Chingis-Khan und nach seinem Tode einsetzenden Erfolgekriegen das Land furchtbar mitgenommen hatten. Aus einem Seitenzweig der Timuriden stammend, schuf dann Ismail I. (1500–1524) als erster Seffewide einen kräftigen Staat, den man als einen iranischen Nationalstaat bezeichnet hat. Ihm fehlte allerdings die Herrschaft über die östlichen Provinzen, aus denen sich die Özbegen nur zeitweise vertreiben ließen. Außenpolitisch wurde er an seiner westlichen Grenze ständig durch das mächtige Osmanische Reich bedrängt, griff aber stets, wenn dort Ruhe herrschte, seine alten Ziele an der Ostgrenze wieder auf, teils im Bunde mit, teils in Gegnerschaft zu den Moguln. Baber und Humayun wurden benutzt, um im persischen Interesse gegen die Özbegen und andere unruhige Stämme im heutigen Afghanistan zu kämpfen; beide galten so lange als ungefährlich, als östlich von ihnen der stärkere Staat des Sher Shah bestand. Aber auch dem Kaiser Akbar bot der Shah Abbas der Große (1588–1629) ein Bündnis gegen die Özbegen an, dem Akbar vorsichtig auswich, um seine Beziehungen zum Kalifen nicht zu belasten. Der innere Streit zwischen beiden Mächten drehte sich hauptsächlich um die Stadt Kandahar, die sowohl als Festung wie als Handelsplatz bedeutend war*. Humayun mußte sie für den Shah den Özbegen entreißen, behielt sie dann aber, so daß sie erst nach seinem Tode an den Iran zurückfiel. Akbar gewann sie später kampflos von dem iranischen Gouverneur, der befürchtete, sie gegen die Özbegen nicht halten zu können (1595). Jedenfalls blieb sie umstritten und hielt die Spannung zwischen den beiden Mächten wach. Eine Wendung schien sich mit der

* Ihr Wert als solcher stieg damals in dem Maße, wie es den Portugiesen gelang, die Durchfahrt durch den Persischen Golf zu sperren und den Fernhandel auf den Landweg abzudrängen.

Thronbesteigung Jahangirs anzubahnen, da er mit einer persischen Prinzessin verheiratet war und alles Persische hochschätzte. Anfangs war Shah Abbas einer engeren Verbindung geneigt, da er sich in einem schweren Abwehrkampf gegen die Osmanen befand; kaum aber dieser Sorge ledig, stürzte er sich auf Kandahar, wodurch er die propersischen Sympathien Jahangirs in heiße Wut verwandelte. Aber der große Gegenangriff, den dieser nun plante, kam nicht zustande, da sich sein Sohn – der spätere Kaiser Shahjahan – weigerte, den Oberbefehl zu übernehmen, und es im Hinblick auf eine schwere Erkrankung des Vaters vorzog, in der Hauptstadt zu bleiben – ein Beispiel, wie die innere Zerrissenheit in der Timuridensippe abträglich auf ihre auswärtige Politik wirkte.

Shahjahan, als Kaiser im Vollbesitz der stärksten Macht, die der Subkontinent erlebt hatte, besaß eine ausgesprochene Neigung zu weitreichenden Konzeptionen. Während Akbar sein Reich erst aufbauen und sichern mußte und Aurangzeb später für die auswärtige Politik wenig Verständnis zeigte, drängte es diesen begabten Herrscher danach, machtpolitisch tätig zu werden. Ihm schwebten drei große Ziele vor: seine Grenze gegen den Iran weiter vorzuschieben und vor allem Kandahar wieder zu nehmen – dann die heimatlichen Sitze seines Geschlechts in Transoxanien zurückzugewinnen und endlich, die schiitischen Staaten im Dekkhan unter seine Gewalt zu beugen. Sein politischer Instinkt sagte ihm, daß er hierzu eine geschickte Bündnispolitik benötigte, und so griff er den Gedanken eines »sunnitischen Dreibundes« mit den Özbegen und dem Kalifen seinerseits auf. Er schloß zunächst mit den Özbegen einen gegenseitigen Grenzsicherungsvertrag (1635). Ob er sich dabei klargemacht hat, daß dieser Schritt die Rückeroberung von Transoxanien – dem Kernland der Özbegen – versperren würde, steht dahin; jedenfalls hat er diesen Vertrag dann später leichten Herzens gebrochen.

Im Dekkhan gelang es ihm, die beiden noch unabhängigen Staaten Bijapur und Golkonda durch die Verträge von 1636 und 1637 in außenpolitische Abhängigkeit zu bringen. Auch hatte er das unerwartete Glück, daß ihm – ähnlich wie es Akbar ergangen war – der iranische Kommandant von Kandahar 1638 die Festung auslieferte, um dadurch im Dienst des Kaisers zu hohen Ehrenstellungen zu gelangen. Es war eine Kette von Erfolgen, wie sie mit solchen Methoden kein Mogulherrscher erlangt hat. Offensichtlich von ihnen berauscht, griff er dann auch zu seinem dritten Projekt, Transoxanien zu erobern, also den soeben geschlossenen Vertrag mit den Özbegen zu brechen. Der Mißerfolg, den er dort erlitt, bildete die Peripethie seiner Regierung insofern, als nun der Shah von Persien, Abbas II., kurz entschlossen zupackte und Kandahar wieder nahm (1649), so daß Shahjahan es nur 11 Jahre besessen hat. Seinem Prestige ebenso abträglich waren die drei Feldzüge, die er in den Jahren 1649 bis 1653 unternahm, um Kandahar zurückzugewinnen; und gleich schlimm, daß ihre enormen Kosten die Finanzlage des Reichs erschütterten*.

Auch zeigten sich hier die Mängel im Mogulheer, namentlich bei seiner Artillerie, die den Rückgang der Macht des Reichs schon ankündigten. Nimmt man Kandahar als symptomatischen Gradmesser, dann hat es in den 200 Jahren der Mogulherrschaft nur 72 Jahre zum Reich gehört; in den restlichen 130 Jahren aber zum Iran: Ein bedenkliches Zeichen für die Grenzen der Macht des Mogulreiches.

Hinzu kam der an Größenwahn grenzende Stolz dieses Kaisers, der sich schon in dem transoxanischen Abenteuer gezeigt hatte. Er verleitete ihn dazu, seinen Erfolg im Dekkhan dem Persershah in einem Tone mitzuteilen, der in Isfahan als herablassend empfunden wurde und die Beziehungen zwischen beiden Staaten sehr verschlechterte. Kein Wunder, daß der Iran nun erst recht im Dekkhan hetzte und dort Hilfe in Aussicht stellte, und daß sich der Groll des Shahs in einem Schreiben entlud, das er dem Nachfolger Aurangzeb als »Glückwunsch« zu seiner Thronbesteigung übergeben ließ, und das wohl einmalig in seiner Schärfe die Politik Shahjahans wie das kriminelle Verhalten Aurangzebs gegenüber seinem Vater und seinen Brüdern moralisch verurteilte (1664).

Aurangzeb war damals nicht in der Lage, diese Herausforderung – wie er es gern getan hätte – mit Krieg zu beantworten, aber die diplomatischen Beziehungen zwischen beiden Dynastien erloschen. Als Aurangzebs Sohn, Prinz Akbar, der den Wahnsinn der neuen Hindupolitik seines Vaters erkannte, nach einer rebellischen Erhebung gegen ihn beim Persershah Asyl suchte, ging dieser so weit, ihn mit einer militärischen Intervention gegen Aurangzeb zu betrauen. Nur der

* Man hat errechnet, daß allein diese Feldzüge die Hälfte der riesigen Staatseinnahmen des Reichs verschlungen haben.

Tod des Prinzen 1704 hat diesen außenpolitischen Familienkrieg verhindert. So blieb das Verhältnis der beiden Großmächte in einem Schwebezustand gegenseitiger Ablehnung. Beide siechten dahin. Der Iran geriet in eine Krise durch die falsche Behandlung seiner afghanischen Untertanen und wurde zur Beute der Turkmenen; das Mogulreich siechte dahin durch seine falsche Behandlung der Hindus, vor allem der Rajputen, und wurde zur Beute der Briten. Kein verständiger Versuch ist unternommen worden, weder von der einen noch von der anderen Seite, um eine vernünftige gemeinsame Haltung herbeizuführen, die beiden Reichen bitter notgetan hätte. Der Turkmene Nadir Quli Khan, der sich zum Diktator des Irans aufschwang, übernahm es, die angesammelte Erbitterung der Iraner gegen die Moguln durch seinen riesigen Raubzug von 1739 zu rächen.

Zu betrachten bleibt das Verhältnis der Moguln zum Osmanischen Reich und zum Kalifen.

Beziehungen zum Osmanenreich

Das Osmanische Reich und das Reich der Timuriden auf indischem Boden sind die beiden größten staatlichen Schöpfungen, die der Islam hervorgebracht hat. Räumlich weit voneinander getrennt, daher ohne territoriale Reibungen, waren sie politisch dafür prädestiniert, eine gemeinsame Politik im Interesse des gesamten Islams zu betreiben. Die einzige Streitfrage, die sie trennte, war die, ob der zeitlich jüngere, aber an Macht durchaus ebenbürtige Herrscher von Hindostan das Staatsoberhaupt der Osmanen in seiner Eigenschaft als *Kalif*, also als oberste geistliche Autorität und damit als Haupt der unsichtbaren Gemeinschaft aller dem Islam Ergebenen, anerkennen wollte. Diese Frage, die von den Tughluqs in unterwürfiger Weise geregelt worden war, stellte sich beinah zufällig dem zweiten Timuriden, Humayun, als 1556 ein osmanischer Admiral, der seine Flotte an der indischen Küste verloren hatte, auf der Heimreise über Land am Hofe Humayuns seine Aufwartung machte und dabei den Kaiser im Gespräch nach seiner Einstellung fragte, worauf dieser eine höfliche, aber unverbindliche Antwort gab, die der hohen Autorität des Kalifen immerhin gerecht wurde (damals Suleiman II., der Große, 1520–1566). Der junge Akbar, der mit gutem Instinkt die Bedeutung der Frage für seine internationale Stellung empfand, teilte dem gleichen Kalifen seine Thronbesteigung mit und gebrauchte in dem Schreiben, das er dem erwähnten Admiral mitgab, so ehrerbietige Wendungen für die geistliche und weltliche Größe des osmanischen Herrschers, daß sie einer De-facto-Anerkennung seines Kalifen-Primats nahekamen, obwohl sie sich darauf nicht festlegten. Klar ersichtlich war aber der Wunsch nach freundschaftlichen diplomatischen Beziehungen. Erst Shahjahan hat in einem feierlichen Schreiben vom Jahre 1638 an den Sultan Murad IV. (1623–1640) noch klarer von der Stellung des Kalifen als des göttlichen Lenkers aller islamischer Staaten gesprochen – in Wendungen, die nach den damaligen Machtverhältnissen in Istanbul wohl als das Höchste empfunden werden konnten, was man von einem so mächtigen und fernen Herrscher erwarten durfte. Denn im Grunde konnten die türkischen Sultane damit zufrieden sein, daß keiner der indischen Moslemherrscher (außer einem halb verrückten Khalji) sich anmaßte, selbst den Kalifentitel zu beanspruchen, wie es die Omajjaden von Cordoba getan hatten; und schließlich werden sie gewußt haben, daß auch im christlichen Abendland keiner der großen Kaiser den Primat des Papstes formell anerkannt hat. Die Tatsache, daß diesem Briefe von 1638 ein reger Austausch gegenseitiger Gesandtschaften folgte, läßt vermuten, daß sowohl Murad IV. wie sein Nachfolger Ibrahim (1640–1648) sich mit diesem Stand der Dinge befriedigt abgefunden haben. Seltsamerweise ließ Aurangzeb, der sich gerade als ein besonders frommer Moslem zu geben pflegte, die Fäden zum Kalifen abreißen, indem er seine Thronbesteigung nicht notifizierte und eine spätere Geste des Kalifen Suleiman III. (1687–91) sehr kühl abfertigte.

Vor diesem mehr formalgeistlichen Hintergrund entwickelten sich nun die machtpolitischen Beziehungen zwischen den beiden größten Reichen des Islams. Beide besaßen im Iran den gleichen Nachbarn, dessen expansive Politik beiden feindselig, ja bedrohlich erschien. Der alte Satz, daß »der Nachbar meines Feindes mein gegebener Verbündeter ist«, schien eine Annäherung zwischen den beiden Reichen beinah schicksalsmäßig zu fordern. Auch eine gewisse chronologische Parallelität mag mitgesprochen haben: Beide brachten gleichzeitig ihren größten Herrscher hervor, Suleiman den Großen und Akbar; beide erlebten etwa zu gleicher Zeit ihren Niedergang. Beide aber dürften sich der Tatsache bewußt gesesen sein, daß niemals in der Weltgeschichte der Schwerpunkt der internationalen Politik so stark auf zwei islamischen Reichen gelegen hat wie im 16. und 17. Jahrhundert auf diesen beiden. Welche Möglichkeiten hierin beschlossen waren, zeigte Akbar, als er während einer Spannung zu dem Kalifen den genialen Gedanken faßte, dem König von Spanien und damaligen Herrn von Portugal ein Bündnis gegen die Osmanen anzubieten, das ihm ermöglicht hätte, die auf indischem Boden tätigen Portugiesen für sich zu verwenden.

Einig waren sich die beiden Mächte in ihrem Gegensatz zum Persischen Reich, der in territorialen Konflikten wie in der verschiedenen Art ihres islamischen Kults wurzelte, zumal die Seffewiden die Shia sogar zur Staatsreligion des Irans machten und dadurch das Trennende noch hervorhoben. Heikel blieb die Haltung zu den Özbegen, die der Kalif als seine Schutzbefohlenen betrachtete. Je friedlicher daher die Politik der Moguln ihnen gegenüber verfuhr, desto besser wurde ihr Verhältnis zum Kalifen. Daher genoß Akbar bald sein Vertrauen. Dagegen mußte der Versuch des Shahjahan, Transoxanien zurückzugewinnen, den Kalifen vor den Kopf stoßen, und so kam es, daß gerade er, der in Istanbul als der eifrige Förderer des sunnitischen Dreibunds galt, erleben mußte, daß ein geistreicher Gesandter des Kalifen ihn ironisch fragte, mit welchem Recht er sich eigentlich Herr der Welt (Shah *Jahan)* nenne, wo er doch realiter nur Herrscher von Hindostan wäre.

Beiden Regierungen fehlte zunächst jede direkte Verbindung – eine Folge der Tatsache, daß der Iran sowohl den Seeweg durch den Golf wie den Landweg kontrollierte und man sich scheute, Gesandte durch feindlich gesinntes Gebiet zu senden; auch der Umweg nördlich um das Kaspische Meer herum, den Kaufleute benutzten, wurde schon damals durch Kosaken unsicher gemacht. Erst ein eigenartiger Zwischenfall brach diese Zurückhaltung: Ein betrügerischer Abenteurer führte sich bei Jahangir als Beauftragter des Kalifen ein und konnte als solcher entlarvt werden. Darauf ging eine inoffizielle Delegation nach Istanbul, getarnt unter dem Auftrag, dort Edelsteine zu kaufen. Als dann Shah Abbas mitten im Frieden Kandahar besetzte und damit die persophilen Neigungen Jahangirs auslöschte, richtete dieser seinen ersten direkten Brief an den Kalifen *Murad* IV. (1623–1640) in dem er den Gedanken eines gemeinsamen Vorgehens gegen den »Ruhestörer« im Iran aufgriff. In seinem Antwortschreiben – dem ersten amtlichen Schriftstück, das ein indischer Mogul vom Kalifen erhielt – erklärte dieser sich zwar einverstanden, aber die Durchführung des Plans wurde dadurch vereitelt, daß rasch hintereinander sowohl Jahangir wie Abbas der Große starben (1627 bzw. 1629). Immerhin erhielt Shahjahan, der seine Thronbesteigung dem Kalifen angezeigt hatte, eine würdige Glückwunschgesandtschaft, zu deren Ehren er einen ungewöhnlich prächtigen Empfang veranstaltete, um diese politischen Gespräche wieder in Gang zu bringen. Dann sandte er 1638 seinen ersten bevollmächtigten Botschafter nach Istanbul – abermals getarnt mit dem Auftrag, arabische Pferde einzukaufen. Der Vorschlag, den dieser Botschafter, namens Zarif, überbrachte – ein gemeinsamer Angriff der drei sunnitischen Staaten gegen den Iran – wurde gnädig aufgenommen; aber die schriftliche Formulierung der Antwort wirkte auf den empfindlichen Mogul schwer verstimmend, da sie sehr nüchtern dazu riet, zunächst einmal Kandahar wieder zu nehmen. Die beiderseitigen Minister beschwichtigten den Kaiser mit dem Hinweis darauf, daß der Wortlaut in dem minder gefeilten Türkisch wohl weniger höflich klänge als in dem höfischen Persisch, an das die Moguln gewöhnt waren. Inzwischen starb Murad IV.; sein Nachfolger Ibrahim (1640–48), beraten von dem gleichen Großvezir Mustafa Pascha, bekräftigte seine Bereitwilligkeit. Aber mittlerweile begann Shahjahan seinen Angriff auf Transoxanien und provozierte dadurch den Kalifen aufs schwerste – was sehr ernste Folgen hätte haben können, wenn das Unternehmen nicht so rasch mit einem völligen Mißerfolg geendet hätte (1647). Da daraufhin der neue Shah Abbas II. drohend eingriff, war es für Shahjahan eine willkommene Fügung, daß der Kalif Mohamed IV. (1649–87) vorschlug, die »Achse Istanbul–Agra« zu erneuern. Ein neuer Botschafter, der hochgebildete Diplomat Sayyid Ahmad, ging nach Istanbul, wo er auf den Kalifen einen vorzüglichen Eindruck machte. Allerdings wirkte die türkische Erwiderungsmission in gegenteiligem Sinne, sowohl durch die Person des Gesandten, wie durch das Schreiben, das den empfindlichen Shahjahan abermals verletzte. Eine versöhnliche Richtigstellung des Sultans traf erst ein, nachdem der Krieg um die Erbfolge des noch lebenden Shahjahan schon begonnen hatte. Der Brief kam in die Hand eines der Söhne, die den Thron nicht bestiegen, und blieb daher wirkungslos. So ist diesem lebhaften Austausch von diplomatischen Missionen ein praktischer Erfolg versagt geblieben. Das mag erklären, daß Aurangzeb seine Thronbesteigung – die wahrlich einer internationalen Anerkennung bedurft hätte! – dem Kalifen nicht mitteilte, zumal er sich aus diplomatischen Beziehungen überhaupt wenig machte. Er umging dadurch die heikle Frage, ob er den Kalifen als geistliches Oberhaupt anerkennen wollte. Für die Özbegen, die kriegsmüde geworden waren, bedurfte er der Unterstützung der Hohen Pforte nicht mehr; denn er konnte mit ihnen einen Grenzsicherungsvertrag abschließen. Mit dem Iran glaubte er allein fertig zu werden.

Kandahar schrieb er ab und zog sich in die Isolierung zurück, die er für eine »splendid isolation« hielt. Daß kleinere Staaten ihm Glückwunschgesandtschaften schickten, nahm er selbstgefällig hin: aus Kashgar, Buchara, Balkh, Jemen, Mekka, Khiva, Basrah, Hadramaut, Mokka, wie auch aus dem christlichen Äthiopien, von dessen Staatsangehörigen so viele auf indischem Boden ein gutes Fortkommen gefunden hatten. Als dann das Osmanenreich nach seinem schweren Rückschlag vor Wien in Not geriet und Sultan Suleiman III. (1687–91) durch eine Gesandtschaft nochmals eine politische Zusammenarbeit vorschlagen ließ, lehnte er sie frostig ab; er meinte, daß er einem Monarchen nicht zu helfen brauchte, der 34 Jahre lang von ihm keine Notiz genommen hatte – wobei er übersah, daß er selbst ihm seinen Regierungsantritt nicht angezeigt hatte. So fiel das Ende des Mogulreichs symptomatisch mit dem Erlöschen seiner Beziehungen zur Hohen Pforte zusammen. Beide Mächte sanken von ihrer einstigen Höhe herab. Als dann unter den furchtbaren Schlägen des Nadir Quli Khan der arme Mogulkaiser Mohammad Shah wieder einen Gesandten nach Istanbul schickte, hatten sich die beiden Monarchen nichts mehr zu bieten als Trost und Teilnahme in ihrem beiderseitigen Mißgeschick. Dem Interesse des Islams war durch diese Politik gewiß nicht gedient worden; denn eine gut organisierte Zusammenarbeit der beiden Reiche, solange sie noch kräftig genug waren, hätte beiden großen politischen Nutzen bringen können. Das Mogulreich wurde härter bestraft: es verschwand, während das Osmanenreich, das sich stets gewandter und aktiver gezeigt hatte, immerhin heute noch als Türkei besteht.

Gewiß bildet der Dekkhan geographisch einen Teil des indischen Subkontinents, aber politisch war er für das Mogulreich »Ausland«. Indem sie sich entschlossen, ihn zu erobern, folgten sie einem Trieb der Machtpolitik. Was sie dort suchten, war eine Erweiterung ihrer Macht und ihrer Finanzen; der Gedanke, »Indien« zu einigen, war ihnen fremd; denn ein »Indien« im politischen Sinne bestand damals nicht einmal in der Vorstellung der einheimischen Hindus, geschweige denn bei den fremden Mogulherrschern, die erst seit knapp 100 Jahren im Lande waren und von der kulturellen Gemeinsamkeit des Subkontinents nichts wußten, ja nichts wissen wollten. Zudem stand der größte Teil des Dekkhans bereits seit mehreren Jahrhunderten unter islamischer Herrschaft; es war also nicht einmal ein religiöses Ziel, das ihnen vorschwebte. Bei den bigotten Herrschern Shahjahan und Aurangzeb, die nur ihre Form des Islams als »echt« betrachteten, mag der Gedanke, daß die beiden Hauptstaaten im Dekkhan – Bijapur und Golkonda – sich zur Shia bekannten, mitgespielt haben; bei Akbar und Jahangir jedenfalls nicht. Wohl aber mag als ein politisches Argument gelten, daß dank dieses religiösen Unterschieds diese beiden Staaten dazu neigten, sich enger an den *Iran* anzulehnen, und es ist Tatsache, daß die Herrscher des Irans laufend versucht haben, die schiitischen Ressentiments dieser beiden Dynastien gegen die Moguln aufzuhetzen, so daß ihre Unterwerfung vom außenpolitischen Standpunkt her die Sicherheit der Westgrenze verstärkt hätte. Die Gefahr eines Zweifrontenkriegs der sunnitischen Moguln gegen die schiitischen Nachbarn im Iran und Dekkhan mag zwar praktisch niemals akut gewesen sein; doch mag sich ein vorsichtiger Politiker verpflichtet gefühlt haben, auch ihr vorbeugend zu begegnen. Das Hauptmotiv der Dekkhankriege ist fraglos der Reichtum dieser Gebiete gewesen, der dem Mogulreich, das durch seine sinnlose Verschwendung und seine unfähige Finanzgebarung dem Bankrott entgegentrieb, als Ausweg aus seiner Ebbe erschien.

Solche politischen Vorstellungen mögen seit dem Zusammenbruch des großen Hindu-Reichs von Vijayanagar in der Schlacht von Talikota (1565) aufgetaucht sein, also 11 Jahre nach Akbars Regierungsantritt. Sie erhielten neue Nahrung dadurch, daß diese Dekkhan-Staaten – bei aller guten Verwaltung im Inneren – außenpolitisch ausgesprochen kurzsichtig waren, sich in internen Streitigkeiten schwächten und sich der naiven Hoffnung hingaben, daß sie im Ernstfall Hilfe vom Iran erhalten würden – was niemals wirklich geschah. Bei dem nüchtern denkenden Akbar überwog der Wunsch, seine Grenze im Süden zu sichern, also auch südlich der Narbada sich noch ein Vorfeld zu schaffen. Als er auf diplomatischem Wege alle Dekkhan-Staaten einlud, seinem Reiche als »assoziierte« Vasallen beizutreten, unterwarf sich nur das kleine Khandesh, während die drei größeren, Ahmadnagar, Bijapur und Golkonda, auf ihrer Souveränität beharrten. Auch als Akbar dann Ahmadnagar angriff und ihm Berar abnahm, war das für den Kaiser zwar eine willkommene Erweiterung des Vorfeldes, berührte aber noch nicht die Unabhängigkeit der drei anderen Staaten. Praktisch wurde der Tapti zur Südgrenze von Akbars Reich. Aber Ahmadnagar, das sich unter der Leitung des tüchtigen Ministers Malik Amber, eines Äthiopiers, daranmachte, mit einer geschickten Guerillataktik das abgetretene Gebiet wieder zu besetzen, nötigte den Kaiser Jahangir zu einem neuen Krieg, in dem die stark befestigte Hauptstadt zum ersten Male in die Hände der Moguln fiel (1616).

In den außenpolitischen Plänen des Kaisers Shahjahan spielte die Unterwerfung der Dekkhan-Staaten von Anfang an eine Rolle. Indem er 1630 seine Residenz nach Burhampur (Hauptstadt des kleinen Khandesh) verlegte, während eine selten verheerende Hungerkatastrophe den Dekkhan lähmte, hatte er das Glück, daß der Sohn des erwähnten Malik Amber seinen eigenen Herrscher ermorden ließ und dem Kaiser die Stadt und das Staatsgebiet von Ahmadnagar in die Hand spielte (1633). Nunmehr mit einem Fuß im Dekkhan, trieb ihn sein Machtbewußtsein dazu, auch Bijapur anzugreifen, den bestregierten Staat in diesem Raum, der gerade unter dem bedeutenden Sultan Mohamed Ali Shah auf der Höhe seiner Geltung stand. Die Methode beider Parteien, sich gegenseitig durch Verwüstungen oder Überflutungen den Nachschub zu erschweren, verursachte unermeßlichen Schaden, nötigte aber den Herrscher von Bijapur 1636 zu einem demütigenden Frieden, indem er eine hohe Kriegsentschädigung zahlen mußte, allerdings dafür große Teile des Gebiets von Ahmadnagar erhielt. Gleichzeitig besiegte Shahjahan auch Golkonda, das sich seiner Oberhoheit beugte (1635). Damit hatte Shahjahan praktisch das Ziel erreicht, sämtliche Moslem-Staaten auf dem Dekkhan unter seine Kontrolle zu bringen – also den Verlust wieder auszugleichen, den einst die Machthaber in Delhi durch die Unabhängigkeitserklärung des Bahmanireichs erlitten hatten; doch zeigte sich schon während dieser Kämpfe zwischen den islamischen Mächten ein bedenkliches Anwachsen einheimischer Unruhen, die damals von dem Vater Shivajis geleitet wurden. Der Kaiser schloß hiermit seine Betätigung auf dem Dekkhan ab und bestellte seinen 18jährigen Sohn, den späteren Aurangzeb, zum Statthalter. Obwohl dieser einen ausgezeichneten Verwaltungsfachmann zur Seite hatte, Mushid Quli Khan, einen gebürtigen Perser, der im Geiste von Todar Mall nach Kräften versuchte, das ruinierte Land wiederaufzubauen, und obwohl er einen zweiten Perser, Mir *Jumla,* einen abenteuerlichen Juwelenhändler, hinzuzog, dessen Hauptverdienst in der Lieferung einer vorzüglichen Artillerie bestand, erwies sich seine Verwaltung als ein Mißerfolg, und er machte es seinen Gegnern am kaiserlichen Hof leicht, seine Abberufung durchzusetzen (1654). Einige kleinere militärische Erfolge (Einnahme von Bidar und Kalyani) sowie ein erstes erfolgreiches Treffen mit dem jungen Shivaji blieben daher wirkungslos, zumal inzwischen die Erbfolge des erkrankten Kaisers Shahjahan die Aufmerksamkeit aller vom Dekkhan abzog. Auch die dann beauftragten Statthalter, unter ihnen sogar ein Rajput, Jaswant Singh von Jodhpur, vermochten zwar Shivaji zu einem Stillhalteabkommen zu bringen (1665), konnten aber nicht einmal hindern, daß er in Khandesh, also auf Reichsgebiet, seine Kriegsabgaben beitrieb, und daß Bijapur, das unter seinen Streifzügen am stärksten litt, sich ihm näherte. Erst sein Tod (1680) schien die Lage zu wenden.

So entschloß sich Aurangzeb, der inzwischen den Thron usurpiert hatte, sein Hauptquartier in den Dekkhan zu verlegen, um dort die letzten 25 Jahre seiner Regierung zu verbringen. Mit Einsatz großer militärischer Kräfte und einem selbst bei den Moguln seltenen Aufwand an Bestechungsgeldern gelang es ihm in den folgenden Jahren, die beiden ausgemergelten Staaten Bijapur und Golkonda auszulöschen. Bijapur erlag im Jahre 1686, und Golkonda wurde, nachdem die Hauptstadt Haidarabad, alter Tradition gemäß, noch gründlich geplündert worden war, 1687 durch Verrat bezwungen. Die weiteren 20 Jahre, die der rasch alternde Herrscher dort noch verbrachte, bestanden in einem ewigen Kleinkrieg, der bald jeden Sinn verlor. Man unterdrückte Aufstände, konnte einzelne Stützpunkte der Marathen bezwingen, ohne das Wachstum der Bewegung zu hemmen, und versuchte, aus dem Land so viel Geld herauszupressen wie möglich. Das Steuersystem der alten Verwaltung wurde durch das Feudalregime der Jagidhar abgelöst, und zahllose Nutznießer des Regimes, für die man im Norden keinen Platz mehr fand, wurden im Dekkhan untergebracht.

Damit erschöpfte sich der »Erfolg«, den der Kaiser erzielte. Gewiß flossen ihm aus diesen wohlhabenden Gebieten große Steuergelder zu, aber sie wurden durch die wachsenden Kosten des ständigen Krieges aufgezehrt. Außenpolitisch verlor der Krieg seinen Sinn, da die sinkende Macht des Persischen Reiches ohnehin keine Interventionen im Dekkhan zuließ. Die territoriale Ausdehnung des Reichsgebiets wurde weitgehend durch die wachsende Stärke der Marathen ausgeglichen, und die vorübergehende Besetzung von Tanjore und Trichinopoly wog nicht viel, da sie bald zu Hochburgen Shivajis wurden. Wer sich den alten Kaiser vorstellt, wie er abends Koranverse kopiert, statt sich um die politischen Probleme seines bedrohten Reiches zu kümmern, mag menschliches Mitleid mit ihm empfinden, zumal er den Mißerfolg seiner Politik geahnt haben wird. Aber dieses Bild beleuchtet grell den Tiefstand, in den das einst große Reich hinabglitt. Das zeigte sich besonders in der Politik gegenüber den Europäern.

Politik der Mogul-Kaiser gegen die Europäer

Wie das Mogulreich im Norden in den Özbegen einen ganz neuen Gegner gefunden hatte, so erschienen im Süden die Europäer. Dieser völlig neuartige Faktor wandelte das politische Bild Indiens. Seine Tragweite wurde zunächst von keinem Herrscher erkannt. Ihnen allen fehlte das Fingerspitzengefühl, mit dem etwa die Japaner die erste Landung westlicher Menschen schon als bedrohlich empfunden haben. Dabei hatten die Mogulherrscher bereits einen Vorgeschmack von den Russen bekommen, deren Vordringen sie hinderte, den Weg nach Westen, nördlich am Kaspischen Meer vorbei, zu benutzen. Die Portugiesen wurden zunächst nur als Händler bewertet, und in der Tat nannte Vasco da Gama als Ziel seiner

Reise »wir suchen Gewürze und Christen« – womit er auf die christlichen Gemeinden anspielte, die ein sagenhafter Priester Johannes hier gegründet haben sollte. Als sie dann die syrischen Gemeinden fanden, überwog bei ihnen der Eindruck, daß sie schlimme Ketzer wären, die man besser vertilgen sollte. Wohl aber fanden sie Gewürze, und der Handel mit ihnen verschaffte ihnen rasche Erfolge, indem sie vor allem das Monopol brechen konnten, das die arabischen Zwischenhändler bisher innegehabt hatten. Es ist in Kapitel 15 bereits behandelt worden, wie sie dabei von den Hindus – zuerst von dem Zamorin von Kalikut – gefördert wurden, wie sie aber gleichzeitig dadurch Befremden erregten, daß sie ihre Faktoreien zu befestigten Plätzen ausbauten und einen »Vizekönig für Indien« ernannten, also ausgesprochen machtpolitische Ziele aufgriffen. Den Mogulkaisern scheint es entgangen zu sein – selbst als sie sich zu Herrschern des Dekkhans machten –, daß diese seltsamen Fremden die Schiffe der Moslems zu kapern begannen, die Freiheit der Schiffahrt durch ihre Kontrollen willkürlich einschränkten; daß sie den Indischen Ozean mit einem Netz militärischer und maritimer Stützpunkte überzogen und durch die Besetzung von Ormuz den Handel auch nach dem Persischen Golf sperrten. Diese Entwicklung hatte allerdings begonnen, bevor Babur nach Indien kam. Weder er noch Humayun fanden Zeit, sich mit ihr zu befassen. Aber auch die großen Kaiser haben nicht daran gedacht, die Küsten Indiens zu schützen.

Es war der Sultan von *Gujarat,* dessen Häfen am stärksten betroffen waren, der sich zum Abwehrkampf aufraffte. Er rief den *Kalifen* zu Hilfe, der damals noch in Kairo residierte und ihm dreimal Unterstützung in Form von Kriegsflotten sandte, die er bei Suez in Eile bauen ließ. Die erste, die sich mit den Schiffen des Sultans und des Zamorins vereinigte, errang einen Erfolg bei *Chaul,* erlitt dann eine schwere Niederlage vor Diu (1509). Eine zweite traf 1538 ein, nachdem die Portugiesen die Flotte des Zamorins vernichtet hatten und Gujarat noch keine neue hatte bauen können; der türkische Admiral segelte daher wieder heim. Eine dritte (1555) wurde von den Portugiesen völlig vernichtet, so daß der Admiral auf dem Landweg heimkehren mußte und dabei zum ersten unfreiwilligen Botschafter des Kalifen bei Humayun wurde (siehe Seite 183 unten). Der Kalif, der sogar geplant hatte, zur Verstärkung seiner Seekriegsführung die Landenge von Suez zu durchstechen, gab diesen Plan auf.

Erst *Akbar* kam in die Lage, eingreifen zu können. Indem der 30jährige Kaiser das Land Gujarat eroberte und 1573 im Hafen von Surat persönlich zum ersten Mal das Meer erreichte, wurde er instand gesetzt, die Lage an den Küsten seines Reichs aus eigener Anschauung zu beurteilen. Die staatlichen Organe Gujarats sowie die Moslemkaufmannschaft der Häfen von Kambay, Broach und Surat werden ihm berichtet haben, welche neue Gefahr hier aufgetaucht war. Der naheliegende Gedanke, in Surat sofort den Bau einer Reichsflotte zu befehlen, wäre technisch bei den uralten Erfahrungen der Küstenbevölkerung und dem Reichtum an Holz in den Wäldern ohne weiteres durchführbar gewesen, zumal das Beispiel des Kalifen diesen Weg zeigte und Akbar sich gesagt haben muß, daß er als »Padshah« den Schutz seiner Küste nicht einem fernen Herrscher überlassen dürfte. Er hat diesen Entschluß aber nicht gefaßt – was einen Wendepunkt in der Geschichte des Mogulreichs bedeutete.

Wohl hat er ausgesprochen, daß er die portugiesischen Eindringlinge vertreiben wollte, da sie ihm ein Dorn im Auge wären. Später aber hat er sie zu zwei andersartigen Zwecken benutzt: einmal zu seinen Religionsgesprächen und dann zur Beschaffung von Artillerie, wobei sich beinahe die Vermutung aufdrängt, daß die religiöse Annäherung auch diesem militärischen Zweck dienen sollte. Denn die Portugiesen lieferten Rüstungsmaterial in steigendem Umfang, vor allem an die Hindus. Das Reich von Vijayanagar war einer ihrer besten Kunden, und die Schlacht von Talikota war für ihr Geschäft einer der schwersten Schläge, der sie in Indien traf, und der auch die glänzende Rolle Goas zum Absinken brachte. Doch belieferten sie, wie es noch heute die Rüstungsindustrie tut, auch die Gegenseite. Akbar erlebte es bei der Belagerung von Asirgarh, daß diese Festung des Moslemherrschers von Khandesh von den Portugiesen mit einer weit besseren Artillerie ausgestattet worden war, als er sie hatte. So kreuzten sich in ihm widersprechende Interessen, die eine klare politische Linie gegen die Portugiesen verhinderten.

Das damals als dringlichst erscheinende Problem, die Pilgerfahrten nach Mekka, hat Akbar tatkräftig aufgegriffen. Anfangs schien jeder Schiffsverkehr dorthin ausgeschlossen, solange die Portugiesen auch Pilgerschiffe kaperten, und solange im Iran schiitische Herrscher auch den Landweg sperrten. Akbar ließ daher zunächst in feierlicher Botschaft die Verpflichtung jedes frommen Moslems, mindestens einmal in seinem Leben nach Mekka zu wallfahren, zeitweilig suspendieren (1572). Er hat damals daran gedacht, eine Gesandtschaft an den König von Spanien als dem Herrn über Portugal, sowie an den Papst zu senden, hat es aber nicht ausgeführt. Indessen gelang es ihm, durch diplomatische Verhandlungen mit dem Vizekönig in Goa zu erwirken, daß die Portugiesen Pilgertransporte zuließen, namentlich auf ihren eigenen Schiffen, so daß sie daraus ein gutes Geschäft machen konnten. Auch zeigte sich im Iran der Shah Ismail II. geneigt, Pilgern die Durchreise zu gewähren (1576). So konnte der Ruf des Sheriffs von Mekka, der Kaiser möge den europäischen Störenfrieden den Krieg erklären, unberücksichtigt bleiben.

Die Kontrolle, die die Portugiesen bald über den gesamten Außenhandel Indiens ausübten, traf auch den persischen Handel. Das hätte die beiden Regierungen zu einer gemeinsamen Aktion bringen müssen, zumal sich die Portugiesen offen als Gegner *aller* Moslems gaben. Aber das trat nicht ein. Und die schweren Verluste, die Indiens Wirtschaft dadurch erlitt, daß sein Export an Textilien in fremde Hände überging, und erst recht der noch gewinnreichere Zwischenhandel in Gewürzen, die in Südostasien angekauft und mit indischer Exportware bezahlt wurden, sind den damaligen Machthabern nicht bewußt geworden, da ihre wirtschaftlichen Kenntnisse für solche Zusammenhänge nicht ausreichten. Möglich auch, daß sie sich eigener Maßnahmen für enthoben wähnten, seitdem die Portugiesen selber Konkurrenz durch andere Europäer erhielten und sie daher hoffen konnten, die verschiedenen Gruppen der Europäer nach altem Brauch gegeneinander auszuspielen. Diese Möglichkeit bot sich mit dem Erscheinen der *Briten.*

Briten

Schon Akbar hatte mit ihnen Bekanntschaft gemacht; denn 1585 waren drei schiffbrüchige Briten bei ihm gewesen (angeblich mit einem Brief der Königin Elisabeth), und 1605 hatte ihn John Mildenhall aufgesucht, um kommerzielle Erleichterungen zu erlangen. 1608 erschien im Auftrag der neugegründeten Ostindien-Kompanie der türkisch sprechende Captain Hawkins mit einem echten Brief des Königs Jacob I. von England bei Jahangir zu gleichem Zweck mit Geschenken, deren Wert auf 25 000 Goldstücke geschätzt wurde. Und 1612 lief im Hafen von Surat sogar ein britisches Kriegsschiff ein, das sich gegen den Widerstand eines portugiesischen Geschwaders so erfolgreich wehrte, daß man von einem »Seesieg« sprach und der Nimbus der portugiesischen Unbesiegbarkeit zur See beträchtlich sank.

Begreiflich, daß Jahangir allzu gern diesem Konkurrenten der Portugiesen einen guten Empfang und mancherlei kommerzielle Erleichterungen gewährte. Aber das Erstaunlichste war, daß 1615 sogar ein bevollmächtigter Gesandter folgte, *Sir Thomas Roe,* der im Auftrag seines Königs Verhandlungen über eine Förderung des gemeinsamen Handels führen sollte. Er war der erste diplomatische Vertreter einer europäischen Macht, der an den Mogulhof kam, und sein geschicktes Auftreten stach von dem der Portugiesen auffällig ab, da diese weder einen Gesandten zum Kaiser geschickt hatten, noch einen solchen, den der Mogulkaiser nach Goa sandte, in angemessener Form empfangen hatten. So konnten die Briten 1612 in Surat ihre erste Faktorei und wenig später ihre ersten Niederlassungen an der Koromandelküste errichten (in Masulipatam). Indem die Briten dann 1622 Ormuz einnahmen – mit Hilfe persischer Landtruppen –, es also in den Augen der Moslems »befreiten«, zeigten sie abermals ihre Stärke, so daß ihr Wert als Gegengewicht gegen die Portugiesen in indischen Augen stieg.

Aber die empörten Portugiesen erwiderten mit einem Gegenschlag: sie kaperten vier kaiserliche Handelsschiffe mit wertvoller Ladung, die zum Teil der kaiserlichen Familie gehörten, worauf Jahangir ihren Stützpunkt Daman angriff: die erste Kriegshandlung im eigentlichen Sinne zwischen Kaiser und Portugiesen. Da die Aktion aber mißlang, konnten es die Portugiesen durchsetzen, daß den Briten ihre Privilegien wieder genommen wurden und auch der Gesandte ohne Handelsvertrag wieder heimkehren mußte. Noch schlimmer war es für die kaiserliche Politik, daß die Rivalität zwischen diesen beiden Europäergruppen erlosch, da Portugal, um sich von der Oberherrschaft Spaniens zu befreien, sich engstens an England anschloß und beide Regierungen ihre Vertreter in Indien anwiesen, sich zu vertragen. Seitdem haben die Briten die Rechte

Portugals auf indischem Boden stets respektiert, so daß in den zahlreichen Friedensverträgen, die in Europa Besitzverschiebungen in Übersee regelten, Goa unberührt blieb.

Als neue Hoffnung für die Moguln erschienen die *Holländer* (noch unlängst ebenso Untertanen der spanischen Krone wie die Portugiesen) 1618 in Surat und 1627 in Bengalen. Sie begannen sofort, Goa zu blockieren und den Portugiesen erst in Insulinde und später auch an den indischen Küsten einen Stützpunkt nach dem anderen abzunehmen. Sie waren jenen insofern überlegen, als sie darangingen, die eigentlichen Einkaufsplätze für die *Gewürze* zu besetzen und dann erst nach Indien zogen, um den Ankauf der Textilwaren sicherzustellen. So saßen sie, was Gewürze anlangt, an der Quelle. Auch zeigten sie sich, im Gegensatz zu den Portugiesen in Indien, friedlich, so daß man an ihnen weniger Anstoß nahm. Zudem besorgten sie einen gründlichen Abbau des Netzes der portugiesischen Stützpunkte, wie Alsdorf mit Recht bemerkt:

> »Die Zerschlagung des portugiesischen Indienreichs ist der wesentliche Beitrag der Holländer zur indischen Geschichte.«

Trotzdem blieb und wuchs das Netz europäischer Niederlassungen mehr oder weniger politischen Charakters an den indischen Küsten, zumal inzwischen auch die Dänen in Tranquebar erschienen (1620). So kam Shahjahan zu dem Entschluß, etwas gegen dieses Treiben zu unternehmen. Und da die Portugiesen nicht nur die Unbeliebtesten geworden, sondern inzwischen auch zu wirklich üblen Praktiken übergegangen waren, richtete sich sein erster Schlag gegen sie.

Krieg gegen Portugiesen

Das politisch wirksamste Ziel eines solchen Angriffs wäre natürlich Goa gewesen; aber noch waren die Beziehungen des Kaisers zum Sultan von Bijapur allzu gespannt, um eine gemeinsame Aktion gegen das portugiesische Hauptquartier auch nur zu erwägen. Daher wählte er den Platz, wo sie nach indischer Auffassung am skandalösesten des Recht gebrochen hatten. Seit 1579 hatten sie aufgrund einer kaiserlichen Erlaubnis am Hugli, also am Eingang zu dem reichen Bengalen, eine Station angelegt und sie so stark ausgebaut, daß sie durch ihren Handel die nahe gelegene Landeshauptstadt Satgaon überflügelte. Sie begannen nicht nur eigene Zölle zu erheben, über die sich die einheimischen Händler beklagten, sondern ihr Geschäft auch auf den Sklavenhandel zu erweitern, den Akbar gerade abgeschafft hatte; und es erregte besonderen Anstoß, daß sie es unter dem Deckmantel christlicher Mission taten, indem sie halbwüchsige Kinder in ihre Gewalt brachten, um sie zu bekehren. Als sie dabei zwei Sklavenmädchen der Kaiserin ergriffen, ließ der Kaiser den Platz belagern, und als er nach drei Monaten fiel, wurden die Portugiesen getötet oder gefangengenommen (Juni 1632). Dies war die erste erfolgreiche Operation, die die Moguln gegen die Europäer durchführten. In der gleichen Gegend folgte ihr im Jahre 1666 unter Aurangzeb die politisch bedeutsamste. Mittlerweile hatten sich die Portugiesen auf die Insel Sondip, vor der Mündung des Hugli, zurückgezogen, um von dort aus eine erfolgreiche Piraterie zu betreiben, unter der der ganze Seeverkehr litt. Der tüchtige Statthalter von Bengalen, Shaista Khan, eroberte die Insel und gleichzeitig auch den nahe gelegenen Hafen von Chittagong (1666), der damals dem Herrscher von Arakan (Burma) gehörte, der den Portugiesen Rückendeckung geleistet hatte.

Allerdings ging dieser Erfolg wieder verloren, denn die Briten rückten in die leere Stellung, und dies in einer Zeit, als sie ihr bisher korrektes Gebaren aufgaben und, dem früheren Beispiel der Portugiesen folgend, zu Gewaltmethoden übergingen (seit 1669). Ihre Befreiung von gewissen staatlichen Zöllen und Abgaben, die auch Aurangzeb 1680 erneuerte, wurde von vielen Zollbeamten nicht anerkannt. Daher begannen die Briten widerspenstige Zollämter zu stürmen, suchten mit einigen Kriegsschiffen in den Hafen von Chittagong einzudringen (vergeblich), dehnten aber diesen »Seekrieg« auch auf die Westküste aus. Aurangzeb mußte eine für ihn nachteilige Vereinbarung zugestehen (1680), da ihn seine Kämpfe gegen die Dekkhanmoslems mehr interessierten als der Schutz seiner Küsten. Zu dem einzig wirksamen Gegenmittel, dem Bau einer eigenen Flotte, hat auch er sich nicht aufgerafft, obwohl es technisch durchaus möglich gewesen wäre – wie denn die Marathen im 18. Jahrhundert eine tüchtige Flotte gebaut haben, die den Briten arg zu schaffen gemacht hat. Aber Aurangzeb hat damals nicht begriffen, was der portugiesische Vizekönig Almeida seinem Herrscher sagte:

»Solange Sie, Sire, die *Seeherrschaft* haben, ist Indien Euer, und wenn sie fehlt, nützen auch Stützpunkte nicht mehr.«

So hinterließ Aurangzeb ein Reich, dessen Küsten dicht mit ausländischen Stützpunkten besetzt waren. Die *Portugiesen*, obwohl schon im Niedergang, hielten Goa, Daman und Diu; sie verloren Bassein und Salsette an die Marathen (nicht an den Kaiser). Die *Holländer* saßen in Pulicat, Negapatam und Cochin. Sie hatten das Monopol für den Gewürzhandel errungen und wichen erst vor den Briten zurück, nachdem die Schlacht bei Bedara (1759) ihre politische Stellung in Indien beendet hatte. Die *Franzosen* behaupteten Masulipatam, Pondicherry, Chandernagor und Karikal, die *Dänen* Tranquebar, und selbst das *Heilige Römische Reich Deutscher Nation* schuf sich eine Faktorei in Barrackpur bei Kalkutta. Aber alle wogen leicht gegen die *Briten:* sie behaupteten Surat, Broach, Armagaon (an der Malabarküste), Balasor und Hariharpur im Delta des Mahanadi und vor allem Bombay, Madras und die Mündung des Hugli (des Ganges). Madras hatten sie vom Raja von Chandragiri erhalten (1639), einem der Nachfahren des Reiches von Vijayanagar; Bombay von Portugal (1668), und am Gangesdelta bauten sie nach ihrem Mißerfolg gegen Aurangzeb nunmehr das Dorf Kalighat zum Stützpunkt Kalkutta aus. Bei Aurangzebs Tod zählte Madras rund 20 000 Einwohner, Bombay wenig später 70 000, und Kalkutta erreichte um 1735 die Zahl von 100 000 Einwohnern. Es waren also längst keine »kleinen Faktoreien« mehr, sondern größere Städte mit einer einheimischen Bevölkerung, die dort nach örtlichem Stadtrecht unter britischer Verwaltung lebte. Politisch am bedenklichsten war, daß die Briten schrittweise Rechte erhielten, die dem Staat allein zugestanden hätten. Bombay galt überhaupt nicht mehr als indisches Gebiet; die Briten fühlten sich dort als Rechtsnachfolger der Portugiesen auf kroneigenem Gebiet und erkannten dort praktisch keine indische Hoheitsgewalt mehr an. Madras und Kalkutta gehörten zwar formell noch den betreffenden indischen Territorien; aber in beiden erhielten die Briten staatliche Hoheitsrechte: in Madras für eine begrenzte Zahl von Dörfern, die sie verwalteten, als ob es Teile der Stadt Madras wären, und in Kalkutta übertrug ihnen der Statthalter offiziell das »Diwanirecht«, also die Steuerbeitreibung und Polizeigewalt für Kalkutta selbst und mehrere Plätze seiner Umgebung. Das kaiserliche Dekret von 1717, das ihnen gewisse Befreiungen von Zöllen und Steuern gewährte, gab ihnen auch das Recht, *Münzen zu prägen*, die im ganzen Mogulreich gültig wurden, was sie sichtbar zu Trägern souveräner Hoheitsrechte machte. Die Zahl der staatlichen Servituten, die Ausländer am indischen Staatskörper innehatten, war demnach sowohl nach Umfang wie nach Qualität rapid gestiegen, ohne daß sich Aurangzeb bzw. seine Nachfolger veranlaßt gesehen hätten zu bremsen.

Die Folge war, daß die Europäer, vornehmlich die Briten, nun auch begannen, sich in die innerpolitischen Dinge einzumischen. Noch unter Shahjahan hatten sich die Briten korrekt verhalten und dadurch ein gewisses Maß an Ansehen und Vertrauen bei den Moguln gewonnen. Seit sie aber erkannten, daß angesichts der ewigen Kriege, Unruhen und Vertragsbrüche die Aufrechterhaltung ihres Handels legal nicht durchgeführt werden konnte – sie verwiesen selbst auf den 20jährigen Stellungskrieg Aurangzebs im Dekkhan, auf die oft rechtswidrigen Akte der Marathen, die z. B. zweimal Surat plünderten (1664 und 1670), und endlich auf das zunehmende Piratenunwesen längs der Küste –, gingen sie zu einer Politik über, die sich zum Ziel setzte, »mit dem Schwert in der Hand« ihren Handel zu betreiben, wie es der klarblickende und charakterlich untadelhafte Gerald *Aungier* formulierte, der 1669–1677 die Ostindien-Kompanie von Surat aus leitete. Damals entstand bei den Männern, die auf indischem Boden in der Mühsal und den täglichen Gefahren ihren Pflichten nachzugehen hatten, zum ersten Male der Gedanke, daß nur die Errichtung einer gesicherten Herrschaft *unter britischer Kontrolle* dem zunehmenden Chaos ein Ende bereiten könnte. Das war der Erfolg der Politik des letzten noch mächtigen Herrschers, *Aurangzeb*, der ohne jeden Blick für die um ihn herumgehenden Dinge sich stur und ausschließlich nur auf die Dekkhan-Staaten konzentrierte, ohne an die großen Aufgaben zu denken, die sein kaiserliches Amt an ihn stellte. So hat er fraglos wesentlich dazu beigetragen, die britische Eroberung Indiens zu ermöglichen. Insofern endete die Außenpolitik der Moguln, die so glänzend begonnen hatte, in einem völligen Desaster.

Der eigentliche Fehler in der Politik Aurangzebs läßt sich rückblickend erkennen. Er stand vor drei Aufgaben: die schiitischen Dekkhan-Staaten zu unterwerfen – die Marathen zu unterdrücken – und die Portugiesen zu vertreiben. Sie waren nicht gleichzeitig zu lösen. Er hätte zunächst gemeinsam mit den Dekkhan-Staaten die Rebellion der Marathen niederwerfen sollen, die sich ja gegen beide richtete; dann diese Staaten zu subsidiären Vasallen machen sollen, aber ohne ihre Staatsverwaltung zu zerbrechen, die er nicht zu ersetzen vermochte; und darauf hätte er als wirklicher Herr der Halbinsel eine Flotte bauen müssen, um den Portugiesen zur See entgegenzutreten. Damit würde er »Indien« wahrhaft genutzt haben, da es dann in dem bevorstehenden Ringen mit den europäischen Seemächten besser hätte bestehen können. Allerdings hätte er für so große Pläne einen fest gefügten Staat benötigt, wie ihn Akbar geschaffen hatte. Indem er es vorzog, ihn durch seine verfehlte Hindupolitik zu zerbrechen, führte er Indien in eine hoffnungslose Lage, die sich gleich nach seinem Tode in furchtbarer Deutlichkeit enthüllte. Denn was nun folgte, war lediglich die unabwendbare Auswirkung der Lage, die er seinen machtlosen und meist unfähigen Nachfolgern hinterließ*.

Kapitel 32

Aurangzeb und der Zerfall des Mogulreiches (nach 1659)

Der Weg Aurangzebs auf den Thron ging über einen Thronfolgekrieg, den die vier Söhne Shahjahans noch zu seinen Lebzeiten gegeneinander führten. Als Sieger über alle Bewerber usurpierte Aurangzeb den Thron, indem er seinen kaiserlichen Vater zum Staatsgefangenen machte. Dieser mehrjährige Krieg, der als politische Neuigkeit aus Indien in Europa die ersten »Schlagzeilen machte«, ist für den rückblickenden Betrachter deshalb interessant, weil Aurangzebs wichtigster Gegner, Prinz Dara Shukoh, die politische Alternative vertrat, die das Schicksal gegen die geplante Politik Aurangzebs anbot. Da diese letztere zum Zerfall des Reiches und zur Fremdherrschaft geführt hat, ist zu prüfen, ob Dara Shukoh, wenn er glücklicher gewesen wäre, eine andere, für Indien bessere Zukunft versprochen hätte.

Dara Shukoh war als ältester Sohn zum Thron berufen und von seinem Vater eindeutig dazu bestimmt. Es scheint, daß der

* Für Kap. 31 H. Aziz Ahmad, Mogol-Indien in Zeitschrift Saeculum XII 13 1961.

alte Shahjahan ein zutreffendes Gefühl vom Wert dieser beiden Söhne gehabt hat. Während der Verstimmung seines Vaters mit dem Kalifen (1649) hat der junge Prinz sich wohlmeinend über den damaligen Großwesir Mustafa Pascha eingeschaltet, um einen Abbruch der politischen Kontakte zum Osmanischen Reich zu verhindern. Auch zum Iran hat er stets freundschaftliche Fühlung gehalten, obwohl die amtliche Politik zur Entfremdung führte. Die Methoden, mit denen sein Bruder Aurangzeb die Moslem-Staaten im Dekkhan auszulöschen suchte, und die dort das Vakuum schufen, das den Marathen zugute kam, hat er bei seinem Vater zu hintertreiben versucht, obgleich manches dafür spricht, daß er sich dabei nicht von politischen Erwägungen allein leiten ließ, sondern auch von der tiefen gegenseitigen Abneigung gegen diesen Bruder. Sie wurzelte in seiner Überzeugung, die er mit seinem Urgroßvater Akbar teilte, daß das Reich nur auf der Basis einer friedlichen Zusammenarbeit mit den Hindus bestehen könnte, vor allem unter Mitwirkung der Rajputen. Und ganz im Sinne seines Urgroßvaters öffnete er sich, wenngleich stets ein gläubiger Moslem bleibend, auch dem Hinduismus, dem die Mehrheit seines Volkes anhing, und ließ Teile der Upanishaden und der Bhagavadgita ins Persische – seine Muttersprache – übersetzen.

Zweifel regen sich bei der Frage, ob er zum Herrschen geeignet gewesen wäre. Er war sicherlich unsoldatisch, obwohl er seinen Mißerfolg vor Kandahar (1653) mit Aurangzeb teilte. Er war von unausgeglichenem Temperament und fraglos seinem Bruder unterlegen, was Willenskraft und Unbedenklichkeit in der Wahl auch übelster Mittel anlangt. Auch erscheint zweifelhaft, ob er Menschenkenntnis besaß. So bleibt es fraglich, ob der damals Dreiundvierzigjährige auf dem Thron ein besserer Herrscher geworden wäre. Sicher aber hätte er die bessere Politik vertreten, die das Reich erhalten und Indiens Freiheit vielleicht hätte bewahren können. Insofern war der Ausgang dieses Bruderkrieges der Timuriden eine Schicksalswende. Es siegte der sture, reaktionäre, willensstarke und rücksichtslose Aurangzeb, der aber politischen Entscheidungen hilflos gegenüberstand. Jedenfalls hat die Schlacht bei Samugarh (bei Agra), in der Dara Shukoh am 29. Mai 1658 unterlag, den letzten Akt der Freiheit Indiens eingeleitet. Auf seiner Flucht über Lahore nach Sindh und zurück nach Rajasthan hat er mehrere Fehler gemacht; der schwerste war vielleicht, daß er sich nicht in den Dekkhan wandte, wo er vermutlich bei den Moslemregierungen gute Aufnahme und politische Unterstützung gefunden hätte; statt dessen ging er zu dem damals prominentesten Rajputen, Jaswant Singh von Jodhpur, der im Dienst des Kaisers stand und ihn verriet*, ebenso wie später ein Grenzafghane am Bolan-Paß, der ihn sogar seinem Henker auslieferte.

Mit diesem Mord, dem zahlreiche andere folgten, errang Aurangzeb seine Anerkennung als Kaiser. Die Alternative des unglücklichen Dara Shukoh lebte noch einmal in der Person seines Neffen auf, der den bedeutungsvollen Namen »Akbar« trug, und der den Irrweg erkannte, in den sich sein Vater Aurangzeb verrannte. Aber auch ihm fehlten Tatkraft und Glück.

So nahm das Schicksal seinen Lauf. Bis zur Befestigung seiner Stellung ließ Aurangzeb noch einige Jahre vergehen, ohne das alte Staatsgefüge wesentlich zu ändern. Aber nach dem Tode des Raja Jai Singh von Amber (Jaipur) 1667, der als ältester, würdigster Paladin die Zusammenarbeit der Rajputen mit dem Reich verkörperte, führte Aurangzeb ohne stichhaltigen Anlaß den Bruch herbei. Er drückte in aller Öffentlichkeit seine Freude über den Tod dieses treuen Mitarbeiters aus; ließ sofort zwei der heiligsten Tempel der Hindus zerstören, darunter den kurz vorher wiederaufgebauten in Mathura; verbot die öffentliche Verkündigung hinduistischer Religion und Philosophie; erneuerte die absurde Kopfsteuer (die Jizya), entließ zahlreiche Rajputen aus dem Dienst und krönte die neue Politik damit, daß er in Benares, dem »Rom« der Hindus,

* Raja Jaswant Singh von Marwar (Jodhpur), einer der prominenten Rajputen im Dienste der Mogul-Kaiser, hat unter Aurangzeb eine nicht recht durchsichtige Rolle gespielt. Der von den Moslems propagierte Satz, daß man einem »Ungläubigen« gegenüber das Wort nicht zu halten brauchte, hat auch seinen Charakter beeinflußt, zumal er als Diener des Kaisers in Kämpfen gegen sein eigenes Volk, die Hindus, leicht in einen Konflikt der Pflichten geriet. In Treue zu Kaiser Shahjahan focht er bei Darmath (1658) gegen Aurangzeb. Aber obwohl er als Rajput auf seiten des Dara Shukoh hätte stehen sollen, ließ er sich angeblich durch Aurangzeb mit Geld gewinnen und verweigerte dem auf der Flucht befindlichen Prinzen die in Aussicht gestellte Hilfe. Aurangzeb hat ihm später nachgesagt, daß er in den Kämpfen im Dekkhan mit Shivaji ein heimliches Übereinkommen gehabt habe und er ihn daher an die Nordwestfront versetzt hätte, wo er 1678 gestorben ist.

eine ungefüge Moschee auf weithin sichtbarer Anhöhe errichten ließ, die heute noch dasteht als Denkmal einer kaiserlichen Taktlosigkeit*. Er nahm also in allem die verhängnisvolle Politik des früheren Delhi-Regimes wieder auf, unter Mißachtung dessen, was Akbars Weisheit als neues zeitgemäßes System geschaffen hatte.

Diese krasse Kriegserklärung an die Mehrheit der Bevölkerung wirkte sich so aus, wie es zu erwarten war: der Religionskrieg begann. Als erste erhoben sich die Jats, jene kriegerischen Bauern, die schon dem Delhi-Regime schwer zu schaffen gemacht hatten. Das ganze Gangestal, besonders die Gegend um Delhi-Agra, flammte auf. In ihrer Wut über die Zerstörung des Tempels von Mathura vergriffen sich die schlecht informierten Bauern am Grabmal Akbars, wobei Aurangzebs Polizei nicht eingriff. Aber ihr Aufstand wurde blutig unterdrückt, glimmte indessen fort und hat bis zum Tode des Herrschers die Umgebung seiner Hauptstädte so unsicher gemacht, daß er sich später nur noch in seinem Kriegshauptquartier im Dekkhan aufhielt. Die Sikhs, eine Sekte, die ursprünglich gegründet war, um eine geistige Annäherung an den Islam anzubahnen (monotheistisch, ohne Kasten usw.), wurde mit barbarischen Methoden verfolgt und dadurch zum Äußersten gereizt, daß Aurangzeb ihren geistigen Führer, den Guru Teg Bahadur, zu Tode foltern ließ. So schuf er hier in der Nähe der heikelsten Grenze des Reiches einen Märtyrer, der die Sikhs zu unversöhnlichen Feinden seiner Dynastie und des Islams machte. Aurangzebs Mangel an Interesse an der Nordwestgrenze – an jenem Gebiet, an das er persönlich die bittere Erinnerung an seinen unrühmlichen Rückzug aus Transoxanien nährte – hatte er im Thronfolgekrieg gezeigt, als er seinem Bruder Murad versprach, ihm das ganze Industal mit Kaschmir und Kabul als eigenes Königreich abzutreten – im vollen Bewußtsein, daß der Iran diese Gebiete seit alter Zeit als zu sich gehörig ansah und wieder seine begehrlichen Augen darauf richtete. Gerade dort erneuerten sich die Aufstände der stets mißvergnügten Pathans, der Afridis und anderer Grenzstämme; und 1672 erhoben sich dort zu hartnäckiger Rebellion die Satanamis (im heutigen Patiala), eine religiöse Hindusekte, die den »Stil-

* Die orthodoxe Kirche, die die Zaren aus ähnlichem Antrieb auf den Hauptplatz von Warschau gesetzt haben, ist vom freien Polen stillschweigend wieder beseitigt worden.

len im Lande« glich. Endlich folgten die Bundelas, die den Tempel von Mathura aufgebaut hatten.

Vor allem aber erhoben sich die Rajputen, die einhundert Jahre lang die feste Stütze des Reiches gewesen waren. Unmittelbarer Anlaß war der Tod des Raja Jaswant Singh von Jodhpur (1678), der sein Leben lang im Dienste des Reiches gewirkt hatte. Aurangzeb belohnte seine Dienste damit, daß er seinen Nachkommen ihr Erbe vorenthielt, um es für den kaiserlichen Fiskus einzuziehen. Unter der Führung eines der besten Rajputen jener Zeit, Durgadas, begannen die Rathors den Kampf gegen den verhaßten Despoten und wurden von den Sisodias in Udaipur unterstützt. Jodhpur wurde grausam geplündert, das Land bei Chitor abermals verwüstet. Ein Zwischenspiel hielt den Vormarsch Aurangzebs auf. Es war der Plan dieser beiden Rajputen-Staaten, den Prinzen Akbar zum Kaiser auszurufen, wodurch sie die Energie Aurangzebs auf die Verhaftung des Sohnes ablenkten. Durgadas brachte den Prinzen in Sicherheit, der im Iran gestorben ist. Das erschöpfte Mewar, dessen Herrscher während der Kämpfe starb, schloß 1681 einen Waffenstillstand; der Krieg mit Jodhpur ging weiter, mehr und mehr in der Form einer Guerillataktik, und ist erst nach Aurangzebs Tod durch seinen Nachfolger beendet worden, indem dieser Marwar als eigenen Staat anerkannte.

Alle diese Kämpfe zogen die Aufmerksamkeit des Herrschers von der Aufgabe ab, die im Dekkhan entstand. Dort wurden nicht nur die beiden Moslem-Staaten, die sich unter Shahjahan schon dem Reich eingefügt hatten, wieder rebellisch, sondern – was viel ernster war – dort keimte in der Marathenbewegung eine ganz neuartige Kraft, die einen ersten Anlauf zum nationalen Volkskrieg darstellte. Hier hat der Kaiser den Rest seines Lebens verbracht, ohne allerdings haltbare Ergebnisse zu erreichen. Er hat das selbst eingesehen, wenn er schrieb: »Ich habe nicht gutgetan – weder für das Land noch für das Volk –, und für die Zukunft sehe ich keine Hoffnung.«

Er hatte recht; denn auch seine Finanzverwaltung führte zur Katastrophe. Die reichen Schätze, die seine klugen Vorfahren angesammelt hatten, wurden in Kriegen verschwendet, die entweder sinnlos waren oder vermeidbar gewesen wären, und deren politischer Erfolg gleich Null blieb. In der Finanzverwaltung ersetzte er das weise Steuersystem seiner Vorgänger durch das übelste, das denkbar ist: Er verkaufte die Steuereinziehung dem Meistbietenden – eins der Grundübel, die an seinen Nachfolgestaaten fraßen. Die Schlagkraft der Armee, der erst die Afghanen, dann die Rajputen fernblieben, und die sich überwiegend auf Abenteurer und Söldner angewiesen sah, ging rasch zurück. Die außenpolitische Lage verfinsterte sich, ohne daß der altersmüde Herrscher davon Notiz nahm. Und so darf es als ein Unglück für ganz Indien angesehen werden, daß ausgerechnet dieser Monarch die längste Lebenszeit aller seiner Vorgänger erreicht hat; als er mit 89 Jahren schied, wurde er mit Recht als der »Totengräber des Mogulreiches« bezeichnet. Dieses Urteil wird bestätigt durch einen Blick auf den Zustand des Reiches bei seinem Tode.

Was Aurangzeb zum Beherrschen eines so großen Reiches, wie es ihm seine Vorfahren hinterlassen hatten, ungeeignet machte, war vor allem sein Mangel an Einsicht in das Wesen eines Staates. Er verkannte, was Akbar geschaffen hatte, als dieser sein Reich staatlich auf das Zusammenwirken seiner Teile aufbaute. Er führte willkürlich den Bruch mit den Hindus herbei, d. h. mit der überwältigenden Mehrheit seiner Bevölkerung, so daß sich sein »Staat« wieder in eine Militärdiktatur zurückverwandelte. Dabei machte er in sturer Beschränktheit wahllos alle gleichzeitig zu seinen Feinden, auch die Gruppen, die durchaus bereit waren, mit ihm zusammenzuarbeiten, wie die *Rajputen,* die einhundert Jahre lang das Mogulreich gestützt hatten und ihm plötzlich als eine »Satansbrut« erschienen; und ebenso die *Sikhs.* Er brachte alle gegen sich auf, einschließlich seines Sohnes Akbar, der etwas mehr politische Einsicht besaß als er. Er vermochte auch nicht, seine eigenen Statthalter in den Außenprovinzen an das Reich zu binden, die nur seinen Tod erwarteten, um sich alsbald selbständig zu machen. Binnen kurzem waren Awadh, Bengalen, Gujarat, Haidarabad selbständig, womit sich auch der Dekkhan, auf den er sein halbes Leben verschwendet hatte, wieder von der Zentrale löste. Außerhalb der Reichsgrenzen vollzogen sich Ereignisse, deren Tragweite er nicht erkannte. Unter den Turkmenen wurde der Iran plötzlich wieder zu einem aggressiven Nachbarstaat, der zwanzig Jahre nach seinem Tod Delhi zu plündern vermochte, also den Einfall Timurs wiederholte. Das Glacis an der Nordwestgrenze, um das seine Vorfahren hart gestritten hatten, wurde militärisch zugunsten des Dekkhans entblößt, so daß sich die Afghanen und Pathans dort selbständig machten und nach altem Muster (1756) Delhi wieder plünderten. Das Industal, das er selbst im Thronfolgestreit seinem Bruder Murad als Lohn für Hilfe zugesagt hatte, ging nunmehr an die Iraner bzw. Afghanen verloren. Die Hindus, die er ohne zureichenden Grund bekämpft und entrechtet hatte, hoben sich zu neuer Stärke und gründeten – zum ersten Mal seit dem Zerfall des Reiches von Vijayanagar – wieder eigene Staaten. Und die Küsten seines Reiches waren in der Hand der Europäer, die schon im Begriff standen, auch Stücke des Reiches in Besitz zu nehmen. All das war letzten Endes Folge seiner politischen Blindheit, die wiederum seiner engstirnigen Intoleranz entstammte. Kaum je hat ein indischer Herrscher dem Lande so viel Schaden zugefügt wie dieser »fromme Robespierre« auf dem Thron. Er hatte einen Zeitgenossen in Rußland, Peter den Großen. Beide standen vor einer ähnlichen Aufgabe: ein großes Reich zu schaffen bzw. zu erhalten. Der Russe verstand die Zeichen der Zeit und richtete seine Politik nach ihnen; Aurangzeb weigerte sich, diese Zeichen zu sehen, regierte *gegen* die Zeit und trieb zur Katastrophe*.

* Diese rein politische Würdigung des Herrschers befaßt sich nicht mit der Frage seiner individuellen Verantwortlichkeit. Gewiß durfte er sich rechtlich auf die Schriften des Islams berufen. Aber es ist gerade die Pflicht eines verantwortungsbewußten Staatsmannes zu prüfen, inwieweit religiöse oder soziale Doktrinen mit den Zielen und Pflichten seiner Amtsführung vereinbar sind. Auch wir würden einen Staatsmann kaum entschuldigen, wenn er seine Fehlleistungen mit Berufung auf die Bergpredigt erklären wollte. Ein bezeichnender Zug für diesen Herrscher ist sein Verbot, Akten über seine Regierungszeit anzulegen, bzw. die Weisung, vorhandene wieder zu vernichten.

TEIL VII

Kampf um das Erbe des Mogulreichs

Kapitel 33

Entstehung neuer Hindu-Staaten (1640–1849)

Unter Aurangzeb war das Mogulreich zu einem »trügerischen Bilde einstiger Größe« geworden. Seine innere Auflösung begann mit der neuen Spaltung der Bevölkerung in Moslems und Hindus und wurde beschleunigt durch den nahenden Staatsbankrott sowie durch die sinkende Kampfkraft der Armee, der die tüchtigsten Ersatzkräfte, die Rajputen und Afghanen, fernblieben. Dadurch erhielten die Hindus die Möglichkeit, nach der ersten Befreiungsbewegung, die im Süden zu dem Reich von Vijayanagar geführt hatte, nun auch im mittleren und nördlichen Teil des Subkontinents zur Bildung neuer, eigener Staaten zu gelangen. So entstand erst der Staat der Marathen und später der der Sikhs, während ein Staat der Rajputen ausblieb.

Die Rajputen

Zwar gelangten sie noch einmal zu einem größeren Bündnis gegen die islamische Zentralgewalt. Der schwärende Kampf um die Freiheit des Staates Jodhpur, den Aurangzeb zu annektieren suchte, führte den tatkräftigen Erben, den Raja Ajit Singh, dazu, mit Erfolg die Unterstützung von *Mewar* (Udaipur) sowie sogar von Jaipur zu gewinnen; denn dieser letztere Staat, obwohl seit langem im Dienst der Mogulkaiser, mußte es erleben, daß Aurangzeb in seiner zerstörerischen Wut auch sein Gebiet – das eines Verbündeten – plündern ließ. Dieser Rajputenbund erreichte es, daß die Unabhängigkeit Jodhpurs wiederhergestellt wurde (1709) und die übrigen Staaten von weiteren Eingriffen der Nachfolger Aurangzebs verschont blieben. Damit allerdings begnügten sie sich. Ja, einige von ihnen kehrten in den kaiserlichen Dienst zurück, wie der Raja von Jodhpur selber, der sich als Militärgouverneur, schließlich sogar in

Agra, der kaiserlichen Hauptstadt, verwenden ließ. Ihr politischer Instinkt ließ auch sie in den Marathen die kommenden »Befreier« spüren; aber trotzdem kam es zum Bruch zwischen diesen beiden an Kampfwert wichtigsten Gruppen des hinduistischen Indien. Mag es bei den Rajputen ihr Standesdünkel gewesen sein oder die vielfach verbreitete Mißachtung der Kampfmethoden der jugendlichen Marathen, die vielen mehr als »Räuber« denn als werdende Nation galten, oder eine gewisse Altersmüdigkeit der Rajputen, die nach so langen Jahrhunderten ewigen Kampfes nunmehr danach strebten, das Erreichte in Ruhe zu genießen: Jedenfalls blieb ihre Haltung gegenüber diesem neuen politischen Faktor so zurückhaltend, daß diese den schweren Fehler begingen, zur Auffüllung ihrer Kriegskasse auch Einbrüche in das Rajputengebiet zu unternehmen. So kam es, daß die Rajputen abseits standen, als die Marathen dem eingedrungenen Landesfeind, den Afghanen, allein entgegentraten. Die Rajputen scheuten sich auch nicht, gegen diese Einfälle die *Briten* um Hilfe zu ersuchen, was zur Folge hatte, daß die Briten zwar einen Marathenkrieg, aber keinen Rajputenkrieg haben führen müssen, vielmehr die freundschaftlichen Bande zu diesen Fürstenstaaten fortsetzten, so daß sie auch unter britischer Herrschaft weiterbestanden bis zum Jahre 1947, dem Jahr der Unabhängigkeit. Für den eigentlichen Befreiungskampf gegen die Briten schieden sie als machtpolitischer Faktor aus. Damit wurden die Marathen zu den Trägern der Befreiungsbewegung, zunächst vom Joch der Moslems.

Die Marathen

Innerhalb der gleichen Kulturwelt erreichen die Völker ihre Geschichtsfähigkeit nicht zu gleicher Zeit. Die Marathen sind als spätestes Volk Indiens in die Geschichte eingetreten, und zwar schon deutlich unter dem Einfluß, den die geistige Erneuerungsbewegung im Hinduismus auch auf staatlich-politischem Gebiet ausübte. Die Umwandlung seiner älteren Form in eine echte Volksreligion wird hier durch den eremitisch lebenden Propheten *Jnaneshwar* (gest. 1296) vorbereitet, der noch in einer altertümlichen Form der Marathisprache lehrt, und erlebt ihren Aufschwung in einer Reihe dichterischer Seher und Heiliger: *Eknath* (1548–1608), der das Ramayana in seine

Muttersprache überträgt, *Tukaram* (1608–1650) und endlich *Ramdas* (1608–1681), der Zeitgenosse und geistige Befruchter des jungen Shivaji. Sie geben dem jungen Volk als geistige Basis die gefühlsbetonte, volksnahe Religion des »bhakti«, und ihnen antworten aus dem Volk einfache Menschen wie Nandew, Sena Chokha oder die Tänzerin Kanhopaha. So ist diesem Volk die Religion nicht »von oben her« geschenkt worden, sondern in einem lebendigen Austausch zwischen ihren Kündern und allen Schichten erwachsen. So entsteht hier auch nicht das verwikkelte Kastensystem, sondern es gibt nur Brahmanen als geistige Führer und alle übrigen, vor allem keinen Kriegerstand, denn diesen bildet das gesamte Volk. Alle Marathen kämpfen mit, wenn es um die gemeinsame Sache geht. Dieser neuartige Zug gibt diesem jungen Volk gesteigerte Möglichkeiten zu politischem Handeln und läßt es frühzeitig als eine werdende Nation erscheinen.

Die Natur ihres Siedlungsgebiets erzieht sie zu harten Menschen. Der Boden ist wenig ergiebig und gibt auch die kärgliche Frucht nur dem, der hart und zähe auf ihm arbeitet. Die Gebirgsketten, die das Land umgeben, mit ihren scharf geschnittenen Zacken und oft grotesken Konturen, bieten in ihren Schluchten eine Fülle von Schlupfwinkeln und Verstecken und auf ihren schwer zu erklimmenden Granitkuppen ideale Plätze zur Anlage befestigter Stützpunkte. Hier lernt das Volk den Gebirgskampf und die Guerillataktik. Die Isolierung der dörflichen Verbände begünstigt ein stark ausgeprägtes Gefühl von Individualität, fordert aber von dem oft entfernten Nachbarn unbedingte Verläßlichkeit. Harte Arbeit, Genügsamkeit, strenge Erfüllung täglicher Pflichten und das Bewußtsein, daß man auf jeden zählen darf, schaffen hier ein Volk, das zum geschlossenen Handeln wie vorbestimmt erscheint. Kein Zufall, daß gerade die Marathen später Männer hervorbringen, die die soziale Gemeinschaft betonen: den bedeutenden *Gokhale*, einen der ersten, der mit der Sozialreform Ernst macht, *Dr. Ambedkar*, der zum Führer der Pariahs wird, und *»Vinobha Bhave*, der die Landreform durch freiwillige Schenkungen zu lösen sucht. Auch der erste Politiker, der die Massen in den Dienst der Befreiungsbewegung stellen wird, ist ein Marathe: *Tilak;* und nur weil er dabei allzu einseitig die hinduistische Gemeinschaft betont, muß er den Aufruf an »ganz Indien« dem Gujaraten Gandhi überlassen.

Jahrhundertelang waren sie Objekt der Geschichte unter landfremden Dynastien. Möglich, daß man die Rashtrakutas schon als »Proto-Marathen« ansehen darf. Als Ganzes aber blieben sie geschichtslos, bis ein genialer Mann aus ihren Reihen sie über Nacht zum Volk einte: *Shivaji* (1627–1680). Er wuchs auf in einsamer Burg (30 km von Poona), erzogen von einer Mutter, die aus ihm einen »Helden« machen wollte – eine jener Marathenfrauen, in denen sich die Eigenart dieses Volkes besonders kräftig ausprägte, wie später in der Witwe Tara Bai oder in der jugendlichen Rani von Jhansi, die gegen die Briten den Heldentod fand. In solchem Geiste erzogen, mit jenem unbändigen Freiheitsdrang, der gerade Bergvölker auszeichnet und der sich hier untrennbar mit der Volksreligion verband, trat der Achtzehnjährige in die Politik ein, indem er sich die benachbarten Felsennester unterzuordnen begann. In wenigen Jahren schuf er eine richtige Kette solcher Burgen, die ihm Macht über ein Gebiet verlieh.

Sofort setzte die Gegenaktion der bedrohten Staatsgewalten ein: *Bijapur,* in dessen Dienst der Vater stand, nimmt diesen als Geisel für das Wohlverhalten des Sohnes in Haft und entsendet dann Truppen gegen ihn (1659), deren Führer den Rebellen lebend oder tot herbeischaffen soll. Bei dem persönlichen Zusammentreffen der beiden Führer vor der Schlacht umarmt der riesige Moslem den schmächtigen Jüngling mit einem so harten Griff an der Kehle, daß dieser ihn rasch entschlossen, wie David den Goliath, mit einer Panzerfaust erledigt, worauf die Moslemtruppe abzieht. Nun erst greift der Mogulkaiser Aurangzeb ein. Er läßt Poona und andere Plätze besetzen und den jungen Volksführer in seiner Bergfeste belagern. Shivaji schleicht sich in das Quartier des feindlichen Kommandanten, um ihn zu erstechen, kann ihn allerdings nur verwunden; aber die Blamage genügt für dessen sofortige Abberufung (1663). Einem neuen Großangriff der Kaiserlichen unter dem *Rajputen* Jai Singh von Amber (Jaipur) muß er nachgeben und sich in Agra dem Kaiser persönlich stellen, der ihn verhaften läßt. In abenteuerlicher Flucht entkommt er, gewinnt in Kürze alle verlorenen Bergbefestigungen zurück und dehnt sein Gebiet in Richtung auf Bombay aus (Kalyan). Nach Süden hin jagt er 750 km durch fremdes Staatsgebiet, um die südlich von Madras gelegenen Güter seines Vaters in Besitz zu bringen (Jinji, Vellore), nimmt den Titel Raja an und läßt sich 1674 in aller Form zum Herrscher der Marathen krönen – eine Zeremonie, die dieses Volk noch niemals erlebt hat.

Mit gesundem Instinkt erkannte er, daß er einen richtigen Staat errichten müßte, schon um seinen Kampf zu finanzieren; denn zunächst war es eine Untergrundbewegung auf fremden Staatsgebieten. Daß er seine De-facto-Herrschaft behaupten konnte, lag daran, daß die beiden Moslemmächte sich feindlich gegenüberstanden und daß Aurangzeb offensichtlich die Unterwerfung des gut verwalteten Staates von Bijapur energischer betrieb als die Shivajis. Hätten beide gemeinsam operiert, wäre ein Staat der Marathen wahrscheinlich nicht zustande gekommen.

Indem Shivaji nun daranging, in dem von ihm kontrollierten Gebiet Abgaben zu erheben, entstand eine Doppelbesteuerung. Er half sich dadurch, daß er seinen Anteil als Kriegskontribution dem geltenden Steuersatz hinzufügte, als den »Chauth«. Anfangs erhob er ihn in den Gebieten, die er wirklich beherrschte, später auch in solchen, in die er nur zeitweise eindrang, darunter auch in Khandesh, also auf echtem Reichsgebiet. Er rechtfertigte sein Vorgehen – vor sich selbst wie vor anderen – damit, daß er für die Freiheit der Hindus von der Moslemfremdherrschaft und für die angestammte Volksreligion kämpfe; er übertrug die Verwaltung der eingehenden Gelder einer gewissenhaften und fachlich geschulten Stelle, einem Gremium gebildeter Chitpawan-Brahmanen, dessen Leiter mit dem Titel »Peshwa« der Regierungschef des neuen Staates wurde. Er schuf ein stehendes und besoldetes Heer mit allen Waffengattungen, einschl. der Artillerie, und gab Auftrag, eine Kriegsflotte zu bauen – faßte also den großen Entschluß, an den sich kein Mogulherrscher herangewagt hatte. So entstand mitten im islamisch besetzten Gebiet ein neuer Hindu-Staat von einer so neuzeitlichen Struktur, wie keiner der damaligen Staaten ihn verwirklicht hatte.

Mit seinem frühen Tod – schon mit 53 Jahren – verlor der Staat seinen genialen Führer, und Aurangzeb holte sofort zu einem neuen Schlag aus. Er eroberte mehrere Plätze, nahm Shivajis ältesten Sohn gefangen, um ihn unter sadistischen Foltern zu töten, und überführte seinen Enkel *Shahu* in seinen Harem, um ihn dort als einen »Quisling« aufzuziehen. Aber Shivajis zweiter Sohn, *Rajaram*, konnte sich retten und setzte den Kampf mit geschickter Guerillataktik fort, wobei Satara sein neues Hauptquartier wurde. Als dann der herangewachsene Shahu vom Kaiser dorthin entsandt wurde, um mit seinen Erbansprüchen Zwietracht zu säen, gelang es der Witwe des inzwischen verstorbenen Rajaram sowie dem geschickten Peshwa, alle miteinander zu versöhnen und die Einheit des Staates zu wahren.

Dieser Peshwa, Balaji Visvanath (im Amt 1713–1720), gab dem Staat neue, kräftige politische Antriebe. Unter seiner Führung drangen die Marathen in die reichen Nachbargebiete ein, die nicht zu ihrem Volkstum gehörten (Malva, Gujarat), wo sie aber ihre Staatseinnahmen gewaltig zu steigern vermochten. Shahu selbst, als junger Marathenkönig, erschien in Delhi bei dem machtlosen Scheinherrscher und erlangte von ihm nicht nur Zustimmung für den Rückerwerb von Khandesh, sondern auch die Bestätigung dafür, daß er den »Chauth« erheben durfte. Der Marathenstaat wurde als souveräne Macht anerkannt.

Im Besitz eines weiträumigen Staatsgebiets, das praktisch den westlichen Dekkhan, Teile des tamilischen Südens und Gujarat umfaßte, also mehrere der reichsten Provinzen des Mogulreichs, sah sich der Marathen-Staat vor die Frage gestellt, welche politische Linie er einschlagen sollte. Es ist das bleibende Verdienst des zweiten Peshwas, *Baji Rao* (geb. 1698, im Amt 1720–1740), damals seinem Staate die Aufgabe gewiesen zu haben, dem *gesamten Hindu-Indien zu dienen;* und damit tauchte hier der bis dahin kaum vorstellbare Gedanke eines föderativen Hindu-Indien unter der Führung der Marathen auf. Ihnen fiel damit eine Aufgabe zu, die eine ganz neue politische Führung und einen Weitblick voraussetzte, wie ihn keiner der älteren Staaten gekannt hatte. Indem Baji Rao 1739 den Portugiesen die beiden Häfen Salsette und Bassein entriß, leistete er dieser »national-indischen Idee« seinen ersten Dienst.

Umgeben von Moslem-Staaten und mit Küsten, die von den Europäern besetzt waren, sah sich der Peshwa dann vor die Frage gestellt, welche Staaten er als potentielle Gefahren anzusehen habe. Sein kluger Nachfolger, *Balaji Rao* (im Amt 1740–1761), erblickte in dem Schattenkaiser in Delhi keine Gefahr mehr, auch nicht in dem kräftigeren Nachbarstaat, den der Nizam von Haidarabad aufbaute, nachdem er seine Abhängigkeit vom Kaiser aufgesagt hatte. Er zeigte keine feindseligen Absichten, zumal seine überwiegend aus Telugu sprechenden Drawiden bestehende Bevölkerung auch eine kräftige Minderheit von Marathen einschloß. Eher mußten die beiden Moslem-Staaten von Awadh (Oudh) und von Bengalen als gefährlich erscheinen, deren Statthalter sich ebenfalls vom Reich losgelöst hatten und ihren Vorteil in einer Annäherung an die Briten zu suchen schienen. Bevor aber diese Dinge zur Entscheidung reiften, rief der allindische Gedanke die Marathen an die Nordwestgrenze, wo in ihrer Abwesenheit der Turkmenen-Shah von Persien Delhi verheert hatte und nun ein neuer Gegner drohte: die Afghanen.

Dieses Bergvolk war nach langer Zeit der Abhängigkeit 1747 endlich zu einem eigenen Staat gelangt und folgte sofort dem bewährten Beispiel des Despoten von Ghazni, indem es seine kärglichen Mittel durch Einbrüche in die fruchtbaren Ebenen Indiens aufzubessern suchte. Bei ihrem vierten Einbruch setzten sie sogar einen Statthalter in Delhi ein, der den Mogulherrscher kontrollieren sollte. Die Marathen befreiten 1757 Delhi und vertrieben die Afghanen – ein weiterer Dienst für ein Gesamtindien, von dem sie träumten. Indem sie dann westwärts weiterzogen und auch den Panjab von der Moslemherrschaft befreiten, wurden sie zur Nachbarn Afghanistans, dessen Herrscher angesichts dieser Gefahr mit einem ungewöhnlich großen Heer abermals einbrach und dabei auch von den Rohillas unterstützt wurde, einem afghanischen Stamm, der sich nördlich von Delhi festgesetzt hatte. Selbst der Herrscher von *Awadh* ergriff die Partei des glaubensverwandten Landesfeindes. In der großen mehrwöchigen Schlacht bei Panipat erlitten die Marathen ihre erste schwere Niederlage (14. Januar 1761). Außenpolitisch blieb sie ohne Folgen, da die Afghanen mit ihrer Beute befriedigt heimzogen, aber der Ruhm des jungen Kriegervolks erlitt eine schwere Einbuße. Als Hegemonialmacht für Indien schieden sie aus – denn wie hätte Preußen das Deutsche Reich errichten können, wenn es bei Sedan besiegt worden wäre? Nur der Stärkste vermag eigenbrötlerische Einzelstaaten zusammenzufassen.

Zudem stärkte dieser Schlag die zentrifugalen Tendenzen im eigenen Lager, die dadurch entstanden waren, daß man in den neu eroberten Gebieten örtliche Statthalter eingesetzt hatte, die sich nun bei Schwächung der Zentralgewalt selbständig zu machen suchten. So lösten sich die Anrainer des Zentralgebiets um Poona, das seit 1750 Hauptstadt und Sitz der Peshwas war, und es bildeten sich ziemlich selbständige Fürstentümer in Baroda (unter den Gaekwads), in Indore (unter den Holkars), in Berar (den Bhonsles), in Gwalior (den Sindhias), in Dhar (den Pawars). Diese Zersplitterung spitzte sich zu, als um das erblich gewordene Recht der Peshwas Streit begann. Madhava Rao (im Amt 1761–1772) vermochte die Einigkeit noch einigermaßen zu halten. Aber als er bei seinem Tode einen unmündigen Sohn hinterließ, weigerte sich sein Bruder Raghoba (oder Ragunath Rao), diesen anzuerkennen, und wollte selbst regieren, obgleich ein sehr geeigneter Chitpawan-Brahmane, Nana Fadnavis (1763–1800), bereit stand, die Geschäfte zu übernehmen. Als Usurpator suchte Raghoba Zuflucht bei den Briten, denen er sogar Salsette und Bassein abtrat, und leitete damit die politischen Beziehungen zur Ostindien-Kompanie ein, die später zum Sturz des Marathenstaats führen sollten. Es gelang zwar, Bassein zurückzugewinnen; aber als die Briten Ahmadabad (Gujarat) besetzten und Poona bedrohten, mußte man den Kompromißfrieden von Salbai schließen (1782), in dem wohl der legitime Nachfolger als Peshwa anerkannt wurde, man aber die Abtretung des reichen Gujarat hinnehmen mußte, so daß der dort nun eingeschlossene Gaekwad von Baroda von den Briten durch eine Subsidien-Allianz gebunden und auf diese Weise aus dem Gefüge des Marathen-Staats herausgelöst wurde (1779). Der neue, noch unmündige Peshwa, Mad Ihu Rao, suchte sich vergeblich der Intrigen seiner Umgebung zu erwehren und beging Selbstmord (1795). Der größte »Vasall«, der Raja Mahadaji Sindhia in Gwalior, schuf sich mit Hilfe französischer Offiziere ein eigenes, ausgezeichnet diszipliniertes Heer, das ihm in seiner räumlich von Poona entfernten Lage im Gangestal eine so gut wie unabhängige Stellung verschaffte.

Damit hatte die Entwicklung dieses jungen Hindu-Staats eine unheilvolle Wende erreicht. Der politische Blick seiner Führer hatte offensichtlich versagt.

Als geographische Nachfahren des alten Dekkhanreichs war ihnen der natürliche Drang vererbt worden, ihren mittelindischen Staat gegen Interventionsgelüste von Norden wie von Süden zu verteidigen, aber sie hätten daraus auch lernen können, daß man das Gangestal nicht von Poona aus regieren kann. Gewiß ist der Dekkhan das verbindende Mittelstück zwischen Nord- und Südindien und hat von beiden Kulturzentren manches aufgenommen. Gewiß wäre auch die geographisch-kulturelle Rolle als Verbindungsstück zwischen beiden einer gesamtindischen Aufgabe angemessen gewesen. Das aber hätte einen weiseren Einblick in die verwickelten Zusammenhänge im damaligen Indien erfordert als ihn selbst die klügsten Leiter des jungen Staats besaßen. Die Gründung einer indischen Konföderation wäre rein machtpolitisch damals durchaus möglich gewesen, denn das Moslemlager war zerspalten und sein Zentrum machtlos. Der unumgängliche erste Schritt hätten allerdings verständige Verhandlungen mit den bestehenden Einzelstaaten sein müssen, und als gemeinsame Basis einer solchen Föderation wäre die Erkenntnis vonnöten gewesen, daß die eigentliche Gefahr für *alle* in der Expansionskraft der *Briten* läge und man sich daher gegen sie zusammenschließen müßte. Für eine solche Politik hätte man anfangs auch noch den Nizam gewinnen können, wie er denn die Ausbildung seiner Truppen einem französischen Offizier, also einem Gegner der Briten, anvertraute. Aber solche Möglichkeiten sind von der Regierung in Poona nicht erkannt worden. Schon die zerfahrene Art, in der man durch die Umtriebe des Raghoba in den ersten Krieg mit den Briten hineinschlidderte, hemmte die klare Durchführung einer antibritischen Politik. Die Eigenmächtigkeiten der Außenstatthalter wirkten erst recht verwirrend. Die Plünderungszüge, die die Fürsten von Baroda und Gwalior gegen die Rajputen durchführten, stärkten dort den britischen Einfluß. Falsch war auch die Politik gegenüber Bengalen. Daß hier eine korrupte Moslemregierung das Land schrittweise den Briten auslieferte, rechtfertigte Plünderungszüge in keiner Weise. Denn statt dem Hinduvolk gegen diese Nawabs zu helfen, erzeugte man einen Haß der Bengalis gegen die Marathen, der sie in den Ruf eines »Räuberstaats« brachte und der bis in die Zeit der gemeinsamen Befreiungsbewegung im 19. Jahrhundert noch nachgewirkt hat. Ebenso war es unweise, daß die Marathen den Nizam 1760 abermals angriffen und dort Truppen einsetzten zu einer Zeit, in der jeder Soldat auf das Schlachtfeld von Panipat gehört hätte. Und sinnlos war es, sich in die Wirren in Südindien einzumischen, selbst wenn die Familie Shivajis dort alte Besitzungen zurückgewinnen wollte. Indem sie mit dem Nizam, zeitweise sogar mit den Briten, einen Bund gegen den Herrscher von Maisur, Tipu Sahib, schlossen, trafen sie einen Mann, der – was immer man an ihm tadeln mochte – jedenfalls ein geschworener Gegner der Briten war und als solcher die Unterstützung eines Staats verdient hätte, der einem nationalindischen Ziele folgen wollte. Daß sie sich dann nach dem Sieg der Briten, verdrossen über ihre Niederlage, noch einmal gegen ihren bisherigen Verbündeten, den Nizam, wandten (1795), brachte ihnen zwar einen Sieg; aber diese letzte Aktion, die noch einmal alle Marathen vereinigte, hatte politisch nur das Ergebnis, daß der Nizam nunmehr seine Franzosen entließ und sich gänzlich den Briten in die Arme warf. Mit einer so unklugen Politik haben sich die Marathen die Aussicht verscherzt, unter den noch unabhängigen Staaten Indiens Bundesgenossen zu finden oder sie gar für eine allindische Konföderation zu gewinnen.

Demgegenüber nützte es ihnen politisch nichts, daß einer der Ihrigen, der bedeutende Fürst von Gwalior, Mahadaji *Sindhia*, seine Machtstellung im Gangestal so steigerte, daß er dort beinah als Nachfolger des Mogulkaisers angesehen wurde. Anfangs den Kaiser noch als Aushängeschild benutzend – wie es später die Ostindien-Kompanie getan hat –, diente er mit seiner ehrgeizigen Politik insofern der gesamtindischen Sache, als er den Schattenkaiser lange von der Schwenkung zu den Briten abhielt, indem er ihn gegen seine örtlichen Gegner beschützte. So stand er in den Jahren 1788–1803 wie ein »Reichspaladin« vor dem Thron und konnte sich zuletzt sogar als »Regent« des Reiches bezeichnen. Aber da er mit der Regierung in Poona nicht zusammenarbeitete, brachten seine Erfolge weder der Sache der Marathen noch der allindischen praktischen Nutzen.

Mit der unklugen Außenpolitik wuchs der Zerfall des Marathenstaats. Der erste Gliedstaat, der ausscherte, war Baroda, dessen Herrscher bereits 1779 einen Allianzvertrag mit den Briten schloß und seitdem abseits in wenig würdiger Neutralität verharrte. Gwalior, das unter Mahadaji Sindhia die größte Macht erreichte – er beherrschte ein Gebiet von der Narbada zum Satlej –, wäre als Persönlichkeit geeignet gewesen, die Führung des Marathenbundes zu übernehmen. Aber er wandelte seinen Staat, dessen Bevölkerung keine Marathen waren, in einen »modernen« um, der mit Söldnern und europäischen Instrukteuren reine Machtpolitik betrieb, sich also von der eigentlichen Zielsetzung Shivajis weit entfernte. Er starb in Poona bei dem ehrenvollen Versuch, seine Politik mit der des Peshwa abzustimmen (1794). Sein 13jähriger Nachfolger hat zwar später noch gegen die Briten gekämpft; indem er aber seinen benachbarten Rivalen, den Holkar von Indore, reizte, trieb er diesen zu dem unglückseligen Versuch, sich offen gegen den Peshwa zu erheben. Dabei plünderte er 1802 sogar die Hauptstadt Poona und trieb dadurch den letzten Peshwa, Baji Rao II. (1796–1818), den Briten in die Arme.

Der östliche Gliedstaat in Nagpur (Berar) unter dem tapferen Raghuji Bhonsle beging den ersten Fehler dadurch, daß er den Briten den Durchmarsch durch sein Gebiet nach Orissa gewährte und ihre Stellung an der Koromandelküste stärkte. Auf sich allein gestellt, konnte er sich gegen die Briten nicht behaupten, mußte einen Subsidien-Allianz-Vertrag auf sich nehmen. Und als sich sein letzter Herrscher dagegen aufbäumte, wurde er besiegt und der Staat annektiert (1817).

So nahte der drohende Endkampf gegen Poona. Die Politik einer übervorsichtigen Neutralität, die man dort seit dem Frieden von Salbai (1782) den Briten gegenüber befolgt hatte, hat den Marathen ebensowenig genützt wie die Neutralitätspolitik Preußens gegenüber Napoleon seit dem Baseler Frieden. Wie dort ein Jena, so kam hier das Ende. Inzwischen war der imperialistische Gedanke bei den Briten erstarkt, verkörpert in den beiden Generalgouverneuren Wellesley und Hastings. Der in Poona residierende britische Gesandte, Mountstuart *Elphinstone,* ein guter Kenner Indiens, stand den Marathen durchaus nicht ablehnend gegenüber. Auch standen die Briten vor der Frage, ob sie einen Krieg gegen die Marathen damals wagen sollten, bei dem nicht vorauszusehen war, welche Kräfte dieses kriegstüchtige Volk im letzten Widerstand noch entfesseln würde. Und England befand sich im Jahre 1813 noch mitten im Kampf gegen Napoleon. Ein Abkommen, das den Marathen zwar Kriege mit anderen indischen Staaten untersagt, ihnen aber ihre staatliche Existenz gelassen hätte, wäre damals noch vorstellbar gewesen. Ihre Grenzen wären sicherlich beschnitten worden, aber die Mehrzahl ihrer Außenbezirke hatten sie ohnehin verloren. Der Staat der Marathen hätte dann statt einer unabhängigen indischen Konföderation einem britisch-indischen Reich angehört, seine Existenz jedoch immerhin ebenso retten können wie der Nizam die seinige. Die große Erhebung von 1857, die ohnehin weitgehend von einigen Marathen getragen wurde, hätte in einem noch bestehenden Staat einen starken Rückhalt gefunden. Schließlich hätte der Ausbau des Staates zu einem echten Volksstaat im Sinne Shivajis für ganz Indien ein Beispiel gesetzt und wäre für die Befreiungsbewegung von größter Bedeutung geworden. Aber kein Marathe hat solche Pläne erwogen. Nicht einmal den naheliegenden Vorschlag haben sie überdacht, den Briten anzubieten, den gleichzeitig von ihnen geplanten Kampf gegen die Pindaris – eine Gruppe räuberischer Abenteurer – gemeinsam zu führen, da diese die öffentliche Sicherheit beider bedrohten. Es ist sehr denkbar, daß die Briten ein solches Angebot angenommen und ihren Marathenkrieg hinausgeschoben hätten. Nichts dergleichen erfolgte.

Der damalige letzte Peshwa, Baji Rao II., der unfähige Sohn jenes Raghoba, der aus persönlichem Ehrgeiz einen Peshwa ermordet und bei den Briten Schutz gesucht hatte, ließ sich nach einem schlecht geführten Feldzug dazu zwingen, den Subsidien-Allianz-Vertrag seines Vaters zu wiederholen (Dezember 1802), und erkaufte sich damit eine Galgenfrist, während der die Briten mit den Teilfürsten in Berar, Indore und Gwalior abrechneten. Erst 1817, als kein einziger kampffähiger indischer Staat (außer den Sikhs) mehr existierte, also in der politisch ungünstigsten Lage, zeigte Poona ein letztes Aufbäumen des Marathenstolzes, indem man das britische Gesandtschaftsgebäude niederbrannte, worauf ein örtliches Gefecht zwischen den beiderseitigen Truppen (bei Kirkee) folgte. Eine letzte ernste Schlacht, in der der tüchtige Marathengeneral Gokhale fiel, beendete dann im Februar 1818 den Krieg, der zur Abschaffung des Peshwa-Amts führte, also das letzte Band der Marathen auflöste. Bestehen blieben Baroda, das seit langem das heimische Lager verlassen hatte, und zwei verkleinerte Staaten, Indore und Gwalior, ohne politische Bedeutung. Die Eroberung der Festung Asirgarh – der ersten, die Akbar südlich der Narbada erobert hatte – setzte den Schlußpunkt (1819). Der Marathenstaat hatte aufgehört zu bestehen. Der größte Teil des Gebiets, das Shivaji den Moslems entrissen hatte, wurde britisch. Schmunzelnd sah der Nizam zu, der durch »rechtzeitiges Einlenken« seine Existenz gerettet hatte und nun noch mit Berar belohnt wurde, so daß im Dekkhan zwar ein Reststaat der Mogulverwaltung bis 1947 bestehen blieb, aber kein einziger leistungsfähiger Hindu-Staat, der von dem erstaunlichen Anlauf Shivajis hätte Zeugnis ablegen können.

Noch eindeutiger als die Marathen danken die Sikhs ihre Entstehung der geistigen Erneuerungsbewegung, die seit dem 14. Jahrhundert die Hindus ergriff; denn ihr Gründer *Nanak* (1469–1538) war ein religiöser Reformer, der seinen Jüngern eine gereinigte, erneuerte Form der altüberlieferten Religion verkünden wollte. Indem sie den Polytheismus und das Kastenwesen beseitigte, näherte sich diese junge Sekte sogar dem Islam, der sie im damaligen Panjab umgab, und trachtete anfangs unter der Leitung ihrer ersten vier geistigen Führer (Gurus) auch nach freundschaftlichen Kontakten mit dieser Religion. *Akbar* stiftete ihnen das Landstück in Amritsar, auf dem sie das Zentralgebäude ihrer kultischen Gemeinschaft errichteten. In diesen Frieden einer gläubigen Sekte brach Jahangir ein, indem er aus fadenscheiniger Veranlassung ihren fünften Guru zu Tode martern ließ, so daß sein Nachfolger die aufs tiefste empörte Gemeinde zu kriegerischen Unruhen führen mußte. Der Schwebezustand zwischen Religion und Kampf wurde durch Aurangzeb entschieden, der den neunten Guru ermorden ließ (1675) und der Gruppe dadurch endgültig kämpferischen Geist einflößte. Der zehnte Guru, *Govind* (1675–1708), organisierte sie zu einem kriegerisch-disziplinierten Kampforden, dessen eiserne Manneszucht und todesverachtender Mut die »Khalsa«, die selbst auf dem Höhepunkt ihres staatlichen Lebens kaum 500 000 Mann zählte, zu einem militärisch beachtlichen Faktor machten. Daß religiös inspirierte Gruppen zur Waffe griffen und dabei auch räuberische Züge unternahmen, war damals nicht selten und hat den Ruf der jungen Eidgenossenschaft sicherlich beeinträchtigt, bis man erkannte, daß hier nicht exzentrische Typen, sondern ein gläubiges, eng verbundenes Volk zusammenstand, das sein Dasein als einer freien religiösen Gemeinde verteidigen wollte.

Nach dem Tode des zehnten Guru (1708) wurde kein Nachfolger ernannt, so daß bis zum Antritt von Ranjit Singh (um 1792) ein Führer gefehlt hat. Ein Usurpator namens Banda führte mit Teilen eine Art Rachekrieg gegen den Mogulkaiser, der aber mit Bandas Hinrichtung endete (1716). Doch wirkte der Kampfgeist fort, nunmehr meist in Guerillakämpfen an den Abhängen des Himalaja zwischen Jamna und Ravi, wobei ein großer Zufluß an Neueintretenden, namentlich aus den Kreisen der Jats, die Gesamtzahl steigen ließ. Es bildeten sich zwölf Untergruppen (»misls« genannt), und östlich des Satlej entstand sogar 1767 der erste Sikh-Staat, Patiala.

Mangels einheitlicher Führung konnten die Sikhs in die außenpolitischen Dinge damals noch nicht eingreifen. Ihre engere Heimat, der Panjab, wurde von auswärtigen Einfällen verheert, erst durch den Usurpator des Iran, Nadir Quli (1739), dann durch die Afghanen. An der Schlacht von Panipat (1760) konnten sie nicht teilnehmen, wohl aber hängten sie sich an das siegreiche Heer des Ahmad Durrani, als er heimwärts zog, um ihm einen Teil seiner Beute abzujagen. Als er nach einem neuen Einfall den Panjab verließ, besetzten sie das Land und die Stadt Lahore (1764). Sie drangen auch ostwärts bis zum Satlej vor (1785), wo sie zuerst auf ihren Schicksalsgegner, die Briten, trafen. Ein neuer Einfall der Afghanen (1793) brachte ihnen die entscheidende Wendung. Denn inzwischen war der 1780 geborene *Ranjit Singh* im Alter von nur 10 Jahren seinem Vater als Führer des »Shuker-chakria misl« gefolgt und hatte als solcher dem afghanischen Herrscher imponiert. Indem dieser 1798 den Neunzehnjährigen zum Gouverneur von Lahore bestellte, gab er ihm eine weithin sichtbare Legitimation als Oberführer. So erhielten die Sikhs mit diesem jungen Manne den Führer, der sie zu großen Dingen leiten sollte.

Zunächst brachte er – mit Takt oder Gewalt – die gesamte Gemeinschaft zur Anerkennung seines Vorrangs, einigte sie als Herren des Panjab-Territoriums und schritt sofort zur Ausdehnung ihres Gebiets. Er vertrieb die Nepalis (Gurkhas) aus den westlichen Bergen des Himalaja, unterwarf die dort liegenden kleinen Rajputen-Staaten, wie z. B. Kangra, brachte dann ganz Kaschmir in seinen Besitz (1819), später auch Ladakh (1833), besetzte Multan als südliche Festung und nahm den Afghanen Peshawar ab (erst 1823, endgültig 1834). Aber bei seiner Expansion nach *Osten* stieß er auf den Widerstand der Briten. Sein Ziel, auch die östlich des Satlej siedelnden Sikhs unter seiner Herrschaft zu vereinigen, scheiterte, obgleich er einige Plätze auch östlich des Satlej, wie Ludhiana, (1807) besetzte. Er konnte jedoch nicht wagen, dem Hilferuf des zu ihm fliehenden Holkar aus Indore (1805) Folge zu leisten. England, das damals im entscheidenden Stadium seines Ringens mit Napoleon stand, hielt sich von unnötigen Abenteuern in Indien zurück, so daß es zum ersten Vertrag zwischen

Ranjit Singh und den Briten kam, dem Vertrag von Amritsar (25. April 1809), der den Satlej-Fluß als Grenze festlegte, aber dem kühnen Sikhherrscher freie Hand nach allen anderen Richtungen ließ. Er galt damals den Briten als ein willkommener Pufferstaat gegen die Gefahr, daß Napoleon – ähnlich wie er es früher bei Ägypten versucht hatte – nun etwa durch den Iran einen Angriff auf Indien versuchen sollte.

So erhielt Ranjit Singh Zeit, einen wirklichen Staat aufzubauen mit einem Heer, dessen Kampfwert, vor allem dank seiner ausgezeichneten Artillerie, damals in Indien nicht seinesgleichen hatte. Mit politischer Einsicht und staatsmännischem Blick gelang es ihm, die Herrschaft seiner Gruppe, die ja kein »Volk« im eigentlichen Sinne war, sondern mit einem Sechstel der Gesamtbevölkerung nur eine dominante Minderheit, den Zusammenhalt so zu festigen, daß er bei Wahrung voller Toleranz auf religiösem und kulturellem Gebiet jeder Gruppe, den Moslems wie den Panjabi-Hindus, ihre Eigenart ließ, sie vorurteilsfrei zu staatlicher und militärischer Mitarbeit heranzog und damit eine Art Partnerschaft aller Gruppen schuf, die aus dem Panjab – zum erstenmal in seiner Geschichte – einen eigenständigen Staat machte. Die Panjabis meinen, daß damals in der ununterbrochenen Dauer ihrer Fremdherrschaft der erste Keim eines »Panjabi-Nationalbewußtseins« aufgegangen sei. So war sein Staat kein reines Militärregime, wie etwa das Sultanat von Delhi, sondern eine autokratische Monarchie, die auf der Armee basierte, aber weitsichtig genug war, um als »aufgeklärter« Despotismus zu gelten. Verglichen mit dem Staate der Peshwas, war dieser zeitgemäßer und fester gefügt – solange die überragende Persönlichkeit von Ranjit Singh ihn leitete.

Auch sein Schicksal wurden die Briten. Die erwähnten Ereignisse haben den politisch gescheiten Ranjit Singh dies früher erkennen lassen als die Marathen. Seit dem Vertrag von 1809 hat bis 1845 zum Segen des Panjabs Friede zwischen beiden Mächten bestanden. Nach dem Tode des großen Führers (1839) begannen seine unfähigen Nachfolger, diese Grundtatsache ihrer politischen Existenz zu vergessen. Zunächst verursachte schon seine Nachfolge unheilvolle Tumulte, aus dem eine Regentin, die Rani Jhindan, hervorging, die ihre Liebhaber die Staatsgeschäfte führen ließ. Zwischen der Khalsa, der Armee und den verschiedenen Koterien am Hofe von Lahore entstand ein wirres Durcheinander, so daß schließlich als einziger Ausweg ein Krieg erschien, aber statt ihn gegen die Afghanen zu führen, begannen sie ihn gegen ihre britischen Nachbarn. Im ersten Krieg (1845–1846) wurden sie besiegt, hatten aber das Glück, daß die Briten damals – durch anderweitige Sorgen gebunden – ihnen im Vertrag von Lahore von 1846 noch ihre staatliche Existenz beließen und nur einige territoriale Abtretungen und eine Kriegsentschädigung forderten. Der jüngste Nachkomme Ranjits wurde noch als Maharaja eingesetzt. Die Briten verzichteten sogar auf eine Subsidien-Allianz, wie sie den Marathen schon aufgezwungen worden war. Man setzte nur einen britischen Residenten in Lahore ein, Henry Lawrence. Das Schwerste aber: das den Briten abgetretene Kaschmir wurde einem früheren Vasallen der Sikhs, dem Hindufürsten von Jamma, Ghulab Singh (aus dem Hause der Dogras), verkauft. Trotz allem hätte der Sikh-Staat unter zwei Voraussetzungen weiterbestehen können: daß er korrekte Beziehungen zu den Briten beobachtete und daß er im Innern die Funktion weiter erfüllte, um deretwillen die Briten ihn bestehen ließen, ein kräftiger Pufferstaat zum Schutz der Nordwestgrenze zu bleiben. Beide Voraussetzungen aber wurden *nicht* erfüllt. So führte ein Aufstand des Kommandanten von Multan (1848) sowie steigende chaotische Verwirrung im Innern zum zweiten Krieg, in dem die Sikhs abermals militärisch geschlagen wurden, und der dann zur Annexion des Panjabs führte, also den eigenständigen Sikh-Staat auslöschte (1849).

Die Briten mußten nun den Schutz der Nordwestgrenze direkt übernehmen, was sie – das erscheint glaubhaft – nicht gern getan haben. Wie sehr sie sich bemüht haben, den Sikh-Staat als eine wertvolle Zwischenbastion zu erhalten, zeigen ihre wiederholten Versuche, mit den Sikhs zu gütlicher Einigung zu kommen: das Zusammentreffen des Generalgouverneurs Bentinck mit Ranjit in Rupar (1831), der Dreiervertrag, den sie 1839 (kurz vor dem Tode Ranjits) mit ihm und den Afghanen abschlossen, das Zugeständnis nach dem ersten Krieg, daß die Armee der Sikhs zwar verkleinert wurde, aber doch bestehenblieb und mit ihr der Grundpfeiler, auf dem der Staat sich wieder hätte erneuern können. Denn je größer nach dem Ende Napoleons die britische Sorge vor dem Zarenreich wurde, desto größer wurde ihr Interesse, an dieser schicksalsschwangeren Wetterecke eine Abwehrkraft zu erhalten, die ihnen bei guten politischen Beziehungen von großem Nutzen sein könnte. Das Fehlen eines auch nur einigermaßen geeigneten Staatsmanns, der den Sikh-Staat unter Würdigung dieser Lage hätte führen können, hat diese britischen Hoffnungen, die sich durchaus mit dem gesamtindischen Interesse gedeckt hätten, vereitelt.

Ebenso wie in Maharashtra die späteren Peshwas falsche Politik trieben, hat auch hier die mangelnde Einsicht in die politische Lage das Ende eines aussichtsreichen Hindu-Staats herbeigeführt. Dieser Sikh-Staat, der den Panjab nach einer Fremdherrschaft von vielen Jahrhunderten befreite, der mit seiner vortrefflichen Armee im oberen Industal, am Himalaja wie am Hindukusch einen so starken Schutzwall errichtete wie kaum eine frühere Regierung, der das Gebiet besser gegen die Afghanen verteidigte als die Mogulherrscher nach Shahjahan; er brach zusammen, weil er die politische Einsicht seines großen Gründers mißachtete. Und er wurde innerlich so gebrochen, daß er an dem weiteren Geschehen in Indien zunächst keinen Anteil mehr nahm. Die große Erhebung von 1857, die auch für die Sikhs ein Fanal hätte sein können, fand sie als loyale Folger der britischen Herrschaft, nur weil sie in ihr den Versuch einer Wiederaufrichtung der verhaßten Mogulherrschaft zu erkennen meinten – ein Gedanke, den sie in Erinnerung an Aurangzeb mit Schaudern ablehnten.

Kapitel 34

Die Moslem-Nachfolgestaaten

Diese beiden Hindu-Staaten, die auf den Trümmern des Mogulreichs entstanden, legen Zeugnis davon ab, daß sich in der Bevölkerung des Subkontinents neues staatlich-politisches Leben regte. Beide galten den Briten als ihre härtesten Gegner. Erst die Überwindung dieser beiden Staaten hat die britische Eroberung Indiens vollendet. Leichteres Spiel hatten sie mit den Moslem-Staaten, den eigentlichen Nachfolgern des Mogulreichs.

Der Zerfall des Mogulreichs, eingeleitet durch die verfehlte Politik seines letzten bedeutenden Kaisers, Aurangzeb, zeigte sich auch im biologischen Verfall der Dynastie. In sechs aufeinanderfolgenden Generationen hatte sich dieser Zweig der Nachkommen Timurs verbraucht und brachte keine Persönlichkeiten mehr hervor, die politischer Tatkraft fähig waren. Mehrere der Nachfolger galten von vornherein als »Marionetten«, zwei wurden geblendet, und der letzte warf sich den Briten in die Arme. Ihr Machtgebiet schmolz auf die Umgebung von Delhi zusammen. Ihr Titel behielt noch einige Zeit Klang und Anreiz für ehrgeizige Emporkömmlinge und diente schließlich der Ostindien-Kompanie als Legitimation ihrer Herrschaft.

Aber es zeigten sich auch keine Staatsmänner in der Regierung. Der einzig erwähnenswerte ist *Asaf Jah*, später der erste Nizam von Haidarabad, der ein Jahr lang Premierminister (Wesir) in Delhi war und diese Stätte politischer Verwesung entsetzt verließ. Denn auch der Hofadel, zum großen Teil neuen Familien entstammend, brachte nur Intriganten und Glücksritter hervor. Auch gliederte er sich in mehrere Interessengruppen, die sich untereinander bekämpften: die *Iranis*, die erst vor kurzem aus Persien zugewandert waren, die *Turanis*, die sich noch in Transoxanien beheimatet fühlten, und die *»Hindostanis«*, die etwas länger in Indien waren, aber meistens auch aus Afghanistan, Badakshan und anderen mittelasiatischen Nachbargebieten zugezogen waren. Das Ganze hielt in seinem äußeren Rahmen noch einigermaßen zusammen, wie Schiller es ausdrückt:

»Jahrelang mag, jahrhundertelang die Mumie dauern,
Mag das trüg'rische Bild lebender Fülle besteh'n.«

Der letzte Herrscher, Shah Alam II. (regierte 1759–1806) hat im Bunde mit dem Nawab von Awadh noch einen ernsten Versuch gemacht, sich dem Vordringen der Briten entgegenzustellen, der aber in der Schlacht bei Baksar (1764) mißlang*.

* Dieser letzte Mogulherrscher erscheint als eine wahrhaft tragische Figur. Nach der unglücklichen Schlacht bei Baksar wurde er praktisch ein Gefangener der Briten und mußte ihnen das Recht des »Diwani« für ganz Bengalen zugestehen. Mit Hilfe der Marathen kehrte er in seine Hauptstadt Delhi zurück, um dort unter dem »Schutz« des Mahadaji von Gwalior eine Scheinrolle zu spielen. Während sein Beschützer einen seiner politisch sinnwidrigen Einfälle in das Land der Rajputen unternahm, wurde Delhi von den afghanischen Rohillas überwältigt, die den alten Kaiser blendeten. Und als 1803 die Briten Delhi besetzten, blieb er als ihr Pensionär dort bis zu seinem Tode im Jahre 1806 – ein Leben, das den ganzen Jammer des sterbenden Mogul-Regimes kennzeichnet.

Das politische Leben der bisher herrschenden Moslems zog sich in die Provinzen zurück, die sich nun selbständig machten. In einigen von ihnen wurde die bisherige Verwaltung fortgesetzt, wie in Haidarabad. Aber keiner dieser Nachfolgestaaten hat ernsthaft Politik getrieben. Keiner hat sich aufgerafft, die Einfälle von außen zu bekämpfen – der Iraner unter Nadir Quli (1739) oder der Afghanen, die von Mitte bis Ende des Jahrhunderts regelmäßig das Gangestal verheerten und 1757 Delhi ausplünderten. Und keiner hat ernsthaft gegen die Briten gekämpft, außer dem Usurpator in Maisur, der als einziger Moslem hartnäckig für die Freiheit Indiens focht.

Sang- und klanglos verschwanden die Moslem-Staaten Gujarat und Malva, die von den Marathen und dann den Briten eingenommen wurden. Haidarabad hielt sich dank des erwähnten *Asaf Jah*, der sich 1720 selbständig machte und das Land, das durch den 20jährigen Dekkhankrieg Aurangzebs wirtschaftlich und administrativ verwahrlost war, wiederaufbaute, wozu ihn sein langes Leben – er starb 1748 mit 91 Jahren – befähigte. Politisch befand er sich zwischen zwei Fronten: An seiner Ostgrenze, die ein großes Stück der Koromandelküste einschloß, kämpften die Angehörigen der britischen und französischen Handelsgesellschaften gegeneinander – beide vertreten durch ihre besten Männer, Dupleix und Clive. An der Westgrenze hatte er den größten Hindu-Staat, das Reich der Marathen. Vom indischen Standpunkt aus hätte er mit diesen zusammengehen sollen, zumal keine ernsten Streitfragen sie trennten. Es war beider Schuld, daß sie kriegerisch gegeneinander gerieten und ihre Kräfte in innerindischen Kriegen vergeudeten, während die Gefahr einer Unterjochung durch Europäer allen hätte bewußt werden müssen. Hätten beide sich der französischen Hilfe bedient, so wäre es ihnen möglich gewesen, den britischen Fortschritt gemeinsam fühlbar zu hemmen. So aber blieben sie – mit gelegentlichen Ausnahmen – Gegner. Der erste Nizam rief als Gehilfen zum Aufbau seiner Armee die Franzosen, der dritte Nizam, Sikandar Jah, schwenkte ins britische Lager hinüber, dem Haidarabad dann treu geblieben ist, und dem es die lange Fortdauer seiner staatlichen Existenz bis 1956 dankt. Diese Kontinuität wurde durch die verhältnismäßig lange Regierungsdauer seiner Herrscher erleichtert, so daß Thronfolgestreitigkeiten, wie sie nach dem Tode des Staatsgründers (1748) ausbrachen und zur Einmischung beider europäischen Mächte führten, später ausgeblieben sind. In den 200 Jahren seines Bestehens haben in Haidarabad nur sechs Herrscher regiert, je zwei über 20, zwei über 30 und zwei über 40 Jahre – ein seltener Fall in der indischen Geschichte. Ebenso hat Haidarabad, obwohl hier eine winzige Moslemminderheit über eine Hindubevölkerung herrschte, keine Volkserhebungen erlebt; erst als der letzte, politisch kurzsichtige Nizam Moslembanden bewaffnen ließ, ist es zu Unruhen in diesem Staate gekommen, die dann das Ende des Staats herbeiführten.

Rascher kam das Ende für den Staat *Awadh (Oudh).* Die Fruchtbarkeit dieses Landes machte es zu einem der ertragreichsten Indiens, daher wandten die Briten ihm ihr Interesse zu, namentlich seit sie die Schätze Bengalens abgeschöpft hatten. Der Begründer des Staates, ein echter Perser namens *Sa'Adat,* der sich 1724 selbständig machte, suchte sich zwischen den westlich vordringenden Marathen und den lauernden Briten durch eine Schaukelpolitik zu halten, indem er bald mit den Afghanen ein Bündnis gegen die Marathen schloß – also Indien bei Panipat nicht mitverteidigen konnte! –, bald den Kaiser und Bengalen mit einem Hilfskorps unterstütze, das von dem deutschen General Reinhardt geführt wurde. Mit der Niederlage von Baksar (1764) fiel der Staat praktisch schon unter britische Kontrolle. Er wurde durch maßlose Zahlungen ausgepreßt und behielt seine nominelle Existenz augenscheinlich nur, weil die Briten dieses System bequemer fanden, als die riesigen Kontributionen im Lande selber einzutreiben. Daß sie ihn später wegen »Mißwirtschaft« absetzten, klingt wie eine Ironie; denn obwohl der Hof von Lakhnau damals zu den kulturell höchststehenden Indiens gehörte, hat der Staat wahrscheinlich nicht schlechter gewirtschaftet als viele andere auch. Und die Bevölkerung, die seit den Tagen der Sultane von Delhi Schlimmeres gewohnt war, hat sich erst erhoben, als unter höchst unwürdigen Umständen der letzte Herrscher von den Briten abgesetzt und das Land annektiert wurde. Das war der Anlaß zu der großen Erhebung von 1857.

Vom indischen Standpunkt aus ist *Bengalen* das traurigste Kapitel jener Zeit. Mit seiner damals hochentwickelten Textil-Manufaktur, dem Pfeiler des indischen Exports, mit seinen Wasserstraßen und seinem weiten Hinterland war das Ganges-

Delta stets ein idealer Platz für überseeischen Handel. Daher hatten hier die Portugiesen wie die Holländer und die Franzosen und sogar der deutsche Kaiser* Faktoreien errichtet. Bengalen erbrachte zu jener Zeit eine Staatseinnahme von 8,5 Millionen Pfund Sterling, was der Hälfte der Gesamteinnahmen entspricht, die Akbar aus dem ganzen Reich ohne den Dekkhan bezog. Um welche Beträge man hier handeln konnte, zeigt ein Beispiel: Clive konnte bei einer einzigen Gelegenheit 234 000 Pfund, also 4,5 Millionen Goldmark, für sich einstecken. Daher waren die Handelsplätze dieses Deltas damals auch der Sitz der indischen Finanz, die vor allem durch die Kaste der Jeths vertreten war, die, aus *Marwar* stammend, im Geschäft die gleiche Kühnheit und Härte zeigte wie die Rajputen von Marwar im Krieg.

Der Statthalter, Nawab *Ali Wardi,* bemühte sich, die verheerenden Einfälle der Marathen abzuwehren, wie auch den wachsenden Einfluß der Briten zu bremsen. Seit 1717 genossen sie Zollfreiheit für ihre Importe, versuchten aber, dieses Privileg auch auf den Binnenhandel und auf die Privatgeschäfte ihrer Angestellten auszudehnen. Streit verursachte auch die Befestigung ihrer Faktoreien. Die kleine Niederlassung, die Job *Charnock* bei Kalighat = Kalkutta gegründet hatte und die den volltönenden Namen »Fort William« trug, besaß derzeit erst wenige »feste Häuser«. Aber nach Ausbruch des Siebenjährigen Krieges in Europa, der Franzosen und Briten zu Feinden machte, begannen beide, zum gegenseitigen Schutz wirkliche Befestigungen zu errichten. Gegen solche Eigenmächtigkeiten ging der neue Nawab, *Siraj-ud-Daula,* energisch vor. Er ließ Kalkutta besetzen und die dort gefangenen Briten in das berüchtigte »schwarze Loch« einsperren. Doch beging er den Fehler Aurangzebs, gleichzeitig die Hindus gegen sich aufzubringen, indem er mehrere der größten Bankiers der Jeth-Kaste zwingen wollte, zum Islam überzutreten. Sie näherten sich seinem verschwägerten Rivalen *Mir Jafar* und verbanden sich mit *Clive,* um diesen »Störenfried« zu stürzen. In einem kurzen Gefecht, eigentlich nur einer Kanonade, trieben sie ihn aus Bengalen heraus. Diese sogenannte »Schlacht« bei Plassey (1757) war nach den Worten *Panikkars* »keine Schlacht, sondern eine Transaktion der Börsenmakler, um das Amt des Na-

* Sie wurde als Gegenleistung für Englands Anerkennung der Pragmatischen Sanktion abgetreten.

wabs an die Ostindien-Kompanie zu verkaufen«. Die politischen Folgen des Scharmützels waren größer als seine militärische Bedeutung. *Mir Jafar* wurde von Clive als Nawab eingesetzt, und dieser gewährte den Briten (ohne kaiserliche Vollmacht!) das Recht, im ganzen Bezirk von Kalkutta die staatlichen Steuern zu erheben (das sogenannte »Diwani«). Er übertrug also Hoheitsrechte des Reichs auf ausländische Kaufleute. Die antibritische Gruppe schloß darauf ein Bündnis mit dem Kaiser und dem Herrscher von Awadh, die zusammen den Briten mit einer ansehnlichen Armee entgegentraten, aber bei Baksar, der einzigen wirklichen Schlacht jener Zeit (1764), geschlagen wurden. Nun mußte auch der Kaiser das »Diwani«-Recht bestätigen, ja, es sogar auf ganz Bengalen, Bihar und Orissa ausdehnen. Ein Stück Indien, so groß wie England selbst, kam damit unter die Verwaltung der Ostindien-Kompanie. Obwohl Kaiser und Nawab nominell noch Landesherren blieben, war auf indischem Boden die erste *Kolonie* entstanden.

Alle bisherigen Hafenstützpunkte der Europäer waren räumlich so begrenzt geblieben, daß jeder Inder, der sich der fremden Macht nicht unterstellen wollte, in das Hinterland ausweichen konnte. Hier aber handelte es sich um ein Gebiet von damals mindestens 35 Millionen Einwohnern, die keine Möglichkeit hatten, ihre Heimat zu verlassen, also gezwungen wurden, unter europäischer Herrschaft zu leben. Das war das Neue und Bestürzende dieser Wendung.

So war 50 Jahre nach dem Tode Aurangzebs das Mogulreich erloschen. Der Panjab gehörte erst den Afghanen und dann den Sikhs, Gujarat und der westliche Dekkhan den Marathen; der östliche Dekkhan (Haidarabad) lehnte sich an die britische Macht an; Awadh stand unter ihrer Kontrolle, und in Bengalen waren sie die Kolonialherren.

Der Süden

Im Süden hatte nach dem kurzfristigen Vorstoß Aurangzebs ein Abenteurer unter dem Titel »Nawab von Arcot« (oder Karnatik) einen kleinen Moslem-Staat errichtet, der den Ruhm genießt, den korruptesten aller damaligen Herrscher gehabt zu haben, der sich aber durch einen geschickten Zickzackkurs zwischen Briten und Franzosen eine Zeitlang behauptete. Ungleich bedeutungsvoller wurde der Staat, den ein anderer kühner Abenteurer, *Haidar Ali,* im heutigen Maisur errichtete, und der beinah 50 Jahre ein sehr ernst zu nehmender politischer Faktor geblieben ist. Haidar Ali wie sein Sohn und Nachfolger *Tipu Sahib* waren Herrschernaturen, die mit kluger Toleranz ihre Hindubevölkerung vergessen ließen, daß sie die angestammte Dynastie vertrieben hatten. Das Volk soll sich unter ihnen sehr wohl befunden haben. Außenpolitisch verrieten sie einen seltenen Weitblick: Sie nahmen Kontakte auf zum Kalifen in Istanbul, zu den Afghanen und zu den Franzosen, auch zum Gouverneur von Mauritius, dem damaligen Hauptquartier der französischen Flotte im Indischen Ozean. Tipu hat nach 1789 auch das neue Frankreich der Revolution umworben und »Freiheitsbäume« pflanzen lassen und bis zu seinem Ende auf das Eingreifen Napoleons gehofft.

Haidar Ali konnte seinen ersten siegreichen Krieg gegen die Briten mit einem Frieden beenden, den er vor den Toren von Madras diktierte (1769). Es gelang ihm, seine beiden indischen Nachbarn, den Nizam und die Marathen, 1779 zu einem Bündnis gegen die Briten zu bewegen und Zusage französischer Hilfe zu erwirken. Während er den Karnatik, Englands wichtigste Geldquelle, besetzte, erschien die französische Flotte unter Admiral *Suffren.* Aber die Marathen sprangen ab nach ihrem schmählichen Frieden von Salbai (1782), und der Nizam begann unentschlossen zwischen den Lagern zu schwanken. Haidars Tod (1782) und der Friede von Versailles (1783), der den Kriegszustand zwischen England und Frankreich beendete, nötigten Tipu, den Krieg allein fortzuführen. Während er sich durch den Waffenstillstand von Mangalore eine Atempause verschaffte (1790), ging der Nizam endgültig ins britische Lager über, und die Marathen zogen sich aus Südindien zurück. Allein hielt er den Krieg gegen den Generalgouverneur Wellesley noch eine Zeitlang durch, wurde aber in der Schlacht von Seringapatam überwältigt und ist als echter Soldat gefallen (1798). Die Briten setzten in Maisur die vertriebene Dynastie der Wodeyars wieder ein, die diesen Staat dann zu einem der bestverwalteten von ganz Indien gemacht hat. Der Nizam erhielt zum Lohn Gebietserweiterungen, aber ihm wie Maisur wurde der Zugang zum Meer genommen.

Damit war auch der Widerstand der Moslem-Nachfolgestaaten zu Ende. Die beiden *Hindu*-Staaten – die Marathen und die Sikhs – haben allein noch weitergekämpft. Die Anläufe einiger weiterblickender indischer Führer zu größeren Koalitionen sind erfolglos geblieben, und eine zentrale Stelle, die sie alle zum Kampf für die Freiheit Indiens aufgerufen hätte, bestand nicht. Ein gesamtindisches Einigkeitsgefühl ist selbst in diesen schicksalsschweren Kämpfen nicht erwacht.

Kapitel 35

Die Europäer in Indien

1. Britisch-französische Rivalität

Nichts kennzeichnet die veränderte politische Lage Indiens stärker als die Tatsache, daß ein anderer Erdteil maßgebend in seine Geschicke eingriff. Solange die Europäer sich auf Stützpunkte in den Häfen beschränkten, teilte Indien das Schicksal vieler Teile der Erde, in denen die damals militärisch stärkste und technisch höchstentwickelte Gruppe der Menschheit überall mit dem Ziel erschien, erst Handel zu treiben und dann, je nach Bedürfnis, politischen Einfluß zu gewinnen. Die Schaffung einer Kolonie, wie sie in Bengalen erfolgte, bildete eine neue Stufe auf diesem gefahrdrohenden Wege. Daß die Fremden sich dann in die inneren Streitigkeiten Indiens einmischten, war eine unvermeidliche Folgeerscheinung der indischen Uneinigkeit und war auch von früheren Eroberern ausgenutzt worden. Daß sie nun aber ihre Gegensätze untereinander auf indischem Boden austrugen, ihre politische Betätigung den Rahmen eines Gegensatzes zwischen eindringenden Fremden und Einheimischen also überschritt und sich nach politischen Gegensätzen richtete, die fern von Indien entstanden und entschieden wurden, daß somit Indien zu einem Neben-Kriegsschauplatz europäischer Kriege werden mußte, das war eine neue Stufe, die durch die kurzsichtige Uneinigkeit der indischen Staaten ermöglicht wurde. Endlich war es beschämend, daß die europäischen Nationen solche Kriege mit indischen Söldnern und oft mit indischen Geldmitteln führen konnten. Indien wurde dadurch nicht nur zum Objekt fremder Eroberungspolitik, sondern diente dem Austrag von Interessen, die mit Indien nichts mehr zu tun hatten.

Diese letzte Stufe beschränkte sich allerdings – nach einem anfänglichen Kleinkrieg aller gegen alle – auf den Gegensatz zwischen Briten und Franzosen und zeitlich auf die Jahre 1740–1765, d. h. auf die beiden Kriege, die diese beiden Staaten in Europa gegeneinander führten, den Österreichischen Erbfolgekrieg (1742–1748) und den Siebenjährigen Krieg (1756–1763), und räumlich im wesentlichen auf die Koromandelküste und ihr Hinterland.

Die Verquickung Indiens mit den Ereignissen der europäischen Politik entstand bei Ausbruch des Österreichischen Erbfolgekriegs, eines reinen Kabinettkriegs im Stil des Ancien régime(!) dadurch, daß die Briten in indischen Gewässern französische Schiffe kaperten und Dupleix, der französische Vertreter, daraufhin zum Schutz eine französische Flotte erbat. Sie kam unter dem Admiral La Bourdonnais aus Mauritius, dem Hauptquartier, und nahm zusammen mit den französischen Landstreitkräften an der Belagerung von Madras teil (1746). Da sich dies auf dem Boden des Staates Karnatik abspielte, wandten sich die Briten an dessen Herrscher mit der Bitte um Intervention. Dieser sandte Truppen dorthin, die aber vor Madras von den Franzosen geschlagen wurden. Die Briten erhielten Verstärkung durch ein größeres Geschwader, das aus der Heimat anlangte, und konnten die französische Aktion mit einer Belagerung von Pondicherry erwidern. Während der einsetzende Monsun beide Flotten verscheuchte, beendete der Friede von Aachen (1748) diesen »Krieg«.

Im Laufe dieser Ereignisse entdeckte der geniale Dupleix neue Möglichkeiten, seine Lage zu bessern. Zunächst erkannte er die Überlegenheit der besser disziplinierten europäischen Truppenverbände, die auch zahlenmäßig weit überlegene indische Kontingente zu besiegen vermochten. Dann lernte er, indische Söldner im Rahmen seiner Truppeneinheiten zu verwenden, und endlich – und vor allem – erkannte er die Möglichkeit, sich in Zwiste indischer Staaten einzumischen und als Kriegsteilnehmer an innerindischen Kriegen politischen Einfluß auf indische Regierungen zu gewinnen – eine Folge der unglückseligen Entfremdung vieler indischer Potentaten von dem Gedanken eines innerindischen Zusammenhalts gegenüber Fremden. In überraschender Duplizität boten sich dem Franzosen gleich zwei aussichtsvolle Gelegenheiten, nämlich Thronfolge-Streitigkeiten in den Moslem-Staaten Karnatik und Haidarabad. In beiden unterstützte er die Prätendenten mit militärischen Mitteln, in beiden war sein Kandidat erfolgreich, so daß er beide Staaten in das Netz seiner Diplomatie einbeziehen konnte. Dabei war seine Stellung in Haidarabad, das den halben Dekkhan beherrschte, ein politisch nicht hoch genug zu schätzender Gewinn und wurde dadurch untermauert, daß er einen tüchtigen französischen Offizier, de Bussy, nebst Truppen dort stationierte. Da alles im Einverständnis mit den einheimischen Machthabern erfolgte, konnte man ihm nicht einmal eine gewaltsame Intervention vorwerfen. Indem die Briten die Methode rasch nachahmten, entstanden Feldzüge, an denen die beiden europäischen Nationen sozusagen als stille Partner teilnahmen – auch ohne Rücksicht auf die Lage in Europa, wo in der Zeit von 1748–1756 und von 1763–1778 Frieden zwischen beiden Staaten herrschte. Die Franzosen machten den verständigen Vorschlag, die Kriege in Europa auf indischem Boden zu ignorieren. Die Briten nahmen zwar an (1754), aber das Abkommen blieb ein Fetzen Papier, da eben die Briten sowohl zur See wie zu Land die Stärkeren waren, also an dieser Neutralität kein Interesse hatten.

Bei Ausbruch des Siebenjährigen Krieges (1756) brachen sie das Abkommen, indem sie die französische Niederlassung Chandanagor bei Kalkutta besetzten. Gleichzeitig sandten sie ihre dort stationierte Flotte nach Madras, worauf sich auch das französische Geschwader wieder einfand. Es kam zu zwei Seegefechten, die für die Briten günstig verliefen, aber durch den Monsun abgebrochen wurden, während Graf Lally*, der französische Kommandant zu Lande, inzwischen Madras belagerte.

Mittlerweile drangen die Briten in das Küstengebiet des Nizams ein (die sog. Sarkars), schlossen mit ihm einen Vertrag, der sein bündnisartiges Verhältnis zu Frankreich löste, und besiegten die Franzosen abermals, sowohl zur See wie entscheidend zu Lande in der Schlacht bei Wandiwash (1760). Lally, der sich vergeblich an Haidar Ali um Hilfe wandte, mußte Pondicherry am 16. Januar 1761 übergeben – womit die französischen Bemühungen, sich in Südostindien eine koloniale Herrschaft zu begründen, ihr Ende erreichten. Das übrige war

* Dupleix wurde 1754 wegen seiner kriegerischen Ambitionen abberufen und durch den Grafen Lally ersetzt. Die französische Ostindien-Kompanie wurde 1770 aufgelöst und von der Republik nicht erneuert.

nur noch ein Nachspiel. Tipu Sahib ergriff noch einmal den Strohhalm einer Hilfe von Frankreich. Zwar erschien nochmals aus Mauritius eine französische Flotte unter Admiral Suffren (1782), landete sogar eine kleine Abteilung in Cuddalore, doch wurden beide nach dem Frieden von Versailles (1783) zurückgezogen; und als Napoleon 1798 in Ägypten landete – offensichtlich der erste Schritt zu einer Intervention in Indien – war es für Tipu zu spät, da er im gleichen Jahr sein Ende fand. Napoleons Plan, den er in Tilsit dem Zaren insinuierte, gemeinsam mit ihm zur Eroberung Indiens aufzubrechen, blieb angesichts der Kriegslage in Europa ein Traum. In Indien blieben noch einige Franzosen als Militärinstrukteure tätig – beim Nizam und vor allem beim Sindhia-Herrscher von Gwalior, aber sie haben keine *politische* Rolle mehr gespielt. Die Episode des britisch-französischen Ringens auf indischem Boden war zu Ende. Indien, das von dieser Rivalität keinen Nutzen gehabt hat, stand wieder einem einzigen europäischen Gegner gegenüber, der britischen Ostindien-Kompanie.

2. *Seekrieg und Seeherrschaft*

Was die Inder des 18. Jahrhunderts am tiefsten beeindruckt haben muß, war die Erkenntnis von der Bedeutung der Seeherrschaft, denn sie brachte den europäischen Gruppen, die an den indischen Küsten landeten und nach ihrer Zahl als ein winziges Häuflein erschienen, die Überlegenheit, die ihnen immer neuen Nachschub aus ihren Heimatländern gewährte. Auch griffen die Seestreitkräfte mehr und mehr auch in die Landkämpfe und Belagerungen der Küstenplätze ein. Seefahrt und Beherrschung der Meere war den drawidischen Indern nichts Neues. Die Cholas hatten sie einst in großem Maßstab ausgeübt, obwohl die Erinnerung daran selbst bei den Tamilen verblaßt war. Die Moslems, die Indien eroberten, waren echte Landratten und blieben es. Sogar ihre Glaubensbrüder, die Araber, die im Überseehandel in den indischen Häfen auch weiterhin tätig blieben, haben nicht vermocht, maritime Interessen bei den regierenden Schichten des Mogulreichs zu erwekken. Natürlich setzten die indischen Küstenländer ihre Schifffahrt fort und hatten auch ständig Schiffe in Dienst, die staatliche Funktionen ausübten, z. B. die Piraterie bekämpften, die sich im 17. Jahrhundert zu einer wahren Plage entwickelte.

Eine der berüchtigtsten Gegenden war der Raum zwischen dem Mündungsdelta des Ganges und Chittagong bis zur Nordküste Burmas. Da Bengalen zu allen Zeiten über große Flottillen an Flußfahrzeugen verfügte, die den Verkehr auf dem Ganges und dem Brahmaputra versorgten, wurden diese Boote auch eingesetzt, um die dortige Piraterie zu bekämpfen, und Kaiser *Akbar* hat für die praktische Verwendung solcher Flußflottillen eine richtige Organisation geschaffen *(die Meer Bahri).* Auch die südindischen Fürsten unterhielten eigene Flottillen. Aber alle diese Schiffe waren nur für den Gebrauch in den Küstengewässern tauglich. Sie konnten nicht auf die hohe See fahren, jedenfalls dort nicht kämpfen, denn sie waren nicht groß genug und hatten keine Waffen an Bord außer den Landungstruppen.

Das neue, was die Portugiesen brachten, waren Schiffe, die *Kanonen an Bord* hatten, die also selber zu feuern vermochten. Die Inder, die die Verwendung der Artillerie schon kannten — im 16. Jahrhundert hat sie in allen Schlachten mitgewirkt —, lernten es rasch, ihre Schiffe mit Geschützen zu bestücken, wenn der leichte Bau ihrer Schiffe diese Möglichkeit auch begrenzte. Ihnen kam es immer mehr darauf an, daß ihre Schiffe die schützenden Häfen auch in flachen Flußmündungen leicht aufsuchen konnten, so daß sie ihnen keinen großen Tiefgang gaben.

Die ersten Seegefechte zwischen indischen und europäischen Schiffen vollzogen sich nach Ankunft der Portugiesen. Der Zamorin von Kalikut verfügte über mehrere hundert guter und schneller Schiffe, mit denen er den größeren und mit Kanonen versehenen portugiesischen Karavellen entgegentrat, so daß es damals zu zahlreichen Zusammenstößen zwischen beiden gekommen ist. Der Sultan von Gujarat, der ebenfalls eine stattliche Flotte in seinem Dienst hatte, die aber nur in Küstengewässern verwendbar war, rief den Kalifen in Kairo um Hilfe. Indem dieser, aufgrund besserer nautischer Erfahrungen der Türken, von Suez aus eine Flotte zu Hilfe sandte, kam es zu den ersten größeren Seetreffen zwischen ihnen und den Portugiesen (bei Chaul und bei Diu). Daneben begann ein gegenseitiger Kaperkrieg, bei dem sowohl indische Schiffe portugiesische aufbrachten wie umgekehrt. Da die Portugiesen in dem Bestreben, als Herren zur See anerkannt zu werden, kein indisches Schiff ohne ihre Genehmigung fahren lassen wollten, brachten sie auch die Schiffe auf, die Pilger nach Mekka brachten – wobei sie sich anfangs grausamer Handlungen schuldig machten. Der Schutz der Pilgerschiffe weckte zuerst den Gedanken des Konvois, den auch Akbar aufgriff und den dann der kleine Staat Janjira (südlich Bombay), der von äthiopischen Moslems geleitet wurde, zu seiner Aufgabe machte, da ihnen natürlich die Verbindung hinüber nach Afrika am vertrautesten war. Trotzdem errangen die Portugiesen bald die Seeherrschaft im Indischen Ozean, bis die Holländer und dann die Briten sie ihnen wieder streitig machten. Hätten die Mogulkaiser rechtzeitig eine wirklich leistungsfähige Flotte bauen lassen – Geschütze waren verfügbar! –, wären sie fähig gewesen, in diesen Streit der europäischen Seevölker einzugreifen. Dieses Versäumnis hat fraglos das Ansteigen des europäischen Einflusses in Indien und seine spätere Eroberung entscheidend erleichtert. Indien war trotz seiner seetüchtigen Bevölkerung und der vorhandenen Flotten einiger Fürsten im ganzen zur See machtlos und mußte daher vieles hinnehmen, was sonst hätte abgewandt werden können.

An der *Koromandelküste,* dem einstigen Sitz der Cholas, haben sich im 18. Jahrhundert keine indischen Schiffe betätigt. Wohl aber trafen dort in der Zeit von 1740–1780 häufig die Flotten der Briten und der Franzosen aufeinander, ebenso wie beide Kaperkrieg führten. Beider Flotten haben entscheidend an den Kämpfen zu Land teilgenommen, namentlich an der Belagerung der Hafenplätze, so die französische bei der Belagerung und Einnahme von Madras (1761) und die britische bei der entsprechenden von Pondicherry. Das Treffen beider Flotten vor Negapatam (am 6. und 7. Juli 1746) war eins der ersten größeren Seegefechte und das Eingreifen der französischen Flotte unter Admiral Suffren im Jahre 1782 die letzte Aktion in jenen Gewässern. Keine indische Macht war dort imstande, zur See einzugreifen.

Anders an der Westküste. Hier hatte Shivaji zu Beginn seiner Erhebung gegen die Moslems sofort mit dem Bau einer Marathen-Flotte begonnen, deren erste Aufgabe die Bekämpfung der Piraterie der Sidis von Janjira war. Sie zählte bald 500 Schiffe, die, in zwei Geschwader aufgeteilt, von den Admiralen Mainak Bhandari und Daulat Khan befehligt wurden. Indem die Sidis sich dem Kaiser Aurangzeb zur Verfügung stellten, wurde der Kampf zwischen Hindus und Moslems auch zur See ausgetragen. Seit 1683 verfügten die Marathen über einige gut gewählte Stützpunkte, vor allem in *Vijayadrug* (nördlich von Goa), und störten von dort den Handel der Europäer. Sie begannen auch die Kriegssteuer der Marathen, den »chauth«, von Schiffen zu erheben, was ihnen in Verbindung mit ihrem Kaperkrieg den Ruf der »Piraterie« eintrug. Mit ihren zweimastigen Küstenschiffen und kleinen Begleitbooten (in der Größe von 120–400 t) vermochte der Marathen-Admiral Kanhoji *Angre*, der von 1699 bis zu seinem Tode 1729 die Flotte befehligte, zeitweise die ganze Küste von Bombay bis Cochin unter seine Kontrolle zu bringen. Daher machten die Briten erdenkliche Anstrengungen, ihn zu überwältigen, und unternahmen – einmal sogar gemeinsam mit den Portugiesen – in der Zeit von 1717–1724 mehrere Angriffe auf die Stützpunkte, vornehmlich auf Vijayadrug. Die Marathen wehrten sie ab, konnten aber die gegnerischen Flotten nie auf die hohe See verfolgen, da ihre Schiffe dazu nicht ausreichten. Die Briten griffen schließlich zur Bestechung. Dadurch und durch die Zusammenziehung der größten Flotte, die bis dahin in indischen Gewässern manövriert hatte, gelang es ihnen schließlich, 1756 Vijayadrug einzunehmen und der Marathen-Flotte den Todesstoß zu versetzen. Als dann 1782 auch die Franzosen ihre Kriegsschiffe zurückzogen, war die britische Seeherrschaft an allen indischen Küsten gesichert und hat ohne ernsthafte Herausforderung bis 1941, d. h. bis zum Erscheinen der Japaner vor Singapur, bestanden.

Daß sie eine der wichtigsten Grundlagen der britischen Herrschaft über Indien gewesen ist, wird den Indern bald bewußt geworden sein; denn ohne sie hätte der britische Besatzungsapparat auf indischem Boden niemals den regelmäßigen und reichlichen Nachschub erhalten, der benötigt wurde. Daß ein Land wie Indien mit seinen langen Küsten auch Gefahren ausgesetzt ist, die über See herankommen, ist die große geschichtliche Lehre, die die britische Beherrschung des Subkontinents gegeben hat und die auch für die Verteidigung des heutigen indischen Staates entscheidende Bedeutung behält.

3. Indien wird Kolonie

Mit dem Beginn des 19. Jahrhunderts – also 2800 Jahre nach der Landnahme der Aryas im Gangestal – verlor der indische Subkontinent seine politische Unabhängigkeit an die Vertreter einer europäischen Macht, deren Sitz auf einer weit entfernten Insel lag, die aber über die freie Benutzung aller Seewege verfügte und so die »Herrschaft über die Meere« besaß. Indien teilte dieses Schicksal mit den beiden Amerikas, die von Briten, Franzosen, Spaniern und Portugiesen in ähnlicher Weise besetzt worden waren; aber Indien war das erste Beispiel dafür, daß die Wiege einer der wenigen uralten und noch lebendigen Hochkulturen der Menschheit in eine solche Lage geriet. Die neuen Machthaber, die Briten, waren ein Volk, das im Gegensatz zu vielen früheren Eroberern Indiens eine eigene hohe Zivilisation besaß und den Indern sowohl durch seine Rüstung zu Land und zur See wie durch die nationale Geschlossenheit, die alle seine Angehörigen miteinander verband, überlegen war.

Nach der Überwindung der Marathen und der Sikhs, der beiden Staaten, die bis zuletzt Widerstand geleistet hatten, fand sich auf indischem Boden keine Gewalt mehr, die den neuen Herren mit Erfolg hätte trotzen können. Von den rivalisierenden Europäern waren die Holländer, die Deutschen und die Schweizer verschwunden, die Portugiesen auf politisch unerhebliche Restplätze verwiesen, und die Franzosen, die sich als die damals stärkste Militärmacht der Erde auch hier als die gefährlichsten Gegner erwiesen hatten, waren überwunden und gleich den Portugiesen in einige bedeutungslose Häfen abgedrängt, die, wie Pondicherry, noch bis 1961 in ihrem Besitz blieben, also sogar noch die britische Herrschaftsperiode überdauert haben. Politische Einmischung in die inneren Verhältnisse Indiens drohte von diesen Überbleibseln nicht mehr.

Indien hat sich diesem Schicksal nicht kampflos ergeben. Es hat Widerstand, stellenweise sogar sehr hartnäckigen Widerstand, geleistet. Die Staatsgebilde im Dekkhan und im Süden haben sich dazu zeitweise der Franzosen bedient – politisch geschickt –, und der Traum Tipus, gemeinsam mit Napoleon die Briten aus Indien wieder zu verjagen, verdient jedenfalls als politische Vision anerkannt zu werden – in einer Umwelt, die politisch sonst selten Einfälle gehabt hat. Der Schattenkaiser Alam II. hat sich im Bunde mit seinem Vasallen von Awadh zu einer letzten Schlacht aufgerafft. Der Nizam von Haidarabad hat in diplomatischem Schwanken zwischen den Lagern gependelt und weniger an die Unabhängigkeit Indiens gedacht als an die Behauptung seines eigenen Staatswesens. Und ähnlich haben viele der kleineren Fürsten gehandelt. Unter den Moslem-Herrschern haben Haidar Ali und Tipu bis zum Letzten gekämpft; aber sie vertraten weder einen Staat noch ein Volk. Sie waren im Grunde Abenteurer, die nichts zu verlieren hatten als ihr Leben. Die beiden neu entstandenen Hindu-Staaten waren die eigentlichen Träger des Widerstands, in dessen Reihen die Rajputen diesmal fehlten. Der Marathen-Staat bot eine echte Chance, die das Schicksal hätte wenden können. In Shivaji, obwohl er seinen Widerstandswillen zeitgemäß zunächst nur auf den religiösen Gegensatz zum Islam abstellte, sowie in den ersten Peshwas zeichnet sich der Keim einer Vorstellung ab, die an ganz Indien dachte. Aber diese politische Konzeption erlosch unter den späteren Nachfolgern. Schon das Prinzip der Erblichkeit im Amte des Peshwas schadete; denn keine Familie ist stark genug, um mehr als zwei bis drei Generationen lang bedeutende Staatsmänner hervorzubringen. Man hätte rechtzeitig einen anderen Modus für die Wahl des Regierungschefs einführen müssen. Sehr wahrscheinlich hätten sich – gerade in der politisch so begabten Gruppe der Chitpawan-Brahmanen – politisch geeignete Männer gefunden, die dem Marathen-Staat eine politisch sinnvollere Linie gegeben hätten als die späteren Peshwas. Ihre falsche Politik förderte die Uneinigkeit und ließ den Tatendrang der an sich tüchtigen, aber politisch kurzsichtigen Generale auf eigennützige Ziele abschweifen, wobei sie letzten Endes das gemeinsame Hauptziel der Politik vergaßen und sich dabei einzeln von den Briten überwältigen ließen. Und der Staat des Ranjit Singh, der schon durch seine geographische Lage an der Wetterecke im Nordwesten für eine gesamtindische Aufgabe prädestiniert war, hat gute indische Politik nur so lange betrieben, wie sein Gründer lebte.

Hätten sich andere Möglichkeiten geboten, den Sieg der Briten abzuwenden? Der naheliegende Versuch, die Europäer gegeneinander auszuspielen, hätte vor allem eine Zentralgewalt mit politischem Weitblick vorausgesetzt, die nicht vorhanden war. In Mittel- und Südindien sind solche Versuche mit den Franzosen gemacht worden, wenn man die indischen Partner als Initiatoren bezeichnen will. Gewiß erschienen die Franzosen anfangs als die politisch Geschickteren, wenngleich sie zu Land wie zur See den Briten unterlegen waren und die Tatsache, daß sich ihr Hauptquartier auf der Insel Mauritius befand und nicht in Indien (wie bei den Briten), alle ihre Unternehmungen lähmte. Dank ihres geistig ungewöhnlich regen Vertreters, Dupleix, erkannten sie früh, daß Handeltreiben hier gleichbedeutend mit Politik wäre – eine Einsicht, die den Briten erst schrittweise gekommen ist –, und erreichten dadurch im Dekkhan und im Süden beachtliche Anfangserfolge. Aber hätte es damals einen weitsichtigen indischen Außenminister gegeben, dann hätte er wahrscheinlich erkannt, daß man mit Frankreich auf den Verlierer setzte und daß ein Zusammengehen mit den Franzossen im günstigsten Fall Indien in zwei »koloniale« Interessensphären geteilt hätte: eine größere unter britischem, eine kleinere im Süden unter französischem Einfluß. Und wie die spätere Geschichte zeigt, hätte der französische Teil viel länger auf seine Befreiung warten müssen – vielleicht erst durch de Gaulle –, und die kostbarste Entschädigung für die Periode der britischen Fremdherrschaft, die Herstellung eines politisch geeinten Indien, wäre ausgeblieben.

Auch hätte eine solche Politik des »Ausspielens« außer einer zentralen Leitung die Bereitschaft anderer indischer Staaten vorausgesetzt, sich ihr einzufügen. Gab es aber damals indische Staaten, die bereit waren, an einer solchen Koalitionspolitik teilzunehmen – was für jeden eine gewisse Zurückstellung seiner Eigeninteressen bedeutete? Die Marathen schieden als Träger einer solchen Politik aus, seitdem sie sich durch unkluge Behandlung der anderen indischen Völker zu unbeliebt gemacht hatten. Vielleicht hätte man in Bengalen erwidert, daß man eine Vorherrschaft der Briten immer noch einer der Marathen vorzöge, und die Rajputen haben ähnlich gedacht. Die Zerwürfnisse zwischen den einzelnen Staaten waren damals so groß, daß eine alle umfassende, gesamtindische Bündnis- und Außenpolitik praktisch nicht denkbar war. Der Reichsgedanke der alten Hindu-Dynastien, den noch *Akbar* kraftvoll erneuert hatte, war unter dem engstirnigen Aurangzeb erloschen. Niemals in der indischen Geschichte befand sich die Vorstellung eines Gesamt-Indien auf einem solchen Tiefstand wie im 18. Jahrhundert.

Ein letzter Ausweg, der manchen vielleicht vorschwebte, war die Hoffnung, die eingedrungenen Briten zu seßhaften »kshatryas« zu machen, wie einst die Kushan zu Herrschern eines echt indischen Staates geworden waren. Abenteurergestalten, wie Clive und Warren Hastings, hätten zu ansässigen »Nawabs« werden sollen, indem sie den indischen Boden als ihre neue Heimat anzusehen lernten. Statt in ihr altes Mutterland zurückzukehren, das sie mit harter, mißbilligender Kritik oder gar mit Strafverfolgung empfing, wären sie in Indien geblieben, als beliebte Herrscher, zwar fremder Herkunft, aber getragen vom Wohlwollen des Volkes. Clive, der schon den Rang eines »Nawab Jang« erhielt, und noch mehr Warren Hastings wären für ein solches Wagnis durchaus geeignet gewesen; denn der kultivierte Hastings war für indische Kultur aufgeschlossen und liebte es, als »Inder« zu posieren, genoß jedenfalls bei den Einheimischen die größte Beliebtheit. Man denkt dabei an jenen Engländer, Job Charnock, der 1690 Kalkutta gründete und eine Inderin heiratete, die er vor der Selbstverbrennung bewahrt hatte. Oder an jenen, der später in Sawarak zum »weißen Raja« von Borneo gewählt wurde. Noch in den Vorschlägen des Ram Mohan Roy, die Briten auf indischem Boden »seßhaft zu machen«, klingen solche Vorstellungen nach. Aber hier mußten die Inder erkennen, wie ungeheuer stark der nationale Zusammenhang der europäischen Nationen war, der solche Pläne in das Reich der Träume verwies und der einen Warren Hastings trieb, sich lieber einem mißgünstigen Parlament als Angeklagter zu stellen als zum unabhängigen »conquistador« in Bengalen zu werden.

So begrenzten sich die Abwehrmittel auf den traditionellen Krieg, den die Inder zwar als gelehrige Schüler mit Hilfe von europäischen Instruktionsoffizieren und neuen Waffen sehr rasch auf ein moderneres Niveau hoben, der aber dank ihrer politischen Uneinigkeit meist ein Duell einzelner gegen die britische Macht blieb. Diese Uneinigkeit, die mit Recht stets als die wesentliche Ursache der indischen Niederlage bezeichnet wird, war nicht etwa eine Folge des Kastenwesens, ja nicht einmal eine Folge der Tatsache, daß die Bevölkerung des indischen Subkontinents eben aus mehreren Völkern besteht, die sprachlich und geschichtlich sich ebenso unterscheiden wie die europäischen Nationen, sondern sie entstand in der Hauptsache aus dem Eigennutz der Regierenden, also der Fürsten und Provinzialstatthalter. Ebenso wie im alten Deutschen Reich waren es die »Libertät« und der Egoismus der Fürsten, die ein gesamtindisches Handeln verhinderten. Jeder dachte nur an sich selbst, an die Erhaltung, nicht aber an die Vergrößerung seines eigenen Gebietes, und niemand dachte an »Indien«. Das wurde noch dadurch verschärft, daß in der ganzen Zeit kein einziger staatsmännischer Kopf seine Stimme in solchem Sinne erhoben hat. Kein Kautilya regte sich, weder am kaiserlichen Hof noch in den Moslem-Staaten, deren Statthalter besonders an dieser provinziellen Denkart krankten, noch unter den Hindus, bei denen die ersten Keime solcher politischen Zielsetzungen, wie sie Shivaji und seine ersten Nachfolger zeigten, im Wirbel der Tagesinteressen untergingen.

Und wer war denn außerhalb der regierenden Oberschicht bereit, sein Leben für den Kampf gegen die Briten einzusetzen? Das breite Volk hatte nur einen Wunsch: den Frieden. Es war der ewigen Kriege müde, der ewigen Unruhen, der Kriegskontributionen, der Landverwüstungen, die die tägliche Arbeit unterbanden und ihre Früchte zerstörten. Ganz ähnlich dachten die Kreise der Wirtschaft. Das Bündnis, das die Bankiers in Kalkutta mit Clive schlossen, um einen Gouverneur fortzujagen, der als Störenfried empfunden wurde, ist dafür ein bezeichnender Zug. Und ähnlich werden die Parsen in Bombay gedacht haben, obwohl sie am Bau und der Unterhaltung des ersten Trockendocks gut verdienten. Die Masse der Hindus ersehnte nur eins: Wiederherstellung ihrer geistigen Freiheit, die es ihnen ermöglichte, ihrem Glauben und ihren Kulten ungestört nachzugehen und die greulichen Fesseln abzuschütteln, die ihnen Aurangzeb wieder angelegt hatte. Indem die Briten religiöse Toleranz verkündigten, erschienen sie den Hindus als die »Befreier«, die ihnen den Weg zu neuem geistigem Leben öffneten. Indem sie – in geschichtlichem Gegensatz zu der unduldsamen Knechtung durch Aurangzeb – das Grundprinzip bejahten, daß Indien nur auf der Basis voller Toleranz staatlich regiert werden kann, qualifizierten sie sich für die Beherrschung Indiens besser als die Mehrzahl der meisten damaligen Machthaber. Daß endlich diejenigen Fürsten, die ihre Existenz durch Unterwerfungsverträge mit den Briten für die Zukunft gesichert hatten, also ihr eigenes Land als gesichertes »Lehen« aus britischer Hand zurückempfingen, nicht mehr gewillt waren, diesen Schutz aufzugeben, liegt auf der Hand. Und so werden nicht nur die ersten, die diesen Weg gingen – der Nizam und der Raja von Baroda –, sondern auch die folgenden gedacht und sich von allen antibritischen Kombinationen ferngehalten haben. So kam es, daß über 600 solcher Fürsten während der ganzen britischen Periode in ihren höchst unzeitgemäßen Staatsformen fortbestanden haben, bis das neue Indien 1947 ihrem Dasein ein Ende setzte.

Weite Kreise Indiens standen also schon um 1800 dem Vordringen der britischen Macht nicht ablehnend gegenüber. Das wird noch verständlicher, wenn man die Einstellung der Briten untersucht. Sie waren nicht, wie die Franzosen oder die Spanier in Südamerika, Vertreter einer staatlichen Gründung, sondern Privatangestellte einer Handelsgesellschaft, die ausgesandt waren, um Geschäfte zu machen und Dividenden zu erarbeiten. Ein Geschäftsmann aber benötigt Ruhe, Ordnung und Frieden. Sie waren durchaus bereit, die vorgefundenen einheimischen Staatsgewalten als solche anzuerkennen und mit ihnen zusammenzuarbeiten. Die Ostindien-Kompanie hat sich stets als Beauftragte des Kaisers ausgegeben. Ihre ersten Stützpunkte und Faktoreien haben sie von den zuständigen indischen Machthabern legal gepachtet. Ihre Handelsprivilegien wurden ihnen durch kaiserliche Dekrete zugestanden, obwohl sie – wie wohl jeder tüchtige Geschäftsmann – eine »extensive Interpretation« mit ihnen betrieben. Das Recht ihrer – anfangs sehr schlecht besoldeten – Angestellten, sich durch Privatgeschäfte zusätzliche Einnahmen zu verschaffen, ist ihnen ebenfalls zugestanden worden, wenn auch das Ausmaß, in dem davon Gebrauch gemacht wurde, selbst den Direktoren in London Kopfschütteln verursachte. Wenn *Panikkar* sie allesamt ein »team of gangsters« nennt, denkt er wohl mehr an den ungeheuren Umfang der aus Indien herausgepreßten Summen und Werte als an die Methoden, mit denen sie beschafft wurden. Rechtliche Grundlagen waren vorhanden, und die Extrageschäfte mit den *regierenden* Indern, also die eigentlich erpresserischen Transaktionen, waren eben Verträge, denen der indische Partner seine Zustimmung hätte verweigern können. Es war schließlich der Eigennutz der damals herrschenden Cliquen, der sich der britischen Macht so weit beugte, weil sie meinten, mit solchen Kontributionen und Bestechungsgeldern ihre Privatinteressen wahren und ihre ephemere Herrschaft noch um eine Schonfrist verlängern zu können. Wer die Handlungen der frühen britischen Konquistadoren *moralisch* beurteilen will, muß sie der Moral gegenüberstellen, die damals auf indischer Seite herrschte. Jedenfalls unterschieden sich die Briten doch recht wesentlich von Typen wie Mahmud von Ghazni oder Ala-ud-din, die sich vermutlich gegen die Unterstellung verwahrt hätten, daß jemand sie an Raubgier und Geschick beim Plündern übertroffen haben sollte.

Politisch wichtiger war es, daß ihr Ziel, in Ruhe ihren Geschäften nachzugehen, sie zwangsweise in die Politik trieb. Hätte Indien damals eine stabile, leistungsfähige Regierung besessen, die mit den Briten Verträge abschließen und sie dann auch hätte halten können, wären die Briten vielleicht nicht auf die Idee gekommen, sich mit der politischen und administrativen Sorge um diesen unermeßlich großen Kontinent zu belasten. Sie hatten damals mit Kolonien gar keine besonders guten Erfahrungen gemacht. Nordamerika hatten sie gerade verloren. Um Kanada mußten sie endlose Grenzkriege führen. Australien galt ihnen als gut genug, um Verbrecher dorthin abzuschieben, wie Frankreich es mit Cayenne tat. Der »imperialistische« Gedanke lag noch nicht in ihrem Sinn. Als die ersten Briten ihn faßten, wie Wellesley und der zweite Hastings, wurde er aus der Notwendigkeit heraus geboren, das Chaos zu bändigen, das sich ihnen bei jedem Zug ins Innere furchtbarer enthüllte: diesen Verfall jedes staatlichen Bewußtseins, der mit Aurangzebs Beschränktheit eingesetzt hatte und nun die Kleineren ergriff, dieses Gegeneinanderwüten aller politischen Faktoren, das selbst den Marathenstaat in so unheilvoller Weise zerriß, das Wachstum von Banden entlassener Soldaten, beutelüsterner Stämme und professioneller Räuber, kurz das Fehlen jeder staatlichen Sicherheit, die dem Kaufmann ein echtes Geschäft ermöglicht hätte. Und indem sie eine neue Ordnungswelt im Geiste konzipierten – eine Welt, die dem indischen Subkontinent Frieden und Sicherheit bringen sollte – und dieses Ziel mit dem obersten Leitsatz verbanden, daß Indien nur mit religiöser und geistiger Toleranz befriedet werden könnte, wurden sie unbewußt zu den wahren Trägern des gesamtindischen Staatsgedankens – obwohl in der Form einer Kolonialherrschaft. Was Jahrhunderte ersehnt hatten: eine Welt von Frieden, Ordnung und Gerechtigkeit, die uralte Aufgabe, die sich im »chakravartin« verkörperte, das setzten sich diese Fremdlinge auf indischem Boden zum Ziel. Gewiß nicht aus idealistischer Uneigennützigkeit, aber mit einem praktischen Blick für die Forderung der Stunde, für das, was dem indischen Volk damals nottat. Solche Gedanken regten sich natürlich zunächst nur bei ganz wenigen, bei Männern wie Wellesley, Lord Hastings, Elphinstone, den Brüdern Lawrence, die an Ort und Stelle die tägliche Mühsal empfanden, die sowohl dem britischen Handel wie dem indischen Volk das Leben schwer machte. Und in ihnen reifte langsam die Erkenntnis, daß hier nur ein chirurgischer Eingriff helfen könnte. Sie haben Mühe genug gehabt, solche Gedankengänge ihren Oberen in London verständlich zu machen. Die Unsicherheit, mit der die Direktoren der Ostindien-Kompanie jahrelang zwischen politischer Enthaltung und Billigung von Eroberungen, Kriegen oder gar Annexionen hin und her schwankten, läßt erkennen, wie sehr die britische Einstellung zu Indien von der spanischen gegenüber Südamerika abwich, bei der von Anfang an der Wille zur Eroberung klar voranstand. Daß schon 1773 von einem Tory-Kabinett (unter North) eine gewisse Kontrolle eingeführt wurde – die sogenannte Regulating Act – und daß der jüngere Pitt dann 1784 durch die East-India Bill den gesamten Betrieb der Ostindien-Kompanie, also einer privaten Firma, unter die Kontrolle des heimischen Staates – Kabinett und Parlament – stellte, zeigt einen Weitblick, wie er im 18. Jahrhundert trotz aller Aufklärung auf *machtpolitischem* Gebiet durchaus nicht häufig anzutreffen war. Denn das Problem, einem unbekannten, fernen Teil der Menschheit Schutz angedeihen zu lassen, war damals für Europäer noch so neuartig wie um 1945 der Gedanke der Entwicklungshilfe oder der Landung auf dem Mond. Und fraglos hat der Entschluß Londons, die oberste Verantwortung in Indien auf Männer der arrivierten Oberschicht, auf Mitglieder des Oberhauses, zu legen, wesentlich dazu beigetragen, das stürmische und regellose Streben der meist mittellosen Angestellten der Kompanie zu zügeln.

Niemand ist in Indien aufgetreten, einen brauchbaren Gegenvorschlag zu machen. Das staatsmännische Denken schien wie ausgelöscht; erst Ram Mohan Roy ist in diese Lücke gesprungen – aber zu spät, um die wesentlichen Entschlüsse der britischen Regierung zu beeinflussen. Der politische Wert der damaligen indischen Regierungsschicht, die im Geiste Aurangzebs herangewachsen war, hatte nichts mehr vom Geiste der großen indischen Herrscher, wie Ashoka und Akbar. Damit wird auch der »Großen Erhebung« von 1857 bis 1859 das geschichtliche Urteil gesprochen; denn es waren die alten, veralteten Gewalten, die abgewirtschaftet hatten, die damals eine Soldatenrevolte für ihre höchst eigennützigen Zwecke auszunutzen versuchten. An die wahre Zukunft Indiens haben sie nicht gedacht. Und so erscheinen auch die Annexionen, vor allem die späteren unter dem Generalgouverneur Dalhousie, in einem anderen Licht: Sie wirkten zu ihrer Zeit natürlich als antiindische Übergriffe einer despotischen Fremdherrschaft. Indem sie aber einen weiteren Kreis alter indischer Gewalten beseitigten, nahmen sie das voraus, was nach 1947 das freie Indien mit dem Rest der Fürstenstaaten getan hat. Wie zögernd die Briten anfangs zu Annexionen schritten, lehren die Beispiele Maisur, wo man selbst einem Usurpator wie Tipu im ersten Friedensvertrag noch sein halbes Königreich beließ, und der Marathenfürsten, die, auf volksfremdem Gebiet herrschend (ihre Untertanen waren ja keine Marathen!), sich vom sozialen Standpunkt aus nicht eben als aufgeklärte Herrscher erwiesen. Und ähnlich wirkte es, wenn die Briten den gesamten Unterbau der Verwaltung, so weit irgend möglich, in indischen Händen beließen – so unvollkommen er meistens auch war. Es hat lange gedauert, ehe der Nationalkongreß als seine erste, nächstliegende Aufgabe erkannte, diesen Unterbau zu verstärken, also in einem Verwaltungsgebiet »swarajya« zu errichten, wo eine britische Organisation gar nicht vorhanden war.

Das sind Betrachtungen, die einer mehr als hundertjährigen Entwicklung vorausgreifen, die aber von weitblickenden indischen Staatsmännern schon damals hätten angestellt werden können. Sie »rechtfertigen« die britische Eroberung nicht, lassen sie aber historisch in einem anderen Licht erscheinen. Das große Opfer, mit dem Indien die Wiederherstellung seiner innerstaatlichen Ordnung erkaufte – der Verlust seiner politischen Freiheit –, wird dadurch in seiner Schwere nicht verringert. Denn es bleibt eine tiefe Tragik, daß ein Land von der Größe und dieser hohen Kultur unter die Fremdherrschaft eines anderen Volkes geriet, das – im Gegensatz zu früheren Eroberern – nicht einmal bodenständig im Lande werden wollte, das seine ferne Insel weiterhin als seine eigentliche Heimat ansah, das gar nicht den Willen besaß, sich zu assimilieren. Das war eine Form der Fremdherrschaft, wie sie Indien noch nicht erlebt hatte: eben die Kolonialherrschaft. Andererseits schuf gerade sie die geistige Freiheit und das Zeitalter des Friedens, in dem sich die geistige Erneuerung Indiens wie durch eine Wiedergeburt vollziehen konnte, wie man es unter den Moslem-Herrschern nach Akbar nicht hatte erträumen können.

Kapitel 36

Wandlungen in der außenpolitischen Lage Indiens

Von einer indischen Außenpolitik, die schon Aurangzeb vernachlässigt hatte, kann seit seinem Tode im Jahre 1707 nicht mehr gesprochen werden. Indien wird zum Objekt der Politik anderer Mächte, die entweder Plünderungszüge alten Stils unternehmen – wie der Iran oder Afghanistan – oder territoriale Ziele auf seinem Boden erstreben. Die indischen Versuche, sich dagegen zu wehren, nehmen die Aufmerksamkeit aller politischen Faktoren so stark in Anspruch, daß ihnen die Wandlungen in der Weltlage um Indien herum nicht bewußt werden, obwohl diese sich als sehr bedeutungsvoll für Indien erweisen sollten.

Europa, nunmehr für Indien von maßgebendem Interesse, wird durch die Kriege der Französischen Revolution und Napoleons zwar zerrissen, behält aber genügend freie Kräfte, um außerhalb seiner Grenzen sehr aktiv zu bleiben.Das *Zarenreich* übernimmt den Kampf gegen das Osmanische Reich, die letzte islamische Großmacht, die sich nach dem Zusammenbruch des Mogulreichs noch hält, und befindet sich beinahe während des ganzen hier betrachteten Zeitraums mit ihm im Krieg (1735 bis 1739, 1768–1774, 1787–1792, 1806–1812 und 1828 bis 1829). Wenngleich der türkische Sultan als Kalif noch immer das geistliche Oberhaupt aller Moslems ist, erneuert keiner der indischen Moslem-Staaten den Kontakt mit ihm, den Aurangzeb hat erlöschen lassen. Erst nach dem Ersten Weltkrieg werden die indischen Moslems wieder des Kalifen gedenken. Ebenso dringt kaum in das Bewußtsein indischer Politiker, daß das Zarenreich sich schrittweise Indien nähert: Es besetzt die Krim (den letzten Stützpunkt der tatarischen Moslems in Europa), breitet sich südlich des Kaukasus aus, plant die Eroberung von Transoxanien (heute Russisch-Turkestan) und dringt durch Sibirien ostwärts vor, wo es bereits zur Regierungszeit Aurangzebs (1689) zum ersten Konflikt mit China um den Besitz des nördlichen Amurufers kommt. Wie ein Ring scheint Rußland sich um Indien zu legen.

Frankreich, das in Indien eine kurze machtpolitische Rolle gespielt und damals manche Hoffnungen bei einigen Moslem-

Nachfolgestaaten erweckt hat – wie bei Tipu von Maisur oder dem Nizam von Haidarabad –, geht aus den großen europäischen Kriegen zwar als Besiegter hervor, sammelt aber bald wieder neue Kräfte, um erst in Nordafrika und später in Südostasien tätig zu werden, und wird im Laufe des 19. Jahrhunderts Herr der alten indischen Kulturkolonien, die heute Vietnam, Kambodscha und Laos heißen. Die *Holländer* erhalten auf dem Wiener Kongreß als eine der »Siegermächte« ihre kolonialen Besitzungen zurück, die das spätere Insulinde bilden, vor allem Java, werden also zu Herren des Gebiets, das einst das Reich von Sri Vijaya umfaßte. *Portugal* behält zwar einige kleine Häfen auf indischem Gebiet, vor allem Goa (Daman und Diu), versinkt aber politisch in einen Erschöpfungszustand und gilt als enger Verbündeter des Britischen Reiches, in indischen Augen als ein Anhängsel der britischen Herrschaft.

Eine bedeutsame machtpolitische Verschiebung zeigt sich im *Chinesischen Reich*, das unter der mongolischen Mandschu-Dynastie – ähnlich wie Indien unter Akbar – den Gipfel seiner Macht und seiner territorialen Ausdehnung erreicht. Es nimmt auch seine traditionelle Expansion nach Westen wieder auf und gerät dabei in neue Kämpfe mit zentralasiatischen Nomadenvölkern, vor allem mit den Dsöngaren, die sich zeitweise Tibets bemächtigen. Indem China den geistlichen Lama-Staat von diesen Eindringlingen befreit, erwirbt es für sich das Protektorat über Tibet (1728), wodurch es politisch zum Nachbarn Indiens wird. Dadurch entsteht an der Nordgrenze Indiens eine neue Lage, die die Briten bald erkennen und die in ihren Auswirkungen für das heutige Indien eine Gefahr bildet. Chinesische und russische Vorstöße treffen sich im östlichen Turkestan (Sinkiang) – in dem Raum, in dem einst die indischen Oasenkolonien an der Seidenstraße blühten. Mehrere Aufstände der betroffenen Bevölkerung suchen das drohende Joch der beiden Großmächte abzuwenden, vor allem der Aufstand des Jacub Beg (1865–1877), doch alles vollzieht sich, ohne daß die Inder darauf Einfluß nehmen können.

China wird von der See her von den Europäern »geöffnet«, anfangs nur zum Zwecke des Handels. Aber Streitigkeiten, die sich in den chinesischen Häfen über die wachsende Einfuhr von Opium durch die Ostindien-Kompanie erheben – die zu einem ihrer Hauptgeschäfte wird –, führen zu einem Krieg zwischen Briten und Chinesen, dem sogenannten »Opiumkrieg«

(1839–1842); dabei besetzen die Briten Hongkong, schaffen sich also in China einen Stützpunkt, wie sie es früher an den indischen Küsten getan hatten. Zwar wird ihr Einfluß auf China damals noch durch die starke Stellung der Russen in Peking aufgewogen, doch wirkt der Opiumkrieg als Fessel für chinesische Expansionsgelüste und trägt dadurch indirekt zur Sicherung der indischen Nordgrenze bei.

In ähnlicher Weise übernehmen die Briten nach dem Zusammenbruch des Sikh-Staats den Schutz Indiens an der traditionellen Wetterecke im Nordwesten und sehen sich bald genötigt, dem russischen Vordringen in Zentralasien erhöhte Aufmerksamkeit zuzuwenden, um so mehr, als diese beiden Großreiche zu den beiden Rivalen der damaligen Weltpolitik werden und ihr Antagonismus die Weltlage so lange beherrscht, bis der Gegensatz zu dem rasch emporkommenden Deutschen Reich ihn in den Hintergrund drängt. Indiens Nordostgrenze wird von den Briten befestigt, indem sie Assam endgültig mit ihrem Reich verbinden. Auch ergreifen sie als erste die Aufgabe, die Stämme in den Gebirgen nördlich und südlich vom Brahmaputratal unter Kontrolle zu bringen – ein Bemühen, das auch heute wieder die Regierung des freien Indien beschäftigt.

Die Bemühungen Aurangzebs, das Unwesen der Piraten – sowohl portugiesischer wie burmanischer – im Raum um Chittagong und Arakan abzustellen, werden von den Briten fortgesetzt und führen dazu, daß in drei Kriegen ganz Burma dem britisch-indischen Reich eingefügt wird. Auf dem Wiener Kongreß erhalten die Briten Ceylon, die Insel, mit der die tamilischen Staaten so oft in Krieg gelegen hatten. Sie gelangt nun unter die gleiche Herrschaft wie Indien selbst, wird aber ganz getrennt von Indien verwaltet. In der Nachfolge von Portugiesen und Holländern setzen sich die Briten auch in *Malaya* fest, also im alten Herrschaftsgebiet des Sri-Vijaya-Staats, wo Singapur zum Welthafen wird.

Das alles sind Wendungen, die die politische Umwelt Indiens neu gestalten. Aber sie vollziehen sich ohne indische Beteiligung. Denn eine politische Zentrale besteht nicht mehr, seit die Briten den machtlosen Schattenkaiser in Delhi völlig ausschalteten. Auch die übrigen noch selbständigen indischen Staaten machen kaum einen Versuch, sich in diese weltpolitischen Ereignisse einzumischen. Tipus Hoffnung auf Hilfe von Napoleon dürfte der letzte Anlauf dieser Art gewesen sein. Die

Marathen haben keine außenpolitischen Verbindungen angeknüpft, die über das Gebiet des Subkontinents hinausgingen. Die Tamilen haben ihre einst so enge Verbindung zu Südostasien nicht wiederaufgenommen, ja die dortigen Geschehnisse kaum beachtet. Und die Moslem-Staaten ließen die alten Beziehungen zum westlichen Islam, zu Ägypten und zum Nahen Orient einschlafen. Das innenpolitische Chaos und die bedrängenden Versuche der Briten, Indien sich zu unterwerfen, füllen ihr Sinnen und Trachten so aus, daß sie an die entfernteren Machtfaktoren, mit denen sie doch legitime Gemeinsamkeiten besaßen, nicht mehr dachten. Die Außenpolitik der indischen Staatenwelt erlosch, noch bevor sie ihre politische Unabhängigkeit einbüßte.

Kapitel 37

Die Briten in Indien

Die Briten sind nicht als Eroberer nach Indien gekommen, wie viele frühere Eindringlinge, sondern als Kaufleute. Man könnte sich vorstellen, daß sich die Ostindische Kompanie auf friedlichen Handel beschränkt hätte – unter dem Schutz normaler diplomatischer Beziehungen zwischen den beiderseitigen Regierungen, wie sie die britische durch Entsendung ihres ersten Gesandten an Kaiser Jahangir angeboten hatte. Daß es anders kam, liegt an zwei besonderen Ursachen: an dem Zerfall der Staatsgewalt in Indien und an dem Auftreten rivalisierender Mitbewerber um den indischen Markt, die mit machtpolitischen Methoden begannen.

Wesentlich ist also, daß das Mogulreich, als es noch stark genug zum politischen Handeln war, rechtzeitige Maßnahmen versäumt hat, um die Europäer, die sich in den indischen Hafenplätzen niederließen, in die Schranken zu verweisen, deren Beachtung ein souveräner Staat verlangen mußte – was spätestens während der Regierung des Kaisers Aurangzeb hätte erfolgen müssen, und was damals wohl noch durchführbar gewesen wäre. Denn die Befestigungen der Faktoreien geschahen anfangs zur Selbstverteidigung und dienten erst später aggressiven Aktionen. Das gilt am augenfälligsten für die Geschehnisse in Bengalen. Die Benutzung innerindischer Auseinandersetzungen durch Interventionen und die Anwerbung indischer Söldner wurden von den Franzosen erfunden – was dem genialen Dupleix als Verdienst angerechnet zu werden pflegt. Indem Clive als Bevollmächtigter der britischen Handelsgesellschaft mit gleichen Methoden erwiderte, und auf die Dauer mit größerem Erfolg, schwenkten auch die Briten auf die Linie ein, die sie dann schrittweise zu territorialen Eroberungen führte und sie schließlich zu Herren Indiens machte.

Man darf bezweifeln, ob die Direktoren der Ostindien-Kompanie in London erfreut waren, als ihnen Clive 1764 meldete, daß ihre Zweigniederlassung in Kalkutta das Recht der Steuererhebung und damit der Verwaltung in Bengalen, Bihar und Orissa erhalten hätte und dadurch zum Träger staatlicher Hoheitsrechte, praktisch zum Landesherren eines großen indischen Gebiets geworden wäre. Vielleicht haben sie es als Trost empfunden, daß Clive mit dem Titel »Nawab Jang« formell noch unter der Autorität des Kaisers fungierte. Jedenfalls müssen sie erkannt haben, daß ihre Organisation, die für kaufmännische Geschäfte und Erarbeitung guter Dividenden geschaffen war, nun mit Pflichten belastet wurde, die von einer normalen Geschäftspraxis ablenkten. Daß ihre Angestellten in Kalkutta diese neuen Möglichkeiten höchst lukrativ ausnutzten, wurde sehr bald von einsichtigen Engländern, wie Edmond *Burke*, angeprangert und führte zu strafrechtlicher Verfolgung Schuldiger; es veranlaßte die Regierung, die Kontrolle über diese Handelsgesellschaft weitgehend zu verstärken. Aus der Firma wurde dabei eine seltsame Mischung von kaufmännischer Tätigkeit und staatlicher Kompetenz. Ihr Chef erhielt den Titel »Generalgouverneur« (nicht gleich »Vizekönig« wie bei den Portugiesen). Warren *Hastings* war der erste Träger des Titels, der bis 1947, also 175 Jahre, in Kraft geblieben ist.

Damit allerdings begann nun eine Periode kriegerischer Eroberungen und Annexionen, die mit der Unterwerfung des Panjabs (1849) und mit der Annexion des Staates von *Awadh* (Oudh) im Jahre 1856 ihren Abschluß fand. Es entstand ein großes britisch verwaltetes Territorium, neben dem nur die indischen Fürstenstaaten bestehen blieben, die sich rechtzeitig mit den neuen Herren »arrangiert« hatten. Die große Erhebung von 1857/59, die alles Erreichte noch einmal in Frage stellte, führte dann dazu, daß die Handelsgesellschaft aufgelöst wurde und die britische Krone die Verwaltung übernahm (1858). Im Jahre 1877 nahm die Königin Victoria den Titel »Kaiserin von Indien« an – den es in der Geschichte Indiens noch niemals gegeben hatte –, während ihr Statthalter sich seitdem »Vizekönig« nannte.

Die Aufgabe dieses neuen britisch-indischen Reiches war natürlich die Erhaltung von Ruhe und Ordnung im Innern und der Schutz nach außen. Die letztere Aufgabe soll in Kapitel 38 betrachtet werden. Für die inneren Aufgaben wurde eine neue *gesamtindische* Verwaltung geschaffen, die im Generalgouverneur ihre heimische Spitze fand, aber der britischen Regierung unterstellt blieb. Sie ernannte dazu einen besonderen Minister, den »Staatssekretär für Indien«, der praktisch der oberste und verantwortliche Leiter wurde und es bis zuletzt geblieben ist.

Diese Einheitlichkeit des administrativen Systems, die Indien noch nicht erlebt hatte, verlangte Sach- und Landeskenntnis sowie eine gewisse Kontinuität in den Methoden und Zielsetzungen. Was daher dem rückblickenden Betrachter zunächst auffällt, ist der sehr häufige Wechsel in der Besetzung aller leitenden Posten. Das Amt des Staatssekretärs, das wichtigste, mußte in dem parlamentarisch regierten England mit jeder Wahl wechseln. Dabei neigten die »Tories«, die Konservativen, oft zu strafferen Methoden, während die Liberalen (»Whigs«) und erst recht die Labour Party gern freundschaftliche Gefühle für Indien zu äußern pflegten. So lernten die Inder frühzeitig die Gegensätze der Parteien in London kennen und für ihre Zwecke zu nutzen. Als Folge des parlamentarischen Systems wechselte der Staatssekretär in den 30 Jahren von 1866 bis 1896 fünfzehnmal. Die Amtsdauer der Generalgouverneure betrug in den Zeiten der Kompanie durchschnittlich etwa fünf Jahre, was später als gesetzliche Regel festgelegt wurde. Vorzeitiger Rücktritt erfolgte selten; die Kompanie hat einen Generalgouverneur (Ellenborough, 1844) abgesetzt, einige sind freiwillig zurückgetreten, wie Curzon. Anfangs ernannte man landeskundige Persönlichkeiten, wie Warren Hastings, Barlow, Metcalfe. Später wurden die Vizekönige ebenso wie die Gouverneure der drei ältesten Provinzen (in Bombay, Madras und Kalkutta) aus dem Oberhaus gewählt und pflegten als Neulinge nach Indien zu kommen. Und da man erfahrungsgemäß einige Jahre benötigt, um ein so verwickeltes Land wie Indien einigermaßen kennenzulernen, müssen fünf Jahre als eine sehr kurze Amtszeit gelten. Nur wenige Träger dieses Amtes haben die Möglichkeit besessen, eigene politische Pläne zu erdenken oder gar durchzuführen. Auch diese beschränkten sich auf diejenigen mit »vollem Kabinettsrang«, d. h. die zu dem engen Kreis der Politiker gehörten, aus dem die Minister gewählt wurden. Diese waren Auckland, Dalhousie, Northbrook, Ripon, Lansdowne, Reading, Irwin (Halifax) und auch Curzon, obwohl er sein Amt in Delhi schon im Alter von 40 Jahren antrat und erst hinterher Ministerposten bekleidet hat. Alle übrigen mußten sich ungleich stärker der Autorität des jeweiligen Staatssekretärs beugen. Zu diesem häufigen Wechsel trat eine ständige Spannung zwischen dem Generalgouverneur und dem jeweiligen Oberkommandierenden der britischen Truppen in Indien, die z. B. zu dem historischen Konflikt zwischen Curzon und Kitchener geführt hat. Anfangs wurden beide Posten oft in *einer* Person vereinigt, wie in Wellesley, Cornwallis und Hardinge. Später nahm der Oberkommandierende an den Beratungen des Vizeköniglichen Rats nur durch einen Beauftragten teil, und erst zum Schluß ist einmal der Oberkommandierende selber zum Vizekönig ernannt worden (Wavell).

Auch in der *Armee* herrschte reger Wechsel. Die europäischen Regimenter wurden im Turnus abgelöst, nur die indischen blieben, anfangs unter einem rein britischen Offizierskorps, später mit indischen gemischt. Zunächst mag es die Inder überrascht haben, daß sich kein einziger der führenden Militärs politisch betätigt hat, wie es bei indischen Generalen früher der Fall gewesen war und wie es später in Pakistan begann. Manche Inder mögen von Warren Hastings erwartet haben, daß er sich – wenn er in indischer Tracht erschien, gut persisch sprechend –, wirklich zum »Nawab« von Bengalen würde ausrufen lassen. Das Geheimnis des nationalen Zusammenhangs, das selbst den Eigenwilligsten an »sein Volk« bindet, war den Indern des 18. Jahrhunderts noch unbekannt.

Angesichts dieses häufigen Personenwechsels wuchs natürlich die Bedeutung der *ständigen* Verwaltungsbeamten, die ihre gesamte Dienstzeit in Indien verbrachten und allmählich zu Landeskennern wurden. Sie waren das konstante Element der britischen Herrschaft. Diese Beamtenschaft, deren Auswahl anfangs dem Zufall und der Willkür der Direktoren überlassen blieb, wurde zu einem echten Dienst umgestaltet, indem 1805 in Haileybury eine Anstalt gegründet wurde, die junge Briten für den Dienst in Indien ausbildete und sie nach bestandenem Examen, meist im Alter von Anfang Zwanzig, nach Indien hinaussandte. Der englische Schrifsteller Thackeray, der 1811 in Kalkutta geboren wurde, hat darüber gespottet, daß »sie alle aus neunzehn Familien stammten«. Wäre es zutreffend gewesen, müßte es eher als ein Vorteil gelten, wenn die Söhne alter Indienbeamten, die die Atmosphäre des Landes schon in früher Jugend aufnahmen, dem Beruf ihrer Väter folgten und die Kenntnisse und Erfahrungen einer Generation in die nächste einbrachten. Denn nicht selten ist in solchen Familien, die sich in Indien zu Hause fühlten, auch eine Liebe zu diesem Lande erwachsen.

Dieser Dienst, der »Indian Civil Service« (ICS), vereinigte draußen sowohl die Aufgaben der politischen Verwaltung, der Polizei wie die Steuererhebung und die untere Gerichtsbarkeit. Jeder junge Beamte lernte ein bis zwei indische Sprachen und blieb dann während seiner ganzen Berufszeit meist in dem Gebiet, dessen Sondersprache er kannte. So wurden viele zu vorzüglichen Landeskennern. Da alle der gleichen Bildungsanstalt entstammten, kannten sie sich untereinander und pflegten einen echten Korpsgeist, der durch den Stolz erhöht wurde, dieser Elite anzugehören. Ihre Zahl war erstaunlich gering. Noch um 1930 – in der voll entwickelten Verwaltung – betrug sie nur 1041 für ein Gebiet von der Größe Europas. Die unterste Verwaltungseinheit, der Distrikt eines »Collectors«, umfaßte ein Gebiet von durchschnittlich 11 000 qkm und beträgt auch im heutigen Indien noch 5000–10 000 qkm mit ein bis drei Millionen Einwohnern. Man denke sich das Land Hessen mit seinen 22 000 qkm zur Hälfte geteilt, von nur zwei höheren Verwaltungsbeamten regiert: dann gewinnt man eine Vorstellung von dem, was ein einzelner europäischer Beamter, anfangs nur von subalternen Einheimischen unterstützt, selbst im Idealfall hat leisten können. Dazu pflegen Klima und Krankheiten die Arbeitskraft und die Initiative des Europäers in Indien rascher aufzuzehren als daheim. Zur Erhaltung seiner Gesundheit benötigt er eine gewisse sportliche Betätigung sowie außer dem üblichen Jahresurlaub in bestimmten Zeitabständen einen Heimaturlaub zur Auffrischung des Blutes. Und das gleiche gilt erst recht von Frauen und Kindern. Zudem zeigte die Erfahrung, daß Kinder, die im Alter von sechs bin sechzehn Jahren in den Tropen aufwachsen, »anders« wurden als »echt europäische« Kinder, so daß die hohen Kosten für eine heimische Erziehung, also in Internaten, stets zu den finanziellen Belastungen aller Europäer in Indien gehört haben. Die Klagen über die zu hohe Bezahlung der ICS-Beamten, wie sie von der indischen Befreiungsbewegung ständig erhoben wurden, waren daher sachlich nicht ganz berechtigt – um so weniger, als ihre minimale Zahl den Gesamtbetrag eines normalen Budgets für die Verwaltung nicht übersteigen ließ.

Der Zulauf zu dieser Laufbahn war, obwohl sie gut bezahlt wurde und hohes Ansehen genoß, nicht so groß, wie man annehmen sollte. Namentlich als die Reformen auch Inder zuließen, die im Zuge der Beförderung dann auch Vorgesetzte jüngerer Europäer wurden, ließ er nach, so daß sich von 1915 bis 1923 nur noch 125 Kandidaten bewarben – eine Zahl, die nicht ausreichte, Lücken zu füllen. Wirklich fähige Beamte wurden gegen Ende der britischen Zeit fühlbar selten. Je mehr sich der fortwährende Wechsel der verantwortlichen Politiker auswirkte, und je komplizierter die Aufgaben in Indien wurden, desto höher stieg die Rolle, die diese Beamtenschaft spielte. Kaum übertrieben ist die Behauptung, daß sie mitunter Indien allein regiert habe. Unabhängig von der Tagespolitik in England, aber ununterbrochen mit der Entwicklung in Indien eng verbunden, hat sie mit Sachkunde, zähem Willen und einem hohen Ethos an ihrer Aufgabe gearbeitet. Viele von ihnen haben sich dem Lande, dem sie dienten, durchaus verantwortlich gefühlt, viele haben segensreich für das Wohl der ihnen anvertrauten Bevölkerung gearbeitet; nicht wenige haben Indien wie ihre zweite Heimat lieben gelernt, wie denn die Zahl derer, die auch nach der Pensionierung im Lande wohnen blieb, beträchtlich war, und Plätze, wie etwa Bangalore, zu einem wahren »Pensionopolis« wurden. Vom britischen Standpunkt aus bildeten sie das Stahlgerüst (»steel frame«), auf dem die britische Herrschaft beruhte (Ausdruck von Lloyd George). Und ebenso haben nach 1947 die indischen Mitglieder des ICS entscheidend mitgeholfen, den jungen indischen Staat zusammenzuhalten, als außer ihnen und dem Kongreß keine andere ganz Indien umfassende Organisation vorhanden war. Den Indern der Kampfzeit galt der ICS naturgemäß als die Hochburg der Fremdherrschaft. Das war verständlich, da er eben den entscheidenden Anteil an der Aufrechterhaltung der »Raj« zu tragen hatte. Seine indischen Mitglieder mögen während des Befreiungskampfes nicht selten innere Gewissenskonflikte durchgemacht haben, und es ist bezeichnend, daß einige ihrer bedeutendsten zu schärfsten Kritikern der »Raj« geworden sind: sei es, daß sie den Dienst verließen, wie Surendra Nath Banerji, sei es, daß sie nach ihrer Pensionierung politisch in diesem Sinne tätig wurden, wie C. R. Dutt. Die menschliche Einstellung der europäischen Beamten zu Indien war sehr verschieden. Viele junge Beamte begannen mit dem besten Willen, Nützliches zu schaffen und vor allem der Armut zu steuern, die jedem Reisenden in Indien zunächst auffällt. Sie haben sich im Zwang der täglichen Arbeit überzeugen müssen, daß der einzelne zwar hier und da Abhilfe gewähren, aber die Lage im ganzen nicht ändern kann, zumal ihre oberste Pflicht, die Ablieferung des vorgeschriebenen Steuerbetrages, selbst mit Härten erfüllt werden mußte. Andere kamen mit jenem Hochmut an, der vielen Angehörigen der weißen Rasse gegenüber farbigen Völkern eignet. Und da sie sich von den abstoßenden Seiten des indischen Lebens stärker beeinflussen ließen als von seinen hohen geistigen Schätzen, lebten sie sich in die Vorstellung hinein, als Wesen höherer Art über einer primitiven Rasse zu schweben, und gelangten vielleicht erst nach längerer Arbeit zu der Erkenntnis der hohen ethischen Werte auch bei ihren indischen Kollegen. Daß endlich das Klima Anfälle von »Tropenkoller« und damit unüberlegtes und verwerfliches Handeln begünstigt, ist eine bekannte und allzu menschliche Seitenerscheinung. Dafür haben einige Mitglieder des ICS mit dem Tode gebüßt – namentlich die drei »Collectors«, die ermordet wurden: Jackson in Nasik, Rand in Poona und Ash in Tinnevelley. Das hat aber den persönlichen Mut der übrigen nicht gemindert, nach wie vor allein ihre riesigen Distrikte zu bereisen.

Noch heikler war die Lage der Polizei, die überwiegend aus einheimischen Beamten bestand; denn sie wurde nicht nur in die blutigen Ausbrüche der Volksleidenschaft hineingezogen – wie in die »riots« zwischen Hindus und Mohammedanern –, sondern war während des Befreiungskampfes Hauptzielscheibe der Attentate, die von der nationalen Untergrundbewegung verübt wurden. Bei ihr ist die Zahl der Getöteten beträchtlich gewesen. Daß die Methoden, mit denen sie Verhaftungen und

Vernehmungen durchführte, oft rauh und gewaltsam waren, lag auch in der überlieferten Tradition früherer indischer Regierungen. Den indischen Freiheitskämpfern mußten natürlich solche Ausschreitungen als immer neue Beweise dafür gelten, daß sie »unter den barbarischen Methoden« einer Fremdherrschaft zu leiden hätten.

Das Ziel, das die britische Beamtenschaft anstrebte, war eindeutig dieses: die indische Bevölkerung für den Verlust ihrer Freiheit durch eine »gute und gerechte Verwaltung zu entschädigen«. Das haben schon die ersten verständigen Generalgouverneure als Richtlinie ausgegeben. Und »gute Verwaltung« hieß: gerechte, unparteiische und sachliche Erfüllung der staatlichen Aufgaben sowie Berücksichtigung der indischen Interessen, soweit sie nicht den britischen entgegenstanden. Wie aber wirkte sich das in der Praxis aus?

Zunächst auf dem Gebiet der Staatsfinanzen. Die Krone übernahm den Haushalt von der Kompanie mit einem großen Defizit, das durch die Niederwerfung der »Mutiny« von 1857 entstanden war und 1859 schon 7 Millionen Pfund betrug. Ein aus London entsandter Finanzberater vermochte das Budget von 1860 nur durch den Vorschlag auszugleichen, eine Einkommensteuer einzuführen – was damals als ein unerhörtes Novum empfunden wurde. Die englischen Firmen protestierten, da sie Grund zu der Annahme hatten, daß ihre indischen Konkurrenten mit Hilfe ihres »joint-family-system« die Steuersätze würden hintergehen können (wie sie es heute noch tun). So griff man zu Einfuhrzöllen; aber auch hier widersetzte sich die europäische Kaufmannschaft, da sie befürchtete, daß dadurch die damals entstehenden indischen Baumwollfabriken begünstigt würden. Damit begann der historische Konflikt zwischen Manchester und Bombay-Ahmadabad, der bis in die letzten Jahre der britischen Herrschaft gedauert und die Regierung häufig vor die heikle Alternative gestellt hat, ob sie mehr die Interessen der englischen oder die der indischen Industrie wahrnehmen müßte. Der Vizekönig Northbrook trat auf die Seite der Inder – was um so erstaunlicher ist, als er, zwar dem Hochadel angehörend, durch sein Bankhaus Baring & Co. der »City« eng verbunden war (dem übrigens auch sein Neffe, der spätere Lord Cromer, entstammte). Seine Erklärung, daß er als Vizekönig von Indien auch indische Interessen wahrzunehmen habe (6. September 1875), führte zu seinem Rücktritt. London verfügte damals, mit Rücksicht auf bevorstehende Parlamentswahlen, daß die Belastung englischer Baumwollstoffe durch eine Sonderabgabe auf indische Fabrikate ausgeglichen werden sollte – was der indische ICS-Beamte C. R. Dutt als eine »fiskalische Ungerechtigkeit« brandmarkte, »die in der Wirtschaftsgeschichte zivilisierter Völker einzig dastände«. Regelmäßig richteten die Inder scharfe Angriffe auch gegen die hohen Zahlungen, die alljährlich aus Indien nach England flossen, und die als »Tribut« empfunden wurden. Sie bestanden aus den Zinsen des in Indien angelegten Kapitals (vor allem der Eisenbahnen), aus den Geschäftsgewinnen der englischen Firmen sowie aus den Pensionen der in England lebenden früheren Beamten und Offiziere. Dieses Argument hat in der Befreiungsbewegung eine große Rolle gespielt. Rückblickend ist zu sagen, daß ausländische Kapitalanlagen stets Zahlung von Zinsen und Transfer von Gewinnen beanspruchen – wie auch heute in allen Entwicklungsländern –, und daß die Beträge der Pensionen bei der geringen Zahl der Empfänger für ein Land von der Größe Indiens nicht übermäßig hoch gewesen sind, zumal sie aus der stark aktiven Zahlungsbilanz Indiens stets unschwer gedeckt werden konnten. Weit berechtigter war der Vorwurf, daß das Ministerium für Indien in London – das India Office – dem indischen Budget angelastet würde, statt dem heimischen (was 1919 geändert wurde), vor allem aber, daß die Kosten auch solcher Feldzüge dem indischen Steuerzahler aufgebürdet würden, die nicht der Sicherheit Indiens dienten, sondern rein weltpolitischen Interessen des Britischen Reiches, wie etwa die Eroberung von Burma oder die einer Expedition nach Äthiopien im Jahre 1868 oder die Verwendung indischer Truppen in den beiden Weltkriegen.

Unstreitig ist, daß das indische Militärbudget einen sehr hohen Prozentsatz der Gesamtausgaben ausmachte; aber ein Blick auf das heutige Weltgeschehen lehrt, daß die gefährdete Lage Indiens auch jetzt wieder einen ähnlich hohen Aufwand an Wehr- und Rüstungsausgaben erfordert. Zu dem vielumstrittenen Vorwurf, daß Indien durch die kostspielige britische Herrschaft ärmer geworden wäre, sei hier nur folgendes gesagt: Wenn das Jahreseinkommen des einzelnen Inders pro Kopf der Bevölkerung während dieser Zeit tatsächlich gesunken ist, wie indische Volkswirtschaftler glauben nachweisen zu können, so ist das sicherlich nicht nur durch die Staatsausgaben verursacht worden, sondern mindestens ebensosehr durch das rasche Wachstum der Bevölkerung. Dies aber war eine Folge des erstaunlich langen Friedens, den Indien erlebte, und der Bekämpfung von Epidemien – also wohlgemeinter Maßnahmen. Gewiß hätte eine weitsichtige Regierung angesichts der wachsenden Bevölkerung die Agrarproduktion von Lebensmitteln rechtzeitig steigern lassen sollen, aber dafür reichte ihr dünner Verwaltungsapparat nicht aus, und selbst das heutige Indien mit seinem ungleich größeren erzielt nur langsam Fortschritte auf diesem Gebiet. Wohl aber hätte man rechtzeitig mehr Arbeitsplätze schaffen sollen, und zwar durch Ausbau der indischen Industrie. Hier liegt offensichtlich einer der *berechtigten* Vorwürfe, die die indische Nationalbewegung erhob, daß nämlich die Briten die Industrialisierung Indiens im Interesse ihrer eigenen Industrie gebremst hätten. Das Beispiel Japans zeigt, was ein asiatisches Volk in jenen Jahrzehnten leisten konnte, obwohl ihm die Bodenschätze fehlten, die Indien in reichem Maße besitzt. Indien ist also in seiner industriellen Entwicklung unter britischer Herrschaft zurückgeblieben. Das wiegt schwerer als alle Streitfragen um den Staatshaushalt, um Zölle und »Home charges«.

Für die Erhaltung von Ruhe und Ordnung im Innern galt der Grundsatz des Rechtsstaats. Alle urteilsfähigen Inder erkennen an, daß die Briten damit ein neues Staatsideal aufgestellt und in hohem Grade auch verwirklicht haben. Nirgends lebt die britische Tradition heute so lebendig fort wie auf dem Gebiet der Rechtspflege – bis zu Äußerlichkeiten, wie der richterlichen Perücke. Mängel sind nicht ausgeblieben. Die Strafjustiz hat – wenigstens im 19. Jahrhundert – nicht selten Straftaten, die von Briten begangen wurden, mit anderen Maßstäben beurteilt als solche von Indern; namentlich bei Affekthandlungen von Briten, wie sie häufig bei Militärpersonen vorkamen, zeigte sie mitunter eine sehr weitgehende Nachsicht. Mehrere Vizekönige haben das offen verurteilt: Curzon z. B. hat öffentlich gegen »diese monströse Travestie der Justiz« gewettert und bei Kitchener dafür volles Verständnis gefunden. Der Historiker wird sich dabei daran erinnern, daß auch die indische Tradition ungleiche Strafmaße kannte, wie sie z. B. den Mord an einem Brahmanen ganz anders ahndete als die Mordtat eines Brahmanen. Aber im ganzen gesehen dankt Indien der britischen Herrschaft doch den Grundsatz der Gleich-

heit aller vor dem Gesetz, auf dem heute der Staat basiert*.

Allerdings waren die außerordentlichen Vollmachten der Regierung – besonders in Krisenzeiten – sehr weitgehend: Schutzhaft und außergewöhnliche Verurteilungen konnten leicht angewendet werden. Das zahlenmäßige Mißverhältnis zwischen der Handvoll Briten und den Millionen Indern, die sich auf einen kaum zu kontrollierenden Raum verteilten, lassen solche Maßnahmen immerhin verständlich erscheinen. Ihre Anwendung aber erschien den Indern als Willkür, so daß sie am Bestehen des Rechtsstaates zweifelten und der Versicherung der »Raj«, daß sie rechtsgültige Prinzipien, also gewisse »Spielregeln« auch im politischen Kampf wirklich respektierten, keinen Glauben mehr schenkten. Krasse Beispiele sind die Deportation des nationalen Führers Lajpat Rai (1907) oder die Verurteilung Tilaks nach den beiden Morden in Poona (1908). Es konnte Tilak nicht nachgewiesen werden, daß er in seinen Reden je zum Mord am Gegner aufgerufen hätte. Auch hatte er mit dem unüberlegten Attentat persönlich nichts zu tun. So wurde er verurteilt wegen öffentlich zur Schau getragener »disaffection« der bestehenden Regierung, wobei der Richter schon einen Mangel an »affection« als ausreichend für diesen Tatbestand erklärte – womit also jeder, der die »Raj« nicht liebte und das aussprach, sich des Aufruhrs

* Die Namen zweier braver britischer Richter sind in polemischem Sinne bekanntgeworden: Ilbert wollte im Jahr 1883 den örtlichen Einzelrichter in Strafsachen als zuständig für beide Rassen erklären, so daß also ein Inder als Strafrichter auch über Verfehlungen eines Europäers sollte richten dürfen. Dieses Gesetz (die Ilbert Bill) wurde nach Anhörung aller zuständigen Stellen vom Vizekönig Ripon proklamiert, erweckte aber bei den privaten Europäern einen derart frenetischen Sturm der Entrüstung – der sich bis zu der Drohung steigerte, daß man den Vizekönig festnehmen und deportieren werde –, daß er zurücktrat und hinnehmen mußte, daß sein Gesetz damals wieder zurückgezogen wurde.

Der Richter Rowlatt wurde nach dem Ende des Zweiten Weltkrieges beauftragt zu prüfen, welche Ausnahmeverordnungen der Kriegszeit im Hinblick auf die Gandhi-Bewegung noch weiter in Kraft bleiben sollten. Seine sorgfältige Arbeit, die auf die politische Auswirkung wenig Rücksicht nahm, entfesselte einen heftigen Sturm der Entrüstung bei allen Indern, so daß die „Rowlatt Bill" zu einem der zündendsten Schlagworte der antibritischen Bewegung wurde. Persönlich konnte er nicht viel dafür; auch ist sein Gesetzentwurf praktisch niemals angewandt worden. Es war die zu weit gehende Vorsichtsmaßnahme einer überängstlichen Regierung, die den Namen des Richters zum Volksschreck gemacht hat.

schuldig machte. Das Urteil auf viele Jahre Deportation war eine rein politische Kampfmaßnahme und ist von maßgebenden britischen Stellen, z. B. vom Staatssekretär Morley, sofort mißbilligt, allerdings nicht aufgehoben worden. Curzon, der sich kräftig für eine wirklich gerechte Justiz einsetzte, hat diesem Streben seine Beliebtheit bei den privaten Engländern geopfert.

Die Presse ist vielfach geknebelt worden; bezeichnend, daß sich die Verbote meistens nur gegen die Zeitungen richteten, die in indischen Sprachen erschienen (die »Vernacular Press«). Die geringe Zahl der Leser englischsprachiger Blätter schien oft ein Verbot nicht zu lohnen. Immerhin hat die indische Befreiungsbewegung — im ganzen genommen — sehr viel Bewegungsfreiheit gehabt. Was an öffentlichen Versammlungen, Umzügen, Proteststreiks, an antibritischen Reden und Pressepropaganda durchgeführt worden ist, dürfte jeden Bewohner eines diktatorisch regierten Staates von heute mit Neid erfüllen. Und wenn auch mitunter Verhaftungen zu Tausenden erfolgten, und wenn auch gewiß bei Vernehmungen in den Gefängnissen brutale Akte nicht selten vorkamen, so lehrt doch ein Rückblick, daß zwar Tausende von Freiheitskämpfern ihre Märtyrerglorie durch Gefängnishaft erworben haben, aber nur wenige durch ihre Hinrichtung. Endlich darf nicht übersehen werden, daß die britische Herrschaft auf geistigem Gebiet mehr Freiheit gewährt hat als ihre Vorgängerin. Vor allem hat sie die große Erneuerungsbewegung des Hinduismus hingenommen, ja gelegentlich sogar (vielleicht unbeabsichtigt) gefördert, und hat damit die stärkste Kraft reifen lassen, die sich schließlich gegen sie selbst wandte.

Am schärfsten sind die Briten angegriffen worden, weil sie ihre Macht auf das gegenseitige Ausspielen der verschiedenen Volksgruppen gestützt hätten. Das »divide et impera« spielt in allen Reden und Schriften der indischen Nationalbewegung eine große Rolle. In einem Lande, in dem eine derartig erbitterte Uneinigkeit zwischen den einzelnen Völkern, Gesellschaftsschichten, Kasten und Religionsgruppen herrscht wie in Indien, bot sich eine solche Taktik allerdings von selbst an und ist schon in den frühen Eroberungskämpfen automatisch benutzt worden. Schon die Eroberung Bengalens ist nur der ewigen Zwietracht unter den Indern zu danken. Ein nüchterner Soldat wie der General Rose (1801–1885) sprach es deutlich aus: »Wir halten unsere Macht aufrecht, indem wir einen Teil der Inder gegen den anderen ausspielen, und wir werden fortfahren, so zu handeln. Der eingeborene Antagonismus der indischen Rassen ist ein wesentliches Element unserer Stärke. Der Geist der Zwietracht muß aufrechterhalten werden. Denn wenn ganz Indien gegen uns stände: Wie lange könnten wir uns dann noch behaupten?« In dem Maße, in dem die britische Politik erkannte, daß die Befreiungsbewegung ein doppeltes Ziel verfolgte – Freiheit und Einheit –, wobei das eine das andere bedingte, indem die Einheit die Befreiung erringen und wiederum durch den Kampf geschaffen werden sollte, erkannten sie es als ihre natürliche Aufgabe, zunächst einmal die Entstehung der Einheit zu verhindern. Da nach ihrer Überzeugung weder eine Einheit noch eine indische »Nation« bestand, richteten sie alle Kraft auf diesen schwachen Punkt. Sie hatten es nicht nötig, Uneinigkeit zu schaffen, sie brauchten sie nur für ihre Zwecke zu nutzen. Dafür hätten sie keines Studiums der Schriften des Kautilya oder des Machiavelli bedurft. Das klassische Beispiel ist das Verhältnis zwischen Hindus und Moslems. Hier fanden die Briten eine überlieferte Spannung vor, deren Ausnutzung sich beinahe aufdrängte. Anfangs begünstigten sie die Hindus und nahmen sie in großer Zahl in ihre Dienste. Als sich dann die ersten Ansätze einer Befreiungsbewegung regten und die Moslems abseits blieben, schwenkte der Vizekönig Minto II. um, indem er 1905 die Moslems zu Anhängern der »Raj« machte. Lange vor Jinnah hat er das Schlagwort von den »Zwei Nationen« erfunden – wohl wissend, daß es deren weder eine noch zwei wirklich gäbe. Und diese Tendenz, die der Losung »divide et impera« ihren wichtigsten Inhalt gab, hat bis zur Gründung von Pakistan fortgewirkt. Wieweit einzelne Briten die Teilung Indiens begünstigt haben – in klarem Gegensatz zu der Politik Attlees – wird sich erst nach Öffnung der Archive einwandfrei feststellen lassen. Jedenfalls hat die Regierung das Jahr 1919 als ihr gefährlichstes angesehen, als Gandhi *beide* Gruppen zur Bewegung vereinigte, um den »Kalifen zu schützen«.

Ebenso deutlich aber tritt in der britischen Innenpolitik das Bestreben hervor, beim indischen Volk Sympathien zu gewinnen. Dem diente ja ihr Grundprinzip einer »guten Verwaltung«. Und das schloß schon sehr frühzeitig die Erkenntnis ein, daß man geeignete Inder zur Verwaltung und zur Beratung heranziehen müsse. Schon 1862 hat der erste Staatssekretär für Indien, Charles Wood, klar ausgesprochen: »Our course ought to be... to improve the native, reconcile him, if we can, to our rule, and fit him for ruling himself*.«

Das war das Programm weitsichtiger britischer Staatsmänner, das gleichzeitig auch den mit der Verwaltung betrauten Beamten ein gewisses Ethos für ihre tägliche Arbeit gab. Es schloß die Erkenntnis ein, daß die höchste Aufgabe einer Fremdverwaltung die sein müßte, überflüssig zu werden – eine Erkenntnis, der sich allerdings die Mehrheit der Briten zunächst hartnäckig verschloß. Abgesehen von einigen als loyal erprobten Indern, die als ornamentale Mitglieder in die gesetzgebenden Räte hineingenommen wurden – schon aufgrund der India Act von 1861 –, sind die ersten praktischen Schritte auf diesem Gebiet dem Vizekönig Ripon zu danken, der die örtliche Selbstverwaltung in indischer Hand zu beleben suchte. Da die britische Hierarchie unten beim Collector endete – einem Beamten, der nach dem Umfang seines Arbeitsgebiets einem Regierungspräsidenten gleichzusetzen ist –, und da sich die uralte dörfliche Selbstverwaltung der panchayats in den Stürmen des achtzehnten Jahrhunderts meist aufgelöst hatte, war zwischen dem Collector und dem Dorf ein leerer Raum entstanden, dessen Verwaltung man sehr wohl geeigneten Indern übertragen konnte. Hier unternahm Ripon einen ernsthaften Anlauf, die Verwaltung der Stadtgemeinden zu beleben und in den Distrikten, namentlich in den »tahsils« und Landgemeinden Ansätze zu einer Selbstverwaltung zu schaffen. Er tat es in der ausdrücklichen Erwartung, die Inder dadurch mit mehr Selbstvertrauen zu erfüllen und sie auch für höhere Verwaltungsaufgaben zu schulen. Der Anlauf ist infolge des Widerstandes der Provinzverwaltungen und mangelnder Initiative auf indischer Seite ohne große praktische Folge geblieben. Dabei darf man sich fragen, ob nicht der Kongreß auf diesem Gebiet hätte tätiger werden sollen – denn hier war in der Tat ein leerer Raum, in dem die Briten infolge ihrer geringen Zahl nicht regierten, und innerhalb dessen daher schon früh eine Art örtlicher »swaraj« hätte verwirklicht werden können. Aber das Interesse der indischen Politiker galt mehr den größeren Städten als der ländlichen Selbstverwaltung. Für die Verwal-

* In einem Brief an Elgin, 28. August 1862, Wood Papers II fos 94 f.

tung auf höherer Ebene erhob sich zunächst die ernste Frage, welche Inder eigentlich mitberaten sollten, eine Frage, die sich wie ein roter Faden durch die mannigfachen Reformbestrebungen zieht.

Anfangs dachten die Briten daran, die alte indische Oberschicht wieder heranzuziehen, die Fürsten und die Landherren. Die Fürsten waren zu Hauptgewinnern der Erhebung von 1857 geworden. Denn soweit sie damals ihr Land behielten, wurde ihnen ihre Herrschaft garantiert, so daß sie auch im Wandel der Zeiten und trotz wachsender demokratischer Tendenzen ihre Throne bis 1947 behalten haben, also ihre in vieler Hinsicht überlebte Existenzform um drei Viertel Jahrhundert haben verlängern können. Ähnlich erging es den Landherren: in Awadh erhielten die meisten nach 1860 ihre Grundrechte zurück – einer jener Akte der versöhnlichen Milde des großen Vizekönigs Canning, die zusammen mit einer weitgehenden Amnestie in überraschend kurzer Zeit die Ruhe im Gangestal wiederherstellte. Diese Klasse zu Pfeilern der britischen Herrschaft zu machen, war ein Gedanke, der den Briten nahelag, da ihre obersten Vertreter in Indien dieser Gesellschaftsschicht entstammten, also zu den Indern dieser Klasse am ehesten gesellschaftliche und persönliche Beziehungen gewannen. Dufferin hat diese Schicht emsig umworben; Curzon hat fast alle Fürsten persönlich besucht und ihnen sein Evangelium von der »guten Verwaltung« gepredigt in der Hoffnung, daß sie es in ihren Gebieten tätig befolgen würden. Auf den großen zeremoniellen Staatstagungen, den »Durbars«, wie sie 1877 aus Anlaß der Umwandlung Indiens in ein Kaiserreich – und 1903 mehr aus persönlichem Geltungsbedürfnis Curzons – stattfanden, versammelten sich die Fürsten Indiens in traditionellem Pomp, um der neuen orientalischen Kaiserin und der britischen Herrschaft ihre Loyalität zu geloben und damit dem Volk ein Vorbild zu geben. Aber die Fürsten blieben nun einmal auf ihre Territorien beschränkt, und nur einzelne bemühten sich, moderne Regierungsmethoden einzuführen. Und die Landherren in den britischen Provinzen waren bei allem Ansehen, das viele von ihnen im Volke noch lange genossen haben, viel zu konservativ, verknöchert und oft, infolge ihrer Abwesenheit, mit ihren Gutsleuten auch nicht fest genug verbunden, um als Stützen des Staates dienen zu können.

Dieser Tendenz haben daher landeskundige Beamte schon

früh widersprochen. Der ausgezeichnete Verwalter John Lawrence, einer der besten und verständnisvollsten ICS-Beamten, die Indien gehabt hat, vertrat schon vor 1858 den Grundsatz, daß man sich um die Masse der Bevölkerung, um das armselige, schlecht weggekommene Volk bemühen und bei ihm das Gefühl erwecken müßte, daß ihm die britische Herrschaft endlich die ersehnte Erleichterung seines harten Loses bringen würde. Ähnlich wie Friedrich der Große als der »König der armen Leute« in die Geschichte eingehen wollte, suchten diese Männer durch Fürsorge für das Landvolk ihre Herrschaft zu stützen. Aber zu einer wirklichen Agrarreform waren weder die Zeit noch die britische Geisteshaltung reif. Im Gegenteil stießen solche Bemühungen auf den Widerstand der englischen Unternehmer, die inzwischen Plantagen geschaffen hatten (zunächst für Indigo, später für Tee) und dort die einheimische Arbeiterschaft kräftig ausnutzten. Die dadurch verursachten Unruhen der Indigo-Kulis, deren Anfänge schon in die Jahre um 1857 zurückgehen, brachten den Vizekönig abermals in Gegensatz zu seinen eigenen Landsleuten. Das Theaterstück des genialen Dichters Dinabandhu Mitra (1829–1873), das unter dem Titel »Nil Darpana« das Elend dieser unglücklichen Menschen schilderte, packte selbst britische Beamte so, daß W. S. Seton-Karr, der Leitende Regierungsdirektor von Bengalen, es in Übersetzung an politisch Interessierte versenden ließ – worauf er seines Postens enthoben wurde. Es war eine heikle Aufgabe, die Interessen der europäischen Pflanzer mit den elementarsten Forderungen der Menschlichkeit zu vereinen. Ähnliches galt für die frühen Versuche einer Arbeiterschutz-Gesetzgebung in Fabriken; sie trafen allerdings vornehmlich die indischen Unternehmer, die wiederum ein »nationales« Interesse an der Entwicklung gerade der *indischen* Industrie geltend machten. Das wenige, das Gesetz wurde – z. B. wurde die Arbeit von Frauen und Kindern in Fabriken auf zehn Stunden begrenzt –, war schwer genug durchzuführen und reichte jedenfalls nicht aus, um die Arbeiterschaft für die damalige Verwaltung sonderlich einzunehmen. Eher noch gelang es, Sympathien durch neue Maßnahmen zur Milderung der Hungerkatastrophen zu erwerben, die Indien stets beim Ausbleiben des Monsuns heimzusuchen pflegten. Als stärkstes Hilfsmittel sollte der Bau von Eisenbahnen dienen. Da aber die landwirtschaftliche Produktion mit dem Wachstum der Bevölkerung nicht Schritt hielt

– vor allem, weil auch die großen Landbesitzer nirgends zu einem technisch verbesserten Großbetrieb übergingen, vielmehr meist an der Verpachtung ihrer Ländereien an Zwergbetriebe festhielten –, da sogar weite Anbaugebiete, die bisher der Ernährung dienten, unter dem Druck der Exportwirtschaft auf den Anbau exportfähiger Industriepflanzen umgestellt wurden (Baumwolle, Jute, Ölsaaten), hielten die Hungerepidemien mit einer hohen Zahl von Todesopfern auch zu britischer Zeit an und haben noch 1944 mit der schrecklichen Katastrophe in Bengalen – mit mehreren Millionen Todesopfern – einen Höhepunkt erreicht. Auch hier ließ sich also eine dauerhafte Wirkung auf die Masse des Volkes nicht erreichen. Eine einzige Maßnahme fand wohlwollende Zustimmung der indischen Nationalisten: Die Förderung der Auswanderung indischer Arbeiter nach Ceylon, Malaysia und Afrika, wodurch die Zahl der Arbeitslosen etwas gemindert wurde. Hierfür hat Curzon sogar von Gandhi ein freundliches Lob geerntet. Aber später haben dann gerade diese »Auslandsinder« neue Konflikte verursacht, die sich in Südafrika bis heute in voller Schärfe erhalten haben.

Gerade der Schicht, der die Zukunft gehörte, dem gebildeten Bürgertum, stand das ganze britische Lager auffallend lange voll Mißtrauen gegenüber; man lernte nur langsam, wenigstens zwischen den Gemäßigten und den Extremisten zu unterscheiden und zu erkennen, daß jene durchaus willig waren, loyal und sachlich die Arbeit der »Raj« zu unterstützen.

Diese Schicht war den Briten unsympathisch und unheimlich. Sie vergaßen das ursprüngliche Ziel Macauleys, durch Einführung der englischen Erziehung aus den Indern »braune Engländer« oder »farbige Gentlemen« zu machen. Nun, als sie lebendig vor ihnen standen, fand man keinen Weg zu ihnen. Den wirklich gutwilligen und im Prinzip so gemäßigten Liberalen Surendra Nath Banerji sperrten sie ins Gefängnis (1883); und Curzon nannte ihn einen »giftigen Windbeutel« (vitriolic windbag). Den Kongreß, der sich zu seiner Amtszeit in seiner zahmsten Phase befand, nannte er »unsauber« (unclean); er hielt den hervorragenden Oberbürgermeister von Bombay, den Parsen Ferozeshah Mehta, für »unglaubwürdig«, weigerte sich, den früheren englischen ICS-Beamten Sir Henry Cotton zu empfangen, weil dieser inzwischen einmal Präsident des Kongresses gewesen war; und hat den tüchtigsten und verständnisvollsten aller damaligen Inder, Gokhale (1866–1915), der seinem vizeköniglichen Rat angehörte, niemals ernsthaft um Rat gebeten. Gewiß war Curzon ein extremer Fall. Seine Vorgänger hatten sich schon einsichtiger gezeigt. Dufferin nahm durch Vermittlung des früheren ICS-Beamten Hume zur indischen Bewegung Fühlung, ja wirkte sogar bei der Gründung des National-Kongresses mit, obwohl er sich dann bald enttäuscht wieder zurückzog. Lansdowne setzte sich für Reformen ein und hat als erster sogar den Gedanken aufgegriffen, daß die indischen Vertreter bei den Regierungen *gewählt* werden und damit allmählich den Charakter von »Volksvertretern« erhalten sollten. Aber im großen und ganzen blieb das amtliche britische Lager ohne rechtes Verständnis für die sich regende politische Betätigung der bürgerlichen Kreise und blickte auf ihre Vertreter als auf »unruhestiftende babus« herab.

Die Zulassung von Indern zum ICS ist eine der ältesten Forderungen der indischen Politiker gewesen; schon Ram Mohan Roy (1772–1833) hatte sie Anfang des neunzehnten Jahrhunderts erhoben. Sie ist auch frühzeitig im Grundsatz anerkannt worden, aber der zähe Widerstand der amtlichen Kreise schuf zahlreiche technische Schwierigkeiten, um ihre Durchführung zu hintertreiben, so daß viele Jahre um die Ausbildungsvorschriften gekämpft werden mußte: um die Abhaltung der Examina (ob nur in England oder auch in Indien), um das Mindestalter der Zulassung, das den Indern praktisch den Zugang in dem Maße erschwerte, als es immer weiter herabgesetzt wurde. Im Jahre 1864 wurde der erste Inder tatsächlich aufgenommen – ein Mitglied der Familie Tagore. Doch schon bald trat der problematische Charakter dieser Frage hervor: Der oben erwähnte Surendra Nath Banerji wurde aus nichtigem Vorwand entlassen, den hochbegabten Aurobindo Ghosh ließ man durchfallen, und beide wurden dann einflußreichste Führer der Befreiungsbewegung. Einer der Tüchtigsten, C. R. Dutt, hat zwar seine Dienstzeit brav abgeleistet, sich nach seiner Pensionierung aber zu einem der gefährlichsten, weil best unterrichtetsten Kritiker der »Raj« entwickelt. So hat es lange gedauert, bis das vorgesehene Drittel der Planstellen von Indern tatsächlich besetzt war*.

Der andere Weg einer Heranziehung von Indern zur Ver-

* Im Jahre 1930 waren es 367 bei einer Gesamtzahl von 1260.

waltung war ihre Aufnahme in die »Councils« des Vizekönigs und der Provinzgouverneure. Zunächst erschienen sie in den speziell erweiterten Räten, die zur Beratung von *Gesetzen* gebildet wurden (Legislative Councils), später auch in den »Executive Councils«, die die eigentlichen Regierungen in der Zentrale und den Provinzen bildeten. Die Reformgesetze von 1861 und 1892 machten den Anfang, die Reform von 1909 erhöhte ihre Zahl im Gesetzgebenden Rat des Vizekönigs auf 27 gewählte Vertreter, und zuletzt bildeten die Inder in allen die Mehrheit. Ihre Mitwirkung war anfangs nur auf bescheidene Diskussion beschränkt, die eigentliche Budgetberatung wurde sogar zeitweilig zurückgezogen, und bis 1937 blieben sie dank der außerordentlichen Vollmachten des Vizekönigs und der Gouverneure von wirklichen Entscheidungen ausgeschlossen. Solange dienten sie, ebenso wie der Kongreß, den Briten als »Ventil«, durch das Mißstimmungen und Kritik einen ordnungsmäßigen Auspuff finden sollten.

Immerhin entstand auf beiden Wegen – der Zulassung zum ICS wie der steigenden Mitwirkung gewählter Vertreter – in den Spitzengremien allmählich ein Zusammenwirken beider Rassen. Die Briten gewöhnten sich daran, in der serenen Atmosphäre der obersten Sitzungssäle mit Indern an einem Tisch zu sitzen, und die Inder fanden steigende Gelegenheit, sich über den tatsächlichen Gang der Verwaltung zu informieren, hinter die Kulissen zu blicken und im Sitzungssaal wie in vertraulichen Gesprächen ihre Wünsche bei den richtigen Stellen anzubringen. Jedenfalls entstand aus den verschiedenen Verfassungsreformen – so zögernd sie erfolgten und so unbefriedigend jede von ihnen indischerseits empfunden wurde – schrittweise doch eine aktive Beteiligung der Inder, was fraglos dazu beigetragen hat, die beiden Lager wieder einander anzunähern.

Der Aufgabenkreis der britischen Verwaltung war schon durch die geringe Zahl der Beamtenschaft begrenzt. Auch war es für die Briten neu, ein altes und übervölkertes Kulturgebiet zu verwalten, da sie sich bisher meist mit wirklich »kolonialen«, d. h., unerschlossenen, relativ menschenleeren Gebieten – wie Nordamerika – hatten beschäftigen müssen. Der kleine Kreis von Männern, der sich 1858 in Kalkutta um Cannings zusammenfand, stand daher vor einer unübersehbaren Aufgabe. Sie fühlten sich, wie einer es ausdrückte, als ein »gigantic essayclub«. Sie konnten froh sein, die dringlichsten Fragen einigermaßen zu behandeln. Zu ihnen gehörte etwa die Verbesserung des Verkehrswesens. Die »Verkehrsfeindlichkeit« des indischen Raumes war seit jeher eine der Ursachen, an denen die Großreiche scheiterten. Jetzt boten die Eisenbahnen Hilfe. Mit Summen, deren Höhe damals riesengroß erschien, bauten private britische Gesellschaften in erstaunlicher Eile das Bahnnetz, das heute noch Indiens Wirtschaft trägt; denn Curzon hat mit seiner Erweiterung um 6100 Meilen die letzte bedeutende Ausdehnung durchgeführt, der auch die heutige Regierung bisher nur wenig hinzugefügt hat. Natürlich geschah das zunächst aus militärischen Gründen, sodann zur Bekämpfung der Hungerkatastrophen und endlich zur Förderung des Exports; denn als koloniales Land erhielt Indien nun die Aufgabe, mit Hilfe seiner Menschenmassen steigende Mengen billiger Rohstoffe billig nach England zu liefern, um die dortige Industrie zu versorgen. Telegraphenlinien wurden schon vor 1857 errichtet, aber es dauerte bis 1865, ehe eine solche zwischen Kalkutta und London in Betrieb genommen wurde. Dagegen wurde für den Straßenbau wenig getan, da Truppentransporte vor der Motorisierung noch nicht in Frage kamen. Eine planmäßige Steigerung der Nahrungsmittelproduktion hat zuerst Curzon versucht, indem er zwei neue Zentralbehörden errichtete, die sich der Förderung der Landwirtschaft und der Bewässerung widmen sollten. Einzelne gute Erfolge wurden erzielt, wie etwa die Kanalsiedlungen im Panjab. Und zur Ehre des ICS sei erwähnt, daß die Besiedlung dieser durch Staudämme erschlossenen Anbauflächen rascher durchgeführt wurde als im heutigen Indien, wo Staudämme jahrelang ungenutzt bleiben, weil man sich über Verteilung der Wasser oder die Auswahl der Siedler nicht einigen kann. Für die Entwicklung der Industrie wurde wenig getan, außer auf den Gebieten der britischen Sonderinteressen, wie Jute und Tee. Sonst wurde eben nur der Export von Rohstoffen begünstigt und nicht ihre Verarbeitung im Lande. Eine Ausnahme galt für das handwerkliche Kunst- und Dorfgewerbe, das zur Linderung der Not in den Dörfern gefördert wurde. Unter den wenigen Aufgaben, die aus rein ideellen Motiven angepackt wurden, sind nicht genug zu preisen die Förderung der Archäologie und der Schutz der heimischen Kunstdenkmäler – woran Curzon das entscheidende Verdienst hat.

Fragt man nun nach den bleibenden Erfolgen der »guten Verwaltung«, so müssen die Inder die Entstehung eines gesamtindischen *Einheitsgefühls* nennen, dessen Wurzeln ja der Rechtsstaat und die Duldung aller geistigen Bewegungen waren. Es wurde verstärkt durch die täglichen Vorgänge einer einheitlichen Verwaltung (ausgenommen in den Fürstenstaaten!), durch das einigende Verkehrswesen und die einheitliche Wirtschaft, endlich durch die Verbreitung der englischen Sprache, die zur »lingua franca« auch der gebildeten Inder wurde*. Aus diesen Faktoren erwuchs bei den Bewohnern des Subkontinents das neuartige Bewußtsein, sich als »Inder« zu fühlen, und aus dem Beispiel des britisch geführten Staatswesens entstand der Gedanke des »säkularen Staats« als des Bandes und der Grundlage für die Entstehung einer indischen Nation.

Die britische Einstellung zur Befreiungsbewegung klärte sich ziemlich früh: Man wollte zugestehen, daß die Inder sich in steigendem Maße an der praktischen Verwaltung beteiligten, und hatte schon im Ersten Weltkrieg als den gegebenen Weg erkannt, Indien die Stellung eines Dominion im Rahmen des Empire bzw. des Commonwealth zu geben, sobald geeignete Führer erscheinen würden. Die Einstellung zur indischen *Einheit* schwankte indessen, da die Erhaltung der vielen Gegensätze ihnen die Erhaltung ihrer Herrschaft erleichterte. Erst als man in London zu der Erkenntnis gelangte, daß man Indien mit rein machtpolitischen Mitteln auf die Dauer nicht würde halten können, bzw. daß sich ein so kostspieliger Aufwand nicht mehr lohne, gelangten die Staatsmänner in London zu der Vorstellung, daß ein geeintes Indien als *befreundete* Macht für die weltpolitische Lage im asiatischen Raum vorteilhafter sein würde als mehrere Teilstaaten, die sich untereinander befehdeten. Aber inzwischen war die separatistische Strömung der indischen Moslems unter Jinnah so erstarkt, daß sie eine legale Machtübertragung ausschloß, die sie nicht irgendwie berücksichtigte. Und indem man in diesem Sinne begann, den Moslems Zugeständnisse zu machen, weckte man bei den Kongreßführern wieder das alte Mißtrauen gegen das »perfide Albion«

* Curzon, der die Bedeutung der englischen Sprache als Förderung der nationalen Freiheits- und Einheitsbestrebungen erkannte, hat sogar den prophetischen Einfall gehabt, Englisch durch Hindi weitgehend zu ersetzen — wogegen der britische Gouverneur in Madras ebenso entrüstet protestierte wie heute die Drawida Munneta Kazhagam.

und bewirkte, daß sie die Hand, die ihnen London entgegenstreckte (durch Cripps, Pethick-Lawrence), nicht rechtzeitig annahmen, wodurch ein Zusammenwirken zwischen »Raj« und Kongreß mit dem Ziel, die Einheit Indiens zu bewahren, ermöglicht worden wäre. Der Umschwung in London vom »divide et impera« zur Einheit ist daher zu spät gekommen.

Der Wandel wurde dadurch beschleunigt, daß die Briten das Vertrauen in ihre Kraft und damit die Gewißheit ihrer fortdauernden Herrschaft in Indien schrittweise einbüßten. Solche Zweifel regten sich schon sehr früh. Schon 1858 – nach der großen Erhebung – haben manche bezweifelt, daß man den »halb zufällig eroberten Kontinent« zu einem dauerhaften Besitz würde machen können. Der weise Salisbury sagte 1874 voraus: »Wir Briten werden in Indien niemals populär oder gar beliebt werden; daher ist der einzige Weg, unsere Präsenz dort zu rechtfertigen, mit einer guten, gewissenhaften Verwaltung dem Wohlbefinden der Bevölkerung zu dienen.« Ähnlich dachten verständige Vizekönige, wie Canning, Northbrook und vor allem die erfahrenen Verwaltungsbeamten alter Schule, wie Metcalfe oder Elphinstone, welch letzterer schon früh als das erwünschte Ende der britischen Herrschaft die Lösung bezeichnete, daß die Inder »might so far develop as to replace the British in control«. Die sogenannte Ära des Imperialismus verhüllte solche realistische Erkenntnis. Der Machtrausch, der zwei ganze Generationen mit Träumen und Zielen immer weiterer Expansion erfüllte, der meinte, daß man Reiche nach Belieben zu immer größeren Ausmaßen erweitern könnte wie auf wirtschaftlichem Gebiet die Trusts immer größer wuchsen, ließ alle skeptischen Besorgnisse zurücktreten und gipfelte in Indien in den Vizekönigen von Lytton bis Curzon, die den Glanz des indischen Kaiserreiches als des größten Gliedes einer britischen Weltmacht für eine geschichtlich gewordene und daher haltbare Schöpfung ansahen und die Augen verschlossen gegenüber allen Tendenzen, die zur Auflösung solcher Machtkomplexe drängten, wie die indische Befreiungsbewegung. So erklärt sich, daß Curzon diese Bewegung so völlig unterschätzte, oder daß ein beschränkter Kopf wie der Vizekönig Elgin in Tilak nur einen »seditious bore« sah, und daß Curzon die »endgültige Beisetzung des Kongresses noch miterleben wollte«. Skeptischer war man in London, wo etwa der Staatssekretär Hamilton (1845–1927) »zwar nicht für die Gegenwart, wohl aber für die weitere Zukunft mit größter Besorgnis über die zweifelhafte Dauer der Herrschaft über Indien« nachdachte.

Es würde sich lohnen, eine Spezialstudie darüber zu schreiben, wann in der britischen Beamtenschaft die ersten Zweifel an der Dauer ihres Systems aufgetreten sind. Ihr Widerstand gegen manche Entscheidungen einsichtiger Vizekönige, wie vor allem des großen Irwin (späteren Earl of Halifax), läßt darauf schließen, daß sie hinter solcher Weitsicht zurückblieben. Viel klarsichtiger erwies sich Ramsay Macdonald, der im »Daily Chronicle« (zitiert nach Modern Review VIII 458 ff.) viel nüchterner die drohende Gefahr erkannte und die Verantwortlichen aufforderte, »ihr Wissen um Indien zu politischer Weisheit zu nutzen«. Und der Staatssekretär Birkenhead war bereits 1924 soweit, Indien den geforderten Rang eines Dominions zuzugestehen, da er in C. R. *Das* den geeigneten Staatsmann vor sich sah, mit dem man solches Experiment wagen konnte. Zwischen hochgemuter, mitunter arroganter Sicherheit, die verächtlich auf die »nigger« herabblickte, und der schleichenden Sorge, wie lange der künstliche Bau noch halten würde, schwankte die britische Einstellung zu Indien hin und her. Sie führte zu Fehlurteilen, die sich teilweise auch aus der Abkapselung erklären, in die sich die Briten – amtliche wie private – mehr und mehr zurückzogen, ein Umstand, der auch zu einem der beliebtesten Angriffspunkte der antibritischen Agitation wurde. Sie bestand anfangs durchaus nicht. In den frühen Zeiten der Kompanie mischten sich die Briten oft, ja gern mit Indern. Vom »Nawab« Warren Hastings, der sich indisch gab, und dessen Beamte den Mangel an Frauen noch bei Inderinnen deckten, bis zur »colour bar« mit dem Rassenhochmut, der oft an Snobismus grenzte, war ein langer Prozeß, der sich schrittweise vollzog, allerdings durch die Erhebung von 1857 einen scharfen Antrieb erhielt.

Daß das private Leben der Briten sich unter Abschluß von den Einheimischen abspielte, war an sich etwas ganz Natürliches. Wer in Indien seinen anstrengenden Arbeitstag im Büro, auf Dienstreisen oder in Gerichtsgebäuden verbracht hat, empfindet das Bedürfnis, sich daheim wieder so zu geben, wie er es gewohnt ist. Wie der normale Engländer dem Grundsatz huldigt, »my home is my castle«, und wie er im Club nur Mitglieder zu treffen wünscht, so übertrug er diese Gewohnheit erst recht auf Indien. Und daß sich die Handvoll Briten, diese

»mikroskopische Minderheit«, um Dufferins Ausdruck anzuwenden, in der Masse der Farbigen vereinzelt fühlte und sie den Wunsch hatte, sich in dieser Isolierung enger zusammenzuschließen, ist menschlich verständlich. So entstanden Wohnviertel und Clubs, in denen nur Briten lebten und Zutritt fanden. Sie schlossen sich sozusagen nach indischem Vorbild zu einer eigenen »Kaste« ab, einer Superkaste, die den fehlenden Stand der »kshatriyas« ebenso ersetzte, wie es einst die Rajputen getan hatten, und die das »dharma« dieser Kaste befolgten. Nebenbei bildeten sie auch im britischen Lager »Unterkasten«; denn zwischen der amtlichen Welt und der geschäftlich tätigen privaten bestand wenig Verbindung, ebenso wie vornehme Clubs nur Firmenchefs, aber nicht subalterne Angestellte oder gar Besitzer von Ladengeschäften als Mitglieder aufnahmen. Ich selbst habe in meinem Hause den obersten Beamten der Regierung dem Direktor einer der englischen Großbanken bekannt machen müssen, obwohl beide über zwei Jahre am Orte waren. Geselliger Verkehr mit Indern außerhalb der »offiziellen« Veranstaltungen war den meisten Europäern ebenso lästig wie unseren deutschen Landsleuten. Andererseits legten viele Inder aus Gründen ihrer Kastengesetze auch keinen Wert auf solchen Verkehr.

Die Abschließung vollzog sich nicht nur innerhalb der gleichen Stadt oder des gleichen Distrikts, sondern sie trennte auch die Provinzen voneinander. Da die Mehrheit der britischen Beamten und Kaufleute praktisch auf ihre Provinz beschränkt blieb, und sie ihre ersparten Mittel lieber für den Heimaturlaub und nicht für Reisen innerhalb Indiens ausgaben, war es nicht selten, daß sie auch nach vielen Jahren indischen Aufenthalts andere Teile als »ihren« engeren Lebensbezirk nicht kannten. Ausgenommen die Hochwildjäger, die gelegentlich bis zum Himalaja vordrangen, haben viele von ihnen niemals aus touristischem Interesse andere Teile Indiens besucht – ein Faktum, das natürlich auch ihr Urteil über Indien einengte. Während ich als Konsul gleichzeitig für Colombo und Madras amtierte, stellte ich fest, daß die beiden Gouverneure sich nicht persönlich kannten, was mich anfangs um so mehr erstaunte, als sie beide den gleichen Namen trugen: Aber der eine entstammte dem englischen Hochadel, der andere einer deutsch-jüdischen Familie, die erst in zweiter Generation englisch geworden war.

Anstoß an solcher Abschließung nahm natürlich nicht die breite Masse des indischen Volkes, sondern die kleine Schicht der westlich Gebildeten; und diesen fiel vor allem der scharfe Kontrast auf zwischen der offenen, freundlichen Aufnahme, die sie in England fanden, und der andersartigen Behandlung in Indien. Dort wurden sie in ersten Familien und besten Clubs als Gäste aufgenommen, während sie, nach Indien heimgekehrt, sich von einem entsprechenden Verkehr plötzlich wieder ausgeschlossen sahen. Dabei lag britischerseits meist kein böser Wille vor. Es waren einfach die verschiedenen Lebensbedingungen, die dort in einer Weltstadt wie London herrschten, und hier das Zusammenleben zweier antagonistischer Gruppen auf indischem Boden regelten.

Um so freudiger haben die Inder stets begrüßt, wenn einzelne Briten diese Schranken übersprangen. Von den Beamten des ICS sind hier vor allem die drei zu nennen, die während ihrer Dienstzeit als erste ein tieferes Verständnis für Indien und seine Menschen gewannen und nach ihrer Pensionierung daraufhin Kontakt mit Indern gesucht haben, um über gemeinsame Schritte zum Wohle Indiens nachzudenken: Octave Hume (1829–1912), William Wedderburn (1838–1918) und Sir Henry Cotton. *Hume,* dessen tiefe geistige Einstellung ihn zu enger Verbindung sowohl zur Theosophie wie zu hinduistischen Heiligen trieb, erhielt aus diesen Kreisen Warnungen über bevorstehende Unruhen größeren Umfanges und beschloß, ein Ventil zu schaffen, durch das sich solche Mißstimmungen entladen könnten. Im Einvernehmen mit dem Vizekönig Dufferin ergriff er 1885 die Initiative zur Gründung des Indischen National-Kongresses. Und später, als er zu seiner Enttäuschung erkannte, daß sich dieser Kreis westlich gebildeter Inder gegen die Masse des Volkes ebenso abkapselte wie die Briten gegen die Inder, versuchte er durch Versendung Tausender von Flugblättern selber an das breite Volk heranzukommen – was schließlich von den Behörden unterbunden wurde. In enger Fühlung mit vielen Indern aller politischen Richtungen hat er Erdenkliches getan, um die britische Politik auf einen Kurs zu drängen, der den indischen Wünschen Rechnung trug. Er wurde tatkräftig unterstützt durch seinen jüngeren Kollegen und Freund William Wedderburn, der sogar zweimal das Amt des Kongreßpräsidenten übernahm (1889 und 1910). Und ein Gleiches tat (1904) Henry Cotton, der sich ebenfalls zum Anwalt indischer Klagen und Wünsche machte. Ein britischer Firmenchef, der Schotte George Yule aus Kalkutta, dachte ähnlich und wurde schon 1888 als erster Europäer Kongreßpräsident. Nach ihnen sind nur noch zwei Europäerinnen zu diesem Ehrenamt gelangt: 1917 Frau Annie Besant, die große Theosophin, und 1923 die ebenfalls irisch geborene Frau des indischen Politikers Sen Gupta, die eine illegale Tagung zu leiten wagte.

Diese Namen stehen für eine größere Zahl weniger bekannter Briten, die sich nicht gescheut haben, für Indien einzutreten. Zu ihnen gesellt sich eine Reihe von britischen Politikern, die in London für die indische Sache aktiv wirkten. Sie gehörten meist intellektuellen Kreisen an, die den Liberalen oder der Labour Party nahestanden. George *Thompson*, ein Freund des Dwaraka Nath Tagore, hielt 1839 öffentliche Vorträge zur Lage in Indien und nahm als erster den Auftrag an, als bezahlter Vertreter indischer Vereinigungen in London tätig zu werden (1843). John *Bright*, Mitglied des Unterhauses, trat dort für die Zulassung von Indern zum ICS ein (1853) und verhalf dem Lal Mohan *Gosh* dazu, in einem Raum des Unterhauses (»Willis Room«) zur Lage in Indien zu sprechen (23. Juli 1879). Ein anderer Parlamentarier, Henry *Fawcett*, 1833 bis 1884, griff in die Budget-Debatten ein, um das indische Interesse zu wahren, so daß er den Spitznamen »member for India« erhielt. Als er 1874 sein Mandat verlor, sammelten Inder die Mittel, die es ihm ermöglichten, in einer Nachwahl seinen Sitz wieder zu erringen. Am schärfsten trat der Parlamentarier Charles *Bradlaugh* (1833–1891) für die Sache Indiens ein. Er brachte 1889 eine Gesetzesvorlage im Unterhaus ein, die Indien eine demokratische Verfassung gewähren sollte, wobei er auch schon Wahlen für die indischen Vertreter vorsah (übrigens fast die gleichen Vorschläge, die gleichzeitig der Vizekönig Lansdowne machte). Und im gleichen Jahr nahm er in Bombay an der Jahrestagung des Kongresses teil, die damals unter dem Vorsitz von William Wedderburn stattfand. Die beiden Engländer wurden demonstrativ gefeiert. Endlich arbeitete William *Digby* seit 1888 als besoldeter Sekretär des Kongresses in London und hat sich vor allem einen Namen gemacht durch seine Schriften, die darlegen sollten, daß die Jahreszahlungen Indiens an England die Verarmung Indiens verursachten. In gleichem Sinne trat der Labour-Sozialist H. M. *Hyndman* in seinen Reden und Schriften für Indien ein, vor allem in seinem Buch »The Awakening of Asia«. Diese Namen gehören der Zeit vor dem ersten Weltkrieg an. Später stieg die Zahl solcher Briten, namentlich als Indien in Krishna Menon einen raffinierten Vertreter seiner Interessen in London erhielt, der sowohl Parlament wie Presse und Öffentlichkeit ständig mit Indiens Anliegen befaßte.

Alle diese Namen vertreten eine Unterströmung der britischen öffentlichen Meinung – nicht die Mehrheit. Diese ließ sich mit Bezug auf Indien von den allgemeinen, im politischen Leben geltenden Maximen leiten, also von der Macht, dem Nutzen und der Opportunität. Dabei beharrte die Mehrheit sehr lange in der festen Erwartung, daß Indien für immer unter britischer Kontrolle bleiben würde, wenn sich auch ihre Formen wandeln möchten, während die skeptischen Zweifler, anfangs eine winzige Gruppe, erst unter dem Eindruck der immer kräftiger werdenden Freiheitsbewegung und der beiden Weltkriege langsam wuchs. Diese Einstellung verband sich bei vielen britischen Politikern mit einer erstaunlichen Unkenntnis von Indien. Es ist eine Tatsache, daß sich die Bänke des Unterhauses leerten, wenn dort über indische Fragen verhandelt wurde. Auch dieses Moment, das den Indern natürlich nicht verborgen blieb, steigerte antibritische Empfindungen, da man den Eindruck hatte, daß Indien von einem Volk beherrscht würde, dessen Politiker gegenüber dem Schicksal der Inder *gleichgültig* blieben. In der Verurteilung dieser Haltung waren sich Sozialisten, wie Bradlaugh, und Imperialisten, wie Curzon, völlig einig. Vor allem war es die geringe Achtung vor dem gebildeten Bürgertum Indiens, die sich in breiten Kreisen Englands verhältnismäßig lange erhielt, und die, zusammen mit dem allzu häufigen Wechsel der verantwortlichen Personen dazu beitrug, daß England oft keine klar formulierte »Indienpolitik« besessen hat. Das zeigte sich sowohl in der Frage, in welchem Tempo verfassungsrechtliche Reformen angezeigt wären, wie auch in der unzulänglichen Behandlung der wirtschaftlichen Probleme Indiens, was, wenn man sie frühzeitig und ernsthaft behandelt hätte, sicherlich von guter Wirkung auf die indische Öffentlichkeit gewesen wäre. Im Grunde waren es die beiden bedeutenden und geistig unabhängigen Vizekönige Reading und Irwin, die darauf gedrängt haben, daß man zu einer solchen praktischen »Indienpolitik« gelangen müsse, während die Amtszeit der beiden letzten Vizekönige alten Stils (Willingdon und Linlithgow als Hemmung, wenn nicht gar als Rückschritt gewirkt hat.

So hat es zwar sehr früh schon weitsichtige Staatsmänner in London gegeben, die voraussahen, wohin der Kurs treiben würde; aber es hat erst der schweren Erschütterung der beiden Weltkriege bedurft, um den Durchschnitt der britischen Politiker von der Notwendigkeit zu überzeugen, daß das »Problem« Indien eine dringliche Lösung erheische. Eine frühere Umwandlung des kolonialen Regimes in ein solches mit ausgeprägter Selbstverwaltung und stärkerer Beteiligung indischer Politiker hätte auch vom britischen Standpunkt viele Vorteile erbracht: Indien wäre vermutlich eine Einheit geblieben, und viele Katastrophen wären vermieden worden, die nun die Durchführung der als richtig erkannten Lösung hemmten und störten und Indien unsagbare Verluste zufügten. Das gilt für die »Quit India-Bewegung« ebenso wie für die Überrennung Burmas durch die Japaner, für die blutigen Unruhen bei der Teilung ebenso wie für die Besetzung Tibets durch die Chinesen. Trotzdem hat auch die späte Machtübertragung durch Attlee im Jahre 1947 Wesentliches erreicht: daß die beiden Völker sich in Frieden getrennt haben, und daß beide Staaten im Rahmen des Commonwealth noch weiter miteinander verbunden blieben. Attlees Weisheit kam spät, aber nicht *zu* spät.

Kapitel 38

Britisch-indische Außenpolitik

Mit der Befestigung ihrer Herrschaft über den indischen Subkontinent mußten die Briten auch die außenpolitische Verantwortung übernehmen. Ihr oberstes Ziel, das eroberte Gebiet nun gegen äußere Bedrohungen zu schützen, pflegt als »imperialistische Politik« bezeichnet zu werden. Aber der Schutz Indiens lag ebenso auch im Interesse des Landes selbst und seiner Bewohner, die unter der »Pax Britannica« eine Zeit des Friedens erlebten, wie sie der Subkontinent seit unvordenklichen Zeiten nicht gekannt hatte. Einbrüche fremder Völker und Plünderungszüge benachbarter Stämme hörten auf in dem

Maße, in dem die britische Herrschaft sich festigte. Insofern darf die außenpolitische Tätigkeit dieser kolonialen Regierung auch als »Indische Außenpolitik« gelten. Sie begann etwa um 1818, als die Briten den größten Teil Indiens kontrollierten, im strikten völkerrechtlichen Sinn 1859, d. h. in dem Jahr, in dem die Krone mit der Verwaltung auch die Vertretung dieser neuen Einheit »Britisch-Indien« nach außen hin übernahm. Im Gegensatz zu allen früheren indischen Regierungen stützte sie sich auf die Seeherrschaft – einer der wesentlichen Unterschiede zum Mogul-Reich. Andererseits hatte das britische Weltreich außer der Verantwortung für Indien zahlreiche andere Interessen, namentlich gegenüber China und Rußland, die außenpolitisch die rein indischen Aufgaben oft berührten.

Die weltpolitische Konstellation war für die Briten günstig, sowohl während der Zeit, als sie Indien eroberten, wie zu der Zeit, als sie seinen Schutz gegen mögliche Gefährdungen mit diplomatischen und militärischen Mitteln organisieren mußten. *China* befand sich auf einem Tiefstand seiner Macht und schied als Gefahr aus. Zwar war es unter den Mandschu-Kaisern im 18. Jahrhundert westwärts noch vorgedrungen und hatte damals (1728) mit dem Protektorat über Tibet eine feste Stellung in Mittelasien gewonnen. Aber im 19. Jahrhundert wurde es zum Objekt der Machtpolitik anderer Völker. Eher konnte das *Zarenreich* als bedrohlich erscheinen, das im 19. Jahrhundert mit der Besetzung von Transoxanien (Russisch-Turkestan) und dem Pamir-Gebiet zum Nachbarn Indiens wurde. Obwohl es die früheren Nomadenstämme der Özbegen und Turkmenen – alte Feinde Indiens – unterwarf und zähmte, bildete es selbst politisch eine viel ernstere Gefahr. Wäre Indien damals nicht von den Briten erobert worden, wären vielleicht die Kosaken von Buchara und Taschkent auch über den Khaiber-Paß in den Panjab eingeritten.

Die Verdrängung der Portugiesen und Holländer aus Indien wurde behandelt. Die letzten Rivalen, die *Franzosen,* galten den Briten so lange als Gefahr, wie Napoleon herrschte. Sein Zug nach Ägypten hatte das Ziel verfolgt, von dort her nach Indien vorzustoßen, um England an einer seiner empfindlichsten Stellen zu treffen – worauf Tipu Sahib vergeblich gewartet hatte. Und 1807 in Tilsit hatte er dem Zaren vorgeschlagen, diese Operation gemeinsam mit ihm zu unternehmen, was auf dem Wege durch Persien möglich gewesen wäre. So wurde einer der ersten außenpolitischen Schritte der britisch-indischen Politik ein Vertrag, der 1809 Persien nötigte, keinerlei französische Einflüsse bei sich zu dulden – zur Sicherung Indiens. Erst mit dem Sturz des Korsen hörte Frankreich auf, als Gefahr zu gelten. Als die Franzosen später – im Jahre 1885 – in Burma ein Konsulat errichteten und den Burmanen Waffenlieferungen versprachen, und als sie sich in Oman am Persischen Golf einen Marinestützpunkt zu schaffen suchten, wurden solche Sorgen kurze Zeit wieder lebendig – ebenso wie die Briten befürchteten, daß das Deutsche Reich mit dem Bau der Bagdad-Bahn sich von Basrah aus Indien nähern würde. Beide Befürchtungen gingen vorüber und bewirkten nur, daß dieser Golf mit erhöhter Wachsamkeit als britisches Interessengebiet gesichert wurde. Die kleinen französischen Hafenplätze in Indien, wie Pondicherry, haben der britisch-indischen Regierung ebensowenig Sorge bereitet wie die portugiesischen.

Anders die »russische Gefahr«. Seitdem sie als erster der Generalgouverneur Bentinck (1828–1835) ausgesprochen hatte, überschattete sie die britische Außenpolitik während des ganzen 19. Jahrhunderts. Ob und inwieweit sie tatsächlich bestanden hat: sie blieb eines der Hauptmotive jeder britischen Politik, vor allem der vizeköniglichen in Kalkutta. Dabei sind die beiden Weltmächte nur *einmal* miteinander in Krieg geraten, im Krim-Krieg (1854–1856). Aber er betraf nicht Indien, und auch die antibritische Opposition in Indien hat ihn nicht genutzt; denn ihre »Große Erhebung« brach erst aus, nachdem der Krieg beendet war und die Briten ihre Truppen wieder nach Indien zurückführen konnten – ein Zeichen, wie sehr den damaligen Führern des indischen Widerstands ein weltpolitischer Blick fehlte. Ernster wurde das unaufhaltsame Vordringen der Russen in West-Turkestan, wo die kleinen Khanate von Khiva, Buchara und Khokand – die winzigen Reste aus der großen Zeit des Islams – der Regierung in Kalkutta wie letzte Pufferstaaten erschienen, die Indien noch von Rußland trennten. Nacheinander fielen sie in russische Hand, als letztes Khokand im Jahre 1874. Seit 1867 bestand das russische »Generalgouvernement Turkestan« – ein Gegenstück zu dem britischen Generalgouvernement in Indien. Große Erregung verursachte in Kalkutta 1884 die Besetzung von *Merw,* der letzten »neutralen« Oase. Ein Jahr später besetzte ein russischer General plötzlich das afghanische Pandhje, worauf die Regierung von

Kabul britische Hilfe erbat; und 1893 besetzten die Russen das Pamir-Plateau, das unmittelbar an Kaschmir grenzte. Beide Krisen wurden jedoch beigelegt, und die Verlängerung des afghanischen Gebiets in einen Landzipfel trennte Indien vom russischen Pamir. So haben sich die beiden Weltmächte hier jahrzehntelang lauernd und eifersüchtig gegenübergestanden, bis unter dem Druck der »deutschen Gefahr« der Zar das Stillhalteabkommen von 1907 schloß, das die Briten für einige Zeit von dieser Sorge befreite. Aber als *Lenin* 1917 auf dem Bahnhof in Petersburg eintraf, enthielt seine erste zündende Rede auch den Ruf: »Und dann weiter nach Indien!« Denn Indien galt als eine der wichtigsten Bastionen der »kapitalistisch-imperialistischen« Macht, die, einmal gebrochen, das ganze System zu Fall bringen würde. Vielleicht hat dieser neue Albdruck bei der Errichtung des Staates Pakistan mitgewirkt, von dem viele Briten eine verläßlichere Grenzwacht gegen den »Bolschewismus« erhofften als von einem demokratischen Indien. Diese »russische Gefahr« gibt den Schlüssel für die meisten außenpolitischen Schritte der Briten vor 1907 in Persien, in Afghanistan, in den Himalaja-Staaten und vor allem in Tibet.

Persien der alte Nebenbuhler des Gangesreichs, dem auch sein Turkmenen-Despot nur ein kurzes Aufleben brachte, wurde durch das Auftreten der europäischen Großmächte zum Objekt ihrer Politik und galt der besorgten Kolonialregierung in Kalkutta nur deshalb als gefährlich, weil sein Gebiet dem Durchmarsch fremder Eroberer dienen könnte. Daher schickten die Generalgouverneure John Malcolm, Wellesley und Minto Gesandtschaften nach Teheran (1799, 1801 und 1809), um sich gegen solche Gefahren zu schützen, sei es vor Napoleon, sei es vor den Russen. Der bloße Versuch Persiens, sich des afghanischen Grenzorts *Herat* zu bemächtigen, rief den Ministerpräsidenten Palmerston auf den Plan (1838). Im britisch-russischen Vertrag von 1907 teilten die beiden Weltmächte das Land in »Interessensphären«, und jede begann sich in ihrem Sektor festzusetzen. Nachdem dann der deutsche Plan der Bagdad-Bahn den Briten einen neuen Schreck versetzt hatte, benutzten sie den ersten Weltkrieg, um – auf Kosten Indiens – ein Expeditionskorps nach Mesopotamien zu senden, das zwar bei Kut-el-Amara kapitulieren mußte, aber trotzdem Bagdad erreichte. Und da in Rußland inzwischen die Revolution ausbrach, konnten die Briten ganz Persien vorübergehend besetzen, bis der

Staatsstreich des Reza Khan (1921) wieder einen kräftigen iranischen Staat schuf, der sich nun mit der Türkei, dem Irak und Afghanistan im »Ost-Pakt« gegen weitere Interventionen der Großmächte zur Wehr setzte. Als Hitler den Orient-Traum Napoleons zu erneuern und den Kaukasus zu bezwingen suchte, blieb sein Vormarsch schon in Baku stecken, bedrohte also Indien nicht; aber die beiden Weltmächte wiederholten »vorsorglich« die Besetzung Persiens. Das ist die Rolle, die der Staat des Kyros damals spielte.

Persischer Golf

Noch bedeutsamer für die Sicherheit Indiens erschien der Persische Golf. Nachdem die Briten hier zunächst die Portugiesen vertrieben hatten (Besetzung von Ormuz 1622), zog in den Küstenpiraten eine neue Gefahr für ihren Handel auf, denn die kleinen Scheichs sahen, bevor sie Erdöl entdeckten, in diesem Gewerbe ihre natürliche Haupteinnahmequelle. Vizekönig Lansdowne bereiste als erster den Golf und erklärte, daß man jeden Eingriff einer dritten Macht als feindlichen Akt ansehen würde. Curzon hielt den an Bord seines Flaggschiffs versammelten Scheichs 1903 eine Ansprache, die praktisch die britische Oberhoheit über den Golf und die durch Verträge an England gebundenen Küstenstaaten (die »trucial« states) proklamierte. Im Dienst dieser Politik wurde schon 1899 der Herrscher von *Oman* durch ein Bombardement davon abgehalten, den Franzosen einen Marinestützpunkt einzuräumen; und dem Scheich von Kuweit wurde untersagt, den Deutschen die Fortführung der Bagdad-Bahn bis zu seiner Hauptstadt zu gestatten. Indien zog aus dieser Politik den Nutzen, daß auch sein Handel im Golf geschützt blieb – den schon seine Kaufleute aus Mohenjodaro betrieben hatten –, und daß später die persischen Maßnahmen gegen die Ölgesellschaften diese veranlaßten, bei Bombay die ersten Raffinerien auf indischem Boden anzulegen.

Afghanistan

Das nun unabhängige Afghanistan galt den Briten als wichtiger Pufferstaat, denn über seine Pässe waren ja die meisten Eroberer nach Indien gekommen. Wie jeder Staat zwischen zwei Großmächten, nutzte auch dieser seine Lage dazu aus, im Schaukelspiel zwischen beiden sich möglichst unabhängig zu erhalten. Für Indien kam es darauf an, die Plünderungseinfälle der Afghanen abzustellen, die ebenso unvergessen waren wie die Blendung des alten Mogul-Kaisers, mit der die Afghanen eine ständige Kontrolle über die Schattenregierung in Delhi hatten erlangen wollen. Inzwischen hatte der kräftige Staat der Sikhs die Grenzwacht an dieser Ecke übernommen; aber nach seinem Zusammenbruch mußten die Briten selbst in die Bresche treten. Sie standen vor der Wahl, entweder Afghanistan zu besetzen, also die Reichsgrenze der Mauryas wiederherzustellen, oder sich in Kabul eine so einflußreiche Stellung zu schaffen, daß sie antibritische und antiindische Machenschaften rechtzeitig würden verhindern können. Ein Hilfegesuch des Emirs *Dost Mohamed* bot die willkommene Gelegenheit einzugreifen. Ein abenteuerlicher Mittelsmann, Alexander Burnes, der 1838 als erster britischer Vertreter in Kabul eintraf, gab den Rat – im Einvernehmen mit dem Sikh-Staat –, einen im Exil lebenden Prätendenten, namens Shuja, auf den afghanischen Thron zu bringen, weil dieser sich willfähriger erweisen würde als der legitime Herrscher. Seltsamerweise folgte man diesem Rat und ließ britische Truppen einrücken – und zwar vom unteren Industal her über den Bolan-Paß, da Ranjit Singh den Durchmarsch verweigerte. Indessen erwies sich der britische Thronkandidat als so unpopulär, daß die empörten Afghanen ihn absetzten, Burnes ermordeten, die britischen Truppen in Kabul abschnitten und sie dann trotz eines Vertrags über freien Rückzug völlig vernichteten. Um diese Blamage wiedergutzumachen, rückten sie 1842 abermals ein und konnten froh sein, in dem wieder regierenden Dost Mohamed einen verständigen Partner zu finden, der während des Krim-Krieges nicht auf russische Seite trat und sich während der Großen Erhebung von 1857 neutral verhielt. Dieser erste afghanische Krieg war die schlimmste Katastrophe, die die Briten an Indiens Grenzen erlitten. Das rasche Vordringen der Russen in Turkestan schien Eile zu gebieten; denn schon empfing der Emir, offenbar widerwillig, den ersten russischen Emissär, und so entstand der Gedanke, als Gegenzug einen britischen Gesandten nach Kabul zu entsenden. In jener Welt wurden fremde Gesandte noch als unwillkommene Spione betrachtet, daher lehnte der verständige Vizekönig *Northbrook* diesen Plan ab. Sein Nachfolger *Lyt-*

ton, der voll »imperialistischen« Geistes nach Indien kam, glaubte ihn angemessen zu verbrämen, wenn er die Mission mit dem Auftrag verband, den Afghanen die Proklamation der Königin als »Kaiserin von Indien« zu notifizieren. Obwohl der nicht antibritisch eingestellte Emir *Sher Ali* ablehnte, beging der Vizekönig die Unklugheit, ihm die Mission aufzuzwingen. Der Gesandte wurde mit seinem ganzen Personal ermordet – was wiederum zu einer »Strafexpedition« führte. In den folgenden Wirren hatten die Briten insofern Glück, als zwar der russische Kandidat obsiegte (1880), die Russen aber nach dem Berliner Kongreß keine Lust zu neuen Abenteuern verspürten. So wurde die Krise beigelegt und die Nordgrenze Afghanistans in beiderseitigem Einvernehmen gezogen. Seitdem konnte Afghanistan als der Pufferstaat gelten, den die Briten brauchten, bis er sich 1907 unerwartet vor die Tatsache gestellt sah, daß sich die beiden Antagonisten verständigten.

Grenzstämme

Eng mit dem afghanischen Problem verbunden blieb stets die Unruhe der Grenzstämme, die manchmal ihre enge Verwandtschaft mit den Afghanen ausnutzten, dann wieder sich den britischen Angeboten gefügig zeigten. Die *Pathans* sind die bekanntesten, die heute ihren eigenen Staat »Pashtunistan« erstreben. Als Stammesdemokratien altertümlicher Art regiert (im »Thing«), können selbst ihre Häuptlinge vereinbarte Abmachungen nicht immer durchsetzen. Ihr Recht, als armes Bergvolk in den Ebenen zu plündern, lassen sie sich auch nicht durch britische Ablösungssummen nehmen. So schufen die Briten ein Netz von Stützpunkten und Grenzbefestigungen und griffen zu Strafexpeditionen gegen räuberische Überfälle. Politisch schwierig wurde die Frage, wo die eigentliche Grenze zu ziehen sei. Gute Landeskenner, wie John *Lawrence*, rieten, die Grenze an den Indus zu verlegen und den breiten Landstreifen westlich davon den Stämmen zu belassen. Die Möglichkeit, daß der Herrscher von Afghanistan ihn annektieren würde, erschien gering, da auch er, nach den bisher gemachten Erfahrungen, mit diesen unruhigen Völkern nicht fertig wurde. Die sogenannte »Vorwärts-Schule« wollte die Reichsgrenze an den Hindukusch vorverlegen, also das östliche Afghanistan einschließen. Für sie war indessen die Lage nicht günstig, wie die

Konflikte zwischen den Briten und Afghanistan gezeigt haben. So griff man zu einer mittleren Lösung, indem man dieses »Niemandsland« teilte und seinen östlichen Teil fest in die Sicherheitsgrenze einbezog, den westlichen aber den Pathans und den Afghanen überließ. Diese Linie wurde von einem landeskundigen britischen Beamten, Sir Mortimer *Durand*, mit dem Emir vereinbart (1893). Die Stämme wehrten sich mit allen Mitteln, und es kam zu einem allgemeinen Aufstand (1897). Nach dessen Niederwerfung ging die Zahl der Überfälle so stark zurück, daß der Vizekönig Curzon, der sich dieser Frage besonders eifrig annahm, bei seinem Abgang erklären konnte, daß an dieser Grenze völliger Friede hergestellt worden wäre. Obwohl die Stämme durch den König Amanullah aufs neue gegen die Briten aufgehetzt wurden, hielt die neue Ordnung einigermaßen, besonders seitdem man das Gebiet zu einer eigenen Provinz gemacht hatte, der »Nordwest-Grenzprovinz«. Ihre völlige Befriedigung erreichte dann Gandhi, der den damaligen Führer, Abdul Ghaffar Khan, zu seiner Politik der Gewaltlosigkeit bekehrte. Erst die Errichtung Pakistans hat das Problem wiederaufleben lassen.

Südwestgrenze

Leichter fiel die Grenzsicherung an der Südwestecke, im heutigen Belutschistan. Es stand damals unter der Herrschaft von Stammeshäuptlingen, die – im Gegensatz zu den Pathans – absolute Gewalt ausübten und daher bei geschickter Behandlung für ein friedliches Zusammenleben mit den Briten gewonnen werden konnten. Das große Geschick eines britischen Offiziers, des Majors *Sandeman*, hat dieses Ziel ohne allzugroßen Aufwand erreicht, einschließlich der an der Küste siedelnden Stämme, so daß von dem neuen Hauptort Quetta aus hier eine befriedete Grenzprovinz entstand.

Kaschmir

Ein weiterer neuralgischer Punkt der Grenze war Kaschmir, das sowohl an das Pamir-Plateau grenzt – also an Rußland – wie an Tibet – also an China, solange es dort herrscht.

Im 18. Jahrhundert unter afghanischer Herrschaft, war Kaschmir Glied des *Sikh*-Staats und dem verdienten Oberkommandierenden *Ghulap Singh* (aus dem Dogra-Klan) zu Lehen gegeben worden. Dieser benutzte den Krieg der Sikhs mit den Briten in geschickter, wenn auch nicht eben loyaler Weise, sein Eigengebiet Jammu erst durch Ladakh zu vergrößern und sich dann von den Briten ein Kaufrecht auf Kaschmir zu erhandeln, was er verwirklichte, indem er den Briten einen Teil ihrer Kriegsentschädigung – angeblich aus der Staatskasse seines Lehnsherrn – vorschoß (März 1846). Er erweiterte dann seinen Besitz nach Nordwesten (Gilgit) und bis zum Karakorum, wodurch die strategische Bedeutung seines Staates noch stieg. Obwohl er den Briten nicht als besonders verläßlich galt, beließen sie ihm diese Machtstellung, allerdings nur »for the time being«, wie der Vizekönig *Hardinge* es formulierte. Sie hofften, daß der Fürst seinen Staat im eigenen Interesse verteidigen würde. Durch den britischen Beamten Frederick *Drew* ließen sie einen angemessenen Verwaltungsapparat aufbauen und die Grenzen gegen Tibet festlegen, wobei die Grenzkommission sich allerdings oft damit begnügte, festzustellen, daß sie »seit alters unstreitig« oder durch den Friedensvertrag von 1842 zwischen Ladakh, Tibet und China bestätigt worden wären. Der Grenzschutz bestand nur in temporären Patrouillen, die auch nach der russischen Besetzung des Pamirgebiets nur ein- bis zweimal im Jahr die wichtigsten Pässe besichtigten. Eine schärfere Kontrolle wäre hier politisch sicherlich ratsam gewesen, zumal sich bald herausstellte, daß die Dogras als Hindus und als landfremde Familie in keiner Weise volkstümlich wurden. So fiel hier dem freien Indien eine noch sehr unvollkommen gelöste Erbschaft zu.

Nepal

Auch in Nepal ließen die Briten die vorhandene Dynastie bestehen; sie behandelten den Herrscher sogar als völlig unabhängig, indem sie ihn mit »Majestät« ansprachen. Nepal erschien ihnen gefestigt und verläßlich genug, um als Sicherheitspuffer zwischen Indien und Tibet bzw. China zu dienen, zumal es keine Neigung zu einer engeren Anlehnung an diese Staaten zeigte. Nachdem der Friede von Sagauli (1816) kriegerische Verwicklungen mit Nepal beendet hatte, entstand hier eine friedliche Koexistenz, die sich einem Bündnis näherte und den

Briten erlaubte, die kriegstüchtigen Bewohner als Söldner in ihre Armee einzustellen (die Gurkhas). Die dort tatsächlich herrschenden Ranas nutzten die vorteilhafte Lage, um ihre Stellung in Tibet zu verstärken, und blieben während der Großen Erhebung von 1857 wohlwollend neutral. Sie richteten ohne vertragliche Regelung ihre Außenpolitik nach britischen Wünschen, indem sie z. B. keine diplomatischen Vertretungen in Katmandu zuließen außer der britischen und ihr Land auch sonst gegen Berührung mit Europäern abschlossen. Umgekehrt pflegten die Briten die Beziehungen zu Nepal mit großem Eifer und Takt, verließen sich jedenfalls nicht – wie manche indischen Politiker – auf den Himalaja als ausreichenden Schutzwall.

Sikkim

Dieser kleine Himalaja-Staat mit knapp 250 000 Einwohnern beherrscht durch seine geographische Lage die beiden besten Paßstraßen nach Tibet: die eine über Kalimpong und den Jelep-Paß ins Chumbi-Tal und die andere den Tista-Fluß aufwärts nach Kampos Dsong und Shigatse. Die politische Bedeutung Sikkims wird noch dadurch gesteigert, daß hier im Chumbi-Tal die tibetische, also heute die chinesische Grenze, am tiefsten nach Süden in das indische Flachland hineinspringt, demnach hier die unmittelbare Gefahr eines Einbruchs droht.

Von tibetischen Mönchen zivilisiert, aber unter der Herrschaft einer tibetischen Adelsfamilie, die ihren weltlichen Status strikt behauptete, kam das Land Ende des 18. Jahrhunderts vorübergehend zu Nepal, bis die Briten ihm seine Unabhängigkeit wieder verschafften. Im ersten britischen Krieg gegen Nepal (1816–1818) erscheint Sikkim schon als Bundesgenosse auf britischer Seite; aber die eingewurzelte Neigung auch dieses Bergvolks, Raubzüge in die Ebene vorzunehmen, hier namentlich, um Sklaven zu gewinnen, verursachte verschiedene militärische Maßnahmen und Strafexpeditionen der Briten, in denen sie 1861 das Land zum Protektorat erklärten. Die Regierung des Dalai Lama, der als geistliches Oberhaupt auch weltliche Souveränitätsrechte beanspruchte, ließ daraufhin Truppen eindringen, nach deren Vertreibung die Briten sich das Protektorat durch einen Vertrag mit der *chinesischen* Regierung bestätigen ließen (1890) – ein Vertrag, der von Tibet allerdings erst später und gezwungen anerkannt worden ist. Da er auch vom heutigen China nicht abgestritten wird, bildet er unverändert die völkerrechtliche Basis für den Status Sikkims. Die Grenze ist hier durch eine anglo-chinesische Kommission festgestellt und größtenteils markiert – im Himalaja eine große Ausnahme.

Bhutan

Gleich Sikkim ein lamaistisches Land, hat sich Bhutan erst im Laufe des 19. Jahrhunderts unter einer energischen Häuptlingsfamilie – bei Anerkennung des Dalai Lamas als geistlichem Oberherrn – zu einem weltlichen Fürstenstaat entwikkelt. Auch seine Bewohner pflegten ihre Armut durch Einfälle in die Ebene auszugleichen. Daß sie dabei den Raja von Cooch Behar, der bereits Schutzgenosse der Briten geworden war, verschleppten, brachte sie in Konflikt mit Warren Hastings, der zur Strafe den Geländestreifen am Fuße ihres Berglands annektierte. Aber die Bhutaner ließen nicht ab, zeigten sich sogar besonders gewandt, insofern sie ihre größten Raubzüge immer in Zeiten verlegten, in denen die Briten anderweitig beschäftigt waren (im Burma-Krieg, bei der Großen Erhebung usw.). Als sie gar zwei britische Unterhändler, die sich bis in ihre Hauptstadt gewagt hatten, mißhandelten, griffen die Briten zum Vergeltungskrieg und setzten im Frieden von Sinchula (1865) sowohl die künftige Grenze wie ihre schiedsrichterliche Befugnis über das unruhige Land fest. Als dann ihr Fürst den Briten tatkräftig bei ihrer Tibet-Expedition half (1904–1906), schloß der beste Kenner des Landes, der verdiente Sir Charles Bell, 1910 in Punakha einen Freundschaftsvertrag, in dem der Herrscher als selbständig anerkannt wurde, aber gegen die Zusage, in außenpolitischen Dingen dem britischen Rat (guidance) zu folgen. So war auch hier ein verläßlicher Pufferstaat geschaffen, wie er auch den *indischen* Interessen entsprach, so daß das freie Indien diesen Zustand übernehmen konnte.

Tibet

Die Sicherung Indiens an seiner Grenze gegen *Tibet* hing eng mit den britischen Beziehungen zu China zusammen. Zwar brauchte die britische Politik nie so weit zu gehen, das chinesische Protektorat über Tibet von 1728 offiziell anzuerkennen oder gar zu seiner Kündigung durch den Dalai Lama (1911) Stellung zu nehmen, aber sie mußte die »besonderen Interessen« Chinas an diesem geistlichen Staat stets berücksichtigen. Denn wenn China auch das tibetische Hochplateau niemals formell annektiert hatte, wie etwa das nördlicher gelegene Sinkiang, so galt es der chinesischen Politik doch als ein »assoziiertes« Glied ihres Reiches – sowohl den Kaisern wie der demokratischen Republik wie erst recht den Kommunisten. Dabei waren sich die Kenner der Verhältnisse über den Charakter dieses Schutzvertrags niemals im unklaren: der lamaistisch-buddhistische Chef eines rein geistlichen Staats hatte den glaubens- und rasseverwandten *Kaiser* von China gebeten, ihn, der militärisch nicht mehr tätig sein wollte, im Falle der Not gegen auswärtige Invasionen zu schützen. Daß eine solche Abmachung nicht fortgelten konnte, wenn dieser Monarch verschwand und durch eine glaubenslose, antireligiöse Volksregierung ersetzt wurde, war ebenso verständlich, wie wenn der Papst statt des römischen Kaisers einen atheistischen Despoten als Schutzpatron hätte anerkennen sollen.

Zunächst waren diese Probleme nicht aktuell, da weder von Tibet noch von China eine Gefahr für Britisch-Indien drohte. Es waren die Handelsinteressen, die die Ostindien-Kompanie mit Tibet in erste Berührung brachten. Warren *Hastings* sandte zweimal Beauftragte dorthin (1774 und 1783); aber der Dalai Lama, der sich mit gutem Instinkt nichts Gutes von solchen Kontakten versprach, lehnte ab. Die britische Politik versuchte es nochmals über Peking; doch auch das chinesische Plazet zur Entsendung einer Handelsmission nach Lhasa änderte die Haltung Tibets nicht und ließ die Briten nur erkennen, wie begrenzt der Einfluß Chinas dort war. Der Dalai Lama hatte Grund zur Vorsicht: erlebte er doch 1842 einen Angriff der Dogras aus Kaschmir und zweimal (1791 und 1856) einen solchen von Nepal, das er für einen mit den Briten befreundeten Staat halten durfte. Außerdem griffen britische Truppen 1826 in Sinkiang ein (bei einem Aufstand der Turkstämme gegen die Chinesen unter Hoja *Jahangir)* und ebenso 1869 bei dem Aufstand des *Jaqub* Kushbegi Khan – Vorkommnisse, die zwar Tibet nicht direkt berührten, doch erkennen ließen, wie weit sich der Aktionsradius der Briten gegebenenfalls ausdehnen könnte. Umgekehrt wird der kluge Dalai Lama eine britische Zusage, mit ihm Frieden zu halten, richtig bewertet haben, da die Briten selber das größte Interesse daran hatten, die Himalaja-Grenze friedlich zu halten. So verharrten die beiden Staaten lange Zeit in gegenseitigem Abwarten. Erst der Vizekönig Curzon griff ein. Einer Generation zugehörend, die mit den imperialistischen Ideen groß geworden war, und in Erkenntnis der hier möglichen Gefahren, traf ihn wie ein Alarmsignal die Nachricht, daß der Dalai Lama angeblich beim *Zaren* Rückendeckung suchte. Ein burjätischer Mongole lamaistischen Glaubens, aber russischer Staatsangehörigkeit, namens Agwan Dordschi – meist Dorjeff genannt –, gewann das Vertrauen des Dalai Lama und wurde nach Petersburg gesandt, wo ihn der Zar persönlich empfing (1900). Er wiederholte den Besuch im Juli 1901 und schien vage Zusicherungen zu erhalten, daß der Zar die Integrität Tibets schützen wollte*. Es ist nicht wahrscheinlich, daß der Zar weitergegangen ist; denn damals lag Tibet außerhalb der russischen Interessensphäre, obwohl der Gegensatz zum Britischen Reich die weltpolitische Lage noch beherrschte. Aber für einen um die Sicherheit Indiens besorgten Vizekönig war schon das Gerücht genug. Er erwirkte sich in London die Genehmigung zu einer Expedition nach Lhasa und beauftragte mit ihr einen guten Landeskenner, den Oberst Francis *Younghusband*, der – geschützt durch die freundschaftliche Haltung von Nepal und Bhutan – durch Sikkim hindurch in Tibet einrückte. In Lhasa traf er allerdings den Dalai Lama nicht an, der rechtzeitig abgereist war. So schloß er mit seinem Vertreter ein Abkommen, dessen Belastungen für Tibet so schwer waren, daß London sie ganz erheblich herabsetzte, das aber den Briten endlich Handelsmöglichkeiten gab sowie das Recht, eigene Telegrafen- und Postverbindungen anzulegen und sie durch Schutzwachen zu sichern.

Soweit dieser Vorstoß – man hat ihn den »Schwanengesang des britischen Imperialismus« in Zentralasien genannt – bezweckte, Indien gegen eine »russische Gefahr« zu schützen, wurde er bald gegenstandslos, da der Zar im Petersburger Abkommen (1907) die vorherrschende Stellung der Briten in Tibet anerkannte. Wohl aber beeinträchtigte Curzons Vorstoß das britische Verhältnis zu China, das seine Rechte in Tibet verletzt sah. Zwar gelang es, die chinesische Regierung im Vertrag von 1906 zu der Zusage zu bringen, russische Einflüsse in Tibet

* Dorjeff ist in Fontainebleau bei Paris gestorben, wo er sich als Yogalehrer niedergelassen hatte.

niemals zu dulden (was kein Opfer für sie bedeutete), aber der Kaiser ließ 1910 Truppen in Tibet einmarschieren zu einem letzten Versuch, seine vermeintlichen Rechte auf Tibet zu verwirklichen. Nach seinem Sturz im Jahre 1911 kündigte der Dalai Lama das Schutzverhältnis, das nur dem Kaiser gegolten habe. Er erklärte sich also unabhängig. Die britische Politik vermied es, Tibet als souveränen Staat anzuerkennen, obwohl es zu einem vorteilhaften Abkommen hätte ausgenutzt werden können, durch das England zur neuen Schutzmacht Tibets geworden wäre. Es wählte vielmehr die Rolle des »ehrlichen Maklers« oder eines Schiedsrichters – also die Rolle, die die Sowjetunion zwischen Indien und Pakistan in Taschkent gespielt hat. Es lud Vertreter von China wie von Tibet zu einer Dreierkonferenz nach Simla (Mai 1913), um sowohl über die Beziehungen Tibets zu China wie über die zu Britisch-Indien zu verhandeln. Wenn die Briten dabei versucht haben, für China noch soviel Rechte auf Tibet zu retten, wie möglich, so entsprach das ihrer Ostasienpolitik und dürfte kaum dem Verlangen entsprungen sein, bei der Teilung Tibets in zwei Zonen die westliche mit Lhasa zu einem britischen Einflußgebiet zu machen. Dann hätten sie den Chinesen nicht die östliche zu überlassen brauchen. Aber ebenso verständlich ist, daß China seine Rechte auf *ganz* Tibet nicht aufgeben wollte, die es trotz Umwandlung seiner Staatsform in eine Republik nicht als erloschen ansah. Seine Ansprüche standen der klaren Willensbekundung Tibets schroff gegenüber, das als unabhängiger Staat betrachtet werden wollte und das Recht beanspruchte, über seine Grenzen zu verhandeln – wo doch Peking nicht einmal Einwendungen gemacht habe, wenn es Kriege führte.

Die Konferenz kam zu zwei Abmachungen, deren eine den Chinesen den östlichen Teil Tibets als ihre »Zone« zuerkannte und eine Grenze zog, die gelegentlich *auch* nach dem britischen Delegierten Henry MacMahon genannt wird. Die zweite war ein Grenzvertrag zwischen Tibet und Britisch-Indien. Er enthielt neben anderen Vereinbarungen die heutige Grenzziehung. Diese Linie, die von allen *drei* Delegierten paraphiert wurde, bedurfte nur der Unterschrift der beiden direkt Beteiligten und ist daher unter dem Namen »MacMahon-Linie« in Kraft getreten. Mit ihr haben die Briten ihre Bemühungen abgeschlossen, die Nordgrenze Indiens festzulegen und zu sichern. Weder das republikanische China noch erst recht das kommunistische haben indessen diesen Vertrag als bindend anerkannt. Er war für Indien insofern höchst ungünstig, als er das Chumbi-Tal bei Tibet beließ, dessen Gebiet tief nach Süden bis zur indischen Tiefebene vorspringt. Schon der Umstand, daß diese eminente Gefahrenquelle damals nicht ausgemerzt wurde, dürfte die britischen Unterhändler gegen den Vorwurf sichern, daß sie »imperialistische« Tendenzen verfolgt hätten. Als solche hätten sie anders handeln müssen. Sie haben sich damit begnügt, eine vernünftige Grenze zu Tibet zu schaffen, deren Festlegung im Gelände allerdings durch den ausbrechenden Weltkrieg nicht mehr zustande kam.

Nefa (heute Arunachal Pradesh)

Damit erhielten die Briten eine rechtliche Grundlage, um auch die unruhigen Bergvölker im Raume zwischen Bhutan und Burma unter Kontrolle zu bringen. Die Bewohner dieser Bergwelt, die die Briten »North Eastern Frontier Agency« (NEFA) tauften, gleichen den Bergstämmen an der Nordwestgrenze darin, daß sie ständig die Ebene durch Raubzüge belästigten. Aber während jene immerhin zeitweise unter die Autorität einer der benachbarten Staatsgewalten kamen, haben im NEFA-Bezirk niemals auch nur Ansätze irgendeiner staatlichen Verwaltung bestanden, weder von seiten Indiens noch von Tibet, noch erst recht nicht von China. Die Stämme erfreuten sich durch Jahrhunderte hindurch einer vollkommenen Unabhängigkeit, und kein Reisender oder Missionar, der hierher vordrang, hat je eine Amtsperson angetroffen. Sie verharrten dabei auf einer sehr primitiven Kulturstufe, bewiesen aber einen recht kriegerischen Geist. Als die Briten 1826 Assam ihrem Besitzstand einfügten, wurden die räuberischen Einfälle dieser Stämme ihre dringliche Sorge. In mühsamer, langwieriger Arbeit ist es den Briten im Laufe des 19. Jahrhunderts gelungen, schrittweise die einzelnen Stämme durch Schutzverträge und Geldzahlungen einigermaßen zu befrieden. Sie sahen dabei von irgendeiner Verwaltung ab und begnügten sich, die Stämme von Raubüberfällen und Kriegszügen abzuhalten. Als sie mit dieser Arbeit so weit vorgedrungen waren, daß sie den Scheitelkamm des Gebirges erreichten und ihn durch Postenketten und Stützpunkte zu sichern vermochten, haben sie in dem Vertrag von Simla 1914 erreicht, daß diese Grenze von der Regierung von

Tibet anerkannt wurde, so daß die MacMahon-Linie zur endgültigen Grenze von Britisch-Indien geworden ist. Die Beruhigung dieser Bergvölker rechnet zu den besten Erfolgen, die die Briten im Dienste der Sicherheit Indiens erzielt haben.

Nordostgrenze

Im Nordosten galt es vor allem, die von Burma besetzten Gebiete wieder zu befreien und dann eine Grenze zu diesem Lande zu ziehen, das zwar bald unter britische Herrschaft kam, aber vom eigentlichen Indien durch wenig zugängliche Gebirge getrennt wird, in denen – ebenso wie im NEFA-Distrikt – unruhige und raublustige Stämme leben. Der wichtigste Stamm, die *Nagas*, wurde durch eine Baptisten-Mission zivilisiert, so daß ihre westlich gebildete Oberschicht bald verfassungsmäßige Rechte forderte – ein Prozeß, der allerdings erst nach 1947 akut wurde. Zu britischer Zeit war es das Unabhängigkeitsbedürfnis des Herrschers von Manipur, der in ständigem Kampf mit Burma britische Hilfe erbat und erhielt; 1826 wurde er als Maharaja anerkannt. Nach dem Tode eines seiner Nachfolger im Jahre 1886 entstanden Wirren, bei denen mehrere britische Beamte ermordet und ein praktisch unbeteiligter Prinz hingerichtet wurde. Damit wurde Manipur offiziell zum Schutzstaat unter dem Vizekönig erklärt.

Burma

Dieses Land wurde ein Nachbar der Ostindien-Kompanie, als sie in Kalkutta ihren Sitz nahm. Es war damals ein kräftiger, expansionslüsterner Staat. Nachdem es die Oberhoheit des Kaisers von China in einem siegreichen Krieg (1765–1769) abgeschüttelt hatte, drängte es über seine Grenzen hinaus; es besiegte Thailand und zerstörte dessen Hauptstadt Ayodhya, eroberte den Küstenstrich von Arakan (1785), dann Manipur (1813) und endlich ganz Assam (1816). Dann forderte es von den Briten die Herausgabe gewisser Gebiete, die angeblich zu Arakan gehört hätten: Chittagong und einen großen Teil von Ostbengalen mit Dakka und Murshidabad.

Daraus entstanden mehrere Kriege, in denen die Briten ganz Burma eroberten und es verwaltungsmäßig mit Britisch-Indien verbanden (bis 1937). Als eigene Kolonie hat es dann im Zweiten Weltkrieg als Nachschublinie für die chinesische Regierung eine große Rolle gespielt, die sich vor der japanischen Invasion bis in den äußersten Südwestwinkel ihres Landes geflüchtet hatte (Chungking), und ist dafür von den Japanern besetzt worden, die es als Operationsbasis für ihren Angriff gegen Indien benutzten. Die Briten haben die Japaner vertrieben, wofür der letzte Vizekönig, *Mountbatten,* zum »Earl of Burma« ernannt wurde, und haben ihm dann die Unabhängigkeit geschenkt (17. Oktober 1947). Zum Dank dafür verließen die Burmanen sofort das Commonwealth.

Zusammenfassung

Jede indische Außenpolitik beruht auf der Tatsache, daß es in Asien außer Indien zwei große Mächte gibt: das russische und das chinesische Reich. Das Verhältnis dieser drei zueinander bestimmt die jeweilige politische Konstellation. Die Zeit der britischen Herrschaft über Indien fällt zusammen mit der tiefsten Schwächeperiode, die China durchgemacht hat. Als aktiver Widersacher ist China daher in britischer Zeit nicht hervorgetreten, eher war es Objekt der britischen Politik. Anders das russische Reich, das seinen Aufstieg in Asien etwa gleichzeitig mit dem britischen Reich vollzog. Während die Briten ihre ersten Faktoreien anlegten, drangen die Kosaken in Sibirien vor; während der napoleonischen Kriege bemühten sich die Russen, ans Mittelmeer zu gelangen und in Persien Einfluß zu erringen; während der Marathen- und Sikh-Kriege wurde das westliche Turkestan russisch, und während der Konsolidierung ihrer Macht besetzten die Russen das Pamir-Gebiet und gewannen mit der Gründung von Wladiwostok die maßgebliche Machtstellung in Ostasien. Die Rivalität dieser beiden europäischen Großmächte, die im 19. Jahrhundert gerade durch ihre Erfolge in Asien zu Weltmächten wurden, beherrschte die Politik dieser Zeit und wirkte wiederum entscheidend auf die politische Situation in Asien ein. Die Briten haben das frühzeitig erkannt, haben aber – wie wir heute rückblickend erkennen können – die russische Gefahr für Indien überschätzt. Sie haben das große Glück gehabt, daß das Zarenreich mit seinen eigenen Aufgaben so vollauf beschäftigt war, daß es die entfernt liegende Chance, die britische Durchdringung Indiens zu stören, kaum genutzt hat; und daß umgekehrt der einzige Krieg zwischen beiden, der Krim-Krieg, von den Indern nicht genutzt worden ist, sondern die damals gärende Erhebung erst ausbrach, als der Krim-Krieg vorüber war und England seine Hände wieder frei hatte. Sie haben dann vor allem das Glück gehabt, daß der Aufstieg des Deutschen Reichs nach 1871 auch von Rußland als eine dringliche Gefahr angesehen wurde und daher das Zarenreich geneigt war, im Interesse seiner Gegnerschaft gegen Deutschland ein Stillhalteabkommen über Asien abzuschließen, das die »russische Gefahr« für Indien seit 1907 praktisch beseitigte. Diese Einstellung Rußlands hatte zur Folge, daß es an beiden Weltkriegen als Bundesgenosse Englands teilnahm –, statt sie zu einem entscheidenden Schlag in Asien auszunutzen, wie Napoleon es dem Zaren 1807 geraten hatte. Selbst nach dem Zusammenbruch des Zarenreichs 1917 hat das kommunistische Rußland zunächst keine aktive antibritische Politik in Asien aufgenommen, wie Lenin es wollte, teils, weil es sich nach dem Ersten Weltkrieg noch zu schwach fühlte, teils, weil es sich lieber auf seine revolutionären Methoden verließ, diese aber, was Indien anlangt, zurückstellen mußte, weil Indien, sozialpolitisch gesehen, für sie noch nicht reif war. Daher ist die britische Politik auch in dem Zeitraum von 1917 bis 1947 zur Sowjetunion niemals in einen Gegensatz geraten, der auf Indien zurückgewirkt hätte. Und auch bei dem Entschluß, Indien freizugeben, hat die Rücksicht auf Rußland kaum eine Rolle gespielt. Wenn das heutige Indien zur Sowjetunion eine Politik friedlicher Koexistenz verfolgt, setzt es damit im Grunde die gleiche Politik fort, die London bis 1947 eingehalten hat.

Der andere Grundzug jeder indischen Außenpolitik ist der, daß Indien dank seiner Lage Schutz gegen mannigfache Gefahren an seinen Grenzen benötigt, wobei nicht nur an Großmächte, wie China, gedacht wird, sondern auch an kleinere Staaten oder primitive Stämme – wie die Geschichte Indiens zur Genüge beweist.

Insoweit daher die britische Politik dieses Ziel verfolgte, deckte sie sich mit derjenigen, die ein unabhängiges Indien hätten verfolgen müssen. Solange sich Indien unter britischer Herrschaft befand, hat man diese Seite ihrer Politik, da sie auf die Sicherung des kolonialen Besitzes ausging, als »imperialistisch« bezeichnet. Indessen sollte man nicht übersehen, daß sie damit gleichzeitig auch die Pflichten erfüllte, die der Regierung eines freien Indien obgelegen hätten. Ob sich eine freie indische

Regierung im einzelnen anders verhalten hätte, wäre eine Frage, die eine Untersuchung verdiente. Gewiß würden indische Kritiker etwa sagen, daß man sich gegenüber *Afghanistan* anders benommen hätte. Aber es sollte nicht vergessen werden, daß die Briten sich hier vor eine politische Aufgabe gestellt sahen, deren Lösungsmöglichkeiten sie aus Mangel an Erfahrung erst allmählich erkannten. Das gleiche gilt für ihre Politik gegenüber *Burma*, bei der sie mit ihrem Annexionseifer offensichtlich zu weit gegangen sind, allerdings diesen Fehler selbst erkannt und abgestellt haben, indem sie Burma erst von Indien wieder abtrennten und dann freigaben. Die heikelste Frage dieser Art würde die Politik gegenüber *Tibet* betreffen. Wenn Nehru sich beeilte, die Vorrechte, die sich die Briten dort erworben hatten, einseitig aufzugeben, diente das – wie die Geschichte zeigt – nicht dem Interesse seines Landes. Ein echter Politiker hätte dafür mindestens die Anerkennung der Grenzen auszuhandeln versucht. Solange Tibet als ein geistlicher Staat machtpolitisch ein Vakuum darstellte (seit 840), diente es geographisch als ein schützendes »Glacis« für die Sicherheit Nordindiens, während es in der Hand Chinas ein für den Angreifer denkbar günstiges Aufmarschgebiet ist. Da eine Aufrüstung Tibets zur Selbstverteidigung (also gegen China) praktisch kaum in Frage kam, wäre die vorsichtig tastende Taktik, die die Briten einschlugen, wahrscheinlich auch die Methode der Außenpolitik eines freien Indien gewesen – bis zu dem Augenblick, wo eine starke, expansionsbedürftige Großmacht, wie die heutige Volksrepublik China, den Raum besetzte. Dann mußte auch ein freies Indien die Verquickung hinnehmen und lösen, die sich aus der geographischen Bedrohung seines Landes mit der allgemein-politischen Haltung gegenüber China unvermeidlich ergab. Man mag Curzon seinen etwas abenteuerlichen Zug nach Lhasa vorwerfen; aber die Politik Nehrus ist sicherlich für Indien nicht besser gewesen. Diese doppelte Seite des Problems hat sich in britischer Zeit nicht selten an dem Zwiespalt der Meinungen gezeigt, die man in London und in Indien jeweils hegte, wobei man im fernen London eher geneigt war, beruhigenden Anzeichen Glauben zu schenken, als bei den Vizekönigen in Kalkutta (später in Delhi), die den gefährdeten Einbruchsstellen näher standen.

Ein entscheidender Unterschied zwischen rein indischer und britisch-indischer Außenpolitik hätte sich bei Behandlung der

Nordwestgrenze ergeben. Indem die Briten den Sikh-Staat beseitigten und dadurch selbst den Schutz dieser Grenze übernahmen, ermöglichten sie die Loslösung des heutigen Kaschmir aus dem Staatsverband der Sikhs und die spätere Begründung Pakistans. Wäre im Gangesgebiet eine indische Regierung an der Macht gewesen, hätte diese vielleicht den Sikh-Staat als einen willkommenen Puffer bestehen lassen und damit dem Verlauf der Geschichte eine wesentlich andere Richtung gegeben. Aber solche konjunkturellen Fragen sind müßig – hier vor allem, weil es mehr als fraglich ist, ob die Nachfolger von Ranjit Singh sich als eine kleine »dominante Minderheit« kräftig und elastisch genug erwiesen hätten, um diesen Staat zusammenzuhalten.

Der Hauptunterschied zwischen britischer und indischer Außenpolitik liegt darin, daß die Briten die Seeherrschaft besaßen und alles taten, um die Zufahrtswege nach Indien bzw. von Indien zu sichern. Die Aufgabe ist seit den Chola-Kaisern noch von keiner indischen Regierung wirklich angegriffen worden, ist aber für das heutige Indien genauso lebenswichtig, wie sie es für die Briten war – schon um der langen Küsten wie um des Überseehandels willen. Daß hierher auch der Schutz gegen Rußland gehört, zeigte sich schon 1904, als eine große russische Flotte um das Kap herum den Indischen Ozean erreichte, die dann in der Seeschlacht bei Tsushima ihren Untergang fand. Ebenso ist der Suezkanal für das heutige Indien ebenso lebenswichtig, wie er es für die Briten damals war. Die ungehinderte Benutzung aller Seewege für ihren Handel ist den Indern während der britischen Zeit so selbstverständlich geworden, daß sie sich kaum vorstellen konnten, daß diese Voraussetzung einmal fortfallen würde. Dieser Mangel an Erfahrung zeigte sich, als der Suezkanal 1952 plötzlich geschlossen wurde: Denn Nehru behandelte die »Suez-Krise« weit mehr als ein »Wiederaufflackern imperialistischer Triebe« als vom Standpunkt des lebensnotwendigen indischen Exports. Auch bei der zweiten Sperre des Kanals hat die indische Regierung weniger an ihre natürlichen Handelsinteressen gedacht – also an die Freiheit der Schiffahrtswege, einschließlich des Kanals und des Golfs von Akaba – als an ihre politische Animosität gegen den Staat Israel, zu dem sie bis heute noch keine diplomatischen Beziehungen aufgenommen hat. Ähnliches gilt für den Indischen Ozean. Die Chola-Kaiser haben seinen Wert weitsichtig erkannt und alles getan, um ihn zu beherrschen und die Meerenge von Malakka für ihren Handel mit China freizuhalten. Die Briten haben ihre Politik fortgeführt und durch Flottenstützpunkte, wie sie auch die Cholas anlegten, vor allem durch die Gründung von Singapur, diesen Ozean zwar nicht zu einem »indischen«, so doch zu einem »britisch-indischen« gemacht. Wenn die Briten diese maritime Position nun aufgeben, steht Indien wieder vor der Aufgabe, hier etwas Neues an Stelle des Vergangenen zu setzen.

So sehr sich die politische Lage und die Zielsetzungen seit der britischen Zeit gewandelt haben mögen, ist die oberste außenpolitische Aufgabe unverändert die gleiche geblieben: die Sicherheit des Landes und der Schutz seiner territorialen Unversehrtheit. Diese Aufgabe haben die Briten – im eigenen Interesse wie im Dienste Indiens – in vorbildlicher Weise gelöst. Neben ihrer Seeherrschaft war es ihre vorzügliche staatliche Organisation im Inneren und ihre nie rastende Wachsamkeit, die jede auch entfernt auftauchende Gefahr ernst nahm und sich lieber dem Vorwurf aussetzte, sie zu überschätzen, als sie unterschätzt zu haben. So haben sie erreicht, daß in ihrer Zeit – in dem »britischen Jahrhundert« von 1859–1947 – Indien von jeder Invasion verschont geblieben ist, und daß der kurze Einfall der Japaner im Jahre 1945 der erste seit dem letzten der Afghanen wurde. Die heutigen Leiter der indischen Außenpolitik sollten diese Leistung ihrer britischen Vorgänger mit Achtung beurteilen.

TEIL VIII

Grundfragen des Befreiungskampfes

Kapitel 39

Indiens geistige Erneuerung

Das elfbändige Monumentalwerk, in dem indische Historiker die Geschichte ihres Volks und seiner Kultur darstellen, verwendet für den Band, der dem 19. Jahrhundert gewidmet ist, die Überschrift »Indian Renaissance«. Auf Indien bezogen, drängt sich die Übersetzung »Wiedergeburt« auf, und in der Tat ist dieser Ausdruck hier am Platz. Denn was sich in dem uralten Indien im 19. Jahrhundert abgespielt hat, offenbart nichts weniger als die Entstehung eines völlig erneuerten Volks. Mit einer ungeahnten Kraft und einer Fülle von Talenten durchbricht es die dumpfe Passivität, in der es sich mit dem Schicksal einer Fremdherrschaft (der Moslems wie der Briten) abzufinden schien, und überwindet den geistigen und politischen Tiefstand des 18. Jahrhunderts.

Die ersten Symptome dieser Erneuerung lassen sich bis in das 15. Jahrhundert, ja in noch frühere Zeiten zurückverfolgen. Die trostlose Zeit, in der das alte Indien – die große Schöpfung der Hindus – sich unter der Herrschaft land- und glaubensfremder Machthaber ständigen Verfolgungen ausgesetzt sah, bei denen massenweise Menschen, namentlich der geistig führenden Schicht, gemordet und heiligste Stätten, Tempel wie Wallfahrtsplätze, geschändet und verwüstet wurden, erschloß in der Hinwendung zur Religion neue Kraftquellen, die das Volk befähigten, all das Leid durchzustehen und die Eigenständigkeit seiner Kultur und seines Glaubens zu bewahren. Diese Bewegung ging so tief und erfaßte so einheitlich das ganze Indien, einschließlich gerade der untersten Volksschichten, daß sich die Vermutung aufdrängt, daß eine *biologische* Erneuerung vorangegangen sein muß, also frische, unverbrauchte Kräfte in den geschichtlichen Prozeß eingetreten sind.

Dafür gibt es Belege, obwohl solche Vorgänge in der Geschichte oft nicht aufgezeichnet werden.

Daß Geschlechter aussterben, namentlich wenn sie durch aktiven Einsatz verbraucht werden, ist eine bekannte Regel. Sie zeigt sich in Indien deutlich an dem Schicksal der Klasse, die zum Regieren und Kämpfen berufen war, den »kshatriyas«. Diese Schicht der alten Indo-Aryas, die ihre Stämme bis ins Gangestal geführt hatte, war natürlich dem Verschleiß besonders stark ausgesetzt, da sie in den Kriegen, Fehden und Turnieren die meisten Blutverluste erlitt. Sie gleicht in dieser Beziehung der entsprechenden Schicht im alten Europa, dem germanischen Adel der Völkerwanderungszeit. Im Abendland war sie bis spätestens 1200 n. Chr. erloschen; denn von diesem Zeitpunkt an datieren fürstliche Familien, die nicht mehr dieser frühen Schicht entstammen, und wurde der Ritterstand durch die »Ministerialen« neu aufgefüllt.

In Indien mag der Prozeß noch rascher verlaufen sein, da das tropische Klima aufzehrend wirkt. Jedenfalls dürfte der Stand der echten »kshatriyas« spätestens gegen Ende der Maurya-Dynastie erloschen sein, vielleicht sogar noch früher, wie denn in den Nandas schon ein Geschlecht den Thron bestieg, das sicherlich nicht zu ihr gehörte, ja sich rühmte, alle kshatriyas vernichtet zu haben. Vielsagend ist auch die Tatsache, daß sich gerade Angehörige der alten Adelsfamilien zu der weltflüchtigen Lehre des Buddha drängten, also den Willen zur Macht aufgegeben hatten. Die dadurch entstandene Lücke wird neu aufgefüllt durch das Hochkommen eines neuen Fürsten- und Kriegerstandes, der später den Namen *Rajputen* erhält, und allseitig, gerade auch von den Brahmanen, als neuer Adel anerkannt wird. Sein Werdegang läßt sich deutlich erkennen: Sie lebten auf Burgen, gleich den abendländischen, liebten Jagd, Turniere und Zweikämpfe, erfreuten sich am Minnesang und an Heldenepen und trieben ihr hochgespanntes Ehrgefühl so weit, daß sie sich im »jauhar« opferten und lieber die Frauen verbrennen als in Feindeshand fallen ließen. Und sie endeten mit Festen in prächtigen Räumen, wie der Spiegelgalerie im Schloß von Amber.

Als auch diese Rajputen alterten und kampfesmüde wurden, traten neben sie noch jüngere Fürstengeschlechter aus den kriegerischen Klans der Marathen.

Die Brahmanen erlitten wesentlich geringere Blutverluste, da sie keine Kriege führten und der Mord an ihnen mit besonders schweren Strafen bedroht war. So ist anzunehmen, daß sich ihre aus vedischer Zeit stammenden Geschlechter länger erhalten haben als die alten Kshatriyas. Dagegen wurden sie durch die Moslemeroberung aufs schwerste dezimiert. Jene Eroberer erkannten rasch, daß dieser Stand es war, der die Eigenständigkeit der einheimischen Bevölkerung, seine Religion und Kultur hütete, sie von der Zwangsbekehrung zum Islam abhielt und so der Bewahrung der Tradition als Rückhalt diente. Daher wurden gerade sie in Massen hingemordet. Sultane wie Generale rühmten sich, binnen kurzem Tausende von ihnen getötet zu haben – ebenso wie etwa heute die Unterdrückung Ostbengalens mit der massenweisen Ermordung von Professoren und Studenten begonnen hat. Auch diese Lücken mußten aufgefüllt werden durch Kooption oder Zuzug von außen. Bekannte Beispiele für das letztere bietet die Verpflanzung einiger Dutzend Brahmanenfamilien in das heutige Bengalen (wo sie die bekannten Geschlechter der Banerjee, Chatterjee und Mukherjee bilden) oder die Entstehung neuer Brahmanenkasten im heutigen Maharashtra, wie der Chitpawans oder der Saraswatis. Obwohl genaue Belege für solche Wandlungen naturgemäß fehlen – selbst in Europa vollziehen sie sich, ohne aufgezeichnet zu werden –, geben diese Beispiele doch ein Bild, wie sich der Prozeß in allen betroffenen Schichten vollzogen haben wird.

Dazu tritt die Erneuerung der Städte. Wir wissen, daß gegen Ende der Guptazeit die damals reichen, lebensvollen Städte verödeten. Ein bekanntes Beispiel aus der frühen Moslemzeit ist Delhi, dessen gesamte Bevölkerung von einem wahnwitzigen Sultan nach Maharashtra getrieben wurde – in eine dort geplante neue Hauptstadt –, wobei die Mehrzahl umgekommen ist. Dann wurde Delhi von Timur 1398 noch einmal völlig ausgemordet und verwüstet. Da nun ähnliche Schicksale auch andere altindische Großstädte trafen, so Mathura, Ajodhya, Gaur (Vikrampur) u. a., müssen es neu vom Lande zuziehende Gruppen gewesen sein, die die neuen Städte des 18. oder 19. Jahrhunderts bevölkerten. Endlich ging ununterbrochen der Prozeß der »Hinduisierung« weiter, d. h. die Bemühung, die Massen unzivilisierter, naturnaher Stämme, die abseits der Kultur lebten – die Waldvölker oder »scheduled tribes«, wie man sie heute amtlich nennt –, zum Hinduismus zu bekehren und sie damit in den Gesellschaftsbau einzufügen, wodurch unverbrauchte Kräfte dem geschichtlichen Geschehen zugeführt wurden.

So hat sich seit der Eroberung durch die Moslems die biologische Zusammensetzung der Bevölkerung gewandelt und erneuert oder durch Wanderung in neue Sitze verlagert, und in dieser lautlosen Neugestaltung haben sich die geschichtstragenden Schichten verjüngt. Zunächst wuchs neue Kraft im stillen. Indem der Druck der andersgläubigen Herrschaft jede Betätigungsmöglichkeit der Unterworfenen hemmte, zwang er sie zu einer »geschichtlichen Pause«, die wie eine Brache für den Erdboden wirkt. Und in dieser harten Zeit der Not fanden die leidenden Menschen den Weg zu einem neuen, verinnerlichten Glauben und lernten zu beten. Bezeichnend ist nun, welche Formen des alten Kults dabei bevorzugt wurden: weniger die großen philosophischen Systeme, wie sie vor der Katastrophe von Shankara und Ramanuya geschaffen worden waren, als die *volkstümlichen,* wie die Verehrung der als Mensch geborenen und dann vergotteten Inkarnationen Vishnus, also Rama und vor allem Krishna. Der Bauernsohn, der die Kühe hütet und mit den Dorfmädchen tändelt, erschien dem Volk als der ihm nächststehende, zumal sein Kult mit Vorliebe auch draußen in der Natur, an Bergabhängen, auf Weideflächen gepflegt wurde. Gerade dieser Kult wandte sich in der Form der »bhakti« dem Gedanken zu, daß Gott die Menschen liebe, daß sie ihn ihrerseits lieben und sich vertrauensvoll an ihn wenden dürften. Diese gefühlsbetonte Religiosität bevorzugte weibliche Gottheiten, solche mütterlicher Art, die alle Gläubigen wie ihre Kinder schützt, und ließ damit die uralten Vorstellungen von der großen Muttergöttin wiederaufleben. Solcher Einstellung entsprach die Bhagavadgita, die nun zum beliebtesten Andachtsbuch wurde. Das alles war zwar nicht neu, aber lebte mit neuer, vervielfachter Kraft wieder auf und ergriff breiteste Schichten, denen die Religion vorher eine hoch über ihnen schwebende Welt geblieben war. Es erstand eine Erweckungsbewegung, wie sie Völker nach schweren Schicksalsschlägen und in bitterster Not erleben. Sie bediente sich nun ganz überwiegend der Volkssprachen, sie verbreitete sich durch Sekten, sie wurde durch wandernde Prediger in die Dörfer gebracht und entwickelte sich zu einer Volksreligion in einer Glaubensstärke, die an Urzeiten gemahnte. Sie erinnert an die ähnliche Bewegung im gleichzeitigen Europa um 1400, die Blüte des Sektenwesens, an den steil aufsteigenden Marienkult, an die zahlreichen neuen weiblichen Heiligen, an die Beliebtheit der

Schutzmantel-Madonna als der mütterlich schützenden und tröstenden Gestalt.

Diese religiöse Erneuerung wirkte sich im ganzen Subkontinent aus und hat insofern wesentlich dazu beigetragen, die kulturelle *Einheit* des Hindu-Indien zu festigen. Gerade im drawidischen Süden, der von der Moslemherrschaft zunächst verschont blieb, begannen schon um 1000 die Alwars, ihre begeisternden Hymnen auf Krishna zu singen, von denen der Name des Dichters Nammalvar für viele andere stehen mag. Der dem Andhravolk entstammende (also Telugu sprechende) *Nimbarka* hatte den Kult um 1200 nach Agra gebracht, wo Brindaban als Krishnas Geburtsplatz gilt. Unabhängig davon hatte um 1100 der Bengale *Jayadeva* in seiner »Gitagovinda« das erste epische Preislied auf die Liebe Krishnas zu Radha verfaßt, in einer künstlerisch so vollkommenen Form, daß auch die Gebildeten ihm zuströmten. Angesichts dieses Erfolges meldeten sich dort alsbald auch die Ramagemeinden, indem der 1346 geborene Bengale *Krittivasa Ohja* das Ramayana ins Bengali übersetzte und damit dem Rama-Kult eine breite Wirkung ermöglichte. Die Bewegung erreicht ihren Gipfel in der Gestalt des Bengalen *Candidasa,* eines Brahmanen, der sich mit seiner Begeisterung für den Kult der Mutter-Göttin so aufrüttelnd an alle Schichten, selbst an die Outcasts wandte, daß er sich dafür aus seiner Kaste ausstoßen lassen mußte. In Bihar fand der Kult Eingang um 1500 durch *Vidyapati Thakur* und seinen Landsmann *Umapati.* In Mathura gründete im gleichen Jahrhundert der Telugu-Brahmane *Vallabha* (1479–1531) eine der tätigsten Sekten, die sich bald über andere Landschaften verbreitete. Im 16. Jahrhundert wirkten dort *Harivansa* (1522 bis 1587) und in Agra *Suradasa* (1483–1563). Den breitesten Erfolg errang der Dichter *Tulsidas* (1532–1623), der das Ramayana zu einem echten Volksbuch gestaltete (in Hindi und Bengali), mit einer Wirkung, die seit jeher mit der der Lutherbibel verglichen worden ist. *Ramananda* (wahrscheinlich 1400 bis 1470) gründete eine Sekte, die heute noch besteht. In Rajasthan, wo der Krishna-Kult in den Burgen der Rajputen blühte, gründete *Dadu* (1544–1604) seine Sekte und zog die Rajputenprinzessin *Mira Bai* aus Jodhpur als Wanderpredigerin durch das Land, um überall ihren Gott zu verherrlichen und neue Anhänger zu entflammen. Der größte und in seiner Wirkung nachhaltigste Volksprophet wurde *Chaitanya* (1486 bis

1534), der als wandernder Heiliger das Volk hinriß und von den Staatsorganen der Moslems so argwöhnisch beobachtet wurde, daß er schließlich nur noch in den unter Hinduherrschaft verbliebenen Territorien wirken konnte. Eine predigende und dichtende Frau, *Lalla* (14. Jahrhundert), trat in Kaschmir auf als Dienerin des Shakti-Kults. Allein die Tatsache, daß schon damals zwei Frauen öffentlich tätig werden konnten, belegt, wie der Geist jener Erweckungszeit die Gemüter erregte und überlieferte Vorurteile zerbrach. In Gujarat fand der Krishna-Kult einen beredten Künder in dem Dichter *Narsinha Meheta* (1415–1481), und sein Anlauf, das Gujarati zu einer Kunstsprache zu machen, wurde vollendet durch *Premananda* (1636–1734). In Maharashtra war schon der 1296 gestorbene *Jnanesvar* als erster Verkünder des neuen Glaubens in der Volkssprache vorangegangen. Die stärksten Geister gehören hier dem 17. Jahrhundert an und haben in rascher Folge die geistige Bildung des Marathenvolks geprägt: *Eknath* (1548 bis 1608), ein Brahmane, der ebenfalls aus der Kaste ausgestoßen wurde, *Tukarama* (1608–1649), ein Shudra, der das Marathi zu einer echten Volkssprache gestaltete, und *Ramadasa* (1608–1681), wobei die beiden letzten Zeitgenossen Shivajis waren und ihn mit ihrer dichterisch-geistigen Werbung unterstützt haben.

Die damals gegründeten zahlreichen Sekten erfaßten viele Mitglieder, die bisher keinen Zugang zu höherer Bildung gehabt hatten, und haben daher zum Aufstieg der unteren Kasten wesentlich beigetragen. Schon aus dem 12. Jahrhundert stammt die Sekte der *Lingayats* (oder Vira Saivaiten), die in Kalyan, der alten Hauptstadt des Dekkhanreichs, unter Mitwirkung eines reformerisch denkenden Herrschers entstand. Indem sie die Autorität des Veda leugneten, bildeten sie einen ersten Ausdruck des sozialen Protests gegen die herrschende Gesellschaftsordnung, blieben aber als solche noch vereinzelt. Die meisten Sekten bemühten sich eher, die Emotionen noch zu steigern, besonders die Sekten des Krishna-Kults, die zahlreich wurden, da fast jeder verehrte und erfolgreiche Prophet seine Anhänger zu einer geschlossenen Gemeinschaft zusammenfaßte, als erster Madhva (1200–1278) im südlichen Dekkhan, dann die schon erwähnten Nimbarka, Ramananda, Chaitanya, Harivansa, Dadu, Ramdas und endlich Vallabha, dessen Sekte, die sogenannten »Maharajas«, oft mit den Wiedertäufern verglichen werden. Die wichtigste entstand im Panjab, wo *Nanak* (1469–1538) die Sekte der *Sikhs* gründete, die heute als fest geschlossene Volksgruppe große Bedeutung besitzt. Sie sollte der Verständigung mit dem Islam dienen, also die Kluft überbrücken, die durch die gewaltsamen Methoden entstanden war, mit denen die erst kürzlich bekehrten Turkvölker die Angehörigen einer viel älteren Religionsgemeinschaft bekehren wollten. Ein früher Ausdruck solcher versöhnlichen Gedanken war der Volksdichter *Kabir* (1440–1518), ein einfacher Weber, der von Eltern beider Bekenntnisse erzogen war, und der die schöpferische Begabung besaß, die einfache Tatsache, daß der von beiden verehrte Gott doch der gleiche sein müßte, in allgemein verständlichen Versen auszusprechen. Nanak unternahm es, in seinem Sinn die Annäherung zu erleichtern, indem er das Kastenwesen abschaffte und einen strikten Monotheismus lehrte. Die Sekte wuchs friedlich und still unter seinen ersten Nachfolgern, den »ersten vier *Gurus*«, und wurde vom Kaiser Akbar insofern anerkannt, als er ihnen das Land schenkte, auf dem sie ihr Heiligtum, den »Goldenen Tempel« in Amritsar, erbauten. Aber schon Jahangir begann mit der Verfolgung, indem er den fünften Guru wegen angeblicher Steuerhinterziehung hinrichten ließ. Aurangzeb stellte den neunten brutal vor die Wahl »Islam oder Tod«, und mit seiner Hinrichtung (1675) verwandelte sich die Sekte in einen kampffreudigen, sehr kriegerisch gesinnten Orden, der mehr und mehr islamfeindlich wurde.

Der politische Tiefstand Indiens im 18. Jahrhundert hemmte naturgemäß auch das geistige Leben. Aber die erwähnten geistigen Gemeinschaften lebten weiter und fanden auch neue literarische Verkünder, wenn auch geringerer Größe. Der Shakti-Kult z. B. fand neue Sänger in den Bengalen Ramprasad *Sen* (1718–1775) und Kanta *Bhatta-charya;* neue volkstümliche Liebeslyrik dichtete Ramanidi *Gupta* (1738–1825); Lalluji *Lal* schrieb eine Lebensbeschreibung Krishnas in Hindi, eins der frühesten Prosawerke in dieser neuen Sprache. S. Kashinath *Chatre* (1788–1830) pflegte die Prosasprache der Marathen, und *Dayaran* (1767–1852) belebte die Tradition der Krishnaverehrung bei den Gujaraten.

Aber ungleich bedeutender wurde der Bengale Raja Ram Mohan *Roy* (1772–1833), der einen neuen Abschnitt der indischen Geistesgeschichte einleitete; denn in ihm erstand Indiens erster Denker, der den neuen Faktor, die Einflüsse aus dem

Westen, selbständig durchdachte und die erste Synthese zwischen ihnen und dem altindischen Geiste schuf. Der Einbruch westlicher Ideen, die hauptsächlich mit den Briten und daher in britischer Fassung ins Land kamen, traf Indien in einem politischen Chaos ohnegleichen an und berührte – im Gegensatz zu der religiösen Erneuerungsbewegung – zunächst nur eine dünne Schicht der indischen Intelligenz. Indiens frühere Kontakte mit Europa hatten wenig Eindruck hinterlassen. Ohne Folge war geblieben, daß Akbar zu seinen Religionsgesprächen auch portugiesische Jesuiten hinzuzog. Die ersten Briten, die im 17. Jahrhundert eintrafen, brachten keine geistigen Gaben mit. Die späteren, wie Warren Hastings, oder der gebildete Richter Sir William Jones, verhielten sich mehr empfangend, indem sie die Welt Indiens mit intellektueller Neugierde aufnahmen. Eine breitere Wirkung Europas wurde erst möglich, als die Briten das Persische als Amtssprache durch das Englische ersetzten und nun Schulen einrichteten, in denen die erste Generation von Indern diese Sprache erlernte und dadurch instand gesetzt wurde, geistige Erzeugnisse des Westens direkt aufzunehmen.

Das wirkte wie die Öffnung eines Fensters in eine neue Welt. Gewiß war Indien auch unter der Herrschaft der Moslems kein verschlossenes Land gewesen, wie es damals Japan war, oder wie es später Tibet und Nepal wurden. Die herrschenden Moslems pflegten durchaus Kontakte mit der übrigen Welt des Islams, und die Einreise nach Indien stand Europäern immer offen: vom Besuch Marco Polos im Jahre 1288 bis zum ersten britischen Botschafter beim Kaiser Jahangir im Jahre 1615. Aber gerade die Hindus hatten daran geringen Anteil gehabt, zum Teil dadurch, daß ihre Orthodoxie Reisen über See als Verstoß gegen die Kastenpflicht betrachtete. Ein so angesehener Mann wie Debendra Nath Tagore, der Vater des Dichters, bekam noch Schwierigkeiten mit seiner Kaste, als er es wagte, das ferne London zu besuchen. So war es doch etwas Neues, als die westlichen Ideen nun einbrachen.

Daß sie bestürzend wirkten, ist verständlich. Man vergegenwärtige sich, wie die Ideen der Französischen Revolution selbst innerhalb Europas auf die konservative Gesellschaft gewirkt haben, um zu ermessen, welchen Schock sie bei den Hindus hervorrufen mußten. So fand der junge Halbinder *De Rozio* (1808–1831), als er in den 20er Jahren als junger Lehrer in Kalkutta die Ideale der Französischen Revolution begeistert vortrug, zwar bei seinen Altersgenossen lebhaften Enthusiasmus, aber bei der älteren Generation strenge Ablehnung, so daß man seine Lehrtätigkeit kurz vor seinem frühen Tod abbrach. Unter »Freiheit« dürften die jungen Bengalis damals mehr politische Befreiung von der Fremdherrschaft verstanden haben als soziale, wie die Französische Revolution sie meinte. Das Ideal der »Gleichheit« mag in jener Zeit selbst aufgeklärten Hindus fremd geklungen haben, da der Hinduismus eben auf der Ungleichheit der Menschen beruht. Und die Botschaft von der »Brüderlichkeit« im Munde von Europäern wurde durch das Auftreten der Briten Lügen gestraft. Vor allem lehnten die Inder gewalttätige Methoden ab, wie sie in der Praxis den Ideen der Französischen Revolution zum Siege verholfen hatten. Die Briten kamen als Kaufleute und wurden zu Konquistadoren – beides Berufe, deren Träger nicht nach ihrer Eignung für Kulturbetätigung ausgewählt werden. Die Spanier haben bei der Eroberung Südamerikas in Las Casas einen bedeutenden Mann hervorgebracht, der mitten im Kampf als Vertreter der Humanität für eine menschenwürdige Behandlung der Indianer mutig eintrat. Die entsprechende Aufgabe hat sich bei den Briten in Indien nicht zu einer so symbolkräftigen Gestalt verdichtet, obwohl viele unter ihnen ähnlich empfunden und gehandelt haben. Doch in den Augen der Inder überwogen zunächst die gegenteiligen Typen, die durch Gewinnsucht und Rassenhochmut angetrieben wurden. So wird verständlich, daß der westliche Einfluß nur sehr langsam einzudringen vermochte. Aber indem die Hindus genötigt wurden, zu ihm Stellung zu nehmen, wurden sie zu einer Selbstprüfung gezwungen, zu dem, was Bergstraesser so vortrefflich das »Selbstverständnis« genannt hat. Und insofern leitete der Kontakt mit dem Westen in der Tat eine neue geistige Periode ein.

Obwohl Indien das Glück gehabt hat, in Ram Mohan Roy einen Vordenker der kommenden Konflikte zu erhalten, dessen Synthese – wäre man ihr gefolgt – viel Streit und Unklarheit hätte vermeiden können, war die unmittelbare Wirkung der westlichen Ideen doch die, daß sie das geistige Indien in zwei Lager spalteten: in solche, die sich kühn den neuen Gedanken hingaben, und in andere, die die überkommene Tradition erhalten wollten – ein Gegensatz, der bis heute noch die Geister in Spannung hält. Diese Spaltung verkörpert sich in reiner Form nur in wenigen Persönlichkeiten, während die meisten Inder, die selbständig dachten, ihre eigene Synthese in sich vollzogen. Trotzdem soll versucht werden, die beiden Richtungen getrennt zu verfolgen.

Die konservative Richtung konnte sich dabei auf die gewaltige Kraft der Vergangenheit stützen und wurde noch bedeutend verstärkt durch die visionäre Gestalt *Ramakrishnas,* der in der Mitte des 19. Jahrhunderts auftrat, sowie durch zwei starke Einwirkungen aus dem Westen selbst: einmal durch die ertragreichen Forschungen der *Indologen,* namentlich der deutschen, die den Indern die ganze Größe ihrer Vergangenheit – in Philosophie, Kunst und Geschichte – neu ins Bewußtsein brachten und dadurch eine Richtung auslösten, die der europäischen Romantik verwandt war; sodann durch die Theosophische Gesellschaft, die als erste weltumspannende Organisation in Indien ihren Sitz nahm (in Adyar bei Madras) und durch ihre hohe Bewunderung für die altindische Weisheit das Selbstbewußtsein der orthodoxen Hindus noch verstärkte.

Die geistig bedeutenden Denker der traditionellen Richtung empfanden besorgt den Wandel der Zeit und rafften sich auf, dem Alten sein Lebensrecht zu wahren. Raja Radha *Kant Dev* (1784–1863), bekannt als Verfasser eines enzyklopädischen Sammelwerks, fand in der Geschichte eine Stütze seines Weltbilds und wurde zu einem Vorläufer der neueren indischen Geschichtsschreibung. Dem Alten treu blieb auch sein Zeitgenosse Dwaraka Nath *Tagore* (geb. 1790), Großvater des Dichters, wenngleich er im Interesse seines Landes als einer der ersten kühn die Reise nach England wagte (1842), um der jungen Königin die indischen Sorgen persönlich vorzutragen, dann eine englischsprachige Zeitung ankaufte, um den indischen Forderungen mehr Nachdruck zu verschaffen, und endlich eine der frühesten politischen Vereinigungen begründete. Ja, er trat sogar dem Brahmo Samaj bei, jener Vereinigung, die auf dem Gebiet der Religion eine Synthese zwischen alten und neuen Ideen herstellen wollte. Und in ähnlichem Sinne wirkte etwas später in Bombay Lal Shankar *Narmad* (1833–1886), der sich auch schon eifrig für die Freiheit der indischen Presse einsetzte.

Besonders charakteristisch war die bewußte Rückwendung solcher Geister zu dem traditionellen Ursprung, dem *Veda.* Debendra Nath *Tagore* (1818–1905), der Vater des Dichters, ging nach Benares, um die Ursprünge der heiligen Tradition dort zu studieren und sie dann im Brahmo-Samaj als Brücke zwischen dem Alten und dem Neuen einzubauen. Vishnu Bhuwa *Brahmachari* (1825–1871) schöpfte aus den Veden das Gefühl geistiger Überlegenheit des Hinduismus über alle anderen Religionen und wollte auf die Gemeinschaft aller Veda-Gläubigen einen typisch indischen Sozialismus begründen.

Dayananda *Sarasvati* (1824–1883) endlich machte den Veda durch neuartige, z. T. eigenwillige Umdeutungen, zur Basis einer neuen Religionsgemeinschaft, des *Arya Samaj,* indem er die Elemente der Neuzeit mit den alten Vorstellungen verschmolz und das Überlegenheitsgefühl der Hindus, namentlich auch ihren Gegensatz zu Moslems und Christen, dadurch noch steigerte. Diese Tendenzen flossen mit dem anwachsenden Studium der indischen Geschichte zusammen, wie etwa durch Rajendra *Lal Mitra* (1822–1891), und mit einer auf die Wiedererwekkung geschichtlicher Glorie abgestimmten Literatur. Ihr größter Vertreter, Bankim Chandra *Chatterji* (Chattopadyaya, 1838–1894), hat als Verfasser großer geschichtlicher Romane entscheidend dazu beigetragen, bei allen Volksgruppen ein gesamtindisches Gefühl zu wecken, vor allem durch den Roman *Anandamath,* der unter der Tarnung eines Kampfes gegen moslemische Tyrannen die Befreiungsbewegung von der britischen Herrschaft dichterisch vorwegnahm, und auch die erste Freiheitshymne, das »Bande Mataram«, enthielt. Gleichfalls unterstützt durch die volkstümlichen patriotischen Kampflieder des Hem Chandra *Banerji* (1838–1903), schufen diese Geister die Grundlage, auf der dann Rajnarain *Bose* (1826–1899) als erster ein gesamtindisches Gemeinschaftsgefühl verkündete und dadurch zum »Vater des indischen Nationalgedankens« wurde – der in dieser Form allerdings auf die *Hindus* beschränkt blieb. Diese traditionelle Richtung schuf bis tief ins 19. Jahrhundert hinein noch beachtliche literarische Werke*.

* Als Beispiele seien in chronologischer Reihenfolge ihrer Geburt genannt: Ramdulal *Nandi* (1785–1851) – Parashuram Pant *Godbole* (1799–1874), der eine Anthologie älterer Lyrik herausgab – Nilakantha *Mukhopadyaya* (geb. um 1800) – Dasarathi *Ray* (1806 bis 1857), der zu den bedeutendsten dieser Generation gehört – Isvanatha Simha *Vaghela* (1813–1854), ein Dichter aus fürstlichem Hause – Vithoba Ana *Daftardar* (1813/1873) – die Sanskritdichterin Frau *Triveni* (1817–1883 – Rasik Chandra *Ray* (1820 bis 1893), einer der letzten Sänger des Shakti-Kults, und Kirtikar *Palande* (1832–1874).

Der westliche Einfluß war durch Ram Mohan Roy sozusagen als legitim in das indische Geistesleben eingeführt worden.

Dieser Brahmane aus Bengalen, der sein Geburtsjahr mit Hegel teilt, besaß einen universalen Geist, der ihn zunächst antrieb, viele fremde Sprachen zu lernen (Sanskrit, Englisch, Arabisch, Griechisch, Hebräisch), um die ihm bekannten Religionen studieren und miteinander vergleichen zu können, so daß er auch als einer der frühen Vertreter vergleichender Religionsgeschichte gelten darf. Er gewann daraus die Einsicht in die Reformbedürftigkeit seiner Religion, des Hinduismus, sowie die Überzeugung, daß alle Religionen ihren eigenen Wert besäßen und als solche tolerant anerkannt werden müßten. Indem er als erster Hindu die menschliche Vernunft zur Beruteilung religiöser Vorstellungen benutzte, baute er einmal eine Brücke zum Islam und zum Christentum und gründete die erste religiöse Zelle, in deren Rahmen dieses neue, freiheitliche Religionsgefühl gepflegt wurde, den *Brahmo Samaj* in Kalkutta, der zu einem Schmelztiegel aller religiösen Kontroversen wurde, die damals die indische Intelligenz bewegten. Aus diesem neuartigen Gemeinschaftsgefühl sollte später das *weltliche* Nationalgefühl erwachsen, in dem Nehru die einzige tragfähige Grundlage einer gesamtindischen Gemeinschaft erkannte.

Indem Roy dann weiter die Ideen der Menschenrechte bzw. der bürgerlichen Freiheit aufgriff, die er im englischen Staat ausgeprägt fand, schuf er ein neues staatspolitisches Bild, von dem er zunächst Befreiung von den Moslems erhoffte, in denen er damals noch die »alien rulers« erblickte. Daher glaubte er in einer engen Verbindung mit den Briten, deren religiöse Neutralität den Hindus größere Bewegungsfreiheit versprach, eine brauchbare Grundlage für die nächste politische Entwicklung zu finden; er empfahl daher volle Loyalität gegenüber den Briten, ja, er versuchte, sie auf indischem Boden zu seßhaften Mitbürgern zu machen. Gleichzeitig erkannte er als erster Inder in den bürgerlichen Rechten ein brauchbares Mittel, um solche Freiheiten auch für seine Landsleute gegenüber der britischen Herrschaft zu erwirken. Mit beachtenswertem persönlichem Mut trat er für die Freiheit der indischen Presse ein, kritisierte Mißgriffe der britischen Verwaltung und forderte als erster, daß

Inder an der Gesetzgebung verantwortlich beteiligt werden müßten. Von seinen Landsleuten forderte er Reformen sowohl auf religiösem wie auf sozialem Gebiet, da nur ein sozial gesunder Volksorganismus Träger eines freiheitlichen Staatswesens werden könnte, und verdichtete alle seine Gedanken in dem Hauptruf nach einer neuzeitlichen Erziehung, von der allein ein neues Geschlecht von Indern erwartet werden könnte, das als Träger des künftigen Staats geeignet erschiene.

Seine freundliche Einstellung gegenüber den Briten litt noch nicht unter dem Eindruck der wirtschaftlichen Schäden, die die britische Eroberung mit sich brachte, da er diese plündernde Ausbeutung als etwas Vorübergehendes ansah. Die friedliche Verfolgung seiner politischen Ziele mit konstitutionellen Methoden, die in allen wesentlichen Punkten die spätere Taktik des Nationalkongresses vorwegnahm, wurde durch die Große Erhebung, die nach seinem Tode 1857 ausbrach, durchkreuzt. Und der versöhnliche Geist seiner religiösen Arbeit ist von den nachfolgenden Generationen nicht beibehalten worden, so daß – was er niemals gebilligt hätte – ein spezifischer »Hindu-Nationalismus« entstehen konnte.

Zunächst zeigte sich der westliche Einfluß in der Literatur, sowohl in der Stoffwahl wie in der Form. Die Prosa rückte in den Vordergrund, wozu manche der Voksspachen erst herangebildet werden mußten. Bald erschien sogar die alltägliche Umgangssprache mit Ausdrücken, die nicht als schriftgemäß galten, wie bei Pyari Chand *Mitra* (1814–1833). Das Marathi wurde zu einer großen Prosasprache in den Werken des Bal Gangadhar *Jambekhar* (1810–1839) und des Dadoba Pandurang *Tarkhadkar* (1814–1882), den man den »Panini« des Marathi genannt hat. Die neue Religiosität schuf eine neue Sprache in den Hymnen und Gebeten des Bholanath *Sarabhai* (1822–1886), die er für die Tochtergesellschaft des Brahmo-Samaj in Gujarat, den Prarthana Samaj, dichtete. Gleichfalls in Gujarati schrieb Mahiputram *Rupram* (1829–1859) neuzeitliche Romane. In der Stoffwahl begannen die Schriftstellter das Leben ihrer Zeit mit ihren Problemen zu behandeln, satirisch, wie z. B. Ishvara Chandra *Gupta* (1809–1859) oder Kali Prasanna *Simha* (1840–1870), vor allem aber im Drama. Die Bühne wurde zum sozialen Tribunal in erregenden Aufführungen, so in dem Drama, in dem der Bengale Ram Narayan *Tarkaratna* (1822–1886) das damals heiß umstrittene Problem der

Polygamie einer bestimmten Brahmanensekte (der Kulins) anprangerte (Aufführung 1856), und noch wirkungsvoller in dem Drama »Indigospiegel« des Bengalen Dinabandhu *Mitra* (1830–1873), das die Leiden der Kulis auf den britischen Indigoplantagen mit aufwühlender Wirkung darstellte (Uraufführung 1858) – ein Theaterereignis, das man mit den »Webern« von Gerhart Hauptmann vergleichen kann. Beide Aufführungen fanden während der Großen Erhebung statt, aber außerhalb ihres Schauplatzes (in Kalkutta).

Der Einbruch westlicher Ideen begann, wie erwähnt, mit *de Rozio,* der in Kalkutta in den 20er Jahren die Ideen der Französischen Revolution wie die der englischen Freidenker lehrte und damit allen Überlieferungen Indiens ein Weltbild entgegenstellte, das sich auf die menschliche Vernunft, auf bürgerliche Rechte, religiöse und politische Freiheit gründete. Seine »Akademische Gesellschaft« wurde zum ersten Debattierklub des neuen Indien, und in einer großen öffentlichen Feier zu Ehren der Juli-Revolution in Paris fand diese Stimmung weithin sichtbaren Ausdruck. Eine ganze Generation junger Bengalis nahm die neuen Gedanken begeistert auf. Allerdings sind nur wenige dieses Kreises zu breiterer Wirkung gelangt; denn der zersetzende, überwiegend negative Einfluß entwurzelte diesen Jahrgang. Wenn beispielsweise einer von ihnen, der seine Eltern in den Kali-Tempel, das große Heiligtum der Bengalen, begleitete, die Göttin mit den Worten begrüßte: »Good morning, Madame«, so ließ sich nicht erwarten, daß auf einen derart Ungläubigen die Energie übergehen würde, die die große Shakti später auf eine kämpferisch gesinnte Jugend ausstrahlen sollte. Fruchtbarer waren die Auseinandersetzungen innerhalb des Brahmo-Samaj, wenngleich sie zu Spaltungen führten. Während der konservative Kreis um Debendra Nath *Tagore* wieder zur Anknüpfung an die Veden zurückdrängte, setzte der große Prediger Keshab Chunder *Sen* (1838–1884) ein praktisches Reformprogramm durch – wie es auch seine Tochtergründung in Bombay bei dem kosmopolitischen Charakter der dortigen Gesellschaft und unter der vorurteilsfreien Leitung des Atmaram *Pandurang* (1823–1898) ohne Reibungen propagieren konnte. Das Ergebnis dieser polemischen Auseinandersetzung war aber letzten Endes ein positives: Es ermöglichte dem gebildeten Hindu, seine alte Religion der neuen Zeit anzupassen, wie denn der Hinduismus zu allen Zeiten, schon seit der Reform des Buddha, sich mannigfachen Zeitwandlungen elastisch anzupassen verstanden hat. Indem führende Köpfe, wie *Sen,* sich dabei dem Christentum näherten, wurde auch der geistige Kontakt zur Religion der herrschenden Kolonialmacht erleichtert. Die größte Wirkung errang die religiöse Erneuerung durch das Auftreten eines echten Propheten, des Bengalen Gadadhar Chattopadyaya, der als Paramahansa *Ramakrishna* Weltruf errungen hat (1836–1886). Dieser Asket von unerhörter Kraft der Konzentration wie der Vision, Verkünder einer lebendigen Gottheit, die ihm persönlich erschienen sei, vermochte seine erstaunlichen Erlebnisse anderen so hinreißend mitzuteilen, daß sie nicht nur an ihn glaubten, sondern das Erlebnis als ihr eigenes aufnehmen und mit höchster Wirkung weitergeben konnten. Mit solcher Urgewalt hat im 19. Jahrhundert kein Prophet Gott verkündet, weder im Hinduismus noch in einer anderen Religion. Nach langer Zeit konnten sich die Hindus wieder einmal als das schöpferische Volk der Religon fühlen und aus diesem Erlebnis ungeahnte Kraft ziehen. Verständlich, daß angesichts einer solchen Wirkung das wohlgemeinte Bestreben des Brahmo-Samaj und verwandter Kreise, einen Ausgleich zwischen dem Hinduismus und anderen Religonen zu suchen, in den Hintergrund trat. Im Gegenteil stärkte diese einmalige Erscheinung alle die Tendenzen, die den aus dem Veda stammenden Hinduismus als die älteste und reifste Religion der Erde empfanden und die bei vielen Hindus ein Gefühl der Überlegenheit entstehen ließ, das ihre anfänglichen Inferioritätskomplexe vor dem Westen ins Gegenteil verkehrten. Damit trug die religiöse Erneuerung direkt dazu bei, ein gesamtindisches stolzes Selbstbewußtsein, also ein Nationalgefühl zu entwickeln. Befruchtet von dem religiösen Feuer des Ramakrishna wurde vor allem der junge Bengale Narendra Nath *Datta,* der unter dem Namen *Vivekananda* bekannt geworden ist (1863–1902). Er führte den Hinduismus in die Weltöffentlichkeit ein durch sein epochemachendes Auftreten auf dem »Weltkongreß aller Religionen« in Chikago (1893) und fand in ihm die Basis und die Kraftquelle für den Nationalgedanken. Er sah im Hinduismus das natürliche Band für alle Hindus – wobei er anderen Religionen größte Duldung und Anerkennung gewährte; er deutete die Puranas wie die Bhagavadgita in einem neuen Geiste, so daß sie mit den Worten Rothermunds »zu einer zeitnahen Botschaft aktiver Selbstbehauptung wurden«. In diesem Sinne sind beide auch zu Bahnbereitern und Vorläufern Gandhis geworden.

Vergleicht man diesen Prozeß mit Europa, so fällt auf, daß der Nationalgedanke bei uns in der Weise entstanden ist, daß sich aus der religiös gestimmten Gemeinschaft des Abendlandes die einzelnen Nationen *herauslösten,* während in Indien, wo die Reife seiner einzelnen Völker bis zum Range von Nationen durch die Geschichte gehemmt worden war, der Nationalgedanke nun in der *Zusammenfassung* aller Völker zu einer gesamtindischen Nation seinen Ausdruck fand, wobei allerdings die geschilderten Anläufe die erträumte Nation noch in der Beschränkung auf eine Hindu-Nation erblickten. Diese Beschränkung hat die indischen Christen und die Parsen insofern nicht gestört, als sie schon früh den Gedanken der überkonfessionellen Nation begriffen, während die Moslems dieser Entwicklung skeptisch gegenüberstanden und sich scheuten, sie auch auf sich zu beziehen.

Die frühsten Folgen der Erneuerungsbewegung auf rein politischem Gebiet zeigten sich bald und lassen erkennen, daß fast alle später so heiß umstrittenen Forderungen der Inder schon im Anfang der Bewegung in der einen oder anderen Form ausgesprochen wurden. Der Derozianer Ram Gopal *Ghose* (1815 bis 1868) trat auf der ersten Massenversammlung in der Townhall in Kalkutta hervor und forderte die Zulassung junger Inder zum höheren Verwaltungsdienst (1853). Der erste glänzende Journalist dieser Generation, Gopal Hari *Deshmukh* (1823–1892) rief in seinem Blatt – 50 Jahre vor Gandhi – den Briten das »Quit India« zu, eins der frühsten Fanale des Befreiungskampfes. Der erste staatsmännische Politiker, der Parse Dadabhoy *Naoroji* (1825–1915), ließ sich ständig in London nieder und ließ sich als erster Inder in das Unterhaus wählen, um den Kampf gegen die Fremdherrschaft am Sitz der britischen Regierung aufzunehmen; er ist bis zum Ende seines reichen Lebens als der »grand old man« der indischen Nationalbewegung verehrt worden, auch als die Methoden und Zielsetzungen des Kampfes über seine gemäßigten Anschauungen hinausgingen. So hat sich bereits diese erste Generation der Inder, die zwischen 1800 und 1840 geboren wurde, als eine tatkräftige Mannschaft erwiesen, die schon vor der Großen Erhebung von 1857 die Grundzüge der Befreiungsbewegung geschaffen hat.

Wachsende Bedeutung erlangte die Erneuerungsbewegung auf dem Gebiet der Sozialreformen. Der Vergleich mit dem soziologischen Stand des Westens ließ viele Inder erkennen, welche Schattenseiten ihre Gesellschaft noch besaß. Interessant ist, daß sie mit einer gewissen Eifersucht die reformierenden Eingriffe nicht der landfremden Regierung überlassen, sondern sie in eigener Initiative durchführen wollten. Das zeigte sich bei der Frage der Witwenverbrennung. Als eine freiwillige *Möglichkeit* wollte die konservative Richtung diesen Brauch durchaus bestehen lassen. Da aber mitunter Witwen dazu *gezwungen* wurden, den Scheiterhaufen ihres Gatten zu besteigen, erließ ein liberaler Generalgouverneur (Bentinck) ein ausdrückliches Verbot – was manchem Inder daher nicht behagte. Selbst wir Europäer empfinden es ja nicht als skandalös, wenn im 3. Akt der »Götterdämmerung« Brunhilde ihre »sati« vollzieht.

Ohne Eingriff der Briten ging man an die Frage der Reform des Erziehungswesens. Die Alten bestanden auf der Aufnahme des Sanskrits in den Lehrplan, die Neuen auf der des Englischen – was beides miteinander vereinigt werden konnte. Umstritten war die Frage, ob man den *Mädchen* eine höhere Schulbildung geben sollte. Manche Konservativen lehnten es ab; aber Ishwara Chandra *Vidyasagara* (1820–1891) bejahte es und trat sogar für das Recht der Hindu-Witwe ein, sich wiederzuverheiraten. Bahnbrechend wirkten Männer wie Ranchodbhai *Girdhar* (1803–1873) und vor allem Akshay Kumar *Datta* (1820–1886), der als erster die allgemeine Schulpflicht forderte, von der er die Behebung aller sozialen Übelstände erhoffte. Heikel blieben die Fragen der Kinderheirat und die der Polygamie, die erst nach 1947 gesetzlich geregelt wurden. Bezeichnend, daß mit dem Wunsche nach solchen Reformen auch gewisse Forderungen auftauchten, in denen sich altindische Vorstellungen regten: Erneuerung des Schlachtverbots für Kühe, Verbot alkoholischer Getränke, Bevorzugung indischer Kleidung statt der beginnenden Übung der Inder, sich westlich anzuziehen, Abbau der unverhältnismäßig großen Aufwendungen für Hochzeiten u. a.

Zögernd begann man das Kastenwesen zu diskutieren, vor allem die heikle Frage der Unberührbaren – ein heißes Eisen, das erst Gandhi kraftvoll angegriffen hat. Die Liberalen mußten erkennen, daß das Vorhandensein einer solchen Gruppe, die theoretisch von den Hindus als zu ihnen gehörig beansprucht wurde, aber außerhalb der Kastenhierarchie und völlig rechtlos geblieben war, das Ideal einer demokratischen Verfassung sowie die Forderung nach Menschenrechten hemmen mußte. Auch hier hat erst die Zeit nach der Befreiung eine Lösung gebracht. Soweit eine gesetzliche Regelung möglich war, ist sie erfolgt. Die Schwierigkeit ihrer Durchführung stößt sich immer noch an alten Vorurteilen auf der einen und einem eingewurzelten Inferioritätskomplex auf der anderen Seite, so daß man erst von der kommenden Generation eine wirkliche Bereinigung erwarten darf. Taktisch war es verständlich, daß die Inder erst die Befreiung erreichen wollten, um dann die sozialen Reformen in einem freien Staat durchzuführen.

Sichtbarstes Zeichen der geistigen Bewegung, die sich mit jeder heranwachsenden Generation erneuerte, blieb die Literatur, die nun sämtliche Volkssprachen ergriff. Roman und Drama erlangten eine beherrschende Stellung, da sie sich am besten dazu eigneten, die aktuellen Probleme darzustellen, die alle Gemüter bewegten. Der Zeitroman – oft von westlichen Vorbildern beeinflußt – schilderte nun häufig die geistige Wiedergeburt der Hindus, so z. B. Nabu Chandra *Sen* (1847 bis 1909), auch unter Benutzung jüngster Ereignisse, wie der Schlacht von Palassi (1756, Plassey). Wirkungsvoll waren die Romane des Gujaraten Govandham Ram *Tripathi* (1853 bis 1907). In seinen erzählenden Schriften stellte der Marathe Hari Narayan *Apte* (1864–1919) soziale Probleme dar. Als Kritiker der Zeit errang *Nar-Sinh* Rao (1859–1937) Bedeutung. Jay Shankar *Prasad* (1889–1937) warnte bereits vor den Folgen einer allzu weitgehenden Herrschaft der Vernunft.

Manche Autoren begannen damals, sich der englischen Sprache zu bedienen, um sich der gebildeten Schicht *aller* indischen Völker verständlich zu machen, ohne Übersetzungen zu benötigen. Das gilt vornehmlich für die Zeitschriften, deren rasch wachsende Verbreitung eine öffentliche Meinung prägte. Ob sich die englische Sprache auch für Lyrik empfahl, wie es Man Mohan *Ghosh* (geb. 1844) als erster unternahm, ist zweifelhaft, obwohl auch Tagore später seine eigenen lyrischen Dichtungen selber aus dem Bengali ins Englische übersetzt hat, um ihnen in den anderen Teilen Indiens Verbreitung zu ermöglichen. Für das Drama schied Englisch natürlich aus. Unter dem Einfluß der historisch-romantischen Strömung erlangte das Drama mit geschichtlichem Inhalt wirkungsvollste Popularität. Indem es indische Heldentaten und die Größe seiner Vergangenheit verherrlichte, erfüllte es die Lebenden mit dem Geiste ihrer Vorfahren. Als Stoffe dienten die Puranas, die Abwehrkämpfe der Rajputen gegen die eindringenden Moslems, die Behauptung des Sikh-Staats, aber vor allem immer wieder Shivaji, der damals zum nationalen Helden Indiens aufstieg. Dabei dienten die jeweiligen Feinde und Bedrücker als Tarnung für die Briten, wie etwa Kleist in der »Hermannsschlacht« mit den Römern die Franzosen gemeint hat. Die zugkräftigsten Bühnenstücke stammten von Giris Chandra *Ghosh* (1844–1912), der selbst als Schauspieler begonnen hatte, von Dwijendra Lal *Ray* (1863 bis 1913), Kashirod Prasad *Vidyabinod* (1864–1927) und dem älteren Bruder des Dichters Tagore, Jyotendra Nath *Tagore* (1849–1925) – alle diese in Bengali, während in Hindi Lala Srinivasa *Das* (1851–1887) erfolgreich war. Einige Autoren wagten sogar, die Briten ohne Tarnung als Gegner darzustellen: so Giris Chandra *Ghosh* in seinem Drama »Siraj-ud-Daula«, worin dieser letzte Moslemherrscher Bengalens (höchst ungeschichtlich) als Gegner der Briten eine gemeinsame Front von Hindus und Moslems aufbaut, oder Sarat Chandra *Chatterjee* (1876–1938), in dem Roman »Pather Dabi«, oder *Khadilkar* (1872–1948), der in seinem »Ricako« sogar offen gegen den Vizekönig Curzon polemisierte. Reiner Patriotismus fand seine glücklichste Form in Dramen wie »Bharata Mata«, wo er in der Gestalt der göttlichen Mutter das vereinte Indien feierte, oder in der Ode an die Freiheit des Ranga Lal *Bandhopadyaya* (1827–1887), in den volkstümlichen Liedern des Hemchandra *Banerjee* (1838–1903) und endlich in den begeisternden Gesängen des jungen *Tagore,* der damals das beste Preislied auf Shivaji gedichtet hat.

Rabindra Nath *Tagore* (1861–1941), der nicht nur im Urteil der Welt, sondern auch in dem der Inder als ihr größter zeitgenössischer Dichter gilt, hat – wenngleich beschränkt auf das Volk seiner Muttersprache, die Bengalis – die höchste Reife der Dichtkunst damals erreicht; es war ihm beschieden, die ganze geistige Entwicklung seiner Zeit wie der kommenden Zukunft in sich zu erleben und zu gestalten. Er begann als ein patriotischer Sänger, der die kämpferische Jugend zur Untergrundbewegung entflammte, schilderte im »Roten Oleander« in der durchsichtigen Gestalt eines geheimnisvollen Zwingherrn die Kolonialmacht und läuterte die Grundzüge des indischen

Nationalismus in seiner Schrift dieses Titels. Indessen erlitt er das Schicksal jedes großen Geistes, der in dem Maße einsamer wird, in dem er sich über seine eigene Zeit hinaus erhebt; er verlor dadurch die Fühlung mit der Jugend, der er als zu weise und zu abgeklärt erschien, während die Briten ihn in zunehmendem Maße als Heißsporn ablehnten, so daß sein Empfang in England befremdend abstach von dem, den sein Großvater gefunden hatte, sowie von dem, den er in den übrigen Ländern Europas fand, vor allem in Deutschland. Seine breitere Wirkung in Indien konnte naturgemäß erst beginnen, nachdem seine Werke in die verschiedenen indischen Sprachen übersetzt waren – was gerade den Reiz seiner stärksten Schöpfungen, der lyrischen, minderte, während die englischen Ausgaben auf den kleinen Kreis beschränkt blieben, der diese Sprache so weit beherrschte, daß er auch Dichtungen in ihr zu lesen vermochte (höchstens 1 Prozent der Gesamtbevölkerung). Lebhaft wurde die literarische Tätigkeit auch in den drawidischen Sprachen, vor allem im Tamil. Die Tamilen hatten in der religiösen Erneuerungsbewegung eine große Rolle gespielt, begannen dann aber am Althergebrachten bzw. dem glücklich erneuerten Alten starr festzuhalten, zumal sie niemals für längere Zeit unter die Herrschaft der Moslems gerieten, also die bittere Not nicht erlebten, die den Wandel in den nördlichen Gebieten herbeiführte. Von ihrem Beitrag zur gesamtindischen Literatur seien einige Namen als Beispiel genannt:

Arumuga *Navalar* (1822–1876) hat umfassend die Tamil-Literatur erneuert, indem er ihre klassischen Werke neu herausgab. Als Verfasser geistlicher Hymnen, für die ja die Tamilen seit jeher besondere Begabung gezeigt haben, trat in dieser Zeit Ramaliga *Svamigal* (1823–1874) hervor, und in dem vielseitigen Gelehrten Dr. V. *Swaminath Iyer* (1855 bis 1942) fand die Wissenschaft hier einen ausstrahlenden Mittelpunkt. Auf politischem Gebiet erscheinen als die ersten von allgemeiner Bedeutung: *G. Subramaniam Iyer* (1842–1924) und später *Viraraghava*-charya (geb. 1857) und Kasturi Rangam *Iyengar* (1859–1923), die in Madras 1878 das bedeutende Blatt »The Hindu« gründeten, das als einziges der großen Blätter der Kampfzeit unverändert weitererscheint und ohne Bruch noch heute das führende politische Organ des drawidischen Südens ist.

Die Erneuerung Indiens dankt ihre Kräfte der Religion, die in Verfolg der Erweckungsbewegung seit 1400 in *Ramakrishna* ihren Gipfel erreichte und zu lebendiger Belebung der Tradition führte. Der westliche Einfluß stieß in diese Entwicklung hinein als heilsamer Schock, der alle nötigte, das Eigene zu überprüfen, es zu reformieren und mit dem Überlieferten zu einer neuen Synthese zu gestalten. Das ist die Aufgabe, die Indiens Geister im 19. Jahrhundert geleistet haben. Sie führte zur Entstehung sehr verschiedener Typen: Aber viele gehörten beiden Welten an. Ein so stark verwestlichter Mensch, wie der jüngere Nehru, der sich selbst ganz klar als ein »Wanderer zwischen zwei Welten« analysierte und seine Heimat erst wieder »entdecken« mußte (»The Discovery of India« nennt er seine Biographie), fand doch den Weg zum Herzen seines Volkes und konnte zur symbolhaften Verkörperung des neuen Indien werden. Und Gandhi, der mit so starken Fäden der Tradition verbunden war und ihr die ungeheure Kraft verdankte, die indischen Massen mit sich zu reißen und zu ihrem »Mahatma« zu werden, hatte genug westliche Kenntnisse in sich aufgenommen, um auch in seiner Asketentracht mit Vizekönigen und Londoner Ministern mühelos verhandeln zu können. Jeder gebildete Inder dieser Kampfzeit war in sich gespalten und gehörte dem echten Indien ebenso an wie der westlichen Welt, die mit so durchbohrender Schärfe in sein Land eingedrungen war.

Die soziale Schicht, die im 19. Jahrhundert die Führung Indiens übernahm, vermochte nicht nur, sich westliche Bildung anzueignen, sondern sie praktisch in der Wirtschaft anzuwenden und dabei zu Wohlstand zu gelangen: Weitschauende Unternehmer begannen früh, die neue indische Industrie zu begründen. Der größte unter ihnen, der Parse Jamshedji *Tata,* wurde 1839 geboren, fast gleichzeitig mit Ramakrishna, und sein Stahlwerk, noch heute das größte Indiens, wurde 1905 in Betrieb genommen. In breiter Schicht beteiligten sich Inder an dem wirtschaftlichen Neubau ihres Landes – oft gegen den Widerstand der Briten –, so daß nach deren Abzug die gesamte, schon sehr hochentwickelte Wirtschaft ohne Bruch unter indischer Leitung weiterlief.

Es war die Generation Tatas, die mehrere Männer hervorbrachte, die entscheidend im öffentlichen Leben mitgewirkt haben. Zu ihr gehören Keshub Chunder *Sen,* der Reformator des Brahmo Samaj, Bankim *Chatterjee,* der wirkungsvollste Schriftsteller des Jahrhunderts, Kristo *Das Pal,* der zündendste Journalist seiner Zeit – und die Rani von *Jhansi,* die mutige Marathin, deren Tod im Kampf sie zu einer Nationalheldin Indiens gemacht hat.

Der folgenden Generation, die in den 40er Jahren geboren wurde, entstammen die beiden ersten großen Politiker: Surendra Nath *Banerjee* (1848–1925), lange Jahre anerkannter Führer der ganzen Bewegung, und der Marathe Mahadiv Govinda *Ranade* (1842–1901), ein Richter, der zum Pionier der Sozialreform wurde und seine 1887 gegründete »National Social Conference« alljährlich gleichzeitig mit dem Kongreß tagen ließ, um die Verbundenheit von Politik und Sozialarbeit sichtbar zu demonstrieren; dann der erste bedeutende indische ICS-Beamte, Romer Chunder *Dutt* (1848–1909), der nach seiner Entlassung bahnbrechende Untersuchungen über die wirtschaftlich-finanzielle Ausnutzung Indiens durch seine Kolonialmacht veröffentlichte und endlich der Parse Ferozeshah *Mehta* (1845–1915), der als langjähriger Bürgermeister von Bombay wie ein »König« verehrt wurde.

Die Generation, die dann den eigentlichen Kampf aufnahm, wurde zwischen 1856 und 1872 geboten: Gangadhar Bal *Tilak* (1856–1920), der als erster die Massen aufrief, ferner die Politiker Motilal *Nehru* (1861–1931), der bedeutende Vater seines berühmteren Sohnes, Lal Lajpat *Rai* (1865–1928), der Erwekker des Panjabs, Gopal Krishna *Gokhale* (1866–1915), der zum Vertrauten mehrerer Vizekönige wurde; außerdem die drei großen Männer des Geistes: der Dichter *Tagore* (1861–1941), *Vivekananda* (1863–1902) und Aurobindo *Ghosh* (1872 bis 1950), der große indische Denker unserer Zeit; vor allem aber *Gandhi* (1869–1948) und Chitta Ranyam *Das* (1872–1925), der durch seinen frühen Tod die Aussicht verlor, erster Ministerpräsident des freien Indien zu werden. Die Vollender wurden Sardar *Patel* (1875–1959), der Schöpfer des indischen Staates, und Jawaharlal *Nehru* (1889–1964), der das neue Indien in die Welt geführt hat.

Eine solche Übersicht läßt erkennen, wie diese wenigen Jahrzehnte Indien in gedrängter Fülle die Männer geschenkt haben, die sein Schicksal gestalteten. Es überrascht nicht, daß sie alle einer tiefen geistigen Welt entstammten, daß sie alle – schon ihrer bürgerlichen Herkunft nach – für Gewaltlosigkeit (= »Ahimsa«) eintraten, die Gandhi dann dem breiten Volk als Ideal eingeprägt hat. Befreiung von der Fremdherrschaft war die erste Aufgabe, soziale Reformen die unerläßliche zweite, und die Verbreitung der aus dem Hinduismus fließenden Religiosität und seiner Ethik unter dem breiten Volk die Voraussetzung für den Erfolg, damit die Masse der Bewegung die Stoßkraft geben konnte.

Indem Männer wie Gokhale und Ranade im Raume von Bombay die ersten Schritte zur praktischen Sozialarbeit taten, und indem Vivekananda in der Ramakrishna-Mission in Kalkutta die erste Organisation zu praktischer Menschenhilfe gründete, die den Geist indischer Kultur in das Ausland tragen sollte, legten sie das Fundament, auf dem Gandhi, alle diese Strömungen zusammenfassend, die Massen des Volkes zum Handeln aufrufen konnte.

Kapitel 40

Der Begriff der ›Nation‹ in Indien

Der Begriff »national« erscheint in Indien erst in seiner Befreiungsbewegung, und zwar als englisches Wort. Die indischen Sprachen haben kein genaues Äquivalent; denn »rashtra«, das meist für »Nation« gebraucht wird, kann ebensogut Land oder Staat bedeuten. Der Begriff »national« meinte ursprünglich den Gegensatz und den Widerstand gegen die britische Kolonialherrschaft, und man ließ gewöhnlich die Frage offen, ob es eine indische Nation schon gäbe oder sie erst entstehen müsse. Der große indische Historiker R. C. Majumdar hat z. B. sein Standardwerk »Geschichte des indischen *Freiheitskampfes*« genannt, nicht »der Nationalbewegung«. Bei den Briten fand sich ein zwiespältiger Sprachgebrauch. Die verantwortlichen Kreise, die die »raj« aufrecht erhalten mußten, sprachen gern von einer »nationalen« oder gar schon »nationalistischen« Bewegung, während die meisten Engländer das Bestehen einer indischen Nation als Utopie ansahen und viele nicht einmal von einem indischen *»Volk«* sprechen wollten – wie es der sehr indienfreundliche Abgeordnete Charles Bradlaugh noch 1889 in Madras bekannte und hinzufügte, daß er erst auf diesem Kongreß gelernt hätte, an die Existenz einer solchen Volkseinheit zu glauben. Die Geschichte lehrt, wie diese Betrachtungen erkennen ließen, daß es ein politisches Gemeinschaftsgefühl zwischen den Staaten und Völkern des indischen Subkontinents früher nicht gegeben hat; und den Briten ist darin recht zu geben, daß sie nicht nur eine solche politisch-staatliche Einheit geschaffen haben, sondern in und mit ihr ein gesamtindisches Gemeinschaftsgefühl im politischen Sinn. Erst im Kampf gegen die Kolonialherrschaft hat sich das indische Nationalgefühl gebildet, sind die indischen Völker zu einer indischen Nation geworden.

Bezeichnet man als »Volk« die natürlich gewachsene Gemeinschaft, die sich durch Abstammung fortpflanzt, als »Nation« eine durch politisches Bewußtsein geschaffene Gemeinschaft, die sich im Handeln und Erleben als eins fühlt, also eine *Schicksalsgemeinschaft* bildet, so erkennt man, daß sich in Indien frühzeitig verschiedene *Völker* gebildet haben, die – ebenso wie in Europa – durch Sprache und rassische Eigenart sowie durch eigene Dynastien und Geschichte deutlich voneinander getrennt blieben. Ihre Verbindung zueinander beruhte anfangs auf der gemeinsamen Religion, die – genau wie das Christentum in Europa – die kulturelle Basis schuf, die als Einheit empfunden wurde. Der Begriff »Indien« entspricht also dem des »Abendlandes«, wie wir das frühe Stadium unserer europäischen Geschichte verstehen.

In diesem Sinne zeigt die älteste Überlieferung auch in Indien einen Parallelbegriff, in der »jambudvipa«, der den ganzen Subkontinent – soweit er damals seinen geistigen Trägern wirklich bekannt war – als Einheit auffaßte: als das schicksalmäßig berufene *Gebiet*, auf dem sich die von der vedischen Überlieferung stammende Kultur ausbreiten sollte und könnte. Schon diese Bezeichnung, das Land des »Rosenapfelbaums«, läßt erkennen, daß es sich um einen geographischen Begriff handelt, nicht um einen politischen. Gewiß ist die Halbinsel, die wir Indien nennen, durch die hohen Gebirgszüge im Norden und den Ozean an seinen Küsten fester abgegrenzt als das vielgestaltige, mehr zerrissene Europa. Andererseits haben Afrika und Südamerika eine ähnliche geographische Geschlossenheit;

ihre Bewohner denken aber nicht daran, sich als eine politische, in Afrika nicht einmal als eine kulturelle Einheit zu fühlen. Hemmend für die Entstehung eines Gemeinschaftsgefühls waren vor allem Größe des Raums und die Schwierigkeiten, sie verkehrsmäßig zu überwinden. Daran scheiterten die meisten Versuche, den ganzen Subkontinent politisch zusammenzufassen, also ein »Indisches Reich« zu bilden.

Auch erwiesen sich die Grenzen als nicht so eindeutig, wie der erste Blick auf die Landkarte vermuten läßt. Das afghanische Bergland im Nordwesten hat zeitweise indischen Großmächten als schützendes Glacis gedient. Die kleinen indischen Oasenstaaten im heutigen Sinkiang waren Außenposten, die sich gegen China nicht haben halten können. Nepal, das von einer echt indischen Rajputen-Dynastie regiert wird und kulturell zu Indien gehört, ist meist ein selbständiges Grenzland geblieben. Die Briten haben Burma und Belutschistan mit ihrem Reich vereint, was von den »nationalen« Indern verständigerweise ignoriert wurde. Ceylon, die älteste Siedlung der Aryas, ist stets Ausland geblieben. Aber auch das gesamte Industal ist – wie gezeigt wurde – politisch meist vom Hauptland getrennt gewesen, und erst recht gilt das für Assam. Die nationalen Politiker, die für die Befreiung ihres Landes kämpften, haben sich die Lösung solcher Probleme vereinfacht, indem sie das ganze »Britisch-Indien«, einschließlich der Fürstenstaaten, als Objekt der Befreiung ansahen. Eine klare Begrenzung »Indiens« im politischen Sinne hat seine Geschichte nicht erbracht.

Unübersichtlich ist auch die Zusammensetzung der *Bevölkerung*. Daß sie rassisch gemischt ist, teilt sie mit der Europas. Aber die Bevölkerung Europas hat sich seit der Völkerwanderung, also seit dem Beginn seiner eigentlichen Geschichtsfähigkeit, nicht mehr gewandelt. Die indische war nicht nur zu Beginn seiner Geschichte das Produkt mehrerer Völkerwanderungen, sondern hat sich noch im vollen Reifestadium seiner Geschichte durch Einbrüche anderer Völker geändert – und heute noch bestehen Gruppen sehr alter Stammesverbände, deren Einfügung in die politische Gemeinschaft noch im Gange ist. Wenngleich die Anthropologen einen bestimmten Rassetypus, den »indiden«, als vorherrschend bezeichnen, erscheinen die Unterschiede zwischen den Völkern doch so groß, daß die Rasse als gemeinsame Grundlage einer Nation ausscheidet. Auch die Masse der Bevölkerung wirkt hemmend. Bei einer

Zahl, die der Europas nahekommt, und die größer ist als die gesamte Bevölkerung von Afrika und Südamerika zusammengenommen, fällt es schwer, an die Möglichkeit einer einheitlichen Nation zu glauben. In China hat eine autokratische Zentralregierung sehr imperialistischer Natur fast 2000 Jahre benötigt, um alle Bewohner zu Chinesen zu machen. Eine solche Zentralregierung hat Indien vor der britischen niemals besessen.

Die *Wirtschaft*, die heute eine der stärksten Klammern der indischen Staatseinheit bildet, hat diese Rolle erst in allerjüngster Zeit übernehmen können. Gewiß ist es erstaunlich, wie schon in ältester Zeit der indische Geschäftsmann durch die Wechsel der »shroffs« Zahlungen über den ganzen Kontinent durchgeführt hat – eine Errungenschaft, die Europa erst im Dienst der päpstlichen Kurie lernte, als es galt, den »Peterspfennig« aus allen Ländern nach Rom zu überweisen. Aber der Zustand der Straßen sowie die auf ihnen herrschende Unsicherheit beschränkten den Handel auf wenige Luxuswaren; und solange die Manufaktur neben der Landwirtschaft nur eine bescheidene Rolle spielte, konnte der Subkontinent trotz solcher Verbindungen als ein zusammenhängendes Wirtschaftsgebiet nicht gelten. Erst die britischen Eisenbahnen haben das ermöglicht.

Die *Kultur* als Grundlage einer Einheit Indiens, die also von der Einheit der Religion abhängt, ist indessen ein Faktor, der *politische* Wirkungen nicht auszulösen pflegt, wie Europa beweist, das sich gerade zu Anfang als Einheit gefühlt hat, als »die Christenheit« oder »das Abendland«, und sich dann in zunehmendem Grade politisch spaltete. Ähnlich entstanden in Indien auf der Basis einer ziemlich einheitlichen Kultur verschiedene Völker als *politische* Einheiten und entwickelten ihre eigenen *Sprachen*. Selbst wenn man die Ziffern des britischen Census, der sorgfältig jeden Dialekt als Sprache aufführte, beiseite schiebt und sich nur an die wirklichen Hochsprachen hält, die von, sagen wir, mindestens 15 Millionen gesprochen werden, hat das heutige Indien ein gutes Dutzend, von denen sich die vier drawidischen stärker von den Tochtersprachen des Sanskrits unterscheiden als die europäischen untereinander (wenn man ungarisch und finnisch ausklammert). Gewiß hat als einheitliche Verbindungssprache früher das Sanskrit gedient; aber die Zahl derer, die es wirklich *sprachen*, dürfte niemals den Prozentsatz derer überstiegen haben, die im alten Europa Latein beherrschten. Und allen fehlt heute noch eine gemeinsame Schrift sowie auch eine gemeinsame Zeitrechnung, die Indien erst durch Einführung der europäischen bekommen hat. Die Gemeinsamkeiten der indischen Völker auf kulturellem Gebiet waren also eher geringer als die im alten Europa; erst recht wurde diese Einheit mit dem Eindringen des Islams zerbrochen, der einer landfremden Religion eine herrschende Stellung verschaffte und neue Sprachen mit einer neuen Schrift einführte. Wie stark die Unterschiede heute noch empfunden werden, zeigen die Sikhs, die ihren Wunsch nach einem eigenen Staat auf die Tatsache stützen, daß sie die Sprache des Panjabi, die sie mit den dortigen Hindus teilen, in einer anderen Schrift zu schreiben pflegen; und die drawidischen Völker, die selbstverständlich ihre Sprache behaupten, lehnen es ab, auch ihre Schrift zugunsten einer gemeinsamen allindischen aufzugeben – wie in Europa die ostslawischen Völker an der kyrillischen Schrift festhalten. So gibt es in Indien keine gemeinsame Nationalliteratur außer der in Sanskrit, die nur Gebildete lesen können. Die Solidarität der Völker Indiens, die sich in der Befreiungsbewegung herausbildete, vollzog sich zunächst in englischer Sprache. In ihr wurde debattiert (wie heute noch im indischen Parlament), in ihr wurden diejenigen Schriften verfaßt, die sich an alle wendeten. Man stelle sich vor, daß Europa im 8. Jahrhundert von den Arabern erobert und mehrere Jahrhunderte besetzt gewesen wäre und dann seinen Befreiungskampf in einer Sprache hätte durchführen müssen, die nur einer Oberschicht von 2 Prozent der Bevölkerung verständlich war: dann ermißt man, welche Hemmung allein die Sprachenfrage für die Entstehung einer indischen *Nation* gebildet hat.

Die *Religion* – anfangs die gleiche für alle Teile Indiens – wirkte nicht trennend, auch nicht, als gewisse Reformbestrebungen religiöse Gemeinschaften schufen, die wir heute als besondere Religionen ansehen, wie den Buddhismus oder den Jainismus; aber ein ernster Bruch trat ein, als der Islam gewaltsam in das Land einbrach. In Ländern, in denen er zur herrschenden Religion wurde, störte er die Einheit nicht (wie etwa im Iran); dagegen in Indien, wo er eine Minderheitsreligion blieb, schuf er getrennte kulturelle Welten, die es jedenfalls *ausschlossen, die Einheit der Nation auf einer religiösen Basis zu begründen.* Während das Christentum in Europa aktiv für die Einheit Europas gewirkt hat, da es in der alten Kirche eine starke übernationale Hierarchie besaß, mit dem Papsttum als einer anerkannten und aktionsfähigen Spitze, fehlten dem Hinduismus eine solche Organisation und eine solche oberste Stelle, die in Streitigkeiten der Völker schiedsrichterlich oder vereinigend hätte wirken können. Die Priesterschaft, d. h. die Brahmanen, haben sich niemals einen Verband geschaffen, der als ein über den Völkern stehender Faktor handelnd oder beeinflussend hätte auftreten können. Allerdings schuf auch diese Religion, ebenso wie das Christentum, den Gedanken eines Friedenskaisers, der als Hüter von Gesetz und Gerechtigkeit über *allen* Völkern stehen und sie richten sollte, in Indien der »chakravartin«. Aber die vorstehenden Betrachtungen ließen erkennen, daß die Herrscher indischer Großreiche sich zunächst von rein machtpolitischen Gesichtspunkten leiten ließen, und daß nur sehr selten ein Herrscher die geistige Überlegenheit besessen hat, die ihn zu einem echten Kaiser dieser Art machte – wie vielleicht Ashoka in seiner besten Zeit. Jedoch auch sein Machtbereich umfaßte nur einen Teil »Indiens« und hat nicht lange genug bestanden, um als Keimzelle eines gesamtindischen Gemeinschaftsgefühls dienen zu können. Ein allumfassendes Imperium auf dieser Basis ist in Indien ebenso ausgeblieben wie in Europa. Eher wäre man versucht zu sagen, daß der europäische Anlauf seiner Vollendung näher gekommen ist als der indische. Das Heilige Römische Reich, das den Gedanken des christlichen Weltkaisers verkörperte, hat in seiner Doppelspitze von Kaiser und Papst zeitlich länger und räumlich ausgedehnter politische Wirkungen ausgeübt als etwa das kurzlebige Reich des Kaisers Ashoka. So sehr wir gewohnt sind, die Leistung des Heiligen Römischen Reiches am Maßstab heutiger Nationalstaaten zu messen, also gering zu bewerten, so leuchtet ein, daß in Indien kein nur einigermaßen vergleichbarer Anlauf dieser Art zustande gekommen ist. Der Hinduismus hat nur einmal einem Großreich als geistige Basis gedient: dem der Guptas, also erst in einem relativ späten Stadium.

Wohl aber hat die verbindende Kraft des Hinduismus auf seine Anhänger stärker gewirkt als die des Christentums. Das erklärt sich aus seiner Bodenständigkeit. Bis zum Einbruch des Islams hat Indien nur Religionen gekannt, die auf seinem eigenen Boden gewachsen waren. Von außen eingeführte, wie das syrische Christentum im 3. Jahrhundert oder der altpersische Zarathustra-Glaube im 8. Jahrhundert, wurden zwar tolerant aufgenommen, blieben aber auf so unbedeutende Minderheiten beschränkt, daß sie dieses Gesamtbild nicht beeinträchtigt haben.

Die Gottvorstellungen des Hindus entstammen seiner eigenen Umgebung; die Mensch gewordenen Gottesgestalten oder Gott gewordenen Menschen, wie Rama und Krishna, werden als Helden der Sage wie als Gottheiten verehrt. Sie sind allen Hindus gleichermaßen geläufig; und wer Krishna nicht mehr als Gott anerkennen will, bleibt ihm doch als dem Helden der Sage verbunden. Der Hindu, dessen Seele das Ursprungsland seines Glaubens sucht, braucht nicht, wie der ostasiatische Buddhist, an den Ganges zu pilgern oder, wie der Christ, auf ein fernes Land außerhalb Europas zu blicken, das mühsam zu erobern seinen Vorfahren als heilige Aufgabe erschien: er findet die heiligen Ursprungsstätten im *eigenen* Land. Diese Identität von Religion und Volkstum hat dem Hinduismus die urwüchsige Kraft und die zähe Lebensdauer gegeben, die ihn befähigt hat, von der Urzeit der Veden bis zum heutigen Tage fremden Religionen zu widerstehen, sein religiöses Gefühl so lebendig zu erhalten und es immer wieder zu erneuern.

Die enge Verbundenheit zwischen Religion und Volkstum läßt es verständlich erscheinen, daß nationale Politiker ernsthaft versucht haben, die indische Nation auf dieser bodenständigen Religion zu begründen. Der Begriff der »religiösen Nation«, der uns Europäern von den Juden her vertraut ist, mag in Indien den großgedachten Versuch Ashokas erklären, sein Reich, in dem er die damals zum indo-arischen Kulturkreis gehörigen Völker zusammenschloß, nicht allein auf die politische Macht, sondern auch auf die verbindende Kraft einer Religion zu stützen. Aber er wählte hierzu nicht die überlieferte Religionsform, sondern die reformierte, den Buddhismus, der sich als eine Universalreligion an *alle* Menschen richtete und daher geeignet erschien, die verschiedenen Völker und Kasten der Reichsbevölkerung miteinander zu verbinden. Damals war er zwar noch keine »Weltreligion«; aber Ashoka tat, in Erkenntnis dieser Eigenschaft, die ersten Schritte, um ihn zu einer solchen zu machen und seine politische Bindewirkung auch für internationale Beziehungen zu nützen. Der große Kushan-Kaiser Kanishka hat diesen Versuch wiederholt. Beide

Anläufe haben nur begrenzte Erfolge gehabt; denn die Masse des Volks empfand den Buddhismus als nicht genug »rein indisch«. Dies mag an der stark griechischen Verbrämung gelegen haben, mit der die Kushan seine Darstellung schmückten (in der Gandhara-Kunst); auch mag er in ihren Augen zuviel Elemente der Weltflucht enthalten haben. Jedenfalls gaben die Sungas wie später die Guptas dem Hinduismus wieder den Vorzug. Diese Wendung dürfte vielen als eine Rückkehr zum »Eigenen« erschienen sein; wie denn der Hinduismus im Guptareich sicherlich dazu beigetragen hat, diesen Staat als einen »national-indischen« erscheinen zu lassen. Aber eine »religiöse« Nation ist auch im Guptareich nicht entstanden. Die gemeinsame Religion war schon zu etwas Selbstverständlichem geworden, das man in der Literatur schon romantisch, ja spielerisch behandelte, was eine politische Einheit erleichterte, aber politische Macht nicht entbehrlich machte – wie denn ihr Zerfall die Auflösung des Reiches alsbald herbeiführte.

Seit dem Einbruch des Islams, dessen Bekenner als »dominante Minderheit« die Staatsführung übernahmen, schied der Gedanke, die Religion zur Basis einer nationalen Verbundenheit zu machen, endgültig aus. Weder war eine »Hindu-Nation« entstanden; denn sonst hätte es gegenüber den schauerlichen Angriffen auf ihre Heiligtümer zu einer allgemeinen Erhebung kommen müssen, noch wurde die Moslem-Minorität zu einer Nation, wie ihre unaufhörlichen Kämpfe untereinander und der Zerfall auch der Moslemreiche in einzelne Staaten zeigen. Damit entfiel auch die Möglichkeit, eine Nation auf der Basis einer gemeinsamen *Kultur* zu begründen. Kultur ohne Religion ist, jedenfalls in Indien, nicht vorstellbar. Man stelle sich zum Vergleich etwa vor, daß die Spanier bei ihrer Reconquista die Moslems bei ihrem alten Glauben belassen hätten: Hätten sie sich der spanischen Kulturnation eingefügt, die auf der christlichen »Hispanidad« beruht?

Trotzdem haben indische Politiker während der Befreiungsbewegung versucht, das erstrebte Nationalgefühl auf den Hinduismus zu begründen. Ausgehend von der Erkenntnis, daß in den breiten Massen der Bevölkerung die religiösen Bindungen am kräftigsten wirken, hat der große Bengali-Schriftsteller Bankim Chandra *Chatterjee* (1838–1884) versucht, durch eingängige Formulierungen ein Gemeinschaftsgefühl zu erwecken, wie z. B.:

»Ich bin ein Hindu, Du bist ein Hindu. Wir alle sind Hindus, und da gibt es viele, viele Hindus. Was einem von uns gut ist, ist für uns alle gut. Was einem von uns schlecht ist, ist für uns alle schlecht. In diesem Sinn laßt uns zusammen arbeiten.«

Gleichzeitig schuf er die packende Vorstellung, daß alle Hindus Kinder der gleichen Mutter – nämlich Indiens – wären, und dichtete die Hymne an das Mutterland »Bande Mataram«, die zum Kampflied der Freiheitsbewegung wurde. Im gleichen Sinne sammelte der Bengale Nabagopal *Mitra* (1840–1894) die Massen auf seinen »Hindu-Melas« und proklamierte Narayan *Bose* (1826–1899) die schicksalhafte Bestimmung der Hindus, zu einer »religiösen Nation« zu werden. Der Gujarate Dayanand *Saraswati* (1824–1883) lehrte entgegen allen westlichen Einflüssen, daß das kommende Indien *nur* auf die Veden gestützt werden könnte, und gründete hierzu den *Arya Samaj*, der im Panjab die ersten gesamtindischen Früchte zeitigte. Am stärksten verband *Tilak* (1856–1920) Religion und Nationalgefühl, indem er in seinem Volk, den Marathen, *Shivaji* als großen Nationalhelden verherrlichte und den volkstümlichen Gott Ganesha zum Patron der Freiheitsbewegung machte. Dadurch gelang es diesen Männern in Bengalen, im Panjab und in Maharashtra die ersten großen Massenbewegungen ins Leben zu rufen. Aber so wertvoll sie für die Befreiungsbewegung waren, und so hoch das Verdienst dieser Männer einzuschätzen ist, befanden sie sich doch auf einem Irrweg; denn eine »religiöse Hindu-Nation« hätte die anderen Bekenntnisse, vor allem den Islam, ausgeschlossen und kommt daher für das heutige Indien nicht mehr in Frage. Das gleiche gilt für die Versuche der Moslems, sich nun ihrerseits als eine religiöse Nation darzustellen, was zur Zersplitterung Indiens führte, und für Parteien, wie den Jan Sangh, der heute noch in der Enge »kommunaler« Beschränkung verharrt.

Für die Bildung einer wahrhaft indischen Nation blieb nur eine einzige Möglichkeit: Aus dem ganzen Volk eine *Staatsnation* zu machen. Im Verhältnis zwischen Staat und Nation gibt es zwei Wege: Ein Volk kann durch seine geschichtlichen Schicksale zur Nation werden und sich dann einen Nationalstaat schaffen (der Weg des deutschen Volks), oder ein festgefügter Staat kann seine Angehörigen zur Nation erziehen (der Weg Rußlands) – er ist auch der Weg Indiens. Dieses klar erkannt zu haben, ist *Nehrus* entscheidendes Verdienst, und darin beruht im Grunde seine geschichtliche Größe.

Dieser Weg setzt mehrere Vorbedingungen voraus: zunächst eine gewisse politische Reife des Volkes, mindestens bei einer genügend starken Schicht, die den Staat zu tragen vermag. In dieser Beziehung ist die Entwicklung des indischen Volkes dadurch gehemmt worden, daß die Kastenordnung jede staatliche Betätigung einer bestimmten Schicht zuwies und vorbehielt, wodurch die Formen der indischen Staaten bestenfalls zum »aufgeklärten Despotismus« gelangten. Indem aber das Bürgertum die Durchführung der Befreiungsbewegung übernahm, wuchs diese Schicht zu der staatstragenden heran und gewann genügend politische Fähigkeiten, um als Pfeiler der Nation zu dienen. Auch die Masse des Volks hat heute politische Reife erlangt; sie zeigt sich in den allgemeinen Wahlen, die seit 1947 regelmäßig stattfinden, in denen die Wähler ein erstaunlich hohes Verständnis für die jeweils anstehenden politischen Fragen bekunden. Die zweite Vorbedingung ist eine gewisse Kontinuität. Sie war auf dem Höhepunkt der älteren geschichtlichen Entwicklung im Guptareich vorhanden, ist aber damals nicht genutzt worden; sie ist in der heutigen demokratischen Staatsform gewährleistet. Und die dritte Voraussetzung sind tiefe, gemeinsame Erlebnisse, die die breiten Massen befähigen, sich als Schicksalsgemeinschaft, also als Nation, zu fühlen. Das wurden bei dem indischen Volk die Knechtschaft des Kolonialregimes, der Kampf um die Befreiung und der endgültige Erfolg dieser Bewegung. Diese Erlebnisse haben die Grundlage des heute vorhandenen indischen Nationalgefühls gelegt.

Stark hemmend trat dabei ein anderes Moment auf: Alle diese genannten Voraussetzungen waren auch in früheren Stadien der indischen Geschichte wirksam, sind damals jedoch nicht der gesamtindischen Einheit zugute gekommen, sondern einzelnen Völkern, die sich auf dem Wege befanden, zu Nationen zu werden – ähnlich wie es in Europa der Fall war.

Überall dort, wo homogene Völker mit eigenen Sprachen in geschlossenen Siedlungsgebieten lebten und von verständigen Dynastien mit einer gewissen Dauer regiert wurden, bahnten sich solche Entwicklungen an; und zwar um so kräftiger, je weiter entfernt ihre Gebiete vom Gangesreich lagen. Ein gutes Beispiel ist *Bengalen.* Hier traten Vertreter des Volks zusammen, um einen König zu *wählen* – ein in der indischen Geschichte beinah einmaliger Vorgang, der auf einen sehr lebendigen politischen Sinn und ein sehr kräftiges Gemeinschaftsgefühl schließen läßt. Mit diesem Herrscher der Pala-Dynastie beginnt hier die Bildung einer Nation, die dann durch die Siegeszüge Dharmapalas, der selbst den Kaisern in Kanauj erfolgreich Trotz bot, das hohe Selbstbewußtsein erzeugt, das den Bengalen heute noch eignet. Es erwies sich als stark genug, um sich selbst gegen die Moslemherrschaft zu behaupten, zumal die hohe Entwicklung der eigenen Sprache auch seine geistigen Fähigkeiten förderte. Ungeachtet schwerer Rückschläge hat diese Volkseinheit sich immer wieder durchgesetzt, sowohl gegen den Vizekönig Curzon, der sein Land teilen wollte, wie gegen Pakistan, das den abgetrennten Ostteil zu vergewaltigen suchte. Ähnlich wirkte die Geschichte auf das Volk der *Marathen,* das als jüngstes der Völker Indiens als erstes den Kampf um das Erbe des Mogulreichs aufnahm und bis zuletzt Widerstand gegen die Briten leistete. Erst recht regten sich solche Tendenzen bei den drawidischen Völkern, deren Geschichte meist getrennt vom übrigen Indien verlaufen ist, und die in den Erinnerungen an ihre großen Leistungen in der Vergangenheit die gemeinsamen Erlebnisse besitzen, die sie zu bewußter Einheit wachsen ließen: die *Tamilen* in ihrer großen Expansion nach Südostasien und ihrer Geltung zur See; die Telugu sprechenden Andhras in ihrem Großreich von Vijayanagar und das Kannada sprechende in dem Musterstaat, den seine letzte Dynastie in Maisur errichtete. In geringerem Grad gilt es auch für das Grenzland Kaschmir, das unter Lalitaditya eine kurze Rolle als Großmacht spielte und in der Abgeschiedenheit seiner Bergwelt schon von Natur auf Ausbildung seiner eigenen Art angewiesen ist. Der Panjab hat nie eine solche Sternstunde der Geschichte erlebt, da sein Gebiet stets als erstes von fremden Einbrüchen berührt wurde; und das kurzlebige Reich der Sikhs hat nur dieser engeren Gemeinschaft das Bewußtsein politischer Verbundenheit vermittelt; Gujarat endlich, dessen größte Leistung seit jeher im überseeischen Handel gelegen hat, durchlief einen solchen Prozeß sehr unauffällig, brachte aber in Gandhi den »Vater der indischen Nation« hervor.

Am schwächsten haben sich solche Tendenzen bei den Bewohnern des Gangestals gezeigt, also bei der hindisprechenden Bevölkerung. Obwohl sie zahlenmäßig die größte Gruppe darstellt, blieb hier ein sichtbarer Zusammenschluß aus. Es gibt keine »Hindis«. Das mag sich daraus erklären, daß ihr Siedlungsgebiet von Anbeginn als Kernland aller Großreiche gedient hat, die mit übernationalem oder imperialem Streben Völker verschiedener Art zusammenzufassen suchten. Sie haben daher keine eigene, an ihren Raum gebundene Dynastie gehabt und kein regionales Eigenbewußtsein ausgebildet. Sie blieben das »Kernvolk« jedes Reiches und haben sich mehr als das »Reichsvolk« denn als eigenständiges Volk verstanden. Jedenfalls ist es kaum ein Zufall, daß Moslems wie Briten ihre Hauptstadt in dieses Sprachgebiet verlegt haben, und daß das unabhängige Indien seine drei ersten Ministerpräsidenten aus dieser Volksgruppe gewählt hat. Auch hier sei eine europäische Parallele aufgezeigt: die Deutsch-Österreicher. Mit Stolz haben sie 500 Jahre lang die Last und Ehre des kaiserlichen Hausvolks getragen und erst nach dem Zusammenbruch der Donau-Monarchie die Entwicklung zu einem selbständigen Volk begonnen. Die hindisprechende Bevölkerung hat das Glück gehabt, ihre gewohnte Rolle als Kernvolk auch in der Republik weiterzuspielen, ja sogar erlebt, daß ihre Sprache zur Staatssprache von ganz Indien erklärt wurde.

Gewiß verwenden wir für keins dieser indischen Völker den Begriff »Nation«; denn den hochgesteigerten Grad des bewußten politischen Zusammenhalts, den wir in Europa damit verbinden, haben sie nicht erreicht. Wenn der Einbruch der Moslems nicht dazwischengekommen wäre, hätten sie vielleicht dahin kommen können. Jedenfalls waren die Ansätze stark genug, um sowohl die Befreiungsbewegung wie die heutige Regierung Indiens zu zwingen, auf diesen Faktor weitgehend Rücksicht zu nehmen. Es war nicht die sprachliche Trennung allein, sondern nicht selten ein sehr kräftiges Bewußtsein der Eigenständigkeit, die sich gegenüber gesamtindischen Tendenzen regte, und die – darin liegt ihre Bedeutung für die Zukunft – das föderalistische Element im indischen Gesamtstaat erzwang.

So sehen wir hier einen Prozeß, der sowohl der Einigung des Deutschen Reichs aus seinen Stämmen und Einzelstaaten vergleichbar ist wie der Zusammenfassung Europas zu einer neuen Einheit, die seine bisherigen Nationalstaaten umschließen soll. War es bei der Schaffung des heutigen Indien das große Erlebnis von Knechtschaft und Befreiung, das den Keim zur nationalen Einheit säte – wie bei den Deutschen das Erlebnis der

Befreiungskriege gegen Napoleon –, so wird es bei Europa eine als gemeinsam empfundene Gefahr sein, die die inneren Widerstände zwischen den nationalen Staaten allmählich überwindet. Jedenfalls lehrt dieser Blick auf die indische Geschichte: Ein alle indischen Völker umfassender Staat muß auf völliger Ausschaltung religiöser Trennung beruhen, muß also ein »weltlicher« Staat sein, und er muß den einzelnen Völkern genügend Raum zur Bewahrung ihrer Eigenständigkeit lassen, muß also ein föderativer Staat bleiben.

Die vorstehenden Betrachtungen mögen durch einige Einzelheiten belebt werden.

Zunächst sei hervorgehoben, daß dic Briten die Aufgliederung der Bevölkerung Indiens in verschiedene Völker (oder »Nationen«) niemals zu ihrer Politik des »divide et impera« ausgenutzt haben, wie sie es mit dem Gegensatz zwischen Moslems und Hindus taten. Eher schwebte ihnen als Ziel vor, aus der Bevölkerung ein einziges Gesamtvolk zu machen, das ihrem einheitlichen Staatswesen entsprechen sollte. Und das galt, obwohl die einzelnen britischen Beamten in der Regel ihre gesamte Laufbahn in dem Landesteil zu verbringen pflegten, dessen Sprache sie für ihr Zulassungsexamen erlernt hatten. In der Mehrzahl verwurzelten sie also (von Einberufungen in die Zentralregierung abgesehen) in einem bestimmten Gebiet und gewöhnten sich daran, sich für dessen Sonderinteressen einzusetzen. Auch die Verfassungsreform von 1935, die bis zum Schluß galt, hatte nicht die Absicht, die Unterschiede der einzelnen »Provinzen« zu verschärfen. Indem sie ihnen Selbstverwaltung gab und einheimische Ministerien die Regierung dort übernahmen, kam natürlich das Sonderinteresse der einzelnen Länder stärker zum Ausdruck als früher. Aber der Endzweck dieser Verfassung war die Umwandlung ganz Indiens in ein »Dominion« mit eigener Selbstverwaltung. Daß die Unterschiede zwischen den Gliedstaaten kräftiger hervortraten, war ein natürlicher Vorgang und ergab sich besonders aus den Wahlen zu den Provinzparlamenten, die in einigen den Kongreß, in anderen die Moslemliga ins Amt brachten. Es wäre historisch verfehlt, darin eine britische Absicht zu suchen. Daß der Eigenwille dieser Provinzialregierungen in wesentlichen Fragen nicht immer respektiert wurde, lehrt das Beispiel Bengalens, dessen letzte parlamentarische Regierung 1947 die Teilung ebenso ablehnte wie die Zuweisung des östlichen Teils an Pakistan.

Die Schicht des gebildeten Bürgertums, die den Befreiungskampf aufnahm, war anfangs eine winzige geistige Elite, die ihre eigenen Standesgenossen erst gewinnen und dann Brücken von einem Volk zum anderen schlagen mußte. In ihren Reihen finden sich daher die ersten politisch bewußten Männer, die sich als »Inder« fühlten, also als Glieder der angestrebten Nation. Zwei Namen seien genannt: der Bengale Surendra Nath *Banerjee* (1848–1925) und der Bombay-Parse Dadabhoi *Naoroji* (1825–1916) beide der Generation der vor 1850 Geborenen zugehörig. Beide erkannten als erstes Erfordernis, eine gesamtindische Zentralstelle zu schaffen, die die Leitung des Freiheitskampfes übernehmen und die Tätigkeit aller Länder koordinieren könnte. Banerjee hat in Kalkutta die erste Stelle dieser Art geschaffen, die später hinter dem in Bombay gegründeten »Indischen Nationalkongreß« zurücktrat, dessen Gründung – in starkem Gegensatz zu der in Kalkutta – sich anfänglich der warmen Förderung britischer Kreise erfreute. Die politische Linie des Kongresses hat stark geschwankt; aber das Neue und Bleibende, das mit ihm ins Leben trat, war: Es gab nun eine Zentrale, die *ganz* Indien vertrat, und die, je mehr Zweige der Betätigung sie aufnahm, desto stärker zu einer indischen Nebenregierung neben der offiziellen wurde. Diese Organisation wurde zum Träger des gesamtindischen Nationalgedankens und zum vorläufigen Repräsentanten einer indischen Nation. Sie wollte alle religiösen Gruppen und alle Völker als gleichberechtigte Mitglieder umfassen und erlebte sofort die Schwierigkeiten, die sich der Bildung einer indischen Nation entgegenstellten. Ihren Staat als eine rein weltliche Einrichtung zu betrachten, bei dem die Religion in den Hintergrund träte, lag den Indern nicht; weder den Hindus, die im Herrscher stets den berufenen Hüter des »dharma« erblickt hatten, noch den Moslems, die sich einen Staat nur als Vollstrecker des Islams vorstellen konnten. Es erforderte damals ein ungeheures Maß an Vorurteilslosigkeit, sich als Vorkämpfer eines solchen Staates zu bekennen und trotzdem weiter als guter Hindu oder als guter Moslem zu gelten. Selbst die Generation der großen Führer hat diese Schwelle noch nicht zu überspringen vermocht. *Gandhi,* der den Begriff »national« selten verwandte, half sich, indem er als Leitziel die »satyagraha« bezeichnete, das Suchen nach der Wahrheit – eine echt indische Formel, die weithin Anklang fand und es erlaubte, in jeder politischen Lage jeweils zu bestimmen, was als Wahrheit gelten sollte. Sein Altersgenosse C. R. *Das* – bei Ende des ersten Weltkriegs Indiens größte staatsmännische Kapazität – deutete den Begriff Nation als das Streben, die Eigenarten und Möglichkeiten, die in einem Volke schlummern, zum vollen Wachstum zu bringen. Indiens große Denker vertieften den Begriff ins Geistige, indem sie ihn in mannigfacher Weise mit dem göttlichen Funken im Menschen und seinem Streben nach etwas Höherem verknüpften – wie der bedeutende Denker *Aurobindo* Ghosh (1872–1950) oder sein bengalischer Landsmann *Vivekananda* (1863–1902) oder wie der große Dichter Bengalens, Rabindranath *Tagore* (1861–1941). Ihnen allen gemeinsam war das Ziel, den neuen Begriff der *Nation* der altindischen Geistigkeit einzuordnen. Jawaharlal *Nehru* (1889–1964), der viel jüngere, stand lange Zeit allein mit seiner klaren Erkenntnis, daß der rein weltliche Staat der einzige Weg zum Ziele sei.

Ein Beispiel aus der europäischen Geschichte mag die Lage veranschaulichen: In den Religionskämpfen, die das Frankreich des 16. Jahrhunderts erschütterten, bildete sich zwischen Katholiken und Hugenotten eine kleine dritte Gruppe, die als erste das Ideal eines säkularen Staats mit voller religiöser Toleranz als die einzige Lösung herausstellte. Sie forderten Toleranz nicht aus Gründen der Humanität, sondern aus Staatsräson, weil nur ein weltlicher Staat den Bestand Frankreichs retten könnte. Sie nannten sich »Politiker« und sind sicherlich von beiden Seiten als ketzerische Außenseiter abgelehnt worden. Aber sie haben die Grundlage des französischen Staates gelegt; und der Vollstrecker ihrer Idee, Henri IV., ist ebenso von Fanatikern umgebracht worden wie Gandhi, der den fanatisierten Hindus als Vollstrecker des säkularen Staats galt, obwohl er selbst sich durchaus nicht immer zu ihm bekannt hatte. Nehru war insofern glücklicher, als es ihm vergönnt war, den Staat, den er erträumt hatte, auch aufzubauen.

Praktisch blieb der Kongreß überwiegend eine Organisation der Hindus. Die Mehrheit der Moslems stand abseits, zumal gerade sie sich damals der besonderen Bevorzugung der Briten erfreuten, sich also unter dem kolonialen Regime wohler fühlten, als sie es als eine Minderheit von einem demokratischen Staat unter den Kongreß-Politikern erwarteten oder befürchteten. Die Entwicklung der indischen Moslems soll gesondert untersucht werden. Hier sei nur soviel gesagt, daß die Zahl derer, die sich zum weltlichen Staat und der Staatsnation bekannten, bei ihnen noch weit geringer war als bei den Hindus. Letzten Endes war es nur ein einziger, allerdings geistig alle überragender Politiker, Maulana *Azad* (1889–1958), der daher mit Recht als die weitsichtigste staatsmännische Persönlichkeit jener Zeit unter den indischen Moslems gelten darf. Er erkannte, was selbst die Führer des heutigen Pakistan noch nicht einsehen wollen, daß der Islam keine politisch-staatliche Bindung ist, ebensowenig wie das Christentum. Geben doch die Araber selbst, die den Propheten hervorgebracht haben, den besten Beweis, indem sie in zahlreichen Einzelstaaten verharren, die durchaus nicht den Wunsch haben, sich zu einem arabisch-islamischen Reich zu vereinigen; und die Schwierigkeiten, auch nur Teillösungen zu erreichen, wie etwa eine Vereinigung Ägyptens mit Syrien oder Libyen, zeigen, wie hartnäckig der arabische Moslem an seiner Nationalität festhält. Dabei sprechen sie alle die gleiche Sprache, was bei den indischen Moslems auch fortfällt. *Azad* sah voraus, daß der Rahmen eines gesamtindischen Staates bei vollkommener religiöser Toleranz und Achtung der Eigenständigkeit der einzelnen Völker auch den indischen Moslems zur staatlichen Heimat werden könnte.

Eng verbunden mit dieser Auseinandersetzung war die Frage nach der Staatsform. Manche dachten, daß sie erst *nach* Erringung der Freiheit gelöst werden könnte, denn nur in eigener Souveränität könnte ein Volk darüber bestimmen. Hier aber lag der Fall anders. Die Befreiungsbewegung zielte ja darauf ab, die Unabhängigkeit auf friedlichem Wege zu erreichen, also durch einen Staatsvertrag, wie sie denn auch tatsächlich durch ein britisches Gesetz gegeben wurde, das vom britischen Parlament zu genehmigen war, nachdem man sich der Zustimmung der indischen Politiker vorher versichert hatte. Die britische Regierung mußte also zunächst den Partner kennen, dem sie die Macht übertragen sollte. Er mußte handlungsfähig bereitstehen, um die Macht zu übernehmen. Von britischer Seite geschah das, indem man schon vorher eine Interimsregierung bildete, die noch unter dem Vorsitz des Vizekönigs amtierte, aber bereits indischen Körperschaften verantwortlich war. Um die Art der Bildung dieser Regierung ist hart gerungen worden; die Mehrheit ergab eine Einigung über zwei Grundlinien: eine föderalistische Gemeinschaft auf demokratischer Basis. Wir Deutsche kennen die Probleme, die sich dabei ergeben, den alten Streit um Staatenbund oder Bundesstaat. Beide Begriffe waren den Indern noch fremd. Die einen stellten sich das künftige Indien so vor, wie etwa *de Gaulle* das künftige Europa: als eine »Vereinigung der Vaterländer«; andere forderten einen festen Zentralstaat, bei dem die Gliedstaaten nur noch eine gewisse sprachlich-kulturelle Autonomie behalten sollten. Die Londoner Regierung, der im Grunde daran gelegen war, eine gewisse Einheit des von ihr beherrschten Raums zu wahren, begünstigte Formen, die mehr oder minder auf eine lockere Föderation, also auf einen Staatenbund hinausliefen – sogar mit dem Recht des Austritts der Gliedstaaten –, weil sie nüchtern erkannte, daß sich die Moslems einem festen Einheitsstaat nicht einfügen würden. Der Umschwung zur Teilung des Gebiets, den in den letzten 10 Jahren vor der Unabhängigkeit Jinnah herbeiführte, änderte das Bild und hat dem als »indische Union« verbleibenden Gebiet gestattet, sich eine festere Zentralregierung zu geben, als ohne die Abspaltung Pakistans möglich gewesen wäre. So hat das heutige Indien zwar einige Gebiete seines Kulturraums eingebüßt, aber für die Masse des verbleibenden Raums einen Bundesstaat mit einer kräftigen Zentralregierung erhalten. Auch hier zeigt sich, wieviele Probleme zu lösen waren, bevor am 15. August 1947 die britische Flagge in Delhi niedergehen konnte.

Der genaue Zeitpunkt, von dem an man von einer indischen Nation sprechen kann, ist ebenso schwer zu datieren wie etwa der, seit wann die Deutschen eine echte Nation geworden sind. Als der englische Bischof *Heber* 1824 Indien bereiste, fand er, daß die hindisprechende Bevölkerung im Gangestal die Bengalis ebenso als Fremde betrachtete wie die Briten. Ein englischer Provinzbeamter, Collector in Guntur (Südindien), berichtet in seinen Erinnerungen*, daß ein Bewohner seines Distrikts in den vierziger Jahren auf die Frage, was für ein Landsmann er wäre, entweder seine Muttersprache angab oder seine Kaste, niemals aber darauf gekommen wäre, sich als »Inder« zu bezeichnen. Einer der kraftvollsten Moslemkämpfer gegen die britische Herrschaft, *Mohamed Ali,* der mit glühendem Patriotismus Gandhi folgte, bekannte später, daß er sich trotz allem

* R. E. Frykenberg Guntur District 1788–1848 London.

erst als Moslem und dann erst als Inder fühle. Zwischen dem Zustand, der sich in solchen Einzelzügen spiegelt, und der heutigen Lage liegt die Entwicklung, in der die Inder zu einer Nation zusammengewachsen sind. Kräftig genug ist jedenfalls die Schicht derer, die den neuen Gedanken *bewußt* in sich aufgenommen haben und ihn den noch Unbewußten weitergeben können. Das gilt nicht nur für die Hindus, sondern auch für die 55 Millionen indischer Moslems – wie denn Moslemregimenter unter indischen Offizieren dieses Glaubens im Krieg gegen Pakistan gefochten haben, und wie selbst die primitiven Stämme des NEFA-Bezirks vor dem Einbruch chinesischer Divisionen auswichen und erst unter dem Schutz indischer Truppen in ihre Dörfer zurückkehrten. Gerade dieser Einbruch der Chinesen hat das Nationalgefühl breitester Massen stark gefestigt. Skeptiker gibt es durchaus noch heute, und selbst Nehru hat noch am 7. August 1942, als er die sogenannte »Quit India Resolution« einbrachte, gesagt:

»As for the so-called »national war front«, there ist neither a nation nor a war.«

Aber jeder Blick auf die heutige politische Lage und ihr Echo bei der Bevölkerung zeigt, daß die Nation jetzt vorhanden ist. Und die heutige Generation findet es ganz selbstverständlich, sich als »Inder« zu fühlen und zu bezeichnen.

Kapitel 41

Die indischen Moslems

Die indischen Moslems, die sich seit etwa 1940 als eine eigene »Nation« bezeichneten und darauf territoriale Ansprüche geltend machten, bildeten damals mit 80 Millionen etwa ein Viertel der Gesamtbevölkerung des britisch beherrschten Subkontinents, so daß eine Regelung der Probleme Indiens ohne sie schon rein zahlenmäßig nicht denkbar war. Sie waren nach Indien als Eroberer gekommen, also als Fremde, und hatten sich in den ersten Jahrhunderten ihrer Okkupation auf indischem Boden auch durchaus als Fremde gefühlt. Mit Hilfe von

Waffengewalt versuchten sie – wie in vielen anderen Ländern –, auch aus den besetzten Gebieten Indiens ein Land ihres Glaubens zu machen – ein »dar-ul-Islam« –, ähnlich wie 2000 Jahre früher die Aryas aus dem Gangestal ein »aryavarta«, ein Land ihres vedischen Glaubens, hatten machen wollen. Beide Volksgruppen standen zur Zeit der Eroberung noch auf einer sehr jugendlichen Kulturstufe; sie hatten das Nomadenleben in Mittelasien erst kurze Zeit vorher aufgegeben und noch nicht die Muße gefunden, ihr geistiges Gut innerlich reifen zu lassen. Allerdings war die vedische Religion die eigene Schöpfung der Aryas, während jene den Islam erst vor kurzem in Zentralasien übernommen hatten. Beide aber hielten in jugendlicher Inbrunst ihr Geistesgut für das Höchste auf Erden. Die Aryas hüteten es eifersüchtig vor anderen mit dem Ziel, auf diesen exklusiven Besitz ihre dauerhafte Vorzugsstellung zu begründen. Die Moslems als Träger einer *Welt*religion glaubten an ihren Auftrag, sie allen Bewohnern des eroberten Landes zukommen zu lassen oder aufzuzwingen. Beide Versuche sind mißlungen. Die Aryas mußten sich angesichts der Überzahl der Einheimischen einer Synthese einfügen, die zwar das vedische Urbild weiter verehrte, in ihrer Mannigfaltigkeit jedoch ein recht abweichendes Gesamtbild ergab. Die Moslems vermochten den Widerstand der älteren Hochkultur mit ihrer bodenständigen Religion, von der sie als Barbaren (mlecchas) betrachtet wurden, nur teilweise zu überwinden und wurden zu einer Minderheit im Lande. Solange sie die Herrschaft behielten, brachte ihnen die wirtschaftliche Ausbeutung der unterworfenen Hindus lukrative Erfolge, aber sie erwiesen sich als zu schwach, das Land gegen äußere Feinde zu schützen, und wurden von den Briten entmachtet. Denn die britische Eroberung machte aus ihnen die Hauptverlierer nicht nur, weil sie die sozial und wirtschaftlich herrschende Schicht waren, sondern auch, weil die Mehrzahl der indischen Staaten, die die Briten annektierten, unter Moslem-Herrschaft stand: der Raum um Delhi, Awadh (Oudh), Bengalen, Sindh, Maisur, Karnatak und der Panjab. Alle diese Länder, die ihnen als ein »behelfsmäßiges dar-ul-Islam« gegolten hatten, gingen verloren. Die Oberschicht wurde verdrängt und jeder politischen Macht beraubt. Die tiefe Erbitterung über diesen Sturz äußerte sich zunächst in einer schroff betonten antibritischen Haltung, die zum letzten Male aufflammte, als der Aufstand der Seapoys in dem ganzen Raum zwischen Delhi und Patna die britische Macht ausschaltete und sich dadurch Gelegenheit bot, hier die frühere Macht wiederherzustellen. Der Anteil der Moslems an der »Großen Erhebung« von 1857 war so bedeutend, daß die Briten in ihnen die eigentlichen Urheber und sicherlich ihre Hauptgegner erblickten. Dabei fällt auf, daß die Moslems keine Verbindung aufnahmen zu dem gleichzeitig in Gang befindlichen Kampf der *Wahabiten,* die im Panjab den Briten sehr ernstliche Schwierigkeiten machten – vielleicht, weil diese Sekte eine Reform des Islams anstrebte, von der die Vertreter des alten Regimes nichts wissen wollten. Mit der Niederschlagung dieses Aufstands endete der letzte Versuch der indischen Moslems, sich mit Gewalt gegen die britische Herrschaft aufzulehnen, zumal die darauf folgende Entwaffnung Wiederholungen abschnitt. Damit trat die alte Führungsschicht des Moslems ab. Die übrigen Moslems fügten sich der Fremdherrschaft; die großen Grundherren waren zufrieden, wenn die Briten ihnen ihre Ländereien beließen oder zurückgaben, und alle verfielen in eine *Apathie,* wie sie jeder Sturz verursacht. Sie fühlten sich gedemütigt, weil sie von den neuen Herren nun auf die Stufe der Hindus, ihrer bisherigen Untertanen, herabgedrückt wurden. Einer der späteren Moslemführer, A. *Sayani,* hat ihre Lage auf der Kongreßtagung in Kalkutta 1896 klar umschrieben:

> »Vor Ankunft der Briten waren wir die Herren des Landes und genossen alle Vorrechte dieser Stellung. Der Souverän wie alle führenden Männer waren unsere Glaubensgenossen. Die Amtssprache war die unsrige. Alle wichtigen Posten gehörten uns nach dem Rechte der Geburt. Die Hindus mußten mit scheuer Ehrfurcht auf uns blicken. Durch Mißgeschick haben wir abdanken müssen und sind auf das Niveau unserer früheren Untertanen gesunken. Als ehrliebende Rasse erfüllt uns das mit Erbitterung. So haben wir bisher jeden Kontakt mit den Hindus wie mit den Briten gemieden und sind dabei in Armut, Apathie und Unwissenheit abgeglitten...«

Die indischen Moslems sind keine homogene Gruppe, weder nach Rasse noch Sprache. Die ursprünglichen Eroberer waren, ebenso wie die Soldateska Babers, des ersten Timuriden, ein bunt zusammengewürfelter Haufen, in dem einzelne Turkstämme oder Familien-Klans, wie die Tughluqs und Khaljis, zwar festere Kerne bildeten, der aber sonst allen möglichen Völkern entstammte – den Afghanen, Turkmenen, Pathans, Arabern –; nach geglückter Eroberung ergänzten sie sich aus dem Gebiet der ganzen islamisierten Welt (aus Kleinasien, Persien, Turkestan, Äthiopien oder aus mongolischen Steppenvölkern). Noch im 18. Jahrhundert sprach man in Delhi von Parteiungen nach den Herkunftsländern, also von Turanern, Iranern, Bochharern usw.

Es fehlte eine eigene Gesamtsprache. Es gab türkische Dialekte aller Schattierungen wie andere zentralasiatische Sprachen, so daß alle, die später eine höhere Bildung erlangten, sich des Persischen bedienten, das auch zur Hof- und Staatssprache der Timuriden (Moguln) wurde. Ihre Schrift entwickelten sie aus einem iranisch-armenischen Alphabet, in dem manche Reste chinesischer Buchstaben noch ihre Urheimat verraten. Erst im 18. Jahrhundert hat sich neben dem Persischen eine eigene höhere Sprache entwickelt, das *Urdu,* das viele indische Elemente enthält, und dessen Bezeichnung aus dem Wort *Ordu* = Heerlager stammt. Sie wurde im 19. Jahrhundert zur meistgebrauchten Sprache der gebildeten indischen Moslems mit *einer* großen Ausnahme: der Bengalis, die auch als Moslems ihrer Sprache treu blieben, die schon damals zu den höchstentwickelten Sprachen Indiens rechnete. Erst spät begannen die indischen Moslems englisch zu lernen, jedenfalls mehrere Generationen später als die Hindus.

Auch ihre soziale Schichtung ist in den einzelnen Gebieten Indiens sehr verschieden. Im Gangestal (»UP« = United Provinces oder Uttar Pradesh) gehörten viele Grundherren (Zamindars) zum Islam. In Ostbengalen umfaßte er die Masse der kleinen Bauern und Tagelöhner. Vielerorts wirken Moslems als Geldverleiher, wozu die robuste Physis der Nordwest-Menschen sie besonders geeignet macht. In Bombay gehören die beiden Shia-Sekten der Bhoras und Khojas zu den angesehensten Kaufmannsgruppen. In den meisten Gebieten bilden sie eine zersplitterte Minderheit; nur im Industal (Panjab und Sindh) und in Ostbengalen bilden sie kompakte Gruppen, die dort in manchen Bezirken die Mehrheit ausmachen. Als im Jahre 1946 zuerst der Plan einer Teilung des britisch verwalteten Indiens erörtert wurde und die Moslem-Liga die Zuweisung gewisser Provinzen für sich forderte, war das Zahlenverhältnis in den beanspruchten Gebieten das folgende (in Millionen):

	Moslems	Nicht-Moslems
im Industal (Panjab, Sindh)	22,6	13,8
im Nordosten (Bengal, Assam)	36,4	34,0
insgesamt	59,0	47,8

In diesen beiden Gebieten standen also damals 59 Millionen Moslems gegen 47,8 Millionen Nicht-Moslems (meist Hindus). Selbst diese Provinzen konnten nicht als »geschlossene Siedlungsgebiete« der Moslems gelten.

Die indischen Moslems waren also weder nach Rasse und Volksabstammung noch nach Sprache und auch nicht nach ihren Wohngebieten ein »Volk«. Dazu fehlte der innere Zusammenhang; der Kontakt zwischen den einzelnen Teilen war dürftig. Selbst ihre Religion war gespalten in die beiden Sekten der Sunna und der Shia, welch letztere in Indien gerade auf wirtschaftlichem Gebiet stark führend ist. Vor allem fehlte jede gemeinsame Führung. Sie waren gewiß keine »Nation«, weder im europäischen Sinne noch nach indischen Begriffen. Höchstens konnten sie sich als eine »religiöse Nation« fühlen, wie die Juden, die aber bei aller Zerstreuung *rassisch* homogener sind.

Eine solche Gruppe vermag in einem bestehenden Staat bestenfalls die Rolle eines »Staates im Staate« zu spielen, wie es im Frankreich des 16. Jahrhunderts die Hugenotten getan haben. Aber gerade dieses Beispiel hätte sie vor solchen Experimenten warnen müssen. Andererseits trug die vollkommene Toleranz der britischen Verwaltung noch dazu bei, ihre Inaktivität und Apathie zu verstärken – im Gegensatz zum Hinduismus, dem die britische Toleranz ein kraftvolles Erwachen ermöglichte.

Dieser Zustand wandelte sich mit dem Auftreten des Syed *Ahmad Khan.*

Im Jahre 1817 in Delhi geboren (also 40 Jahre später als Ram Mohan Roy), entstammte er einer Familie, die erst im 17. Jahrhundert nach Indien gekommen war und Dienst bei den Moguln genommen hatte. Streng orthodox erzogen, gewann er bei einem Besuch in England intuitiv die Überzeugung, daß seinen Glaubensbrüdern nur durch eine Annäherung an das Abendland geholfen werden könnte. Schon bei der Großen Erhebung von 1857 hatte er sie vor der Teilnahme an einer so aussichtslosen Gewaltaktion gewarnt und trat nun unmittelbar nach dieser neuen Niederlage mit einem Programm hervor, das den indischen Moslems für mehrere Generationen zur Richtschnur wurde: er riet, den sinnlosen Widerstand gegen die Briten aufzugeben und sich mit der Fremdherrschaft als einer zunächst unabänderlichen Tatsache abzufinden; sie sollten stattdessen von der westlichen Zivilisation lernen, um an dem bestehenden Staat aktiv mitzuarbeiten und dabei mit den bereits fortgeschrittenen Hindus konkurrieren zu können. Sie sollten sich andererseits ihrer ererbten Eigenart kräftiger bewußt werden, wozu er eine modernisierte Deutung des Islams verkündete. Nach einer solchen inneren Erneuerung, unter Benutzung westlicher Ideen, sollten sie sich dann über alle sozialen Schranken hinweg fester zusammenschließen, um in dem einmal gegebenen Rahmen eines britischen Indien eine ihnen vorbehaltene Eigenwelt aufzubauen, als Ersatz für den verlorenen »dar-ul-Islam« – ein Vorhaben, das er angesichts der religiösen Toleranz der Briten als durchführbar bezeichnete. Mit solchen Gedanken, die er gegen ziemlich heftigen Widerstand der islamischen Orthodoxie allmählich durchsetzte, wurde er zum *Reformator* des indischen Islam und zum Begründer einer neuen, bewußten Geschlossenheit dieser Gruppe. Er malte sich in weitergehenden Träumen aus, daß sie auf diesem Wege zu einer eigenen »Nation« zusammenwachsen würden.

Seine erste und entscheidende Tat war die Gründung einer neuen Bildungsanstalt auf westlicher Grundlage, deren Name schon das Programm enthielt, das *»Muhammadan Anglo-Oriental College«* in Aligarh (1877), das später zur islamischen Universität Indiens ausgebaut wurde und heute noch auf indischem Boden besteht. Aligarh wurde zu einem politischen Programm und zur Pflanzstätte mehrerer Generationen westlich geschulter Moslems. Damit waren die Weichen für eine bedeutsame Wendung gestellt: Aus der traditionellen Gebundenheit und dem zähen Festhalten am Hergebrachten, aus der vergeblichen Sehnsucht nach Wiederherstellung vergangener Glorie, aus dem Zustand fortschreitender Verarmung, der mit dem Fortfall der früher fließenden Staatsrenten begonnen hatte, aus der oben geschilderten lähmenden Apathie begannen die indischen Moslems wieder zu erwachen und mit den Hindus in Wettbewerb zu treten, die längst alle erreichbaren Plätze in Verwaltung und Wirtschaft besetzt hatten.

Ahmad Khans zweite Tat war die Gründung eines *»Muslim Educational Council«*, der alljährlich einberufen wurde, und dessen Tagungen er bezeichnenderweise stets mit den Jahrestagungen des Kongresses zeitlich koordinierte. Die westliche Bildung der Moslems, die nun auf breiter Front einsetzte, führte indessen nicht etwa zu einer Annäherung an die westlich gebildeten Hindus; vielmehr setzte Ahmad Khan durch, daß auch die westliche Erziehung scharf getrennt für Moslems durchgeführt wurde, um die Eigenart ihres Glaubens nicht verwischen zu lassen. Wir verstehen eine solche Haltung, wenn wir an die Hemmungen denken, die auch bei uns manche Eltern verschiedener Konfessionen noch immer gegen einen gemeinsamen Schulunterricht empfinden, obwohl es sich bei uns doch um Kinder handelt, die beide zum Christentum gehören und die gleiche Muttersprache besitzen. Man mag sich ausmalen, wie unvorstellbar es Moslem-Eltern damals erschien, ihre Kinder mit Hindu-Kindern gemeinsam unterrichten zu lassen. So bewirkte auch die Einführung westlicher Erziehung bei den Moslems der Oberschicht (Ostbengalen blieb zunächst unberührt) eine weitere Vertiefung der Kluft, die beide Gruppen trennte, und der am stärksten verwestlichte Moslem, Jinnah, wurde zum Propagator Pakistans.

Die wesentliche Folge dieser Wandlung war, daß die Moslems begannen, sich der *Politik* zuzuwenden. Auf der Bahn, die ihr Führer Ahmad Khan gewiesen hatte, befolgten sie zunächst einen loyalen, briten-freundlichen Kurs, zumal ihr geistiges Zentrum Aligarh bis 1905 von Briten geleitet wurde. Sie überboten sich nun in Gelübden wahrer Loyalität, so daß wahrhaft kein Inder seinen englischen Adelstitel mit größerer Berechtigung verdient hat als Ahmad Khan. Inwieweit die britische Politik schon damals eine Politik des »divide et impera« bewußt befolgt hat, ist schwer zu sagen; denn schon ihr Nahziel, diese feindlichste aller indischen Gruppen zu besänftigen, hätte solche Bemühungen gerechtfertigt. So stellte der Staatssekretär für Indien, Lord Cross, 1890 in einem Brief einfach »erfreut« fest, daß in Bombay die Moslems außerhalb des Kongresses blieben. Die bewußte Ausnutzung dieses Gegensatzes beginnt erst mit Curzons Teilung Bengalens, die den Moslems eine neue Provinz mit islamischer Mehrheit verhieß. Aber selbst sie diente primär dazu, die allzu unbequem gewordene Oberschicht der Hindu-Bengalen zu treffen.

Schon Curzon zeigte sich bestürzt über die Kraft des Protests, die das gesamte Volk der Bengalen ihm entgegensetzte – eine Geschlossenheit, die damals mit lockenden Finanzangeboten oder mit üblen Schmähschriften durchbrochen werden sollte. Ungleich feiner wurde der nächste Schritt eingefädelt, dessen Vater möglicherweise der englische Schuldirektor von Aligarh gewesen ist. Er benutzte die frühen Anzeichen für verfassungsrechtliche Reformen mit gewählten Volksvertretern, um unter den Moslems die Befürchtung zu wecken, sie könnten bei Wahlen als Minderheit von der Masse der Hindus überspült werden. So erschien denn – nach beiderseitiger Abstimmung – eine Delegation von Moslems unter Führung des damals noch jungen Aga Khan bei dem Vizekönig Minto in Simla und bat um Schutz, falls solche Reformgesetze kommen würden.

Die ebenfalls vorher abgestimmte Antwort des Vizekönigs*, der ihnen das feierlich zusagte, wurde für die Moslems eine »Magna Charta«, auf Grund derer sie nun in Dakka (in Ostbengalen!) die erste gesamtindische politische Vereinigung gründeten, die »All India Muslim League« (1906), die die verschwundene Führerschicht der vor-britischen Zeit ersetzte.

Dieser *Liebesfrühling zwischen Briten und Moslems* wurde allerdings bald gestört. Die erste Belastung war die Zurücknahme der Teilung Bengalens (1911), wodurch die moslemische Braut ihre »Morgengabe« wieder verlor. Die Verlegung der Hauptstadt von Kalkutta nach Delhi, so sehr sie historisch gebildeten Moslems geschmeichelt haben mag, war dafür kein Ersatz. Zur zweiten Belastungsprobe wurde eine sehr verständige Anweisung der britischen Behörden, daß im gerichtlichen Verkehr in den United Provinces neben dem bisher allein üblichen Urdu fortan auch Hindi zugelassen werden sollte. Daß die Moslems gegen eine so vernünftige Anpassung überholter

* Für die Vorgeschichte dieser bedeutsamen Begegnung ist von Interesse: Lady Minto bezeichnet sie in ihrem Tagebuch als »engineered«, d. h. mit der britischen Regierung vorher abgekartet. Muhammad Ali nannte sie eine »commanded performance«. Maulvi Sayyid *Turfall* Ahmad Mangalori hat ihre Vorbereitung durch den Schuldirektor Archbold und Col. Dunlop-Smith, den Privatsekretär des Vizekönigs, geschildert. Der Staatssekretär *Morley*, der das Spiel durchschaute, schrieb dem Vizekönig später, daß er es ja gewesen wäre, »who had started the Moslem hare«. Ein französischer Reisender nannte damals die indischen Moslems die Leibgarde des Vizekönigs.

Vorschriften aus der Mogul-Zeit schon zu protestieren wagten, zeigt, wie selbstsicher sie sich in ihrer neuen Rolle als Schoßkinder der »Raj« bereits fühlten – wobei sie sich diesmal allerdings gegen die praktische Vernunft der Briten nicht durchzusetzen vermochten.

Eine viel ernstere Spannung aber entstand, als die pro-britische Tendenz in Gegensatz trat zu dem Solidaritätsgefühl der indischen Moslems mit der übrigen Welt des Islams. Dieser sogenannte »Pan-Islamismus« war durch den bedeutenden Denker und Politiker Al-din Al-*Afghani* um 1880 nach Indien gebracht und – nach dem Vorbild des gleichzeitig aufsteigenden Pan-Slavismus – so eifrig propagiert worden, daß die indischen Moslems in ihrem Zustand apathischer Verlassenheit gern die Aussicht ergriffen, in dem fernen Kalifen in Istanbul einen Schutzpatron zu finden, bei dem sie ihre Klagen über die bösen »Ungläubigen« (Briten oder Hindus) vorbringen könnten. Anstelle des verschwundenen Mogul-Kaisers nahmen sie den Kalifen in ihr Freitagsgebet auf und fanden es würdiger, ihm innerlich Treue zu geloben als dem Herrscher ihrer ungläubigen Kolonialmacht, zumal die britische Außenpolitik vielerorts in Gegensatz zum Islam geriet: in Persien, über das England im Vertrag von 1907 eine Art Teilung in Interessensphären mit Rußland vereinbarte – in Tripolis, wo es *nicht* gegen Italien auftrat – in Ägypten, das es mehr und mehr zu einer Kolonie verwandelte – und in den arabischen Ländern, wo britischer Imperialismus aktiv wurde. Zur Krise kam es, als 1915 *der Kalif den »Heiligen Krieg«* gegen die Briten erklärte. Die indischen Moslems gerieten dadurch in einen inneren Pflichtenkonflikt, der zunächst dadurch gelöst wurde, daß der Vizekönig auch Indien in den Krieg gegen die Mittelmächte eintreten ließ und so strenge Maßnahmen traf, daß die indischen Moslems kaum die Möglichkeit zu Protesten fanden. In übler Bedrängnis mußten sie sich sozusagen durch diesen Krieg »hindurchmogeln«; aber als der Kriegszustand endete, und als sich abzeichnete, daß die geschlagene Türkei territorial zersplittert und der Kalif dadurch entmachtet werden sollte, rafften sie sich zu energischeren Aktionen auf. In Sindh entschlossen sich an die 10 000 fromme Moslems, nach Afghanistan auszuwandern, um den »islamfeindlichen« Boden mit dem »reinen« eines Moslems-Staats zu vertauschen (August 1920) – ein Vorhaben, das vom Emir von Afghanistan schon aus technisch-praktischen Gründen rasch abgedrosselt wurde. Kühne Agitatoren, wie die *Brüder Ali,* riefen ihre Glaubensgenossen mit der Parole »Kalif in Gefahr« zum Widerstand auf, um mit allen erdenklichen Mitteln die territoriale Integrität der Türkei und die Machtstellung des Kalifen zu retten. Ganz abgesehen davon, daß sich der türkische Sultan herzlich wenig um seine Glaubensbrüder in Indien gekümmert hatte, war das Unternehmen insofern unrealistisch, als sich die Wirkungsmöglichkeiten des »khilafat-Committee«, das sich in Indien bildete, doch nur gegen den Vizekönig richten konnten, der keinen Einfluß auf die Führung der britischen Außenpolitik besaß – um so weniger, als der damalige Träger des Amts, Lord *Chelmsford,* nicht einmal »Kabinettsrang« besaß. Auch übersah man, daß die anderen Moslem-Staaten sich für die Erhaltung der Türkei durchaus nicht einsetzten; und schließlich mußte man erleben, daß die Türkei selbst den Kalifen erst absetzte und dann das ganze heilige Amt abschaffte. (1. November 1922 und 3. März 1924). Die ganze Aktion wäre ohne Folgen verpufft, wenn sich nicht aus ganz anderen Gründen *Gandhi* ihrer angenommen hätte. Davon abgesehen aber lieferte sie einen Beleg dafür, wie leicht in Indien die Massen – hier die der Moslems – für Ziele fanatisiert werden können, die im Grunde einer praktischen Nachprüfung nicht standhalten.

So kam es zum ersten Male dazu, daß die Moslems in einer großen politischen Aktion mit den Hindus zusammengingen, ja sich in der Person Gandhis sogar einem ihrer Führer unterstellten. Vom Standpunkt der all-indischen Nationalbewegung war es ein böses Omen, daß die Moslems zu dieser ersten nationalen Front durch ihre *supra*-nationalen Tendenzen (die pan-islamischen) getrieben und die Hindus veranlaßt wurden, für ein politisches Ziel zu kämpfen, das sie wirklich nichts anging (die Erhaltung des Kalifen). Gandhi hat das damals in Kauf genommen; er hat an die Moslems in ihrer Eigenschaft als »Inder« appelliert und sich im übrigen einmal zu der These verstiegen, daß sie alle, mit geringen Ausnahmen, von »Indern« abstammten – womit er wohl alle auf dem Boden des Subkontinents geborenen Menschen bezeichnen wollte.

In welcher politischen Haltung traten sie nun in die Arena? Fühlten sie sich als »Inder«, wie Gandhi es erwartet hatte? Gewiß waren sie auf dem Boden des indischen Subkontinents geboren und aufgewachsen, und ihre Familien mögen schon längere Zeit, manche mehrere Jahrhunderte, mit diesem Land verbunden gewesen sein. Sicherlich betrachteten sie dieses Land als »Heimat«; auch hatten sie sich in vielen Zügen der dort üblichen Lebensweise angeglichen: in Kleidung, in festlichen, ja sogar in geistlichen Bräuchen. Viele Geschichtsschreiber betonen, daß die beiden religiösen Gruppen nicht selten Heiligen der anderen Verehrung erwiesen, obwohl es für die Moslems seltener belegt werden kann als für die Hindus gegenüber islamischen Heiligen. Aber politisch blieben alle diese Züge belanglos. Selbst bei völlig homogenen Völkern schließen sie schärfste politische Gegensätze nicht aus, wie die europäischen Religionskriege zeigen.

Weit eher wirkte verbindend die Schicksalsgemeinschaft beider Gruppen unter dem kolonialen Joch. Beide drückte die gleiche Not: Grundherren und Bauern beider Gruppen seufzten unter dem gleichen Steuerdruck; Geschäftsleute beider Gruppen mußten sich ihre Handlungsfreiheit erkämpfen, anfangs gegen den »unlauteren Wettbewerb«, mit dem die Angestellten der Kompanie ihre Gehälter aufbesserten, später gegen die mannigfachen Eingriffe in das überlieferte Wirtschaftsleben, wie z. B. die Zerstörung des überlieferten Manufakturgewerbes, die den Hindu wie den Moslem gleichmäßig traf; beide litten unter der neuerrichteten sozialen Schranke, der »colour bar«, die den Einheimischen im eigenen Land sich als Mensch zweiter Klasse fühlen ließ. Das alles drängte beide Gruppen dazu, *gemeinsam* eine Verbesserung ihres Schicksals anzustreben. Schon in den 80er Jahren sagte ihnen das ein moslemfreundlicher Engländer: »You must sink your differences and little private interests if you want to force Government's hands*.«

Praktische Ansätze zu einer solchen Zusammenarbeit zwischen Moslems und Hindus zeigten sich z. B. in den Unruhen der Kanalsiedler am Chenab, die sich 1893 gegen die erhöhten Bewässerungsgebühren erhoben und von einem paritätisch zusammengesetzten Vertrauenskollegium geführt wurden; oder in den Unruhen der Indigo-Bauern in Champaram, wobei auch Moslems bei Gandhi Schutz suchten. Wären solche Unruhen sozialer Natur im ganzen Kontinent in eine allgemeine Erhebung übergegangen, so hätte der Befreiungskampf möglicher-

* W. C. Blunt zitiert bei Munshi I 470.

weise in eine Sozialrevolution münden können, bei der es dann kaum eine Abspaltung Pakistans gegeben haben würde. Aber selbst unter den westlich-bürgerlichen Bedingungen, unter denen er verlief, schuf praktische politische Vernunft vielfach die Basis für ein störungsfreies Zusammenwirken von Politikern beider Religionen. Das gilt besonders für die beiden Provinzen, in denen die Moslems die Mehrheit bildeten: Bengalen und Panjab. In beiden bildeten sich politische Parteien, die auf wirtschaftlich-sozialer Interessengemeinschaft *Koalitions*regierungen an die Macht brachten, die diese beiden Provinzen weit ruhiger regiert haben, als derjenige erwartet hätte, der Jinnahs Wahlslogan hörte, wonach »beide Gruppen nicht miteinander leben könnten«. Gerade diese beiden Provinzen lieferten den besten Gegenbeweis!

Die Spannungen zwischen beiden gingen vielmehr meist von den Provinzen aus, in denen sich die Moslems in der *Minderheit* befanden. Hier wirkte sich der zeitlich große Vorsprung aus, den die Hindus im öffentlichen wie im wirtschaftlichen Leben gewonnen hatten, und daraus resultierend der Komplex der Moslems, »unterentwickelt« geblieben zu sein. Es war eine zurückgebliebene Minderheit, die aufholen und sich dabei gegen eine bereits arrivierte Mehrheit durchsetzen mußte. Daraus entstand die Frage, mit welchen Methoden man diese ungünstige Lage mildern könnte. Diese Bemühungen um einen »Ausgleich« haben nur in Bengalen Erfolg gehabt, wo ein weitblickender Staatsmann, C. R. *Das,* mit seiner Erfahrung und Autorität 1924 einen solchen zustande brachte, der bis zum Schluß gehalten hat. Sonst blieben diese Anläufe Stückwerk. Die Beteiligung von Moslems im ICS wurde zwar mit gewissen Prozentualklauseln amtlich geregelt, aber oft genügte die Zahl der sich meldenden Moslem-Kandidaten nicht, um die ihnen vorbehaltenen Plätze mit wirklich geschulten Anwärtern zu besetzen. Mit ihrer Berücksichtigung in den »Councils«, d. h. in den gesetzgebenden und administrativen Körperschaften, waren die Moslems zufrieden, solange die indischen Vertreter *ernannt* wurden. Sobald aber *Wahlen* vorgesehen wurden, drohte ihnen das zahlenmäßige Mißverhältnis mit der Gefahr, keinen Vertreter durchzubringen. Erst recht galt das für die Verfassung von 1935, die echte Wahlen für eine Volksvertretung vorsah, der die einheimischen Regierungen verantwortlich sein sollten. Hier wurde das Gefühl, eine hoffnungslose Minderheit zu sein, zu einem Angsttraum der Moslems. Die Briten halfen hier mit der Einführung getrennter Wahlschaften, d. h. Moslems und Nicht-Moslems mußten getrennt für Sitze abstimmen, die von vornherein jeder Gruppe reserviert waren – eine Maßnahme, die einer indischen »Nationbildung« zuwiderlief, aber eben um des Ausgleichs willen hingenommen werden mußte. Außerdem zeigte sich hier, wie die Moslems als Minderheit sich überall gegen das demokratische Prinzip stemmten, also gerade die Basis des kommenden indischen Staats leugneten, und sich Volksabstimmungen widersetzten (außer wenn ihnen die Mehrheit sicher war). Die Kongreßführung hat dieses Problem in seiner ganzen Tragweite kaum erkannt, jedenfalls nicht mit dem politischen Weitblick behandelt, den es verdiente. Die Führer der Moslems haben sich darüber selten klar geäußert, da sie sich scheuten, den wahren Grund ihrer mißlichen Lage – das Zurückgebliebensein – einzugestehen, und in ihrer Agitation lieber kleinliche, oft an den Haaren herbeigezogene Vorwürfe gegen den Kongreß konstruierten. Schmähschriften, wie der sogenannte Pirpur-Report, sammelten solche Anklagen gegen die Provinzregierungen, die seit 1937 von Kongreßmehrheiten geleitet wurden, und es ist für ihren Gehalt ebenso bezeichnend, daß kein verständiger Brite sie ernstgenommen hat, wie daß Jinnah jeder Untersuchung durch die zuständigen Stellen auswich. Sie enthielten Klagen über die gellende Musik der Hindus, die sie angeblich besonders gern freitags in der Nähe der Moscheen ertönen ließen – eine Sache, die jede einsichtsvolle Polizei leicht hätte regeln können; oder daß bei politischen Veranstaltungen die damals übliche Hymne »Bande Mataram« gesungen wurde – was etwa der Zumutung entspricht, daß katholische Teilnehmer bei patriotischen Festen in das Lutherlied »Ein feste Burg« einstimmen sollten. Später hat Tagore eine überkonfessionelle Nationalhymne gedichtet. Bezeichnend ist aber, daß alle solche Klagen sich auf Randerscheinungen bezogen; eine wirkliche Beeinträchtigung des islamischen Kults wurde nie behauptet.

Ebenso ist es bezeichnend, daß die auffälligste Form dieses Gegensatzes, die oft blutigen Ausbrüche der Volksleidenschaft zwischen Hindus und Moslems, die sogenannten »riots«, in diesen Anklageregistern nicht erscheinen: ein Beweis, daß sie jedenfalls nicht durch alleinige Schuld der Hindus verursacht wurden. Gerade hier haben sich die Kongreßführer in zahlreichen »Unity Conferences« unaufhörlich bemüht, Schlichtungsverfahren zu vereinbaren, mit deren Hilfe solchen Spannungsentladungen vorgebeugt oder ihr Verlauf wenigstens hinterher unparteiisch untersucht werden könnte. Keiner dieser Vorschläge ist verwirklicht worden. Umgekehrt bewahrten die Hindus Diskretion in solchen Fällen, wo die Schuld eindeutig bei den Moslems lag, und da sie natürlich auch im gegenteiligen Fall von öffentlichem Tadel des Schuldigen absahen, ist fast in keinem einzigen Fall die Schuldfrage einwandfrei geklärt worden – was ihre Verhütung selbstredend erschwerte.

Wohl aber bildeten sich im Hindu-Lager politische Vereinigungen mit einer ausgesprochen gegen die Moslems gerichteten Zielsetzung, wie die Hindu Mahasabha und später die Partei des »Jan Sangh«. Beide wollten die Sonderinteressen der Hindus wahren und wehrten sich mit lauter Agitation gegen jedes Zugeständnis, das den Moslems gemacht wurde. Aber diese Parteien blieben Minderheitsgruppen, die niemals Einfluß auf die verantwortliche Regierung hatten, weder vor noch nach 1947. Sie spielen in Indien etwa die Rolle wie die NPD in der Bundesrepublik, die der sowjetischen Agitation ebenso als willkommene Zielscheibe dient, wie jene indischen Parteien der Moslem-Führung. Ernster wirkte oft die schroffe Gegnerschaft der Moslems gegen einzelne Politiker. Es ist kaum zu bezweifeln, daß Krishna Menon mit seinen höchst unklugen und von einseitigen Vorurteilen getragenen Reden den Beziehungen zwischen Hindus und Moslems bzw. zu Pakistan mehr geschadet hat als die Agitation der erwähnten Parteien. Auch *Nehru* ist nicht frei von Schuld, wie es bei Bildung der Provinzregierung in den UP. 1937 oder bei seiner Pressekonferenz von 1946 zu besprechen sein wird. Gerade er reizte die Moslems, da er als einziger zu dem politischen Rang emporstieg, der ihn befähigt hätte, in echter Nachfolge von C. R. *Das,* einen haltbaren Ausgleich mit den Moslems zustande zu bringen. Daß er es nicht getan hat, war *eine* der Ursachen für die Abspaltung Pakistans. Dazu kam die verspätete Reife der indischen Moslems. War der Gedanke eines *weltlichen* Staats und eines an keine Religion geknüpften gesamtindischen Nationalgefühls, als Nehru ihn aussprach, selbst aufgeklärten Hindu-Politikern noch kaum verständlich, so mußte man bei den Moslems mindestens auf eine weitere Generation warten, ehe man eine solche Einsicht bei ihnen erhoffen durfte. Ihre großen Geister, wie

Maulana *Azad*, haben es früh erkannt; aber für die Masse der Moslems blieb eine solche Vorstellung in den entscheidenden Jahren noch unverständlicher als für die Hindus. Wäre die Befreiung Indiens eine Generation später erfolgt, hätte vermutlich der Gedanke eines Pakistan niemals verwirklicht werden können. So aber regten sich diese Widerstände und führten neben der Ablehnung jeder demokratischen Regierungsform zu einer förmlichen *Feindschaft* gegen den Kongreß und damit gegen die Hindus, die zu einem der ausschlaggebenden Faktoren in den Jahren der Entscheidung wurde.

In dieser Lage übernahm die Führung der Moslems der Mann, der alle die spaltenden Tendenzen mit hohem Geschick zusammenfaßte, um bei der Neubildung Indiens für die Moslems das Bestmögliche herauszuholen. *Jinnah* gehörte zu den ganz verwestlichten Typen seiner Gruppe, hatte für das eigentlich Religiöse nur wenig Interesse, und er war viel zu sehr Anwalt, um mit Verantwortung in die Zukunft vorauszudenken. Sein Ziel war, das ihm übertragene Mandat mit dem bestmöglichen Erfolg abzuschließen, wobei er die politische Haltbarkeit seiner Erfolge nicht erwog. Um so unbedenklicher war er in der Wahl seiner Mittel, die gesamte Moslem-Gruppe hinter sich zu bringen und sie gegen die Hindus so scharf wie irgend möglich abzugrenzen. Da inzwischen der Kongreß durch eine oft kurzsichtige Politik sein Verhältnis zu den Briten verschlechterte, fiel Jinnah in diesem Dreieck die leichte Aufgabe zu, als lachender Dritter sich bald mit dem einen, bald mit dem anderen zu verbünden – eine taktisch einzigartige Lage, die seine überraschenden Erfolge erklärt. Er zeigte sich dem Kongreß auch darin überlegen, daß er die Entwicklung der Dinge weitsichtiger voraussah, den Abzug der Briten viel früher erkannte als jene. Indem er schließlich unter Bruch der bis dahin zwischen beiden Lagern beobachteten Praxis der Gewaltlosigkeit mit seinem Ruf nach der »direct action« gewaltsame Methoden auch für den innerpolitischen Kampf guthieß, bewirkte er, daß sich das innerindische Klima bis zum Ausbruch schlimmster Leidenschaften anheizte, bestärkte dadurch allerdings die Briten in ihrem Entschluß, abzuziehen, da sie einfach nicht mehr in der Lage waren, bürgerkriegsartige Unruhen zu meistern.

Waren also die indischen Moslems »Inder«? Oder bildeten sie eine eigene Nation, wie Jinnahs Propaganda behauptete?

Ihr geistiger Führer, Ahmad Khan, hatte sie gelehrt, daß es keine »indische Nation« gäbe – was damals gewiß zutraf, denn sie entstand erst mit dem Befreiungskampf. Auch die Hindus hatten zeitweise den Irrweg eingeschlagen, sich als eine »Hindu-Nation« konstituieren zu wollen. Verständlich, daß die Moslems, die später in die Politik eintraten, ähnliches versuchten. Wenn sich also der Hindu religiös als solcher und politisch als »Inder« fühlte, so bereitete ihm das keine Schwierigkeit, da sich in seiner Vorstellungswelt beides deckte.

Anders bei dem Moslem. Selbst ein so »national« denkender Politiker wie *Mohamed Ali,* den Gandhi zeitweise seinen »teuren Bruder« nannte, sagte von sich, daß er »erst Moslem« und »dann Inder« wäre. Damals konnte sich niemand vorstellen, daß sich der Gedanke der weltlichen Nation durchsetzen würde, so daß sich im heutigen Indien 60 Millionen Moslems ohne inneren Konflikt als »Bürger Indiens« fühlen und selbst im Kriege gegen Pakistan ohne Gewissensbedenken ihre Pflicht erfüllt haben. Damals erkannte man noch nicht, daß man auf Religion allein, auch auf den Islam nicht, keinen Staat zu gründen vermag, der verschiedene Völker umfassen soll, wie Pakistan. Die erschütternde Erhebung des bengalischen Volks, dessen östliche Hälfte diesem Staat zugeteilt wurde, hat das bestätigt. Damals träumten Dichter und Denker von einem solchen als einer praktisch durchführbaren Möglichkeit, wie der große *Iqbal,* der um 1930 als erster den Gedanken aussprach, die moslemisch besiedelten Gebiete des *Industals* und seiner Nachbarländer zu einem eigenen Moslem-Staat zu vereinigen – ob im Rahmen einer indischen Föderation oder ganz selbständig, ließ er dahingestellt. So ähnlich dachten auch die jungen Studenten, deren einer für diesen Plan den Namen erfand, der sich aus den Anfangsbuchstaben der beanspruchten Länder zusammensetzte:

P für Panjab,
A für das Afghanenland, womit er die Pathans meinte,
K für Kaschmir,
S für Sindh
und Istan für Belutschistan,

während natürlich niemand an die Einbeziehung des 2000 km entfernten Bengalen dachte, in dem außerdem Urdu eine unbekannte Sprache war. Die überwältigende Mehrheit der indischen Moslems lehnte den Plan zunächst ab, ja hielt ihn für eine nicht ernst zu nehmende Chimäre. Indem aber die demagogische Agitation Jinnahs und seiner Partei Anhänger für diesen Plan gewann, wurden diese zu einer eigenen »Nation« im status nascendi.

Trotzdem wäre alles erfolglos geblieben, wenn der Kongreß dem Plan rechtzeitig mit geeigneten Methoden entgegengetreten wäre. Vorbedingung einer solchen Gegenaktion mußte sein, die Wünsche der Moslems ernst zu nehmen und gewissenhaft zu erwägen, was man ihnen statt dieses »Traumstaats« anbieten könnte. Es wird zu zeigen sein, daß es an dieser nüchternen Prüfung zunächst gefehlt hat, und daß man sich dann zu spät aufraffte. Das bleibende Symbol dieses verhängnisvollen »Zu spät« ist der Besuch des alten Mahatma im Hause Jinnahs in Bombay (September 1944). Als er nach fast zwei Wochen die Treppe dieser pompösen Residenz unverrichteter Sache hinabstieg, war die Einheit Indiens verloren. Die sehr geschickten Versuche der Briten, das Auseinanderbrechen noch zu verhindern – auf der Basis einer Föderation –, sind erfolglos geblieben. Die Abspaltung Pakistans kam und mit ihr der Versuch, aus mehreren Völkern einen Staat zu bilden, dessen einzige gemeinsame Basis die islamische Religion sein sollte – ein Versuch, der zu der schauerlichen Tragödie Ostbengalens geführt hat.

Diese Entwicklung spiegelt sich wieder in der Haltung der einzelnen Vertreter der indischen Moslems, die damals politisch hervorgetreten sind. Auf die Gläubigkeit kam es dabei nicht an.

Jinnah war zwar Moslem, stand aber innerlich der Religion fern. Weder hatte er Arabisch gelernt, um den Koran zu lesen, noch war er in der Moschee ein häufiger Gast. Er konnte nicht einmal Urdu sprechen und hat die feierliche Proklamation seines Staats nur in englischer Übersetzung am Radio vorgelesen. Seine Gattin war eine Parsi aus Bombay, seine Schwester wurde in einem katholischen Konvent erzogen, und seine einzige Tochter wurde Christin. Sein täglicher Verkehr während des größten Teils seines Lebens war die Gesellschaft des kosmopolitischen Bombay, wo er als gesuchter Anwalt in allen Kreisen freundschaftlich verkehrte.

Ganz anders der »frömmste« unter den bekannten Politikern, *Maulana Azad:* Er hatte in Mekka studiert, sprach Arabisch und Urdu und war ein innerlich gläubiger Moslem, sicherlich einer der ernsthaftesten Bekenner des Islams. Er gehörte zum

Kongreß, dessen Präsident er während der acht entscheidenden Jahre gewesen ist.

Der Dichter *Iqbal,* der den Gedanken eines Pakistan erfand, liebte Indien als seine Heimat so warm, daß er ihm eins seiner schönsten Gedichte widmete:

»Indien ist das Land der Länder, ist das schönste Land
von allen . . .
Indien ist meine Heimat, und wir alle, *wir sind Inder.«*

Unter den Verwaltungsbeamten ragt hervor *Sir Mirza Ismail,* der als leitender Minister in den Staaten Maisur und Jaipur – beides Hindu-Staaten – zum echten Inder wurde, der seinen Neffen, Iskander Mirza, Regierungschef in Pakistan, von unklugen Maßnahmen abzuhalten suchte.

Unter den Offizieren sei erwähnt der *Oberst Shah Navaz Khan,* einer der Begründer der indischen Freiheitsarmee in Singapur. Er blieb Indien treu, und sein Name stehe für die Tausenden von Moslems, die dort mitkämpften.

Von den reinen Politikern neigten die meisten zur Liga. Die Zahl, die sich dem Kongreß anschloß, blieb gering. Es waren persönliche Freunde der Kongreßführer, wie *Dr. Mahmud* und *Dr. Ansari,* die mit Nehru in England studiert hatten, oder *Dr. Kitchlew,* der Gandhis Ideologie innerlich aufnahm und später zur kommunistischen Friedensbewegung und zum Stalin-Preis gelangt ist.

Der kosmopolitischen Atmosphäre der Großstadt Bombay entstammten *Badruddin Tyabji,* einer der drei Gründer des Kongresses, sowie *Rahimtulla Sayani.*

Freiheitssinn auf stammesmäßiger Grundlage verband sich in eigenartiger Weise mit Gandhis Ideal der Gewaltlosigkeit bei den Brüdern Khan, vor allem bei *Abdul Ghaffar Khan,* dem sogenannten »Gandhi der Nordwestgrenze«, in einer tragischen Weise, da er in dem Konflikt zwischen Treue zu Gandhi und den geographischen Bedürfnissen seines Stammes eine politisch praktische Lösung nicht fand. Ähnlich erging es den zahlreichen jugendlichen Idealisten, die ihr Freiheitsideal über alles stellten und dafür ihr Leben in der Untergrundbewegung freudig aufs Spiel setzten.

Sehr bezeichnend war die Lage der Politiker, die die Regierung in den beiden Provinzen mit Moslem-Mehrheit übernahmen. *Mian Fazl-i-Hussain* gründete im Panjab eine eigene Partei, die Unionists, die auf agrarischer Basis Moslems wie

Hindus miteinander vereinigte und ihm dadurch eine solide Mehrheit sicherte und eine verständige Regierung ermöglichte.

Seine Nachfolger haben seine Linie beibehalten: *Sikander Hyat Khan* und *Khizr Hyat Khan.*

In Bengalen fand *Fazl-i-Huq,* politisch aus der Schule von *C. R. Das,* als Chefminister seine Wählerschaft in der Masse der kleinen Bauern, bei der er mit seiner leutseligen Art volkstümlich wurde. Sein Nachfolger, *Husein Suhrawardy,* schwankte zwischen der politischen Überlieferung Bengalens und dem lockenden Ruf Jinnahs, stand aber in der entscheidenden Stunde zu Gandhi und hat die Teilung seines Landes zu Gunsten Pakistans zusammen mit seinem Stellvertreter, *Sarat Bose,* feierlich zurückgewiesen.

Ähnliche Konflikte zwischen allindischer Verbundenheit und den Sonderpflichten als Moslem bewegten auch den *Aga Khan* sowie seinen Mitdelegierten auf der Londoner Konferenz am Runden Tisch, *Mohamed Shafi;* beide haben sich eifrig um einen Ausgleich bemüht.

Auch der letzte Herrscher von Bhopal, *Hamidullah,* dessen jugendlicher Sinn sich für Gandhi begeisterte, hat nützlich und versöhnlich mitgeholfen und auch zwischen Kongreß und Vizekönig vermittelt. Der *Nawab von Chhattari* hat als Minister des Staates Haidarabad in der Übergangskrise von 1948 ehrlich für eine verständige Lösung gearbeitet und ist zurückgetreten, als er erkannte, daß der völlige Mangel an politischer Einsicht bei seinem Herrscher durch friedliche Mittel nicht behoben werden konnte. Der *Nawab Haji Muhammed Ismail Khan,* aus der Schule des Reformators Ahmad Khan, hat zeitweise sogar mit dem Kongreß zusammengearbeitet, um eine sachliche Behandlung der moslemischen Sonderwünsche zu erleichtern. Das klassische Beispiel dieses Konflikts geben die Brüder Ali. *Mohamed Ali* begann als religiös erzogener Schüler der Aligarh-Universität, öffnete sich dann der supranationalen Panislam-Bewegung, in deren Schoß er die Zukunft der indischen Moslems bergen wollte. Diese Einstellung bringt ihn wunderbarerweise zur Zusammenarbeit mit Gandhi. Er hört von ihm zum erstenmal im Gefängnis 1919. Das Schicksal der Türkei und die Sorge um den Kalifen bringen ihn an Gandhis Seite, als dieser verspricht, die pan-islamischen Ziele zu den seinen zu machen. Mohamed Ali geht so weit, daß er es für unmöglich erklärt, daß ein echter Moslem der britischen Raj diene – als Beamter oder als Soldat. Er erscheint daher den Briten als einer der »gefährlichsten Abenteurer« und verbringt von den neun Jahren 1915–1923 sieben im Gefängnis. Dann wird er zu einem eifrigen Mitkämpfer im Kongreß und 1923 sogar sein Präsident. Er arbeitet an der Verständigung zwischen beiden Gruppen – sowohl bei den Unity-Konferenzen (1924) wie auf der Londoner Round-Table-Konferenz. Aber der Mißerfolg der Kalifats-Kampagne läßt ihn umschwenken. Seit 1930 ist er wieder ein »Nur-Moslem«, der seinem früheren Kampfgefährten und Freund nun entgegenhält, daß *»Mister* Gandhi 70 Millionen Moslems unter die Herrschaft der Hindus habe bringen wollen«. Er stirbt in der Doppeleigenschaft, die der Titel seiner letzten Zeitschrift verrät, als ein »communal patriot«, d. h. als einer, der zwar gern indischer Patriot hätte sein mögen, aber die Sonderinteressen seiner Religion doch über das Gesamtwohl stellte.

Kapitel 42

Träger und Ziele der Befreiungsbewegung

Es ist eine Ironie der Geschichte, daß die soziale Klasse, die Indiens Unabhängigkeit errungen hat, ihre Prägung, ja beinah ihre Entstehung der britischen Herrschaft verdankt. Gewiß gab es ein indisches Bürgertum schon zu Zeiten des Buddha, aber es war als solches niemals politisch hervorgetreten und war zudem im 18. Jahrhundert schwer angeschlagen worden. Im Handelsverkehr mit den Briten, oft in bescheidener Stellung, erwarb es nun die Grundlage eines neuen Wohlstands. Die öffentlichen Ausschreibungen für die Steuererhebung gaben ihm die Möglichkeit, Landbesitz zu erwerben und, indem es dort den alten Landadel verdrängte, auch dessen privilegierte Stellung zu übernehmen. Endlich brachte ihm die westliche Bildung, die Macauley dem Lande gab, die englische Sprache, die zum Verständigungsmittel der Bewegung wurde und zusammen mit den politischen Ideen des Westens den Anreiz weckte, in ähnlicher Weise politisch tätig zu werden wie das europäische Bürgertum. Gerade die englische Sprache –

zusammen mit dem neuzeitlichen Verkehrswesen – hat zwischen den verschiedenen Zentren dieser neuen politischen Bewegung die Verbindung und die Verständigung hergestellt, aus der sich ein gesamtindisches Solidaritätsbewußtsein und damit die Einheit Indiens entwickeln konnte. Die Briten haben die Tragweite dieser Entwicklung unterschätzt. Noch 1888 spöttelte ein Vizekönig über diese »mikroskopische Minderheit«, und noch nach dem ersten Weltkrieg konnte man ältere britische Beamte in herablassendem Ton von den »unruhestiftenden Babus« sprechen hören.

Viel wichtiger erschien den Briten die Tatsache, daß weder die adlige Oberschicht noch die breiten Massen dieser bürgerlichen Gruppe folgten, die ja nach ihrer Kaste und ihrem »dharma« zum Regieren und Kämpfen gar nicht berufen war. Die Fürsten dankten ihre Existenz der englischen Krone, und auch die großen Grundherren hielten ihren Besitz an Ländereien unter britischem Schutz für besser gesichert als unter einer »demokratischen Volksregierung«, als welche ihnen der Kongreß erscheinen mußte. Diese Kreise also blieben abseits.

Die Befreiungsbewegung warf der Mehrheit der indischen Fürsten vor, nicht »national« zu fühlen, sondern nur an ihre Sonderinteressen zu denken. Ähnliche Vorwürfe hat man im 19. Jahrhundert den deutschen Fürsten gemacht, von denen einige sogar auf seiten Napoleons gefochten haben. Aber als die große Stunde nahte, haben sie sich rechtzeitig in die nationale Front eingereiht und damit ihre Existenz auch über 1871 hinaus bewahrt. Die indischen blieben loyal, auch als politisch Eingeweihte an der bevorstehenden großen Wende nicht mehr zweifelten. Ebenso standen Armee und Polizei in ihrer Mehrheit bis zuletzt zu ihrem, dem »Kaiser und König« geleisteten Treueid.

Auch die Masse der Bevölkerung blieb von den neuen Tendenzen lange unberührt. Sie war politisch noch nicht erwacht. Ihre örtlichen Erhebungen aus bitterer Not blieben vereinzelt und begnügten sich mit bescheidenen Erleichterungen ihrer jämmerlichen Lage. So war in der Tat das gebildete Bürgertum die einzige Schicht, die willens und fähig war, Veränderungen im politischen Zustand anzustreben. Ihre Schwerpunkte lagen – wie in Europa – in den großen Städten, vor allem in den drei von den Briten geschaffenen Hafenplätzen – Kalkutta, Bombay und Madras. Die altindischen Städte, wie Delhi, Lakhnau oder Lahore, blieben zunächst zurück. Nur Poona als Sitz des letzten indischen Großstaats der Marathen vermochte seine alte Bedeutung rasch zu erneuern. Träger der Bewegung waren also Städter, Rechtsanwälte, Professoren, Kaufleute. In Bengalen allerdings entstammten viele jenen Familien, die zu Gutsherren geworden waren (Zamindars), die also, obwohl in Kalkutta lebend, doch ein engeres Verhältnis zur Landbevölkerung hatten. Diese bengalischen Landherren gründeten sogar die erste politische Vereinigung. Bombays bürgerliche Schicht war gemischter; denn hier trafen sich Marathen, Gujaraten und Parsis mit den einflußreichen Moslem-Sekten der Bhoras und Khojas (den Folgern des Aga Khan), so daß hier von vornherein eine »kosmopolitische« Atmosphäre alle Gruppen miteinander verband. In Poona herrschte unverändert die Kaste der Chitpawan-Brahmanen, aus der die Peshwas stammten. Madras, die Hauptstadt der Tamilen, verharrte anfangs in konservativ-abwartender Haltung, wandelte sich dann aber zu einem Zentrum ausgleichender politischer Vernunft. Im Panjab, das erst 1849 britisch geworden war, regten sich die Sikhs zunächst nicht, sie blieben sogar während der Großen Erhebung von 1857 »neutral«; den entscheidenden Anstoß erhielt dieses Gebiet erst durch den Gujaraten Dayanand Saraswati. Das Gangesland folgte als letztes.

Ziele und Aufgaben

Die Befreiungsbewegung begann keineswegs mit dem Ziel, die Briten aus Indien zu vertreiben. Anfangs wurde ihre Herrschaft von den Hindus, die auch die der Moslems schon als Fremdherrschaft empfunden hatten, sogar als eine Wendung zum Besseren begrüßt, da die Briten ihre Religion nicht verfolgten, wie es noch Aurangzeb getan hatte. Ihr erstes Ziel war vielmehr – wie es einer neuzeitlich gebildeten Klasse entspricht – sich mit ihren Fähigkeiten an dem bestehenden Staat beteiligen zu dürfen. Ihr Ziel waren also Reformen, nicht Umsturz. Zwei Wege boten sich dafür an: die Aufnahme junger Inder in den Verwaltungsdienst (ICS) und die Teilnahme der Älteren an der Gesetzgebung und an wichtigen Entscheidungen in Form einer »Volksvertretung«. Dieses Doppelziel bildete zunächst den eigentlichen Inhalt der Bewegung. Das setzte natürlich voraus, daß man den Staat, an dem man mitwirken wollte, als legal anerkannte, daß man also die britische Herrschaft so behandelte, »als ob« sie die rechtmäßige Regierung Indiens wäre. So mußten auch die bürgerlichen Schichten »loyal« werden, wie es 1885 auf der Gründung des Nationalkongresses ausdrücklich festgestellt wurde: »Wir sind loyal bis in die Knochen.« Oder wie es der Kongreß 1899 als seine Aufgabe umriß, »durch verfassungsmäßige Methoden die Interessen und das Wohlbefinden der Bevölkerung des Kaiserreichs Indien zu fördern«. Was ihnen vorschwebte, war also eine konstitutionelle Monarchie unter dem britischen Kaiser, an deren Regierung und Verwaltung Inder in wachsendem Maße zu beteiligen wären, bis sie den gesamten Staatsapparat übernehmen und den letzten britischen Beamten überflüssig machen würden. Wie ein englischer Beamter spöttisch meinte, wollten sie »die weiße Bürokratie durch eine farbige ersetzen«. Und dieser indische Staat sollte dann im Rahmen des Britischen Reichs bzw. des Commonwealth zu einem voll berechtigten »Dominion« werden. So präzisiert, wurde das Ziel im August 1947 erreicht; und auch die waren zufrieden, die, wie Nehru, früher viel weiter gehende Ziele proklamiert hatten. Mit der »purna swaraj« hatte er eine vollständige Loslösung aus der britisch kontrollierten Völkerfamilie gemeint, als er auf der Jahrestagung des Kongresses von 1929 den Dominion-Status durch ein neues Endziel ersetzte. Aber seit 1947 hat sich Indien zwar in eine Republik verwandelt, von dem Recht, aus dem Commonwealth auszutreten, indessen ebensowenig Gebrauch gemacht wie eine »Vertreibung der Briten« stattgefunden hat. Abgezogen sind die Beamten und die Soldaten; die britischen Privatpersonen sind geblieben – sogar in größerer Zahl als vor 1947.

Was auffällt ist, daß während dieses Ringens, in dem die Inder schrittweise eine Position nach der anderen besetzten, die Frage, die bei europäischen Volksvertretungen die größte Rolle gespielt hat, merkwürdig im Hintergrund geblieben ist: das *Budgetrecht*. Das lag teilweise daran, daß der Abzug der Briten, also die eigentliche Befreiung, hier so beherrschend im Mittelpunkt stand, daß dahinter selbst die Bewilligung des jeweiligen Jahresbudgets als eine bald vorübergehende Maßnahme erschien. Daneben war es auch Mangel an Erfahrung. Gewiß erkannten die neuen Volksvertreter bald, daß der Anteil der Ausgaben für Schulbildungs- und Sanitätszwecke sehr kärglich war, und daß die Rüstungsausgaben mehr als die Hälfte des Budgets ausmachten. Aber was vorgebracht wurde, ging mit wenigen Ausnahmen, wie den berühmten Budgetreden Gokhales, nicht über agitatorische Suaden hinaus. Kaum ein indischer Politiker wird damals vorausgesehen haben, daß auch im freien Indien die Rüstungsausgaben bald die gleiche Höhe erreichen würden. Gandhi hatte für solche Fragen wenig Interesse, obwohl er bei der Verwaltung der ihm zufließenden Kongreß-Gelder ebenso sparsam wie gewissenhaft wirtschaftete – seine Herkunft aus einer Kaufmannskaste niemals verleugnend. Für Nehru, der einer wohlhabenden Familie entstammte, war Geld etwas, was »da zu sein hatte«. Diese Distanz zum Geld zeigte sich selbst bei der späteren Besetzung des Finanzministeriums. Im sogenannten »Interims-Kabinett« von 1946 überließ der Kongreß ausgerechnet dieses Ressort der Moslem-Liga, die es dann erfolgreich zur Sabotage des Ganzen ausnutzte. Im freien Indien folgte als Finanzminister einem südindischen Christen (Dr. Matthai) erst ein Berufsbeamter vom ICS (Deshmukh) und ihm ein Geschäftsmann, dem man erlaubte, seine Firma fortzuführen. Der erste echte Kongreß-Mann, der dieses Ressort übernahm, Morarji *Desai,* machte sich sofort so unbeliebt, daß er froh war, es bald wieder abgeben zu können. Dieses Verhältnis zu den Finanzen läßt eine gewisse Weltfremdheit erkennen, die der Kongreß auch auf anderen Gebieten zeigte.

Die eigentliche Kampflosung wurde 1920 mit dem Begriff der »swarajya« formuliert, d. h. der Selbstregierung, wie sie damals der bedeutendste Staatsmann C. R. *Das* auffaßte. Man griff zu ihr zunächst auf dem Gebiet der städtischen Verwaltung, die den stadtgewohnten Politikern vertraut war. Dagegen scheute man sich, eine solche der Kongreß-Organisation auch auf dem flachen Land aufzubauen, wo es leicht möglich gewesen wäre, da dort keine britische Verwaltung bestand. Auch zögerte man lange, die Verwaltung der Provinzen zu übernehmen, als diese durch die Verfassung von 1935 den Indern angeboten wurde. Man ist beinah versucht zu glauben, daß der seltsame Entschluß, diese neue und wichtige Machtposition gleich nach Ausbruch des ersten Weltkrieges freiwillig wieder zu räumen, neben anderen Motiven auch einer gewissen inneren Unsicherheit entsprungen ist.

War daher der Kampf um die Befreiung zum großen Teil ein solcher um aktive Beteiligung an dem bestehenden Staat, so mußte sich der Kongreß fragen, in wessen Namen er spräche, wenn er die Befreiung forderte. Sicher war, daß sich weder die Fürsten noch die Masse der Grundherren »befreien« lassen wollten, da sie sich unter britischer Herrschaft sicherer fühlten als unter dem ungewissen System einer demokratischen Zukunft. Auch die Masse der Moslems schwankte durchaus, ob sie die Befreiung durch den Kongreß wirklich als einen Vorteil ansehen sollte. Einige weitblickende Moslems, wie Maulana Azad und eine stattliche Anzahl junger Moslems, haben wacker mitgekämpft, letztere besonders in der Untergrundbewegung und in der indischen Freiheitsarmee des Bose. Aber prozentual blieb ihre Gesamtzahl gering. So blieb auch die Masse der Moslems abseits; und obwohl Jinnah in seinen Reden stets von Befreiung sprach, hat er wenig getan, sie zu erringen. Die indischen Moslems, namentlich die Bürger Pakistans, danken ihre Unabhängigkeit überwiegend den Anstrengungen der Hindus; Jinnah hätte über die Zumutung, ins Gefängnis zu gehen, gelacht – wie er denn Gandhi, der es tat, für verrückt hielt. Endlich spaltete der wachsende Hang zu sozialistischen Parolen die Einstellung der Wirtschaftskreise, denen solche Experimente bedenklich erschienen. Wenn der Kongreß also den Anspruch erhob, im Namen des ganzen Indien zu sprechen, mußte er bedenken, daß ein »Alleinvertretungsanspruch« kein verbriefter Rechtstitel ist, sondern eine Zielsetzung, die durch erfolgreiche Bemühungen täglich verwirklicht werden muß. Die Aufgabe, die sich hieraus ergab, zeigt eine der schwächsten Stellen in der Kongreß-Politik.

Sie war ein Teil der umfassenden Aufgabe, aus der gesamten Bevölkerung Indiens ein einheitliches Staatsvolk zu schaffen, also neben die Befreiung die Einigung, neben die Freiheit auch die Einheit zu setzen. Innerhalb seiner Mitglieder wuchs diese neue gesamtindische Einigkeit trotz vieler Spannungen und Meinungsverschiedenheiten in befriedigendem Tempo heran. Gegenüber der breiten Masse bedurfte es längerer Vorbereitung, um ihr Begriffe wie »indisches Gesamtvolk« oder gar »Nation« verständlich zu machen. Gandhi vermied solche Begriffe und nannte als sein Ziel lieber die Verwirklichung »der von Gott gewollten Wahrheit«. Sein charismatisches Genie vermochte die Masse mit solchen Gedanken zu begeistern. Aber die praktischen Politiker mußten nach einem festen Grund suchen, auf den sie die zu schaffende Nation basieren konnten.

In Bengalen wie in Maharashtra (Tilak) beschritt man zunächst den Irrweg, dafür den Hinduismus zu wählen. Gewiß hätte sich diese Religion als nationales Band geeignet, da sie nur auf indischem Boden existierte, also territorial eine einigende Geschlossenheit schuf. Dagegen stand die harte Tatsache, daß in Indien neben dieser Hauptreligion eine andere ausgesprochen machtbetonte besteht, der Islam, für dessen Bekenner der Hinduismus keine Staatsgrundlage gewesen wäre. Das Genie des jüngeren Nehru fand die einzig mögliche Lösung, den weltlichen oder, wie er sagte, den säkularen Staat, der von der britischen Praxis die vollkommene Gleichberechtigung und Duldung aller Religionen übernehmen sollte und den Staat über und außerhalb jeder Religion stehend gestalten müßte. Allerdings stand er mit diesem Weitblick während der Kampfzeit noch allein, nicht einmal Gandhi verstand ihn.

Allgemein wurde der Kongreß von der Vorstellung beherrscht, daß die Befreiung die Einheit automatisch bringen würde – ein Irrtum, wie mannigfache geschichtliche Vorgänge zeigen. Die Befreiungskriege gegen Napoleon haben keinen deutschen Einheitsstaat und erst recht keinen deutschen Nationalstaat geschaffen; die Befreiung Rußlands vom Joch der Tartaren schuf zunächst eine Vielzahl selbständiger Staatsgebilde, die die Großfürsten von Moskau erst allmählich zu einem Reich zusammenfügen mußten. Ähnlich endete die Befreiung Südamerikas vom spanischen Kolonialregime in einer Vielzahl von Einzelstaaten und erst recht die Beendigung kolonialer Herrschaften in Afrika, das durch seine »Befreiung« förmlich »balkanisiert« wurde (Ausdruck Nehrus) und sich erst jetzt bemüht, diesen Wirrwarr durch die »Organisation für die Einheit Afrikas« einigermaßen zu ordnen. Daß also das britisch-indische Reich, das mit Gewalt zusammengefügt worden war und mit der großen Machtfülle des britischen Weltreichs zusammengehalten wurde, nach Wegfall dieser Klammer ohne weiteres in einen auf freiwilligem Zusammenschluß errichteten Bundesstaat übergehen würde, war nach allgemeinen geschichtlichen Erfahrungen kaum und nach dem früheren Verlauf der indischen Geschichte überhaupt nicht zu erwarten. Wenn die indischen Politiker sich vorstellten, daß sie nach Abzug der Briten deren Staat einfach würden übernehmen können, so war das ein Wunschdenken, aus dem heraus sie dann in jeder Regung nach größerer Autonomie einen verwerflichen Bruch der nationalen Einheitsfront erblickten, so z. B. in dem Beschluß der bengalischen Koalitionsregierung von Moslems und Hindus von 1947, ihr Land keinesfalls aufgeteilt zu sehen und lieber ein eigenes autonomes Staatswesen neben Indien zu werden. Erst recht galt das natürlich für Jinnahs Plan der Abspaltung großer Teile zu Gunsten eines ganz neuen Staats.

Da andererseits die Kongreß-Mehrheit fest davon überzeugt war, daß der künftige indische Staat auf einer demokratischen Basis ruhen müßte, – in welchem Sinne man die erste Verfassung, den sogenannten »Nehru-Report« (nach dem Vater benannt), angefertigt hatte – wurde es zur unerläßlichen Aufgabe, die freiwillige Zustimmung aller Teile zu einem einheitlich geführten Staate zu beschaffen, da eben »niemand gezwungen werden sollte, gegen seinen Willen in diesem Staate zu bleiben«. Mit diesem Beschluß hemmte der Kongreß wiederum seine Bemühungen gegen so ausgesprochene Spaltungsmanöver, wie sie Jinnah später propagierte.

Was die Grenzen des künftigen Indien anlangt, dachten natürlich die meisten indischen Politiker, daß sie sich mit denen des britisch kontrollierten Gebiets decken sollten, – wobei sie wohl nicht genügend bedachten, daß dieses britisch-indische Reich mit Gewalt bzw. mit »imperialistischen« Methoden geschaffen worden war, also eine einmalige Leistung darstellte, die in der ganzen vorangegangenen Geschichte Indiens kein Vorbild besaß. Man war sich wohl darüber einig, daß Nepal, obwohl ein Hindu-Staat, nicht dazu gehörte; daß Afghanistan, das zu mehreren altindischen Reichen gehört hatte, abgeschrieben werden mußte, weil nicht einmal die Briten vermocht hatten, es sich einzuverleiben; und daß Burma nur künstlich angeschlossen worden war – eine Bindung, die noch während der Kampfzeit rückgängig gemacht wurde. Die britischen Verträge mit Bhutan und Sikkim galten den Indern nicht als Ausfluß einer imperialistischen Politik, wie die Chinesen sie zu bezeichnen pflegen, sondern als verständige Schutzmaßnahmen, um diese beiden Kleinstaaten und mit ihnen die Nordgrenze Indiens zu sichern. Und kein Zweifel herrschte darüber, daß die Fürstenstaaten, obwohl sie nicht zu Britisch-Indien gehörten, dem künftigen Indien in irgendeiner Form eingefügt werden müßten, worüber man sich während der Kampfzeit allerdings noch wenig Gedanken machte. Alles, was innerhalb der von den Briten gezogenen Grenzen lag, galt den Politikern der Befreiungsbewegung als »Indien«, und sie empfanden jeden Abstrich davon als Verlust ihres »nationalen« Territoriums.

Erst allmählich dämmerte ihnen die Einsicht, daß sie die beiden Hauptziele – die territoriale Unversehrtheit und die demokratische Freiwilligkeit – unter Umständen nur durch sorgfältig abgewogene Kompromisse würden erreichen können. So erwiesen sie sich als wenig aufgeschlossen für die Vorschläge, die die weiterblickende britische Regierung seit 1930 machte, die damals – gerade mit Rücksicht auf die Fürstenstaaten – die Umwandlung *aller* unter britischer Kontrolle stehenden Gebiete in eine Föderation vorschlugen. Damals haben die Kongreß-Politiker die Tragweite dieses Auswegs nicht erkannt, und erst recht haben sie damals nicht voraussehen können, daß solche Pläne in nächster Zukunft vielleicht wieder auftauchen können, nachdem der Streit um Kaschmir, die zunehmende Spannung zwischen Indien und Pakistan und die Erhebung des mißhandelten ostbengalischen Volks die Regelung von 1947 völlig erschüttert hat. Allerdings zeigen die ehemals indischen Politiker, die zu pakistanischen umgewandelt wurden, eine noch größere Starrheit, indem sie das britische Gesetz, das ihren Staat für sie geschaffen hat, für ewig und sakrosankt halten, ohne sich Rechenschaft darüber zu geben, daß sie weder an der Befreiung ihres Landes von der Kolonialherrschaft noch an der Begründung dieses neuen Staats in adäquater Weise aktiv mitgewirkt haben.

Für die innere Gliederung des künftigen Staats schuf der Kongreß schon frühzeitig eine brauchbare Grundlage, insofern er seine Partei-Organisation nicht auf die zufälligen Grenzen der britischen Provinzen aufbaute, sondern auf den natürlichen Zusammenhang der ethnisch-sprachlichen Volksgruppen, also auf die Siedlungsgebiete der »indischen Völker«. Das schuf eine praktische Basis für die Neueinteilung des großen Gebiets. Allerdings übersah man dabei, daß gerade diejenigen Volksgruppen, die bis zuletzt gegen die Briten gekämpft und dann den größten Anteil an der Befreiung Indiens beigetragen hatten – die Bengalen, die Marathen und die Sikhs – am schlechtesten abschnitten: die Bengalen, weil man sie gegen ihren Willen erneut aufteilte; die Marathen und Sikhs, weil man gerade ihnen einen eigenen Staat verweigerte, den sie später in langwierigen Bemühungen erst haben erkämpfen müssen.

Bei der Werbung um die breite Masse entstand das weitere

Problem, inwieweit man schon damals sozialistische Gedanken in den Befreiungskampf hineintragen dürfte. Schon einer der frühen Träger der Bewegung, Vishnubhuwa Bramacharia (1825 bis 1871), hatte versucht, einen spezifisch indischen Sozialismus aus der Hindu-Tradition zu entwickeln. Schon er hatte erkannt, daß man ein so armes Volk, wie das indische, nur mit Gedanken ansprechen könnte, die ihm eine Besserung seiner Lage verhießen. Auch hier befand sich der Kongreß in einer heiklen Lage: weder durfte er sich die Grundherren und Industriellen allzu stark entfremden, noch erst recht nicht die mittelgroßen Landwirte, die seine beste Wählerschaft auf dem Lande bildeten. Und an eine echte Agrarreform war während der Kampfzeit nicht zu denken. Wenn also der Kongreß grundsätzlich daran festhielt, daß man erst die Freiheit erringen und dann die sozialen Probleme angehen müßte, so war das vom Standpunkt der politischen Taktik durchaus verständlich, nur öffnete sich dabei kein Weg zum Herzen des Volks. Außerdem begannen schon andere Organisationen hier einzugreifen: sowohl die Gewerkschaften wie die Bauern-Vereinigungen und vor allem auch die noch zu britischer Zeit von Engländern (Philippe Spratt) gegründete Kommunistische Partei. Wohl blieb sie illegal, konnte aber trotzdem Einfluß gewinnen mit Argumenten und Versprechungen, die dem Kongreß nicht zur Verfügung standen. Daher bildete die jüngere Generation – Jawaharlal Nehru, Jay Prakash Narayan, Kripalani u. a. – im Rahmen der Kongreß-Partei eine besondere sozialistische Gruppe, so daß der Kongreß auch hier mit zwei Zungen reden konnte: für konservative Erhaltung des Bestehenden gegenüber der Wirtschaft und im Sinne sozialistischer Reformen vor der breiten Masse.

So sah sich also die Befreiungs-Bewegung vor sehr verschiedene Aufgaben und Ziele gestellt: einmal mußte sie die politische Befreiung vom Joch der Kolonialherrschaft anstreben, dann die Einigung der verschiedenen Völker, Kasten und Klassen herbeiführen und endlich das soziale Problem anpacken, das sich aus der unvorstellbaren Armut ergab. Jede dieser drei Aufgaben war riesengroß, zumal für die kleine Zahl der in der politischen Bewegung wirkenden Männer. Jede überschnitt sich mit den beiden anderen und führte zu Spaltungen. Die Befreiungsbewegung spaltete sich notwendig in Gemäßigte und Radikale (anfangs Extremisten genannt); die Einheitsbewegung in

Hindus und Moslems, in Zentralisten und Föderalisten, und die soziale Bewegung in bürgerliche und sozialistische Politiker, wie der Kongreß noch heute einen »rechten« und einen »linken« Flügel hat. Die dringlichste Aufgabe war daher, trotz aller Spannungen eine einheitliche Linie zu wahren bzw. immer wieder aufs neue eine solche herzustellen. Das gelang auch in Indien immer nur dann, wenn eine überragende Persönlichkeit die Führung übernahm.

Eine solche war zunächst Gandhi. Als er abtreten wollte (schon um 1923), wäre C. R. *Das* der geeignete Nachfolger gewesen. Sein früher Tod riß eine Lücke, in die dann Gandhi abermals geteilten Herzens einsprang, da sein neuer Kandidat, Nehru, erst in diese Aufgabe hineinwachsen mußte. So bietet die Führung der Kongreßpartei von 1925 an oft ein Bild der Unsicherheit und des Schwankens, und auch Nehru ist erst seit 1950, d. h. nach dem Tode seines großen Rivalen Sardar Patel, zum uneingeschränkten Führer der indischen Politik geworden. Ein Glück für ihn war, daß ihm der Nimbus des Mahatma verblieb, auch dann, als er von dessen Linie schrittweise abweichen mußte. Ein zweites Glück war es, daß es seinem Nachfolger Shastri binnen kurzem gelang, eine wirklich maßgebende Stellung zu erringen – was er vor allem dem Krieg mit Pakistan verdankte. Seitdem ist das Problem der Führung wieder akut, und für die Zukunft Indiens wird alles davon abhängen, ob wieder eine echte Führerpersönlichkeit an die Spitze gelangt.

Trotz ihrer geringen Zahl waren die als Träger der Bewegung tätigen Politiker von einem sehr gesunden Selbstgefühl erfüllt, das sie über die tiefen Klüfte, die sich überall auftaten, immer wieder zuversichtlich hinwegtrug. Vergleicht man die indische Befreiungsbewegung etwa mit dem Kampf, den China um seine Befreiung von kolonialartigen Abhängigkeiten und von der japanischen Invasion durchzuführen hatte, so fällt als wesentlicher Unterschied in die Augen, daß in China letzten Endes alles mit Waffengewalt entschieden wurde – mit einer oder mehreren Armeen, unter denen die von *Mao* Tse-tung inspirierte den endgültigen Erfolg errang. Dem entspricht es, wenn heute wieder – mehr denn je – die Armee als das Stahlgerüst des neuen China gilt. In Indien kämpfte eine dünne Schicht gebildeter Menschen aus der bürgerlichen Mittelklasse mit gewaltlosen Methoden, während die Armee auf seiten des Kolonialherrn blieb. Das erklärt auch die Stellung der Armee im heutigen Indien, die keine große Chance für eine Militär-Dikatur birgt – wie sie allerdings in Pakistan unter den typisch islamischen Vorbedingungen möglich geworden ist. Es erklärt aber auch, daß sich die Regierung des heutigen Indien, die sich fest an den Grundsatz demokratischer Regeln hält, den Aufgaben der Landesverteidigung erst spät und gar solchen machtpolitischer Natur, wie sie einem Großstaat eignen würden, im Gegensatz zu China überhaupt noch nicht zugewandt hat.

Kapitel 43

Die Methoden des Kampfes

Begrifflich gliedern sich die Kampfmethoden in legale und illegale sowie in gewaltlose und gewaltsame – räumlich, je nachdem sie in Indien selbst oder in England oder im Gebiet auswärtiger Staaten zur Anwendung gelangten. Gewaltlos und legal decken sich nicht immer; denn auch Gandhis gewaltloser Kampf hat nicht selten das Gesetz verletzt; andererseits wurde im Ausland selbst die Vorbereitung einer Verschwörung, mit dem Ziel, gewaltsame Akte in Indien zu verüben (Attentate, Aufstände, Sabotage oder offener Krieg) erst dann zu einer illegalen Handlung, wenn sie gegen die Gesetze des betreffenden Landes verstieß.

Im Anfang kannte die Bewegung nur legale, also *verfassungsmäßige* Methoden, die ihrer Natur nach gewaltlos waren. Die letzte gewaltsame Erhebung von 1857/59 hatte zu einer völligen Entwaffnung des ganzen Volks geführt. Die Zeit, wo jeder große »Zamindar« noch bewaffnete Trupps, womöglich auch eigene Kanonen besaß, war damit vorbei und mit ihr die Zeit, in der diese Kreise, die eigentlichen »kshatriyas«, aktiv gegen die Briten kämpften. Schon die Natur der bürgerlich erzogenen Politiker, die nunmehr zu Trägern der Befreiungsbewegung wurden, schloß jede kriegerische Betätigung aus. Wer unter Ausnutzung der durch die jeweilige Verfassung gegebenen Rechte in die Politik eintrat, mußte auf dem Boden dieser Verfassung stehen, also sich mindestens »loyal« geben. Die Ideen der Französischen Revolution wirkten zwar auch in dieser Schicht fort, aber an einen gewaltsamen Umsturz zu ihrer Durchführung war nicht zu denken. Und wer mit verfassungsmäßigen Methoden den bestehenden Zustand – im Sinne einer mehr freiheitlichen Gestaltung – ändern wollte, mußte darauf achten, daß eine etwa keimende Bereitwilligkeit der britischen Machthaber zu neuen Zugeständnissen nicht durch voreilige Gewaltakte verdrängt werden durfte.

Vernünftige Vorstellungen, die sich an die Einsicht der Briten wandten, waren also der erste gangbare Weg. Ihn hat schon Ram Mohan Roy beschritten, und er ist im Grunde die Methode der Kongreßpolitik bis zum Schluß geblieben.

Hierzu bedurfte man zweierlei Voraussetzungen: man mußte den Kreis der Petitoren nach Möglichkeit erweitern, da ein einzelner ja keine genügende Durchschlagskraft besaß, mußte also möglichst breite Schichten politisieren, und dazu bedurfte man wiederum einer Organisation. Das Ergebnis ist von den Kritikern als »Politik der Bittstellerei« (mendicancy) verspottet worden, hat aber fraglos Erfolge gezeitigt, wenn auch das Tempo immer weit hinter den Erwartungen zurückblieb. Mindestens die beiden ersten Ziele: vermehrte Einstellung von Indern im höheren Verwaltungsdienst (ICS) und schrittweise Heranziehung von indischen Politikern zu gesetzgebenden Körperschaften – anfangs beratend, später mitbestimmend – sind auf diesem Wege erreicht worden. Der erste Entwurf einer künftigen Verfassung, wie die Bewegung sie sich vorstellte, von Motilal Nehru verfaßt, ist ein Markstein auf diesem Wege. Und die Einrichtung einer parlamentarischen Verwaltung in den Provinzen, wie sie die Verfassung von 1935 gab, schuf den ersten bedeutsamen Schritt einer indischen Mitregierung, so stark deren Befugnisse auch noch begrenzt blieben.

Die Organisation begann in Kalkutta, der Reichshauptstadt, wo der enge Verkehr mit dem dort residierenden Vizekönig naturgemäß zu den ersten förmlichen Schritten führte. Aus den ersten Vereinigungen der Jahre (1838, 1851, 1876 Kalkutta; 1852 Bombay; 1867 Poona; 1884 Madras) erwuchs dank der weitblickenden Tätigkeit des Surendra Nath Banerjea die *erste gesamtindische Zusammenfassung* in der National Conference (1883). Demgegenüber bildete der 1885 in Bombay gegründete Nationalkongreß zunächst eher einen Schritt zurück, da der starke britische Einfluß, unter dem er ins Leben trat, darauf abzielte, die schon als »zu radikal« empfundene Betätigung der Kalkutta-Gründung zu bremsen. Infolge der Verschmelzung beider aus kluger Einsicht konnte der Kongreß zur ersten gut organisierten politischen Vereinigung der ganzen Bewegung werden und so, im Rahmen des britisch-verwalteten Staats, eine geschlossene indische Körperschaft bilden, die von der britischen Regierung mindestens geduldet wurde – als ein Ventil gegen schlimmere Auswüchse oder später als ein besonnener Gesprächspartner. Seine Träger waren die Gemäßigten oder Liberalen, deren Politik darin bestand, die schlecht unterrichteten Regierungen in Kalkutta und in London besser über die Lage und die Wünsche der gebildeten Schicht zu informieren, um mit Argumenten der Vernunft das bestehende despotische Kolonialregime in einen für das indische Bürgertum annehmbaren Staat umzuwandeln.

Die Geschichte hat dieser Richtung insofern recht gegeben, als die endgültige Befreiung Indiens, d. h. die Umwandlung des britisch-verwalteten Gebietes in ein voll berechtigtes Dominion, im Wege der *britischen Gesetzgebung* erfolgt ist, also in Form einer völlig »legalen« Machtübertragung; und diese Endlösung hat selbst den tatkräftigsten Führern – ungeachtet aller radikaleren Kampfmaßnahmen – stets vorgeschwebt: Gandhi ebenso wie C. R. *Das* oder dem jüngeren *Nehru.*

Die verschiedenen Zentren einer bürgerlich-nationalen Politik, die sich in den größeren Städten nach dem Beispiel Kalkuttas bildeten, mußten zunächst horizontal zusammengefaßt werden, womit gleichzeitig ein entscheidender Schritt zur Schaffung einer politischen *Einheit* Indiens getan wurde. Die englische Sprache erleichterte hierbei wesentlich die Verständigung. Hindi spielte in diesem Stadium noch keine Rolle. Die so entstehende Organisation mußte dann nach unten ausgebaut werden, in die Landstädte und Dörfer. Dort hemmten keine britischen Einrichtungen, da deren Verwaltung beim Collector endete. Damit konnte der Kongreß unschwer an jedem Platz eine kleine Zelle errichten. Mit seiner Spitze, dem »Working Committee« aus 15 Mitgliedern, und seinem Zentralparlament, dem »All India Congress Committee« (AICC) sowie seinen zahlreichen Arbeitsausschüssen schuf er eine zentral geleitete Verwaltung, wie sie Indien noch niemals besessen hatte, die sich nun neben die bestehende britische Staatsverwaltung stellte.

Gegenüber der früheren Gesamtkonferenz von Kalkutta genoß er dabei den Vorzug, von vornherein Vertreter *aller* Religionsgruppen zu erfassen, wie er denn – beinah symbolisch – von drei Politikern gegründet worden ist, die drei verschiedenen Religionen angehörten: dem *Parsen* Pheroze Mehta, dem *Hindu* Telang und dem *Moslem* Tyabji. Allerdings blieb auch er in seiner überwältigenden Mehrheit eine Organisation von Hindus, da die Zahl der Moslem-Mitglieder bis zum Schluß gering geblieben ist. Soziologisch entsprach seine Zusammensetzung der unserer Paulskirche, umfaßte also vornehmlich die geistig aufgeschlossene Schicht des Bürgertums, und erweiterte sich erst allmählich, indem die unteren Zellen und Gruppen Angehörige anderer Schichten aufnahmen. In die Führungsschicht gelangten aber auch dann nur solche, die der englischen Sprache mächtig waren. *Kamaraj* bildet eine der wenigen Ausnahmen.

Dieser Schicht oblag es nun, das breite Volk heranzuziehen: Massen, die des Lesens unkundig waren und politischer Betätigung bisher völlig ferngestanden hatten. Trotzdem spielte die Presse in den Landessprachen bald eine gewichtige Rolle, da ihr Inhalt in den Dörfern verlesen wurde. In ihr, und erst recht natürlich in der englisch-sprachigen Presse, wuchsen die ersten bedeutenden Journalisten der Bewegung heran. Wichtiger noch wurden öffentliche Versammlungen, teils innerhalb der Vereinigungen, teils als öffentliche Massenveranstaltungen (die erste in Kalkutta am 5. Januar 1835). Solche bedurften wirkungsvoller Parolen, wie etwa der Ilbert-Bill (1877), die auch dem Richter indischer Herkunft das Recht geben wollte, Straftaten von Europäern abzuurteilen, und am Widerstand der privaten Engländer scheiterte; oder die Teilung Bengalens durch den Vizekönig Curzon (1905) oder das Blutbad von Amritsar (1919). Aber auch die Verhaftung bekannter Politiker ließ sich gut verwenden; allerdings häuften sie sich in der späteren Kampfzeit so sehr, daß sie dann kaum noch als Anlaß zu solchen Demonstrationen benutzt wurden. Wohl aber dienten als wirkungsvolles Mittel für volkstümliche Agitation die Trauerveranstaltungen für die »Opfer der Bewegung« (der »cult for the sufferers«), da sich hier rein menschliche Gefühle mit patriotischer Aufwallung für die »Märtyrer« verbanden. Die letzte eigentlich unbeabsichtigte Kundgebung dieser Art erfolgte auf der Kongreßtagung von 1931 in Karachi, als dort die Nachricht von der Hinrichtung des jugendlichen Untergrundkämpfers Bhagat Singh eintraf. Sie wurde dadurch beeinträchtigt, daß Gandhi sie ablehnte, wogegen sich dann eine Prozession von schwarzen Fahnen richtete.

Ähnlich wirkte das Mittel des politischen *Streiks*, des »hartal«. Er setzt voraus, daß die Bevölkerung einer Stadt sich in Massen daran beteiligt, also schon politisch erzogen sein muß. Der erste fand im Jahre 1883 in Kalkutta statt als Protest gegen die Verhaftung des allgemein verehrten Führers Surendra Nath Banerjea. Mehrfach ist er während der Bengal-Krise von 1905 und dann 1921 gegen den Staatsbesuch des Prinzen von Wales angewandt worden, und Gandhi eröffnete seine Bewegung mit einem solchen »hartal«, der ganz Indien erfaßte.

Umstritten in seiner Wirkung blieb der *Boykott.* Zum ersten Male wurde er 1905 in Bengalen in großem Stil propagiert und durchgeführt. Er war insofern »legal«, als es jedem freistand, ob er britische Waren kaufen oder britische Schulen besuchen wollte, rührte aber an die Grenze des Gesetzmäßigen, sobald Unbeteiligte überredet werden sollten, ihn zu befolgen (z. B. durch Streikposten vor Läden). Auch erwies sich der Boykott britischer Textilien rein wirtschaftlich als heikel, da das Angebot indischer Stoffe damals noch längst nicht den Bedarf deckte und man sich außerdem die zahlreichen indischen Händler zu Gegnern machte, die mit dem Vertrieb britischer Waren ihr Brot verdienten. Überdies konnte die Unterscheidung zwischen britischen und einheimischen Stoffen durch Änderung der Verpackung manchmal verwischt werden. In Bengalen hat der Warenboykott 1905 den Absatz von Lancashire-Waren empfindlich getroffen, hat aber in späteren Stadien nie wieder eine entscheidende Rolle gespielt.

Wirksamer war Gandhis Gedanke, jeden freiheitliebenden Inder zu veranlassen, seinen Bedarf durch eigenes häusliches Spinnen und Weben zu decken. Zwar traf diese Form auch die heimische Baumwollindustrie, die größtenteils der Bewegung freundlich gegenüberstand und sie sogar finanziell unterstützte; aber der psychologische Wert war insofern bedeutsam, als jeder das Bewußtsein haben konnte, selbst etwas zur Befreiung der Heimat beizutragen. Der Boykott von ausländischem Zukker, der damals überwiegend aus Java kam, konnte leicht durch Änderung der Verpackung umgangen werden: man wandelte ihn um in einen grundsätzlichen Boykott von raffiniertem Zucker, den man für gesundheitsschädlich erklärte – eine Propaganda, die heute noch nachwirkt.

Als eine zweischneidige Waffe erwies sich der Boykott staatlicher Bildungsanstalten. Die Universitäten, die Indien den Engländern verdankt – schon vor der Großen Erhebung waren Kalkutta, Bombay und Madras gegründet worden –, waren schlechthin nicht zu entbehren. Die Schulen (Colleges) konnten bis zu einem gewissen Grade zwar durch neue, improvisierte einheimische ersetzt werden, aber ihnen mangelte die staatliche Anerkennung ihrer Zeugnisse, was den jungen Leuten den Eintritt in die Berufe erschwerte. So segensreich die Wirkung dieses Boykotts insofern war, als er die Gründung rein indischer Bildungsanstalten aller Art förderte, hat er doch als politische Waffe nicht sehr gewirkt; denn die Mehrheit der jungen Leute, die in öffentlich anerkannte Berufe drängten, mußte wohl oder übel bei den bestehenden Anstalten bleiben.

Erst recht galt das für die Gerichte. Einmal war das Gerichtswesen eine der segensreichsten Gaben der britischen Herrschaft, und die Richter – die britischen oft noch mehr als die einheimischen – erfreuten sich großen Vertrauens. Ferner fiel der Entschluß streitender Parteien, statt den ordentlichen Rechtsweg zu beschreiten (und die Inder sind ein recht prozeßfreudiges Volk), einheimische Schiedsrichter anzugehen, oft nicht leicht; allzu oft wird es auch in Indien so gegangen sein wie in den Anfängen des Christentums, wo sich Paulus eifernd dagegen ausgesprochen hat, daß Christen ihre Händel vor römischen (heidnischen) Gerichten austragen wollten – worunter das Römische Reich und seine Rechtsprechung kaum empfindlich gelitten haben. Zwar hat eine stattliche Reihe indischer Anwälte und auch einige Richter ihre Tätigkeit aufgegeben, darunter C. R. *Das* und Motilal Nehru, aber als antibritische Waffe hat auch das keine große Bedeutung erlangt.

Erwähnt sei der gesellschaftliche Boykott: die Ablehnung von Einladungen britischer Machthaber, das demonstrative Verlassen ihrer Veranstaltungen, später das Zurücksenden von Orden und Adelstiteln (auch der Dichter Tagore hat den seinen abgelegt). Daß solche Aufrufe überhaupt entstehen konnten, zeigt, wie weit das Zusammenleben beider Rassen bereits gediehen war, und wie hier die Vertreter zweier hochzivilisierter Nationen selbst auf dem Gebiet des »Protokolls« miteinander rangen. Aber wenngleich eine gewisse Zahl der meist recht ehrgeizigen Inder dem Rufe folgte, kann von einer *politischen* Wirkung nicht gesprochen werden. Wohl aber konnten solche Handlungen das Ansehen der indischen Führer erhöhen, indem sie weithin sichtbar ihre Einstellung dokumentierten.

Alle diese Methoden – Versammlungen, Trauerkundgebungen, Streiks, Boykotte – hatten einen erzieherischen Zweck: Sie dienten als gemeinsames Erlebnis der Bevölkerung, die dadurch schrittweise aus Kasten, Volks- und Religionsgruppen zu einem einheitlichen, solidarisch bewußten, handlungsfähigen *Volk* zusammenwuchs. Und diese Wirkung blieb auch, wenn im Einzelfall die Aktion auf die Briten keinen Eindruck machte.

Zu illegalen Methoden griff erst die Untergrundbewegung, die vornehmlich von der Jugend getragen wurde, wobei die in den 80er Jahren Geborenen vorangingen. Ihre Aktionen waren bewußt gesetzwidrig, ob sie sich nun gegen einzelne Briten richteten (Ermordung mißliebiger Beamter) oder gegen deren indische Hilfskräfte (Polizeiorgane oder Spitzel) oder Sabotage verübten oder endlich zwecks Beschaffung von Geldmitteln Überfälle auf Kassenbestände verübten, wodurch praktisch meist Inder betroffen wurden. Ebenso gesetzwidrig war auch die »civil disobedience«, namentlich die Steuerverweigerung, die Gandhi als Kampfmittel einführte. Die erste, ausgezeichnet durch Sardar Patel vorbereitet, wurde allerdings im letzten Moment abgeblasen (1922), aber die verwandte Salz-Kampagne wurde zu Gandhis größtem Erfolg.

Sabotageakte außerhalb der Untergrundbewegung sind von der Kongreßleitung kaum je angeordnet worden, zumal das Verkehrswesen der Befreiungsbewegung selbst unentbehrliche Dienste leistete. Die zahlreichen Akte dieser Art während der »Quit-India«-Bewegung erfolgten nach der Verhaftung der gesamten Führerschicht und waren daher Ausbrüche der Volksleidenschaft.

Alle diese Methoden richteten sich gegen die Briten. Man wollte ihnen zeigen, wie stark die Bewegung jeweils gediehen war, und damit den Forderungen der Bewegung Nachdruck verleihen. Anderer Art war die Benutzung parlamentarischer Methoden, sobald die Reformen der Verfassung solche ermöglichten. Es ist das geschichtliche Verdienst von C. R. *Das,* hier die Bahn gebrochen zu haben. Denn nach strikter Interpretation der Gandhischen »non-cooperation« galt jede Zusammenarbeit mit den Briten als verboten, selbst die Opposition in

Parlamenten und erst recht die Mitwirkung an der Regierung, wie sie seit 1937 in den Provinzen den indischen Politikern geöffnet wurde. Hier wie in der Verwaltung der Städte ist Selbstregierung (swaraj) zu einem beachtlichen Grade lange vor 1947 verwirklicht worden: Die erste rein indische Zentralregierung, noch unter dem Vorsitz des Vizekönigs, kam allerdings erst 1946 zustande. Ohne rechtzeitigen Eintritt in die Parlamente wäre dieser entscheidende Zweig der Befreiungsbewegung nicht so erfolgreich verlaufen.

Andere Methoden erforderte die Aufgabe, die Massen des Volkes anzusprechen und sie für die Ziele der Bewegung zu gewinnen. Zunächst versuchte man es über die Religion, das einzige geistige Gut, das den Massen verständlich war. So handelte Tilak, als er den Gott Ganesha (Ganapati) zum Idol der Bewegung machte; so auch Dayanand Sarasvati, indem er die Vedas als nationale Botschaft interpretierte (wie später Vivekananda die Botschaft Ramakrishnas). Daß solche Anläufe nur die Hindus erreichten, und daß Moslems und andere religiöse Minderheiten draußen blieben, wurde vorerst in Kauf genommen. Der gleiche Versuch Tilaks, den Helden der Marathen-Kriege, Shivaji, zum nationalen Idol zu machen, mußte in Bengalen auf Widerstand stoßen, da aus jener Zeit eine Art Erbfeindschaft der Bengalen gegen die Marathen bestand. Daher konnten nur politisch urteilsfähige Bengalis sich über solche Erinnerungen hinwegsetzen. Den rechten Weg und den treffenden Ton hat Gandhi gebracht, dessen größtes Verdienst es ist, die Masse des indischen Volks in die Bewegung hereingezogen zu haben. Die Fähigkeit, Massen anzusprechen, haben auch andere Führer aus der gebildeten Schicht erlernt, wie z. B. der jüngere Nehru, der nach seiner Herkunft und Erziehung sicherlich nicht zum Volksredner geboren war, aber schon als junger Politiker mit Wucht und Erfolg zu den Bauern seines Gebiets gesprochen hat.

Dabei erhob sich die heikle Frage, inwieweit man vor solchen Hörern sozialistische Lösungen verwenden dürfte, wie es damals die Gewerkschaften und Bauernverbände taten. Es kam darauf an, die notleidende Masse davon zu überzeugen, daß die Abschaffung des fremden Kolonialregimes ihre Lage verbessern würde. Da die Mehrzahl der Kongreß-Mitglieder anfangs den besser situierten Schichten entstammte, zeigte sie für sozialistische Propaganda wenig Verständnis, so daß diese Frage nicht selten zu Spannungen im Kongreß führte, die beispielsweise Nehrus Aufstieg gehemmt haben.

Als wirksamer erwies sich jedenfalls die Bereitschaft, praktisch in Einzelfällen zu helfen – womit Gandhi, Patel u. a. ihren Ruf begründet haben. Bis zuletzt hat Gandhi kaum eine Rede an das breite Volk gehalten, ohne nicht irgendwelche praktischen Fingerzeige zu geben, wie das Dorf seinen Zustand verbessern könnte. Das weitere Aufbauprogramm schloß dann vor allem die Forderung ein, Indien solle sich auf wirtschaftlichem Gebiet vom Ausland unabhängig machen, und enthielt mannigfache programmatische Forderungen, die unter dem gemeinsamen Schlagwort »swadeshi« zusammengefaßt wurden. Diese Dinge beeinflußten die Masse oft stärker als die Forderung der Selbstregierung, »swaraj«. Auch der Ruf nach sozialen Reformen, der im Grunde dem Streben entstammte, sich der westlichen Kultur als ebenbürtig zu erweisen und zu diesem Zweck Mißstände abzustellen, wirkte beim Volk oft nicht werbend, da gerade die unteren Schichten zäh an überlebten Bräuchen und Vorurteilen festhielten, so daß beispielsweise Gandhi mit seiner Forderung nach Besserstellung der »Unberührbaren« häufig auf Widerstand stieß. Vor allem kam es darauf an, die Massen, die vielfach in dumpfer Apathie dahinlebten, mit einem neuen Ethos zu erfüllen, das sie befähigte, mitzukämpfen und auch mitzuleiden – eine Aufgabe, die alle Führer erkannt haben, die aber letzten Endes erst Gandhi mit Erfolg angepackt hat. Indem er an die Religion anknüpfte, sie aber nicht politisierte, sondern forderte, daß die Politik sich nach den Prinzipien der Religion zu richten habe, fand er den Weg zu den Massen. Er beruhigte sie durch die Zusage, daß auch die westlich erzogenen Politiker nichts verlangen würden, was gegen ihre überkommenen Begriffe ginge. Das war der tiefe Sinn der »Enthaltung von Gewalt« (Ahimsa). Mit dem Augenblick, wo die einfachen Menschen sich versichert fühlten, daß die neuen Ideen von Freiheit und all-indischer Einheit, von Nation und Demokratie – die ihnen sämtlich noch fremd waren – nicht an dem überlieferten Glauben rütteln würden, ja, daß die verheißene neue Zeit das »dharma« erst wieder zu Ehren brächte, faßten sie zu diesem Manne Vertrauen und folgten ihm auch auf Wegen, die gewagt erschienen, wie etwa dem Aufruf zur Salz-Kampagne, öffentlich oder heimlich Salz herzustellen und damit das Gesetz zu verletzen. Eine neue Ethik durchwehte das Land; denn das Vertrauen in den moralisch über jeden Zweifel erhabenen Mahatma ließ selbst den bürgerlichen Ungehorsam als sittlich gerechtfertigt gelten.

Eine andere Aufgabe, der Versuch, die Loyalität von Armee und Polizei zu zersetzen, wurde vom Kongreß nur selten angepackt. Mohamed Ali hat gewagt, öffentlich zu erklären, »daß der Dienst unter den Fremdherren unvereinbar mit den Pflichten eines gläubigen Moslems wäre«, hat aber gerade bei den Moslem-Regimentern wenig Eindruck gemacht. Die Werbung innerhalb der Streitkräfte verblieb überwiegend bei den Männern der Untergrundbewegung, und auch sie hat in den beiden Weltkriegen nur hier und da Erfolg gehabt. Keine Meuterei hat auch nur annähernd den Umfang von 1857 erreicht. Oft lehnte es die Truppe sogar ab, sich von »Zivilisten« verführen zu lassen. In ihrem Gesamtverhalten blieb die Armee so unpolitisch, wie sie es noch heute ist. Erst spät (1944–45) reiften in Malaya wirkliche Erfolge unter Netaji Bose. Die letzten Meutereien der Kadetten in Bombay und Karachi haben politisch insoweit gewirkt, als man in London einsah, daß auch auf die Wehrmacht kein Verlaß mehr wäre – was den Entschluß, sich aus Indien zurückzuziehen, beschleunigt haben mag. Die Polizei hat kaum Anzeichen von »Felonie« gegeben, obwohl gerade sie die meisten Opfer der Untergrundbewegung stellen mußte. Die Untergrundbewegung war der einzige Zweig des Freiheitskampfes, der bewußt zur Gewalt griff. Sie entsprang dem Gefühl der Jugend, daß die Taktik der »Bittstellerei« offensichtlich nur kärgliche Erfolge brächte. Die Geheimbünde, in denen ihre Träger geschult und angesetzt wurden, hatten ihre Wurzeln schon in den Vorträgen des alten Liberalen Surendra Nath Banerjea über Mazzini und wurden durch mannigfache Einflüsse belebt: sei es durch die Biographien über Mazzini und Garibaldi, die verbreitet wurden, sei es durch nationale Kampflieder – auch der junge Tagore hat einige beigesteuert –, sei es durch verwandte Erscheinungen in China. Ihr Ziel war, den Briten auf indischem Boden das Leben zu vergällen, ihnen das Gefühl persönlicher Unsicherheit für sich und ihre Familien beizubringen und sie so geneigter zu stimmen, Indien zu verlassen. Die Zahl der britischen Beamten, die in Indien getötet wurden, ist gering. Sie dürfte ein Dutzend kaum erreichen, während die indische Polizei, ihre Spitzel und Angeber – alles Inder – das Hauptkontingent stellte. Die »großen« Attentatsversuche, z. B.

auf den Vizekönig Hastings, den Gouverneur von Bengalen, Anderson, oder den Polizeichef, Sir Charles Tegart, in Kalkutta mißlangen sämtlich. Mehrfach sind aus Versehen Unbeteiligte getötet worden, einmal sogar zwei englische Frauen. Der zahlenmäßige Erfolg war gering, der psychologische nicht viel größer; denn die Briten jener Zeit waren durchaus noch kämpferische Naturen. Dafür war die Mißstimmung bei den Indern groß, vor allem durch die Gewaltakte, mit denen sich die jungen Leute Geldmittel verschafften. Gandhi hat ihr Treiben abgelehnt. Die großen Führer haben die idealistische Gesinnung der Jugend durchaus anerkannt. C. R. *Das* – bevor er in die Bewegung eintrat, der berühmteste Strafverteidiger Kalkuttas – hat sie verteidigt, wie die größten Anwälte Indiens es später ebenso bei den Offizieren der INA-Armee getan haben. Die meisten Männer der Untergrundbewegung, die überlebten, sind als Erwachsene in anderer Weise tätig geworden; nur wenige, wie der alte Savakar, sind als »Berufsrevolutionäre« gestorben. Immerhin war auch dieser Zweig ein Teil der Befreiungsbewegung, und der Augenblick, in dem die ersten Truppen der Freiheitsarmee unter Bose im äußersten Nordosten die indische Grenze überschritten, war ein Markstein in ihrer Geschichte.

Rückblickend darf man sagen, daß die indische Agitation auf London stärker gewirkt hat als auf die Behörden in Indien selbst. Denn in England gab es breite Kreise, die das koloniale Regime ebenso ablehnten wie die mit ihm verbundene Rassendiskriminierung; die außerdem, fern vom Schuß, es sich eher leisten konnten, indien-freundliche Forderungen zu unterstützen als die Beamten und Offiziere in Indien selbst. Das haben die Inder früh erkannt. Schon Ram Mohan Roy hat London besucht, der Großvater Tagore hat der Königin persönlich Vortrag gehalten, Man Mohan Ghose konnte 1879 in einem Sonderraum des Parlaments sprechen. Zwei Inder wurden in das Unterhaus gewählt, wo sie Abgeordnete vorfanden, die ihnen Unterstützung gewährten. Nehru hat als Student Kontakt zur Labour Party aufgenommen, die dann Indien freigeben sollte. Viele Organisationen wurden in London geschaffen – Vereinigungen, Informationszentren, Zeitungen, Versammlungen – und haben dort oft mehr Erfolg gehabt als gleiche Veranstaltungen in Indien.

Gewaltsame Aktionen wurden auf englischem Boden nur ganz vereinzelt begangen und entsprangen persönlicher Initiative; ebenso wie in Indien gewaltsame Methoden gegen andersdenkende indische Gruppen vom Kongreß niemals unternommen worden sind. Erst Jinnah mit seinem Aufruf zur »direct action« hat Gewaltanwendung in den inneren Kampf hineingetragen.

Endlich wurde die Bewegung auch im Ausland tätig: in Frankreich, im Deutschen Reich, in den USA. Dort wirkten Exilpolitiker, wie etwa Frau Kama in Paris oder die revolutionäre Vereinigung der *Ghaddar* in den USA; oder in Berlin (mit deutscher Hilfe) der Propagandakreis im Orient-Institut; oder im Zweiten Weltkrieg Bose mit seinem Versuch der Bildung einer indischen Truppe. Von Kabul aus versuchte die indische Exilregierung des Mahendra Pratap, einen Aufstand im Panjab anzuzetteln.

Im ganzen sind sie alle nicht sehr erfolgreich gewesen; aber natürlich haben die beiden Weltkriege als solche bei der Befreiung Indiens entscheidend mitgeholfen. Insofern schuldet Indien dem Ausland Dank, obwohl diese Erkenntnis den meisten Indern schwer eingeht.

Die Befreiungsbewegung hat also eine Vielzahl von Methoden angewandt. Es war ein vielstimmiges Orchester, in dem jeder sein Instrument spielte, und dessen Zusammenklang erst die Gesamtwirkung hervorrief. Müßig zu fragen, welche Methode sich als die wirksamste erwiesen habe, zumal autoritative Äußerungen von britischer Seite darüber nicht vorliegen. Viele der Methoden, namentlich alle gewaltlosen und verfassungsmäßigen, setzten voraus, daß auch die Briten gewisse Spielregeln beachteten. Dadurch hat die Befreiungsbewegung einen Spielraum an Rede- und Versammlungsfreiheit genossen, wie er in vielen Staaten heute nicht mehr besteht. Und die westliche Erziehung zu politischem Denken und Handeln ist ebenso eine nicht wegzudenkende Voraussetzung des ganzen Kampfes gewesen wie die Verständigungsmöglichkeiten mit der englischen Sprache, die zuerst die Kluft der sprachlichen Trennung unter dem Dutzend indischer Völker zu überwinden half.

TEIL IX

Verlauf der Befreiungsbewegung

Kapitel 44

Indischer Widerstand gegen die Ostindien-Kompanie (1818–1859)

Die Jahrzehnte vor 1857 gelten den Briten als die Zeit der Konsolidierung ihrer Herrschaft. Sie enthalten die letzten echten Kriege – gegen die Marathen und die Sikhs – sowie die ersten Kriege, die der Sicherung des eroberten Gebiets dienen – gegen Afghanistan und Burma. Die letzteren entsprangen nicht mehr dem Bedürfnis des Handels, sondern leiten über zu echter machtpolitischer Betätigung. Die Ostindien-Kompanie wandelt sich zu einem Organ, das neben dem Geschäft mehr und mehr auch Ziele solcher Art verfolgt. Wellesley und Cornwallis haben – wie einst Hannibal mit den Kaufherren in Karthago – mit ihren Direktoren in London darüber gestritten, wie weit das reine Geschäftsinteresse mit neuen machtpolitischen Zielsetzungen zu vereinbaren wäre. Aber auch die um gute Dividenden besorgten Direktoren erkannten, daß die Sicherung dieses riesigen und zukunftsreichen Gebiets, das ihnen zugefallen war, Aufwendungen machtpolitischer Art erforderte. Diese Sinnesänderung wurde gefördert durch den allgemeinen Wandel, der sich in England damals vollzog. Als Hauptgewinner aus den Napoleonischen Kriegen hervorgegangen und zur ersten Weltmacht Europas geworden, begann England von der bisherigen europäischen Kabinettspolitik zur Weltpolitik überzugehen, die man später »imperialistisch« nannte; und da man dafür den Wert Indiens kaum hoch genug schätzen konnte, wuchs der Wille, es nun auch fest in die Hand zu bekommen. Damit stieg der Einfluß der Regierung auf die alte Handelsgesellschaft. Formell blieb die Ernennung der Generalgouverneure zwar noch bei den Direktoren, aber sie wurden jetzt aus dem Kreise der Politiker entnommen, die die britische Regierung bildeten, d. h. aus der Adelsschicht, die sich, in zwei Parteien aufgeteilt, in der Regierung Englands ablöste. So entstammten den »Whigs« die Generalgouverneure *Bentinck* und *Auckland* und den »Tories« *Ellenborough, Hardinge* und *Dalhousie.* Ihre Amtsbezeichnung wurde aus »Governor General of Fort St. William« – die sich also auf Bengalen begrenzte – in »Governor General of *India* in Council« geändert, wodurch ihre Träger deutlicher zu Vertretern der Staatsgewalt, und zwar für ganz Indien, wurden. Die zu führenden Kriege stimmte man vorher zwischen Kompanie und Regierung ab, und diese stellte königliche Regimenter zur Verfügung, die gemeinsam mit den »Privattruppen« der Handelsgesellschaft kämpften, aber dem König unterstellt blieben, wodurch dieser maßgebenden Einfluß auf Krieg und Frieden erhielt. Die Besetzung der Verwaltungsposten, die bisher überwiegend auf persönlichen Beziehungen der Bewerber zu den Direktoren beruhte, wurde nun von staatlich kontrollierter Ausbildung und Ablegung vorgeschriebener Examina abhängig gemacht.

Das neue System wandelte die Einstellung zu den indischen Machthabern. Der Mogul-Kaiser, den die Kompanie anfangs als Lehnsherrn hingenommen hatte – um sich eine legale Basis zu schaffen –, wurde zunächst in seinem verbliebenen Nimbus noch gemindert, indem man den größten Moslem-Fürsten im Gangestal, den Nawab von Awadh (Oudh), zum Sultan machte, ihn also dem Kaiser in Delhi rangmäßig gleichstellte, so daß sich im Gangestal nunmehr zwei Herrscher das Gleichgewicht hielten – wobei der eine der Shia angehörte, d. h. glaubensmäßig vom Kaiser abwich. Andere Fürsten setzte man bei passender Gelegenheit ab oder zog ihr Land ein, wenn sie keinen Leibeserben hinterließen – was indischer Tradition widersprach, die eine Nachfolge durch Adoption anerkannte. Diese Praxis übte besonders häufig Dalhousie (im Amt 1848–1856), und London ließ ihn gewähren, obwohl er dabei wertvolles Kapital an Vertrauen verscherzte. Diese Annexionen wurden damals von indischer Seite stark angefeindet, sind aber später der Befreiungsbewegung zugute gekommen, denn sie erweiterten ihr Betätigungsgebiet, da sie ihre Agitation auf die Fürstenstaaten nicht ausdehnen durften. Wäre z. B. der Staat von Awadh fürstliches Gebiet geblieben, so hätten die Freiheitskämpfer in diesem Kernstück des Gangestals nicht wirken können. Zwar sah damals kaum jemand diese Folge voraus, aber das gebildete Bürgertum hat das Verschwinden so vieler Fürstenstaaten ohne Erregung hingenommen. Andererseits war die sehr anfechtbare Annexion gerade des Staates Awadh eine der Hauptursachen für die Ausweitung der »Großen Erhebung von 1857«, und diese wiederum bewirkte, daß die Krone die unmittelbare Verwaltung Indiens übernahm. Da sie weitere Annexionen einstellte, ist die gesamte Eroberungspolitik noch von der Handelskompanie durchgeführt worden. Das »imperialistische« England hat das von der Kompanie übernommene Gebiet nicht mehr erweitert.

Wie war nun die Antwort Indiens auf diese britische »challenge«? Die Fürsten verhielten sich still. Seitdem die letzten Kämpfe mit dem Sieg der Briten geendet hatten, und seitdem ihnen die Gefahr der Absetzung drohte, waren sie froh, ihre Existenz durch unauffällige Passivität zu retten. Die ersten, die zu rebellieren wagten, waren die Söldner – die indischen Soldaten in britischem Dienst, die nach dem indischen Wort »sipahis« meist »seapoys« genannt wurden. Ihre Unruhen entstanden vorwiegend aus ihrem Dienstverhältnis (unzureichende Bezahlung, schlechte Behandlung, Gefährdung ihrer religiösen »tabus«); doch blieben Aufstände vereinzelt, ohne »nationalen« Charakter, und pflegten rasch niedergeschlagen zu werden. Ernster erwies sich die Unruhe im breiten Volk. Hier war es meist der Steuerdruck, der anfangs milder ausfiel als unter den früheren Herren, bald aber bei dem enormen Geldbedarf der Kompanie so drückend und oft mit so brutalen Methoden durchgeführt wurde, daß eine wachsende Mißstimmung sich überall gewaltsam entlud. Sie wurde verstärkt durch das aufreizende Auftreten der Fremden und durch das Gefühl, daß man sich keiner Herrschaft unterwerfen dürfte, die dem Hindu wie dem Moslem mit ihren religiösen Vorstellungen von einer solchen unvereinbar erschien. So erhoben sich auch primitive Stämme, wie die Nagas. Diese zahlreichen Ausbrüche umfaßten beinah sämtliche Teile Indiens, blieben allerdings durchweg vereinzelt. Es gab für die Briten kaum ein Jahr und kaum einen Bezirk, der frei von solchen örtlichen Erhebungen geblieben wäre. Jedenfalls mußten sie erkennen, daß ungeachtet der Kapitulation der letzten Truppen und der passiven Haltung vieler Fürsten die Masse des Volkes sich mit ihrer Herrschaft nicht abgefunden hatte.

Demgegenüber zeigte das gebildete Bürgertum eine zwiespältige Haltung. Viele begrüßten die Briten, weil sie endlich Ruhe und Ordnung wiederherstellten. Viele Hindus erblickten in den Briten die Befreier vom Joch der Moslems und ihren gehässigen und demütigenden Verfolgungen. Sie begrüßten die religiöse Toleranz, die die Briten beobachteten – abgesehen von anfänglichen Bekehrungsversuchen zum Christentum, die von einsichtigen Generalgouverneuren abgestellt wurden. So empfanden z. B. die beiden Mitglieder der Familie *Tagore*, die als gutes Barometer für die damalige Stimmung gelten darf: Dwarka Nath, der Großvater des Dichters (geb. 1790), und sein gleichaltriger Vetter Prasanna Kumar. Man kann die damalige Lage Indiens mit der Chinas während der japanischen Besetzung und zur Zeit des Bürgerkriegs vergleichen: in beiden Fällen war das Chaos so verheerend, daß viele Chinesen die Kommunisten als Ordnungsmacht begrüßt haben, wie viele Hindus die Briten. Zudem sahen die Gebildeten ein, daß sich militärischer Widerstand als aussichtslos erwies; daher erschien ihnen die »Große Erhebung« von 1857 als ein politischer Fehler. Sie hatten ihren Weg längst erkannt und ließen sich auch dadurch nicht beirren, daß sich das Auftreten der Briten fühlbar änderte. Hatten die frühen Konquistadoren noch Gefallen darin gefunden, sich möglichst »indisch« zu geben und Inder unbedenklich in allen Stellungen zu verwenden, so begannen sie nun, sich als eine abgeschlossene »Superkaste« von jeder unnötigen Berührung mit den »natives« abzukapseln und Inder von jeder Verwendung in verantwortlichen Stellungen auszuschließen. Es formte sich ein Lebensstil, der den Indern als »colour bar«, als rassischer Hochmut oder britische Arroganz erschien. Auch schienen sie den Begriff des Eigentums zu zersetzen: Zehntausende von Landgütern sollen in jenen Jahren wegen unpünktlicher Steuerzahlung enteignet und an den meistbietenden Käufer versteigert worden sein – wodurch die Händlerklasse der Städte zu Landbesitzern wurde.

Inzwischen mit den »westlichen Ideen« bekannt geworden, vor allem mit dem Ideal von bürgerlicher Freiheit, begann diese Schicht nun, sie gegen die britische Herrschaft anzuwenden. Gewiß entsprachen diese Ideen keineswegs ihrer eigenen Geistesrichtung, schienen sie doch die Religion überhaupt zu leugnen; aber als Kampfmittel gegen die fremde Herrschaft waren sie zu verwenden. Gegenüber den Bedenken frommer Hindus berief man sich auf das Beispiel des großen Ram Mohan *Roy*, der mit seiner Synthese zum Vorbild ganzer Generationen von Indern wurde, die den Widerstand gegen die »Raj«

aufnahmen. Um den Briten als ebenbürtige Gesprächspartner gegenüberzutreten, begannen sie, Englisch zu lernen und sich ihnen in Bildung, Auftreten, sogar in Kleidung anzugleichen. Auch erwachte die Erkenntnis, daß die eigene soziale und religiöse Welt gewisse Auswüchse zeigte, die sich in den lezten Jahrhunderten der Erstarrung unter dem Moslem-Regime gebildet hatten, die den Inder aber nun in den Augen der Europäer als zurückgeblieben erscheinen lassen würden.

Daher begann gleichzeitig mit der politischen Arbeit auch eine solche im Dienst sozialer Reformen, und man war – beinah eifersüchtig – bestrebt, sie selber durchzuführen und nicht etwa von den fremden Herren dekretieren zu lassen. Daraus erklärt sich, daß gewisse Reformen, die wohlmeinende Briten vorschlugen, wie das Verbot der Witwenverbrennung oder die Zulassung neuer Ehen für Witwen, auf indischen Widerstand stießen. Auf der anderen Seite mußte man sich radikaler Tendenzen im eigenen Lager erwehren, so daß z. B. der jugendliche De *Rozio,* der mit den Idealen der Französischen Revolution seine ganze Generation begeistert hatte, seines Postens enthoben wurde – auf Veranlassung des alten Radha Kant *Deb* (1784–1867), der damals wie ein *Cato* im Trubel der neuen Zeit wirkte. Aber auch seine Generation traf sich mit der jüngeren in dem von Ram Mohan Roy begründeten *Brahmo Samaj,* einer freien Religionsgesellschaft, die als Sammelpunkt aller freiheitliebenden Hindus damit auch zu einer ersten politisch wichtigen Vereinigung wurde.

So innerlich vorbereitet und mit den erforderlichen englischen Sprachkenntnissen versehen – die ihnen die Briten bereitwillig vermittelten –, begann diese Schicht ihre Beschwerden und Wünsche bei britischen Stellen vorzubringen. Auch hier hatte Ram Mohan Roy das erste Beispiel gegeben: mit seiner großen »Petition« an den König, in der er schon eine ganze Reihe der Forderungen anmeldete, die von da an zum Inhalt aller späteren wurden, vor allem dem Wunsch, Inder wieder an der Verwaltung des Staates zu beteiligen. Mit Recht hatte *Roy* darauf hingewiesen, daß sich in dieser neuen bürgerlichen Schicht ein Menschenmaterial anböte, das für solche Zwecke weit besser geeignet wäre als die Briten, denen genaue Kenntnisse des Landes, des Volkes und seiner Erfordernisse fehlten. Nachdem dann der Verwaltungsdienst, der Indian Civil Service (ICS), in einen echten Berufsdienst umgewandelt war, konzentrierten sich die Bemühungen darauf, die Zulassung junger Inder zu erwirken – die Briten widersetzten sich zunächst, bis im Jahre 1864 als erster Inder Satiendra Nath Tagore nach Ablegung seines Examens eintreten konnte.

Die erwähnte »Petition«, die nur eine Handvoll Unterschriften trug, blieb ohne den erhofften Erfolg. Um starke Wirkung zu erzielen, suchte man die gesamte Schicht politisch denkender Inder aus *allen* Teilen des Landes zu sammeln, also politische Vereinigungen zu gründen, und dazu bedurfte man einer Presse. Auf diesen Gebieten hat das indische Bürgertum schon vor 1857 Beachtliches geleistet. War auch die erste Zeitung – 1818 in Bengalen – noch von einem Engländer herausgegeben, so folgten bald solche, die von Indern geschrieben und veröffentlicht wurden – sowohl in englicher Sprache wie in Bengali. Die zugkräftigste war der »Hindu Patriot«, der unter Leitung von Hari Chandra *Mukherji* (1824–1861) im Jahre 1853 gegründet wurde und breite Kreise mit den neuen Ideen und Plänen bekannt machte. Die Gefahr, die darin für die Briten lag, wurde von ihnen frühzeitig erkannt. Daß sie nicht sofort Beschränkungen einführten, dankt Indien der Tatsache, daß in London bis 1815 und dann wieder ab 1830 liberale Kabinette regierten, die es für mißlich hielten, ihre eigenen Grundsätze allzu kraß zu verleugnen. Erst ein Beamter der Kompanie, John Adam, wagte als stellvertretender Generalgouverneur die erste Knebelung der Pressefreiheit, die sich gegen Blätter in einheimischen Sprachen richtete, aber schon 1835 durch einen liberal denkenden Nachfolger wieder aufgehoben wurde. Dieses Spiel um die Pressefreiheit dauerte mit ständigen Schwankungen bis 1947. Der Historiker hat festzustellen, daß die Inder im großen und ganzen unter dem britischen Regime ein Ausmaß an Pressefreiheit genossen haben, um das alle kommunistisch und autoritär regierten Völker unserer Zeit sie beneidet hätten. Dabei durften sie einen gewissen Trost darin finden, daß sich auch die Engländer daheim das volle Maß ihrer bürgerlichen Rechte damals noch erkämpfen mußten: erst 1823 wurde das britische Wahlrecht von einer halben Million Wahlberechtigter auf das Doppelte ausgedehnt; erst 1824 wurden Gewerkschaften zugelassen, und erst 1829 wurde Katholiken der Weg zu Staatsämtern geöffnet*.

* Der erste katholische Vizekönig in Indien war Lord Ripon, der wenige Jahre zuvor zu diesem Bekenntnis übergetreten war.

Der Zusammenschluß Gleichgesinnter in Vereinigungen begann mit einer solchen zur Wahrung von Standes-Interessen, nämlich der Gutsbesitzer. Diese »Landholders Society« wurde 1837 von Dwarka Nath Tagore, dem Großvater des Dichters, gegründet. Ihre wichtigste Neuerung bestand darin, Mitglieder ohne Unterschied der Kaste, der Religion und der Sprache aufzunehmen – ein beachtlicher Fortschritt! Und beinah noch wichtiger war es, daß sie einen ständigen Vertreter in London bestellte. Obwohl er damit den Verlust seiner Kaste riskierte, ging der alte Tagore persönlich nach London, wo er mit seinem englischen Freund William Adam die *British-India Society* ins Leben rief, um das engliche Publikum direkt über die wahre Lage und die Wünsche Indiens zu unterrichten. Sein Mitarbeiter Thompson begleitete ihn auf der Rückreise nach Kalkutta. In zündenden Vorträgen legte er seinen indien-freundlichen Standpunkt dar und gründete einen Bengal-Zweig dieser Gesellschaft, der nun Indern aller *Berufe* und Klassen offenstehen sollte und daher als die frühste echte politische Vereinigung des neuen Indien gelten darf. Es gelang ihr, sich mit der älteren, aber beruflich begrenzten Landholders Society zusammenzuschließen, und diese 1851 entstandene *British-Indian Association* hat fortan in der Reichshauptstadt Kalkutta die indischen Forderungen vertreten. Dieser Gründung folgten ähnliche in Madras und in Bombay (beide 1852). Der eifrigste Vertreter in Bombay, der Parse *Dadabhoy Naoroji* (1925 bis 1916), sollte zu einer der stärksten staatsmännischen Begabungen der Befreiungsbewegung werden. Da gleichzeitig (1856) in den genannten drei Großstädten die ersten modernen Universitäten eröffnet wurden, befand sich das indische Bürgertum, was Bildung und politische Organisation anlangt, schon vor Ausbruch der Großen Erhebung in einer vortrefflichen Ausgangsstellung – bereit, für die als richtig und durchführbar erkannten Ziele einzutreten. Es sah seinen Weg klar vorgezeichnet und ließ sich von ihm auch durch die turbulenten Ereignisse der beiden folgenden Jahre nicht ablenken.

An dieser Wende seien die Namen einiger der wichtigen Persönlichkeiten genannt, die schon vor der Erhebung von 1857 hervortraten. Zwei der erwähnten haben den Ausbruch dieser Erhebung nicht mehr erlebt: Ram Mohan Roy (gestorben 1833) und der junge De Rozio (gestorben 1831). In voller Schaffenskraft erlebten dieses Ereignis die folgenden:

Dakshina Ranjan *Mukhopadyaya* (1812–1887), der als erster eigene Provinzialverwaltung forderte; Dr. K. M. *Banerji* (1813–1885), der erste Vorsitzende der Indian Association, ein Christ; Debendra Nath *Tagore,* der Vater des Dichters (1820 bis 1891), der es durchsetzte, daß Sanskrit wieder in den Studienplan der Gymnasien aufgenommen wurde, um den jungen Indern den Weg zu ihrer eigenen Vergangenheit zu bahnen; Hari Chandra *Mukherji* (1824–1861) und Gopal Hari *Deshmukh* (1823–1892), der »Lokshitavadi« – zwei der führenden Journalisten jener Epoche, wobei Deshmukh als erster den Gedanken eines Boykotts verfocht; Rajendra *Mitra* (1824 bis 1891), ein Historiker, der seinen Landsleuten die geschichtliche Größe Indiens wieder bewußt machte; und endlich die drei bekanntesten: Dadabhoy *Naoroji* (1824–1916), der Parse aus Bombay, der zum »grand old man« der indischen Politik wurde; Dayanand *Sarasvati* (1824–1883), der Begründer des Arya Samaj, der die Freiheitsbewegung mit den Veden verknüpfte; Rajnarain *Bose* (1826–1899), der Künder einer religös verwurzelten Hindu-Nation.

Der folgende Jahrgang umfaßt: Dinabandhu *Mitra* (1830 bis 1873), der den Mut fand, den Skandal der Indigo-Arbeiter ans Tageslicht zu ziehen; den gewaltigen Propheten *Ramakrishna* (1834–1886), den Erneuerer der hinduistischen Religion; Bankim Chandra *Chatterjee* (1838–1894), dessen Romane – vor allem »Anandanath« – ganze Generationen begeistert und aufgewühlt haben; Kristo Das *Pal* (1838–1884), der 23 Jahre lang den »Hindu Patriot« herausgab und als erster Inder in den vizeköniglichen Rat berufen wurde; Keshab Chunder *Sen* (1838–1884), der den Brahmo Samaj erneuerte; Jamshedi *Tata* (1839–1904), der gegen heftigen indischen Widerstand das erste Stahlwerk errichtete.

Die Große Erhebung von 1857–1859

Die letzte gewaltsame Erhebung Indiens gegen die britische Fremdherrschaft begann als eine Soldaten-Revolte, nach der sie englisch »The Great Mutiny« heißt. Sie bildete den Höhepunkt einer ganzen Kette ähnlicher Meutereien, wobei allerdings diese Armee-Einheit, die sogenannte »Bengal Army«, am geringsten beteiligt gewesen war, nämlich nur mit einer im Jahre 1824, gleichfalls bei Kalkutta. In beiden Fällen war der

Anlaß ein religiöser: 1824 sollten die Seapoys über See nach Burma verschifft werden, was sie als unvereinbar mit ihrer Religion ansahen; 1857 sollten sie neue Patronen in Gebrauch nehmen, deren Verschlußstücke, die sie abzubeißen hatten, mit tierischem Fett eingeschmiert waren; dadurch hätten sich sowohl Hindus (wegen Rinderfett) wie Moslems (wegen Schweinefett) verunreinigt. In beiden Fällen waren es Unteroffiziere aus der Brahmanenkaste, die zum Widerstand aufforderten. Ein Zusammenhang zwischen beiden bestand insofern, als die persönlichen Utensilien des 1824 aufgehängten Brahmanen von der Mannschaft des Regiments durch all die 32 Jahre hindurch sorgfältig aufbewahrt und als heilige Erinnerung an diesen Märtyrertod kultisch verehrt worden waren. So mag diese Erinnerung den Sergeanten Mangal Pandey ermutigt haben, seine Kameraden zum Widerstand gegen die neuen Patronen aufzurufen. Der enge Zusammenhang, der damals innerhalb dieser Armee-Einheit bestand, ließ die Kunde von dem Vorfall rasch zu den anderen Garnisonen fliegen; und gleichzeitig erschienen an allen Plätzen des Armeebezirks die geheimnisvollen kleinen Brötchen (»chapatis«), die von Hand zu Hand gingen und überall als ein Signal verstanden wurden, daß Großes bevorstände. So dehnte sich diese – im Gegensatz zu allen früheren Meutereien – schlagartig auf sämtliche Garnisonen aus, vor allem auf die größte des damaligen Indien in *Mirat* (Meerut bei Delhi). Hier schritten die Soldaten sofort zu Gewalttaten; sie erschlugen die Offiziere, oft sogar mit ihren Frauen und Kindern, und zogen nach einer stürmischen Beratung in das 60 km entfernte *Delhi,* wo sie das Fort besetzten und den letzten Mogul-Herrscher zum Kaiser ausriefen.

Rasch hintereinander erhoben sich nun alle Garnisonen im Gangestal, und zwar genau in dem Zeitabstand, den ein normaler Meldereiter brauchte, um von einem Platz zum nächsten zu gelangen. Dieser überraschende Beginn, zusammen mit den geheimnisvollen »chapatis«, hat seit jeher die Vermutung nahegelegt, daß es sich hier nicht um einen impulsiven Ausbruch gehandelt habe, sondern um eine vorbereitete und geplante Aktion. Zwar haben die späteren Kriegsgerichtsverhandlungen dafür keinen Beleg erbracht; aber der Eindruck bleibt, daß irgendeine Stelle Vorbereitungen getroffen und Weisungen ausgegeben haben muß; andernfalls erschiene die gleichzeitige Erhebung aller Truppenteile kaum vorstellbar.

Die Frage ist, ob es sich dabei um *politische* Drahtzieher oder um eine Gesamtaktion innerhalb der Truppe gehandelt hat. Damals besaßen alle Regimenter bereits Vertrauensleute, die bei Beschwerden das Wort führten; es gab also, wie wir heute sagen würden, bereits »Soldatenräte«. Auch gab es unter den Seapoys genügend Männer mit einer gewissen Bildung, die gemeinsame Forderungen vorbringen und vertreten konnten, mindestens unter den Brahmanen, die damals im Unteroffizierskorps der Bengal Army zahlreich dienten. Es ist also durchaus denkbar, daß die weitverbreitete Mißstimmung, die sich seit vielen Jahren bei den Seapoys angesammelt hatte, einen gescheiten Führer auf den naheliegenden Gedanken gebracht hat, die Kraft einer Meuterei nicht in örtlich getrennten Ausbrüchen verpuffen zu lassen, wie das vorher geschen war, sondern den vorhandenen Korpsgeist und die Möglichkeit eines regelmäßigen Gedankenaustausches zwischen den einzelnen Truppenteilen zu einer Gesamtaktion auszunutzen, die von den Briten nicht so rasch überwältigt werden würde, wie es ihnen bisher überall gelungen war. Es mag sich unter den Unteroffizieren damals ein überlegener Kopf von echter revolutionärer Gesinnung befunden haben, der einen solchen Plan erdenken konnte, und der die Meuterei in Kalkutta mit der für alle Seapoys verständlichen und zugkräftigen Parole als willkommenen Anlaß ergriffen hat, um ihn durchzuführen. Ebenso ist es möglich, daß dieser Drahtzieher später nicht ergriffen oder vielleicht mit anderen zusammen unerkannt hingerichtet worden ist. Jedenfalls muß die Tatsache, daß die Soldaten beinah regelmäßig sofort zum Massenmord an den Briten und ihren Familien schritten, mit Wahrscheinlichkeit auf eine solche zentral ausgegebene Weisung zurückgeführt werden; denn die erhitzte Leidenschaft allein hatte bei den zahlreichen Meutereien und sonstigen Aufständen zu solchen Exzessen noch niemals geführt.

So erreichte diese Meuterei den einzigartigen Erfolg, innerhalb ganz kurzer Zeit im gesamten Raum von Delhi bis Patna (dem heutigen Gebiet der Nordprovinz U. P.) alle britischen Organe auszuschalten, also das alte Kernland der großen Reiche Indiens von der britischen Herrschaft »zu befreien« – ein Erfolg, der alles übertraf, was frühere Aufstände vollbracht hatten.

Nun aber hätte die militärische oder politische Führung einsetzen müssen, wenn eine solche bestanden hätte. Vom militärischen Standpunkt aus hätte man das »befreite« Gebiet sofort abriegeln müssen, sowohl gegen die Hauptstadt Kalkutta, den Sitz des Vizekönigs, über dessen Hafen Verstärkungen und Rüstungsmaterial herangeschafft werden konnten, wie auch gegen den Panjab, der in britischer Hand verblieb, und von dem daher ebenfalls Gefahr drohte. Statt 100 000 meuternde Seapoys um die paar letzten Zufluchtsstätten zu versammeln, in denen sich einige hundert Europäer verschanzten und verteidigten, um mit diesen Massen immer wieder gegen diese Widerstandsnester anzurennen, hätte man starke Truppenkontingente westlich von Delhi und bei Patna zusammenziehen sollen, um die von dort drohenden Entsatztruppen abzuwehren. Dieser so naheliegende Gedanke ist offensichtlich niemandem gekommen. Eine politische Führung hätte auch sofort Maßnahmen treffen müssen, um das befreite Gebiet irgendwie unter Verwaltung zu bringen, die Herstellung von Munition zu organisieren – was durchaus möglich war, wie das Beispiel von Amar Singh zeigt – und vor allem, um das Zusammenwirken zwischen den verschiedenen Gruppen zu regeln, die sich in dem befreiten Raum nach und nach bildeten. Die Soldaten, die den Kaiser auf seinen Thron zwangen, hatten den richtigen Gedanken, daß eine solche revolutionäre Bewegung vor allem eine Leitung benötigte; nur wählten sie in dem beinah neunzigjährigen, halb blinden Schwächling, der nur widerwillig die aufgezwungene Rolle annahm, einen Ungeeigneten. Ebenso unverständlich handelte die Gruppe bei Kanpur, die den Erben des Marathen-Reiches, Nana Sahib, zum Führer wählte; auch sie irrten sich in der Qualität dieses Mannes; denn keiner von beiden hat auch nur ernsthafte Versuche gemacht, eine Zusammenarbeit zwischen Moslems und Marathen anzubahnen, die erste Vorbedingung für ein Gelingen der ganzen Erhebung. Die zweijährigen Kämpfe haben auf indischer Seite weder eine militärische Gesamtführung noch die Beachtung der elementarsten politischen Notwendigkeit gezeigt. Mag also die Soldatenmeuterei vielleicht geplant gewesen sein, die Kriegführung, die folgte, war es jedenfalls nicht, und daran ist das ganze Unternehmen gescheitert. Denn statt einer wirklichen Führung suchten einige abgesetzte Fürsten und entmachtete Grundherren das entstandene Vakuum und die Hilfe der Soldateska auszunutzen, um ihre verlorene Machtstellung wieder einzunehmen. Der relativ solideste Schwerpunkt war der Kreis um den verstorbenen Sultan von Awadh (Oudh), den die Briten wenige Jahre vorher abgesetzt hatten. Seine energische Witwe, die Glieder seiner Familie und ein Kreis getreuer Vasallen hielten den Zeitpunkt für gekommen, den fürstlichen Staat *Awadh* wieder aufzurichten. Das war immerhin ein klar umrissenes Ziel; es basierte auf der Gefolgstreue zahlreicher Grundherren sowie auf der Zustimmung weiter Kreise der Bevölkerung, die die neue britische Herrschaft als drückender empfanden als die ihres Sultans.

Um diesen Kern bildete sich eine Gruppe von festem Zusammenhalt und zielbewußter Leitung; in dem südindischen Moslem Ahmadulla fand sie einen geeigneten Führer. Ihr erstes Ziel war, die Hauptstadt Lakhnau wieder zu besetzen. Die Belagerung dieser Residenz, deren kleine Besatzung sich ohne Nachschub und ohne schwere Waffen heldenmütig verteidigte, wurde zu einem der wichtigsten kriegerischen Ereignisse und hat sich von Juni 1857 bis März 1858 hingezogen; sie wurde ein Ruhmesblatt für die britischen Verteidiger und ein Armutszeugnis für die indischen Belagerer, die trotz ihrer vielfachen Übermacht und aller Nachschubmöglichkeiten diese kleine Schar nicht überwältigen konnten. Als dann mit dem Eintreffen britischer Entsatzkorps die Briten triumphierten, wichen die Kräfte der Awadh-Regierung nach Shajahanpur aus; aber die Flucht der Fürstin nach Nepal beendete diesen Kampf.

Ebenso erfolglos verliefen die Kämpfe der übrigen Moslem-Führer. Schon daß einige von ihnen den »Heiligen Krieg« gegen die Ungläubigen proklamierten, war ein politischer Fehler; denn die Seapoys bestanden aus Moslems und Hindus, und die Bevölkerung in jenem Raum waren meist Hindus. Die Verteidigung Delhis litt darunter, daß die Einwohner der Stadt sich von den Aufständischen mißhandelt fühlten, vor allem aber daran, daß man die verfügbaren Kräfte nicht richtig einsetzte.

Der jüngste Generalstabsoffizier hätte die Verteidigungsfront an die Enge von Karnal verlegt, jene schmale, leicht zu sperrende Landbrücke zwischen dem Himalaja und der Wüste, durch die die Ersatztruppen aus dem Panjab herankommen mußten, und nicht, wie es geschah, an die Hügel dicht vor der Stadt. Denn nachdem man durch diesen Fehler den Troß der schweren Artillerie der Briten einmal hatte passieren lassen, war man dieser überlegenen Waffe machtlos ausgesetzt. Sie konnte dicht vor der Stadt in Stellung gehen, die Stadt selbst und die Stellungen der Seapoys beschießen und damit das Schicksal Delhis entscheiden. So gelang es den Briten, mit den wenigen europäischen Truppen, die im Panjab bestanden – die eingeborenen Regimenter hatte man vorsorglich entwaffnet –, Delhi zurückzuerobern und damit eine der Schlüsselstellungen wiederzugewinnen, bevor noch die erste Verstärkung eintraf.

Das gleiche Bild der Zerfahrenheit boten die Marathen, obwohl sie militärisch mehr geleistet haben. Das gilt allerdings nicht für den Adoptions-Erben der Peshwas, Nana Sahib, der sich in seinem Zwangswohnsitz in Birhur widerwillig von den Seapoys zum Führer wählen ließ; seine erste Aufgabe war, das kleine Widerstandsnest, das die Briten in *Kanpur* aus einigen Backsteinhäusern improvisiert hatten, einzunehmen. Sein trauriger Ruhm besteht darin, daß die Verteidiger nebst Frauen und Kindern, die wegen Wasser- und Lebensmittelmangels nach kurzer Zeit kapitulieren mußten, bei dem zugestandenen »freien Abzug« umgebracht wurden – ob mit seinem Wissen oder nur wegen mangelnder Kontrolle seiner Leute ist ungeklärt, während ein zweites Blutbad, das wenig später an einer schutzsuchenden Gruppe von Europäern angerichtet wurde, sicherlich ihm zur Last gelegt werden muß. Im offenen Kampf gegen die heranrückende britische Entsatztruppe versagte Nana Sahib, verließ das Schlachtfeld und floh nach Nepal, wo er gestorben ist: ein unrühmlicher Nachfahre eines ruhmreichen Volks. Aber der Waffenruhm der Marathen wurde durch seinen Stellvertreter *Tantia Topi* gerettet, die stärkste militärische Potenz der ganzen Erhebung. Er hat den Briten mehr erfolgreiche Gefechte geliefert, als alle anderen zusammen und hat schließlich den Guerillakrieg, für den er sich vorzüglich eignete, bis zum bitteren Ende mit unerhörter Energie fortgeführt, bis er verraten, ausgeliefert und hingerichtet wurde. Unter den Stützpunkten der Marathen befand sich zu Anfang die befestigte Burg von *Jhansi*, Sitz eines kleinen Marathen-Fürstentums, das Dalhousie eingezogen hatte. Die 22jährige Erbin, die mit Zustimmung der Briten provisorisch ihren Staat noch verwaltete, wurde von den Seapoys, die auch hier mit einem Massenmord begannen, genötigt, die Verteidigung der Burg gegen die anrückenden Briten mitzumachen. In diesem Kampf wuchs die junge Frau zur Heldin. Sie verließ die Burg kurz vor dem Fall, vereinigte ihre

Truppen mit dem Gros der Marathen und faßte zusammen mit Tantia Topi den genialen Gedanken, die damals stärkste Festung dieses Raums, Gwalior, zu besetzen, um von hier aus eine Brücke zum Dekkhan zu schlagen und die Anmarschwege der verschiedenen britischen Kontingente zu stören. Sie soll, angeblich vergeblich, ihre Stammesgenossen bestürmt haben, den strategisch einzigartigen Wert dieser Festung systematisch auszunutzen, und sie ist bei dem Versuch, die Vereinigung zweier herannahender britischer Kolonnen zu verhindern, in Mannesuniform im Kampf vor der Burg gefallen: eine letzte Verkörperung der kriegerischen Tugenden des indischen Fürstentums.

Ihr männliches Gegenstück war der kleine Fürst Kunwar Singh, einer der wenigen Rajputen, die aktiv mitgemacht haben, ein 70jähriger Haudegen, der wegen seiner finanziellen Misere in den Kampf eintrat und nach einer Reihe oft glücklicher Handstreiche im Mai 1858 gefallen ist.

Im Moslemlager erreichte nur der Maulana *Ahmadulla* eine gewisse Größe. Er versuchte zunächst, den Kaiser in Delhi sachgemäß zu beraten, wirkte führend mit bei der Belagerung von Lakhnau, war der erste, der als oberstes gemeinsames Ziel die Vertreibung der Briten öffentlich aussprach, hatte als einziger den gesunden Gedanken gefaßt, daß man das breite Volk gewinnen müßte, durch Versprechen, seine klägliche Lage zu verbessern, und fiel schließlich, als er versuchte, einen Hindufürsten für die große Sache zu gewinnen. Die übrigen Moslemführer blieben auf der Stufe bloßer Abenteurer. Ein Afghane, Erbe des Gebiets von Rohilkand, der mit einem Massenmord an Briten begann, sammelte beinah 40 000 Mann nebst Artillerie und ließ sich zum »Vizekönig von Hindostan« ausrufen, endete aber nach einer schweren Niederlage durch den Strang. Ein Zamindar von Gorakhpur, der dem Herrscher von Awadh die Lehnsfolge verweigerte, führte einen Alleinkrieg und ließ sich von den Briten mit einer monatlichen Pension von 200 Rupien abfinden. Es waren entwurzelte Gestalten, die nichts zu verlieren hatten und mit ihrem Eigennutz der allgemeinen Sache nicht gedient haben. Manche unter ihnen spielten zudem ein Doppelspiel, indem sie, bevor sie der Rebellion beitraten, die Briten verständigten, um sich einen Rückweg offen zu halten, wie Nana Sahib oder der erwähnte Afghane.

Nach ihrem räumlichen Umfang und ihrer Dauer war die

Erhebung von 1857/59 die bedeutendste Auflehnung gegen die britische Herrschaft. Sie bildete den Höhepunkt einer langen Kette von Aufständen und Meutereien kleineren Umfangs, aber auch deren Schlußstein. Wäre sie wirklich von einer »zentralen Stelle« geleitet worden, dann wäre es eine ohne politischen und militärischen Blick gewesen. Politisch hätte sie die Jahre 1854/55 wählen müssen, als die Masse der britischen Truppen an der Krim focht und nicht den Zeitpunkt, wo sie wieder nach Indien zurückgekehrt war. Sie hätte dann ein Zusammenwirken zwischen den Moslems und den Marathen herbeiführen müssen, vielleicht sogar Verbindung aufnehmen sollen zu gleichzeitigen Unruhen, wie zu den Wahabis im Panjab oder den rebellierenden Indigo-Kulis in Bengalen. Sie hätte die Bewegung über die Grenzen dieser einen Provinz hinaustragen sollen, vor allem in das Land der Marathen, dessen vorgeblicher Peshwa-Erbe eine führende Rolle spielte. Aber nichts dergleichen geschah. Der Aufstand blieb auf das Gebiet beschränkt, das die Soldaten in den ersten Tagen durch ihre Initiative abgesteckt hatten, also auf den Raum der heutigen Nordprovinz (*UP*). Unberührt blieben Bengalen, wo der erste Funke entzündet wurde, der Panjab und das gesamte übrige Indien, Dekkhan wie Süden. Abseits blieben alle regierenden Fürsten, von ein paar unbedeutenden Ausnahmen abgesehen. Weder hat der Nawab von Rampur – der größte Vasall von Awadh – mitgemacht, noch hat ein einziger regierender Marathenfürst seine Stammesgenossen unterstützt; loyal blieb vor allem der Maharaja von Gwalior, und was das bedeutet, lehrt die Äußerung Cannings, »daß er seine Koffer packen würde, wenn der Gwalior an die Seite der Rebellen träte«.

Auch das breite Volk der Marathen blieb ruhig, bis auf einen kleinen Aufstand in Sawantwadi. Nichts von dem Geiste wurde spürbar, den Tilak 50 Jahre später zu entfachen wußte; und völlig unbeteiligt, eher ablehnend, blieb die bürgerliche Intelligenz; denn ihre »Befreiungsbewegung« lag in den Grundzügen fest und unterschied sich völlig von dem militärischen Abenteuer, als welches ihnen die Große Erhebung erschien. In der Tat war es ein letztes Aufflackern einer Zeit, die unwiederbringlich vergangen war. Es war der letzte offene Kampf, den Inder mit militärischen Waffen gegen die Briten geführt haben, und er endete mit der völligen Entwaffnung des Landes. Kein Grundherr durfte fortan eigene Truppen oder gar Kanonen unterhalten und die Fürsten nur unter strenger britischer Kontrolle. Damit endete auch der Widerstand der »kshatriyas«, deren Kastenpflicht die Befreiung des Landes eigentlich gewesen wäre. Damit entstand auch die Kluft, die die Fürsten fortan von der bürgerlichen Schicht trennte, die zum Träger der »nationalen« Befreiungsbewegung wurde. Die jugendliche Ṙani von Jhansi ist der letzte Sproß des indischen Fürstenstandes, in dem sich sein kämpferischer Geist noch einmal verkörperte. Sie gleicht darin der Griechin Kleopatra, die als Königin von Ägypten die Glorie Alexanders abschloß. Am tiefsten getroffen wurden die Moslems; denn für sie war die Erhebung der letzte Versuch, ihre herrschende Stellung wiederzuerlangen. Sie traten während der Kämpfe so stark in den Vordergrund, daß viele Briten den ganzen Aufstand als ihr Werk angesehen haben – ebenso dachten die Sikhs im Panjab, die sich zurückhielten, um keine Moslem-Restauration zu unterstützen. Für die indischen Moslems bedeutete sie das endgültige Ende *ihrer* Epoche, und sie zogen sich in dumpfer Verbitterung zurück.

Politisch ergab sich als wichtigste Folge der Übergang der Verwaltung Indiens auf die englische Krone. Der eigentliche Verlierer war also die Ost-Indien-Kompanie, deren Existenz erlosch. Nutznießer dieses Wandels waren die Fürsten insofern, als weitere Absetzungen und Annexionen von Fürstenland aufhörten und alle, die bis 1859 ihren Thron behalten hatten, ihn noch bis 1947 genießen konnten. Der wichtigste Nutznießer aber war die bürgerliche Intelligenz; denn mit der Krone begann ein Regime geistiger Freiheit, das ihr unmittelbar zugute kam. Die große geistige Erneuerung konnte sich nunmehr freier entfalten und damit die Grundlage für den Befreiungskampf legen. In dieser Hinsicht haben die Soldaten, die das damalige Regime zu zertrümmern halfen, auf weite Sicht doch noch Erfolge erzielt; ihr Aufstand wurde zu einem nicht wegzudenkenden Markstein in der weiteren Entwicklung der Befreiungsbewegung.

Kapitel 45

Indiens Ringen mit der britischen Krone (1859–1905)

Seit der »Großen Erhebung« unterstand Indien direkt der britischen Krone. Die »Kompanie«, die dem Volk als ein unpersönliches Nebelwesen erschienen war – obwohl man versucht hatte, sie als »John Company« volkstümlich zu machen –, wurde abgelöst durch eine lebende Königin, bald sogar eine Kaiserin, also durch eine menschliche Gestalt, die aber unsichtbar auf ihrer fernen Insel blieb. Nur einmal hat ein König den Boden Indiens betreten: Georg V. im Jahre 1911.

Seitdem der jüngere *Pitt* 1784 erklärt hatte, daß alle Erwerbungen der Kompanie unter die volle Souveränität der Krone träten, und seitdem dieser Grundsatz bei Erneuerung ihrer Charter von 1833 rechtsgültig festgelegt worden war, hatte der Gedanke, daß die britische Regierung nun auch die tatsächliche Verantwortung für Indien übernehmen müßte, die maßgebenden Stellen beschäftigt. Die letzte Erneuerung der Charter von 1853 enthielt keine Geltungsdauer mehr, so daß sie spätestens nach Ablauf der üblichen 20 Jahre ihre Gültigkeit verloren hätte. Die »Mutiny« beschleunigte den Entschluß. Das Zögern erklärt sich aus der Scheu vor einer Aufgabe, für die man in London in keiner Weise vorbereitet war; denn der Kreis der Personen, die sich in Indien betätigten, war sehr begrenzt, und in der politischen Öffentlichkeit bestand wenig Interesse an Indien. Die Debatten im Unterhaus wurden von einer Handvoll »Indienkenner« vor meist leeren Bänken geführt. Wenn das Gesetz über die Machtübernahme den Titel trug »Zur besseren Verwaltung Indiens«, so wirkte das wie ein Eingeständnis, daß man den bisherigen Zustand in der Tat als verbesserungsbedürftig angesehen hatte.

Die bisherige Instanz zur Beaufsichtigung der Kompanie, das »Board of Control«, wurde nun durch ein Ministerium, das *»India Office«*, ersetzt, dessen Leiter als »Staatssekretär für Indien« zum eigentlichen Chef der indischen Regierung und damit zu einem der wichtigsten Mitglieder jedes Kabinetts wurde. Der Generalgouverneur in Kalkutta, der bald den zusätzlichen Titel »Vizekönig« erhielt, wurde dem Staatssekretär *unterstellt.*

Diesem gab man zur fachkundigen Beratung einen Ausschuß bei, in den anfangs ehemalige Direktoren der Gesellschaft, später meist aus Indien heimkehrende höhere Beamte berufen wurden. Sie hatten gewiß praktische Indienerfahrung, deren Wert aber mit dem raschen Wandel der Dinge in Indien sank. Die Abhängigkeit des Vizekönigs stieg mit der Verbesserung der Verbindungen, vor allem mit der Eröffnung des Kabels zwischen London und Kalkutta (in den 60er Jahren).

Litt die Eignung des Staatssekretärs unter dem häufigen Wechsel und seiner Abhängigkeit von der jeweils regierenden Partei, so litten die Vizekönige darunter, daß sie ihr Amt meist ohne Kenntnis über Indien antraten und es nur fünf Jahre innehatten – ein Zeitraum, der kaum genügte, diesen verwickelten Subkontinent einigermaßen zu verstehen. Vollen Kabinettsrang besaßen in dieser Periode nur *drei* Liberale, *Canning, Ripon* und *Northbrook,* und ein Konservativer, Curzon. Die übrigen gehörten zu jener Kategorie, die ein britischer Historiker »Imperial handymen« genannt hat, d. h., sie waren Mitglieder der regierenden Oberschicht, die gutes Auftreten, Takt und Gewandtheit besaßen, um überall im Weltreich mit Nutzen verwandt zu werden, von denen aber niemand eine eigene politische Vision erwartete. Zu dieser Gruppe gehörte die Mehrzahl der Konservativen, wie Mayo, Lytton und beide Elgins; selbst Lansdowne hat seinen Kabinettsrang erst später als Außenminister erworben. Die Mehrzahl wurde in einem verhältnismäßig jungen Alter auf diesen Posten berufen. Der jüngste, Curzon, war gerade 40; Anfang der 40er Jahre waren Canning, Mayo, Northbrook, Lytton, Lansdowne und Elgin II. Nur Elgin I, Ripon und Dufferin hatten schon die 50 überschritten.

Für Indien war es an sich günstig, daß die Mehrzahl der Vizekönige der liberalen Partei entstammte (den alten Whigs). Von den elf, die zwischen 1859–1905 regiert haben, waren nur vier konservativ, die 18 Jahre amtierten, während sieben Liberale es auf beinah 30 Jahre gebracht haben. Unter ihnen befinden sich die beiden »großen« Vizekönige, Canning und Ripon, deren Andenken noch heute in Indien fortlebt: *Canning,* weil er die haßerfüllten Leidenschaften der großen Erhebung durch Takt und versöhnliche Gerechtigkeit überbrückte, und *Ripon,* weil er als erster die (schon von Mayo geplante) Selbstverwaltung der Städte energisch durchführte und den Indern öffnete; vor allem aber, weil er bei der Ilbert-Bill strikt auf die Seite des Rechts trat, hier also auf die indische, und dabei den wütenden Zorn seiner Landsleute in Kauf nahm*. Als London nachgab, trat er zurück.

Die neue Regierung, die mit *Canning* begann, stand vor zwei großen Aufgaben: die bis zur Siedehitze aufgepeitschten Leidenschaften beiderseits zu besänftigen und die große Schuldenlast abzudecken, die sie von der Kompanie hatte übernehmen müssen, und die gerade durch die Niederwerfung dieser Rebellion gewaltig gestiegen war. Ihr wichtigster Gegenspieler auf indischer Seite war das politisierte Bürgertum, das nun bei völliger Passivität der Fürsten und der Moslems die alleinige Führung übernahm und grundsätzlich zu einer Zusammenarbeit mit den Briten durchaus bereit war; denn ihnen erschien die Erhebung als ein politischer Fehler, als ein Rückfall in Methoden einer endgültig abgelaufenen Zeit. Aber für ihre Haltung hing alles davon ab, inwieweit das neue Regime die Verheißungen erfüllen würde, die die Proklamation der Königin angekündigt hatte.

Ihre Wünsche waren dreifacher Natur:

1. Mitwirkung der Inder an dem neuen Staat und seiner Verwaltung,
2. Gleichberechtigung beider Rassen,
3. Wahrung der indischen Interessen auf wirtschaftlichem und finanziellem Gebiet.

Der erste umfaßte die Beteiligung von Indern in den obersten Gremien der Verwaltung, also in dem »Executive Council« des Vizekönigs – dem eigentlichen Kabinett –, sowie in den entsprechenden Gremien in Bombay und Madras (später auch in Kalkutta, da Bengalen anfangs vom Vizekönig direkt verwaltet wurde). In den erstgenannten wurden zunächst keine Inder aufgenommen, so daß dort der Vizekönig nur mit drei Beamten und zwei Fachleuten (für Justiz und Finanz) berieten. Doch wurde dieser Kreis durch Hinzuziehung von Nichtbeamten erweitert, wenn gesetzgeberische Vorlagen beraten wurden. Hierzu wurden nunmehr bis zu drei Inder zugezogen, die aber, ebenso wie die europäischen Nichtbeamten, nur beratende Funktion hatten. Für das alljährlich wichtigste Gesetz, den

* Dieses Gesetz wollte die Distrikt-Richter indischer Herkunft in Strafsachen auch für Vergehen von Europäern zuständig erklären. In ihrem fanatischen Widerstand ging die britische Kolonie so weit, dem Vizekönig zu drohen, ihn deportieren zu lassen.

Staatshaushalt, wurde sogar das Recht, wenigstens Fragen zu stellen, abgeschafft. Den in Staatsgeschäften meist unerfahrenen indischen Vertretern machte es Schwierigkeiten, gegen eine europäische Mehrheit mit besserer Sachkenntnis aufzukommen; indessen haben Männer wie *Gokhale* oder Kristo Das *Pal* wirkungsvolle Reden gehalten und praktisch mitgearbeitet, namentlich als 1892 das Fragerecht wiederhergestellt wurde.

Die Zulassung von Indern zum höheren Verwaltungsdienst (ICS), die längst in Aussicht gestellt war, wurde durch Ausführungsbestimmungen erschwert. Der Eintritt zur Ausbildungsakademie erforderte ein Höchstalter von 19 Jahren, dem noch ein zweijähriges Studium an einer englischen Universität vorangehen mußte; der junge Inder war also gezwungen, spätestens mit 17 Jahren nach England überzusiedeln, was nur wenigen möglich war. So haben sich im Durchschnitt der Jahre 1860–1900 neben 225 britischen nur 36 Inder bewerben können, und von ihnen haben nur wenige das Examen bestanden. Das Jahr 1869 erreichte den Rekord von *drei* erfolgreichen, darunter der später berühmt gewordene Surendra Nath *Banerji,* der bald wieder ausschied, um politischer Führer zu werden, und Romer Chunder *Dutt,* der nach seiner Pensionierung die bedeutungsvollen Untersuchungen über die wirtschaftlichen Nachteile der britischen Herrschaft für Indien veröffentlichte. Im ganzen war das Ergebnis so unbefriedigend, daß die Inder stürmisch die Zusicherung einer Mindestquote forderten, was erst nach 1905 geregelt wurde.

Früher gelang es den Indern, an den Verwaltungen der Städte mitzuwirken. Seitdem der Vizekönig Ripon durch die Akte von 1883/84 die Ansätze einer Munizipalverwaltung geschaffen und den Indern geöffnet hatte, wurden als »Vertreter der Steuerzahler« Kommunalpolitiker in die Stadträte gewählt, die schrittweise unter indische Leitung kamen. Hier entstand eine vortreffliche Schule für die indischen Politiker, sich in konstruktiver Arbeit zu üben, und einige ihrer besten sind über die Stadtverwaltungen hochgekommen: der Parse Feroze Shah Mehta war viele Jahre Bürgermeister von Bombay; in Kalkutta haben sich sowohl Surendra Nath Banerji wie Kristo Das Pal als Stadtväter bewährt, und später ist C. R. Das als Mayor von Kalkutta zu Ruhm gelangt. Patel war Bürgermeister von Ahmedabad, Rajendra Prasad von Patna, und selbst Nehru hat kurze Zeit an der Stadtverwaltung seiner Heimatstadt Allahabad gearbeitet. Der indische Einfluß in den Stadtverwaltungen wuchs so rasch, daß die britischen Politiker um die Jahrhundertwende ernsthaft versucht haben, ihn wieder zu beschneiden.

Im ganzen aber wirkten Tempo und Umfang aller dieser Zugeständnisse bitter enttäuschend. Auf britischer Seite lag das weniger an Mangel an Einsicht, eher an der nun aufkommenden Ideologie des Imperialismus, die alle in ihren Bann zog; und ebenso an dem zahlenmäßigen Mißverhältnis zwischen Briten und Indern, das im Vergleich zu anderen Kolonien in Indien besonders kraß war. Denn für die Regierung eines Gebiets, dessen Umfang und Bevölkerungszahl der Europas gleichkam, betrug die Zahl der Briten auf ihrem Höhepunkt, einschließlich der Truppen, etwas über 100 000, und von diesen standen in der eigentlichen Verwaltung kaum 1000. Diese Handvoll Europäer, die soeben erst ein Gemetzel ihrer Frauen und Kinder erlebt hatte, mußte sich notwendig gefährdet fühlen – wie jeder mitempfinden kann, der im alten Britisch-Indien die unübersehbaren Massen brauner Menschen erlebt hat, in denen nur hier und da ein Weißer auftauchte.

Daß sie ihre Lebensgewohnheiten beibehielten und außerhalb des beruflichen Lebens gern unter sich blieben, sich also »abkapselten«, mußte einem Volk, das selbst in Kasten lebte, verständlich sein. Aber die oft auftretende »Arroganz« der Briten, die sich in einem gesteigerten Selbstgefühl äußerte und – im Gegensatz zu den frühen kolonialen Abenteurern im Stile von Clive und Warren Hastings – dazu neigte, die Inder als ein zurückgebliebenes, untergeordnetes Volk anzusehen, wirkte aufreizend. Sie forderten eine Behandlung auf der Grundlage voller Gleichberechtigung beider Rassen, die ihrer alten Zivilisation entsprach. Dieser Streitpunkt, der bei vielen Indern schwerer wog als politische Ressentiments, konnte nicht durch staatliche Maßnahmen geregelt werden, sondern nur schrittweise eine Lösung finden, die auf britischer Seite Weitsicht und Vernunft erforderte, wie sie überragende Köpfe mit gutem Beispiel vertraten.

Die Gegensätze auf *wirtschaftlichem* Gebiet, die anfangs im Hintergrund blieben, verschärften sich in raschem Tempo und wurden bald zu den am hitzigsten umstrittenen. Sie gipfelten in der Anklage der »Ausbeutung«, die mit wechselndem Inhalt begründet wurde. Dabei wurden die vergangenen Jahre echter

Plünderung kaum noch erwähnt, jene Zeiten, in denen jeder arme Teufel, der nach Kalkutta auszog, als reicher »Nabob« heimzukehren hoffte. Tarachand *Das* beziffert, gestützt auf die Untersuchungen des Engländers *Digby*, die Summe der damals aus Indien nach England verbrachten Werte auf 4–16 Milliarden Rupien. Mag diese Ziffer zutreffen oder nicht: jedenfalls sahen die Inder, daß nach den Napoleonischen Kriegen England das reichste Land Europas war. Diese Periode war schon dadurch beendet worden, daß London im Jahre 1813 der Kompanie den Eigenhandel mit England verboten hatte; denn damit entfiel die Möglichkeit, durch Warenlieferungen Vermögen dorthin zu transferieren. Da inzwischen auch die greifbar angesammelten Schätze der indischen Oberschicht abgeschöpft waren, mußte man sich ohnehin nach neuen Gelderwerbsquellen umsehen. Zwar behielt die Kompanie noch bis 1833 das Monopol für den Handel mit *China*, konnte also dorthin unverändert indische Textilwaren – Garne und Stoffe – exportieren und diesen Handel sogar mit höchsten Gewinnen durch die Ausfuhr von *Opium* steigern; aber das chinesische Geschäft unterlag dem Prinzip des Freihandels, wodurch der Gewinn sank – wie denn sogar indische Firmen daran teilnahmen, darunter eine Firma der Familie Tagore.

Scharfe Gegensätze entstanden, nachdem die indische Wirtschaft den lähmenden Schock der ersten Jahrzehnte überwunden hatte und sich neue Initiative in ihr regte. Indien war damals kein »unterentwickeltes« Land. Mit seiner gewerblichen Erzeugung konnte es mit dem damaligen Stand der europäischen mühelos konkurrieren und hatte im 18. Jahrhundert einen gewinnreichen Export nach England gehabt. Sein Geld- und Bankwesen war dem damaligen europäischen gleichwertig. Der erste Streit entstand um seine Währung. Die einheitliche Währung der Mogul-Zeit – der Goldmohur und die Silberrupie – war durch den Zerfall des Reiches zerbrochen; es wurde versäumt, ein festes Verhältnis zwischen beiden herzustellen, so daß die Kurse – etwa in Kalkutta und Madras – oft Schwankungen zwischen 10 bis 20 Rupien für das Pfund zeigten. Seit sich auch das englische Pfund Sterling einbürgerte, bedurfte man aber einer festen Parität zwischen ihm und der Silberrupie, die sich schon damals auf 13–14 Rupien einpendelte. Als Indien 1893 von seiner Silberwährung abgehen mußte, wurde ihm keine echte Goldwährung zugestanden, was heftige

Vorwürfe hervorrief. Daß dann später die Parität Pfund – Rupie durch die Regierung oft manipuliert wurde und stets zuungunsten der indischen Wirtschaft, hat zu heißen Kämpfen zwischen Indern und der »Raj« geführt.

Noch härter waren die indischen Klagen, daß die Briten das Wiederaufleben der indischen Industrie hemmten. Hatten sie im 18. Jahrhundert die Einfuhr kostbarer indischer Stoffe nach England etwa mit der Begründung verboten, sie wären zu durchsichtig, also »unsittlich«, so nutzten sie jetzt ihren Vorsprung in der maschinenmäßigen Herstellung billiger Stoffe dazu aus, den indischen Markt zollfrei zu überschwemmen, und vernichteten dadurch das alte indische Manufakturgewerbe, das Millionen Arbeit gegeben hatte. Die brotlos werdenden Spinner und Weber flüchteten in ihre Dörfer, die infolgedessen überfüllt wurden; blühende Großstädte, wie Dakka, sanken auf den Stand eines Dorfes herab. Als nach der Machtübernahme durch die Krone indische Initiative daran ging, das vernichtete Textilgewerbe mit Maschinen neu aufzubauen, drängte die britische Konkurrenz (»Lancashire«) darauf, dieser jungen Industrie die Schutzzölle zu verweigern. Der Vizekönig *Northbrook* – selber aus der Wirtschaft, nämlich aus dem Bankhaus Baring stammend – hielt es für seine Pflicht, die indische Industrie zu fördern, und trat nach einer dramatischen Auseinandersetzung mit London zurück, als die konservative Regierung sich den Wünschen von Lancashire fügte. Dieser Gegensatz hat mit mannigfachen Schwankungen bis zuletzt angehalten und ist stets Streitpunkt zwischen der nationalen Opposition und der kolonialen Regierung geblieben.

Dabei wurde es den Indern immer deutlicher, daß ihr Land dazu dienen sollte, billige Rohstoffe für die britische Industrie zu liefern und als offener Markt die Erzeugnisse aufzunehmen, die die britische Industrie herstellte. Diese Ausfuhr begann mit Rohbaumwolle – wie sie Indien schon 2500 v. Chr. exportiert hatte. Dann entstanden neue Produkte: Indigo, Tee und Jute. Das *Indigo*-Geschäft – übrigens von Franzosen entdeckt – ergab 1795 einen Ausfuhrwert von 6 Millionen Rupien. Da die alte Kompanie größere Plantagen nicht zuließ, wurde der Anbau an bäuerliche Kleinbetriebe vergeben, die dadurch den Markt- und Preisschwankungen ausgesetzt wurden. Sie gerieten in eine so hoffnungslose Abhängigkeit von den Handelshäusern, daß gleichzeitig mit der großen Erhebung die erste offene

Rebellion unter ihnen ausbrach. Eins der ersten zündenden Theaterstücke der bengalischen Literatur brachte dieses Thema auf die Bühne und erregte einen Sturm der Entrüstung gegen solche »Ausbeutung«.

Die sozialen Spannungen in den übrigen Sparten waren nicht geringer, aber weniger spektakulär. Der Anbau von Tee vollzog sich, unter warmer Förderung des Vizekönigs *Bentinck*, auf Plantagen, wo die Arbeiterunruhen weniger politische Bedeutung gewonnen haben. Der Anbau von Jute, der überwiegend bei Kleinbetrieben lag, verschaffte diesen Bauern eine willkommene »cash«-Frucht, mit der sie ihre Steuern bezahlen konnten.

Aber diese Neuerungen brachten Indien einen großen Nachteil: sie verwandelten anbaufähiges Land, das bisher zur Erzeugung von Lebensmitteln gedient hatte, in solches für Industriepflanzen, verringerten also die Ernährungsbasis. Gleichzeitig hielten die exporthungrigen Firmen daran fest, auch den Export von Reis und Weizen, den sich Indien früher bequem leisten konnte, fortzusetzen, ohne Prüfung, ob die Ernährungslage es noch zuließ. Die großen Hungersnöte, denen sich die neue Regierung bald gegenübersah, hätten als Warnung dienen sollen; und in der Tat hat die Regierung auch bald begonnen, Maßnahmen zu ergreifen, die sich aber nur auf Vorratsbeschaffung und Verbesserung des Verkehrswesens bezogen, dagegen eine systematische Erweiterung des anbaufähigen Bodens nicht vorsahen. Eine einheimische Regierung hätte vermutlich damit angefangen. Erst spät haben die Briten diese Aufgabe erkannt. Was zu britischer Zeit auf dem Gebiet der Erschließung neuen Bodens, etwa durch Bewässerung, geschehen ist – so wertvoll der Beginn war –, blieb seinem Umfang nach unzulänglich; wie denn das unabhängige Indien in einem Jahrzehnt mehr auf dem Gebiet der Bewässerung geleistet hat als die britische Regierung während der Dauer ihres Bestehens. Auch hieraus ergaben sich triftige Klagen, die eine nationale Bewegung für ihre Zwecke gut verwenden konnte.

Versucht man, diese ganze Tätigkeit etwa mit den Maßstäben zu messen, die man heute an die Entwicklungshilfe anlegt, so drängt sich zuerst die Tatsache auf, daß sich alle Neuerungen einseitig auf landwirtschaftliche Erzeugung beziehen, daß also ein Wiederaufbau des heimischen Gewerbes zunächst nicht gefördert, ja eher gehemmt wurde.

Die Kapitalbeschaffung wurde beim Indigo-Anbau fast ausschließlich und bei der Teekultur anfangs aus Überschüssen finanziert, die die unternehmenden Firmen anlegen wollten. Erst die spätere Erweiterung der Teeplantagen und der Jute-Industrie, vor allem aber die Eisenbahnen, sind überwiegend mit neu hereingebrachtem britischem Kapital finanziert worden. Dieser Zustrom britischen Kapitals nach Indien, der etwa 1870 einsetzte, ließ die skeptischen Inder fragen, ob es nicht die gleichen Gelder seien, die man ihnen früher abgenommen hätte und die sie jetzt verzinsen sollten. Außerdem brachte der Rückfluß von Zinsen und Amortisationen nach England eine erhebliche Belastung der Zahlungsbilanz.

Auch durch die allgemeine Wirtschaftspolitik Englands wurde Indiens Wirtschaftslage erschwert. England hielt damals den Freihandel für einen Segen für die ganze Welt. Die steigende Bevölkerung Indiens benötigte aber Ersatz für seine vernichtete Manufakturindustrie, und die neue Industrie brauchte, wie alle jungen Industrien, Schutzzölle. Wenn der Freihandel den indischen Markt für die britischen Fertigfabrikate öffnete, kam er wohl der britischen Industrie zugute, schadete aber der indischen.

Ein weiterer Streitpunkt war die Finanzgebarung des neuen Regimes. Die hohe Schuldenlast, die die Krone übernommen hatte, vergrößerte sich zunächst durch die Weltwirtschaftskrise von 1847–1848, in der viele britische Firmen bankrott gingen; sodann durch die hohen Kosten der Kriege, zumal sie nicht, wie früher, einen Gegenwert in Form von Beute einbrachten. Die indischen Politiker protestierten dagegen, daß die Kosten der Niederwerfung der Rebellion von 1858 zu Lasten des indischen Steuerzahlers gehen sollten; ebenso, daß die Kosten von Kriegen, die keineswegs den indischen Interessen dienten, wie z. B. die Eroberung von Burma oder der Expedition, auf der Singapur gegründet wurde, vom indischen Steuerzahler getragen werden mußten. Noch im Ersten Weltkrieg sind die Kosten des Expeditionskorps gegen den deutschen General v. d. *Goltz* in Mesopotamien Indien angelastet worden, was zu scharfen Angriffen gegen die Regierung führte, zumal sie dank schlechter Organisation ungewöhnlich kostspielig wurde.

Ständig umstritten blieb der Satz der Gehälter und Pensionen für britische Beamte und Offiziere. Insgesamt bildete er keine übermäßig schwere Belastung für den Haushalt, da es sich z. B. im Jahre 1892 nur um 2313 Personen handelte – bei einer Bevölkerung von 230 Millionen. Aber die Inder sahen nur die ungleich bessere Lebenshaltung der Briten in krassem Kontrast zu der Armut ihres Volkes. Außerdem bildeten die Pensionen einen Posten in den jährlichen Zahlungen, die aus Indien nach England flossen, zusammen mit den Beträgen für Zinsen und Amortisation investierter Kapitalien und der Überführung geschäftlicher Gewinne. Dank der stark aktiven Handelsbilanz Indiens mit England konnten sie meist ohne Mühe überwiesen werden, auch als sie mit dem Bau der Eisenbahnen stark anzogen, für den die Regierung den Gesellschaften eine Mindestverzinsung garantiert hatte. Mit einem gewissen Recht wiesen die Inder darauf hin, daß ihr Land zwar das frühste Bahnnetz in Asien erhielt, aber auch das teuerste. Je mehr dann der britisch-indische Staat zu Krediten und Anleihen greifen mußte, desto höher wurden diese »Home-charges«; desto bitterer wurden die Anklagen der Opposition über die ungesunde und für Indien schädliche Führung des Staatshaushalts. Gerade diese wirtschaftlichen Motive sind es gewesen, die viele der gemäßigten Politiker zu der Erkenntnis gebracht haben, daß sie ihr bisheriges Ziel nicht auf verfassungs- und verwaltungsrechtlichen *Reformen* beschränken dürften, sondern daß nur die volle Unabhängigkeit Indien vor solchen Schädigungen befreien könnte.

Diese Fragen wurden zuerst von dem großen Parsen Dadabhoy *Naoroji* behandelt, der sie als Mitglied des englischen Unterhauses kräftig vertrat; ausführlicher wurden sie dann durch den Richter *Ranade* (1842– 1909), einen Freund Tilaks, dargestellt und endlich mit amtlichem Material glänzend zusammengefaßt durch einen früheren Beamten des ICS, den Bengalen Romer Chunder *Dutt,* der nach seiner Pensionierung mit diesen Erkenntnissen der Befreiungsbewegung einen politisch kaum zu überschätzenden Dienst erwiesen hat. Ein anderer Bengali, der Schriftsteller Man Mohan *Bose,* gab die Quintessenz dieser Lehren in volkstümlichen Versen und Liedern wieder, die nun von Mund zu Mund gingen und die These, daß Indien an der Fremdherrschaft verarme, ins breite Volk brachte. Bis heute liegt noch keine Untersuchung vor, die von *beiden* Seiten als zutreffend bezeichnet worden wäre. Die britische Politik hat sich schrittweise gewandelt und namentlich seit dem Ersten Weltkrieg sehr viel für Indiens Entwicklung, auch auf dem Gebiet der Industrie, getan; aber für den Politiker bleibt die Feststellung, daß in der Kampfzeit diese Dinge eine wachsende Rolle gespielt haben und von indischen Agitatoren mit Vorliebe als Beweis dafür gebraucht worden sind, daß die Abhängigkeit Indiens das Land in einer Art von »wirtschaftlicher Sklaverei« hielte.

Die Gegenseite blieb nicht stumm. Der englische Nationalökonom F. J. *Atkinson* errechnete, daß das durchschnittliche Jahreseinkommen pro Kopf der Bevölkerung in den Jahren 1875—1895 von 27 auf 35 Rupien gestiegen wäre. Aber diese Zahl bestätigte nur, daß die Masse des Volks in unvorstellbarer Armut verharrte. Man konnte Indien mit *Japan* vergleichen, das in der gleichen Epoche unter weit schlechteren Vorbedingungen einen großen industriellen Aufschwung erlebte: als *freies Volk,* ungehemmt durch eine fremde Regierung! Man verwies sogar auf die Mogulherrscher, die ebenfalls gewaltige Summen aus dem Volke herausgepreßt, doch den Erlös im Lande verbraucht hätten. So aber zeigte sich, daß England reicher und Indien ärmer wurde. Gewiß wollten manche die Vorteile der britischen Herrschaft nicht leugnen, beklagten jedoch, daß Indien sie viel zu teuer erkaufe; und einer prägte das Schlagwort, man müsse kämpfen gegen das gefährliche Dreigestirn von »*A*rroganz, *A*usbeutung und *A*rmut«.

So verhärteten sich die Fronten, und jede neue Generation indischer Politiker, die in die Arena trat, trieb die Agitation weiter. Zentrum blieb Kalkutta, die Reichshauptstadt. Bengalen hatte die schwersten Verluste erlitten, sah aber den Vizekönig ständig in seiner Mitte. Seine temperamentvolle und geistig rege Oberschicht fühlte sich berufen voranzugehen, wie ja auch die Französische Revolution naturgemäß in der Hauptstadt Paris begonnen hat. Entscheidend aber war, daß hier ein Mann auftrat, der zum Führer Indiens während der nächsten Jahrzehnte werden sollte: Surendra Nath *Banerji* (1848—1925). Mit 21 Jahren bestand er als einer der ersten Inder das Examen für den ICS, wurde wegen Unbotmäßigkeit bald wieder entlassen und begann seine politische Laufbahn in der British India Association, die damals von älteren Männern beherrscht wurde, die an der Überzeugung festhielten, daß die gesunde Vernunft und das faire Gerechtigkeitsgefühl der Briten zuletzt doch die gewünschten Reformen bringen würden. In seiner Generation wuchs die Erkenntnis, daß sich solche Anschauungen überlebt hätten; und so gründete Banerji im Alter von 28 Jahren die *Indian Association,* die fortan bis 1905 die führende Organisation bleiben sollte. Schon ihr Name zeigt, daß man »indisch« fühlte und sich werbend an alle Gleichgesinnten wenden wollte. Man gründete daher überall in Indien Zweig- oder Schwestergesellschaften. Banerji selbst bereiste als erster Politiker das ganze Land und hat als erster den Gedanken durchgeführt, alle gleichgesinnten Vereinigungen zu einer allindischen Zusammenkunft einzuladen, die 1883 in Kalkutta stattgefunden hat. Auch ließ er als erster große Massenversammlungen abhalten, um das breite Volk zu interessieren, und hat eifrig an der Neugestaltung der indischen Presse gearbeitet. Während der hochbegabte Journalist Kristo Das Pal den 1853 gegründeten »Hindu Patriot« zum erfolgreichsten Blatt der Bewegung erhob, übernahm Banerji zeitweilig persönlich die Hauptschriftleitung der von ihm gegründeten Blätter »Mirror« und »Bengali«. Auch war er einer der ersten, der klar erkannte, daß ein allindisches Nationalgefühl nur vorstellbar wäre, wenn es alle Inder ohne Rücksicht auf Religion und Kaste umfaßte, war also Künder eines weltlichen, rein staatlichen Nationalgedankens und darin ein Vorläufer Nehrus. Seine Einkerkerung (1884) hat den ersten Volkssturm entfesselt, der mit dem ersten großen Generalstreik (hartal) in Kalkutta diese Waffe in den politischen Kampf einführte.

Von Bengalen strömte dieser Impuls nun auf alle anderen Landesteile über. In *Madras* stieß er auf ein starkes Eigenbewußtsein, das die bengalischen Anregungen zunächst skeptisch prüfte, zumal das Land der Tamilen von der Großen Erhebung und ihren Folgen nicht berührt worden war. Aber es bildete sich auch hier eine politische Vereinigung (die »Madras Native Association«), die auch mit Petitionen begann; und es entstand eine ausgezeichnete Zeitung, »The Hindu«, deren Sprache anfangs wohl zahm war, die aber bald zu einem der führenden Organe der Bewegung wurde und heute noch besteht. Ihre Gründer, Subramaniam Iyer und Viraraghara-charia, näherten sich dem in Bombay entstehenden Nationalkongreß.

Das *Gangestal* hatte zwar unter der Erhebung am stärksten gelitten; aber die hindisprechende Bevölkerung besaß noch kein politisches Eigenbewußtsein. Auch fielen erst allmählich die Verwaltungsgrenzen, die das große Gebiet damals teilten. Das annektierte Awadh wurde 1877 mit dem Gebiet um Agra vereinigt und beide erst 1902 zu einer eigenen Provinz erhoben. Gegen den großen Einfluß der meist konservativ fühlenden Großgrundherren kamen zunächst nur geistlich gebildete Sprecher auf, wie Ayodhya Nath (geb. 1840), der als erster in den Gesetzgebenden Rat berufen wurde. Erst ein Mann der jüngeren Generation hat die Provinz erweckt, der Pandit Mohan *Malaviya* (1863–1935), der dann einer der Führer der Bewegung wurde.

Im *Panjab* büßten die Sikhs durch den Zusammenbruch ihres Staates ihre führende Stellung ein, und ihre dumpfe Verbitterung entlud sich in einem religiös getarnten Aufstand, bei dem ein Abenteurer sich als Reinkarnation des ersten Gurus ausgab und zum Kampf gegen alle »Ungläubigen« aufrief. Diese »Kuka«-Rebellion hat die Briten von 1863–1872 beschäftigt und hat den traurigen Ruhm, daß bei ihrer Niederwerfung ein junger subalterner Beamter 68 Gefangene vor die Mündung der Kanonen binden und in der Luft zerfetzen ließ. Den Briten gegenüber blieb der Aufstand ohne Wirkung; wohl aber spaltete er die Bevölkerung, da zu den »Ungläubigen« im Sinne des Anstifters ja auch die dort lebenden Moslems gehörten und auch die Hindus sich abwandten. Erst der Besuch des Surendra Nath Banerji im Jahre 1876 leitete hier die neue Zeit ein. Aber statt einer politischen Vereinigung im Sinne von Kalkutta entstand hier zunächst der *Arya Samaj,* den sein Gründer, Dayanand Sarasvati (1824–1883) aus Bombay nach Lahore verpflanzte (1875), und der sich ausschließlich an die Hindus wandte. Indem er schroff jede Verwestlichung verwarf – die im Panjab kaum Zeit gehabt hatte, zu wachsen –, und indem er alles Heil von einer Belebung des altvedischen Glaubens versprach, weckte er zwar lebendiges politisches Bewußtsein und frischen Tatendrang, vor allem bei den Kasten der Khatus und Aroras, stieß aber sowohl Sikhs wie Moslems vor den Kopf. Der Arya Samaj hat durch seine Bildungsanstalt, das Anglo-Vedic-College, unter der Leitung des ausgezeichneten Lal *Hansraj* (1861–1935) für die politische Erweckung der Panjabis und damit für ihren Anschluß an die Freiheitsbewegung sehr viel getan; und Dayanand Sarasvati selbst hat außer seinen kühnen Neudeutungen der Veden auch politische Begriffe, wie »swaraj« und »swadeshi« geprägt; aber sein Weg führte zur Abspaltung der Hindus von den beiden anderen wichtigen Bevölkerungsgruppen, glitt also auf den gleichen Irrweg eines Hindu-

Nationalismus, wie er sich zur selben Zeit in Bengalen ankündigte. Der allindisch gesinnte Lala Lajpat *Rai* (1865–1928) wurde zum ersten Panjab-Politiker, der seine Heimat in den Strom der allindischen Bewegung hineinführte.

Wichtiger wurde die Entwicklung in der Westhälfte des Kontinents, in Bombay und in Maharashtra. Diese beiden benachbarten, aber sehr verschiedenartigen Schauplätze fanden durch die Befreiungsbewegung zueinander. *Bombay*, wie Kalkutta eine britische Gründung, hat seinen Beruf von Anfang an als Hafen- und Handelsplatz erblickt und schon früh einen kosmopolitischen Geist gegenseitiger Duldung und Anerkennung entwickelt, wie er sich im damaligen Indien sonst noch nicht fand. Die Bevölkerung war gemischt aus Gujaraten, die hauptsächlich geschäftlich tätig waren, und Marathen, die mehr die staatlichen Bediensteten und die Fabrikarbeiter stellten. Unter den kleineren Gruppen ragten die *Parsis* hervor als Kaufleute wie als Finanziers, bald auch als Industrielle und bahnbrechende Wissenschaftler. Sie alle fühlten sich zuoberst als Bürger *ihrer* Stadt, die sie mit berechtigtem Stolz als die »erste moderne Stadt« Indiens bezeichneten (»urbs prima Indiae« besagt ihr Wappen).

In *Maharashtra*, im Dekkhan, mit der alten Hauptstadt Poona (heute *Pune*) wurden die Marathen – eingedenk ihrer ruhmreichen Vergangenheit – zu einem der tatkräftigsten Faktoren der Bewegung. Zwar hatten sie 1857 für die Restaurationsversuche des Peshwa-Erben Nana Sahib wenig Interesse gezeigt, aber mit der jungen Rani von Jhansi ein nationales Symbol geschaffen. Die westlich gebildete Schicht wurde hier von den *Chitpawan*-Brahmanen geführt, zu denen die Peshwas gehört hatten. Sie gründeten 1867 die erste politische Vereinigung, die aus stolzer Abneigung gegen englische Bezeichnungen den Namen »Poona Sarva Yanik Sabha« erhielt, und der auch einige frühere Fürsten und Grundherren beitraten. Die Führung lag anfangs bei dem Rechtsanwalt Ganesh Vasudewa *Joshi* (1828–1880), dann bei dem später berühmten Gopal Krishna *Gokhale* (1866–1915) sowie bei dem Richter Mahadewa Govind *Ranade* (1842–1901). Zusammen mit zwei der besten indischen Journalisten jener Zeit, Gopal Hari *Deshmukh* (1823–1892), genannt der »Lokhahitavadi«, und dem begabten, aber früh verstorbenen Vishnu Shastri *Chiplunkar* (1850–1882) füllte Ranade die Bewegung mit geistigem Inhalt und nahm sich besonders auch der sozialen Reformen an. Er gründete die »National Social Conference«, die seit 1887 alljährlich gleichzeitig mit dem Kongreß tagte, um die sozialen Probleme sowie die Erziehung der Jugend zur aktiven Arbeit im Sinne der neuen Zeit zu fördern. Zuletzt gründete Ranade auch die Industrial Association of Western India, ein erster Versuch, die Industrialisierung Indiens systematisch zu betreiben.

Die folgende Generation ging einen Schritt weiter. Zwar erkannte auch sie, daß man mit Gewalt nichts ausrichten könne, aber sie hielt den Zeitpunkt für gekommen, nunmehr die Basis der Bewegung wesentlich zu verbreitern. Gerade das Volk der Marathen bot hierfür gute Aussichten, da in ihm die Erinnerung an seine großen geschichtlichen Leistungen lebendig fortlebte. Sein großer Führer Bal Ganghadar *Tilak* (1856–1920) wurde zum ersten Politiker, der mit Erfolg die Massen aufrief und dafür die Ehrenbezeichnung eines »Lokamanya«, Führer des Volks, erhalten hat.

Tilak, ebenfalls ein Chitpawan-Brahmane, stand altersmäßig genau in der Mitte zwischen Ranade und Gandhi; er war 13 Jahre jünger als Ranade und 13 Jahre älter als Gandhi: so rasch folgten sich damals die Generationen mit ihren tiefen Verschiedenheiten aufeinander. Als Professor in Poona (Pune) gründete er die »Dekhan Education Society« sowie das heute noch blühende Ferguson-College mit dem Ziel, westliche Erziehung einzuführen, sie aber mit der indischen Tradition abzustimmen. Er bejahte soziale Reformen, wollte sie jedoch auf keinen Fall durch die Kolonialmacht durchführen lassen, die er als rechtmäßige Regierung Indiens nicht anerkannte. Wohl aber legte er Wert auf körperliche Ertüchtigung der Jugend und beteiligte sich selbst an den Übungen für Turnen und Fechten, die *Phadke* (1845–1883), der spätere Revolutionär, für die Jugend, abhielt. Von Natur ein Mann der Tat, betonte Tilak in der Gita vor allem den Aufruf Krishnas, zu kämpfen, und trennte sich mit seinem Wege eines entschiedenen Karma-Yoga von den mehr rhetorischen Leistungen der meisten damaligen Politiker. Stärkung des indischen Selbstgefühls, Liebe zur Heimat und Handeln zu ihrer Befreiung waren ihm das Wichtigste; und so wurde er zu einem der größten Wegbereiter des neuen indischen Befreiungsgedankens.

Um auf das Volk zu wirken, griff er zurück auf die heimische Religion und die eigene Vergangenheit. Als 37jähriger erneuerte er 1893 das Volksfest zu Ehren des Gottes Ganesha oder Ganapati, des Shiva-Sohns, der die Hindernisse überwindet. Das wurde ein ungeahnter Erfolg. Die Umzüge, Festspiele, gemeinsamen Gesänge und Reden »kamen an«. Zwei Jahre später stellte er in den Mittelpunkt eines anderen Festes den Nationalhelden der Marathen, Shivaji, der das Land von dem Tyrannen Aurangzeb befreit und den Marathen-Staat begründet hatte. Auch hier ging die Menge trunken vor Begeisterung mit. Aber hier stieß er auf eine Schwierigkeit: in den rühmenden Reden mußte er auch ausgesprochene Verbrechen des Helden decken; denn Shivaji hatte einen Moslem-Befehlshaber, der zu einer Verhandlung kam, heimtückisch umgebracht. Daß gegen unrechtmäßige Gewalt auch Gegengewalt erlaubt sei, mag jugendliche Hörer damals verführt haben; jedenfalls wurde zehn Tage später der verhaßte Kollektor von Poona von einem nationalgesinnten Heißsporn, Damodar Chapekar, erschossen. Das Attentat, das erste, das sich in dieser Gegend ereignete, machte Tilak verdächtig, der »Vater der indischen Unruhe« zu sein, und als geistiger Anstifter wurde er zu 18 Monaten Gefängnis verurteilt. Die Rechtmäßigkeit dieser Strafe ist seit jeher angezweifelt worden, da Tilak niemals zu verbrecherischen Taten aufgefordert hatte; sie wurde auf Intervention des deutschen Indologen Prof. Max Mueller ermäßigt – ein erster Fall von deutscher Schützenhilfe für die indische Bewegung. Die Märtyrer-Glorie, die Tilak nunmehr trug, wurde für ihn und seine Aktion ein ungeheurer Auftrieb. Bengalen, das bisher peinliche Erinnerungen an den Krieg zwischen beiden von 1744 noch nicht verwunden hatte, nahm nunmehr das Shivaji-Fest auf – 1902 und 1906 –, wobei es zu Massenkundgebungen kam, die alle bisherigen Maßstäbe übertrafen. Damals dichtete der junge Tagore seine begeisterte Hymne auf diesen neuentdeckten Nationalhelden, und Shivaji wurde zum Symbol all dessen, was man heimlich oder öffentlich ersehnte. Und wie die Taten Friedrichs des Großen auch außerhalb Preußens Widerhall fanden und selbst einen Goethe »fritzisch« gesonnen machten, so öffneten sich auch die anderen Völker Indiens dem Widerhall, den Shivajis Name und Tilaks Tatkraft ausstrahlten.

Unterstützt von einigen engeren Landsleuten und Altersgenossen, wie Gopal Ganesh Agarkar (1856–1895), Ganesh Shri

Krishna Khaparde (1855), und von seiner mutigen Tochter, Shrimati Ketkar, sowie mit Hilfe der beiden Zeitschriften, die er selbst herausgab und deren flammender Stil damals verschlungen wurde, »Kesari« und »Maratha«, verkündete er eine Doktrin, die viel weiter ging als alles bisher Geforderte, und die Schillers großes Wort: »Der Mensch ist frei und wäre er in Ketten geboren« für Indien in die Losung umformte:

»Swaraj ist mein Geburtsrecht, also muß ich es haben!« Das wurde das zündende Schlagwort der neuen Richtung; »Boykott« und »Swadeshi« wurden zu geläufigen Kampfparolen. Gleichgesinnte in anderen Gebieten reichten ihm die Hand: der Bengale Bipin Chandra Pal (1858–1932) und der Panjabi Lala Lajpat Rai (1865–1928). Der Volksmund machte diese drei zu dem Triumvirat »Lal-Bal-Pal«. Während Tilak im Gefängnis saß, feierte ihn der Präsident des Kongresses von 1897, Sankara Nair – trotz innerer Ablehnung durch eine Mehrheit der Delegierten – als Helden der Nation.

Tilak stieß aber nicht nur auf Widerstand bei den Briten und bei den gemäßigten Indern, sondern er entfremdete sich auch die Moslems; denn im Gedenken an Shivaji und seinen Kampf gegen Aurangzeb standen die Moslems auf der Seite ihres Glaubensgenossen. Vergebens versuchte man mit geschichtsklitternden Umschreibungen, diesen Zwiespalt zu verdecken. Ja, hätte man statt Shivaji die Rani von Jhansi gefeiert, die gegen die Briten gekämpft hatte, dann hätten auch die Moslems zustimmen können; aber eine solche Feier wäre von den Briten sofort verboten worden. Tilak persönlich dachte groß genug, um solche geschichtlichen Anomalien in sich aufzuheben, und er hat mit voller Überzeugung 1916 das erste Bündnis der Hindus mit den Moslems gutgeheißen. Aber in der Masse wirkte der Spalt fort und minderte die allindische Wirkung dieses überragenden Mannes, der als erster die indischen Massen zu einem Faktor der Befreiungsbewegung gemacht hat und insoweit der größte Vorläufer Gandhis gewesen ist.

Die Massen zeigten sich für die Agitation durchaus empfänglich, regten sich damals aber weniger aus »nationalen« Instinkten als aus Entrüstung über die Verhaftung beliebter Führer, wie Banerji 1883 oder Tilak 1897, vor allem aber aus sozialer und wirtschaftlicher Not: schlechte Behandlung auf den Plantagen oder der harte Steuerdruck, der auf allen lastete, drängten zum Ausbruch. Erregung verursachte auch die Zwangsverschickung indischer Arbeiter in andere überseeische Kolonien, wo die rechtliche Stellung solcher »Indentures Emigration Labour« sich von Sklaverei oft kaum unterschied. Ihre Behandlung auf der Insel Mauritius wurde zum öffentlichen Skandal, und ihre Lage in Südafrika hat Gandhi dorthin geholt.

Vor allem aber wurde die *Jugend* von der allgemeinen Gärung gepackt. Am Anfang steht ein regelrechter Aufstand, den der Marathe *Phadke* in den Jahren 1877–1879 durchführte und der nach seiner Dauer von der Großen Erhebung zu den Aktionen der Untergrundbewegung überleitet. Aufgerührt durch die zündenden Parolen von Freiheit und nationaler Ehre, aber bitter enttäuscht von den zahmen, übervorsichtigen Methoden der damals tonangebenden »Gemäßigten«, begann sie sich des alten Grundsatzes zu erinnern, daß, wenn legale Mittel gegen eine Gewalt nicht verfangen, nur die Anwendung von Gegengewalt übrigbliebe. Wie Wilhelm Tell nicht mit auf den Rütli ging, um dort in Gemeinschaft zu schwören, sondern seine Befreiungstat allein vollbrachte, so suchten diese jungen Männer außerhalb der legalen Organisationen ihren Beitrag in frei gewählter Tat zu leisten. Die Reden eines Tilak schienen der jungen Generation diese Erkenntnis zu bestätigen. Was Bankim Chatterjees Roman »Anandamath«« in romantischer Verkleidung dargestellt hatte, wurde nun zur Wirklichkeit: die Bildung geheimer Bünde, deren Mitglieder sich verschworen, zur Tat zu schreiten. Diese Tendenz, die schon den 1872 geborenen Sri Aurobindo mit aller Kraft erfaßt hatte, ergriff in wachsender Zahl die nach 1880 geborene Generation. Sie entstammte der gleichen Schicht wie die politischen Führer, oft sogar den gleichen Familien, so z. B. der Bruder der Frau Sarojini*Naidu*, namens Birendra Nath Chatthopadyaya; der Bruder des großen Vivekananda, namens Bhupendra Nath Datta; der Bruder Aurobindos, namens Barindra Kumar Ghose, usw. Wenn sie zu gewaltsamen Mitteln griffen, so hofften sie, die Erringung der Freiheit damit zu beschleunigen. Sie wollten den verhaßten Briten zeigen, daß sie nicht länger mehr ungestört über eine Masse demütiger Knechte herrschten, die sich bei jeder Drohung duckten. Sie wollten ihnen das Leben in Indien und den Genuß der kolonialen Herrschaft vergällen, und sie wollten ebenso auch die Inder abschrecken, die für die fremde Macht arbeiteten: sowohl die Polizisten, die im Dienst der Regierung standen, wie namentlich die Spione und Angeber, die jede nationale Bewegung naturgemäß am härtesten verfolgte. Sie hießen bei den Briten »Terroristen«, weil sie mit Hilfe von Terror die Briten aus dem eroberten Lande hinausgraulen wollten. Ihr Ruf hat darunter gelitten, daß Gandhi später seinen Kampf unter die Losung der Gewaltlosigkeit, »Ahimsa«, stellte und die Methoden der kämpferischen Jugend als »unindisch« erklärte. Aber sie konnten mit Recht darauf hinweisen, daß die Freiheitsbewegung des Shivaji mit genau den gleichen Mitteln geführt worden sei, wie sie sie jetzt anwandten.

In der Nachfolge von Phadke blieb Maharashtra eins der tätigsten Zentren dieser Untergrundbewegung. Hier erfolgte, wie erwähnt, das erste Attentat auf einen hohen britischen Beamten (1897). Fraglos trug der Tote formell die Verantwortung für gewisse Geschehnisse, die das Volk erbittert hatten (Mißgriffe und Ungehörigkeiten bei Haussuchungen während einer Pestepidemie). Aber er persönlich hatte nichts verübt, sondern seine Sergeanten und indischen Soldaten. Daß man gleichzeitig auch einen völlig unbeteiligten jungen Offizier erschoß, machte die Tat noch bedenklicher. Dagegen wurde allgemein gebilligt, daß der Bruder die beiden Angeber tötete, die seinen Bruder verraten hatten.

Unter dem Eindruck dieser Vorgänge schwur der damals 15jährige Vinayak Damodar *Savarkar* (1882–1966), daß er das Werk der Brüder Chapekar fortführen wolle. Er ist nach Gründung seines Geheimbundes Mitra Mela, der später zur Abhinava Bharata erweitert wurde, einer der tätigsten Revolutionäre Indiens geworden, einer der wenigen, die es bis ins hohe Alter hinein geblieben sind.

Auch in Bombay liebte man geheime Gesellschaften; aber dort begnügte sich die »Prahamansa« damit, daß ihre Mitglieder heimlich Kastenvorschriften brachen, d. h. Kastengesetze des Essens, des Trinkens, des Verkehrs mit Unberührbaren verletzten. Dagegen wurde *Bengalen* zu einem Hauptzentrum dieses Zweiges der Freiheitsbewegung. Hier begann man systematisch Trainingskurse für körperliche Übungen, Fechten, Schießen und dergl. abzuhalten.

Surendra Nath Banerji hielt selbst Vorträge über die Methoden der italienischen Revolution, und eine Biographie Mazzinis, die Laipat Rai übersetzte, wurde zu einem der meistgelesenen Bücher dieser Generation. Bewußt nach dem Vorbild der italienischen Carbonaris gründete in den 60er Jahren Raj-Narain

Bose seine Geheimgesellschaft, deren Mitglieder nach feierlicher Einweihung schwören mußten, ihr Leben für die Vertreibung der Briten einzusetzen. Der Rechtsanwalt Pramatha *Mitra* begann mit Opferung seines eigenen Vermögens, die kommende Generation in Bünden auf ihre große Aufgabe vorzubereiten. Die Anusilan Samiti mit ihrem früheren Leiter Satish Chandra Bose wurde zum ersten aktiven Zentrum, und bedeutende Männer, wie Aurobindo, C. R. Das, Surendra Nath und Tagore, haben ihr mit Rat und Tat geholfen. Durch Aurobindo hatte sie Verbindung zu Baroda, durch den Pandit S. G. Deuskar solche nach Nagpur. Wesentlich wurde die enge Verbindung zum Geistesleben. Hier hat Aurobindo seine ersten Gedanken über die indische Nation dargelegt, hier sprach Vivekananda zur Jugend, hier steuerte der Dichter Tagore seine ersten nationalen Gesänge bei: Es war eine Schulung der Jugend sowohl auf körperlich-militärischem wie auf geistig-religiösem Gebiet. Man hat in Bengalen lange gezögert, ehe man zu Gewalttaten schritt; denn man wollte die angesammelte Kraft nicht vorzeitig verzetteln. Daher fallen die Taten dieser Gruppe erst in die Zeit nach 1905; aber als Vorbereitung ist diese Periode gerade in Bengalen überaus fruchtbar gewesen.

Das heikelste Problem der Untergrundbewegung war die Frage der Geldbeschaffung. Woher sollte man Mittel heranholen, wenn die freiwilligen Spenden nicht ausreichten? Phadke hat während seines zweijährigen Kampfes »dacoities« unbedenklich angewandt. In Bengalen stieß der erste eigenmächtige Versuch 1902 in Tarakeswar auf heftige Mißbilligung der Älteren. Nach hitzigen Debatten einigte man sich schließlich auf die Formel, daß man sie nur zulassen wollte, wenn die jungen Revolutionäre, die ja ihre ganze Zeit und Arbeitskraft für die Sache einsetzen sollten, also keine Möglichkeit hatten, ihren Lebensunterhalt zu verdienen, gezwungen wären, sich das Nötigste zu ihrer Erhaltung zu beschaffen. Aber auch dann blieb das Dilemma, *wem* man das Geld abnehmen sollte. Die Direktive, nur staatliche Kassen zu berauben, erwies sich praktisch als nicht durchführbar, da sich hierzu nur ganz selten Gelegenheit bot. So lief es meist doch auf die Beraubung unbeteiligter Inder hinaus, und das war bedenklich. Und ebenso strittig war die Auswahl der Personen, auf die man Attentate plante. Man wählte gelegentlich Opfer, die persönlich an den verhaßten Taten gar keinen Anteil gehabt hatten, oder erwischte gar durch

Irrtum ganz falsche. Je mehr Irrtümer diese indische »Femeorganisation« beging, desto mehr Stimmen sprachen sich gegen sie aus, desto mehr sank der Enthusiasmus, mit dem anfangs die städtische Bevölkerung ihren Taten folgte, oder, wenn sie ihr Leben verloren, sie als Märtyrer glorifizierte.

Jedenfalls sah sich die britisch-indische Regierung einer Welle gärender Unruhen und Widerstandsbewegungen aller Art gegenüber. Eine dumpfe Erbitterung schien das ganze Land erfaßt zu haben. Die amtlichen Kreise folgten der üblichen Routine; sie bestraften die Täter, mitunter mit grausamer Härte, ließen aber die Dinge treiben – bis zu dem bedeutsamen Schritt eines verabschiedeten britischen ICS-Beamten, der in den langen Jahren seiner Dienstzeit Indien kennen und lieben gelernt hatte: Octave Alken *Hume* (1829–1912). Aus einer Kenntnis der Lage, wie sie nur wenige Briten besaßen, kam er zu der Überzeugung, daß man etwas Konstruktives unternehmen müsse. Er plante, als Ventil ein Gremium verständiger Inder zusammenzurufen, die in engem Kontakt mit den Briten sich aussprechen und dabei Vorschläge machen sollten, wie man der gärenden Unruhe begegnen könnte. Seinen Plan legte er dem Vizekönig Dufferin vor, der gerade einen Vorgänger abgelöst hatte (Lytton), dessen besonders harte Unterdrükkungsmaßnahmen die Gärung verstärkt hatten. Dufferin billigte den Plan. Dabei mögen auch außenpolitische Gesichtspunkte mitgespielt haben; denn 1884 besetzten die Russen Merw, gerieten also in die unmittelbare Nachbarschaft der indischen Grenze. Er empfahl, daß nicht Engländer den Vorsitz bei solchen Zusammenkünften führen sollten, am allerwenigsten beamtete, sondern daß man die Sache möglichst in die Hände der Inder legen sollte. Mit dieser Vollmacht unterbreitete Hume den Indern seinen Plan, alle Inder des öffentlichen Lebens aus den verschiedenen Provinzen einmal im Jahr zu einem gemeinsamen Kongreß zu versammeln. Sein Freund und Biograph Wedderburn hat sein Vorhaben genau umrissen:

»A safety valve for the escape of great and growing forces generated by our own action was urgently needed, and no more efficacious safety valve than our *Congress* movement could possibly be devised.«

So entstand der indische Nationalkongreß als ein Sicherheitsventil für die wachsenden Gefahren, die der britischen Herrschaft aus den geschilderten Unruhen erwuchsen. Besonders richtete er sich dabei gegen die *Indian Association* in Kalkutta, die 1883 den gleichen Gedanken, Vertreter aller Provinzen zu vereinigen, bereits durchgeführt hatte und einen zweiten Kongreß dieser Art für 1885 einberief. Diese Vereinigung, so zahm sie den indischen Heißspornen erschien, galt den Briten bereits als radikal, und man trug Sorge, daß ein Mann wie Surendranath Banerji bei der Auswahl der zum Kongreß einzuladenden Delegierten übergangen wurde. Der Ort der ersten Zusammenkunft (für Poona geplant) mußte wegen des Ausbruchs einer Cholera-Epidemie nach *Bombay* verlegt werden, und hier trat der Kongreß dann am 28. Dezember 1885 zusammen. Bombay war hierfür besonders günstig; denn ein Kreis bedeutender, aber gemäßigter Politiker hatte sich hier gerade zu einer neuen Organisation, der Bombay Presidency Association, zusammengeschlossen, die einen vorzüglichen Kern für die neue Vereinigung einbrachte. Der Zeitpunkt wurde so gewählt, daß er mit der geplanten Konferenz für Kalkutta zusammenfiel, so daß schon aus diesem Grunde mit einer größeren Beteiligung der Bengalis nicht gerechnet zu werden brauchte.

Die Gründer waren der 60jährige Dadabhoy *Naoroji*, der Richter Badrud-din *Tyabji* (1844–1909); der spätere Bürgermeister von Bombay, der Parse Feroze Shah *Mehta* (1845–1915) – beide damals um 40 Jahre alt – sowie Dinshaw *Wacha* (1844) und Kashinah Trimbak *Telang* (1850–1893). Zum ersten Präsidenten wählte man einen besonders anglisierten Inder, der sogar Christ geworden war, den Bengali Womesh Chandra *Bonnerji* (1844), der bald darauf nach London übersiedelte. Das ist die Geburtsstunde des Indian National Congress. Unter den 72 Teilnehmern befand sich eine ganze Reihe britischer Beamter, aber nur drei Moslems. Die Sitzung war nicht öffentlich; außer den sozialen Reformen wurden die bekannten politischen Forderungen der Inder behandelt und einige Resolutionen gefaßt, die meistens von den Briten redigiert wurden. Es hätte kaum der Versicherung Dadabhoys in seinem Schlußwort bedurft: »Wir sind loyal bis in die Knochen«, um jeden Zweifel daran zu beseitigen, daß der neue Kongreß ein Instrument der Loyalen und Gemäßigten war. Der gute Wille Humes steht außer Zweifel. Er wollte Indien einen Dienst erweisen; denn in seiner Vorstellung gab es für seine Zukunft keinen besseren Weg, als einen engen, vertrauensvollen Anschluß an das britische Weltreich – eine Auffassung, die damals von sehr vielen indischen Intellektuellen geteilt wurde. Es war fraglos förderlich für die indische Sache, ein Forum zu bekommen, auf dem man mit beamteten Engländern in freiem Gedankenaustausch über alles sprechen konnte, und dies um so mehr, als der Vizekönig sogar erklärte, daß er auf den Rat dieser Herren hören wollte. Es war ein Fortschritt, daß sich der Kongreß regelmäßig alle Jahre treffen wollte und daß er auf eine britische Initiative zurückging, so daß ein Verbot nicht zu befürchten stand.

Die Sorge war, ob es gelingen würde, dieser neuen Gründung die Anerkennung der bestehenden Vereinigung zu verschaffen. Die Indian Association in Kalkutta, die ihre gesamtindische Tagung gleichzeitig mit dem Kongreß durchführte, lehnte es verständlicherweise ab, in dem neuen Verein aufzugehen, war aber klug genug, die Vorteile zu erkennen, die die neue Schöpfung mit ihrer britischen Patronanz anbot. Indem Hume die zweite Jahrestagung des Kongresses (Dezember 1886) nach Kalkutta verlegte und dort Surendranath Banerji noch nachträglich einlud, wurde eine Art Koexistenz zwischen beiden hergestellt. Tilak trat nicht bei; ihm erschien die Sache allzu britisch gefärbt*.

Enttäuschend verliefen die Flitterwochen mit den britischen Behörden. Bei der zweiten Tagung in Kalkutta erlaubte sich der Kongreß, seinen »Protector«, den Vizekönig, einzuladen, erhielt aber zur Antwort, daß er an politischen Treffen grundsätzlich nicht teilnähme. Wohl aber lud er die Delegierten zu einer »garden-party« ein, eine Auszeichnung, die der Indian Association nicht zuteil geworden war und auf die auch der Kongreß bald lernen mußte, zu verzichten. Der Vizekönig schien offensichtlich enttäuscht darüber, daß die Verhandlungen sich doch nicht ganz auf den engen Bezirk loyaler Gefühle beschränkten. Noch mehr enttäuscht war Hume selber, als er erkannte, daß diese Delegierten nicht die innere Berufung fühlten, nun an die indischen *Massen* heranzutreten, wie seine Hoffnung gewesen war. So ließ er auf eigene Kosten Tausende von Flugblättern herausgehen, um die Masse anzusprechen, wobei er sogar ernste Spannungen zu seinen früheren Vorgesetzten riskierte. Es liegt eine Tragik darin, daß Hume und Tilak, der britische Beamte und der indische Volksführer, beide besten

* Es ist nur in den Jahren 1905–1907 Mitglied gewesen und dann erst wieder ab 1916.

Willens waren, sich der Not des indischen Volkes anzunehmen, aber nicht zueinander kommen konnten, weil die politische Scheidewand des Kolonialregimes zwischen ihnen stand.

Das zahlenmäßige Wachstum des Kongresses lief ermutigend an. Die Zahl der Teilnehmer an den Jahrestagungen stieg von 72 bei der Gründung auf 1189 beim fünften Treffen in Bombay, sank dann aber wieder, bis der Erste Weltkrieg die Ziffern anschwellen ließ. Die innere Organisation blieb bescheiden. Ein ständiges Büro kam nicht zustande, nur ein improvisierter Ausschuß, der sich alljährlich vor Eröffnung bildete, um die Beratungsgegenstände zu sortieren. Er hat unter der Bezeichnung »Subjects' Committee« später eine wichtige Rolle gespielt.

Völlig enttäuschend blieb das Verhältnis zu den Moslems, obwohl ein so angesehener Mann wie der Richter Tyabji zu den Gründern gehörte. Sir Ahmad Khan warnte seine Glaubensgenossen ausdrücklich vor dem Beitritt; durch den englischen Schulmeister Back in Aligarh ließ er sogar eine rivalisierende Vereinigung gründen, die United Indian Patriotic Association, die allerdings ein totgeborens Kind blieb.

Der Inhalt der ersten Jahrestagungen blieb dürftig. In ewiger Wiederholung besprach man die gleichen, bescheidenen Forderungen und hoffte von einer Tagung zur anderen auf gnädige Berücksichtigung. Gewiß waren diese Versammlungen für die Delegierten eine vorzügliche Schule im Debattieren und Verhandeln; im übrigen aber wurden sie von einem Spötter als »a three days' tamasha« bezeichnet, als ein 3-Tage-Jux, was nun wieder unbillig übertrieben war.

Wenngleich es die Briten unterließen, ihrem neuen Patenkind durch einige Anfangserfolge eine gewisse Volkstümlichkeit zu verschaffen, fielen doch einige bescheidene in der nächsten Zeit an, indem die Reformakte von 1892 den Kreis der Inder in den gesetzgebenden Räten (der Zentrale wie der großen Provinzen) etwas erweiterte und ihnen das Fragerecht in Budgetsachen wieder einräumte. Auch wurde zum erstenmal davon gesprochen, daß die indischen Vertreter nicht mehr ernannt, sondern gewählt werden sollten, obwohl es unklar blieb, wer sie wählen sollte. Einige Male führten Briten den Vorsitz, darunter Wedderburn, der Freund und spätere Biograph von Hume. Den größten Erfolg hatte der Labour-Abgeordnete Charles Bradlaugh, der auf einer Tagung die indischen Wünsche so beredt vertrat, daß er als ein Vorläufer Attlees gelten darf.

Vom britischen Standpunkt aus kann Humes Gründung als Erfolg gelten; denn in seinen ersten Jahren hat der Kongreß tatsächlich als milderndes Ventil gedient. Sein späterer Ruhm als Vorkämpfer der indischen Unabhängigkeit wird nicht dadurch verdunkelt, daß seine Ursprünge anders gewesen sind.

Mit ihm verstärkte sich auch die indische Betätigung in London. Schon früher hatten die Inder erkannt, daß dort die eigentlichen Entscheidungen fielen und man dort den Hebel ansetzen müßte; sie hatten in den Jahren 1839–1853 schon viel getan, um das Unterhaus und die öffentliche Meinung in England zu bearbeiten. Jetzt gründete auch der Kongreß dort eine Zweigstelle unter der Bezeichnung »British Committee of Indian National Congress«, deren erster Vorsitzender Wedderburn wurde (ebenfalls ein ehemaliger ICS-Beamter). Er wirkte durch öffentliche Kundgebungen und gesellige Veranstaltungen, auf denen die in London lebenden Führer, wie Dadabhoy *Naoroji*, aber auch Durchreisende sprachen, wie namentlich *Gokhale*. Auch der schrullige Shyamji Krishna Varma (geb. 1857) hat dort im Januar 1905 öffentlich gesprochen und dabei zum erstenmal die Möglichkeit einer allgemeinen »civil disobedience« angekündigt.

Das Wichtigste war natürlich der Kontakt mit dem Unterhaus. Seit 1892 war Dadabhoy Mitglied – gewählt als Kandidat der Labour Party in dem Londoner Vorort Finsbury – und hat dort entscheidend dazu beigetragen, daß die Abgeordneten ein Bild der wirklichen Lage Indiens bekamen. Denkwürdig war auch eine Rede, die im Juli 1879 der damals 30jährige Lal Mohan *Ghosh* im sogenannten »Willies Room« des Unterhauses hielt; sie hatte zur Folge, daß man neue Zulassungsregeln für den ICS auf den Tisch des Hauses legte.

Den Kontakt mit der englischen Presse vermittelte die Zeitschrift »India«, deren reiches Informationsmaterial besonders von den liberalen Blättern benutzt wurde. Man erzielte dadurch einige praktische Erfolge; so wurde ein Untersuchungsausschuß eingesetzt, der die Verwaltung von Britisch-Indien auf ihre Reformbedürftigkeit prüfen sollte (Fawcett-Commitee), und es wurde erreicht, daß die Examina für den ICS auch in Indien abgehalten wurden.

Auch außerhalb Englands faßte die indische Bewegung Fuß. Der 78jährige Dadabhoy vertrat sie im August 1904 auf dem Kongreß der Sozialistischen Internationale in Amsterdam, wo das »Verhalten Englands in Indien gebrandmarkt wurde«. In *Paris* bildete sich seit 1902 um die hochgebildete Parsin Frau Kama ein Kreis, der allen nationalen Indern als Mittelpunkt diente. Zu einem überraschend großen Erfolg wurde ein ganz unpolitischer Anlaß: in Chikago wurde 1893 ein Kongreß aller Religionen veranstaltet, auf dem der damals 30jährige, noch ganz unbekannte *Vivekananda* den Hinduismus mit so flammender Beredtsamkeit und Überzeugungskraft einführte, daß die ganze Welt davon Notiz nahm.

Verglichen mit dieser regen Betätigung außerhalb Indiens fällt auf, wie wenig manche politischen Ereignisse in anderen Ländern Beachtung fanden: etwa die nationale Einigung der Deutschen (1871) und der Italiener oder der Freiheitskampf der Buren (1902). Hier zeigte sich, daß ein Kampf Weißer gegen Weiße den Indern nicht als »Kolonialismus« erschien, wie sie auch die Unterdrückung der Tibeter durch China nicht als »kolonial« empfinden. Lebhaftes Echo fanden dagegen die Niederlagen der Italiener gegen die Äthiopier und die der Russen gegen die Japaner, weil hier Farbige über Weiße triumphierten; und ebenso lernten die Inder viel von dem Kampf der Iren um die »Home Rule Bill«, weil damit der britischen Regierung ein Zugeständnis abgerungen wurde, das ihren Forderungen verwandt war.

Wer den Kreisen der Gemäßigten gerecht werden will, die damals als kleine winzige Gruppe gegen zwei Fronten standen, gegen die Verständnislosigkeit der Briten und gegen das Ungestüm kämpferischer Nationalisten, muß sich daran erinnern, daß sie im Grunde ja recht behalten haben; denn in ähnlicher Weise wie die Home Rule Bill für Irland hat schließlich die India Independence Act von 1947 den Indern die Unabhängigkeit legal übertragen. Gewiß liegt das Verdienst daran nicht bei den zahmen Liberalen, sondern bei zahlreichen anderen Faktoren, die diese Willensentscheidung der britischen Regierung herbeigeführt haben. Aber falsch war ihr Instinkt nicht; und er verkörperte sich damals in einer politischen Figur, die zu den bedeutendsten Indiens gehört, in *Gokhale*. Nur drei Jahre älter als Gandhi, trieb ihn sein fester Glaube an die politische Vernunft zu dem immer erneuerten Versuch, die Briten durch Argumente und Ratschläge zu überzeugen; als Vertrauter zweier Vizekönige hat er viel für die Reformbewegung getan.

Gleichzeitig aber trieb ihn seine tiefe Liebe zum Volk dazu, praktisch Hand anzulegen und den vielen Reden über soziale Reformen Taten folgen zu lassen. Mit der Gründung der »Servants of India Society« schuf er die erste Organisation, die den selbstlosen Einsatz der Gebildeten pflegte, in der also die aufgeklärten Städter den Weg fanden, um den notleidenden Dorfbewohnern unmittelbar zu helfen. Es war der gleiche Drang, der in Rußland die jungen Intellektuellen zum »Narodnicestwo« trieb, d. h. das Volk aufzusuchen. Damit öffnete Gokhale den Weg für Gandhi und später zu Vinobha Bhave und Jai Prakash Narayan. Es ist ein Ruhm der Gemäßigten, daß sie diese praktische Arbeit begonnen haben, ebenso wie in Bengalen die Missionare des Brahmo Samaj als erste den Mut hatten, auf die Plantagen zu gehen, um den bedrängten Kulis zu helfen – auf die Gefahr hin, daß die Aufseher sie mit Hunden hinausjagten.

Die britischen Beamten, die den Dingen aus nächster Nähe folgten, begannen schon in diesem Zeitabschnitt die wachsende Stärke der Bewegung zu erkennen, während sich viele Vizekönige dieser Einsicht verschlossen. Für sie waren die indischen Politiker noch »Babus« (Ausdruck für westlich geschulte Büroangestellte); für Dufferin waren sie »eine mikroskopische Minderheit«, und Curzon sah den Kongreß schon »tattering to fall« und hoffte zuversichtlich, seiner Beerdigung beiwohnen zu können. Aus dieser Einstellung heraus tat er den Schritt, der den eigentlichen Kampf neu eröffnen sollte: die *Teilung Bengalens*.

Kapitel 46

Krise in Bengalen (1905–1907)

Ebenso wie die »Große Erhebung« von 1857 entstand die Erhebung Bengalens aus einer längeren Entwicklung. Die Provinz Bengalen nahm im damaligen britischen Gebiet eine Sonderstellung ein. Sie war die größte – mit Einschluß der heutigen Provinzen Bihar, Orissa und Assam umfaßte sie ein Gebiet von beinahe 500 000 qkm (größer als das Deutsche Reich von 1937) und eine Bevölkerung von 78 Millionen, was einem vollen Drittel der Gesamtbevölkerung des damaligen britischen Indien entsprach. Das Volk der Bengalis war sich seiner geschlossenen Einheit lebhaft bewußt. Unter seinen großen Dynastien der Senas und Palas hatte es eine bedeutende Rolle auf dem Subkontinent gespielt und dabei früh ein »Proto-Nationalgefühl« entwickelt, das in einem bewußten Stolz auf seine Sprache wie der in ihr niedergelegten Kultur seinen Ausdruck fand. Seine alte Hauptstadt Gaur oder *Vikrampur* bildete unverändert einen geistigen Mittelpunkt. Weil die dortigen Agrarverhältnisse die Aufteilung des anbaufähigen Landes in immer kleinere Ackerlose trieben, siedelten viele dort beheimatete Familien der geistigen Intelligenz nach Kalkutta über. Nach dem »Permanent settlement« ersteigerten dann zahlreiche wohlhabend gewordene Familien Zamindar-Rechte, die dieser städtischen Schicht auch maßgebenden Einfluß auf dem flachen Lande brachten, vor allem auch in der östlichen Hälfte, deren Bewohner, meist Pächter, Bauern und Landarbeiter, früher zum Islam bekehrt worden waren. So gab es eine breite Schicht gebildeter und wohlhabender Familien, die teils in Kalkutta, teils auf dem Lande lebten und dadurch eine enge Verbindung zwischen Stadt und Land herzustellen vermochten.

Bengalen war als erstes Gebiet unter britische Herrschaft gelangt, hatte also die dadurch verursachten Leiden und Anregungen am längsten und eindringlichsten verspürt. Kalkutta war Sitz der britischen Zentralverwaltung geworden, erst der Generalgouverneure von Fort William, später der Vizekönige, und bot als Hauptstadt Indiens seinen Einwohnern gute Möglichkeiten, geistig wie politisch tätig zu werden. So ist Kalkutta zur Ausgangsbasis sowohl der geistigen Erneuerung wie der Anfänge der politischen Befreiungsbewegung geworden. Daher wurden repressive Maßnahmen der Briten hier besonders lebhaft empfunden, und durch eine Reihe solcher, die sich gegen die Freiheit der Presse und die Unabhängigkeit der Universität richteten, hatte sich unter diesem hochintelligenten Volk seit längerer Zeit viel Zündstoff angesammelt, der nur eines Funkens bedurfte, um in Flammen aufzugehen. Der Vizekönig *Curzon* lieferte diesen Funken.

Anlaß war eine Frage der Verwaltungsgliederung. Die Provinz Bengalen war viel zu groß für die damaligen Verkehrsverhältnisse, zumal sie noch dazu von dem jeweiligen Generalgouverneur im Nebenamt verwaltet wurde. Für eine Reform gab es *zwei* Wege: Der eine war die Abtrennung von Bihar und Orissa, Gebiete, die ohnehin anderssprachig waren als Bengalen und geographisch leicht zu einer besonderen Einheit zusammengeschlossen werden konnten; dieser sehr verständige Weg ist 1911 dann auch beschritten worden. Aber Curzon wählte den anderen: Er zerriß die Einheit des Volkes in zwei Teile, verband den westlichen mit Bihar und Orissa zu einer neuen Provinz, in der die Bengalis neben den anderssprachigen Bewohnern zu einer Minderheit werden sollten, und vereinigte den östlichen mit Assam, das die Bengalis als ein »unterentwickeltes« Gebiet ansahen. Man plante zwar, aus dem kleinen Dorf Dakka dort eine neue Hauptstadt zu machen, mußte aber den neuen Regierungssitz zunächst nach Shillong, der Hauptstadt Assams, verlegen, wodurch bei den Ostbengalis der Eindruck entstand, daß »sie von Assam aus regiert werden sollten«; und zum dortigen Gouverneur wurde ein als rauh bekannter und verhaßter General ernannt, den der verständige Staatssekretär *Morley* noch während der Krise wieder abberief. Dieser raffiniert ausgeklügelte Plan enthielt also alle Elemente, um den Stolz eines selbstbewußten Volkes aufs tiefste zu verletzten. Daß Curzon einen solchen Plan, dessen Folgen alle landeskundigen Beamten voraussagten, mit Gewalt durchsetzen wollte, zeigt, daß er mit diesem Schlag die gebildete Oberschicht Bengalens treffen wollte, in der er den aktivsten Träger der Befreiungsbewegung erblickte. Sachliche Warnungen, wie von seiten der Britischen Handelskammer in Kalkutta, wurden überhört. Die indischen Politiker, die es anfangs nicht glauben wollten, daß ein so widersinniger Plan wirklich ausgeführt werden würde, rafften sich zu einer Gegenaktion auf, deren Stärke alle bisherigen Auflehnungen übertraf und dadurch historische Bedeutung erlangte, daß sie Erfolg hatte, daß die Inder zum erstenmal den Briten ihren Willen aufzuzwingen vermochten.

Ihre Energie wurde durch die außenpolitische Lage unterstützt. Der Burenkrieg hatte das britische Prestige schwer angeschlagen, Japan hatte soeben das Zarenreich besiegt und ein weithin wirkendes Beispiel gegeben, daß ein asiatisches Volk eine europäische Großmacht überwinden konnte. In dem geschlagenen Rußland brach 1905 die erste Revolution aus, zu der *Lenin* mit seiner Schrift »Zwei Taktiken der demokratischen Revolution« das Sturmsignal für spätere gegeben hatte. In England stürzte 1905 die konservative Regierung, die Curzon ernannt hatte, und wurde ersetzt durch das liberale Kabinett Campbell-Bannerman, dessen Staatssekretär für Indien John *Morley* wurde, wohl der gescheiteste Kopf in diesem Amt. Daß Curzon selbst mitten in der Krise sein Amt niederlegte, wurde als britische Schwäche gedeutet, und sein Nachfolger, *Minto,* ebenfalls noch von der gestürzten konservativen Regierung ernannt, besaß nicht einmal vollen Kabinettsrang. Seine einzige Verbindung zu Indien war die Tatsache, daß sein Urgroßvater dort schon Generalgouverneur gewesen war. Endlich verschärfte sich die allgemeine Unruhe durch eine akute Wirtschaftskrise, die Preissteigerungen verursachte, wie sie Indien seit 50 Jahren nicht erlebt hatte.

Die indische Seite verfügte über mehrere erfahrene Politiker, an der Spitze der damals 57jährige Surendra Nath Banerji, der sich eine allgemein anerkannte Autorität erworben hatte; neben ihm Bipin Chandra *Pal* und Aswin *Datta,* beide als erfolgreiche Agitatoren bewährt. Der damals 43jährige Rabindranath *Tagore* entflammte die Bewegung mit zündenden Reden und volkstümlichen Liedern, und der 32jährige *Aurobindo* trat hier zum erstenmal aktiv hervor. Der jugendliche Moslem Abdul *Rasul* bemühte sich, seine Glaubensgenossen heranzuziehen. Ihr späterer Führer, Maulana *Azad,* entschied sich in jenen Tagen dafür, die nationale Bewegung zu seiner Lebensaufgabe zu machen. Alle waren echte Bengalis und wurden unterstützt durch die in Kalkutta bestehenden Organisationen, die bewährte Indian Association und die gerade neu gegründete *Dawn* Society. Erstaunlich war die große Zahl vorher unbekannter Männer, die, vom Schwung der Erhebung befeuert, plötzlich auftraten und an der Aktion mitwirkten: ein Zeichen, in wie breite Schichten der Bevölkerung und in welch abgelegene Plätze die Bewegung bereits vorgedrungen, wie reif sie also schon geworden war.

Einer ersten Ankündigung der Teilung im Jahre 1903, die zunächst nur die Distrikte Chittagong, Dakka und Mymensingh abtrennen wollte, folgte im Mai 1905 eine weitere, die nun auch noch den Distrikt Rajshahi mit einbezog, also den Raum nördlich von Kalkutta bis hinauf zum Himalaja. Die formelle Veröffentlichung erfolgte am 20. Juli mit der Maßgabe, daß sie am 16. Oktober in Kraft träte. Bis zum Juli hatten die Inder sich damit begnügt, in der bisher üblichen Weise Protestaktionen vorzubringen. Die größte von ihnen trug 70 000

Unterschriften, je eine auf 500 Bengalis – eine für die damalige Zeit erstaunliche Leistung. Da diese Schritte erfolglos blieben, wurde die Protestaktion auf öffentliche Demonstrationen und Massenversammlungen erweitert. Es kam darauf an, daß sich genügend Gruppen fanden, die bereit waren, ohne Rücksicht auf etwaige Gegenmaßnahmen der Polizei öffentlich aufzutreten und die Masse mit sich zu reißen. Das gelang durch Mitwirkung von zwei Faktoren: die Studenten, die seit Mitte Juli immer machtvollere Versammlungen veranstalteten und sich vor allem als Streikposten für den geplanten Boykott zur Verfügung stellten, und die kleinen Außenplätze in der Provinz, die zur Tat schritten. Es wird stets denkwürdig bleiben, wie kleine abgelegene Ortschaften und Landstädte in dieser Stunde zu selbständigem Handeln emporwuchsen. Plätze wie Bagerhat (16. 7.), Dinajpur (21. 7.), Pabna, Barisal usw. veranstalteten Kundgebungen, auf denen die bekannten Politiker sprachen. Auf der größten, einer Massenveranstaltung in der Town-hall von Kalkutta, wurde dann zum erstenmal der allgemeine *Boykott* britischer Waren für ganz Bengalen verkündet und damit von der Waffe Gebrauch gemacht, die einem unbewaffneten Volk gegen eine europäische Industrienation zur Verfügung stand (27. August 1905). Er wurde als Richtschnur für jeden Bengali, der sich in die gemeinsame Front einreihte, durch die bengalisprachige Presse verbreitet. Dem unermüdlichen Abdul Rasul gelang es, auch die Moslems zu einer ähnlichen Losung zu bewegen, obgleich sie die vorsichtigere Formel wählten: »Kauft Swadeshi-Waren!« (also indisch hergestellte). Vor dem Tempel der Kali verschworen sich etwa 50 000 Hindus, zu ihrer patriotischen Pflicht zu stehen. Der Dichter Tagore veranstaltete als Symbol der allgemeinen Verbundenheit einen »Rakhi-Bandham-Tag«, und eine zweite Massenversammlung in der Town-hall endete mit der Gründung einer landsmannschaftlichen Vereinigung für alle Bengalis beider Bekenntnisse. Mit einer feierlichen Zeremonie wurde im Oktober der Grundstein des Gebäudes gelegt, das ihr als Sitz dienen sollte. Es folgte der erste Generalstreik, der das gesamte Leben Kalkuttas lahmlegte – der zweite politische »hartal«, den die Reichshauptstadt erlebte. Das übertraf an Umfang und Konsequenz alles, was bisher unternommen worden war.

Mit dem Boykott wagten die Bengalis insofern eine echte Bedrohung, als er so lange in Kraft bleiben sollte, wie die Teilung ihres Landes bestände. Er erwies sich als ausgesprochen volkstümlich – hatte doch gerade Bengalen besonders hart unter der Vernichtung seiner blühenden Textilmanufaktur gelitten. Der Absatz britischer Baumwollwaren sank denn auch sofort in alarmierendem Grade. Um ausreichenden Ersatz durch indische Fabrikate zu schaffen, bildete sich ein Wirtschaftsrat unter dem Vorsitz des ehemaligen ICS-Beamten Romer Chunder *Dutt*, und der Boykott wandelte sich zur »swadeshi«-Bewegung mit der Losung »Kauft *nur* heimische Waren!«.

Diese Losung der »non-cooperation« wurde dann, namentlich auf Rat Aurobindos, auf andere Gebiete ausgedehnt. Die Errichtung eines »Indian National Council for Education« (27. 10. 1905) sollte das britische Schulwesen durch ein einheimisches ersetzen. Es ist erstaunlich, in wie kurzer Zeit daraufhin zahlreiche indische Schulen errichtet wurden – dank einer großzügigen Bereitschaft reicher Spender. Unter allgemeinem Jubel wurde in Rangpur das erste und bald darauf in Kalkutta das *National College* eröffnet, dessen Leitung Aurobindo übernahm. Bald zeigten sich indessen Schwierigkeiten, da diesen Anstalten natürlich die staatliche Anerkennung fehlte und ihre Absolventen daher von öffentlichen Ämtern ausgeschlossen waren. Das mußte damals, wo das Übermaß an akademisch Gebildeten weitgehend auf staatliche Anstellungen reflektierte, viele vom Besuch dieser einheimischen Anstalten abschrecken. So wuchs hier die Einsicht, daß viele gutgemeinte Bestrebungen reale Bedeutung erst dann erhalten könnten, wenn das fremde Regime beseitigt wäre, wenn man also staatliche Unabhängigkeit errungen hätte, d. h. »swaraj«. Kein Zufall, daß Hirendra Nath Datta diesen Gedanken damals klar aussprach und damit die Bewegung vom reinen Protest auf ihr dauerhaftes Fernziel umstellte.

Bald trafen Gegenmaßnahmen der britischen Regierung alle aktiv teilnehmenden Personen: von einer erneuten Verhaftung des Führers Surendra Nath Banerji bis zur Mißhandlung von Schulkindern, Beleidigungen, Freiheitsberaubungen und Schikanen aller Art. Im Widerstand dagegen ging man dazu über, entwürdigende Behandlung mit stillem Stolz zu ertragen, vor Behörden auf Verteidigung zu verzichten und Mißhandlungen und Verhaftungen als erwünschtes Martyrium im Interesse der guten Sache hinzunehmen. So entstand hier der Geist, an den später Gandhi mit seiner »satyagraha« anknüpfen sollte, der

Geist des selbstbewußten, standhaften Inders, der das Bild des »feigen« Bengali durch ein neues verdrängte, das vielen britischen Indienkennern kaum glaubhaft erschien. Dieses Verhalten lieferte ein neuartiges Agitationsmittel, indem man zu Ehren der Opfer einen öffentlichen Kult schuf (»cult of sufferers«), bei dem sie gelobt und mit Ehrenzeichen belohnt wurden – eine Maßnahme, die das Gefühlsleben der Masse oft lebhafter ansprach als politische Reden. Mit den Opfern der Bewegung fühlten sich alle einig, und das ließ den bewußten Gemeinschaftssinn erstarken, der die Voraussetzung für ein echtes Nationalgefühl ist.

In diesem Sinne griff die Bewegung, die zunächst auf Bengalen beschränkt war, auf andere Teile Indiens über: auf Bombay, Madras und viele kleinere Plätze, selbst auf so abgelegene wie etwa Rawalpindi oder Mandaley. Männer wie Tilak begrüßten begeistert die Erhebung Bengalens. Im Panjab schloß sich damals Lal Lajpat *Rai* der Bewegung an. Die Tamilen gründeten ebenfalls ein rein indisches College. Ein Gefühl nationaler Solidarität ergriff weiteste Schichten in allen Teilen Indiens, vor allem die Jugend, die bald zur Untergrundbewegung drängte.

Der Nationalkongreß blieb zurückhaltend. Wohl fand er auf seiner Dezembertagung von 1905 freundliche Worte und billigte den Aufruf zu einer »swadeshi«-Bewegung. Er lehnte es aber für seine nächste Tagung (1906) ab, einen tatenfreudigen Mann wie Tilak zum Präsidenten zu wählen. Seine Mehrheit verharrte in der festen Zuversicht, daß nach Curzons Rücktritt die Einsicht der Briten, namentlich Morleys, alles wieder in Ordnung bringen würde. Er fand sich insofern bestätigt, als Morley die Teilung Bengalens wieder zurücknahm; aber in der weitergehenden Hoffnung auf eine neue Reform der Verfassung sah sich der Kongreß bitter enttäuscht. Jedenfalls zeichnete sich damals der scharfe Gegensatz zwischen den »Gemäßigten« und den sogenannten »Extremisten« ab, der 1907 zur Spaltung führen sollte.

Inzwischen bereitete die Regierung neue Gegenmaßnahmen vor. Durch vertrauliche Rundschreiben wurde allen Bildungsanstalten angedroht, daß ihnen der staatliche Zuschuß und die Anerkennung ihrer Examina entzogen würde, falls ihre Schüler oder Studenten an der Agitation teilnähmen. Die Lehrkräfte wurden aufgefordert, sich als »Hilfsorgane der Polizei« zu betrachten, also jeden Verdächtigen anzuzeigen. Die allgemeine Erbitterung stieg, als eins dieser Rundschreiben bekannt wurde (Oktober 1905). Aufreizend benahm sich der neuernannte Gouverneur von Ostbengalen, der in plumpester und oft entwürdigender Form gegen angesehene Inder vorging und bald zu dem üblen Mittel griff, mißliebigen Personen seine Gurkha-Soldaten als Zwangseinquartierung ins Haus zu legen. Gegenüber allen diesen Mißhandlungen zeigten die Bengalis eine ruhige, selbstbewußte Haltung, die schon an die später von Gandhi geforderte erinnerte. Und wenn damals aller Orten der Ruf ertönte: »Ihr werdet aus Bengalen ein zweites Irland machen«, so haben sich die Inder ihrer irischen Kampfgenossen würdig gezeigt.

Heikler war die Haltung der Moslems, denen die Curzon-Teilung ja unmittelbar zugute kommte sollte – wie sie denn die spätere Abtrennung des östlichen Bengalen als Teil von Pakistan vorwegnahm. Wenige äußerten Genugtuung über das unerbetene Geschenk. Zwar warb Curzon auf einer Propagandatour persönlich für seinen Plan; zwar vermochte er durch eine finanziell erstaunlich günstige Anleihe, den prominentesten Moslemführer, Nawab *Salimullah*, für sich zu gewinnen. Aber erst gehässige Machenschaften wie eine Hetzschrift, »Das Rote Pamphlet« (Lal Ishtahar), wirkten auf die Masse der Moslems, so daß ihre Beziehungen zu den Hindus vergiftet wurden. Es kam zu Ausbrüchen der Volksleidenschaft, und bezeichnenderweise ereignete sich die erste in Comilla, kurz nach einem Besuch Salimullahs.

Wie später mehrfach bei Vernehmungen festgestellt wurde, hatte man den Bauern gesagt, daß sie Hindu-Geschäfte jetzt ungestraft plündern dürften als Vergeltung für deren »antibritischen Boykott«. Aus solchen Zwischenfällen erwuchs in Ostbengalen der Wunsch der Moslems, sich nun auch ihrerseits zu organisieren; und so führt ein direkter Weg von diesen Unruhen zu dem feierlichen Empfang einer Moslem-Delegation durch den Vizekönig Minto, bei dem er ihnen ausdrücklich den britischen Schutz gegen die Hindu-Mehrheit zusagte, dann zur Gründung der allindischen Moslem-Liga, die für eine zweite Teilung Bengalens agitierte, unter deren Folgen gerade die Ostbengalis leiden sollten. So verquicken sich die Ereignisse und zeigen, wohin die künstlich entfachte Zwietracht unter den Bengalis geführt hat (vgl. Kap. 58).

Damals mußte dieser erste offene Kampf gegen die britische Herrschaft abgebrochen werden, zumal die konsequente Durchführung des Warenboykotts unerwartete Schwierigkeiten machte. Trotzdem blieb er erfolgreich. Curzons unglücklicher Plan wurde von der Londoner Regierung unauffällig zurückgenommen und die Einheit Bengalens wiederhergestellt. Aber die Briten gingen nun weiter: Sie räumten diese ihnen unheimlich gewordene Hauptstadt Kalkutta und vertauschten sie mit der stillen Gartenstadt Neu-Delhi, wo sie hofften, ungestört weiter regieren zu können. Die amtliche Begründung dieses Schrittes, der in der ganzen Welt Aufsehen erregte, war, daß man damit die Moslems für die neue Provinz mit einer Moslem-Mehrheit entschädigen wolle. Aber wenn die Briten gehofft hatten, die gekränkten Moslems dadurch zu besänftigen, so sahen sie sich getäuscht; denn die Masse der indischen Moslems wußte von der versunkenen Herrlichkeit der Kaiserstadt Delhi nicht genug, und speziell die Bengalen hatten niemals viel von den Mogulkaisern gehalten.*

Eher dürfte Curzon seinem anderen Ziel nähergekommen sein, die Intelligenzschicht Bengalens entscheidend zu treffen, um mit diesem Schritt seinen Traum zu verwirklichen, »dem Begräbnis der indischen Nationalbewegung« noch beiwohnen zu können.

Zwar ging die Bewegung aus dieser Krise gekräftigt hervor, aber für die Bengalis wurde die Verlegung der Hauptstadt ein harter Schlag; sie hörten nun auf, die Intelligenz der Reichshauptstadt zu stellen – ein Umstand, der viel zu dem großen Anteil beigetragen hat, den gerade sie an der Freiheitsbewegung gehabt haben. Sie brachten zwar auch weiterhin überragende Führer hervor, aber ihr größter, C. R. *Das,* starb zu früh, und Subhas Chandra *Bose* fand in seiner provinziell gewordenen Heimatprovinz kein Betätigungsfeld mehr und mußte seinen Ruhm außerhalb Indiens begründen. Die Führung der Bewegung ging nun sichtbar auf Angehörige anderer indischer Völker über. Und der Kongreß, der nunmehr die einzige Vertretung der werdenden Nation blieb, brauchte noch längere Zeit, ehe er die Stufe der Kampffreudigkeit erreichte, die Bengalen in dieser Krise bewiesen hatte. Keiner der künftigen Führer ist an diesem vorbildlichen und siegreichen Kampf vor-

* In diesem Sinne hat sich *C. R. Das* dem Verfasser gegenüber im April 1925 geäußert.

übergegangen, der schon alle wesentlichen Elemente der Gandhi-Bewegung erprobte und mit Recht als erste »satyagraha«-Bewegung gelten darf; wie ein englischer Historiker es ausdrückt: »The Curzon-crisis has welded a *pure society* of nationalists into a *dynamic political party.*«

Kapitel 47

Ruhepause (1906–1915)

Wie oft in der Geschichte, folgte auch in Indien auf die große Kraftanstrengung der Erhebung Bengalens ein Erschlaffen, eine Art von Ruhepause. Zwar wurde den Bengalis ihr Erfolg durch die Zurücknahme der Teilung 1911 in aller Form bestätigt; aber die Verlegung der Reichshauptstadt von Kalkutta nach Delhi minderte die Bedeutung dieser Stadt als Zentrum der Befreiungsbewegung.

Das kam vor allem dem *Kongreß* zugute. Er hatte sich von den Ereignissen in Bengalen zurückgehalten und richtete seine Anstrengungen unverändert auf die Reform der Verfassung, wobei er große Hoffnungen auf den Staatssekretär *Morley* setzte, der im Alter von 67 Jahren dieses schwere Amt übernommen hatte. Als Mann reinster liberaler Gesinnung – als Biograph Gladstone's! – schien er das Vertrauen seiner indischen Gesinnungsgenossen zu rechtfertigen. Er stand in engem Gedankenaustausch mit Gokhale und berief zum ersten Male Inder in den Beirat seines Ministeriums. Sein Kabinett (anfangs unter Campbell Bannerman, dann unter *Asquith)* war unter dem Eindruck der Bengalen-Krise grundsätzlich zu Konzessionen geneigt. Auch die beiden Vizekönige dieser Zeit – Minto II und Hardinge – zeigten wohlwollendes Verständnis; beide waren durch Familientraditionen mit Indien verbunden: Minto als Urenkel, Hardinge als Enkel der beiden gleichnamigen Generalgouverneure.

Der Kongreß suchte nun alles zu vermeiden, was diese reformfreundliche Haltung Londons stören konnte. Er hoffte, mit geduldigem Abwarten die Richtigkeit seiner Taktik durch eine günstige Verfassungsreform unter Beweis stellen zu können. So wählte er für die Jahrestagung von 1906 keinen der tapferen Kämpfer zum Präsidenten, sondern holte den 80jährigen Dadabhoy Naoroji aus London. Allerdings war der alte Herr weise genug, das Gemeinsame der beiden Flügel zu betonen, und wagte sogar, als Ziel der Bewegung die Erlangung von »swaraj« zu bezeichnen, also sich des Ausdrucks zu bedienen, den die kämpferische Sektion verwandte. Nur wich er der heiklen Frage aus, ob man sich weiterhin auf »verfassungsmäßige Methoden« beschränken oder im Notfall zu schärferen übergehen sollte. Gokhale, als der eigentlich führende Kopf im Kongreß, erweckte unter Hinweis auf seine Geheimgespräche mit Morley und dem Vizekönig den Eindruck, daß er mit einer befriedigenden Lösung der Verfassungsreform rechnete.

Mit dieser Einstellung ging der Kongreß zu seiner Jahrestagung von 1907. Um sicherzugehen, griff die Leitung zu recht bedenklichen Mitteln. Schon die willkürliche Verlegung des Tagungsorts von Nagpur nach *Surat,* einem von den Liberalen beherrschten Platz, mußte die Gegner verstimmen, noch stärker die Machenschaften bei der Wahl des Präsidenten. Alter Übung gemäß hätte Lal *Lajpat Rai* kandidieren müssen, der wegen seiner verdienstvollen Unterstützung der Kanal-Siedler im Panjab deportiert worden war und als »Märtyrer« gerade heimkehrte. Gokhale aber schlug den Bengalen Rash Behari *Ghosh* vor, einen sicherlich gutgesinnten Patrioten, der aber mit seinen 62 Jahren recht milde geworden war.

Die vorwärtsdrängende Gruppe war trotz der verstimmenden Verlegung nach Surat in guter Zahl erschienen; sowohl Tilak wie Lajpat Rai und Aurobindo waren zur Stelle. Motilal *Nehru,* der zum erstenmal teilnahm, hielt sich noch abseits. Die Gesamtbeteiligung erreichte mit 1300 Delegierten beinahe die Rekordzahl der vorangegangenen Tagung in Kalkutta. Tilak meldete zur Präsidentenwahl einen verständigen Vermittlungsvorschlag an, erhielt aber merkwürdigerweise nicht das Wort. Darüber kam es zu einem Tumult, wie er in diesem englisch erzogenen Kreise höchst ungewöhnlich war. Noch ungewöhnlicher war es, daß man zur Wiederherstellung der Ordnung die britische Polizei hereinholte – ein offener Bruch mit dem festgefügten Brauch. Gokhale muß sich in einem ernsten Gewissenskonflikt befunden haben, denn ihm hätte die Erhaltung der Einheit doch am Herzen liegen müssen. Daß er sie opferte, daß er auf einen ordnungsgemäßen Abschluß der Tagung verzichtete und die Gruppe, die bisher die härteste nationale Arbeit geleistet hatte, abziehen ließ; daß er die Spaltung dieses Organs der indischen Einheit hinnahm, muß Gründe gehabt haben, die damals nicht sichtbar geworden sind. Wie sich nun rückblickend deutlich zeigt, diente die Spaltung ausgesprochen dem britischen Interesse; denn solange beide Gruppen noch dem gleichen Kongreß angehörten, genoß auch der extreme Flügel den Schutz dieser von den Briten anerkannten Organisation. Jeder Schlag, selbst nur gegen *einen* Flügel, wäre vom Volk, dem der Kongreß als unteilbares Ganzes galt, mit heftigster Erregung erwidert worden. Eine abgespaltene Gruppe aber konnte vom Vizekönig verfolgt werden, und dies geschah denn auch sofort. Tilak wurde zu acht bzw. sechs Jahren Deportation nach Burma verurteilt; Bipin Chandra Pal, schon vorher zu 6 Monaten Gefängnis verurteilt, verließ Indien; der mutige Pandit Brahma Pandat Upadhiaya war bereits im Oktober 1907 im Gefängnis gestorben, und nun wurden noch neun weitere Führer der Bengalenbewegung deportiert, und 50 anderen drohte das gleiche Schicksal, wenn nicht Morley, der schon die Verurteilung Tilaks als Mißgriff ansah, rechtzeitig interveniert hätte. Die »Raj« nahm ihre Rache für die Erfolge der Erhebung Bengalens und die zündende Missionsarbeit Tilaks. Der alte politische Grundsatz, daß der, dem eine Sache nützt, wahrscheinlich auch bei ihrer Herbeiführung mitgewirkt hat, spricht dafür, daß die Haltung der Liberalen in Surat unter kräftigem Einfluß der Regierung erfolgt ist, indem sie den Indern die schönsten Zugeständnisse in Aussicht gestellt haben mag. Bezeichnend, daß über die zahlreichen geheimen Unterredungen zwischen ihnen und dem Vizekönig von keiner Seite Genaueres zu Papier gebracht worden ist – wie denn in der Politik häufig die wesentlichsten Hintergedanken in den Akten nicht kenntlich gemacht werden.

Eine solche Vermutung wird bestärkt durch die Persönlichkeit des damaligen Vizekönigs *Minto* II. Schon 1906 hatte er einen Keil zwischen Moslems und Hindus getrieben. Nun gelang ihm die Anwendung des »divide et impera« auch beim Kongreß selbst. Daß manche Inder damals ähnlich empfunden haben, zeigen die harten Vorwürfe gegen Gokhale, die sich bis zum Vorwurf des nationalen Verrats steigerten. Und in der Tat war der abgespaltene Flügel aufs schwerste getroffen und mag dies erkannt haben, als er sich unter dem Vorsitz von Aurobindo zusammenfand, der ebenfalls wenige Jahre später verhaftet wurde. Aber auch für den Rumpfkongreß war es ein Pyrrhus-Sieg.

Das zeigte sich schon in der sinkenden Zahl der Teilnehmer an seinen folgenden Tagungen, die auch inhaltlich jeder Bedeutung entbehrten, Hatte Surat noch 1300 Delegierte vereinigt, so fiel die Zahl bei den folgenden sechs Jahrestagungen (1908–1913) auf durchschnittlich 430, einmal (1912) sogar auf 207; aber der schwerste Schlag, der ihn traf, war 1909 der Inhalt der neuen Verfassungsreform, die so kläglich ausfiel, daß nicht einmal die Liberalen es wagen konnten, sie als ein adäquates Ergebnis ihrer vieljährigen Mühen und schmerzlichen Opfer auszugeben.

Es ist schwer einzusehen, weshalb die britische Regierung diese Reform damals so kärglich gestaltet und ihre Wirkung auf Indien so falsch eingeschätzt hat. Die außenpolitische Lage kann daran nicht schuld sein. Der Vertrag von 1907 mit dem Zarenreich hatte die »russische Gefahr« gebannt; der Notenaustausch mit Frankreich von 1911 hatte den Briten einen neuen Kontinentaldegen gebracht; die Aufnahme der Haldane-Mission in Berlin sowie das deutsch-englische Abkommen über die portugiesischen Kolonien in Afrika von 1914 hatten gezeigt, daß auch Berlin einen kriegerischen Ausbruch der herrschenden Spannungen zu vermeiden gewillt war; und ein echt liberaler Geist, wie er dem damaligen britischen Kabinett eignen sollte, hatte soeben zu einem grundsätzlichen Reformwerk für Irland geführt.

Aber offensichtlich waren die Besorgnisse der verantwortlichen Stellen in Indien so groß und durch einen hervorragend landeskundigen und geschickten Beamten des ICS, Sir Herbert Risley, so überzeugend vorgetragen worden, daß man sich in London zu einer wirklichen Reform nicht durchzuringen wagte. Minto selbst, der ein Befürworter der Reform gewesen war, hatte allerdings an eine ganz andere Lösung gedacht: an eine ständische Vertretung (damals Durbar-Plan genannt), eine für Indien durchaus diskutable Lösung. Denn vielleicht wäre aus einer solchen Zusammenfassung aller Berufs- und Religionsgruppen eine korporative Nationalversammlung entstanden, die sich eher zu einer wirklichen Volksvertretung entwickelt hätte als das nunmehr eingeschlagene Verfahren, bei dem man einige Interessentengruppen herausgriff und ihnen, vor allem den Moslems, eigenständige Mandate gab, die sie notwendig von der Gesamtheit absondern mußten. Minto war mit seinen Plänen nicht durchgedrungen – ebenso wie der praktisch denkende Ayub Khan neuerdings in Pakistan ähnliches, aber vergeblich, versucht hat.

Auch der wohlmeinende Morley hatte sich nicht durchsetzen können. Wie die mannigfachen Einflüsse im britischen Lager sich damals zwischen London und Kalkutta kreuzten, hat Rothermund in seinem Buch ausgezeichnet dargestellt. Von diesem Reformwerk gilt das Wort des Horaz »parturiunt montes et nascitur ridiculus mus«.

In die Beiräte des Vizekönigs und der Provinzgouverneure sollten zwar gewählte Vertreter berufen werden; sie sollten sogar ihre Sitze ohne eine nachfolgende Bestätigung einnehmen dürfen. Aber das Wahlverfahren, das erst in den Ausführungsverordnungen der Stellen in Britisch-Indien geregelt wurde, gab der bisherigen Oberschicht, also den Landbesitzern, von vornherein ein solches Übergewicht über die Städte, daß diese Mittelpunkte der politischen Willensbildung ausgesprochen benachteiligt wurden; und das traf das ganze gebildete Bürgertum, den eigentlichen Träger der Freiheitsbewegung, ohne Rücksicht darauf, ob es sich um nationale Heißsporne oder um gemäßigte Liberale handelte. Wenn also die Reform sich zum Ziel gesetzt hatte, »to associate the articulate opinion in India more closely with the Government«, so mußte jeder unvoreingenommene Beobachter daraus schließen, daß die Raj nur mit der ländlichen, d. h. der feudalen Oberschicht, näher zusammenkommen wollte, die in der Erhaltung der britischen Herrschaft ihre natürliche Rückendeckung erblickte.

Es darf wirklich bezweifelt werden, daß die verantwortlichen britischen Stellen geglaubt haben, mit dieser Reform ihre Zusagen auch nur einigermaßen zu erfüllen, ja, ihren eigenen Schützlingen, den Liberalen, mit ihr einen Dienst zu erweisen. Jedenfalls hat die Veröffentlichung dieser Reformakte in der indischen Öffentlichkeit eine »erstarrende Ernüchterung« und bitterste Enttäuschung verursacht; für die Liberalen aber war sie eine Katastrophe, da ihre ganze Politik nunmehr als verfehlt dastand. Sie haben dadurch jeden politischen Einfluß eingebüßt und haben sich seitdem nur noch als eine kleine Gruppe intelligenter Vermittler betätigen können, als Generale ohne Truppe. Ihre beiden damaligen Führer, Mehta und Gokhale, hat ein gnädiges Geschick 1915 abberufen.

Der seiner Führer beraubte Kongreß verfiel in eine dumpfe Apathie, aus der ihn nicht einmal der Ausbruch des Ersten Weltkriegs aufrüttelte. Der Versuch der Liberalen, eine eigene Partei zu begründen (1918, in Fühlung mit dem ebenfalls liberalen Staatssekretär *Montague*), hauchte ihr kein neues Leben ein. Dazu gerieten seit 1914 alle indischen Politiker in den Bann der Kriegspropaganda, die das kaiserliche Deutschland in schwärzesten Farben malte und verkündete, daß der Krieg dem Ziele diene, »die Welt reif zur Demokratie zu machen«. Sie alle erblickten darin eine neue Hoffnung für Indien und haben erst später lernen müssen, daß diese Ideale sich *damals* auf Indien noch nicht bezogen. Selbst Tilak, der Mitte 1914 aus seiner langjährigen Verbannung erschöpft heimkehrte, vermochte diesen Zustand tiefster Niedergeschlagenheit zunächst nicht zu ändern.

Aus dieser traurigen Lage riß eine europäische Frau die Inder heraus: Annie *Besant,* eine Theosophin irischer Herkunft, die 1896 nach Indien gekommen war, um im Hauptquartier der Theosophischen Gesellschaft in Adyar die Erfüllung ihres geistig-religiösen Strebens zu finden. Die Verehrung dieser geistigen Gemeinschaft für das altindische Geistesgut verband sich in dieser Frau aus Irland mit der natürlichen Gegnerschaft gegen die Briten, so daß sie sich dem indischen Volk innerlich tief verbunden fühlte. Mit dem heißen Atem, den sie aus dem irischen Freiheitskampf mitbrachte, entflammte sie das glimmende Feuer der indischen Bewegung. Als Frau erkannte sie sofort, wer in ihr der wirkliche Mann war, und suchte Tilak wieder heranzuholen. Nach einem mißlungenen Versuch beim Jahreskongreß in Madras gründete sie in London nach irischem Muster die *»Indian Home Rule League«*, die sie dann nach Indien verpflanzte, nicht um den Kongreß zu ersetzen, sondern um ihn zu *unterstützen.* Tilak erkannte seine Chance. Er gründete die Home Rule League in Poona (April 1916). Was die neue Gründung besonders empfahl, war der Begriff »Home Rule«, der für englisch Sprechende ein gutes Äquivalent für »swaraj« war und die Streitigkeiten im Kongreß über das Endziel geschickt überspielte. Viele der jüngeren Generation, die der alten Männer im Kongreß überdrüssig geworden waren, traten der neuen Gründung bei, wie z. B. der damals 42jährige Jinnah. So entstand ein Forum, auf dem nun endlich das Wesentliche diskutiert werden konnte, nämlich der Erste Weltkrieg und die Binsenwahrheit, daß er eine große Chance für Indien brächte, daß »Englands Not Indiens willkommene Gelegenheit« sei. Dieser Losung konnten sich auch die Älteren nicht entziehen, und unter dem Vorsitz des weltgewandten Satiendra *Sinha* (der später als einziger Inder Peer von England wurde) beschloß der Kongreß auf seiner Tagung von 1915 in Bombay die Wiedervereinigung aller abgesplitterten Teile zu einer gemeinsamen allindischen Front, der sich dann 1916 in Lakhnau sogar die Moslems anschlossen. Die Initialzündung zu dieser Wandlung gegeben zu haben, ist das geschichtliche Verdienst von Annie Besant, die – um ein Bild der indischen Mythologie zu gebrauchen – als »shakti« den Kongreß und den von der Haft niedergedrückten Tilak mit neuem Leben erfüllt hat. Zwar wurde ihr Werk von der Gandhi-Bewegung überspült; aber es war gerechtfertigt, daß der Kongreß sie für seine Jahrestagung von 1917 zum Präsidenten wählte.

Allerdings war es Zeit für ihn zu erwachen; denn der Krieg im fernen Europa, von dem man wähnte, daß er für die Freiheit der Völker geführt würde, erwies sich für Indien als eine Belastung, die an die schlimmsten Zeiten seiner kolonialen Ausbeutung gemahnte. Nachdem Indien – ohne befragt zu werden – zum kriegführenden Staat gegen die Mittelmächte erklärt worden war, wurde sein Menschenmaterial durch drakonische Zwangsrekrutierungen »bis zum Weißbluten« ausgeschöpft (Ausdruck des britischen Kriegsministeriums) und an allen erdenklichen Fronten verwandt: in Europa, in Ägypten und im Sudan, im Iran, in Kurdistan und Ostafrika, vor Galipoli, Saloniki und in Palästina und vor allem in Mesopotamien in dem unglücklichen Feldzug gegen die deutsch-türkische Armee des Generals Grafen v. d. Goltz, der die anglo-indischen Truppen zur Kapitulation von Kut-el-Amara zwang (29. April 1916) – ein Fehlschlag, dem peinliche Untersuchungen folgten, um die nutzlose Opferung Tausender von indischen Soldaten aufzuklären. Ebenso wurde Indien mit den Kosten aller dieser Feldzüge belastet, die man später auf 1,3 Milliarden Pfund, also 26 Milliarden Mark, geschätzt hat. Eine solche Last wurde einem Volke aufgebürdet, das zu den ärmsten der Erde gehörte und an diesen Feldzügen nicht das geringste Interesse hatte. Indessen blieben die Proteste gegen diese Ausbeutung recht schwächlich. Dabei sei daran erinnert, daß selbst Gandhi, der 1914 aus Afrika nach Indien heimkehrte, es durchaus als seine Pflicht ansah, »seiner« Regierung zu helfen, und einen Lazarettzug ausrüstete. Die indischen Politiker waren damals für das Verständnis weltpolitischer Ereignisse noch wenig gerüstet, und so erklärt sich, daß die damalige Regierung von Indien die Gefahr wirklicher Unruhen sehr gering einschätzte und es hinzunehmen wagte, die Zahl der britischen Besatzungstruppen auf 15 000 Mann zu verringern – für ein Gebiet von der Größe und der Bevölkerungszahl Europas! Es läßt aber auch die Bedeutung Gandhis erkennen, der *nach* dem Krieg diesen Zustand umstürzen sollte.

Diesem unbefriedigenden Bilde auf indischer Seite entsprach auf der britischen ein letztes Aufleuchten ihrer ungebrochenen Herrschaft. Es fand seinen Ausdruck darin, daß zum ersten und einzigen Male der regierende Kaiser von Indien, König Georg V., persönlich nach Indien kam und auf dem glanzvollpomphaften »Durbar« in Delhi 1912 die neue Reichshauptstadt feierlich eröffnete, deren Gebäude damals allerdings erst in den Fundamenten sichtbar waren (niemand wird damals daran gedacht haben, daß die Briten diese stolze Stadtanlage schon 35 Jahre später wieder verlassen würden). Aber schon zu jener Zeit ahnten skeptische Beobachter, daß der Glanz des Kaiserbesuchs künstlich war. Denn die Moslems, die mit der Verlegung der Hauptstadt in die alte Residenz der Mogulkaiser gewonnen werden sollten, erblickten in ihr durchaus keinen Ersatz für die Teilung Bengalens, die ihnen eine neue Moslemprovinz beschert hätte; und die Liberalen, durch die klägliche Reform von 1909 bitter enttäuscht, erkannten, daß ihre Vertrauensseligkeit sie zu einem bedeutungslosen Faktor gemacht hatte. Sie hatten – ebenso wie die Briten – ein kurzsichtiges Spiel getrieben, indem sie Methoden und Vorstellungen anwandten, die einer versinkenden Zeit angehörten: des Dialogs zwischen der »mikroskopischen Minderheit« der indischen Intelligenz und der noch viel winzigeren Minderheit der britischen Bürokratie. Beide hatten übersehen, daß eine große Wende bevorstand: das Eingreifen der Masse des indischen Volks.

Zwei Faktoren sind außer dem Kongreß noch zu betrachten: die indischen Moslems und die Jugend.

Den indischen Moslems hatte die Reformakte von 1909 die gesonderten Wahlschaften und damit die amtliche Anerkennung als einer Minderheit gebracht. Mit dieser einschneidenden Neuerung löste London die Zusage ein, die der Vizekönig Minto 1906 in Simla der Deputation gegeben hatte, die ihn um »Schutz gegen die Hindumehrheit« gebeten hatte. Er machte dadurch die Moslems zu loyalen Bürgern des britisch-indischen Staats. Daß dieses Wahlrecht auch hier die feudale Schicht begünstigte, verschlug nicht viel, da die Moslem-Gruppe ohnehin ganz unter dem Einfluß ihrer Grundherren stand und sich eine bürgerliche Führerschicht nach Art der Hindus erst jetzt unter dieser Reformakte entwickelte. Erst im Rahmen dieser Akte ist z. B. Jinnah emporgestiegen.

Die Moslems verfügten seit 1906 über eine eigene allindische Organisation, die *Moslem-Liga,* die von dem Nachfolger des Syed Ahmad Khan im Jahre 1906 von Syed Mehdi Ali Mohsin-ul-Mulk (1837–1907) in Dakka ins Leben gerufen war, und die 1908 in London eine Zweigstelle eröffnete und von dort eine reguläre Propaganda für ihre Sonderwünsche durchführte. Indem sich dank dieser gut ausgebauten Stellung die Gefahr, die ihnen von einer Hindu-Mehrheit vermeintlich drohte, wieder abschwächte, wuchs die Neigung, unter bestimmten Umständen auch mit den Hindus zusammenzuarbeiten. Das wurde allerdings auf harte Proben gestellt durch die Ausbrüche der Volksleidenschaft (die sogen. »riots«), die gerade in den Jahren 1910–1917 häufiger wurden und deren schlimmste die 2 Wochen dauernden Zusammenstöße in und bei Shahabad waren, wo die Schuld in der Tat mehr bei den Hindus als bei den Moslems zu suchen war. Sie erreichten eine bis dahin nicht erlebte Schärfe, so daß der sehr besonnene und landeskundige Gouverneur, Sir John *Hewett,* urteilte, daß er in seiner langen Dienstzeit niemals vorher ein derartiges Maß von gegenseitigem Haß erlebt habe wie damals. Die Schuldfrage wurde selten öffentlich klargestellt; teils, weil es sich mitunter als aussichtslos erwies, sie eindeutig zu klären, teils, weil in Fällen, wo die Moslems sie trugen, eine solche Bekanntgabe inopportun erschien. Aber die Führer beider Gruppen betrachteten diese Ausbrüche nur als unkontrollierbare Naturkatastrophen und ließen sich in ihrem Streben nach gelegentlicher Zusammenarbeit nicht beeinflussen. So kam es örtlich zu einem gemeinsamen Vorgehen im Panjab, wo die Siedler längs der neu angelegten Bewässerungskanäle sich gegen die Höhe der Wassergebühren auflehnten. Zwei angesehene Führer nahmen sich der Sache an, Syed Hyder Ali und Ajit Singh – also ein Moslem und ein Sikh – und erreichten mit Unterstützung von Lajpat Rai gewisse Erleichterungen für die Betroffenen. Daraus entstand damals die »Patriotic Indian Association«, eine der ersten Vereinigungen, die Angehörige *beider* Religionen zwecks Wahrung gemeinsamer Interessen zusammenfaßte und die später im Panjab als Grundlage für eine Koalitionsregierung gedient hat. Die Regierungen dieser Koalition haben diese schwierig zu verwaltende Provinz viele Jahre in Ruhe und Ordnung halten können, bis Jinnah die Koalition auseinanderbrach und der Volksleidenschaft wieder die Tore öffnete.

Auf zentraler Ebene fand der Wille zu einer politischen Zusammenarbeit darin Ausdruck, daß die beiden großen Organisationen – Kongreß und Moslem-Liga – ihre Jahrestagungen zeitlich und räumlich koordinierten. So entstand auf der gemeinsamen Tagung 1916 in Lakhnau die Möglichkeit zu einem gemeinsamen politischen Vorgehen.

Die Enttäuschung über den Stillstand der Befreiungsbewegung zeigte sich naturgemäß am stärksten bei der Jugend und stärkte die Untergrundbewegung, die zu einem nicht wegzudenkenden Bestandteil des Ganzen wurde. Sie setzte am kräftigsten in Bengalen ein. Der schon bestehende Bund *Anusilan Samiti,* der sich anfangs in voller Offenheit bemühte, die körperliche Ertüchtigung der jungen Männer zu betreiben und sie im Gebrauch der Waffen zu üben, verfolgte nun das Ziel, hervorragende Träger der britischen Herrschaft durch Attentate zu beseitigen und die übrigen dadurch abzuschrecken, außerdem ihre indischen Helfershelfer, vor allem Denunzianten, aus dem Wege zu räumen. Ihre Führer, wie der junge Barindra Kumar *Ghose,* der Bruder von Aurobindo, entstammten den gleichen Familien wie die Politiker selbst. Neben der Erziehung zu harter Disziplin, militärischem Gehorsam und völliger Einsatzbereitschaft besorgte der Bund die Beschaffung von Waffen und die Anfertigung von Bomben. In Gesprächen, durch Bücher und Zeitschriften, die geheim gedruckt und verbreitet wurden, suchte man den nationalen Geist der Bewegung allen Anhängern einzuflößen und neue Mitglieder zu werben, mit dem Erfolg, daß damals allein in Bengalen an 100 solcher mehr oder weniger geheimen Bünde entstanden. Die Mehrheit unterzog sich diesem Training in der Erwartung auf eine große Erhebung, die mit Hilfe des Auslands den Sturz der britischen Fremdherrschaft herbeiführen sollte. Attentate wurden nur in Einzelfällen geplant. Soweit sie gegen Briten gerichtet waren, sind sie in jener Zeit fast ausnahmslos mißlungen; so das Attentat auf den Vizekönig Minto II. (November 1909) als Antwort auf das kümmerliche Reformwerk, das auch seinen Namen trug; mehrere auf den Gouverneur von Bengalen, Anderson; auf den Gouverneur des neuen Ostbengalen und endlich auf den Vizekönig Hardinge, der ernstlich verwundet wurde. Bei dem Versuch, einen besonders verhaßten Richter zu töten, traf man die Frau eines völlig Unbeteiligten (30. April 1908). Täter und Komplicen wurden verhaftet und in einem großen Schauprozeß, dem Alipore Bomb Case, abgeurteilt, in den auch Aurobindo hineingezogen, aber freigesprochen wurde. Zwei der dabei beteiligten Richter sowie mehrere Denunzianten und Belastungszeugen wurden später erschossen. Im ganzen sind nach amtlichen Angaben in dem Zeitraum 1908 bis 1916 in Bengalen 18 richterliche und polizeiliche Beamte sowie 15 Denunzianten getötet worden, alles Inder.

In Maharashtra, dem zweiten Zentrum, übernahm der junge Vinayak Damodar Savakar (1882–1966) die Führung; er gab Mazzinis Biographie* in Marathi heraus; er ließ die Angehörigen seines Bundes *Abhinava Bharat* vor einem Durga-Bild schwören, daß sie ihr Leben opfern würden, um die Briten aus Indien zu vertreiben, und ließ in Bassein die größte Werkstatt zur Anfertigung von Bomben errichten. Ihren Attentaten fiel ein höherer britischer Beamter, Jackson, zum Opfer (21. Dezember 1909). Dort plante man zeitweilig sogar, Gokhale als Landesverräter zu töten, gab aber den Plan wieder auf.

Im Panjab erstand in Lal *Hardayal* (1884–1939) ein besonders begabter Führer, der eine große Schar junger Gesinnungsgenossen an sich zog, die vielfach dem Arya Samaj entstammten. Sie verübten das Attentat auf Hardinge. Auch in Bihar und in Rajasthan entstanden ähnliche Jugendbünde, aber

* Diese Biographie Mazzinis hat auf die indische Jugend stark gewirkt. Daher ist interessant, daß der junge Nehru in Cambridge als Schulprämie die 3 Bände erhielt: »Garibaldi und die Befreiung Italiens« – eine wirklich sinnvolle Gabe.

nicht in den Fürstenstaaten, außer, daß sich begeisterte junge Prinzen, wie der von Limbdi, gelegentlich aktiv beteiligten. Ebenso blieb der drawidische Süden ziemlich frei, nur daß eine kurzlebige Gruppe in Madras damals einen höheren englischen Beamten, namens Ash, tötete (17. Juni 1911).

Verglichen mit der großen Zahl mitwirkender junger Männer, ist die Zahl gelungener Attentate sehr gering. Die Opfer waren überwiegend Inder und nur in Ausnahmefällen Briten. Häufig und in der Öffentlichkeit mehr Aufsehen erregend waren dagegen die räuberischen Überfälle, mit denen die Untergrundbewegung sich Geldmittel beschaffte. Anfangs lebte sie von Spenden. Als diese bei dem wachsenden Umfang aber nicht mehr ausreichten, griff man zu diesem Ausweg. Da die Plünderung staatlicher Kassen nur selten gelang, waren die Opfer dieser »dacoities« meist indische Privatpersonen. Obwohl eigennützige Unterschleife des geraubten Guts nur ganz ausnahmsweise vorgekommen sind, brachten diese Überfälle die Jugend in schlechten Ruf. Die große Sympathie, der sich die Täter bei vielen trotzdem erfreuten, kam bei Bestattung der Hingerichteten in gewaltigen Begeisterungsdemonstrationen für die »nationalen Märtyrer« zum Ausdruck, wie in Kalkutta nach der Hinrichtung von Prafulla Chaki, Khudiram und anderen.

Noch bedeutungsvoller war die Untergrundbewegung im Ausland. Ein wohlhabender Gönner, Pandit Shyamji Krishna Varma, gründete in London das »India House«, das rasch zu ihrem Zentrum wurde. Dort fanden ihren Stützpunkt Sarvakar, Hardayal und der gleich zu nennende Dhingra. Einer der dort verkehrenden Inder, Vasudeva Bhattacharya, wagte es, einen hochangesehenen Engländer, der einen Inder mit »dirty nigger« tituliert hatte, öffentlich zu ohrfeigen, und nachdem er zu einer Geldstrafe verurteilt war, ohne daß die Beleidigung gesühnt wurde, wählte sich sein Kamerad Madan Lal Dhingra einen britischen Beamten des India Office, Sir Curzon Wyllie, als Opfer und erschoß ihn auf offener Straße*. Dhingra wurde verhaftet, das India House geschlossen und auch Sarvakar als geistiger Anstifter festgenommen, um zu

* Zu Unrecht; denn er hatte nicht, wie vermutet, irgendeinen Anteil an der Verkrüppelung der Reformakte von 1909, sondern war nur wegen seiner Landeskenntnisse dort als Sachbearbeiter beschäftigt. Übrigens ist erst 1940 wieder ein solches Attentat in London erfolgt.

seinem Prozeß nach Indien transportiert zu werden. In Marseille machte er einen dramatischen Fluchtversuch, wurde wiedereingefangen und später deportiert. Pandit Varma wich nach Paris und später nach Genf aus.

Den größten Umfang erreichte diese Bewegung in den USA, wo seit einer Reihe von Jahren verarmte indische Bauern als Arbeiter eingewandert waren – Sikhs und Panjabi-Moslems –, die sich dort unter dem Zwang einer gehässigen Rassenpropaganda zu Schutzvereinigungen zusammenschlossen. Führer dieser Gruppen, die sich auf 30 000 beliefen, war Panurang Khankoje, dem sich 1911 der tatkräftige Hardayal zugesellte. Er vereinigte die kleineren Vereinigungen zu der »Pacific Coast Hindusthani Association«, gab eine Zeitschrift heraus, die die Mitglieder nicht nur über ihre sozialen Rechte aufklärte, sondern zur nationalen Revolution erzog. Die Vereinigung nahm den Namen *Ghadr* an (= Mutiny, nach der Großen Erhebung von 1857), unter welchem Namen sie bekannt geworden ist. Der Ausbruch des Ersten Weltkrieges weckte bei diesen Männern sofort den Gedanken, daß man im Deutschen Reich als einem Gegner der Briten nunmehr einen Bundesgenossen fände. Hardayal ging nach Berlin. Im Bunde mit anderen dort lebenden Indern gelang es, der Reichsregierung den Gedanken schmackhaft zu machen, in Indien Unruhen anzuzetteln, um den dortigen Kriegsbeitrag zu stören, vor allem, um die indischen Truppenteile von der Westfront abzuziehen. So entstanden in Berlin zunächst der Deutsche Verein der Freunde Indiens, dann die Nachrichtenstelle für den Orient und endlich das Indian Independence Comittee, deren Aufgabe es sein sollte, unter den indischen Kriegsgefangenen für den Beitritt in freie indische Truppenkörper zu werben, die man später mit Waffen nach Indien schicken wollte. Die Führung lag bei jungen Männern, die zwar von echtem Patriotismus beseelt waren, aber nur wenig praktische Erfahrungen hatten. Jugendliche Enthusiasten, wie Champa Karaman Pillai, Vihendra Nath Chattopadhyaya oder Abinash Chandra Bhattacharya, haben teils von Berlin, teils von San Franzisko, teils in Indien daran gearbeitet, solche Transporte nach Indien zu bringen, aber ohne Erfolg. Das erste Schiff, das San Franzisko mit 50 bewaffneten Indern verließ (29. August 1914), erreichte sein Ziel ebensowenig wie die »Annie Larsen«, die die erste große Sendung von Gewehren und Munition trug.

Inzwischen wurde durch unglückliche Umstände (Aktendiebstahl und Aussagen Verhafteter) das ganze Komplott in den USA aufgedeckt, und als dann die USA an der Seite Großbritanniens in den Krieg eintraten, wurden mehrere aktive Beamte des deutschen Auswärtigen Dienstes, mehrere Inder und Helfershelfer vor amerikanische Gerichte gestellt und verurteilt, wobei einer der Inder, Ram Chandra, von seinen erbosten Landsleuten im Gerichtssaal erschossen wurde.

In *Malaya* versuchte man, die indischen Soldaten im britischen Dienst (Seapoys hatte man sie 1857 genannt) aufzuwiegeln, was in Singapur zur Meuterei des einzigen dort stehenden Bataillons führte. Es befreite zunächst die internierten Deutschen und bot ihnen Waffen an, aber diese verweigerten die Beteiligung am Kampf. Mit Hilfe japanischer Truppen wurden die Meuterer überwältigt. In Thailand bemühten sich die Ghadr-Leute, an der Grenze nach Burma Truppen zusammenzuziehen (wie es dann im Zweiten Weltkrieg tatsächlich durchgeführt worden ist). In Afghanistan bildete sich eine indische Exilregierung unter dem Raja Mahendra Pratap mit einem anti-britischen Moslem, dem Maulana Obeidullah als Minister, die den Heiligen Krieg der Moslems gegen die Briten in Gang zu bringen suchten. Sie erhielten zwar gewissen Zulauf aus den Resten der in Indien verbliebenen Wahabiten (den sogen. Mujahidins); doch der Emir Habibullah, anfangs freundlich eingestellt, erhielt von den Briten so reichlich Subsidien, daß er das ganze Unternehmen abblasen ließ. Damit vollendete sich das Schicksal der Deutschen, die die Berliner Regierung zur Unterstützung quer durch Vorderasien dorthin entsandt hatte: des Diplomaten Dr. von Hentig und des bayerischen Offiziers von Niedermeyer, und ebenso erlosch der Versuch des (damaligen) Kommunisten M. N. Roy, von Taschkent her Truppen zur Befreiung Indiens heranzuführen. Ungeachtet dieser Rückschläge sammelte sich im Panjab eine große Zahl von Ghadr-Männern und begann in Verbindung mit den dortigen Geheimbünden, eine größere Erhebung vorzubereiten; von zwei Regimentern erhielten sie die Zusage, daß sie sich einem Aufstand anschließen würden. Die Führung lag bei dem alten Revolutionär Rash Behari Bose. Angesichts der minimalen Zahl der in Indien verbliebenen europäischen Truppen (ca. 15 000) hielt man das Unternehmen für aussichtsvoll, zumal man auf Unterstützung von den Kameraden an der burmanischen Grenze hoffte. Um den in Indien garnisonierten Regimentern das Eingreifen zu erschweren, wollte man im Gangestal wichtige Brücken sprengen. Als Tag des Aufstands wurde der 19. Februar 1915 bestimmt. Durch Verrat vermochte die Regierung rechtzeitig Gegenmaßnahmen zu treffen und einige der Führer zu verhaften. Daraus entstand der zweite große Schauprozeß, der Lahore Conspiracy Case, bei dem in drei Verhandlungen vom August 1915 bis November 1916 mehrere hundert Inder vor Gericht gestellt wurden. Dreißig wurden durch den Strang hingerichtet und einige hundert deportiert. Rash Behari Bose selbst konnte entweichen und hat seinen Plan später im Zweiten Weltkrieg von Singapur erneut aufgenommen, der sich an den bekannteren Namen des Subhas Chandra Bose knüpft.

Rückblickend wirkt das Ganze sehr phantastisch und zum Teil dilettantisch. Immerhin war der Plan in seiner großen Orientierung besser angelegt als etwa die Erhebung von 1857; denn die politischen Grundgedanken waren richtig, nur war das damalige Indien für derartige Aktionen nicht reif. Gegenüber der passiven Duldung, mit der die Massen die Lasten der Rekrutierung wie der Kriegskosten ertrugen, konnte selbst eine Gruppe idealistisch gesinnter Revolutionäre nichts ausrichten, zumal sie – in ihrer Planung nach Tausenden – in Wirklichkeit aber kaum nach Hunderten zählte.

Kapitel 48

Gandhis erstes Auftreten

Gandhi kehrte im Sommer 1914 aus Südafrika zurück, wo er von seinem 24. bis 46. Lebensjahr gewirkt hatte. Er nahm Kontakt mit Gokhale, der seiner politischen Denkart wohl am nächsten stand, auf, reiste im Lande umher, um nach langen Jahren der Abwesenheit die Lage zu studieren, beschränkte aber seine Betätigung zunächst auf einige Einzelaufgaben sozialer Natur. Die politische Lage, die er vorfand, zeigte ihm die Befreiungsbewegung auf einem Tiefstand (vgl. Kapitel 47), und als er eingriff, geschah es aus eigener Initiative, ohne direkte Verbindung mit dem Kongreß.

Gewiß hatte dieser inzwischen eine Organisation geschaffen, die den zukunftsreichsten Rahmen für jede politische Arbeit bot. Sein weitverzweigtes Netz örtlicher Zellen und Stützpunkte reichte bis in die Dörfer hinein (ausgenommen in den Fürstenstaaten) und vermochte Weisungen der Zentrale sehr rasch an die ganze Bevölkerung heranzubringen. Die Zentrale selbst bestand aus dem »All India Congress Committee« von 350 gewählten Volksvertretern, also einer Art von gesamtindischem Parlament, sowie aus dem »Working Committee« von etwa 50 Politikern, d. h. einer gesamtindischen Regierung, die mannigfache Einzelressorts gebildet hatte und sich als Rivale neben die britische stellte. Indessen fehlte ihr eine einheitliche Führung, zumal der Präsident, sein oberstes Exekutivorgan, jährlich neu gewählt wurde. Der Zwiespalt zwischen den liberalen »Gemäßigten«, geführt von Gokhale, und den tatenfreudigeren, die sich in Surat abgetrennt hatten, aber 1915 wieder zurückkehrten, beeinflußte die Taktik und verhinderte oft den geschlossenen Einsatz des Ganzen. Vor allem mangelte noch ein wirklicher Kontakt mit der Masse des Volks – abgesehen von den Anläufen, die Tilak in Maharashtra unternommen hatte. Die Fabrikarbeiter – in den großen Textilbetrieben wie in den Stahlwerken – hatten sich gewerkschaftlich zusammengeschlossen und hielten in den Jahren 1921 und 1922 ihre ersten gewerkschaftlichen Tagungen ab; aber ihre Ziele deckten sich nicht mit denen der Befreiungsbewegung. Bauernvereinigungen bestanden erst vereinzelt. Der damalige Staatssekretär für Indien, *Montague,* bezeichnete es als Hauptziel der *britischen* Politik, Indien schrittweise zu einer dem Volk verantwortlichen Regierung zu führen, und legte in einem Memorandum vom August 1917 mit überraschender Klarheit dar:

»... that the placid, pathetic contentment of her masses is not the soil on which Indian nationhood will grow, and that in deliberately disturbing it we are working for her highest good.«

Wenn also schon die *britische* Regierung es als ihre Aufgabe ansah, die indischen Massen aufzurufen, um aus ihnen die feste Basis für die Entstehung einer indischen Nation zu machen, mußte sie in Gandhis Augen weitblickender als die Kongreßführung erscheinen, die auf diesem Gebiet bisher noch nicht weit vorangekommen war. Natürlich hoffte Montague, diese neu zu bildende Nation im britischen Reich zu halten, während der

Kongreß darüber anders denken mußte. Wenn aber Gandhi sah, daß man sich in der Kongreßführung darüber stritt, ob man als Endziel vollen Dominion-Status im Rahmen des kommenden britischen Staatenverbands oder völlige Loslösung anstreben sollte, so mag er schon damals empfunden haben, daß ein solcher Streit müßig wäre – wie es die spätere Entwicklung auch bestätigt hat. Auch mußte Gandhi erkennen, daß der eine Flügel im Kongreß allzu vertrauensselig alles von der Einsicht der Briten erhoffte, während der andere allzu mißtrauisch seine Mitarbeit selbst dann verweigerte, wenn die britischen Maßnahmen der indischen Bewegung praktische Möglichkeiten boten, und er wird ebenfalls empfunden haben, daß es falsche Taktik war, die in Indien tätigen Beamten anzugreifen, da sie eben den Staatsapparat, solange er bestand, bewahren und schon mit Rücksicht auf die eigene Sicherheit und die ihrer Familien – als eine winzige Gruppe im Meer von Millionen – für Ruhe und Ordnung sorgen mußten.

Auch auf britischer Seite sah Gandhi zwei Strömungen: die eine durchaus verständig bestrebt, die indische Frage in einer für beide Seiten annehmbaren Form zu lösen, während die andere notgedrungen zu scharfen Gegenmaßnahmen griff, wenn ihre Stellung bedroht wurde. Die Politik beider Lager war zwiespältig, »dual«, wie es Nehru genannt hat. So suchte Gandhi zunächst nach ausgesprochenen Mißgriffen der Briten, die sich zu einer wirksamen Agitation verwenden ließen, und glaubte einen solchen in der Ankündigung zu finden, daß man einige der strengen Ausnahmegesetze der Kriegszeit auch über den Krieg hinaus in Kraft belassen wolle (die nach dem federführenden Sachbearbeiter die »Rowlatt«-Gesetze genannt wurden). Im Grunde eigneten sich solche rein juristischen Dinge wenig für eine Massenpropaganda, da man das Anstößige dem Laien erst durch stark vereinfachte Schlagworte verständlich machen mußte – ganz abgesehen davon, daß es sich dabei um Notstands-Vollmachten für die Justiz handelte, die praktisch niemals angewendet worden sind. Aber sie bedrohten alle und erschienen dadurch für eine Aktion geeignet, die aus Hindus und Moslems, aus Liberalen und Heißspornen eine Einheitsfront schmieden könnte.

So erprobte Gandhi an dieser Frage seine neue Taktik der »satyagraha«, des gewaltlosen Widerstands, die er in Südafrika entwickelt hatte. Er ließ zunächst einen kleinen Kreis von Mitarbeitern ein feierliches, ganz persönliches Gelübde ablegen, das diese »Eidgenossen« bevollmächtigte, in Gandhis Namen an breitere Schichten heranzutreten (24. Februar 1919), und bestimmte als Beginn der Aktion einen »hartal«, der aber kein Generalstreik im bisherigen Sinne sein sollte, sondern ein Tag innerer Einkehr, der Trauer um Indien, der sittlichen Reinigung und des stillen Gebets. Dieser Ruf erging an das ganze Volk, an jeden, der gewillt war, Widerstand unter Verzicht auf Gewalt zu leisten; und gerade diese religiöse Verbrämung wurde überall verstanden und erzielte ein stärkeres Echo als die bisherigen Losungen. Das Volk empfand schlagartig, hier einen Führer zu haben, der seine Art verstand. Der Termin, ursprünglich auf den 30. März 1919 angesetzt, mußte aus technischen Gründen auf den 6. April verschoben werden, was in Delhi und Lahore nicht rechtzeitig bekannt wurde, so daß dort die Durchführung verfrüht begann. Aber noch einige Tage früher, also während der Vorbereitungen, fand in Amritsar ein furchtbarer Zwischenfall statt, bei dem ein übernervös gewordener General in einer Menge unbewaffneter Menschen, einschließlich Frauen und Kindern, ein wahres Blutbad anrichtete*.

* Das Einmalige dieses Vorfalls liegt in den folgenden Umständen: Es herrschte am 13. 3. 1919 noch kein Standrecht; das wurde erst am 15. März verkündet, um den Vorfall zu decken. Es ist nicht einwandfrei festgestellt worden, ob in diesem Bezirk der Stadt ein Versammlungsverbot ordnungsmäßig verkündet wurde. Jedenfalls war es den Veranstaltern nicht bekannt. Die Menge, die sich am Hindu-Neujahrstag versammelte, war sich nicht bewußt, etwas Verbotswidriges zu tun. Sie war entschlossen, Gandhis Weisung zu folgen, der damals keinerlei »bürgerlichen Ungehorsam« gestattet hatte. Der General gab keine Vorwarnung und forderte die Menge nicht auf, sich friedlich zu zerstreuen, wie dies selbst unter Standrecht hätte geschehen sollen. Er befahl, sofort zu schießen. Ein Ausweichen war der Menge nicht möglich, da der Platz an allen Seiten von Gebäuden umgeben war und nur einen einzigen Zugang besaß, eben den, der von den Truppen gesperrt wurde. Der General ließ nicht etwa *eine* Salve auf unbewaffnete Menschen, darunter zahlreiche Frauen und Kinder, abgeben, sondern ließ seine 150 Soldaten schießen, bis die Munition erschöpft war. Von einer Widersetzlichkeit der Menge war keine Rede. Das Ergebnis waren nach amtlichen Angaben 379 Tote und 1200 Verwundete, nach indischen Schätzungen ein Mehrfaches. Viele Verwundete sind am Tatort verendet, da der General den Platz gesperrt hielt und keinerlei Hilfeleistungen zuließ. Gandhi, der versuchte, die Erregung zu dämpfen, wurde verhaftet. Eine amtliche Untersuchung fand statt, aber keine Regelung, die allgemein befriedigt hätte.

Die Erbitterung, die das ganze indische Volk über diese Wahnsinnstat ergriff, gab dieser ersten, zunächst noch so verhaltenen Gandhi-Kampagne erst ihre durchschlagende Wucht. Und nun übertraf ihr Ausmaß jede Erwartung.

Sie ergriff jetzt auch die Moslems. Gandhi konnte in Bombay in einer Moschee sprechen, sein Mitarbeiter Swami Shraddananda in einer solchen in Delhi. Für einen geschichtlichen Augenblick schien die gesamtindische Nation verwirklicht. So galt es für den Politiker Gandhi, das Eisen zu schmieden, solange es heiß war; und so griff er eine andere Frage auf, mit der er hoffte, gerade die Moslems noch fester an sich zu binden: die Sorge um den Kalifen. Die pro-britische Haltung vieler Moslems, auf die sie einst ihr großer Führer, Ahmad Khan gewiesen hatte, hatte schon gewankt, als England mit der Türkei, also mit dem Staat des Kalifen, in Krieg geriet und der Kalif alle Moslems zum »Heiligen Krieg« gegen diese Ungläubigen aufrief. Zwar konnten sie nicht daran denken, auch in Indien den Heiligen Krieg auszurufen; aber es entstand in ihnen der brennende Wunsch, etwas für den Kalifen zu tun. Solche Einstellung, die damals auch den jungen Jinnah packte, führte 1916 zur Zusammenarbeit der Liga mit dem Kongreß. Auch setzte sie einen besonderen Ausschuß ein, der Maßnahmen zum Schutz des Kalifen treffen sollte (das Kilafat Committee). Hier griff Gandhi ein, als der Türkei und ihrem Staatsoberhaupt durch ihren militärischen Zusammenbruch größte Gefahr drohte. Das Schicksal der Türkei ging im Grunde Indien nichts an, aber Gandhi erblickte hier eine Gelegenheit, die »in 100 Jahren nicht wiederkehren würde«: eine einmalige Chance, um die Moslems in die gemeinsame Front gegen die Kolonialherrschaft fest einzufügen und den Briten ihre »divide et impera«-Taktik zu entwinden. Die Durchführung dieses großen Planes erforderte jedoch unerwartet viel Zeit. Gandhis Prinzip der Gewaltlosigkeit lag den Moslems fern, da der Islam sie gelehrt hatte, zur Verbreitung des Glaubens Gewalt einzusetzen. So nahmen zunächst nur einige ihrer Führer die neue Lehre an, wie die beiden Brüder Ali und der Bengale Fazl-ul-Huq, ein Schüler von C. R. Das. Später ließen sich sogar die kampfesmutigsten aller indischen Moslems, die Pathans an der Nordwestgrenze, von ihrem Führer, Abdul Ghaffar Khan, zur »Ahimsa« überreden. Aber es bedurfte durchschlagender Ereignisse, ehe breitere Kreise sich einfügten. Erst als im Mai 1919 die Griechen Smyrna besetzten und im Juli 1919 Mustafa Kemal Pascha (der Atatürk) auf der Nationalversammlung zu neuem Widerstand aufrief, rückte das Kilafat Committee in Delhi näher an den Kongreß heran (23. 11. 1919), und erst, als am 20. Mai 1920 die Friedensbedingungen veröffentlicht wurden, die die Türkei zur Abtretung aller Außengebiete zwangen (Arabien, Irak, Palästina, Syrien, Kilikien, Thrazien und die gesamte Inselwelt im Ägäischen Meer), rang sich das Komitee zu der Erkenntnis durch, daß nun der Kalif und Islam wahrhaft »in Gefahr wären« und man mit den Hindus unter Gandhis Führung zusammengehen müsse. So kam die gemeinsame Aktion erst im Sommer 1920 in Gang.

Solange blieben daher wichtige Fragen in der Schwebe: die Vergeltung für Amritsar (wobei zwei Untersuchungsausschüsse, ein britischer und ein indischer, widersprechende Ergebnisse vorlegten) wie die Abwehr der »Panjab-Greuel«; und solange blieb vor allem die Hauptfrage, die Revision der Verfassung, auf ein Nebengleis abgeschoben. Das war die Ursache, daß unter dem neuen Einfluß Gandhis der Kongreß zwar am 4. September 1920 die Intervention zugunsten des Kalifen billigte, dabei aber die eigentliche Forderung Indiens, seine Befreiung von der Fremdherrschaft, an zweite Stelle rückte.

Die neue Aktion begann abermals mit einem allindischen »hartal« (1. August 1920) und sollte über einen neuen Boykott aller britischen Einrichtungen in der Form einer »satyagraha« zu einer völligen Beendigung jeder Zusammenarbeit mit den Briten, einer echten »non-cooperation« gesteigert werden, um auf der letzten Stufe im bürgerlichen Ungehorsam zu enden.

Die Beteiligung des Volks übertraf alles, was Indien bisher erlebt hatte. Der rechte Mann hatte im rechten Moment das rechte Wort gesprochen. Mit diesem neuen Führer fühlte sich die Masse sofort eins. Ja, das Echo der breiten Masse war kräftiger als das der »gebildeten« Schicht; die Masse riß die bisherigen Führer mit sich fort. Der Kongreß, der den Beschluß vom 4. September noch gegen eine starke Minderheit gefaßt hatte, geriet erst auf seiner Jahrestagung von Nagpur (Dezember 1920) in jenen Zustand innerer Begeisterung, aus dem heraus er Gandhi in aller Form zum diktatorialen Führer der ganzen Bewegung ausrief; und die Teilnehmer dieser Tagung bestanden zu über 35 Prozent aus Moslems.

Der »hartal« am 1. August wurde in ganz Indien zu einem

großen Erfolg. Die Boykottbewegung dagegen blieb hinter den Erwartungen zurück. Wie schon 1905/6, traf sie auf allzuviele Hemmungen. Der Verzicht auf Titel, Orden und andere Auszeichnungen erforderte eine Überwindung menschlicher Eitelkeit, die wohl die wirklich Großen, wie Tagore, aufbrachten, die aber den vielen, die nur groß erscheinen wollten, schwerfiel. Vom Boykott der Bildungsanstalten wurden bald die technischen, medizinischen und naturwissenschaftlichen Anstalten ausgenommen, so daß im Grunde nur die Juristen übrigblieben. Obwohl ein paar große Anwälte, wie Motilal Nehru und C. R. Das, das Opfer brachten, ihre höchst einträgliche Praxis aufzugeben, folgte die Masse der Anwälte ihrem Beispiel nicht, so daß die staatlichen Gerichte nicht wesentlich entlastet wurden. Der Boykott britischer Waren blieb sogar hinter den Ergebnissen der Bengal-Krise zurück.

Die breite Masse konnte auf diesem Gebiet nicht viel beitragen: Sie hatte keine Titel, schickte ihre Kinder nicht auf englische Schulen, und das Dorf pflegte seine Streitigkeiten ohnehin lieber durch die Dorfältesten (Panchayats) zu erledigen als vor den Gerichten. Aber dafür stellte sie die Teilnehmer an den zahllosen Demonstrationszügen, die sich durch die Straßen bewegten, und in den öffentlichen Versammlungen, in denen die Redner ihre zündenden Parolen nun vor einer Zahl von Hörern verkünden konnten, die alle bisherigen Maßstäbe übertraf. Und in der Masse keimte der Glaube an die gute Sache und an ihren Verkünder Gandhi, der in diesem Jahr zum wahrhaften Volksführer, zum Mahatma wurde – eine Aura, die ihm bis zu seinem Tode treu geblieben ist. Für Ghandi war das aber nur die erste Stufe. Mit höchster Spannung verfolgte er die Bewegung unter dem Gesichtspunkt, ob sie seiner Parole der Gewaltlosigkeit treu bleiben würde. Der übereifrige Mohamed Ali erklärte im Juli in Karachi, daß fortan kein Inder mehr im Dienste der fremden Regierung bleiben dürfe, daß also die Beamten kündigen und die Soldaten desertieren sollten. Gandhi milderte die Fassung. Er wußte, daß er eine echte »civil disobedience« erst nach sorgfältiger Vorarbeit wagen durfte, wie sie in einigen Distrikten von Gujarat durch Sardar Patel erfolgte. Erst unter dem frischen Eindruck der Verhaftung der beiden Brüder Ali (November 1921), also ein volles Jahr nach Beginn dieser Kampagne und 2½ Jahre nach dem Blutbad von Amritsar, wagte er es, seine

Provinzialvertreter zu bevollmächtigen, an gut vorbereiteten Plätzen mit *Steuerverweigerung* zu beginnen. Unverhoffte Unterstützung brachte der inzwischen angekündigte Besuch des Prinzen von Wales (späteren Königs Eduard VIII. und Herzogs von Windsor), den auch der Kongreß boykottieren wollte. Nach seiner Landung in Bombay am 17. November fuhr der Prinz in Bombay durch menschenleere Straßen mit blutigen Zwischenfällen. Noch kräftigere Formen nahm der Boykott in Kalkutta an, wo unter Führung von C. R. *Das* große Haufen Jugendlicher sich als Streikposten meldeten, und wo dann erst die Gattin von *Das,* dann er selbst, verhaftet wurden. Die Gefängnisse wurden rasch überfüllt; da viele die Haft als ehrenvolle Auszeichnung ansahen und ihre Entlassung nicht annahmen, entstand kein Platz für neue.

Alle diese Vorgänge steigerten die Erregung im Volk. Auch Gandhi konnte es nicht hindern, daß sie auf Gebiete übersprang, die er nicht hatte einbeziehen wollen, wie Unruhen wegen wirtschaftlicher oder sozialer Mißstände. Das ganze Jahr 1921 war voll von solchen Aufständen und blutigen Zusammenstößen mit der Polizei: in Maharashtra, in Bihar, Aligarh, im Sindh. In den United Provinces brachen Agrarrevolten aus, im Oktober auch in Chittagong, und zuletzt ließ die erregte Menge in *Chauri Chaura* 22 Polizisten zu Tode verbrennen (5. Februar 1922). Die Kette riß nicht ab bis zu einem grausigen Vorfall in einem Sikh-Tempel, bis zu der Rebellion der Plantagenarbeiter in Assam und dem großen Aufstand der Moplas in Kerala.

Gandhi hielt trotz allem an seinem Entschluß fest, wenigstens an einigen gut vorbereiteten Punkten bis zur Steuerverweigerung zu gehen. Anfang Februar 1922 teilte er seinen Entschluß dem Vizekönig Reading mit, daß sie in Bardoli (Gujarat) beginnen würde. Da traf ihn die Nachricht von dem schauerlichen Vorfall in Chauri Chaura. An sich hatten weder Gandhi noch seine Kampagne damit das geringste zu tun; aber er widerrief seine Weisung, wurde sofort verhaftet und zu einer längeren Freiheitsstrafe verurteilt. Ganz Indien war wie vor den Kopf geschlagen. Niemals in seiner Geschichte hatte das ganze Volk so bereit gestanden, einem anerkannten Führer zu folgen und sich, dem Beginn in Bardoli folgend, zu erheben: gewaltlos, aber zum Widerstand entschlossen. Verzweifelt fiel alles in dumpfe Lethargie zurück.

Vor allem gaben die Moslems wieder auf. Indem Atatürk den Kalifen erst verdrängte und ihn nach dem weit günstigeren Friedensvertrag von Lausanne schließlich absetzte (1. November 1922), erlosch die Bewegung zum Schutz des Kalifen und damit das Zusammengehen mit den Hindus. In seiner melancholischen Tagung vom 7. bis 9. Juni 1922 in Lakhnau beschloß der Kongreß, jede kampfartige Bewegung einzustellen, da »das Volk sich dafür noch nicht reif gezeigt habe«.

Damit endete diese erste große Unternehmung unter Gandhis Leitung. Ob der Zwischenfall von Chauri Chaura, für den man Gandhi keine Verantwortung zuschieben konnte, ihn tatsächlich so erschüttert hat, daß er es mit seiner heiligen Überzeugung für unvereinbar hielt, die Aktion fortzusetzen, oder ob er den Vorfall nur als Vorwand benutzt hat, ein Unternehmen abzubrechen, für das er nach der ganzen Kette von Ereignissen das indische Volk noch nicht sittlich reif genug halten mußte, bleibt ein Geheimnis, da niemand in die letzten Tiefen dieser großen Seele hineingeblickt hat. Politisch kam sein Entschluß einer Kapitulation gleich und ist von den Briten so aufgefaßt worden (Beweis: seine Verhaftung). Die unermeßlichen Kräfte, die er mobilisiert hatte, und die auch jetzt noch nach Betätigung drängten, mußten fürs erste tatenlos bleiben. Ein großer, fruchtbarer Augenblick ging ungenutzt vorüber.

Trotzdem blieb das Ergebnis dieser Kampagne bedeutsam genug. Dieser neue Abschnitt der indischen Befreiungsbewegung war von einer ganz anderen Wucht als alle früheren. Zum ersten Male fühlten sich die indischen Massen aufgerüttelt und in den Freiheitskampf hineingezogen, womit die Basis der ganzen Bewegung sich entscheidend verbreiterte. Aus der »mikroskopischen Minderheit« war eine echte Massenbewegung geworden. Das ist Gandhis Verdienst, und damit kann seine politische Bedeutung für Indiens Zukunft gar nicht hoch genug veranschlagt werden. Besonders wichtig war auch die stürmische Teilnahme der Jugend, die sich zur Tat wie zum Risiko der Verhaftung drängte. Und endlich bildete sich in dieser Kampagne die neue Führerschicht, die bis zum Enderfolg an der Spitze geblieben ist. Nach dem Tode Tilaks und Gokhales wurde es die Generation Gandhis, die nun die Führung des Befreiungskampfes und die Verantwortung für Indiens Zukunft übernahm: er selbst (geb. 1869, gest. 1948), Motilal Nehru (1861–1931), Malaviya (1861–1926), Lal Lajpat Rai (1865 bis 1928), C. R. Das (1870–1925), Fazl-ul-Huq (1873–1962), die Brüder Ali (Mohamed 1871–1931 und Shaukat 1873 bis 1937), Rajagopalacharia (»Rajaji«, geb. 1878), Sardar Patel (1875 bis 1950) und der geistige Wegbereiter Aurobindo Ghosh (1871 bis 1950). Die nächste Gruppe verdiente sich in diesen Kämpfen die Sporen: Rajendra Prasad (1884–1962), Katju (1887 bis 1968), Radhakrishnan (geb. 1888), Kripalani (1888 bis 1967) und die beiden jüngsten, Jawarharlal Nehru (1889 bis 1964) und Maulana Azad (1889–1958).

Diese Generation ist es gewesen, die die Freiheit Indiens erkämpft und in dieser Kampfzeit zueinander gefunden hat. Der jüngere Nehru traf Gandhi 1916, Azad im Januar 1920. Sie alle waren an Tatkraft und politischem Willen dem Gros der bisherigen Politiker überlegen; sie alle gingen an ihre Aufgaben in dem Bewußtsein heran, daß sie ihr Leben, ihre Freiheit und ihr Vermögen einzusetzen hatten. Sie gaben ihre bürgerlichen Berufe auf, um sich ganz der politischen Sendung zu widmen; mit ihnen also entstand in Indien die Schicht der Berufspolitiker – eine Neuheit in diesem Lande.

Am erstaunlichsten war der Aufstieg Gandhis, der erst 1919 politisch tätig wurde und in kurzer Zeit eine Führerstellung erlangte, wie sie kein anderer Politiker bisher innegehabt hatte, sowohl nach der räumlichen Ausdehnung über ganz Indien wie nach dem Vertrauen, das er bei *allen* Gruppen, einschließlich der Moslems, genoß, wie endlich nach der charismatischen Gewalt, die er über andere auszuüben vermochte. Mit dem Kongreß von Nagpur wurde er zum unbestrittenen Führer des Landes und zum Heros des Volkes. Ja, sein Einfluß stieg in solchem Grade, daß schon damals die ersten Stimmen laut wurden, die seine beinah diktatoriale Haltung kritisierten – ein Moment, das den damals 30jährigen Nehru so beeindruckte, daß er sich in einem anonym veröffentlichten Aufsatz selbst als einen werdenden Diktator beschrieb. Treffend hatten beide erkannt, daß die heterogene Zusammensetzung der indischen Befreiungsbewegung einen einheitlichen, ungebrochenen Willen benötigte, wenn sie wirklich handlungsfähig werden sollte; denn das Übermaß an »Demokratie« – nach englischem Vorbild – hatte ihre Stoßkraft fraglos beeinträchtigt.

Ebenso brachte Gandhi neue Kampfmethoden. Sein Grundgedanke, daß nur gewaltloser Widerstand und systematische Nicht-Zusammenarbeit mit der kolonialen Herrschaft zum Erfolg führen könnten, erwies sich prinzipiell als richtig und für Indien als passend. Allerdings enttäuschten die Ergebnisse der Boykottversuche. Gandhi erkannte bald, daß er zu der schärfsten Waffe, dem bürgerlichen Ungehorsam, greifen müßte, der zwar rechtswidrig, aber doch gewaltlos war; er sollte die Steuerverweigerung einschließen. Innerhalb kurzer Zeit zeigte sich indessen, daß der Durchführung dieser Waffe Grenzen gesetzt waren, daß man also auch die verfassungsmäßigen nicht vernachlässigen durfte. So wuchs die Erkenntnis, daß man *alle* Methoden gleichzeitig anwenden und sie elastisch der jeweiligen Lage anpassen müßte. Hierfür wurde das Auftreten von C. R. *Das* von entscheidender Bedeutung. Trotzdem blieb ungelöst die Frage, wie man die *Moslems* in die gemeinsame allindische Front fest einbeziehen könnte. Der Enthusiasmus, mit dem diese Gruppe in den Kampf getreten war, erlosch mit der Abschaffung des Kalifats (März 1924). Die indischen Moslems mußten erkennen, daß sie »päpstlicher gewesen waren als der Papst«. Ein unglücklicher Krieg hatte genügt, das durch 1300 Jahre geweihte Amt abzuschaffen; und die Mehrzahl der Völker des Islams fand sich mit der Erkenntnis ab, daß der Islam auch ohne Kalifen würde auskommen können*. Ein skeptischer Beobachter, wie Jinnah, würde damals geurteilt haben, daß man sich für eine irreale Sache eingesetzt hätte. Der Pan-Islamismus, der viele Moslems in Indien tief beeindruckt und die ganze Kalifat-Aktion getragen hatte, erwies sich als nicht mehr lebendig; denn die Mehrheit der islamischen Staaten strebte längst nach einem modernen Staat, ja, nach Nationalstaaten, und hielt die Idee von einem »geistlich-islamischen« Staat, wie er nun in Indien propagiert wurde, für überholt. Aber in Indien waren die religiösen Kräfte des Islams noch sehr stark. Das zeigte sich schon darin, daß sich viele indische Moslems, bei aller Verbundenheit mit dem Lande, in dem sie lebten, doch an erster Stelle als Moslems und dann erst als »Inder« fühlten. So dachte selbst ein so aktiver Kämpfer wie Mohamed Ali, den Gandhi zeitweilig seinen »treuen Bruder« nannte, was Gandhi später zu dem bitteren Geständnis nötigte, »that they are *in* India, but not *of* India«. Da der Kongreß bei Beginn der Kalifats-Aktion nicht darauf bestanden hatte, daß die Moslems, die sich in die gemeinsame Kampagne einreihten,

* Anders dachte der Nizam von Haidarabad, der sich damals darum bewarb, Nachfolger des Kalifen zu werden.

auch dem Kongreß als Mitglieder beitraten, konnten sie sich nun unschwer wieder zurückziehen und ihre eigenen Wege gehen. Das »Kilafat Committee« löste sich auf, und die Liga schwenkte auf ihre frühere Linie zurück.

Montagues Verfassungsreform

Es wirkt beinahe wie ein Wunder, daß sich die Briten in dieser unruhevollen Zeit noch mit Verfassungsreformen befaßt haben, zumal ihr Entwurf vom Kongreß von vornherein boykottiert wurde. Aber sie wollten die feierliche Zusage, die sie im Kriege gegeben hatten, irgendwie erfüllen, und ihr neuer Entwurf, der 1919 vom britischen Parlament verabschiedet wurde, mußte nun durchgeführt werden – ob auch Gandhi das Land in noch so große Wirren stürzte. Vom britischen Standpunkt aus brachte die Akte das Höchstmaß an Zugeständnissen, das ein Koalitionskabinett, in dem die Konservativen noch starken Einfluß hatten, gewähren konnte; und sein Schöpfer, der Staatssekretär Edwin *Montague*, hatte sich redliche Mühe gegeben, wenigstens einen Ansatz zu schaffen, der die verantwortliche Mitwirkung der Inder an Regierung und Verwaltung einleiten sollte. Daß er sie auf die Provinzen beschränkte und selbst da nur auf einen Teil der weniger wichtigen Ressorts, während die Zentralregierung und alle wichtigeren in den Provinzen – sogar Industrieförderung und das Höhere Schulwesen – in britischer Hand blieben, erklärt sich zum Teil daraus, daß die Vorbereitungen zu dieser Reformakte in den Ersten Weltkrieg fielen – ein Mißgeschick, weil Kriegszustand keine günstige Zeit für parlamentarische Konzessionen ist. Der Inhalt dieser Reform mit ihrer Zweiteilung der Ressorts (»Dyarchie«) war rein verwaltungstechnisch ein mißliches Unterfangen, da man die verschiedenen Fachgebiete nicht nach verschiedenen Systemen verwalten kann. Verständlich aber, daß die Inder, selbst gemäßigte Liberale, bitter enttäuscht über diese kärgliche Abschlagzahlung waren, und daß daher die Briten versuchten, den Wert ihrer Gabe wenigstens durch eine festliche Verpackung zu erhöhen: Die neuen gesetzgebenden Körperschaften sollten vom Thronfolger persönlich feierlich eröffnet werden. Da dieser im letzten Moment verhindert war, sandte man den Onkel des Königs, den Herzog von *Connaught*, als Vertreter, gab aber die Reise des Prinzen von Wales deswegen nicht auf, so daß in der erregten Atmosphäre der ersten Gandhi-Bewegung kurz hintereinander zwei königliche Prinzen erschienen – eine willkommene Zielscheibe für antibritische Demonstrationen.

Wie enttäuschend die Montaguesche Verfassung wirken mußte, mag man ermessen, wenn man sie mit dem Verfassungsentwurf vergleicht, den 19 indische Mitglieder des vizeköniglichen Rats als Vorarbeit beigesteuert hatten (im September 1916) – ein sehr bescheidener Entwurf, der die Exekutive praktisch den Briten überließ und für das gewählte Parlament nur volles Budgetrecht forderte. Daß er beim Wahlgesetz die besonderen Wählerschaften für die Moslems fortfallen ließ und insoweit der einzige geblieben ist, der auf einer *gesamtindischen* (also »nationalen«) Wählerschaft bestand, ist deswegen erwähnenswert, weil zu den Verfassern auch Jinnah gehört hat – ein Zeichen, daß er auch anders denken konnte als man später von ihm vernommen hat.

Der Kongreß beschloß, die Reform und die in ihr vorgesehenen Wahlen zu boykottieren – eine bequeme Lösung, die propagandistisch brauchbar war. Ihre politische Zweckmäßigkeit ist schon damals bezweifelt worden. Gewiß klang die Begründung plausibel, daß man in einer solchen »Dyarchie« Verantwortung ohne ausreichende Vollmacht übernehmen sollte. Aber die Erfahrung lehrt, daß in verzwickten Übergangszeiten manchmal auch Anomalien hingenommen werden können. Jedenfalls erklärte sich Gandhi auf dem Kongreß von Amritsar – an dem Platze des Blutbads! – *für* die Mitarbeit; und noch eindeutiger empfahl C. R. *Das,* den Kampf gegen »dieses unbefriedigende Entgelt für Indiens enorme Kriegsleistungen« *in* den Parlamenten, also mit parlamentarischer Obstruktion zu führen. Wohl gelang es dem Kongreß, einen hohen Prozentsatz Wahlberechtigter von den Urnen fernzuhalten, doch konnte er nicht verhindern, daß die vorgeschriebene Zahl von Abgeordneten doch gewählt wurde, aber anderen Parteien zugute kam.

Bald mußte sich der Kongreß schmerzlich dessen bewußt werden, daß er sich aus der Arbeit an der Verfassungsreform selbst ausgeschaltet hatte. Viele seiner Führer saßen im Gefängnis, und abermals drohte ihm eine »Pause« ohne Inhalt. Dies trieb einen seiner noch in Freiheit befindlichen Führer, den Pandit Madan Mohan *Malaviya,* zu eigener Initiative. Er faßte den Gedanken, die Sackgasse durch eine Konferenz am runden Tisch zu überwinden – eine »Round Table Conference«, die alle indischen Gruppen mit der Londoner Regierung vereinigen sollte, um auf dem Wege einer verständigen Aussprache neue Lösungen zu finden. Mit dem guten Blick des Menschenkenners erkannte er, daß in C. R. *Das* der echte Staatsmann bereitstand, um Träger einer solchen neuen Politik zu werden. Er sprach mit dem neuen Vizekönig Reading, dem er früher schon Gandhi zugeführt hatte. Lord Reading war einer der großen Juden, denen das britische Reich viel verdankt, neigte aber im Gegensatz zu Disraeli nicht zur imperialen, sondern mehr zur liberalen Einstellung. Heftig aufgebracht durch die – wie er als Jurist meinte – gesetzwidrige Agitation Gandhis, fand er sich Ende Dezember 1921 in einer heiklen Lage, weil der Besuch des Thronfolgers in Kalkutta, der früheren Reichshauptstadt, durch den Boykott und die antibritischen Demonstrationen bedroht wurde, die man dort plante. So ermächtigte er Malaviya, dem im Gefängnis sitzenden C. R. *Das* den folgenden Vorschlag zu übermitteln: Er wäre bereit, das Verbot der freiwilligen Organisationen rückgängig zu machen, die politischen Gefangenen der Gandhi-Kampagne freizulassen und sich für eine »Round Table Conference« zwecks weiterer Verfassungsreform einzusetzen, falls *Das* den Boykott sofort absagen wollte. C. R. *Das,* der den Wert des Anerbietens richtig einschätzte, ließ auch Gandhi telegraphisch um seine Zustimmung bitten. Gandhi knüpfte sie an weitere Vorbedingungen und gab sie erst, als es zu spät geworden war, als nämlich der Besuch des Prinzen von Wales inzwischen stattgefunden hatte und das Interesse des Vizekönigs daher erloschen war.

Immerhin bestärkte diese Episode einer ersten Wiederannäherung den Bengali-Führer in seiner Auffassung, daß sich neue Möglichkeiten auf politischer Ebene eröffneten, und dies um so mehr, als Gandhi seine Kampagne im Februar abblies und selber verhaftet wurde. C. R. *Das,* der alle diese Fragen im Gefängnis mit seinen Mitgefangenen eingehend diskutierte, gelangte zu der Überzeugung, daß man sich jedenfalls an den 1923 fälligen Wahlen beteiligen sollte, um überhaupt Abgeordnete des Kongresses in die gesetzgebenden Körperschaften hineinzubringen – ob dann mit oder ohne Amtsübernahme, ob nur mit Obstruktion oder praktischer Mitarbeit, würde sich nach Lage der Dinge entscheiden lassen. Diese verständige Auffassung wurde im Gefängnis gebilligt von Motilal Nehru, Ajmal Khan, Vithalbhay Patel (dem Bruder des Sardar) und vor allem von dem damals 32jährigen Maulana *Azad*, dem besten politischen Kopf, den die indischen Moslems in jener Zeit besaßen.

Kapitel 49

C. R. Das und sein früher Tod

Gandhi, der seine Kampagne auf einem bisher unerreichten Gipfel abgeblasen hatte, wurde daraufhin am 10. März 1922 verhaftet und zu einer längeren Freiheitsstrafe verurteilt. Nur durch seine hinreißende Persönlichkeit an die Spitze der Bewegung gelangt, hatte er die bisherigen Führer verdrängt, und sein plötzliches Verschwinden hinterließ eine Leere, wie sie so kraß bisher noch nicht erlebt worden war. Selbst nach seiner Freilassung (4. Februar 1924) bewahrte er eine Zurückhaltung, die nicht erkennen ließ, ob er gewillt war, die ihm zugefallene Führerrolle fortzusetzen. In ihm, dem die internen Kämpfe Indiens noch neu waren, zitterte offenbar noch unvermindert die seelische Erschütterung nach, in die ihn der grausige Zwischenfall von Chauri Chaura versetzt hatte, und der ihn bezweifeln ließ, ob sein Volk für die neue, gewaltlose Kampfmethode schon reif genug sei. Die Zweifel wurden verstärkt durch das Anschwellen der Untergrundbewegung, in der die tatenfrohe Jugend ihrer Enttäuschung Luft machte, sowie durch eine Reihe häßlicher Zusammenstöße zwischen Moslems und Hindus (die sogen. »riots«), die sich gerade in den Jahren 1923–24 häuften. An sich waren sie eine verständliche Reaktion, da Gandhis alarmierender Ruf das Volk derart aufgewühlt hatte, daß es nach dem unerwarteten Scheitern seine Leidenschaften irgendwie austoben mußte. Gandhis erster Schritt wurde daher ein Fasten, mit dem er den Frieden zwischen den beiden religiösen Gruppen erzwingen wollte (Sept./Okt. 1924). Auch das blieb erfolglos, und Gandhi entschloß sich nun, keine neue Kampagne zu beginnen, sondern sich ganz seinem erzieherischen Programm zuzuwenden, indem er die sittliche Schulung der

Menschen, den Ausgleich zwischen Hindus und Moslems, die Besserstellung der »Unberührbaren« (Parias) und die Pflicht zum Handspinnen zusammenfaßte.

Auch mußte er die bisherige Führerschicht im Kongreß für den Gedanken des gewaltlosen Widerstandes insofern gewinnen, als der kämpferische Flügel ihn als *einzige* Methode nicht gelten lassen wollte und die Liberalen allen Experimenten mit den Massen skeptisch gegenüberstanden.

Die beiden damals stärksten Persönlichkeiten, Motilal Nehru und C. R. Das – beide Gandhi menschlich sehr nahestehend –, anerkannten zwar willig das Einmalige, was er geleistet hatte, waren aber anderer Auffassung darüber, was nun geschehen müßte. Daher erwog Gandhi, die Führung wieder abzugeben oder doch insofern aufzuteilen, daß er nur die inneren Aufgaben (das »konstruktive Programm«), ein anderer aber die Führung gegenüber den Briten übernehmen sollte. In dem lauteren Charakter von *Das* und seinem überzeugenden staatsmännischen Weitblick sah er den hierfür geeigneten Mann, zumal er durch seine Beziehungen zum Vizekönig dargetan hatte, daß die Briten ihn als Verhandlungspartner annehmen würden. So trat C. R. *Das* in den Vordergrund.

C. R. *Das,* damals Anfang der 50er Jahre, hatte sich bisher auf seine Anwaltstätigkeit beschränkt und auf politischem Gebiet nur den Ruhm gewonnen, der beste Verteidiger in politischen Prozessen zu sein, wie er denn seinem Jugendfreund Aurobindo zum Freispruch verholfen hatte*. In Kontakt mit Tilak und Gandhi, aufs engste befreundet mit Motilal Nehru, besaß er auch das Vertrauen der Moslems wie der Gewerkschaften, die er ebenso beraten hatte wie die kämpferische Jugend. Er hielt es politisch für falsch, die Begeisterung, die Gandhi erweckt hatte, in einer Periode nur stiller Arbeit verebben zu lassen; vor allem glaubte er, daß man den Briten gegenüber jede erdenkliche Möglichkeit ausschöpfen, also den Kampf nunmehr in die Parlamente tragen müßte. Wahlkampf und parlamentarische Opposition erschienen ihm sowohl aus politischer Taktik wie wegen ihrer psychologischen Wirkung auf die Masse als zwingende Notwendigkeit. Ebenso erkannte er, daß man die unzulänglichen Bemühungen um einen Hindu-Moslem-Aus-

* Die beiden hatten als junge Studenten in England dem alten Dadabhoy Naoroji bei seiner Wahlkampagne für das britische Unterhaus geholfen.

gleich durch praktisches Handeln ersetzen müßte; und so ergriff er als Bengali, also Angehöriger eines Volkes, das je zur Hälfte aus beiden Bekenntnissen bestand, diese Aufgabe und schuf 1924 für sein Land einen solchen Ausgleich – den ersten dieser Art, der es ermöglichte, Bengalen durch Koalitionsregierungen *beider* Gruppen zu verwalten. Dieser Ausgleich ist der erste und der einzig haltbare seiner Art gewesen und hat dieser Provinz bis 1947 eine einheitliche, arbeitsfähige und dem ganzen Volk verantwortliche Regierung gesichert – bis zu dem letzten Beschluß vom Mai 1947, der eine neue Teilung oder gar eine Angliederung eines Teiles an Pakistan ablehnte.

Gestützt auf diesen einmaligen Erfolg, der ihn auch den Briten gegenüber als verantwortlichen Führer qualifizierte, übernahm *Das* nun die Leitung, getragen vom Vertrauen Gandhis, der ihm willig Platz machte. Die Kongreßmehrheit allerdings, die diesen erst vor kurzem in die aktive Politik eingetretenen Mann nicht hinnehmen wollte, klammerte sich zäh an ihren Beschluß, die Wahlen zu boykottieren. So gründete *Das* – im Rahmen der Gesamtbewegung – eine eigene Partei, die »Swarajya«, und errang mit ihr bei den Wahlen zu den Provinzparlamenten (Provincial Legislative Councils) im Jahre 1922/23 große Erfolge und bei der Wahl für die zentrale Körperschaft 48 von 104 Mandaten. Da er in ihr eine Gruppe von Unabhängigen fand, die unter Jinnahs Führung in allem wesentlichen mit seinen Zielen übereinstimmte, verfügte er dort über eine sichere Mehrheit. Es war das erstemal in der Geschichte der Befreiungsbewegung, daß sich die Briten einer solchen Opposition gegenübersahen.

Wie er schon aus dem Gefängnis heraus mit dem Vizekönig Reading verhandelt hatte, begann er damit, als Ziel der Bewegung die Erlangung des vollen Dominion-Status zu bezeichnen – überzeugt, daß damit alle wesentlichen Sorgen Indiens zu regeln wären. Dadurch schuf er eine Basis, auf der einsichtige Briten mit ihm verhandeln konnten. Hatte schon Reading erkannt, daß man den indischen Forderungen angesichts der von Gandhi erzeugten Unruhe entgegenkommen müßte, so griff diese Erkenntnis nun auch auf den neuen Staatssekretär, *Birkenhead*, über, und zwischen diesen dreien ist von 1923–1925 intensiv verhandelt worden. Die Briten, die in *Das* einen Politiker erkannten, dem sie die Verantwortung an einer gemeinsamen Regierung würden übertragen können, haben damals den

Gedanken erwogen, ihre im Krieg gegebene Zusage, Indien zu einem vollberechtigten Dominion zu machen, tatsächlich nunmehr durchzuführen. Hemmend wirkte dabei Gandhis Widerstand, der im Gefängnis weitergehende Sofortwünsche als Vorbedingung stellte; dann die höchst unzeitgemäße Ermordnung eines britischen Beamten (namens *Day*), die die Atmosphäre trübte, obwohl *Das* – wie allgemein bekannt – mit seinem ganzen Einfluß auf die Jugend eingewirkt hatte, in dieser gespannten Zeit, Ruhe zu bewahren. Jedenfalls flog der Vizekönig nach London – das erstemal, daß ein Vizekönig während seiner Amtszeit Indien verließ. C. R. *Das* verhandelte in der Zwischenzeit mit seinem Stellvertreter, *Lytton,* dem Gouverneur von Bengalen, den er in Belur Math, dem Ashram von Ramakrishna, traf, und hiernach wagte er, seinen großen Plan auf einer Tagung in Faridhpur in Umrissen bekanntzugeben (2. Mai 1925). Gandhi, der seinen schwererkrankten Freund daraufhin in Darjeeling aufsuchte, gab ihm nunmehr jede Vollmacht und erklärte sich bereit, öffentlich zu seinen Gunsten zurückzutreten. Aber während beide noch auf die entscheidende Antwort aus London warteten, raffte am 16. Juni 1925 der Tod diesen Mann hinweg, der seinen Beinamen »Deshbandhu« (Führer des Landes) in so kurzer Zeit wahrlich verdient hatte. Die Rede Birkenheads, die die britische Antwort am 7. Juli öffentlich bekanntgeben sollte, wurde abgesagt. Mit dem plötzlichen Tode von C. R. *Das* endete der kühne Anlauf, der Indien vielleicht 22 Jahre früher den Dominion-Status gegeben hätte – und ohne eine Abspaltung Pakistans. Indien verlor seinen damals größten Staatsmann, den sein Verhandlungspartner Lytton den nächst Gandhi größten »character of saintliness« und einen »aufrechten Politiker mit größtem Weitblick« genannt hat*.

Zwar waren diese Verhandlungen so diskret und vertraulich geführt worden, wie wirklich wichtige politische Entscheidungen es erfordern und wie es auch der zurückhaltenden Natur von *Das* entsprach. Aber etwas war durchgesickert; jedenfalls

* Die Darstellung stützt sich auf den Inhalt mehrerer Unterredungen, die der Verfasser im Frühjahr 1925 in Darjeeling mit Gandhi und *C. R. Das* gehabt hat – sowie auf die Bücher von S. C. Bose, »Indian Struggle« (S. 156 ff.), von Maulana Azad (S. 17 ff.) und die Biographie von *P. Ch. Ray,* »Life and Times of *C. R. Das*«, Oxford University Press, 1927. Das Leichenbegängnis in Kalkutta gehört zu den größten Demonstrationen der Befreiungsbewegung.

verspürte ganz Indien instinktiv die Größe des Verlusts, den es durch den Tod dieses Mannes erlitten hatte. Auf seiner Jahrestagung von 1924 in Belgaum – der einzigen unter dem persönlichen Vorsitz Gandhis, der den Freund hier mit seiner ganzen Autorität hatte stützen wollen – hatte der Kongreß seine Politik gebilligt und setzte sie zunächst noch fort, zumal sein engster Freund, Motilal Nehru, seine Nachfolge insoweit antrat, als er die Leitung der Swarajya-Fraktion im Zentralparlament beibehielt. Dort hatte sie – gemeinsam mit der Gruppe um Jinnah – einen Antrag auf vorzeitige Revision der Verfassung durchgebracht, der namentlich die Zweiteilung der Verwaltung, die sogenannte »Dyarchie«, abschaffen sollte. Der Antrag hatte insofern Erfolg, als London die Revision, die im Statut erst nach Ablauf von 10 Jahren vorgesehen war, schon 1928 einleitete. Nach mehreren anderen Abstimmungssiegen in Fragen der Beamtengehälter und Steuern wurde aber das Verhältnis zu Jinnah gespannt, und nach einer Abstimmung über das Budget der Eisenbahnen kündigte er die Zusammenarbeit auf. Darauf kehrte der Kongreß zu seiner negativen Haltung zurück und ließ auf seiner Jahrestagung in Kanpur 1925 den Boykott aller parlamentarischen Körperschaften erneuern. Er zwang die Swarajisten, das Zentralparlament in Neu-Delhi zu verlassen (1. 3. 1926), womit dieser Zweig der Politik von *Das* und Motilal Nehru stillgelegt wurde. Entsprechendes folgte in den Provinzräten, wo die indischen Ministern übertragenen Ressorts (die »transferred subjects«) wieder an den Gouverneur zurückfielen. Eine Ausnahme machte nur *Nagpur*, wo die indischen Minister um der Sache willen im Amt blieben und daher aus dem Kongreß austraten – eine Eigenmächtigkeit, die der Kongreß scharf mißbilligte mit dem Erfolg, daß er bei der nächsten Wahl dort einen beträchtlichen Stimmenverlust erlitt.

Diese parlamentarische Periode der Befreiungsbewegung hat vielen indischen Politikern die erste Gelegenheit gegeben, als Minister mit praktischen Verwaltungsaufgaben vertraut zu werden oder als Oppositionsredner größere Erfahrung im parlamentarischen Geschäft zu erlangen. Auch hat sie es ermöglicht, daß indische Wünsche vernehmlich und der Weltöffentlichkeit zugänglich vorgetragen werden konnten. Dieser Zeit ist es daher zu danken, daß sich später nach erreichter Unabhängigkeit die heutige Verfassung so reibungslos einspielen konnte.

Indem nun der Kongreß den letzten Schauplatz räumte, auf

dem er sich noch politisch betätigen konnte, beschränkte er seinen Aktionsradius erheblich. Ihm verblieb außer dem Gandhi-Programm (Handspinnen und soziale Reformen) vor allem der Ausgleich zwischen Hindus und Moslems sowie die Revision der Verfassung; aber auf beiden Gebieten war er wenig glücklich.

Sein Verhältnis zu den Moslems, das sich nach dem Rückschlag der Kalifats-Erregung infolge der zahlreichen »riots« ständig verschlechterte, erreichte einen Tiefstand. Allein das Jahr 1924 brachte solche in Delhi, in Lakhnau, Aligarh, Shahjahanpur, Jubbulpore; dann den furchtbaren Sturm der Moslems auf die Hindu-Tempel in Gulburga (einen der wenigen Vorfälle dieser Art in einem Fürstenstaat, hier in Haidarabad); dann in der Nordwestprovinz die Tragödie von Kohat, bei der eine ganze Hindu-Gemeinde ermordet oder vertrieben wurde (ihretwegen begann Gandhi ein dreiwöchiges Fasten). Im folgenden Jahre wurde der große Hindu-Heilige Swami Shraddananda in Delhi ermordet. Die Führer beider Gruppen bemühten sich um Schlichtung und Frieden. Gandhi und Shaukat Ali bereisten gemeinsam mehrere dieser traurigen Stätten; aber nicht einmal sie kamen zu übereinstimmenden Urteilen. Ebenso blieben die wohlgemeinten Bemühungen ergebnislos, ein Schlichtungsverfahren oder eine Organisation zu schaffen, um solche Vorfälle unparteiisch zu untersuchen, wenn nicht zu verhindern. Weder das »National Tribunal« des Mohamed Ali noch der »National Pact« des Dr. Ansari kamen zustande, und in keiner Provinz wurde erreicht, was C. R. *Das* in Bengalen verwirklicht hatte: ein haltbarer, solider Ausgleich zwischen beiden Gruppen. Störend wirkte dabei die sogenannte »Shuddi«-Bewegung, mit der übereifrige Hindus solche Moslems, die zum Islam erst übergetreten waren, zum »alten Glauben« zurückführen wollten (wie z. B. die Malkana-Rajputen). Mehr noch erregten sich die Moslems über Gandhis Versuche, den »Unberührbaren« – die er in »Gotteskinder« = »hariyans« umtaufte – eine menschenwürdige Stellung im Hinduismus zu verschaffen, statt ihnen, wie die Moslems hofften, zu raten, den Islam anzunehmen, was ihre Gruppe verstärkt hätte. Umgekehrt wurden die Hindus mißtrauisch, als die Moslems sich in einer proto-militärischen Organisation (»tanzeem-i-tabligh«) körperlich zu ertüchtigen, also für einen Kampf zu schulen begannen. Die Folge war zunehmende Spannung statt Ausgleich. Die Liga, die ihre Jahrestagungen während der Kalifat-Krise suspendiert hatte, nahm sie im Mai 1924 wieder auf, und Jinnah als Vorsitzender belebte viele Streitfragen, die man schon für beigelegt gehalten hatte.

Bei der Aufgabe einer *Revision der Verfassung* konnten sich die Inder auf den Entwurf stützen, den im Jahre 1916 die neunzehn indischen Mitglieder des Vizeköniglichen Rats erarbeitet hatten, und der im gleichen Jahre in Lakhnau auf der Freundschaftstagung beider Gruppen einstimmig als »Kongreß-Liga-Plan« angenommen war. Später, im Jahre 1923, hatte Frau Besant einen solchen Plan ausarbeiten lassen, der einen indischen *Bundesstaat* mit Dominionrang vorsah, und der als »Commonwealth of India Bill« in London vorgelegt wurde, wo ihn die Labour Party als wertvolles Material begrüßte. Endlich erneuerten die Swarajisten den Gedanken einer »Round Table Conference« und veranlaßten den Kongreß, hierzu einen Entwurf auszuarbeiten. Ein überparteilicher Ausschuß schuf ihn, der nach seinem Vorsitzenden Motilal Nehru kurz »Nehru-Report« genannt wurde. Auf einer Konferenz aller Parteien wurde er 1928 in Delhi einstimmig gebilligt. Indessen äußerte hinterher der konservative Flügel der Liga unter der Führung des Aga Khan Bedenken, so daß Jinnah auf der nächsten Zusammenkunft gleicher Art in Kalkutta neue Sonderwünsche der Moslems vorbringen mußte. Da sie nicht mehr angenommen wurden, zog er sich zurück, und das Vorhaben blieb ein Torso.

Inzwischen trug das Drängen der Swarajisten Früchte. Sei es, um den Indern echtes Entgegenkommen zu zeigen, sei es, daß die britische Regierung die Behandlung der indischen Frage vor den Wahlen nicht der folgenden Regierung überlassen wollte – jedenfalls setzte London im November 1927 – also zwei Jahre vor dem statutenmäßigen Termin – einen parlamentarischen Untersuchungsausschuß ein, der die Revision der indischen Verfassung vorbereiten sollte. Leiter wurde Sir John *Simon*, ein Liberaler. Wie üblich, bestand er aus Mitgliedern des Parlaments, umfaßte also keine Inder, die ja gerade vor diesem Ausschuß ihre Auffassung darlegen sollten. Aber das Fehlen indischer Mitglieder erregte einen solchen Sturm der Entrüstung, daß der Kongreß beschloß, mit der Kommission überhaupt nicht zusammenzuarbeiten. Bei ihrer Landung in Bombay empfing sie ein »hartal« mit Massen-Demonstrationen (3. 2. 1928).

Dieser Boykott-Beschluß war politisch ebensowenig weise wie viele früheren. Die Kommission hatte den ausdrücklichen Auftrag, alles Material zu sammeln, um, darauf gestützt, eine neue Verfassung auszuarbeiten. Statt einer sachlichen Zusammenarbeit schlug Gandhi auf der Kongreß-Tagung in Kalkutta (Dezember 1928) ein Ultimatum des Inhalts vor, daß der Kongreß sich mit dem Dominion-Status begnügen würde, falls England ihn binnen eines Jahres gewährte. Sachlich lag das im Sinne von C. R. *Das,* formell verprellte es ohne Not diejenigen Briten, die zu neuen Zugeständnissen ernsthaft bereit waren. Die ultimative Geste wurde zudem dadurch entwertet, daß die jüngeren Kongreßmitglieder – Jawarharlal *Nehru* und Subhas Chandra *Bose* – volle Unabhängigkeit mit Austritt aus dem Commonwealth forderten und für ihren Antrag 973 Stimmen gegen 1350 erhielten, also eine so starke Minderheit, daß sie London unter Druck setzen mußte.

Ob der jüngere Nehru damals bedacht hat, welche Folgen Indiens Austritt aus dem Commonwealth für seine Verteidigung, seine Währung und seine Wirtschaftsbeziehungen haben würde, mag bezweifelt werden. Als reifer Politiker hat er anders darüber gedacht. So gründete er damals die »Independence League«, die das neue Hochziel vertreten sollte, und der seltsamerweise sogar eine Konferenz von Moslems zustimmte – wie man sagt, unter dem anfeuernden Zuruf der Frauen auf der Purdah-Galerie. An der Unsicherheit der Kongreßführung fand die Jugend erneuten Anlaß zur Verschärfung des Untergrunds, während Gandhi mit neuem Eifer die Möglichkeiten eines passiven Widerstands studierte*.

Die britische Politik wurde damals durch ständige Krisen gehemmt. England hat in dieser Zeit drei Wahlen erlebt (Oktober 1922, Dezember 1923 und Oktober 1924), also dreimal die Regierung gewechselt, wobei nur das Kabinett Ramsay Macdonald eine Dauer von 10 Monaten erreichte. Erst die konservative Regierung, die 1926 Lord Irwin zum Vizekönig ernannte, erwies sich wieder als fähig, Entscheidungen auf längere Sicht zu fassen, obwohl auch sie durch die damals schwebenden Reparationsverhandlungen und das Gipfeltreffen in Locarno stark in Anspruch genommen wurde.

* In seiner ersten Unterredung mit dem Verfasser im April 1925 hat Gandhi fast ausschließlich nach Einzelheiten über den passiven Widerstand an der Ruhr gefragt.

Kapitel 50

Gandhi auf seinem Höhepunkt (1928–1935)

Dem Tode von C. R. *Das* folgte ein Zustand enttäuschter Unsicherheit. Seine Swarajya-Partei zerfiel. Jayakar, einer der klügsten Liberalen, trat aus, um ihre Methoden »elastischer« fortzuführen, und er gründete eine eigene Partei, die »Indian Nationalist party«, die parlamentarische Obstruktion mit gelegentlichem Zusammengehen mit der Regierung verbinden wollte, die sogenannte »responsive non-cooperation«. Dadurch wurde die Einheitsfront abermals geschwächt, nachdem sie schon durch die »Swarajya« und die »Independence League« des jüngeren Nehru Risse erlitten hatte, und auch die sozialistische Gruppe im Kongreß eine ähnliche Sonderpartei plante. Dabei gab sich die Kongreßführung kaum Rechenschaft darüber, daß sie ihre mißliche Lage auch durch eigene Fehler verschuldet hatte, indem sie sich durch ihren negativen Boykott Einflußmöglichkeiten verscherzte und sogar fortfuhr, Stellungen zu räumen, die ihr eine politische Betätigung gestattet hätten.

Die Lage wurde weiter erschwert durch eine neue, höchst unzeitgemäße Welle der Untergrundbewegung. Während der Anwesenheit der Simon-Kommission im Zentralparlament in Neu-Delhi ließ sie Bomben in den Sitzungssaal werfen. Als Vergeltung für den Tod des Lajpat Rai, der im Straßengewühl umgekommen war, wurde ein höherer britischer Beamter erschossen. In Chittagong wurde ein Schiff mit Waffen ausgeladen, und ein wagemutiger Führer riß dort vorübergehend die Macht an sich. Außerdem wurde auf den Vizekönig Irwin, der freundlicher gegenüber Indiens Wünschen eingestellt war als alle seine Vorgänger, ein Attentat verübt.

Noch ernstere Gefahr drohte von den Moslems. Jinnah änderte seine Haltung. Solange die Befreiung Indiens noch fraglich erschien, hatte er sich als ein Mitkämpfer der Bewegung ausgegeben. Jetzt, wo er die Erlangung des Dominion-Status für gesichert hielt, wo also nicht mehr um das *Ob,* sondern nur noch um das *Wann* gestritten wurde, betonte er wieder die Sonderwünsche der Moslems, die er – nach dem Vorbild Wilsons! – in 14 Punkten proklamierte, wohl wissend, daß einige darunter für den Kongreß völlig unannehmbar waren (März 1929). Sein »Guru«, der große Denker *Iqbal*, steigerte sie zu der Forderung nach einem eigenen »Moslem-Indien« – womit der Gedanke eines *Pakistan* zum ersten Male auftauchte (Dezember 1930).

Der Kongreß mißtraute den britischen Zusicherungen und empfand angesichts seiner eigenen mißlichen Lage die Notwendigkeit, daß etwas geschehen müßte, um den Stillstand in der Bewegung zu überwinden. Gandhi entschloß sich – offenbar halben Herzens –, die Führung wieder zu übernehmen, und hielt dabei Umschau nach einem Ersatz für C. R. *Das*, also nach einem praktischen Politiker, auf den er sich im Sinne seiner Prinzipien verlassen könnte. Er erblickte den geeigneten in dem jüngeren Nehru (dem Sohn seines Freundes Motilal); doch stand dieser insofern noch gegen ihn, als er gerade, zusammen mit Subhas Chandra Bose, seine Liga für volle Loslösung vom britischen Reich gegründet hatte, während Gandhi den Status eines voll berechtigten Dominions für ausreichend hielt. Um ihn zu sich herüberzuziehen, versprach er ihm die Präsidentschaft der nächsten Kongreßtagung. Er setzte seine Wahl durch (September 1929) und gestattete ihm gleichzeitig, sein Ziel, die volle Unabhängigkeit (»purna swaraj«) dort zu verkünden. Schon vorher hatte Gandhi den Briten angekündigt, daß er vollen Dominion-Status bis Ende 1929 erwarte, andernfalls er eine neue »civil disobedience«-Kampagne beginnen würde. So konnte der damals 40jährige Jawarharlal Nehru in Lahore seinen großen Auftritt inszenieren: Auf einem Elefanten reitend, dem Tier der Könige, hißte er am Ufer des Ravi, des sagenumwitterten Stroms der alten Aryas, um Mitternacht die nationale Flagge als Zeichen der indischen Unabhängigkeit – eine Zeremonie von einprägsamer Phantastik, die ihn damals ins Scheinwerferlicht stellte. Man beschloß, den 26. Januar als Tag der Unabhängigkeit zu feiern (was er heute noch ist), und um diesem neuen Ziel Nachdruck zu verleihen, kam der Kongreß überein, Gandhi erneut zu bevollmächtigen, »nach seinem Gutdünken zu handeln«.

Gandhi fand sich in einer heiklen Lage. Persönlich überzeugt, daß die Stellung Indiens als eines voll berechtigten und selbständigen Dominions praktisch genügen würde, sollte er einer Regierung den Kampf ansagen, die sich gerade bereit zeigte, sie zu gewähren, und dies noch, ehe der Bericht der Simon-

Kommission vorlag, der als Basis der Verhandlung dienen sollte. Seit April 1926 hatte Indien in Irwin einen Vizekönig, der wie kein anderer bemüht war, das indische Problem zu lösen. Seit 1928 arbeitete die Simon-Kommission daran, die Grundlagen für diese Wandlung vorzubereiten. Seit Juni 1929 regierte in London ein Kabinett unter Ramsay Macdonald, der durchaus Vertrauen verdiente, und der seinen Willen, die indischen Wünsche durchzuführen, im Oktober 1929 deutlich bekräftigte. Es handelte sich in der Tat nicht mehr um das »Ob«, sondern nur noch um den Termin, zu dem Indiens Hauptforderung verwirklicht werden sollte. Dabei wird Gandhi nicht übersehen haben, daß nach britischer Auffassung ein indischer Politiker, dem sie die Macht übergeben könnten, noch nicht wieder vorhanden war. Denn Gandhi selbst schied aus, da er keinen staatlichen Posten übernehmen wollte. Andererseits hatte er seine Besorgnis überwunden, daß das indische Volk zu einer großen Kampagne des bürgerlichen Ungehorsams noch nicht genügend gereift wäre: Im Februar 1928 war die 1922 abgeblasene Aktion der Steuerverweigerung in einem begrenzten Bezirk (in Bardoli) unter der umsichtigen Leitung von Sardar *Patel* ohne ernstliche Zwischenfälle erfolgreich durchgeführt worden. So griff Gandhi zu dem eigenartigen Mittel – unter Zurückstellung der Hauptfrage –, dem Vizekönig in ultimativer Form ein Bündel von 11 indischen Einzelforderungen zuzusenden, deren Nichterfüllung ihn zu einer neuen Aktion nötigen würde. Gewiß war er sich wohl bewußt, daß keine Regierung alle diese zum Teil recht komplizierten Wünsche kurzfristig würde erfüllen können. Das galt vornehmlich für die sofortige Abschaffung des staatlichen Salzmonopols, das Gandhi bei sich als Signal für den Kampfbeginn gewählt hatte*. Indem er auf die Antwort des Vizekönigs wartete oder doch zu warten schien, hielt er ganz Indien einen vollen Monat in Spannung, bevor er dem Vizekönig seine neue Aktion

* Die 11 Forderungen umfaßten außer der Salzsteuer einige Wunschträume, wie die Halbierung aller militärischen Ausgaben, aller Beamtengehälter und aller Landabgaben. Einige verrieten Gandhis erstaunliche Kenntnis von der Wirtschaftslage: er verlangte Änderung des Wechselkurses zwischen der Rupie und dem Pfund von 1,6 auf 1,4 sh, Erhöhung der Schutzzölle für indisches Tuch und Reservierung der Küstencabotage für die indische Flagge. Die übrigen hatten mehr propagandistischen Wert, wie die Einführung des Alkoholverbots in Indien, Recht aller Inder auf Waffenbesitz usw.

ankündigte. Abermals bewies er ein meisterliches Geschick in der Wahl seiner Kampfparole; das Salzmonopol gehörte zu den unbeliebtesten Abgaben, da gerade die Armen darunter litten, und die Aussicht auf seine Abschaffung begeisterte die Menge mehr als alle Schlagworte von politischer Unabhängigkeit.

Zudem hatte man den Preis für Salz gerade verdoppelt – um die Kosten des »ungerechten Krieges« zu decken. Daß jeder seinen Bedarf an Salz wieder selber herstellen durfte und mit Billigung des Mahatmas, ging jedem sofort ein; niemand erblickte darin eine gewaltsame Auflehnung gegen das Gesetz.

Ebenso raffiniert war die Durchführung der Aktion. Gandhi verließ, begleitet von ca. 70 seiner engsten Anhänger, seinen Ashram am 12. März, um den Weg zum Meer zu Fuß zurückzulegen – nach dem volkstümlichen Brauch. Der Sechzigjährige benötigte für die Strecke von 385 km bei einer Durchschnitts-Tagesleistung von 16 km volle 24 Tage. So hatte die Presse, die diesen Marsch begleitete und täglich mit allen Einzelheiten darüber berichtete, 24 volle Tage Zeit, ihre Meldungen bis ins entlegenste Dorf Indiens und in alle Länder der Erde zu senden, und die Spannung des gesamten Volks stieg inzwischen zur Siedehitze. Das Bild des wandernden Mahatma, der mit seinem langen Stab in der Hand die kleine Gruppe zum Ziel führte, das ihnen symbolisch die Freiheit bedeuten sollte, hat sich allen, die diese Zeit miterlebt haben, unvergeßlich eingeprägt, und ein deutscher Bildhauer hat später aus dieser Gestalt das populärste Gandhi-Denkmal geformt.

Endlich, am 6. April 1930, kam der große Augenblick: Nach einem langen Gebet nahm Gandhi etwas Meerwasser, um daraus eine Prise Salz zu kochen. Das indische Volk atmete auf, die spannunggeladene Wartezeit war zu Ende, und der Sturm brach los. Wenn es je unter Beweis gestellt werden müßte, daß Gandhi sein Volk tief verstanden hat, so beweist es dieser Vorgang. Millionen von Menschen, die nichts von Politik wußten, ahnten in diesem Moment, daß es um ihr Schicksal ging, und beeilten sich, die Tat zu vollziehen, die ihr Führer verlangte. Viele brachen das Salzgesetz, die leichteste Form der »satyagraha«. Andere verlasen öffentlich verbotene Schriften; wieder andere standen als Streikposten vor Alkoholläden und Tuchgeschäften, um den Verkauf von Getränken und ausländischen Stoffen zu unterbinden. Ernster wurden Angriffe auf die großen Salzdepots der Regierung, wie sie sich in

Dharsana bei Surat und in Bombay ereigneten. Unter Führung kleiner Stoßtrupps versammelten sich dort Zehntausende von waffenlosen Satyagrahis, die sich zum Sturm drängten und sich widerstandslos, wie ihr Gelübde es vorschrieb, niederknüppeln, schlagen und verhaften ließen. Der mehrtägige Sturm auf das Lager von Dharsana unter Führung der Frau Sarojini Naidu im Mai 1930 ist zu einer der legendären Einzeltaten dieser Bewegung geworden.

Noch ernster wurde es, als an manchen Plätzen die Bauern aus eigener Initiative die Zahlung ihrer Abgaben einstellten, also das Beispiel von Bardoli nachahmten. Manche ließen sich durch Zwangsversteigerungen aus ihren Höfen vertreiben; in Gujarat wich ein ganzes Dorf auf das benachbarte Gebiet des Maharajas von Baroda aus und erbat dort neues Land. So erwuchs eine Volkserhebung, wie sie 1922 geplant war.

Und das alles richtete sich gegen eine Regierung, die sich grundsätzlich bereit zeigte, die Hauptforderung zu bewilligen. Vielleicht hat der wohlmeinende Vizekönig schweren Herzens seine unvermeidlichen Gegenmaßnahmen angeordnet; aber er mußte erkennen, daß die Unruhe viel weiter um sich griff, als Gandhi offenbar gewollt hatte. Daher ließ er zum erstenmal den Kongreß für ungesetzlich erklären (27. April) und eine große Zahl auf frischer Tat ergriffener Personen verhaften. Ihre Zahl wird amtlich mit 60 000 angegeben, nach indischen Schätzungen noch höher. Heikel war es besonders, daß Gandhi diesmal auch die indischen Frauen zur Teilnahme aufgerufen hatte, die nun in Massen ihren schützenden »purdah« verließen und auf die Straße gingen, um verhaftet zu werden – ein ganz neuartiger Zug, der zeigte, wie tief Gandhi auf das Volk wirkte.

Gandhi selbst wurde erst am 4. Mai 1930 verhaftet und schon am 4. Januar 1931 wieder auf freien Fuß gesetzt. Da die Unruhen andauerten, folgte Ende Juli die Verhaftung zahlreicher Führer. Mit der Haltung des Volks durfte Gandhi diesmal zufrieden sein. Alle blieben als echte »satyagrahis« ihrem Gelübde des Gewaltverzichts treu. Insofern stand Gandhi auf dem Gipfel seiner Macht. Niemals wieder ist er so einhellig als Führer des ganzen indischen Volks angesehen, niemals so vergöttert worden wie damals.

Rückblickend lassen die Tatsachen erkennen, daß die Briten einen durchaus ernstgemeinten Versuch unternahmen, den indischen Wünschen so weit entgegenzukommen, wie es mit der Erhaltung des britischen Reiches vereinbar erschien. Die wesentlichen Züge der neuen Verfassung waren bereits im Simonbericht niedergelegt, der nach Ausbruch der Kampagne abgeschlossen wurde. Die Umwandlung Indiens in ein voll berechtigtes Dominion hätte wohl schon damals im Bereich des Möglichen gelegen, wenn nicht die Unruhen solche Absicht gedämpft, wenn die indischen Vertreter in größerer Einigkeit und mit mehr Geschick aufgetreten wären, und wenn es auf indischer Seite damals eine staatsmännische Persönlichkeit gegeben hätte, der London eine solche Regierung hätte anvertrauen können. So blieb man bei der »stufenweisen« Heranführung Indiens zu diesem Ziel. Umgekehrt mußten die Inder, die ihren Befreiungskampf gewaltlos – also auf dem Verhandlungswege – führten, auch eine stufenweise Verwirklichung des Endziels annehmen. Jedenfalls hat die Kampagne eher dazu beigetragen, die Briten zu verprellen als ihr Entgegenkommen zu fördern. Sicherlich gilt das für den Vizekönig *Irwin,* dessen fraglos indienfreundliche Einstellung sich den Beginn seiner Amtszeit anders gedacht haben mag.

Verständlich wird die indische Haltung, wenn man bedenkt, daß sich damals in England – neben der Labour-Regierung – starke Kräfte regten, die das im Ersten Weltkrieg gesunkene britische Prestige wieder heben und das Weltreich fester zusammenschließen wollten, wie denn damals Beaverbrook und Rothermere die »Empire League« gründeten. Aber damals wurde auch in Turkestan die Eisenbahn fertiggestellt (die *Turk-Sib),* die einen sowjetischen Aufmarsch gegen Indien bedeutsam erleichterte. Und ungeachtet der anglo-russischen Abreden von 1907 und ihrer Allianz im Weltkrieg weckte das alte Befürchtungen – vielleicht nunmehr weniger in dem Sinne, daß eine russische Invasion drohen, als in dem, daß ein *unabhängiges* Indien leicht zu einem *feindlichen* werden könnte, wenn ihm der starke Nachbar als kommunistischer »Befreier« allzu nahe rückte. Wer in England so dachte, mußte das Tempo der Befreiung eines in offener Gärung befindlichen Indien bremsen. Ein Glück für Indien, daß zwei der verantwortlichen britischen Staatsmänner sich von solchen Erwägungen freihielten: der Vizekönig *Irwin,* der in entscheidender Stunde Gandhi weiter entgegenkam als irgendeiner seiner Vorgänger, und der Premierminister Macdonald, der den Simonbericht fristgerecht veröffentlichen ließ und an seiner Zusage, die große »Round Table Conference« abzuhalten, unbeirrt festhielt.

Die Kongreßführung zeigte demgegenüber keine glückliche Hand. Daß sie gegen den Simonbericht protestierte, war keine falsche, aber eine wirkungslose Geste; daß sie ihn aber nicht zur Kenntnis nahm, wo er doch als Basis der Verhandlungen dienen sollte, war unverständlich. Selbst Motilal Nehru rühmte sich, die »Sünde nicht begangen zu haben, ihn durchzulesen«, und auch Gandhi gestand das gleiche, obwohl er als Delegierter über ihn verhandeln sollte. Dieselbe voreingenommene Haltung zeigte die Kongreßführung gegenüber der Konferenz, die die Inder ursprünglich selbst erbeten hatten. Für eine Bewegung, die für die Freiheit Indiens kämpfte, bot sie eine einmalige Gelegenheit, als gleichberechtigter Partner am Verhandlungstisch ihre Ziele wirkungsvoll zu vertreten. Bei besserer Kenntnis des Simonberichts hätten sie außerdem wahrgenommen, daß er eine große Neuerung enthielt: die Eingliederung der Fürstenstaaten, und zwar in Form einer *Föderation*, in der sie mit dem britisch verwalteten Gebiet organisch verbunden werden sollten. Das eröffnete dem Kongreß nicht nur die Aussicht, seine werbende Tätigkeit auch in dieses bisher verschlossene Gebiet zu tragen, sondern wäre vor allem ein bedeutsamer Schritt auf dem Wege zur *Einheit* Indiens gewesen, die eines der Hauptziele der Bewegung bildete. Wenn der Kongreß darin lediglich den heimtückischen Versuch erblickte, in dem künftigen Gesamtstaat die »reaktionären«, also probritischen Kräfte zu stärken, so war das ebenso kurzsichtig wie seine »a limine« Ablehnung der Simon-Vorschläge, die Macdonald noch dazu als ein Minimum bezeichnet hatte, über das hinauszugehen er grundsätzlich bereit wäre.

Es geschah das Erstaunliche: Die Konferenz begann ohne den Kongreß. Ob nicht manche Briten damals die Kongreßpolitiker für »bockige Kinder« gehalten haben mögen? Erst nach Schluß der ersten Tagungsrunde, als die liberalen Politiker Sapru und Jayakar nach Indien zurückkehrten, um Gandhi Bericht zu erstatten, und als der wohlmeinende Vizekönig ihn dazu freiließ, begann er, die Lage besser zu würdigen. Aber zunächst hatte er das Hindernis zu beseitigen, das zwischen ihm und der Regierung noch stand: die Kampagne. Der Vizekönig empfing ihn persönlich zu einer mehrtägigen Aussprache, und die beiden Männer, die gemeinsam zu beten wußten, konnten sich auf eine Abmachung einigen, bei der Gandhi den Dominion-Status als Ziel der indischen Wünsche festlegte und dafür seine Kampagne nicht abzublasen, sondern nur zu unterbrechen brauchte (to discontinue statt to suspend). Dieser *»Gandhi-Irwin-Pakt«* war die erste vertragliche Vereinbarung, die ein Vizekönig mit einem bevollmächtigten Vertreter der Bewegung schloß und sie damit als gleichberechtigten Verhandlungspartner anerkannte und ist daher ein Markstein in der Geschichte der Befreiungsbewegung. Daß Irwin ihn einen Monat vor dem Ende seiner Amtszeit abschloß (5. März 1931), spricht für seine geistige Größe.

Nun war der Weg frei für eine Teilnahme an der Londoner Konferenz. Aber seltsamerweise beschloß die Kongreßleitung, statt einer sachlich zusammengestellten Abordnung Gandhi *allein* dorthin zu entsenden. Es war wieder ein unglücklicher Kompromiß zwischen den halsstarrigen Anhängern des Boykotts und der wachsenden Einsicht in die wirkliche Lage. Daß Gandhi ihn hinnahm, war ein politischer Fehler; denn er hätte mindestens sachverständige Berater benötigt, um sie in die Unterausschüsse zu senden, die er persönlich nicht alle wahrnehmen konnte. So haben seine Reden zu Grundsatzfragen gewiß stärksten Eindruck gemacht, aber er hat an den Einzelerörterungen über die Stellung der Minderheiten (der Moslems, der Unberührbaren u. a.) nicht so mitwirken können, wie es einer gut besetzten Delegation möglich gewesen wäre. Vor allem hat er von der Möglichkeit, den Premierminister und den Staatssekretär für Indien unter vier Augen zu sprechen, nicht genug Gebrauch gemacht. Ursprünglich hatte er den richtigen Instinkt gehabt, indem er seine 11 Punkte durch den Parsen Bomanjee dem Premierminister als Material für Gespräche zusandte. Seine Mitwirkung in London läßt erkennen, daß er absolut überfordert gewesen ist. Vielleicht ist das einer der Gründe dafür, daß die Konferenz mit einem beschämenden Akte schloß: In der wichtigen Frage der staatsrechtlichen Stellung der Moslems erbaten die Inder den Schiedsspruch des britischen Premierministers, da sie sich selbst in London darüber nicht einigen konnten.

Nimmt man alle diese Umstände zusammen – die Zerfahrenheit im Kongreßlager und die mangelnde Ausnutzung einer Mitwirkung auf der Konferenz, dazu den Fortgang der

Unruhen in Indien, die sich in mehreren Provinzen zu offenen Revolten steigerten und bei denen damals mehrere britische Offiziere und Beamte getötet wurden –, so muß das Endergebnis, die neue Verfassung von 1935, als ein überraschender Erfolg gelten; denn mit ihr erhielten die Inder nun die gesamte Verwaltung auf der Provinzialebene. Den Briten verblieb neben Kontrollrechten im wesentlichen die Zentralregierung, also die auswärtige Politik und die Verteidigung, d. h. Ressorts, bei denen die Interessen Indiens mit den britischen weitgehend übereinstimmten; der äußere Schutz des Landes hätte auch einer rein indischen Regierung obgelegen. Auch war der Kongreß damals kaum imstande, die Verteidigung zu übernehmen, da die Armee, obwohl zahlenmäßig überwiegend aus Indern bestehend, in ihrer Loyalität zur britischen Krone noch keineswegs ins Wanken gekommen und von dem Kongreß im gegenteiligen Sinne auch noch nicht beeinflußt worden war.

Die weitere Entwicklung in Indien vollzog sich unter einem neuen Vizekönig. Auf den verständnisvollen *Irwin* folgte im April 1931 *Willingdon,* der zwar keinen Kabinettsrang, wohl aber Landeskenntnis besaß; denn er war je fünf Jahre Gouverneur in Madras und Bombay gewesen. Seine amerikanische Gattin – frei von Vorurteilen, die Damen der englischen Aristokratie den Umgang mit Farbigen so oft erschweren – fand leicht den Weg zu indischen Kreisen, und ihr Name lebt in Bombay fort als Gründerin des vornehmsten Clubs, der beide Rassen vereinigte. Im Alter von 65 und müde der »Quertreibereien eines Gandhi«, empfand er die Langmut der Londoner Regierung als abträglich und fühlte sich verpflichtet, das britische Ansehen, das er durch den Gandhi-Irwin-Pakt gemindert sah, wiederherzustellen. So bekämpfte er die immer noch gärenden Unruhen mit Methoden, die als eine Terrorwelle bezeichnet worden sind. Er war es, der Gandhi bei seiner Heimkehr aus London verhaften ließ – fraglos ein Mißgriff –, und er war es auch, der in der Nordwestprovinz Gandhis gelehrigsten Schüler, Abdul Ghaffar Khan, verhaften ließ, obwohl gerade er seinen Pathans die »Ahimsa« beibringen wollte. Er erhöhte die Unruhe, statt sie zu dämpfen.

In dieser Lage mußte nun der Kongreß zu dem Ergebnis der Londoner Konferenz Stellung nehmen, zur neuen Verfassung wie zu dem Schiedsspruch, den inzwischen Macdonald auf indischen Wunsch abgegeben hatte. Gandhi befaßte sich sofort mit dem Teil, der die Unberührbaren betraf, seine Schützlinge, die er in »harijans« = Gotteskinder umgetauft hatte. Der Schiedsspruch hatte auch sie als echte Minderheit anerkannt und ihnen eigene Wählerschaften gegeben (wie den Moslems). Gandhi aber, wie alle Hindus, betrachtete diese unterdrückte Schicht trotz der trennenden Kluft doch als Teil der Hindu-Gesellschaft und politisch auch mit der Befürchtung, daß sie als selbständig wählende Minderheit das Lager der Moslems verstärken könnten. In Widerspruch zu seiner Erklärung, daß auch er sich dem Schiedsspruch beugen würde, griff Gandhi zu seiner schärfsten Waffe, einem Fasten »bis zum Tode«, und erreichte damit, daß der Führer der Unberührbaren, Dr. *Ambedkar,* ihn im Gefängnis aufsuchte und auf diese Sonderrechte gegen Gandhis Zusage verzichtete, daß er ihm mehr Sitze in allen Parlamenten sichern würde als der Schiedsspruch ihnen zugestanden hatte. Dieser »Pakt von Poona« war für Gandhi und den ganzen Hinduismus ein wichtiger Erfolg (5. Sept. 1932).

Weniger glücklich war er, als er, bald darauf freigelassen, nun seine Kampagne beenden mußte. Der Versuch, sie kurzfristig einzustellen, mißglückte. So ließ er sie in der Form weitergehen, daß fortan nur einzelne, besonders ausgewählte Redner auftreten sollten (sogenannte »Individual satyagraha«) – ein nutzloses Vorhaben, das lediglich zur Folge hatte, nun auch die letzten örtlichen Führer ins Gefängnis zu bringen, schließlich auch ihn selbst. Erst ein schweres Erdbeben in Bihar ließ diese Aktion erlöschen, zumal niemand mehr da war, der sie fortsetzen konnte, so daß das Ganze ein wenig rühmliches Ende nahm (Januar 1934).

Die *Moslems,* die sich in London sehr zurückhaltend gezeigt hatten – Jinnah, der damals dort »im Exil« lebte, wirkte beinahe wie ein Zuschauer –, nahmen den Schiedsspruch Macdonalds an, da er ihre Hauptforderung, eigene Wählerschaften, bewilligte. Als Jinnah ihn jedoch später im Zentralparlament zur Abstimmung stellte, enthielt sich der Kongreß der Stimme – ein Protest, der jedenfalls einen versöhnlichen Ausgleich abermals verschob.

Ungeachtet aller Wirren verfolgte das Kabinett Macdonald seinen Kurs und setzte die neue Verfassung in Kraft. Daß dies erst am 4. August 1935 geschah und daher die ersten Provinzialregierungen erst im April 1937 gebildet werden konnten, war nicht seine Schuld, sondern die der Fürsten, die den Eintritt in die Föderation ablehnten. Daher setzte London den Teil in Kraft, der den Indern die provinziale Selbstverwaltung gab, der also indische Regierungen schuf, die einer gewählten Volksvertretung verantwortlich sein sollten. Ausgespart blieb damit der Teil über die neue Zentralregierung, die alle Fürstenstaaten mit den bisher britisch verwalteten Gebieten zu einer neuen indischen Föderation vereinigen wollte. Die Fürsten, die in London sehr verständig auf den Plan eingegangen waren, hatten bei den Daheimgebliebenen heftigen Widerstand gefunden. Obwohl beide Vizekönige – Willingdon wie sein Nachfolger Linlithgow – sich mit größtem Eifer bemühten, die Widerstrebenden zu überzeugen, gelang es nicht, die nötige Zahl für einen Beitritt zu gewinnen – wobei vielleicht auch bei den Fürsten die Ungewißheit darüber mitspielte, wer auf indischer Seite die leitenden Posten einer solchen Föderation übernehmen würde.

So stand der Kongreß vor der Entscheidung, ob er das »Teilangebot« annehmen sollte. Ausgehend von der treffenden Einsicht, daß man in einem gewaltlos geführten Kampf auch »Abschlagzahlungen« hinnehmen müsse, entschloß er sich zunächst, sich an den vorgesehenen *Wahlen* zu beteiligen – also im Geiste von C. R. *Das* zu handeln, und zwar sowohl an den letzten, die aufgrund der bisherigen Verfassung 1934 stattfanden, wie vor allem an denen unter der neuen Verfassung, die immerhin den Kreis der Wahlberechtigten auf 10 Millionen erweiterte. Der große Erfolg, den er bei den Wahlen erzielte, ist das Verdienst von zwei Männern: Sardar Vallabhai *Patel* als der oberste »Parteiboß« erwies sich als ein ebenso energischer wie geschickter Leiter der Wahlkampagne, und Jawaharlal *Nehru* bereiste mit einer dynamischen Tatkraft ohnegleichen das riesige Land, und seine zündenden Wahlreden wurden überall gut aufgenommen. Damals ist er zum erstenmal dem ganzen Volk als der kommende Führer sichtbar geworden.

Eine andere Frage war es, ob man dort, wo der Kongreß die Mehrheit errang, auch die Regierung bilden, also *Ämter* übernehmen sollte. Das alte Schlagwort, daß sich eine Amtübernahme erst lohne, wenn die Briten das Land verlassen hätten, wirkte bei vielen noch so stark nach, daß die Entscheidung lange ungewiß blieb. Schließlich siegte auch hier die politische Einsicht. Man nahm die geringe indische Beteiligung an der Zentralregierung hin – die dann bis 1945 gegolten hat. Der zwei Jahre später ausbrechende Zweite Weltkrieg hätte ohnehin wieder einen Ausnahmezustand gebracht, und zurückblickend mag Nehru sich vielleicht beglückwünscht haben, daß nicht er 1939 dem Deutschen Reich den Krieg erklären mußte, sondern der Vizekönig es ihm »noch abnahm«. Der Kongreß errang in fünf Provinzen (United Provinces, Central Province, Madras, Bihar und Orissa) die absolute, in drei anderen die relative Mehrheit und bildete in ihnen Regierungen, teils allein, teils in Koalition mit anderen Parteigruppen. Das war abermals ein Markstein in der Geschichte der Befreiungsbewegung; denn nun sah das ganze Volk Männer seines Vertrauens in verantwortlichen Ämtern. Sie fanden ein reiches Betätigungsfeld und haben trotz aller Schwierigkeiten Anerkennenswertes geleistet. Vor allem ging die Zusammenarbeit mit den britischen Provinz-Gouverneuren meistens reibungslos – ein Verdienst beider Seiten. Dabei entstand nun ein neues Problem, das die Einigkeit im Kongreß belastete: das Verhältnis zwischen den Politikern im Amt und dem Parteiapparat oder, wie man es damals nannte, zwischen dem »ministeriellen« und dem »organisatorischen Sektor«. Es regte sich die alte Inkongruenz zwischen praktischer Regierungsarbeit und propagandistischer Opposition. Die Welt sieht nun einmal verschieden aus für den, der auf der Regierungsbank sitzt, und für den, der nur seine Opposition weiterzumachen braucht. Aber diese Spannungen sollten sich diesmal rasch lösen, da der Kongreß nach Kriegsausbruch alle Ämter niederlegte, also seine erste »Regierungszeit« auf knapp zwei Jahre beschränkte.

Gandhi arbeitete in dieser Zeit daran, die Kongreßorganisation wieder zu festigen, vor allem seine Spitze. Rothermund spricht treffend von einer »Präsidial-Demokratie«. Allerdings lag das Präsidium nicht bei ihm, der nach wie vor kein Amt übernahm, sondern bei dem Präsidenten, der alle Jahre gewählt wurde. Gandhi empfahl, Wiederwahl zu gestatten, so daß die Ausübung des Amtes an Kontinuität gewann, besonders während der mehrjährigen Amtszeit des Maulana *Azad*. Zunächst half seine Autorität; aber am 25. September 1934 legte er in aller Form jede Art von Führung nieder und schuf damit eine sehr ernste Lage. Sie verschärfte sich durch den Tod mehrerer Führer sowie durch die Verhaftung vieler anderer. Damals starben Motilal Nehru, Vithalbai *Patel*, der kaum zu ersetzende Präsident des Zentralparlaments, sowie Mohamed Ali, einer der wenigen bedeutenden Moslemführer, der für die Befreiung mitgekämpft hatte. Alle anderen haben gerade in dieser Krisenzeit lange in Haft gesessen; Gandhi selber 14 Monate von den 40 Monaten, die seine Kampagne gewährt hatte, und Nehru 17 in der gleichen Zeit. Das riß Lücken, die selbst ein gut vorbereitetes System von Stellvertretungen nicht zu schließen vermochte. Daher ließ Gandhi seinen nunmehr engsten Mitarbeiter, *Nehru*, für zwei Jahre hintereinander zum Präsidenten wählen (1936 und 1937), wodurch er ihn gleichzeitig der Öffentlichkeit als seinen »Nachfolger« vorstellte.

Die Verfassung von 1935, die den Indern die gesamte Verwaltung auf der Ebene der Provinzen übergab – mit der Mehrzahl aller das breite Volk betreffenden Zweige –, bildet auf dem Wege zur Beendigung des Kolonialregimes unzweifelhaft einen entscheidenden Schritt vorwärts. Die Inder, die an der Aufrichtigkeit des britischen Verständigungswillens gezweifelt hatten, erblickten darin einen Erfolg ihrer Kampagne. Heute darf man sagen, daß er auch ohne sie gekommen, ja, vielleicht noch günstiger ausgefallen wäre. Gewiß hat die Kampagne einen gar nicht abzuschätzenden Wert als nationales Erziehungsmittel besessen, indem sie im Volk das Gefühl innerer Verbundenheit stärkte, also das Nationalbewußtsein. Aber sie hatte schwere Opfer gekostet. Ganz abgesehen von dem unübersehbaren Leid, das viele Einzelpersonen erlitten, war der Kongreß schwer angeschlagen; denn als zeitweilig illegale Organisation hatte er sein Vermögen verloren, und die ständigen Verhaftungen seiner Führer hatten seine innere Geschlossenheit und seine Leistungsfähigkeit beeinträchtigt.

Das sachliche Ergebnis war vom indischen Standpunkt aus nicht befriedigend, da eben die Erklärung Indiens zum Dominion fehlte. Daß nur ein Teil der Reform in Kraft trat, also die der Zentralregierung ausblieb, war gewiß Schuld der Fürsten, die damals in sehr kurzsichtiger Weise das Gebot der Stunde verkannten; sie hätten in dieser Föderation eine ungleich bessere Stellung behalten, als sie später dann haben hinnehmen *müssen*. Aber auch der Kongreß selber hatte mitgewirkt, die britische Bereitschaft zu weitergehenden Zugeständnissen zu bremsen. Daß der Dominion-Status damals ebenso genügt hätte, wie er es 1947 tat, ergibt sich schon daraus, daß kurz darauf allen Dominien das Recht auf Austritt aus dem Commonwealth zuerkannt wurde und daß Indien bis heute davon keinen Gebrauch gemacht hat. Der Streit um die Frage, ob Dominion oder »purna swaraj«, hätte die Haltung des Kongresses auf der Londoner Konferenz nicht lähmen dürfen. Zu begrüßen war der gesunde Gedanke, statt einer neuen Konferenz dieser Art eine »allindische Nationalversammlung« einzuberufen, um auf ihr eine Verfassung zu erarbeiten – aber damals hätte ein solcher Versuch keine Aussicht auf Erfolg gehabt.

Gandhis persönliche Haltung beruhte auf seiner Überzeugung, daß er für die Lösung der Aufgabe, die man ihm hier aufgebürdet hatte, nicht der geeignete Mann wäre. Er hat sich niemals als ein Politiker im eigentlichen Sinn betrachtet. Sein Rücktritt von der Frührung der Kongreßpartei, die ihm als Nichtmitglied zugefallen war, und den er nun in einem langen Dokument ausführlich begründete, entsprang, menschlich gesehen, aus vielen herben Enttäuschungen, politisch aus der Einsicht, daß er für ein staatliches Amt nicht geschaffen sei. Da er aber die Bildung einer indischen Regierung nach Gewährung des Dominion-Status in absehbarer Zeit für bevorstehend hielt, glaubte er verpflichtet zu sein, mit seinem noch überragenden Einfluß einen geeigneten Kandidaten hierfür rechtzeitig bereitzustellen, und so sorgte er dafür, daß Nehru, der sein engster Mitarbeiter geworden war, und den er wie einen Sohn liebte, auf diesen Platz rückte, obwohl er wußte, daß dessen Auffassungen in vielem von den seinigen abwichen.

Sicherlich wird er auch an die Möglichkeit gedacht haben, daß die endgültige Unabhängigkeit, die er mit der Erklärung zum voll berechtigten Dominion gleichsetzte, wider Erwarten auf Schwierigkeiten stoßen und sich verzögern könnte. Er wird sich die Frage vorgelegt haben, was er dann zu raten haben würde. Konnte er eine neue Kampagne verantworten, die an Schärfe des zivilen Ungehorsams, der Steuerverweigerung und offener Erhebungen die letzte übertreffen und dem Volke entsprechend schwerere Opfer auferlegen würde? Vielleicht hat er an seine beiden Altersgenossen gedacht – *Lenin* und *Sun Yatsen* –, die beide ein niedergedrücktes Volk zu befreien und es auf dem Wege der sozialen Revolution versucht hatten. Hat er den Gedanken erwogen, das ganze indische Volk zum Massenaufstand zu rufen, um die Handvoll Briten aus dem Lande zu treiben? Wahrscheinlich hielt er sein Volk weder für reif noch nach seiner ganzen Eigenart fähig für eine solche echte Revolution, die zudem seinem obersten Prinzip, der Gewaltlosigkeit, widersprochen hätte. So wird er wohl bei seinen bisherigen Kampfmethoden geblieben sein, jener Mischung von bürgerlich-nationalen und sozial-rebellischen Elementen, wie er sie gegeben und durch sein Prinzip standhafter Gewaltlosigkeit auch im Ertragen von Leiden ethisch vergeistigt hat. Sie entsprach dem indischen Volkscharakter ebenso wie der realen Lage eines waffenlosen und des Kampfes entwöhnten Volkes.

Wohl aber mag Gandhi mit einer gewissen Sorge erkannt haben, wie sozialistische Ideen damals in Indien und auch in den Kongreß eindrangen. Die ersten Gewerkschaften waren 1920 entstanden; die Studenten hatten sich zu einem Verband mit stark sozialistischen Tendenzen zusammengeschlossen, die Bauern hatten ihre Verbände, die »Khisan Sabhas«, geschaffen, und neben sie waren einzelne Gruppen getreten, die – wie der revolutionäre *Gadr*-Kreis – schon eine Arbeiter- und Bauern-Partei nach sowjetischem Modell gegründet hatten (Kiret Khisan Party). Im Kongreß endlich hatten die beiden Führer der jüngeren Generation, *Nehru* und *Bose,* längst eine sozialistische Gruppe gebildet. Nehru benutzte seine Präsidialrede auf der Kongreßtagung in Lakhnau, um ein sozialistisches Programm zu entwerfen, wonach man ihn einen »Kommunisten« nannte und einige ältere Mitglieder aus der Kongreßleitung austraten. Er erkannte allerdings sofort seinen taktischen Fehler; denn solange man noch um die Befreiung des Landes kämpfte und sich auf den wohlhabenden Mittelstand, auf Industrielle und Landbesitzer stützen mußte, war es unklug, sie mit solchen Experimenten zu verstimmen. Geschickt wie er war, gab er sich in seiner Präsidialrede in Faizpur wieder als echter Demokrat, abhold aller Eingriffe in die bestehenden Eigentumsverhältnisse. Aber wie sollte auf die Dauer eine Partei, die die breiten Massen zu sich heranziehen wollte, anders als mit Parolen wirken, die eben sozialistischen Charakter trugen? Auch hier zeigte sich ein Problem, das gelöst werden mußte, das aber der widerspruchsvolle Kongreß von einer Tagung zur anderen vor sich herschob, ohne sich an eine Entscheidung heranzuwagen. So voller innerer Spannungen und Widersprüche ging er in die kommende Periode, die mit dem Zweiten Weltkrieg Indiens Schicksal lösen sollte.

Kapitel 51

Jinnah spaltet die Befreiungsbewegung

Jinnah hatte sich 1930 in ein »freiwilliges Exil« nach London zurückgezogen – enttäuscht über mangelnde Erfolge. Die Liga versank zur Bedeutungslosigkeit. Daher bat sie ihn 1934, zurückzukehren und die Führung wieder zu übernehmen, überzeugt, daß dieser kühl rechnende, wendige Advokat die Sonderwünsche der indischen Moslems am besten durchsetzen würde. Jinnah nahm an; denn er erkannte, daß sich die Lage in Indien zu seinen Gunsten gewandelt hatte. Die Hauptfrage, die Befreiung, hielt er für grundsätzlich erledigt, da die Gewährung des vollen Dominion-Status nur noch eine Frage der Zeit sei und er seine Stellung zu den Briten auf dieser Basis einrichten könnte. Er teilte nicht das Mißtrauen der Kongreßführer, die immer noch an Englands Absichten zweifelten und sich nicht vorstellen konnten, daß ein letzter Akt bevorstände, in dem die Briten förmlich darauf drängten, den Indern die Verantwortung zu übertragen. Zudem hatte die Liga von den Briten mehrfach die Zusicherung erhalten, daß keine Verfassung in Indien ohne ihre Zustimmung in Kraft gesetzt werden würde. Das hatte schon Minto 1906 versprochen, und der Schiedsspruch Macdonalds hatte es bekräftigt. Der Kongreß hatte der Liga eine ähnliche Zusicherung gegeben, zuerst 1916 in Lakhnau, als Jinnah selber – damals als »Botschafter des Friedens« zwischen beiden Gruppen – den ersten Liga-Kongreß-Pakt geschlossen hatte, und zuletzt auf der Tagung von Lahore (1929). So war er von beiden Seiten zum ausschlaggebenden Partner gemacht worden.

Die aktive Teilnahme der Liga an der Befreiungsbewegung hatte sich auf das kurze Intermezzo der Kalifats-Kampagne beschränkt. Selbst damals hatten nur wenige Moslems wirklich gekämpft. Männer wie Jinnah lehnten es herablassend ab, für politische Ziele ins Gefängnis zu gehen, und der Kreis der Kongreß-Moslems schmolz auf einen kleinen Haufen zusammen, wenn er auch in Maulana *Azad* einen geistig alle überragenden Führer besaß. Jinnah begann jedenfalls, den eigentlichen Kampf dem Kongreß zu überlassen und als lachender Dritter jeweils mit der einen oder anderen Seite zu gehen. Er konnte sich als loyaler Gefolgsmann der Briten zeigen, aber, wo es opportun erschien, auch gegen sie auftreten und war sicher, daß der Kongreß sich ihm dabei so lange nicht entgegenstellen könnte, als dieser sich ein Zusammengehen mit den Briten durch seine Boykott-Politik verbaute. Wo immer der Kongreß dank seiner negativ-mißtrauischen Haltung ein Vakuum schuf, konnte die Liga es ausnutzen. Endlich brauchte er sich auch nicht an das Prinzip der Gewaltlosigkeit zu halten, wie er denn im entscheidenden Stadium zur »direct action« übergegangen ist und damit das blutige Schlußkapitel eröffnet hat. Jinnah fühlte sich als reiner Anwalt, der einen Prozeß für seine Auftraggeber betreibt, der aber nicht verpflichtet ist, darüber nachzudenken, was *nach* dem prozessualen Erfolg kommen würde. Daß auch kein anderer Politiker der Liga darüber nachdachte, erklärt die unheilvollen Auswirkungen der Regelung von 1947. Als er 1934 die Führung der Liga wieder übernahm, hatte er alle Trümpfe in der Hand und hat sie mit seltenem Geschick ausgespielt.

Seine Schwäche war die geringe Anhängerschaft, auf die die Liga abgesunken war. Schon bei den Wahlen von 1934 hatte sie kümmerlich abgeschnitten; bei denen von 1937 (den ersten unter der neuen Verfassung) vermochte sie von den 485 Mandaten, die den Moslems fest vorbehalten waren, nur 108 zu gewinnen, also weniger als ein Viertel. Sie basierte damals eben ganz überwiegend auf der Oberschicht, die in ihr Schutz suchte gegen die demokratischen oder gar sozialistischen Tendenzen, als deren Träger der Kongreß galt. Die Masse der Moslems stand ihr fremd gegenüber. Abseits standen mehrere kleinere Moslem-Vereinigungen: der Verband der Moslem-Gelehrten (Jamiat-ul-Ulema), die Vereinigung der Shia-Gläubigen und die Moslem-Weber (die Monin); fern hielten sich vor allem die Regierungen der beiden großen Provinzen mit einer Moslem-Mehrheit, Bengalen und der Panjab, deren Koalitionsregierungen *alle* Gruppen umfaßten. Die leitenden Moslem-Minister, selbst der im Sindh, einer reinen Moslem-Provinz, blickten mit größter Skepsis und Besorgnis auf die Art, wie Jinnah die »Sonderinteressen« seiner religiösen Gruppe zu wahren vorgab.

Jinnah glaubte, die Lage dadurch zu meistern, daß er seine Ziele so hoch wie möglich schraubte. Obwohl er nur eine bescheidene Minderheit der Moslems vertrat, beanspruchte er, als einziger legitimer Sprecher aller Moslems anerkannt zu werden.

Er steigerte diesen Alleinvertretungsanspruch später ins Unsinnige, indem er es ablehnte, mit einem Moslem zu verhandeln, der von einer anderen Gruppe als Vertreter bestellt wurde, so z. B. mit Maulana Azad in seiner Eigenschaft als Kongreß-Präsident. Seine Auffassung von der Demokratie schloß das Recht ein, anderen Parteien die Wahl ihrer Vertreter vorzuschreiben. Der jüngeren Generation der Moslems machte er in aller Schärfe klar, daß sie nur in der Liga mit politischen Aufstiegsmöglichkeiten rechnen könnte. Dann erfand er die Theorie, daß Moslems und Hindus zwei verschiedene »Nationen« wären, obwohl er – genau wie jeder nüchterne Beobachter – wußte, daß sich der Prozeß der Nationbildung in Indien erst in der Entwicklung befand und es daher weder eine noch zwei Nationen gäbe*. Er entdeckte, daß man den Moslems ein Zusammenleben mit den Hindus nicht zumuten könnte, wobei er selber das beste Gegenbeispiel gab, da er sich in der kosmopolitischen Atmosphäre Bombays absolut zu Hause fühlte, viele Hindus zu seinen Freunden zählte, anfangs als Schüler Gokhales begonnen hatte, eine Parsi-Dame heiratete, seine Schwester in einem katholischen Konvikt erziehen und seine Tochter zum Christentum übertreten ließ. Er verstieg sich schließlich zu der Forderung, aus den britisch verwalteten Gebieten ein Territorium abzutrennen, das als reiner Moslem-Staat regiert werden sollte, als »dar-ul-Islam« – ein Gedanke, den ihm der große Dichter *Iqbal* zugeraunt hatte und für den zwei junge Studenten einen Namen herstellten, indem sie die Anfangsbuchstaben der hierzu ausersehenen Gebiete aneinanderreihten: *P* für Panjab, *A* für Afghanistan (die Grenzprovinz der Pathans), *K* für Kaschmir, *S* für Sindh und *tan* für Belutschistan (an Bengalen hat damals noch niemand gedacht). Jinnah selbst, der in seinem staatlichen Denken von Atatürk beeinflußt war, hielt nichts von einem »geistlichen« Staat und schätzte die Mullahs genauso wenig wie sie ihn; aber er benutzte auch dieses Schlagwort für seine Propaganda.

So begann er seinen Werbefeldzug gegen den Kongreß. Er ließ die provinzialen Kongreßregierungen als »Hindu-Raj« anprangern und durch seinen aristokratischen Helfer, den Nawab

* Einer seiner Freunde hat dem Verfasser gesagt, daß Jinnah den Begriff der »Nationen« im Sinne der jährlich in Bombay stattfindenden Cricketspiele meinte, an denen drei »Nationen« teilnahmen: Engländer, Schotten und Iren.

Syed Mohamed *Mehli* von *Pirpur*, Klagen über angeblich islamfeindliche Akte in einem Pamphlet zusammenstellen, wie z. B., daß die Hindus bei feierlichen Anlässen das Lied »Bande Mataram« sängen – damals die Freiheitshymne der Bewegung –, das dem berühmten Roman von Bankim Chatterjee entstammte, in dem er den Kampf gegen die Briten unter der Tarnung darstellte, als ob er gegen die Mogulherrscher geführt würde; oder daß der Kongreß vielerorts das Urdu, die Sprache der Oberschicht, durch die Volkssprache des Hindi ersetzte. Als die britischen Gouverneure der betroffenen Provinzen seine Anwürfe als läppisch oder aus der Luft gegriffen bezeichneten, verlangte Jinnah eine Untersuchung durch einen Ausschuß des britischen Unterhauses, und als der Vizekönig es als abwegig ablehnte und eine solche durch einen der höchsten Richter Indiens anbot, wich er aus. Aber die Vergiftung der Beziehungen zwischen Hindus und Moslems, die er erstrebte, trat ein.

Der Kongreß hat die Gefahr, die sich hier abzeichnete, in ihrem vollen Umfang erst spät erkannt. Anfangs erblickte er in den Moslems eine Sondergruppe, die im Befreiungskampf ihre egoistischen Sonderinteressen über das nationale Ziel stellte. Für Nehru waren sie »feudale Reaktionäre«. Andere erinnerten daran, daß sie erst ein Menschenalter später als die Hindus zur Politik gekommen wären und daher Gedanken wie den eines »weltlichen Staats« noch nicht begreifen könnten. Der praktische Geist eines C. R. *Das*, der schon 1924 die berechtigten Sorgen der Moslems erkannt und einen gerechten Ausgleich mit ihnen geschlossen hatte, war in den Wahlerfolgen der Kongreß-Partei erloschen. Die Spannung verschärfte sich durch das persönliche Verhältnis zwischen Jinnah und Nehru. Beide waren sich sehr ähnlich, beide ganz westlich erzogen, beide indifferent in religiösen Fragen, beide von brennendem Ehrgeiz besessen. Jinnah blickte auf den Jüngeren voll Neid, da dieser schon mit 40 Jahren eine große politische Figur war, während er selber mit 60 noch darum kämpfte. Beide wußten von ihrer gegenseitigen Geringschätzung. Zum offenen Bruch kam es 1937. Es handelte sich um die Bildung der Provinzialregierung in den Vereinigten Provinzen (United Provinces = UP) nach der Wahl von 1937. Nach den Absprachen auf der »Round Table Conference« und dem Sinn des Simonberichts sowie nach der Stellung der Moslems als der wichtigsten Minderheit glaubte er trotz seines kärglichen Wahlresultats, an allen

Provinzregierungen angemessen beteiligt zu werden. Der Kongreß in seinem trunkenen Jubel über den unerwarteten Wahlerfolg schien alle solche Zusagen vergessen zu haben. Jedenfalls gab die Kongreßleitung unter Nehrus Präsidentschaft als Direktive heraus, daß nur solche Moslems zu Ministerposten vorgeschlagen werden sollten, die Mitglieder der Kongreßpartei wären. In den meisten Provinzen wurde die Frage nicht praktisch, wohl aber in den »UP« – in Nehrus Heimatprovinz. Hier bildeten die Moslems zwar nur 16 Prozent der Bevölkerung, aber ihr politisches Schwergewicht war groß. Als Kernland aller großen nordindischen Reiche, auch des Mogulreichs, sowie zuletzt noch als Sitz der Sultane von Lakhnau während der »Großen Erhebung«, war das Gangestal stets ein Zentrum der Politik gewesen. Hier hatte sich aus der Mogulzeit noch eine starke Schicht einflußreicher Großgrundbesitzer gehalten, die islamischen Glaubens waren und Urdu sprachen (die Amtssprache des heutigen Westpakistan, die auch Nehrus Muttersprache war), und in verständiger Würdigung aller Umstände hatte Maulana Azad der Liga zwei Sitze in der zu bildenden Regierung in Aussicht gestellt. Nehru ignorierte diese Zusage und bot ihr nur *einen* Sitz an, auch diesen nur unter der Bedingung, daß sein Inhaber aus der Liga ausscheiden und dem Kongreß beitreten sollte – eine Forderung, die auch im damaligen Indien wohl von keiner Partei akzeptiert worden wäre. Der Kongreß glaubte sich zu einer solchen Forderung berechtigt, da er sich als den alleinigen Sprecher der indischen Gesamtnation ansah, während Jinnah für die Liga das Recht beanspruchte, die Interessen der Moslems allein zu vertreten. Von einer reinen Kongreßregierung erwartete er keine ausreichende Wahrung der Moslem-Interessen, obwohl der Leiter der Kongreßpartei in dieser Provinz ein Moslem war: Ahmad Rafi *Kidwai*. Er lehnte das Angebot Nehrus als beleidigend, ja als Wortbruch ab. Die Krise wurde dadurch verschärft, daß Jinnahs Parteichef dort ein ehemaliger Kongreßmann war, Khaliq uz-zaman Chaudhury, dessen ehrgeizige Intrigen zu der drastischen Folge hätten führen können, daß er, wenn Jinnah ihn vorgeschlagen hätte, als Renegat wieder in den Kongreß hätte zurückkehren müssen. Da Nehru bei seinem Standpunkt verharrte, brach Jinnah die Verhandlungen ab, überzeugt davon, hier an einem ersten krassen Beispiel einen Vorgeschmack erhalten zu haben, wie es den Moslems unter der

Hinduherrschaft ergehen würde; er entschloß sich, die Zusammenarbeit mit dem Kongreß endgültig einzustellen.

Der Kongreß hat bestritten, daß dieser Vorgang allein Jinnahs Schwenkung verursacht habe. Gewiß stammte der Gegensatz zwischen Hindus und Moslems schon aus der früheren Zeit, als die Hindus von der Moslemherrschaft unterdrückt wurden. Aber der Streit in Lakhnau wurde zum letzten Tropfen, der den Becher von Ärger und Eigensinn bei Jinnah zum Überlaufen brachte; und indem Nehru ihn hineingoß, tat er einen Schritt, der schon damals von Einsichtigen getadelt worden ist, wie Maulana *Azad* in seinen Memoiren berichtet. Zwei Biographen Nehrus, beide von großer Sympathie für ihn erfüllt, haben ähnlich geurteilt: Der Amerikaner *Brecher* nennt es »a grave error in judgment« und der Anglo-Inder Frank *Moraes* »a grave tactical blunder«. Jedenfalls liegt hier der Wendepunkt, von dem an Jinnah nicht mehr in den Briten, sondern nur noch in dem Kongreß seinen Feind erblickte.

Mit verstärktem Eifer begann er nun, seinen Parteiapparat zu erweitern; er soll damals in kurzer Zeit 170 neue Ortsgruppen gegründet und über 100 000 neue Mitglieder geworben haben. Er griff nunmehr auch zu sozialen Parolen auf die Gefahr hin, seine Auftraggeber zu verprellen. Er ließ überall neben der Kongreßflagge, die als Symbol der indischen Freiheit galt, die grüne Fahne des Propheten hissen. Mit allen Mitteln zwang er die mohammedanischen Ministerpräsidenten in Bengalen und im Panjab zum Eintritt in die Liga und spielte dann auf der Tagung der Liga in Lahore (1940) seinen größten Trumpf aus: die Forderung nach einem eigenen Moslem-Staat, nach *Pakistan*.

Selbst dieses Fanal trieb den Kongreß noch nicht zu einer angemessenen Gegenaktion. Er hätte sachlich überzeugendes Material vorbringen müssen, um darzutun, daß Jinnahs Phantasien Indiens Wirtschaft und Verkehrswesen bedrohten, hätte sie als »irreal und antiindisch« brandmarken sollen. Aber diese Argumente haben erst die Briten in vorzüglicher Klarheit geliefert: in der Denkschrift der Kabinett-Mission. Der Kongreß unternahm schwache Anläufe, um die moslemischen Handwerker und Bauern gegen die Feudalherren der Liga aufzuwiegeln – was die Mullahs auf den Plan rief, die bis dahin Jinnah abgelehnt hatten, jetzt jedoch merkten, daß der Kampf sich in einen religiösen verwandelte. Eine Tagung der oben erwähnten

Moslem-Vereinigungen, die der Liga fernstanden, blieb ohne Ergebnis, obwohl Maulana Azad sie leitete und der Chefminister der Regierung von Sindh teilnahm. Dann erst begannen die Führer, sich ernsthaft mit dem Gedanken »Pakistan« zu beschäftigen. Aber statt seine *Undurchführbarkeit* zu betonen, gingen sie auf Jinnahs Plan sachlich ein. Gandhi schrieb im »Harijan« (18. April 1942), daß man den Moslems, wenn ihre Mehrheit eine Teilung fordere, sie ihnen nicht verweigern könnte. Und Nehru zitierte den grundsätzlichen Beschluß des Kongresses, daß niemand gezwungen werden sollte, der kommenden Indischen Union beizutreten oder in ihr zu verbleiben. Jinnah soll ganz überrascht darüber gewesen sein, daß man seinen Plan so ernsthaft aufnahm. Dann versuchte der Kongreß, Jinnah in persönlichen Gesprächen von seinem Vorhaben abzubringen. Als erster kam Rajagopalacharia zu ihm, es folgte Prasad (später Präsident der Indischen Republik) und schließlich Gandhi selbst, an den Jinnah noch 1937 in sehr ehrerbietigem Ton herangetreten war. Jetzt durfte er ihn als »Bittsteller« in seinem prächtigen Hause auf dem Malabar Hill in Bombay empfangen zu einem Gedankenaustausch, bei dem der 75jährige Mahatma, seinen asketischen Lebensgewohnheiten zuwider, über zwei Wochen bei dem Gegner wohnte, täglich mit ihm diskutierte (worüber Protokolle angefertigt wurden), um schließlich doch mit leeren Händen wieder abzuziehen (September 1944). Alle diese Anläufe kamen zu spät. Jinnah war schon zu mächtig geworden und hatte zuviel heimlichen Haß gegen die Hindus in seinem Inneren angesammelt, um von verständigen oder gar menschlichen Argumenten beeindruckt zu werden. Man gebrauchte damals ein altvedisches Bild: Neben die Sonne des Kongresses habe sich der Halbmond der Liga gestellt, der nun rasch zu einem zunehmenden Mond würde. Man hätte auch ein biblisches Bild vom weisen Salomo verwenden können: daß in dem Streit um Indien Jinnah sich als die *unechte* Mutter zeigte, die bereit war, das umstrittene Kind teilen zu lassen.

Bei der britischen Haltung fällt auf, daß die Regierung in Delhi es hinnahm, daß mitten im Zweiten Weltkrieg ein indischer Politiker die Teilung Indiens forderte. Entweder hielt sie den ganzen Plan – wie sehr viele Inder – für einen propagandistischen Bluff, oder sie fühlte sich so abhängig von der Moslemgruppe, daß sie eine solche Zurückhaltung für ratsam hielt. In der Tat hatte sie die Moslems seit dem Abkommen von 1906 mit dem Vizekönig Minto als ihre besonderen Schützlinge angesehen und mit zunehmender Stärke der Kongreßbewegung in ihnen ein willkommenes Gegengewicht erblickt. Sie hielt die Moslems für loyaler als die Hindus. Das wog um so schwerer, als sie sowohl in den Streitkräften wie in der Polizei einen sehr hohen Prozentsatz bildeten. Endlich hatte das britische Weltreich an vielen Stellen auf den Islam und seine Bekenner Rücksicht zu nehmen, namentlich im Nahen Osten. Die »Raj« hatte also guten Grund, Jinnah gegenüber vorsichtig aufzutreten, selbst wenn ihr seine Pläne utopisch erscheinen mochten. Und manche verantwortlichen Briten – im politischen wie im militärischen Dienst – mögen schon damals in einem eigenen Moslem-Staat im Industal einen guten Puffer gegen die sowjetische Gefahr erblickt haben, wenn sie an die bevorstehende Entstehung eines freien Indien dachten. Zu diesen gehörte wohl auch der damalige Vizekönig Linlithgow (1936–1943), der auf Jinnah setzte und sich vom Kongreß zurückzog. Erst allmählich erinnerte sich die Regierung in London an die Vorteile, die ein ungeteiltes Indien auch für England haben würde, und begann ihre Bemühungen um eine Mittellösung, die Jinnahs Forderungen mit der Einheit Indiens verbinden sollte.

Kapitel 52

Indien und der Zweite Weltkrieg

Der indische Nationalkongreß befaßte sich mit dem drohenden Zweiten Weltkrieg bereits auf seiner Jahrestagung von Haripura im Februar 1938 – also 1½ Jahre vor seinem Ausbruch in Europa –, und zwar auf Antrag des damals 40jährigen Subhas Chandra *Bose*. Mit diesem Bengalen aus der politischen Schule des großen C. R. *Das* trat ein Politiker auf, der einen realistischen Blick für die außenpolitische Verflechtung Indiens mitbrachte.

Dem Kongreß boten sich mehrere Möglichkeiten, um zu diesem umwälzenden Ereignis Stellung zu nehmen. Er konnte versuchen, Indien ganz herauszuhalten, entweder mit der Begründung, daß dieser Krieg Indiens Interessen nicht berühre – was die Briten als illoyal angesehen hätten –, oder mit Berufung auf Gandhis Prinzip der Gewaltlosigkeit, die dem indischen Volk die Beteiligung an einem Krieg aus ethischen Gründen unmöglich mache. Das letztere konnte man mit einer großen »Anti-Kriegs-Bewegung«, einer »non-violent non-cooperation«-Kampagne nach Art von Gandhis früheren Aktionen bekräftigen. Eine gewaltsame Niederwerfung durch die Briten hätte das indische Volk mit der Glorie des Friedenskämpfers umgeben, und durch eine Absetzung der Kongreß-Regierungen in den Provinzen wäre ihr kurzes Dasein ehrenvoll beendet worden.

Der Kongreß hätte sich auch die britische Losung zu eigen machen können, daß der Krieg der Freiheit der Völker und der Demokratie gelte, wobei damals »Faschismus« und »Rassismus« den Indern gleichbedeutende Begriffe waren. Man konnte erklären, daß sich das indische Volk beteiligen würde, aber aus freien Stücken und als freies Volk, d. h. unter der Voraussetzung, daß ihm vorher der Status eines Dominion gewährt würde. So etwa dachte der Realpolitiker Jinnah und ähnlich, wenn auch minder klar, Nehru, der wegen Kriegsausbruchs eine Reise abbrechen mußte, die ihn erst nach Rot-Spanien und dann nach China geführt hatte – beides Staaten, denen er sich innerlich verbunden fühlte. Heimkehrend betonte er, daß Indien die »Notlage« des britischen Reichs nicht egoistisch ausnutzen dürfte. Auch Gandhi soll sich in diesem Sinne dem damaligen Vizekönig gegenüber geäußert haben.

Die dritte Möglichkeit war die gegenteilige Erwägung, daß nämlich Englands Notlage eine willkommene Gelegenheit für Indiens Befreiungskampf wäre; daß Indien also diese Lage kräftig ausnutzen müßte – sei es im pazifistischen Sinne Gandhis durch Nicht-Beteiligung, sei es durch Förderung seiner Sache durch Englands Feinde. Es war die Einstellung Boses. Er drang daher schon in Haripura darauf, daß man jede Haltung vermeiden solle, die von Englands Gegnern als feindselig angesehen werden könne – worunter er sogar die Entsendung eines Lazarettzugs an Chiang Kai-shek verstand, da sie in Japan als Parteinahme gelten könnte.

Zwischen diesen Möglichkeiten schwankte der Kongreß hin und her, ohne zu einer eindeutigen Haltung zu gelangen. Er stand damals in einer schweren Krise, die sich zu einer Konfrontation zwischen Gandhi und Bose zuspitzte. Als Bose, der 1938 zum Präsidenten des Kongresses gewählt worden war, im März 1939 abermals für dieses Amt kandidierte, stellte Gandhi – ein bisher nicht erlebter Vorgang – einen Gegenkandidaten auf. Bose wurde trotzdem wiedergewählt; aber die Anhänger Gandhis nötigten ihn durch allerlei Schikanen, sein Amt niederzulegen. So gründete er außerhalb der Kongreß-Organisation seine eigene Partei (den »Forward Bloc«), und damit kamen die Stimmen zum Schweigen, die im Kongreß für eine Ausnutzung des Krieges im Interesse Indiens eingetreten waren (März 1939).

Als der Krieg, der bisher nur zwischen Japan und China geführt wurde, auf Europa übergriff, fielen die ersten Kongreß-Beschlüsse sehr zahm aus: am 11. August 1939 in dem Sinne, daß man Indien aus dem Krieg heraushalten wollte – ohne aber bestimmte Maßnahmen anzukündigen. Nach einer weiteren Resolution, die vom Vizekönig die klare Umreißung der britischen Kriegsziele erheischte – was selbst die Londoner Regierung damals kaum anders hätte beantworten können als mit ihren üblichen Parolen –, griff der Kongreß den Umstand auf, daß der Vizekönig Indien zum kriegführenden Staat erklärt hatte, ohne den Kongreß zu befragen, und faßte mit dieser Begründung den ersten realen Beschluß: nämlich, seine Ämter in den Provinzregierungen niederzulegen sowie seine Vertreter aus den Parlamenten zurückzuziehen. Er gab also freiwillig seine mühsam erreichte Beteiligung an der Staatsmaschine auf und räumte alle Stellungen, die es ihm ermöglicht hätten, aktiv an der weiteren Gestaltung der Kriegspolitik mitzuwirken, und er vollzog diesen Rücktritt, ohne ihm eine »Anti-Kriegs-Bewegung« folgen zu lassen.

Wohl selten hat sich eine politische Partei in einer Weltkrise so völlig aus dem politischen Getriebe ausgeschaltet wie der indische Kongreß in diesem geschichtlichen Augenblick, der Indiens Lebensfragen berührte. Jinnah bestätigte ihm seine Torheit, indem er diesen Rückzug als Festtag feiern ließ. Auch die britischen Gouverneure mögen anfangs erfreut darüber gewesen sein, daß sie den Staatsapparat wieder unter ihre alleinige Lenkung bekamen, zumal der Weltkrieg ihnen neue große Aufgaben stellte. Aber London war weitsichtig genug zu erkennen, daß dieser Abzug der größten Partei auf die Dauer die Mobilisierung des indischen Potentials für Kriegszwecke und auch die Fortführung der Verfassungsreformen erschweren würde. Daraus erklären sich die mannigfachen britischen Bemühungen, den verärgerten, aber im Grunde unschlüssigen Kongreß wieder zur Mitarbeit heranzuziehen. Wenn es auch nicht ratsam erschien, Indien gerade mitten im größten Weltkrieg zum Dominion zu erklären, und wenn Delhi auch den Teil der neuen Verfassung, der die Zentralregierung reformieren sollte, wegen des Widerstands der Fürsten immer noch nicht in Kraft setzen konnte, sollte den Indern doch wenigstens der gute Wille gezeigt werden. So bot der Vizekönig im Oktober 1939 den Parteiführern an, in sein Kabinett (den »Executive Council«) einzutreten, um provisorisch eine Zentralregierung mit indischer Beteiligung zu bilden. Als der Kongreß ablehnte, schlug er ihm vor, Vertreter in einen ständigen Beratungsausschuß zu entsenden, der alle Kriegsmaßnahmen abstimmen sollte. Dabei wiederholte London seine feierliche Zusage, Indien sofort nach Kriegsende in ein vollberechtigtes, unabhängiges Dominion umzuwandeln. Der Minister *Cripps,* der damals Indien bereiste, billigte ausdrücklich den neuen Gedanken der Inder, ihre künftige Verfassung auf einer Nationalversammlung auszuarbeiten, und erklärte namens seiner Regierung, daß sie deren Beschlüsse von vornherein anerkennen würde. Im Frühjahr 1942 erschien der gleiche Minister abermals in Indien, um zusammen mit den Führern aller Gruppen die Umgestaltung der Zentralregierung im Sinne der neuen Verfassung vorwegzunehmen. Als der Krieg sich seinem Ende näherte, hat der vorletzte Vizekönig, General *Wawell,* aus eigener Initiative alles getan, um die Machtübergabe vorzubereiten.

Das alles geschah, während England in einen seiner schwersten Kriege verwickelt war und 1940 nach dem Zusammenbruch Frankreichs zeitweilig allein weiterkämpfen mußte. Es geschah, als deutsche Truppen von Libyen aus Ägypten zu besetzen drohten und besorgte Politiker damit rechneten, daß sie von dort aus nach Indien vordringen würden, wie es einst Napoleon von Ägypten aus geplant hatte. Und es geschah, während von Osten her dem indischen Gebiet eine höchst reale Gefahr drohte: durch die Japaner, die Singapur eroberten und durch Thailand und Burma hindurch gegen die indische Grenze vorrückten.

Dabei spielten Interventionen ausländischer Mächte mit, die

sich bisher mit der indischen Befreiungsbewegung noch niemals befaßt hatten, angesichts der Kriegslage aber plötzlich Interesse für Indien zeigten. Nachdem die Japaner halb China besetzt hatten, erschien im Februar 1942 Chiang Kai-shek in Delhi, um darauf zu dringen, daß man zu seiner Unterstützung das indische Potential noch stärker heranziehen und zu diesem Zwecke die inneren Spannungen zwischen der Freiheitsbewegung und den Briten durch sofortige und wirksame Zugeständnisse beheben müßte. Im gleichen Sinn und zum gleichen Zweck forderte auch Roosevelt bei der Londoner Regierung, den »müßigen Streit« in Indien, der große Kräfte lahmlege, rasch zu einer politischen Lösung zu bringen. Die Befreiungsbewegung sah sich plötzlich mitten in die Weltpolitik hineingerissen.

Aber der Kongreß fand noch immer keine klare Haltung. Der 71jährige Gandhi klammerte sich an seine Lehre von der Gewaltlosigkeit und wiederholte, daß man auch gegen äußere Feinde, wie gegen die Japaner, nur mit »satyagraha« auftreten dürfte – ebenso wie er bei Kriegsbeginn Hitler brieflich geraten hatte, nicht Krieg, sondern gewaltlosen Widerstand zu wählen. Begreiflich, daß der Mahatma damals nicht mehr den mitreißenden Schwung auszustrahlen vermochte, der seine früheren Aktionen *innerhalb Indiens* ausgezeichnet hatte. Als erster im Kongreß sprach es Maulana Azad aus – der von 1940 an jährlich zum Kongreß-Präsidenten wiedergewählt wurde –, daß das indische Volk seinen Boden gegen eine Invasion verteidigen müßte. Selbst Nehru, der innerlich auf seiten der Alliierten stand, äußerte sich ähnlich. Doch dachte niemand ernsthaft darüber nach, wie man solche Selbstverteidigung Indiens gegebenenfalls durchführen sollte, namentlich in dem immerhin denkbaren Fall, daß die Briten vor einem solchen Angriff ihre Truppen abziehen würden. Als sich die Verhandlungen mit Cripps im Jahre 1942 zu der Frage zuspitzten, ob in der von ihm vorgeschlagenen rein indischen Regierung – unter dem Vorsitz des Vizekönigs – auch das Ressort der Landesverteidigung einem Inder zufallen würde, vermochte der Kongreß für diesen Posten keine geeignete Persönlichkeit zu benennen. Jedenfalls gab es damals keinen indischen Offizier, der Mitglied im Kongreß gewesen wäre. Nie hat sich das Fehlen echter »kshatriyas« in der Befreiungsbewegung so stark bemerkbar gemacht wie zu der Zeit, als mit den Japanern wirklich die erste ausländische Invasion seit Beginn der britischen Herrschaft indisches Gebiet bedrohte und die Briten den indischen Freiheitskämpfern anboten, nunmehr die Regierung ihres Landes in eigene Hand zu nehmen. Statt dessen diskutierte der Kongreß die Frage, ob man sich von den Japanern eigentlich befreien lassen wollte – was die meisten Kongreß-Politiker aus Antipathie gegen dieses Volk ablehnten.

In diesem Zustand der Unschlüssigkeit griff der Kongreß zu seinem üblichen Auskunftsmittel: Er gab auf seiner Tagung von Ramgarh (März 1940) Gandhi wieder einmal Vollmacht, nach Gutdünken zu handeln. Er sollte als »Diktator« den Willen des Volkes durchführen, ohne daß man auch nur andeutete, wohin dieser Volkswille sich richte. Dieser Schwächezustand fiel zeitlich mit der Rede Jinnahs zusammen, in der er seine Forderung nach Abspaltung eines Moslem-Staats öffentlich bekanntgab, also mit dem Ruf nach *»Pakistan«*. Während Bose als einzig würdige Antwort auf die Einbeziehung Indiens in den Krieg wider seinen Willen eine Massenerhebung ausrufen wollte – woran ihn seine sofortige Verhaftung hinderte –, griff Gandhi wieder zu dem seltsam zahmen Mittel einer Anti-Kriegs-Werbung durch einzelne Redner. Hätte er diesen Schritt nicht vorher dem Vizekönig angekündigt, wäre das Auftreten der ersten vielleicht unbemerkt vorübergegangen. So wurde nacheinander – als erste Vinobha Bhave und Nehru – die gesamte Führungsschicht verhaftet und im Gefängnis weiterer Entschlüsse enthoben. Abermals entmannte sich der Kongreß selbst. Man versteht den damaligen Staatssekretär für Indien, *Amery*, wenn er fragte, wann der Kongreß von seinen »Phrasen« wohl endlich zu einer realen Politik kommen wollte. Und ebenso versteht man die kleineren politischen Gruppen in Indien, die dem Kongreß bisher stillschweigend gefolgt waren, daß sie nun ausdrücklich von ihm abrückten: die Liberalen, die Harijans, die Parsen, ja selbst die Hindu-Mahasabha. Sie alle erklärten, daß der Kongreß nicht mehr in ihrem Namen spräche – ein Schlag gegen seinen Anspruch, das gesamte Indien zu vertreten. Politisch Einsichtige wie Sapru und Jayakar versuchten, eine Vermittlung zwischen dem Vizekönig und den noch in Freiheit befindlichen Kongreßführern (zu denen bis zu einem gewissen Grade auch Gandhi im Gefängnis zählte, da er, wie üblich, Verbindung nach draußen unterhalten durfte) herbeizuführen. Sie beriefen im Februar 1941 eine überparteiliche Tagung, um die Lage zu beraten – aber ohne Erfolg, da diese verdienten Politiker eben keine Gefolgschaft hatten. Der Vizekönig nahm sie ebensowenig ernst wie den ganzen Kongreß, so daß Jinnah wieder zum »lachenden Dritten« wurde. Der einzige Erfolg, den der Kongreß erreichte, war der Entschluß Londons, dem Vizekönig, der ohne Kabinettsrang war, ein Mitglied der Regierung selbst beizugeben. So kamen nach Indien erst der Minister Cripps (1942) und später gar drei Minister, die sogenannte »Kabinettsmission« (1946).

Die Cripps-Mission

Die Reise des Ministers Sir Stafford *Cripps*, der sich vom 23. März bis zum 12. April 1942 in Indien aufhielt, erfolgte aus zwei Gründen: Sie war eine Geste für den Präsidenten Roosevelt und stand unter dem Druck der japanischen Siege in Südostasien. Die Japaner, nachdem sie im Februar Singapur erobert hatten, besetzten am 7. März auch Rangun, und am 8. März ließ Churchill die Cripps-Mission ankündigen. Sie diente also britischen, nicht indischen Interessen. Sie sollte die politischen Führer Indiens für eine Steigerung des indischen Kriegseinsatzes gewinnen und ihnen dafür so viel versprechen, wie es sich als nötig erwies und wie es für die Londoner Regierung tragbar erschien. Sie hatte gerade diesen Minister als besonders geeignet gewählt: Als Mitglied der Labour Party genoß er die Sympathie, die diese antikolonial eingestellte Partei in Indien seit langem besaß. Als frommer Christ und Vegetarier würde er Gandhi nahestehen und als persönlicher Freund Nehrus diesem ein erwünschter Gesprächspartner sein. Allerdings hat London Nehrus damaligen Einfluß überschätzt; denn obwohl Gandhi ihn schon zu seinem Nachfolger erklärt hatte, konnte er damals noch nicht auf die Zustimmung aller Mitglieder des AIIC (des Führungsgremiums) rechnen, und Präsident des Kongresses war Maulana Azad (bis 1946).

Was Cripps erreichen sollte, war also kein reiner Freundschaftspakt mit der indischen Befreiungsbewegung, sondern ein Abkommen nach dem Prinzip des »do ut des«, wobei seine Gegengaben kaum über das hinausgingen, was im Grunde schon mehrfach und zuletzt im August-Anerbieten zugesagt worden war. An seiner persönlichen Aufrichtigkeit ist nicht zu zweifeln: Er war ein Freund Indiens, und er hielt den Zeitpunkt seines Besuchs für geeignet, Indien einen wirklichen Dienst zu erweisen. Er mußte allerdings damit rechnen, daß sein Ministerpräsident, Churchill, von den Indern nicht sehr viel hielt; wie er denn mit einem gewissen Zynismus im August 1941 erklärte, daß die Atlantik-Charta »natürlich« nicht für Indien gelte oder, wie er bei Übernahme seiner Regierung unzweideutig ankündigte, daß er es nicht als seine Aufgabe ansähe, »das britische Reich zu liquidieren«.

Die Verhandlungen drehten sich also darum, daß die Kongreßführer in das vizekönigliche Kabinett *verantwortlich* eintreten sollten (implicite auch wieder in die Verwaltung der Provinzen), gegen die nochmalige feierliche Zusage, daß Indien sofort nach Kriegsende ein Dominion werden sollte mit dem Recht, aus dem Reichsverband auszutreten (was aus wirtschaftlich-finanziellen und vor allem aus strategischen Gründen kaum in Frage kam – Indien besaß noch keine Flotte!). Neu war, mit Rücksicht auf Jinnah, die Klausel, daß die einzelnen Provinzen das Recht haben würden, aus dem Dominion »Indien« auszutreten (»to opt out«), also eine erste Anerkennung der Pakistan-Idee durch London. Das letztere verstimmte natürlich den Kongreß, obwohl er am 2. April 1942 selber beschloß, daß kein Teil Indiens *wider seinen Willen* gezwungen werden sollte, im künftigen indischen Staatsverband zu bleiben.

Der einzige, der alle diese Vorschläge vorbehaltlos annahm, war der indische Kommunist M. N. *Roy*. Ihm kam es nur darauf an, den Krieg gegen die Achsenmächte zu intensivieren. Alle anderen Gruppen waren skeptisch: die Sikhs, die mit Recht befürchteten, daß ein »opt out« im Panjab beginnen würde – die Hindu-Mahasabha, die Indiens Einheit gefährdet sah, und Jinnah, weil Pakistan nur als vage Möglichkeit erwähnt wurde. Der Kongreß nahm die Verhandlungen mit Cripps auf – durch Azad und Nehru –, während Gandhi sich bald nach Wardha in seinen Ashram verzog.

Die Verhandlungen über das Cripps-Angebot verliefen durchaus erfolgversprechend. Strittig war im Grunde nur die Frage, wer die Weiterführung des Krieges bearbeiten sollte. Daß das Oberkommando bei einem britischen General bleiben würde, konnte dem Kongreß kaum unannehmbar erscheinen. Ob auch die *administrative* Seite der Verteidigung in britischen Händen bleiben oder einem indischen Minister übertragen werden sollte, war der wichtigste Streitpunkt. Im Grunde war das keine Prinzipienfrage; denn ob der Boden Indiens noch im britischen, also »imperialistischen« Interesse oder im indischen zu verteidigen wäre, machte praktisch keinen Unterschied. Trotzdem hat der Kongreß, ohne einen Anwärter für diesen Posten zu benennen, in dieser Frage einen solchen Widerstand geleistet, daß Churchill sie abbrechen ließ.

Der Sonderbeauftragte Roosevelts, Oberst Johnson, der sich damals in Delhi aufhielt, hat sich bitter darüber beklagt, daß die Briten nicht alle Möglichkeiten der Verhandlung ausgeschöpft hätten. Aber sicher ist heute auch, daß Gandhi ständig zur Ablehnung gedrängt hat.

Der Mißerfolg der Cripps-Mission brachte der Befreiungsbewegung keinen Vorteil. Daß nun andere indische Politiker in den vizeköniglichen Rat eintraten, diente der Sache wenig; und daß sie sich rühmten, ihre kriegsverweigernden Anschauungen bekundet zu haben – merkwürdig gemischt mit dem Verlangen, den Kriegsminister zu stellen –, hatte nur rhetorische Bedeutung und machte die Tatsache nicht ungeschehen, daß der Kongreß abermals eine Gelegenheit verpaßt hatte, eine indische Zentralregierung zu bilden. Damals hätte auch Jinnah ihr beitreten müssen, so daß man schon 1942 eine indische Gesamtregierung gehabt hätte – in einem Stadium, als Pakistan noch ein Traum war*.

Dieser Wendung folgte im ganzen Land eine tiefe Niedergeschlagenheit. Die Mehrheit fühlte, daß man eine große Gelegenheit versäumt hätte. Als erster führender Politiker verließ Rajagopalacharia den Kongreß.

Durch diesen Zustand der Unsicherheit sah der 73jährige Mahatma sein ganzes Lebenswerk gefährdet. Er ahnte, daß ihm

* Dem späteren Staatssekretär im indischen Außenministerium, *Bajpai*, der damals in Washington war, wird die Deutung zugeschrieben, daß der Kongreß die Verhandlungen *absichtlich* scheitern ließ, um im Falle eines japanischen Sieges diesem Staat gegenüber besser dazustehen – wobei er überzeugt war, daß der Inhalt des Cripps-Angebots ohnehin bei nächster Gelegenheit wiederholt werden würde. Herr Bajpai hat dem Verfasser bekräftigt, daß dies seine rein persönliche Meinung gewesen sei, und zeigte sich einverstanden mit der skeptischen Frage, ob der Kongreß damals wirklich eine solche Eventualität erwogen hätte. Man sollte auch Gandhis Äußerung, daß das Cripps-Angebot »ein nachdatierter Scheck auf eine bankrotte Bank« gewesen sei, nicht wörtlich nehmen. Sie war eine der vielen überspitzten Formulierungen dieses geistvollen Mannes, mit der er – im Unmut – seine Anhänger vor allzu großem Vertrauen auf England warnen wollte. Daß das britische Reich damals vor dem Bankrott gestanden habe, hat er sicherlich nicht angenommen.

nicht mehr viele Jahre gegeben wären, und raffte sich in dem Gedanken »I cannot wait any longer« zu dem Entschluß auf, daß etwas geschehen müßte. So kam er zu der neuen Lösung, den Briten ein ultimatives »Quit India« zuzurufen. Die Kongreßleitung schleppte die Entscheidung von einem Treffen zum anderen hin, bis sich im Juli 1942 in Wardha der Wunsch nach Taten so stark regte, daß man auf der nächsten Tagung der gesamten Führung (am 7. August in Bombay) zu einem Entschluß gelangte. Der Termin war insofern nicht sonderlich angezeigt, als die Japaner damals noch nicht an der Grenze standen, die sie erst $1^1/_2$ Jahre später erreichten, man also die in Aussicht genommene Aktion nicht mit dem kritischen Einbruch zusammenfallen ließ. Auch was am späten Abend des 8. August auf Gandhis Rat beschlossen wurde, trug immer noch vorbereitenden Charakter; denn die Absicht war zunächst nur, dem Vizekönig ein neues Ultimatum zu stellen und erst zu handeln, wenn dieser Anlauf scheitern sollte. Was dann im einzelnen geschehen sollte, blieb durchaus unklar; selbst Nehru bekennt, es nicht gewußt zu haben. Jedenfalls war Gandhis Schlußruf, den jeder Teilnehmer sich auf sein Gewand nähen sollte: »Wir müssen handeln oder sterben« (karo ya maro), noch nicht als sofortiger Schlachtruf gemeint. Der eigentliche Befehl sollte erst später erfolgen. Wohl war die entzündbare Masse vorhanden; aber den Funken warf nicht Gandhi hinein, sondern der übernervöse Vizekönig, indem er sämtliche Führer der Bewegung im Morgengrauen in *Präventivhaft* nahm.

Ähnlich wie 1905 Curzon durch die Teilung Bengalens eine erschlaffende Bewegung aufreizte, hat Linlithgow die »Quit India-Bewegung entfesselt und sie dadurch zu einer echten Volksbewegung gemacht, daß er den allverehrten Mahatma – ohne zureichenden Grund – ins Gefängnis brachte. Das gab den letzten Anstoß zu einer Erhebung des indischen Volkes ohnegleichen; denn was nun geschah, übertraf alles, was Indien auf dem Gebiet der Massenerhebung bisher gesehen hatte.

Daß sich der Vizekönig weigerte, Gandhi zu empfangen oder sogar einen Brief von ihm anzunehmen, und ihn statt dessen verhaftete und mit ihm sämtliche Führer, noch bevor irgendetwas geschehen war: das erst hat die Massen aufgewühlt. So wurde die Losung »Quit India«, »Raus aus Indien«, zu einer der wirkungsvollsten Formulierungen, die Gandhi erfunden hat; so ging aber auch seine Weisung, daß die Bewegung strikt gewaltlos verlaufen müßte, im Trubel unter, der nun ein führerlos gewordenes Volk packte. Begreiflicherweise traten die Polizeiorgane gegenüber einer Volksbewegung mitten im Kriege mit besonderer Schärfe auf. Schon gegen Massen, die friedlich gegen Gandhis Verhaftung demonstrierten, gingen sie mit der Schußwaffe und mit Auspeitschungen vor. Die Volkswut wandte sich darauf gegen die öffentlichen Verkehrseinrichtungen – Eisenbahn, Post und Telegraph –, obwohl sie doch treulich auch der Befreiungsbewegung gedient hatten. Aber die Lust an der Zerstörung von Staatseigentum, das als britisch galt, verursachte immer neue Angriffe auf Bahnhöfe, in deren Ruinen man die indische Freiheitsfahne hißte, und immer neue Zerschneidungen von Telegraphenleitungen. Dadurch wurden viele Ortschaften, ja ganze Distrikte von der Außenwelt getrennt und in »nationale Verwaltung« genommen. Der Bezirk Midnapur hat sich über 1$^1/_2$ Jahre außerhalb jeder britischen Verwaltung befunden. Gandhis Lehre des Gewaltverzichts wurde vergessen. Die Jugend, von den Ergebnissen der bisherigen »Befreiung« enttäuscht, verband sich mit den alten Revolutionären des Untergrunds, die wieder auf ihre Bombenattentate zurückgriffen. Dazu vernahm man am Radio des Senders »Freies Indien« aus Singapur, daß sich dort eine Armee des freien Indien bildete, und das waffenlose Volk fühlte sich zum ersten Male wieder bewaffnet. Einer der jüngeren Führer, *Jay Prakash Narayan* (oder *Narain)*, versuchte anfangs von Delhi, später von Nepal aus, die Aufwallung des Volkes zu lenken, konnte sich aber bei dem Mangel an Verbindungen nicht durchsetzen. Die massive Gewalt der britischen Truppen schlug die Erhebung in einigen Monaten nieder; doch in vielen abgelegenen Gebieten flackerte sie noch bis 1943 weiter.

Fraglos hat die »Quit India«-Bewegung das Gefühl nationaler Zusammengehörigkeit im indischen Volk entscheidend gefördert. Die 3000–5000 Toten und die über 100 000 Verhafteten belegen den Einsatz breiter Massen. Wenn »Nation« ein Volk ist, das in bewußtem Handeln gemeinsam sein Schicksal in die Hand nimmt, dann ist das indische Volk damals zu einer Nation geworden. Politisch gesehen war diese Erhebung fraglos die größte Gefährdung der britischen Herrschaft seit 1857. Wäre sie 1944 ausgebrochen, als die Japaner an der indischen Grenze standen, hätte sie die Kriegführung ungleich schwerer getroffen. Auffallend war, daß der verkündete Generalstreik in vielen Fabriken nicht befolgt wurde, namentlich nicht in der Rüstungsindustrie: Er wurde dort durch die *Kommunisten* verhindert, die die Kriegsanstrengung der Briten zugunsten der mit ihnen verbündeten Sowjetunion nicht mindern wollten. Daß sich die indischen Kommunisten hier für die Erhaltung der britischen Herrschaft eingesetzt haben, hat ihre spätere Entwicklung stark gehemmt. Auf die Provinzen, die noch unter indischer Regierung geblieben waren (Panjab, Sindh, Nordwestprovinz), hat die Bewegung nicht übergegriffen; sie blieben ruhig.

Trotzdem werden die Regierungen in Delhi und London diesen Schock nicht vergessen haben. Nicht wenige damals in Indien tätige Beamte haben später zugegeben, daß sie von diesem Zeitpunkt an an der weiteren Erhaltung ihrer Herrschaft zu zweifeln begannen. Jedenfalls hat der Wille, Indien zu behaupten, seitdem fühlbar nachgelassen. Der beste Beweis ist der damalige Oberkommandierende General *Wawell,* der später, als er zu seiner Überraschung zum Vizekönig ernannt wurde, von sich aus sofort Schritte einleitete, um den toten Punkt zu überwinden, der durch das Verbot des Kongresses und die Verhaftung seiner Führer entstanden war. Er begann, ohne vom Kongreß gedrängt zu sein, von sich aus neue Verhandlungen mit ihm.

Unheilvoll war es, daß diese Bewegung die Kluft zwischen Hindus und Moslems noch erweiterte. In seiner Resolution hatte Gandhi die Moslems überhaupt nicht erwähnt. Jinnah hatte es daher leicht, seine »Neutralität« zu erklären und zu wahren.

Nach Ausschaltung der Kongreßleitung wurde er zum einzigen Verhandlungspartner für die Briten, was der Vizekönig offen begrüßte. Er konnte seine Stellung in manchen Provinzen beträchtlich stärken, wie im Panjab, wo sein alter Gegner, der Premierminister Sikander Hyat Khan, starb, und auch in Bengalen, wo die Liga den dortigen Premier Fazl-ul-Huq durch einen kleinen Staatsstreich beseitigen konnte. Die Zahl seiner Anhänger wuchs in jenen Monaten rapide, und er konnte es wagen, Ende 1943 auf der Jahrestagung der Liga der Gandhischen Parole »Quit India« die dialektisch geschickte »Divide and Quit« entgegenzustellen. Jinnah stand auf dem Gipfel seiner Macht und hatte es nicht mehr nötig, mit dem zerschlagenen Kongreß zu verhandeln. Sein Pakistanplan ist insofern durch diese Ereignisse gefördert worden.

War Jinnah der Hauptgewinner, so mußte sich der Kongreß als der eigentliche Verlierer betrachten. Als illegal erklärt, seiner Führer beraubt, konnte er kaum noch aktiv werden, so daß die Jahre 1943–1944 zu den leersten seiner Geschichte gehören. Gandhi blieb 1 3/4 Jahre, Nehru volle 3 Jahre in Haft und ähnlich alle übrigen Führer. Der Zeitpunkt für einen verständigen Ausgleich mit der Liga war verpaßt. Mit allen Reden und Resolutionen hatte der Kongreß eins übersehen: im rechten Moment das politisch Notwendige zu tun. Im politischen Raum des indischen Subkontinents standen sich die drei maßgebenden Faktoren fremder denn je gegenüber: Jinnah triumphierend, die Briten, trotz ihres Sieges, an sich selber zweifelnd und die Befreiungsbewegung geknebelt und zu neuer Tat unfähig.

Bose und die indische Freiheitsarmee

So ist es bedeutsam, daß wenigstens einer der Kongreßpolitiker damals klare Pläne mit großer Tatkraft durchführte – allerdings außerhalb Indiens. Boses Tätigkeit in der Heimat war unglücklich verlaufen. Seine Ablehnung der reinen Gewaltlosigkeit hatte ihn in Gegensatz zu Gandhi gebracht, und seine Erkenntnis, daß man eine Antikriegsdemonstration nur mit Massenaktionen großen Stils betreiben könnte, hatte ihm die Verhaftung durch die Briten eingetragen. So war er zwischen zwei Lager geraten.

Er blieb seiner Überzeugung treu, daß der Krieg eine große Gelegenheit wäre, die man im Interesse Indiens energisch ausnützen müßte. Sein Leitwort war: »Britain's necessity is India's opportunity.« Und nach dem alten politischen Grundsatz, daß der Feind meines Feindes mein natürlicher Freund sei, erblickte er in den Achsenmächten namentlich im Deutschen Reich und in Japan, die Bundesgenossen, deren Hilfe er im Interesse der Befreiungsbewegung suchte. Der Undank seiner eigenen Partei, die ihn nach seiner Wiederwahl zum Kongreßpräsidenten in Tripuri (1939) durch fadenscheinige Mittel zur Niederlegung seines Amts gezwungen hatte, bestärkte ihn in der Auffassung, daß man Indiens Freiheit von außen her erringen müßte. Nachdem ihm im Januar 1941 die Flucht aus dem britischen Gefängnis gelungen und er auch über die indische Grenze entkommen war, ging er zielbewußt über Kabul und Moskau nach Berlin, wo er am 28. März 1941 eintraf.

Erstaunlich schnell verstand er es, in Berlin ein indisches Aktionszentrum zu errichten sowie eine Radiostation, mit deren Hilfe er in sämtlichen indischen Sprachen Sendungen nach Indien ausstrahlte, und endlich aus indischen Kriegsgefangenen eine Truppe aufzustellen, die zuletzt vier kriegsstarke Bataillone umfaßte (etwa 3500 Mann). Es war das erste Mal, daß ein indischer Freiheitskämpfer im Ausland zu einem solchen Ergebnis gelangte. Geographisch lag Deutschland allerdings ungünstig, um diese Truppe in Indien einzusetzen, zumal der bald ausbrechende deutsch-russische Krieg die Verbindungsmöglichkeiten nach Indien noch mehr einengte. Die Hoffnung, mit dieser Truppe Rommels Siegeszug nach Ägypten mitzumachen, schlug fehl, so daß ein wirklich ernsthafter Einsatz nicht zustande kam.

Viel näher gelangten inzwischen die Japaner an Indien heran. Im Februar 1942 hatten sie Singapur besetzt, und im März standen sie in Rangun. So lag es für Bose nahe, dort in Südostasien das erneut zu versuchen, was ihm in Deutschland versagt geblieben war. In einer abenteuerlichen Fahrt im Unterseeboot gelang es ihm, Japan zu erreichen, und im Bunde mit ihm begann er in Malaya, wo die meisten gefangenen Inder interniert waren, die gleiche Aktion wie in Berlin. Hier boten sich günstigere Vorbedingungen, denn dort lebten viele wohlhabende Inder, die ihm finanziell halfen. Auch war die Zahl der indischen Kriegsgefangenen wesentlich größer als in den deutschen Lagern. Allein in Malaya betrug sie 60 000 (in Deutschland nur 10 000). Vor allem aber war Indien von hier aus erreichbar, so daß der ersehnte Wunsch aller Freiwilligen, mit ihren Waffen die Heimat zu befreien, wenigstens geographisch möglich erschien. Ein älterer Revolutionär, Rash Behari *Bose,* hatte hier bereits mit der Arbeit begonnen; er hatte Aktionszentren geschaffen (Independence Groups) und auch die Rekrutierung der Kriegsgefangenen schon eingeleitet. Die japanische Regierung zeigte sich sehr willig zur Mitarbeit. Sie gestattete Bose, in Malaya eine Regierung des freien Indien zu bilden, die England in aller Form den Krieg erklärte. Sie überließ ihm die von Japan besetzten Inselgruppen der Andamanen und Nikobaren, so daß er als Staatschef über ein eigenes Territorium verfügte, und erklärte sich endlich bereit, die indischen Truppenverbände, die er aufstellte und die sich Anfang 1943 auf drei Brigaden beliefen, als geschlossene Formationen unter ihrer eigenen Flagge an der Front einzusetzen. So waren die völkerrechtlichen Bedingungen erfüllt, um der *Bose*-Regierung den Status einer echten Exilregierung des freien Indien zu geben.

Was fehlte, war eine Zusammenarbeit mit dem Kongreß in der Heimat. Er erkannte diese neuartige »Außenstelle« der Freiheitsbewegung nicht an und versäumte daher, seine Aktionen mit denen Boses zu koordinieren. Denn hätte man die »Quit India«-Kampagne zeitlich mit dem japanischen Angriff auf Indien im März 1944 zusammengelegt, wäre die Wirkung beider eine ungleich stärkere gewesen.

Die Japaner brauchten viel Zeit, bis sie ihren Angriff gegen Britisch-Indien beginnen konnten. Erst im März 1944 waren sie soweit. Zusammen mit den Brigaden der Freien Indischen Armee vermochten sie Kohima, die Hauptstadt der Nagas, zu besetzen, die Bose zum Häuptling wählten; er stand im April in Mowdok, ca. 70 Meilen von Chittagong, und versuchte, zusammen mit den Japanern Imphal (Hauptstadt des Staats Manipur) zu nehmen. Aber die Tatsachen, daß Japan wesentliche Teile seiner Wehrmacht, vor allem die Luftwaffe, an seine Front in den Philippinen abziehen mußte, daß Imphal sich unter ungünstigsten Umständen hielt (also nicht wie Singapur und Rangun genommen werden konnte) und ein früh einbrechender Monsun die Nachschubwege ruinierte, nötigten die japanische Armee zum unzeitigen Rückzug, in den die indischen Brigaden mit hineingerissen wurden.

Durch diese Mißerfolge nicht entmutigt, beschloß Bose, abermals nach Tokio zu fliegen, um einen letzten Versuch einzuleiten, und ist auf diesem Flug im August 1945 beim Absturz des Flugzeugs ums Leben gekommen – wenige Tage vor der Kapitulation Japans, die von der Hiroshima-Bombe herbeigeführt wurde (15. 8.). Gleichzeitig starb in Tokio sein Mitstreiter Rash Behari Bose. Die Truppen fielen in britische Gefangenschaft und wurden in das Red Fort in Delhi gebracht, wo sie mit denen aus Deutschland vereinigt wurden.

Dieses Unternehmen, das mit genialer Tatkraft durchgeführt worden war, endete mit einem völligen Zusammenbruch. Es darf als gnädige Fügung des Schicksals gelten, daß Bose selbst durch den Tod der Notwendigkeit enthoben wurde, es mitzuerleben. Wenn er auch richtige politische Prinzipien durchführte, erlitt er einen Mißerfolg, weil er auf die falsche Seite setzte, ebenso wie sich die nationalen Inder, die 1915 auf seiten des Deutschen Reichs kämpfen wollten, enttäuscht gesehen hatten. Bose geriet unter das eiserne Gesetz der Politik, daß, wer zur militärischen Gewalt greift, sich auch ihrem Ausgang beugen muß. Das britische Reich blieb auch diesmal die stärkere Macht – und so erwies sich die Haltung Gandhis, der einem Austrag mit Machtmitteln auswich und sich auf die gewaltlosen und daher beständigeren Faktoren verließ, als die für Indien bessere Weisheit.

Allerdings brachte ein Nachspiel dem Unternehmen Boses noch posthumen Nachruhm. Indem die britische Regierung der Versuchung nicht widerstehen konnte, den juristisch fraglos gegebenen »Verrat« der zu Bose übergetretenen Soldaten im Prozeßwege zu ahnden und mit drei ausgewählten Offizieren einen Schauprozeß in Delhi einzuleiten, verschaffte sie nicht nur der indischen Öffentlichkeit Kenntnis von diesen Ereignissen und ihren Trägern einen nationalen Nachruhm, sondern dem Kongreß bei den Wahlen von 1944/45 einen überwältigenden Erfolg. Und indem man als Angeklagte je einen Hindu, einen Moslem und einen Sikh auswählte, handelte man in Boses Sinne, der mit seiner Freiheitsarmee gerade die Zusammengehörigkeit der verschiedenen Volksgruppen hatte dartun und befestigen wollen. Sogar die politischen Führer sahen sich genötigt, an der Verteidigung der drei Offiziere mitzuwirken, die nun als nationale Helden anerkannt wurden; selbst Jinnah mußte den Moslem-Offizier Shah Nawaz Khan verteidigen, obwohl dieser ein ausgesprochener Gegner der Liga war.

Die Wirkung der Taten Boses auf die Briten ist heute noch nicht völlig geklärt. Gewiß waren sie zunächst sehr froh, daß der Kongreß sie mit Stillschweigen überging und ihre Wirkung auf das Volk sich daher auf die erwähnten Prozesse beschränkte. Aber unzweifelhaft waren die britischen Generale aufs tiefste bestürzt: denn zum erstenmal seit 1857 zeigten die indischen Soldaten sich bereit zur illoyalen Auflehnung. Zum erstenmal sah man Soldaten der »britisch-indischen« Armee unter der Freiheitsfahne, also unter Mißachtung ihres Treueids, gegen britische Truppen kämpfen. Auch sah man Truppenkontingente aus allen religiösen Gruppen vereint – was die Briten immer peinlich vermieden hatten – für ein gemeinsames indisches Ziel fechten. So entstand zum ersten Male die reale Gefahr, daß die »meuternden« Truppen in Indien auch die anderen anstecken könnten – was später den Rebellionen einiger Regimenter und der Seekadetten in Bombay eine so große Bedeutung gegeben hat. Insofern ist die Bildung der indischen Freiheitsarmee kein vergebliches Unternehmen geblieben. Sie hat dazu beigetragen, den verantwortlichen Politikern, Beamten und Generalen auf britischer Seite den Ernst der Lage eindringlicher denn je bewußt zu machen.

Rückblick auf den Zweiten Weltkrieg

Der Zweite Weltkrieg hatte für Asien bereits im Juli 1937 mit Japans Angriff auf China begonnen, woran Indien als Nachbar Chinas natürlich interessiert war. Aber erst der Ausbruch des europäischen Krieges im August 1939 machte Indien zum Kriegsgegner des Hitler-Deutschland. Er legte ihm riesige Kriegslasten auf. Indien hat 1,2 Millionen Soldaten gestellt, die auf sämtlichen Kriegsschauplätzen in Europa, Afrika und Asien eingesetzt wurden. Daß man Indien auch die Kosten dafür aufbürdete, wurde zum Teil dadurch ausgeglichen, daß es den Wert seiner großen Lieferungen an Rohstoffen und Kriegsmaterial in London gutgeschrieben erhielt, also nach Kriegsende zu einem Gläubigerland geworden war. Hitlers Angriff auf die Sowjetunion beseitigte die Sorge vor einer »russischen Gefahr«; denn ein achsenfreundliches Rußland hätte in Indien einmarschieren können, um es zu »befreien« – woran *Lenin* gedacht hatte. Indem die Sowjetunion mit England ein Bündnis schloß, wurde sie zum Gegner der indischen Befreiungsbewegung und die indischen Kommunisten zu Helfern der britischen Kolonialherrschaft.

In ihrer inneren Einstellung fühlte sich die Mehrzahl der politisch denkenden Inder als Gegner Hitlers, da dieser gegen die farbige Welt stand. Diese Abneigung war so stark, daß sie den Gegensatz zu den britischen Kolonialherren zeitweise überwog. Bose bildet eine große Ausnahme, und selbst er ist nicht als Freund des Hitler-Deutschland geschieden. Andererseits machte der Krieg die Briten entgegenkommender gegenüber den indischen Wünschen, obgleich die Leiter der Befreiungsbewegung daraus wenig Nutzen zogen. Soweit sie etwa beabsichtigt haben, sich durch eine grundsätzliche Ablehnung des Krieges Geltung zu verschaffen, haben sie keinen Erfolg gehabt. Weder ist Gandhi zu einer führenden Stimme »gegen jeden Krieg« geworden, noch haben die Unruhen im indischen Volk wie die »Quit India«-Kampagne den indischen Kriegsbeitrag fühlbar gestört.

Territorial lag der europäische Kriegsschauplatz fern und wirkte daher wenig auf die indische Öffentlichkeit. Selbst als der Krieg den Nahen Osten ergriff, änderte sich das nur wenig. Auch die indischen Moslems fühlten sich durch diese Ereignisse nicht berührt, obwohl sie überwiegend islamische Völker betrafen. Einen Kalifen gab es nicht mehr. Ägypten, das sich de facto in britischer Hand befand, mußte im britischen Lager bleiben, und wenn jemand dort seine Befreiung durch die Deutschen erwartet hatte, blieb er enttäuscht; denn Rommel kam nicht bis Kairo. Der Iran wurde bei Kriegsbeginn je zur Hälfte zwischen der Sowjetunion und dem britischen Reich geteilt, um jede Möglichkeit einer nochmaligen Betätigung deutscher Agenten auszuschließen – wie der Erste Weltkrieg sie erlebt hatte. Im *Irak* kam zwar im April 1941 eine achsenfreundliche Regierung zur Macht, wurde aber kurz darauf wieder gestürzt, so daß auch Bagdad in britischer Hand blieb. Die achsenfreundliche Betätigung des *Mufti* von Jerusalem hat bei der Masse der vorderasiatischen Moslems wenig und bei den indischen Moslems keinerlei Echo gefunden. Die indischen Moslems sind außenpolitisch durch den Zweiten Weltkrieg nicht beeinflußt worden. Sie zeigten für die Vorgänge in ihren glaubensverwandten Staaten kein Interesse, während umgekehrt diese am Schicksal der indischen Moslems – z. B. an Jinnahs Kampf um Pakistan – keinen Anteil nahmen. Zwischen beiden Gruppen herrschte gegenseitige Gleichgültigkeit. Das hat es einem Teil der indischen Moslems ermöglicht, sich als »nationale« Inder zu fühlen und in indische Formationen – wie die Boses – einzutreten.

Der Angriff Japans auf die USA verband den europäischen mit dem schon in Gang befindlichen asiatischen Krieg zu einem »Krieg um Asien« und zu einem echten Weltkrieg. Indem England die Partei Chinas nahm und zu seiner Unterstützung die Burmastraße baute, wurde Japan zu einem prospektiven Alliierten der Befreiungsbewegung. Bose griff diese Möglichkeit auf. Aber die Kongreßmehrheit hatte für Japan niemals Sympathie gehabt, und ihre Antipathie wurde noch verstärkt durch das Auftreten der Japaner in den eroberten südostasiatischen Ländern. Andererseits konnten mit japanischer Hilfe eine Reihe asiatischer Länder die Kolonialherrschaft abwerfen: Burma, Indonesien, Laos, Kambodscha. So erhob sich für den Kongreß die Gretchenfrage, ob man sich ebenfalls von den Japanern befreien lassen wollte. Der Inder fühlte sich im Grunde dem Chinesen mehr verbunden als dem Japaner, obwohl die Inder von China so gut wie nichts wußten. Was Nehru von seiner Reise nach Chungking 1939 mitbrachte, klang wie der Bericht eines Entdeckungsreisenden. Aber China war das »Opfer des Imperialismus«, während die Japaner – noch dazu als Bundesgenossen Hitlers – ausgesprochen imperialistische Ziele verfolgten. China zeigte sich als Freund der Befreiungsbewegung dadurch, daß Chiang Kai-shek in Delhi auf raschere Durchführung der Reformen hinwirkte. Er tat es jedoch aus eigennützigem Interesse: Er hoffte auf aktive Teilnahme Indiens am Krieg gegen Japan oder mindestens auf Steigerung seines Kriegsbeitrags. In dieser heiklen Frage hat der Kongreß sich nicht zu einer eindeutigen Haltung durchringen können. Ebensowenig ist er sich darüber klar geworden, ob man einen tatsächlichen Angriff Japans auf indisches Gebiet begrüßen oder abwehren sollte und, gegebenenfalls, mit welchen Kampfmitteln. Auch hier ließen Gandhi und Nehru die Weltereignisse über sich hinwegschreiten, zumal sie im Gefängnis saßen. Nur Bose handelte, erlitt aber einen Mißerfolg. Er hatte militärisch auf die falsche Seite gesetzt: weder das Hitlerreich noch Japan blieben Sieger. Sein kühnes Abenteuer, mit dem er Indien befreien wollte, blieb ein symbolischer Akt. Wohl aber hat der Weltkrieg als Ganzes Indien entscheidend genutzt. Indem er die britische Macht schwächte, indem die Briten selbst den Glauben an sich einbüßten, hat der Krieg ihren Entschluß, Indien aufzugeben, entscheidend gefördert und beschleunigt. Indem Bose – voll Mißtrauen gegen Versprechungen »Albions« – verkannte, daß die Befreiung Indiens durch eine »politische Lösung« auf *friedlichem* Wege tatsächlich erreichbar war, verwickelte er sich in Partnerschaften, deren Hilfe nicht ausreichte, um Indien mit militärischen Methoden zu befreien. Darin liegt seine persönliche Tragik. Insofern ist Nehrus Politik durch den Verlauf der Geschichte gerechtfertigt worden.

Kapitel 53

Indiens Lage vor der Unabhängigkeit

Die »Quit India«-Bewegung blieb Indiens letzte große Massenaktion, fortan wurde nur noch verhandelt. Sie war zwar von Gandhi als *Möglichkeit* angekündigt, aber entfesselt worden erst durch den Fehler des Vizekönigs, der die gesamte Führerschaft vorzeitig verhaftete und die Kongreßleitung lahmlegte. Dieser Mißgriff mag entschuldigt werden durch die damalige weltpolitische Lage. Die deutschen Armeen standen vor Stalingrad und am Kaukasus, der erste Landungsversuch der Westmächte bei Dieppe endete mit schwersten Verlusten, der U-Boot-Krieg stand auf dem Gipfel seiner Erfolge, Rommel bedrohte Ägypten, die Japaner hielten den größten Teil Chinas besetzt und standen in Vietnam, Thailand öffnete ihnen das Tor, in Malaya entstanden eine indische Exilregierung und eine indische Freiheitsarmee, die britische Flotte im Stillen Ozean war größtenteils vernichtet. Niemals ist Indien von außen so bedroht gewesen wie seit dem Spätsommer 1942. Niemals hat die »Raj« so große Anstrengungen machen müssen, um sich zu behaupten, wie damals. Verständlich, daß selbst in den Köpfen der mutigsten britischen Offiziere und Beamten Zweifel entstanden, ob sie Indien noch lange würden halten können. Gewiß mögen sie Genugtuung darüber empfunden haben, daß sie auch diese letzte Massenerhebung niederzuschlagen vermochten: War es aber dieses Gefühl des Sieges, oder war es die Erkenntnis der eigenen Not, die sie dazu führte, den bisherigen Oberkommandieren nun zum Vizekönig zu ernennen? In London hat selbst nach der Kapitulation des Deutschen Reichs und Japans kaum jemand daran gezweifelt, daß die Stunde geschlagen habe, um Indien aufzugeben. Gladstone hatte diese Wendung prophetisch vorausgesehen, und der damalige Staatssekretär für Indien, *Amery* (Labour Party), hat sie klar erkannt. Die Frage, die sich stellte, war nur, auf wen man die Macht übertragen sollte, auf welche Gruppe und vor allem auf welche Persönlichkeit.

Hatte Birkenhead seinerzeit in C. R. *Das* einen Mann erblickt, der staatsmännischen Blick, Besonnenheit und praktisches Geschick vereinigte, so hatten seine Nachfolger jetzt Mühe zu entscheiden, wen sie wählen sollten. Weder Jinnah noch Gandhi, weder Azad noch Patel schienen in Frage zu kommen. So blieb nur *Nehru*, dessen Temperament ihm zwar oft geschadet hatte, der aber mit seiner englischen Erziehung und der ausgesprochenen Empfehlung von Gandhi als der einzige Kandidat erschien. Allerdings stand er mit Jinnah besonders schlecht, hatte keinen Sinn für militärische Gegebenheiten und war gerade wieder im Gefängnis.

Der militärische Schutz eines freien Indien mußte angesichts der Gefahren, die der Zweite Weltkrieg gezeigt hatte, ernstlich bedacht werden. Wenn nun durch Abspaltung Pakistans auch die indische Wehrmacht geteilt würde, so daß zwei Oberkommandos neben- oder gegeneinanderständen, erschien die Lage noch bedenklicher. Andere wiederum erblickten im Hinblick auf den Drang zum Sozialismus und zur Annäherung an Moskau und Peking, wie er sich gerade bei Nehru zeigte, in einem mehr konservativen Pakistan einen willkommenen Pufferstaat. Wer wirtschaftlich dachte, betonte den Widersinn, der darin liegen würde, ein gesundes, großes Wirtschaftsgebiet zu teilen und sein Verkehrsnetz zu zerreißen. Der neue Vizekönig, General Wavell – der erste General in diesem Amt und der erste, der nicht zum Oberhaus gehörte –, sah die beste Gewähr für Sicherheit in der *Einheit* Indiens und seiner von den Briten geschaffenen Armee. Aber er fand in seinem wohlgemeinten Streben bei den Kongreßpolitikern wenig Dank und Verständnis. Briten wie Inder mußten jetzt, wo die Entscheidungsstunde nahte, die Wandlungen berücksichtigen, die sich in dem Lande vollzogen und die die von den Briten geschaffene Einheit allerorts gefährdeten, hervorgerufen sowohl durch die Liga wie auch durch ein Erwachen der Eigenständigkeit seiner einzelnen Landesteile. Die Provinzen rückten in diesem Stadium, in dem sich die Zentralgewalt lockerte, stärker in den Vordergrund, zumal man begann, gerade mit ihrem Schicksal zu spielen. Das zeigte sich sowohl in denen mit einer Moslemmehrheit wie auch in den früher vom Kongreß verwalteten Gebieten. Gerade die beiden Mehrheitsprovinzen der Moslems, Bengalen und der Panjab, die für die Abspaltung in Frage kamen, hatten sich bisher von der Liga und besonders von Jinnah ausgesprochen distanziert.

Bengalen, das anfangs soviel für die Befreiungsbewegung getan und durch sein Aufbegehren gegen Curzons Teilungsplan

(1905) eigentlich das Fanal zum allgemeinen Widerstand gegeben hatte, hatte durch die Verlegung der Reichshauptstadt nach Delhi an Bedeutung verloren und auch dadurch, daß seine beiden größten Politiker nicht zu voller Wirkung gelangt waren: C. R. *Das* durch seinen frühen Tod und *Bose,* weil er, dem Kongreß entfremdet, ins Ausland gegangen war. Als ein Gebiet, dessen Bevölkerung zu 54 Prozent aus Moslems und zu 46 Prozent aus Hindus bestand, hatte es das Glück gehabt, schon 1924 durch C. R. *Das* den einzigen dauerhaften Ausgleich zwischen beiden Gruppen zu bekommen, auf dessen Basis seine bedeutenden Schüler Fazl-ul-huq sowie die beiden Brüder Subas Chandra und Sarat Chandra Bose im Geist einer verständigen Zusammenarbeit das Land regierten. Fazl-ul-huq war ein echter Vertreter des Bauerntums, bei dem er in beiden Bekenntnissen Vertrauen genoß. Durch Jinnah einmal von seinem Posten verdrängt, schlug er kräftig zurück und bildete 1941 wieder seine Koalitionsregierung mit Sarat Chandra Bose, worvon 1945/46 eine labile Sitzverteilung ergaben, lud sein Nachauf ihn die Briten erneut zum Rücktritt nötigten. Als die Wahlen folger, Suhrawardy, den Kongreß zu einer neuen Koalitionsregierung ein, was dieser kurzsichtig ablehnte. So stand er allein dem Streben Jinnahs gegenüber, der ganz Bengalen mit Kalkutta als »seiner« Hauptstadt haben wollte und die Tatsache übersah, daß der ganze westliche Teil des Landes eine Hindu-Mehrheit hatte. Da diese Mehrheit in Kalkutta überwiegend aus Fabrikarbeitern bestand, die dort nicht beheimatet waren, suchte Jinnah sie zur Abwanderung zu treiben, um ein eventuelles Abstimmungsergebnis zugunsten der Moslems zu bessern. Daher ließ er den berüchtigten Tag seiner »direct action« (16. August 1946) in Kalkutta dazu ausnutzen, durch herangeholte Banden, die mit Waffen und Petroleum versehen waren, die Arbeiterviertel der Hindus zu drangsalieren. Der zeitweilige Abzug vieler Arbeiter erwies sich jedoch als nutzlos, da die klare, statistisch bekannte Mehrheit der Hindus in Westbengalen eine Abstimmung entbehrlich machte. Aber diese sogenannten »Kalkutta-Morde« wühlten die Volksleidenschaft auf und brachten die Provinz in Unruhe, bis Suhrawardy, der sich auch Gandhi bei seinen Befriedungsrundgängen eifrig zur Verfügung gestellt hatte, eine neue Koalitionsregierung zustande brachte, wieder mit Sarat Chandra *Bose,* deren erster Schritt die feierliche Ablehnung jeder neuen Teilung Bengalens war (Mai 1947). Wenn aus konfessionellen Gründen die politischen Grenzen geändert werden sollten, wollte Bengalen als ein ungeteilter Staat, notfalls mit eigener Autonomie, für sich bleiben, in irgendeiner lockeren Verbindung zum übrigen Indien. Das war das Ziel, das die echten Bengalen damals erstrebten, das ihnen allerdings von Delhi wie von Jinnah verweigert wurde. Gandhi forderte daher eine echte Volksabstimmung, die Jinnah rundweg ablehnte, und er ließ Suhrawardy später dadurch entschädigen, daß er ihn zum ersten Gouverneur des neuen Ostbengalen ernannte, das wider den ausdrücklichen Volkswillen zu Pakistan geschlagen wurde. Hier also lag der eine Krisenherd, der während des entscheidenden letzten Akts zu schwelen begann.

Der andere war der *Panjab*. Auch hier war die Mehrheit der Moslems gering (56 Prozent); aber hier war die Minderheit in Hindus und Sikhs gespalten. Erst 1849 unter britische Verwaltung gelangt, hatten hier sehr verständige Briten mit einem patriarchalischen Regime regiert, das die Bevölkerung an die neue Herrschaft sowie an das Zusammenleben miteinander gewöhnte; die Provinz war während der Erhebung von 1857 ruhig geblieben. Nur wenn ungewöhnliche Mißgriffe einzelner britischer Vertreter das Volk erregten, pflegte es sich zu erheben – wie zuletzt nach dem sogenannten »Blutbad von Amritsar« (1919). Inzwischen hatte sich hier, auf der Basis der praktischen Interessen der Landbesitzer, eine Partei gebildet, die alle drei Gruppen vereinigte und mit deren Vertrauen der verständige Fazl-i-Husain (1877–1936) mit seinem klugen Hindu-Kollegen *Cchotu Ram* das Land in Ruhe regierte. Als Fazl-i-Husain früh verstarb, führte sein Nachfolger, Sikander Hyat Khan, die Regierung im gleichen Sinne weiter und wehrte sich, wie sein Vorgänger, gegen die verhetzenden Kampfmethoden, mit denen Jinnah versuchte, der Liga hier Machtzuwachs zu verschaffen. Jinnah ließ eine bewaffnete Privatarmee bilden – die Khaksars – mit der Aufgabe, ständig Unruhen zu stiften. Als der Tod die beiden Regierungschefs kurz nacheinander hinwegraffte, erlahmte der Widerstand unter ihrem schwächeren Nachfolger, Malik Khizr Hyat Khan Triwana; das bisherige Kraftwort »hands off from the Panjab« verklang. So erhielt bei der Wahl 1945/46 die alte Unionspartei nur noch 20 Mandate und die Liga 73. Der Kongreß hätte jetzt eingreifen sollen, um die schwach gewordene Koalition zu stützen – wie Maulana Azad riet. Aber Nehru widersprach, da er diese Gruppe der Landbesitzer für »reaktionär« hielt. So wurde die Bahn frei für *Jinnah,* dessen Scharen nun auf die Straße gingen und in blutigen Krawallen (Februar/März 1947) diese letzte echte Regierung des Panjab stürzten (2. März 1947). Der Gouverneur übernahm auch hier die Regierung wie in Bengalen, aber die Wut beider Gruppen über die zahlreichen Todesopfer der Unruhen führte zu neuen Gewalttätigkeiten, wobei die aufreizenden Reden des Sikh-Führers, des alten Tara Singh, noch zur Verschärfung beitrugen und die fürchterlichen Ausschreitungen vorbereiteten, die dann nach Bekanntgabe der Teilung des Panjabs mit voller Wucht losbrachen.

Beide Provinzen – Bengalen wie der Panjab – haben ein ähnliches Schicksal gehabt. Verständige Koalitionsregierungen haben anfangs erfolgreich Ruhe und Ordnung bewahrt und so den Beweis geführt, daß Hindus und Moslems sehr gut miteinander zu leben vermögen. Gerade das empfand aber Jinnah als abträglich für seinen Pakistanplan, und mit allen Mitteln versuchte er, solche Regierungen zu stürzen und durch Ligahörige zu ersetzen. Dadurch ist es zu bürgerkriegsähnlichen Tumulten gekommen. Die Kongreßführer müssen sich fragen, ob sie genug getan haben, um diese höchst brauchbaren Koalitionsregierungen – ob sie ihnen sympathisch waren oder nicht – im gesamtindischen Interesse zu stützen.

Sindh

Verwandt mit dem Schicksal des Panjabs war das der Provinzen Sindh und der Nordwestgrenze. Sindh, anfangs ein Anhängsel der Präsidentschaft Bombay, war erst auf Drängen Jinnahs im Jahre 1935 zu einer selbständigen Provinz gemacht worden, so daß Jinnah dort, als er notgedrungen seine Geburtsstadt Karachi zur Hauptstadt von Pakistan erklärte, ein Government House vorfand. Obwohl Sindh zu 90 Prozent islamisch ist, vermochte die Liga auch hier bei den Wahlen keine Mehrheit zu erringen. Infolgedessen mußte sich die erste parlamentarische Regierung unter dem unabhängigen Moslem Alla Baksh auf die Stimmen von Nicht-Moslems stützen. Ein ausgesprochen ligafreundlicher Gouverneur nötigte ihn ohne zwingenden Grund zum Rücktritt; aber die dann eingesetzte Liga-

Regierung konnte sich nicht halten, ja nicht einmal bei den letzten Wahlen von 1945/46 eine Mehrheit erringen. Mühsam mußte man sich mit Übergangslösungen behelfen, bis das Land, ohne daß die Bevölkerung überhaupt gefragt wurde, zu dem neuen Staat Pakistan geschlagen wurde.

Nordwest-Provinz

Tragisch war das Schicksal der Nordwestprovinz, die seit 1937 von einer reinen Moslem-Regierung verwaltet wurde, die dem Kongreß angehörte. Ihr Chef, Dr. *Khan*, gestützt von seinem Bruder Abdul Ghaffar Khan, regierte mit einer soliden Mehrheit und hielt das Land in friedlicher Ordnung, da Abdul Ghaffar die kriegerischen Pathans zu dem Gandhischen Ideal der Gewaltlosigkeit bekehrt hatte. Zwar wurde auch hier, während der Krise der »Quit India«-Bewegung, die Kongreßregierung vorübergehend durch eine solche der Liga ersetzt (Mai 1943), aber Dr. Khan kehrte im März 1945 in sein Amt zurück. Als es dann zur Errichtung von Pakistan kam, bot die geographische Lage dieses Gebiets ein Hindernis für seinen Anschluß an Indien. Es hatte nur die Alternative, sich entweder an Pakistan anzuschließen oder sein uraltes Ideal zu verwirklichen: einen unabhängigen Pathan-Staat, ein »Pashtunistan«, zu bilden. Das Recht einer Volksabstimmung wurde ihm eingeräumt, indessen verweigert, daß man auch für Selbständigkeit stimmen dürfte. Daher nahmen die Anhänger des Kongresses an der Abstimmung nicht teil, bei der dann eine knappe Hälfte der verbleibenden Stimmberechtigten den Anschluß an Pakistan entschied. Der alte »Grenz-Gandhi«, Abdul Ghaffar Khan, wurde für viele Jahre in pakistanische Gefängnisse geworfen und wartet heute in Afghanistan auf die große Wende, die seinem Volk die Befreiung bringen möge.

Der kurze Überblick läßt erkennen, wie sehr sich Jinnah geirrt hat, wenn er annahm, daß sein Plan, diese Völker von Indien abzutrennen, die Zustimmung der dortigen Moslems finden würde. Er hat größte Mühe gehabt und sich oft recht zweifelhafter Methoden bedienen müssen, um sie seinem Plan gefügig zu machen.

Assam

Diese östliche Grenzprovinz Indiens, die eigentlich erst durch die britische Eroberung fest an Indien angeschlossen worden ist, wurde in dem letzten Akt des Befreiungskampfes dadurch mit dem Schicksal Bengalens verbunden, daß man beide Länder in eine der drei »Zonen« zusammenpreßte, die das Recht erhalten sollten, ihren Austritt aus dem künftigen Indien zu erklären. Die erste Regierung von 1937 konnte der Kongreß bilden, und nach seinem freiwilligen Rücktritt (1939) führte der unabhängige Moslem *Saadullah* die Regierung weiter, bis die Wahlen von 1945/46 ihn wieder ans Ruder brachten. Er konnte dieses nichtmoslemische Gebiet bei Indien halten; nur ein kleines Teilstück, *Sylhet*, mit einer Moslem-Mehrheit, fiel durch Abstimmung an Pakistan.

In manchen Provinzen gab es regionale Parteien, die dem Kongreß entgegentraten. Im *drawidischen* Sprachraum galt die Verfassung von 1935 nur im Land der Tamilen (Madras), da der Rest zu Fürstenstaaten gehörte (Maisur, Haidarabad, Travancore, Cochin). Hier siegte bei den ersten Wahlen von 1924 die »Justice Party«, in der die *Nicht*-Brahmanen ihre ursprüngliche Volksart verkörpert sahen. Erst die Wahl von 1937 ermöglichte es dem Führer der Kongreßpartei, Rajagopalacharia, ein umfassendes Kabinett zu bilden. Er hat seinen Staat in die heutige Indische Union geführt und wurde selbst zum ersten indischen Staatsoberhaupt gewählt. Die uralte Eigenständigkeit dieses Volkes wurde später dadurch gereizt, daß die Zentralregierung die Hindisprache zur allgemeinen Staatsverbindungssprache erklären wollte – was den Stolz der Tamilen auf ihre ältere und »höher entwickelte« Sprache tief verletzte.

Die Provinzen, in denen der Kongreß 1939 seine kurze Amtszeit selber beendet hatte, die also wieder unter rein britische Verwaltung gefallen waren, konnten zum parlamentarischen System erst nach den Wahlen von 1945/46 zurückkehren. Die größte – die »United Provinces« (heute Uttar Pradesh = UP) – fand in dem besonnenen Govinda *Pant* einen sehr geeigneten Regierungschef, der zwischen den einflußreichen Moslem-Grundherren und der Hindu-Mehrheit erfolgreich vermittelte. In ähnlichem Sinne wirkte im Staate Bombay der Parse *Nariman*, den der Kongreß zugunsten des Hindus B. G *Kher* abschob. Aber auch er erwies sich als geschickt genug, das Hauptproblem dieses Staates zu überbrücken: die Zusammensetzung seiner Bevölkerung aus Marathen und Gujaraten. Die Marathen erstrebten einen eigenen Staat, zumal gerade sie im Krieg gegen die Briten wie in der Befreiungsbewegung ungewöhnlich viel geleistet hatten; sie verschoben aber ihre Wünsche auf die Zeit nach der Unabhängigkeit. In den übrigen Provinzen vollzog sich die Machtübertragung reibungslos.

Unberührt von diesen innerpolitischen Wandlungen blieben die *Fürstenstaaten*, deren Regierungssystem, die fürstliche Autokratie, nur in wenigen durch weitsichtige Herrscher reformiert wurde (Maisur, Baroda u. a.). Nachdem der verständige Versuch der Briten, sie in Form einer Föderation in das künftige Indien einzugliedern, an dem Widerspruch der Fürsten gescheitert war, bildeten sie für die kommende indische Regierung eine heikle Aufgabe, die in Kapitel 57 behandelt werden soll.

Betrüblich stand es mit der Zentralregierung. Ihre Reform war durch den Fehlschlag des Föderationsplans aufgeschoben worden, so daß sie aufgrund der Verfassung von 1919 weiterlief. Gerade im Zeitpunkt einer so umstürzenden Wandlung – wie der bevorstehenden Machtübertragung – wäre eine feste umsichtige Zentralregierung bitter benötigt worden; aber dafür fehlte sowohl auf britischer wie auf indischer Seite jede Vorbedingung. Zwar wurde der wenig glückliche Vizekönig Linlithgow im Oktober 1943 durch den bisherigen Oberkommandierenden General *Wawell* abgelöst. Die britische Beamtenschaft wie das Offizierkorps litten jedoch bereits unter der Unsicherheit, die durch die bevorstehende Aufgabe Indiens verursacht wurde. Sie begannen, sich an dem Geschick Indiens zu desinteressieren, und die indische Seite war schlimmer denn je zuvor zwischen der Liga und dem Kongreß gespalten.

Jinnahs Interesse galt nur noch seinem Pakistan-Plan. In seiner Partei hatte er eine diktatoriale Stellung erreicht. Niemand wagte ihm zu widersprechen. Er stellte sich gegen jede Form von Demokratie und gegen jede Heranziehung des Volkes, vor allem gegen jede Volksabstimmung. Ihm genügte das Votum der nach altem Wahlrecht gewählten Vertreter, die meist den oberen Schichten angehörten. Seine rasche Entschlußkraft erwuchs aus einem Mangel an politischem Verantwortungsgefühl. Über die Auswirkungen seines Pakistanplans machte er sich keine Gedanken. Als ihn jemand fragte, ob sich dieser Staat wirtschaftlich halten würde, erwiderte er: »Wenn wir arm bleiben sollten, haben wir den Trost, im rechten Glauben leben zu können.« Das klang in seinem Munde wie Hohn, da er selbst kein gläubiger Moslem war und auch von einem »geistlichen Staat« keine hohe Meinung hatte. In seiner Proklamation am Radio, mit der er Pakistan eröffnete, malte er einen durchaus »weltlichen« Staat aus – in krassem Gegensatz zu dem seiner Wahlreden. Daraus erklärt sich auch die Gleichgültigkeit der islamischen Welt ihm gegenüber; panislamische Kreise haben die Gründung Pakistans nicht gefördert.

Ohne nachzudenken, erweiterte er sein anfängliches Begehren nach *zwei* Moslem-Staaten – Bengalen sollte getrennt bleiben – auf die Angliederung dieses Teils an den geplanten Staat im Industal, um dann im letzten Moment sogar mit der Forderung eines Korridors zu kommen, der beide verbinden sollte. Niemals bedachte er, daß sein Pakistanplan das Problem der Moslemminderheit ja nicht löste, da viele Millionen von Moslems im indischen Hauptstaat zurückbleiben würden (heute beinahe 60 Millionen!). Niemals hat er bedacht, daß eine Teilung Indiens unerwartete Ausbrüche herausfordern würde und man daher Sicherheitsvorkehrungen treffen müßte. Einmal hat er den Gedanken eines »Austausches der Bevölkerungen« in die Debatte geworfen, sich aber nie die Mühe genommen, seine Durchführung zu präzisieren.

Unbedenklich zeigte er sich auch bei der Wahl seiner Mittel, indem er Methoden gegen die Hindus einsetzte, die der Kongreß gegen die Briten gebraucht hatte. Als er 1942 das Komitee für »direkte Aktion« gründete, sagte er offen, daß es »dem bevorstehenden Kampf« dienen sollte, und rief pathetisch aus, daß er sich lange genug mit legalen Methoden begnügt habe und nun die Pistole selbst in die Hand nähme. Die Ereignisse, die dann unter seiner Ägide im August 1942 in Kalkutta stattfanden, bilden den eigentlichen Beginn der furchtbaren Ausbrüche der Volksleidenschaft, die alle früheren »riots« weit übertrafen. Sein engster Mitarbeiter, der Prinz Liaquat Khan, hat ihn als »unseren Stalin« gepriesen.

Zwar befand er sich in der taktisch glücklichen Lage, die beiden anderen Kontrahenten – die Briten und den Kongreß – gegeneinander ausspielen zu können, aber er ahnte, daß sein Tod bevorstände. Er litt an einer Krankheit, an der er kurz nach seinem Triumph gestorben ist. Hinzu kam ein Attentat, das am 26. Juli 1943 auf ihn verübt wurde. So drängte er auf eine baldige »Endlösung«, um sich der Welt noch als »Staatsoberhaupt« zeigen zu können. Blickte er zurück auf seinen mühseligen Weg, mußte er erkennen, daß er die Mehrheit der indischen Moslems nicht hinter sich gehabt und bei allen wirklich verantwortungsvollen Politikern Widerstand gefunden hatte, wie bei Fazl-ul-Huq, Sikander Hyat Khan, Alla Baksh, Suhrawardy. Auch hatten gerade die reinsten Moslemgebiete, wie Sindh und die Nordwestprovinz, nie etwas von Pakistan wissen wollen. Bengalen erklärte sich ausdrücklich gegen eine Vereinigung mit dem Westteil. Die gönnerhafte Hilfe einiger britischer Gouverneure und höheren Beamten in Delhi ersetzte keine Wahlerfolge. Erst bei den letzten Wahlen von 1945/46 konnte die Liga wenigstens die Mehrzahl der für die Moslems reservierten Mandate gewinnen. Die größte Minderheit Indiens wurde also damals von einem Mann geführt, der für staatsmännische Erwägungen kein Ohr mehr besaß.

Stand es mit dem Kongreß besser? Gandhi durfte längst nicht mehr als Führer gelten. Zwar hielt seine Autoriät die oft sich bekämpfenden Gruppen noch einigermaßen zusammen, aber er griff nur noch ein, wenn ihm ein Mandat übertragen wurde – was seit der »Quit India« nicht mehr geschah. Sein Glaube an die Gewaltlosigkeit hat sich mit den realen Tatsachen oft konfrontiert und nötigte ihn zu Kompromissen. Das große persönliche Opfer, das er mit seinem Zwei-Wochen-Besuch bei Jinnah brachte, steigerte Jinnahs Ruhm und wirkte für ihn selbst als Demütigung. Der Präsident des Kongresses, Maulana *Azad*, hatte den richtigen Blick für die Lage, konnte aber als Moslem nicht mit Jinnah verhandeln noch sich auf die Gefolgschaft aller Hindus verlassen. Nehrus Rolle gewann daher rasch an Bedeutung, aber forderte von ihm, seine persönlichen Antipathien – gegen Jinnah, gegen alle »Reaktionäre« –, sein immer noch großes Mißtrauen gegen die Briten aufzugeben. Die Größe der Gefahr, die von Jinnah und seinem Pakistanplan drohte, hat auch er erst allmählich voll erkannt. Jedenfalls stand der Kongreß, als die Stunde der »Vivisektion« Indiens nahte, ohne ausreichende Vorbereitung den Problemen gegenüber, die nun auf alle einstürmten. Keiner der Kongreßführer darf beanspruchen, in dieser Krise mit staatsmännischer Voraussicht gehandelt zu haben.

So setzte sich die Zentralregierung Indiens in dieser kritischen Stunde aus drei Faktoren zusammen, von denen jeder irgendwie gehemmt war. Anzuerkennen ist, daß die Briten eifrig bemüht blieben, die Machtübertragung ordnungsmäßig abzuwickeln und Indiens Einheit dabei zu erhalten. Der verantwortungsbewußte und sehr verständige Premierminister *Attlee*, dem beide Ziele am Herzen lagen, machte daher einen letzten großen Versuch, durch direkte Verhandlungen zwischen seiner Regierung und allen beteiligten Indern, die Streitigkeiten zum Abschluß zu bringen: Er sandte eine bevollmächtigte Abordnung seines Kabinetts von drei Ministern dorthin – ein einmaliger Vorgang in der Geschichte der britisch-indischen Beziehungen.

Kapitel 54

Die Kabinetts-Mission von 1946

Der Vizekönig General Wawell hat das Verdienst, in diesem letzten Akt der britischen Herrschaft über Indien aktiver gehandelt zu haben als die Führer der Befreiungsbewegung. Dreimal hat er die Initiative ergriffen, um die verfahrene Lage zu entwirren: Die erste führte zur Simla-Konferenz im Juni/Juli 1945; die zweite zu den Wahlen von 1945/46, den ersten nach Kriegsausbruch; und die dritte sollte den endgültigen Abschluß erzwingen. Dieser General erkannte frühzeitig, daß der Zweite Weltkrieg sich seinem Ende näherte und damit das Hindernis fortfiel, das einer Neuregelung der britisch-indischen Beziehungen bisher entgegengestanden hatte. Es wirkt fast dramatisch, wie sein erster Aufenthalt in London mit der deutschen Kapitulation zusammenfiel und sein zweiter mit der Japans. Daß er als Offizier die militärische Entwicklung eher erkannte als die Inder, mag dabei weniger hoch bewertet werden als der Umstand, daß er aus dieser Erkenntnis heraus sofort politisch zu handeln begann. Er hatte aus den Ereignissen der Jahre 1942 bis 1944 gelernt, daß die Beherrschung Indiens seinem Lande mehr Lasten als Vorteile aufbürdete und daß es daher auch im britischen Interesse läge, seine Loslösung von Indien nun auch energisch durchzuführen. Seine Initiative wurde von der neuen

Labour-Regierung *Attlee,* die im Juli 1945 antrat, aufgenommen und führte zu der Entsendung der dreiköpfigen Kabinetts-Mission. Sie bestand aus dem Staatssekretär für Indien, *Pethick-Lawrence,* dem Marineminister *Alexander* und dem in Indien schon wohlbekannten Stafford *Cripps,* der damals Handelsminister war. Schon die Tatsache, daß man drei der wichtigsten Mitglieder der Regierung, die im täglichen Geschäft in London beinahe unabkömmlich waren, für drei volle Monate in Indien beließ, zeigt, wie ernst es der britischen Staatsführung war, endlich zu einem Abschluß mit Indien zu gelangen. Jedenfalls enthält die gesamte Kolonialgeschichte kein zweites Beispiel dafür, daß eine Großmacht einer seiner Kolonien so weit entgegengekommen ist. Selbst Skeptiker konnten nunmehr an dem ernsthaften Willen der Briten nicht mehr zweifeln.

Die Mission war vorbereitet durch eine Gruppe von britischen Parlamentariern, die im Januar 1946 Indien bereisten und dort zu ihrer Bestürzung feststellen mußten, wie stark sich die öffentliche Meinung von Großbritannien abgewendet und wie uneinig die Inder unter sich geworden waren. Die Kabinetts-Mission wurde dann feierlich angekündigt durch Reden des Premierministers und des Staatssekretärs für Indien im Unter- wie im Oberhaus in dem Sinne, daß sie den indischen Politikern in allem Ernst zum Bewußtsein bringen sollte, daß England entschlossen wäre, Indien aufzugeben, und daß es höchste Zeit für sie sei, ihre Schmollwinkel zu verlassen und sich an der Bildung einer neuen Regierung zu beteiligen. Sie sollte nun ein indisches Kabinett bilden, das bis zum Abzug der Briten noch unter dem Vorsitz des Vizekönigs bleiben würde, und gleichzeitig eine Nationalversammlung einberufen, um dem kommenden Staat eine Verfassung zu geben. Das Ende des Befreiungskampfes brachte die überraschende Lage, daß die Inder von den Briten dringlich gebeten wurden, die erstrebte Freiheit endlich anzunehmen.

Der Vorschlag der drei Minister wandte sich gegen den Pakistan-Plan, insoweit er einer *Teilung* Indiens gleichkam. Sie brachten Ausarbeitungen mit, die seine Undurchführbarkeit überzeugender darlegten, als der Kongreß es vermocht hatte. Ihr Ziel blieb die Erhaltung der Einheit Indiens. Aber in klarer Erkenntnis der Machtstellung Jinnahs und um seine Ablehnung zu vermeiden, boten sie einen Kompromiß an, der die Einheit Indiens mit seinen Sonderwünschen zu vereinigen suchte.

Der Plan sah eine Zentralregierung vor, die für auswärtige Politik, Landesverteidigung und das gesamte Verkehrswesen zuständig sein würde. Die bisher britisch verwalteten Provinzen sollten in voller Autonomie alles andere übernehmen. Aber um Jinnah entgegenzukommen, sah der Plan ein *Recht auf Austritt* vor, und zwar in einer Form, die es nicht jedem kleinen Grenzgebiet zuerkannte, sondern nur größeren, lebensfähigen. Daher wollte er die Provinzen zu drei »Regionen« vereinigen, von denen zwei diejenigen mit Moslemmehrheiten umfaßten: eine nordwestliche mit dem Panjab, Sindh und der Nordwestprovinz (also das Industal) und eine nordöstliche mit Bengalen und Assam. Die übrigen sechs, also die mit einer Hindumehrheit, sollten die dritte Region bilden. Jede dieser »Regionen« sollte das ihr erwünschte Maß an Autonomie festsetzen, und nach einer gewissen Probezeit sollte jedes Einzelmitglied aus der Region wieder austreten können. Aber niemand würde berechtigt sein, den Gesamtstaat zu verlassen (wie Cripps es noch zugestanden hatte).

Soweit also die autonome Eigenständigkeit aller Teile ging, war doch eine Zentralregierung vorgesehen, die das Ganze zusammenhalten würde. Es war ein dreistöckiges Staatsgebilde, bestehend aus der Zentrale, den Regionalverbänden und den Provinzen, vergleichbar etwa der alten österreich-ungarischen Monarchie, bei der auch zwei Hauptstaaten durch eine Zentralregierung fest miteinander verbunden waren, während jeder weitgehende Eigenständigkeit bewahrte und in sich wiederum mehrere autonome Gliedstaaten umfaßte: Österreich das tschechische Böhmen, das polnische Galizien und die Slowakei – Ungarn die Landschaften Kroatien und Slowenien.

Wie alle Kompromisse war auch dieser verwickelt und so schwer zu durchschauen, daß jeder aus ihm das herauslesen konnte, was ihm paßte. Jinnah konnte darin sein Pakistan finden, obgleich »kunstvoll verpackt«, und der Kongreß die gesamtindische Regierung, die er von dem britischen Staat zu erben hoffte. Bedeutsam war, daß die Fürsten – die ihren Fehler von 1930 einsahen – sich bereit erklärt hatten, dieser Form einer Föderation beizutreten. Jedenfalls enthielt der Plan, so kompliziert er erscheinen mochte, eine letzte Möglichkeit, die spätere Zerreißung Indiens in zwei Staaten zu verhindern. Vorbedingung war, daß die indischen Politiker als verantwortliche Minister in eine zu bildende Regierung eintreten.

Vorauszusehen war, daß Jinnah Widerstand leisten würde. Der Kongreß mußte sich also als »Verbündeter« der Briten betrachten, zumal er erkennen mußte, daß sich hier die letzte Gelegenheit bot, die Einheit Indiens zu retten. Er hat diese Lage offensichtlich nicht klar genug erkannt. Statt auf den wesentlichen Punkt einzugehen und eine Regierung zu bilden, der die Briten die Macht würden übertragen können, verlegte er sich auf Einzelfragen. Er wollte Assam aus der Nordostregion herausnehmen – obwohl gerade seine Einfügung die Mehrheit der Moslems in Bengalen beseitigt hätte. Er wollte die Grenzprovinz aus der nordwestlichen Region herauslösen um seiner dortigen Anhänger willen. Aber beide Einwände erleichterten es Jinnah, das Ganze als unglaubwürdig hinzustellen. Dann rückte der Kongreß die Einberufung der Nationalversammlung in den Vordergrund, obwohl sie zeitlich erst nach Bildung einer indischen Zentralregierung von dieser hätte einberufen werden können. Auch übersah er, daß es Jinnah viel leichter fallen würde, eine solche Versammlung durch Boykott lahmzulegen als seinen Eintritt in die Regierung von vornherein zu verweigern. Gandhi zeigte diesmal den besseren Instinkt: Er riet zur sofortigen Annahme und bat die beiden betroffenen Grenzprovinzen, ihr zeitweiliges Verbleiben in den umstrittenen »Regionen« als ein Opfer anzusehen, das sie im Interesse der Zukunft brächten.

Während der Verhandlungen (zunächst in Simla, später in Delhi) konnte der Kongreß sich zu keiner klaren Linie durchringen. Von Anfang an allzu skeptisch über den Ausgang denkend, schien es ihm wichtig, taktisch so vorzugehen, daß ein Mißerfolg dem *Nein*-Sager Jinnah angelastet werden würde. Im Kongreß glaubte man Zeit zu haben, während Jinnah unter Zeitdruck handeln mußte. Nehru rechnete innerlich damit, daß je später die Befreiung käme, desto größer die Zahl der Politiker werden würde, die seinen Gedanken eines rein weltlichen Staats verständen – selbst im Moslem-Lager. Und in der Tat hätte der alte Kautilya ihm vermutlich geraten, die Beendigung der britischen Herrschaft bis nach Jinnahs Tod zu verschieben, da es ohne ihn kein Pakistan geben würde. Aber die Forderung der Stunde war zunächst ein vertrauensvolles Zusammenarbeiten mit den Briten, an deren Absichten nicht mehr gezweifelt werden konnte. Churchill war durch Attlee, Linlithgow durch Wawell ersetzt worden; drei bevollmächtigte Minister standen bereit, die Macht an die Inder zu übertragen. Es wäre selbst für Jinnah unmöglich gewesen, sich dem Eintritt in die geplante Zentralregierung zu widersetzen. Aber statt dessen forderte Nehru plötzlich den sofortigen Abzug der britischen Truppen (ohne eigene zur Verfügung zu haben!); und als Wawell erklärte, daß er die Regierung bilden würde, wenn auch nur *ein* Faktor mitmache, verweigerte der Kongreß seine Mitarbeit. Selbstverständlich hatte Wawell mit dieser »Drohung« auf *Jinnah* einen Druck ausüben wollen. Daß der Kongreß ihn vor die Notwendigkeit stellen würde, eine solche mit der Liga allein zu bilden – und Jinnah stimmte nach Nehrus Weigerung freudig zu –, war ihm nicht in den Sinn gekommen. Die erste indische Zentralregierung mit Jinnah, aber ohne den Kongreß zu bilden, erschien ihm mit Recht absurd, und so mußte er seinen Entschluß aufschieben.

Die Haltung der Kongreßpolitiker ist schwer verständlich. Der kluge Maulana *Azad* scheint der einzige gewesen zu sein, der die Lage damals treffend beurteilt hat. Aber obwohl verantwortlicher Kongreßpräsident, konnte er als Moslem mit Jinnah nicht persönlich verhandeln, und sein Rücktritt gestattete die Wahl des Nachfolgers erst auf der nächsten Jahrestagung. So gelangte Nehru erst 1946 in dieses Amt, das ihn zum ersten Ministerpräsidenten Indiens prädestinierte. Seine damalige Haltung kann durch Mißtrauen in die Echtheit der britischen Absichten nicht mehr erklärt werden, eher durch die Absicht, den »Alleinvertretungsanspruch« zu wahren und daher nur als Vertreter der indischen Nation zu verhandeln. Derartige Ansprüche – wir Deutsche wissen es nur zu gut – hängen jedoch von der realen Lage ab, und diese war damals durch Jinnahs Machtstellung bestimmt. Gerade sie hätte zum verständigen Einlenken nötigen sollen, da Jinnah schon in dunklen Ankündigungen vom »kommenden Bürgerkrieg« zu sprechen begann.

So entsteht rückblickend beinahe der Eindruck, daß weder der Kongreß noch die Liga mit dem Willen verhandelt haben, zu einem Abschluß zu gelangen. Jinnah hielt den Vorschlag der Kabinetts-Mission nicht für das letzte Wort der Briten. Taktisch äußerst gewandt, zeigte er sich ständig zur Mitarbeit bereit, auch zum Eintritt in die Regierung, und verbesserte dadurch sein Ansehen bei den Briten beträchtlich. Dann nutzte er es allerdings weidlich aus, daß der Vizekönig ihn nicht zum ersten Premier des neuen Indien ernannte, und sprach von »Wortbruch«. Demgegenüber stach schon die schwankende Haltung der Kongreßführer von ihrem Kontrahenten ab. Für die britischen Minister und den wohlmeinenden Vizekönig muß es schwer gewesen sein, die unsichere, verantwortungsscheue Haltung der Freiheitskämpfer zu beobachten. Ihre Enttäuschung führte später dazu, daß Attlee den beiden indischen Parteiführern in nunmehr ultimativer Form ankündigen ließ, daß er Indien bis zum Juni 1948 räumen würde – ohne Rücksicht darauf, ob sie dann eine Regierung geschaffen und eine Verfassung vereinbart hätten. Für eine Beendigung des mehr als hundertjährigen Freiheitskampfes wirkt es seltsam, daß die Entgegennahme der Unabhängigkeit mit einem Ultimatum erzwungen werden sollte.

Die indische Haltung läßt sich sachlich nur so erklären, daß sie den Plan für praktisch undurchführbar gehalten hat. Die Tatsache, daß er verwickelt war, würde sie allein nicht rechtfertigen; denn die Geschichte kennt andere Fälle, in denen sich höchst kunstvolle Staatsgebilde lange erhalten haben, so etwa die Donau-Monarchie oder das ineinander verschachtelte System der heutigen Sowjetunion. Gewiß fehlte hier als feste Bindung das Ansehen des Kaiserhauses bzw. die eiserne Klammer der Kommunistischen Partei, die dort solche Anomalien überwunden haben. Aber auch verglichen mit älteren Großreichen in Indien, die meist mit ihren Dynastien zerbrachen, hätte diese Föderation noch eine dauerhaftere Zentralgewalt gehabt. Jedenfalls war der Plan der drei britischen Minister besser als die dann folgende Lösung, die den Subkontinent in zwei Staaten zerriß.

TEIL X

Freiheit, Spaltung und ihre Auswirkungen

Kapitel 55

Das Jahr der Befreiung – 1947

Zu Beginn des Schicksalsjahres 1947 waren wesentliche Entscheidungen bereits gefallen. Die britische Regierung war fest entschlossen, die Herrschaft über Indien aufzugeben. Die Führer der Befreiungsbewegung erwarteten diese Wendung in der Form, daß Indien als ein unabhängiges Dominion anerkannt werden und im Verband des Commonwealth mit dem Recht zum jederzeitigen Austritt bleiben würde. Es herrschte Einverständnis darüber, daß sich dieser Akt in Form eines *britischen Gesetzes* vollziehen sollte, das einer indischen Regierung die Macht staats- und völkerrechtlich übertrüge. Ihre Bildung war also die erste Voraussetzung für die Befreiung. Ferner stand außer Zweifel, daß Jinnahs Forderungen irgendwie berücksicht werden müßten, d. h. ein geschlossener Einheitsstaat nicht in Frage käme. Dem stimmte auch der Kongreß durch seinen Beschluß zu, daß »niemand gezwungen werden sollte, in der kommenden Indischen Union zu bleiben«. Und endlich waren Kongreß und Regierung sich darüber einig, daß die Verfassung dieses kommenden Staates von einer neu zu wählenden Nationalversammlung ausgearbeitet werden sollte.

Als ihr Hauptziel hatte die Kabinetts-Mission daher angestrebt, die zerstrittenen Inder zur Bildung einer gemeinsamen Zentralregierung zu veranlassen, die mit einem indischen Chef so lange unter dem Vorsitz des Vizekönigs regieren sollte, bis dieser nach Inkrafttreten des Unabhängigkeitsgesetzes mit seinen Truppen das Land verlassen würde. Der innere Zwist innerhalb der Kongreßführung wurde – wenn auch mühsam – dadurch behoben, daß er im Mai, unter Gandhis stärkster Beeinflussung, *Nehru* zum neuen Präsidenten wählte (nicht den ursprünglichen Kandidaten Sardar *Patel*) und ihn damit als Chef der größten Partei im Parlament für das Amt des Regierungschefs bestimmte. Dem Vizekönig Wawell gelang es nach mancherlei Wirrungen, den Kongreß zum Eintritt in die vorgesehene »Interims-Regierung« zu bewegen, so daß Nehru am 2. September 1946 als erster Regierungschef vereidigt werden konnte. Dagegen lehnte Jinnah seine Mitwirkung zunächst ab und ließ seine Liga-Kandidaten erst im Oktober eintreten – aber nicht etwa zur Mitarbeit, sondern zu dem eindeutigen Zweck, diese Zentralregierung durch Sabotage lahmzulegen.

Das Verhältnis zwischen Liga und Kongreß hatte sich inzwischen weiter verschlechtert. Ein äußerer Anlaß war Nehrus erste Pressekonferenz im Juli 1946 in Bombay. Er gab dabei der lockeren Verständigung beider Gruppen, die sie den abreisenden Kabinetts-Ministern mehr aus Höflichkeit mitgegeben hatten, eine andere Interpretation als vereinbart. Jinnah, der seine Zustimmung längst bereute, ergriff gern diese Gelegenheit, um nun, weit über das Ziel hinausschießend, weitere Verhandlungen für nutzlos zu erklären und den Beginn seiner »direct action« für den 16. August anzukündigen. Der blutige Massenmord an Hindus, der darauf in Kalkutta ausbrach, leitete den angedrohten Bürgerkrieg ein. Im Panjab ließ Jinnah mit ähnlichen Methoden die dortige Koalitionsregierung stürzen, worauf die Unruhen durch den heftigen Gegenschlag der Sikhs noch größere Schärfe annahmen. Wenn die damals beginnenden Unruhen, wie viele meinen, dazu beigetragen haben, den britischen Willen zum Abzug zu festigen oder zu beschleunigen, so mögen diese Maßnahmen Jinnahs als *sein* Beitrag zur Befreiung Indiens gelten.

Angesichts solcher bürgerkriegsartigen Wirren mußte nun darüber verhandelt werden, wie man Jinnahs Wünsche berücksichtigen könnte. Der Kompromißvorschlag der drei Minister wurde hinfällig; der Gedanke, die von Jinnah beanspruchten Gebiete vorzeitig abzutrennen, drängte sich auf. Ein letzter Versuch Attlees, die streitenden Parteiführer in London einander anzunähern, blieb erfolglos (Dezember 1946). Noch wehrte sich die britische Regierung sowohl gegen eine Teilung Indiens wie besonders dagegen, sie selber zu vollziehen. Der Rücktritt des Vizekönigs Wawell, der die Hoffnung auf eine ihm annehmbare Lösung aufgab, führte zu der Ernennung des Admirals *Mountbatten*, der im April 1947 in Indien mit der Weisung eintraf, die Dinge mit größter Beschleunigung zu regeln, spätestens zu dem Termin, den Attlee gesetzt hatte (Juni 1948), in Hinblick auf die wachsenden Unruhen möglichst noch früher.

Als unbelastete, jugendlich-gewandte Persönlichkeit fand Mountbatten sofort ein enges Verhältnis zu Nehru, ungeachtet der Tatsache, daß auch er wie Wawell ein Militär war und noch dazu deutsches Blut in seinen Adern hatte*.

So entstand endlich die lang benötigte engere Zusammenarbeit zwischen Kongreß und Vizekönig, die Jinnah wenigstens in diesem Rahmen isolierte. Gemeinsam vermochten sie Jinnahs Anspruch auf Bengalen und den Panjab in ihrem ganzen Umfang auf diejenigen Teile zu begrenzen, die von einer Moslem-Mehrheit bewohnt waren (was Jinnah hämisch mit seinem Wort von dem »mottenangefressenen Pakistan« quittierte). Dagegen traf seine weitere Forderung, die beiden 1940 verlangten Moslem-Staaten nach deren vorheriger Teilung zu *einem* Staat zu vereinigen, bei Nehru wie bei den Briten auf Erwägungen, die einem solchen Wunsche nicht zuwiderliefen, obwohl die Regierung Bengalens widersprach. Zwar gelang es, Jinnahs absurde Forderung auf territoriale Verbindung beider Landhälften durch einen »Korridor« quer durch das Gangestal abzuwenden, aber der Plan eines einzigen Moslem-Staats gewann Boden. Denn seit das »Recht auf Austritt« in dem Vorschlag der Kabinetts-Minister aufgetaucht war, hatte man mit Besorgnis beobachtet, wie er nicht nur Bengalen und die Nordwestprovinz ergriff, sondern auch andere Staaten, namentlich einige Fürsten ansteckte, und – wie Nehru es ausdrückte – zu einer »Balkanisierung« Indiens führen könnte. Auch die britische Regierung wehrte sich gegen eine solche Aufsplitterung und entschied, daß sie höchstens *zwei* Nachfolgestaaten als Dominien anerkennen würde.

Zunächst führten alle diese widerspruchsvollen und sich durchkreuzenden Pläne auf einen toten Punkt. Ihn überwand einer der gescheitesten indischen ICS-Beamten, V. P. *Menon*, der als langjähriger Mitarbeiter mehrerer Vizekönige die ganze Irrfahrt verfolgt hatte. Er legte einen neuen, eigenen Plan vor, der sich auf die realen Tatsachen stützte und die wesentlichen

* Er entstammt der Familie Battenberg, einem Seitenzweig des hessischen Großherzogshauses, der in drei Generationen mit dem englischen Königshaus Heiraten geschlossen hatte, und war ein Enkel der Königin Victoria, der ersten Kaiserin von Indien. Als Oberkommandierender der britischen Truppen hatte er den Krieg gegen die Japaner geführt und dabei den heute seltsam klingenden Titel »Earl of Burma« erhalten. Seine politisch hochbedeutsame Gattin war die Enkelin des Bankiers Ernst Cassel aus Frankfurt.

Punkte zusammenfaßte, für die Einigkeit erreicht war; seine Lösung wurde endgültig angenommen. Davon ausgehend, daß »Indien« als solches mit seiner bisherigen Zentralregierung bestehenbleiben würde, also die Gebiete, die sich dem neuen, unabhängigen Indien nicht anschließen wollten, *vorher* austreten müßten, und angesichts der Erklärung Londons, nicht mehr als zwei Dominien anzuerkennen, schlug er vor, die beiden neuen Staaten sofort zu bilden, so daß sich alle anderen einem von ihnen anzuschließen hätten. Diesem Plan konnte sich selbst Jinnah nicht widersetzen, wenngleich er seine Zustimmung auf ein wortloses Kopfnicken beschränkte, als er am 3. Juni 1947 zur Entscheidung gestellt wurde.

Schwierigkeiten verursachte noch die heikle Frage, ob und inwieweit man die Bevölkerung befragen müßte. Jinnah war gegen Volksabstimmungen, die daher auf nur zwei Fälle beschränkt wurden. Die von Gandhi geforderte Volksabstimmung in Ostbengalen scheiterte an Jinnahs Einspruch (zumal er ahnte, daß sie gegen den Anschluß an Pakistan ausfallen würde). Hier, ebenso wie im Panjab, wurden nur die früher gewählten Volksvertreter befragt, die von einer winzigen Schicht von Stimmberechtigten gewählt waren, also nur die Oberschicht vertraten. Der unglücklichen Nordwestprovinz, die sich dank ihrer geographischen Lage an Indien nicht anschließen konnte, wurde bei der Abstimmung verwehrt, für ein unabhängiges »Pashtunistan« zu stimmen, worauf die dortige Kongreß-Regierung zurücktrat und ihre Anhänger zur Stimmenthaltung aufforderte. So ist auch dieses Gebiet nur mit dem Votum einer Minderheit zu Pakistan geschlagen worden.

Diese Abstimmungen vollzogen sich bereits in bürgerkriegsähnlichen Unruhen, die je länger, desto mehr die Volksleidenschaften erhitzten. Ein neutraler Beobachter muß daher sagen, daß keine von ihnen den wahren Willen der Bevölkerungsmehrheit zum Ausdruck gebracht hat, und daß sowohl die Teilung der beiden großen Provinzen – Bengalen und Panjab – wie die teilweise Eingliederung beider und der Nordwestprovinz in den neuen Staat Pakistan ohne die Zustimmung des Volkes durchgeführt worden sind. Aber in der damaligen Hochspannung und unter dem Druck der allmählich chaotisch werdenden Zustände sahen die Beteiligten keinen anderen Ausweg, als diese Lösung als gültig hinzunehmen. So wurde denn die »India Independence Act« mit einmaliger Geschwindigkeit –

innerhalb von 14 Tagen – verabschiedet und in Kraft gesetzt mit dem vorverlegten Datum des 15. August 1947.

Die verwaltungsmäßige Aufteilung eines so großen Gebiets, das über ein Jahrhundert als Ganzes verwaltet war, und die Zerreißung zweier seiner größten Provinzen erforderten einen Aufwand, vor dem sich selbst ein gut besetzter Verwaltungsapparat in Europa gescheut hätte. Er mußte nun von der zahlenmäßig winzigen Beamtenschaft in Indien durchgeführt werden, was ohne das energische Antreiben Mountbattens wohl kaum gelungen wäre. Aber ebenso wie man sich um die Zustimmung der Bevölkerung kaum bekümmert hatte, dachte man an die psychologischen Folgen, die eine so plötzliche Umwandlung des gewohnten staatlichen Zusammenhangs auslösen würde. Auch war die Interimsregierung, in der noch die Anhänger Jinnahs saßen, in ihrer Leistungsfähigkeit äußerst beschränkt, und ließ der britische Staatsapparat, der sein Ende nunmehr als unmittelbar bevorstehend erblickte, in seiner Festigkeit nach. Nur wenige haben die Folgen vorausgesehen, die nun eintraten, wie der Gouverneur des Panjab, Sir Evans *Jenkins,* der schon die Unruhestifter Jinnahs, die »Khaksars«, als bedenkliches Symptom erkannt und daher besondere Maßnahmen zur Erhaltung der Ordnung getroffen hatte. Hier wurde eine eigene Schutzwehr von 55 000 Mann verläßlicher Truppen aufgestellt, deren Kommandeur, General *Rees,* von zwei indischen Offizieren unterstützt wurde: dem Sikh *Digambar Singh* und dem Moslem *Ayub Khan,* dem späteren Staatschef Pakistans. Was trotzdem an Mord und Raub, Plünderung und Massaker in der verängstigten und aufgewühlten Bevölkerung einsetzte, überstieg die schlimmsten Erwartungen. Statt eines geordneten »Bevölkerungsaustausches«, wie man ihn hätte vorsehen sollen, begann eine erzwungene Massenflucht in beiden Richtungen, die Millionen von Menschen von Haus und Hof vertrieb und die Hauptstadt Delhi zu einem Massenlager von Vertriebenen machte. Eine improvisierte Notstandskommission unter dem Vorsitz des Vizekönigs, die bald zur eigentlichen Regierung des Landes wurde, suchte der Not zu steuern.

Aber auch ihr Wirken wurde durch die in Eile getroffenen Maßnahmen zur Festlegung der neuen Grenzen erschwert. Ein hoher englischer Jurist, Sir Cyril *Radcliffe,* wurde beauftragt, sie mit einer paritätisch zusammengesetzten Kommission zu ziehen, und sah sich durch ständige Uneinigkeit seiner Mitarbeiter bald zu der Notwendigkeit gedrängt, endgültige Entscheidungen allein vorzunehmen. Dabei gelangte beispielsweise eine von ihm vorgenommene Änderung durch Indiskretion in die Öffentlichkeit. Sie betraf ein schmales Landstück gerade an der Stelle, wo Indien an den Staat von Jammu und Kaschmir grenzte. Die Erregung wurde sofort politisch hochgespielt und verursachte neue Ausschreitungen, die nun wieder Vergeltung hervorriefen. Der ganze furchtbare Ausbruch lang angestauter Volksleidenschaften, der sich mit der Verbitterung über die Teilung und mit der Angst vor den neuen Machtverhältnissen vereinigte, nahm riesige Ausmaße an. In Bengalen wanderte Gandhi, der hier seine eigentliche Aufgabe erblickte, vom 6. August bis 9. September durch die betroffenen Viertel Kalkuttas und die Dörfer, um die aufgeregten Menschen zu beruhigen, was ihm so weit gelang, daß er – nach den Worten Mountbattens – »mehr Erfolg gehabt hat als zwei britische Divisionen im Panjab«. So wurde der feierliche Akt am 15. August, an dem Indien seine Befreiung erhielt, an dem die britische Flagge herunterging und die indische Nationalflagge gehißt wurde, zwar der stolze Schlußtag der Befreiungsbewegung*, aber ein Tag mit so vielen Opfern politischer, menschlicher und wirtschaftlicher Art, wie niemand es geahnt hatte.

Verständlich, daß Gandhi ihn als einen Tag der Trauer ansah und sich fern von Delhi aufhielt. Ein politischer Beobachter vermag sich des Eindrucks nicht zu erwehren, daß die Unabhängigkeit – in jenem Augenblick – den unvorbereiteten Indern überraschend aufgedrängt wurde, als sie sich noch keineswegs genügend gesammelt hatten, um sich ihrer neuen Aufgabe fähig zu erweisen. Daß der 77jährige Gandhi, der als einziger eine wirkliche Autorität bei den Volksmassen besaß, sich müde und murrend zurückzog und sich einer allerdings

* Am 13. August war in Karachi die entsprechende Zeremonie für Pakistan vollzogen worden – verfassungsmäßig geschickt *vor* der Unabhängigkeit Indiens, da das nunmehr unabhängige Indien von vornherein nur über die Gebiete verfügte, die ihm auch verbleiben sollten. Jinnah, der islamischen Umgangssprache, des Urdu, nicht mächtig, verlas seine Rundfunk-Botschaft in englischer Übersetzung und »dankte Gott für die gnädige Führung« in einer anglikanischen Kirche; nicht etwa in einer Moschee. Und Nehru hielt in Delhi seine Proklamationsrede auf dem Turm des Forts, das die Mogulkaiser als Zwingburg gegen die Hindus errichtet hatten. So verschlangen sich die Wirren der Geschichte noch zuletzt zu bizarren Folgen.

hochwichtigen Einzelaufgabe widmete (der Beruhigung Bengalens), erwies sich ebenso als ein unseliges Schicksal, wie daß Nehru bis vor kurzem noch im Gefängnis gesessen und dort die engere Fühlung mit der Volksstimmung eingebüßt hatte. Das gleiche gilt von Patel, dessen überragende Energie ihn am ehesten zum Diktator in höchster Not hätte geeignet erscheinen lassen.

Die Befreiungsbewegung hatte ihr Ziel erreicht, die britische Herrschaft war beendet. Indiens neuer Status als eines Dominions im Verband des Commonwealth, der in hitzigen Diskussionen so oft als ungenügend erklärt worden war, erschien jetzt als ein durchaus befriedigender Ausdruck für die ersehnte Freiheit; und es hat keine sonderlichen Schwierigkeiten mehr gemacht, den ersten noch britischen Generalgouverneur durch einen Inder (Rajagopalacharia) und diesen dann durch einen Präsidenten der Republik zu ersetzen und dadurch den unabhängigen Charakter des Landes auch äußerlich sichtbarer zu betonen. Die Loslösung war – was das Verhältnis der Inder zu den Briten anlangt – in friedlicher Ordnung auf gesetzmäßigem Wege erfolgt, ohne Blutvergießen zwischen den beiden Rassen – was sich Gandhi als sein Verdienst zuschreiben konnte. Die Basis für freundschaftliche Beziehungen zwischen Indien und dem britischen Reich, zwischen den beiderseitigen Regierungen wie den beiden Völkern war gelegt und hat bis heute ohne wesentliche Störungen gehalten.

Die britischen Truppen, die wegen der furchtbaren Unruhen noch etwas länger als geplant im Lande blieben, vor allem im Panjab, taten unter Einsatz ihres Lebens auch weiter ihre Pflicht, obwohl sie nun nicht mehr ihrem Lande, sondern zwei neuen, fremden Staaten dienten. Die Welt erlebte das erste große Beispiel einer friedlichen Dekolonialisierung, das Schauspiel, wie eine Weltmacht ihr größtes koloniales Besitztum aufgab und dort einer ordnungsmäßig durch Wahlen zustande gekommenen einheimischen Regierung die Macht aushändigte. Mit Recht empfand es die Außenwelt als ein Verdienst von Gandhis Politik der Gewaltlosigkeit; aber in Indien selbst mögen die alten Liberalen bei sich gedacht haben, daß sie mit diesem Verlauf seit jeher gerechnet hatten.

Unter den gebrachten Opfern wog die territoriale Verkleinerung des freien Indien politisch am schwersten. Letzten Endes war sie die Folge jener Eroberung Indiens durch islamische

Invasoren, die um 1000 herum begonnen und den größten Teil des Subkontinents für mehrere Jahrhunderte unter eine Moslem-Herrschaft gebracht hatte, die von vielen Gesichtspunkten aus ebenso eine Fremdherrschaft gewesen war wie die britische. Der größte Gebietsverlust, Westpakistan, also das alte Industal, gliederte ein Gebiet aus, das zu Zeiten der Hinduherrschaft nur sehr selten zu einem Zentralreich gehört und sich für lange Zeiträume sogar unter Fremdherrschaft westlicher Nachbarn, namentlich der Perser, befunden hatte. Für die Sicherung Indiens gegen Westen konnte man Westpakistan als einen Pufferstaat gelten lassen, unter der Voraussetzung, daß er stark genug werden würde, um Angriffe von dort abzuhalten. Daß er selbst als Aggressor auftreten könnte, lag damals noch außerhalb der Vorstellung indischer Politiker, obwohl der im Oktober 1947 einsetzende Einbruch bewaffneter islamischer Grenzstämme (auch Pathans), die von Pakistan – das ist unstreitig festgestellt worden – Unterstützung erhielten, wie ein erster dunkler Vorbote dieser Möglichkeit erscheinen mußte. Die erste militärische Aktion des freien Indien diente dem Schutze des fürstlichen Staates Jammu und Kaschmir, der von diesen Banden in schlimmster Weise bedroht wurde. Politisch schwerer für die Zukunft wiegt die zweite Teilung Bengalens; denn sie traf ein Volk, das zwar Hindus wie Moslems umfaßt, aber in seiner langen, sehr bewegten Geschichte und durch die hohe Kultur seiner Sprache schon zu einer Nation zusammengewachsen war, und dessen letzte gewählte Regierung sich emphatisch *gegen* eine Teilung aussprach. Bengalen wollte nicht zum Teil eines Pakistan werden, dessen politischer Schwerpunkt im fernen Industal lag. Es wollte die Forderung Jinnahs in der Form verwirklichen, daß es, gestützt auf die Tradition von C. R. *Das*, die in seinen Politikern durchaus lebendig geblieben war, als ein eigenständiges, autonomes Land eine Verfassung sui generis schaffen dürfte – wenn nötig, außerhalb Indiens oder in lockerer Verbindung mit ihm. Künftige Geschlechter werden es vielleicht als politische Weisheit ansehen, wenn man 1947 getrost *drei* Nachfolgestaaten gebildet und es dem neuen Bengalen überlassen hätte, seine Beziehungen zu den beiden anderen nach seinen Interessen zu ordnen. Jedenfalls war die Angliederung Ostbengalens an den neuen Staat im Industal politisch ein Mißgriff.

Eine andere Lücke in dem Gesetz war das Fehlen ausreichender Regeln zum Schutze der Minderheiten: sowohl der 60 Millionen Moslems, die in Indien zurückblieben, wie einiger Millionen von Hindus in den pakistanischen Teilen, sowie vor allem Regeln über die gegenseitigen Entschädigungen der 12 Millionen Flüchtlinge. Nach dem Vorbild der Völkerbundsakte von 1919 hätte man dafür gewisse bindende Vorschriften in das Gesetz aufnehmen sollen. Vielleicht hatte man gehofft, für eine gewisse Übergangszeit noch eine organische Verbindung zwischen den beiden neuen Staaten dadurch zu ermöglichen, daß man plante, den letzten Vizekönig für diesen Zeitraum als Generalgouverneur *beider* Dominien zu belassen. Obwohl Indien dem gern zustimmte, weigerte sich Jinnah im letzten Moment, da er sich selbst als Oberhaupt »seines« Staates sehen wollte. So blieb als dünnes Band lediglich das Verbleiben beider im Commonwealth – was, wie die Erfahrung lehrt, nicht einmal Kriege zwischen Mitgliedern verhindert.

Trotz allem war es für Indien die große Stunde seiner Befreiung. Die Ära der kolonialen Beherrschung war zu Ende, und es konnte darangehen, seinen Staat, seine Wirtschaft, seine Gesellschaftsordnung wieder in voller Unabhängigkeit zu entwickeln. Schwer war das territoriale Opfer, wobei der Verlust des Industals minder stark empfunden wurde, da es sich in der langen Geschichte Indiens schon oft unter fremder Herrschaft befunden hatte. Ungleich schlimmer war das Schicksal Ostbengalens, zumal hier die Erinnerung an den erfolgreichen Widerstand gegen seine Teilung von 1905 noch kräftig fortlebte. Aber für solche territorialen Opfer konnten die Inder einen gewissen Trost in anderen Beispielen aus der Geschichte finden; denn die Befreiung eines Volkes ist mehrfach mit solchen Einbußen erkauft worden: Das Bismarcksche Reich mußte die Trennung von den deutsch-österreichischen Gebieten hinnehmen (darunter Wien, das 500 Jahre Hauptstadt des alten Reichs gewesen war); Italien zahlte für seine staatliche Wiedergeburt mit Nizza und Savoyen; Rumänien mußte Bessarabien den Russen und Siebenbürgen den Ungarn überlassen, und Irland hat seine Unabhängigkeit mit dem Verlust von Ulster bezahlt.

So stand Indien mit seinem Schicksal nicht allein, was seinen verantwortlichen Staatsmännern den schweren Entschluß erleichtert haben mag. Sie hatten sich in der Hoffnung geirrt, daß ein staatliches Gefüge, das eine Weltmacht mit ihrem enormen Prestige und ihren großen Machtmitteln errichtet und zusammengehalten hatte, automatisch auf eine junge, militärschwache Demokratie übergehen würde. Einen gewissen Ersatz fanden die Gründer des neuen indischen Staates in dem Erwerb der Gebiete, die bisher unter fürstlicher Herrschaft gestanden hatten.

Kapitel 56

War Pakistan unvermeidlich?

Die Entstehung Pakistans erklärt sich aus der politischen Geschichte des indischen Subkontinents, aus der Eroberung und langen Beherrschung großer Teile durch landfremde Bekenner des Islams, die – im Gegensatz zu den meisten Invasoren – sich nicht der indischen Kultur assimilierten, sondern aufgrund ihrer Religion eine eigene Kulturwelt aufzubauen suchten. Obwohl die Inder religiös tolerant sind, blieb die islamische Welt für sich abgeschlossen, was zu einem politischen Antagonismus führte. Er hätte überwunden werden können durch den Gedanken eines *weltlichen* Staats, wie ihn Nehru klar ausgesprochen hat. Aber da die beiden Hauptreligionen – der Hinduismus und der Islam – durch lange Tradition gewohnt waren, Staat und Religion aufs engste miteinander verbunden zu sehen, und da die geistige Entwicklung, die einem solchen an sich »unindischen« Staatsgedanken Eingang in das Bewußtsein der Inder ermöglicht hätte, zu langsam ging, um als politischer Faktor in dem Zeitpunkt wirksam zu werden, als die Briten sich entschlossen, den von ihnen geschaffenen Einheitsstaat in indische Hände zu übergeben, fand diese geschichtliche Stunde die Führerschicht beider Gruppen noch nicht bereit, ihn auf dieser Basis zu gestalten. Die Tatsache, daß heute 60 Millionen Moslems als gute Bürger des nunmehr entstandenen weltlichen Staates »Indien« leben, zeigt, daß sich auch Bekenner dieser Religion einem solchen Staate eingliedern lassen. Man kann also sagen, daß, wenn die Befreiung später gekommen und die politische Führerschicht aller religiösen Gruppen genügend reif gewesen wären, den Gedanken eines weltlichen Staats zu erfassen und durchzuführen, eine Abspaltung der Moslem-Gebiete nicht nötig, also vermeidbar gewesen wäre.

Der Kampf der Liga und ihres gerissenen Führers Jinnah zeigt, daß man sich dabei der geschichtlichen Vergangenheit kaum bewußt gewesen ist. Jedenfalls haben solche Argumente fast keine Rolle gespielt. Vielmehr führte man den Kampf mit Schlagworten, die zwar westlichen Begriffen entlehnt waren, aber das Wesentliche eines westlichen Staats – eben seinen rein »weltlichen« Charakter – bewußt oder unbewußt übersahen. Das gilt von dem Schlagwort der »zwei Nationen«, das wirklichkeitsfremd war, da es damals weder eine indische noch zwei andere Nationen gegeben hat; denn die Entstehung des Nationalgedankens im europäischen Sinne war erst im Werden. Das gilt erst recht für Jinnahs beliebte Behauptung, daß man den Moslems nicht zumuten könnte, mit Hindus in *einem* Staat zu leben – was im heutigen Indien längst widerlegt ist. Real war das zahlenmäßige Verhältnis beider Gruppen insofern, als die Moslems damals etwa 15 Prozent der Gesamtbevölkerung bildeten und befürchteten, in einem demokratisch geführten Staat mit allgemeinen Wahlen und Mehrheitsbeschlüssen zu kurz zu kommen. Daß sie dabei in der Ausübung ihrer Religion irgendwie behindert würden, ist ebenfalls durch die Praxis widerlegt und auch damals selbst von Jinnah nie ernsthaft behauptet worden. Die freie Ausübung der Religion wird in Indien durch keine Regierung eingeschränkt.

Allerdings wurde dieses Gefühl, eine Minderheit zu sein, dadurch verschärft, daß die Moslems, die bis zur britischen Eroberung die herrschende Oberschicht bildeten, viel später begannen, sich an der durch die Briten geschaffenen Ordnung aktiv zu beteiligen. Wie früher gezeigt, entspricht dieser zeitliche Abstand genau dem Geburtsdatum der beiden Männer, die ihre Gemeinschaften zu einer solchen aktiven Mitwirkung am modernen Indien ermuntert haben: Ram Mohan *Roy* für die Hindus und Syed Ahmad *Khan* für die Moslems. Jener wurde 1772, dieser 1817 geboren, und dieser Zeitraum von 45 Jahren, also von 1½ Generationen, trennt die Moslems von den Hindus, was ihre »westliche Reife« anlangt. Als das neue Wirtschaftsleben und die britische Verwaltung sich den Indern öffneten, konnten die schon westlich geschulten Hindus alle verfügbaren Plätze besetzen, und als man später den Moslems eine feste Quote im höheren Verwaltungsdienst zusicherte, waren oft nicht genug geeignete Bewerber da, um sie einnehmen zu können. Dieser Stand des »Zurückgebliebenseins« war ein wesentlicher Antrieb ihrer Sezessionsbewegung. Jinnah selber, der 1876 geboren wurde, also der Generation Gandhis entstammte, gehört zu den ersten Moslems, die durch westliche Erziehung befähigt wurden, eine politische Rolle zu spielen.

Die meisten Moslem-Führer entstammten der Schicht »feudal«-eingestellter Landherren. Und in der Tat ist es das *soziale* Moment gewesen, das durch seinen überragenden Einfluß den Gegensatz zwischen Liga und Kongreß beherrschte. Diese waren es, die 1906 die Liga gründeten zu dem ausgesprochenen Zweck, ihre Standesinteressen zu schützen, da sie den Kongreß als eine demokratische oder gar sozialistische Volksbewegung fürchteten und verabscheuten. So erklärt es sich auch, daß die Liga keinerlei Einfluß in den Moslem-Kreisen fand, die inzwischen, unabhängig vom ererbten Großgrundbesitz, durch eigene Kraft zu Bildung und Wohlstand gekommen waren, wie etwa die großen Kaufmannsgilden der Borahs und der Khojas oder wie der gesunde Mittelstand der Kaufleute, Handwerker, der mittelgroßen Landbesitzer. Erst recht galt das für die Masse der Bauern und der Landarbeiter, wie sie in Ostbengalen die Mehrzahl der Moslem-Bevölkerung und in anderen Gebieten, z. B. im Panjab, einen Großteil der moslemischen Eingesessenen bilden. Hier verfingen Jinnahs propagandistische Losungen nicht, und hier hat die Liga bis in die letzten Jahre hinein mühsam darum ringen müssen, Stimmen zu gewinnen. Gestützt auf solche Kräfte, konnten sich verständige Regierungen bilden, die zwar noch nicht den Gedanken des weltlichen Staats ausprägten, wohl aber in gesunden Kompromissen ein gleichberechtigtes Zusammenleben beider Gruppen ermöglichten, wie es für Bengalen der weitsichtige C. R. *Das* bereits 1924 durchführte, und wie sein bedeutender Schüler Fazl-ul-Huq im Panjab es nachahmte.

Rückblickend kann man sagen, daß Jinnah das religiöse Moment, das ihm persönlich wenig besagte, weitgehend zur Tarnung seines gesellschaftspolitischen Kampfes benutzt hat, um mit Pakistan einen Staat zu schaffen, in dem die Träger des »ancien régime« maßgebend bleiben sollten; wie denn oft daran erinnert wird, daß Westpakistan selbst heute noch von 22 Familien regiert würde. Daraus erklärt sich der Widerstand der Liga gegen jede Heranziehung des Volks, gegen Plebiszite und Volksabstimmungen, gegen alles, was nach Mehrheits-Entscheidungen roch.

Die beiden Staaten des Subkontinents, Indien wie Pakistan, haben den Zug gemeinsam, daß sie aus verschiedenen Völkern bestehen, die es durch eine neue Staatsidee zu vereinigen gilt. In Indien ist es der weltliche Staat, der sich auf die uralte Gemeinsamkeit der indischen Kultur stützt, aber abweichende Minderheiten ebenso integriert wie etwa die USA ihre verschiedenen Volks- und Einwanderergruppen. Ostbengalen, das heutige Bangladesh, ist der einzige Staat, der volks- und sprachmäßig eine homogene Bevölkerung umfaßt. Das westliche Pakistan umschließt die Völker der Panjabis, der Sindhis, der Beluchis und der Pathans, und gerade die letzteren sind, wie erwähnt, gegen ihren ausgesprochenen Willen in den Staat Pakistan hineingezwängt worden. Das natürliche Bedürfnis eines solchen Mehr-Völker-Staats ist eine Sprache, die der allgemeinen Verständigung zu dienen vermag – wie in der alten Donau-Monarchie deutsch zur »Staatssprache« wurde. Ebenso wie Indien versucht, Hindi in diese Rolle zu bringen, und dabei auf größte Widerstände stößt, hat Pakistan es mit der Urdu-Sprache versucht. Aber während der Widerstand gegen Hindi überwiegend von solchen Völkern ausgeht, die ihre eigene Sprache als die höher entwickelte ansehen, wird Urdu abgelehnt, weil es als Sprache der Oberschicht gilt, also in Gegensatz zu den Volkssprachen tritt. Daß Pakistan versuchte, diese Fremdsprache in *Bengalen* einzuführen, war einer seiner schwersten Fehler, der die Bengalen von vornherein aufs äußerste reizen mußte.

So wird verständlich, daß der Plan, aus einem Bündel so verschiedener Länder einen islamischen Staat zu errichten, bei den denkenden Moslems auf Skepsis stoßen mußte. Jinnah selbst hat wohl gewußt, daß man auf den Koran allein keinen Staat begründen konnte. Andererseits merkte er bald, daß er seine Politik auf die Dauer nicht nur auf Abwendung mehr oder weniger realer Schädigungen, auf Klagen über ungenügende Berücksichtigung, auf Widerstand gegen moderne Reformen oder auf Einräumung von Sonderrechten stützen könnte. Denn bei aller Sympathie, die er als Führer der Moslems bei vielen britischen Behörden fand, erkannten diese mit ihrem geschulten, nüchternen Blick für Realitäten, wie übertrieben und oft grundlos solche Forderungen waren. Er war daher froh, einen

»großen«, positiven Gedanken zu finden*, den eines abzutrennenden eigenen Moslem-Staats, obwohl er sich über die Art seines Aufbaus keine klaren Vorstellungen zu machen vermochte. Aber er erkannte seinen zündenden propagandistischen Wert, mit dem er hoffte, die Massen mitreißen zu können.

Seine verantwortungsbewußten Glaubensgenossen haben ihn nicht ernstgenommen und rieten bald dringend ab, wie die islamischen Ministerpräsidenten in Bengalen, im Panjab und Sindh. Daß die Pathans dagegen waren, liegt auf der Hand. In seiner eigenen Wahlheimat Bombay hat Jinnah nicht den geringsten Widerhall gefunden; von den dortigen Moslems ist niemand in den neuen »Islam-Staat« abgewandert. Die Masse der Moslems, die später in ihn flüchtete, tat es aus bitterster Not, weil die überstürzte Teilung Indiens und zweier seiner Provinzen den furchtbaren Ausbruch der Leidenschaften hervorrief, der die Menschen in beiden Richtungen zwang, ihre Heimat zu verlassen.

Wie die früheren Betrachtungen gezeigt haben, ist zwar die ganze Entwicklung historisch zu erklären, hätte aber mit geeigneten Methoden abgebogen werden können. Da die Briten – wenigstens die obersten Stellen – sich bis zuletzt um die Erhaltung der Einheit »ihres« Indien bemühten, hätte dies von der Politik des Kongresses abgehangen. Sie hat in der Tat die vorhandenen Möglichkeiten politisch nicht so ausgenutzt, wie es die Schwere dieser Aufgabe erfordert hätte. Das früher Gesagte läßt sich etwa so zusammenfassen:

Der Kongreß hat anfangs die Stärke der Liga und das Geschick Jinnahs unterschätzt. Spätestens von dem Zeitpunkt an, wo es feststand, daß die Briten Indien aufgeben würden – was Jinnah um 1940 erkannte –, hätte der Kongreß seine Taktik ändern müssen; er durfte nicht mehr seine Abneigung gegen diese »reaktionäre« Gruppe als Richtschnur behalten; er mußte seinen »Alleinvertretungsanspruch« – für die gesamte werdende indische Nation zu sprechen – modifizieren und mußte die Liga als gleichberechtigten Partner behandeln. Gerade als Sprecher der überwältigenden Mehrheit hätte er großzügig und weise auf die Befürchtungen und Wünsche der Moslems ein-

* Daß zu den ersten, die ihn begrüßten, die kommunistischen Studenten der Universität Kalkutta unter Führung des heute noch maßgebenden Biren Mukherji gehörten, hat sicher manchen Moslem nachdenklich gestimmt.

gehen und jedenfalls alles vermeiden müssen, was sie unnötig reizte oder ihnen bequemen Anlaß zu Gegenmaßnahmen bot. Er hätte die Politik von C. R. *Das* befolgen sollen, der diese Dinge klarer und früher erkannt hat. Daß alle Versuche, die er in dieser Richtung unternahm, erfolglos blieben, liegt sicher nicht allein an der Starrköpfigkeit Jinnahs. Denn die Masse der Moslems war von ihm noch nicht gewonnen; sie stand einer geschickten Politik des Kongresses noch offen. Was Maulana Azad in seinen Erinnerungen darüber sagt, ist Ausdruck staatsmännischer Weisheit, an der es in der Praxis oft gemangelt hat. Die Versuche, dem »großen Gedanken« Jinnahs ein *soziales* Ideal entgegenzustellen, blieben unzureichend. Die naheliegende Aufgabe, die praktischen Nachteile eines abgespaltenen Staates volkstümlich darzulegen, wurde kaum ernsthaft angepackt. Mißgriffe und ungeschickte Äußerungen erschwerten die Lage, zumal sie im Munde der Mehrheit eine Minderheit besonders aufreizen. Zwei solcher Vorfälle wurden erwähnt, weil sie Nehru betrafen: seine unglückliche Taktik bei der Bildung der Regierung der UP im Jahre 1937 und seine noch unglücklichere Pressekonferenz im Juli 1946. Im ersten Fall mag ihn die Gesamtstimmung im Kongreß mitgerissen haben, im zweiten entschuldigt ihn der Umstand, daß er, erst kurz vorher aus dem Gefängnis entlassen, noch keinen sicheren Kontakt mit der Außenwelt gewonnen hatte. Auch wird ihre Wirkung sicherlich durch andere Momente übertroffen. Kann der Kongreß heute die Frage bejahen, ob er wirklich alles getan hat, um die beiden Koalitionsregierungen in Bengalen und im Panjab, die gegen Jinnah und gegen seinen Pakistanplan standen, wirksam zu stützen? Maulana Azad bezweifelt es. Hat der Kongreß, als er mit Nehru die Interimsregierung bildete, alles getan, um den guten Willen *Attlees* auszunutzen, der die Einheit Indiens bis zuletzt zu wahren suchte? Hat der Kongreß die beiden früheren Möglichkeiten, eine Zentralregierung zu schaffen, voll ausgeschöpft: die erste, die Cripps im Jahre 1942 anbot und die andere, die sich aus der Anwesenheit der drei Kabinettsminister ergab? In beiden Fällen hätte man noch rechtzeitig eine indische Zentralregierung schaffen können, der sich Jinnah kaum hätte entziehen dürfen – 1942, weil der Kriegsnotstand auch ihn band, und 1946, weil die Anwesenheit von drei bevollmächtigten Ministern auf alle einen starken Druck ausübte. Hier wie dort hätte eine gemeinsame Zentralregierung das Forum gebildet, auf dem man, unterstützt vom Vizekönig, mit Jinnah eindringlicher hätte verhandeln können, als es später der Fall war, wo der Druck, der auf den Briten lastete, sie förmlich zum eiligen Abzug zwang. Keiner dieser großen Augenblicke ist genutzt worden. Gandhis Rat, eine Massenbewegung mit der Losung »Die Einheit Indiens ist in Gefahr« hätte zum mindesten das Volk aufgeweckt, und seine Teilnahme würde dem ganzen Streit, der sich ja praktisch in einem kleinen Kreise abspielte, einen nationalen Charakter gegeben haben.

Manche indischen Historiker lieben es, über diese heiklen Fragen dadurch hinwegzugehen, daß sie die Hauptschuld an der Teilung den britischen Sympathien für die Moslems zuschieben. Gewiß haben mehrere Gouverneure zum Sturz ligafeindlicher Provinzregierungen beigetragen (in Bengalen, im Panjab, in Ṣindh). Wie Menon berichtet, soll ein hochstehender britischer Beamter Jinnah gelegentlich ermuntert haben, »fest zu bleiben«; Churchill soll Jinnah brieflich seine Unterstützung für »Pakistan« zugesagt haben; aber Churchill war damals nur noch Mitglied des Unterhauses, nicht mehr Premier.

Allen diesen mehr oder weniger versteckten Hilfen, deren Zahl sich nach Öffnung der Archive vielleicht noch vermehren wird, steht die klare Linie der britischen Politik gegenüber, die bis zuletzt versucht hat, die Einheit Indiens zu erhalten, dabei allerdings beim Kongreß nicht die Mitwirkung gefunden hat, auf die sie rechnete.

So ist Pakistan entstanden aus einer – geschichtlich gesehen – *zufälligen* und einmaligen Konstellation, in der ein ungewöhnlich ehrgeiziger und selten geschickter Taktiker, ohne Verantwortungsgefühl für das Volk, vermocht hat, es einer britischen Regierung abzutrotzen, die durch den Zweiten Weltkrieg so geschwächt war, daß sie die Last einer militärischen Beherrschung Indiens nicht mehr zu tragen fähig war und gar dem drohenden Bürgerkrieg, der sich abzeichnete, keinesfalls mehr entgegentreten wollte. In einer Notlage hat das Kabinett Attlee *Pakistan* zugestanden. Der letzte Vizekönig, dem es oblag, diese Operation zu vollziehen, hat nachdenklich geäußert, daß erst spätere Geschlechter darüber urteilen müßten; und auf seinem Sterbebett hat *Iqbal*, der Erfinder des Gedankens, seine Zweifel bekannt, ob er seinen Glaubensgenossen damit wirklich genutzt hätte.

Kapitel 57

Eingliederung der Fürstenstaaten

So wenig glücklich der Kongreß gegenüber den Moslems operiert hat, so erfolgreich hat er an der Eingliederung der Fürstenstaaten gearbeitet. Möglicherweise liegt es daran, daß der umständliche Kongreßapparat hier durch zwei tatkräftige und bedeutende Männer ersetzt wurde, die mit ausgezeichnetem politischem Instinkt und großer Beharrlichkeit wahrhaft Großes geleistet haben: Sardar Vallabhai *Patel,* als Minister für dieses Ressort, und V. P. *Menon* als sein Staatssekretär. Mit wirksamer Unterstützung des Vizekönigs Mountbatten ist es diesen beiden Männern gelungen, in dem kurzen Zeitraum von Juni bis August 1947 die sämtlichen Fürstenstaaten – mit drei Ausnahmen – dem neuen Indien einzugliedern.

Die Existenz der indischen Fürsten beruht darauf, daß die Ostindien-Kompanie während ihrer Eroberung des Subkontinents denjenigen Herrschern, die freiwillig die britische Oberhoheit anerkannten, ihre fürstlichen Rechte garantierte. Als Bundesgenossen der Krone blieben sie außerhalb des britischen Verwaltungsgebiets, behielten volle Regierungsgewalt und wurden lediglich durch ihre loyale Anerkennung des Kaisers von Indien als ihres Oberherrn mit dem britischen Regime verbunden. Der »Generalgouverneur und Vizekönig« war für sie nur der Vertreter des Kaisers. Da die Verträge nicht befristet waren, also mindestens für die Dauer der britischen Herrschaft galten, bildeten sie praktisch eine Garantie für die Fürsten und ihr autokratisches Regime, wie es in der Geschichte wohl einmalig ist. Trotz vieler Annexionen aus der Zeit der Kompanie betrug ihre Zahl bis 1947 noch etwa 560. Allerdings besaßen nur 140 volle Gerichtsbarkeit, während die übrigen etwa die Stellung ritterschaftlicher Gutsherren hatten. Von diesen 140 waren 104 als Souveräne »salutberechtigt«; davon galten 21 auch politisch als echte Staaten und drei als »große«: Maisur, Haidarabad und Kaschmir. Manche von ihnen bestanden aus mehreren Teilgebieten, wie z. B. die Halbinsel Shaurashtra (Kathiawar) sich aus 860 fürstlichen Landessplittern zusammensetzte. Das Ganze war ein territoriales Mosaik, verglichen mit dem das Heilige Römische Reich fast übersichtlich wirkt.

Einige der Fürsten hatten ihre Staaten weitsichtig modernisiert, vor allem der große Maharaja *Krishnaraja* von Maisur, der Marathenfürst *Sayaji Rao* von Baroda oder die letzten Herrscher von Travancore und Bhopal.

Mit dem Ende der britischen Herrschaft mußten die Verträge mit den Fürsten erlöschen, und je näher dieser Zeitpunkt heranrückte, desto dringlicher wurde die Frage, wie sie sich zu dem neuen Indien stellen sollten. Die Briten hatten sie bereits aufgegriffen, als in ihrem Verwaltungsgebiet die ersten modernen Verfassungsreformen eingeführt wurden. Auf der »Round Table Conference« in London 1930 hatten sie dann genaue Vorschläge gemacht, und zwar planten sie damals eine *Föderation*, der die Fürsten unter Wahrung ihrer Regierungsrechte beitreten würden. Hierzu schuf man eine Fürstenkammer, der alle beitreten konnten, und deren laufende Arbeit von einzelnen Gewählten geleistet werden sollte. Auf dieser Basis wurde in London verhandelt, und die dort anwesenden Fürsten stimmten grundsätzlich zu*. Ein Entwurf dieser Art wurde in die Verfassung von 1935 aufgenommen.

Als aber zur Ausführung geschritten wurde, leistete die Mehrheit der Fürsten Widerstand, und nach Ausbruch des Zweiten Weltkriegs wurde die weitere Durchführung vertagt. So hatten sich die Fürsten als Bremse für den konstitutionellen Fortschritt erwiesen. Vom Standpunkt der Fürsten aus gesehen, war es ein Fehler gewesen, daß sie diese – wie sich zeigte – letzte Gelegenheit nicht ausnutzten, um als Glieder des künftigen Indien ihre Stellung zu behalten. Sie wurden damals auch von Jinnah unterstützt, für dessen Zukunftspläne eine Föderation besser paßte als ein zentralregierter Staat; denn die Fürsten hätten dabei eine »Dritte Kraft« dargestellt, mit der vereint die Moslems das Übergewicht des Kongresses hätten ausgleichen können. Aus dem gleichen Grunde stand der Kongreß gegen den Plan einer Föderation; denn die Fürsten hätten ihr Gebiet unter der überlebten Regierungsform in den demokratisch geplanten Zukunftsstaat eingebracht, und dieses

* Persönlich anwesend waren die Herrscher von Alwar, Baroda, Bhopal, Bikaner, Dholpur, Indore, Kaschmir, Nawanagar, Patiala und Rewa sowie durch ihre Ministerpräsidenten vertreten die Herrscher von Maisur, Haidarabad und Gwalior.

Schwergewicht »feudaler« oder, wie Nehru es ausdrückte, »reaktionärer« Kräfte würde den inneren Fortschritt gehemmt haben. Daher begann der Kongreß auch in den Fürstenstaaten aktiv zu werden, mit dem Ziel, die Bevölkerung der Fürstenstaaten aufzurütteln. Er hatte 1921 die »States People Conference« gegründet, die vorsichtig und in streng gesetzmäßiger Weise, jedoch zielbewußt ihre Agitation aufnahm, während seine Führer öffentlich den Fürsten die Hand entgegenstreckten, um sie zu einem freundschaftlichen Zusammengehen zu bewegen. Als erster wagte Gandhi den Fürsten zuzurufen, daß sie zu wählen haben würden zwischen der Umwandlung ihrer Staaten in eine dem Volk verantwortliche Regierung oder der Beendigung ihres staatlichen Daseins. Nach den Wahlen von 1936/37, die in den britischen Provinzen zur Bildung der ersten parlamentarischen Volksregierungen führten, wurde auch die Agitation in den Staaten verstärkt, wobei zwei Zwischenfälle Aufsehen erregten: die Verhaftung eines engen Mitarbeiters von Gandhi in Jaipur und die Ermordung des britischen Residenten im Staate Rampur.

Während des Zweiten Weltkriegs wurden die Bande zwischen Fürsten und Briten natürlich noch enger, da sie einen verhältnismäßig hohen Beitrag zur Kriegsrüstung lieferten und dadurch ihre loyale Bundesgenossenschaft mit dem britischen Reich bekräftigten. Andererseits bemühten sich die Briten erneut darum, die Fürsten zu einer einsichtsvollen Haltung zu überreden und vor allem die Masse der kleinen, allein gar nicht lebensfähigen Staatsgebilde zu veranlassen, sich wenigstens zu größeren Vereinigungen zusammenzuschließen (das sogenannte »Attachment Scheme«), allerdings mit geringem Erfolg. Zwar rieten einige aufgeklärte Herrscher ihren Standesgenossen zur Vernunft, wie der Maharaja von Patiala (der größte Sikh-Fürst); sie suchten die Beitrittswilligen zu organisieren, um mit einer solchen »Dritten Kraft« neben den Hindu- und den Moslem-Provinzen noch Einfluß zu behalten. Der jugendliche Nawab von Bhopal, der, seiner Generation gemäß, für die Befreiungsbewegung lebendiges Verständnis und für Gandhi große Verehrung hatte, förderte solche Bestrebungen als Geschäftsführer der Fürstenkammer und erreichte es, daß sein Arbeitsausschuß mit einem entsprechenden des Kongresses zusammentraf und sich eine Reihe von Fürsten auch an der Verfassunggebenden Nationalversammlung beteiligte.

Inzwischen war der Druck der Ereignisse so stark geworden, daß sich wenigstens die kleinen und kleinsten Staaten organisatorisch zusammenschlossen; als erste die bunte Kleinstaatenwelt von Shaurashtra – ein Verdienst des ausgezeichneten Herrschers von Nawanagar, der als »Jam Saheb« volkstümlich geworden ist; dann die Gruppe der Staaten in den Bergen des Panjab und die in den Wäldern von Orissa und Chattisgarh gelegenen. Auch in Rajasthan begann man sich zu vereinigen. Das alles erwies sich als eine wertvolle Vorarbeit für die späteren Verhandlungen von Sardar Patel und V. P. Menon.

Der gegenteiligen Tendenz folgten der Nizam von Haidarabad und der Herrscher von Travancore, die beide den Wunschtraum nährten, nach Abzug der Briten unabhängige Fürsten zu werden, was Travancore als Küstenland und Haidarabad durch seine Größe verwirklichen zu können glaubten. Insgeheim dachte ähnlich der Herrscher von Kaschmir.

Solchen Plänen schob die britische Regierung einen Riegel vor, indem sie bekanntgab, daß sie die Macht auf *ein* oder höchstens auf *zwei* Dominien übertragen würde, eine »Dritte Kraft« also völkerrechtlich nicht entstehen könnte. Ohne die Fürsten zu zwingen, wiederholte sie in den Jahren 1945/47 ihren dringenden Rat, daß sich die Fürsten zum Anschluß an eins dieser beiden Dominien entschließen müßten. Das war schon aus technischen Gründen unvermeidbar; denn die Vielzahl dieser Gebiete hing verkehrsmäßig und wirtschaftlich von dem sie umgebenden britisch-indischen Gebiet völlig ab, und seit langer Zeit hatte eine Fülle von einzelnen Verträgen zwischen den Fürsten und dem Vizekönig die elementaren Voraussetzungen auf dem Gebiete der Wirtschaft, der Zollschranken, der Besteuerung, des Verkehrswesens und anderen geregelt, deren Geltung aber juristisch mit dem Abzug der Briten auslaufen würde. Als daher der Vizekönig Mountbatten am 3. Juni 1947 den Fürsten die endgültige Entscheidung Londons bekanntgab, Indien am 15. August aufzugeben und die Macht an nur zwei Dominien zu übertragen, womit also der Plan einer Föderation aufgegeben wurde, stellte er sie vor die nun nicht mehr aufschiebbare Notwendigkeit, mindestens die Fortgeltung der oben bezeichneten innerindischen Verträge durch Verhandlungen mit dem geographisch benachbarten Dominion – Indien oder Pakistan – sicherzustellen. Man nannte das »ein Standstill-Agreement« abschließen. Ohne eine solche Vereinbarung konnte es geschehen, daß die Staaten von jedem Verkehr mit der Außenwelt abgeschnitten würden. Diese Folge kleidete Nehru in der ihm gewohnten überspitzen Ausdrucksweise in die Drohung, daß er jeden Staat, der Indien *nicht* beiträte, als »feindliches Ausland« ansehen würde. Daß es als »Ausland« gelten würde, war zutreffend.

So begannen denn Patel und Menon ihre Verhandlungen sehr geschickt mit der Ankündigung, daß sie ein »Standstill-Agreement« nur mit solchen Staaten abschließen würden, die vorher ihren Beitritt zum neuen Indien erklärten. Die überwiegende Mehrheit der Fürsten befand sich in einer Zwangslage. Nur diejenigen, die ans Meer grenzten, hatten etwas mehr Bewegungsfreiheit; aber auch sie konnten leicht durch neue Zollgrenzen vom Hinterland abgeschnitten, also vom Handel ausgeschaltet werden. Staaten, die zwischen den beiden Dominien lagen, hatten eine echte Wahl: z. B. der kleine Staat Bharatpur, der jedoch durch gewaltsamen Zwang seitens Jinnahs zum Anschluß an Pakistan gepreßt wurde. Kaschmir schloß ein »Standstill-Agreement« mit Pakistan; aber Jinnah hat den Vertrag so mißachtet, daß der Herrscher schon aus diesem Grunde an der Zweckmäßigkeit seiner Haltung zweifeln mußte. Der kleine Küstenstaat Junagadh in Shaurashtra schloß sich dem nur über See erreichbaren Pakistan an. Am hartnäckigsten versuchte der Nizam von Haidarabad, die Idee einer völkerrechtlichen Unabhängigkeit durchzuführen.

Abgesehen von der technischen Zwangslage, die durch den Verkehr, die wirtschaftlichen Zusammenhänge und nahe der Reichsgrenzen durch die auswärtige Sicherheit geschaffen wurde, drohte den Fürsten die weitere Gefahr, daß die Befreiungsbewegung nunmehr dazu übergehen würde, ihre bisher gegen die Briten gerichteten Kampfmethoden auch gegen sie anzuwenden, also die Bevölkerung zur »civil disobedience« oder gar zur Steuerverweigerung aufzurufen. Eine Flucht ins Ausland, selbst mit Juwelen und Schätzen, bot keine Lösung. Als einziger hat sie der Nawab von Junagadh gewählt. Nur der Aga Khan, der kein Territorium, sondern nur Einnahmen von seinen Gläubigern bezog, konnte in Ruhe an der Riviera den Lauf der Dinge abwarten. Alle übrigen mußten sich aufraffen und mit den beiden neuen Dominien – praktisch 95 Prozent der Fürsten mit Indien – Verhandlungen aufnehmen.

Bald zeigte sich, daß die Fronten nicht so unvereinbar waren, wie es anfangs schien. Die indischen Unterhändler, besonders Menon, zeigten ebensoviel Geschick wie Takt. Sie forderten nicht mehr, als was unabweislich war, und ließen den Fürsten das übrige. Und diese fühlten sich schließlich auch als Inder, die ihre Heimat liebten. Viele von ihnen hatten sogar die Befreiungsbewegung mit Sympathie verfolgt; namentlich die jüngere Generation (Patiala, Bhopal, Jaipur, Kotah – alle nach 1900 geboren), ging mit gutem Beispiel voran, wie denn später eine ganze Reihe von ihnen als Diplomaten und politische Beamte in den Dienst des neuen Indien eingetreten ist*.

So liefen die Verhandlungen, die Patel und Menon im Juni 1947 begannen, oft zwar mühsam und schleppend, aber im wesentlichen erfolgreich. Innerhalb von nur sieben Wochen hatten alle Fürsten bzw. Fürstengruppen ihr Abkommen vollzogen, mit Ausnahme von dreien: Junagadh, Haidarabad und Kaschmir. Als am 15. August 1947 die britische Flagge herunterging, fand die neue indische Regierung ein kompaktes Territorium vor, dem nur diese drei Staaten noch fehlten. Damit war allerdings zunächst nur der *äußere* Zusammenhang geschaffen. Offen blieb noch die Frage, wie diese Fürstenstaaten in das neue Verwaltungsgefüge Indiens eingegliedert werden sollten.

Sehr viele der kleinen verschwanden, da sie nicht lebensfähig waren. Mehrere mittelgroße wurden zu neuen, provinzartigen Einheiten zusammengefaßt, an deren Spitze der bedeutendste Herrscher mit dem Titel »Rajpramukh« trat – oft unterstützt von anderen Fürsten. So entstanden die neuen Staatsgebilde von Madhya Bharat (für die Staaten Gwalior, Indore, Bhopal u. a.) sowie die Gruppe »Patiala & Panjab Union« (*»Pepsu«*) unter dem Herrscher von Patiala. Travancore, das seine Souveränitätsträume aufgab, wurde mit Cochin vereinigt (zum heutigen Kerala). Das vergrößerte Maisur blieb praktisch unverändert unter seinem Herrscher als Rajpramukh. Allerdings waren das nur Übergangsgebilde; später hat man sämtliche Fürsten mit Pensionen abgefunden, die in einem bestimmen Verhältnis zu dem Aufkommen ihrer Staaten standen. Daß so gut wie alle diesen Schritt im Verhandlungswege voll-

* Seltsamerweise selten als Offiziere – im Gegensatz zum deutschen und französischen Adel –, was um so erstaunlicher ist, als sie nach ihrer »Kaste« ja Krieger waren.

zogen, erscheint beinahe wie ein Wunder und spricht sowohl für die Einsicht der Fürsten wie für das Geschick der beiden indischen Vertreter, Patel und Menon.

Nur die drei erwähnten Staaten brachten Verwicklungen. Der Entschluß des Moslem-Herrschers von *Junagadh,* sich an Pakistan anzuschließen, war rechtlich durchaus gültig, wenngleich 300 Meilen Seeweg beide voneinander trennten. Der ziemlich unpolitische Nawab, dessen Vorfahr, ein Abenteurer, das Land erst 1735 erobert hatte, lebte nur für seine Sammlung von einigen Hunderten edler Hunde. Er wurde beraten von seinem Minister, dem Shah-nawaz *Bhutto,* dem Vater des späteren Staatschefs von Pakistan. Die Lage spitzte sich kritisch zu, als sich zwei in diesem Staatsgebiet gelegene Kleinstaaten an *Indien* anschlossen und der erzürnte Bhutto daraufhin seine Truppen dort einmarschieren ließ. Sie erbaten Hilfe von Indien, und als diese erschien, flüchteten beide, der Nawab wie Bhutto, nach Pakistan. Indien übernahm ein herrenlos gewordenes Land. Es war der erste Fall einer direkten Kontroverse zwischen den beiden Dominien. Das Volk war nicht befragt worden, und Indiens Anerbieten, den Streit durch ein Plebiszit zu regeln, wurde von dem Nawab abgelehnt, offenbar unter Jinnahs Einfluß.

Schwieriger gestaltete sich der Fall von Haidarabad.

Haidarabad

Ähnlich wie in dem kleinen Junagadh, herrschte auch in Haidarabad, dem räumlich größten der Fürstenstaaten, eine Moslem-Dynastie über eine Hindumehrheit (87 Prozent). Eingesetzt von den Mogulkaisern als deren Statthalter, hatte sie sich allmählich selbständig gemacht, aber den Sultantitel nicht angenommen, sondern sich mit dem des »Nizam« (Statthalter) begnügt. Ohne Rückhalt an der glaubens- und sprachfremden Bevölkerung vermochte sich dieser Staat aus eigener Kraft nicht zu behaupten. Mit dem Zerfall seiner kaiserlichen Oberherren lehnte er sich zunächst an die Franzosen an und schwenkte dann rechtzeitig zu den Briten über, denen er fortan seine Existenz verdankte. Der langjährige britische Resident Sir William Barton urteilte noch 1926, daß die »Dynastie keine Wurzeln im Lande geschlagen habe und ein Fremdkörper geblieben wäre«. Mit dem Nahen des britischen Abzugs konnte der letzte Nizam (seit 1911 regierend) zwischen zwei Möglichkeiten wählen: entweder seinen Staat entsprechend seiner Bevölkerung umzugestalten – also in eine mehr demokratische Form, die dem Volk seine religiöse und sprachliche Eigenart sicherte und der Hindumehrheit einen gewissen Anteil an Staat und Verwaltung gewährte – oder sich wenigstens eng an das neue Indien anzuschließen, was dieses ihm bereitwillig anbot. Aber der geltungsbedürftige, eigensinnige Herrscher, der sich schon 1922 danach gedrängt hatte, Kalif zu werden, und zu diesem Zwecke damals seine beiden Söhne mit den Töchtern des letzten türkischen Sultans verheiratet hatte, glaubte nach Erlöschen der britischen »paramountcy« zum unabhängigen Souverän zu werden und suchte sich daher mit allen Mitteln, von Indien abzusetzen. Dabei rechnete er anfangs noch mit der Freundschaft des letzten Vizekönigs Mountbatten, versäumte jedoch den günstigen Ausgleich, den dieser ihm anbot, rechtzeitig anzunehmen, ja verärgerte ihn durch kleinliche und oft hinterhältige Machenschaften, so daß dieser ohne Abschluß des Vertrags abreiste (Juni 1948). Dann näherte er sich Pakistan, buhlte um dessen Gunst, indem er ihm eine Anleihe von 200 Millionen Rupien gewährte (was dem gesamten Jahresaufkommen seines Staats entsprach!) und mit Zustimmung Jinnahs einen Pakistaner zu seinem Chefminister ernannte, durch den er von Portugal die ständige Benutzung des Hafens von Goa zu erwirken suchte. Indien gegenüber machte er zur obersten Vorbedingung die Klausel, daß er in einem Konflikt zwischen ihm und Pakistan »neutral« bleiben dürfte. Als diese Verhandlungen sich zuspitzten, rief er die Vereinten Nationen an, die das Recht auf Unabhängigkeit seines Staates schützen sollten, und bat den Präsidenten der USA, als Schiedsrichter zwischen ihm und Indien zu fungieren. Er tat also alles, um den Charakter seiner Dynastie als Fremdkörper in der indischen Welt so stark wie möglich zu betonen.

Im Inneren erklärte er die bisherige Währung, die indische Rupie, für illegal und verbot die übliche Ausfuhr von Mineralerzen nach Indien. Er vergrößerte seine eigene Armee und ließ sich auf einer Luftbrücke von Karachi durch einen australischen Waffenhändler Kanonen und Flugabwehrgeschütze sowie Kleinkaliberwaffen aus der Tschechoslowakei kommen. Neben den Staatsapparat, der ohnehin überwiegend aus Moslems bestand, stellte er eine fanatisierte Privat-Organisation, die Ittehad-ul Muslimeen, sowie eine irreguläre Truppe, die »Razakars«, deren offensichtliche Aufgabe es war, die Hindubevölkerung unter dem Druck von Terror zu halten, mißliebige Personen zu beseitigen oder zu drangsalieren, darunter auch Europäer, Geistliche und Nonnen. Dann begannen sie das Land unsicher zu machen, vor allem auch an den Grenzen, verübten Einfälle in die Nachbargebiete, überfielen Transitzüge (wie am 22. Mai 1948 den Expreß bei Gangapur), beraubten Durchreisende: kurz, hausten im eigenen Land wie in den Nachbargrenzbezirken mit Raub und Mord, Brand und Schändung, so ähnlich wie die sogenannten »Pathan-Banden« aus Pakistan es zu gleicher Zeit in Kaschmir taten. Auch wurde die Kommunistische Partei zugelassen und bewaffnet.

Vor diesem Hintergrund verhandelte er mit Indien – erst mit dem Vizekönig, dann mit dem Minister Sardar Patel – über seinen Anschluß an Indien, in der heimlichen Hoffnung, daß der junge indische Staat unter dem Druck der blutigen Vorgänge in den beiden Teilungsprovinzen, der Flüchtlingszüge und des Kaschmir-Einfalls bald zusammenbrechen würde. Mit einer Reihe der unerquicklichsten Zwischenfälle und immer neuen Forderungen zog er die Verhandlungen in die Länge, was selbst den ihm wohlwollend gesinnten Vizekönig zur Verzweiflung brachte. Als man im Oktober 1947 einen Kompromißvorschlag ausgehandelt hatte, ließ er nachts das Quartier der indischen Delegation von Tausenden von Razakars umzingeln und tags darauf bei der Beratung des Vertragsentwurfs, um seine Minister einzuschüchtern, den Führer der Razakars hinzuziehen, der mit Drohungen gegen die Unterzeichnung wetterte, entließ dann seinen Chefminister und ernannte den Pakistaner zum Nachfolger sowie dessen Schwager, einen Unterführer der Razakars, zum Leiter der Delegation für Delhi. Umgekehrt ließ er den Leiter der indischen Delegation nicht in der bisherigen Residenz wohnen, sondern in einem abgelegenen Gebäude bewachen und bespitzeln.

Die indische Regierung mußte Gegenmaßnahmen ergreifen. Daß der Handel mit diesem Staate ohne feste Währung zum Erliegen kam, konnte sie nicht hindern. Aber sie mußte einmal ihre eigenen Grenzen und die dort lebenden Menschen schützen und sich auch der vielen Millionen von Hindus annehmen, die in diesem Staat geknechtet und verfolgt wurden. Sie mußte daher über die üblichen Mindestforderungen, die sie allen Fürsten stellte (Überlassung an die Zentralregierung von Außenpolitik, Verteidigung und Verkehrswesen), hier hinausgehen und riet zur Einführung einer Verfassung, die der völlig rechtlosen Bevölkerung wenigstens elementare Sicherheiten und der Hindumehrheit einen gewissen Anteil an Staat und Verwaltung gewährte, und regte schließlich ein Plebiszit über den Anschluß an Indien an. Aber alles stieß auf den sturen Widerspruch des Nizams. Als dann nach der Abreise Mountbattens die Aufrüstung immer bedrohlicher und die Grenzzwischenfälle häufiger wurden, mußte sich Nehru entschließen – nach 13 Monaten nutzlosen Verhandelns und angesichts direkter Drohungen des Nizams wie seiner Berater –, schärfere Schritte gegen dieses unkontrollierbare Regime zu unternehmen. Der ruhige Einmarsch einer Brigade (es wurde kaum geschossen) genügte dann, um innerhalb weniger Tage – genau innerhalb von 108 Stunden – den Brandherd zu löschen und die Ruhe im Lande wiederherzustellen.

Während die Hauptschuldigen der Razarkas, die sich krimineller Vergehen schuldig gemacht hatten, der Strafjustiz übergeben wurden, schonte man den Nizam selbst mit erstaunlicher Nachgiebigkeit. Statt ihn zu nötigen, die immensen Summen, die er in sinnlosester Weise für Rüstungen, Schmuggeleinfuhren, Bestechungsgelder und den Unterhalt seiner irregulären Banden verschwendet hatte, aus seiner überreichen Privatschatulle zu erstatten, erhielt er – wie alle Fürsten – eine lebenslängliche Pension von 2,5 Millionen Rupien. Er ist dann in politischer Bedeutungslosigkeit gestorben. Sein Staat wurde nach der ethnischen Zugehörigkeit seiner Bewohner aufgeteilt unter Maharashtra, Maisur und Andhra-Pradesh, den teluguspreсhenden Gliedstaat, dessen Hauptstadt Haidarabad-City heute ist.

An guten Beratern hat es dem Nizam nicht gefehlt. Noch Anfang 1947 war sein Dewan der bedeutendste Kopf der indischen Moslembeamten, Sir Mirza *Ismail*, der in gleicher Eigenschaft vorher den Staat von Maisur zu einem der modernsten und bestverwalteten Indiens gemacht hatte. Den Beginn der Verhandlungen leitete der Nawab von Chattari, ein durchaus realistisch denkender, gescheiter Minister, und in Sir Walter Mockton hatte er einen wohlmeinenden britischen Berater, der allerdings mehrfach seinen Abschied erbat, da er seinen Herrn als »naiv, unverständig und ungerecht« erkannte. Der einzige Hinduminister des Kabinetts verließ ihn, weil sich dieser Staat »in ein Terrorregime mit unverzeihlichen Greueltaten« verwandelt hätte. Sollte dem Nizam entgangen sein, daß seine letzten Berater unverantwortliche, z. T. verbrecherische Abenteurer gewesen sind, würde dadurch das Urteil bestätigt werden, daß »groß an ihm nur sein sprichwörtlicher Geiz gewesen sei«. Und wer ihn persönlich erlebt hat, wird sich seiner als eines Mannes mit sehr beschränkter Urteilskraft und eines höchst unfürstlichen Verhaltens erinnern – wie er denn schon ablehnte, der Fürstenkammer beizutreten, da er mit indischen Fürsten nichts Gemeinsames empfand und diese nicht mit ihm. Seine verbohrte antiindische Politik hat es verschuldet, daß sein Staat aus der politischen Geschichte Indiens verschwunden ist.

Kaschmir

Zum schwierigsten Fall wurde der Staat Jammu und Kaschmir. Sein Gebiet hatte zum Mogulreich gehört, seit 1752 zu Afghanistan und seit 1819 zum Staate der Sikhs. Indem der damalige Herrscher von Jammu aus der Dogra-Dynastie dem Sikh-Staat anbot, die von den Briten geforderte Kriegsentschädigung zu zahlen und dafür die Gebiete von Kaschmir, Ladakh und Gilgit zu erwerben, entstand ein neuer unabhängiger Staat, der sich der britischen Herrschaft unterstellte. Wie Haidarabad war er konfessionell gemischt: in Jammu eine Mehrheit von 63 Prozent Hindus, in Kaschmir eine solche von Moslems (fast 90 Prozent), während Ladakh lama-buddhistisch war. Seine beiden Hauptstädte Jammu und Srinagar wurden als Winter- und Sommerresidenz benutzt. Im Gegensatz zu Haidarabad aber grenzte er an auswärtige Staaten: an Tibet, Sinkiang, also an *China*, an Afghanistan und durch dessen schmalen Grenzstreifen von wenigen Meilen praktisch an die *Sowjetunion;* er lag also an einer weltpolitisch exponierten Stelle.

Der Maharaja hatte seine früheren Verhandlungen über einen Eintritt in die geplante indische Konföderation an seiner Forderung scheitern lassen (1939), auch künftig einen Teil des Zolls der in sein Land eingeführten Waren erstattet zu erhalten. Sein harter Steuerdruck verursachte Unruhen im Lande, und aus einer älteren Vereinigung der Moslems entstand 1939 die »National Muslim Conference« unter Führung von Sheikh

Abdullah, der rasch zum Führer des Volkes wurde. Der Maharaja wich lange der entscheidenden Frage aus, welchem der beiden geplanten Dominien er sich anschließen sollte, obwohl der Vizekönig Mountbatten ihn 1947 persönlich aufsuchte und ihm versicherte, daß er sowohl wie Nehru jede Entscheidung hinnehmen würden, falle sie zu Gunsten von Indien oder von Pakistan aus. Unentschlossen spielte er – ähnlich wie der Nizam – mit dem lockenden Gedanken, als souveräner Herrscher aus diesem Schwebezustand hervorzugehen. Dann schloß er aus verkehrsmäßigen Rücksichten ein »Standstill-Agreement« mit Pakistan, das aber von Jinnah denkbar schlecht erfüllt wurde.

Weder die dringend benötigten Transporte von Lebensmitteln noch von Betriebsstoff wurden durchgelassen; sogar die Eisenbahn von Sialkot nach Jammu, auf der ebenfalls notwendige Transporte für die Bevölkerung hereinkamen, wurde von Jinnah willkürlich geschlossen. Zudem begannen Grenzverletzungen, die mit einer durch Steuerdruck bei den Bauern in Poonch entstandenen Erhebung zusammenfielen. Auf den Protest des Herrschers antwortete Jinnah ausweichend, worauf vom 22. Oktober an ein Einbruch großen Stils aus Pakistan erfolgte. Wohlorganisierte Scharen von Grenzstämmen (die weit entfernt von Kaschmir lebten), Afridis, Wazirs, Mahsuds, Swathis, verstärkt durch »beurlaubte« Soldaten der in Pakistan stationierten Truppen, mit modernsten Waffen ausgerüstet, drangen auf 300 Lastwagen, die z. T. pakistanischen Heeresbeständen entstammten, unter Führung von Berufsoffizieren in das Kaschmirtal ein, wo sie in wilden Ausschreitungen mit Raub und Brand hausten, Frauen (auch europäische Nonnen) vergewaltigten, am 24. Oktober das Kraftwerk für Srinagar besetzten und der Stadt den Strom abschnitten. Sie kündigten an, am 26. Oktober Srinagar zu besetzen, und hätten es bequem erreicht, wenn sie durch ihre Plünderungen und Mordlust nicht aufgehalten worden wären. Um die Regierung in Sicherheit und arbeitsfähig zu erhalten, wurde sie am 25. Oktober in die Hauptstadt Jammu verlegt. Von dort rief der Herrscher den Generalgouverneur Mountbatten um Hilfe, da Pakistan diesen Untaten offensichtlich nicht Einhalt gebot. Gleichzeitig traf in Delhi Sheikh Abdullah, der Führer der Moslems, ein, um gleichfalls um Hilfe zu bitten; es handele sich darum, eine Stadt zu retten, die von Banden bedroht sei, die, nach den Erfahrungen in Baramulla, das sie ausgemordet hatten, Srinagar ähnlich behandeln würden, oder auch wie Kalkutta am 16. August 1946. Staatsrechtlich durfte Mountbatten keine militärische Hilfe gewähren, bevor sich der Staat nicht dem von ihm geleiteten Dominion – also Indien – angeschlossen hatte. Unter dem Druck dieser furchtbaren Gefahr und zur Rettung von Zehntausenden von Menschenleben erklärte der Herrscher – im Gegensatz zu seinem früheren »Standstill-Agreement« mit Pakistan – nunmehr seinen Anschluß an Indien, worauf mit eifriger Hilfe der dort noch verbliebenen britischen Offiziere und der privaten Luftverkehrsgesellschaften eine Nothilfe improvisiert wurde, deren erste Truppen am 27. Oktober in Srinagar eintrafen – gerade rechtzeitig, um ein furchtbares Blutbad zu verhindern.

Bei Entgegennahme der Beitrittserklärung hatte man in Delhi *auf Nehrus Anregung* hinzugefügt, daß die endgültige Entscheidung über die Zukunft Kaschmirs durch eine Volksabstimmung erfolgen sollte, wie von indischer Seite schon in mehreren Streitfällen geschehen, was aber immer an Jinnahs Widerspruch gescheitert war. Auch diesmal, als Mountbatten diesen Vorschlag Jinnah in Lahore persönlich überbrachte, wich er aus. Als Mountbatten dann darauf hinwies, daß eine geordnete Abstimmung allerdings nicht erfolgen könnte, solange die organisierten Banden große Teile von Kaschmir verheerten, erbot sich Jinnah, »die ganze Sache abzublasen«* – was jedoch nicht geschah. Die Regierung in Kaschmir war inzwischen neu gebildet worden, indem zu dem bisherigen Ministerpräsidenten, Mehr Chand Mahajan, einem früheren obersten Richter im Panjab, nunmehr der Führer der Moslems, Sheikh Abdullah, hinzutrat, der mit seiner überragenden Persönlichkeit und seiner großen Volkstümlichkeit (er hieß der »Löwe von Kaschmir«) naturgemäß die tatsächliche Leitung des Staates übernahm. Seine Politik war ausgesprochen auf die Vereinigung Kaschmirs mit Indien abgestellt, wie sie auch staats- und völkerrechtlich durch den Beitritt des hierzu berechtigten Herrschers vollzogen worden war.

Aus dieser nüchternen Darstellung ergeben sich zwei Tatsachen. Der Herrscher war anfangs, wenn er nicht volle Souveränität erlangen könnte, eher geneigt, sich an Pakistan an-

* Campbell-Johnson, Mission with Mountbatten, London 1951. Unter »30. X. 1947«.

zuschließen, von dessen konservativer Einstellung er natürlich eher hoffen durfte, im Besitz seiner Privilegien zu bleiben, als bei Indien, dessen demokratische Einstellung ihn stets beunruhigt hatte. Hätte Pakistan den »Standstill«-Vertrag eingehalten, und hätte es nicht höchst unklugerweise den Einbruch der Banden organisiert, so wäre Kaschmir wahrscheinlich friedlich und legal zu Pakistan gekommen. Aber seine falsche Politik hat ihm diese Chance verdorben und den Herrscher – fast wider Willen – in die Arme Indiens gedrängt. Von einem »Aufstand des Volkes« ist keine Rede; denn die Unruhen der bäuerlichen Bevölkerung wegen Steuerdruck waren die gleichen, wie sie in ganz Indien seit jeher vorgekommen sind.

Die einzige Ausnahme war die Haltung der Truppen in Gilgit. Dieser Teil des Fürstentums war 1925, als die Sowjetunion das heute chinesische Sinkiang besetzte, aus militärischen Sicherheitsgründen von den Briten gepachtet und zu einem militärischen Vorposten ausgebaut worden. Die dortigen Truppen, meist Moslems unter britischen Offizieren, erklärten sich spontan für einen Eintritt in die pakistanische Armee, womit dieser Teil Kaschmirs in den Besitz Pakistans überging. Die Bevölkerung allerdings ist auch dort nicht befragt worden – ebensowenig wie in den Teilen Kaschmirs, die die pakistanische Armee nunmehr eroberte, und die sie bis heute besetzt hält.

Die weitere Entwicklung wird in den Kapiteln 60 und 61 untersucht.

Kapitel 58

Die zweite Bengal-Krise: Ostbengalen als Teil Pakistans

Die Welt verfolgt seit Jahren den Streit um Kaschmir, wo es um das Schicksal von knapp 4 Millionen Bewohnern islamischen Glaubens geht, also um 7 Prozent der im heutigen Indien lebenden Moslems. Dagegen zeigt sie weit weniger Interesse an dem parallelen Ringen von 70 Millionen Moslems in Ostbengalen, die seit 1947 in wechselnder Schärfe, aber mit unverminderter Energie sich von ihrer Zwangsbindung an

Pakistan zu lösen suchen. Als die Moslem-Liga im Jahre 1940 auf ihrer Tagung in Lahore zum erstenmal ihre territorialen Wünsche präzisierte, stand die Bildung von *zwei* Moslemstaaten zur Debatte, deren einer Bengalen sein sollte. Sieben Jahre später wurde die gleiche Forderung von der letzten legal gewählten Regierung Bengalens wiederholt, indem der Ministerpräsident Suhrawardy einer zweiten Teilung seines Landes und der Angliederung des östlichen Teils an den geplanten Staat im Industal widersprach (20. Mai 1947)*. Gandhis Forderung nach einer echten Volksabstimmung wurde durch eine verklausulierte Abstimmung des letzten Provinzparlaments ersetzt, und dieses Votum galt damals den verantwortlichen Stellen (Vizekönig, Liga und Kongreß) als ausreichend, um über den Einspruch der Regierung hinwegzugehen. Gegen den Rat vieler Landeskenner, wie des letzten britischen Gouverneurs sowie mehrerer Liga-Politiker, vereinigte man zwei Gebiete, die über 1000 Meilen voneinander getrennt lagen und sich in Sprache, Volkseigenart und Klima so unterschieden, wie etwa Sizilien von Island – zwei Länder, die auch nur die Religion gemeinsam haben.

Die Folgen dieser unnatürlichen Zwangsverbindung zeigten sich bald. Die Bengalis sind ein ausgesprochen freiheitsliebendes und politisch aufgewecktes Volk, und ihr innerer Zusammenhalt kommt dem einer »Nation« mindestens sehr nahe. So geriet ihr Nationalstolz sofort in Widerspruch zu der an sich schwachen Staatsidee Pakistans, die nur auf der religiösen Gemeinsamkeit beruhte. Zudem bildeten diese 70 Millionen Bengalen die Mehrheit im Gesamtstaat, was um so schwerer wog, als der Rest sich auf vier kleinere Völker verteilt, von denen zumindest die Pathans gegen ihren Willen zu Pakistan gekommen sind. Noch schärfer trennend wirkte die soziale Struktur. Während in Ostbengalen die grundbesitzende Oberschicht, meist Hindus, nach der Teilung das Land verließ, so daß es einer »Agrarreform« hier nicht mehr bedurfte, verharrte der westliche Teil im traditionellen Feudalstaat und erweiterte die Kluft zwischen der hauchdünnen Oberschicht und der rechtlosen Masse noch dadurch, daß auch auf den Gebieten des Handels und der Industrie diese Schicht absolut maßgebende Machtstellung gewann. Sie nutzte diese Machtstellung

* Pyarelal, The Last Phase, Chapter VIII.

rücksichtslos aus, um den Gesamtstaat allein zu führen, vor allem aber auch, um die Einkünfte Bengalens – seine großen Exportüberschüsse (Jute) – für ihre Zwecke zu verwenden, auch für ihre Kriege, an denen die Bengalen nicht das geringste Interesse hatten. Schon im Juli 1962 urteilte ein landeskundiger und objektiver Beobachter, wie Dr. H. W. *Berg*, daß sich Ostbengalen wie eine »Kolonie« ausgenutzt fühlte. Daß diese Dinge nicht schon damals zur Kenntnis der Weltöffentlichkeit gelangten, lag u. a. daran, daß die Verkopplung der beiden Gebiete durch ein britisches Gesetz erfolgt war (der einzigen rechtlichen Grundlage Pakistans), daß sich also London noch verantwortlich für diese unglückliche Maßnahme fühlte; und daß außerdem die USA damals noch annahmen, in Pakistan einen Schutzwall gegen die kommunistische Gefahr zu haben – was sich inzwischen ebenfalls als ein Irrtum erwiesen hat.

Die Unvereinbarkeit beider Gebiete zeigte sich schon bei dem Versuch, dem Gesamtstaat eine Verfassung zu geben. Die mühsam ausgeklügelte »provisorische« von 1958 mußte sofort wieder suspendiert werden, wobei man den Bengalen mit der Schließung ihres noch bestehenden Provinzparlaments die letzte demokratische Scheinfassade nahm. Entscheidend aber wurde der Sprachenstreit (1951/2). Der sinnwidrige Versuch Pakistans, diesem Volke eine Fremdsprache, das Urdu, aufzuzwingen, traf seinen Stolz auf seine eigene Sprache, zumal sie als einzige in Indien durch Tagore zum Nobelpreis gelangt war. Dieser Streit brachte die ersten Märtyrer, die bis heute als Nationalhelden verehrt werden.

Zwei frühere Ministerpräsidenten Bengalens, Suhrawardy und Fazl-ul-Huq – beide aus der Schule des großen C. R. *Das* –, versuchten, zu einem verständigen Ausgleich zu gelangen; aber sie erreichten nur, daß dieser abgesetzt und jener gar verhaftet wurde. Auch die Generale, die 1958 den Politikern die Macht entrissen, »um den Staat vor dem Zusammenbruch zu bewahren« (schon damals!), machten ähnliche Versuche: Ayub Khan (ein Pathan) ohne jeden Erfolg; Yahya Khan (persischer Abstammung) wagte es, das Problem mit allgemeinen Wahlen und der Einberufung einer Nationalversammlung anzupacken, wobei er allerdings versäumte, seinem kühnen Plan die Klausel einzufügen, daß die Verfassung von einer Zweidrittelmehrheit beschlossen werden müßte. Denn so verschaffte die Wahl – die erste echte, die Pakistan erlebte! – dem Führer der ostbengalischen Mehrheit, Mujibur Rahman, eine überwältigende Mehrheit nicht nur in dem neuen Provinz-Parlament (167 von 169 Sitzen), sondern auch die Mehrheit in der Nationalversammlung – ein Ergebnis, das der General anscheinend nicht vorausgesehen hat. Sein weiterer Irrtum war die Verkennung der Tatsache, daß dieser Politiker, hinter dem nun eine absolute Mehrheit stand, zwar weitgehende Forderungen für die Autonomie seines Landes erhob, aber die Einheit des Gesamtstaats noch nicht leugnete, sondern ihm mit der Leitung der Außenpolitik und der Landesverteidigung die beiden Pfeiler belassen wollte, mit denen die Donau-Monarchie ausgekommen ist. Er hat noch am 5. März seinem Nebenbuhler, dem Führer der westpakistanischen Mehrheitspartei, Bhutto, eine Zusammenarbeit angeboten auf der Basis, daß jeder »seinen« Staatsteil verwalten sollte, wobei das gemeinsame Band erhalten geblieben wäre. Ein weiterer Fehler des Staatschefs war dann, daß er die Einberufung der Nationalversammlung vertagte und dadurch die Verbitterung und das Mißtrauen der Bengalis zur Siedehitze entflammte. Mujibur sah sich durch neue Forderungen seiner erregten Anhänger in eine Zwangslage versetzt. Trotzdem hätte eine verständige Aussprache selbst damals noch einen Weg erschließen können. Was in den Tagen vom 16.–25. März 1971 zwischen ihm und dem General in Dakka verhandelt worden ist, hat bisher keiner der beiden Partner bekanntgegeben. Ob der General aufrichtig war, wird von vielen Beobachtern bezweifelt; sie meinen, daß er diese Gespräche nur hinzog, um die Zeit zu gewinnen, die er für die Heranführung neuer Divisionen auf dem Seeweg benötigte. Wenn er sich später rühmte, mit seinem bengalischen Partner »wie mit einer Katze gespielt zu haben«, hat er solchen Verdächtigungen Vorschub geleistet. Jedenfalls fand er keinen anderen Ausweg, als ihn zu verhaften und ins Gefängnis nach West-Pakistan fliegen zu lassen, und zwar am Abend des 26. März, so daß dieser die angeblich im Radio verlesene Proklamation des unabhängigen Staats »Bangladesh« persönlich nicht mehr hat verlesen können. Sie ist vielmehr erst später in einem kleinen Grenzort von seinen Getreuen proklamiert worden.

Auch Yahya Khan fand – wie seine Vorgänger – keinen anderen Ausweg als den brutaler Gewalt. Er unterschied sich von jenen nur darin, daß Umfang und Sinnlosigkeit seines Terrors ins Unvorstellbare gesteigert wurden. So folgte den Wellen von Terror, die Ostbengalen erlitten hatte (1954, 1958, 1969) nun die schauerlichste.

Über den Umfang dieser Massenschlächterei wird noch heute heftig gestritten. Die Wahrheit wird vielleicht niemals eindeutig ans Licht kommen. Wendet man die bewährte Formel des »cui bono« auf sie an, dann ergibt sich: Es lag im pakistanischen Interesse, das Mißverhältnis zwischen der numerischen Minderheit im Westteil und der Mehrheit in Bengalen möglichst zu vermindern, also die Bevölkerung Ostbengalens an Zahl herabzudrücken. Dem hatte bereits die Gleichgültigkeit gedient, mit der die pakistanische Regierung der furchtbaren Überschwemmungskatastrophe untätig zugesehen hatte, durch die eine Million ums Leben kam. Ebenso lag es im Interesse des Gesamtstaats, die Hindu-Mehrheit zu dezimieren, da sie in dem erträumten »Islam-Staat« als Fremdkörper galt und außerdem einmütig Mujibur ihre Stimmen gegeben hatte. Und endlich lag es im pakistanischen Interesse, die Intelligenz zu treffen, in der man – sehr zutreffend – den eigentlichen Herd des Widerstands erblickte, und von dessen Führungsqualitäten man die dringlichste Gefahr befürchtete.

Hält man sich diese drei Ziele vor Augen, dann erscheinen die Gewaltmaßnahmen einer klugen Staatsräson gemäß. Berücksichtigt man ferner, daß das Gros der pakistanischen Soldaten roher Gewalt an sich nicht zuneigte – sind es doch dieselben Panjabis, die später Indien für seinen Einmarsch benutzte, und die dabei eine vorbildliche Disziplin gewahrt haben –, so mag man die Ausbrüche der unmenschlichen Wut, die sich nun in Greueltaten entluden, bis zu einem gewissen Grade vielleicht mit den Ausschreitungen erklären, zu denen sich die Volksleidenschaft der Bengalis gegen die nichtbengalische Moslem-Minderheit (die sogen. Biharis) hinreißen ließ, muß aber selbst dann unterstellen, daß die Truppe Aufträge gehabt hat, die ihr abscheuliches Verhalten bei ihren Vorgesetzten deckten. Danach mag man die Verantwortung der Generale und den Umfang der Opfer ermessen. Ob nun 3 Millionen abgeschlachtet und 10 Millionen vertrieben worden sind oder weniger, ist vom politischen wie moralischen Standpunkt nicht mehr erheblich. Tatsache ist, daß mit der Abreise des Generals Yahya Kahn aus Dakka am 26. März eine Tragödie begann, wie sie die Kolonialgeschichte aller Zeiten nur sehr selten erlebt hat. Die politische Folge war eindeutig die, daß an ein weiteres Zusammenleben der Bengalis mit diesem Regime nun nicht mehr zu denken war. Daher war die ganze Massenschlächterei politisch sinnlos.

Das Sinnlose dieser Terror-Kampagne verstärkt sich, wenn man den Befreiungskampf in seinen einzelnen Phasen noch einmal überblickt. Er begann mit legalen Methoden, sowohl gegen die Aufzwingung der fremden Sprache wie gegen die drückende Ungerechtigkeit der pakistanischen Wirtschaftspolitik, die dem Lande die Hauptlast einer kriegerischen Staatsmaschine auferlegte. In den Fabriken, die größtenteils der kleinen Clique Westpakistans gehörten, brachen um 1954 die ersten Streiks aus, bei denen einige der landfremden Direktoren getötet oder festgesetzt wurden. Die erste leistungsfähige politische Partei schuf der 1883 geborene Geistliche Maulana Bashani, der für sein unerschrockenes Eintreten für die notleidende Bevölkerung schon zu britischer Zeit und erst recht zu pakistanischer meist im Gefängnis gesessen hat. Genötigt, zu sozialistischen Parolen zu greifen, konnte er nicht verhindern, daß sich ein Flügel seiner »National Awami-Partei« Moskau und der andere Peking zuwandten. Von China wurden – ebenso wie im indischen Westbengalen – die ersten Guerilla-Verbände aufgestellt und bewaffnet. Zu einer wirklichen Volkspartei wurde erst die »Awami-Liga« des Mujibur Rahman, der die gemäßigten Gruppen der Bevölkerung sammelte und ihnen als erste Voraussetzung ihrer wirtschaftlichen Besserung die Befreiung vom Joch des pakistanischen Regimes verhieß. Sein Programm von 1966 (die »sechs Punkte«) forderte zwar volle Autonomie, auch auf wirtschaftlichem Gebiet, wahrte aber noch den Zusammenschluß mit dem Gesamtstaat, den er sich in Form einer Konföderation beider Gebiete dachte. In Verkennung des Vorteils, daß sich hier ein politisch gemäßigter Politiker zur Zusammenarbeit anbot, ließ ihn Ayub Khan unter dem fadenscheinigen Vorwand einer Verschwörung in Agartala verhaften – ohne seinen Fall untersuchen zu lassen. Bei seinem Anlauf zu einer Verständigung ließ ihn Ayub Khan wieder frei (1969); aber seine Zugeständnisse erwiesen sich als untauglich. Mit seiner Propaganda von einem »islamischen Sozialismus« nutzte er eher der Richtung Bashanis als der Mujiburs. Trotzdem blieb dieser seinen ursprünglichen Forderungen treu bis zu den Verhandlungen im März 1971 mit Yahya Khan und Bhutto und rief nach ihrem Scheitern das Volk nur zu einem *gewaltlosen* Widerstand nach Gandhis Art auf.

Für einen wirklichen »Aufstand« war nichts vorbereitet. Die wenigen vorhandenen Guerillas entstammten der maoistischen Linie, weshalb denn auch die Kämpfe an der östlichen Grenze Bengalens meist härter verliefen als an der westlichen. Die Zahl militärisch ausgebildeter Bengalis beschränkte sich auf geringe Polizei- und Gendarmerie-Organe. Die sofort einsetzende Massenflucht der Bevölkerung, die natürlich neben den Hindus vor allem Mujiburs Wähler umfaßte, schwächte seine verfügbaren Kräfte. Im Grunde haben die pakistanischen Truppen eine waffenlose, bald eingeschüchterte Bevölkerung bekämpft.

Die Wendung trat ein, als die Masse der Flüchtlinge das benachbarte Indien derart erschreckte und erschütterte, daß Delhi seine geduldige Haltung des Abwartens und Zuschauens revidieren mußte. Wenn der General damit nicht gerechnet hat, wäre ihm das als ein weiterer Fehler anzurechnen; denn auf die Dauer konnte sich die indische Regierung nicht mehr dem Vorwurf aussetzen, daß sie sich um die Not der stamm- und sprachverwandten Ostbengalen nicht kümmere. Die Flut der Flüchtlinge, die bis 1954 schon 2½ Millionen betragen hatte, stieg in den Monaten von März bis November 1971 um weitere 7—10 Millionen (die Schätzungen schwanken). Diese finanzielle Bürde wuchs sich für Indien rasch zu einem nationalen Notstand aus, der das Funktionieren des Staatsapparats und das längst überforderte Budget bedrohte. Die Hilfe des Auslands blieb ein Tropfen auf den heißen Stein. Vor allem kamen mit den Flüchtlingen bald die zurückweichenden Guerilla-Kämpfer, und beide Gruppen werden oft kaum zu unterscheiden gewesen sein. Die Grenze, die man 1947 zwischen West- und Ostbengalen so leichten Herzens gezogen hatte, und die trotz aller Härten einigermaßen friedlich geblieben war, wurde nun so unruhig wie die von Kaschmir. Umfangreiche Truppenverbände mußten längs der Grenze zusammengezogen werden, um diese Massenwanderungen einigermaßen kontrollieren zu können. Das heikle Problem, wie sich Indien zu den kämpfenden Gruppen verhalten sollte, begann mit dem Übertritt einer geschlossenen Polizei-Einheit bei Agartala, die Asyl erbat. Sollte Indien alle diese Gruppen entwaffnen und als »Kriegsgefangene« behandeln? Das hätte eine offene Empörung der indischen Bengalen hervorgerufen. Seit Jahrzehnten hatte Pakistan an der Gebirgsgrenze Assams bewaffnete oder unbewaffnete Gruppen und Agenten eingeschleust, um die Unruhe der Naga- und Mizo-Stämme zu schüren, und hatte gegen ihre Rückführung stets als eine Vertreibung von Moslems protestiert. Sollte Indien sich anders verhalten, anders als Marokko und Tunis gegenüber den algerischen Freiheitskämpfern, anders als Irland gegenüber den katholischen Rebellen Ulsters? Das hätte eine vernünftige Regelung mit Pakistan vorausgesetzt, der Rawalpindi immer ausgewichen ist. Der Gedanke, einen Landstreifen längs der Grenze zu besetzen, um auf ihm wenigstens einen Teil der Flüchtlinge vorübergehend anzusiedeln, mußte sich aufdrängen. Aber der Finanzminister, dessen Mittel längst erschöpft waren, hatte pflichtgemäß darauf hinzuweisen, daß die Versorgung solcher Massen auch in dieser Form auf die Dauer den Staat schwerer belastete als selbst ein kurzer Krieg, für den der Aufmarsch ohnehin als Grenzschutz schon weitgehend vollzogen war. Welcher Staat, dem plötzlich viele Millionen bedürftiger Menschen aufgedrängt werden, hätte sich anders verhalten? Trotzdem zeigte die indische Regierung eine erstaunliche Geduld. Bis zum November nahm sie die anschwellende Last des Flüchtlingselends hin, mußte Bettelgänge zu anderen Mächten antreten und wurde doch durch die täglich sich verschärfenden Zwischenfälle an der Grenze und durch ständige Hiobsbotschaften aus dem gequälten Nachbarland immer wieder zu neuen Notmaßnahmen gezwungen, um die eigene Grenze von einem Tag zum anderen zu sichern.

Hinzu trat die Besorgnis, daß unter den Guerillas durch den Zuzug der »Naxaliten« aus Westbengalen die Gruppe der nach Peking Blickenden ständig wüchse; und die noch schlimmere, daß die Nachrichten über die Greueltaten, die gegen die ostpakistanischen Hindus verübt wurden, Vergeltungsaktionen gegen die Moslems in Indien hervorrufen würden. Es ist ein Wunder, daß es dem Geschick der indischen Regierung gelungen ist, wenigstens diese Ausweitung der Tragödie zu verhindern und das Leben der 65 Millionen indischen Moslems zu schützen. Aber die Erkenntnis, daß dieser unerträgliche Krisenzustand nicht andauern dürfte, wuchs in Delhi um so mehr, als die Haltung der pakistanischen Stellen sich einem Zustand der Hilflosigkeit näherte. Ihre Versuche, in dieser hoffnungslos überhitzten Atmosphäre mit fragwürdigen, demokratisch verbrämten Palliativmitteln etwas zu erreichen, wirkten wie klägliche Verzweiflungsakte (Ankündigung einer Zivilverwaltung, Einberufung eines Parlaments, in dem die siegreiche Partei durch Abgeordnete ersetzt werden sollte, die man vorher mit allerlei Künsten gewonnen hatte, usw.).

Der indischen Bereitschaft, die Guerilla-Kämpfer des bürgerlichen Lagers zu bewaffnen – als Gegengewicht gegen diejenigen maoistischer Linie –, folgte die Übung, diesen tapferen Kämpfern Rückendeckung zu gewähren, so daß Feuergefechte zwischen Truppen beider Staaten etwa seit August häufig wurden. Die letzte Entscheidung wurde ihr dann abgenommen – abermals durch einen Akt politischer wie militärischer Sinnlosigkeit: durch einen pakistanischen Luftangriff auf indische Flugplätze (meist solche, die dem privaten Verkehr dienten). Das gab den Anstoß, nunmehr in das ostbengalische Gebiet einzurücken, um die Flüchtlinge unter dem Schutz indischer Truppen heimzuführen. Von eigentlichen Gefechten wird nicht viel gemeldet. Die größten Schwierigkeiten bot der Zustand des Geländes, da alle Brücken des wasserreichen Landes zerstört waren. Andererseits konnten die Inder von Westen, Norden und Osten konzentrisch vordringen, hatten also die natürliche Voraussetzung für ein »Cannae«, wie es dem Grafen Schlieffen einst als Ideal einer Schlacht vorgeschwebt hatte. Indem die pakistanischen Truppen, die durch die Küstenblockade inzwischen von der Heimat abgeschnitten waren, und deren Führer das Sinnlose dieser Ereignisse allmählich begriffen, sich in die Hauptstadt Dakka zurückzogen und diese bald von allen Seiten umklammert wurde, entstand die Voraussetzung für eine ehrenvolle und vernunftgemäße Kapitulation, die dann von zwei Generalen, die beide als Panjabis die gleiche Muttersprache redeten und beide im britischen Sandhurst ausgebildet waren, unterzeichnet wurde. Sie selbst mögen nicht daran gezweifelt haben, daß eine an Fehlern, Mißgriffen und Scheußlichkeiten so überreiche Politik kein anderes Ende mehr zuließ.

Mit der Befreiung Ostbengalens, das sich nun mit Recht »Bangladesh« (»Land der Bengalen«) nennen konnte, war diese zweite Bengalen-Krise beendet – nach ungleich schlimmeren Opfern als die erste, die Curzon mit der ersten Teilung verursacht hatte. Die Neugestaltung des Subkontinents brachte für Indien das Ende einer Umklammerung durch den pakistanischen Doppelstaat. Nach dem Grundsatz »cui bono« unterstellen daher manche Kritiker der indischen Politik, durch weitreichende Planung die Entwicklung auf dieses Ziel hingesteuert zu haben. Tatsache ist, daß sich Indien um das Schicksal der Ostbengalen bis in diese letzte Krise hinein erstaunlich wenig gekümmert hat. Während des Krieges mit Pakistan von 1965, als Ostbengalen nur mit einer einzigen, nicht sehr kampfkräftigen Division besetzt war, hat man in Delhi nicht einmal daran gedacht, die Schwäche seines Gegners auszunutzen. Man hätte damals gegen geringeren Widerstand einmarschieren können als 1971. Selbst die unerträglichen Zustände, die seit der Wahl von 1970 in diesem Nachbarland einrissen, verbunden mit der gewaltigen Flüchtlingslast, hat Indien überraschend lange geduldig hingenommen – jedenfalls erheblich länger, als es die Erregung breiter indischer Kreise erheischte. Richtig ist, daß Frau Indira Gandhi den Moment des Einmarsches sehr geschickt gewählt und sich drohender Interventionen anderer Mächte – Chinas wie der USA – gewandt entzogen hat. Aber den Lauf der Ereignisse konnte auch sie weder bestimmen noch beeinflussen: denn hier vollzog sich eine Volksbewegung im echtesten Sinne, die mit dem Einspruch der letzten bengalischen Regierung gegen die Angliederung an den fernen Indus-Staat im Mai 1947 begann, sich mit eiserner Konsequenz fortsetzte und durch jede pakistanische Unterdrückungsmaßnahme in ihrer Widerstandskraft angespornt wurde. Darin liegt der eigentliche Schlüssel, um diese Krise und ihre unabwendbare Lösung zu verstehen. Ein Fehler der »India Independence Act« ist berichtigt worden.

Kapitel 59

Betrachtungen zur indischen Innenpolitik

Mit der Stellung eines Dominions im Rahmen des Commonwealth erreichte Indien im August 1947 alles, was es im Befreiungskampf erstrebt hatte: den Abzug der britischen Truppen, die Übergabe der Staatsgewalt und der Verwaltung an indische Politiker, kurz, das Ende der Kolonialherrschaft. Der Streit, ob

Dominion-Status oder »purna swaraj« (volle Unabhängigkeit) das Ziel sein sollte, war vergessen. Das Recht jedes Dominions, aus dieser Staatengemeinschaft jederzeit auszutreten, ermöglichte es dann, noch einen Schritt weiterzugehen und das freie Indien zur Republik zu erklären. Damit entfiel der Posten eines »Generalgouverneurs«, dessen Amtsbezeichnung noch an das frühere Kolonialregime erinnerte. Dieses Amt, das anfangs mit allgemeiner Billigung der letzte Vizekönig, Mountbatten, übernommen hatte, danach, als erster Inder, der alte Rajagopalacharia, wurde nun durch das eines gewählten *Bundespräsidenten* ersetzt, der fortan das freie Indien als Staatsoberhaupt nach außen vertrat. Die engere Bindung an England wurde dadurch nicht berührt; denn Indien verblieb – zu seinem wirtschaftlichen Vorteil – im Rahmen des Commonwealth und wurde in dieser Gemeinschaft, die bisher ihr einigendes Symbol in der monarchischen Spitze erblickt hatte, zur ersten Republik. Die Beliebtheit der Königin ist hierdurch noch gestiegen, wie ihr erster Besuch in Indien zeigte. Jedenfalls wurde England nicht zum »Ausland«, und die Briten blieben in Indien ebenso »einheimisch« wie die Inder in England. Das Commonwealth gewöhnte sich rasch daran, im Kreise seiner Mitglieder neben »monarchisch« regierten Staaten nun auch Republiken zu haben – sowie das kommende Europa dereinst keinen Anstoß an solchen Unterschieden nehmen wird.

Auch die Staatsverwaltung blieb im wesentlichen unverändert. Daß sie auf demokratischer Grundlage beruhen mußte, ergab sich aus der ganzen Vorgeschichte. Einmal hatte Indien seinen Befreiungskampf mit Argumenten und Forderungen geführt, die es dem Arsenal der »freiheitlichen Ideen« Europas entnommen hatte. Dann blieb bis 1950 noch die Verfassung in Kraft, die 1935 in den Provinzen schon ein Regime eingeführt hatte, das dem parlamentarischen sehr nahe kam. Auch konnte eine solche Regierungsform an alt-indische Züge anknüpfen, wie an das Panchajat der Dorfgemeinden oder an das Treueverhältnis zwischen Patron und Klient, das sogenannte »jajmani«.

Endlich schied die Kaste aus, die nach hinduistischer Tradition eigentlich zum Regieren berufen war, die »kshatriyas«, da die Fürsten und ein Großteil der Grundherren bis zuletzt loyal zu den Briten gestanden hatten. Vielmehr schien es sich von selbst zu verstehen, daß die Träger der Befreiungsbewegung nun auch die Regierung des befreiten Landes übernahmen und sie in der Form weiterführten, die der politischen Denkart einer überwiegend bürgerlichen Schicht entsprach. Gewohnt, sich auf die breite Masse des Volks zu stützen, war es ihnen selbstverständlich, daß sie mit der Einführung des allgemeinen, gleichen und geheimen Wahlrechts ihr Regime auf eine denkbar breite Wählerschicht begründeten. Das fiel ihnen um so leichter, als sie politisch überwiegend dem Nationalkongreß angehörten, dessen Mitglieder, ungeachtet ihrer sehr verschiedenen Einstellung, durch die Kampfzeit zu einer festen Gemeinschaft zusammengewachsen waren. Auch war der Kongreß die einzige Organisation, die mit ihrem Netz von Zellen das Land zusammenzuhalten vermochte. Dabei wurde sie sehr wirksam unterstützt von der zwar kleinen, aber vorzüglich ausgebildeten Zahl von Verwaltungsbeamten aus der britischen Schule, die loyal und fachkundig den Verwaltungsbetrieb in Gang hielten, so daß sich der Übergang der Macht in administrativer Hinsicht reibungslos vollzog. Diese beiden Stützen – die Kongreßorganisation und die 600 ICS-Beamten – haben den jungen indischen Staat zunächst getragen und gegen alle sich regenden zentrifugalen Tendenzen zusammengehalten.

Diese Staatsform bot auch die beste Grundlage für den rein weltlichen Staat (secular state), in dem Nehru die einzige haltbare Grundlage für jeden indischen Großstaat erblickt hatte, also für einen Staat, innerhalb dessen alle Verschiedenheiten der Religion, der Rasse oder Kaste *innenpolitisch* aufgehoben werden sollten. Die Erkenntnis, daß nur eine solche Basis den Staat würde tragen können, war 1947 durchaus noch nicht Allgemeingut. Der Gedanke, die erträumte indische Nation auf den Hinduismus zu begründen, der zu Beginn der Befreiungsbewegung vielen ernsten Politikern als bester, wenn nicht gar einziger Weg zur Nationalbildung gegolten hatte, lebte noch fort und hat in den orthodoxen Rechtsparteien, wie dem Jan Sangh, heute noch organisierte Anhänger. Mochten auch Schlagworte dieser Richtung noch so oft ad absurdum geführt werden – ihren Reihen entstammte der Mörder Gandhis –, so wagten es doch viele Hindu-Politiker, namentlich der vor 1900 geborenen Generation, lange nicht, öffentlich auszusprechen, daß man diesem Traum entsagen müßte, sofern man einen Staat erhalten wollte, in dem neben kleinen Minderheiten vor allem die Moslems (die auch nach der Abspaltung Pakistans noch gute 10 Prozent der Bevölkerung ausmachten) sich als voll berechtigte Staatsbürger fühlen sollten. Daß Nehru dies als einer der ersten klar erkannte und den Mut besaß, danach zu handeln, bildet eins seiner großen geschichtlichen Verdienste.

So wurden denn – eine der wichtigsten Änderungen – die getrennten Wahlschaften der britischen Zeit abgeschafft und nur für die zurückgebliebenen Schichten (die Unberührbaren und die primitiven Waldvölker) noch einige Schutzbestimmungen belassen. Sonst ging das gesamte Volk – Männer und Frauen – geschlossen zu den Wahlurnen und lernte dabei, sich als *ein* einiges Gesamtvolk zu fühlen – eine große, zukunftsträchtige Wandlung, wie sie Indien noch niemals erlebt hatte.

Ein säkularer Staat aber bedingt volle Toleranz. Sie ist dem Hindu an sich nicht fremd*. Da niemand zum Hinduismus bekehrt werden kann, sondern als Hindu geboren sein muß, mußte der Hindu frühzeitig anerkennen, daß es eben auch Nicht-Hindus gäbe. Bei der ersten Einführung des Christentums im 3. Jahrhundert wie bei der Einwanderung der Parsen im 7. Jahrhundert hat sich das Zusammenleben mit solchen Gruppen auf der Grundlage gegenseitiger Duldung auch stets unschwer und friedlich eingespielt. Erst der Islam hat den Geist der Intoleranz nach Indien gebracht, und so liegt der geschichtlich tiefe Grund der daraus entsprungenen Volksleidenschaften bei seinen Bekennern, die ihre Religion nicht nur als die allein richtige ansahen, sondern andere zu zwingen suchten sie anzunehmen. Selbst der heutige Zustand, der absolute Gleichberechtigung aller Religionen sichert, hat die damals entstandenen Leidenschaften noch immer nicht beseitigt, wobei heute mitunter auch die Hindus nicht frei von Schuld zu sprechen sind. Die heranwachsenden Generationen werden auch dieses ererbte Übel abstreifen. Indem als äußere Staatssymbole für die Flagge drei Farben verschiedener Religionsgemeinschaften gewählt und als Emblem ein buddhistisches, der vierköpfige Löwe Ashokas, des Kaisers, der für Frieden und Duldung eintrat, ist dieser Zustand für alle Zeiten sichtbar festgelegt worden.

Keine Gefahr droht dem Staat von seiten der Fürsten, die

* Die Fälle religiöser Unduldsamkeit in der Geschichte der Hindus sind selten, wenngleich sie, eben weil sie Ausnahmen waren, in der Geschichtsschreibung oft ungebührlich betont werden.

Indien seit Jahrtausenden regiert und selbst noch zu britischer Zeit ein Drittel seines Bodens beherrscht hatten, deren politischer Anteil an der indischen Geschichte daher kaum überschätzt werden kann. Ihre Eingliederung durch freiwilligen Verzicht auf ihre Rechte war eine staatsmännische Leistung des Sardar Patel, die kaum hoch genug veranschlagt werden kann. Es ist beinah erstaunlich, daß von dieser Seite – außer vom Nizam von Haidarabad – dem neuen Staat keinerlei Widerstand geleistet worden ist, daß sich kein einziger dieser Fürsten die separatistischen Bewegungen zunutze gemacht hat, die sich in dem Völkergemisch Indiens naturgemäß regten. Die Weisheit Patels beruhte auf der Erwägung, daß ein knapp abgefundener Fürst zum Rebellen würde, ein reich abgefundener aber am Fortbestand des Staates, der ihn bezahlte, interessiert wäre. Der Mangel an Weisheit einer späteren Regierung übersah das, wenn sie um billiger populärer Erfolge willen feierlich versprochene Zahlungen reduzieren oder gar einstellen wollte, die als Ganzes einen minimalen Betrag des gesamtindischen Budgets ausmachen und mit dem Ableben der heutigen Fürstengeneration ohnehin auslaufen.

Neben der demokratischen Basis ist der wesentliche Grundzug der indischen Verfassung die Tatsache, daß Indien ein *Bundesstaat* ist. Bei der mannigfaltigen Zusammensetzung der Bevölkerung, die aus einem Dutzend sehr verschiedenartiger Völker besteht, ist das zwingend. Die Frage, ob dann ein Bundesstaat oder ein Staatenbund ratsam wäre – die bei der Bismarckschen Reichsgründung eine solche Rolle spielte –, wurde mit anderen Formulierungen auch in Indien durchgefochten. Indem wohlmeinende Briten die Einheit des von ihnen geschaffenen Staats gegenüber den Sezessionsbestrebungen Jinnahs zu wahren suchten, gelangten sie zu dem Plan, Indien in eine *Föderation* zu verwandeln, die bei weitgehender Autonomie der Gliedstaaten eine verhältnismäßig lockere Zentralregierung gehabt hätte. Damals neigten Männer wie Sardar *Patel* dazu, eine starke Zentralgewalt selbst mit territorialen Einbußen vorzuziehen. Aber in Zukunft könnte eine Föderation wieder erwägenswert werden, da der Subkontinent nun aus drei selbständigen Staaten besteht und zwei ungelöste Probleme birgt: den Streit um das geteilte Kaschmir und die Frage einer Wiedervereinigung des geteilten Bengalen, die zwar heute noch nicht aktuell ist, mit der man aber in Zukunft rechnen muß. Ein Zusammenschluß dieser Staatengruppe zu einer selbst lockeren Konföderation dürfte eines Tages als die beste Lösung für das Wohl aller erscheinen. Doch auch innerhalb Indiens bedarf das Verhältnis zwischen der Zentralregierung und den Gliedstaaten einer sehr behutsamen Pflege, da die Gefahr einer allzu großen Zersplitterung besteht und einige der Bundesländer überaus empfindlich gegen Eingriffe der Zentralregierung sind.

Hierbei erweist es sich als segensreich, daß Indien aus der britischen Erbschaft den Stamm einer ausgezeichneten Beamtenschaft übernommen hat. Dieser »Indian Civil Service« bestand 1947 aus 1157 höheren Verwaltungsbeamten, von denen 48 Prozent Inder waren. Das Verdienst dieser kleinen Gruppe um die Erhaltung der Staatseinheit, gerade in der Zeit des Übergangs, kann kaum hoch genug geschätzt werden. Schon daß der neue Staat von fremden »Beratern« unabhängig blieb, war ein großer Gewinn, und heute, wo dieser winzige Beamtenstab durch Neurekrutierungen auf ein Vielfaches angeschwollen ist, setzt der verbliebene Grundstock noch den Maßstab, an dem der Wert des einzelnen Neulings gemessen werden kann. Diese 600 Beamten erwiesen sich als die lebendigen Träger eines gesamtindischen *Staatsgedankens* und eines allindischen *Nationalgefühls,* also zweier Eigenschaften, die sich im Volk nun erst bilden sollten.

Denn war das indische Volk mit der Befreiung nun zu einer *Nation* geworden? Als Italien seine Freiheit und Einheit errungen hatte, sagte Garibaldi: »Italien ist nun da, jetzt gilt es, die Italiener zu schaffen.« Ähnliches gilt für Indien. Unter den Hemmungen erweist sich das Kastenwesen als die geringste. Gewiß hat es, indem es sich zwischen Staat und Familie schob, die Entstehung echt staatlichen Denkens oft erschwert, aber weit weniger die eines Nationalgefühls, wie der Befreiungskampf gezeigt hat. Auch ist es im öffentlichen Leben heute weitgehend ausgeschaltet: vor Gericht, in der Wirtschaft, im Verkehr, in der Armee, in der Politik. Es spielt etwa noch eine Rolle bei der Aufstellung der Kandidaten für das Parlament und für die Gemeindevertretungen, wirkt aber dabei nicht stärker ein, als es beispielsweise in Europa Parteiklüngel, Cliquen oder Nepotismus tun.

Schwerer wiegen die religiösen Unterschiede. Sie haben die Entstehung einer »Kulturnation« ausgeschlossen, aber nicht die einer »Staatsnation«. Die im heutigen Indien lebenden 65 Millionen Moslems (gegenüber 45 Millionen in Westpakistan) haben sich – soweit sie politisch bewußt denken – sogar überraschend schnell in den neuen weltlichen Staat integriert. Sie dienen ihm als Politiker, Offiziere, Diplomaten, Richter und Verwaltungsbeamte mit der gleichen Loyalität wie die Angehörigen anderer Religionen, und ein Moslem ist schon zum Staatsoberhaupt Indiens gewählt worden – ein Vorgang, dessen Gegenstück in Pakistan unvorstellbar wäre. Im Volke wirken natürlich die Erinnerungen an die blutigen Ausschreitungen fort, wie sie noch 1947 als Folge der völlig unerwarteten Zerreißung der gewohnten Grenzen ausbrachen. Sie bilden ein Übel, mit dem vorläufig noch jede indische Regierung rechnen muß, das aber in dem Maße erlöschen wird, wie die propagandistische Verwendung des Hindu-Moslem-Gegensatzes zu politischen Zielen aufhört.

Die stärkste Hemmung liegt immer noch in der Verschiedenheit der Völker Indiens, die sich in ihren Sprachen, Bräuchen und geschichtlichen Erinnerungen zeigt – ähnlich wie es im künftigen »Vereinigten Europa« sein wird. Das gesamtindische Nationalgefühl erwuchs aus dem großen Erlebnis des Befreiungskampfes. Aber der Inder hat kein gutes geschichtliches Gedächtnis. Viele vergessen heute, daß sie dank der großen Leistungen der älteren, nun abtretenden Generation in einem freien Indien und einem indischen Gesamtstaat leben, wie ihn die indische Geschichte noch niemals gekannt hat. So wird es zur Aufgabe dieses Staats, mit der Erinnerung daran das nationale Zusammengehörigkeitsgefühl zu pflegen und aus den 560 Millionen seiner Bewohner eine Nation machen. Die Erfolge sind durchaus erfreulich. Die heute heranwachsende Generation kann ohne Zögern von sich sagen, daß sie sich als »Inder« betrachtet. Trotzdem sieht sich der moderne Staat in Indien vor eine heikle Aufgabe gestellt, und es wird einige Generationen dauern, ehe sich die Massen als bewußte Glieder einer weltlichen Nation fühlen werden. Ein solcher Prozeß kann durch Fehler gehemmt werden, die die Eigenart einzelner Gruppen, Völker oder Kasten berühren. Es ist daher verständlich, wenn ein gescheiter und gewissenhafter Beobachter, wie der Amerikaner Selig Harrison, solche Mißgriffe zusammenstellt und die Gegensätze der einzelnen Volksgruppen scharf herausarbeitet.

Demgegenüber steht die Tatsache, daß ein indischer Gesamtstaat existiert und täglich von der Zustimmung der überwiegenden Mehrheit der Bevölkerung neu bekräftigt wird und ebenso die Tatsache, daß kein ernsthafter Politiker bisher eine weitere Abspaltung einzelner Teile vom Ganzen angeregt hat. Alle zentrifugalen Tendenzen, die auftraten, haben doch das gemeinsame Band der Einheit Indiens und seiner gemeinsamen Zentralregierung nicht angetastet, und diese sind aus allen Krisen unversehrt hervorgegangen. Die Existenz dieses neuen indischen Staates von 1947 ist bisher niemals ernsthaft in Frage gestellt worden, auch dann nicht, als einer seiner beiden Hauptpfeiler, die Kongreßpartei, auseinanderbrach.

Anfangs standen die Gliedstaaten unter der Herrschaft der Kongreßpartei, die die Freiheit erkämpft und den neuen Staat geschaffen hatte. Das sicherte ihre feste Bindung an die Zentralgewalt. Daß sich die Regierungen der Gliedstaaten bemühten, ihre regionalen Wünsche durchzusetzen, ja sich mancherlei Sonderprivilegien zu verschaffen, und daß sie dazu die Zeit nutzten, in der die Dinge noch im Flusse waren, ist verständlich und uns Deutschen aus der entsprechenden Zeit der Bismarckschen Reichsgründung zur Genüge bekannt. Aber keins der indischen Länder hat verlangt, seine Truppen unter ein eigenes Kriegsministerium zu stellen, wie dies im Deutschen Reich noch bis 1918 der Fall war; keines hat daran gedacht, eigene Gesandte ins Ausland oder nach Delhi zu entsenden, keins im Verkehrs- oder Steuerwesen Sonderrechte beansprucht (wie Bayern anfangs für die Biersteuer); kein Land hat eigene Briefmarken herausgegeben, wie Bayern es noch bis zum Ersten Weltkrieg tat. Nicht einmal eigene Flaggen werden an großen Feiertagen gezeigt. Für jemanden, der die Verhältnisse im kaiserlichen Deutschland vor dem Ersten Weltkrieg noch kennt, halten sich die indischen Bundesstaaten erstaunlich zurück. Daß sie die Verwaltung in ihrer Landessprache führen, versteht sich von selbst. Das wird dereinst in den Vereinigten Staaten von Europa nicht anders sein. Die Gunst des Schicksals war, daß als gemeinsame Verbindungssprache für alle untereinander das Englische zur Verfügung stand. Dem Argument, daß man nicht mit der Sprache der »Unterdrücker« weiterarbeiten dürfe, hielt ein gescheiter Inder einmal entgegen, daß Deutschland sich bei allem Nationalgefühl noch viele Jahrhunderte hindurch des Lateinischen als der Kanzleisprache bedient hätte, obwohl es die Sprache der römischen Unterdrücker gewesen wäre. Er hätte hinzufügen können, daß noch Bismark als Gesandter vielfach französisch berichtet hat. Aber die Verfassung sah nun einmal vor, daß das Englische durch eine *indische* Verbindungssprache ersetzt werden sollte, und man wählte dafür Hindi. Fraglos ist Hindi die verbreiteste Sprache: die amtlichen Ziffern geben ihr 170 Millionen, wobei sie allerdings manche Abarten mitzählen wie das Hindostani, Bihari, Panjabi und Rajasthani, die immer *auch* als eigene Sprachen gelten könnten. Aber selbst nach ihrem Abzug bliebe es die Sprache, die die größte Zahl als Muttersprache erklärt. Doch ist sie nicht die Sprache der *Mehrheit* der Bevölkerung, und sie ist nach ihrem literarischen Wortschatz keineswegs die höchstentwickelte Sprache Indiens; ganz sicher haben etwa Bengali und Tamil schon eine reifere Entwicklungsstufe erreicht. Will man dem Hindi also die Rolle zuteilen, die in der alten Donau-Monarchie das Deutsche gespielt hat (was auch nicht die Sprache der Mehrheit war), so ist zu bedenken, daß sich jeder Ungar, jeder Slowene oder Tscheche, der deutsch erlernen mußte, dessen bewußt war, eine der höchstentwickelten Sprachen Europas aufzunehmen. Das gilt nicht für Inder, die Hindi lernen sollen, und dieses Moment ist von den Verfechtern des Hindi nicht genügend berücksichtigt worden. Die Frist, innerhalb der es zur gesamtstaatlichen Verbindungssprache gemacht werden sollte (nicht etwa zur indischen Nationalsprache!), war zu kurz; denn die betroffene Generation war für ein solches Experiment noch nicht vorbereitet. Wenn die heute heranwachsenden Generationen als Schulkinder Hindi lernen, wird sich diese vielerorts bestehende Abneigung gegen diese Sprache verflüchtigen, und in einigen Jahrzehnten wird es sich erreichen lassen, daß Inder verschiedener Volkszugehörigkeit sich in Hindi verständigen, wo sie es heute noch in englisch tun. Es war weise von der Zentralregierung, hier elastisch zu bleiben. Sie hätte noch mehr Verwicklungen vermeiden können, wenn sie die Lage früher erkannt und die irreale Frist der Verfassung rechtzeitig ausgedehnt hätte. Eine einheitliche Nationalsprache kann Indien niemals erlangen; es muß sein Nationalgefühl ohne eine gemeinsame Sprache reifen lassen — eben aus dem *staatlichen* Gemeinschaftsgefühl heraus.

Aber das ist nur die eine Seite der Bestrebungen der Bundesländer nach Eigenständigkeit. Eine andere war ihre Abgrenzung. Während der Befreiungsbewegung hatte der Kongreß seine Organisation auf der Grundlage der Volks- und Sprachzugehörigkeit aufgebaut und nicht auf den zufällig entstandenen Grenzen der britischen Verwaltungsgebiete (übrigens ohne das Gebiet der Fürstenstaaten, die erst später eingegliedert wurden). Diese Einteilung entsprach politischer Vernunft. Indem der Kongreß den einzelnen Völkern verhieß, daß sie nach der Befreiung aufgrund ihrer Sprache in eigenständige Verwaltungseinheiten gegliedert werden sollten, stärkte er den Wunsch nach sprachlich abgegrenzten Bundesstaaten. Aus dieser an sich verständigen Politik entwickelte sich das Streben auch kleiner Sprachengruppen, zum eigenen Bundesstaat zu gelangen. Die anfänglich gefundene Form, daß man nur die *großen* Volksstaaten (die sogen. A-Staaten) als voll berechtigte Bundesglieder anerkannte und den übrigen, den »B«- und »C«-Staaten einen minderen Status einräumte, war ein Provisorium, das keine Dauer versprach. Um zu einer dauerhaften Einteilung des Gesamtgebiets zu kommen, mußte man die Siedlungsgebiete der verschiedenen *Völker* zur Grundlage nehmen. Daß dabei auch wirtschaftliche Gesichtspunkte Berücksichtigung verlangten, und daß die natürliche Beharrlichkeit jeder eingespielten Bürokratie sich gegen Änderungen stellte, hinderte oft die reine Durchführung dieses Prinzips. Das bekannteste Beispiel ist der Versuch, die britisch-indische Provinz Bombay als einen sprachlich gemischten Staat zu erhalten. Der heftige Einspruch der Marathen, einer der kräftigsten und selbstbewußtesten Völker Indiens, forderte seine Aufteilung, d. h. die Wiederherstellung des Marathen-Reiches von einst, mindestens soweit es von Marathen besiedelt war. Indem diesem Wunsch stattgegeben wurde, erhielten sie, die mit ihrer historischen Hauptstadt Poona (heute *Pune*), dem eigentlichen Ursprung ihrer staatlichen Kraft, nicht mehr zufrieden waren, auch die große, kosmopolitische Hafenstadt Bombay, an deren Aufblühen zur reichsten Stadt Indiens sie nur zu einem bescheidenen Teil beigetragen haben – denn weit mehr verdankt sie ihren Gründern, den Briten, sowie den dort lebenden Parsen und Gujaratis. Der Gedanke, sie zu einer »freien Stadt« im Stile Hamburgs und Bremens zu machen, der für sie ausgezeichnet gepaßt hätte, wurde nicht erwogen. Andererseits erwiesen sich die Besorgnisse vieler Nicht-Marathen, deren Herrschaft könnte die Wirtschaft schädigen, als unbegründet. Der starke staatliche

Impuls, der von diesem Volke ausstrahlt, erstreckt sich auch auf die Forderung, sich noch andere Gebiete einzuverleiben: vor allem *Goa*, dessen Landessprache, das Konkani, es fraglos zu Maharashtra verweist, dessen eigenartige Geschichte allerdings eine Sonderstellung rechtfertigt; außerdem gewisse Grenzbezirke zum Staate Maisur, die eine gemischte Bevölkerung aufweisen, was es erschwert, eine »gerechte« Lösung zu finden. Sie wird zwischen den beiden Landesregierungen ausgehandelt werden müssen. Die übrigen Teile des drawidischen Südens ließen sich unschwer nach sprachlichen Gesichtspunkten gliedern.

Schwierig war es bei der Telugu-sprechenden Bevölkerung. Seltsamerweise bedurfte es erst des Freitods eines Heiligen, der sich zu Tode fastete, um den Staat Andhra zu schaffen, also das alte Reich der Satavahanas wieder zu erneuern – was zur Zerschlagung des Nizam-Staats von Haidarabad führte (kein Verlust für Indien); aber hier erwiesen sich örtliche Unterschiede im wirtschaftlichen Entwicklungsstadium als Sprengstoff: Der minderentwickelte Teil, Telengana, der alte Staat Warangel, beanspruchte eine selbständige oder doch stark autonome Einheit zu werden, ein Verlangen, das nach ethischen und sprachlichen Gesichtspunkten nicht zu vertreten war und offensichtlich stark von ausländischer (chinesisch-kommunistischer) Propaganda geschürt wurde. Orissa, Rajasthan und das aus Fürstenstaaten zusammengewürfelte Madhya Pradesh haben keine ernsthaften Schwierigkeiten ergeben.

Der größte Staat Indiens, Uttar-Pradesh, das Kernland des alten Gangesreichs, ist ein Problem sowohl durch seine Größe (es zählt 90,75 Mill. Einwohner) wie durch die Tatsache, daß es das Hauptgebiet der Hindi-Sprache ist. Das Gemeinschaftsgefühl dieser Hindi-sprechenden Bevölkerung ist im Vergleich mit den anderen Volksgruppen schwach entwickelt (es gibt keine »Hindis«, wie schon erwähnt wurde). Eher fühlt sich diese Bevölkerung, deren Gebiet seit jeher das Kernland aller nordindischen Großreiche war, noch als das »Kernvolk« des neuen Gesamtstaats und hat ihm seine drei ersten Ministerpräsidenten gestellt (Nehru, Shastri und Nehrus Tochter). Auch der erste Bundespräsident, Rajendra Prasad, entstammte dem benachbarten Bihar, das geschichtlich zum Hindi Volk gehört. Dieses Übergewicht eines Gliedstaats kann von Nachteil sein. Als das Deutsche Reich nach zwei preußischen Kanzlern als dritten einen Bayern wählte, war das weise, da es Mißstimmungen auffangen konnte, wie sie in Indien in der Tat entstanden sind. Ein gut Teil des Widerstands, den die Tochter Nehrus anfangs fand, beruhte darauf, daß die nicht hindisprechenden Volksgruppen auch einmal den Regierungschef stellen wollten, obwohl sie bei der Wahl des Bundespräsidenten berücksichtigt wurden (Radhakrishnan und Giri sind Südinder) und auch mehrfach den Kongreßpräsidenten gestellt haben (Kamaraj und Nijalingappa). Aber dieses Amt hat heute an Bedeutung eingebüßt, und das des Bundespräsidenten entspricht dem gleichen in der Bundesrepublik Deutschland. Es würde von Vorteil sein, auch anderen Völkern Gelegenheit zu politischer Führung zu geben.

Der Panjab ist während der ganzen Geschichte Indiens nur einmal zu eigener staatlicher Existenz gelangt: in dem kurzlebigen Reich der Sikhs, das im Grunde nur auf der Person seines Herrschers Ranjit Singh beruhte. Die Sikhs sind eine ausgesprochen aktive Gruppe, die sich in Staat, Armee und Wirtschaft über den Durchschnitt hinaus als tüchtig erweist, sind aber an Zahl gering und ermangeln eines geschlossenen Siedlungsgebiets. Ihr Mutterland, der Panjab, wurde bereits durch die Abspaltung Pakistans zerrissen, und der indisch gebliebene Ostteil hätte als gefährdetes Grenzland zu einem besonders kräftigen Staat ausgebaut werden müssen. Das heftige Streben der Sikhs nach einem eigenen Staat hat jedoch zu einer neuen Teilung dieses Restgebiets geführt – sprachlich insofern kaum gerechtfertigt, als die Sikhs und Hindu-Panjabis die gleiche Sprache haben. Praktisch lief die Neuregelung darauf hinaus, daß man einige Gebiete mit Hindi-sprechender Bevölkerung zu einem neuen Kleinstaat abtrennte (Haryana). Der einzige Vorteil, der sich daraus ergibt, könnte der werden, daß man sich endlich entschließt, die riesige Provinz Uttar-Pradesh mit 90 Millionen Einwohnern zu teilen und ihren Westteil mit dem Haryana-Gebiet zu vereinigen.

Das sind einige der Fälle, in denen die Abgrenzung von Bundesstaaten irgendwie gelöst wurde. In keinem Fall wurde die Zugehörigkeit zum Gesamtstaat, zur *Nation,* in Frage gestellt. Diese Sorge erhebt sich nur bei dem heikelsten aller Probleme, dem Nordosten Indiens, dem Grenzgebiet gegen China, wo sich also Einflüsse der chinesischen Nachbarschaft mit denen der Peking-hörigen Kommunisten in Bengalen verbinden. Die Bergstämme, die das Grenzgebiet gegen China sowie das gegen Bangladesh und Burma bewohnen, sind seit jeher unruhig gewesen, zum Teil angetrieben durch die Tätigkeit christlicher Missionen, die ihnen westliche Bildung vermittelt haben; zum größeren Teil durch eine systematische Agitation aus China und früher auch aus Pakistan. Diesen Unruhen Rechnung tragend, hat die indische Regierung hier drei neue Kleinstaaten errichtet: Nagaland, Meghalaya und Manipur, und zwei andere Gebiete zu Unionsterritorien erklärt: das Land des Mizo-Stamms als Mizoram und das Gebiet der Nordostgrenze, das frühere *Nefa*, als Arunachal Pradesh. So besteht dieses überaus gefährdete Grenzgebiet nun aus dem stark verkleinerten Bundesstaat Assam und fünf kleinen Staatsgebilden, wobei Assam selbst durch eine bengalische Minderheit ebenfalls in seiner Einheit bedroht wird. Was in diesem kleinstaatlichen Getriebe am nötigsten erscheint, ist eine starke Grenzschutz-Organisation mit einer geschulten Polizei und eigenen Wachttruppen, die die Belange des Gesamtstaats an der Grenze wahrnimmt, die von Indiens gefährlichstem Nachbarn, der Volksrepublik China, am meisten bedroht wird.

Zum eigentlichen Sorgenkind wurde *Bengalen,* das, ebenso wie der Panjab, 1947 geteilt wurde. Gewiß bedeutet es für Indien einen kaum genug einzuschätzenden Vorteil, daß in seiner östlichen Hälfte jetzt das mißgünstige Pakistan durch die unabhängige Regierung von Bangladesh ersetzt worden ist. Aber damit haben die Probleme Bengalens noch keine endgültige Lösung gefunden, wie weiter unten bei Behandlung der kommunistischen Agitation gezeigt werden wird.

Im übrigen Indien hat sich der Zusammenhalt der verschiedenen Gliedstaaten als viel fester erwiesen, als die Skeptiker von 1947 glaubten. Wichtig für seine weitere Erhaltung bleibt eine zweckmäßige Verteilung der Kompetenzen zwischen Zentralgewalt und Länderregierungen. Hier hat die Verfassung eine sehr brauchbare Grundlage gelegt. In mancher Hinsicht hat die Regierung von Indien ungleich größere Befugnisse als etwa die Regierung der Bundesrepublik Deutschland. Sie kann z. B. Länderregierungen absetzen und für gewisse Zeit einen Gliedstaat durch einen Beauftragten der Zentrale verwalten lassen, wenn ein Notstand es erfordert, und sie hat von diesem erstaunlichen Recht mehrfach Gebrauch gemacht (wie in Kerala und jetzt in Bengalen). Auch besitzt Indien im Gegensatz zur

Bundesrepublik Deutschland ein gemeinsames Ministerium für Kultur und Bildungsfragen. Stark ist auch die Stellung der Zentrale auf finanziellem Gebiet. Es ist die Zentralregierung, die den Rahmen der Fünfjahrespläne aufstellt und dabei auch die größeren Projekte der Länder mitfinanziert. Als eine Schwäche hat sich erwiesen, daß die Zentrale wenig Kompetenz auf dem Gebiet der landwirtschaftlichen Produktion und der Ernährung besitzt. In Zeiten der Knappheit an Lebensmitteln neigen natürlich die Länder dazu, zuerst an sich zu denken, und zögern, von ihrem Vorrat an andere Notleidende abzugeben. Ihre Haltung erinnert mitunter daran, wie Bayern in der Notzeit nach dem Ersten Weltkrieg eine Ausfuhr von Lebensmitteln in die Nachbarländer sperrte, um die eigene Versorgung nicht zu gefährden. Wenn dieser Nachteil in Indien bisher noch keine ernsteren Folgen gehabt hat, so liegt es an den gewaltigen Hilfsaktionen des Auslands, namentlich der USA, die die Zentrale instand setzen, angemessene Mengen zu verteilen. Wenn diese Hilfe eines Tages aufhören sollte, wird die Kompetenzverteilung auf diesem Gebiet neu geprüft werden müssen.

Entscheidend für Indiens Zukunft ist die Tatsache, daß die *größeren* Parteien sich von vornherein als gesamtindische gebildet haben. Die älteste, der Nationalkongreß, hat bei allen taktischen Schwankungen doch stets und unverändert das Ziel verfolgt, als eine *gesamtindische* Vertretung zu gelten und zu wirken. Er wurde damit einer der frühsten und wichtigsten Träger eines indischen Nationalgefühls. Er war nicht als Partei im gebräuchlichen Sinne des Wortes gedacht; er wollte alle Kräfte zusammenfassen, die – gleich welcher politischen Einstellung – als gemeinsames Ziel die Beendigung der Kolonialherrschaft verfolgten. Nachdem dieses Ziel erreicht war, hätte er sich nach den bei uns üblichen Spielregeln auflösen sollen. Gandhi hat das 1947 ausdrücklich geraten. Aber sein Rat kam verfrüht; denn damals war die Kongreßorganisation noch nicht entbehrlich, da es neben der dünnmaschigen Staatsverwaltung außer ihr noch nichts gab, was den einigenden Staatsgedanken in den weiten Räumen Indiens vertreten konnte. So bestand er fort als eine Mischung von parteipolitisch höchst verschiedenartigen Richtungen. Er wurde zur Regierungspartei und hielt zusammen durch die zwingende Wirkung, die von dem Träger der Staatsgewalt stets auf seine Glieder ausstrahlt, und durch das Ansehen seiner Führung, solange sie in Händen allgemein anerkannter Politiker lag, wie Nehru und Shastri. Mit dem Erlöschen der Generation der »Freiheitskämpfer« sank die Anziehungskraft der Kongreßpartei, und sie erlitt bei den Wahlen ernste Verluste. Es ist schwer, jemandem die »Schuld« hieran beizumessen. Daß soviele Verheißungen, die der Kongreß als Regierungspartei gegeben hatte, unerfüllt blieben, lag an dem Stande der indischen Wirtschaft, die so schnell nicht auf die neuen Erfordernisse umgestellt werden konnte. Aber das Volk empfand eben nur die Enttäuschung. Der Gedanke, zur Opposition umzuschwenken, lag in der Luft, doch gab es keine einzige Partei, die schon fähig gewesen wäre, die Staatsgewalt und die Verantwortung für das Ganze zu übernehmen. Auf der Rechten schied der Jan Sangh aus, da er den säkularen Staat negiert, also das Prinzip, das allein einen gesamtindischen Staat tragen kann. Die Swatantra, die man etwa eine national-liberale Partei nennen kann, gewann in einigen Gliedstaaten starken Anhang – vermochte in Orissa sogar eine Koalitionsregierung zu bilden –, wuchs aber, obwohl sie bei besitzenden Bauern und bei der Industrie Unterstützung fand, nicht zu der Stärke, die sie zu einer Alternative der Kongreß-Partei hätte werden lassen. Auf der Linken neigten die sozialistischen oder sozialdemokratischen Gruppen, die sich schon während der Kampfzeit vom Kongreß losgelöst hatten, allzu stark zur Zersplitterung, obgleich oder gerade weil sie einige der besten Köpfe der indischen Politik in ihren Reihen zählten. Noch stärker zersplitterte die Kommunistische Partei Indiens, die sich unter dem Einfluß von Moskau und Peking sowie durch den turbulenten Drang einer radikalen Jugend in drei Splittergruppen auflöste. Keine dieser Parteien war stark und fähig genug, um den Griff nach der Staatsführung wagen zu können. Weiter wurde die innenpolitische Lage dadurch erschwert, daß die Gliedstaaten, in denen anfangs der Kongreß regierte, durch seine Schwächung zu Koalitionsregierungen gedrängt wurden, die nicht selten heterogene Gruppierungen bildeten und sich – ständig geschwächt durch persönliche Rivalitäten – so rasch verbrauchten, daß in manchen Ländern keine fruchtbare Verwaltung mehr möglich war. Gerade der größte Gliedstaat, Uttar Pradesh, bot ein bedenkliches Schauspiel.

In dieser ausweglos erscheinenden Lage ergriff die Tochter Nehrus, die nach dem plötzlichen Tode Shastris 1966 aushilfsweise mit der Regierung betraut worden war, mit unerhörter Kühnheit die Initiative. Angesichts der offensichtlichen Abneigung der älteren Führer – an der Spitze der Vize-Premier Morarji *Desai,* der letzte der »alten Garde« –, dem erfolglos werdenden und verbraucht erscheinenden Kongreß durch neue Methoden neues Leben einzuhauchen, wagte sie es, den Bruch mit diesem Flügel und damit die Spaltung des Ganzen herbeizuführen, um mit dem ihr verbleibenden Rest eine neue Kongreß-Partei zu schaffen. Dabei ordnete sie diesem Ziel alle Bedenken unter: Sie nahm es hin, zeitweilig im Parlament die Mehrheit einzubüßen und gezwungen zu werden, sich bei kommunistischen Gruppen die fehlenden Stimmen zu verschaffen; sie griff in die Verwaltung einiger Gliedstaaten mit Mitteln ein, die an Gesetzwidrigkeit grenzten (wie in dem größten Staat Uttar Pradesh) oder doch die demokratischen Spielregeln verletzten, die den indischen Politikern aus ihrer britischen Erziehung als heilig galten; und bauschte Meinungsverschiedenheiten auf, um ihrem Vorgehen vor der Öffentlichkeit den Schein *sachlicher* Reformen zu geben, wie z. B. bei der Verstaatlichung von 14 Privatbanken, die schon vorher unter Staatskontrolle gebracht worden waren, soweit öffentliche Interessen es erforderten; oder sie versuchte, die Verträge mit den früheren Fürsten, die diese als Souveräne abgeschlossen hatten, einseitig und vertragswidrig zu brechen. Und nachdem sie die öffentliche Meinung mit solchen Methoden vorbereitet hatte, wagte sie es als Chef einer Minderheitsregierung, das Parlament vorzeitig aufzulösen und Neuwahlen auszuschreiben. Es war ein waghalsiger Entschluß, mit dem sie ihre politische Karriere aufs Spiel setzte, zumal der Wahlkampf beinahe ohne jede sachlichen Argumente nur für und wider ihre Person geführt wurde. Ihr Sieg brachte ihr eine solide Zweidrittel-Mehrheit im Parlament, auf Grund derer sie nun einen neuen Abschnitt der innerpolitischen Geschichte Indiens beginnen kann. Sie hatte den Wahlkampf mit der alten Parole geführt, daß »sie die Armut heilen wolle«, und stand so vor der Aufgabe, es zu tun. Hier traf sie auf die gleiche »Hindernis-Mauer«, auf die schon ihr Vater gestoßen war.

Kein indischer Politiker hat bisher die Frage beantwortet, ob die Maximen des Sozialismus, wie Marx und Lenin sie verkündet haben, geeignet sind, um die Not in Indien zu heilen, da Indiens industrielle Entwicklung noch nicht annähernd seinen

Bedürfnissen genügt und eine Verstaatlichung stets die Gefahr produktionshemmender Bürokratie einschließt.

Da also bisher wesentliche und gesunde Fortschritte nur von privater Initiative erzielt wurden, darf ihr der nötige Bewegungsraum nicht durch verfrühte Sozialisierungen abgedrosselt werden, und so hat sich das Misch-System, das sowohl Staats- wie Privatbetriebe fördert, als Übergangslösung gut bewährt. Das gilt auch für das Bankwesen, wobei die privaten insoweit durch Staatskontrolle beeinflußt wurden, als sie bei der Kreditgewährung der allgemeinen Wirtschaftspolitik Rechnung tragen sollen, um vor allem die landwirtschaftliche Produktion zu steigern; denn die Auflösung der Grundherrschaften konnte solchen Vorteil nicht bringen, da sie in Indien überwiegend auf Klein-Pächter aufgeteilt waren, so daß sie der Volkswirtschaft nur die Nachteile, nicht aber die Vorteile von Großbetrieben geboten hatten.

Die Vielzahl der bäuerlichen Betriebe aber ist durch Erbteilungen und Krisen auf die Stufe von Zwergbetrieben abgesunken, die nur den Familienbedarf befriedigen und nichts für den Markt liefern. Nehrus an sich verständiger Gedanke, diese kleinen Betriebe zu größeren Gemeinwirtschaften zusammenzulegen, stieß aber auf den erbitterten Widerstand der Bauern, deren ärmste sich noch eifersüchtig am kleinsten Stück eigenen Bodens festklammerten. Die Mittelbetriebe jedoch, von denen heute der Markt und die Versorgung der Städte und Industriezentren abhängen, werden in ihrer Existenz bedroht, wenn man eine Höchstgrenze festsetzt (das »ceiling«), das eine fortschrittliche Betriebsführung lähmt oder unmöglich macht. Da nun die Bevölkerung rascher wächst als die Steigerung der Nahrungsmittel, und da Indien nicht für alle Zeit damit rechnen darf, daß das Ausland in solchen Mangel-Situationen mit seiner Hilfe einspringt, bleibt für jede indische Regierung das oberste Problem, wie sie eine beschleunigte Steigerung der landwirtschaftlichen Produktion erzielen könnte – wobei sie sich rein nach pragmatischen Gesichtspunkten richten muß und nicht nach Ideologien.

Daraus ergibt sich, daß jeder neue Versuch mit sozialistischen Experimenten in Indien stets die Gefahr birgt, die Produktion zu drosseln, also die Armut zu steigern, statt sie zu mindern. Die indische Regierung steht daher vor einer Aufgabe, die der Quadratur des Kreises gleicht. Sie hat im Wahlkampf sozialistische Reformen versprochen und wird zu ihnen gedrängt – auch durch die kommunistischen Parteien, denen sie ihren Sieg zum guten Teil verdankt, sowohl den Stimmen wie der eifrigen Unterstützung durch eine ausgezeichnete, mit sowjetischem Gelde geölte Propaganda-Maschine. Auf der anderen Seite riskiert sie, durch solche Experimente die unerläßliche Steigerung der Produktion – auf landwirtschaftlichem wie industriellem Gebiet – zu hemmen und vor allem auch, die Geldgeberstaaten bedenklich zu stimmen, die Indien bisher so reiche Entwicklungshilfe gewährt haben. Die Gefahr besteht – wie auch neutrale Sachverständige warnend betonen –, daß Indien seinen eigenen wirtschaftlichen Fortschritt blokkieren würde. Hinzu kommt, daß ein emotionaler Nationalismus, der sich hier und da regt, in den Methoden der Entwicklungshilfe den Einfluß ausländischer Berater oder Teilhaber gemischter Betriebe zurückdrängen möchte – was ebenfalls die Neigung zu weiteren Investitionen drosseln würde. Die Abneigung des amerikanischen Senats gegen die Fortführung des bisher sehr liberalen und großzügigen Systems ist ein bedenkliches Symptom auch für Indien. Vor diesem Dilemma gelangte die neue Kongreß-Partei, als sie ihre erste Jahrestagung in Simla abhielt, zu keiner klaren Entscheidung. Allerdings wurde die Regierung inzwischen unerwartet weiterer Überlegungen enthoben durch das Einströmen der Millionen von Flüchtlingen aus Ost-Bengalen, die ein neues Problem schufen, das gebieterisch verlangte, vorerst behandelt zu werden, und die eigentlichen Wirtschafts-Sorgen zunächst in den Hintergrund drängte.

Die weitere Entwicklung muß im Zusammenhang mit der allgemeinen Ausdehnung des Kommunismus gesehen werden, wie sie namentlich in dem Gliedstaat West-Bengalen unerträgliche Zustände geschaffen hat. Die ständige Frage, ob der Kommunismus für Indien eine akute Gefahr darstelle, wäre verhältnismäßig leicht zu beantworten, solange sie nur innerpolitischen Charakter behält. Die Befürchtung vieler Indien-Kenner, daß dem Abzug der Briten eine »Bolschewisierung« folgen würde, hat sich nicht bewahrheitet. Die ungeheuerliche Armut seiner Bevölkerung, die an sich einer solchen Propaganda gute Aussicht zu bieten scheint, wird bis zu einem hohen Grade durch die Religion ausgeglichen, solange die Masse der Hindus in dem Glauben verharrt, daß das Elend eines Menschen hier auf Erden die Folge von Verfehlungen in seinem früheren Leben darstellt, also von Gott bzw. dem ewig geltenden Karma-Gesetz gewollt ist. Dieser Glaube ist fraglos im Absinken; aber wie alle solche geistigen Umwandlungsprozesse wird es geraume Zeit dauern, ehe die breite Masse ihn aufgibt. Ebenso hemmend wirkte Nehrus Politik, der in sehr geschickter Weise viele der Forderungen und Schlagworte der sozialistisch-kommunistischen Lehren in seinem Wirtschaftsprogramm vorwegnahm, wie er denn auf der Kongreßtagung von Avadi ein sozialistisches Programm offiziell als das Ziel seiner Regierung verkünden ließ.

Persönlich ein Gegner jedes privatwirtschaftlichen Profitstrebens, begann er mit großer Energie, neben die indische Privat-Industrie, von der er nur ein einziges Werk, die Goldmine Indiens, verstaatlichte, eine Staatsindustrie zu setzen; zunächst auf den Gebieten, auf denen die private Initiative offensichtlich noch nicht genügte, dann auch auf anderen. Dieser »public sector« steht heute gleichberechtigt neben dem privaten, hat allerdings dessen geschäftlichen Standard noch nicht erreicht. Die Agrarreform, die die Latifundien der früheren Fürsten und Grundherren aufteilen sollte, wurde gesetzlich beschlossen, stieß aber bei ihrer praktischen Durchführung, nämlich bei der Ansiedlung neuer Kleinbauern, auf Schwierigkeiten, vor allem aber auf Widerstand der Länderregierungen, die für Agrarfragen zuständig sind, sich jedoch scheuten, in die Besitzverhältnisse mittlerer Landgüter und lebensfähiger Bauernhöfe einzugreifen, von deren Wahlstimmen sie entscheidend abhängen. Zudem hatten die umfangreichen Bemühungen, die kleinen gewerblichen Betriebe zu vermehren – die in Indien vorzuziehende Form der Arbeitslosenunterstützung –, wenig ermutigende Erfolge. So blieb Nehrus Wirksamkeit auf diesem Gebiet in engen Schranken, obwohl er sich gern als Sozialist bezeichnete und seine beiden engsten Mitarbeiter, Mahalanobis und Krishna Menon, von echten Kommunisten kaum zu unterscheiden waren, ob sie ein Parteibuch besaßen oder nicht. Die sieben Jahre zwischen seinem Tode und dem Wahlsieg seiner Tochter brachten keine entscheidenden Wendungen; man behalf sich mit Notmaßnahmen von einer Krise zur anderen und verließ sich in zunehmendem Umfang auf die Hilfe des Auslands.

Da man die Propaganda marxistischer Lehren niemals verbot – schon mit Rücksicht auf die außenpolitischen Beziehungen zur Sowjetunion –, konnten ihre extremen Anhänger – also die Kommunisten im eigentlichen Sinne – gewisse Erfolge erzielen. Mit dem Stimmzettel errangen sie in dem Gliedstaat Kerala zum ersten Male im Jahre 1957 die Macht. Ihre Regierung unter Führung des E.M.S. Namboodiripad, eines hochgebildeten Brahmanen, suchte fraglos mit bestem Willen der notleidenden Bevölkerung dieses armen und zurückgebliebenen Landes zu helfen, scheiterte aber – auch nach einer zweiten Machtübernahme – an dem Widerstand ihrer Gegner, so daß dieser Politiker, der aus der Gedankenwelt Gandhis stammte, mehr und mehr zu einem Radikalen wurde – wobei er aber selbst dann noch bestrebt blieb, allzu sinnwidrige Tendenzen vermittelnd zu bremsen.

Der erste Versuch mit Terror-Methoden erfolgte schon früher in der Landschaft Telengana, einem zurückgebliebenen Teil des heutigen Staates Andhra Pradesh (früher Haidarabad). Landlose und arme Bauern wurden 1947/48 von Agenten aufgereizt, sich gegen die Landbesitzer (meist mittelgroße Bauern) zu erheben, sie zu töten oder zu verjagen, um sich das Land gewaltsam anzueignen. Nachdem die aufgerührte Menge etwa 3000 solcher Landwirte totgeschlagen und viele Höfe verbrannt hatte, wurde die Rebellion niedergeworfen, und es war damals der echte Gandhi-Schüler Vinoba Bhave, der hier mit seinem Gedanken auftrat, die Landbesitzer zu *freiwilligen* Schenkungen zu überreden – womit er einen erstaunlichen Erfolg erzielte, ja sogar in einigen tausend Dörfern erreichte, daß man den Einzelbetrieb auf den einer Dorfgemeinschaft umstellte (Grandam), um aus den Zwergbetrieben eine leistungsfähige Wirtschaft zu machen.

Diese Ereignisse fallen noch in die Zeit, in der die Sowjetunion sich zurückhielt und die Volksrepublik China noch nicht bestand. Mit dem Eindringen der sowjetischen Propaganda wandelte sich das Bild. Zwar riet die Sowjetregierung aus außenpolitischen Gründen den indischen Kommunisten, die Regierungen Nehrus und seiner ihm geistesverwandten Nachfolger nicht direkt anzugreifen; aber nur ein Teil von ihnen befolgte diese Direktive, wodurch sich die alte Kommunistische Partei Indiens (CPI) spaltete. Der Moskau-treue Flügel unter Führung von S. A. *Dange* (geb. 1899) blieb auf dem Boden der Verfassung und widersetzte sich gesetzwidrigen Methoden

– schon um nicht ein Verbot der Partei herauszufordern und in die Illegalität getrieben zu werden. In der heiklen Stunde, als die Chinesen im Herbst 1962 in Assam einbrachen, trat dieser Flügel für die Integrität des indischen Bodens ein – also gegen die »brüderliche Verbundenheit« mit den chinesischen Kommunisten. Er begnügte sich damit, die jeweilige Regierung in Delhi immer wieder zu mahnen, endlich ihre sozialistischen Versprechungen in die Tat umzusetzen.

Der radikalere Flügel wandte sich Peking zu, und die chinesische Politik zeigte sich willens, allen radikalen Kräften weitgehende Unterstützung zu gewähren. Nachdem sie ihren ersten anti-indischen Versuch, diesen Rivalen in der asiatischen Welt durch fortgesetzte Grenzzwischenfälle seit 1954 und schließlich durch den Einbruch von 1962 zu demütigen, abgeschlossen hatte, ergriff sie energisch die Gelegenheit, sich aus diesem Flügel der indischen Kommunisten eine »Fünfte Kolonne« zu schaffen, um Indien von innen heraus zu zersetzen. Es begann abermals in Telengana, diesmal um eine dort schwelende Bewegung auf Abtrennung dieser Landschaft von dem Staate Andhra Pradesh zu unterstützten – eine Bewegung, die durch Maos Vorschriften, chinesische Waffen und plötzlich auftauchende Geldmittel heftig vorangetrieben wurde. Da aber dieses Gebiet nicht an einen kommunistischen Machtbereich grenzt – die schon von Lenin stets gewiesene Voraussetzung –, wählte man das China benachbarte *Bengalen*. An der Stelle, wo durch die Abspaltung Pakistans der indische Raum zwischen diesem Staat und China auf einen schmalen Korridor von knapp 50 Meilen Breite zusammengedrückt ist, und wo von Norden her das Chumbi-Tal – tibetisches und jetzt chinesisches Territorium – drohend in die indische Tiefebene vorspringt, also an dem strategisch heikelsten, wahrhaft neuralgischen Punkt der indischen Grenze, erhob sich im Sommer 1967 in dem Flecken Naxalbari der primitive Stamm der Sangals zu einem Aufstand, der mit Waffen (mit dörflichen Heugabeln wie mit chinesischen Gewehren) ein »unabhängiges« Freigebiet schuf, das sich kommunistisch nannte und sich unter dem offen verkündeten Beifall Pekings gegen jede Einwirkung normaler Staatsorgane abschloß, auch gegen die kommunistisch geleitete Volksfrontregierung in Kalkutta. Ähnliche Zustände griffen rasch auf ganz Bengalen über. Bewaffnete Banden durchzogen das flache Land, um durch terroristische Drohungen die Bauern in ihren Dienst zu zwingen oder ihre Ernte zu beschlagnahmen, Scheunen und Häuser anzuzünden oder die Bewohner totzuschlagen. In den Industriezentren wurde die Arbeiterschaft zu wilden Streiks aufgehetzt, oder man setzte die Direktoren in ihren Büros gefangen, um sie durch tagelange Abschließung von der Außenwelt mürbe zu machen, das sogenannte »Gherao-System«. Dieses Verfahren wurde nicht nur gegen Privatbetriebe angewandt, sondern auch gegen staatliche, also schon »volkseigene« Fabriken; es war daher keine sinnvolle Anwendung kommunistischer Prinzipien, sondern bezweckte einfach einen Stillstand der gesamten Wirtschaft und eine Auflösung jeder Ordnung in einem Teil Indiens, der China benachbart war und durch Bürgerkrieg sturmreif gemacht werden sollte.

Diese Aktionen hatten Erfolg, weil sich in Kalkutta nach dem Zerfall der dortigen Kongreßregierung und mangels einer anderen Alternative eine »Volksfrontregierung« gebildet hatte, die aus vielen (anfangs 14) kleinen Gruppen bestand, die nur durch den gemeinsamen Widerstand gegen die alte Kongreßpartei zusammengehalten wurde. Ihr Führer, Ajoy Mukherji, ein Dissident der Kongreßpartei, suchte zwar dem Unwesen zu steuern, wobei er in seiner rührenden Einfalt sogar meinte, mit einem öffentlichen Fasten Gandhi'scher Art auf die hartgesottenen Revolutionäre Eindruck zu machen. Die eigentliche Macht glitt aber rasch über zu den »Pekingtreuen« Kommunisten, die sich zu einer eigenen Partei zusammenschlossen, der CPI-M (M = für Marx), die praktisch nur noch Mao anerkennen. Sie suchten vor allem die Polizei zu entmannen, indem jeder Polizist, der etwas gegen die »Naxaliten« unternahm, entlassen wurde, und indem man dann eine Volkspolizei von ca. 100 000 Mann neben die offizielle setzte, die, ganz im Sinne Maos geschult, als Schutzwache der radikalen Revolution diente. Daß diese Elemente der Armut Indiens steuern oder dem indischen Proletariat helfen wollen, wird kein verständiger Beobachter glauben, obwohl manche von ihnen sich vielleicht nicht immer dessen bewußt gewesen sind, daß sie praktisch den Drahtziehern dienten, die hier dicht an den Grenzen Chinas ein Chaos zu schaffen suchten. Natürlich nutzten diese Elemente mit Eifer auch die chaotischen Zustände, die im Nachbarland Ostbengalen durch den Streit zwischen der Regierung von Pakistan und der bengalischen Freiheitsbewegung entstanden, und haben sich kräftig in den Guerilla-Krieg eingemischt.

Die nie abreißende Kette von Grenzzwischenfällen und Guerilla-Kämpfen, die lange vor der Ostbengalen-Krise diese Grenzgebiete beunruhigten, muß berücksichtigt werden, wenn man die Haltung der indischen Regierung während des offenen Befreiungskampfs der Ostbengalen gegen Pakistan verstehen will. Indien steht immer vor der Gefahr, daß China oder die mit ihm sympathisierenden Faktoren, zu denen Pakistan nun gehört, hier versuchen, durch subversive und revolutionäre Methoden das anzustreben, was dem Einbruch chinesischer Divisionen im Jahre 1962 versagt blieb.

So steht jede indische Regierung vor der doppelten Aufgabe: auf der einen Seite muß sie die Armut bekämpfen und Mißstände auf sozialem Gebiet abstellen – auf der anderen muß sie Tendenzen entgegentreten, die – insgeheim vom Ausland unterstützt – eine revolutionäre Agitation betreiben, die nicht die Not des Volkes lindern, sondern eine staatliche und soziale Notlage schaffen möchte, die ganz anderen Interessen dienen soll. Die anfängliche Schwäche der Zentralregierung unter Nehrus Tochter, Frau Gandhi, als sie sich nur auf eine Minderheit im Parlament stützen konnte, erklärt die damalige Unschlüssigkeit zu entscheidenden Maßnahmen. Seit sie über eine solide Mehrheit verfügt, kann die Ministerpräsidentin alle diese Aufgaben besser angreifen. Ihr Erfolg wird auch darüber entscheiden, ob man Indiens Verfassung nicht in dem Sinne umgestalten müßte, daß sie eine kräftigere Haltung der zentralen Führung ermöglicht. Eine Militärdiktatur, wie viele Länder sie in solcher Lage erlebt haben – z. B. das benachbarte Pakistan – ist in Indien wenig wahrscheinlich; denn die indische Armee, die bis zum letzten Tag der britischen Krone treu geblieben ist, hat sich zwar dem neuen Regime mit vollster Loyalität unterstellt, aber ihre Führer sind unpolitisch geblieben. Kein General hat bisher Neigung gezeigt, sich politisch zu betätigen. Erst in den Jahren der entschlußlosen Minderheitsregierung (1970) hat ein ungewöhlich mutiger General – Cariappa – den Gedanken als Möglichkeit offen ausgesprochen, ohne aber die Absicht zu bekunden, etwa selber die Macht ergreifen zu wollen. Ernster zu nehmen war der Vorschlag des sehr besonnenen und erfahrenen Politikers *Chagla,* daß man das bisherige System durch eine, wie er es nannte, »Präsidial-Demokratie« nach dem Muster der USA ablösen sollte – wie sie Nehru ja praktisch gehandhabt und heute auch seine Tochter ausübt.

Solange der jeweilige Regierungschef über eine ausreichende Stütze im Parlament verfügt, läßt sich ein solcher Wandel ohne Änderung der Verfassung durchführen. Und diese Stütze wird in der Kongreßpartei so lange zu suchen sein, als sich keine andere leistungsfähige Oppositionspartei bildet – eine Möglichkeit, für die gegenwärtig keine große Wahrscheinlichkeit besteht. Alles hängt also davon ab, daß eine starke Persönlichkeit an der Spitze steht, die sowohl taktisches Geschick wie Weitblick besitzt und politische Richtlinien aufzustellen vermag, die eine Lösung der vielen, fast unlösbar erscheinenden Aufgaben wenigstens anbahnen.

TEIL XI

Betrachtungen zur außenpolitischen Lage des heutigen Indien

Kapitel 60

Indien und Pakistan

Das britische Gesetz von 1947, die »Independence of India Act«, die diese beiden Staaten schuf, bedeutete für *Indien* die Krönung seines hundertjährigen Freiheitskampfes, bei dem seine Führer wie breite Massen des Volks opferbereit und hartnäckig gekämpft und gelitten hatten. Die Mehrheit der Moslems, die sich zu Pakistan bekannten, hatten an dem eigentlichen Kampf kaum teilgenommen, ihn eher durch ihre Sonderwünsche gehemmt. Viele unter ihnen wären ebenso gern unter britischer Herrschaft geblieben, unter der sie sich wohl gefühlt hatten. Jinnah, das Gegenteil einer Kampfnatur, hatte als getreuer Advokat die Sache seiner Glaubensgenossen wie einen Prozeß geführt, unter meisterhafter Ausnutzung einer einmalig günstigen Lage, und betrachtete das britische Gesetz als sein obsiegendes Urteil, das ihm »seinen« erstrebten Staat gewährte.

Diesem Staat, der fünf Völker zusammenfügte, die noch nie in der Geschichte einen gemeinsamen Staat gebildet hatten – mit Ausnahme der kurzen Herrschaft der Sikhs, die nun als erste das Land verließen –, fehlte eine historische Tradition; seine späteren Versuche, eine solche im Mogul-Reich zu finden, schlugen fehl, da dieses eben im Gangestal, in »Hindostan«, seinen Schwerpunkt gehabt und die Gebiete Pakistans als Außenbezirke angesehen hatte, die staatliches Leben nur als Glieder des Kern-Reichs führten.

Als gemeinsame Klammer sollte diesem staatlichen Kunstprodukt die Religion dienen. Nun mag sich zwar der Hinduismus dazu eignen, auf ihr eine Nation und einen Staat zu begründen, da er nur in Indien existiert, also einen Menschentyp prägt, der nur hier vorkommt. Der Islam aber ist eine Weltreligion, die sich an alle Völker wendet und daher als solche kein nationales Band darstellt. Das zeigt am deutlichsten die arabische Welt, der er entstammt. Denn selbst diese Völker, die Pakistan noch den großen Vorteil einer gemeinsamen Sprache voraushaben, bilden weder eine Nation noch einen gemeinsamen Staat und mühen sich gegenwärtig unter dem Druck einer Krise daran ab, wenigstens lockere Föderationen zustande zu bringen. Aber schon die scharfen Gegensätze zwischen der Gruppe Iran–Türkei und der Ägypten–Syrien–Irak lassen erkennen, wie gering die staatliche Bindekraft des Islams ist, wenn nationale Verschiedenheiten entgegenstehen. Das zeigte sich sofort in Pakistan, das fünf heterogene Völker miteinander vereinigen wollte, darunter das zahlenmäßig stärkste in einer Entfernung von 1000 Meilen. Auch hatte sich der ursprüngliche Gedanke, die »indischen Moslems« zu vereinigen, als undurchführbar erwiesen; denn neben den 65 Millionen, die im heutigen indischen Staat leben, standen 70 Millionen in Ostbengalen, die sich gegen die Eingliederung in Pakistan energisch wehrten, so daß dem eigentlichen Pakistan nur 45 Millionen verblieben. Und seine krampfhaften Bemühungen, aus der Überzahl der Moslems in Indien wenigstens noch 4 Millionen Kashmiris auszugliedern, lassen schon die Kluft zwischen Theorie und Praxis erkennen. Zudem mißglückte der Versuch, dem neuen Staat zumindest eine verbindende Sprache zu geben. Das *Urdu* war zu Beginn auf die Oberschicht des westlichen Teils – auf das Industal – beschränkt und wurde in Bengalen strikt abgelehnt, da die Bengalis ihre Sprache für eine höheren Ranges halten und nicht daran dachten, sich eine Fremdsprache aufzwingen zu lassen.

Hinzu traten starke Spannungen geistlicher Art, die die Wirkung des Islams schwächten. Die orthodoxen Moslems, vor allem die »Mullahs«, meinten aus Pakistan einen geistlich-theokratischen Staat machen zu können, in dem sie als Träger des Korans die Maßstäbe setzen würden. Die »Aufgeklärten«, zu denen auch Jinnah gehört hatte, strebten natürlich nach einem echten Staat, wobei sie sich auf einen hoch angesehenen Geistlichen stützen konnten, Mirza Ghulam Ahmed *Qadian*, der schon früh eine moderne Staatsauffassung und die Notwendigkeit der englischen Sprache gelehrt hatte. Der hitzige Streit zwischen diesen beiden Richtungen füllt das erste Jahrzehnt des neuen Staats. Er trat äußerlich darin hervor, daß man es nicht wagte, die größte und geschichtlich bedeutendste Stadt des Landes, Lahore, zur Hauptstadt zu machen, da sie der Sitz der Orthodoxie (der »Anti-Qadianis«) war. Man verlegte sie zuerst in den modernen Hafen Karachi – die Geburtsstadt Jinnahs – und dann, auf Drängen der Panjabis, die bald die eigentliche Macht an sich rissen, in deren Stammesgebiet, und zwar nach Rawalpindi, dem früheren Hauptquartier der britischen Armee, wo die Generale, die nun die Macht übernahmen, sich heimisch fühlten und vor allem nahe ihrem erträumten Operationsgebiet – Kaschmir und Indien – waren.

Endlich ist Pakistan nach seiner sozialen Schichtung ein ausgesprochener »Feudalstaat«, der, wie man zu sagen pflegt, »von 22 Familien regiert wurde«, die ihn kräftig für ihre Sonderinteressen ausnutzten. Diese »dominante Minderheit« wird von der Masse der Bevölkerung durch eine Kluft getrennt, deren Schärfe den raschen Aufstieg des ersten Politikers ermöglichte, der, zwar aus dieser Schicht stammend, doch Einsicht genug besaß, um zu erkennen, daß ihre Überbrückung die erste Vorbedingung für die Entstehung eines wirklichen Staats sein müßte: Zulfikar Ali *Bhutto*.

Zunächst hatten alle diese Spannungen zur Folge, daß es nicht gelang, dem neuen Staat eine dauerhafte Verfassung zu geben. Die mühsam zustande gebrachte »provisorische« mußte »im Interesse der Erhaltung des Staats« schon 1958 wieder suspendiert werden, worauf die Generale die undankbare Aufgabe übernahmen, diesen Staat – der nicht geschichtlich gewachsen, sondern im vizeköniglichen Kabinett ausgehandelt worden war – mit eiserner Faust zusammenzuhalten. Sie waren – wie die ganze britische Armee – während der Kampfzeit, ihrem Eid getreu, »loyal« geblieben und hatten sich von jeder politischen Tätigkeit ferngehalten. Sie hatten daher keinerlei politische Erfahrung – wie denn auch unter den Politikern selbst kein einziger wirklich bedeutender hervorgetreten ist. Jinnah war 1948 gestorben, und sein Nachfolger, der relativ geeignetste, Liaqat Ali Khan, war bald darauf ermordet worden. Was also in Pakistan vor allem fehlte, war eine staatsmännische Persönlichkeit, etwa vom Range des Maulana Azad, die Einsicht, Geschick und Weitblick genug besessen hätte, diese schwierige Aufgabe zu lösen – vor allem die Aufgabe einer Einfügung des fernen Bengalen in den neuen Staat, die von allen Landeskennern von vornherein als unlösbar bezeichnet worden ist.

Diese Lage erklärt die tiefe Unsicherheit der Staatsführung. Sie schwankte zwischen den verschiedenen Tendenzen hin und her. Ein sehr kluger Beobachter, der Journalist Frank Moraes, der den neuen Staat 1953 bereiste, empfand die Führungsschicht als »schizophren«, d. h. innerlich gespalten; und das blieb sie, auch wenn sie versuchte, es durch schneidiges Auftreten und viel Säbelgerassel zu verdecken.

Was sich daher als erstes Erfordernis herausstellte war, diesem willkürlich zusammengefügten Staatsgebilde ein gemeinsames Ziel zu geben. Hierzu dienten zwei Thesen: die eine ging von der Annahme aus, daß Indien die Teilung von 1947 nicht verwunden hätte und daher plante, Pakistan wieder zu überwältigen; die andere beanspruchte für Pakistan das Recht, sich das benachbarte Kaschmir anzugliedern. Nun hat keine einzige indische Regierung solche »Revanche-Gelüste« jemals gehabt und erst recht niemals Vorbereitungen zu ihrer Ausführung geplant. Die feindliche Gesinnung, die mitunter in Reden, bei Partei- oder Volksversammlungen durchbrach, entstand eindeutig erst nach dem ersten Einfall der Pakistaner in Kaschmir und beruhte auf der dadurch in Indien erzeugten Besorgnis vor weiteren pakistanischen Angriffen. Jedenfalls hat keine indische Regierung die Existenz Pakistans jemals in Frage gestellt. Was das Recht auf Kaschmir anlangt, so ist darüber in Kapitel 57 das Nötige gesagt worden.

Die Aussicht, Kaschmir auf friedlichem Wege anzugliedern, hatte sich die pakistanische Politik verscherzt: einmal durch die ungeschickte Behandlung des Maharajas, der anfangs durchaus geneigt gewesen war, sich Pakistan anzuschließen; dann durch den unklugen Einfall der Banden im August 1947, und endlich durch seine Weigerung, die Volksabstimmung unter dem Schutz der Vereinten Nationen unter den Bedingungen anzunehmen, die der Sicherheitsrat im Januar 1948 vorgeschlagen hatte. Indien hatte diese angenommen und – wie heute geschichtlich feststeht – waren damals alle maßgebenden Faktoren in Delhi bereit, das Ergebnis dieser Abstimmung hinzunehmen, auch wenn es zugunsten Pakistans ausgefallen wäre, woran damals kaum zu zweifeln war. Aber nichts kränkt eine Regierung bitterer, als wenn sie unter den Folgen eigener Fehler leidet. Dieser Komplex trug wesentlich dazu bei, die innere Unsicherheit ihrer Führer und, als Abreaktion, die Feindseligkeit gegen Indien zu steigern, wie denn auch die beinahe fanatische Indien-Feindschaft Bhuttos in seiner Frühzeit daraus entstanden ist, daß sein Vater dem Nawab von Junagadh den unglückseligen Rat gab, sich Pakistan anzuschließen und damit Schiffbruch erlitt.

Diese Komplexe führten nicht nur zu der unbegründeten Feindschaft gegen Indien, sondern verursachten auch Fehler auf dem Gebiet der Außenpolitik. Ihr Kurs gleicht einem kaleidoskopartigen Spiel, das sämtliche Möglichkeiten versucht, ohne je eine wirkliche klare Linie zu finden. Der neue Staat begann zunächst, sich an die Westmächte anzulehnen. Er trat den Pakten bei (SEATO, CENTO), die ihre Entstehung der Politik von John Foster Dulles verdanken; aber ohne ihren eigentlichen Zweck – Schutz der freien Staaten Asiens gegen kommunistische Expansion – innerlich anzunehmen. Dann zeigte er sich enttäuscht darüber, daß die Partner diesen inneren Widerspruch allmählich erkannten und ihre Sympathien abkühlen ließen. Leichten Herzens suchte man darauf Anschluß bei eben diesen kommunistischen Mächten – rasch hintereinander bei beiden: sowohl bei der Sowjetunion wie bei China –, ohne zu bedenken, daß ein solches Doppelspiel die Sowjetunion gerade an die Seite Indiens treiben müßte. Und in ähnlicher Weise schwankte man im Nahen Osten – also im Geltungsgebiet des eigenen Glaubens – zwischen den Gruppen Türkei–Iran und der arabischen Welt hin und her, auch dort, ohne feste Freunde zu gewinnen. Diese erratische Außenpolitik und der Mangel an innerer Stabilität waren es letzten Endes, die auch das Verhältnis zu Indien belasteten.

Gewiß ist der naheliegende Gedanke, mit Indien, mit dem die Pakistaner im Rahmen des britisch-indischen Reichs aufs engste verbunden gewesen waren, in ein gutnachbarliches Verhältnis zu gelangen, von einigen pakistanischen Politikern aufgegriffen worden. Gerade die ersten Leiter – Männer wie Ghulam Mohamed oder die beiden Bengalen Mohamed Ali und Suhrawardy – haben Anläufe dieser Art gemacht. Es sind auch positive Ergebnisse erzielt worden. Das Wichtigste war die Regelung der umstrittenen Gewässer des Indus und seiner Nebenflüsse, die – allerdings unter kräftigem Druck der Weltbank – zu einer für Pakistan befriedigenden Einigung führte. Sogar über kleine Grenzberichtigungen wurde

Einvernehmen erzielt (11. Januar 1960). Ihren Höhepunkt erreichte diese Politik der Annäherung, als Ayub Khan, der erste Staatschef, dessen Macht ihm freies Handeln erlaubte, während der chinesischen Patrouillen-Gefechte an der indischen Himalaja-Grenze Nehru eine gemeinsame Verteidigung gegen China anbot, was dieser in seiner irrealen Einschätzung Chinas allerdings ablehnte (seine Tochter hätte es vermutlich angenommen und beiden Ländern viel Leid erspart). Aber diese kurzsichtige Haltung Nehrus berechtigte Pakistan doch nicht, nun alle aufrichtig gemeinten Anerbieten Indiens zu einem gegenseitigen Gewaltverzicht rundweg abzulehnen, sich also diese Wege ausdrücklich offenzuhalten und sogar 1965 zu einer Wiederholung des Handstreichs von 1947 zu schreiten, indem man abermals bewaffnete Franktireure in den indischen Teil Kaschmirs einschleuste, um die vermeintlich antiindisch gesinnte Bevölkerung zu einem Aufstand aufzustacheln. Kurzsichtig war auch der Widerstand Pakistans gegen Indiens Pläne, durch einen Staudamm bei Farrakka den versandenden Hafen von Kalkutta zu retten; denn die Begründung, daß dadurch Ostbengalen an Wassermangel leiden würde, klingt wenig glaubhaft angesichts des überquellenden Reichtums an Wasser und der Überschwemmungen, die gerade dieses Land heimzusuchen pflegen. Einer der unbegreiflichsten Fehler war das Verhalten seiner Regierung, als zwei Luftpiraten ein indisches Verkehrsflugzeug nach Lahore entführten und die Behörden es zuließen, daß die Entführer unter den Augen eines starken Polizeiaufgebots die leere Maschine in die Luft sprengten – ohne daß angemessene Schritte gegen die Verbrecher unternommen oder auch nur die Bereitschaft erklärt wurde, über Schadenersatz zu verhandeln. Diese Entgleisung schlug auf Pakistan insofern zurück, als Indien mit einer so naheliegenden Begründung das Überfliegen seines Gebiets durch pakistanische Flugzeuge untersagte und dadurch der Mühe enthoben wurde, diese Maßnahmen nach Ausbruch der bald darauf einsetzenden Kämpfe in Ostbengalen vorzunehmen – was ihr den Charakter einer außenpolitischen Stellungnahme gegeben hätte. So wurde Pakistan in die harte Notwendigkeit versetzt, den gesamten Flugverkehr mit seiner damaligen Ost-Provinz über Ceylon umzuleiten, was die Lage seiner dort kämpfenden Truppen stark beeinträchtigte.

Der Zwischenfall darf beinahe als typisch für die Mißgriffe

gelten, zu denen sich die Pakistaner in ihrer verklommenen Mentalität verleiten ließen. Ähnlich spielten sich auch laufende Verhandlungen z. B. auf finanziellem Gebiet ab, bei denen sich Pakistan – etwa bei Regelung der von den beiderseitigen Flüchtlingen zurückgelassenen Werte – oft in unverständlicher Weise weigerte, gerechtfertigte Zahlungen zu leisten, wodurch es die anfangs sehr großzügige Haltung Indiens verprellte. Und gleiches gilt für seine Verkehrs- und Wirtschaftsmaßnahmen, unter denen die Wirtschaft beider Staaten litt, und durch die der Abscheu der Ostbengalen gegen das Regime in Rawalpindi noch gesteigert wurde.

Wer rückblickend auf diese 28 Jahre schaut, wie oft Indien sich in verständiger Weise bereit erklärt hat, schwebende Streitfragen praktisch zu regeln, empfindet es als tragisch, daß es erst des Zusammenbruchs in Bengalen bedurft hat, um einen pakistanischen Staatsmann endlich zu der Einsicht zu bringen, daß gutnachbarliche Beziehungen zwischen beiden Staaten wertvoller und nützlicher sind als eine ständige Konfrontation, die in den Massenmedien zu einer Flut übler Beschimpfungen Indiens entartete. Schon der Blick auf die enormen Rüstungslasten, die diese Konfrontation beiden Ländern auferlegte, und die in Pakistan in manchen Jahren bis zu $^3/_4$ des Budgets aufzehrte und durch den kostspieligen Krieg um Ostbengalen den Staat an den Rand des Bankrotts führte, hätte zeitiger einer realistischen Politik die Bahn bereiten sollen.

Dabei hat staatsmännische Einsicht durchaus nicht gefehlt. Ayub Khan bewies sie, als er 1962 während des chinesischen Einbruchs in Assam neutral blieb. Als Berufsoffizier hatte er erkannt, daß mit dem Eingreifen Chinas, das schon vorher einen Teil Kaschmirs besetzt hatte, der bisher zweiseitige Streit um Kaschmir zu einem weltpolitischen wurde und daher Zurückhaltung angezeigt wäre. Denn Moskau folgte dem Vordringen Chinas in Kaschmir mit Besorgnis. Diese verständige Haltung Pakistans ist von Indien zwar nicht sofort honoriert worden, wozu die Verhandlungen von 1962 Gelegenheit geboten hätten, aber später dadurch, daß Indien während des Krieges mit Pakistan im Jahre 1965 das völlig ungeschützte Ostbengalen nicht antastete – übrigens ein klarer Beweis, daß Indien derartige gewaltsame Pläne nicht hatte. Erst unter dem Druck des furchtbaren Notstands an seinen Grenzen während des Befreiungskampfes der Ostbengalen und auch dann erst nach langem Warten hat es sich zu einem Einmarsch dorthin entschlossen.

Dagegen wurden die Verhandlungen zwischen beiden Nachfolgestaaten, die 1962 unter dem kräftigen Druck der angelsächsischen Mächte stattfanden, um endlich den Kaschmir-Streit aus der Welt zu schaffen, von Pakistan von vornherein so geführt, daß sie scheitern mußten. Das zeigte schon die Wahl des Ministers *Bhutto* als Unterhändler, der damals noch fanatisch anti-indisch dachte. Er erstickte jede keimende Neigung Indiens zu Konzessionen, indem er die einzelnen Verhandlungsrunden zeitlich mit seinen Grenzverhandlungen mit China so zusammenlegte, daß zu Beginn jeder Runde eine neue Nachricht über deren Fortschritte wie eine Bombe einschlug. Vielleicht hat Bhutto, damals noch ein Neuling in der großen Politik, nicht erkannt, daß er von China als Werkzeug benutzt wurde, das natürlich eine Verständigung beider mit allen Mitteln zu hintertreiben suchte. Endlich ist es tragisch, daß Indiens letzter Versuch durch Nehru – die Entsendung von Sheikh Abdullah zu Ayub Khan – durch seinen Tod vereitelt wurde (1964).

Die experimentier-freudige Außenpolitik Pakistans wurde von den angelsächsischen Mächten mit einer oft überraschenden Gelassenheit hingenommen. England, das als Führungsmacht des Commonwealth jede Einmischung in Streitigkeiten seiner Mitglieder gern vermied, hatte hier doppelte Ursache, da es für die Abspaltung Pakistans mitverantwortlich ist und sich scheute, sie als einen politischen Fehler einzugestehen. Vor allem schwebte ungeklärt die kaum zu bezweifelnde Mitwisserschaft britischer Generale an dem Handstreich von 1947 gegen Kaschmir. Damals stand die pakistanische Armee noch unter britischem Befehl, und der General Akbar Khan, der den Handstreich unter dem Tarnnamen »Jebel Tariq« leitete, hatte sein Hauptquartier im gleichen Gebäude wie der britische Oberkommandierende. Die USA erblickten Pakistan erstaunlich lange in der Rolle, die ihm John Foster Dulles zugewiesen hatte, der eines »Schutzwalls gegen kommunistische Expansion«, und hielten an dieser Vorstellung selbst dann noch fest, als das pakistanische Werben um die Gunst Moskaus und dann Pekings schon in vollem Gange war. Das Unbehagen, das schließlich in London wie in Washington entstand, wurde durch Bhutto geklärt: er trat aus dem Commonwealth wie aus dem SEATO-Pakt aus. Die *Sowjetunion* suchte Feindseligkeiten auf dem Subkontinent stets zu verhindern, da sie Chinas Einfluß zu stärken pflegten. Ihre Rolle als »ehrlicher Makler« erreichte ihren Höhepunkt auf der Konferenz von Taschkent (Januar 1966), die den Zweimonatskrieg von 1965 zwischen Indien und Pakistan etwas künstlich beendete. Als dann die Werbung des enttäuschten Pakistan um China verstärkt weiterging, entschloß sich Moskau zu einer klaren Parteinahme für Indien (durch den Vertrag vom 9. August 1971) und zwang den nunmehrigen Staatschef Bhutto einzulenken; denn die Sowjetunion verfügt durch ihre starke Stellung in Afghanistan über ein gewichtiges Druckmittel. Als Schutzmacht der Pathans kann sie den alten Wunsch dieser Stämme nach einem eigenen Staat »Pashtunistan« jederzeit beleben; und dafür stehen die beiden Führer der Pathans bereit: der alte Grenzkämpfer Abdul Ghaffar Khan, der im afghanischen Exil auf Vergeltung für die ihm von den Pakistanern angetane Schmach wartet, sowie sein Sohn und Nachfolger, *Wali Khan*, der auch den Beluchis als Führer gilt und nur auf das Signal aus Moskau wartet, um dieses Grenzland von Pakistan loszureißen. So hat seine Werbung um China dem Staate Pakistan wenig genützt. Zwar schickte China während der beiden Kriege von 1965 und 1971 ein paar drohende Noten nach Delhi und belieferte die pakistanischen Truppen in Ostbengalen wacker mit Panzern und Flugzeugen, doch langte es zu einer wirklichen Bündnishilfe nicht, zumal Peking gleichzeitig auch die in Ostbengalen kämpfenden Guerillas maoistischer Prägung unterstützte. Bhutto, dessen realistischer Blick diese Lage erkannte, wird erneut eine Annäherung an Moskau versuchen, für die allerdings eine Verständigung mit Indien auch Bedingung ist. Umgekehrt hofft Moskau, dabei einen Zugang über den Hindukusch, auf seiner selbstgebauten Straße, zu einem pakistanischen Hafen zu gewinnen, als welcher Gwadar seit langem im Gespräch ist (in der Nordwestecke, dicht am Eingang zum Persischen Golf).

Der somit zu erwartende neue Anlauf zu einer Verständigung mit Indien findet dieses Land nun in einer sehr viel stärkeren Position als je zuvor. Sie basiert auf der Entente mit Moskau und der engen, freundschaftlichen Bindung zu dem neuen Staate Bangladesh sowie auf den 90 000 pakistanischen Kriegsgefangenen, die Indien noch in der Hand hat. Gewiß ist die Atmosphäre für einen wirklichen Frieden noch nicht rein genug, da die Ereignisse seit dem Ausbruch des ostbengalischen Freiheitskampfes noch zu frisch in beider Erinnerung sind. Aber wer versucht, in die weitere Zukunft zu blicken, wird zu der Erkenntnis gelangen, daß es für die mannigfaltigen Probleme der beiden Nachfolgestaaten nur *eine* wirklich dauerhafte Lösung geben kann. Sie müßte einmal der heutigen Führung Pakistans die Möglichkeit geben, vor ihrer Öffentlichkeit, namentlich vor den noch immer höchst einflußreichen Generalen, den unvermeidlichen Verzicht auf Ostbengalen und die Anerkennung von Bangladesh durch irgendein Zugeständnis zu kompensieren. Das kann nur in Kaschmir geschehen. Indien seinerseits wird einsehen müssen, daß die gegenwärtige Lage in Kaschmir – die Teilung seines Staatsgebiets in drei verschiedene Zonen und die schwelende Mißstimmung im indischen Teil, die sich nur mit Manipulationen aller Art verdecken läßt – durch eine dauerhaftere ersetzt werden sollte. Ebenso erscheint die Unabhängigkeit von Bangladesh als höchst prekär, da es wirtschaftlich zu tief am Boden liegt und außenpolitisch jederzeit durch chinesische Interventionen gefährdet werden kann. Die Frage, wer dieses Land gegebenenfalls verteidigen soll, muß erwogen und irgendwie vorbereitet werden. Das gleiche gilt für Kaschmir. Alles dieses läßt sich nur dann erreichen, wenn Indien und Pakistan sich zu einer lockeren Konföderation zusammenschließen, der die beiden bedrohten Grenzländer beitreten. Bangladesh würde ein unabhängiger Staat bleiben, sich aber für Zwecke seiner äußeren Verteidigung und bestimmter wirtschaftlicher Zusammenarbeit den beiden größeren Staaten anschließen. Kaschmir würde seine beiden getrennten Gebietsteile wieder vereinigen und im Rahmen dieser Konföderation die Autonomie erhalten, die die Mehrheit seiner Wählerschaft unter Führung von Sheikh Abdullah seit langem wünscht. Sollte es möglich sein, auch *Nepal* zum Beitritt zu überreden, würde das die Sicherheit dieses Staatenblocks noch steigern. Jedenfalls würde auch eine Gemeinschaft zu vieren einen Länderblock schaffen, der stark genug wäre, sich nach außen zu schützen und wirtschaftlich endlich an die Hauptaufgabe heranzugehen, die allen gleichmäßig obliegt: den »Kampf gegen die Armut«. Die entgiftete Atmosphäre zwischen Indien und Pakistan würde die Periode beenden, die beiden so unnötig viel Leid angetan hat.

Gewiß mag die Zeit dafür noch nicht reif sein. Aber die ersten Schritte könnten sofort getan werden, indem man eine nachbarliche Zusammenarbeit aufnähme. Ein wirtschaftlich engerer Zusammenschluß nach dem Muster der Europäischen Wirtschaftsgemeinschaft mag folgen, und daraus würde sich dann die skizzierte Konföderation im Laufe der Zeit herausbilden. Sie sollte schon heute als Endziel gegenwärtiger Bemühungen ins Auge gefaßt werden.

Kapitel 61

Zur Außenpolitik des heutigen Indien

Indien, das seine Unabhängigkeit dem Zweiten Weltkrieg verdankt, begann seine Außenpolitik in der weltpolitischen Konstellation, die sich nach dessen Beendigung bildete. Als erste Wendung zerbrach die Große Koalition, die das Deutsche Reich und Japan besiegt hatte. Die Sowjetunion wandte sich gegen ihre bisherigen Verbündeten. Auf der Gründungstagung des *Kominform* in Belgrad (im September 1947, also kurz nach Indiens Unabhängigkeit) stellte der sowjetische Politiker *Shdanow* im Auftrag Stalins fest, daß sich die Welt in zwei Lager geteilt hätte, und eröffnete damit den sogenannten »Kalten Krieg«. Wenn er dabei das eine Lager »imperialistisch« und das eigene »anti-imperialistisch« nannte, übersah er, daß sich die Rollen bereits vertauscht hatten. Gerade die kurz vorher erfolgte Entlassung Indiens, des weitaus größten Kolonialgebiets, zur Unabhängigkeit eröffnete eine Kette ähnlicher Maßnahmen, mit denen sich die bisherigen »imperialistischen« Mächte ihres Kolonialbesitzes entledigten – also ihre »Imperien« abbauten –, während die Sowjetunion als der eigentliche Hauptgewinner des Krieges daranging, die östlichen Staaten Europas unter die Kontrolle ihres kommunistischen Imperialismus zu bringen und damit die Grenze des alten Europa, die manche Träumer noch am Ural wähnten, an die Elbe verlegte. Wenig später wandelte sich *China,* nachdem es sich mit amerikanischer Hilfe von der Besetzung Japans befreit hatte, zum zweiten Großreich kommunistischer Prägung, wodurch das Machtpotential dieses Lagers dem des stark geschwächten westlichen angeglichen wurde.

In dieser Lage hatte die indische Außenpolitik ihre Aufgabe anzupacken, ihren neuen Staat in Frieden und Sicherheit zu erhalten. Von den Alternativen, sich entweder einem der beiden Blöcke anzuschließen oder das Wagnis zu unternehmen, außerhalb von beiden zu bleiben, wählte Nehru die letztere, die er die Politik der Bündnislosigkeit (des »non-alignment«) nannte. Er faßte damit einen kühnen Entschluß von historischer Tragweite. Gewiß erkannte er – vielleicht klarer als viele europäische Politiker –, daß der Zug der Zeit sich nicht nur in der Auflösung der Kolonialreiche darstellte, sondern zum Sozialismus drängte. Statt sich aber dem Block anzuschließen, der die Durchführung des Sozialismus in aller Welt zu seiner programmatischen Aufgabe machte, legte er den Grundstein für eine Indien gemäße Form des Sozialismus, der nach den Beschlüssen des indischen Nationalkongresses auf seiner Tagung in *Avadi* (1955) eine stufenweise Einführung staats-sozialistischer Maßnahmen vorsah, aber gewaltsame Methoden ausschloß und das geistige Erbe Indiens, seine Religion und die Achtung vor dem Menschen, bewahrte. Diese vermittelnde Lösung setzte Nehru instand, sich *beiden* Lagern zu nähern, und er hat bei beiden für seine Politik Verständnis gefunden. Die Sowjetunion, die befürchtet hatte, daß die friedlich-versöhnliche Lösung Indiens von seiner Kolonialmacht zu festeren Bindungen zwischen beiden führen würde, sah mit Genugtuung, daß Indien außerhalb des westlichen Blocks blieb, und daß Nehrus sozial-wirtschaftliche Pläne – mindestens in ihrer programmatischen Formulierung – so weit gingen, daß die sozialistisch orientierten Parteien Indiens kaum noch etwas hinzuzusetzen vermochten. Das westliche Lager, vor allem die USA, fanden in der demokratischen Struktur des indischen Staates und der Heranziehung privatwirtschaftlicher Initiative genügend Verwandtes, um Indien als willkommenen Partner gelten zu lassen. Was dabei niemals ausgesprochen wurde, auch von Nehru selbst nicht, war die Erkenntnis, daß eine Politik der »Bündnislosigkeit« ihrem Wesen nach nur außerhalb des sowjetischen Blocks vorstellbar war, da alle Staaten, die sich der kommunistischen Form des Sozialismus verschrieben, die Möglichkeit eigener außenpolitischer Bündnispolitik ohnehin einbüßten. So konnte Nehrus Politik auch von seinen beiden Nachfolgern praktisch durchgeführt werden; es wurde sogar wesentlich durch zwei große Wendungen in der Weltkonstellation erleichtert: die beiden Führungsmächte, angetrieben durch die Gefahr, daß ein neuer Weltkrieg durch die nuklearen Waffen zur gegenseitigen Vernichtung führen könnte, begannen sich einander zu nähern; und die beiden großen kommunistischen Mächte, die geographisch als Indiens unmittelbare Nachbarn eine latente Bedrohung darstellten, entzweiten sich, so daß sich dieses Lager spaltete. Diese Entwicklung hat Nehrus kühnen Entschluß noch mehr gerechtfertigt.

Allerdings blieb die Frage, ob diese Politik ausreichen würde, um Indiens eigene Belange zu befriedigen, also seinen inneren Aufbau und seine äußere Sicherheit. Indien blieb Mitglied im Commonwealth – was die wirtschaftliche Zusammenarbeit mit England wesentlich förderte, zumal sie ergänzt wurde durch die gemeinsame Arbeit im Rahmen des »Colombo-Plans«, die Indiens wirtschaftliche Beziehungen zu anderen asiatischen Staaten belebte. Anfangs schien es sogar, als ob sich London auch politisch der Nehru-Linie näherte, wenn z. B. *Attlee* sich gegen »bevormundende Beschlüsse« der beiden Atommächte aussprach, für die sich der Ausdruck »Supermächte« einbürgerte, oder wenn sein Minister *Bevin* das Commonwealth als den Kern der »Dritten Welt« pries. Jedenfalls ließ dieses stille Einvernehmen zwischen Delhi und London Nehru hoffen, daß sich die britische Politik auch ohne bündnisartige Verpflichtungen für Indiens Sicherheit einsetzen würde – wie sie es 1962 denn auch getan hat*.

Gleichzeitig nahm Nehru auch zur Sowjetunion vielversprechende Kontakte auf. Er konnte in Moskau darauf hinweisen, daß sich Indien aus den Pakten heraushielte, die von den USA zur Eindämmung des kommunistischen Imperialismus geschaffen wurden, und die sich praktisch mehr gegen China als gegen Moskau richteten. Die Sowjetunion beteiligte sich daher am inneren Aufbau Indiens und gewährte sogar – was Nehru anfangs kaum erhofft haben mochte – Hilfe gegen Bedrohungen des indischen Territoriums (in Ladakh)**.

So ist es Indien gelungen – obwohl selber noch recht unzureichend gerüstet –, sich zwischen den beiden »Giganten« unabhängig zu halten und dabei seine eigenen Interessen erfolgreich zu fördern.

* vgl. Kapitel 67, ** vgl. Kapitel 63.

Darüber hinaus verstand es Nehru, seinem Prinzip der Blockfreiheit in der großen Gruppe noch ungebundener Staaten Verständnis und Nachahmung zu verschaffen. Er hoffte dabei auf eine asiatische Solidarität – eine seiner Lieblingsvorstellungen –, die er als Folge verwandten Schicksals bei den zur Freiheit gelangten früheren Kolonialländern erwartete. Er erstrebte eine pan-asiatische Organisation der Art, wie sie sich Europa in der OECD und der EWG, Amerika in der OAS* und selbst die junge afrikanische Staatenwelt in der »Organisation für die Einheit Afrikas« geschaffen hatte. Schon 1947 berief Nehru eine erste Konferenz der asiatischen Staaten nach Delhi. Dann folgte in Bandung die erste Gesamttagung aller *afro-asiatischen* Staaten (also der gesamten farbigen Rasse) und endlich in Belgrad die erste Zusammenkunft aller *blockfreien* Staaten. Indessen ist es ihm nicht gelungen, eine dauerhafte Organisation der Länder Asiens zustande zu bringen – nicht einmal eine solche der bündnisfreien Staaten innerhalb Asiens. Zwar haben diese Anläufe Nehrus Ansehen und damit die Geltung Indiens zeitweise kräftig gesteigert; aber sie haben weder die allgemeine Konstellation in Asien geändert noch für Indiens eigene Interessen realen Nutzen gebracht. Ebenso karg blieb das Ergebnis, als Nehru, statt mit einer Vielzahl von Regierungen, mit zwei ausgewählten Staatschefs, die er für besonders geeignet hielt – Nasser in Ägypten und Tito in Jugoslawien –, ein Triumvirat innerhalb der »Dritten Welt« zu bilden begann, um Richtlinien und Einzelentscheidungen von gemeinsamem Interesse vorzubereiten. Wohl konnte er die Stimmen vieler solcher Staaten für Abstimmungen bei den Vollversammlungen der Vereinten Nationen gewinnen und dort gelegentlich Erfolge erzielen. Aber Indiens Rivalität zu der rasch zur überlegenen Großmacht emporsteigenden Volksrepublik *China* hemmte Indiens Annäherung an die Staaten Asiens, und der chinesische Einbruch in Assam von 1962 gab seinem Prestige einen so empfindlichen Stoß, daß es weitere Bemühungen dieser Art aufgab oder doch stark einschränken mußte. Wohl hatte es noch die Genugtuung, daß sich einige

* OECD – Organisation für wirtschaftliche Zusammenarbeit, Sitz Paris;
EWG – Europäische Wirtschaftsgemeinschaft, Sitz Brüssel;
OAS – Organisation der amerikanischen Staaten, Sitz Washington.

Staaten der »Dritten Welt« zusammenfanden, um den Abzug der chinesischen Truppen durch eine gütliche Vereinbarung zu erreichen (die Vermittlung der sogenannten »Colombo-Staaten«); ihre Kraft erwies sich jedoch als zu gering. Wenn Indien heute den Wert aller dieser Bemühungen rückblickend prüft, wird es sich wahrscheinlich sagen müssen, daß sie seinen eigentlichen Interessen nur wenig genützt haben*.

Bei seiner Politik gegenüber der »Dritten Welt« betonte Nehru stets seine strikte Einstellung gegen jede Form von »Kolonialismus«. Jeder Staat entwickelt sich nach dem »Gesetz, nach dem er angetreten«, und so empfand auch Indien, nachdem es als der größte Staat das Kolonialregime hatte abwerfen können, den natürlichen Drang, anderen Völkern, die noch unter solcher Herrschaft standen, seine Sympathie zu zeigen und seine Unterstützung anzubieten. Das geschah rechtzeitig im Falle von Indonesien (1948). Sonst aber ging die Welle der »De-Kolonisation« so rasch voran, daß Indien nur selten Gelegenheit fand, aktiv einzugreifen. Statt dessen gewöhnte es sich daran, politische Spannungen anderer Art, wenn sie die einstigen Kolonial-Mächte betrafen, als Symptome für »Rückfälle«, als eine Art von »Neo-Kolonialismus« zu bezeichnen und sie nach Analogie der echten anti-kolonialen Linie propagandistisch aufzugreifen. Ein Beispiel bietet die Besetzung von Port Said durch Briten und Franzosen (1956), die gewiß ein wenig glückliches Mittel war, aber einen anzuerkennenden Zweck verfolgte: den Suez-Kanal für die freie Schiffahrt zu erhalten – ein Ziel, an dem gerade Indien aufs stärkste interessiert war. Zwar befand sich Nehru damals in Einklang mit beiden »Supermächten«; dennoch verscherzte er sich in Europa unnötig viele Sympathien, zumal er den gleichzeitigen Einbruch sowjetischer Truppen in Ungarn unwidersprochen ließ, obwohl er die Grundsätze seiner »panch-shil« aufs gröbste verletzte.

Um seinen anti-kolonialen Werbungen mehr Glaubwürdigkeit zu geben, bemühte sich Nehru, auf dem eigenen Subkontinent die Überreste der Kolonialzeit zu beseitigen. Bei Frankreich hatte er das einmalige Glück, daß ein sehr einsichtiger Botschafter in Delhi bei seinem staatsmännisch denkenden Premierminister Mendes-France genügend Verständnis fand, so

* vergl. Kapitel 62.

daß Frankreich diese unzeitgemäß gewordenen Besitzungen aufgab. Der Regierung von Portugal fehlte diese Einsicht. *Salazar* lehnte sogar Nehrus Kompromiß-Vorschlag ab, der den Portugiesen die Hoheit über Goa belassen, sie aber verpflichtet hätte, ihr Regime unter Beteiligung der Bevölkerung dem demokratischen Indiens anzugleichen. Der Einmarsch indischer Truppen, der sich kampflos vollzog, erlaubte es den Portugiesen, unter Wahrung ihrer militärischen Ehre abzuziehen, wurde aber in der Weltöffentlichkeit als Gewaltakt angeprangert, da Indien merkwürdigerweise versäumte, die ganze Vorgeschichte und die vielen Portugal schwer belastenden Einzelheiten in wirksamer Eindringlichkeit zu verbreiten. Nehru selbst hätte darauf verweisen können, daß er selber dem Gandhischen Prinzip völliger Gewaltlosigkeit niemals zugestimmt hatte und sich als Chef einer Regierung in unserer heutigen Welt schon gar nicht an die *Ahimsa* binden konnte. Was wirklich geschah, war, daß Goa, das die Portugiesen mit Gewalt dem Sultan von Bijapur entrissen hatten, in den Besitz seines Rechtsnachfolgers zurückkehrte.

Erfolgreich und rühmlichst wirkte Nehru dagegen mehrfach mit, um in Zusammenarbeit mit den Vereinten Nationen den Frieden zu erhalten oder kriegerische Konflikte beizulegen: so bei Beendigung der Suez-Krise, des Korea-Kriegs, der Befriedigung des Kongos (heute *Zaire*), der Insel Zypern und bei Sicherung der Waffenruhe am Gaza-Streifen in Palästina – meistens durch Überlassung indischer Truppen oder geeigneter Persönlichkeiten im Dienste der Vereinten Nationen. Ohne zur Indo-China-Konferenz in Genf (1954) eingeladen worden zu sein, verhalf Nehru durch geschickte Vermittlung der Konferenz zu einem positiven Ergebnis, und Indien erhielt dafür den Vorsitz in einer internationalen Kommission, die die Durchführung der Beschlüsse dieser Konferenz überwachen sollte. Trotz besten Willens hat Indien hierbei allerdings wenig Glück gehabt. Später wird die Geschichte noch andere Bemühungen Indiens im Dienst des Friedens bewerten, wie z. B. während der Spannungen, die die chinesischen Kanonaden auf die Insel Quemoy bei Taiwan auslösten, oder solche zu dem Zweck, den Krieg der Araber gegen Israel zu beenden. Allerdings war Indiens Lage hier dadurch erschwert, daß es der Errichtung des Staates Israel (1948) schon damals widersprochen und daher zu ihm keine diplomatischen Beziehungen aufgenommen hatte. Dabei mag Nehrus Vorurteil gegen »religiöse Nationen« mitspielen, das ihn verkennen ließ, daß hier ein geschlossenes Volk, die Juden, einen absolut »weltlichen« Staat geschaffen hatte und um dessen Existenz rang. Der Kampf dieses Volkes um sein Dasein galt Nehru jedoch als eine hinterhältige Machenschaft des »Imperialismus«.

Dieses Mißtrauen gegen die Großmächte bildet eine der Erschwerungen, unter der die indische Außenpolitik gelitten hat. Um so tragischer wirkt es, daß der einzige Staat, dem Nehru volles Vertrauen entgegenbrachte – China –, ihn aufs bitterste enttäuschte und Indien mehr geschadet hat als alle anderen Großmächte zusammengenommen. Ebenso täuschte sich Nehru in seinem Glauben an bestimmte moralische Maximen und an ideale Vorstellungen, wie er die einen in den »panch-shil« niederlegte und von den anderen eine Solidarität der Völker Asiens erträumte. Von China ganz abgesehen, mußte er erkennen, daß alle asiatischen Staaten ihre Sonderinteressen höherstellten als das Streben nach einem dauerhaften Zusammenschluß. Und wenn Nehru diese ihm unbequeme Tatsache nachgrübelnd auf Einmischung der Großmächte zurückführen wollte, lehrte ihn der Gang der Ereignisse, daß allein schon die Existenz Chinas mit seinem ausgesprochen expansiven Drang eine Einigung Asiens unmöglich machte. Auch durfte er nicht übersehen, daß andere Großmächte eine berechtigte Präsenz in Asien innehatten, wie die USA, insofern sie es waren, die durch ihren schwer errungenen Sieg über Japan die Möglichkeit einer freien Staatenwelt Asiens, einschließlich eines freien China, erst geschaffen hatten, und nun ältere Verpflichtungen, die sie dabei eingegangen waren, nicht einfach abschreiben konnten (wie gegenüber Japan, Taiwan, den Philippinen, Südkorea, Südvietnam und Thailand), ebensowenig wie England die seinigen gegenüber Malaya und Singapur. Das gleiche galt für die Sowjetunion, deren Gebiet nun einmal einen großen Teil Asiens umfaßt, dessen Interessen sie wahrnehmen muß. Ihr ist auch ein erster wirklich umfassender Vorschlag zur Schaffung einer asiatischen Organisation zu danken, ein Plan für die kollektive Sicherheit Asiens.

Wesentlich für den praktischen Wert der Bündnislosigkeits-Politik Nehrus ist die Frage, inwieweit er mit ihr die staatliche Existenz seines jungen und noch mangelhaft gerüsteten Staates sowie die Unverletzlichkeit seines Territoriums gewahrt hat. Indiens Gebiet sah sich von zwei Staaten bedroht, und beide halten bis heute Teile seines Gebiets besetzt: China und Pakistan. China, das sich aus dem sowjetischen Block heraushielt, handelte aus eigenem Antrieb und ohne Unterstützung anderer kommunistischer Staaten – eher gegen ihren Widerstand. Pakistan war Mitglied westlicher Pakte, bemühte sich aber trotzdem, die Grenzen, die die »India Independence Act« 1947 gezogen hatte (die rechtliche Grundlage von Pakistan), zu seinen Gunsten gewaltsam zu ändern. Beide Staaten fanden sich als Gegner Indiens zu einem Sonderbund zusammen, der außerhalb der Blöcke stand. Mit Recht mag Nehru darüber geklagt haben, daß die Verbündeten Pakistans, zu denen also auch England gehörte, bei ihrer Parteinahme für dieses Mitglied die berechtigten Interessen Indiens übersahen, vor allem den Umstand, daß Pakistans Forderungen mit der »India Independence Act« nicht in Einklang standen, da sie die Regel, daß sich Gebiete mit Moslem-Mehrheit von Indien trennen konnten, auf das britisch-verwaltete Gebiet beschränkt, d. h. nicht auf die Fürstenstaaten ausgedehnt hatte*. Aber abgesehen von den daraus entstehenden Verstimmungen haben beide angelsächsischen Mächte Indien in seiner schwersten Stunde – gegenüber China im Jahre 1962 – tatkräftig beigestanden. Ebenso hat die Sowjetunion – wenigstens nach Stalins Tod – stets den Rechtsstandpunkt Indiens anerkannt und gelegentlich selbst auf China einen gewissen Druck ausgeübt. Insofern kann Indien sagen, daß die Politik des »non-alignment« auch der Sicherung seiner Grenzen genutzt habe.

Im Gebiet des Himalaja mußte Indien gewisse Rechte und Pflichten übernehmen, die die Briten dort zum Schutze Indiens begründet hatten. Im Falle von *Tibet,* das für Indien solange einen willkommenen Pufferstaat gegen chinesische Aspirationen bildete, wie es als eigener Staat gelten konnte, handelte Nehru gewiß nicht im Interesse seines Landes, als er alle dort ererbten Rechte aufgab, ohne die strittige Frage der Grenzziehung eindeutig zu klären. Er hat auch wenig an das tibetische Volk gedacht sowie er das jüdische Volk ignorierte**. Dagegen übernahm er von den Briten die Verträge, die Indiens Verhältnis zu *Bhutan* und *Sikkim* regelten. *Bhutan,* ein selbständiger

* vergl. Kapitel 60.

** vergl. Kapitel 19, 38 und 62.

Kleinstaat, genoß Indiens Schutz, wofür es seine Außenpolitik jeweils mit ihm abstimmte. Es war weise, dieses Verhältnis so flexibel zu gestalten, daß Bhutan Mitglied der Vereinten Nationen werden konnte. Über *Sikkim* erbte Indien ein echtes Protektorat, das in die innere Regierung des Landes nicht eingreift, aber seinen äußeren Schutz wahrnimmt, wodurch sein Interesse mit dem Indiens durch die gemeinsame Sicherung der Grenze in Einklang gebracht wird. Minder glücklich war die indische Politik gegenüber *Nepal,* dem größten dieser Himalaja-Staaten, der auch die längste Grenze zu Indien und zu Tibet-China besitzt. Das Verhältnis zwischen den beiden Regierungen hat ernste Schwankungen durchgemacht. Verstimmungen über indisches Auftreten haben den König, obwohl er seinen Status dem Eingreifen Nehrus verdankt, zu einer Schaukelpolitik getrieben, bei der sein Land sich gegen China so weit öffnete, daß daraus für beide Länder Gefahren entstanden sind.

Die Sicherung *Kaschmirs* gegen Chinas Angriffe wurde von der indischen Wehrmacht tapfer durchgeführt; doch wird ein großes Stück von Ladakh noch heute von den Chinesen besetzt gehalten, während ein anderer Teil ohne rechtliche Grundlage von Pakistan okkupiert ist. Gleichwohl gelang es der indischen Politik, von diesen Ausnahmen abgesehen, ihr Territorium unversehrt zu bewahren, und da Indien selbst keine Expansionsgelüste hegt – es ist, wie Bismarck sagte, »saturiert« –, konnte die Aufgabe, den Staat in seinen Grenzen zu erhalten, mit der Politik der Bündnislosigkeit erfolgreich gelöst werden. Ohne Frage hat dabei die Erwägung der beiden »Supermächte« mitgewirkt, daß ein so riesiges Gebiet und ein so schwer zu verwaltendes wie Indien kein Objekt für eigene Machtgelüste wäre, daß man es allerdings auch unter keinen Umständen in die Hand des Rivalen fallen lassen dürfte.

Indiens Verhältnis zu *Pakistan* galt lange als schwacher Punkt seiner Außenpolitik. Solange der Streit um Kaschmir ein rein zweiseitiger dieser beiden Staaten war, beschränkte sich das Interesse der anderen darauf, ihn möglichst bald aus der Welt zu schaffen, da er die Westmächte ebenso störte wie die Sowjetunion. Durch das Eingreifen Chinas in Kaschmir gewann er *weltpolitische* Bedeutung. Während es den Großmächten verhältnismäßig gleichgültig war, wem das Kaschmir-Tal gehörte, wandelte sich ihre Einstellung, seitdem sich China erst im Nordosten Kaschmirs (in Ladakh) und dann auch im Nordwesten festsetzte und vom Kamakorum-Gebirge aus sowohl das Industal wie das sowjetische Pamir-Gebiet bedrohen konnte. Dieser Aspekt hätte von der indischen Politik vielleicht stärker betont werden sollen; denn wenn es sich darum handelte, Kaschmir gegen die Chinesen zu verteidigen, mußte Indien als der einzige Staat angesehen werden, der willens und fähig war, diese Aufgabe militärisch durchzuführen, so daß die Frage seiner Verbindungsstraßen zum Kriegsschauplatz in Ladakh sowohl für die angelsächsischen Mächte wie für die Sowjetunion von akuter Bedeutung wurde. Daß die in Betracht kommenden Kompromißlösungen (Kondominium und Autonomie mit der Wiedervereinigung des gewaltsam zerrissenen Volks) von Pakistan abgelehnt wurden, enthebt Nehru eines großen Teils seiner geschichtlichen Verantwortung. Dagegen wird die Geschichte der indischen Politik bestätigen, daß sie während der Krise in Ostbengalen meisterhaft prozediert und es dadurch erreicht hat*, daß sein Unruhe stiftender Nachbar staatlich so geschwächt wurde, daß er versöhnlichen Lösungen nunmehr bereitwilliger gegenübertreten wird als bisher.

Heute steht Indiens Außenpolitik vor einer veränderten Konstellation. Die Teilung der Erde in zwei antagonistische Lager ist durch neue Kombinationen ersetzt, und damit erlischt die Frage, ob man die Politik der Bündnislosigkeit fortsetzen sollte oder nicht. Wenn die USA, die auf westlicher Seite den Kampf gegen kommunistische Expansion geführt haben, sich mit der Sowjetunion zu SALT-Gesprächen zusammensetzen, und wenn Nixon in Peking das Eis bricht, das diese beiden großen Länder so lange getrennt hat, so wandelt sich die Frage des »nonalignment« zu der neuen: welchen Kurs Indien in dieser wandelbar gewordenen Konstellation steuern soll? Diese Frage muß und kann heute rein pragmatisch gelöst werden, seitdem die Illusionen verflogen sind, die seine auswärtige Politik anfangs umgaben. Nehru selbst erwachte aus der Traumwelt, die er sich mit der Idee einer pan-asiatischen Solidarität und einer darauf begründeten Freundschaft mit China geschaffen hatte, und die bereits 1953 ein Kritiker in der »Times of India« als »Wolkenkuckucksheim« bezeichnete. Seine Tochter, Frau Gandhi, repräsentiert den nüchtern-praktischen Geist einer

* vergl. Kapitel 58.

Generation, die wiederentdeckt hat, was vor 2000 Jahren der alte Kautilya lehrte. Eine der harten Tatsachen, mit denen Indien rechnen muß, ist seine noch unzureichende Rüstung. Der militärische Wert seiner Armee steht ebenso über jedem Zweifel wie der seiner Luftwaffe. Aber die Flotte ist zu schwach für ein Land mit einer Küste von 6000 km, über die der Außenhandel geht, ein nicht wegzudenkender Grundpfeiler der indischen Wirtschaft. Wenn jetzt von mehreren Seiten Seestreitkräfte in den Indischen Ozean eindringen – daß er ein »Meer des Friedens« werden könnte, wäre eine neue Illusion –, bedarf Indien einer Flotte, die stark genug ist, seine Küsten zu schützen und seine Regierung zu befähigen, in dem Ringen um Seeherrschaft mitzusprechen. Und als Nachbar zweier Atommächte, von denen die eine in Indien ihren schlimmsten Rivalen sieht, wird Indien seine ethisch und finanziell gewiß gutgemeinte Weigerung, seine verfügbaren Rohstoffe auch zu nuklearer Bewaffnung zu verwenden, nicht lange mehr aufrechterhalten können. Es darf nicht vergessen, daß in dem kurzen Krieg von 1962 Luftkämpfe beiderseits vermieden wurden – was bei künftigen Zusammenstößen nicht erhofft werden darf.

Ein anderer Wandel ist die machtpolitische Schwächung Europas. Die Generation Indiens, die den Befreiungskampf führte, stand noch im Banne der Vorstellung, daß England eine praktisch unbesiegbare Weltmacht wäre; und die ungeheuren Anstrengungen, die im Zweiten Weltkrieg beiderseits gemacht wurden, haben ein solches Potential von Machtentfaltung offenbart, daß es schwerfällt, an Europas Beschränkung auf sich selbst zu glauben. Indien wird diesem Wandel mindestens insoweit Rechnung tragen, als es den Wert freundschaftlicher Beziehungen zu Europa für sein rein politisches Kalkül sachgemäß einsetzt. Selbst die Vereinigten Staaten haben mit ihrem kaum vorstellbaren Aufwand den asiatischen Mittelstaat Nordvietnam nicht zu überwinden vermocht. Indiens politische Zukunft liegt mehr denn je wieder in Asien selbst*, und sein Schicksal wird daher durch die Sowjetunion und China, unter Mitwirkung von Japan und der Gruppe der südostasiatischen Staaten**, entschieden werden. Der Himalaja hat aufgehört, eine schützende Mauer für Indien zu sein, und ist eine unruhi-

* vergl. Kapitel 65.
** vergl. Kapitel 68.

ge Grenze, die es zu verteidigen gilt. Der Persische Golf spielt heute für Indien eine größere Rolle, als Curzon es geahnt hat. Die Straße von Malakka wird in Kürze zum Gegenstand sehr ernster Verhandlungen zwischen allen beteiligten Staaten werden. Hier liegen die lebenswichtigen Aufgaben, vor die sich die Außenpolitik Indiens in den nächsten beiden Jahrzehnten gestellt sehen wird. Sichtbarer Ausdruck seiner dort erstarkenden Stellung mag sein ständiger Sitz im Sicherheitsrat der Vereinten Nationen werden.

Kapitel 62

Indien und China

Indien und China, die beiden volkreichsten Länder der Erde, haben sich politisch sehr verschieden entwickelt. Indien blieb während des größten Teils seiner Geschichte ein lockeres Staatensystem und ist erst in jüngster Zeit zu einem Staat zusammengewachsen. In China hat eine straffe Zentralgewalt schon sehr früh den Gedanken der Reichseinheit entwickelt. Schon seit 221 v. Chr. gibt es einen Kaiser von China, der die mannigfach zusammengesetzte Bevölkerung sowohl kulturell wie staatlich zu einem ziemlich einheitlichen Volk prägte, dem die staatliche Einheit Chinas – ungeachtet mancher Unterbrechungen – zum natürlichen Ausdruck seiner Eigenart geworden ist. Die dadurch entstandene Machtballung in *einer* Hand hat das Chinesische Reich schon früh zur expansiven Ausdehnung über die Grenzen seines Volkstums hinausgeführt, so daß China seit jeher in Asien als der Träger »imperialistischer« Tendenzen erschienen ist. Jedenfalls beansprucht es seit Jahrtausenden als die erste Macht Asiens, als »Hegemonialmacht« dieses Erdteils – wenn nicht gar der ganzen Erde – zu gelten. Solche Ideen lagen Indien fern. Es hat nicht einmal versucht, die Länder Südostasiens, denen es die ersten Elemente höherer Kultur und staatlichen Lebens brachte, von sich aus zu beherrschen. Auch als Indien und China unter die Herrschaft mongolischer Dynastien gerieten, sind die Yüan-Kaiser zu Vertretern der Mehrheit der Bevölkerung geworden, also zu echten Chinesen, während die Mogul-Herrscher in Indien Bekenner einer Minderheits-Religion und damit einer abweichenden Kultur blieben. Wie fern den Großreichen auf indischem Boden »koloniale« Herrschaftstendenzen lagen, zeigte sich z. B. darin, daß sie die indisch-kultivierten Oasenstädte an der Seidenstraße im östlichen Turkestan widerspruchslos der chinesischen Eroberung überließen, und zuletzt noch darin, daß Nehru 1954 gewisse Rechte, die Indien auf dem Boden Tibets ererbt hatte, willig den Chinesen übergab.

Nachdem der Sieg der chinesischen Kommunisten unter *Mao* Tse-tung das ehemalige Kaiserreich im alten Umfang als geschlossene politische Einheit wiederhergestellt hatte (1949), erwachten in ihm alsbald die uralten politischen Instinkte aufs neue – ebenso wie bei den russischen Kommunisten als den Nachfolgern des Zarenreichs. Es verband sich nun der alte Drang nach Expansion mit der Dynamik der Weltrevolution zu einer neuartigen und hochgesteigerten Wucht. Das autoritäre Herrschaftssystem des kommunistischen Staates ermöglichte es, das Potential des riesigen Reiches in einem bisher kaum vorstellbaren Grad zu mobilisieren und zusammenzufassen, so daß das neue Reich rasch zu einem Machtfaktor wurde, wie es die größten Kaiser des alten China nicht erträumt hatten. Die blutige Rückeroberung Tibets, deren brutale Methoden von internationalen Juristen als »versuchter Völkermord« bezeichnet sind, weckte in der Mehrzahl der übrigen asiatischen Völker die Erinnerung an chinesische Welteroberungspläne, wie die des Kublai Khan, und erzeugte dadurch eine Furcht-Psychose, die eins der wichtigsten Grundelemente asiatischer Politik bildet.

Sicherlich mag ein Volksführer wie *Mao* Tse-tung (geb. (26. XII. 1893) ehrlich davon überzeugt sein, daß er mit seiner Form des Sozialismus eine Heilslehre verkündet, die *allen* Völkern des »Welt-Bauern-Gebiets« (d. h. der Entwicklungsländer) zur Erringung ihrer vollen Unabhängigkeit von dem »Welt-Stadt-Gebiet« (den voll industrialisierten Nationen des Westens und Japan) dienen kann. In seinem mitreißenden Glauben an die Kraft dieser Idee tritt er dabei an die Seite anderer Völker, die ihre neuen Ideen zu außenpolitischer Expansion nutzten: die Araber mit dem Islam, die Franzosen mit den zündenden Gedanken ihrer Revolution von 1789 oder die

Russen mit ihrer Form des weltbeglückenden Bolschewismus. Er teilt mit ihnen die Aufgabe, jeweils zu prüfen, inwieweit ein solcher Drang die handfesten Realitäten einer bestehenden Umwelt überwinden kann. So ist es ein besonderes Glück für China, neben dem charismatischen Führer einen Staatsmann zu besitzen, der, wie *Chou En-lai,* Kenntnis anderer Staaten und staatsmännische Einsicht besitzt, ähnlich wie das Frankreich Napoleons ihn in *Talleyrand* hatte, wenngleich erst verspätet nutzte. Die chinesische Außenpolitik zeigt demnach Schwankungen, je nachdem sie mehr von stürmischen Revolutionären oder einem politischen Genie geleitet wird, das die Grenzen des jeweils Möglichen erkennt und den Zeitpunkt politischer Vorhaben zu regeln versteht.

Ihm trat Indien gegenüber in der Person *Nehrus.* Getragen von seiner Vorstellung einer all-asiatischen Solidarität, wie er sie als Folge der beendeten Kolonial-Epoche vorauszusehen glaubte, und beseelt von dem Wunsche, aus diesem Erdteil, der durch die Machtpolitik europäischer Staaten seine Freiheit lange Zeit eingebüßt hatte, nunmehr eine »Zone des Friedens« zu machen, bot er seinem chinesischen Amtsgenossen eine aufrichtig gemeinte, freundschaftliche Zusammenarbeit an, die er auf den fünf Grundsätzen einer pan-asiatischen Friedenspolitik, den »panch-shil«, aufbauen wollte. Wenn er sich dabei auf »alte, freundschaftliche Verbindungen« zwischen beiden Ländern berief, so war das – wie die vorstehenden Betrachtungen erkennen ließen – historisch nicht zutreffend. Die beiden Völker haben niemals besonders enge Beziehungen zueinander unterhalten. Wohl haben sich indische Kaufleute am Handel längs der Seidenstraße beteiligt; wohl haben ihre Niederlassungen das Eindringen des indischen Buddhismus nach China erleichtert und dann die ersten chinesischen Besucher nach Indien gelockt. Aber diese große geistige Gabe, die Indien den Chinesen brachte, verlor ihre Bindekraft in dem Maße, wie diese Religion in Indien selbst erlosch; und erst recht, seitdem das heutige Regime in China allem Religiösen kaum noch Wert beimißt. Die ersten kriegerischen Zusammenstöße zwischen beiden Staaten – unter den Kushan – sind dem Gedächtnis beider praktisch entschwunden. Die Mogul-Kaiser haben ihr Interesse auf Zentralasien beschränkt, wo China damals nicht vertreten war. Die Wirren endlich, in denen der Dalai Lama, das Staatsoberhaupt des zwischen beiden liegenden Tibet, seinen rein geistlichen, also waffenlosen Staat durch den Schutzvertrag mit dem glaubensverwandten Kaiser von China zu sichern suchte (1728), sind in Indien politisch kaum beachtet worden. Wenn daher Nehru als erster Regierungschef Asiens – ja der Erde – die neue Volksrepublik China feierlich anerkannte, geschah das nicht aufgrund alter Zusammenhänge, sondern aus dem Wunsche heraus, mit dem größten Staate Asiens und dem wichtigsten Träger des Sozialismus in der Welt der farbigen Rassen eine gedeihliche Nachbarschaft zu begründen. Persönlich trieb es ihn dazu, weil er selbst China kennengelernt (1939) und von dem dort herrschenden Regime einen tiefen Eindruck erhalten hatte. Es mag bezweifelt werden, ob er das Wesen des kommunistischen China, das ihm nun entgegentrat, wirklich klar erkannte, als er sich 1954 zum Abschluß des ersten Vertrags mit Chou En-lai zusammensetzte; ob er sich dessen bewußt war, daß sich Tibet – der erste Gegenstand dieser Verhandlungen – seit seiner Aufkündigung des Schutzvertrags mit China im Jahre 1911 bis zu seiner gewaltsamen Rückeroberung im Jahre 1950 als ein unabhängiger Staat betrachtet hat. Sonst hätte er zu einer solchen Verhandlung doch Vertreter Tibets hinzuziehen müssen. Er hielt die beiden Verträge, die die Briten 1914 mit Tibet und China in Simla abgeschlossen hatten, offenbar für das Werk britischer Imperialisten, das für sein neues Indien ohne Wert wäre. Er überging die Tatsache, daß der eine dieser Verträge, den China und Tibet gezeichnet hatten, dem britischen Bemühen entsprungen war, im Interesse Chinas von Tibet, das sich völlig vom Chinesischen Reich gelöst hatte, wenigstens die östliche Hälfte zu retten; während der andere, ein zweiseitig abgeschlossener Vertrag zwischen Britisch-Indien und dem damals selbständigen Tibet, die gemeinsame Grenze regelte. Indem Nehru die Sonderrechte, die sich die Briten auf tibetischem Boden gesichert hatten (Recht auf konsularische Vertretungen und Handelsplätze sowie Einrichtung von Post- und Telegraphenverbindung nebst Schutzwachen für diese Anlagen) aufgab, ohne die ausschlaggebende Frage der Gültigkeit dieser Grenzziehung eindeutig zu klären, und sich mit dem sehr vagen Passus begnügte, daß hierüber keine wesentlichen Unstimmigkeiten vorlägen, zeigte er eine Schwäche der Verhandlungstaktik, die den scharf denkenden Chinesen erkennen ließ, was er einer solchen Regierung würde zumuten können.

China machte davon sofort Gebrauch. Schon wenige Wochen nach Abschluß begann es mit Patrouillen-Vorstößen, die gemeinsame Grenze abzutasten, um zu sehen, wie weit sie gesichert wäre. Das erste Unternehmen dieser Art führte zu dem Zwischenfall bei Barahoti (in dem Sektor zwischen Nepal und Kaschmir), und in den Jahren 1955–1956 folgten andere in den übrigen Sektoren. Im nordöstlichen Zipfel Kaschmirs wagten die Chinesen schon 1956, quer durch Aksai Chin (in Ladakh) eine militärische Aufmarschstraße zu bauen, die den Südwesten Tibets (Gartok) mit ihrem strategischen Sammelpunkt Kashgar verband. Obwohl dabei 6000 Arbeiter tätig waren, wurde diese Verletzung indischen Gebiets erst spät bekannt. Sie führte zu einer diplomatischen Note, in der – für jeden ausländischen Beobachter befremdend – zu lesen war, daß »diese Arbeiter sich im Geiste des Vertrags von 1954 mindestens vorher ein indisches Visum hätten beschaffen sollen«*. Gegenüber einem so schwächlichen Einspruch setzte China seine Taktik fort, was nun, nachdem die indischen Grenzwachen aufgescheucht waren, 1959 zu den ersten blutigen Zusammenstößen führte. Im Laufe der Jahre besetzte China in diesem Grenzgebiet mehrere tausend Quadratkilometer: in Kaschmir und in der North Eastern Frontier Agency (NEFA), die Indien als sein Territorium ansah. Endlich brach es mit vier kriegsstarken Divisionen, die lange vorher für den Gebirgskrieg sorgfältig ausgebildet worden waren, im Herbst 1962 über den Himalaja hinweg in die Niederungen von Assam ein. Die »Zone des Friedens« verwandelte sich erst in eine unruhige Grenze, dann aber zum offenen Krieg gegen eine überraschte und völlig ungenügend ausgerüstete indische Grenztruppe.

Indiens Antwort waren anfangs Noten, deren Tonart sich allmählich verschärfte, dann Versuche, durch diplomatische Verhandlungen diese »Auseinandersetzung um Tibets Grenzen« beizulegen**. Umgekehrt gab China durch Veröffentlichung von Landkarten seine Gebietsansprüche bekannt, die so weit gingen, daß sie nicht nur das gesamte Gebiet der NEFA,

* Note vom 18. Oktober 1955 Weißbuch T N 21.

** Unter diesem Titel hat der Verfasser in einem 1960 erschienenen Buch den Streitfall ausführlich erörtert, sowohl die Rechtsfragen der Grenzziehung wie die ethnischen und geschichtlichen Bedingungen. Dort ist auch der Bericht der Kommission abgedruckt.

sondern auch ein Stück von Bhutan, einen Landstreifen an der Grenze zwischen Nepal und Kaschmir sowie ein bedeutendes Stück dieses Landes, einschlossen. In mehreren persönlichen Zusammenkünften mit Chou En-lai verständigte sich Nehru mit ihm dahingehend, daß eine Kommission von Sachverständigen den Grenzverlauf untersuchen sollte. Dabei vermochte die chinesische Seite keine stichhaltigen Belege dafür zu erbringen, daß die beanspruchten Gebietsteile jemals unter tibetischer Verwaltung gestanden hätten; sie beschränkte sich auf den Hinweis, daß einzelne Verträge aus älterer Zeit ungültig, weil nicht »ratifiziert« worden wären (wie z. B. ein zwischen Kaschmir, Tibet und China 1842 abgeschlossener Vertrag), der also einer Zeit angehörte, in der derartige Formen in Asien noch nicht üblich waren, oder daß die Grenzziehung im Gelände nicht markiert wäre (was im unbewohnten Hochgebirge kaum jemals üblich gewesen ist). Dann tauchte der Gedanke auf, Indien solle das ohnehin verlorene Stück in Ladakh abtreten gegen die nachzuholende Anerkennung der »MacMahon-Linie«, die dieser britische Bevollmächtigte 1914 mit Tibet ausgehandelt hatte. Ein inzwischen eintretender Grenzzusammenstoß, der blutige Opfer kostete, wurde jedoch der indischen Öffentlichkeit bekannt, der Nehru die früheren vorenthalten hatte, und erregte in ganz Indien eine derart starke Empörung, daß man dem Volke territoriale Zugeständnisse nicht mehr zuzumuten wagte.

Die Motive dieser chinesischen Politik wurzeln in dem altüberlieferten Streben, als erste Macht Asiens zu gelten und sich nach allen Himmelsrichtungen auch mit Gewalt auszudehnen – eine Politik, die seit 2000 Jahren jede starke chinesische Regierung befolgt hat, und der das riesige Reich seine heutige Ausdehnung verdankt. Schon bei seiner Machtübernahme sprach *Mao* von den Himalaja-Staaten Kaschmir, Nepal Sikkim, Bhutan und dem NEFA-Distrikt als von den »Fingern seiner Hand«, mit der er Südasien umfassen wollte. Hinzu traten rein militärische Gesichtspunkte, die eine Vorverlegung der Verteidigungslinie weit nach Süden erwünscht erscheinen ließen und bessere Ausgangsstellungen gegen Indien wie gegen die Sowjetunion gestatten sollten. Vor allem erschien der chinesischen Führung Indien als zweit-größter Staat Asiens als der natürliche Rivale im asiatischen Raum, und dieser Antagonismus wurde noch dadurch verschärft, daß Indien den

Neubau seiner Wirtschafts- und Sozialordnung nicht auf kommunistischer Grundlage anstrebt, sondern unter Heranziehung auch privater Initiative und im engen Einvernehmen mit der westlichen, also der »kapitalistischen oder imperialistischen« Welt. Daß die beiden größten Völker Asiens ähnliche Ziele mit zwei ganz verschiedenen Methoden zu erreichen suchen, begründet einen Wettbewerb, den China, das seinen Aufbau später als Indien begann, mit großer Beklemmung empfand. Dazu kam endlich die Persönlichkeit Nehrus, der als erster Regierungschef des neuen Asien weltweites Ansehen erlangte und von vielen asiatischen Staaten sowohl wegen seiner Politik der Bündnislosigkeit wie durch das Gewicht seiner überragenden Persönlichkeit als Vorbild, ja als ihr Sprecher angesehen wurde – eine Tatsache, die Indien in den ersten Jahren seiner Unabhängigkeit einen gewaltigen Vorsprung gegeben hat.

Diesen Vorsprung einzuholen und in sein Gegenteil zu verkehren, wurde das natürliche Ziel der chinesischen Politik. Dieser Wettlauf begann 1955 in Bandung, wo Chou En-lai, der seine Einladung dorthin der Vermittlung Nehrus verdankte, durch überaus geschicktes und eindrucksvolles Auftreten seinen Rivalen zu überspielen vermochte. Systematisch begann China dann, in allen Ländern Asiens seine Machtstellung fühlbar zu machen. In *Nepal* gelang es nach wirtschaftlichen Verträgen, eine Straße von Lhasa nach Katmandu zu bauen, die den Chinesen Eingang in dieses unzugängliche Land eröffnete und damit auch den Zugang weiter nach Indien ebenso erleichterte, wie es die militärischen Straßen in Ladakh getan hatten. An den Grenzen von *Sikkim* und *Bhutan* fanden Zwischenfälle statt. Mit *Burma* wurde ein Grenzvertrag geschlossen, in dem China hier die »MacMahon-Linie« anerkannte (es hatte bis 1937 zu Britisch-Indien gehört), der dafür aber Chinas Einfluß so steigerte, daß das kleine Land nichts mehr zu unternehmen wagt, was in Peking irgendwie als unfreundlicher Akt angesehen werden könnte, und was zum Auszug mehrerer tausend Inder führte. In *Malaya* wurden chinesische Guerillas in ihrem Kampf gegen die überwiegend malaiische Regierung so wirksam unterstützt, daß es eines fast zehnjährigen Krieges bedurfte, um mit Hilfe britischer Truppen die Staatsautorität wiederherzustellen. In dem Stadtstaat *Singapur* mit seiner chinesischen Mehrheit kann die natürliche Verbundenheit der Auslandschinesen mit dem Mutterland auch politisch ausgenutzt werden. In *Indonesien* bot sich Sukarno als willfähriger Partner an, um mit chinesischer Hilfe erst die Westhälfte von Neuguinea zu erwerben, dann die Bildung des neuen Staates Malaysia zu stören und dabei persönlich die Stellung zu erklimmen, um die er Nehru eifersüchtig beneidete. Als China aber einen Putsch der ihm hörigen Kommunisten unterstützte, mußte er seinen ersten schweren Rückschlag erleben. In *Ceylon* benutzte es innere Zwistigkeiten, um sich durch geschicktes Eingreifen und wirtschaftliche Hilfe eine derart starke Stellung zu schaffen, daß es zu einem Aufstand gegen die Regierung der Frau Bandaranaike kam. In *Indochina* traten sich Indien und China unmittelbar gegenüber; denn die Konferenz in Genf von 1954 hatte die Neutralität von Laos und Kambodja sowie eine vorläufige Teilungslinie zwischen Nord- und Südvietnam festgelegt und Indien mit dem Vorsitz der Internationalen Kommission betraut, die diese Regelungen kontrollieren sollte. Da sie der chinesischen Politik nicht paßten, erschien ihr Indien als direkter Widersacher, und durch mannigfache Schwierigkeiten wurde ihm die Durchführung seines Mandats erschwert. Am kräftigsten griff China in den Streit Indiens mit *Pakistan* ein. Zwar blieb seine Hilfe für den Empfänger enttäuschend, sowohl im Kriege von 1965 wie während des Befreiungskampfes der Ostbengalen, zumal es dabei nicht nur die pakistanischen Truppen, sondern auch die maokommunistischen Guerillas unterstützte. Aber seine Abneigung gegen die obsiegende Gruppe des Mujibur Rahman, der im Gegensatz zu seinem Rivalen Bashani nicht-kommunistisch denkt, verzögerte den Eintritt von Bangladesh in die Vereinten Nationen. Immerhin brachte die Freundschaft mit Pakistan den Chinesen durch ihren Grenzvertrag von 1962 etwa 2200 qkm vom nordwestlichen Kaschmir-Gebiet, einen wichtigen Zuwachs zu dem Vielfachen, das sie im Nordosten bereits erobert hatten.

So verfügt China auch am Karakorum-Gebirge über eine strategisch gute Ausgangsstellung und baut dort über den Mintaka-Paß eine Anmarschstraße, die ihm Zutritt zum Industal wie auch zur Grenze der Sowjetunion gewährt*. Ähnlich

* Die Straße verbindet Kashgar mit dem pakistanisch besetzten Gebiet von Gilgit und dem des Herrschers von Hunza, der gegen ihren Bau protestiert hat.

bedroht es *Thailand* durch eine Straße, die es aus dem kommunistisch besetzten Norden von Laos an den Mekong heran errichtet hat, auf der sie auch die rebellischen Stämme im Norden Thailands unterstützt. Endlich brach auf den Philippinen unter chinesischem Einfluß eine Bauern-Revolte aus. Im Nahen Osten fördert China die palästinensischen Guerillas ebenso wie im südlichen Jemen die kriegerischen Verwicklungen gegen das Sultanat Oman-Maskat. Und allen afrikanischen Staaten bietet es sich als berufener Vertreter und Beschützer an. Überall macht sich der Einfluß des revolutionären China bemerkbar, wird allerdings jetzt unter der maßgebenden Leitung von Chou En-lai mehr den normalen Methoden der Politik angepaßt, auch wenn sie dem »internationalen Klassenkampf« dient.

Der Gegensatz zwischen Indien und China hat sich dadurch auf die gesamte »Dritte Welt« ausgeweitet. Wo immer Indien tätig wird – sei es, daß es Handelsbeziehungen betreibt oder Entwicklungshilfe anbietet oder Bewegungen fördert, die sich gegen noch bestehende Kolonialherrschaften richten –, trifft es auf China. Dieser Gegensatz ist einer der grundlegenden Tatbestände der außenpolitischen Lage Indiens; er hat Nehrus Traum von einer »pan-asiatischen Solidarität« zerstört und wirkt fort, wenn er auch zeitweise in den Hintergrund zu treten scheint. Die Grenze am Himalaja hat sich während der Eskalation des Vietnam-Kriegs wieder beruhigt. Mit dem Verlust eines Teils von Ladakh scheinen sich die Großmächte abgefunden zu haben. Indien hat aus dem Schock von 1962 die Lehre gezogen, seine Verteidigung im Himalaja ganz erheblich zu verstärken. Doch die Umwandlung Tibets, das einst als schützendes Glacis für Indien wirkte, in ein gewaltiges militärisches Aufmarschgebiet, bleibt eine ständige Bedrohung; denn von dort aus können sowohl Raketen wie auch Flieger mit nuklearen Waffen die Städte und Industrieanlagen im Gangesgebiet jederzeit treffen, während die indischen Flieger einen ungleich längeren Anflug überwinden müssen, ehe sie entsprechende Ziele in China erreichen. Schüchterne Versuche einer Wiederannäherung von seiten der heutigen Regierung in Erinnerung daran, daß sich Indien jahrelang für Chinas Beitritt zu den Vereinten Nationen eingesetzt hatte, fanden kein Echo; sie mögen in Peking vielleicht sogar als Zeichen der Schwäche ausgelegt werden. Der indischen Politik bleibt nur übrig: kühl abzuwarten und sich nach Bundesgenossen für einen Ernstfall umzusehen. Abgesehen von dem bestmöglichen ersten Schritt – einer Verständigung mit Pakistan zwecks gemeinsamer Verteidigung – kommen hierfür die Sowjetunion und die USA in Frage.

Indiens Beziehungen zur Sowjetunion, die in Kapitel 63 behandelt werden, wurden enger in dem Maße, in dem sich die Spannung zwischen Moskau und Peking verschärfte, um heute zu einer der maßgebenden Bedingungen für Indiens Lage zu werden. Seit Errichtung der Volksrepublik China erblickte die Sowjetunion in diesem benachbarten kommunistischen Staat seinen natürlichen Freund und zeigte sich bereit, ihm zu helfen. Sie räumte freiwillig die Mandschurei, wodurch China ein industrialisiertes Land mit 50 Millionen Einwohnern gewann. Sie sandte technische Berater, die den Ausbau seiner Industrie förderten und ihm vor allem die Elemente seiner atomaren Rüstung vermittelten. Aber sie fand hier ein Land, das dem sowjetischen Imperium an Umfang nahe kam und es an Bevölkerung weit übertraf; eine »Bruder-Nation«, die sich nicht – wie die Mehrheit der kommunistischen Staaten – in die Rolle eines Trabanten hinabdrücken ließ und sich sogar willens zeigte, eine eigene Expansionspolitik, mindestens innerhalb Asiens, zu betreiben. Dabei spielte auch der rassische Unterschied mit; denn in chinesischen Augen ist Rußland ein Land der *weißen* Rasse, das sich nur gewaltsam zu einer »asiatischen« Macht emporgearbeitet hat. Öffentlich kamen diese Dinge zur Sprache, als es sich darum handelte, die Sowjetunion auf die geplante afro-asiatische Konferenz in Algier einzuladen. Mangelnde Einordnung in das Staatensystem, das Moskau für die kommunistische Welt vorgesehen hat – eigenständiger Stolz auf seine mehrtausendjährige Tradition –, offene Rivalität bei dem beiderseitigen Versuch, in den Staaten Asiens Einfluß zu erringen: das waren, abgesehen von Differenzen in der kommunistischen Ideologie, die Ursachen, die zu dieser Spannung führten und den bis dahin »monolithisch« erscheinenden Block des kommunistischen Lagers spalteten. Indien griff in diese Entwicklung nicht aktiv ein, mußte vielmehr den chinesischen Intrigen gegen Moskau als Objekt dienen, wie z. B. der Einbruch in Assam (1962) die Kuba-Krise weltpolitisch verschärfte und wahrscheinlich auch auf sowjetischen Druck hin so plötzlich abgebrochen worden ist. Ebenso benutzte die chinesische Politik ihre Annäherung an Pakistan, um die

Wirren auf dem indischen Kontinent anzuheizen und die russischen Versuche, dort Frieden zu stiften (wie in Taschkent 1966), zu durchkreuzen. Es ist bezeichnend, daß Moskau während der schwersten Krise, dem Krieg um Bangladesh, endgültig den Entschluß faßte, mit Indien einen festen Vertrag zu schließen (9. August 1971), der nun zur Basis sowohl der sowjetischen wie der indischen Politik in Asien werden wird. Daß Indien den Mut fand, diese Entscheidung zu fällen, der Nehru noch ausgewichen war, läßt den klaren Blick seiner Tochter erkennen wie den ihres Außenministers Swaran Singh und des sehr gescheiten Beraters P. N. *Haksar*. Jedenfalls schafft dieser Vertrag Indien einen wirksamen Schutz gegen China.

Schon während der frühen Reizungen, die es von China zu erdulden hatte, standen auch die USA in schroffem Gegensatz zu China. Obwohl sie anfangs durchaus geneigt waren, die Volksrepublik anzuerkennen – wie es Acheson am 15. 2. 1950 öffentlich aussprach –, gerieten sie zu dem neuen China dadurch in Gegensatz, daß Peking in den Krieg um *Korea* eingriff. Er war aus der Tatsache entstanden, daß die USA und die Sowjetunion auch dieses Land von Japan befreit hatten und jeder in seiner Besatzungszone einen Staat begründete, die miteinander ebenso in Streit gerieten wie später in dem Parallelfall der beiden Vietnams. Daß China mit 200 000 sogenannten »Freiwilligen« eingriff, also mit den USA in Kriegszustand geriet, vereitelte seine Anerkennung durch die USA und ließ bei Mac Arthur sogar den Gedanken aufkommen, den Krieg über den Yalu hinaus auf chinesisches Gebiet zu tragen. So wurden die USA dazu gedrängt, in ihrem alten Kriegsalliierten Chiang Kai-shek das eigentliche China zu sehen, obwohl er nur die Insel Taiwan wie eine Exilregierung beherrschte. Diese Anomalie, die zu einer schroffen Spannung zwischen Washington und Peking führte, bot Indien die Möglichkeit, auch amerikanische Hilfe gegen China zu erwirken. Es hat allerdings den Anschein, als ob die indische Politik die chinesische Bedrohung nicht so stark betonte, daß man sie in Washington als solche begriff; man maß den zahlreichen Grenzzwischenfällen nur begrenzte Bedeutung bei und entschloß sich zu einer ernsthaften Hilfe – durch Lieferung von Kriegsmaterial – erst unter dem Eindruck des großen Angriffs von 1962. Diese Rüstungshilfe wurde auch auf den Kriegsschauplatz in Kaschmir (Ladakh) ausgedehnt, und wenn während der dortigen Kämpfe auf dem Flugplatz von Leh sowjetische und amerikanische Transportmaschinen sich mit Kriegsmaterial ablösten, erschien es wie ein erstes Symptom der Annäherung der beiden »Supermächte«, die sich hier in der Hilfe für Indien zu einem unsichtbaren »Dreibund« zusammenfanden, der sich gegen China richtete. Er blieb jedoch eine vorübergehende Erscheinung; denn während der Krise um Bangladesh wandte sich Washington wieder Pakistan zu und nutzte dessen eng gewordenen Kontakt aus, um sein Verhältnis zu China zu bereinigen, was durch Nixons Besuch in Peking 1972 erfolgte. Eine klare Stellungnahme der USA zum indo-chinesischen Streit lag also nicht vor, auch nicht *ehe* der Vertrag mit der Sowjetunion zustandekam. Immerhin kann auch das neue Verhältnis zwischen den USA und China für Indien insofern von Nutzen sein, als es Überraschungen von seiten Chinas unwahrscheinlich macht, wenigstens solange Chou En-lai leitender Staatsmann bleibt.

Kapitel 63

Indien und die Sowjetunion

Die indisch-russischen Beziehungen bieten das Bild eines einzigartigen Wandels: von der Besorgnis, daß das Zarenreich die Eroberung Indiens plane, bis zur »Entente« von 1971, in der das heutige Indien seinen Schutz gegen China erblickt. Die »russische Gefahr« hat die Briten als Herren Indiens lange bedrückt; auf ihr beruhte die Spannung zwischen diesen beiden damals größten Mächten der Erde, die das ganze 19. Jahrhundert erfüllte und die weltpolitische Konstellation jener Zeit prägte. Es begann damit, daß der geisteskranke Zar *Paul I.* (1796–1801) kurz vor seinem Tode den Angriff auf Indien befahl, und daß Napoleon seinem Nachfolger in Tilsit zu seiner Durchführung riet. Noch 1886 arbeitete der Generalstabschef *Kuropatkin* einen genauen Operationsplan hierfür aus. Karl Marx hat mit diesem Ereignis fest gerechnet. Und *Lenin* rief bei seiner Ankunft in Petersburg (1917) der Menge zu: »... und dann weiter nach Indien!«

Ausgeführt wurde der Plan niemals: das Zarenreich verzichtete auf ihn im Vertrag von 1907 mit England, als beide Mächte sich vom Deutschen Reich bedroht fühlten; und die Sowjetunion verzichtete, weil sie auf Indien mit ganz andersartigen Vorstellungen blickte. Für ihre Pläne einer Weltrevolution erschien Indien als eins der nächstliegenden Objekte, da dort Kolonialherrschaft und Armut einen guten Boden bereitet hätten. So lieh die Sowjetregierung dem Inder Mahendra Nath *Roy* ein offenes Ohr, der damals als überzeugter Kommunist und tatendurstiger Revolutionär Pläne zur Zersetzung Indiens vorlegte, mit denen er den Sturz der britischen Herrschaft und eine soziale Revolution erreichen wollte. In Taschkent wurde für ihn eine Schule gegründet, die Inder zu berufsmäßigen Revolutionären ausbilden sollte (sie nannte sich in englisch »Central Asiatic Bureau of *Comintern*« und stand unter der Leitung von *Sokolnikow*). Ebenso zog man junge Inder an die neugestaltete Universität in Moskau. Roy trat in Verbindung mit seinem Landsmann C. R. *Das*, in dem auch er den kommenden Mann in Indien erblickte, sowie mit der – schon von Engländern gegründeten – Kommunistischen Partei Indiens (KPI). *Lenin* erkannte diese Pläne bald als verfrüht. Zwar hielt er an seinem Gedanken, daß sich das russische Proletariat für die Befreiung aller kolonial unterdrückten Völker »opfern« sollte, bis zu seinem Tode (1924) noch fest; aber als Realpolitiker schwenkte er zu der Methode über, zunächst die Befreiungsbewegungen in jenen Ländern zu unterstützen, selbst wenn ihre Träger sozialen Schichten angehörten, die für eine »Diktatur des Proletariats« nicht in Frage kamen. So begann er mit der bürgerlichen Schicht, die in Indien die Befreiungsbewegung führte, zusammenzugehen. Während die Ideologen seiner Partei in Gandhi noch lange einen »Lakaien des Imperialismus« sahen, erkannte er in ihm den »Revolutionär«, der den Sturz der britischen Herrschaft betrieb, also ein Ziel verfolgte, das sich mit Lenins weltpolitischen Plänen deckte. Obwohl sein Nachfolger *Stalin* für asiatische Fragen wenig Verständnis hatte und sich höchstens zu der naheliegenden Unterstützung des neuen kommunistischen China aufraffte, wich die Grundeinstellung der Sowjets gegenüber Indien von der Lenins nicht ab. Indien galt für eine echt sozialistische Revolution als noch nicht reif. Breiteste Kreise der Bevölkerung befanden sich noch ungebrochen im Bann einer Religion, des Hinduismus, der als einzige Weltreligion gerade das soziale Problem in den Mittelpunkt seiner Lehre gestellt und durch die eigenartige Verquickung des Glaubens an Wiedergeburt und Karma (die Folgen aller Taten) die Masse dahin erzogen hatte, karge Bedingungen ihres gegenwärtigen Lebenszustands als die unabwendbare Vergeltung für schlechte Taten im vorigen Leben anzusehen und sie daher geduldig zu ertragen in der Hoffnung, dafür im nächsten Leben durch günstigere Daseinsbedingungen belohnt zu werden. Dieser Glaube, der den Hinduismus nicht nur auf theologischem Gebiet der »Theodizee« enthebt – da selbst Gott das moralische Gesetz des Karma nicht ändern kann –, sondern einen höchst einleuchtenden Grund für das Leiden auf der Erde und für die unterschiedlichen Bedingungen des Lebensstandards liefert, mußte sich der kommunistischen Lehre entgegenstellen, ja ihre Wirkung aufheben. Sie konnte daher erst wirksam werden, wenn diese grundlegenden Glaubensvorstellungen hinduistischer Überlieferung ins Wanken gerieten und durch »moderne«, d. h. rationalistische Einstellungen ersetzt wurden. Dieser Prozeß ist in Indien durch die Berührung mit der westlichen Zivilisation zwar in Gang gekommen und seine Verbreitung sogar erleichtert worden, hat aber bis heute doch erst einen Bruchteil der Gesamtbevölkerung erfaßt. Der englischen Sprache sind auch heute erst knapp 2 Prozent der Bevölkerung mächtig, und auch die eifrigen Bemühungen sowjetischer und chinesischer Propaganda, ihre Lehren in den verschiedenen indischen Volkssprachen zu verbreiten, haben wohl in einigen Gebieten beachtliche politische Erfolge erzielt – wie in Kerala, Bengalen, auch in Telengana und Assam –, aber die breite Masse der indischen Bevölkerung noch nicht erreicht. Dafür folgte die sowjetische Politik Indien gegenüber der Lenin'schen Weisung:

> »alle anti-britischen Kräfte zu unterstützen, auch wenn sie zur Klasse der ‚Bourgeoisie' gehörten; aber mit ihr auch alle Bestrebungen zu fördern, die durch rationalistische Aufklärung die alt-indische Tradition, vor allem auf religiösem Gebiet, auflockerten.«

Man nahm Gandhis Gewaltlosigkeit hin, obwohl sie den kommunistischen Kampfprinzipien ebenso widersprach wie denen des Islams. Man mußte erleben, daß sich M. N. *Roy*, in seine Heimat zurückgekehrt, zum friedliebenden Humanisten wandelte. Vor allem stieß Moskau auf ganz unerwartete

Schwierigkeiten bei seiner Zusammenarbeit mit der Kommunistischen Partei Indiens. Die zweigleisige Politik, eine bürgerliche Schicht zu stützen, um einen außenpolitischen Rivalen, das britische Reich, zu treffen, brachte die indischen Kommunisten zweimal in schärfsten Gegensatz zur Befreiungsbewegung: das erste Mal, als die Sowjetunion im Zweiten Weltkrieg zum Verbündeten Englands wurde und die indischen Kommunisten pro-britisch werden mußten (z. B. während der »Quit India«-Bewegung Streiks verhinderten), und zum zweiten Male, als das kommunistische China 1962 in Indien einbrach und sie vor die Frage gestellt wurden, ob sie ihre brüderliche Verbundenheit mit den chinesischen Genossen über die Unverletzlichkeit ihres eigenen Territoriums stellen sollten. Daß sich die Partei dabei spaltete, war beinahe unvermeidlich. Beide Male erlitt sie eine schwere Einbuße ihres Ansehens, und dieser Rückschlag verstärkte sich noch dadurch, daß der Teil, der sich maoistischen Methoden zuwandte, mehr einem wilden Rowdytum huldigte, wie die Naxaliten, als der Schaffung einer neuen *Ordnung* auf sozialistischer Basis diente.

Vor diesem Hintergrund bildete sich das außenpolitische Verhältnis Indiens zur Sowjetunion. Im Gegensatz zu der Weltlage um 1800, als Indien den Mächten als ein politisches Vakuum galt, in das erobernd einzudringen Engländer, Franzosen und Russen reizte, war das seit 1947 unabhängige Indien zwar durch den Abbau der britischen Verteidigung zunächst geschwächt, war aber doch ein ernstzunehmender Machtfaktor, den die sowjetische Politik sich ohne triftigen Grund nicht zum Feind machen wollte. Während um 1950 viele skeptische Beobachter das neue Indien durch die Nachbarschaft mit den beiden stärksten kommunistischen Mächten – der Sowjetunion und China – für höchst gefährdet hielten, glaubte Nehru, solche Bedrohungen leugnen zu können, wobei er sich, was China anlangt, geirrt, aber der Sowjetunion gegenüber recht behalten hat. Schon sehr früh erkannte er, daß sich ein freundnachbarliches Verhältnis zu dieser Macht würde herstellen lassen, und hat sogar *vor* der Unabhängigkeit (1946) seine Schwester Frau *Pandit* als diplomatischen Vertreter seiner Interimsregierung nach Moskau geschickt, um erste Fäden anzuknüpfen. Sie fand gute Aufnahme; denn Indiens Politik der Bündnislosigkeit und seine Bemühungen, aus Asien eine »Zone des Friedens« zu machen, deckten sich damals durchaus mit den Zielen der sowjetischen Politik, die genug mit der Aufgabe belastet war, ihr neues Einflußgebiet in Europa zu festigen. Auch die britische Politik erhob keinen Widerspruch, da es ihr Ziel war, sich aus dem damals beginnenden »Kalten Krieg«, also der Aufspaltung der Welt in zwei Lager, möglichst herauszuhalten.

Indiens weltpolitische Lage hatte sich gewandelt: Im 19. Jahrhundert standen sich die beiden damaligen Weltmächte, das britische und das russische Reich, als Rivalen gegenüber; aber Indien gehörte zu einem dieser Machtgebiete und wurde daher gegen bedrohliche Absichten der anderen Seite geschützt. Nun stand es als selbständige politische Einheit zwischen zwei »Supermächten«; denn an Stelle der britischen war die amerikanische Weltmacht getreten, die den Antagonismus gegen die russisch-sowjetische sogar auch auf ideologischem Gebiet aufnahm. So konnte sich Indien in seiner Mittelstellung gut behaupten, da sich seine Außenpolitik mit der Moskaus deckte und seine innere und wirtschaftliche ihm in Washington wohlwollendes Verständnis verschaffte. Diese Konstellation bot Nehru die Möglichkeit, in beiden Lagern erfolgreich tätig zu werden und wie ein geschickter Seiltänzer die jeweiligen Gegensätze durch Betonung der Gemeinsamkeit zu überdecken.

Doch störte er die ruhige »Ko-Existenz« mit der Sowjetunion, indem er mit der ersten afro-asiatischen Konferenz in Bandung in den Augen Moskaus das Gespenst einer geschlossenen »Dritten Welt« oder einer solchen aller farbigen Völker heraufbeschwor. Denn Moskau blickte auf alle noch oder früher kolonialbeherrschten Völker als auf »sein Reservat«, in dem es als Hauptspieler tätig zu werden hoffte. Auch fand es sich nicht damit ab, aus einer solchen »pan-asiatischen Konferenz« ausgeschlossen zu werden, da es sich selbst als eine *auch* »asiatische« Großmacht betrachtete, und ärgerte sich – trotz seiner damals noch guten Beziehungen zu China – über dessen sehr erfolgreiche Teilnahme. Folglich wurde es in Indien aktiv, um so mehr, als der in asiatischen Dingen passive Stalin inzwischen durch den weltoffenen *Chruschtschow* abgelöst worden war. Begleitet von Bulganin erschien er in Indien und gestaltete diese Reise zu einer Triumphfahrt, die nicht nur das freundschaftliche Verhältnis beider Regierungen öffentlich bekundete, sondern auch bei den breiten Volksmassen mit dem Ruf: »Hindi Russi Bhai Bhai = Inder und Russen sind Brüder« die sowjetische Großmacht zum ersten Male volkstümlich machte. Es gelang ihm – wie später auch in Burma und Indonesien –, den ehemals kolonialen Völkern Asiens die Vorstellung zu vermitteln, daß nicht China, das in Bandung so eindringlich gewirkt hatte, sondern die Sowjetunion die Rolle als Helfer und Beschützer dieser neuen Staatenwelt wahrnehmen wollte. Der Expansionsdrang Chinas gab ihm Gelegenheit zu praktischer Bewährung. Indem China seit 1954 (schon ein Jahr *vor* Bandung!) mit seinen Patrouillen-Vorstößen gegen die indische Himalaja-Grenze begann und dadurch die Politik Chruschtschows, die auf Entspannung abzielte, empfindlich störte (1959 sein Gespräch in Camp Davis mit Eisenhower und 1962 die Lösung der Kuba-Krise), fühlte sich Moskau gedrängt einzugreifen; erst vermittelnd, um Chou En-lai zu einer persönlichen Aussprache mit Nehru zu bringen, dann durch Druck auf Peking zum schleunigen Abzug der chinesischen Divisionen aus Assam. Besonders peinlich wurde die Sowjetunion durch das chinesische Vordringen in Ladakh (dem Nordosten von Kaschmir) berührt, da es die Chinesen näher an die sowjetische Grenze brachte und ihnen gestattete, dort neue Anmarschstraßen zu bauen. Als sich China dann der Regierung von Pakistan bediente, um die Lage auf dem Subkontinent zu stören, und daraus der zweite Krieg dieses Staates mit Indien entstand (1965), schwang sich die Führung der Sowjetunion zur Rolle des schiedsrichterlichen Friedensstifters auf und begründete durch den Vertrag von Taschkent (1966) vor aller Welt ihre Rolle als Vormacht Asiens. Auch erreichte sie damit, eine erneute engere Bindung Indiens an die beiden angelsächsischen Mächte zu hintertreiben, die während der Assam-Krise Indien tatkräftig geholfen hatten, und Indien in seiner Politik der Bündnislosigkeit wieder zu befestigen. Eine noch ernstere Krise entstand, als sich die Ostbengalen erhoben und Pakistan im Vertrauen auf chinesische Hilfe zu so unerhörten Gewaltmaßnahmen griff, daß Indien die Millionen der mißhandelten Bevölkerung in seinem Teil Bengalens aufnehmen mußte und nicht untätiger Zuschauer dieses Terrors bleiben konnte. Diese Krise führte schließlich dazu, daß sich Moskau endgültig entschied, für Indien Partei zu nehmen, und mit ihm den Vertrag vom 9. August 1971 abschloß, der in der äußeren Form eines Konsultationsabkommens ein außenpolitisches Zusammenwirken beider Mächte für die nächsten Jahrzehnte sicherstellte. Man mag darauf hinweisen, daß es sich um keinen Bündnisvertrag im eigentlichen Sinne handelte, wie ihn schon 1947 der Abgeordnete *Mohani* vorgeschlagen hatte. Aber auch eine lockere »Entente Cordiale« bindet, wenn und solange die außenpolitischen Interessen beider Partner miteinander übereinstimmen – wie es der klassische Vorgang dieser Art, die Entente zwischen England und Frankreich von 1904, gezeigt hat, und wie es sich auch hier zeigen wird, solange die beiden Vertragsteile einen dritten – China – als eine gemeinsame Gefahr ansehen. Damit hat eine 25jährige Probezeit für beide ihren Abschluß gefunden. Nehrus Instinkt, als er 1946 seine Schwester nach Moskau sandte, hat sich als richtig erwiesen und hat Indien, dessen Politik der Bündnislosigkeit die Gefahr einer außenpolitischen Isolierung barg, gegen seinen wichtigsten Gegner eine feste Rückendeckung gegeben.

Es bleibt die Frage, ob diese neue Freundschaft ihrerseits gefährlich werden kann; wie Racine sagt: »Ich umarme meinen Rivalen, um ihn zu ersticken.« Indien hat um dieser Freundschaft willen mehrfach bedenklich nachgeben müssen. In seiner anti-kolonialen Einstellung mußte es seine Augen vor der Tatsache verschließen, daß auch die Sowjetunion über farbige Fremdvölker herrscht, darunter die früher erwähnten Özbegen (heute Uzbeken); es mußte die gewaltsame Unterdrückung freiheitlicher Regungen in Ungarn und in der Tschechoslowakei (1957 und 1968) übersehen, obwohl sie gegen Nehrus heiliges Prinzip der Nicht-Intervention verstießen; es mußte bei Empfang sowjetischer Entwicklungshilfe kostspielige Großanlagen annehmen, deren praktischer Wert sich mindestens als fragwürdig erweist. Dafür hatte es den Vorteil des sowjetischen Vetos bei peinlichen Abstimmungen im Sicherheitsrat über die Kaschmir-Frage. Dafür durfte es die Kommunisten im eigenen Land tatkräftig verfolgen, ja konnte sich sogar des Moskau-treuen Flügels bedienen, um mit ihm eine parlamentarische Regierungsmehrheit zu erringen. Doch lebt noch ungebrochen in der Sowjetunion der Wille zur Weltrevolution, und das bedeutet, daß das sowjetische Regime seine Ideen nicht nur dazu benutzen möchte, »die Menschheit zu beglücken«, sondern auch durch die damit geschaffene Homogenität der staatlich-sozialen Struktur in den betreffenden Ländern politischen Einfluß zu gewinnen. Noch denkt und handelt die Sowjetunion nach machtpolitischen Prinzipien. Mag auch ihre riesige Rüstung in Zentralasien in der Hauptsache gegen China gerichtet sein, so bedroht sie als eine führende Atom-Macht der Erde *alle* Völker, die es wagen, sich ihr entgegenzustellen; und endlich – was für Indien am eindringlichsten wirkt – schickt sie sich an, in den Indischen Ozean einzudringen, der Indiens lange Küsten umspült, und der – was immer naive Gemüter auch denken mögen – durch den Abbau der britischen Seerüstung zu einem seepolitischen »Vakuum« werden wird. Für ein Land ohne adäquate Flotte bedeutet das eine Minderung seiner politischen Handlungsfreiheit, wie es das Mogul-Reich als bittere Erfahrung erlebt hat. Die ersten sowjetischen Marine-Stützpunkte in diesem Meer, von dem Indiens gesamter Außenhandel und seine eigene Sicherheit abhängt, erinnern jeden historisch denkenden Beobachter an die ersten Faktoreien, die die Europäer im 17. und 18. Jahrhundert dort anlegten, und aus denen ihre koloniale Herrschaft erwachsen ist. Indien wird nicht versuchen können, die beiden heutigen »Supermächte« gegeneinander auszuspielen; denn die USA haben nach ihrem opferreichen Einsatz für ihren Schützling in Saigon offensichtlich ähnliche Absichten wie England; und wenn ihre gewaltige Macht nicht einmal ausgereicht hat, ein kleines Land wie Vietnam zu überwinden, wie sollte man ihnen zutrauen, einen Krieg um die Sicherheit Indiens durchzuhalten? Hier liegt die wichtigste und schwierigste Aufgabe, vor die sich die indische Politik gestellt sieht: ausgehend von der elementaren Erfahrung, daß nur der Staat ein wirklich gleichberechtigter und unabhängiger Partner in einer zweiseitigen Bindung bleiben kann, der selber stark genug ist, sich auch allein zu behaupten, muß sie ihren Staat und seine Verteidigungskraft genügend steigern, vor allem eine Flotte schaffen, die auf diesem umstrittenen Ozean mitsprechen kann, der zwar den Namen Indiens trägt, aber gegenwärtig noch nicht wieder zu Recht, wie einst zu den Zeiten der Chola-Kaiser.

Kapitel 64

Indiens Beziehungen zu Japan

Japans Eintritt in die neuzeitliche Politik wurde in Indien, das sich damals unter britischer Herrschaft befand, kaum beachtet. Als ich in den 20er Jahren nach Indien kam, sprach man von den Japanern gern als einem »noch recht jungen Volk«. Der Handel schuf eher Verstimmung; denn die Japaner kauften die indische Rohbaumwolle und boten die daraus gefertigten Gewebe später preiswerter an als die indischen Fabriken. Wohl hatte Japans Sieg über die Russen (1904–1905) die indischen Nationalisten insofern befriedigt, als sie erkannten, daß auch ein asiatisches Volk eine europäische Großmacht überwinden könnte; aber die später folgenden Expansionskriege Japans, die Besetzung Chinas und weiter Gebiete in Südostasien, stießen die Inder ab, so daß sie den Versuch der Japaner (1944), von Burma aus nach Indien einzudringen, um es zu »befreien«, innerlich ablehnten.

Diese kühle Einstellung wurde auch durch Nehrus Besuch in Tokio (1953) nicht geändert; denn inzwischen hatte sich Japan an die USA – seine Überwinder, die nunmehr zu Beschützern wurden – so eng angeschlossen, daß es für Nehru als mit dem Westen verbündet galt. Es war Japan, das von sich aus versuchte, engeren Kontakt zu Indien herzustellen, indem sein Ministerpräsident *Ikeda* bei seinem Besuch in Indien (1961) eine wirtschaftliche Zusammenarbeit anregte. Eine *politische* Annäherung versuchte erst *Shastri,* der 1965 (im Jahr der Olympischen Spiele in Osaka) Japan besuchte und regelmäßige Konsultationen sowie eine gemeinsame Haltung auf der Genfer Abrüstungs-Konferenz vereinbarte. Dem Besuch des Vize-Premiers, Moraji *Desai,* in Tokio 1967, der die Möglichkeiten eines Zusammengehens der beiden größten nichtkommunistischen Staaten Asiens erkannte, folgte dann der erste umfassende Handelsvertrag, der Indien zum bedeutendsten Lieferanten von Eisen- und Mangan-Erzen für Japan machte. Inzwischen aber wandelte Japan abermals seinen Charakter: nachdem es als Folge seines Zusammenbruchs jeder militärischen Betätigung abgeschworen und auf eigene Rüstung verzichtet hatte, begann es wiederaufzurüsten, und die Inder beeilten sich, ihre Mißbilligung auszudrücken, während sie mit ihrer Sympathie zurückgehalten hatten, als Japan Gandhis *Ahimsa* befolgte. Die großen Leistungen Japans fanden in Indien nicht den Widerhall, den man von einem »pan-asiatischen Solidaritätsgefühl« erwartet hätte. Sein Aufstieg zu einem der größten Industriestaaten der Erde wurde meist als Konkurrenz empfunden, und die wertvollen Anläufe der Japaner, ihr geistiges Erbe in die neue Industriegesellschaft hinüberzuretten, wie sie etwa die große Bewegung der Soka-Gakkai bezeugt, wurden in Indien, das vor dem gleichen Problem steht, kaum gewürdigt. Die indische Politik nahm auch wenig Notiz davon, daß sich Japan mit Eifer der Interessen der südostasiatischen Staaten annahm, die sich im Streit der Großmächte schutzbedürftig fühlten. Indem Japan schon im April 1966 die erste Konferenz dieser Staatengruppe nach Tokio einberief und sich ihr als Helfer anbot, tat es das, was Indien dank seiner geographischen Lage und seiner geschichtlichen Tradition eigentlich hätte tun sollen, und was Nehru durch Konferenzen der bündnisfreien oder der afroasiatischen Länder nicht ersetzt hatte. Ohne Nachahmung von indischer Seite blieb auch das kühne Beispiel des Ministerpräsidenten *Sato*, der 1967 *alle* südostasiatischen Staaten persönlich besuchte* und dadurch – gewiß ohne Absicht – dazu beitrug, Nehrus anfänglich anerkannte Stellung als »Sprecher« dieser Staatenwelt abzubauen.

Indien fühlt sich noch nicht stark genug, um diesen Staaten, die Schutz benötigen, etwas zuzusagen; doch hätten die Pläne der beiden angelsächsischen Staaten, ihre Positionen in Asien einzuschränken, genügend Anlaß zu solchen Gesprächen gegeben. England begann seine Stützpunkte östlich von Suez zu räumen, und die Vereinigten Staaten kündigten mit der »Guam-Doktrin« an, daß sie den Schutz der asiatischen Länder mehr ihnen selbst oder ihren Zusammenschlüssen überlassen wollten. Auch Japans Rüstung reichte damals nicht annähernd aus, um das drohende »Macht-Vakuum« zu füllen; es erkannte jedoch den Augenblick, in dem diese Staaten eine freundschaftliche Geste begrüßen würden. Auch mag es bedacht haben, daß ein Zusammenwirken zwischen ihm und Indien ein

* Er besuchte Rangun, Kuala Lumpur, Singapur, Bangkok, Vientiane, Djakarta, Canberra, Wellington, Manila und Saigon, machte also keinen Unterschied zwischen bündnislosen Ländern und solchen, die sich westlichen Großmächten angeschlossen hatten.

erster Schritt zur Herstellung eines neuen »Gleichgewichts« werden könnte. Diese Lage hat die indische Politik wohl nicht genügend gewürdigt.

Heute steht Japan weit stärker als Indien im Banne des »Mächte-Dreiecks«, das Ostasien beherrscht; denn es ist durch seine Lage wie Geschichte mit China und mit Rußland aufs engste verbunden. In *China* lockt die Japaner vor allem die Aussicht auf den unerschöpflich erscheinenden Markt für den Absatz seiner Produkte. Da für Japan der Export schlechthin die lebensnotwendige Grundlage seiner Existenz ist, hat es sich dabei zu Zugeständnissen bequemt, die man diesem stolzen Volk sonst kaum zugetraut hätte. Es überrascht um so mehr, als die Chinesische Volksrepublik, die im Kampf gegen Japan entstanden ist und die Besetzung des Großteils ihres Gebiets noch in frischer Erinnerung hat, durchaus nicht geneigt war, mit diesem Feind von gestern ohne weiteres wieder nachbarlichen Handel zu treiben, und allen japanischen Anbiederungen gegenüber eine kühle Zurückhaltung zeigte. In Anbetracht der Tatsache, daß weder ein formeller Friedensvertrag noch diplomatische Beziehungen bestanden, mußten die Japaner zu dem Behelfsmittel greifen, aus beurlaubten Beamten in Peking eine Art Handelsvertretung zu errichten, die die Geschäfte abwickelte, zu denen China ausgewählte (!) Firmen zuließ. Unter dem Druck der parlamentarischen Opposition, namentlich der Sozialisten, kam es dann zum ersten interimistischen Handelsabkommen (Liao-Takasaki von 1962). Weitere folgten; aber jedesmal verlangte Peking – oft in einer für Japan demütigenden Schärfe – neue Zusagen wie die, daß Japan »den amerikanischen Imperialismus bekämpfen müßte« (also seinen eigenen Hauptverbündeten). Oder, als es um die Ausnutzung der Erdölvorkommen auf und bei der Inselgruppe Senkaku ging, wurde eisig erwidert, daß China Bohrungen niemals zulassen würde, solange Taiwan noch beteiligt wäre, während sie im Einvernehmen mit Peking vielleicht genehmigt werden könnten. Das Problem Taiwan blieb das schwerste Hindernis für alle japanischen Annäherungsversuche.

In dieser Lage empfing Japan die ersten lockenden Angebote der *Sowjetunion*. Moskaus Interesse, Japan aus den Fängen der USA herauszulösen und seine Annäherung an China zu verhindern, führte zu auffallend vielen Besuchen seiner führenden Staatsmänner in Tokio (1961 und 1964 Mikojan,

1966 und 1972 Gromyko). Es lockte mit starken wirtschaftlichen Angeboten; mit der Ausbeutung der Erdöl- und Erdgasvorkommen, wobei die Japaner eine Pipeline von Tumen (Sibirien) nach Nachodka bauen sollten (beinah 6000 km) und Japan über diesen Hafen bis zu 50 Millionen t Erdöl empfangen würde – eine ungeahnte Befreiung von der lästigen Abhängigkeit Japans von dem nahöstlichen Erdöl. Allerdings hemmte die Sorge, wie man die hierfür nötigen enormen Kapitalien aufbringen sollte, ebenso der nie erloschene Wunsch, aus dem Raube der Sowjetunion, die 1945 ganz Sachalin und alle Kurilen-Inseln besetzt hatte, mindestens die südlichen Kurilen wiederzuerhalten – eine Forderung, auf die Moskau aus see-strategischen Gründen nicht eingehen wollte*.

Inzwischen wandelte sich die Haltung Chinas. Der Besuch Nixons in Peking und Satos Ersetzung durch Tanaka ließen die Hoffnung auf reiche Erfolge auf dem chinesischen Markt steigen. Japan sah zwei Wege vor sich: auf russischer Seite eine große, aber einmalige Lockung, die allerdings für die Erdöl- oder Erdgas-Versorgung Dauer versprach; in China einen *ständigen* Absatzmarkt, den die Japaner für unerschöpflich halten; in beiden Fällen aber die Gefahr einer politischen Abhängigkeit von dem ungleich stärkeren Partner. Dabei scheinen die Japaner die Sorge vor China geringer zu bewerten als die Genugtuung, mit dem kulturell und rassisch verwandten Nachbarn nach tiefem Zerwürfnis wieder zu einer Zusammenarbeit zu gelangen. Das ist die Alternative, vor die sich Japan heute gestellt sieht, und von deren Ausgang die weitere politische Entwicklung in Asien entscheidend abhängt. Ein Zusammengehen Japans mit China würde den Aufstieg Chinas zur Weltmacht fördern, da es das japanische Potential industrieller und technischer Natur nutzen könnte; eine Wendung zur Sowjetunion würde Chinas Einkreisung bedenklich verschärfen, besonders wenn die tastenden Bemühungen der beiden heutigen »Supermächte« um einen Ausgleich Erfolg zeitigen sollten.

Indien ist dabei abwartender Zuschauer. In dem einen Fall würde es durch seinen Vertrag mit der Sowjetunion von 1971

* Gesprächsweise ist einmal von der Rückgabe der beiden kleinsten Inseln, Shikota und Habumai, gesprochen worden, während Japan als Mindestgabe die beiden größeren südlichen, Kunashiri und Etorofu, fordert, auf denen die Sowjetunion Marine- und Luftstützpunkte angelegt hat.

– bewußt oder nicht – mitwirken, die Umklammerung Chinas auch von Süden her zu vollenden; im anderen Falle würde es angesichts der bedrohlich erhöhten Gefahr von seiten der chinesischen Übermacht noch stärker als bisher von der Rükkendeckung der Sowjetunion abhängig werden. Die Nebenfolgen einer solchen Entwicklung für die kleineren ostasiatischen Staaten werden Indien kaum berühren. In beiden Teilen *Koreas* genießt es hohes Ansehen, das es seiner denkwürdigen Hilfe beim Abschluß des Waffenstillstands von Panmunjon durch General Thimayya dankt (1953). Zu *Taiwan* unterhält es, ebenso wie die Bundesrepublik, keine diplomatischen Beziehungen, so daß sich hier nichts ändern würde. Und die Inselgruppe, die den Namen Philipps II. von Spanien verewigt, kommt für Indien politisch nur als Glied der südostasiatischen Staatenwelt in Betracht. In diesem Raum allerdings muß Indien damit rechnen, daß sich die gestiegene Kraft Japans und seine neuerlich aktive Außenpolitik dort stärker regen wird. Dabei würde hier eine freundschaftliche Zusammenarbeit mit Japan erleichtert werden, falls Japan mit der Sowjetunion zusammenginge. Denn wenn Japan sich mit einer expansiven Politik Chinas in diesem Raum abfinden müßte, würde Indien den Wünschen dieser Staaten nach Sicherheit vor China allein gegenüberstehen und müßte dann die Führung der Sowjetunion überlassen. So ist das politische Verhältnis Indiens zu Japan heute weit verwickelter geworden als je zuvor.

Kapitel 65

Indien und Südostasien

Die Staatenwelt Südostasiens liegt vor der Haustür Indiens und ist ihm eng verbunden durch die kulturelle Expansion, in der indische Kaufleute, Missionare und Fürsten diesen Völkern die erste höhere Kultur und die Anfänge ihres staatlichen Lebens gebracht haben (vgl. Kapitel 17). Eine groß aufgezogene Kulturzentrale in Delhi würde in jedem dieser Länder – mit Ausnahme der Philippinen – gute Anknüpfungspunkte für eine engere Verbindung zum einstigen indischen »Mutterland«

finden. Und ähnlich wie die Länder Südosteuropas vor der Tür der alten Donau-Monarchie lagen und sie zu kommerzieller, kultureller und auch politischer Betätigung einluden, bilden die Staaten Südostasiens ein natürliches Feld für indische Betätigung. Sie haben – mit Ausnahme Thailands – mit Indien das Schicksal gemein, unter kolonialer Herrschaft gestanden und dieses Joch abgeschüttelt zu haben. In ihrer politischen Ausrichtung stimmen sie mit Indien darin überein, daß sie jede Erneuerung kolonialer Abhängigkeiten ablehnen. Sie alle wollen in voller Unabhängigkeit ihre Staaten neu aufbauen und haben daher die indische Politik der Bündnislosigkeit (des »nonalignment«) als die auch ihnen gemäße Haltung begrüßt und aufgenommen. Mit Indien teilen sie zudem – wenigstens zahlreiche von ihnen – die Sorge, daß ihnen von den Großmächten neue Gefahren drohen, wobei sie sich – wiederum wie Indien – von der rasch aufkommenden Großmacht China und seinen Atomwaffen am unmittelbarsten bedroht fühlen. Immer wieder findet sich bei ihnen – unausgesprochen oder deutlich vernehmbar – die Besorgnis, daß China sie eines Tages auf die Stufe von Satelliten herabdrücken könnte, so wie die Sowjetunion es mit den Staaten Osteuropas getan habe. Allerdings haben sie darauf sehr verschieden reagiert: einige haben sich westlichen Großmächten fest angeschlossen, andere versuchen, sich durch ein engeres Verhältnis zu China zu sichern; und endlich hat der Gedanke Boden gewonnen, sich regional zusammenzuschließen, um dadurch mehr Schutz gegen solche Gefahren zu gewinnen.

Mit großer Weitsicht hat Nehru anfangs die Lage dieser Staaten erkannt und schon frühzeitig, im März 1947, – also noch vor der Unabhängigkeit Indiens – die »Asian Relation Conference« nach Delhi berufen, um allen Völkern Asiens, die sich von der Kolonialherrschaft befreit hatten oder im Begriff waren, es zu tun, in gegenseitiger Aussprache Gelegenheit zu geben, sich kennenzulernen, gemeinsam ihr Selbstgefühl zu festigen, und um endlich »die Aufmerksamkeit der Welt auf die Probleme dieser Länder zu lenken«. Nehru mag sich dabei der Konferenz in Brüssel erinnert haben, an der er 1927 als junger Mann teilgenommen hat, die allerdings damals von kommunistischen Tendenzen beherrscht wurde. Diese erste Konferenz von 1947 wurde zwar von vielen islamischen Staaten nicht beschickt, wohl aber ließ sich die Sowjetunion durch ihre asiatischen Tochterrepubliken vertreten, offenbar um schon damals zum Ausdruck zu bringen, daß sie mindestens *auch* als eine »asiatische Macht« gelten wollte. China war noch durch die Kuo-min-tang vertreten, deren Führer, Chiang Kai-shek sich für die Befreiung Indiens von der britischen Herrschaft persönlich eingesetzt hatte. Die psychologische Wirkung dieses Treffens war so groß, daß Nehru es im Jahre 1949 wiederholte – damals, um die Indonesier in ihrem Befreiungskampf moralisch zu unterstützen. So verstand es sich für Nehru von selbst, daß er auch den Gedanken aufgriff, alle Völker Asiens und Afrikas, also die gesamte farbige Welt, auf einer derartigen Konferenz zu vereinigen – die 1955 in Bandung stattfand, und auf der die Mehrzahl der südostasiatischen Staaten zum erstenmal an *einem* Tisch, dem des Gastgebers Sukarno, zusammenkam. Indem Nehru aber hier die Volksrepublik China einführte, verhalf er ihrem genialen Außenminister, Chou En-lai, zum Hauptgewinner der Konferenz zu werden, so daß gerade er auf eine Wiederholung drängte, bei der er die inzwischen gewonnene Stellung Chinas als der größten Macht Asiens zur Geltung bringen wollte. Daher mußte Nehrus Nachfolger, Shastri, um ein Gegengewicht gegen China zu schaffen, zu diesem in Algier geplanten Treffen auch die Sowjetunion heranziehen – die nun allerdings vielen der farbigen Regierungen nicht als »asiatisch« galt. Es war für Indien ein glücklicher Zufall, daß ihr Zusammentritt an Zufällen scheiterte (Sturz der damaligen algerischen Regierung, die als Gastgeber fungieren sollte, und Entdeckung einer Bombe im Tagungsgebäude).

Wohl aber griff er eine andere Idee auf, die seinen engen persönlichen Beziehungen zu Tito und Nasser entsprang: nämlich diejenigen Staaten zusammenzubringen, die gleich Indien die Politik der Bündnislosigkeit zu ihrer Maxime gemacht hatten. Nehru mag es zögernd getan haben, da sich hierbei die asiatische Staatenwelt in zwei Lager aufteilte – und der Gedanke Titos, aus dem Zusammenschluß dieser höchst verschiedenartigen Staaten eine »Dritte Kraft« zu bilden, dem erfahrenen Nehru wohl von Anfang an als illusorisch erschienen sein wird. So hat die indische Politik weder von der ersten Konferenz dieser Art in Belgrad, 1961, noch von der zweiten, 1964, Nutzen gehabt und auf der dritten in Lusaka, 1970, nur noch eine bescheidene Rolle gespielt. Jedenfalls haben alle diese Konferenzen Indiens Beziehungen zu Südostasien nicht gefördert, und an eine besondere Konferenz, auf der sich die südostasiatischen Staaten mit Indien hätten treffen können (vielleicht noch mit Japan), hat Nehru niemals gedacht.

Indiens Haltung zu dieser Staatengruppe ist oft kritisiert worden, namentlich auch von indischer Seite. Man hat Nehru vorgeworfen, daß er sie – nach seinem vielversprechenden Anfang – vernachlässigt habe, ja, daß die indische Staatsführung es an dem Takt und der Rücksichtnahme habe fehlen lassen, die kleinere Staaten gerade von einem großen erwarten. Man habe sie sogar protokollarisch zurückgesetzt, indem man Besuche ihrer Regierungschefs in Delhi nicht oder nicht adäquat erwiderte. Man beklagte sich sogar über »indische Arroganz«. Ein Beispiel von Nehrus Einstellung ist der Besuch des Tunku Abdur Rahman, des Regierungschefs von Malaya – eines der wirklich bedeutenden Staatsmänner dieser Welt –, der in Delhi eintraf, als gerade chinesische Divisionen in Assam einbrachen (1962), und unter diesem Eindruck die Gemeinsamkeit der beiderseitigen Interessen betonte und in herzlicher Aufrichtigkeit Indien die Freundschaft anbot: Er fand damit kein wirkliches Echo. Mag Nehru sich von der Hilfe dieses Mittelstaats nicht viel versprochen oder mag er daran gedacht haben, daß Indien ihm bei einer Bedrohung von seiten Chinas doch nichts hätte bieten können, jedenfalls blieb diese Begegnung ohne politische Folgen. Ähnliche Verstimmungen haben die Entstehung einer aufrichtigen Freundschaft zu Indien auch in anderen Staaten gehemmt.

Wie lagen die Voraussetzungen dazu in den verschiedenen Staaten? Bei *einer* Gruppe spielte entscheidend Nehrus Abneigung gegen jeden Staat mit, der sich fest an eine westliche Großmacht band, der also die Politik des »non-alignment« verließ. Hierzu gehören die beiden Staaten, die der SEATO formell beitraten: Thailand und die Philippinen.

Thailand hat sich in der Tat nicht nur zu seinem Schutz fest an die USA angelehnt, sondern ist in seinem Streben, die kommunistische Gefahr zu bekämpfen, so weit gegangen, sein Territorium dieser Macht als Operationsgebiet zur Verfügung zu stellen, von dem aus die amerikanische Luftwaffe ihre Kampfflüge gegen Nordvietnam einsetzte. Auch hat es Truppen zur Verwendung im Vietnam-Krieg gestellt. Sein Schutzbedürfnis – erwachsen aus seinen Grenzstreitigkeiten mit Laos und Kambodscha, denen es Grenzgebiete abtreten mußte – bezog sich vor allem auf China, das die im Norden Thailands lebenden Stämme, wie die Meos, gegen die Regierung von Bangkok aufzuhetzen und zu bewaffnen pflegt, und wurde verschärft, als China von Laos aus eine Anmarschstraße gegen Thailand zu bauen begann. Hier war es also für die indische Politik in der Tat schwer, eine gemeinsame Basis zu finden. Aber mit dem Abzug der Amerikaner aus Vietnam und, ihm folgend, voraussichtlich auch aus Thailand, sieht sich die Regierung in Bangkok vor die Notwendigkeit gestellt, sich außenpolitisch neu zu orientieren. Sie nimmt aktiven Anteil an den Regionalpakten, wie der ASEAN und der ASPAC*, wobei seine Generale vielleicht im stillen sogar hoffen, als die erfahrensten Militärs des Raumes eine führende Rolle spielen zu können**, und sucht Kontakte zu Japan und sogar zu China – bisher allerdings, ohne dort ein Echo zu finden. Hier fände Indien heute durchaus die Möglichkeit, sich diesem Staat zu einer vertrauensvollen Zusammenarbeit zu nähern. Dabei mag helfen, daß die Staatsreligion Thailands, der Buddhismus, indischen Ursprungs ist und daß man im Volk das altindische Epos Ramayana wie die eigene Heldensage pflegt.

Zu den PHILIPPINEN fehlen Indien die geographische Nachbarschaft und eine kulturelle Gemeinsamkeit. Auch sie sind bisher engste Bundesgenossen der USA; indessen regen sich neuerdings auch dort Bestrebungen zu einer eigenen Politik. Sie kündeten sich an, als sich Manila gegen die Eingliederung von Nord-Borneo in den neuen Staat Malaysia stemmte und eigene Gebietsansprüche auf Borneo erhob; sodann, als man nach dem Sturz Sukarnos einen staatlichen Zusammenschluß des Staates mit Malaysia und Indonesien anregte, dem man den Namen »Ma-Phil-Lindo« geben wollte – ein Plan, der bei den prospektiven Partnern zwar wenig Echo fand, aber doch den Drang nach einer selbständigen, flexiblen Außenpolitik erkennen ließ, wobei man das Sicherheitsbedürfnis mindestens teilweise von dem Bündnis mit den USA auf ein regionales Kollektiv verlagern wollte. In solchen Wendungen könnte Indien erste Schritte auf dem Wege zum »nonalignment« sehen.

* ASEAN = Association of South East Asian Nations.
ASPAC = Asian and Pacific Cooperation Council.

** Sein Ministerpräsident Thanom Kittikacharon besuchte zu solchen Zwecken Burma, Malaysia, Südvietnam, Taiwan und die Philippinen.

Eine zweite Gruppe südostasiatischer Staaten ist mit Indien selbst durch die gemeinsame Zugehörigkeit zum Commonwealth verbunden: Ceylon, Malaysia und Singapur.

Zu *Ceylon* besitzt Indien die älteste kulturelle Verbundenheit, seitdem Kaiser Ashoka der Insel den Buddhismus und ihre dem Sanskrit verwandte Sprache gebracht hat. Politisch mögen allerdings auch Erinnerungen an die feindlichen Einfälle der Tamilen fortwirken; jedendenfalls ist bei den Ceylonesen ein beklemmender Druck vor dem übergroßen Nachbarn noch nicht verschwunden. Hinzu trat der Streit um die tamilischen Plantagenarbeiter, die sich Ceylon aus Südindien geholt hatte, die nun aber nach einer Anwesenheit von mehreren Generationen nicht wieder heimkehren, sondern Bürger Ceylons bleiben wollen – woraus die singhalesische Regierung eine Verschlechterung ihrer Wahlchancen befürchtet. Die leidige Streitfrage ist von Indien verschleppt und nicht immer im Geist guter Nachbarschaft behandelt worden; das mag mit dazu beigetragen haben, daß sich die Insel dem Einfluß Chinas öffnete. Neuerdings hat die indische Politik ihre freundschaftliche Hilfsbereitschaft in glücklicher Form stärker betont, hat sogar – als bisher einziger Fall – bei einer Rebellion auf der Insel mit indischen Truppen ausgeholfen, so daß sich hier unschwer ein engeres Vertrauensverhältnis schaffen lassen wird.

Malaya hat seine Mitgliedschaft im Commonwealth zu einer militärischen Zusammenarbeit gesteigert. Die gefährliche Bedrohung durch Guerillas chinesischer Herkunft, die von der Volksrepublik unterstützt wurde, hatte Unruhen verursacht, die der junge Staat allein nicht niederwerfen konnte, so daß britische Truppen in Stärke bis zu 300 000 Mann hier mehrere Jahre haben kämpfen müssen, um die Autorität des Staates wiederherzustellen. Dann litt er unter der »Konfrontation«, mit der Sukarno – ebenfalls unter chinesischem Einfluß – die Ausweitung Malayas auf Borneo und Sawarak zu verhindern suchte. Jedenfalls empfindet man in Kuala Lumpur noch heute als imminente Bedrohung die Neigung Pekings, die Entstehung jedes kräftigen Staates auf der Halbinsel zu hemmen, die Mao als »einen seiner fünf Finger« bezeichnet hat, mit denen er Südasien zu umfassen hofft. So hat Malaysia mit der britischen Regierung einen förmlichen Bündnisvertrag abgeschlossen (1957), der zwar durch die Ankündigung der Labour-Regierung, sich aus allen Stellungen östlich von Suez herauszuziehen, an Wirkung einbüßte, aber durch die Regierung Heath doch insoweit wieder Inhalt bekam, als britische Stützpunkte und Marineanlagen vorläufig noch im Lande bleiben werden. Trotzdem sucht auch Malaysia seinen Ruf als »Schützling Englands« dadurch zu korrigieren, daß es sich eifrig an Regionalpakten beteiligt. Dem SEATO-Pakt ist es nicht beigetreten, nähert sich also der Linie der indischen Außenpolitik. Auch hier findet Indien Gemeinsamkeiten aus kultureller Vergangenheit, aus der Zeit des großen, machtvollen Reiches von Sri Vijaya (700–1000 n. Chr.), und der Islam hat diese alten indischen Einflüsse durchaus nicht beseitigt. Was allerdings Indien hier fehlt, ist eine starke Flotte, mit der es notfalls die abziehende britische ersetzen könnte; denn die Besorgnis, daß der Indische Ozean zum Spannungsfeld der Großmächte werden könnte, ist einer der Faktoren, die die Politik Malaysias entscheidend beeinflussen.

Ähnliches gilt für *Singapur*, das sich 1965 von Malaysia gelöst hat. Mit seiner überwiegend chinesischen Bevölkerung ist es dem Einfluß der Volksrepublik besonders ausgesetzt. Die Belassung der britischen Dockanlagen, die im Wirtschaftsleben der Stadt eine überragende Rolle spielen, ist für diesen Staat ein Politikum, obwohl er andererseits geneigt ist, seinen Hafen auch sowjetischen Kriegsschiffen zu öffnen – als Gegengewicht gegen den Einfluß Chinas. Hier dürfte die indische Politik nur sehr behutsam tätig werden.

Eine Barriere gegen freundschaftliche Annäherung findet Indien naturgemäß bei solchen Staaten, die sich irgendwie an China anschließen. Das galt für das Indonesien Sukarnos und gilt bis zu einem gewissen Grade noch für Burma. Die freundschaftliche Nachbarschaft zu *Burma* beruhte anfangs auf der persönlichen Freundschaft zwischen Nehru und U Nu, wobei die alten kulturellen Gemeinsamkeiten – auch Burma ist buddhistisch – unausgesprochen mitspielten. Eine »Aggression« brauchte Burma von seiten Indiens um so weniger zu befürchten, als die Geschichte keine einzige derartige Handlung eines indischen Staates kennt; wohl aber umgekehrt die gewaltsame Ausdehnung des burmanischen Großreichs auf Assam. Das Land, das schon 1937 aus seiner zufälligen Verbindung mit Britisch-Indien gelöst wurde, trat nach erlangter Unabhängigkeit sofort aus dem Commonwealth aus. Seine Hauptsorge ist China, das unter Kublai Khan das Land erobert und neuerdings eine militärische Anmarschstraße gegen seine Nordgrenze gebaut hat. Daher wurde sein Grenzvertrag von 1961, in dem die Volksrepublik die traditionelle Grenze – ein Stück der berühmten MacMahon-Linie – anerkannte, als eine entscheidende Erleichterung empfunden, und man ist im Geiste dieses Abkommens, das als die Grundlage der staatlichen Sicherheit gilt, bestrebt, alles zu vermeiden, was China irgendwie verärgern könnte. Die darin geforderte Enthaltung von jeder Vereinigung, die gegen China gerichtet sein *könnte*, wird so peinlich erfüllt, daß das Land in einen Zustand völliger Isolierung gefallen ist, unter der selbst seine Wirtschaft leidet. Um den Einfluß ausländischer Händler zu beseitigen, verstaatlichte man das gesamte Geschäftsleben, womit man zwar die zahlreichen Chinesen ausschaltete, aber auch die Inder traf. Ihr erzwungener Exodus hat die Beziehungen beider Länder lange belastet. Hier also kann die indische Politik kaum mehr erreichen als ein korrekt-neutrales Verhältnis, zumal seit dem Sturz U Nus der kühl rechnende General Ne Win den Staat lenkt. Indiens einzige Aussicht, hier wieder voranzukommen, würde sich aus dem Bestreben der Sowjetunion ergeben, auch hier den Einfluß Chinas einzudämmen – wie denn Chruschtschow zweimal einen Staatsbesuch in Rangoon gemacht hat (1955 und 1960) und dann Mikoyan einen dritten 1965). Inwieweit sich Indien mit der Rolle abfinden würde, als Schrittmacher der Sowjetmacht zu dienen, wird allerdings von der künftigen Entwicklung abhängen.

Mit dem *Indonesien* Sukarnos hatte Indien nichts Gemeinsames. Seine eruptiven Abenteuer wurden in Delhi mit der gleichen Sorge verfolgt wie anderswo – einschließlich des wüsten Zerstörungssturms auf die Indische Botschaft in Djakarta. Aber auch das Regime Suharto mit seinen autoritären und scharf antikommunistischen Tendenzen bot für Indien keinen leichten Zugang. Eher dürften die regionalen Bemühungen dieses Staates eine Annäherung erleichtern. Daß beide in einem expansionslüsternen China die Hauptgefahr erblicken, daß beide wünschen, den Indischen Ozean aus dem Spannungsfeld der Weltmächte herauszuhalten, sind gemeinsame Ziele, die der indischen Politik eine Zusammenarbeit mit Indonesien als wünschenswert erscheinen lassen; und die frühen kulturellen Bande, deren letzter lebendiger Rest sich hier sogar noch in einer echten Hindu-Gruppe erhalten hat (in Bali), werden auch einen kulturellen Austausch ermöglichen: Hier wie in Malaysia hat der Islam die altindische Basis der Kultur nur überdeckt, wie denn der Staat das Tier des indischen Gottes Vishnu, den Garuda, zum nationalen Symbol gewählt hat.

Die heikelste Aufgabe für die indische Politik sind die vier Staaten Indochinas: *Nord-* und *Südvietnam*, *Laos* und *Kambodscha.* Auch sie danken ihr staatliches Leben indischer Einwirkung, die hier bald nach der Zeitwende im Mekong-Delta den Staat Fu-nan, später, beim heutigen Angkor, den Staat Vydhyapura und an der Küste den Staat von Champa gegründet hat. Bezeichnend, daß die heutige Grenzlinie des 17. Breitengrads fast genau mit der uralten Linie zusammenfällt, die den indisch zivilisierten Süden von dem chinesischen Norden trennt. Gegen die französische Kolonialmacht begann Ho Chimin seinen heldenhaften Befreiungskampf, der nach Vertreibung der im Zweiten Weltkrieg hier eindringenden Japaner schließlich auch die wiederhergestellte französische Herrschaft stürzte. Die Genfer Konferenz von 1954, die den Franzosen den Verzicht auf dieses Kolonialgebiet erleichtern sollte, dankt ihr Zustandekommen und ihr Ergebnis zu einem beachtlichen Grade der Vermittlung Nehrus und ständigen Diensten indischer Zwischenträger; und dieses Verdienst Indiens wurde dadurch anerkannt, daß man ihm den Vorsitz in der Internationalen Kommission übertrug, die die Durchführung der Genfer Beschlüsse kontrollieren sollte. So konnte Indien in diesem Teil Südostasiens als Mandatar der Vereinten Nationen auftreten – was sein Ansehen sichtbar hob, ihm allerdings auch eine mitunter lästige Zurückhaltung auferlegte. Nehru nahm sich dieser Aufgabe mit Eifer an, reiste persönlich nach Laos und Hanoi, so daß er dem dortigen Regierungschef Ho Chi-min als erster Staatsmann einen Besuch abstattete (17. Oktober 1954). Beide gingen davon aus, daß die Teilung Vietnams nur als Provisorium gedacht war (um den Abzug aller landfremden Truppen zu erleichtern) und daß die beiden Hälften durch gemeinsame Wahlen vom Juli 1956 wieder vereinigt werden sollten. Die Machthaber in Saigon lehnten die Wahlen ab; die amerikanische Regierung, getrieben von der Vorstellung, daß die Überlassung jedes Gebiets an kommunistische Mächte den Verlust anderer nach sich ziehen würde (die sogenannte »Domino-Theorie«), griffen, indem sie sozusagen als Nachfolger der französischen Schutzmacht auftraten, hier ein, und so spalteten sich die beiden Teile in zwei getrennte Staaten, so daß Indien seine Rolle als Vorsitzender der Internationalen Kommission in Südvietnam nicht mehr ausüben konnte. Ähnlich erging es ihm auch im Norden. Als unstrittig größte Führerpersönlichkeit von ganz Indochina und als der Befreier *aller* vom Kolonialjoch, hielt sich Ho Chi-min für berufen, diesen Kampf bis zur Vertreibung aller landfremden Truppen fortzuführen, und für berechtigt, das gesamte Gebiet für seine militärischen Operationen zu nutzen. Dagegen erblickten die beiden in Genf anerkannten Staaten von Laos und Kambodscha (souverän seit 1949) in der Kommission den einzigen Garanten ihrer staatlichen Existenz, die sich auf strikte Neutralität gründete. Hier also konnte Indien seine Tätigkeit wiederaufnehmen – wenngleich unter größten Erschwerungen; gelegentlich wurden sogar die Flugzeuge der Kommission beschossen. Hinzu trat innerhalb der Kommission eine wachsende Spannung zwischen den beiden anderen Mitgliedern: Kanada und Polen. Und endlich wurde ihre Arbeit durch mehrfache, gelegentlich auch durch amerikanische Mitwirkung erzwungene Regierungswechsel gestört. Die heikelste Aufgabe der Kommission entsprang aus der ständigen Benutzung eines Grenzstreifens – sowohl auf dem Gebiet von Laos wie dem von Kambodscha – durch die von Hanoi aus operierenden Truppen, sei es von aufständischen Südvietnamesen (Vietkong), sei es von nordvietnamesischen Einheiten. Die Geduld, mit der die Kommission diese laufende Verletzung der Neutralität hinnahm, mußte schließlich ein Ende erreichen. Indem Indien (gegen die Stimme des polnischen Vertreters) einen diesbezüglichen Bericht vorlegte und bei der Abstimmung in der UNO für diese Resolution stimmen mußte, stempelte es Hanoi zum »Aggressor« und rief dort einen Ausbruch von Schimpfkanonaden hervor, der sein bis dahin erträgliches Verhältnis zu Nordvietnam zerbrach. Da Indien gleichzeitig den Einbruch chinesischer Divisionen in Assam erlebte, sank sein Ansehen in ganz Südostasien empfindlich. Dreimal hintereinander brüskierte darauf Hanoi die indische Regierung aufs peinlichste, indem sie drei amtlichen Besuchern Indiens, deren Kommen vorher vereinbart war, in letzter Minute die Einreise verweigerte. Daß Indien, um die Spannung zu besänftigen, dann der Außenministerin der von ihr nicht anerkannten Vietkong-Regierung, Frau Nguyen Thi *Binh*, gestattete, eine Werbereise durch Indien zu unternehmen, nutzte weder seinem Verhältnis zu Hanoi, noch trug es zur Hebung seines Ansehens bei. Indiens Rolle als Vorsitzender dieser Internationalen Kommission ist also wenig glücklich verlaufen und hat ihm selbst keinerlei Nutzen eingebracht.

Als ihr Ziel in diesem Teil Südostasiens bezeichnete die indische Politik stets die baldige Beendigung des Krieges durch Abzug der amerikanischen Truppen. Für Indien brachte die Ausweitung und Verlängerung des Vietnam-Krieges insofern eine Erleichterung seiner eigenen Lage, als er Chinas Aufmerksamkeit dort fesselte, so daß sich die Himalaja-Grenze wieder beruhigte. Aber auch diese erhöhte Bewegungsfreiheit erlaubte ihm nicht, mit konstruktiven Vorschlägen hervorzutreten oder seine Friedensvermittlung anzubieten: Auf der einen Seite war es durch die Genfer Beschlüsse gebunden, die Aufteilung des Gesamtgebietes in vier (bzw. drei) Staaten zu wahren; auf der anderen Seite drängte die Sowjetunion eindeutig auf Schaffung *eines* indochinesischen Gesamtstaats unter Führung von Hanoi. Da Indien aber von der diplomatischen Unterstützung der Sowjetunion auf anderen Gebieten (z. B. im Sicherheitsrat) abhängig war, konnte es keine Linie verfolgen, die den sowjetischen Wünschen zuwiderlief. Zudem dürfte es seit seinem Vertrag mit der Sowjetunion vom 9. August 1971 noch stärker genötigt werden, sich hier den sowjetischen Wünschen anzupassen, wird also sein Mandat als Vorsitzender der Kommission niederlegen. Sollten die Regierungen in Vientiane und Pnom Penh sich darüber beklagen, so kann Indien mit Recht darauf hinweisen, daß auch ihr unbeständiges Verhalten gegenüber der Kommission dazu beigetragen hat, deren Arbeit im Dienste der Genfer Beschlüsse zu erschweren oder gar lahmzulegen.

Dieser Rundblick zeigt, wie sehr verschieden die Verhältnisse in den einzelnen südostasiatischen Staaten lagen; es war also oft nicht der Mangel an gutem Willen, daß Indien die Stellung, die es in den ersten Jahren Nehrus in diesem politischen Raum errungen hatte, wieder einbüßte. Um so dringlicher aber wird diese Aufgabe in nächster Zukunft werden.

Was erwarten diese Staaten heute von Indien, und was kann Indien ihnen geben? Vor allem wollen sie – und gerade die kleinsten am eifrigsten – von dem großen Indien à titre égal behandelt werden, was nach ihrer Auffassung von Nehru mitunter versäumt worden sei. Dann erhoffen sie von Indien Unterstützung bei ihrem Bestreben, sich aus den Konflikten der Großmächte herauszuhalten und deren Einmischung in ihre inneren Angelegenheiten abzuwehren. Sie erwarten also, daß Indien jeden gegenteiligen Akt, vor allem jeden Gewaltakt und jede Drohung – von welcher Seite sie auch kommen möge –, als solche verurteilt und sich in diesem Sinne bei den Vereinten Nationen und, soweit möglich, auch im Sicherheitsrat dafür einsetzt. Dieses Bedürfnis wächst gerade dann, wenn sich eine der bisher in diesem Raum tätigen Großmächte zurückzieht und ihr Verschwinden entweder ein »Vakuum« hinterläßt, in das andere einzudringen versuchen, oder doch ein bisher bestehendes Gleichgewicht stört. Wenn Indien es sich zur Regel machte, in allen Hauptstädten dieses Raumes jederzeit präsent zu sein, und wenn es sich jeder Sorge mit echtem, verständnisvollem Eifer annähme, wäre das ein Weg, zunächst einmal ihr Vertrauen wiederzugewinnen, das gelitten hat in der Zeit, als Nehru sich etwas einseitig auf den Verkehr mit den Großmächten konzentrierte. Eine aktive Betätigung auf kulturellem Gebiet, die an die uralten Gemeinsamkeiten zwischen Indien und diesen Staaten anknüpfte, würde eine solche Politik nutzbringend begleiten; sie könnte Gemeinsamkeiten wiederaufleben lassen, die während der Kolonialzeit vergessen worden oder aus Mangel an historischem Sinn verlorengegangen sind. Man erinnere sich, wie Nehru bei seinem ersten Besuch in Vientiane mit dem Hinweis darauf begrüßt wurde, daß er auf dem Boden des alten Khmer-Reichs stände, das dereinst indischer Initiative seine Entstehung verdankt hätte.

Noch mehr wird natürlich wirtschaftliche Hilfe wirken. Hier besitzt Indien ein gemeinsames Band, das alle umschließt: den Colombo-Plan von 1950, an dem Indien von Anfang an mitgearbeitet hat, obwohl der Ruhm mehr dem englischen Erfinder zugute gekommen ist. Dieser Rahmen kann jederzeit mit neuem Inhalt gefüllt werden, ebenso wie die Arbeit an der Asiatischen Entwicklungsbank, die heute besteht. Gewiß sind Indiens eigene Mittel beschränkt und zudem durch neuere Verpflichtungen überfordert; aber ein großes Land wie Indien könnte und sollte Mittel erübrigen, um die Freundschaft dieser Staatenwelt zu pflegen. Indien ist das größte nichtkommunistische Land Asiens, und von ihm erwartet jeder kleinere asiatische Staat, daß es in allen Fragen, die diesen Erdteil betreffen, auch sein Wort und seinen Einfluß zur Geltung bringt. Das ist praktisch um so eher möglich, als sich die beiden »Supermächte« und China gegenwärtig in einer Art von Gleichgewicht befinden und Indien in der Sowjetunion Rükkendeckung besitzt.

Eine »indische Asienpolitik« ist vonnöten, wie sie Nehru in der zweiten Hälfte seiner Amtszeit leider nicht mehr konzipiert hat. Sie bedingt vor allem, daß Indien engere Verbindung mit den *Regionalpakten* aufnimmt, statt sich von ihnen als von »exklusiven Klubs« zu distanzieren. Natürlich liegt Indien nicht in »Südostasien«, aber Japan auch nicht, und die Japaner haben diesen Raum als willkommenes Arbeitsgebiet längst entdeckt. Zweck und Tendenz dieser Pakte liegen auf einer politischen Linie, die mit der indischen Politik übereinstimmt.

Der 1966 gebildete »Rat für asiatische und pazifische Zusammenarbeit« (Asian and Pacific Cooperation Council = ASPAC) umfaßt Malaysia, Thailand, die Philippinen und außerdem *Japan,* Südkorea, Taiwan, Australien und Neuseeland. Wenig später entstand die »Vereinigung südostasiatischer Nationen« (Association of South East Asian Nations = ASEAN), gebildet aus Thailand, Malaysia, Singapur, Indonesien und den Philippinen. Beide streben verwandte Ziele an. Sie möchten aus diesem Raum eine »Zone des Friedens« machen, sie frei von Konflikten der großen Mächte halten und deren Einmischung in ihre inneren Angelegenheiten abwehren. Sie träumen sogar davon, den ganzen Raum zu einer »neutralen Zone« zu machen und dafür die Anerkennung der großen Mächte, der USA, der Sowjetunion und vor allem Chinas zu gewinnen. Ihr Sicherheitsbedürfnis, das anfangs in Bündnissen und Pakten, wie der SEATO, eine gewisse Befriedigung fand, wendet sich solchen Methoden zu, seitdem England begonnen hat, seine Machtpositionen in Asien aufzugeben, seitdem sich die USA mit der »Guam-Doktrin« direkter Hilfeleistungen zu entziehen suchen, und seitdem die Sowjetunion in den leeren oder doch verdünnt besetzten Raum eindringt. Gewiß ist es mehr als zweifelhaft, ob sich die Ziele der südostasiatischen Staaten auf diesem Wege verwirklichen lassen. Sie selbst werden erkannt haben, daß noch so gutgemeinte Prinzipien, wie die »panch-shil« Nehrus, in der harten Welt machtpolitischer Tatsachen nur deklamatorischen Wert haben. Sie werden wissen, daß es Wortspielerei ist, die Entstehung eines politischen »Vakuums« zu leugnen, wenn durch das Ausscheiden oder den verminderten Krafteinsatz einer Großmacht das bestehende Gleichgewicht in einem machtpolitischen Raum tatsächlich verändert wird. Jeder Tag lehrt sie, daß politische Wunschträume eben nur so weit realisierbar sind, als man mit nüchterner Einschätzung der tatsächlichen Lage erreichbare Teilziele geschickt verfolgt. Aber beachtlich ist es schon, wenn sie den Willen zeigen, sich zusammenzuschließen, also zum mindesten ihre inneren, meist geringfügigen Streitigkeiten hintansetzen wollen. Jedenfalls sollte sich die indische Politik bemühen, an dieser Entwicklung freundlichen, hilfsbereiten Anteil zu nehmen.

Allerdings mag sie dabei gelegentlich mit ihren eigenen Staatsinteressen in Konflikt geraten, wie z. B. neuerdings bei dem Versuch einiger dieser Staaten, das Eindringen von Großmächten in den Indischen Ozean dadurch zu bremsen, daß sie Teile der Hochsee, die bisher als international galten, zu Binnengewässern erklären. Malaysia und Indonesien haben die Zone ihrer Territorialgewässer auf 19 km erweitert, um damit die Straße von Malakka, die stellenweise nur 38 km breit ist, zu einem solchen zu machen und die Durchfahrt unter ihre Kontrolle zu bringen. Das würde bedeuten, daß sie in Kriegszeiten die Durchfahrt von Kriegsschiffen sperren und Handelsschiffe einer Kontrolle unterwerfen können, um den Transport von Kriegsmaterial zu verhindern. Auch in Friedenszeiten würde der Verkehr durch diese Straße, die bisher als Teil des freien Meeres gegolten hat, gewissen Kontrollen unterworfen werden, die auch den indischen Handel träfen. Indonesien geht sogar noch weiter und will den gesamten Raum seiner 13 700 Inseln zu Inlandsgewässern erklären, also ein Seegebiet von 8 Millionen qkm seiner Kontrolle unterwerfen.

Mit solchen Plänen wollen diese Staaten auf der nächsten Seerechts-Konferenz aufwarten, die 1973 in Stockholm tagen soll. Das würde einen schweren Schlag für alle schiffahrttreibenden Nationen bedeuten, vor allem für Japan, das seine Versorgung mit Erdölprodukten überwiegend aus dem Nahen Osten bezieht und von jeder Erschwerung der Transportwege empfindlichst getroffen wird; aber auch für die Großmächte, die sich für den Transport ihres Kriegsbedarfs einer Kontrolle unterwerfen müßten, die sie voraussichtlich nicht annehmen werden. Daß China diese Pläne begrüßt, entspricht seiner gegenwärtigen Politik, die auf friedliche Koexistenz mit allen Staaten, vor allem auf gute Beziehungen zur »Dritten Welt«, gerichtet ist. Unter anderen Umständen dürfte auch Peking anders urteilen. Wenn Indien hier Verständnis für die Sorgen der südostasiatischen Staaten mit seinen eigenen Interessen abstimmen und dadurch zu einem Vermittler werden würde, könnte es gerade eine so heikle Frage benutzen, um sein Vertrauensverhältnis zu dieser Staatenwelt zu festigen.

Kapitel 66

Indiens Beziehungen zum Nahen Osten und zu Afrika

Während Südostasien zum altindischen Kulturkreis gehört, bildet der Nahe Osten für Indien eine andersartige Welt, mit der es früher durch kriegerische Ereignisse verknüpft war. Heute bietet er der indischen Politik die Möglichkeit, mit islamischen Staaten in nähere Verbindung zu kommen, was bedeutsam für sein Verhältnis zu *Pakistan* ist. Als Ziel schwebte der indischen Politik vor, bei den islamischen Staaten Verständnis für seine Haltung in der Kaschmir-Frage zu erwecken, vielleicht sogar deren Einstellung zu einer wohlwollenden Neutralität zu wandeln – eine Aufgabe, für die Indien auch dadurch qualifiziert erscheint, als es mit seinen 60 Millionen Moslems selber einer der größten Moslem-Staaten ist. Gegenüber den Staaten, die sich der *arabischen* Sprache bedienen, wählte die indische Politik daher eine starr ablehnende, sogar feindliche Einstellung zu Israel – wie sie seinen sonstigen Grundsätzen im Verkehr mit kleineren Nationen zuwiderlief. Gewiß war die Entstehung dieses Staates ein Werk der Westmächte, die nach dem Ersten Weltkrieg als Sieger über die Türkei deren Gebiet nach Gutdünken aufteilten, konnte also der indischen Mentalität als Ausfluß einer »imperialistischen« Politik erscheinen; aber sie ließ unberücksichtigt, daß auch das jüdische Volk ein Recht auf Existenz, auf seinen alten, heimatlichen Boden besitzt, und daß sein Konflikt mit seinen arabischen Nachbarn teilweise aus deren Weigerung entsprungen ist, Israel an der Freiheit der Schiffahrt auf den internationalen Wasserstraßen teilnehmen zu lassen, als welche der Suezkanal und der Golf von Akaba fraglos gelten. Das Prinzip der Freiheit der Meere ist nicht nur ein Bestandteil des Völkerrechts, sondern liegt gerade im eigensten Interesse Indiens. Diese nicht voll durchdachte Haltung verschärfte Indien durch höchst unkluge, mitunter kaum verständliche Ausfälle gegen Israel, die selbst einem so besonnenen Politiker wie dem Außenminister Chagla anzulasten sind. Mit dieser künstlich gesteigerten Feindschaft zu Israel, mit dem Indien keine diplomatischen Beziehungen aufnahm, hoffte es bei den arabischen Staaten, vor allem in Ägypten, für sich zu werben.

Nehru stützte sich dabei auf sein enges Verhältnis zu *Nasser*, in dem er einen gesinnungsverwandten Politiker zu finden glaubte. Beiden gemeinsam war der Gedanke, ihre Staaten, ungeachtet aller religiösen Kräfte, zu weltlichen (säkularen) zu machen, die Solidarität aller afro-asiatischen Völker und ein Zusammenwirken aller blockfreien Staaten als ein Gegengewicht gegen die Großmächte zu fördern, deren Gegensatz die Welt in zwei Lager spaltete. Ihre Bemühungen, zu denen sich als dritter der Staatschef Jugoslawiens, Tito, gesellte, haben auch nach Nehrus Tod (1964) bis zum Tode Nassers (1970) innerhalb der sogenannten »Dritten Welt« eine Rolle gespielt. Für Indiens Verhältnis zu Pakistan hat dieses Zusammenwirken keinerlei Erleichterung gebracht: Nasser, der Israel die Benutzung des Suezkanals verweigerte, ließ 1965 Waffentransporte für Pakistan passieren. Während des chinesischen Einbruchs in Assam regte er eine Friedensvermittlung an, die allerdings für Indien wenig praktischen Nutzen zeitigte. Nehru mag für sich als Erfolg gebucht haben, daß er den ägyptischen Staatsmann lange Zeit bei der Blockfreiheit halten konnte, gegenüber den sowjetischen Versuchen, die 1955 mit den ersten Waffenlieferungen begannen, dann durch die amerikanische Weigerung, den Assuan-Damm zu bauen, in ihr entscheidendes Stadium traten und nach dem Krieg von 1967 Ägypten immer stärker auf die Waffenhilfe der Sowjetunion anwiesen. Es wirkt wie eine Schicksalsfügung, daß schließlich beide Staaten im gleichen Jahr den Konsultationsvertrag mit der Sowjetregierung zeichneten, mit dem sie sich wenigstens auf außenpolitischem Gebiet weitgehend an Moskau banden: Ägypten im Mai und Indien im August 1971. Diese Politik Indiens war also praktisch gegen die USA gerichtet, die Israel stützte; sie wirkte antiwestlich durch ihre einseitig schroffe Haltung gegenüber Edens Versuch, die Freiheit des Suezkanals durch zeitweilige Besetzung von Suez zu retten (1956), und sie wurde antichinesisch von dem Zeitpunkt an, in dem Chou En-lai von Kairo aus die Staaten des Nahen Ostens zu China herüberzuziehen begann. Sie hat also Indien weit stärker in das Spannungsfeld der Weltmächte hineingezogen, als es seine Interessen erfordert hätten, ohne ihm irgendeinen praktischen Nutzen zu bringen. Indem Indien alle Maßnahmen Ägyptens, auch solche ausgesprochen gewalttätiger Art, hinnahm, hat es – wenn auch ungewollt – mitgeholfen, daß die Sowjetunion aus Ägypten einen ihrer kräftigsten Stützpunkte im Nahen Osten und am Mittelmeer gemacht hat – ohne zu bedenken, daß sie versuchen würde, von diesem Stützpunkt aus zu einer mitbestimmenden Seemacht auch im Indischen Ozean zu werden.

Auch bei den übrigen Staaten arabischer Sprache hat Indien kaum Erfolge für sich erzielt. Die Herrscher von Saudi-Arabien und Jordanien, denen Nehru Antrittsbesuche machte, haben sich mehrfach sehr scharf im antiindischen Sinne ausgesprochen und sich im Kriege von 1965 ausgesprochen auf die Seite Pakistans gestellt. Der Staatsstreich im Irak beseitigte in den Augen Nehrus zwar die Bindung an den Bagdad-Pakt, brachte aber ein so revolutionäres, kriegstreibendes Regime an die Macht, daß es für Indien wenig lockende Anknüpfungspunkte bot. Syriens Einstellung zu Indien blieb meist im Banne Kairos. Tunesien galt solange als suspekt, als es Biserta den Franzosen als Stützpunkt überließ, und Libyen aus ähnlichem Grund. Von den Staaten des Maghreb unterhält Indien engere Beziehungen nur zu Marokko; aber gerade in Rabat sollte es seine größte Demütigung in diesem Raum erleben. Bei seinem Versuch, sich als Staat mit einer großen Moslem-Minderheit an Treffen der islamischen Staaten zu beteiligen – zum erstenmal in Kuala Lumpur –, erlebte es, nicht eingeladen zu werden. Als es anläßlich eines zweiten in Rabat sondieren ließ, ob diesmal seine Teilnahme möglich sei, mußte Indiens Delegation, obwohl ordnungsgemäß eingeladen, wieder abziehen, da Pakistan gegen seine Anwesenheit Einspruch erhob und sich auch andere Delegierte, wie die von Saudi-Arabien und Jordanien, in einem recht feindlichen Sinne gegen Indien äußerten (November 1969).

Es ist kaum übertrieben zu sagen, daß die indische Politik in diesem Raum unglücklich, jedenfalls ohne Erfolg operiert hat, und es mag in Delhi als magerer Trost gelten, daß auch Pakistan trotz seiner religiösen Gemeinsamkeit bei dieser Staatenwelt nicht sehr viel besser abgeschnitten hat.

Gegenüber den nicht-arabischen Staaten des Nahen Ostens war Indiens Haltung von vornherein durch Nehrus Vorurteil belastet, das er gegen alle Partner des westlichen Bündnissystems besaß. Sowohl die Türkei wie der Iran hatten sich zu ihrer Sicherheit gegen die Gefahr einer sowjetischen Expansion durch den Bagdad-(später CENTO-)Pakt mit dem Westen verbündet und hatten beide 1959 noch besondere Verteidigungsabkommen mit den USA abgeschlossen. Die zunehmende Wandlung der *Türkei* in eine Militärdiktatur (seit 1960) entfremdete Indien diesem Staate noch mehr. So erklärt sich, daß die ausgezeichnete Leistung des indischen Generals Thimayya, der im Auftrag der Vereinten Nationen in Zypern zwischen Türken und Griechen Ruhe herstellte, in Ankara sogar Verstimmungen gegen Indien hervorrief.

Mit dem *Iran* ist Indien seit ältester Zeit politisch eng verknüpft. Das zeigte sich selbst zu britischer Zeit darin, daß die Ostindische Kompanie einen eigenen Gesandten in Teheran bestellte, der bis 1860 neben dem britischen Botschafter amtierte, und später die Regierung in Kalkutta sogar einen Teil der Kosten dieser diplomatischen Vertretung trug, da sie in hohem Grade für indische Interessen zu wirken hatte. Als sich der Ministerpräsident Mossaddeq gegen die internationalen Erdölgesellschaften wandte, vor allem britische Interessen aufs schwerste verletzte (1951–54), bewahrte Indien eine kluge Zurückhaltung und hatte dann den Vorteil, daß die Ölkonzerne Raffinerien auch in Bombay errichteten, wodurch Indien zum ersten Male eine bodenständige Industrie dieser Art erhielt. Der Schah wurde auf seiner Reise durch Indien im Jahre 1957 aufs lebhafteste gefeiert, obwohl er inzwischen seine Beziehungen zu den Westmächten noch verstärkt hatte. Die in Indien lebenden Parsis tragen eifrig dazu bei, auch kulturelle Bande zwischen beiden Ländern zu flechten.

Politisch liegt hier Indiens Hauptinteresse in dem Golf, der Persiens Namen trägt und den die arabischsprechenden Regierungen gern zu einem »Arabischen Golf« umwandeln möchten. Der Vizekönig Curzon besorgte aus dieser Richtung eine Gefährdung der Sicherheit Indiens. Obgleich man in Delhi heute, angesichts der engeren Bindungen an die Sowjetunion, solche Befürchtungen nicht mehr hegt, wird es keiner künftigen Regierung Indiens gleichgültig sein dürfen, was in diesem schicksalsträchtigen Meerbusen geschieht. Die Sowjetunion hat unlängst (April 1972) mit dem Irak einen ähnlichen Vertrag abgeschlossen wie mit Indien, ausgesprochen zu dem Zweck, an der Mündung des Schatt-el-arab irgendwie Fuß zu fassen. Mit der Regierung in Teheran pflegt sie ungewöhnlich enge wirtschaftliche Beziehungen und hat keinen Einspruch erhoben, als sich der Iran der drei kleinen Inseln bemächtigte (2. 12. 1971), die, praktisch herrenlos, den östlichen Zugang zum Golf beherrschen – eine Aktion, die den Zorn vieler arabischer Staaten hervorrief, besonders im Irak. Der Zusammenschluß von sieben Emiraten an der »Trucial Coast« sowie die Unabhängigkeit von Bahrain und Katar haben hier mehrere neue Staaten geschaffen, deren außenpolitische Haltung noch in der Schwebe ist, während die Briten schrittweise abziehen. Und die Kämpfe des Sultans von Muskat-Oman gegen rebellische Eindringlinge von Süden her, die offensichtlich von China unterstützt werden, beleuchten eine andere Gefahr.

Die sprunghaft steigende Gewinnung von Erdöl in diesem Raum erhöht noch seine politische Bedeutung. Wenn die revolutionären Bewegungen, die vor allem von Ägypten aus unterstützt werden, weiter anwachsen, wird die monarchische Staatsform, die hier noch vorherrscht, gefährdet und damit das Tor zu weiteren Wandlungen auch in außenpolitischer Hinsicht geöffnet werden. Alle diese Dinge können für Indien sehr bedeutsam werden, vor allem die mit Sicherheit zu erwartende Steigerung der sowjetischen Stellung im Golf, die dann dazu gebraucht werden könnte, Indien, wenn es sich Moskaus Plänen entgegenstellen sollte, von dort aus zu bedrohen. Auch hier wird eine stärkere Kriegsflotte für Indien lebenswichtig werden.

Ähnliche Erwägungen ergeben sich, wenn man Indiens Verhältnis zu *Afghanistan* prüft, das ihm von allen diesen Ländern geographisch am nächsten liegt. Die Mauryas haben es als Vorfeld für die Sicherheit ihres Reiches benutzt, und den Briten hat es stets als solches gegolten. Der Staat wird heute in einem solchen Grade von der Sowjetunion beeinflußt, daß manche ihn bereits zu den sowjetischen Satelliten zählen. Als

Nachbar bedroht er jetzt nicht mehr Indien, sondern Pakistan, insofern er seine Sprach- und Stammesverwandtschaft zu den Pathanstämmen auf pakistanischem Gebiet jederzeit zu neuen Unruhen anzuheizen vermag. Solange Indien und Pakistan in feindlicher Spannung leben, erscheint Afghanistan als natürlicher Alliierter Indiens. Aber die vielfach verbesserten Anmarschwege, die sich die Sowjetunion hier geschaffen hat – etwa die Autostraße über den Hindukusch, die den Einmarsch ganzer Panzerdivisionen ermöglicht –, müssen auch von Indien beachtet werden, zumal auch die Chinesen aus den Teilen des nördlichen Kaschmir, die sie gewaltsam von Indien und vertraglich von Pakistan erworben haben, hier weiter vordringen können. Indien wird sich der Tatsache bewußt werden, daß es die beiden wichtigsten Vorfelder, die die Briten einst zu seinem Schutz geschaffen hatten, verloren hat: Afghanistan an die Sowjetunion und Tibet an China.

Afrika

Auch in den Staaten *Afrikas,* besonders in denen, die man als »Schwarz-Afrika« zusammenzufassen pflegt, hat das heutige Indien mannigfache Interessen: In mehreren leben große Gruppen von *Auslandsindern,* in vielen hat Indien wirtschaftliche Interessen, mehreren hat es bei Gewinnung ihrer Unabhängigkeit geholfen, und in zahlreichen steht es heute in mehr oder weniger scharfer Rivalität zur Sowjetunion und vor allem zu China.

Die indischen Auslandsgruppen, die in Afrika heute auf über 1 Million geschätzt werden, leben zur Hälfte in solchen Staaten, die in Indien noch als »koloniale« gelten: in der Südafrikanischen Union und in Südrhodesien – mit denen Indien die diplomatischen Beziehungen abgebrochen hat – und in den portugiesischen Kolonien, vor allem in Mozambique (meist Goanesen), weniger in Angola und Port.-Guinea. Da Indien seit dem Goa-Streit auch mit Portugal keine Beziehungen mehr unterhält, hat es keine Möglichkeit mehr, seine Volksgenossen in diesen Gebieten zu schützen. Die übrigen leben zum größten Teil in den Staaten der Ostküste, in Kenya (150 000), Tansania (80 000) und Uganda* (70 000), so daß die

* Die Mehrheit ist neuerdings aus Uganda vertrieben worden.

indische Minorität in diesen drei Staaten – bei einer Gesamtbevölkerung von 30 Millionen – etwa 10 Prozent beträgt. Daneben gibt es kleinere Gruppen in Malavi und Sambia – die mit den obengenannten drei zum Commonwealth gehören – und außerhalb dieser Gemeinschaft noch einige in Burundi, Ruanda, Somali und auf Madagaskar.

Soziologisch gehören diese Inder heute überwiegend zum Mittelstand (als Kaufleute, Ladenbesitzer, Techniker und Facharbeiter, aber auch als Ärzte und Anwälte, ja als Staatsbeamte). In Ostafrika stammen sie meist aus dem Panjab und aus Gujarat, in Natal sind es überwiegend Tamilen. Ihrer Religion nach sind sie teils Hindus, teils Moslems, darunter die sehr bedeutsame Gruppe der shiitischen Khojas, die den Aga Khan als geistliches Haupt anerkennen. Wo sie politisch tätig werden, treten sie heute als geschlossene Gruppe auf. In Kenya, wo sie sich schon zu britischer Zeit an den dort entstehenden gesetzgebenden Körperschaften beteiligten, ist ihre Stellung bei der heutigen einheimischen Regierung schwierig geworden, zumal viele Inder die britische Staatsangehörigkeit behalten haben, also sogar juristisch als Ausländer gelten. Aber auch sonst werden sie von den Afrikanern meist als Fremde angesehen, obwohl ihnen Nehru stets geraten hat, mit den Einheimischen zusammenzugehen. Wirtschaftlich gelten sie vielfach als landfremde Konkurrenten der Einheimischen, die sich bemühen, den Vorsprung dieser besser entwickelten Gruppe einzuholen. In Südafrika unterliegen sie den gleichen Beschränkungen, die die »Apartheid« gegen schwarze Afrikaner aufrechterhält. Als jüngst die Regierungen von Kenya und Tansania durch gewisse Maßnahmen die dort lebenden Inder mit britischen Pässen zur Auswanderung drängten, begann die britische Regierung, sich gegen diesen überreichen Zustrom Farbiger zur Wehr zu setzen, während eine Heimkehr nach Indien, abgesehen von persönlichen Gründen, wegen der Übervölkerung Indiens, praktisch kaum in Frage kommt. Die Lage dieser Auslandsinder ist also denkbar schwierig, und die indische Regierung hat auch hier so gut wie keine Handhabe zu helfen. Außenpolitisch bildet diese Frage eine Belastung, wo immer sie sich zuspitzt. Gandhis unermüdliche Arbeit in Natal hat damals zwar manche Besserung erreicht, aber eine Lösung des Problems nicht zu geben vermocht. Auch der Versuch von einer Zentralstelle in Bombay aus, die – unter Leitung des sehr verständigen Politikers S. K. Patel – für die Beeinflussung der Inder im Ausland gegründet wurde, hat keine befriedigenden Ergebnisse erzielt.

Nicht viel mehr Nutzen hat Indien von seinen Bemühungen gehabt, afrikanischen Völkern in ihrem Kampf um Befreiung von der Kolonialherrschaft zu helfen – wie es Nehru unter dem Schlagwort der »afro-asiatischen Solidarität« mehrfach versucht hat; höchstens können die damals in Indien geschulten Afrikaner, die heute in wichtigen Ämtern sitzen, bei sich bietender Gelegenheit ihre Dankesschuld an Indien abtragen. Die politischen Interessen dieser jungen Staaten werden so stark von den täglichen Bedürfnissen diktiert, daß sie als solche nur selten ihre Freundschaft zu Indien praktisch dokumentieren können. Dagegen haben diese Beziehungen mehrfach dazu beigetragen, die wirtschaftliche Zusammenarbeit zu fördern.

Politisch findet sich Indien auch in Afrika an vielen Orten in scharfem Wettbewerb mit China, das gerade in der Zeit, als es sich infolge seiner »Kulturrevolution« in Asien isoliert sah, mit Eifer versucht hat, in Afrika voranzukommen. Als starke Waffe benutzt China das Schlagwort, daß der von ihm entwickelte Sozialismus für die unterentwickelten Länder Afrikas die gegebene Methode darstelle, um ihnen zu einer raschen Entwicklung zu verhelfen. Andererseits haben diese jungen Staaten längst erkannt, daß jeder von ihnen seine eigene Form des »Sozialismus« benötigt – ganz abgesehen davon, daß ihre Mehrzahl auf die Entwicklungshilfe der *westlichen* Staatenwelt nicht verzichten kann. Wo die chinesische Politik bisher, meist unter Ausnutzung innerer Staatskrisen, eingegriffen hat, sind ihre Erfolge auch meist ohne Dauer geblieben; wohl aber haben sie sich stark genug gezeigt, um indische Bemühungen zu verdrängen. Jedenfalls hat Indien keinen einzigen Erfolg der Größe aufzuweisen, wie China ihn in dem Bau der Eisenbahn von Tansania nach Sambia erreicht hat – ein Vorhaben, das an Größe und beachtlicher Schnelligkeit der Durchführung neben die besten westlichen Unternehmungen treten und gegenüber den sowjetischen nur mit dem Bau des Assuan-Damms verglichen werden kann. Auch hat China die Organisation der »afro-asiatischen Solidarität« unter seinen Einfluß gebracht, also Indien hier ausgeschaltet. Die Schwerpunkte des chinesischen Einflusses sind heute: Tansania, Sambia, Kongo-Brazzaville, Somalia und Guinea. Sein Fernziel, hier unter seiner Leitung eine »sino-zentrische Weltordnung« zu errichten, gibt diesen Ansätzen einen gewissen weitgespannten Rahmen, dem Indien gegenwärtig nichts entgegenzusetzen hat, nachdem seine Bemühungen im Stil der Konferenzen von Bandung und Belgrad nur bescheidene und oft nur vorübergehende Resultate eingebracht haben. Indien befindet sich hier in einer ähnlichen Lage wie die Sowjetunion. Es sucht daher in nüchterner Kleinarbeit handfeste Ergebnisse zu erzielen, ist sich jedenfalls bewußt, welche große Aufgabe seiner hier noch harrt. Und die Aussicht, durch Entwicklungshilfe, wie sie Indien vielen dieser Staaten gegeben hat (Äthiopien, Ghana, Guinea, Kamerun, Kenya, Liberia, Mali, Malavi, Sierra Leone, Tansania, Uganda u. a.), gegenseitige Freundschaften zu wecken und die Stimmen dieser Staaten in den Vereinten Nationen gegebenenfalls für indische Interessen zu bekommen, ist der Mühe wert und vermag vielleicht sogar die Grundlage zu schaffen, auf der Indien dereinst auch das leidige Problem der Auslandsinder wird behandeln können.

Kapitel 67

Indien und die westliche Staatenwelt

England

Unter der westlichen Welt versteht ein Inder in erster Linie England. Die friedliche Lösung von seiner kolonialen Herrschaft hat es ermöglicht, daß sich die politischen Beziehungen zwischen beiden Ländern sehr freundschaftlich gestaltet haben. So sehr diese Wendung dem Volkscharakter beider Nationen zu danken ist, kann doch nicht genug das Verdienst der beiden großen Männer betont werden, die durch ihre politische Weisheit entscheidend dabei mitgewirkt haben: Gandhi und Attlee; jener, indem er die Befreiungsbewegung auf Gewaltlosigkeit abstellte, dieser, indem er den schweren Entschluß dem hochgespannten britischen Nationalstolz abrang. Wenn das Zeitalter des Imperialismus heute zu Ende geht, haben diese beiden Männer daran ein entscheidendes Verdienst.

Indien behielt aus der britischen Zeit die augezeichnete Verwaltungsmaschine mit 700 indischen ICS-Beamten, das Gerichtswesen und die Armee, in der sogar eine militärische Tradition gepflegt wird, die sich gemeinsamer Kämpfe erinnert, die Soldaten beider Völker in den Weltkriegen Schulter an Schulter durchgefochten haben. Und Indien behielt die englische Sprache, die ihm den freien Verkehr innerhalb seiner Führungsschichten ermöglicht und ihm damit unschätzbare Dienste im Befreiungskampf geleistet hat. London blieb vielen Indern etwas wie eine »zweite Heimat«, wie es der Staatspräsident Radhakrishnan einmal ausgesprochen hat. Umgekehrt setzten die Briten nach einer kurzen Anfangsperiode der Nervosität, in der manche ihre Firmen und Aktien verkauften, sehr bald wieder ihr »business as usual« in Indien fort, so daß die Zahl der dort lebenden Briten ebenso wie der Gesamtwert ihrer Anlagen heute einen höheren Stand erreicht haben als zur kolonialen Zeit.

Die politischen Beziehungen beruhen auf der Zugehörigkeit Indiens zum Commonwealth, jener einzigartigen Völkerfamilie, die sich nur ein Volk erdenken konnte, das fähig ist, Politik frei von Theorien, Doktrinen und Begriffen zu treiben. Ohne irgendeine vertragliche Basis verkörpert es eine ungeschriebene Gemeinsamkeit der Interessen auf politischem wie auf wirtschaftlichem Gebiet und wird durch die unveränderte Zugehörigkeit Indiens zum Sterlingblock ergänzt.

Die Zugehörigkeit zum Commonwealth hat Krisen durchgemacht. Die erste war Indiens Umwandlung in eine Republik. Um dem indischen Wunsch – ungeachtet seiner völligen Unabhängigkeit in der Form eines »Dominion« – entgegenzukommen, diese letzte äußere Fassade zu beseitigen und den indischen »Generalgouverneur« durch einen Bundespräsidenten zu ersetzen, mußte man in London die überlieferte Vorstellung aufgeben, daß das Commonwealth in der *Krone* sein vereinigendes Symbol erblickt. Die Lösung auch dieser kniffligen Frage durch die britische Regierung ist eins der besten Zeugnisse ihrer wendigen Staatskunst und hat ermöglicht, daß Königin Elizabeth bei ihrem ersten Besuch in Indien (1961) mit einer Begeisterung begrüßt wurde, wie sie die Monarchin nicht stärker hätte erwarten können. Daß trotzdem einige politische Gruppen – am rechten wie am linken Flügel – Indiens Austritt aus dem Commonwealth zu fordern pflegen, ist insofern verständlich, als sein praktischer Wert für die auswärtige Politik sichtbar gesunken ist. Das gilt für die Südafrikanische Union, deren Politik gegen die farbige Rasse mit dem Geist einer solchen Völkergemeinschaft kaum vereinbar ist; das gilt erst recht für Kriege der Mitgliedstaaten untereinander, die – wie Pakistan zeigt – nicht vermeidbar waren und bei denen auch London eine ausgleichende schiedsrichterliche Rolle nicht wahrzunehmen vermochte. Daß der Premierminister *Wilson* sich 1965 zu Beginn des zweiten Krieges sehr einseitig auf Pakistans Seite stellte, machte ihn für eine Vermittlung ungeeignet, so daß dieses Amt dem sowjetischen Ministerpräsidenten zufiel. Dagegen bewährte sich das Commonwealth wieder höchst wirksam, als China 1962 in Assam einbrach. Zwar konnte England damals nicht aktiv eingreifen – wegen der Kuba-Krise! –, aber es hat nach besten Kräften geholfen, über die historische Luftbrücke von London über Frankfurt nach Kalkutta dringlich benötigtes Kriegsmaterial heranzubringen und so den Indern den Rücken zu stärken.

Die erste ausgesprochen *politische* Krise zwischen beiden wurde durch Nehru verursacht. Als im Jahre 1954 der amerikanische Außenminister John Foster *Dulles* zum Schutz der süd- und südostasiatischen Staatenwelt, die sich von China bedroht fühlte, nach *Manila* eine Konferenz berief, auf der die beiden angelsächsischen Mächte einen solchen Schutzverband – die SEATO – schaffen wollten, und als London der indischen Regierung dringend riet, im wohlverstandenen Interesse ihrer eigenen Sicherheit sich zu beteiligen, lehnte Nehru mit einer Begründung ab, die er später selber als verfehlt erkannt haben wird. Er warnte damals, daß ein solcher Zusammenschluß »die versöhnlichen Tendenzen, die eine baldige Beendigung der Kämpfe in Vietnam, Laos und Kambodscha erhoffen ließen, durch einen solchen Pakt beeinträchtigt würden, und daß man sich China gegenüber besser auf die Grundsätze seiner »panch-shil« verließe, statt Peking durch solche bündnisartigen Pakte zu reizen«. Sein Glaube an diese »panch-shil« und sein Vertrauen in die Bündnislosigkeit verleiteten ihn damals zu dieser Haltung, die sowohl London als auch Washington verstimmte. England hat es ihm nicht nachgetragen, wie sein Verhalten 1962 beweist – wobei es mit seiner Waffenhilfe allerdings nicht nur Indien in seiner Bedrängnis half, sondern auch seine noch erheblichen Werte in den Teepflanzungen und Erdölquellen in

Assam schützte. Daß Nehru 1956 die Landung britischer Truppen in Port Said verurteilte, konnte Anthony Eden nicht überraschen, zumal sich Washington gleichfalls gegen dieses Abenteuer aussprach. Daß sich Indiens Beziehungen zu England trotzdem abkühlten, war in der Hauptsache die Folge der britischen Politik, die nach Entlassung ihrer asiatischen Kolonien in die Unabhängigkeit daranging, auch ihre militärischen und maritimen Kräfte abzuziehen. Das Weißbuch der Regierung Wilson von 1967, das diesen Abzug aus dem Raum östlich von Suez ankündigte, traf Indien ebenso schwer wie viele andere Anrainer des Indischen Ozeans, die sich daran gewöhnt hatten, die britische Flotte als einen schützenden Faktor anzusehen. Das Urteil der »Hindustan Times« unter der wehmütig-vorwurfsvollen Überschrift »Britain's Goodbye to Glory« nannte Indien den natürlichen Nachfolger der britischen Macht im Indischen Ozean, stellte aber fest, daß der Mangel an einer indischen Flotte die Ausübung dieser Rolle noch ausschließe. Indem das Blatt die indische Regierung aufforderte, die noch verbleibende Zeit mit höchstem Eifer dazu zu benutzen, »durch Rüstungen und gute Diplomatie ein neues, haltbares *Gleichgewicht* in Südostasien herzustellen«, setzte es ihr ein Ziel, das heute mehr denn je Geltung hat*.

Ein England ohne Macht im Indischen Ozean verliert für einen asiatischen Staat ohne eigene Flotte bedeutend an Wert, und der Beitritt Englands zur EWG wird auch Indiens wirtschaftliche Interessen an England beeinträchtigen.

Indiens Beziehungen zu den übrigen europäischen Staaten beschränken sich meist auf wirtschaftlichen und kulturellen Austausch und erlangen selten eine politische Note.

Frankreich

Seine Annäherung an *Frankreich*, die durch die freiwillige Räumung seines Kolonialbesitzes angebahnt wurde, litt bald darauf durch die – nach indischen Begriffen »künstliche« – Werbung seines Staatschefs De Gaulle um Pekings Freundschaft. Dadurch, daß sich gerade Frankreich und China näherten, also die beiden Staaten, die sich in den Kreis der Atommächte drängten, wurden sie für Indien in seiner damals von

* Zitiert nach *Indo Asia* 1967, Seite 303.

China gefährdeten Lage verdächtig, zumal Indien an seinem Entschluß festhielt (oder festhalten mußte), keine Atomwaffen herzustellen. Ebenso empfand es Indien in seiner Eigenschaft als Vorsitzender der Internationalen Kontrollkommission für Indochina als störend, daß sich De Gaulle in diese Wirren mit Ratschlägen einmischte, die als überholt empfunden wurden.

Indiens Verhältnis zur Bundesrepublik *Deutschland* litt anfangs unter Vorurteilen des ersten Bundeskanzlers, wurde aber dadurch erleichtert, daß Moskau in Delhi nie ernsthaft auf Anerkennung der DDR drängte. So konnten die wirtschaftlichen Beziehungen zu Deutschland weitergehen, die sich namentlich auf dem Gebiet der Entwicklungshilfe als für Indien höchst lukrativ erwiesen. Ohne große politische Bedeutung füreinander haben beide Länder ein gutes, freundschaftliches Verhältnis zueinander aufgebaut, wobei die Gemeinsamkeiten auf kulturellem, besonders wissenschaftlichem Gebiet stets betont, die unsichtbare Hilfe des Deutschen Reichs, die es in den beiden Weltkriegen dem indischen Befreiungskampf geleistet hatte, beiderseits taktvoll verschwiegen werden.

Zu den übrigen Staaten Europas pflegt Indien normale Beziehungen, mit Ausnahme zu Portugal, mit dem es wegen der Goa-Krise die Beziehungen abbrach.

Die USA

Wichtiger als Europa wurde für Indien die Führungsmacht der westlichen Welt, die *Vereinigten Staaten.* Während des Zweiten Weltkriegs hatte ihr damaliger Präsident, Franklin Roosevelt, bei der britischen Regierung darauf gedrängt, den Indern eine angemessene Beteiligung an der Regierung ihres Landes zu geben – damals mit dem Ziel, Indiens Kriegsanstrengungen gegen Japan zu steigern, aber trotzdem ein Dienst, den die USA der Befreiungsbewegung erwiesen haben. Nach 1948 folgten ihm amerikanische Hilfsleistungen an Indien in einem Ausmaß, wie sie niemals in der Geschichte einem Staat von einem anderen – oft unentgeltlich und ohne politische Gegenleistung – zugewandt worden sind. Man kann sich kaum vorstellen, wie Indien ohne sie schwere Jahre wirtschaftlicher Not und Ernährungskrisen hätte uberleben können.

Die Motive dieser Hilfe waren verschiedenartig. Indien war nicht kommunistisch; es behielt eine freiheitliche, demokratische Verfassung, erschien also amerikanischen Augen als zur »freien Welt« gehörig. Seine Wirtschaft blieb, bei aller Neigung zum Staatssozialismus, namentlich auf dem Gebiete der Schwerindustrie, doch im Kern privatwirtschaftlich. Als zweitgrößtes Land Asiens bildet es das einzige ernsthafte Gegengewicht gegen China, mit dem die USA in wachsender Spannung lebten. Selbst die Verbindung von Moral und Politik schuf Berührungspunkte. Die amerikanische Auffassung, daß die Aufnahme diplomatischer Beziehungen zu einem neuen, vor allem revolutionären Staat auch eine moralische Anerkennung einschlösse – ein Gesichtspunkt, der der klassischen Diplomatie fremd ist –, fand ein Gegenstück, wenn Nehru seine Beziehungen zu China mit den moralischen Prinzipien seiner »panchshil« verbrämte – obwohl gerade dies in Amerika auf Befremden stieß. Man hätte es Nehru vielleicht härter fühlen lassen, wenn man das Ganze nicht klarer als eine Illusion erkannt hätte, als er selbst es vermochte.

Indien wurde gegenüber den USA durch ein Vorurteil gehemmt: durch die Besorgnis, daß die Abwehrpolitik der USA gegen kommunistische Expansion *auch* selbstsüchtigen, also »imperialistischen« Eigeninteressen diente. Man vergaß in Delhi, daß die USA es stets vermieden hatten, Methoden des Kolonialismus für sich anzuwenden, und daß ihre gesteigerte Aktivität in Ostasien entstanden war, um *China* von der japanischen Okkupation zu befreien. Die populäre Deutung aller linksgerichteten Kreise, daß ihr Eingreifen in Südvietnam eine »Aggression« wäre mit dem Ziel, sich hier festzusetzen oder gar diesen abgelegenen Ausläufer Asiens als Basis für einen Angriff gegen China zu benutzen, fand in Indien, selbst in Regierungskreisen, mehr Zustimmung, als es sorgfältiges Überdenken der wirklichen Lage gerechtfertigt hätte. Und wenn auch einzelne Amerikaner Ungeschicklichkeiten begingen (wie sie das amüsante Buch »The Ugly American« schildert), so hätte sich doch ein Mann wie Nehru sorgfältiger vor Mißdeutungen einer Politik hüten sollen, die schon zu seiner Zeit keineswegs aggressiv gemeint war – was Nixon nunmehr eindeutig bekräftigt.

Bedauerlich war es für Indien, daß es den Bestrebungen des John Foster Dulles so verständnislos begegnete; daß es trotz britischen Rats an der Konferenz von Manila nicht teilnahm, wo der SEATO-Pakt begründet wurde. Denn er sollte ja auch der

Sicherheit Indiens dienen. Letzten Endes war die Politik des »containment« die Antwort des Westens auf die Kriegserklärung Stalins, mit der er die Ost-West-Spannung geschaffen hatte, und gerade diese Politik von Dulles hat in Moskau den Umschwung ermöglicht, der mit *Chruschtschow* eine Ära des Ausgleichs anbahnte und Indien den Weg nach Moskau freigab. Daß auch die USA in der schweren Stunde im Herbst 1962 militärische Hilfe sandten – ohne irgendwie dazu verpflichtet zu sein –, ließ der indischen Politik den Wert amerikanischer Hilfsbereitschaft wieder bewußt werden; mag andererseits manche Politiker in Delhi zu der Vorstellung verleitet haben, daß man solcher Hilfe stets sicher wäre, auch wenn man sich in den Zeiten der Ruhe antiamerikanisch gebärde.

Indiens Verhältnis zu Pakistan, das auch seine Beziehungen zu England erschwerte, hat die zu den USA am schwersten belastet. Daß die amerikanische Politik diesen leidigen Streit im nicht-kommunistischen Lager beilegen wollte, wurde in Indien zwar erkannt, aber stets mit dem Hinweis auf die Unnachgiebigkeit Pakistans beantwortet, das seine Annexionshoffnungen auf den östlichen Teil Kaschmirs nicht aufgeben wollte. Als im Kriege von 1965 Präsident *Johnson* Lieferungen von Kriegsmaterial an *beide* Parteien einstellte, fühlte Indien die Folgen seiner eigenen Politik der »Neutralität«, die Nehru jahrelang als »non-alignment« gepredigt hatte. Als bald darauf ernste Ernährungsschwierigkeiten entstanden – der Ausdruck »Hungerkatastrophen« klingt etwas zu sensationell – steigerte Washington seine Lebensmittelzufuhren weit über das bisherige Maß und änderte seine Einstellung auch nicht angesichts der Tatsache, daß der 47-Tage-Krieg durch den Regierungschef der Sowjetunion beigelegt wurde.

Was neben diesen eigentlich politischen Momenten das Verhältnis beider Staaten oft trübte, waren persönliche Mißgriffe beiderseits. Hierher gehört vor allem Nehrus unglückliche Entscheidung, zum Vertreter Indiens bei den Vereinten Nationen einen Mann wie Krishna *Menon* zu bestellen, dessen ganze Art in die Atmosphäre einer solchen Versammlung nicht paßte und der durch die taktlose Form, mit der er seinen Haß gegen die Vereinigten Staaten zur Schau trug, eine für Indien denkbar unglückliche Rolle gespielt hat.

Ein anderer Streitpunkt war Indiens Haltung zur Frage des *Atomsperrvertrages*. Gewiß verfolgten die USA einen friedenfördernden Zweck, als sie versuchten, mit den beiden anderen Atommächten, der Sowjetunion und England, einen Vertrag zu schließen, der die Weitergabe nuklearer Waffen und ihrer Herstellungsmethoden an andere Staaten untersagen sollte, um dadurch die Weltgefahr eines Atomkriegs einzuschränken. Dabei war es von Anfang an klar, daß Frankreich und China nicht mitmachen würden. Indien, das von der chinesischen Atombombe am stärksten von allen Ländern der Erde gefährdet wird, konnte sich an einer solchen Abmachung nur dann beteiligen, wenn ihm von seiten der Atommächte gewisse Sicherheiten gegeben wurden. Da das nicht geschah, durfte es auf Verständnis rechnen, wenn es sich weigerte, den Vertrag zu zeichnen; und dies um so mehr, als Indien im Besitz des wissenschaftlichen Rüstzeugs wie aller notwendigen Materialien ist und im Begriff steht, die nuklearen Methoden für seine Energieerzeugung weitgehend zu verwenden. Seine Haltung hat in Washington nicht immer das Verständnis gefunden, das sie verdiente.

Daß Indien über den Krieg in *Vietnam* anders dachte als die USA, konnte es damit begründen, daß man ihm in Genf 1954 den Vorsitz der Internationalen Kommission anvertraut hatte, die die Beachtung der dort geschlossenen Vereinbarungen sicherstellen sollte, vor allem die Neutralität von Laos und die auf Neutralität gerichtete Politik von Kambodscha. Daß es seine Haltung aber auch mit Argumenten rechtfertigte, die den Amerikanern »imperialistische« Ziele unterstellten, hat die Beziehungen zeitweise unnötig getrübt. Sicherlich hätte die indische Politik dem Frieden besser gedient, wenn sie ihren Einfluß in Hanoi dazu benutzt hätte, dort auf Zurückhaltung zu drängen und dadurch den Amerikanern einen Abzug aus Vietnam zu erleichtern; dazu aber mag Indiens Einfluß in Hanoi nicht ausgereicht haben.

Die schwerste Trübung ihrer Beziehungen brachte der Befreiungskampf der Ost-Bengalen, dessen Charakter als solcher von der amerikanischen Politik nicht erkannt wurde. Jeder unvoreingenommene Botschafter in New Delhi konnte bekräftigen, daß die indische Politik niemals das Ziel verfolgt hat, die Teilung des Subkontinents in zwei Staaten rückgängig zu machen; und ebenso, daß sie der Notlage der Ost-Bengalen 23 Jahre lang mit einer Untätigkeit zugeschaut hat, die ihr von seiten nationalindischer Kreise oft vorgeworfen wurde. Daß

Washington nun dem Schrecken des »Bürgerkriegs« und dem schauerlichen Flüchtlingsstrom zusah, ohne bei der Regierung von Pakistan mit genügender Energie auf Abhilfe zu drängen, mußte Indien aufs schwerste enttäuschen; und daß sogar Kriegsschiffe der Siebenten Flotte vor Chittagong erschienen, mußte Indien als eine höchst unangebrachte Drohung empfinden. Es ist verständlich, daß man in Delhi daraus den Schluß zog, eine so einseitige gegen Indien gerichtete Haltung sei durch ein geheimes Einverständnis Washingtons mit China und dem ihm zugewandten Pakistan verursacht worden. Jedenfalls erklärte es, daß sich die Beziehungen zwischen beiden Staaten wieder abkühlten.

Dieses Gegeneinander teils verbindender, teils trennender Tendenzen hat die Schwankungen verursacht, die Indiens Verhältnis zu den USA seit 1947 durchlaufen hat. Während seine Beziehungen zu London ein gewisses Gleichmaß nüchterner Beständigkeit zeigen, erscheinen dem rückblickenden Betrachter die zu den USA oft dramatisch bewegt, indem sie bald zu Tiefpunkten kühler Spannung, bald zu Höhepunkten wärmster Annäherung führten. Ein Tiefpunkt war die Zeit, als der bedeutendste amerikanische Außenpolitiker, Dulles, im beginnenden »kalten Krieg« des kommunistischen Blocks gegen die freie Welt Nehrus Politik der Bündnislosigkeit als einen verdächtigen Versuch brandmarkte, in dem großen ideologischen Streit einer Entscheidung auszuweichen, und Nehrus Verhalten als ein ungehöriges Schaukelspiel verurteilte. Höhepunkte waren dann der Empfang Eisenhowers in Delhi (1959), da er nach dem Bekanntwerden der frühen chinesischen Grenzeinbrüche (seit 1954) dem indischen Volke wie ein vom Himmel gesandter Retter erschien und daher mit unbeschreiblichem Jubel begrüßt wurde – oder die Amtszeit des Präsidenten Kennedy, der für Indien mehr Verständnis zeigte als irgendeiner seiner Amtsvorgänger; der zwar nicht persönlich nach Delhi kam, aber seine Gattin sandte, die eine ähnliche volkstümliche Begeisterung auslöste. Bedauerlich vom indischen Interesse, daß Nehru dabei versuchte, die Größe dieses Staatsmanns durch Ausbrüche abzureagieren, die *seinen* Besuch bei Kennedy zu einer enttäuschenden Begegnung werden ließen (1961). Aber die harten Tatsachen brachten beide Regierungen immer wieder zueinander. Wer, wie Nehru, die Bündnisfreiheit proklamiert, muß erkennen, daß sie im kommunistischen Lager nicht existiert, sondern nur im Rahmen der »freien Welt« denkbar ist, deren Erhaltung gerade das oberste Ziel der amerikanischen Politik ist. Die Unentbehrlichkeit amerikanischer Hilfe – wirtschaftlicher, finanzieller und ernährungsmäßiger Art – bleibt ein so starker Faktor, daß er den Gedanken eines Bruches mit den USA in Indien gar nicht aufkommen lassen kann, selbst wenn das überwältigende Ausmaß dieser Hilfe bei Indien gelegentlich das Gefühl erzeugt, nicht mehr wirklich unabhängig zu sein. Für die USA bleibt Indien der wichtigste Partner für seine Asienpolitik als der größte Staat Asiens, der sich der Anpassung an das kommunistische System noch widersetzt. Indien ist im »Dominospiel«, um Eisenhowers Bild zu gebrauchen, der stärkste Stein, der den Umfall der Kette aufhalten kann. Das gilt trotz seiner Belastung mit dem Streit um Kaschmir, der in dem von Dulles erträumten Idealbild eines geschlossenen Bollwerks gegen kommunistisches Vordringen eine bedrohliche Bresche bildete – um so mehr, als Pakistan daraus die Vorteile seines Hazardspiels mit China zog. Entscheidend ist für beide Seiten die Erhaltung des *Gleichgewichts in Asien*, das der Mehrheit der asiatischen Völker bis heute ihre freie Eigenständigkeit bewahrt hat.

Diese Gleichgewichtslage kann sich entweder durch eine engere Verständigung der beiden »Supermächte« wandeln, die sich gegen China richten müßte, oder durch das fortschreitende »disengagement« der heutigen amerikanischen Politik, wie sie Nixon verfolgt. In beiden Fällen ist auf lange Sicht mit einem verschärften Kurs der Volksrepublik China zu rechnen, was wiederum Indien vor die Frage stellen würde, ob es mit seiner Politik der Bündnislosigkeit dann nicht in eine gefährliche Isolierung geriete. Diesen Fragen dient das folgende Kapitel.

Kapitel 68

Das Mächte-Dreieck in Ostasien und Indiens Zukunft

Der Schwerpunkt der Weltpolitik hat sich seit dem Zweiten Weltkrieg nach Asien verlagert. Die europäischen Großmächte – durch den Krieg erschöpft und durch den Verlust ihrer Kolonien geschwächt – neigen nicht mehr dazu, sich in die Geschicke anderer Erdteile einzumischen, und befassen sich lieber mit Konferenzen zur Wahrung ihrer eigenen Sicherheit. Asiens Zukunft liegt wieder in der Hand seiner eigenen Völker, wobei allerdings zwei auswärtige Mächte noch einen entscheidenden Einfluß ausüben. Chruschtschow, der zuerst von dem »Mächte-Dreieck in Asien« sprach (1962), meinte damit seinen eigenen Staat, die USA und China, rechnete also das Britische Reich, das über ein Jahrhundert lang die Vormacht Asiens gewesen war, nicht mehr hinzu; Japan, das zeitweilig die Führungsrolle innegehabt hatte, noch nicht wieder und Indien *noch nicht* zu diesem Kreis wirklich maßgebender Faktoren. Asiatische Ohren hörten vor allem heraus, daß zu diesen »Großen Drei« noch immer zwei Mächte der weißen Rasse und nur *eine* wirklich asiatische gerechnet wurden, konnten aber nicht widersprechen, da es sich um die beiden Mächte handelte, die dank ihrer Größe und ihrer atomaren Rüstung an Macht alle übertreffen und daher die »Supermächte« genannt werden. Verständlich, daß sich die dritte – China – eifrig bemüht, auch auf diesem Gebiet den beiden anderen gleichrangig zu werden.

Sowjetunion

Von Asien aus gesehen muß die Sowjetunion als die stärkte der drei gelten, da ihr Gebiet Nordasien bis zur Küste des Pazifischen Ozeans umfaßt, sie also ihr gesamtes Machtpotential verhältnismäßig rasch in Ost-, Mittel- oder Südasien einsetzen kann. Sie ist die *eurasische* Macht im wahrsten Sinn. Die Russen, die ursprünglich westlich des Urals siedelten, sind nach Asien gekommen, nachdem sie eine mehrhundertjährige Gewaltherrschaft der Asiaten abgeworfen hatten, gleichsam im Gegenstoß zu einer asiatischen Aggression –

ähnlich dem Gegenstoß, den das Abendland gegen die Eroberungszüge der Araber und Sarazenen in der Form von Kreuzzügen führte. Sie drangen seit dem 16. Jahrhundert, d. h. zu Zeiten der großen Mogulkaiser, durch das menschenleere Sibirien ostwärts vor und erreichten den Pazifischen Ozean im Jahre 1644. Ernsthaften Widerstand fanden sie nicht bei dem Chinesischen Kaiserreich, sondern erst bei dem aufstrebenden Japan, das sich im Tatendrang einer jungen Nation anschickte, sein Inselreich auf das Festland auszudehnen – wie es die Briten einst mit Frankreich getan haben. Einem kurzen Krieg mit China (1895) folgte im Russisch-Japanischen Krieg der erste ernsthafte Gegenstoß Asiens gegen die Russen, bei dem sie zwar ihren Kriegshafen Port Arthur, Korea und die Mandschurei verloren, aber ihre Hauptstadt Wladiwostok zurückerhielten. Japan, damals als Bundespartner Englands, wiederholte seinen Angriff im Bunde mit Hitler 1937 und traf abermals auf die Russen, nun aber als Verbündeter der westlichen Mächte. Ein Bund aller drei Mächte des Dreiecks gegen Japan: das war die erste Kombination, die diese Gruppe in voller Kriegsbetätigung sah. Moskau hatte bereits die erste chinesische Revolution von 1911 unterstützt (durch Berater wie Borodin und General Blucher), so daß Chiang Kai-shek seine militärische Ausbildung auf einer von den Sowjets gegründeten Militärschule erhielt. England und Frankreich traten schon damals im Kampf um China nur zweitrangig auf, zum Schutz ihrer Besitzungen, die von Japan bedroht wurden; England »befreite« Burma durch die Armee Mountbatten, und Frankreich verteidigte mühsam sein Indo-China, dessen Nordteil von den Japanern besetzt wurde. Die USA trugen die Hauptlast im Kampf gegen Japan. Ihr amphibischer Krieg, der alle bisher bekannten Maßstäbe an Härte und Vielseitigkeit übertraf, zwang Japan zur Kapitulation und ermöglichte dadurch den Chinesen, auch ihr Land wieder von der japanischen Besetzung zu befreien. Die japanische Armee in China (rund 1 Million Soldaten) kapitulierte erst, nachdem die Atombomben auf Hiroshima und Nagasaki das Schicksal der Heimat entschieden hatten. Nun regten sich auch die Sowjets, die 1941 mit Japan einen vorsichtigen Neutralitätspakt geschlossen hatten, und nutzten die Gelegenheit, sich die Insel Sachalin und die Kurilen-Inseln anzueignen. Sie danken ihre heutige Vormachtstellung in Ostasien den Leistungen der Amerikaner, was auch dadurch klar zum Ausdruck kam, daß der zweite Roosevelt ihnen in Jalta »die Rückgabe aller ihnen genommenen Gebiete« feierlich zusagte – statt sie seinen chinesischen Verbündeten zu versprechen. Nach dem Sieg stand die amerikanische Politik vor der eigenartigen Schwierigkeit, daß sich China gespalten hatte: in das Lager der Kuo-min-tang unter Chiang Kai-shek und das der Kommunisten unter Mao Tse-tung. Zwar versuchten beide, im Kampf gegen die Japaner zusammenzugehen, aber die USA setzten ausschließlich auf ihren älteren Verbündeten, während die Sowjetunion naturgemäß ihren »Genossen« half. Hätte Washington damals die Stärke Maos erkannt, dann hätte Nixon seine Peking-Reise 10 Jahre früher antreten können. Jedenfalls trennten sich nun die beiden heutigen Supermächte schon damals, so daß zwei Staaten weißer Rasse sich für zwei verschiedene Gruppen Chinas einsetzten. Auch Japan spielte eine Doppelrolle. Während es mit der einen Hand China und große Teile Südostasiens eroberte und sich dabei durch rauhe Methoden höchst unbeliebt machte, trat es auch als »Befreier der Kolonialvölker« auf. So zeigt dieser erste Weltkrieg in Ostasien, welche mannigfachen Gruppierungen dort möglich sind, wie rassische Gegensätze ebenso wie Bündnisverträge durch anderweitige Interessen überspielt werden können, und läßt ahnen, welche überraschenden Möglichkeiten die heutige Konstellation bringen kann. Damals wurde die Sowjetunion, die militärisch am wenigsten beigetragen hatte, politisch zum Hauptgewinner*.

Die Sowjetregierung hat ihre gewonnene Machtstellung in Ostasien nach dem Kriege aufs stärkste ausgebaut. Sie hat zwar während ihrer freundschaftlichen Zusammenarbeit mit dem kommunistischen China diesem einige »Eroberungen« zurückgegeben – die südliche Mongolei, die Mandschurei und Port Arthur (dieses erst 1955); dafür aber hat sie an der pazifischen Küste eine Kette von Befestigungen, Flotten- und Luftstützpunkten sowie Raketenstellungen angelegt, so daß ihr Zentrum Wladiwostok heute mit größerem Recht als je zuvor seinen Namen »Herrscherin des Ostens« trägt. Für die internationale

* Indien, damals noch unter britischer Herrschaft, wurde insoweit hereingezogen, als sowohl Roosevelt wie Chiang Kai-shek auf seine verstärkte Teilnahme drängten und sich in London für beschleunigte Reformen zugunsten der indischen Befreiungsbewegung einsetzten. Diese selbst wollte Japan weder zum Freund noch zum Feind haben.

Schiffahrt wurde dieser Hafen 1957 geschlossen, wogegen das benachbarte Nachodka zum größten Umschlaghafen für Erdöl- und Erdgas-Produkte werden soll. Diese Kette von Stützpunkten beginnt in Kamtschatka, benutzt den Unterlauf des Amur für die großen Marine-Werftanlagen und endet auf den Kurilen, die das Ochotskische Meer wie ein russisches Binnengewässer umschließt. Noch ist der gewaltige Apparat nur eine »Randmacht«, da im Stillen Ozean die USA noch die unbestrittene Seeherrschaft innehaben. Aber die Sowjets drängen hinaus; sie denken an Stützpunkte auf den jüngst unabhängig gewordenen Fidschi- und Tongainseln, und Kreuzfahrten ihrer Ostasien-Flotte zeigen, daß sie den Amerikanern auch hier entgegentreten wollen.

In Zentralasien haben die Russen im Laufe des 19. Jahrhunderts das westliche Turkestan erobert, so daß sie dort als Herren alter asiatischer Völker – wie der früher erwähnten Özbegen (heute Uzbeken) – zu einer echten Kolonialmacht geworden sind. Vielleicht wären sie auch Schutzmacht von Tibet geworden – was ihnen der Dalai Lama durch Dorjeff anbot –, wenn die Briten es nicht verhindert und dadurch den Chinesen ermöglicht hätten, diese verlorene Region 1950 zurückzuerobern. So konnte Tibet, das einst als friedlicher Pufferstaat Indien von China trennte, heute zu einem der größten Aufmarschgebiete der Erde werden, das Indien ebenso bedroht wie die Sowjetunion. Mit der zunehmenden Spannung zwischen Moskau und Peking wurde auch die Grenze dieser beiden Mächte zu einer waffenstarrenden Stellungslinie, an der jeder rund eine Million Soldaten bereithält nebst Fluggeschwadern und Raketenbasen. Der Ausbau der Küste, anfangs gegen Japan, dann gegen die USA gerichtet, dient nun als eine Klammer, die China von Norden her umfaßt. In dem Bestreben, sie auch von Süden her zu schließen, beginnt die Sowjetunion, auch in den Indischen Ozean einzudringen, wobei die Schließung des Suezkanals ihr lästigstes Hindernis ist. Marine-Stützpunkte hat sie vom Südjemen erhalten (Aden, Sokotra, Hodeida); in Singapur laufen ihre Kriegsschiffe regelmäßig aus und ein; und begehrlich richtet sie ihre Blicke auf andere Häfen, um aus ihnen permanente Stützpunkte zu machen, wie Gwadar in Pakistan, Port Blair auf den indischen Andamanen und Chittagong im neuen Bangladesh. Vor allem möchte sie den Krieg in Vietnam so beenden, daß aus den vier zerstrittenen Kleinstaaten (Nord- und Südvietnam, Laos und Kambodscha) ein kräftiger Einheitsstaat unter Hanois Führung entsteht, der unter sowjetischem Einfluß als Bollwerk gegen China dienen kann. Da China eine lockere Gruppe von vier Kleinstaaten vorzöge, die es leichter unter seinen Einfluß bringen könnte, prallen die russisch-chinesischen Interessen auch hier aufeinander; dabei begünstigt die geographische Lage die Russen, da eine ferne »Bruder-Nation« minder bedrohlich wirkt als eine benachbarte.

Die Schwäche der Sowjetunion liegt in ihrer Doppelrolle als einer eurasischen Macht. Sie hat eine europäische Flanke, an der sie sich bedroht fühlt. Das erklärt, daß ihre eigene Führung oft gespalten ist, wenn der eine Teil nach Westen und der andere nach Osten blickt. Stalin kümmerte sich kaum um Asien, und manche Generale, wie Gretschkow, äußern sich noch heute so, als ob sie mehr an die Besetzung nordeuropäischer Häfen und des Ruhrgebiets dächten als an Ziele in Asien. Chruschtschow hat als erster seit Lenin diese Frage klar erkannt; ebenso wie er während der Kubakrise als erster Russe die ganze Tragweite eines atomaren Kriegs erfaßte und daher die ersten Schritte zu Kontakten mit den USA aufnahm. Seitdem verfolgt die Sowjetunion in Europa als Hauptziel, diese von den unterdrückten oder hart geschädigten Völkern bedrohte Flanke zu beruhigen. Die europäische Sicherheitskonferenz dient ihr gleich den deutschen Ostverträgen als Mittel zu ihrer eigenen Sicherheit im Westen, da sie eine solche Rückendeckung in Asien benötigt. Hier strebt sie unverändert danach, zur Vormacht Asiens zu werden, also China niederzuhalten und die USA, den unbequemsten Rivalen, aus Asien wieder zu verdrängen. Dem dienen die Ausbreitung ihres Sozialsystems – weshalb ihr Expansionsdrang von den Chinesen »Sozial-Imperialismus« genannt wird – wie auch diplomatische Methoden. Eine unverhoffte Gelegenheit bot ihr der Krieg in Vietnam, in den sich die USA immer tiefer hineinziehen ließen. Jeder Tag war für die Sowjetunion ein Gewinn, da er das Potential des Rivalen schwächte – durch Verlust an Menschenleben, Rüstungsmaterial wie durch finanzielle Lasten, die selbst diesem reichsten Land der Erde über den Kopf wuchsen. Sie übereilte sich daher in keiner Weise, an der Beendigung dieses für sie vorteilhaften Schreckens mitzuwirken. Unterstützt durch eine breite öffentliche Meinung in Amerika ist es ihr gelungen, diese Weltmacht zum freiwilligen Rückzug zu bringen – ein Erfolg, der um so eindrucksvoller ist, als die amerikanische Regierung für den Abzug von einer halben Million Truppen so gut wie keine politische Gegenleistung erreicht hat. Dieser Erfolg erleichtert den Sowjets auch die Durchführung ihrer dritten Methode: die Gesamtheit der asiatischen Staaten für sich zu gewinnen. Sie begann mit dem Anerbieten Breschnjews, sich unter der Garantie Moskaus zu einem *kollektiven* Sicherheitspakt zusammenzuschließen. Zwar fand er zunächst kein Echo, aber er wird wieder vorgelegt werden (in der Prawda schon wieder im Juni 1972), ebenso wie der Plan der Europäischen Sicherheitskonferenz zäh verfolgt wird. Wie *Theodor* Roosevelt den Russisch-Japanischen Krieg als Vermittler beendete, und wie Kossygin als friedenstiftender Schiedsrichter in Asien durch Beendigung des Indisch-Pakistanischen Kriegs in Taschkent eine ähnliche Stellung errang, so hofft Breschnjew, die Rolle des obersten Hüters der Ordnung in Asien zu übernehmen und damit den Sowjetstaat sichtbar als Vormacht Asiens darzustellen. Die Sowjetunion als anerkannte Ordnungsmacht im menschenreichsten Erdteil: das ist das Hochziel der russischen Politik in Asien.

Die USA

Die andere Macht der weißen Rasse, die Vereinigten Staaten von Amerika, gelangte nach Ostasien durch ihren Krieg mit Spanien (1898), der sich um Kuba drehte, und durch den ihr die Philippinen zufielen. Sie gaben ihnen ein Regime, das mehr dem Status eines britischen Dominion als dem einer Kolonie glich. Sie besetzten keine Hafenstützpunkte in China (wie selbst das Deutsche Reich trotz Bismarcks Warnung), können also, was Asien anlangt, nicht als Kolonialmacht gelten. China gegenüber vertraten sie das Prinzip der »offenen Tür«, das von allen politischen Richtungen am meisten seine Souveränität respektierte. Der japanischen Invasion in China suchten sie anfangs mit friedlichen Methoden entgegenzuwirken und wurden erst durch den Überfall der Japaner auf die amerikanische Flotte in Pearl Harbour in den Krieg hineingezogen. Diesen Krieg – ihren ersten im asiatischen Raum – führten sie mit einer unerhörten Energie durch und halfen dabei, China wieder zu befreien. Ohne den Sieg der Amerikaner hätte sich weder Chiang Kai-shek halten, noch hätte die kommunistische Gruppe unter Mao aufsteigen können. Sie fuhren dann fort, auch anderen asiatischen Völkern zu helfen, wie in Korea, in dessen innere Wirren chinesische Truppen eingriffen, oder in Südvietnam, als die durch die Genfer Konferenz vorgesehene Trennungslinie von Hanoi verletzt wurde und Saigon Hilfe erbat. Sie glaubten sich berufen, die Welt vor den Gefahren zu schützen, die eine *gewaltsame* Einführung des Kommunismus mit sich brachte, und wurden dadurch zum zentralen Widerstandskern aller Bemühungen, die Expansionslust solcher Staaten einzudämmen – womöglich mit diplomatischen Methoden, indem sie schutzbedürftige Staaten zu Pakten zusammenschlossen. Als erstes erwogen sie 1953 einen solchen mit Japan und Indien als den beiden größten nichtkommunistischen Staaten Asiens – was am Widerstand Nehrus scheiterte. Dann gründeten sie mit den Philippinen, Pakistan und Thailand die »South East Asia Collective Defense Treaty Organisation«, den SEATO-Pakt*, und schlossen Schutzverträge mit Japan und Südkorea. Hierbei dienten ihnen die während des Krieges gegen Japan gewonnenen Stützpunkte, die sie zu einer starken Verteidigungskette ausbauten, die sich von Alaska über Japan, Okinawa, Taiwan, die Philippinen bis nach Südvietnam erstreckte, und die zusammen mit der Präsenz ihrer 7. Flotte ihre heutige Machtstellung in Ostasien begründet. Sie ist weit mehr aus der Abwehr als aus Eroberungsdrang entstanden, der andere Mächte nach Asien geführt hat. Sie haben auch weder die Machtstellung der Sowjetunion noch die der Chinesischen Volksrepublik wirklich bedroht. Daß sie ihrem chinesischen Verbündeten, Chiang Kai-shek, treu blieben, auch als er sich fliehend nach Taiwan zurückziehen mußte, lag daran, daß *Mao* durch seinen wenig opportunen Angriff in Korea mit den USA in Kriegszustand geriet.

Die Schwäche der USA liegt, ebenso wie die der Sowjetunion, in ihrer Doppelrolle, gleichzeitig eine atlantische und eine pazifische Macht zu sein. Sie wurde durch falsche Einschätzungen der Lage verschärft. Sie haben Mao und seine Bewegung unterschätzt und die Aussichten der sich in Chung king verkriechenden Regierung des Chiang Kai-shek über

* Er garantierte auch die Neutralität von Laos und Kambodscha sowie die Sicherheit von Ostbengalen.

schätzt und ihn, als er zur Exilregierung auf der Insel Taiwan schrumpfte, zu lange als Vertreter Chinas betrachtet. Sie haben die Haltung Pakistans falsch eingeschätzt, das kein Glied ihres antikommunistischen Bollwerks sein wollte, und haben die innere Notwendigkeit des Befreiungskampfes der Ostbengalen verkannt. Endlich haben sie sich in Vietnam verrechnet und mit ihren erschreckend hohen Opfern ohne Nutzen für die betroffenen Völker die unvermeidliche Entscheidung verzögert.

So führte ihre Überlastung zu dem Entschluß, Hilfszusagen auf Lieferung von Rüstungsmaterial zu begrenzen, sonst aber den Staaten Asiens ihre Verteidigung zu eigenen Händen zu überlassen (Guam-Doktrin), also ihre Machtstellung in ähnlicher Weise abzubauen, wie es das durch den Zweiten Weltkrieg schwer angeschlagene England tun mußte. Dann begannen sie (seit Ende 1969) die vernachlässigte chinesische Karte zu spielen. Der Besuch Nixons in Peking (Februar 1972), seine gemeinsam mit Chou En-lai abgegebene Erklärung von Shanghai sowie mehrfache Besuche Kissingers in Peking leiteten die neue Ära ihrer Ostasienpolitik ein. Sie begnügen sich fortan, durch latente Präsenz als ausgleichende Macht zu wirken, d. h. das Gleichgewicht zu erhalten, von dem die Mehrzahl der Staaten Asiens sich am ehesten Sicherheit erhofft.

China

In dem »Dreieck« ist *China* der einzige echt asiatische Staat. Gleichzeitig ist es die größte Macht Asiens, die seit jeher Anerkennung als Hegemonialmacht des Erdteils beansprucht. Machtpolitisch war es in der Geschichte in der Tat meist bedeutender als Indien – vielleicht ausgenommen die Zeit der Chola-Herrscher und der drei Mogulkaiser von Akbar bis Shahjahan. Seine Unabhängigkeit sank im 19. Jahrhundert von Stufe zu Stufe; es wurde zwar niemals »Kolonie« im eigentlichen Sinn, doch zum Objekt der Machtpolitik anderer Staaten. Sein Tiefstand waren die Jahre von 1937 bis 1946, als der größte Teil seines Gebiets von den Japanern besetzt war. Nur dank der Unterstützung der beiden angelsächsischen Mächte sowie der Sowjetunion vermochte sich Chiang Kais-shek notdürftig zu halten, während der amerikanische Sieg über Japan es den Kommunisten ermöglichte, das Land zu befreien und einen neuen Staat aufzubauen, der unter einer kraftvollen

Regierung und einer unerhört gesteigerten Ausnutzung seines Potentials an menschlicher Kraft und wirtschaftlichen Möglichkeiten sehr bald zur Großmacht geworden ist und im Begriff steht, auch zur Atommacht und damit zur dritten Weltmacht zu werden.

Grenzen Chinas

Die Grenzen seines Territoriums sind – außer in den Hafenplätzen und durch die vorübergehende Besetzung durch Japan – niemals gewaltsam geändert worden, soweit es sich um echtes Siedlungsgebiet von Chinesen handelt. Schwankungen zeigen die Außenregionen, die China selbst erst erobert und nicht viel anders als Kolonien behandelt hat. Sie umfassen insgesamt 5 Millionen qkm mit 70 Millionen Menschen. *Tibet* erklärte sich 1911 zum unabhängigen Staat und mußte mit grausamster Gewalt wieder zurückgewonnen werden. *Sinkiang* wurde im Zweiten Weltkrieg von den Russen besetzt, aber wieder geräumt, als deutsche Truppen Moskau bedrohten. Die *Mongolei* hat es mit der Sowjetunion geteilt. Die *Mandschurei* hat mehrfach den Besitzer gewechselt: Sie war erst russisch, dann japanischer Satellitenstaat und ist heute wieder im Besitz Chinas, doch sind in ihrem nördlichen Teil mehrere Stücke an das Zarenreich abgetreten worden, die sich auch heute im Besitz der Sowjetunion befinden. Auch *Korea* hat zeitweise zu Japan gehört und ist heute wieder selbständig. Die Insel *Taiwan*, die der Kaiser *Kang Hi* 1683 eroberte, ging an die Portugiesen und die Japaner verloren und dient heute dem letzten Vertreter der Kuo-min-tang-Regierung als Exilsitz. Als vorgelagerte Insel gehört sie zum Festland, ebenso wie Indien das ethnisch und kulturell homogene Ceylon beanspruchen könnte. Hongkong, der letzte Rest der britischen Kolonialzeit, wird stillschweigend »geduldet«, und das portugiesische Maçao gilt als politisch bedeutungslose Anomalie.

Gemessen an den schweren Krisen, wie China sie durchgemacht hat, konnte es seinen territorialen Besitzstand also recht gut behaupten. Seine Politik zeigt zwei Aspekte: Es fühlt sich bedroht und eingeengt durch die Präsenz der beiden »Supermächte« in Asien, verfolgt aber gleichzeitig mit ungebrochenem Ehrgeiz sein altes Ziel, wieder zur Vormacht dieses Erdteils zu werden. So steht es im »Dreieck« den beiden

Großmächten mit ausgesprochenem Mißtrauen gegenüber und hat seine Lage durch mancherlei Fehlgriffe verschlechtert. Seine oft zitierte Sorge vor einem Angriff des Generals Chiang Kai-shek, der von Taiwan aus sein verlorenes Reich zurückgewinnen wollte, war kaum ernstzunehmen und noch weniger sein Mißtrauen, daß die USA solche irrealen Pläne unterstütze. Inzwischen ist diese Sorge durch die Erklärung von Shanghai aus der Welt geschafft und damit auch die sinnlosen Kanonaden der Chinesen auf die Insel Quemoy.

Die große Abwehrrüstung, die die Amerikaner gegen China aufgebaut haben, war Folge seines politischen Fehlers, daß es in emotionaler Aufwallung in den *Korea*-Krieg eingriff und hierdurch mit *der* Macht in Kriegszustand geriet, die ihm soeben durch die Besiegung Japans zu seiner eigenen Befreiung verholfen hatte. Sie war auch sinnwidrig, wie die gegenwärtigen Verhandlungen der beiden Hälften Koreas über Wiedervereinigung belegen. Als ein schwerer politischer Fehler Chinas erwies sich seine Haltung gegenüber *Indien*, das unter Nehrus Führung ehrlich versucht hat, die beiden großen asiatischen Völker zu gemeinsamer politischer Zusammenarbeit im Dienste des Friedens zu verbinden. Die jahrelangen Grenzzwischenfälle (1954–1962) waren politische Nadelstiche, die nur dann einen Sinn gehabt hätten, wenn China mit ihnen ernsthaft einen militärischen Angriff auf Indien hätte vorbereiten wollen. So haben sie China in der asiatischen Welt viel Sympathie verscherzt und in Indien eine Gegnerschaft verursacht, die letzten Endes der Sowjetunion zugute gekommen ist. Auch sein listiges Spiel mit Pakistan hat außer den verbesserten Anmarschwegen am Karakorum keinen politischen Nutzen erbracht. Ohne triftigen Grund machte sich China das benachbarte Bangladesh zum Gegner, was sich ebenfalls als Vorteil für die Sowjetunion auswirken kann.

Wenn China als seinen Feind Nr. 1 lange die USA bezeichnete und sich von dieser »imperialistischen« Macht – die in Asien keinen Fußbreit eigenen Bodens für ein »Imperium« besitzt – bedroht fühlte, so war das entweder ein Irrtum oder eine künstlich entfachte Propaganda und dürfte durch Nixons Besuch in Peking behoben worden sein. Eine wirkliche Gefahr könnte nur von der Sowjetunion drohen. Die an sich naturgegebene Freundschaft zwischen den beiden kommunistischen Großmächten, die in den Jahren 1949–1956 zu tatkräftiger sowjetischer Hilfe bei Chinas Wiederaufbau führte, verwandelte sich in eine politische Rivalität, seitdem China sein berechtigtes Streben nach völliger Handlungsfreiheit den Machthabern im Kreml allzu deutlich vorhielt – verstärkt durch den Gegensatz der Rassen und den Hochmut eines uralten Kulturvolks gegenüber einer relativ jungen Nation. Die Grenzfragen dienten nur als Beiwerk; die ideologischen Unterschiede können nicht viel gewogen haben, da China heute, ebenso wie die Sowjetunion, ohne Bedenken mit der westlichen, also der »kapitalistischen« Welt, zusammenarbeitet und damit die »Koexistenz« beider Systeme bejaht. Entscheidend waren vielmehr die militärische Überlegenheit des Rivalen und dessen große Rüstung am Ufer des Pazifischen Ozeans, die ursprünglich gegen Japan und die USA gemeint war, aber von China verständlicherweise als eine Klammer empfunden wird, die seine Bewegungsfreiheit einengt. Wir Deutsche kennen aus eigener Erfahrung das Gefühl, »eingekreist zu werden«, wie es dem Ausbruch des Ersten Weltkrieges voranging. Dabei könnte für China die Gefahr entstehen, daß die beiden »Supermächte« sich untereinander verständigen und dabei die Welt unter sich als Einflußsphären aufteilen – was Chinas Möglichkeiten, in der »Dritten Welt« tätig zu werden, stark einschränken und daher als eine unerträgliche Dämpfung seiner Bewegungsfreiheit empfunden werden müßte. Daß China die Spannung zur Sowjetunion vor aller Welt zu so maßlosen Angriffen steigert, wäre ein Fehler, solange es nicht stark genug ist, einem russischen Angriff erfolgreich zu widerstehen. In der Tat hat man im Kreml erwogen, ob man diesem Treiben nicht besser durch einen Präventivkrieg begegnen sollte. Man hat den Plan fallengelassen aus der nüchternen Erwägung heraus, daß ein Krieg gegen ein Gebiet und eine Bevölkerung von der Größe, wie China sie besitzt, eine kaum vorstellbare Dauer erreichen würde. Denn selbst wenn der erste Schlag gegen die damals noch verwundbaren Atomanlagen gelungen wäre, hätten 700 Millionen Menschen mit so vielen örtlichen Ausweichmöglichkeiten einen Guerillakrieg durchhalten können, der die Sowjetunion auf die Dauer schwerer belastet hätte als der Vietnamkrieg die Vereinigten Staaten. Man durfte in Moskau daran denken, daß Napoleon und Hitler gegenüber Rußland einer ähnlichen Fehleinschätzung zum Opfer gefallen sind.

So stehen sich heute längs der russisch-chinesischen Grenze

beiderseits Truppenmassierungen von je einer Million nebst Luftwaffen und Raketenbasen gegenüber – eine gegenseitige Bedrohung, da solche Ballungen von Truppen und Vernichtungsmaschinen durch einen Funken zur Explosion gebracht werden können. Daß der Funke bisher noch nicht gezündet hat, ist dem Krieg in Vietnam zu danken, der die Aufmerksamkeit beider Mächte noch stark beansprucht. Dort hat China auch viel vorsichtiger operiert, indem es seine Hilfe für Hanoi unauffällig anliefert und seine Feindschaft gegen die USA ebenso dosiert wie die argwöhnische Eifersucht, mit der es gerade dort die Sowjetunion beobachtet. Dabei mag der Umstand mitspielen, daß China Signatarmacht der Genfer Konferenz von 1954 ist und daß es in Nordvietnam trotz alter Kulturgemeinschaft mit den Annamiten mit einem starken Mißtrauen rechnen muß.

Aus dieser Lage zieht die chinesische Regierung zwei Folgerungen: die eigene Rüstung mit allen Mitteln zu steigern und ihre Isolierung durch Anknüpfung möglichst zahlreicher diplomatischer Verbindungen zur Außenwelt zu beheben. Es verfügt bereits über eine Armee, die nach Zahl und Bewaffnung zu den stärksten der Erde rechnet, gleichfalls über eine bedeutende Luftwaffe. An seiner Atomrüstung arbeitet es mit gesteigertem Eifer und hat das Glück, in *Tsien Hsueh*-sen einen wissenschaftlich hervorragenden Atomphysiker zu besitzen. Sein schwächster Punkt ist seine Flotte, ohne die es gegen die sowjetischen und amerikanischen Stützpunkte und noch weniger gegen die noch unbestrittene Seeherrschaft der USA auf dem Pazifischen Ozean etwas ausrichten kann. Immerhin hat es die Bedeutung dieser Fragen erkannt und verfolgt aufmerksam den Wandel, daß auf den beiden Ozeanen die britische Flotte schrumpft, die amerikanische unverändert stark bleibt, aber die sowjetische wächst.

Auf politischem Gebiet hat es nach der turbulenten Periode der sogenannten »Kulturrevolution«, die selbst chinafreundlichen Beobachtern als Ende der chinesischen Kultur erschien und daher das Prestige Chinas bedenklich minderte, unter der weitsichtigen Leitung seines Ministers Chou En-lai große Fortschritte erzielt. Nixons Besuch in Peking und Chinas Eintritt in die UN geben hiervon sichtbaren Ausdruck. Sein alter Expansionsdrang, der in ganz Asien als »Han-Imperialismus« gefürchtet wird und ihm im ersten Jahrzehnt seit 1949 erheblich geschadet hat, hat die neue Formel erhalten, daß er mit seinen sozialen Ideen um alle notleidenden und unterdrückten Völker wirbt – wie denn sein berühmter Brief vom 14. Juni 1963 an Moskaus Adresse in Wirklichkeit ein Aufruf an alle afroasiatischen Völker war, sich um das geistig-soziale Heil-Panier Pekings zu scharen. Für dieses weltweite Streben prägte *Bechtoldt* den Ausdruck »Allianz mit der Armut«. Außer mit der »Dritten Welt« der farbigen bzw. unterentwickelten Völker sucht Chou En-lai nun auch Kontakte zu *allen* Staaten der Erde, die irgendwie im Banne der beiden Weltmächte stehen; denn wenn es der chinesischen Politik gelänge, deren Bindungen an die Sowjetunion bzw. an die USA zu lockern, würde das ihren außenpolitischen Spielraum erweitern. So hat China versucht, sich im Ostblock einzunisten: zuerst in Albanien, dann in Rumänien und Jugoslawien. Neuerdings tritt es lebhaft für die Einigung der westeuropäischen Staaten ein; es meint, daß ein enger politisch-militärischer Zusammenschluß Westeuropas die Abhängigkeit dieser Staaten von den USA mindern und ein geeintes Westeuropa ein willkommenes Gegengewicht gegen die Suprematie der beiden Weltmächte schaffen würde. Es greift sogar das Verhältnis der beiden deutschen Staaten auf, denen es eine »Wiedervereinigung« wünscht, um dadurch die Ruhe der Sowjetunion an ihrer Westfront aufs neue zu gefährden. Und es wird freudig jede Hilfe europäischer Staaten annehmen, zur eigenen Stärkung und zur entsprechend gesteigerten Spannung zwischen ihnen und der Sowjetunion.

China ist heute das einzige Land, das einen neuen Krieg nicht fürchtet. Es trägt keinerlei Bedenken, jede Unruhe stiftende Gärung irgendwo in der Welt anzuheizen; seien es die palästinensischen Guerillas oder die Freischärler im Jemen (gegen Oman Maskat); Unruhen in südostasiatischen Ländern (wie in Indonesien, auf den Philippinen oder in Thailand) oder indische Naxaliten und kommunistische Gruppen in Bangladesh; seien es radikale Linksgruppen in europäischen oder lateinamerikanischen Staaten oder Befreiungsbewegungen in Afrika (wie gegen Portugal, Rhodesien) oder Bestrebungen wie in Malta und den arabischen Staaten. Unruhe in der Welt gilt China als willkommene Gelegenheit, seinen Einfluß auszubreiten. Die im ganzen erstaunlich maßvolle Gegenwirkung dient noch nicht als ausreichende Warnung. Daher klingt es nicht unwahrscheinlich, wenn chinesische Politiker selbst einen

Atomkrieg als eine Möglichkeit hinnehmen – in der Erwägung, daß ihr Volk zahlenmäßig so groß wäre, um auch nach einem Verlust von einigen Millionen Menschen noch imstande zu sein, die alten Ziele Chinas von einer neuen tabula rasa aus weiter zu verfolgen.

Es geht wohl zu weit, die chinesische Politik als »kriegstreibend« zu bezeichnen; aber sie steht zurück hinter der einsichtigen Erkenntnis, die auch in Moskau Boden gewinnt, daß ein Krieg unter allen Umständen zu vermeiden ist. Wohl arbeitet sie planmäßig daran, seinen Ausbruch hinauszuschieben; denn sie ist sich dessen bewußt, daß China mit seinen strategischen, technischen und politischen Vorbereitungen heute noch nicht fertig ist, um ihn erfolgreich bestehen zu können. Ein Beobachter, der den Eifer betrachtet, mit dem China an seiner Rüstung auf allen Gebieten arbeitet, fühlt sich an die Jahre erinnert, in denen Hitler seine großen Pläne vorbereitete und dabei nach allen Seiten friedliche Verträge schloß und einen »Parteitag des Friedens« veranstaltete. Der anfänglich revolutionäre Schwung, mit dem das neue China in die Politik eintrat, wird durch eine Periode bedächtiger und kluger Politik abgelöst. Doch bleibt sein Staat in geschickt verschleiertem Gewand eine kommunistische Militärdiktatur.

Diese Betrachtungen zeigen die Lage der drei Mächte zueinander. Wer versucht, daraus Schlüsse zu ziehen, sollte zwei weitere Tatsachen berücksichtigen: daß der Krieg in Asien heute noch in viel höherem Grade vorstellbar ist als etwa in Europa, und daß es in Asien trotz der Weite seines Raumes keine Stelle gibt, die ein »Vakuum« bleiben könnte. Der Druck der Mächte untereinander ist so stark, daß jeder Platz, der vom machtpolitischen Standpunkt aus leer oder nur schwach besetzt ist, sofort andere, stärkere herbeizieht. Eine dritte Tatsache ergibt sich aus dieser Umschau: daß sich zwischen den dreien noch kein Verhältnis zwei zu eins gebildet hat. Die drei möglichen Gruppierungen seien daher geprüft:

1. Die USA und die *Sowjetunion* als die Hauptantipoden der heutigen Weltkonstellation regeln ihr Verhältnis zueinander nur teilweise mit dem Blick auf Asien. Beide sind Weltmächte, die auch an den atlantischen Dingen interessiert sind. Die Sowjetunion hat bis vor kurzem ihre europäische Front sogar für die wichtigere gehalten, und die USA würden, vor die Wahl gestellt, mehr als atlantische denn als eine pazifische

Macht handeln. Teilnahme an einem Krieg in Asien setzt also für beide voraus, daß in der westlichen Welt einigermaßen Ruhe herrscht. Daß die Sowjetunion auf mehreren Wegen hier zur Entspannung drängt, belegt, daß sich ihr Interesse heute mehr der asiatischen Front zuwendet. So entstanden die SALT-Gespräche, die Ostverträge mit der Bundesrepublik und der Gedanke der Europäischen Sicherheitskonferenz. Ein aktives Zusammengehen beider gegen China als dem dritten würde aber eine Art »Teilung« der Welt in Einflußsphären voraussetzen, ähnlich wie dies Rußland und England 1907 zur Vorbereitung des Ersten Weltkrieges getan haben. Soweit sind die Dinge in Asien noch nicht gediehen, und die Bemühungen Nixons, mit China zu einem normalen Verhältnis zu kommen, schließen jedenfalls für eine geraume Zeit die Möglichkeit aus, daß die beiden »Supermächte« sich gemeinsam gegen China wenden. Die chinesische Politik müßte unerhört provozierende Fehler begehen, um ein solches »Bündnis« zu ermöglichen.

2. Eine gewisse Zusammenarbeit zwischen China und den USA scheint durch die jüngsten Ereignisse angebahnt: durch Nixons Besuch in Peking, seine mit Chou En-lai vereinbarte Erklärung von Shanghai über gewisse gemeinsame Richtlinien und Chinas Eintritt in die Vereinten Nationen – für den die USA sogar ihren Schützling in Taiwan opferten. China hat damit einer »Koexistenz« beider Welten zugestimmt, die in der heutigen Lage wohl nur durch ungewöhnlich schwere Verstöße eines der beiden Kontrahenten wieder umgestoßen werden könnte. Ein gemeinsames Handeln beider gegenüber der Sowjetunion erscheint nur denkbar, wenn sehr dringliche Einzelfragen vorlägen, und auch dann beschränkt auf diplomatische Schritte. Daß beide sich zu einem Krieg gegen die Sowjetunion zusammenfinden könnten, liegt heute außerhalb jeder Wahrscheinlichkeit – es sei denn, daß die Sowjetunion ihr Übergewicht in Asien so erdrückend ausnutzte, daß lebenswichtige Interessen der beiden anderen gefährdet würden. Und selbst dann wäre zu bedenken, daß die USA bemüht sind, sich aus den asiatischen Verwicklungen zurückzuziehen, also an die Frage, ob wirklich lebenswichtige Fragen auf dem Spiel ständen, strengere Maßstäbe anlegen würden, als man es bisher gewohnt war.

3. Endlich bleibt theoretisch die Möglichkeit eines Zusammengehens der beiden kommunistischen Mächte, die zu Zeiten

von John Foster Dulles als selbstverständlich galt. Die heutige Spannung zwischen beiden verschärft sich mit jedem Tag, der Chinas Aufrüstung vervollkommnet. Ein Umschwung dieser Lage würde voraussetzen, daß sich beide über ihre Interessensphären in Asien und Afrika sowie über die Frage verständigen, wie die Führung der »Weltrevolution« aufzuteilen wäre. Moskau müßte sich damit abfinden, die kommunistische Welt fortan als eine Ellipse mit zwei Brennpunkten anzusehen. Selbst dann hätte es damit zu rechnen, daß der chinesische Partner seine Kräfte für die Zeit nach einer Konflagration aufspart – wie es die Sowjets im Zweiten Weltkrieg in Ostasien vorgeführt haben. Wohl aber bleibt möglich, daß die geladene Spannung an der hoch aufgerüsteten gemeinsamen Grenze durch irgendeinen Funken entzündet wird, so daß ein zweiseitiger Krieg zwischen beiden – bei Würdigung aller anderen Umstände – als die am ehesten vorstellbare Möglichkeit gelten darf.

Gegenwärtig deuten keine Anzeichen darauf hin, daß sich in dem »Dreieck« ein kriegerischer Zusammenstoß von zwei Mächten gegen die dritte ereignen könnte. Noch herrscht ein gewisses Gleichgewicht der Kräfte, das jeden von allzu riskanten Entschlüssen abhält. Es beruht auf der Erkenntnis der beiden atomaren Weltmächte, daß sie durch einen Krieg miteinander nichts gewinnen können. Um so eifriger werden sie allerdings versuchen, dieses Gleichgewicht zu verschieben, indem sie die beiden nächstgroßen asiatischen Staaten – Japan und Indien – hereinziehen.

Mit allen erdenklichen Mitteln bemüht sich die Sowjetunion, *Japan* aus seiner engen Bindung an die USA zu lösen und seine Annäherung an China zu vereiteln (vergl. Kapitel 64). Ein Zusammengehen Japans mit China, das mit dem technischen Apparat dieser großen Industrienation das chinesische Potential auf das Vielfache steigern könnte, würde eine Macht in asiatischer Hand vereinigen, die den Einfluß der beiden Mächte weißer Rasse in Asien beseitigen könnte. Umgekehrt würde Japans Anschluß an die Sowjetunion die Umklammerung Chinas vollenden und könnte es zu Schritten treiben, um diese »Einkreisung« gewaltsam zu durchbrechen. Die neue japanische Regierung des Ministerpräsidenten *Tanaka* hat zunächst mit der Annäherung an China begonnen, ohne indessen die Kontakte mit der Sowjetunion aufzugeben. Daß ein Zusammenwirken beider letzten Endes an der Frage scheitern sollte, wem die beiden südlichsten Kurilen-Inseln gehören – die dann doch unschwer *beiden* dienen könnten –, erscheint beinahe ausgeschlossen. Jedenfalls liegt der Schlüssel zu der nächsten großen Wendung bei Japan, und davon wird die weitere Entwicklung abhängen.

Indien hat einen entscheidenden Schritt bereits getan, indem es mit der Sowjetunion den Vertrag vom 9. August 1971 abschloß. Er wird zur Folge haben, daß es bei Konflikten zwischen der Sowjetunion und China auf seiten der Sowjetunion stehen wird. Ob das auch bis zu seiner Teilnahme an einem *Krieg* gegen China gehen würde, erscheint zweifelhaft. Mag auch der Krieg vielen Staaten Asiens noch als ein brauchbares Mittel zum Austrag ihrer Differenzen gelten, ist dieser Gedanke der indischen Politik doch fremd. Die drei kurzen kriegerischen Verwicklungen mit Pakistan sprechen nicht dagegen, da sie nach indischer Auffassung in reiner Abwehr erfolgten. Auch hat Indien – im Gegensatz zu den meisten früher kolonialbeherrschten Völkern – seine Unabhängigkeit auf friedlichem Wege erreicht und auch keinen Bürgerkrieg erlebt, wie z. B. China. Kein Großstaat der Erde hat sich so eindringlich und so lange bemüht, seine auswärtigen Beziehungen durch ideale und ethische Maximen zu regeln, wie Indien. Zudem kann es – wie in Kapitel 61 gezeigt wurde – die Überzeugung vertreten, daß es mit seiner Politik der Bündnislosigkeit recht gute Erfolge gehabt habe – wenn es von manchen Gesichtspunkten absieht, die ohne sein Zutun dabei mitgewirkt haben. Es ist sich bewußt, daß sein Vertrag mit Moskau dort als ein wesentliches Glied der Kette angesehen wird, mit der die Sowjetunion China von Süden her umklammern und ihre Stellung im Indischen Ozean verstärken möchte, daß also dieser Vertrag Chinas feindliche Haltung noch verschärft. Berücksichtigt es dann seine eigene, noch unzureichende Rüstung, so dürfte seine Rolle trotz seiner Verständigung mit Moskau die Gefahr eines Krieges in Asien nicht steigern – wie dies etwa der Fall wäre, wenn Japan aktiv in den Kreis der drei einträte. Für Indien bedeutet der gegenwärtige Zustand einen Schutz gegen die Wiederholung chinesischer Einbrüche, wie jenen von 1962; und in der Tat ist die Sowjetunion die einzige Macht, die fähig ist, ihn zu gewähren, da nur sie geographisch nahe genug gelegen und im

Besitz genügender nuklearer Waffen ist, um ein Land, das diese Waffengattung noch entbehrt, wirksam zu schützen.

Indiens künftiges Schicksal hängt – wie diese Betrachtungen zeigen – von mehreren noch ausstehenden Wendungen ab, zunächst von der Wahl, die *Japan* treffen wird. Um im Rahmen einer Entente mit der Sowjetunion selber stark genug zu bleiben, wird Indien alles versuchen, seine eigene Stellung in Asien zu festigen, vor allem also, die immer noch schwelenden Gegensätze innerhalb des Subkontinents beizulegen und dann seine Beziehungen zu der südostasiatischen Staatenwelt auszubauen, indem es ein aktives Interesse an den Zusammenschlüssen in jenem Raum nimmt. Seine Beziehungen zu Japan hängen von der bevorstehenden Wendung ab: sollte sich Japan zu *China* wenden, würde das einer indischen Annäherung entgegenstehen, während im anderen Falle ein asiatischer Dreibund zwischen der Sowjetunion, Japan und Indien die weitaus beste Garantie für den Frieden in Asien und damit auch für die Sicherheit Indiens werden könnte. So kehrt es zurück zu dem Rat, den vor 2000 Jahren der alte Kautilya unter der Bezeichnung »Mandali« gab: das »Gleichgewicht« der Mächte in Asien zu erhalten oder wiederherzustellen.

Schlußbetrachtung

Die Betrachtungen dieses Buchs beschränken sich mit bewußter Einseitigkeit auf das politische Schicksal Indiens, besonders auf seine außenpolitische Lage. Sie gleichen darin etwa dem Buche des indischen Historikers D. D. Kosambi, der seine »Studie zur Einführung in die indische Geschichte« auf die soziale und wirtschaftliche Seite begrenzt. Beide Bücher dienen der »Einführung« in die Geschichte Indiens, ohne die volle Geschichte selbst zu geben. Sie wollen das Verständnis für die oft verwirrende und widerspruchsreiche Fülle dieser Geschichte erleichtern.

Sie lassen zwei wesentliche politische Tatsachen erkennen: die eine ist die enge Verbundenheit Indiens mit der übrigen Welt seit Beginn geschichtlichen Lebens um 2500 v. Chr. – sowohl nach Westen mit dem artverwandten Iran, dem Vorderen Orient, den Mittelmeerländern, einschließlich des Römischen Reichs; nach Osten mit dem gesamten Südostasien bis hinauf nach China und nach Norden mit Zentralasien, von den Mongolen bis zur Sowjetunion. Ein Indien-Bild, das sich dieses Land auf sich selbst beschränkt vorstellte, wäre unrichtig. *Dieser* Zustand trat vielmehr erst unter britischer Herrschaft ein, die Indiens Beziehungen zu anderen Staaten unterbrach und es fest mit dem ferngelegenen England verknüpfte. Träger dieser Auslandsbeziehungen war größtenteils Indiens überseeischer Handel. Als die Inder von den Arabern aus ihm herausgedrängt wurden, begann ihre Abschließung von der Außenwelt. Indem Europa den Zwischenhandel dieses Volks zu durchbrechen oder zu umgehen suchte, mußte es sich seinen Weg nach Indien »entdecken«. Noch wichtiger ist die zweite Tatsache: daß Indien vor unserer Zeit niemals eine politische Einheit im heutigen Sinne gewesen ist, daß sich im Gegensatz zu China niemals eine dauerhafte Zentralregierung herausgebildet und sich daher ein all-indisches Gemeinschaftsgefühl erst spät entwickelt hat. Wohl entstanden auf indischem Boden große Reiche; aber sie dankten ihre Entstehung nicht dem Willen einzelner Völker zum Zusammenschluß, sondern dem Ausdehnungsdrang, der jede Großmacht beseelt. Daß diese Herrscher den Antrieb gehabt hätten, »Indien« politisch zu einigen, ist ihnen erst nachträglich unterstellt worden.

Daher darf man den indischen Subkontinent politisch mit Europa vergleichen. Beide Erdteile haben sich seit früher Zeit als eine kulturelle Einheit gefühlt. Das fand seinen Ausdruck in Indien in der Vorstellung der »jambudvipa« und in Europa in der des »christlichen Abendlandes«. Aber der Versuch, dieser kulturell-geistigen Einheit eine staatlich-politische Form zu geben, hat in Europa beinahe größeren Erfolg erzielt als in Indien. Die Spitzen weltlicher und geistlicher Macht – Kaiser und Papst – schufen im Abendland das Heilige Römische Reich, das die ersten tausend Jahre unserer Geschichte – mindestens als sichtbares Symbol der Einheit – beherrschte und auch machtpolitisch, wenn man die Lehnsabhängigkeiten hinzurechnet, einen höheren Grad erreichte als Indien im entsprechenden Stadium seiner Geschichte.

Würde man den Umfang des alten Reichs nach den Grundsätzen zusammenfügen, mit denen indische Historiker die Großreiche ihrer Staatenwelt darstellen, dann hätte das Reich Karls des Großen Frankreich, Westdeutschland und Oberitalien umfaßt; Heinrich VI. hätte Unteritalien und Sizilien angefügt sowie die Lehnsherrschaft über England; Karl V. hätte es mit Spanien und zeitweise mit Portugal verbunden, und die jungen slawischen Staaten im Osten (Böhmen, Ungarn, Polen und die baltischen) hätten dem Kaiser als Oberherrn gehuldigt. Und selbst im Balkan hätten überwiegend deutsche Dynastien regiert. Das ergäbe einen Umfang, den weder Ashoka noch Akbar erreicht haben, zumal deren Reiche nur verhältnismäßig kurze Zeit zusammenhielten. Als ein abendländisches »Commonwealth« seiner Nationen brachte Europa es zu einer festeren Bindung und längeren Dauer, wie seine gemeinsamen Operationen, die Kreuzzüge und das Zeitalter der Entdeckungen, zeigen. Dabei wird das priesterliche Element Indiens im ureigenen Interesse ebenso eifrig nach Durchführung des »Reichsgedankens« gestrebt haben, wie die päpstliche Kirche es tat. Nur fehlte ihm die straffe Organisation, um politisch auf lange Sicht handeln zu können.

Der Widerstand gegen das »Reich« lag auch in Indien bei den Fürsten bzw. den Dynastien, deren politische Willensbildung aus den verschiedenen Völkern die frühen Staaten schuf und sie jederzeit, sobald es möglich wurde, aus einem größeren Verband wieder herauslöste. Jeder von ihnen ging dem Ziel nach, seine eigene Macht zu behaupten und zu vergrößern, was ihm in Indien um so leichter wurde, als die Kastenordnung ihnen geradezu ein Monopol für staatlich-politisch-kriegerische Betätigung sicherte. Der Typ des Landesfürsten steht überall dem umfassenden Einheitsstaat, also der Reichsbildung, entgegen – eine Haltung die bei den heutigen republikanischen Landesregierungen noch recht lebhaft nachklingt. Ebenso wehren sich im heutigen Europa die Nachfolger der Dynastien noch immer gegen die Bildung eines echten europäischen »Superstaats«, obwohl dessen Notwendigkeit in breitesten Kreisen längst erkannt wird. Die Reichsbildung wurde in Indien auch durch das mangelhafte Verkehrswesen erschwert, das seinen weiten Raum – der an Größe dem außer-russischen Europa gleicht – nicht zu überbrücken vermochte. Indische Historiker schätzen, daß sich in älteren Zeiten ein Gebiet von 100 000 qkm mit den damaligen Methoden regieren ließ – was etwa der heutigen Provinz Ostpanjab oder einem Drittel der Ganges-Provinz entspricht. Weiter abliegende Gebiete mußten durch Gouverneure oder Vizekönige verwaltet werden, die stets dazu neigten, sich von der Zentrale wieder zu lösen. So wurde die Kleinstaaterei ein Erbübel der indischen Politik, und noch 1947 hat die endlich erreichte Zentralregierung eines freien Indien mit über 500 einzelnen Fürsten über ihren Beitritt verhandeln müssen.

Diese zentrifugale Tendenz wurzelt in der Verschiedenheit der Völker Indiens. Sie drückt sich in seiner sprachlichen Mannigfaltigkeit aus; selbst die 12 Hauptsprachen, die heute amtlich anerkannt sind, zerfallen in zwei ethymologisch ganz verschiedene Gruppen. Daß ihre Mehrzahl dem Sanskrit entstammt, also eine gemeinsame Sprachgruppe bildet, die der Verwandtschaft der europäischen Sprachen untereinander ähnlich ist, gab der Reichsbildung im Norden stets eine besondere Breitenwirkung, hat aber den Gegensatz zu den Völkern der drawidischen Sprachgruppe und ihren Großreichen (der Cholas oder Vijayanagar) ebensowenig gemildert wie den unausrottbaren Antagonismus beider zum Dekkhanreich. Es gab zwischen ihnen kein Gemeinschaftsgefühl, das sie angetrieben hätte, dem anderen in der Not zu helfen. Kein Chola-Kaiser ist auf den Gedanken gekommen, dem Gangestal beizuspringen, als es dem Einbruch der Moslems erlag und die gemeinsame Kultur mit Vernichtung bedroht wurde. Die verschiedenen Regierungen haben nicht einmal regelmäßig Gesandtschaften ausgetauscht, obwohl sie diese Einrichtung spätestens von den Seleukiden kennengelernt hatten, und obwohl China solche oft an indische Höfe entsandte, die auch oft erwidert wurden.

So haben die Reiche und Staaten Indiens jahrhundertelang ohne engeren Kontakt gelebt – außer wenn sie miteinander Krieg führten oder sich deshalb zu gelegentlichen Bündnissen zusammenschlossen. Das Gangestal, der Dekkhan, der tamilische Süden, selbst Bengalen oder Kaschmir, bildeten politisch jeder eine Welt für sich, deren Schicksal von der Machtpolitik des jeweils Stärkeren abhing. Am unglücklichsten war das Industal, das zwar den ältesten Staat auf indischem Boden geschaffen hat, dann aber die längste Zeit unter die fremde Herrschaft oft wenig zivilisierter Herrenvölker geriet und außer dem kurzlebigen Staat der Sikhs niemals zu einer eigenen dauerhaften Staatsbildung gelangt ist. Jetzt mag es hoffen, als »Westpakistan« das nachzuholen, was ihm die Geschichte versagt hat.

Die offenkundige Verschiedenheit der Völker Indiens wird gern mit der Formel »Unity in diversity« überdeckt. Doch sie blieb bis zur britischen Zeit ein Wunschtraum, da die politische Einheit fehlte. Verschieden ist außerdem auch das geschichtliche Alter der Völker und Staaten. Geschichtliches Leben beginnt im Gangestal mit der Ankunft der Aryas, also etwa um 1000 v. Chr., im tamilischen Süden um 300 v. Chr., und der Anfang des Dekkhan-Reichs, der das mittlere Hochland in die Geschichte einführte, wird auf 50 v. Chr. angesetzt. Das sind größere Zeitunterschiede, als sie Europa zwischen seinen alten Landschaften, die schon durch die Römer geschichtlich wurden, und den jüngeren Teilen kennt, wie dem Deutschland östlich der Elbe, Skandinavien oder den slawischen Staaten. Würde man die indische Geschichte wie die Römer »ab urbe condita« datieren, also etwa mit der Ankunft der Aryas, dann wäre das Datum der Unabhängigkeit nicht auf 1947, sondern auf 3447 anzusetzen. Das gibt einen Begriff, um welche Zeitperioden es sich hier handelt. Auf indischem Boden finden sich also ältere und junge Völker nebeneinander, was ihr politisches Verhältnis oft beeinflußt hat und bei Betrachtung ihres kulturellen Werdens nicht übersehen werden darf. Wer mit dem deutschen Forscher *Breysig* (oder seinem populären Nachfolger Spengler) Entwicklungsstufen annimmt, die sich in jedem geschichtlichen Ablauf wiederholen, darf daher für die verschiedenen Völker Indiens nicht die gemeinsame Chronologie mit dem wirklich erreichten Reifegrad gleichsetzen.

Wenn zwei oder mehrere geschichtliche Prozesse – politische oder kulturelle – zu ganz verschiedenen Zeiten beginnen, so erreichen die betreffenden Völker die gleiche Reife zu ganz verschiedenen Zeiten. Ein »Mittelalter« in unserem Sinn – das also die Auflösung des Reichs in Einzelstaaten und die religiöse Erweckung des Einzelmenschen verkörpert – wird das Gangestal zur Zeit Buddhas erlebt haben, die Tamilen mehrere Jahrhunderte später und der Dekkhan zu Zeiten der Rashtrakutas. Einen geschichtlich ungewöhnlichen Fall bilden die Rajputen, ein sehr jugendlicher Stamm, der um 500 n. Chr. in die Geschichte, aber durchweg als Oberschicht eintritt. Er hat – sichtbar und leicht erkennbar – sein »Mittelalter« im letzten Viertel des 1. Jahrtausends n. Chr. erlebt mit Burgen, Fehden, Turnieren, Barden und mystisch Erweckten; also in einer Zeit, als die übrigen Völker Indiens schon auf älteren Entwicklungsstufen standen, das Gangesreich schon auf der Stufe einer überreifen Spätzivilisation. Und heute noch gibt es primitive Waldvölker, während bei Bombay der erste Atomreaktor arbeitet.

Diese sich überkreuzenden Entwicklungen erschweren es, eine bestimmte Zeit mit einer *Gesamt*-Bezeichnung zu versehen, so daß z. B. die Übung, mit dem Ende des Gupta-Reichs ein »Mittelalter« für ganz Indien beginnen zu lassen, den wirklichen Zustand verdeckt. Hier liegt auch eine der Ursachen für das mangelnde Geschichtsbewußtsein der Inder. Selbst die am politischen, kulturellen und wirtschaftlichen Leben aktiv beteiligten Schichten eines Volks fanden oft mit den Nachbarvölkern so wenig Gemeinsames, daß kein Solidaritätsgefühl und daher auch kein Sinn für geschichtliches Werden entstand. Ein Volk, das so veranlagt zum Denken und Philosophieren ist wie das indische, hat keinen geschichtsphilosophischen Denker hervorgebracht wie die islamische Welt etwa den großen *Ibn Chaldun,* der in Nordafrika möglicherweise durch das lebendige Geschichtsbewußtsein der römischen und germanischen Welt befruchtet worden ist. Nicht einmal ihren eigenen Glaubenssatz, daß die Welt sich in Zyklen wiederhole, haben die Inder auf ihre eigene Geschichte angewendet; ebensowenig ihre Erkenntnis, das alles, was einen Anfang hat, auch ein Ende haben müßte (»Loke yad asabdham tad ab anityam«), obwohl sie für solche Thesen in ihrer eigenen Geschichte gute Beispiele hätten finden können. Man führt diese Lücke im Denkbild der Inder auch auf das Überwiegen der Religion zurück. Aber gerade sie ließ ihnen eine so große Freiheit im Denken und neuen Deuten alter Glaubenssätze, daß sie nicht in Dogmen erstarrte, sondern immer, »wenn die Zeit erfüllet war«, geistige Erneuerungsbewegungen zuließ. Die erste war wahrscheinlich die von dem Buddha eingeleitete. Sie wollte den vedischen Glauben, von dem die Masse der einheimischen Bevölkerung ausgeschlossen war, und mit ihm die Vorherrschaft der Priesterkaste (der Brahmanen) durch eine *allen* offene, also eine Universalreligion ersetzen, und hat es dadurch ermöglicht, daß das erste rein auf Macht begründete Großreich auf indischem Boden entstand, jedoch im Gegensatz zu den Kasten der »kshatriyas« und der Brahmanen. Eine ähnliche »Erneuerung« dürfte das Volk zur Zeit der Kushan ergriffen haben. Diesem jugendlich-tatenfrohen Volk (indogermanischer Sprache) mag der Anfang der Bhagavadgita gewidmet sein. Die letzte, für das heutige Indien entscheidende, ist in Kapitel 39 eingehend behandelt worden. Mit ihr hat die heutige Hauptreligion Indiens, der Hinduismus, gezeigt, welche Kraftquelle er trotz seines Alters noch immer ist, seitdem er nach der Zeitwende den übernationalen Buddhismus wieder zurückgedrängt hat und selber zur indischen »Nationalreligion« geworden ist. Denn in der Tat deckt sich diese Religion mit dem Subkontinent; sie besteht in keinem anderen Lande, außer in übriggebliebenen Winkeln, wie in Bali, während sie in Indonesien und anderen Gebieten ebenso erloschen ist wie der Buddhismus in Indien selbst.

Solche geistigen Erneuerungen setzen meist eine biologische voraus. Immer sind es geschichtlich unverbrauchte Schichten oder gar neue Völker, die eine alternde Kultur auffrischen und wandeln. Europa kennt das nicht. Denn seit der Völkerwanderung hat sich die Zusammensetzung seiner Bevölkerung kaum wesentlich geändert. Indien aber, das schon vor Ankunft der Aryas viele wandernde Völker aufgenommen hatte, hat seitdem mehrfach den Einbruch junger Fremdvölker erlebt. Die negative Wirkung – Zerstörung und Ausbeutung – ist früher behandelt worden. Die positive Seite war Zufluß frischen Bluts. Alle diese Einwanderer haben *einen* Zug gemeinsam: sie waren geschichtlich jünger als die ansässige Bevölkerung (selbst die Mazedonier erschienen den Indern als »mlecchas« – junge Barbaren) und vermischten sich mit ihr – mit Ausnahme der letzten, der Briten, die eine Blutsmischung mieden und daher nur die kleine Gruppe der »Anglo-Inder« hinterlassen haben. Aber auch die Haufen der Turkvölker, Afghanen und anderer mittel-asiatischer Stämme, die größtenteils ohne Frauen einbrachen, haben zur Vermischung, also zur »Verjüngung« der Bevölkerung, beigetragen. Gleichzeitig stiegen von unten her immer neue Schichten auf, um an dem geschichtlichen Leben teilzunehmen; und da etwa 50 Millionen Bewohner Indiens heute noch auf der primitiven Stufe von Waldvölkern verharren, verfügt Indien in ihnen über eine stattliche Reserve an unverbrauchtem Menschenmaterial. Eine Verjüngung der Bevölkerung war somit in Indien möglich. Daß solche Einbrüche kulturjüngerer Gruppen in einem älteren Volk das Streben nach Abschließung stärkten, ist selbstverständlich und hat zur Festigung des Kastenwesens erheblich beigetragen. Die dadurch verursachten Kulturkrisen müssen in den betroffenen Gebieten Indiens ernste Störungen der Entwicklung verursacht haben.

Sie wurden überwunden durch die Neigung der Inder zur Duldung anderer Arten und durch die Religion des Hinduismus, die unter allen Religionen, was Lehre und Dogmen anlangt, wohl die wandlungsfähigste ist. Was heute oft von Ausländern als »Neo-Hinduismus« bezeichnet wird, ist nur die letzte Stufe einer Kette von Wandlungen, die diese flexible Religion durchgemacht hat. Sie dankt es, neben anderen Momenten, zwei Tatsachen:

Sie ist auf indischem Boden entstanden – im Gegensatz zu beinahe allen Religionen der Erde, die ihre Bekenner außerhalb des Ursprungslandes haben – und sie hat keine kirchliche Organisation geschaffen, die das freie Denken einengt. Gewiß wirkt die Tradition auch hier, um allzu umstürzlerische Veränderungen zu hemmen. Aber wo immer ein lebendiger Geist mit tiefem religiösem Gefühl auftrat, konnte er sich durchsetzen, und wenn er auch nur eine neue Sekte gründete. Der Hinduismus kennt eben kein starres Dogma und keine Inquisition. Das gab ihm die Kraft, den zahlreichen geistigen Einflüssen zu begegnen, die aus der Außenwelt nach Indien eindrangen: der Hellenismus, der Islam, die Ideenwelt Europas. Gerade deren Einfluß sollte nicht überschätzt werden, so sehr der Augenschein im »modernen« Indien dafür sprechen mag. Die Verwandtschaft zwischen Indien und Europa, die wir Europäer empfunden haben, als wir um 1800 die indische Geisteswelt für uns »entdeckten«, hat gerade unserer Geisteswelt die Aufnahme bei Indern erleichtert. Nicht nur haben die Sanskrit-Tochtersprachen mit den unsrigen die gleiche Wurzel; auch die Indo-Aryas, die der indischen Kultur in vielem ihren Stempel aufprägten, sind rassisch und geistig unsere Verwandten. Macauley hat nicht so falsch geurteilt, als er aus den Indern »braune gentlemen englischer Prägung« machen wollte. Indessen ist das typisch Westliche überwiegend ein Firnis geblieben, was selbst ein Nehru bei sich empfunden hat. Die Befreiungsbewegung hat die Ideen Europas benutzt, um mit ihnen erst Reformen und dann Unabhängigkeit zu fordern; aber der Kern selbst hochgebildeter Inder ist der alte geblieben. Indien dankt dem Westen seine heutige Staatsverfassung und nennt sich voll Stolz die »größte Demokratie der Erde«. Ob sie auf die Dauer die für Indien gemäße Staatsform bleiben wird, mag die Zukunft lehren. Junge Völker, die sich ihrer bedienen, wie viele in Lateinamerika –, halten sie für durchführbar *nur,* wenn sie ab und an von einer kräftigen Diktatur unterbrochen wird. Selbst die europäischen Nationen bieten in ihrer Geschichte solche Beispiele (Napoleon, Hitler, Mussolini, Lenin). Die Idee eines autokratischen Regimes, wie es sich im Typ des indischen Maharajas seit 2000 Jahren verkörpert, ist nicht ausgestorben und könnte in einer Notlage wiederaufleben, zumal die Religion auch den unumschränkten Machthaber noch bindet. Und solche Wandlungen werden im Volk stets an das Alt-Indische anknüpfen können, das noch fortlebt.

Eine biologische Verjüngung, eine geistige Erneuerung und ein ganz neuartiger Tatendrang: das sind die Züge, die das heutige Indien kennzeichnen. Man glaubt nicht, ein Volk vor sich zu haben, das 4000 Jahre Geschichte hinter sich hat. Die Inder, die den Begriff der »Wiedergeburt auf Erden« erfunden haben, scheuen sich, ihn auf sich selbst anzuwenden. Denn sonst könnten sie mit Recht davon sprechen, daß Indien in den letzten 150 Jahren eine echte Wiedergeburt erlebt hat. Dieses neu geborene Volk hat durch die politischen Ereignisse ein so kräftiges Gemeinschaftsgefühl erlangt, daß es sich heute als eine *Nation* empfindet.

Der große indische Historiker R. C. *Majumdar* läßt diese Wandlung mit dem Auftreten von Surendra Nath Banerji im 19. Jahrhundert beginnen und sagt: »For the first time in historical tradition there emerged the idea of *India* over and above the congeries of states and provinces into which it was divided.« Uralte Traditionen und geschickte Aufnahme neuer Gedanken haben das ermöglicht. Und da diese neue Nation aus einer überwiegend *geistigen* Bewegung erwachsen ist und sich mit ihrem geistigen Erbe durchaus verbunden fühlt, lebt in ihr ein Sendungsbewußtsein, wie wir es heute sonst nur bei den kommunistischen Führungsvölkern antreffen.

Was Vivekananda, Aurobindo und Gandhi ihrem Volk verkündet haben, mag zeitweilig im Drang des wirtschaftlichen Aufbaus, des technischen Fortschritts und der Sorgen der auswärtigen Politik in den Hintergrund treten; aber solche Gedanken sind stark genug, um zu gegebener Stunde wieder hervorzubrechen. Sie werden Indien anspornen, in den großen ideologischen Kampf auf der Erde einzutreten und in seiner dem Geist wie der realen Welt zugewandten Eigenart mitzuhelfen, eine Synthese zu finden: zwischen Geist und Materie, zwischen den Geboten der Politik und der Menschlichkeit. Das kann ein Beitrag werden, der der ganzen Menschheit zugute kommt – eine Leistung, für die jedenfalls das indische Volk mehr als alle anderen vorbestimmt und geeignet ist: dieses nunmehr zur Nation gewordene alte Volk mit seiner viertausendjährigen Geschichte und seiner sich immer wieder erneuernden Geistigkeit, das heute als verjüngte Einheit einen neuen Abschnitt seiner Geschichte beginnt.

1. Indus
2. Jhelum
3. Chenab
4. Ravi
5. Sutlej
6. Beas
7. Jamuna
8. Ganges
9. Son
10. Narbada
11. Tapti
12. Godavari
13. Kistna (auch Krishna genannt)
14. Tungabhadra
15. Cauvery = Kaweri
16. Mahanadi
17. Brahmaputra

Küstenbezeichnungen

18. Makran Küste
19. Malabar Küste
20. Koromandel Küste
21. Gandak Fluß
22. Sutkagen Dor
23. Mohenjodaro
24. -Harappa
25. Chanhu daro
26. Amri
27. Kot diji
28. Jhukar
29. Bahawalpur
30. Mundigak
31. Rupar
32. Rangpur
33. LOTHAL
34. Megham
35. Bhagatraw
36. Kalibanga
37. Sisulpalgarh

Landschaften und Staatsbildungen aus früh-arischer Zeit

38. Kurukshetra
39. Panchala
40. KOSALA
41. MAGADHA
42. VIDEHA
43. Vrijjis
44. Vanga
45. Anga
46. AVANTI
47. Vidarbha
48. Matsya
49. Kashi
50. Orissa (Kalinga)

Städte u. Plätze

51. Indraprashta (Delhi)
52. Hastinapura
53. Mathura
54. Kausambi
55. PATALIPUTRA
56. UJJAIN
57. Maheswar
58. AYODHYA
59. Malvan Hafen
60. Sopara (Surparaka) Hafen
61. Tamluk (Tamralipti) Hafen
62. Maski
63. Brahmagiri
64. Champa (Flußhafen)
Megalith Bauten
65. Saraswati ausgetrocknetes Bett verschwundenen Flusses
66. Rajagriha
67. Vaishali

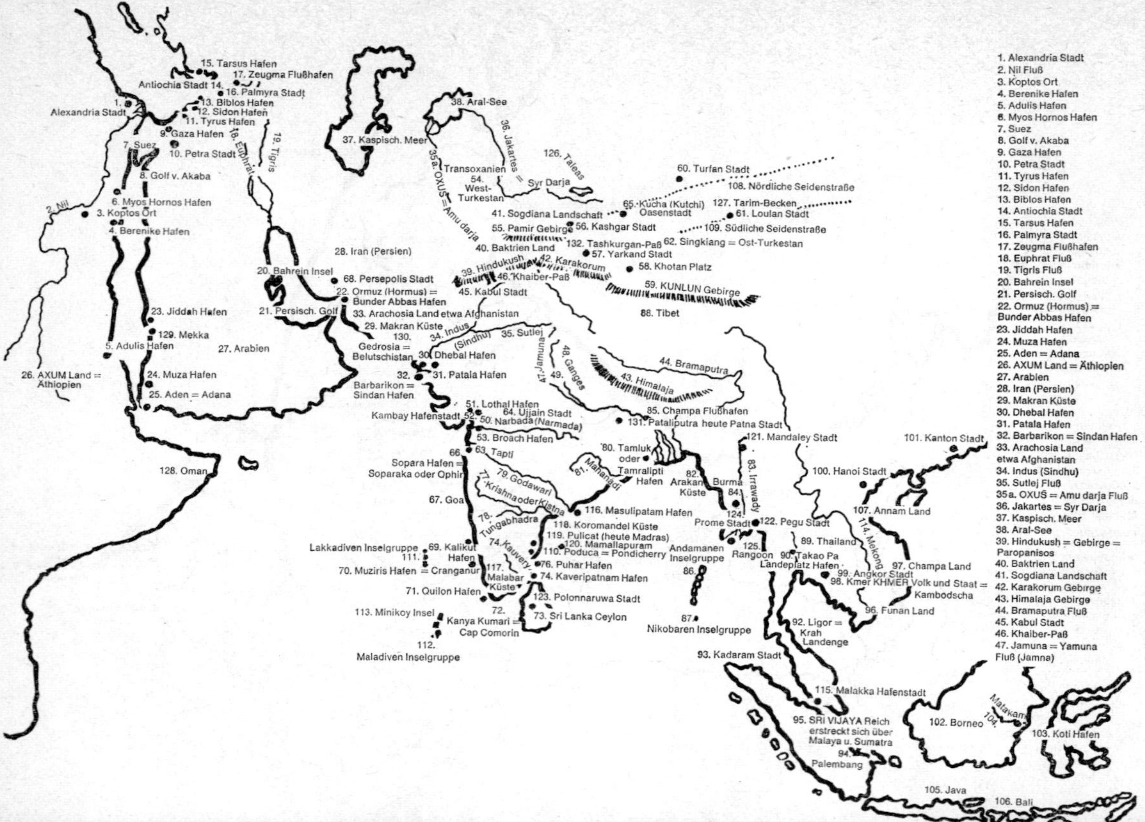

1. Alexandria Stadt
2. Nil Fluß
3. Koptos Ort
4. Berenike Hafen
5. Adulis Hafen
6. Myos Hornos Hafen
7. Suez
8. Golf v. Akaba
9. Gaza Hafen
10. Petra Stadt
11. Tyrus Hafen
12. Sidon Hafen
13. Biblos Hafen
14. Antiochia Stadt
15. Tarsus Hafen
16. Palmyra Stadt
17. Zeugma Flußhafen
18. Euphrat Fluß
19. Tigris Fluß
20. Bahrein Insel
21. Persisch. Golf
22. Ormuz (Hormus) = Bunder Abbas Hafen
23. Jiddah Hafen
24. Muza Hafen
25. Aden = Adana
26. AXUM Land = Äthiopien
27. Arabien
28. Iran (Persien)
29. Makran Küste
30. Dhebal Hafen
31. Patala Hafen
32. Barbarikon = Sindan Hafen
33. Arachosia Land etwa Afghanistan
34. Indus (Sindhu)
35. Sutlej Fluß
35a. OXUS = Amu darja Fluß
36. Jakartes = Syr Darja
37. Kaspisch. Meer
38. Aral-See
39. Hindukush = Gebirge = Paropanisos
40. Baktrien Land
41. Sogdiana Landschaft
42. Karakorum Gebirge
43. Himalaja Gebirge
44. Bramaputra Fluß
45. Kabul Stadt
46. Khaiber-Paß
47. Jamuna = Yamuna Fluß (Jamna)
48. Ganges (Ganga)
49. Doab Landschaft zwischen diesen beiden Flüssen
50. Narbada (Narmada) Fluß
51. Lothal Hafen
52. Kambay Hafenstadt
53. Broach Hafen = Barygaza oder Bhrigukaccha
54. Transoxanien = West-Turkestan
55. Pamir Gebirge
56. Kashgar Stadt
57. Yarkand Stadt
58. Khotan Platz
59. KUNLUN Gebirge
60. Turfan Stadt
61. Loulan Stadt
62. Singkiang = Ost-Turkestan
63. Tapti Fluß
64. Ujjain Stadt
65. Kucha (Kutchi)
66. Sopara Hafen = Soparaka oder Ophir
67. Goa
68. Persepolis Stadt
69. Kalikut Hafen
70. Muziris Hafen = Cranganur
71. Quilon Hafen
72. Kanya Kumari = Cap Comorin
73. Sri Lanka Ceylon
74. Kauvery Caweri Fluß
74. Kaveripatnam Hafen
76. Puhar Hafen
77. Krishna oder Kistna Strom Fluß
78. Tungabhadra Fluß
79. Godawari Fluß
80. Tamluk oder Tamralipti Hafen
81. Mahanadi Fluß
82. Arakan Küste
83. Irrawady Fluß
84. Burma
85. Champa Flußhafen
86. Andamanen Inselgruppe
87. Nikobaren Inselgruppe
88. Tibet
89. Thailand
90. Takao Pa Landeplatz Hafen
92. Ligor = Krah Landenge
93. Kadaram Stadt
94. Palembang Stadt
95. SRI VIJAYA Reich erstreckt sich über Malaya u. Sumatra
96. Funan Land
97. Champa Land
98. Kmer KHMER Volk und Staat = Kambodscha
99. Angkor Stadt
100. Hanoi Stadt
101. Kanton Stadt
102. Borneo Insel
103. Koti Hafen
104. Matakam Fluß
105. Java
106. Bali Insel
107. Annam Land
108. Nördliche Seidenstraße
109. Südliche Seidenstraße
110. Poduca = Pondicherry = Arikamedu Hafenplätze
111. Lakkadiven Inselgruppe
112. Maladiven Inselgruppe
113. Minikoy Insel
114. Mekong Fluß
115. Malakka Hafenstadt
116. Masulipatam Hafen
117. Malabar Küste
118. Koromandel Küste
119. Pulicat (heute Madras)
120. Mamallapuram oder Mahavellour
121. Mandaley Stadt
122. Pegu Stadt
123. Polonnaruwa Stadt
124. Prome Stadt
125. Rangoon Stadt
126. Taleas-Fluß
127. Tarim-Becken
128. Oman
129. Mekka
130. Gedrosia = Belutschistan
131. Pataliputra heute Patna Stadt
132. Tashkurgan-Paß

1. Indus
2. Jhelum
3. Chenab
4. Ravi
5. Sutlej
6. Beas
7. Jamuna
8. Ganges (Ganga)
9. Son
10. Narbada
11. Tapti
12. Godavari
13. Krishna Kistna
14. Tungabhadra
15. Kaweri Cauvery
16. Mahanadi
17. Brahmaputra
18. Hindukusch
19. Kamakorum
20. Kirthar Berge
21. Vindhya Berge
22. Barabas Berge
23. Singhum Gebiet Bergwerk

Landschaften

24. Belutschistan
25. Sindh
26. Kosala
27. Magadha
28. Gauda
29. Samatata
30. Shaurashtra
31. Lata
32. Malva
33. Süd-Kosala
34. Orissa
35. Bolan-Paß
36. Khaiber-Paß
37. Quetta
38. Kabul
39. Taxila
40. Multan
41. Thaneswar
42. Enge von Karnal
43. Delhi
44. Mathura
45. Ajmer
46. Gwalior
47. Kanauj
48. Sravasti
49. Benares Varanasi
50. Pataliputra
51. Champa
52. Monghyr
53. Tamluk
54. Tirhut (Mithila)
55. Golf v. Kambay
56. Kambay
57. Broach
58. Navsari
59. Surat
60. Ujjain
61. Paithan
62. Vidisa
63. Eran
64. Buddha Gaya
65. Tosali
66. Lakkadiven Inselgruppe
67. Minicoy
68. Thana Hafen
69. Bassein Salsette nahe Bombay
70. Chaul
71. Dhabol
72. Vijayadrug
73. GOA
74. Honavar
75. Bhatkal
76. Mangalore
77. Kasagarod
78. KALIKUT
79. Crangamore
80. COCHIN
81. Quilon
82. Trivandrum
83. Kanya Kumari = Cap Comorin
84. Ramaswaram
85. Negapatam
86. Karikal
87. Tranquebar
88. Cuddalore
89. Pondicherry
90. Mahabalipuram = Mammalapruam oder Mahavelipur (Sieben Pagoden)
91. Madras
92. Pulicat
93. Masulipatam
94. Vishakapatnam
95. Puri
96. Ceylon Sri Lanka
97. Anuradapura
98. Pollo naruwa
99. Asigarh
100. Nandipur
101. Burhampur
102. Nasik
103. DEVAGIRI = Aurangabad
104. KALYAN
105. AHMADNAGAR
106. POONA
107. Satara
108. BIJAPUR
109. Gulburga
110. BIDAR
111. WARANGEL
112. GOLKONDA ganz nahe Haidarabad
113. Manyakheta
114. TALIKOTA
115. Koppam
116. BADAMI (Vatapi)
117. Aihole u. Pattadakal
118. Raichur
119. Dharwar
120. VIJAYANAGAR
121. Kurnool
122. Bellary
123. Belur u. Halebid
124. Sravana Belgola
125. Kolar
126. Takkolam
127. KANCHI puram = Conjeevaram
128. Nellore
129. Gangakondal
130. Trichinopoly
131. TANJORE = Thanjavur
132. MADURAI
134. Pishtapuram
135. Konkan (längs der Küste)
136. Kuntala dto.
137. KERALA dto.
138. VENGI das Delta
139. TELENGANA
140. MAISUR (Mysore)
141. Gondwana
142. KANDESH
143. TONDMANDALAM
144. Kongudesa
145. Adamsbrücke die Kette von Riffs zwischen Indien und Ceylon
146. Tripathi Berge
147. Anama Ilai Berge
148. Periyar (Fluß)

1. Indus.
2. Jhelum
3. Chenab
4. Ravi
5. Sutlej
6. Beas
7. Jamuna
8. Ganges (Ganga)
9. Son
10 Narbada
11. Tapti
12. Godavari
13. Krishna Kistna
14. Tungabhadra
15. Kaweri Cauvery
16. Mahanadi
17. Brahmaputra
18. Hindukush
19. Kamakorum
20. Himalaja
21. Vindhya Berge
22. Quetta
23. Kabul
24. Kandahar
25. Multan
26. Srinagar
27. Rawalpindi
28. Bolan-Paß
29. Khaiber-Paß
30. GHAZNI
31. Zabul Landschaft
32. Peshawar
33. LAHORE (am Ravi)
34. Enge v. Karnal
35. Panipat (Schlacht)
36. Tarain (dto.)
37. Kangra (Ost-Tal)
38. Tibet
39. Ladakh
40. Kailas Berg
41. Manasarowa See
42. Lhasa
43. Shaurashtra Halbinsel
44. Diu
45. Somanath
46. AHMADABAD
47. Champaner
48. Surat
49. Baroda
50. Jaisalmer
51. Jodhpur
52. Patiala
53. Bikaner
55. Berg ABU
56. Amber = Jaipur
57. Ranthambor
58. Udaipur
59. Chitor
60. Haldighat (Schlacht)
61. Delhi
62. Meerut = Mirat
63. Mathura
64. Agra
65. Fatehpur Sikri
66. Khanua (Schlacht)
67. Kanpur (Cawnpore)
68. Lakhnau (Lucknow)
69. Benares (Varanasi am Ganges)
70. Gwalior
71. Jaunpur
72. Allahabad
73. Kanauj
74. Baksar
75. Lakshmanavati
76. Satgaon
77. Sonargaon
78. Plassey (Schlacht)
79. Chandarnagor
80. Kalkutta (Kalighat)
81. Mandu
82. Indore (Indaur)
83. Aurangabad
84. Kalinjar
85. Nagpur
86. Chittagong
87. (Insel) Sondip
88. Nepal
89. Sikkim
90. Bhutan
91. Katmandu
92. Cooch Behar
93. Assam
94. Afghanistan
95. AWADH Oudh
96. Kaschmir
97. Mewar
98. Marwar
99. Panjab
100. Gujarat
101. Doab
102. Gondwana
103. Malva
104. Kandesh
105. Berar
106. Orissa (Kalinga)
107. Bundelkhand

1. Hunza
2. Gilgit
3. Chitral
4. Zoji La Pass
5. Ladakbh
6. Aksai Chin
7. Leh
8. Srinagar
9. Baramulla
10. Amritsar
11. Peshawar
12. Sialkot

13. Lahore
14. Rawalpindi
15. Jammju
16. Simla
17. Garhwal
18. Kumaon
19. Bahalwalpur
20. Patiala
21. Jaipur
22. Kotah
23. Bundi
24. Udaipur
25. Karachi
26. Kohat
27. Hansi
28. Delhi
29. Meerut
30. Rampur
31. Mathura
32. Gwalior
33. Kanpur
34. Lakhnau
35. Shajahanpur
36. Gorakhpur
37. Allahabad
38. Patna
39. Rohilkhand Landschaft
40. Faizpur
41. Sagauli
42. Kalkutta
43. Mushidabad
44. Midnapur
45. Darjeeling
46. Gangtok
47. Naxalbari
48. Chumbi Tal
49. Kalimpong
50. Shigatse
51. Punakha
52. Jelep-Paß
53. Gauhati
54. Tista Fluß
55. Dakka
56. Rangpur
57. Dinajpur
58. Rajshahi
59. Pabna

60. Barisal
61. Comilla
62. Mymensingh
63. Sylhet
64. Shillong
65. Agartala
66. Tripura Land
67. Assam Land
68. Arunachal Pradesh (NEFA)
69. Naga Land
70. Manipur
71. Kohima
72. Imphal
73. Chittagong
74. Mowdok
76. Jamshedpur
77. Rourkela
78. Jhansi
79. Jubbulpore
80. Bhopal
81. Baroda
82. Indore
83. Junagadh
84. Daman
85. Bardoli
86. Chattisgarh Land
87. Puri
88. Sarkars
89. Haidarabad
90. Telengana
91. Warrangel
92. Aurangabad
93. Nagpur
94. Poona
95. Sawantwadi
96. Belgaum
97. Maisur Stadt
98. Bangalore
99. Surat
100. Bassein
101. Karnatik
102. Seringapatam
103. Cochin
104. Travancore Land
105. Wandiwash
106. Tuticorin

Verzeichnis der Namen und Dynastien